petit Larousse de la médecine

sous la direction du

Professeur André Domart

Professeur de clinique à la faculté de médecine de Paris

et du

Docteur Jacques Bourneuf

Ancien externe des hôpitaux de Paris

tome 2

17, RUE DU MONTPARNASSE - 75298 PARIS CEDEX 06

Cet ouvrage a été réalisé avec le concours

des docteurs Philippe CRIMAIL, *chef du Service de gynécologie-obstétrique du C. H. I. de Montreuil, maître de conférence libre à l'U. E. R. de Paris XIII.*

Pierre DUPOUX, *chirurgien, ancien chef de clinique à la faculté de médecine de Paris.*

Dominique de GALARD.

Alexandra GIRAUD.

Didier PATTE, *interne des hôpitaux de Paris.*

Sylvie ROBERT, Claudine VIGNERON

et de Hélène BOURNEUF, *psychologue.*

Micheline VAN CAMELBEKE, *docteur en droit.*

Secrétariat de la rédaction. Alexandra GIRAUD.

Georges PÉGUET.

Maquette de Serge LEBRUN

Le présent volume appartient à la dernière édition (revue et corrigée) de cet ouvrage.

ISBN 2-03-730004-2 (édit. complète)
ISBN 2-03-730006-9 (tome 2)

Achevé d'imprimer le 25 mai 1989 pour la Librairie Larousse.
N° d'éditeur 15.165. Dépôt légal : mai 1982. Imprimé en Italie par NEW INTERLITHO-MILAN.

ichtyol n. m. Liquide goudronneux issu de la distillation de certains bitumes.
Il est utilisé en dermatologie dans différentes préparations, comme antiseptique et régénérateur de l'épiderme.

ichtyose n. f. (du gr. *ikhthus,* poisson). Altération généralisée de l'épiderme, qui est épaissi, rendant la peau sèche, rugueuse, recouverte d'écailles qui desquament, rappelant celles des poissons. — L'ichtyose épargne en général les plis de flexion.
Ichtyose de l'enfant. Il en existe trois types :
— l'*ichtyose banale,* qui apparaît vers 2 ou 3 mois et où la peau, sèche, desquame de façon diffuse. Sans gravité, elle n'est que la traduction précoce d'une ichtyose de l'adulte ;

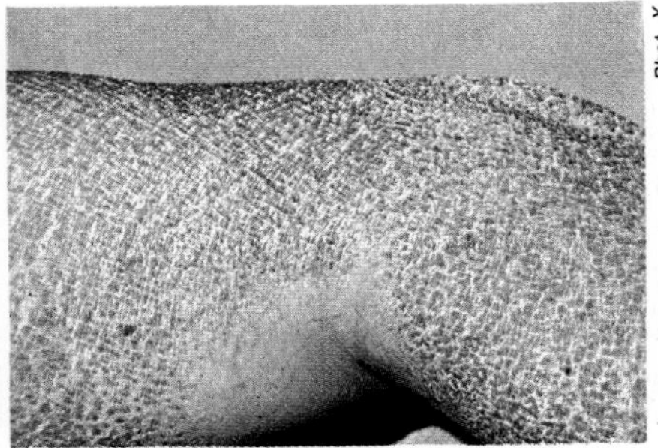
Phot. X.

Ichtyose de l'adulte.

— l'*ichtyose congénitale vraie,* ou *érytrodermie squameuse ichtyosiforme,* qui existe dès la naissance ; elle marque la peau de larges plaques rouges qui desquament ; elle ne respecte aucune partie du corps ;
— l'*ichtyose fœtale,* ou *kératome malin diffus,* qui est une affection néonatale exceptionnelle, toujours mortelle.
Ichtyose de l'adulte. Elle peut faire suite à une ichtyose infantile banale ou être acquise, liée à l'âge notamment (ichtyose sénile). Le traitement est général (vitamine A) et local.

ictère n. m. Coloration jaune de la peau et des muqueuses, due à leur imprégnation par la bilirubine*. (Syn. : JAUNISSE.)
L'ictère devient appréciable quand le taux de bilirubine sanguine est supérieur à 20 mg par litre.
Selon que la bilirubine est conjuguée (transformée par le foie) ou non, on distingue les ictères à bilirubine libre et les ictères à bilirubine conjuguée.

Ictères de l'adulte et de l'enfant. ***Ictères à bilirubine libre.*** Il s'agit le plus souvent d'un excès de destruction des globules rouges. Les urines sont claires, car la bilirubine ne passe pas par le rein mais par l'intestin, d'où la coloration foncée que prennent les selles. (V. ANÉMIE et HÉMOLYSE.)
Parfois, il s'agit d'un défaut fonctionnel du foie, qui n'assure pas la glycuroconjugaison de la bilirubine. Source d'accidents néonataux, ce défaut chez l'adulte prend le nom de « cholémie de Gilbert ».
Ictères à bilirubine conjuguée. (V. CHOLÉSTASE.) Ce sont des ictères par rétention. La bilirubine, normalement glycuroconjuguée dans le foie, est retenue par l'organisme. Il peut s'agir soit d'une *obstruction* de la voie biliaire principale par un calcul, cholédocien le plus souvent, soit d'une *hépatite** virale ou toxique, car alors les cellules hépatiques sont défectueuses. Dans les deux cas, les selles sont décolorées tandis que les urines sont foncées. Cependant, en cas d'obstruction, le foie est augmenté de volume, les tests biologiques sont perturbés, sauf les réactions qui jugent de l'inflammation. Au cours de l'hépatite, le foie n'augmente pas de volume,

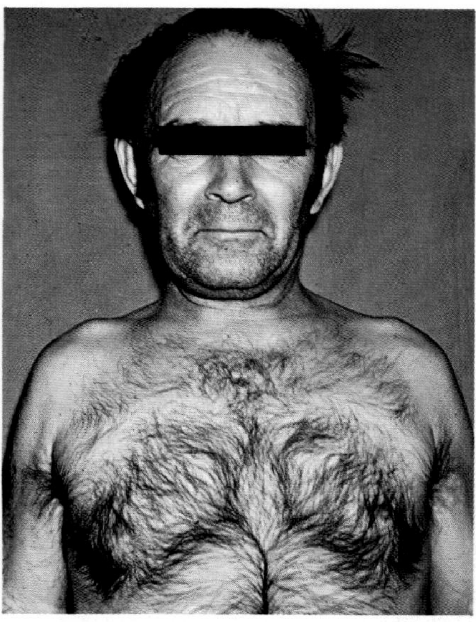
Phot. Dr Julliard.

Ictère franc.

et le syndrome inflammatoire est présent cliniquement et biologiquement. (V. HÉPATITE.) De plus, des signes spécifiques à la cause de l'ictère aident au diagnostic, qui devient parfois difficile après quelques jours d'évolution.

Signalons l'existence d'ictères mixtes, au cours des cirrhoses* et de certaines hépatites virales. Le traitement des ictères dépend de leur cause.

Ictères du nouveau-né. ***Ictère à bilirubine libre.*** Il s'observe chez un tiers des nouveau-nés à terme et il est la conséquence d'une imperfection, jusqu'au 10e-15e jour, des activités enzymatiques du foie. Cette insuffisance enzymatique est particulièrement nette chez le prématuré. L'ictère néonatal s'observe aussi dans les cas d'incompatibilité* fœto-maternelle de groupe sanguin (Rhésus, A, B, O), et dans le syndrome de Crigler et Najjar. Ces ictères nécessitent des exsanguinotransfusions*.
Ictères à bilirubine conjuguée. On distingue les ictères dus à une malformation des voies biliaires (qu'il faut opérer chirurgicalement), les ictères par hépatites (toxoplasmose*, listériose*, syphilis*) ou dus à l'hypothyroïdie*, à la galactosémie*.

ictus n. m. Accident neurologique brutal, le plus souvent d'origine vasculaire. (Syn. fam. : ATTAQUE.)

idée n. f. **Idée fixe,** élément idéique lié à des préoccupations intellectuelles ou affectives, et qui tend à parasiter plus ou moins globalement l'activité mentale du sujet.

identification n. f. **1.** Recherche de l'identité d'un individu, ayant recours au signalement descriptif et à des critères plus fins tels que l'étude des empreintes digitales, du squelette, des dents et des ongles.
2. En *psychologie,* l'identification est le processus par lequel une personne se transforme en prenant modèle sur une autre personne.

idiopathique adj. Se dit d'une maladie, en apparence primitive, à laquelle on ne trouve aucune cause.

idiosyncrasie n. f. Disposition spéciale à chaque individu, d'où résulte sa manière de réagir aux substances ou aux médicaments qu'il reçoit.
On invoque l'idiosyncrasie quand des réactions anormales apparaissent chez un individu, à la suite, par exemple, de l'ingestion d'une substance considérée comme non toxique.

On se demande dans ce cas si ces individus ne se sensibilisent pas dès leur enfance à certains antigènes*, ce qui rapprocherait l'idiosyncrasie de l'allergie*.

idiotie n. f. Degré le plus prononcé de l'arriération* intellectuelle.

iléite n. f. Inflammation de l'iléon*.

iléon n. m. Partie terminale de l'intestin grêle, qui s'abouche dans le cæcum.

iléus n. m. Occlusion* intestinale.

iliaque adj. Relatif au flanc.
Os iliaque, os pair, de forme tourmentée, qui constitue le squelette de la hanche et forme avec son homologue et le sacrum la ceinture pelvienne ou bassin.
Fosses iliaques, régions voisines de l'os iliaque ; la *fosse iliaque interne* est la partie basse et latérale de l'abdomen ; la *fosse iliaque externe* donne insertion aux muscles fessiers.

imagination n. f. **1.** Faculté de se représenter des objets absents par la pensée.
2. Faculté de créer et d'inventer.
Troubles de l'imagination. Ils comprennent le *mensonge,* la *mythomanie,* les *délires imaginatifs* et l'*hystérie.* Chez l'enfant, le mensonge et les tendances mythomaniaques sont banals et tiennent à l'exubérance de son imagination.

Chez l'adulte, il est des mensonges non

pathologiques et d'autres qui le deviennent par leur fréquence et leur préméditation.

La *mythomanie* est une disposition à inventer des histoires, à bâtir des romans, à simuler des maladies diverses. Les thèmes mythomaniaques revêtent trois types : l'*autoaccusation calomnieuse*, la *hâblerie fantastique*, où le sujet se vante de ses exploits, la *simulation* de maladies ou d'attentats.

Les *délires imaginatifs* sont des psychoses délirantes caractérisées par la croyance en un ensemble d'idées de richesse, de puissance, de filiation illustre, de titres exceptionnels, etc.

I. M. A. O., sigle des *Inhibiteurs de la MonoAmine Oxydase*, médicaments thymoanaleptiques (antidépresseurs) qui freinent la

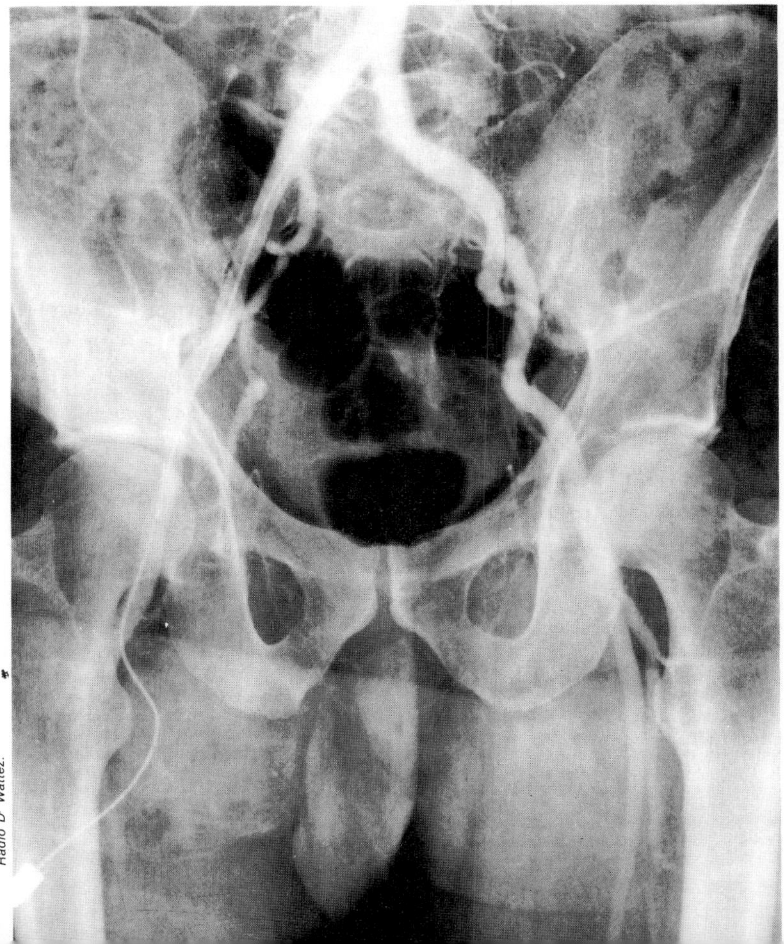

Iliaque.
Artériographie des artères iliaques.
On voit derrière les artères
les deux os iliaques formant le bassin.

Radio Dr Wattez.

destruction de l'adrénaline* et de la noradrénaline.

imbécillité n. f. Grave état d'arriération* mentale.
Le développement intellectuel de l'imbécile peut varier entre 2 et 7 ans d'âge mental.

I. M. C., sigle de INFIRME* MOTEUR CÉRÉBRAL.

imipramine n. f. Médicament antidépresseur* tricyclique (thymoanaleptique).
L'imipramine est indiquée dans les dépressions (mélancoliques, psychoses maniacodépressives) et dans certaines névroses.

immobilisation n. f. **1.** Traitement qui empêche tout mouvement de tout ou partie du corps. L'immobilisation par écharpe, attelles*, plâtre*, ostéosynthèse* est le temps essentiel de la consolidation des fractures* et des entorses*.
2. Immobilisation de tréponème. V. NELSON (*test de*).

immunisant, e adj. Qui confère l'immunité.

immunisation n. f. Acte de conférer l'immunité. L'immunisation *active* est réalisée par la maladie elle-même ou par la *vaccination**. L'immunisation *passive* est réalisée par la *sérothérapie**.

immunité n. f. État de résistance d'un organisme vis-à-vis d'une maladie infectieuse ou parasitaire.
L'*immunité naturelle* peut être héréditaire et spécifique de l'espèce. Ainsi l'homme est réfractaire à certaines maladies animales (maladie de Carré du chien, par exemple).
L'*immunité* peut être *acquise* et spécifique par sérothérapie*, par vaccination*, ou après un premier contact avec la maladie.

immunodéficience n. f. Diminution de l'état d'immunité de l'organisme. Elle peut être congénitale (agammaglobulinémie), consécutive à un traitement (immunodépresseurs, radiations) ou provoquée par une infection (S. I. D. A.).

immunodépresseur adj. et n. m. Qui diminue ou supprime les réactions immunologiques de l'organisme. (V. IMMUNOLOGIE.)

immunoélectrophorèse n. f. Procédé de séparation et d'étude qualitative des immunoglobulines.

immunofluorescence n. f. Fixation d'une substance fluorescente sur un anticorps spécifique, permettant de le repérer dans un complexe antigène-anticorps.

immunoglobuline n. f. Globuline* plasmatique douée de propriétés immunitaires. *(C'est le support matériel des anticorps*.)*

immunologie n. f. Étude de l'immunité* et des réactions qui en résultent.
L'immunologie, initialement limitée à l'étude de l'immunité anti-infectieuse, s'applique actuellement à l'étude de mécanismes divers, allant de ceux qui entrent en jeu lors de la pénétration d'une substance étrangère ou d'un tissu étranger (greffes) à ceux qui contrôlent, dans l'organisme, le développement du cancer*.

Nature de la réponse immunitaire. La réaction immunitaire de l'organisme comporte la reconnaissance, puis le rejet d'un matériau étranger.
Nature des antigènes. Pour devenir antigénique (ou être capable d'immuniser), une substance étrangère doit avoir un poids moléculaire relativement élevé. Certaines substances non protéiques de faible poids moléculaire peuvent cependant devenir antigéniques après couplage avec une protéine, à laquelle elles confèrent une nouvelle spécificité ; ces substances sont appelées *haptènes**. Les antigènes sont surtout des protéines et des polysaccharides ; les haptènes sont surtout de nature lipidique.
Différents types de réponse immunitaire à l'introduction d'un antigène. Un antigène peut entraîner, selon sa nature et sa voie d'introduction, deux types d'immunité parfois conjugués :
L'*immunité humorale* est caractérisée par la synthèse d'*anticorps* et leur libération dans la circulation. Elle peut être transférée passivement chez un sujet non immunisé par l'injection de sérum immunisé.
L'*immunité cellulaire* repose sur l'action des *lymphocytes**. Elle peut être transférée passivement à un sujet par l'injection de lymphocytes provenant d'un donneur immunisé, mais jamais par l'injection de son sérum : elle ne fait donc pas intervenir d'anticorps circulants.

Origines de la réponse immunitaire. Elles sont encore mal connues.
Réponse immunitaire humorale. Les anticorps sont fabriqués par les *plasmocytes.* L'antigène est au préalable capté par les macrophages*, qui transmettent le message antigénique spécifique aux lymphocytes qui se différencient en plasmocytes. Les petits lymphocytes sont capables de *mémoire immunologique* (v. plus loin).
Réponse immunitaire cellulaire. Elle dépend de *lymphocytes sensibilisés* (ou immunologiquement compétents). L'antigène situé à la périphérie informe les lymphocytes, puis ceux-ci, qui ont subi un passage dans le thymus* (lymphocytes T), se différencient ensuite en lymphocytes sensibilisés.

La réponse immunitaire humorale. Elle est responsable des réactions produites par des facteurs humoraux spécifiques, ou *anticorps*, en réponse à un antigène.

Les anticorps ou immunoglobulines. Ces protéines sériques, possédant une fonction immunologique, migrent à l'électrophorèse* comme des gammaglobulines.

Chez l'homme, on connaît cinq classes d'immunoglobulines, appelées IgG, IgA, IgM, IgD et IgE. La structure des immunoglobulines doit pouvoir rendre compte de l'extraordinaire *spécificité de la réaction antigène-anticorps.* La fragmentation des molécules d'immunoglobuline a permis d'en préciser la structure avec les méthodes immunochimiques. La structure de l'IgG sera prise pour type ; elle est formée de quatre chaînes protéiques, dont *deux chaînes lourdes* identiques et *deux chaînes légères* identiques, liées entre elles par des ponts disulfures. Les chaînes lourdes sont spécifiques de chaque classe d'immunoglobuline. L'immunoglobuline IgM est formée de 5 unités élémentaires formées de 2 chaînes lourdes et de 2 chaînes légères.

Techniques d'étude de la réaction antigène-anticorps « in vitro ». Les réactions mettant en présence *in vitro* antigène et anticorps spécifique sont de deux types : précipitation et agglutination.

RÉACTION DE PRÉCIPITATION. La plus simple consiste à mettre dans un tube une solution de l'antigène en présence de l'anticorps correspondant. La réaction de précipitation peut se faire en milieu gélosé : l'antigène et l'anticorps, placés en deux endroits distincts du gel, diffusent l'un vers l'autre.

La réaction de précipitation permet un dosage quantitatif des anticorps précipitants grâce au dosage de l'azote contenu dans le précipité et dans l'antigène (dont la quantité est connue).

En clinique humaine, cette réaction est utilisée pour rechercher l'existence dans le sérum d'*antigène* Australia* (présent dans le sang de certains malades atteints d'hépatites infectieuses) et d'*alpha I-fœtoprotéine* (présente lors de certains cancers primitifs du foie), en mettant en présence l'antisérum (anticorps) correspondant.

L'immunoélectrophorèse est une autre application de la réaction de précipitation. Elle est employée dans le diagnostic du myélome*, de la maladie de Waldenström*. L'immunoélectrophorèse, très sensible, ne permet pas de dosage quantitatif.

Certaines méthodes permettent le dosage spécifique des diverses immunoglobulines.

RÉACTION D'AGGLUTINATION. La réaction antigène-anticorps peut se traduire, *in vitro*, par une *agglutination :* les globules rouges d'un sujet de groupe* sanguin A, mis en présence d'anticorps anti-A (présents chez les sujets de groupe B), vont s'agglutiner entre eux (c'est le principe de la détermination des groupes sanguins).

RÉACTION DE FIXATION DU COMPLÉMENT. Les complexes antigène-anticorps fixent parfois le complément*. La réaction de fixation du complément est utilisée dans le diagnostic sérologique de la syphilis (réaction de Bordet-Wassermann) et pour les tests d'histocompatibilité en vue de la greffe* d'organes.

Les réactions tissulaires produites par les anticorps humoraux. La sensibilisation passive par les anticorps humoraux est obtenue par transfert du sérum d'un individu immunisé à un individu non immunisé (utilisée dans la sérothérapie contre les maladies infectieuses). Cet état de sensibilisation dure aussi longtemps que l'anticorps transféré (IgG en général) est présent dans la circulation.

Comme les *réagines*, ou *IgE*, adhèrent fortement aux tissus, on les appelle souvent « antigènes de sensibilisation tissulaire ». Elles sont responsables des différentes manifestations de l'anaphylaxie*.

ANTICORPS BLOQUANTS. On peut désensibiliser des individus allergiques par des séries d'injections sous-cutanées d'antigènes faites en augmentant graduellement les doses injectées. Ainsi, on permet au patient de fabriquer des IgG contre l'antigène. Les IgG, bien que produites en faible quantité, ont cependant une plus grande affinité pour l'antigène que les IgE : on les appelle, pour cette raison, des *anticorps bloquants.*

RÉACTION D'ARTHUS. C'est une réaction allergique qui ne se produit que lorsqu'un anticorps conventionnel (IgG, IgM ou IgA) est en très forte concentration dans la circulation et lorsqu'un antigène soluble est en forte concentration dans les tissus. Elle se développe en 4 à 8 heures. Les complexes antigène-anticorps se forment *dans la paroi des vaisseaux.* Il s'ensuit une altération des parois vasculaires. Certaines maladies (glomérulopathies rénales, collagénoses) s'en rapprochent.

LA MALADIE SÉRIQUE. Causée par une vaste gamme d'antigènes (pénicilline, sérum de cheval, etc.), elle résulte de la production d'anticorps circulants (IgG, IgM) et anaphylactiques (IgE) en proportion variable, responsable de la diversité des manifestations observées. La maladie primaire du sérum survient lors du premier contact avec un antigène et s'observe de 7 à 12 jours plus tard. Les réactions accélérées (moins de 7 jours après) de la maladie sérique s'observent chez les sujets qui ont été déjà sensibilisés.

Cinétique de la réponse immunologique humorale. Après un premier contact avec un antigène, un individu a une *réaction primaire* de formation d'anticorps : limitée, de faible intensité et de courte durée, elle se traduit par la production d'IgM et d'IgG et par une prolifération des plasmocytes dans les ganglions lymphatiques.

Lors d'un contact antigénique ultérieur, une *réponse secondaire* a lieu. Elle se traduit par la production d'IgG (essentiellement) et par une prolifération plasmocytaire beaucoup plus intense que lors de la réaction primaire.

La réponse immunitaire cellulaire.

Les cellules responsables. Ce sont les *lymphocytes immunologiquement compétents* (ou *sensibilisés*) présents dans les ganglions lymphatiques et dans le sang périphérique dès le quatrième jour après stimulation antigénique. Les *macrophages* semblent collaborer avec les lymphocytes dans la production des réactions lors d'un rejet de greffe ou d'une sensibilisation de contact.

Transfert de l'immunité cellulaire. Il ne peut se faire que par injection de lymphocytes d'un donneur sensibilisé à un receveur non sensibilisé, car l'immunité cellulaire ne fait pas intervenir d'anticorps circulants.

L'hypersensibilité retardée. Ce terme est utilisé pour désigner un groupe de réactions allergiques, en particulier au niveau de la peau, qui se développent de 1 à 2 jours après le contact avec l'antigène spécifique chez l'individu sensibilisé. Cette période de réaction, relativement longue, contraste avec les réactions provoquées par les anticorps humoraux.

ALLERGIES MICROBIENNES. Parmi celles-ci, c'est la *réaction à la tuberculine* chez un individu vacciné par le B. C. G. ou ayant fait une primo-infection qui a été le mieux étudiée. On observe, avec un maximum en 2 jours, un érythème et une induration (cutiréaction positive), dus à l'infiltrat, au niveau de la lésion, de cellules mononucléaires*.

SENSIBILITÉ DE CONTACT AUX CORPS CHIMIQUES SIMPLES. Le mercure, le chrome, le nickel, le bichromate de potassium (industrie du ciment) peuvent induire des lésions cutanées de contact qui correspondent à une réponse immunologique de type cellulaire.

RÉACTION À LA SUITE D'UNE PIQÛRE DE MOUSTIQUE. L'induration rouge, survenant avec une latence d'une journée, est aussi une manifestation d'hypersensibilité retardée.

REJETS DE GREFFES D'ORGANE OU DE TISSUS. Le rejet d'une greffe est sous la dépendance d'un phénomène d'immunité cellulaire réalisé par les lymphocytes qui envahissent le greffon. Il existe également des anticorps circulants formés par l'organisme receveur. La tolérance de celui-ci peut être augmentée. (V. ci-dessous *Tolérance immunitaire.*)

Processus immunologiques dans les maladies infectieuses. L'immunité anti-infectieuse dépend de facteurs non spécifiques (barrière naturelle, lysosyme, phagocytose, etc. [v. INFECTION]) et de réactions immunologiques spécifiques, les deux systèmes agissant souvent de concert.

Facteurs immunologiques spécifiques.

FACTEURS HUMORAUX. *Les anticorps naturels.* Ils sont décelés dans le sérum en l'absence d'infection apparente ou de vaccination. Ce sont surtout des IgM. Produits dans l'organisme humain plusieurs mois après la naissance, ils seraient dus à des infections inapparentes ou à des immunisations par des micro-organismes proches sur le plan antigénique.

Les anticorps spécifiques. Selon leur action sur les micro-organismes *in vitro,* ils sont neutralisants, précipitants, agglutinants, etc. Leur présence ne préjuge pas de leur rôle protecteur *in vivo.*

FACTEURS IMMUNITAIRES CELLULAIRES. Responsables de l'hypersensibilité de type retardé, ils n'impliquent pas obligatoirement une résistance à l'agent infectieux.

Différences principales entre immunité antivirale et antibactérienne. Alors que les anticorps humoraux semblent favoriser la phagocytose des bactéries, ils permettent la neutralisation des virus (qui sont intracellulaires). L'immunité antivirale semble toujours de beaucoup plus longue durée que l'immunité antibactérienne.

Parmi ses effets nocifs, citons l'encéphalite consécutive à une vaccination contre la variole, la rougeole ou les oreillons, qui résulte d'une réaction immunitaire de type cellulaire contre le virus, dans le cerveau.

Tolérance immunitaire. C'est la perte pour l'organisme de la capacité de réagir immunologiquement à des substances ou des cellules généralement antigéniques dans des conditions normales. Elle peut être naturelle ou acquise à la suite d'un traitement particulier.

Tolérance immunitaire spécifique. La tolérance est spécifique si elle ne s'exerce que vis-à-vis d'un antigène ou de plusieurs antigènes électifs.

Le cas le plus simple est la *tolérance immunitaire de l'organisme à ses propres constituants.* On l'interprète parfois comme résultant du contact des cellules immunologiquement compétentes avec les antigènes tissulaires tout au long de la croissance embryonnaire.

Le *contact prénatal avec des antigènes étrangers* induit en général l'établissement d'une tolérance.

Le *phénomène de paralysie immunitaire* est une tolérance immunitaire obtenue chez l'adulte après injection de doses massives d'antigènes faibles. La tolérance aux antigènes d'histocompatibilité* (plus forts) paraît plus difficile à obtenir.

Tolérance immunitaire non spécifique. Elle s'observe au cours de certaines *déficiences immunitaires* congénitales ou acquises (dans les affections touchant le système réticulo-endothélial) qui affectent l'immunité humorale et/ou cellulaire.

Elle peut être *induite par les traitements immunodépresseurs.*

Les immunodépresseurs sont utilisés pour favoriser le succès des transplantations d'organes chez l'homme. Ce sont l'irradiation (rayons X), les immunodépresseurs chimiques (cyclophosphamide, antimétabolites, corticoïdes), le sérum antilymphocyte (obtenu par immunisation d'un animal avec les lymphocytes humains). Ils ont pour inconvénients majeurs de provoquer parfois des aplasies* de la moelle osseuse et de diminuer les réactions immunitaires.

Auto-immunité. Un *auto-anticorps* est un anticorps qui réagit spécifiquement avec une substance provenant de l'organisme même où il a été élevé. Il traduit une exception à la règle de la tolérance d'un organisme pour sa propre constitution antigénique. Cela fait donc envisager la libération d'un antigène jusque-là inaccessible, une modification d'antigénicité, ou encore une modification du système immunologique (rupture de tolérance). Les auto-anticorps peuvent être circulants ou cellulaires.

Leur présence ne traduit pas obligatoirement leur responsabilité directe dans le syndrome pathologique en cours.

En pathologie humaine, l'auto-immunisation joue un rôle plus ou moins important dans les anémies hémolytiques auto-immunes, l'anémie de Biermer*, la thyroïdite* d'Hashimoto, les collagénoses*.

immunotransfusion n. f. Transfusion de sang issu d'un donneur immunisé contre le germe d'une maladie dont souffre le receveur.

impaludation n. f. Envahissement de l'organisme par l'hématozoaire du paludisme*.

imperforation n. f. Malformation congénitale caractérisée par l'occlusion complète d'un canal ou d'un orifice naturel.

Les imperforations *au niveau du tube digestif* posent des problèmes de dépistage urgent chez le nouveau-né. Il peut s'agir d'imperforation de l'anus ou d'atrésie de l'œsophage, qui demandent un traitement chirurgical rapide. Les imperforations *au niveau du tractus génital* consistent en imperforations de l'hymen ou de l'orifice cervical de l'utérus. Elles se révèlent au moment de la puberté, devant une absence d'écoulement menstruel associée à de violentes douleurs pelviennes. Leur traitement en est également chirurgical.

impétigo n. m. Infection superficielle suppurée et croûteuse de la peau.

C'est une affection très contagieuse, fréquente chez l'enfant. Le germe en cause est soit le staphylocoque, soit, le plus souvent, le streptocoque. Les lésions siègent surtout au visage et s'étendent après par grattage. Les premiers éléments sont des bulles. Celles-ci évoluent en pustules qui forment des croûtes. Une adénopathie* (ganglions) est fréquente. La cicatrisation suit la chute des croûtes, mais il est fréquent que de nouveaux éléments apparaissent.

Peuvent s'associer à l'impétigo, la perlèche* ou l'intertrigo*. Certaines dermatoses peuvent se manifester en prenant un aspect d'impétigo (impétigination).

Impétigo chez un jeune enfant.

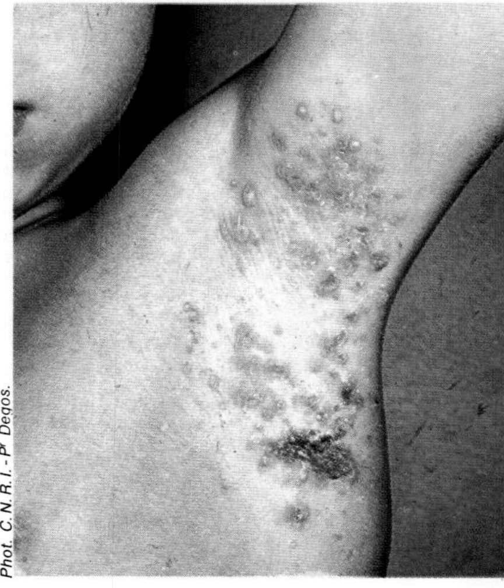

Phot. C.N.R.I. - Pr Degos.

L'impétigo signe toujours une hygiène défectueuse, et le premier traitement sera le savon. On utilise actuellement des solutions et des crèmes à base d'antiseptiques (éosine, mercurothiolate, hexamidine, etc.) ainsi que des antibiotiques qui permettent de guérir sans cicatrices cette maladie.

implant n. m. **1.** Pastille ou pellet, chargés de médicament, que l'on place dans le tissu cellulaire sous-cutané où ils se résorbent lentement.

2. Implant dentaire, plaque ou grille introduite au contact de l'os maxillaire, pour soutenir une prothèse dentaire. (V. IMPLANTATION.)

implantation n. f. **1. Implantation de médicaments.** C'est le mode d'administration de certains médicaments (hormones*, par exemple) consistant, après anesthésie locale, à pratiquer une incision cutanée pour y introduire le produit ou implant.

2. Implantation dentaire. Elle consiste à placer autour ou à l'intérieur des maxillaires un implant* qui soutient une prothèse.

Ce procédé n'est justifié que lorsqu'il n'existe aucune possibilité de placer une prothèse conventionnelle, en cas de perte totale des dents.

impotence n. f. Impossibilité pour un blessé ou un malade de bouger et de se déplacer.

imprégnation n. f. **En pathologie,** pénétration d'un agent nocif pour l'organisme (imprégnation alcoolique, par exemple).

En histologie, méthode de coloration des tissus par fixation de métaux ou de sels métalliques.

impuissance n. f. Impossibilité pour l'homme d'avoir un rapport sexuel complet. L'impuissance relève rarement de causes organiques : il peut s'agir de *troubles hormonaux* consécutifs à une absence ou à un défaut de migration des testicules (ectopie), à une *anomalie des organes génitaux ;* il peut également s'agir d'une *lésion des centres ou voies nerveux* (sections de la moelle épinière, paraplégie, etc.) ; enfin, chez l'homme d'âge mûr, l'*athérosclérose* des artères honteuses (celles qui sont nécessaires à l'érection) peut être en cause. Les impuissances dues à une cause organique ne peuvent être améliorées que si cette cause est susceptible d'être supprimée ou atténuée. Mais la majorité des impuissances ont une cause psychique.

Impuissances symptomatiques d'un trouble psychique. Ces impuissances se caractérisent par leur variabilité et leur caractère incomplet, voire leur sélectivité à l'égard d'une personne particulière (impuissances conjugales, extraconjugales).

L'impuissance des états névropathiques trouve souvent son origine dans des perturbations psychoémotionnelles parfois fort complexes.

Celles-ci peuvent être mises en évidence et traitées par la psychothérapie d'inspiration psychanalytique. On retrouve dans l'analyse du sujet une culpabilisation inconsciente à l'encontre des pratiques sexuelles, une autodépréciation renforcée par les échecs successifs.

La dérivation de l'appétit sexuel peut se faire dans la direction, psychologiquement compensatrice, de conduites sexuelles perverses. (V. PERVERSION.)

impulsion n. f. Tendance incoercible à exécuter une action irréfléchie et soudaine. Les actes d'agressivité contre soi-même ou l'entourage, les comportements inadaptés, les satisfactions instinctives peuvent revêtir un caractère impulsif. Les actes impulsifs s'inscrivent dans des symptomatologies très différentes (impulsion du schizophrène, de l'épileptique, de l'obsessionnel, etc.).

inactivation n. f. Destruction de l'action pathogène d'une substance ou d'un germe par des moyens physiques ou chimiques (chaleur, iode, etc.).

inadaptation n. f. Impossibilité pour un individu, et spécialement un enfant, de s'accorder avec le milieu dans lequel il vit.

Inadaptation juvénile. Les causes en sont diverses et peuvent s'associer. L'insuffisance de ses aptitudes (intellectuelles, motrices, sensorielles) ou les troubles de son caractère peuvent rendre l'enfant ou l'adolescent inapte à se conformer aux exigences de son milieu social.

Selon la situation où elle se manifeste, on parle d'inadaptation sociale, familiale ou scolaire.

La lutte contre l'inadaptation juvénile doit être non seulement curative, mais préventive. Elle nécessite des mesures spéciales (rééducation, action sociale, traitement psychothérapique, pharmacologique, etc.).

inadapté, e adj. et n. Atteint d'inadaptation*. — Par euphémisme, se dit des infirmes* moteurs cérébraux, des arriérés mentaux et de divers handicapés* psychosensorimoteurs, dont l'état nécessite un milieu spécial (instituts médico-pédagogiques).

inanition n. f. État dans lequel se trouve un individu privé de toute nourriture depuis longtemps.

inaptitude n. f. Impossibilité pour un sujet d'effectuer certains actes ou de supporter certaines conditions physiques, en raison de déficiences congénitales ou acquises.

2

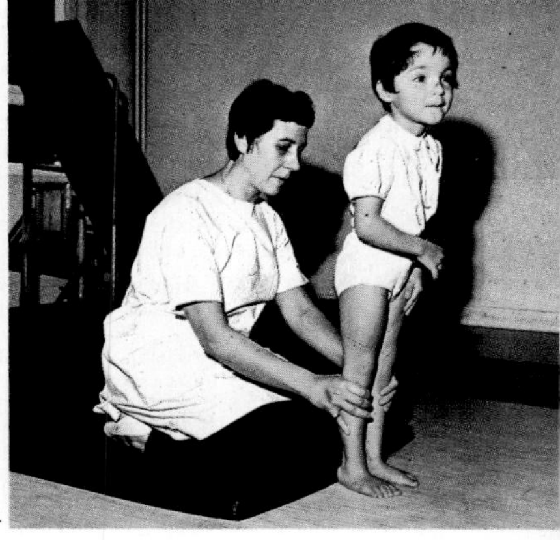

4

Inadaptation.
1. Reconstitution d'un puzzle ;
2. Gestes élémentaires de la vie : préhension des aliments ;
3. Ergothérapie fonctionnelle : la machine à écrire électrique permet aux enfants dont le niveau intellectuel est suffisant d'acquérir un langage écrit. Ici, adaptation par les pieds ;
4. Kinésithérapie : apprentissage de la marche. Tenue debout, fixée par les genoux, acquise en premier. C'est en fractionnant au mieux les exercices que la kinésithérapie agit le plus efficacement.

incapacité n. f. Réduction de la capacité à mener une existence normale.
Elle peut résulter d'une altération des facultés mentales ou physiques, temporaire ou définitive. Des régimes de protection sont prévus par la loi pour les incapables, physiques comme mentaux.

incarcération n. f. **1.** Étranglement d'une anse intestinale à travers un orifice herniaire.

2. État d'une personne prisonnière d'un véhicule accidenté.

inceste n. m. Union sexuelle entre les membres d'une même famille et faisant l'objet d'un interdit.
Cet interdit a un caractère universel, mais ses modalités varient d'un milieu socioculturel à l'autre. À l'origine de ce tabou, on a relevé des motivations eugéniques, économiques, morales et de droit coutumier. La psychanalyse freudienne a montré comment le tabou de l'inceste pouvait être une défense inconsciente élevée par les hommes contre les tendances incestueuses.

incidence n. f. **1.** Nombre de nouveaux cas de maladie survenus, pour une population déterminée, pendant une période donnée.
2. Angle sous lequel est examiné un organe ou une partie du corps, visuellement ou avec les rayons X.

incision n. f. Section nette et franche, au bistouri ou aux ciseaux.

incisive n. f. Dent* aplatie et tranchante, située en avant de la mâchoire.

inclusion n. f. **En histologie,** méthode consistant à introduire des fragments de tissu dans un milieu homogène (paraffine), ce qui permet de les couper en tranches fines.
En cytologie, élément contenu dans une cellule (vacuoles, par exemple).

incompatibilité n. f. Impossibilité pour différents éléments d'exister simultanément ou d'être utilisés ensemble.
En pathologie, des croyances, aujourd'hui abandonnées, laissaient dire que certaines maladies ne pouvaient exister en même temps chez le même sujet. La découverte de l'interféron* laisse penser que la survenue d'une maladie virale s'oppose parfois à la manifestation d'une autre affection de même nature.

En obstétrique, l'incompatibilité fœto-maternelle survient entre le sang de la mère et celui de l'enfant. Cette incompatibilité existe pour les systèmes de groupes* A, B, O et Rhésus surtout.
Mécanisme. Lorsqu'un sujet est dit « de groupe A », il possède des agglutinogènes A (ou antigènes*) et des agglutinines anti-B (ou anticorps*) dans son sang. Mais les anticorps anti-Rhésus n'existent pas habituellement et ne se développent qu'après contact du sang du sujet avec le facteur Rhésus d'un autre sang. D'autre part, il n'y a mélange des deux sangs, fœtal et maternel, que lors de l'accouchement. À ce moment, la mère peut recevoir des facteurs Rhésus que l'enfant a hérités de son père, et elle se mettra à fabriquer des anticorps anti-Rhésus qui lutteront, à la grossesse suivante, contre les facteurs Rhésus du fœtus ultérieur, provoquant la destruction de ses globules rouges qui contiennent les antigènes. Ainsi, si la mère n'a jamais reçu de sang qui n'était pas de son groupe, elle ne sera sensibilisée qu'à partir de la deuxième grossesse.
Une condition pour qu'existe l'incompatibilité fœto-maternelle est que le père de l'enfant possède un facteur Rhésus dont l'enfant hérite ainsi pour moitié, ce qui ne survient que dans 15 p. 100 des cas.
Conséquences. Elles sont redoutables chez l'enfant où elles sont responsables de la « maladie hémolytique du nouveau-né ». On regroupe sous ce terme :
— l'*ictère** néonatal, qui survient avant la 24e heure, associé à un gros foie, à une grosse rate. On peut craindre l'ictère nucléaire (avec atteinte des noyaux gris du cerveau) qui s'accompagne de lésions nerveuses graves ;
— l'*anémie,* qui, quand elle est isolée, est la forme la moins sévère ;
— l'*anasarque fœto-placentaire,* qui provoque la mort de l'enfant.
Conduite à tenir. *Dépistage en début de grossesse.* Il porte sur la recherche systématique du groupe sanguin de toute femme enceinte et sur l'interrogatoire qui fera connaître les antécédents de fausses-couches ou de transfusions sanguines. Si elle est Rhésus négatif, on pratique dès le 7e mois des dosages sanguins d'anticorps anti-Rhésus.
À la naissance. Le test de Coombs indirect chez la mère, le test de Coombs direct et le taux de bilirubinémie* chez le nouveau-né décident de l'exsanguinotransfusion.

En pharmacie, il y a incompatibilité quand on ne peut mélanger plusieurs médicaments.

Incompatibilités physico-chimiques. Elles résultent du mélange de plusieurs corps susceptibles de réagir brutalement (acides + bases, réducteurs + oxydants).
Incompatibilités physiologiques. L'administration simultanée de deux médicaments est parfois dangereuse. Ainsi en est-il du mélange I. M. A. O. + vasoconstricteurs. Parfois, le mélange ne fait qu'annuler l'effet de chaque médicament.

En thérapeutique, on connaît les incompatibilités entre sangs de groupes différents, responsables d'accidents graves lors d'erreurs transfusionnelles, et l'incompatibilité immunologique entre donneur et receveur se manifestant lors des greffes.

inconscient n. m. Partie de la vie psychique faite de souvenirs, de désirs et de processus psychologiques qui, tout en échap-

pant à la conscience, agissent sur la conduite.
La découverte de cette dimension psychologique est due aux travaux de S. Freud. Les désirs et les idées inconscientes parviennent à s'exprimer de façon déguisée et détournée dans la vie quotidienne à travers les « actes manqués », les lapsus, les oublis et, enfin, au cours du rêve ; de même, lors des « associations libres » et des symptômes neurotiques.

Le rêve est considéré comme l'expression symbolique des désirs inconscients du sujet. Le contenu manifeste du rêve sert de masque à un contenu latent, qui est le reflet de préoccupations intérieures.

La connaissance de l'inconscient — principale recherche de la cure psychanalytique — est facilitée par la méthode des « associations libres ». Cette méthode consiste à énoncer toutes les pensées qui se présentent à l'esprit, sans réticence et sans volonté d'en censurer consciemment aucune, ni de guider le discours en aucune façon. (V. PSYCHANALYSE.)

incontinence n. f. Émission involontaire d'urines ou de selles.
Quand elle est nocturne et inconsciente, on parle d'*énurésie* pour la perte d'urines et d'*encoprésie* pour la perte de selles.
Incontinence d'urines. Elle peut être due à un trouble nerveux ou à un trouble urinaire. Les troubles nerveux sont le plus souvent les comas* et les paraplégies*. Les lésions des voies urinaires nécessitent souvent un traitement chirurgical.

L'incontinence par regorgement traduit une distension de la vessie par obstacle à la miction.
Incontinence de selles. Elle est due soit à une affection nerveuse, soit à une lésion locale comme l'insuffisance du sphincter anal.

incubateur n. m. Syn. de COUVEUSE*.

incubation n. f. Période de latence entre la contamination d'une maladie infectieuse et son début clinique. De durée variable, elle correspond à la multiplication du germe ou à l'élaboration de sa toxine. (V. tableau.)
Pendant l'incubation, aucun signe clinique n'apparaît, et même les signes biologiques sont le plus souvent négatifs. Le sujet n'est pas encore contagieux.

indemnité n. f. **Indemnité journalière,** indemnité versée par les assurances maladie*, maternité* et accidents* du travail à un assuré social salarié auquel le médecin traitant a prescrit une abstention provisoire de son activité professionnelle.

indication n. f. Ensemble de motifs, issus des données diverses sur la maladie et le malade, qui décident des moyens thérapeutiques et de leur moment opportun. — Ces moyens eux-mêmes.

indice n. m. Expression numérique d'une grandeur, d'un rapport ou d'un phénomène susceptibles d'être mesurés.
Indices de robusticité. Ils permettent d'évaluer l'aptitude physique des individus.
Indice de Pignet. Il faut soustraire la somme du poids, évalué en kilogrammes, et du tour de poitrine, exprimé en centimètres, de la taille comptée en centimètres.
Résultats : − 10 surcharge graisseuse
+ 21 à 30 constitution moyenne
+ de 35 constitution mauvaise.
Indice de Ruffier. Il résulte de la différence entre R (désignant la différence entre le périmètre thoracique et le périmètre abdominal) et E (indiquant l'écart entre la taille au-dessus du mètre et le poids).
Résultats : − de 10 médiocre
15 à 20 très bon.
Indices paludométriques. Ils sont établis par l'examen des individus vivant dans une région donnée, afin de déterminer le pourcentage de sujets atteints de paludisme.

DURÉE MOYENNE D'INCUBATION DE DIVERSES MALADIES

blennorragie	3 à 6	jours
botulisme	5 h à 5	—
chancre mou	1 à 2	—
chancre syphilitique	15 à 45	—
charbon	1 à 4	—
choléra	2 à 8	—
coqueluche	env. 8	—
diphtérie	2 à 7	—
dysenterie bacillaire	4 à 6	—
érysipèle	3 à 7	—
fièvre jaune	2 à 5	—
fièvre récurrente	5 à 7	—
grippe	1 à 3	—
lèpre	3 mois à 20	ans
méningite à méningocoques	4 à 5	jours
morve	3 à 5	—
oreillons	8 à 21	—
paludisme	5 à 8	—
peste	1 à 8	—
rage	qq. j. à 3	mois
rougeole	10 à 14	jours
rubéole	8 à 15	—
scarlatine	3 à 8	—
spirochétose ictéro-hémorragique	5 à 8	—
tétanos	3 à 12	—
typhoïde	9 à 21	—
typhus exanthématique	12 à 20	—
varicelle	14	—
variole	8 à 14	—

indigestion n. f. Terme utilisé communément pour désigner un ensemble de troubles digestifs (nausées*, vomissements*, ballonnement*, par exemple) succédant à un repas excessif ou mal toléré. (V. DYSPEPSIE.)

indolent, e adj. Qui n'est le siège d'aucune douleur.

indométhacine n. f. Substance anti-inflammatoire utilisée par la bouche dans le traitement des maladies rhumatismales.

induction n. f. **1.** Production à distance d'énergie électrique ou magnétique au moyen d'un aimant ou d'un courant, utilisée dans l'électrodiagnostic* et l'électrothérapie*.
2. Phase initiale de l'anesthésie générale.
3. Induction embryonnaire, mode d'action exercée par une région limitée de l'œuf en cours de développement sur d'autres parties de celui-ci : les cristallins de l'œil sont induits par les ébauches des globes oculaires.

La nature exacte de l'induction est mal connue. On a invoqué un transfert de substances chimiques cédées par le matériel inducteur à l'ébauche, mais le rôle de cette dernière est certainement très important, car elle contient tous les métabolites nécessaires à l'édification des organes.

induration n. f. Durcissement d'un tissu. Il peut traduire une inflammation, une sclérose, une tumeur, une calcification ou une ossification.
Induration plastique des corps caverneux, transformation fibreuse de l'enveloppe des corps caverneux, entraînant une déformation de la verge en érection et une douleur permanentes.

infantilisme n. m. État pathologique consistant dans la persistance, à l'âge adulte, de certains caractères de l'enfance et dans l'absence de certains caractères physiques, psychiques et génitaux propres à l'adulte.
Les insuffisances thyroïdiennes (v. THYROÏDE), antéhypophysaire (v. HYPOPHYSE) et de syndrome adiposo-génital* sont responsables d'infantilisme.
Infantilisme affectif ou puérilisme, fait, pour des adolescents, voire des adultes, de se comporter comme des petits enfants (de moins de 3 ans) pour attirer l'attention, se faire cajoler. Il s'agit soit de sujets débiles, soit de grands émotifs, parfois d'hystériques.

infarctus n. m. Lésion due à la nécrose localisée d'un tissu ou d'un viscère.
La cause des infarctus est toujours un arrêt brutal de la circulation artérielle : *embolie* née d'une veine périphérique ou du cœur, *thrombose* locale d'une artériole malade (athérome) ou comprimée, plus rarement *spasme artériel* prolongé. Macroscopiquement, la lésion est, au début, blanche, cernée d'un liséré rouge lorsque l'artériole bouchée est terminale, rouge dans le cas contraire. Les conséquences d'un infarctus varient d'après l'organe intéressé et l'étendue du territoire atteint ; il aboutit toujours à la mort d'un segment de tissu plus ou moins vaste, qui est remplacé par du tissu fibreux.

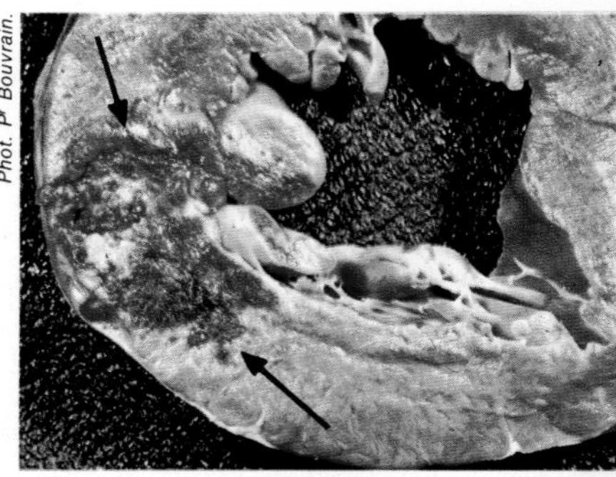
Phot. Pr Bouvrain.

Infarctus du myocarde.

Infarctus du myocarde, nécrose d'une partie du muscle cardiaque, due à l'athérosclérose* oblitérante des artères coronaires*.

C'est un accident grave, d'évolution parfois fatale. Il survient plus volontiers chez l'homme à partir de la cinquantaine et lorsqu'il existe des facteurs de risque d'athérosclérose : troubles du métabolisme des graisses (hypercholestérolémie), diabète, goutte, hypertension artérielle, tabagisme, obésité, anxiété, etc.

Cliniquement, il se traduit par une douleur rétrosternale, constrictive, irradiant dans les mâchoires et les membres supérieurs, très intense, angoissante. Cette douleur survient souvent en dehors de tout effort et elle n'est pas calmée par la prise de trinitrine*. Elle est souvent associée à des troubles digestifs, à une chute tensionnelle, à une fièvre irrégulière.

La douleur de l'infarctus peut parfois être révélatrice de l'athérosclérose coronarienne. Ailleurs, par contre, l'interrogatoire retrouve des antécédents *d'angine* de poitrine* dont l'aggravation récente aurait dû alarmer et faire instituer un traitement préventif.

Mais il n'est pas rare que la douleur soit atypique, notamment atténuée, voire absente.

Le diagnostic est confirmé par l'électrocardiogramme*, qui montre des signes d'ischiémie, de lésion et de nécrose, associés à des degrés divers (modification du segment ST et de l'onde T). Le dosage des transaminases sériques est précieux lorsque les signes électriques de nécrose (onde Q) sont absents.
Évolution. Elle se fait souvent sans incident. Elle peut cependant être grave. La gravité tient, dans l'immédiat, à l'étendue de la nécrose et à la survenue de troubles du rythme ou d'un collapsus* cardio-vasculaire (chute de la tension artérielle); à distance, à la survenue éventuelle d'une nouvelle nécrose ou d'une insuffisance cardiaque*.
Traitement. Il comporte le repos strict au lit, l'administration de morphine contre la douleur, le traitement anticoagulant (actuellement discuté), les « coronarodilatateurs ». L'activité peut être reprise progressivement de 1 à 3 mois après le début de l'infarctus.
Infarctus mésentérique, nécrose d'un segment de l'intestin, due à l'arrêt de la circulation artérielle mésentérique.

C'est un accident brutal, dont la traduction clinique est souvent trompeuse, simulant de nombreuses affections digestives. L'existence d'antécédents cardio-vasculaires est donc précieuse pour le diagnostic.
Traitement. Entrepris en urgence, il comporte la réanimation en cas de choc* et la résection chirurgicale des anses intestinales infarcies.
Infarctus pulmonaire (v. EMBOLIE *pulmonaire*), nécrose d'une partie du parenchyme pulmonaire, résultant d'une embolie (caillot provenant d'une phlébite), ou d'une thrombose des artérioles pulmonaires. Grande urgence médicale, elle se traduit typiquement par un violent point de côté thoracique, une gêne respiratoire et par une toux qui ramène plus tard quelques crachats sanglants.
Traitement. Le traitement anticoagulant doit être prolongé. La prévention des thrombophlébites*, génératrices d'embolies pulmonaires, est capitale.
Infarctus utéro-placentaire. V. HÉMATOME *rétroplacentaire.*

infectieux, euse adj. Relatif à une infection*.
Les maladies infectieuses sont d'origine bactérienne ou virale; elles peuvent être contagieuses ou non. Elles existent à l'état d'épidémie* ou d'endémie*. Certaines sont à déclaration obligatoire (v. CONTAGION) et, le plus souvent, elles nécessitent une éviction scolaire partagée par les frères et sœurs.

infection n. f. Ensemble des modifications d'un organisme provoquées par la pénétration d'un germe quel qu'il soit.
Causes. Les agents responsables d'infection sont très nombreux. Ils regroupent les bactéries*, les virus*, les protistes, c'est-à-dire les protozoaires* (unicellulaires animaux), et les champignons (v. MYCOSE). Ces agents peuvent être spécifiques (cas des bacilles d'Eberth*, cause de la typhoïde; de Koch*, cause de la tuberculose) ou non : ainsi le staphylocoque peut être aussi bien responsable de méningite, d'ostéomyélite que de pneumonie. Les germes, venus le plus souvent de l'extérieur, se développent lorsque l'organisme est en état de déficience. L'existence d'une maladie comme le diabète favorise le développement de la plupart des germes. Parfois des germes saprophytes* peuvent devenir pathogènes à la faveur d'un déséquilibre local.

Moyens de défense de l'organisme. Différentes réactions sont mises en œuvre par l'organisme pour lutter contre l'agression :
— *localement,* au niveau de la porte d'entrée, des phénomènes circulatoires et lymphatiques constituent une première barrière, aidés par la fonction de phagocytose des globules blancs;
— sur le *plan général,* on assiste, suivant la nature des agents infectieux, à la formation d'anticorps* et à l'apparition de l'immunité.

Caractères de l'infection.
Infection locale. Lorsque le germe reste confiné dans le tissu qu'il pénètre, l'infection reste locale. Elle peut siéger au niveau de la peau (furoncles*, impétigo*), des muqueuses (phlegmons*...). La réaction de l'organisme peut s'accompagner de signes généraux (fièvre) et de formation d'anticorps.
Infection générale. Le germe ayant dépassé les premières défenses (ganglions lymphatiques), il se répand dans l'organisme, notamment dans le sang, et est responsable de septicémie* ou de bactériémie*.
Infection focale. C'est la localisation dans un tissu d'un germe véhiculé par la circulation (sanguine ou lymphatique). Le germe peut être bactérien, viral ou d'origine toxinique. C'est le plus souvent une infection dentaire qui en est le point de départ, mais des foyers O. R. L. (nez, gorge, oreilles), génitaux et même digestifs peuvent se rencontrer.

Ces infections, souvent graves dans leur pronostic, peuvent toucher tous les appareils et en particulier :
— les vaisseaux (phlébites, maladie d'Osler*);
— les articulations (rhumatisme articulaire aigu, polyarthrites);
— les poumons (abcès du poumon...);
— les reins (néphrites, glomérulopathies);
— le tube digestif (entérocolites...).

Devant toute infection de diagnostic incertain, un examen soigneux de l'état dentaire et O. R. L. permettra souvent de reconnaître un foyer latent. À partir de ces foyers (dentaires, O. R. L., etc.), des germes ou des toxines sont envoyés dans la circulation générale de façon répétée, bien qu'en quantité minime, et peuvent être responsables de septicémie débutant à bas bruit.

Infection inapparente. Il s'agit d'une atteinte de l'organisme qui ne présente aucune manifestation clinique. Biologiquement, on retrouve certaines anomalies et l'apparition éventuelle d'une immunité. Les sujets ainsi atteints sont les porteurs de germes sains.

Toxi-infection. Elle associe à la multiplication du germe la libération d'une toxine responsable de troubles graves. Les plus redoutables sont la diphtérie*, le tétanos et le botulisme*.

L'infection en chirurgie. Le chirugien doit faire face à deux problèmes : la guérison d'une infection par une opération chirurgicale, et la survenue postopératoire d'une infection.

L'acte chirurgical est souvent nécessaire pour stopper la propagation d'une infection : panaris, appendicite, cholécystite. Le chirurgien pratique des incisions d'abcès, des résections de tissus infectés ; il recherche toutes les localisations secondaires régionales de l'infection et il enlève les corps étrangers (séquestres). La mise en place de drains permet l'évacuation ultérieure du pus et facilite la guérison. L'emploi des antibiotiques a diminué la diffusion des bactéries et permis un rétablissement plus précoce.

L'infection postopératoire est une complication grave et fréquente. Qu'elle survienne en cours d'intervention (brutale hyperthermie*) ou au décours de l'opération, elle aggrave toujours le pronostic. Les antibiotiques favorisent une accélération du retour à la normale, mais au prix de doses élevées et de l'usage de médicaments parfois non dénués d'inconvénients. C'est surtout en chirurgie orthopédique, en chirurgie du nouveau-né et en chirurgie cardiaque et thoracique que le risque est le plus grave.

L'infection en obstétrique. Actuellement, les infections obstétricales, si elles n'ont pas disparu, sont moins nombreuses et, grâce aux antibiotiques, moins sévères dans leur pronostic qu'autrefois. La grossesse, l'accouchement et les suites de couches bénéficient d'une surveillance renforcée, de locaux appropriés (maternités) et surtout d'une asepsie rigoureuse pendant et après l'accouchement.

infériorité n. f. **Complexe d'infériorité,** sentiment engendré par l'impression d'une insuffisance par rapport à une norme objective ou subjective.

Il peut entraîner des réactions de surcompensation qui aboutissent ou non à une adaptation satisfaisante. Les sentiments d'infériorité participent soit à une symptomatologie névrotique (obsessionnelle, psychasthénique), soit à des processus psychotiques (mélancolie, délires).

infestation n. f. État de l'organisme après la pénétration d'un parasite (ver, larve, protozoaire, etc.).

infiltrat n. m. Terme radiologique désignant une opacité pulmonaire homogène (tuberculose pulmonaire, affection virale, etc.).

infiltration n. f. Pénétration diffuse, dans un tissu ou un organe, de produits (liquide, gaz, etc.) ou de cellules ne s'y trouvant pas normalement.

Infiltrations pathologiques. On distingue : l'*infiltration d'urine* dans le petit bassin, à la suite d'une rupture de vessie ; l'*infiltration de lymphe* au niveau du médiastin, due à une rupture du canal thoracique (collecteur de la lymphe) ; l'*infiltration de cellules inflammatoires* dans toute inflammation (afflux de leucocytes dans la région atteinte). Les *infiltrations tumorales* par des cellules malignes, à proximité ou à distance du siège d'une tumeur, sont caractéristiques des cancers*.

Infiltrations thérapeutiques. Ce sont des injections de produits anesthésiques (procaïne, lignocaïne), d'anti-inflammatoires (dérivés de la cortisone), d'antibiotiques injectables, de substances sclérosantes (l'alcool est utilisé pour supprimer définitivement une voie nerveuse douloureuse). Les infiltrations ont une action strictement locale : articulaire, dentaire, nerveuse.

infirme n. Tout individu dont une fonction physique ou psychique est partiellement ou totalement perturbée d'une façon permanente. (V. HANDICAPÉ.)

Infirme moteur cérébral (I. M. C.), individu atteint de lésions du cerveau entraînant des paralysies, des spasmes et des mouvements anormaux (athétose) souvent associés à des troubles visuels, auditifs et tactiles.

L'arriération mentale accompagne parfois ces infirmités, mais elle n'est pas constante. Les causes d'I. M. C. sont les traumatismes de l'accouchement, l'anoxie* cérébrale néonatale, les affections de l'embryon dans les 3 premiers mois, parfois des traumatismes crâniens de la petite enfance, plus rarement des affections héréditaires. (V. HANDICAPÉ.)

infirmerie n. f. Local réservé aux soins, dans les écoles, usines, casernes, etc.

Les infirmeries doivent être vastes, faciles à nettoyer. L'éclairage doit être bien réparti. Le mobilier comprend généralement une table d'examen, un lit de repos, une paillasse, une table, des chaises, un placard fermant à clef. Le matériel comprend des garrots, pinces hémostatiques, ciseaux, plateaux stérilisables, seringues et aiguilles, des gants et doigtiers, des attelles et gouttières pour fractures. Des compresses stériles, du coton, des bandes, des antiseptiques (alcool, hexamidine, etc.), des bandes adhésives doivent être disponibles pour les pansements.

infirmier, ère. Personne qui, en fonction des diplômes qui l'y habilitent, donne des soins sur prescription médicale ou en application du rôle propre qui lui est dévolu. Les infirmiers et infirmières exercent dans les hôpitaux, les cliniques, les dispensaires ainsi qu'à domicile, en ville ou à la campagne.

inflammation n. f. Ensemble des réactions de l'organisme provoquées par une agression, quelle qu'en soit la nature (microbe, levure, virus, agent toxique, traumatisme, etc.).
L'agression entraîne une lésion autour de laquelle se constitue le processus inflammatoire. Le stade aigu de l'inflammation comporte trois temps :
1. Le *temps vasculaire initial* se traduit par une vasodilatation des capillaires autour de la lésion (entraînant rougeur et chaleur lorsque la lésion est superficielle) et par une exsudation de lymphe, de plasma, d'eau et de globules blancs (responsable d'un gonflement) apportant les éléments nutritionnels nécessaires à la reconstitution du tissu lésé ;
2. Le *temps cellulaire,* ensuite, comporte la mobilisation et la multiplication des cellules destinées à détruire et à phagocyter les tissus morts ou les corps étrangers (il y a, parfois, formation de pus) ;
3. À ce stade aigu, fait suite une *phase de multiplication cellulaire et de réparation* qui aboutit soit à une *restitutio ad integrum,* soit à une cicatrice fibreuse. Selon les caractères cliniques et la prédominance des réactions vasculaires, cellulaires ou tissulaires, on distingue les inflammations aiguës (abcès), subaiguës (sinusite) ou chroniques (cirrhose du foie).
Inflammation et tumeurs. Entre les processus inflammatoire et prolifératif, différents et indépendants, il existe parfois des cas frontières : les lésions subaiguës peuvent, en effet, donner des hyperplasies tissulaires localisées, voire être le point de départ d'un cancer. (Il existe des liens indiscutables entre les cervicites* [inflammations du col de l'utérus] subaiguës et les polypes bénins ou le cancer du col de l'utérus, et seul l'examen histologique permet d'établir le diagnostic.)

influence n. f. **Délire d'influence,** impression délirante éprouvée par un sujet qu'une action extérieure dirige le fonctionnement de sa pensée, laquelle est comme épiée, devinée, téléguidée, commentée, etc.

influenza n. f. Syn. de GRIPPE.

influx n. m. **Influx nerveux,** modification physico-chimique qui se propage le long des fibres nerveuses à partir du point de stimulation, et qui correspond au fonctionnement des nerfs.

infrarouges n. m. pl. Abréviation de *rayons infrarouges,* radiations lumineuses invisibles à l'œil, de longueur d'onde supérieure aux rayons visibles.
Contenus dans le rayonnement solaire ou produits par des sources incandescentes, on les emploie dans le traitement des douleurs rhumatismales (torticolis, lumbago, douleurs intercostales), des arthropathies et dans les troubles circulatoires des extrémités.

infusion n. f. Boisson obtenue en mettant en contact une plante avec de l'eau bouillante et en laissant refroidir. (On prépare ainsi le thé et les tisanes.)

infusoires n. m. pl. Classe de protozoaires ciliés et à deux noyaux.
Seul *Balantidium coli* parasite l'intestin de l'homme, provoquant quelques symptômes diarrhéiques (balantidiose*).

inguinal, e, aux adj. Relatif à l'aine* : *canal inguinal, hernie inguinale.*

inhalateur n. m. Appareil servant à faire respirer des gaz ou des vapeurs. Les inhalateurs sont employés pour faire respirer de l'oxygène (réanimation) et des gaz anesthésiques. On appelle aussi inhalateurs les fumigateurs employés pour les fumigations*.

inhalation n. f. Pénétration dans les voies respiratoires de gaz ou de vapeurs.
Inhalation de vapeurs médicamenteuses. Les *inhalations chaudes* ont pour but de faire pénétrer dans les voies respiratoires des produits volatils (eucalyptol, essence de pin, teinture de benjoin, menthol, etc.) mis au contact d'eau bouillante dans un inhalateur ou fumigateur. Les inhalations mentholées sont efficaces dans les rhinites et sinusites, mais le menthol est irritant en cas de laryngite (on emploie alors la teinture de benjoin, l'essence de pin, l'eucalyptol).

On pratique des inhalations de gaz et de vapeurs dans les stations thermales (Le Mont-Dore, Luchon, Allevard, etc.), pour les affections des voies respiratoires supérieures.
Inhalation de gaz respiratoires. Pour la réanimation, on fait respirer de l'oxygène ; pour l'anesthésie, de l'oxygène mélangé à du

protoxyde d'azote, de l'halothane, etc. Le gaz peut être administré par un masque ou par intubation* trachéale (canule dans la trachée).

Inhalation de gaz ou de vapeurs toxiques. Il peut s'agir d'un accident dans une installation industrielle (rupture de canalisation), dans une cuisine (gaz de ville), ou de gaz de combat. On observe soit une intoxication (oxyde de carbone), soit une irritation ou même des lésions des voies respiratoires pouvant entraîner l'asphyxie (gaz vésicants). [V. CARBONE, *Oxyde de carbone,* et GAZ, *Toxicologie.*]

inhibiteur adj. et n. m. **Inhibiteurs calciques,** médicaments qui freinent la pénétration du calcium dans le muscle cardiaque et les muscles lisses. (On les emploie dans le traitement de l'angine de poitrine.)

Inhibiteur de l'enzyme de conversion. Substance qui freine la formation d'angiotensine* et employée dans le traitement de l'hypertension.

Inhibiteurs de la mono-amino-oxydase. V. I. M. A. O.

inhibition n. f. Ralentissement ou suppression d'un phénomène par un autre phénomène ou par une substance donnée. (V. FEED-BACK.)

Chimie. Les réactions enzymatiques ont de nombreux inhibiteurs. Certains agissent par compétition, en prenant la place d'un des termes de la réaction (antimétabolites).

Neurophysiologie. La stimulation d'un nerf peut arrêter le mouvement d'un organe (l'organe inhibé n'est pas paralysé) ; ainsi la stimulation du nerf pneumogastrique inhibe la contraction cardiaque.

Psychiatrie. L'inhibition est une sorte de frein qui ralentit et empêche l'élan de la pensée, entraîne un repli du sujet sur lui-même ; elle est un des symptômes majeurs de la mélancolie*.

inhumation n. f. Mise en terre d'un cadavre.
Elle n'est autorisée, en France, qu'après délivrance d'un permis d'inhumer par l'officier d'état civil (celui-ci peut l'ajourner s'il existe des indices de mort violente). Un délai de 24 heures est exigé entre le décès et l'inhumation.

injectable adj. **Préparations injectables,** médicaments liquides ou substances gazeuses destinés à être injectés par les voies intradermique, hypodermique (sous-cutanée), intramusculaire, intraveineuse (endoveineuse), intrarachidienne ou épidurale. On distingue les solutés aqueux ou huileux, les suspensions aqueuses et huileuses et les préparations opothérapiques injectables. Toutes ces préparations doivent être stériles.

injection n. f. Introduction sous pression d'une solution (aqueuse, alcoolique ou huileuse) ou d'un gaz, soit dans une cavité naturelle, soit à travers la peau dans les tissus (injections parentérales également appelées *piqûres*).

Injections parentérales. Elles permettent d'administrer des médicaments qui seraient détruits par l'estomac (insuline) ou mal tolérés, de donner des doses fortes qui seraient mal assimilées par voie buccale, d'administrer des médicaments à des sujets dans le coma. Elles nécessitent une asepsie parfaite (désinfection des mains, stérilité du matériel utilisé [aiguille et embout de la seringue], désinfection de la région de peau choisie pour l'injection).

Injection sous-cutanée ou hypodermique. L'injection se fait sous la peau, dans une région où il n'y a pas de vaisseaux ni de nerfs importants (peau de l'abdomen, faces externes du bras, de la cuisse, etc.). La peau est saisie entre le pouce et l'index, et l'aiguille est enfoncée à la base du pli cutané ainsi formé, parallèlement à la peau, le biseau tourné vers le haut.

Injection intramusculaire. Elle permet une absorption et une diffusion de médicaments plus rapides que par voie sous-cutanée. Le lieu d'injection est le quadrant supéro-externe de la fesse, où ne passent ni vaisseaux ni nerfs importants. Des incidents peuvent survenir : piqûre du nerf sciatique en cas d'injection faite trop bas et en dedans ; formation d'un petit hématome si on a piqué dans un vaisseau ; abcès de la fesse en cas de faute d'asepsie ; indurations persistantes en cas d'injections répétées.

Injection intraveineuse (ou endoveineuse). Elle permet d'injecter de fortes doses de médicaments qui agissent immédiatement et dont certains, irritants pour les tissus, ne peuvent être injectés par voie intramusculaire ou sous-cutanée. Les précautions d'asepsie doivent être rigoureuses, et il faut éviter un choc par introduction de substances pyrogènes*. Elle n'est donc faite que par le médecin ou sous sa responsabilité. Un garrot est placé au-dessus du lieu d'injection. Dès que l'aiguille est dans la veine, du sang apparaît dans la seringue. On enlève le garrot et on fait l'injection lentement (il convient de vérifier que l'aiguille est toujours dans la veine en ramenant un peu de sang par traction sur le piston de la seringue au cours des injections longues).

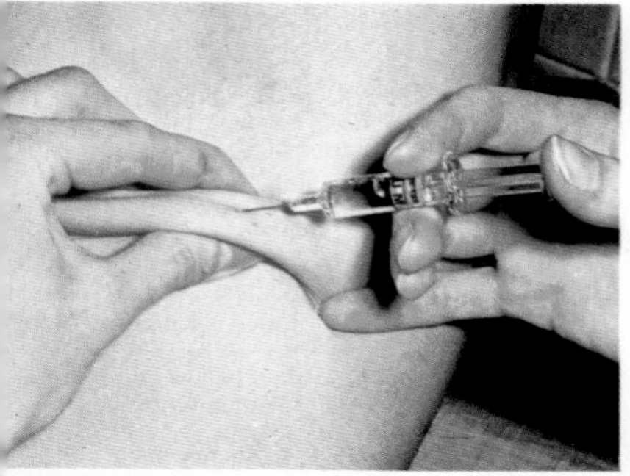

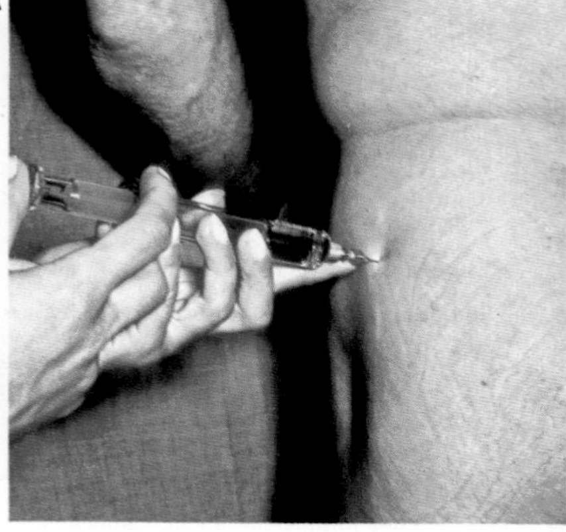

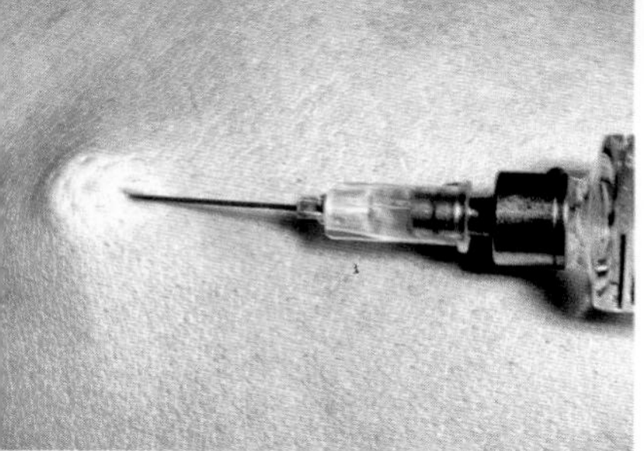

Injection. Différents types d'injections parentérales courantes.
A. Intramusculaires ; B. Sous-cutanée ; C. Intradermique ; D. Intraveineuse.
1. Épiderme ; 2. Derme ; 3. Veine ; 4. Muscle.

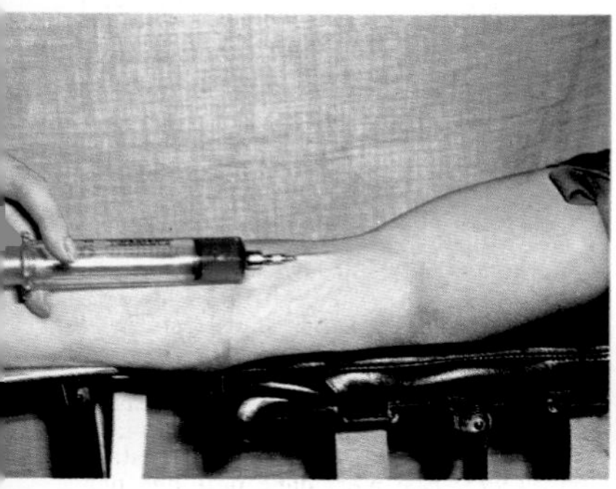

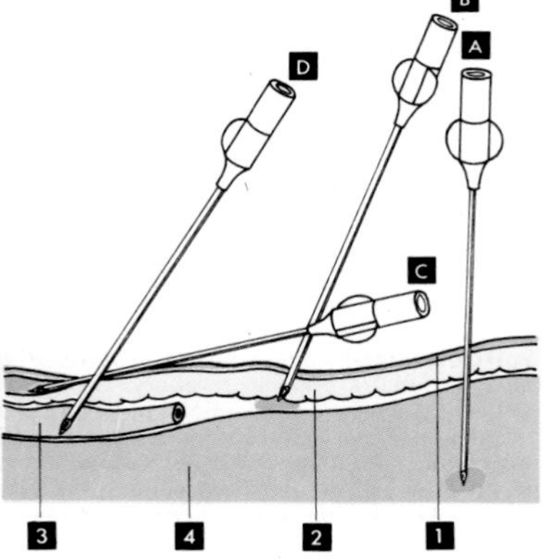

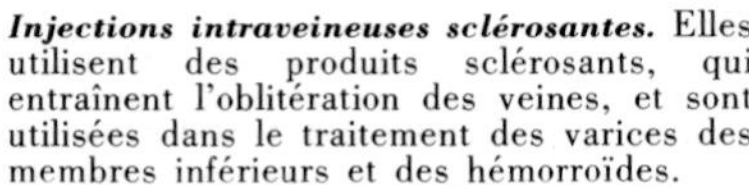

Injections intraveineuses sclérosantes. Elles utilisent des produits sclérosants, qui entraînent l'oblitération des veines, et sont utilisées dans le traitement des varices des membres inférieurs et des hémorroïdes.

Injection intradermique. Faite dans l'épaisseur de la peau, elle est utilisée notamment pour la recherche de l'allergie à la tuberculose (intradermoréaction à la tuberculine). La réussite de l'injection intradermique est attestée par le soulèvement de la peau comme une papule.

Injection intra-artérielle. Elle se fait surtout dans l'artère fémorale et utilise souvent des médicaments destinés à traiter les troubles vasculaires des membres, comme l'artérite ou les tumeurs du territoire de l'artère.

Injection intra-articulaire. V. INFILTRATION.

Injection épidurale. Elle se fait à la partie inférieure du canal rachidien dans l'espace compris entre la dure-mère et l'os.

Injection intrarachidienne. Elle est faite dans le liquide céphalo-rachidien, au cours d'une ponction lombaire.

Injections dans les cavités naturelles. Elles peuvent se faire dans le nez, les oreilles et dans la cavité vaginale (à titre d'hygiène ou de thérapeutique).

inlay n. m. Obturation dentaire effectuée avec un bloc d'or incrusté dans la dent.

innervation n. f. Disposition et action des nerfs.
Sur le plan *anatomique,* l'innervation désigne la répartition des nerfs dans un territoire. Sur le plan *fonctionnel,* on distingue l'innervation motrice, sensitive et végétative (nerfs sympathiques et parasympathiques).

inoculation n. f. Pénétration dans l'organisme, par une brèche cutanée ou muqueuse, ou par injection, d'un germe pathogène.

inorganique adj. Se dit d'une maladie indépendante de toute lésion d'organe, et ne se traduisant que par des troubles fonctionnels. (V. ORGANIQUE et FONCTIONNEL.)

insectes n. m. pl. Invertébrés à 6 pattes, de l'embranchement des arthropodes.
Les insectes sont dangereux par leurs piqûres et par les maladies qu'ils transmettent. Leur développement passe par des stades larvaires plus ou moins complexes (métamorphoses). Certains se nourrissent du sang des vertébrés (insectes hématophages).

Piqûres d'insectes. Les piqûres d'abeilles*, guêpes* ou frelons* sont parfois dangereuses. Elles entraînent un gonflement local douloureux et, chez les sujets sensibles, de la fièvre, une chute de tension. Elles sont particulièrement dangereuses à la face et surtout dans la bouche, le pharynx, où elles peuvent provoquer un gonflement de la glotte et une asphyxie pouvant nécessiter la trachéotomie. Toutefois, les antihistaminiques et éventuellement les corticoïdes suffisent généralement à en atténuer les effets. Localement, il faut enlever le dard (abeilles) et appliquer des compresses humides ou des cataplasmes anti-inflammatoires.

Certains insectes peuvent entraîner, sans piqûre, des éruptions cutanées (chenilles, papillons) ou même des vésicules très douloureuses (cantharides). Pommades anti-inflammatoires et antihistaminiques suffisent généralement. Nombre d'autres insectes piquent l'homme (moustiques, poux, puces, taons, etc.), mais les piqûres ne sont pas dangereuses s'il n'y a pas transmission de maladie infectieuse.

Maladies transmises par les insectes. Elles sont nombreuses. (V. tableau ci-dessous et se reporter aux mots cités.)

Insectes	*Maladies transmises*
moustiques (anophèles femelles)	paludisme fièvre jaune dengue
phlébotomes	leishmanioses (kala-azar)
moucherons (simulies)	onchocercose
poux	typhus borréliose peste
puces	peste typhus murin
punaises	fièvre récurrente trypanosomiase (maladie de Chagas)
taons	infection locale au point de piqûre filarioses à loa-loa
mouche tsé-tsé (glossine)	maladie du sommeil

insecticide n. m. Produit naturel ou synthétique destiné à la lutte contre les insectes et leurs larves.
Les insecticides de contact pénètrent dans l'insecte par son tégument. Les plus connus sont les pyréthrines, la nicotine et surtout le D. D. T., qu'on emploie en poudre, en solution (à 5 p. 100) ou en émulsion (à 25 p. 100) ; le H. C. H. (hexachlorocyclohexane) est employé en poudre mouillable ou en solution.

Les insecticides par ingestion (arsénicates) déterminent chez l'insecte une intoxication.

L'utilisation des insecticides permet la prophylaxie des maladies transmises par les insectes, mais ils ne doivent être employés qu'à bon escient, car leur usage inconsidéré risque de détruire la faune utile, de rendre les insectes résistant à leur action. Par ailleurs, les insecticides appliqués sur les légumes et les fruits, bien que peu toxiques, doivent être autant que possible éliminés par lavage ou épluchage.

insémination n. f. Apport de sperme dans les voies génitales féminines.

Insémination artificielle de la femme. C'est une technique utilisée dans certaines variétés de stérilité conjugale, qui consiste à aller déposer du sperme directement dans la cavité utérine.

Elle peut être faite avec un *sperme étranger,* lorsque le mari présente, par exemple, une azoospermie* ou une oligoasthénospermie (peu ou pas de spermatozoïdes) importante. Ce sperme peut avoir été recueilli directement peu avant l'insémination. Il peut également provenir d'une banque de sperme, à partir d'un « pool » de donneurs. Elle peut être faite avec le *sperme du mari,* en cas d'impossibilité de rapports sexuels ou d'obstacle à l'ascension des spermatozoïdes au niveau du col. L'insémination, surtout avec sperme étranger au ménage, pose des problèmes psychologiques, juridiques et sociaux.
Législation. L'insémination artificielle peut être demandée par une femme seule ou par un couple et, dans ce dernier cas, être pratiquée soit avec le sperme du mari, soit avec le sperme d'un donneur anonyme.

L'enfant né de mère célibataire par insémination artificielle sera un enfant naturel que la mère reconnaîtra si elle le veut. Né d'une femme mariée, il est légitime.

insensibilisation n. f. Syn. d'ANESTHÉSIE* LOCALE.

I. N. S. E. R. M., sigle de l'*Institut national de la santé et de la recherche médicale,* organisme de recherches portant sur les différentes spécialités médicales et les sciences fondamentales.

insertion n. f. Surface d'attache d'un organe sur un autre : *insertion d'un muscle sur un os.*

insolation n. f. État morbide consécutif à une exposition trop prolongée au soleil.
Elle se traduit par des brûlures cutanées, des lésions oculaires (conjonctivites, altérations rétiniennes parfois irréversibles), une fatigue. Dans les formes graves s'y ajoutent de la fièvre, des céphalées, vertiges, vomissements. Des convulsions peuvent survenir (v. CHALEUR).

insomnie n. f. Trouble du sommeil, affectant sa qualité ou sa durée.
La suppression des phases de sommeil accompagnées de rêves est très mal tolérée. L'excitation comme la tristesse causent des insomnies. Le pôle maximal de l'anxiété se situe vers 3 heures du matin, d'où les réveils fréquents à cette heure des sujets déprimés.

Les insomnies fonctionnelles, dues à un surmenage intellectuel ou physique, ou à une irrégularité des moments de sommeil (pilotes de ligne), sont les plus fréquentes.

Certains facteurs toxiques, tels que le tabac, l'alcool, les excès alimentaires, sont nuisibles à la qualité du sommeil.
Traitement. Le traitement de l'insomnie dépend surtout de sa cause : calmer la douleur, supprimer le bruit, assurer une bonne hygiène de vie, traiter un épisode psychotique ou les troubles de l'humeur. Les somnifères seront toujours pris avec prudence, selon l'avis médical.

inspiration n. f. Phase de la respiration* au cours de laquelle l'air entre dans les poumons grâce à la dilatation de la cage thoracique par action des muscles inspirateurs (diaphragme essentiellement).

instabilité n. f. État des enfants présentant un défaut général de contrôle, tant sur le plan moteur que sur le plan psychique.
Les enfants dits *instables* sont en constante agitation, touchent à tout, passent d'une activité à l'autre, bavardent sans arrêt.

L'instabilité psychomotrice constitue un handicap sérieux pour l'écolier ; elle est aussi la cause de conflits avec les adultes (parents et éducateurs).

L'instabilité peut avoir une base constitutionnelle, mais elle est aussi favorisée par des conditions éducatives et psychologiques défavorables.

instances n. f. pl. Terme employé par Freud pour désigner les trois facteurs constitutifs de la personnalité, le *ça,* le *moi* et le *sur-moi,* qui agissent mutuellement l'un sur l'autre.
Le *ça* est fait de pulsions et de tendances instinctives primitives. Les pulsions restent inconscientes parce qu'elles sont refoulées et censurées par le *sur-moi* — instance répressive culpabilisante, également inconsciente — et par le *moi,* qui doit trouver une voie d'accès pour détourner l'image inacceptable vers une forme d'action de la pulsion acceptée par la conscience du sujet.

L'impossibilité pour le « moi » de faire face aux exigences du « ça » et du « sur-moi » est, dans la théorie freudienne, à l'origine des troubles mentaux.

instillateur n. m. Appareil permettant de doser et de faire pénétrer un liquide par gouttes (dans les yeux, le nez, etc.).

instillation n. f. Introduction goutte à goutte d'une solution médicamenteuse dans une cavité organique (oreille externe, cavité nasale, trachée, urètre, vessie).

instinct n. m. Comportement inné, automatique et à visée adaptative dont le sujet n'a pas conscience. — Chez l'homme, il est bien difficile d'isoler les manifestations instinctives qui sont innées et celles qui sont élaborées au cours de la vie affective de l'individu dans le but d'une adaptation sociale évoluée.

instrument n. m. Les instruments chirurgicaux, en acier inoxydable, sont rangés,

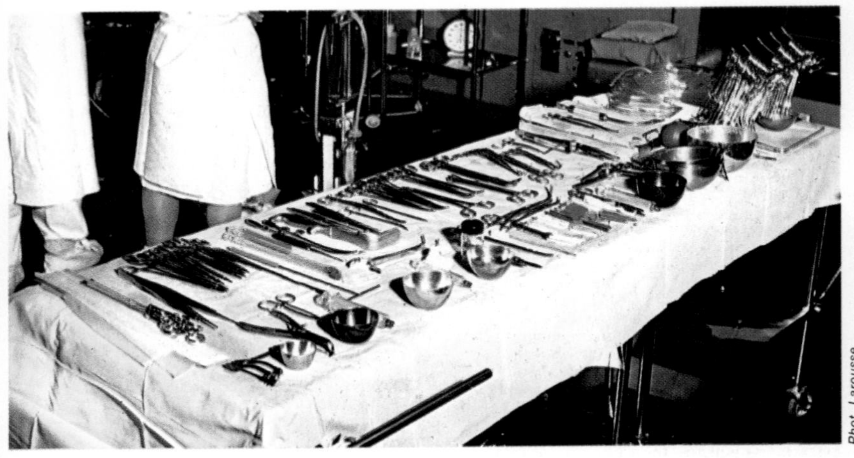

Instrument. Instruments chirurgicaux prêts pour une intervention.

stérilisés et présentés dans des *boîtes à instruments* adaptées à chaque type d'intervention. (V. ill. p. 426.)

insuffisance n. f. Impossibilité pour un organe ou une glande de remplir ses fonctions normales.

Les insuffisances les plus importantes sont :

L'INSUFFISANCE CARDIAQUE. Le cœur ne peut plus assurer le débit sanguin nécessaire au bon fonctionnement des tissus (v. CARDIAQUE) ;

LES INSUFFISANCES VALVULAIRES. Elles sont dues à un défaut de coalescence des valves d'un orifice cardiaque entraînant un reflux du sang dans la cavité qu'il aurait dû normalement quitter (v. AORTIQUE, MITRALE, PULMONAIRE, TRICUSPIDE) ;

L'INSUFFISANCE RESPIRATOIRE*. Elle est soit obstructive (défaut de ventilation des alvéoles pulmonaires) [v. ASPHYXIE], soit restrictive (mauvaise diffusion de l'oxygène à travers la membrane alvéolo-capillaire ou trouble de la circulation artérielle pulmonaire). Toutes les affections pulmonaires étendues peuvent entraîner une insuffisance respiratoire (v. POUMON) ;

L'INSUFFISANCE HÉPATIQUE*. Elle se caractérise par un déficit, dans des proportions variables, des différentes fonctions du foie (v. FOIE et HÉPATIQUE) ;

L'INSUFFISANCE RÉNALE*. Organique, elle traduit une atteinte du parenchyme rénal ; fonctionnelle, elle est due à une chute du débit sanguin rénal ; elle provoque l'hyperazotémie (urémie) ;

LES INSUFFISANCES ENDOCRINIENNES. Citons les insuffisances de la thyroïde (myxœdème*), de la surrénale* (maladie d'Addison*), etc.

insufflation n. f. Action d'introduire un gaz sous pression dans une cavité de l'organisme.

Insufflation pulmonaire. Introduction d'air ou d'oxygène dans les poumons, par la trachée, soit par la méthode du bouche-à-bouche, soit à l'aide d'appareils de respiration artificielle. (V. RÉANIMATION.)

Insufflation pleurale. L'insufflation d'air entre les feuillets de la plèvre (pneumothorax* artificiel) était employée dans le traitement de la tuberculose pulmonaire.

Insufflation péritonéale. L'insufflation d'air dans le péritoine (créant un pneumopéritoine) permet de mieux visualiser les organes intraabdominaux en radiographie ; elle est nécessaire avant de pratiquer une cœlioscopie* (ou laparoscopie).

Insufflation tubaire. L'insufflation de gaz carbonique dans l'utérus et les trompes permet d'explorer la perméabilité de ces dernières en cas de stérilité*.

insuline n. f. Hormone protidique qui abaisse la glycémie (taux du sucre sanguin). Elle est sécrétée par les cellules bêta des îlots de Langerhans du pancréas*.

Préparation. On extrait l'insuline par des procédés industriels des pancréas du bœuf, du porc et du cheval. Elle est ensuite préparée à l'état cristallisé (1 mg = 24,5 unités internationales). Son action est rapide mais fugace. On prépare donc des insulines « retard » (par formation de complexe avec le zinc et la protamine) qui réduisent à une seule injection la posologie journalière.

L'insuline est présentée en flacons multidoses, titrée à 20 U par millilitre pour l'insuline ordinaire et 40 U par millilitre pour les insulines retard.

Propriétés. L'insuline est rapidement inactivée par les enzymes digestives : trypsine et pepsine (elle ne peut donc pas être administrée par la bouche).

L'insuline est la seule hormone qui fasse baisser la glycémie. Elle facilite l'entrée du glucose sanguin dans les cellules en augmentant la perméabilité cellulaire. Son action s'étend également au métabolisme lipidique et protidique (par l'augmentation des synthèses).

Emploi thérapeutique. L'insuline est le médicament spécifique du diabète* « maigre » pancréatique (par absence de sécrétion insulinique). On l'emploie également dans les autres formes de diabète lorsque les hypoglycémiants* oraux sont inefficaces. Elle est encore utilisée en psychiatrie (cure de Sakel) pour déterminer un choc hypoglycémique.

En thérapeutique, on a recours à deux sortes d'insulines : l'insuline ordinaire et les insulines retard. L'insuline ordinaire se caractérise par une action rapide (30 minutes après injection), mais fugace (de 4 à 6 heures). Il faut donc répéter les injections 3 fois par jour. Elle peut être administrée par voie intraveineuse, car son action s'exerce dès la cinquième minute (coma diabétique).

Les insulines retard peuvent s'utiliser une fois par jour en injections sous-cutanées profondes, jamais par voie intraveineuse. La plus ancienne, I. P. Z. (insuline-protamine-zinc), agit pendant 24 heures.

L'insulinothérapie étant un traitement permanent, on doit faire varier les points d'injection tous les jours. Les injections peuvent être faites par le malade lui-même. Les seringues sont dosées pour une injection de 40 U. I. et graduées en unités (40 divisions).

Accidents dus à l'insuline. Parmi les *accidents locaux,* les lipodystrophies* sont dues à une répétition trop importante d'injections au même endroit. Elles peuvent être atrophiques (dépression indolore sous le pannicule adipeux) ou hypertrophiques (tumeurs saillantes). Elles sont indolores, mais ne permettent pas une bonne résorption de l'insuline. Il faut, pour éviter ces inconvénients, varier tous les jours le point d'injection. Les abcès sont dus à de mauvaises conditions d'asepsie.

Les *accidents généraux* regroupent surtout les allergies et l'hypoglycémie. L'allergie est due à la nature protéique de l'insuline, qui est capable d'induire la formation d'anticorps. Relativement fréquents (de 10 à 30 p. 100), ces accidents allergiques sont de gravité diverse, du rash (éruption) à l'œdème de Quincke (gonflement du visage). Les accidents d'hypoglycémie sont fréquents et graves, surtout chez les personnes âgées. Tout diabétique traité par l'insuline doit avoir sur lui du sucre à croquer en cas de malaises hypoglycémiques.

intégration n. f. Coordination de l'activité de plusieurs organes, permettant un fonctionnement harmonieux (intégration par certains centres nerveux des données sensitives, permettant d'adapter les réponses motrices).

intelligence n. f. Faculté de connaître et de comprendre.
L'intelligence est susceptible d'être troublée très précocement, ce qui produit, suivant les degrés, la débilité mentale, l'imbécillité ou l'idiotie.

Elle peut aussi être perturbée après une période normale, comme dans les processus démentiels.

Les démences* réalisent un affaiblissement intellectuel global, théoriquement irréversible. Les causes en sont multiples : vasculaires, traumatiques, toxiques, etc.

intercostal, e, aux adj. Situé entre les côtes : *l'espace intercostal est occupé par les muscles, les vaisseaux et nerfs intercostaux.*
La *névralgie intercostale* est particulièrement fréquente : elle ne doit pas être confondue avec une affection du cœur, du poumon ou de la plèvre.

intercurrent, e adj. Se dit d'un fait survenant pendant le cours d'une maladie (par exemple) et sans rapport avec elle.

interdit n. m. En *psychiatrie,* facteur d'inhibition de la libido*, conscient et inconscient.
Les instances* répressives du « sur-moi » sont constituées d'interdits. Citons, par exemple, l'interdit de l'inceste*.

interféron n. m. Protéine produite par les cellules qui sont infectées par un virus et qui rend ces cellules résistantes à toute autre infection virale.

intermenstruel, elle adj. Se dit d'un événement qui survient entre les règles.
Syndrome intermenstruel, ensemble de manifestations survenant au milieu du cycle et encadrant en fait la période de l'ovulation.

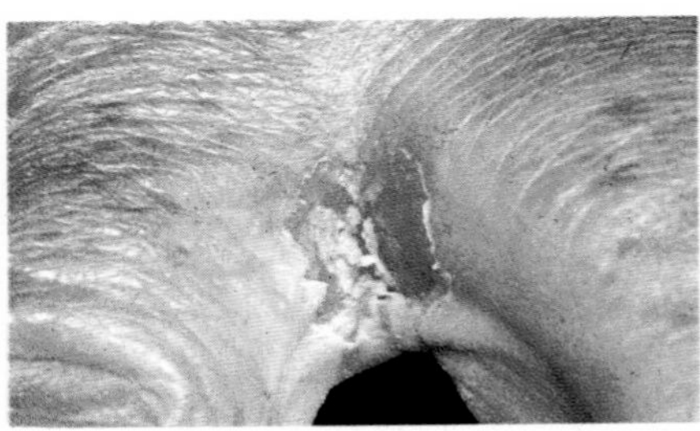
Phot. C.N.R.I. - Pr Degos.

Intertrigo d'un pli interdigital.

Il associe des phénomènes de tension abdominale ou mammaire, des douleurs pelviennes et une discrète hémorragie. Il semble lié soit à l'ovulation elle-même, soit à une brusque ascension du taux sanguin des œstrogènes.

intermittent, e adj. Se dit de toute manifestation se reproduisant à intervalles réguliers ou irréguliers : *fièvre intermittente, claudication intermittente.*

interne adj. Désigne ce qui est en dedans, aussi bien en anatomie qu'en pathologie et en thérapeutique. (Les médicaments à usage interne sont destinés à être ingérés, ce qui n'est pas le cas des médicaments à usage externe : pommades, onguents, etc.)

internement n. m. Placement d'un malade mental* dans un hôpital psychiatrique.

intéroceptif, ive adj. Se dit de la sensibilité des organes récepteurs et des voies nerveuses qui la véhiculent, situés dans les organes internes ou qui en proviennent.

interosseux, euse adj. Se dit d'organes situés entre deux os : *muscles interosseux de la main.*

interprétation n. f. **Délire d'interprétation.** L'interprétation pathologique est une démarche pseudologique consistant en un raisonnement faux à partir d'une donnée objective (vraie).
Dans ce délire, le fait le plus banal va être investi d'une signification toute particulière — et le plus souvent péjorative — par le sujet, ce qui induit un vécu de persécution. (V. PARANOÏA.)

intersexualité n. f. Présence simultanée chez un sujet de caractères sexuels mâles et femelles, en proportions variables. (V. HERMAPHRODISME.)

interstitiel, elle adj. **1.** Se dit du tissu conjonctif d'un parenchyme (foie, muscle). [Syn. : STROMA.]
2. Se dit du tissu glandulaire endocrine du testicule, situé entre les tubes séminifères.

intertrigo n. m. Inflammation de la peau au niveau des plis de flexion des articulations. L'intertrigo s'observe souvent chez les obèses, les enfants et surtout les diabétiques. D'origine infectieuse (bactéries, champignons ou levures), il est favorisé par la macération et la moiteur de la peau. Celle-ci est rouge, suintante le plus souvent ; une adénopathie (ganglion) peut exister. Le traitement est local : il associe des solutions antiseptiques (éosine, hexamidine, permanganate de potassium), une asepsie rigoureuse et un isolement strict des parties malades par compresses stériles et sparadrap (évitant ainsi la contagion) de proche en proche.

intervention n. f. Acte thérapeutique destiné à modifier le cours d'une maladie.
L'intervention peut être médicale ou chirurgicale (opération).

intolérance n. f. Réaction anormalement intense d'un organisme à l'égard d'un agent extérieur quelconque (médicament, agent physique ou chimique) que les individus de la même espèce tolèrent sans aucune manifestation pathologique évidente.
Intolérance aux médicaments. Elle peut être *innée* (on parle alors d'*intolérance congénitale* ou *idiosyncrasie*). Ainsi, chez certains sujets fébriles, l'aspirine, la quinine, l'antipyrine peuvent paradoxalement élever la température.

Elle peut être *acquise* (on parle alors de *sensibilisation*). Cette sensibilité acquise serait de nature *allergique* (v. ALLERGIE) et se manifeste par des réactions générales ou locales. Son traitement est identique à celui des manifestations allergiques. Il doit, dans tous les cas, faire cesser l'usage du médicament en cause.
Intolérance héréditaire au fructose. Elle est due à l'absence de l'enzyme hépatique nécessaire pour métaboliser le fructose, et son traitement repose sur un régime alimentaire sans fructose.

intoxication n. f. Ensemble de troubles causés par un toxique, un poison.
Les *intoxications alimentaires* sont en fait des infections ou des toxi-infections digestives à staphylocoques, à colibacilles, ou à bacilles botuliques. Les accidents survenant à la suite de l'absorption d'une *dose faible de médicament* n'entrent pas dans le cadre des intoxications, mais dans celui des intolérances*. Par définition, les manifestations infectieuses ne sont pas considérées comme des intoxications.

Ces cas mis à part, le cadre des intoxications reste très important.

intestin n. m. Portion du tube digestif qui va du pylore à l'anus, divisée en intestin grêle et gros intestin ou côlon*.

L'intestin grêle.
Il mesure 7 m de long et comprend une partie relativement fixe, le duodénum*, et une partie mobile, le jéjuno-iléon*.
Anatomie. LE DUODÉNUM. C'est la partie initiale de l'intestin grêle ; enroulé en forme d'anneau autour de la tête et du col du pancréas, profondément situé contre la paroi abdominale postérieure, en avant du rachis et des gros vaisseaux, il comprend une première partie qui fait suite au pylore (extrémité terminale de l'estomac*) [bulbe duodénal] ; une seconde portion, verticale, qui présente à son bord interne la *petite caroncule,* où s'ouvre le canal de Santorini, et la *grande caroncule,* creusée d'une cavité, l'*ampoule de Vater**, au fond de laquelle débouchent le canal cholédoque* et le canal de Wirsung* (v. PANCRÉAS). La troisième portion du duodénum, horizontale, croise les gros vaisseaux prévertébraux (aorte et veine cave inférieure) ; la quatrième, ascendante, se termine à l'angle duodéno-jéjunal (angle de Treitz).
LE JÉJUNO-ILÉON. Il décrit 15 ou 16 grandes flexuosités, appelées *anses intestinales* ; chacune d'elles a la forme d'un U dont les branches, plus ou moins parallèles, sont en contact l'une avec l'autre. Les anses sont reliées à la paroi par des replis du péritoine, les feuillets du mésentère.
Histologie. La muqueuse de l'intestin grêle est hérissée de villosités qui présentent des glandes à mucus et des cellules sécrétant la sérotonine. Dans la paroi musculeuse se trouvent des plexus nerveux, qui commandent l'automatisme des contractions.
Physiologie. L'intestin grêle est animé de contractions rythmiques et de mouvements pendulaires, qui assurent l'homogénéisation de son contenu, et de mouvements péristaltiques, qui assurent la propulsion de celui-ci. La stimulation des nerfs pneumogastriques augmente le tonus des sphincters. La lumière de l'intestin grêle est, d'autre part, le lieu d'action des enzymes du suc pancréatique et des enzymes intestinales (v. DIGESTION).

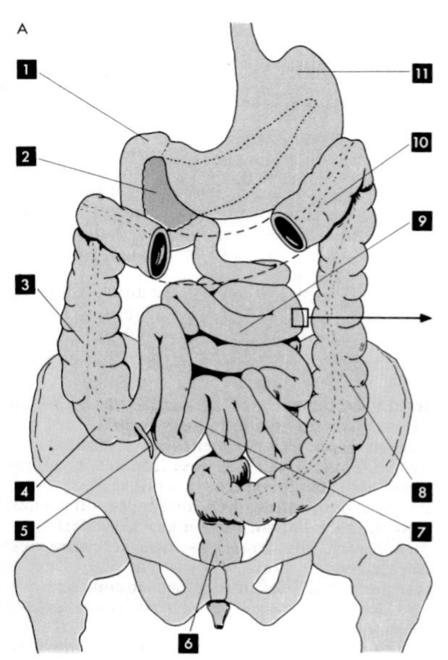

Intestin.
A. Représentation schématique de l'intestin :
1. Duodénum ; 2. Pancréas ; 3. Côlon droit ;
4. Cæcum ; 5. Appendice ; 6. Rectum ;
7. Iléon ; 8. Côlon gauche ; 9. Jéjunum ;
10. Côlon transverse ; 11. Estomac.
B. Structure de la paroi :
1. Cavité de l'intestin ; 2. Villosités ;
3. Épithélium ; 4. Follicules lymphoïdes ;
5. Chorion ; 6. Sous-muqueuse ;
7. Musculeuse ; 8. Séreuse (péritoine).

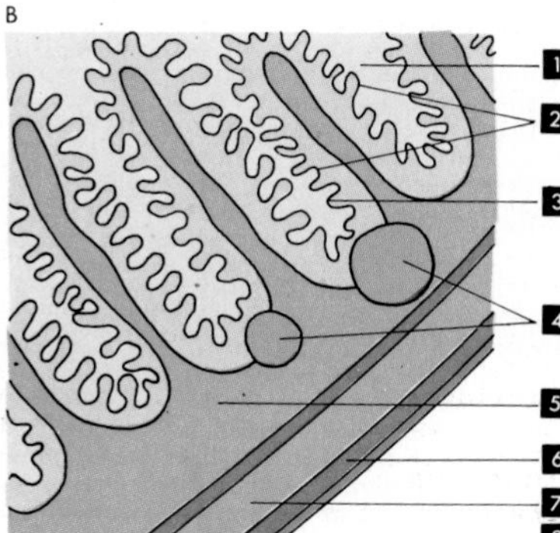

Techniques d'étude de l'intestin grêle. Elles comprennent : les examens radiologiques, avec ou sans opacification barytée, et parfois une artériographie* mésentérique ; les tests explorant les syndromes de malabsorption* ; la biopsie* de la muqueuse ; parfois l'examen bactériologique. (V. TUBAGE.)
Pathologie. Occlusion*, diarrhée*, malabsorption* peuvent être la conséquence de nombreuses affections de l'intestin grêle :
— anomalies anatomiques congénitales (atrésie* congénitale, duplications, etc.) ;
— tumeurs et volvulus* du grêle ;
— entérite* et tuberculose intestinale ;
— syndromes de malabsorption* ;
— infarctus* intestinal ou mésentérique.

Le gros intestin. V. CÔLON.

Intoxications aiguës. En présence d'une intoxication aiguë, le premier point est de RECONNAÎTRE LE TOXIQUE (tubes de *médicaments* à rechercher dans le cas d'un suicide, fuite de *gaz, poêle* ou *cheminée* au tirage défectueux), de s'enquérir de l'*activité professionnelle* ou des tentatives préalables de suicide. Le produit peut être connu, mais non sa composition exacte : il convient dès lors de téléphoner à un *centre antipoison* afin d'évaluer les risques de l'intoxication.

Lorsque le danger est minime, une simple surveillance médicale est nécessaire. Mais souvent le transfert en centre de réanimation est indispensable.

L'ÉVACUATION DU TOXIQUE à l'hôpital est réalisée par *lavage d'estomac* (sauf en cas de produit toxique moussant, de coma, de convulsions ou de risque de perforation de la muqueuse gastrique fragilisée par une substance caustique) ; il n'est de toute façon efficace que si l'intoxication ne date pas de plus de 4 heures. Certaines intoxications graves nécessitent une *gastrotomie**. Les *vomissements provoqués* pour évacuer le poison sont toujours contre-indiqués (risque d'inondation trachéale par le produit).

L'*administration de lait n'a que rarement une action bénéfique* (en cas d'hypocalcémie provoquée par les fluorures) ; *au contraire, elle aggrave les intoxications consécutives à des produits solubles dans les graisses.* Dans certains cas, l'élimination du toxique est aidée par des *purges*, par une *diurèse forcée* (pour les produits à élimination rénale), par l'*alcalinisation* en cas d'intoxication aux barbituriques, par l'*hyperventilation pulmonaire* pour les produits volatils, par l'*exsanguinotransfusion* et le *rein artificiel* pour certains poisons. Il existe très peu d'*antidotes* vrais de poisons. Seul l'hyposulfite peut être bu en cas d'absorption d'eau de Javel, sans ordonnance médicale.

L'élimination du toxique et des mesures de RÉANIMATION* particulières à chaque cas permettent de lutter contre les conséquences d'une intoxication.

Intoxications chroniques. Elles posent des problèmes différents.

Certains MÉDICAMENTS ne doivent pas être prescrits à forte dose et de façon prolongée sans surveillance médicale et biologique stricte.

Les INTOXICATIONS PROFESSIONNELLES sont fréquentes. *Souvent inapparentes* au début (saturnisme*, benzolisme*), elles ne peuvent dès lors être détectées que par des examens de laboratoire. Ceux-ci sont régulièrement prescrits par le médecin du travail lorsqu'il existe un risque professionnel.

L'aménagement des locaux et des conditions de travail devrait faire diminuer le nombre des intoxications professionnelles. Citons l'*appareil de Draeger, utilisé pour le dosage des gaz nocifs,* qui exprime leur concentration en *p. p. m.* (ou parties pour un million) ; la différence par rapport aux concentrations permises est évaluée.

intradermique adj. Dans l'épaisseur du derme.
Injection intradermique. V. INJECTION.

intradermoréaction n. f. Injection intradermique de substances capables d'engendrer une réaction de la peau.
Ces substances sont diverses (allergènes, toxiques, broyats cellulaires) et sont à l'origine d'une réaction dermo-épidermique locale.

On distingue :
— l'*intradermoréaction* (*I. D. R.*) *à la tuberculine,* positive en cas de contact antérieur avec le B. K. (vaccin B. C. G. ou primo-infection), qui est pratiquée lorsque la cutiréaction a un résultat douteux ;
— l'*I. D. R. de Schick,* utilisant la toxine diphtérique, positive lorsque le sujet n'a pas été en rapport avec le bacille diphtérique ;
— l'*I. D. R. de Dick,* qui utilise le même procédé dans la scarlatine.

Dans certaines parasitoses, des réactions analogues sont employées (v. CASONI).

L'*I. D. R. de Kveim* (broyat cellulaire) est un moyen de diagnostic spécifique de la maladie de Besnier*-Bœck-Schaumann.

C'est surtout dans les atteintes allergiques (asthme, rhinites, etc.) que l'I. D. R. est employée pour la recherche de l'allergène (pollen, poussière, poils*).

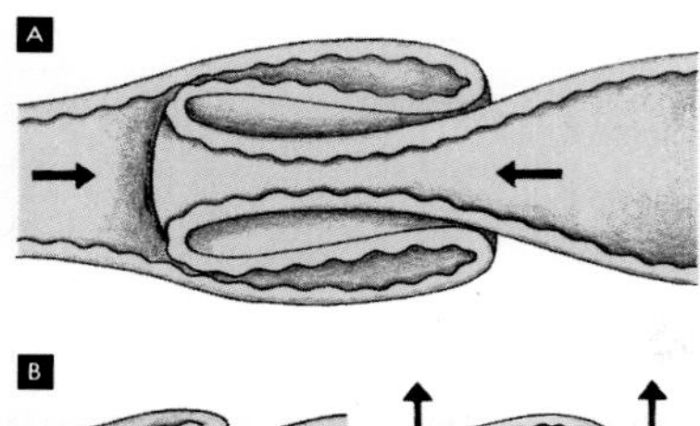

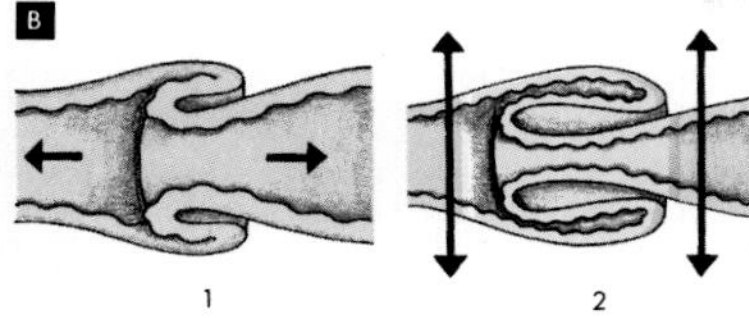

Invagination.
A. Invagination de l'intestin grêle.
B. Traitement de l'invagination :
1. Intestin resté sain : désinvagination;
2. Intestin nécrosé :
section de la portion invaginée.

intramusculaire adj. Dans l'épaisseur du muscle.
Injection intramusculaire. V. INJECTION.

intrarachidien, enne adj. Dans le canal rachidien de la colonne vertébrale. — On y accède par ponction lombaire (v. CÉPHALO-RACHIDIEN).

intraveineux, euse adj. Dans une veine.
Injection intraveineuse. V. INJECTION.

intrinsèque adj. Qui est propre à un organe.
Facteur intrinsèque, substance sécrétée par des glandes gastriques et permettant l'absorption intestinale de la vitamine B 12. — Son absence est responsable de l'anémie de Biermer*.

introspection n. f. Étude par le sujet de sa propre conscience. (Elle constitue un mode d'investigation fondamental en psychologie.)

intubation n. f. **Intubation trachéale ou endotrachéale,** introduction dans la trachée d'un tube courbe, semi-rigide. — L'intubation permet d'isoler les voies aériennes du carrefour aérodigestif que constitue la gorge.
On utilise cette méthode lors des anesthésies et en réanimation.

intuition n. f. Mode de connaissance directe, subjective, qui ne recourt ni au raisonnement ni à une perception.
L'*intuition délirante* réalise un point de départ du délire* que viendront justifier des interprétations délirantes.

intumescence n. f. Gonflement général ou local d'une partie du corps.

invagination n. f. **1.** En *embryologie,* phénomène au cours duquel la paroi d'une cavité ou un revêtement de surface s'enfonce en doigt de gant, pour former une nouvelle cavité.
2. Pénétration par retournement en doigt de gant d'un viscère creux dans lui-même.
L'*invagination intestinale aiguë du nourrisson* se manifeste par une intolérance alimentaire absolue (refus du biberon, vomissements), l'arrêt du transit intestinal ainsi que l'apparition et la perception d'une tuméfaction abdominale (boudin d'invagination). Le diagnostic, confirmé par le lavement baryté, entraîne l'intervention avant l'apparition d'hémorragie rectale et d'altération grave de l'état général.

invalidité n. f. État d'incapacité de travail partielle ou totale, prolongée ou définitive.
Assurance invalidité, branche des assurances sociales dont bénéficie l'assuré (lui seul et non sa famille) lorsque cet assuré présente une invalidité réduisant au moins des deux tiers sa capacité de travail ou de gain. — Elle comprend deux sortes de prestations. Les premières sont des prestations en nature (remboursement des soins) dispensées de la participation de l'assuré au ticket modérateur. Les secondes sont constituées par les arrérages d'une pension trimestrielle dont le taux est un pourcentage du salaire. La pension est toujours accordée à titre temporaire et appréciée en tenant compte de la capacité de travail restante, de l'état général, de l'âge de l'assuré, de ses aptitudes et de sa formation professionnelle. Elle peut être révisée en cas d'amélioration ou d'aggravation. Pour y avoir droit, l'assuré social doit être immatriculé depuis 12 mois et justifier de 800 heures de travail au cours des 4 trimestres antérieurs à l'interruption de travail, dont 200 heures au cours du premier de ces trimestres. La pension d'invalidité prend fin à 60 ans ; elle est remplacée par la pension de vieillesse.

invasion n. f. Période d'une maladie infectieuse succédant à l'incubation, et qui comporte une altération de l'état général, l'apparition de la fièvre et des premiers symptômes.

inversion n. f. État ou position opposé à la normale.
Une *inversion d'organe* (cœur à droite, foie ou appendice à gauche) témoigne d'une anomalie embryologique.
L'*inversion de l'utérus,* ou retournement en doigt de gant, après l'accouchement, constitue une complication exceptionnelle mais redoutable de la délivrance.

L'*inversion sexuelle* est l'aspect psychologique de l'homosexualité (uranisme dans le sexe masculin, saphisme dans le sexe féminin).

in vitro (mots lat. signif. *dans le verre*). Se dit de toute expérience de laboratoire pratiquée hors d'un organisme vivant.

in vivo (mots lat. signif. *sur le vivant*). Se dit des expériences, des interventions pratiquées sur l'animal de laboratoire vivant.

involution n. f. Régression d'un organe, d'une tumeur ou d'une faculté mentale.
L'*involution utérine* est la diminution du volume de l'utérus après l'accouchement.

L'*involution psychique* se traduit par une réduction des diverses fonctions mentales ; la sénilité en est la forme la plus commune.

iode n. m. Métalloïde qui se présente en paillettes brunâtres, tachant la peau de jaune, émettant à la température ordinaire une vapeur violette.
On utilise l'iode en applications, sous forme de *teinture* ou de *pommades*, comme antiseptique.
Dérivés minéraux de l'iode. Les plus courants sont les iodures de sodium et de potassium, hypotenseurs*.
Dérivés organiques de l'iode. L'iode se fixe facilement sur les molécules organiques ; ainsi perd-il sa causticité, et sa toxicité est atténuée. Il est alors utilisé dans un grand nombre de médicaments et notamment dans les produits de contraste*.
Iode radioactif. C'est un isotope utilisé pour l'exploration des affections thyroïdiennes, car le tissu thyroïdien est électivement sensible à l'iode.
Diagnostic des affections thyroïdiennes. Après injection d'iode radioactif, on étudie la radioactivité de la région antérieure du cou, où se trouve la thyroïde. La fixation est normale ou augmentée dans l'hyperthyroïdie*, ou encore abaissée dans l'insuffisance thyroïdienne.

La scintigraphie (ou gammagraphie*) thyroïdienne complète cette étude.

Si le patient a reçu de l'iode, sous quelque forme que ce soit, dans les mois précédant l'examen, la thyroïde, saturée en iode, ne fixe pas l'iode radioactif.
Thérapeutique par l'iode radioactif. L'emploi de l'iode radioactif tend à supplanter les autres moyens thérapeutiques dans le traitement de la maladie de Basedow* et du cancer de la thyroïde. La grossesse est la contre-indication majeure à ce traitement.
Toxicologie. L'ingestion de teinture d'iode entraîne des troubles digestifs avec, ensuite, une anurie* tubulaire ; la dose mortelle est d'environ 2 g. La causticité de l'iode le fait proscrire dans la désinfection des brûlures.
L'intoxication chronique produit une altération de l'état général et des manifestations cutanées.

Il n'existe pas d'antidote : le traitement est symptomatique. L'allergie à l'iode est fréquente, aussi pratique-t-on des tests pour détecter les sujets intolérants.

iodémie n. f. Présence d'iode dans le sang. Le dosage de l'iodémie est normalement de 4 à 8 mg p. 100. L'iodémie est abaissée dans l'insuffisance thyroïdienne et élevée dans l'hyperthyroïdie.

iodide n. f. Lésion cutanée, due à l'introduction d'iode dans l'organisme.
Au visage, les iodides ressemblent à de l'acné très congestive. Les lésions sont lentes à disparaître.

iodoforme n. m. Antiseptique d'usage externe, employé sous forme de pommades, poudres et solutions.

ion n. m. Atome ou molécule chargé électriquement par la perte (*cations*) ou le gain (*anions*) d'un ou de plusieurs électrons.
Les sels minéraux et les protéines solubles sont présents à l'état d'ions dans les êtres vivants.

ionisant, e adj. Qui produit des ions.
Radiations ionisantes. Ce sont les rayons X et les rayons α, β et γ émis par les corps radioactifs. Employés dans le diagnostic et le traitement des maladies, les radiations ionisantes ne sont pas dépourvues de dangers et leur emploi est soumis à une réglementation. (V. ISOTOPES, RADIOLOGIE, RADIOTHÉRAPIE.)

ionisation n. f. Production d'ions* par des radiations ionisantes ou par le courant électrique. (Dans ce cas, ionisation est synonyme d'ÉLECTROLYSE.)
Ionisation thérapeutique, introduction d'ions médicamenteux dans l'organisme à l'aide d'un courant électrique réalisant l'électrolyse d'une solution saline mise au contact de la peau grâce à une électrode spongieuse. L'ionisation est employée pour son action locale dans le traitement de certaines maladies de peau, des cicatrices vicieuses et chéloïdes, des douleurs névralgiques et rhumatismales, dans les séquelles d'hémorragies cérébrales et certaines affections de la muqueuse buccale.

Les substances introduites dans l'organisme (calcium, iode, etc.) ont également une action générale après leur passage dans la circulation sanguine.

ionogramme n. m. Formule représentant les concentrations des différents ions* con-

tenus dans un liquide organique (plasma ou urines).
Ces concentrations sont exprimées en milligrammes par litre de plasma ou, mieux, en milliéquivalent* (mEq) par litre. Cette formulation permet d'apprécier la quantité d'ions présente et, surtout, d'apprécier l'activité osmotique* de chaque électrolyte, laquelle n'est pas « équivalente » poids pour poids d'un électrolyte à un autre.

L'*ionogramme sanguin* reflète l'état d'hydratation du secteur extracellulaire et son équilibre acido-basique. On y dose les principaux ions :
— cations : *sodium* (142 mEq/l), *potassium* (5 mEq/l), *calcium* (5 mEq/l) et, accessoirement, *magnésium* (3 mEq/l) ;
— anions : *chlore* (103 mEq/l), *bicarbonates* (27), *protéines* (16) et, accessoirement, *phosphates* (2), *sulfates* (1) et *acides organiques divers* (6).

La concentration globale du plasma est de 155 mEq de cations et 155 mEq d'anions, soit 310 mEq par litre.

Dans les urines, on apprécie les pertes, par 24 heures, essentiellement du sodium et du potassium.

Les ionogrammes sanguins et urinaires donnent de précieux renseignements sur l'état hydrique de l'organisme et permettent d'ajuster les traitements en fonction de son état d'hydratation.

ionophorèse n. f. Application thérapeutique de l'électrolyse. (Syn. : IONISATION* THÉRAPEUTIQUE.)

ipécacuanha ou **ipéca** n. m. Racine d'un arbrisseau du Brésil.
La poudre de cette racine est expectorante à petite dose et émétisante (vomitive) à plus forte dose. On l'emploie sous forme de *teinture d'ipéca* et de *sirop d'ipéca composé.*

Le principal alcaloïde de l'ipéca est l'*émétine**.

iridectomie n. f. Section chirurgicale d'une portion de l'iris.

iridocyclite n. f. V. IRITIS.

iris n. m. Membrane de l'œil, circulaire, colorée, percée en son centre d'un orifice, la pupille, et située en avant du cristallin. (V. ŒIL.)
L'iris est rattaché par sa périphérie à la choroïde, au niveau d'un renflement, le corps ciliaire. L'ensemble formé par la choroïde et l'iris est l'uvée*. L'épithélium de l'iris contient deux muscles : le dilatateur de l'iris (qui ouvre la pupille), commandé par des filets nerveux sympathiques, et le sphincter irien (qui la rétrécit), commandé par des filets nerveux parasympathiques.

L'iris, en ouvrant plus ou moins son orifice, la pupille, joue le rôle d'un diaphragme photographique et règle la quantité de lumière admise dans l'œil, évitant l'éblouissement. Dans l'obscurité, la pupille s'agrandit (mydriase), alors qu'en pleine lumière elle se rétrécit (myosis).
Réflexe photomoteur. À l'état normal, la pupille se contracte sous l'effet de la lumière : c'est le réflexe photomoteur ; la pupille du côté opposé, même non éclairée, se contracte aussi : c'est le réflexe consensuel. Ces réflexes sont perturbés ou abolis dans les affections neurologiques et les cécités.
Action des médicaments sur l'iris. Les médicaments sympathicomimétiques (adrénaline, éphédrine), stimulant le dilatateur, et les parasympathicolytiques, paralysant le sphincter, provoquent la mydriase (dilatation de la pupille) ; ils sont employés pour faciliter l'examen du fond* d'œil.

Au contraire, les sympathicolytiques (ésérine) et les parasympathicomimétiques (pilocarpine, acétylcholine) provoquent le myosis (rétrécissement de la pupille).

iritis n. f. Inflammation de l'iris.
L'atteinte de l'iris peut être isolée (iritis) ou associée à une inflammation du corps ciliaire : c'est l'*iridocyclite.* Lorsque la choroïde est également touchée, c'est l'*uvéite* totale.
Signes. L'iritis se manifeste par une baisse de la vision, une photophobie (crainte de la lumière, dont la vue est pénible) et par des maux de tête. L'examen au biomicroscope

Iridectomie.
Toute la portion externe de l'iris a fait l'objet d'une résection.

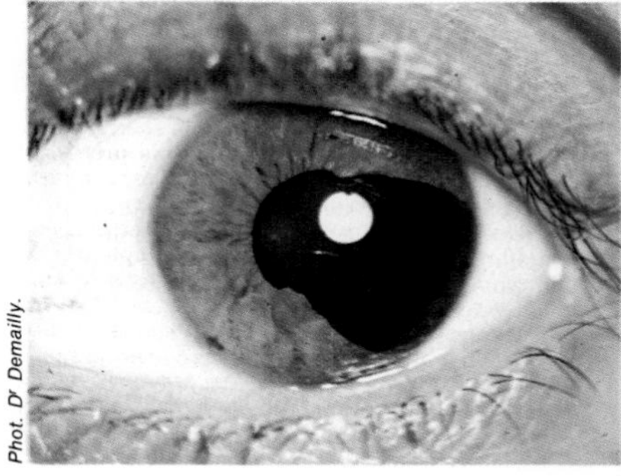
Phot. Dr Demailly.

montre un œdème et des adhérences de l'iris qui doivent être traitées rapidement par les collyres à l'atropine pour éviter la séclusion (blocage) de la pupille.

Causes. L'iritis peut survenir au cours de maladies infectieuses : grippe, zona, leptospirose, brucellose, syphilis, tuberculose. On l'observe également au cours des rhumatismes chroniques, de la lymphogranulomatose bénigne, dans les allergies et après des infections locales (dentaires, amygdaliennes, sinusiennes). Le traitement de l'affection en cause doit être appliqué dès que le diagnostic en est porté. La corticothérapie locale (collyres) et générale peut être nécessaire.

irradiation n. f. Exposition d'un corps à des rayons ultraviolets, X ou radioactifs.

Irradiation douloureuse, propagation d'une douleur, à partir du point où elle a débuté, vers les régions voisines : la douleur de l'angine de poitrine (angor) irradie du cœur vers le bras gauche, le cou, l'épigastre, etc.

irréductibilité n. f. **1.** Impossibilité de réduire le déplacement de deux fragments osseux fracturés.

2. Impossibilité de faire rentrer dans l'abdomen le contenu d'une hernie*.

irrigation n. f. Thérapeutique qui consiste soit à faire couler sur une plaie, soit à introduire dans une cavité naturelle de l'eau ou un liquide médicamenteux.

irritation n. f. État de surexcitation.

Terme employé aussi pour désigner une inflammation cutanée ou muqueuse.

ischémie n. f. Diminution de l'apport sanguin dans une partie du corps.

L'ischémie aiguë. Elle résulte d'un arrêt brusque de la circulation artérielle à la suite d'une rupture vasculaire, d'une compression (garrot), d'une thrombose*, d'une embolie* ou d'un spasme artériel. L'ischémie aiguë entraîne la mort tissulaire du territoire correspondant lorsqu'elle est prolongée et que la vascularisation est précaire, sans collatérales artérielles pouvant assurer une revascularisation de suppléance. L'ischémie est responsable des infarctus*, des escarres* et des gangrènes des membres.

L'ischémie chronique. Elle résulte d'une compression artérielle lente, d'une diminution du calibre artériel (artériosclérose) ou d'une diminution du débit sanguin (insuffisance cardiaque).

Citons la claudication intermittente des sujets atteints d'artérite* des membres inférieurs.

Traitement de l'ischémie. Il est fonction de la cause. Dans l'ischémie aiguë, il comporte, si possible, la levée de l'obstacle circulatoire et l'administration d'anticoagulants* et de vasodilatateurs.

ischion n. m. Chacune des parties postéro-inférieures des os iliaques*. (On s'asseoit sur les ischions.)

ischio-coccygien, enne adj. Relatif à l'ischion et au coccyx : *muscle ischio-coccygien.*

isogroupe adj. Du même groupe sanguin.

isolement n. m. **En psychiatrie,** l'isolement est un comportement parfois symptomatique d'une affection mentale, spécialement la schizophrénie.

D'une façon plus générale, on a été conduit à étudier la pathologie de l'isolement, c'est-à-dire les effets nocifs de la suppression de toute communication avec la société humaine.

En thérapeutique, l'isolement est la séparation, consentie ou non, d'un individu de la société.

L'isolement des malades est nécessaire pour protéger soit la collectivité (maladies contagieuses, psychopathies), soit le malade lui-même (déficit immunitaire, brûlures étendues, nécessitant la mise à l'abri de toute infection).

Dans les maladies contagieuses, l'isolement empêche ou ralentit la propagation de l'agent en cause (virus, bactérie...). L'isolement est obligatoire pour la variole*, la peste* et le choléra*. Les maladies contagieuses nécessitent un isolement scolaire (v. ÉVICTION).

Certaines maladies ou accidents (grands brûlés, déficit immunitaire, transplantés cardiaques ou rénaux) requièrent une asepsie rigoureuse. Les malades sont placés alors dans des enceintes stériles (« bulles »).

En bactériologie, l'isolement est une méthode de séparation de diverses bactéries par repiquage en milieux de culture sélectifs ou sur milieux solides où l'on voit pousser différentes colonies.

isoniazide n. f. Puissant médicament antituberculeux. (V. TUBERCULOSE, *Traitement.*)

isoprénaline n. f. Substance voisine de l'adrénaline, dont elle possède les propriétés accélératrices du cœur, et utilisée dans les états de choc*.

isotonique adj. Se dit des solutions ayant la même pression osmotique* que le plasma sanguin.

On utilise le chlorure de sodium à 9 g p. 1000 et le glucose à 50 g p. 1000.

isotopes n. m. pl. Corps simples dont les propriétés chimiques, magnétiques et optiques sont identiques alors que leur masse atomique est légèrement différente.

Les isotopes sont utilisés pour le diagnostic et le traitement de certaines maladies.

Physique. La plupart des corps simples (hydrogène, oxygène, carbone, etc.) existent à l'état naturel sous forme de mélanges d'isotopes que seuls des procédés complexes permettent d'isoler.

En revanche, on peut obtenir des *isotopes radioactifs* en bombardant un corps simple avec des rayons X, des protons ou des neutrons. On obtient, après plusieurs transmutations successives, un nouvel atome qui est radioactif et se trouve être l'isotope d'un autre corps simple naturel. Cet *isotope radioactif,* qui a les mêmes propriétés chimiques que son isotope non radioactif, peut être facilement décelé, repéré et dosé grâce au rayonnement qu'il émet. Le rayonnement des isotopes radioactifs peut être décelé par les compteurs de Geiger-Müller, par les compteurs à scintillation (v. GAMMAGRAPHIE) ou par les émulsions photographiques (autoradiographie). Des doses infimes de matière peuvent ainsi être détectées et localisées dans l'organisme.

Emploi diagnostique des isotopes. Introduits dans l'organisme par divers procédés (injection, ingestion, etc.), les radio-isotopes permettent des investigations précieuses.

L'iode 131 est employé dans l'étude du fonctionnement de la thyroïde et dans le diagnostic des hyper- et des hypothyroïdies.

Le phosphore 32 est employé dans celle des phospholipides et des nucléoprotéines.

Le calcium 45 sert à l'étude du tissu osseux.

De nombreux autres isotopes sont utilisés pour effectuer les gammagraphies* (ou scintigraphies) de la plupart des viscères (thyroïde, poumon, cerveau, foie, etc.).

Emploi thérapeutique des isotopes. L'iode radioactif est employé dans le traitement de l'hyperthyroïdie ; le radiophosphore donne de bons résultats dans la maladie de Vaquez (v. POLYGLOBULIE) et certaines leucémies*. Le radiostrontium et le radiogallium sont indiqués dans le traitement des tumeurs osseuses. Le phosphore, le strontium et l'yttrium radioactifs sont employés en applications locales dans le traitement des tumeurs de la peau.

Par ailleurs, le cobalt radioactif 60 est utilisé en dehors de l'organisme comme source puissante de rayons γ. (V. COBALTOTHÉRAPIE.)

ispaghul ou **ispaghula** n. m. Plante de l'Inde dont la petite graine rose est employée en décocté dans le traitement de la dysenterie. (Avalée pure, sans croquer, elle est laxative.)

I. V. G. Sigle d'*Interruption Volontaire de Grossesse.* L'I. V. G. ne peut être pratiquée que sur des femmes en état de détresse et dans des centres spécialisés. Elle doit intervenir avant la fin de la dixième semaine de la grossesse. En cas d'utilisation de la pilule abortive (RU 486 ou mifépristone) associée à une prostaglandine, l'action doit être entreprise avant la fin de la septième semaine. (V. AVORTEMENT.)

ivoire n. m. Tissu osseux très dur, constituant principal de la dent*.

ivresse n. f. État d'incoordination des mouvements sur un fond d'excitation accompagné d'un obscurcissement variable de la conscience.

L'ivresse peut résulter d'une ingestion d'alcool, de stupéfiants* ou d'une intoxication à l'oxyde de carbone*.

Législation. V. ALCOOLISME.

ixodidés n. m. pl. Acariens à sexes différents.

Les ixodidés, ou *tiques,* existent partout et sont capables de propager divers agents infectieux.

Ils sont responsables de nombreuses rickettsioses*, de borrélioses* et surtout, par leur venin, d'une paralysie ascendante parfois mortelle.

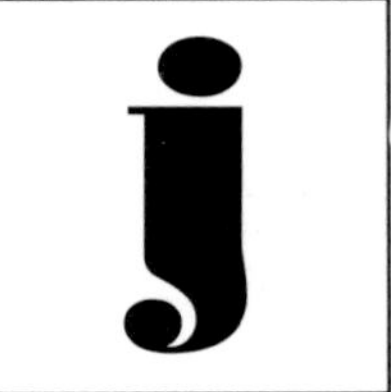 

jaborandi n. m. Arbuste de l'Amérique du Sud, contenant un alcaloïde, la pilocarpine*. La teinture de jaborandi stimule la sécrétion de la sueur et de la salive.

jalap n. m. Plante du Mexique, laxative drastique.
Elle sert à préparer l'eau-de-vie allemande (teinture de jalap composée).

jalousie n. f. Sentiment naissant d'une « situation triangulaire », réelle ou imaginaire, et qui met en jeu le sujet, l'objet de sa convoitise affective et un rival qui menace de se l'approprier.
Chez l'enfant, elle s'exerce couramment dans la dynamique du complexe d'Œdipe à l'égard du frère ou de la sœur, ou du parent du même sexe.

Chez l'adulte, elle peut devenir pathologique : c'est fréquemment le cas chez les paranoïaques.

jambe n. f. Segment du membre inférieur compris entre le genou et le cou-de-pied.
Le tibia et le péroné en constituent le squelette. La jambe présente une loge antérieure où passe le paquet vasculo-nerveux tibial antérieur, une loge externe où passe le nerf sciatique poplité externe, et une loge postérieure qui présente la saillie du mollet, prolongée en bas par le relief du tendon d'Achille; dans cette loge postérieure descendent les vaisseaux et nerfs tibiaux postérieurs.

Les *fractures des deux os* de la jambe sont fréquentes, transversales, spiroïdes ou comminutives. Correctement traitées, en l'absence de complications, elles évoluent vers la consolidation en 3 ou 4 mois. (V. TIBIA.)
Les *fractures de Dupuytren,* articulaires, intéressent les deux malléoles tibiale et péronière. Souvent compliquées de diastasis* tibio-péronier, elles demandent une réduction d'urgence parfaite, malgré laquelle les séquelles ne sont pas rares : douleurs à la marche, raideur, instabilité de la cheville.

jambon n. m. Le jambon est un bon aliment pour les dyspeptiques et convalescents, mais il est interdit dans les régimes sans sel et les régimes amaigrissants. Le jambon fumé, salé ou insuffisamment cuit peut transmettre le botulisme* ou la trichinose*, mais ce sont des accidents rares.

jaquette n. f. (ou *jacket,* mot angl.). Prothèse en porcelaine ou en matière plastique qui reconstitue la couronne de la dent.

jaune adj. **Corps jaune,** structure transitoire et périodique de l'ovaire, jouant un rôle essentiel, par les hormones qu'il sécrète, dans la menstruation, la nidation et le développement de l'œuf.

Lors de l'*ovulation**, le follicule de De Graaf se rompt pour libérer l'ovule ; la cavité laissée béante est comblée par un exsudat séro-fibrineux, et les éléments du follicule se mettent à sécréter de la folliculine et de la progestérone. Le corps jaune est donc une véritable glande endocrine. En l'absence de fécondation, il dégénère et laisse une cicatrice blanchâtre.

En cas de *fécondation,* son existence est prolongée par l'action des prolans sécrétés par le trophoblaste de l'œuf. Son rôle va être capital durant le premier trimestre de la grossesse.

L'*insuffisance du corps jaune,* ou insuffisance lutéale, est un trouble fréquent en gynécologie. Elle explique nombre d'anomalies du cycle menstruel, ainsi que certains avortements spontanés. Elle a bénéficié des progrès récents de l'hormonothérapie.
Fièvre jaune, maladie infectieuse aiguë, due au *virus amaril* transmis par la piqûre d'un moustique (*Ædes*).

Endémo-épidémique, ayant pour origine les rives du golfe du Mexique, la fièvre jaune s'observe aussi en Afrique intertropicale.

Le réservoir de virus est constitué par l'homme malade et par divers mammifères (singes). Le cycle sauvage (animauxmoustiques-animaux) peut entrer en contact avec l'homme et, à partir de ces cas, développer des épidémies de fièvre jaune urbaine (homme-moustiques-homme).

Après la piqûre infestante et une courte incubation (de 4 à 6 jours), la phase d'invasion débute brutalement par une fièvre et des douleurs importantes. Puis la maladie entre dans la période d'état, qui comporte des troubles digestifs importants, des manifestations hémorragiques, la survenue d'un ictère et d'une atteinte rénale.

La mort peut survenir par collapsus, hémorragie ou insuffisance rénale ; dans les cas favorables, la convalescence est longue. L'immunité acquise est stable.

Le diagnostic se fait sur l'isolement du virus dans le sang.

Le traitement est symptomatique (repos, réhydratation) et vise à prévenir les manifestations rénales.

La prophylaxie est seule efficace : outre la vaccination (Institut Pasteur, Institut Rocke-

Jambe.
À gauche, muscles, vue antérieure :
1. Jumeau interne ; 2. Soléaire ;
3. Jambier antérieur ; 4. Fléchisseur commun ;
5. Extenseur commun ;
6. Extenseur du gros orteil.
À droite, muscles, vue postérieure :
1. Biceps crural ; 2. Demi-tendineux ;
3. Creux poplité ; 4. Jumeau interne ;
5. Jumeau externe ; 6. Soléaire ;
7. Muscles péroniers ; 8. Long fléchisseur ;
9. Tendon d'Achille.

Jambe.
A. *Squelette de la jambe :*
1. Fémur ; 2. Rotule ; 3. Articulation du genou ;
4. Articulation péronéo-tibiale supérieure ;
5. Péroné ;
6. Ligament interosseux ; 7. Tibia,
8. Articulation péronéo-tibiale inférieure ;
9. Malléole externe ; 10. Malléole interne ;
11. Astragale.
B. *Artères et nerfs :*
1. Grand sciatique ;
2. Sciatique poplité externe ;
3. Artère poplitée ;
4. Sciatique poplité interne ;
5. Artère tibiale antérieure ;
6. Tronc tibio-péronier ; 7. Artère péronière ;
8. Artère tibiale postérieure.

4
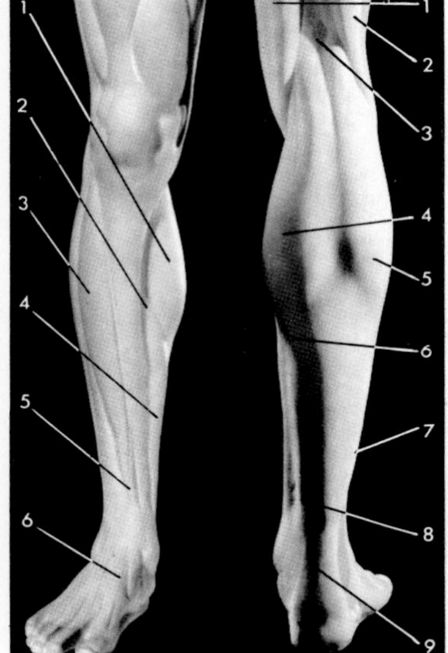

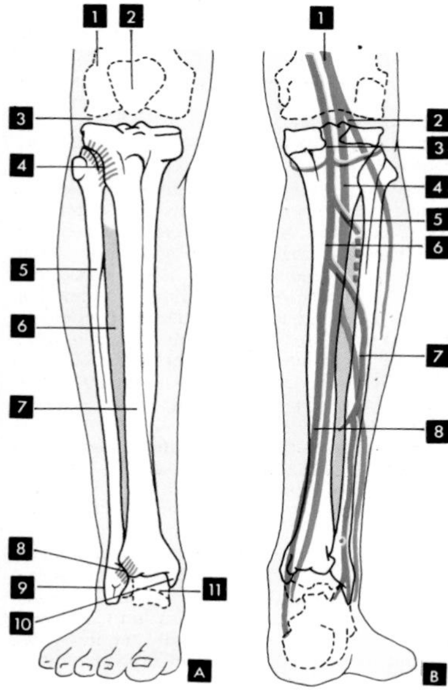

feller), elle repose sur la protection contre les moustiques (impossible en brousse). La maladie est soumise à la réglementation internationale (isolement, déclaration) et la vaccination est obligatoire pour la plupart des pays chauds (certificat valable 10 jours après et pendant 6 ans).

jaunisse n. f. V. ICTÈRE.

jéjunum n. m. Partie de l'intestin* grêle qui fait suite au duodénum et se continue par l'iléon.

jennérienne adj. f. Se dit de la vaccination* contre la variole, découverte par Jenner en 1796.

jeu n. m. Activité spontanée à laquelle on se livre pour le plaisir qu'elle procure.
Chez l'enfant, le jeu est un facteur d'édification de la personnalité.

En psychologie, on utilise le jeu comme moyen d'investigation ou de traitement psychothérapique, surtout avec les enfants.

jeûne n. m. Abstinence d'aliments.

Le *jeûne absolu* est en général pratiqué pour des raisons mystiques ou sociales (jeûne protestataire) : il aboutit à une maigreur aiguë expérimentale. La chute de poids est rapide, et le métabolisme* basal s'abaisse avec la température centrale. La durée de la survie (de 10 à 45 jours, voire plus) dépend de plusieurs facteurs : privation de boissons (qui réduit considérablement la survie), état antérieur du sujet (gras ou maigre), âge et surtout sous-alimentation antérieure.

Le *jeûne partiel,* ou *inanition relative,* résulte de causes financières ou sociales, de cataclysmes naturels provoquant la famine dans de nombreux pays (Afrique, Inde). La chute pondérale, lente, peut être supérieure à celle qui est observée au cours du jeûne absolu. L'organisme, après avoir épuisé ses réserves glucidiques et lipidiques, utilise les protéines endogènes. La traduction clinique en est une émaciation considérable, une asthénie physique et psychique, parfois une décalcification du squelette associée à un déficit global des glandes endocrines et à des hypovitaminoses variables. La dénutrition favorise la survenue de complications infectieuses.

jonction n. f. *Jonction pyélo-urétérale,* endroit où l'uretère fait suite au bassinet.

jugement n. m. Démarche des fonctions supérieures de l'esprit qui assure la critique des synthèses mentales.
Indépendamment du jugement hâtif, erroné, qui peut être ultérieurement rectifié, les troubles du jugement peuvent être liés à une anomalie de la personnalité.

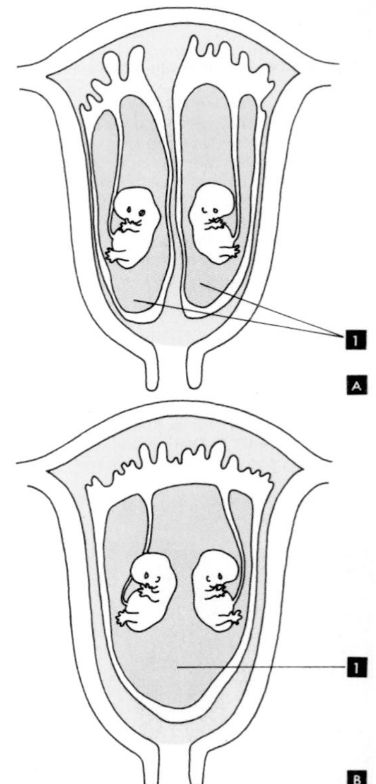

Jumeau.
A. Faux jumeaux : deux poches des eaux.
B. Vrais jumeaux : une poche des eaux.

Les *arriérations mentales* sous-tendent nombre de troubles du jugement. Certains processus névrotiques (v. NÉVROSE) peuvent prendre momentanément en défaut la logique du sujet.

Les processus psychotiques (v. PSYCHOSE) s'accompagnent toujours de troubles du jugement. Dans les *paranoïas* délirantes,* en particulier, la psychorigidité du malade l'amène à développer des raisonnements pseudologiques ayant des conclusions aberrantes. Dans les processus de destructuration (v. SCHIZOPHRÉNIE), les perturbations du jugement sont liées à la dissociation des mécanismes logiques dont l'incohérence est le terme ultime.

jugulaire adj. Qui appartient à la gorge ou au cou.
La *veine jugulaire interne* fait suite au sinus latéral du crâne et longe les artères carotides pour se terminer dans le tronc brachio-céphalique veineux. Les plaies de la veine jugulaire interne sont graves, du fait de l'importance de l'hémorragie et du danger d'embolie gazeuse.

julep n. m. Préparation sucrée servant d'excipient dans les potions.

jumeau, jumelle n. Enfant issu d'une grossesse double, dite aussi *grossesse gémellaire.*
Embryologie. Sur les plans embryologique et génétique, on oppose deux variétés de jumeaux :
Jumeaux homozygotes, univitellins, ou vrais jumeaux. Ils résultent de la division d'un œuf fécondé unique. Cette division aboutit nécessairement à la formation de deux êtres identiques ayant un patrimoine chromosomique semblable. Ils sont obligatoirement de même sexe. Ils peuvent avoir, ou non, leur propre cavité amniotique ; en revanche, ils ont, dans la quasi-totalité des cas, une masse placentaire commune.
Jumeaux hétérozygotes, bivitellins, ou faux jumeaux. Ils résultent de la fécondation simultanée de deux ovules différents par deux spermatozoïdes distincts. Ils n'ont donc aucune raison de se ressembler plus que des frères et sœurs normaux. Ils peuvent être, ou non, de sexe différent. Ils ont chacun des annexes complètes : deux cavités amniotiques, deux placentas.
Grossesse et accouchement. La grossesse gémellaire est souvent mal tolérée par la mère, en raison de l'intensité des signes fonctionnels habituels de la grossesse et de la distension extrême de l'abdomen. La surdistension de l'utérus entraîne le plus souvent un accouchement prématuré. Le diagnostic ne peut qu'être soupçonné par l'examen clinique (excès de volume de l'utérus, constatation de plus de deux pôles fœtaux, perception de deux foyers de bruits du cœur). Il peut être affirmé par la tomoéchographie dès la 10e semaine, ou par la radiographie du contenu utérin à partir du 6e mois.

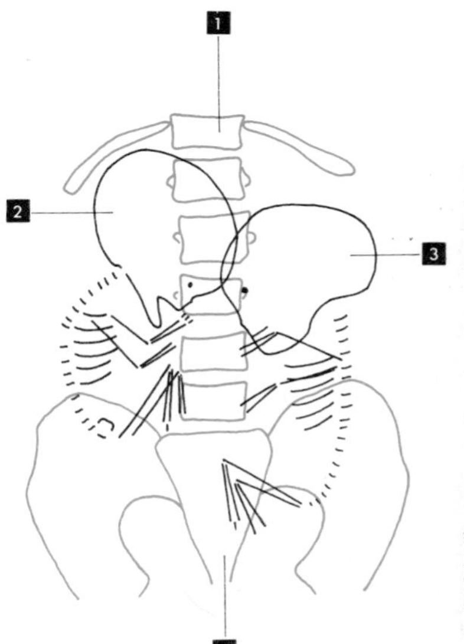

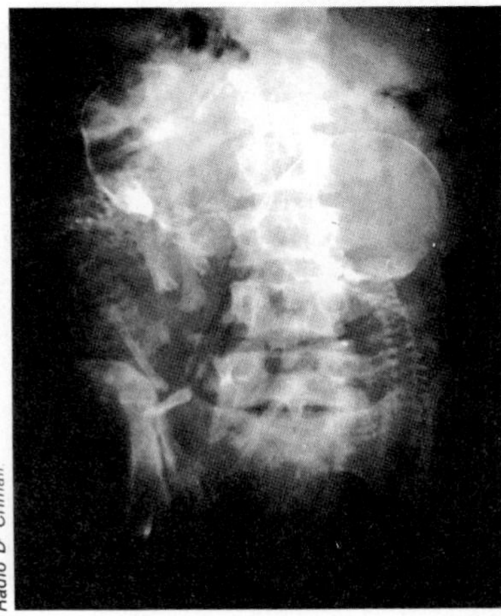

Jumeau.
Ci-dessous, radio de l'abdomen avec deux jumeaux tête en haut.
Ci-contre, schéma correspondant :
1. Colonne vertébrale de la mère ;
2. Premier jumeau ; 3. Second jumeau ;
4. Bassin de la mère.

L'accouchement est souvent plus lent, en raison des mauvaises contractions de l'utérus surdistendu. Après la sortie du premier enfant survient une phase de repos de 5 à 10 minutes, que l'accoucheur met à profit pour vérifier la bonne présentation du second. La dystocie du second jumeau est en effet une éventualité qui impose une extraction immédiate, par manœuvres internes.

Après l'accouchement, il faut craindre une hémorragie de la délivrance, en raison de la masse placentaire importante et de l'atonie secondaire de l'utérus surdistendu.

Psychologie et psychiatrie. L'observation de vrais jumeaux placés dans des conditions de vie différentes est utilisée pour déterminer l'influence respective de l'hérédité et du milieu (méthode des jumeaux).

jusquiame n. f. Plante à feuilles visqueuses et à fleurs jaunâtres rayées de pourpre, contenant de l'hyoscyamine* et de l'hyoscine* ou scopolamine*.
La teinture de jusquiame est sédative et diminue la sudation et la salivation. (Toxique, tableau A.)

Kahler (maladie de). V. MYÉLOME*.

Kahn (réaction de), réaction de floculation* utilisée dans le diagnostic de la syphilis*.

kala-azar n. m. Parasitose due à un protozoaire flagellé (leishmania). [Syn. : LEISHMANIOSE VISCÉRALE.]

Kala-azar. Hypertrophie de la rate, dont le contour est marqué au crayon.

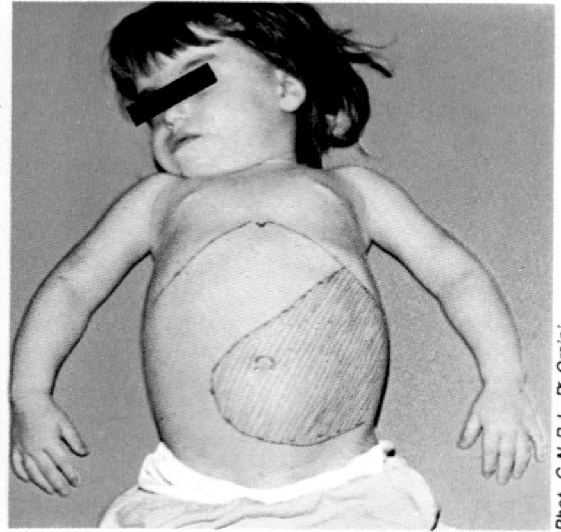

Phot. C.N.R.I.-Pr Orsini.

Le chien est le réservoir du parasite, tout comme l'homme ; l'hôte intermédiaire (phlébotome femelle) pique l'homme, assurant la dispersion du parasite. Les foyers se trouvent en Extrême-Orient, au Proche-Orient et en Amérique du Sud.

L'incubation du kala-azar est silencieuse et dure de quelques semaines à quelques mois. La maladie associe une atteinte du système réticulo*-endothélial et un amaigrissement à une fièvre irrégulière et prolongée. On note un gros foie, une rate très importante et des adénopathies (ganglions) multiples. Des troubles rénaux et cardiaques peuvent se voir. En l'absence de traitement, l'évolution, surtout chez les jeunes enfants, se fait vers la cachexie et la mort.

Les signes biologiques associent une pancytopénie* (diminution du nombre de tous les globules du sang), une accélération de la vitesse de sédimentation et une dysprotéinémie* (augmentation des gammaglobulines et diminution des albumines). Le parasite est mis en évidence dans la moelle osseuse et la rate.

Le *traitement* utilise des dérivés de l'antimoine en cures alternées.

La *prophylaxie* repose sur l'isolement et le traitement des malades, la lutte contre les phlébotomes et les animaux malades.

kaliémie n. f. Concentration du plasma en ions potassium (ou kalium), la normale étant 5 milliéquivalents* ou 0,200 g par litre.
La baisse de la kaliémie (hypokaliémie) est due à une perte accrue de l'ion par le rein (diurétiques) ou par l'intestin (diarrhées abondantes, maladie des laxatifs).

Son augmentation (hyperkaliémie) est due à une rétention par le rein, au cours de l'insuffisance rénale aiguë, ou à de grands délabrements musculaires (écrasements, brûlures graves).

Des troubles de la kaliémie accompagnent certains désordres de l'équilibre acidobasique. Dans tous les cas, le risque est cardiaque : troubles du rythme ou de la conduction, souvent graves.

kalléone n. f. Hormone pancréatique utilisée comme vasodilatateur dans les spasmes artériels.

kanamycine n. f. Antibiotique actif contre le staphylocoque, les bacilles Gram négatifs et le bacille de Koch.

kaolin n. m. Silicate d'aluminium hydraté naturel, utilisé en thérapeutique pour les pansements gastriques et intestinaux.

Kaposi (maladie de), affection grave caractérisée par des sarcomes violacés des membres, formés de vaisseaux (angiosarcomes) et dont l'une des causes est le S. I. D. A.

Kaposi-Juliusberg (éruption de), éruption vésiculopustuleuse, très contagieuse, survenant chez des enfants eczémateux.

Kempner (régime de), régime strict sans sodium (sans sel), sans graisses et sans protéines, composé uniquement de glucides (riz, fruits, sucre, vitamines) et indiqué dans le traitement de l'hypertension* et de l'insuffisance cardiaque*.

kératine n. f. Protéine soufrée qui constitue l'élément essentiel de la couche cornée de la peau.

kératinisation n. f. Transformation des cellules des couches profondes de la peau en cellules chargées de kératine de la couche cornée superficielle.

kératite n. f. Inflammation de la cornée.

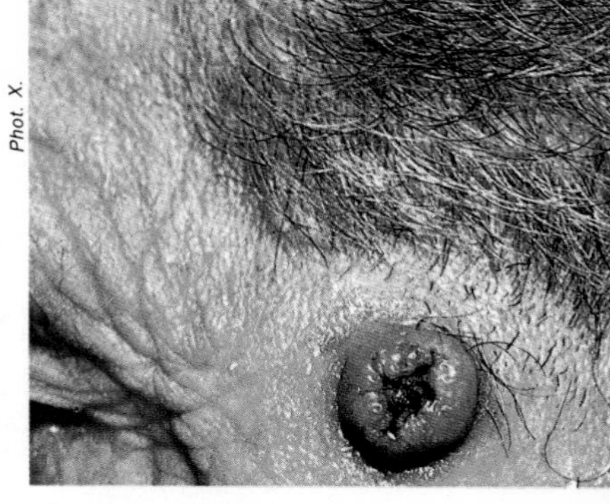

Phot. X.

Kératoacanthome.

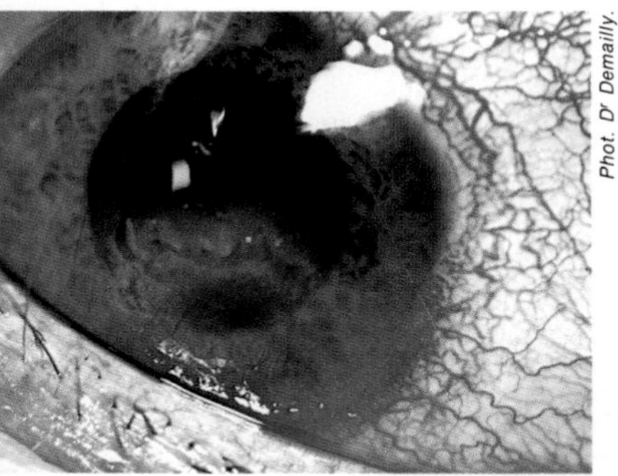

Phot. Dr Demailly.

Kératite. Herpès de la cornée.

Kératites superficielles. D'origine microbienne ou virale, ou consécutives à un traumatisme, elles entraînent une ulcération qu'on colore en vert avec une goutte de fluorescéine. Ces infections peuvent être graves chez les sujets déficients (diabétiques) et atteindre l'uvée (iritis*, uvéite*). Les ulcérations guérissent en laissant une taie blanche qui peut gêner la vision. Les kérato-conjonctivites touchent à la fois la cornée et la conjonctive. L'herpès de la cornée, très douloureux, produit un ulcère dendritique ; il ne faut pas lui appliquer de collyres aux corticoïdes.

Kératites profondes. Siégeant dans l'épaisseur de la cornée, elles s'accompagnent souvent d'une prolifération de vaisseaux. La *kératite interstitielle syphilitique,* survenant chez le nouveau-né contaminé par sa mère à la naissance, commande un traitement antisyphilitique général et les collyres à la cortisone pour éviter l'opacification de la cornée et la cécité. La *kératite tuberculeuse* a un aspect voisin. La *kérato-conjonctivite phlycténulaire,* petite élevure à cheval sur le bord de la cornée, très douloureuse, se rencontre au cours de la primo-infection tuberculeuse. La *kératite disciforme,* d'origine virale, entraîne l'opacification de la cornée.

kératoacanthome n. m. Tumeur bénigne d'origine épidermique, se développant rapidement, parfois après un traumatisme, mais régressant spontanément.

kératocône n. m. Déformation de la cornée en forme de cône.

Le kératocône, de cause inconnue, altère la vision et s'accompagne d'une myopie. La cornée est amincie au centre et peut se perforer. Le port de verres de contact améliore l'acuité visuelle et peut enrayer l'évolution.

kératodermie n. f. Affection cutanée caractérisée par l'épaississement de la couche cornée de l'épiderme, au niveau des paumes des mains et des plantes des pieds. Les kératodermies congénitales sont très rares. Habituellement, les kératodermies surviennent au cours d'affections comme le pityriasis* rubrapilaire, le psoriasis*, le lichen plan, l'eczéma*. L'intoxication arsenicale provoque une kératodermie, de même que la syphilis* secondaire.

La kératodermie eczémateuse est la plus fréquente, sous forme de dermatose des ménagères qui manipulent, les mains nues, des produits irritants comme les détergents et les savons. La meilleure prévention est le port de gants de caoutchouc hypoallergiques. (V. DERMATOSE.)

kératomalacie n. f. Ramollissement de la cornée, touchant surtout le nourrisson.
Elle se voit au cours des infections oculaires graves, des athrepsies*, des toxicoses. L'évolution peut se faire vers l'opacification ou l'ulcération de la cornée.

kératoplastie n. f. Greffe de cornée, consistant à remplacer une portion de la cornée transparente par une cornée prélevée sur un cadavre.

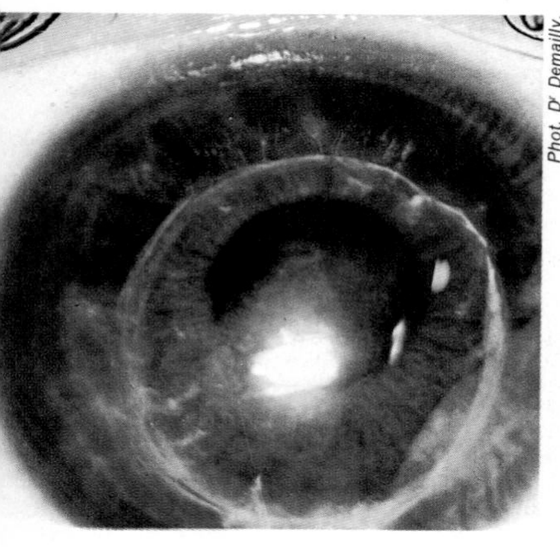
Phot. Dr Demailly.

Kératoplastie lamellaire.

La kératoplastie peut être *perforante* (toute l'épaisseur de la cornée est remplacée) ou *lamellaire* (seulement une couche superficielle est remplacée).

kératose n. f. Épaississement localisé de l'épiderme.
La *kératose pilaire* se manifeste tôt dans la vie par de petites rugosités de la face postérieure des bras et de la face externe des cuisses. Bénigne mais désagréable, elle est traitée par l'application de vaseline salicylée.
La *kératose sénile,* ou « crasse sénile », apparaît sur les parties découvertes après la cinquantaine. Elle se manifeste par une croûte grasse de teinte grise, de contour irrégulier. L'extension est lente et ces lésions sont précancéreuses, pouvant se transformer en épithélioma* basocellulaire. Il faut les détruire dès qu'elles apparaissent.

kérion n. m. Mycose cutanée due à un trichophyton et atteignant les régions pileuses.
La peau présente un aspect inflammatoire, suppuratif, entraînant une chute des poils. Un traitement rapide doit être appliqué pour éviter la contagion et l'extension des lésions. On associe des antifongiques à des antibiotiques.

Kernig (signe de), résistance douloureuse s'opposant à l'extension de la jambe, la cuisse étant fléchie sur le bassin.
Ce signe traduit une raideur réflexe des muscles rachidiens ; c'est un des signes cliniques de méningite*.

khelline n. f. Substance antispasmodique au niveau de la fibre musculaire lisse.

kinésithérapie n. f. Utilisation thérapeutique du mouvement.
Le *mouvement* peut être *actif :* gymnastique médicale, kinébalnéothérapie (mouvements pratiqués dans l'eau), pouliethérapie (mouvements exécutés avec une résistance progressive grâce à un système de poulies), ergothérapie (travail thérapeutique).
Le *mouvement* peut être *passif :* c'est la mobilisation passive, faite par le praticien sur le patient.
Le *mouvement* peut être *provoqué :* par une machine (mécanothérapie), par l'électricité (électrothérapie).

Applications de la kinésithérapie. Elles sont nombreuses : citons la rééducation fonctionnelle des blessés (après entorses, fractures, etc.), des handicapés moteurs, la correction

Kinésithérapie. Mobilisation passive de l'articulation coxo-fémorale.

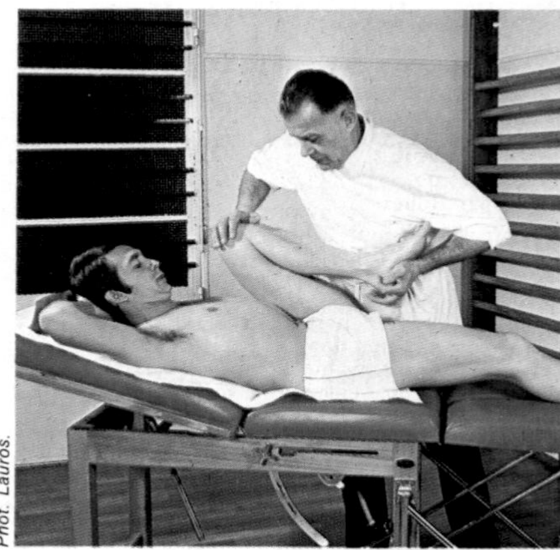
Phot. Lauros.

des anomalies de maintien, la correction des insuffisances respiratoires, etc.

kinesthésique adj. Se dit du sens musculaire qui nous renseigne sur les positions de notre corps et sur nos mouvements.

Klebs-Lœffler (bacille de), bâtonnet Gram positif aux extrémités enflées, agent de la diphtérie*.

kleptomanie n. f. Impulsion obsédante qui pousse un sujet à voler.
Il s'agit d'un comportement pathologique rare, bien différent du vol banal poussé par l'intérêt.

Le kleptomane — qui a un sens moral normal — ne s'empare de l'objet convoité qu'après une lutte intérieure pénible contre cette obsession. Ayant cédé à son désir, il éprouve à la fois un sentiment de soulagement et un sentiment de culpabilité intense. Dans ce cas, il s'agit d'un symptôme qui traduit une névrose généralement de type obsessionnel. Il faut souligner que l'objet volé n'a le plus souvent que peu de valeur et ne sert à rien à celui qui l'a volé.

À côté de la kleptomanie véritable, on connaît des impulsions pathologiques au vol beaucoup plus fréquentes, qui ne s'accompagnent pas d'une lutte anxieuse obsédante et qui peuvent avoir un aspect utilitaire. Les débiles mentaux, les déséquilibrés du caractère commettent ce type de vol.

On connaît aussi des vols effectués en état d'inconscience totale par de grands malades mentaux (démence, par exemple).

Klinefelter (syndrome de), dysgénésie du testicule, en rapport avec une aberration chromosomique, caractérisée par la présence de 44 autosomes et 3 gonosomes (44 A + XXY). Les sujets conservent un aspect masculin, mais il existe une azoospermie* qui entraîne une stérilité.

Koch (bacille de) ou **B. K.,** bacille responsable de la tuberculose, découvert en 1882 par Robert Koch.
Un de ses caractères bactériologiques est sa résistance en milieu acide et alcoolique (acidoalcoolorésistant). Il existe différents bacilles : humain, aviaire et bovin.

Le B. K. se recherche dans les crachats, les urines, le pus par l'examen direct après coloration, l'ensemencement sur milieu de Lœwenstein ou l'inoculation au cobaye.

koïlonychie n. f. Déformation de l'ongle (concavité de la face supérieure) congénitale ou acquise. — Dans ce cas, elle peut être due à une anémie hypochrome ou à une avitaminose C.

kola ou **cola** n. f. Graine de kolatier. Contenant de la caféine, la kola diminue la sensation de fatigue.

König (syndrome de), crises de douleurs et de contractions intestinales au cours de certaines occlusions* intestinales.

Koplick (signe de), signe caractéristique mais éphémère de l'énanthème (éruption interne) de la rougeole.
Ce signe, fugace et difficile à mettre en évidence, se recherche sur la face interne des joues. Il est constitué par des taches rouges centrées par de petits points blancs qui adhèrent fortement à la muqueuse et qui disparaissent à l'apparition de l'exanthème.

Korsakoff (syndrome de), psychose associée à une polynévrite, dont la cause est généralement l'alcoolisme.
Parmi les symptômes, on distingue : une amnésie de fixation (le sujet se souvient des faits anciens, mais ne peut plus fixer aucun souvenir) ; une désorientation temporo-spatiale (il ne connaît ni la date ni le lieu où il se trouve) ; une fabulation qui vient combler les trous de mémoire du sujet ; une polynévrite*.

En définitive, le malade est le plus souvent dans un état de confusion mentale. L'évolution est irréversible.

Koïlonychie.

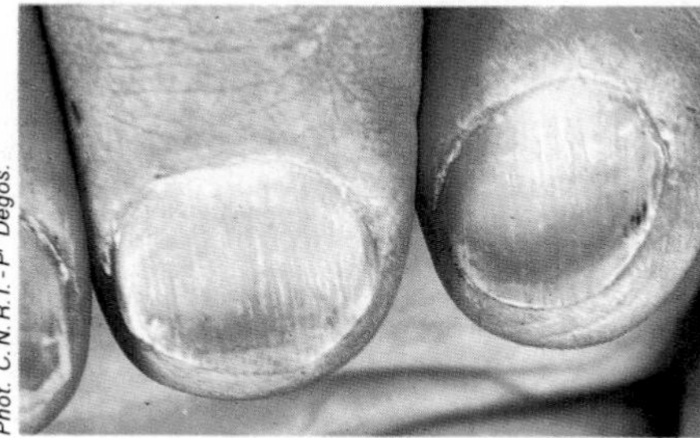

Phot. C.N.R.I. - Pr Degos.

kraurosis n. m. **Kraurosis de la vulve,** rétrécissement de l'orifice vulvo-vaginal, avec atrophie des petites lèvres, amincissement de la muqueuse et excoriations, entraînant du prurit et une dyspareunie*.
Il s'agit d'un trouble trophique dû à la suppression des sécrétions ovariennes après la ménopause ou chez les femmes jeunes ayant subi une ablation des ovaires.

Le *traitement* consiste en apport d'œstrogènes par voie locale ou générale.

Krebs (cycle de), suite de réactions biochimiques permettant à l'organisme de recueillir l'énergie finale des métabolismes* glucidiques, lipidiques et protidiques, qui tous aboutissent au groupement acétyl- (CH_3—CO—).
Celui-ci est introduit dans le cycle par l'intermédiaire du coenzyme A. Le cycle est composé d'une série d'acides à 4 ou 6 carbones, comportant deux fonctions acides (diacides) et provenant chacun d'une modification biochimique du précédent.

Au cours du cycle, le résidu acétyl- est transformé en gaz carbonique (CO_2), éliminé par les poumons, et en ions hydrogène (H^+) qui sont pris en charge par des enzymes* dites « transporteurs d'hydrogène », constituant une réserve énergétique qui sera libérée dans les réactions de la respiration* cellulaire (combustions lentes).

Le cycle de Krebs apparaît comme le dernier maillon des métabolismes* des glucides*, lipides* et protides* de l'alimentation. Il élimine les déchets (CO_2) et libère une énergie utilisable par l'organisme pour la synthèse de l'adénosine triphosphate (A. T. P.), qui est la réserve énergétique nécessaire aux réactions biologiques et en particulier à la contraction musculaire.

Kummel-Verneuil (syndrome de), ensemble de manifestations survenant après une période de guérison apparente à la suite d'un traumatisme vertébral, et comportant une cyphose douloureuse, des douleurs et des contractures musculaires en ceinture.

Kunkel (réactions de), réactions de floculation* pratiquées sur le sérum sanguin et renseignant sur le fonctionnement du foie*.

kwashiorkor n. m. État de dénutrition gravissime, secondaire à une carence alimentaire totale (glucides, lipides et surtout protides).
Cette carence touche de nombreux enfants du tiers monde, juste après la période du sevrage et avant qu'ils aient atteint leur propre autonomie. Elle associe des œdèmes (surtout aux membres inférieurs), une disparition des graisses et des signes cutanés à une grande hypotrophie (maigreur). Le traitement nécessite une réhydratation avec apport protidique, graduée mais massive (de 4 g/kg/j à 10 g/kg/j au 10e jour), et une rééquilibration électrolytique qui ne peut se faire qu'en milieu hospitalier.

kyste n. m. Cavité pathologique contenant un liquide.
En règle générale, les kystes sont des tumeurs bénignes résultant d'une prolifération tissulaire se développant à partir d'un tissu ou d'un organe en reproduisant des structures normales sans monstruosités cellulaires ; ils se développent en refoulant les tissus voisins, qu'ils compriment sans les envahir.

La paroi des *kystes vrais* est constituée d'une ou de plusieurs couches de cellules épithéliales entourées de tissu conjonctif lâche permettant le clivage. Les *faux kystes* ne présentent pas d'assise épithéliale : ils sont, en règle, le résultat de l'organisation d'une lésion inflammatoire. Le contenu des kystes peut être clair ou teinté, plus ou moins visqueux et présenter des éléments tissulaires divers (poils, dents, parasites).

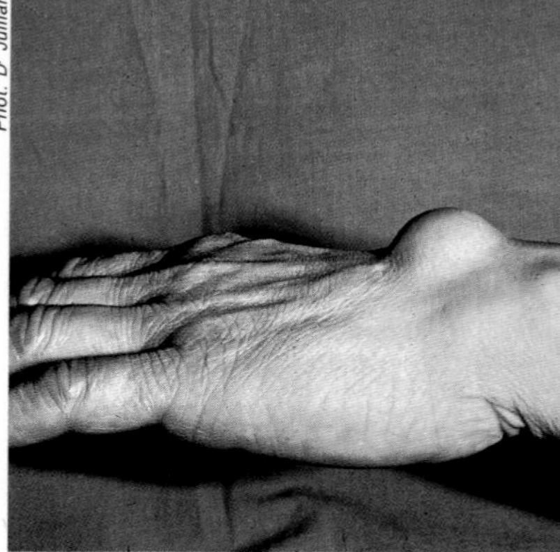
Phot. Dr Julliard.

Kyste. Kyste synovial du dos de la main.

L'origine des kystes peut être *embryonnaire,* se formant au cours de la vie intra-utérine, mais ne se développant parfois qu'à l'âge adulte. Les kystes *dystrophiques* se forment par suite d'une anomalie de fonctionnement d'un organe ou par oblitération des canaux excréteurs d'une glande. Certains kystes constituent un processus de défense de l'organisme contre certains parasites : le type le plus courant en est le kyste hydatique. (V. ÉCHINOCOCCOSE.)

Toutes les parties de l'organisme peuvent être le siège de kystes, mais certaines localisations sont particulièrement fréquentes :
— l'*ovaire* est le siège de kystes de taille et de contenu très variables : kystes fonction-

nels, folliculiniques ou lutéiniques qui disparaissent spontanément; kystes vrais, organiques, qui peuvent se compliquer de torsion, de rupture, de dégénérescence maligne et imposent donc toujours l'exérèse chirurgicale ;
— la *peau* est le siège de kystes épidermiques (kystes sébacés) ou dermoïdes ;
— les kystes *synoviaux* se rencontrent le plus souvent à la face dorsale du poignet ou au creux poplité ;
— le *foie,* le *cerveau,* le *poumon* sont les lieux d'élection de certains kystes parasitaires (kystes hydatiques) ; le *kyste aérien du poumon* est une formation aérienne, transparente à la radiographie, d'origine congénitale ou acquise ;
— le *pancréas* est le siège de faux kystes parfois volumineux, posant des problèmes thérapeutiques difficiles ;
— le *rein* peut être envahi de kystes multiples d'origine embryonnaire, qui se développent simultanément, creusant tout le parenchyme rénal (maladie polykystique) ;
— les *kystes des os* sont des cavités se révélant souvent par une fracture spontanée, dont la consolidation entraîne la guérison ;
— les *kystes dentaires* sont des tumeurs bénignes évoluant lentement, développées aux dépens des débris épithéliaux de la lame dentaire. (V. DENT, *Maladies des dents.*)

L'évolution des kystes dépend de leur nature, de leur siège, mais, en règle générale, leur ablation chirurgicale est indiquée avant l'apparition de complications : compressions des organes voisins, torsion, d'où nécrose, infection, rupture (particulièrement grave en cas de kyste parasitaire).

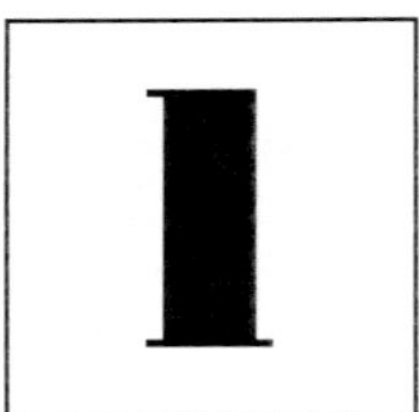

laborantin, e n. Auxiliaire médical des laboratoires d'analyse.

laboratoire n. m. Local où se trouvent réunis les appareils et les produits nécessaires pour faire des recherches scientifiques ou pratiquer des examens permettant de compléter le diagnostic clinique des maladies.

Examens de laboratoire, examens complémentaires qui permettent d'orienter ou de confirmer un diagnostic clinique et de suivre l'évolution d'une maladie sous traitement. — Ils font appel à la chimie, à la biochimie, à la physique, à l'hématologie*, à la bactériologie*, etc.

labyrinthe n. m. Ensemble des cavités de l'oreille* interne.

labyrinthite n. f. Altération du labyrinthe*, cause de vertiges*, de surdité*, de bourdonnements*.

lacet n. m. **Signe du lacet,** examen qui permet d'apprécier la résistance des capillaires* sanguins en plaçant un garrot (un lien) autour d'un membre. — La congestion entraînée par le garrot en 10 minutes provoque plus de 10 petites taches de purpura*, par rupture des capillaires, si ceux-ci ont une fragilité exagérée.

lacrymal, e, aux adj. Qui concerne les larmes.

Glandes lacrymales. Les glandes lacrymales sécrètent les larmes. Elles sont situées à l'angle supéro-externe de l'orbite, sous la partie externe de la paupière supérieure. Leurs canaux débouchent dans le cul-de-sac supérieur de la conjonctive.

Voies lacrymales. Les larmes, après avoir humidifié l'œil, sont évacuées à son angle interne (près du nez) par deux petits orifices, les points lacrymaux supérieur et inférieur, qui se continuent par deux canalicules se rejoignant dans le sac lacrymal. Celui-ci se continue à l'angle inféro-interne de l'orbite par le canal lacrymo-nasal, qui se jette dans les fosses nasales.

À l'état normal, les larmes sont constamment évacuées par les voies lacrymales. Si celles-ci sont obturées, il y a larmoiement, et il faut les déboucher par cathétérisme et lavage au sérum physiologique. Une intervention chirurgicale est parfois nécessaire.

lacrymogène adj. Qui fait pleurer.

Gaz lacrymogènes, gaz irritants utilisés dans les combats civils. — La plupart d'entre eux provoquent une irritation des muqueuses de

Lacrymal. Schéma de l'appareil lacrymal :
1. Glande lacrymale ; 2. Canaux excréteurs ;
3. Conjonctive ; 4. Points lacrymaux ;
5. Conduits lacrymaux ; 6. Sac lacrymal ;
7. Canal lacrymal ;
8. Cornet inférieur des fosses nasales ;
9. Orifice du canal lacrymal
dans les fosses nasales.

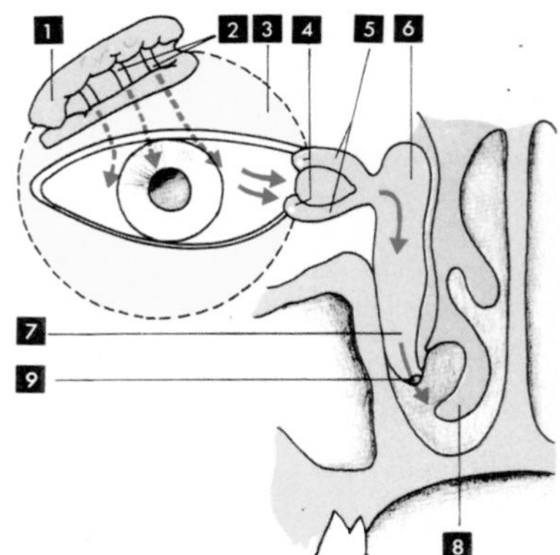

l'œil et des voies respiratoires. Des brûlures oculaires plus ou moins graves peuvent être provoquées par l'explosion d'une grenade à proximité de l'œil. Des produits plus récents ajoutent à l'action irritante des gaz une action incapacitante sur les centres nerveux qui peut durer de quelques minutes à plusieurs heures. Ces troubles consistent en une désorientation, de la stupeur et une obnubilation, parfois des accidents convulsifs ou encore un coma retardé, apparaissant plusieurs dizaines de minutes après l'explosion.

lacs n. m. Petit ruban que l'on passe autour d'un nerf, d'une artère, d'un canal, pour l'isoler, le protéger lors d'une dissection chirurgicale.

lactalbumine n. f. Protéine du lait.

lactarium n. m. Établissement où l'on collecte le lait des accouchées qui en ont trop ou qui ne veulent pas allaiter leur enfant.
Ce lait est réservé aux nourrissons prématurés ou fragiles dont la mère n'a pas suffisamment de lait.

lactation n. f. Sécrétion et écoulement du lait par les glandes mammaires.
Elle comporte deux périodes : la lactogenèse, caractérisée par l'apparition d'une sécrétion mammaire en l'absence de succion mammaire, et la galactopoïèse, ou entretien de la sécrétion lactée qui survient après succion ou traite. Plusieurs hormones sont indispensables pour que la glande mammaire puisse se développer complètement et sécréter du lait (œstrogènes, progestérone et prolactine). Au cours de la lactation, la sécrétion des gonadotrophines F. S. H. et L. H. est suspendue. Il est nécessaire que le lait soit périodiquement éjecté des canaux galactophores pour que la lactation puisse se poursuivre.

lactique adj. Se dit : 1° d'un acide organique qui se forme lors de la fermentation du lait ; 2° des bacilles qui effectuent cette fermentation. (V. FERMENT.)

lactoflavine n. f. Syn. de VITAMINE* B2.

lactose n. m. Sucre réducteur extrait du petit-lait.
Il est utilisé en diététique infantile comme aliment et correcteur du lait de vache.

lactosérum n. m. Liquide qui se sépare du lait caillé. (Syn. : PETIT-LAIT.)
Le lactosérum contient les sels minéraux du lait entier, ainsi que le lactose. Il est partiellement privé d'albumine et totalement de caséine*. C'est un désinfectant intestinal.

lactosurie n. f. Présence de lactose dans les urines, banale au cours de la grossesse.

lacunaire adj. et n. Se dit de malades présentant de multiples lésions destructives (lacunes) au niveau des centres cérébraux, qui correspondent à de petits ramollissements par athérosclérose diffuse, et qui entraînent un certain degré de détérioration intellectuelle.

ladrerie n. f. Cysticercose* du porc.

lagophtalmie n. f. Ouverture anormale et constante des paupières.
Due à une paralysie du muscle orbiculaire ou à une exophtalmie*, la lagophtalmie entraîne un larmoiement et une irritation de la conjonctive (conjonctivite, kératite).

laine n. f. Les ouvriers qui manipulent la laine sont exposés à des infections (charbon) et à des lésions de la peau dues aux huiles de traitement. Les vêtements de laine portés à même la peau peuvent provoquer des réactions allergiques (rougeurs, démangeaisons).

lait n. m. Liquide blanc fourni par les glandes mammaires des femmes et des femelles mammifères.

Le lait de femme. C'est l'aliment de choix pour le nourrisson. Le lait de femme a une composition qualitative et quantitative adaptée aux besoins de l'enfant : protéines absorbées presque intégralement, lipides indispensables à la croissance (acides gras insaturés), glucides en quantité importante, vitamines. Le lait maternel est approprié aux conditions d'épuration rénale et hépatique du nourrisson. De plus, il contient des immunoglobulines A et du lysozyme* qui représentent une protection efficace contre les infections néonatales. Il n'existe pas d'insuffisance qualitative importante du lait maternel ; par contre, une insuffisance quantitative est parfois observée.

Le lait de vache. Variable avec les espèces, sa composition est différente selon l'état de santé et l'alimentation des mammifères.

Les protéines y sont représentées par la caséine (85 p. 100), qui comporte de nombreux acides aminés essentiels, la α-lactalbumine et la β-lactoglobuline, toutes deux coagulables à chaud (« peau » du lait bouilli).

Les lipides sont des triglycérides formés d'acides gras, le plus souvent saturés (acides stéarique, palmitique), facilement attaqués par les sucs digestifs. Le lait écrémé est débarrassé de ces constituants.

Le lactose est spécifique de la sécrétion mammaire ; il est rapidement dégradé en acide lactique*.

Parmi les sels minéraux, le calcium (8 g) et le phosphore (1 g) font du lait une alimentation riche. La teneur en fer est au contraire négligeable et doit être suppléée chez l'enfant par un apport extérieur. Dans les régimes désodés, on emploie des laits débarrassés de leur chlorure de sodium.

Les vitamines existent normalement dans le lait de vache, sauf après ébullition (vitamine C) et en hiver (bétail nourri en étable).
Les pollutions du lait de vache. Pour être consommé sans danger, le lait doit être soumis à différentes règles d'hygiène. Les possibilités de souillures sont nombreuses : maladie infectieuse du bétail, dermatoses du personnel, absence d'hygiène du vacher et au cours de la traite. De plus, la chaleur facilite le développement des bactéries le plus souvent inoffensives, mais parfois responsables d'affections graves (tuberculose, fièvre* de Malte). Sur le lieu de production, les bêtes et le personnel doivent être suivis (dépistage de la tuberculose et autres maladies).

Le lait pasteurisé vendu en « packs » ou en bouteilles plastiques doit être bouilli et consommé rapidement. L'industrie laitière est contrôlée à divers niveaux : services vétérinaires, hygiène, service des fraudes.

Les laits industriels. Les laits, après stérilisation à 120 °C, peuvent être conservés très longtemps, mais les vitamines sont détruites. La concentration du lait, réalisée par adjonction de sucre après pasteurisation, ne permet pas le développement des germes. Ces laits *concentrés* peuvent se conserver très longtemps.

L'évaporation à basse température (−50 °C) est à l'origine des laits secs (en poudre) contenant toutes les protéines et une partie des vitamines. Ce lait ne contient plus que 6 p. 100 d'eau. Différents procédés permettent l'obtention de laits secs, écrémés ou non. Ce lait se conserve à l'abri de la chaleur et de la lumière, et se dissout facilement dans l'eau. Certains laits secs sont sucrés, d'autres partiellement ou totalement écrémés ; d'autres encore sont additionnés de vitamines ; tous se diluent à raison de 5 g (soit une mesure) pour 30 g d'eau.

Emploi et accidents du lait de vache. Le lait de vache est employé pour l'alimentation du nourrisson bien que sa composition lui soit moins adaptée que celle du lait de femme. On le coupe différemment selon l'âge, et on ajoute du sucre et des vitamines. (V. ALLAITEMENT.)

Chez l'adulte, la digestion du lait est aisée, à condition que l'absorption soit lente ou ralentie par la présence de café, de cacao, de malt, de chicorée, etc.

Le lait des mammifères (chèvre, vache, brebis) est utilisé pour la confection de fromages et de yaourts (lait caillé).

L'intolérance aux protéines du lait de vache n'est pas rare et peut être responsable, chez des nourrissons sensibilisés, de chocs anaphylactiques. La désensibilisation des sujets allergiques se fait par absorption progressive de doses minimes de lait (dilution 1 p. 1000).

laitance n. f. Substance fluide, blanchâtre, qui est le sperme des poissons.
Certaines laitances sont utilisées en cuisine après avoir été dégorgées et blanchies (maquereaux) ; d'autres sont toxiques.

Lamalou-les-Bains, station thermale de l'Hérault, à 40 km de Béziers.
Une source chaude (49 °C) et plusieurs sources froides (de 17 à 29 °C) fournissent des eaux bicarbonatées calciques, ferrugineuses et arsenicales, carbogazeuses et radioactives. On les emploie en bains et douches dans le traitement des affections neurologiques et dans les rhumatismes chroniques.

lambeau n. m. Fragment de tissu détaché accidentellement ou volontairement pour recouvrir une perte de substance. (V. GREFFE.)

lambliase n. f. Parasitose digestive due à un protozoaire flagellé, *Giardia intestinalis.* (Syn. : GIARDIASE.)
C'est un parasite piriforme, à deux noyaux et quatre flagelles.

La giardia, localisée dans le duodénum, est responsable de diarrhées, de vomissements, parfois de troubles hépatiques. Ce sont surtout les enfants qui sont contaminés.

Le diagnostic biologique est fait sur la constatation de kystes à la coproculture*. Le traitement utilise deux cures espacées de *métronidazole.*

laminaire n. f. Algue brune des côtes rocheuses et, par extension, petits cylindres qui en sont tirés pour être utilisés en gynécologie.
Mise en place pendant 24 heures, la laminaire élargit lentement le col de l'utérus pour les traitements intra-utérins.

laminectomie n. f. Ablation des lames latérales des vertèbres*.
Cette intervention constitue le temps obligatoire de la plupart des interventions sur la moelle épinière.

lancinant, e adj. Caractère d'une douleur intense, survenant par élancements aigus successifs.

Landry (syndrome de), syndrome caractérisé par des paralysies ascendantes, c'est-à-dire que, ayant dans un premier temps paralysé les membres inférieurs, puis supérieurs, elles atteignent ensuite les muscles de la déglutition et de la respiration.
De nombreuses atteintes neurologiques peuvent l'entraîner (poliomyélite*, polyradiculonévrites*, etc.).

langage n. m. Moyen d'expression de la pensée et de communication entre les hommes.

Développement du langage. L'acquisition du langage nécessite une maturation motrice et intellectuelle suffisantes et, d'autre part, des conditions d'apprentissage favorables.

Avec pour base un équipement nerveux et sensorimoteur intact, le langage de l'enfant va se développer progressivement grâce au mécanisme de l'imitation et de la répétition des sons, puis des mots et des phrases entendus. La polarisation sur certains phonèmes va s'effectuer grâce à l'écho (la répétition) et aux réactions rencontrés chez l'entourage de l'enfant.

L'évolution du langage comporte plusieurs stades : le stade du vagissement ; le stade du gazouillis ; le stade d'apprentissage du langage humain débutant par le « jargon » et la répétition des syllabes. Les premiers mots sont généralement prononcés vers 1 an. Vers 18 mois apparaissent les premiers mots-phrases. Le stade de la phrase (vers 2 ans) est caractérisé par l'emploi d'un verbe à l'infinitif. Le vocabulaire s'accroît sans cesse. Vers 3 ans apparaît le pronom « je » ; le stade du langage social est atteint vers 6 ou 7 ans.

Troubles du langage. Ils sont divers et peuvent avoir des causes variées : troubles de l'audition ; malformations ou lésions des organes phonateurs (larynx, cordes vocales) ; lésions neurologiques ; troubles mentaux.

Il est fréquent que des malades qui présentent des troubles mentaux s'expriment dans un langage anormal : on connaît le langage précieux, théâtral, de certains hystériques, le discours pauvre, puéril des débiles ou des diminués mentaux, les tics verbaux qui émaillent le discours des obsédés, etc. Mais c'est surtout dans la schizophrénie* que le langage est profondément perturbé : les malades utilisent un langage bizarre, abstrait, symbolique, fait de mots nouveaux (néologismes) et ayant un sens hermétique et secret.

Le *traitement* de ces troubles dépend de leur cause et est donc très variable.

Langerhans (îlots de), amas de cellules endocrines sécrétant l'insuline* et situées au sein du parenchyme pancréatique, entre les acini.

langue n. f. Organe musculaire recouvert d'une muqueuse et situé dans la cavité buccale.

Anatomie. La langue est formée de 17 muscles. Ils sont innervés par la 12e paire des nerfs crâniens : les grands hypoglosses. La langue joue un rôle important dans la mastication, la déglutition et la phonation. D'autre part, elle contient les papilles gustatives, qui sont les récepteurs du goût*. Sur la face inférieure, la langue est reliée au plancher de la bouche par le frein.

Examen de la langue. Il est essentiel car il renseigne sur les affections de la cavité buccale et sur l'état général d'un sujet.

Inspection. À l'état normal, la langue est rose et humide. Elle peut être recouverte d'un enduit blanchâtre lors d'une infection (muguet*, lichen*) ou d'une perturbation de l'appareil digestif, dont elle est un bon reflet : elle est alors dite « saburrale ». Elle peut devenir rouge vif, dépapillée, lors des glossites*, de la syphilis*, des avitaminoses B. Des taches rouges y apparaissent dans la scarlatine et après certains traitements antibiotiques (tétracyclines). Des taches noires sont visibles en cas d'affection mycosique*. La langue peut devenir sèche en cas de déshydratation*.

Des fissures peuvent apparaître sur la langue, au point de constituer la langue dite *scrotale,* très plissée.

Les plaies sont souvent le fait de morsures, survenues lors de la mastication ou au cours d'une crise épileptique*.

Des ulcérations se trouvent parfois en regard des dents faisant saillie hors de l'arcade dentaire. Sur les bords de la langue, une ulcération due à l'herpès* (non indurée en profondeur) ou à la syphilis* (à base indurée) peuvent se rencontrer, mais les aphtes sont le plus souvent responsables de ces ulcérations.

Palpation. Pratiquée avec deux doigts protégés par un doigtier, elle permet d'apprécier la consistance des lésions observées. Ainsi, un cancer de la langue montre une grande induration de la base de la lésion.

Affections de la langue. Les lésions inflammatoires sont regroupées sous le terme de *glossite**, souvent en rapport avec une infection de l'appareil digestif.

Des douleurs persistantes de la langue constituent la glossodynie*. La glossoplégie* (paralysie de la langue) est souvent unilatérale dans les hémiplégies*, déviant la pointe vers le côté non paralysé.

Les tumeurs bénignes de la langue apparaissent comme de petits nodules ronds, reposant sur une muqueuse saine. Il s'agit de kystes, de lipomes, de papillomes, etc.

Le cancer de la langue est fréquent chez l'homme de 50 ans, grand fumeur, souvent secondaire à une lésion préexistante qui se cancérise : formation d'une tumeur à contours irréguliers, saignant facilement au contact et reposant sur une base dure. L'examen s'emploie à rechercher les signes d'extension locale et régionale au plancher de la bouche,

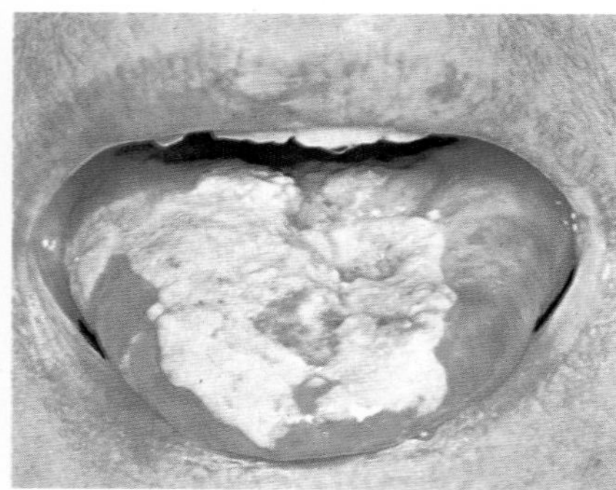

Phot. C.N.R.I. - Pr Labayle.

Langue. Cancer de la langue.

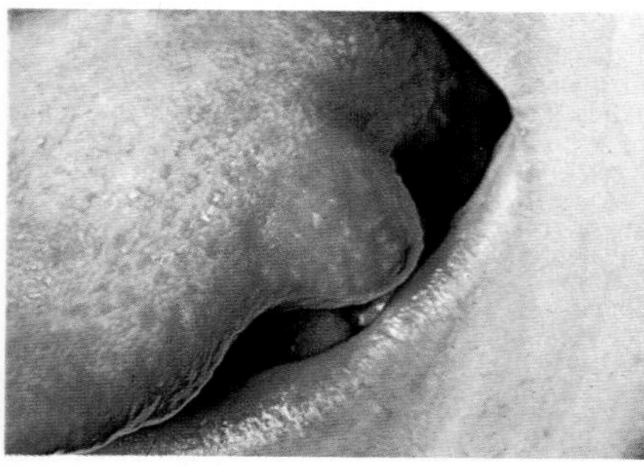

Phot. C.N.R.I. - Pr Labayle.

Langue. Cancer de la langue.

aux ganglions sous-maxillaires, ce qui aggrave le pronostic. C'est dire l'importance de traiter sans attendre une lésion, même minime, siégeant sur la langue. Le traitement consiste à implanter des aiguilles de radium dans la langue, après biopsie de la lésion, puis à irradier par cobaltothérapie les ganglions atteints. À un stade plus tardif, on pratique un curage ganglionnaire du cou, associé à la cobaltothérapie.

languette n. f. **Languette interdentaire,** repli de la muqueuse des gencives, situé dans l'espace compris entre deux dents voisines.

lanoline n. f. Matière grasse faite d'un mélange d'acides gras estérifiés et d'alcools libres, obtenue à partir du suint de mouton. (Syn. : LANOLÉINE.)

Elle est utilisée comme excipient pénétrant et comme agent émulsif dans la préparation des crèmes et pommades.

laparoscopie n. f. Examen endoscopique de la cavité péritonéale, qui permet d'examiner et de photographier la surface du foie, de la vésicule biliaire et des organes génitaux féminins. (V. aussi CŒLIOSCOPIE.)

laparotomie n. f. Incision chirurgicale de la paroi abdominale.

laque n. f. La projection sur la peau ou l'ingestion accidentelle de laque pour fixer les cheveux sont peu dangereuses ; au maximum, sa vaporisation dans la bouche peut produire une obnubilation, une tendance hypoglycémique. Il faut se protéger les yeux pendant la vaporisation, l'emploi répété de laque pouvant entraîner une kératite*.

larme n. f. Liquide sécrété par les glandes lacrymales*, qui humecte en permanence la surface de l'œil et assure sa transparence. (Lors d'une vive émotion, la sécrétion augmente et se répand au-dehors.)

larva migrans n. f. (mots lat.) Affection humaine due à la migration dans l'organisme de larves de vers parasites d'animaux qui ne peuvent se développer dans l'homme car le terrain est trop différent (impasse parasitaire).
La localisation des larves peut être cutanée ou viscérale. Les personnes atteintes sont surtout des enfants.

Laparoscopie. Insufflation d'air pour créer un pneumopéritoine.

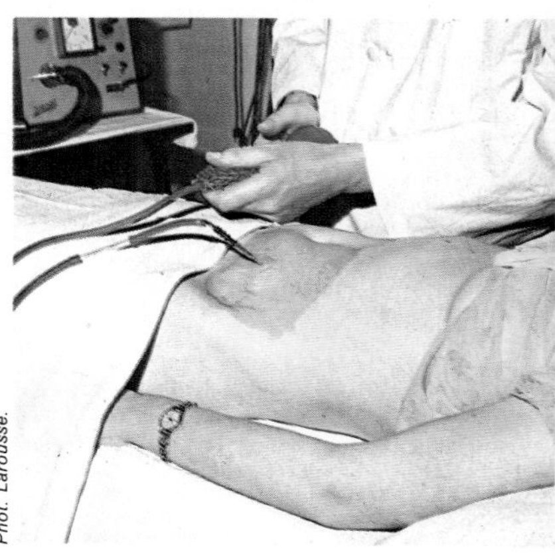

Phot. Larousse.

L'atteinte viscérale est due à l'*ascaris* du chien* et se caractérise par des troubles de l'état général, des signes pulmonaires et un gros foie. Biologiquement, on note une leucocytose avec éosinophilie*. Le traitement est celui de l'ascaridiose*.

L'atteinte cutanée, ou « creeping disease », est secondaire à l'infestation d'ankylostomes*. Elle se traduit par un prurit intense et des lésions vésiculeuses souvent surinfectées. On associe corticoïdes et traitement symptomatique.

larve n. f. Forme évolutive de certains insectes. — La larve est un organisme différent du ver adulte. Elle subit une ou plusieurs métamorphoses pour devenir adulte.

Les larves jouent un grand rôle dans la transmission de maladies (rickettsioses) ou dans leur genèse même (kyste hydatique*, cysticercose*, *larva* migrans*).

larvé, e adj. **Forme larvée,** se dit d'une maladie ne présentant que des signes cliniques.

laryngectomie n. f. Ablation chirurgicale, totale ou partielle, du larynx.

laryngite n. f. Inflammation du larynx, provoquant une dysphonie*, ou altération de la voix, qui peut être rauque, voilée ou éteinte.

Laryngites aiguës. Elles sont provoquées par une infection (grippe, rhinite, sinusite), par une inhalation de fumées ou de matières irritantes (poussière, tabac, etc.), par le surmenage vocal ou le froid.

La *laryngite aiguë catarrhale* se manifeste par l'altération de la voix, pouvant aller jusqu'à l'extinction, par une toux sèche, quinteuse. Le traitement comporte le repos vocal (ne pas parler), l'interdiction de fumer, le séjour dans une pièce chaude et humide. On pratique des inhalations de vapeurs médicamenteuses (benjoin, eucalyptus, pin), des aérosols vasoconstricteurs ou antibiotiques. Les calmants de la toux et les antihistaminiques sont administrés par voie générale ainsi que des antibiotiques en cas de signes généraux d'infection ou de complication.

La *laryngite striduleuse* est une crise de gêne respiratoire aiguë survenant brusquement, la nuit, chez un enfant déjà malade (rhinopharyngite, rougeole, etc.) ou apparemment sain. La voix et la toux sont rauques, la respiration sifflante, la dyspnée angoissante. Tout rentre généralement dans l'ordre en quelques minutes avec des compresses chaudes autour du cou, une atmosphère chaude et humide, des pulvérisations nasales de vasoconstricteurs, un sirop calmant. Si la dyspnée persiste, il faut craindre la laryngite aiguë œdémateuse.

Laparoscopie. Examen à l'endoscope de la cavité péritonéale.

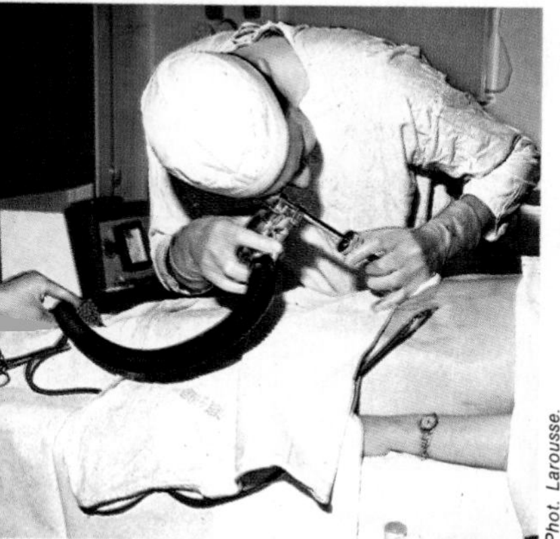

Phot. Larousse.

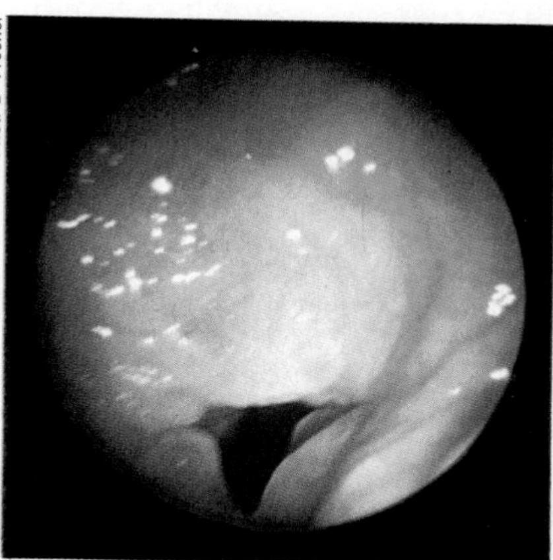

Phot. Dr Frèche.

Laryngite. Laryngite œdémateuse. Notez l'obstruction presque complète du canal laryngé.

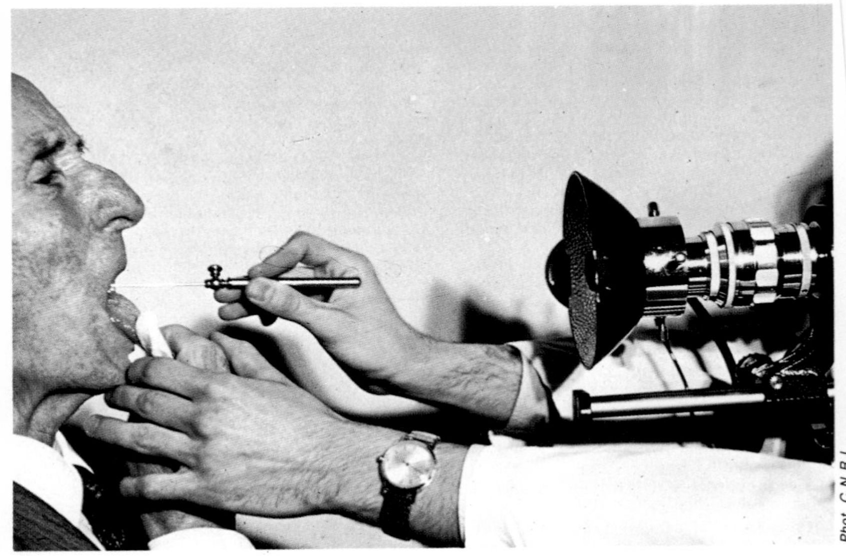
Phot. C.N.R.I.

Laryngoscopie.
Technique laryngoscopique indirecte.
La manœuvre.

La *laryngite aiguë œdémateuse,* ou faux croup, est une affection grave, hivernale, atteignant les petits enfants. Le début est analogue à la laryngite striduleuse, mais, au lieu de s'atténuer, les signes s'aggravent d'heure en heure. L'enfant est menacé d'asphyxie du fait d'un gonflement de l'épiglotte, des aryténoïdes (cordes vocales) et du dessous de la glotte. La voix, après avoir été rauque, est étouffée. Le traitement, urgent, comprend les antibiotiques, les anti-inflammatoires et, au besoin, l'intubation trachéale (avec une canule) ou même la trachéotomie. L'hospitalisation est nécessaire dès que le diagnostic est certain.

Les laryngites des maladies infectieuses sont fréquentes, la plus grave étant la *laryngite diphtérique,* ou *croup,* qui se manifeste par des fausses membranes obturant le larynx (v. DIPHTÉRIE et CROUP). On observe également des laryngites de gravité diverse dans la rougeole, la coqueluche, la scarlatine.

Laryngites chroniques. Ces affections se manifestent par la dysphonie (voix rauque, cassée, bitonale ou éteinte), généralement sans fièvre, ni douleur, ni toux. Toute altération de la voix qui dure plus de 2 semaines doit faire consulter un oto-rhino-laryngologiste, car il peut s'agir d'un cancer du larynx au début. Toutefois, la plupart des laryngites chroniques n'ont pas cette origine.

Les *laryngites catarrhales chroniques* font suite à une laryngite aiguë ou apparaissent d'emblée, favorisées par le tabac, les poussières, les efforts vocaux. Les cordes vocales sont infiltrées, ternes, parfois rouges.

Les *laryngites chroniques hypoglossiques* comportent un épaississement de la muqueuse du larynx, diffuse ou localisée aux aryténoïdes, aux cordes vocales, à leurs commissures.

Les *laryngites ulcéreuses* comportent deux petits ulcères symétriques de la partie postérieure des cordes vocales, qui s'emboîtent l'un dans l'autre (« contact ulcère ») lors de la phonation.

Les *laryngites atrophiques* représentent l'extension au larynx de l'ozène*.

Le *traitement* des laryngites chroniques est difficile. Il comporte la suppression du tabac et de l'alcool, le traitement des affections du nez et des sinus, des soins locaux : inhalations de balsamiques et de soufre, instillations et pulvérisations. Les cures thermales (Enghien, Cauterets, Luchon) sont souvent efficaces.

laryngoscopie n f. Examen visuel du larynx.

Laryngoscopie indirecte. Elle se fait à l'aide d'un miroir laryngien et avec un éclairage axial obtenu par une lampe frontale. Le médecin tire légèrement la langue du patient de la main gauche et place le miroir sur la face postérieure du pharynx ; il obtient une image renversée du larynx.

Laryngoscopie directe. Elle se fait avec un laryngoscope à vision directe (spatule munie d'un éclairage), qui permet de redresser les courbures des voies respiratoires (bouche, pharynx) lorsque la laryngoscopie indirecte n'est pas possible (petits enfants, sujets comateux), ou pour pratiquer l'intubation trachéale (anesthésie, réanimation).

laryngospasme n. m. Contracture des cordes vocales qui s'oppose au passage de l'air dans le larynx et provoque une dyspnée intense. (Syn. : SPASME DE LA GLOTTE.)

On l'observe chez le nourrisson, au cours des crises de tétanie (dans le tétanos) et au cours de l'anesthésie générale. Des frictions du thorax le font disparaître le plus souvent. L'oxygénation, l'intubation trachéale, voire la trachéotomie sont nécessaires dans les cas graves.

larynx n. m. Organe de la phonation, faisant partie des voies respiratoires et situé entre le pharynx et la trachée.

Anatomie. Le larynx est un conduit cartilagineux recouvert intérieurement de muqueuse et comprenant des organes vibratoires, les cordes vocales.

Cartilages du larynx. Le *cartilage cricoïde,* situé à la partie inférieure du larynx, au-dessus de la trachée, a une forme de bague à chaton postérieur ; il s'articule avec le cartilage thyroïde et avec les cartilages aryténoïdes.

Le *cartilage thyroïde,* le plus volumineux, est formé de deux lames quadrilatères qui s'unissent en avant, formant la pomme d'Adam. Ces lames se prolongent en arrière par des cornes supérieures et inférieures, ces dernières s'articulant avec le cartilage cricoïde.

Le *cartilage épiglottique,* formant l'épiglotte, est une lame mince et élastique, de forme ovalaire, située dans l'angle rentrant du cartilage thyroïde et fixée à la base de la langue. L'épiglotte obture l'orifice supérieur du larynx pendant la déglutition.

Les *cartilages aryténoïdes,* au nombre de deux, ont la forme d'une pyramide triangulaire à sommet supérieur, dont la base repose sur le cartilage cricoïde. Ils présentent une saillie dirigée en avant, l'apophyse vocale, où s'insère la corde vocale.

Articulations du larynx. Les différents cartilages du larynx s'articulent entre eux et sont unis par des ligaments et des membranes.

Les cartilages *cricoïde* et *thyroïde* sont unis par une articulation et une membrane formant un conduit continu. Les *aryténoïdes* sont articulés avec le chaton cricoïdien et peuvent subir des mouvements d'adduction, d'abduction et de rotation. Ils sont également amarrés à l'angle rentrant du cartilage thyroïde.

Muscles du larynx. Ces muscles assurent la mobilité des cartilages. Le *crico-thyroïdien* fait basculer le cartilage thyroïde sur l'anneau cricoïdien, allongeant la corde vocale.

Le *crico-aryténoïdien postérieur* éloigne les apophyses vocales des aryténoïdes et les cordes vocales : c'est un dilatateur de la glotte.

Le *crico-aryténoïdien latéral* rapproche les cordes vocales et ferme la glotte.

L'*interaryténoïdien,* impair et médian,

Larynx. Coupe frontale du larynx :
1. Épiglotte ; 2. Repli aryténo-épiglottique ;
3. Corde vocale supérieure ;
4. Corde vocale inférieure ;
5. Muscles du larynx ; 6. Glotte.

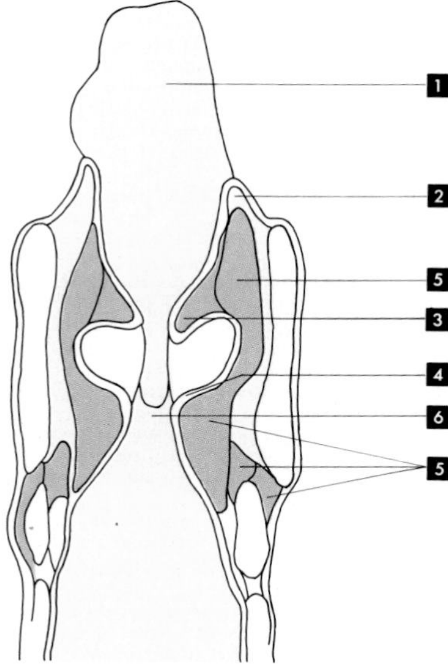

tendu entre les aryténoïdes, rapproche ceux-ci et ferme la glotte.

Le *thyro-aryténoïdien*, pair et symétrique, est le muscle vocal. Il comporte le thyro-aryténoïdien interne, qui forme la corde vocale, et le thyro-aryténoïdien externe, qui constitue l'appareil de suspension du sphincter vocal.

La muqueuse laryngée. Elle tapisse tous les cartilages, ligaments et muscles du larynx, plus ou moins adhérente aux organes sous-jacents et pouvant s'en laisser séparer par l'œdème en certains points, provoquant une obstruction et une dyspnée laryngée de pronostic sévère chez l'enfant.

Configuration intérieure du larynx. Les cordes vocales divisent le larynx en trois étages :

— étage supérieur sus-glottique, avec le vestibule en forme d'entonnoir ;

— étage moyen ou glottique, formé par les cordes vocales nacrées et lisses ;

— étage inférieur ou sous-glottique, où le larynx s'élargit pour rejoindre la trachée.

Vaisseaux et nerfs. Les artères du larynx proviennent des artères thyroïdiennes. Les veines se jettent dans la jugulaire interne.

Les nerfs sont au nombre de 2 de chaque côté. Le nerf laryngé supérieur est sensitif et moteur du crico-thyroïdien. Le nerf laryngé inférieur, ou récurrent, est le nerf moteur de tous les autres muscles ; né du pneumogastrique, il passe à droite sous l'artère sous-clavière et, à gauche, sous la crosse de l'aorte (dans le thorax) pour remonter de chaque côté du larynx. Toute compression ou lésion des nerfs récurrents (en particulier le gauche, qui descend dans le thorax) entraîne une paralysie des cordes vocales et une aphonie ou une dysphonie.

Physiologie. Le larynx a 3 fonctions : respiratoire, servant au passage de l'air du pharynx à la trachée ; protectrice des voies respiratoires inférieures par l'épiglotte, qui ferme son orifice supérieur lors de la déglutition ; vocale par l'émission de sons produits par la vibration des cordes vocales provoquée par l'air expiré lorsque celles-ci sont rapprochées et plus ou moins tendues.

Signes des affections du larynx. Ce sont la dyspnée* laryngée et la dysphonie.

La *dyspnée laryngée* est une respiration difficile, lente, surtout inspiratoire, avec tirage*, cornage* et abaissement du larynx à l'inspiration.

La *dysphonie* consiste en troubles de la voix allant de la voix voilée à l'aphonie totale.

L'examen du larynx se fait par laryngoscopie*.

Pathologie. ***Lésions traumatiques du larynx.*** Les plaies du larynx sont surtout des plaies de guerre ou résultant d'agression (gorge tranchée). Ces plaies nécessitent une trachéotomie, pour assurer la respiration, et une suture chirurgicale. Les fractures du larynx résultent de coups ou de strangulations ; elles peuvent aller jusqu'à l'écrasement. La douleur, l'emphysème sous-cutané et la gêne respiratoire sont intenses. Une intervention chirurgicale est nécessaire pour réduire les fractures et, éventuellement, placer un tube intralaryngé en plastique.

Les plaies et les fractures du larynx peuvent avoir pour séquelles des rétrécissements et des troubles de la voix.

Lésions infectieuses du larynx. Ce sont les laryngites*, mais deux maladies provoquent des lésions spécifiques destructives : la *syphilis du larynx*, actuellement très rare, et la *tuberculose laryngée*, accompagnant la tuberculose pulmonaire, avec gêne à parler, à manger, douleur, gêne respiratoire. Le traitement est celui de ces deux affections. (V. SYPHILIS et TUBERCULOSE.)

Affection du larynx d'origine nerveuse. Les *paralysies du larynx* résultent d'une atteinte des nerfs laryngés ou des centres nerveux ; l'atteinte du nerf récurrent entraîne la paralysie de la corde vocale. Lorsque l'atteinte est unilatérale, la voix est bitonale ; la laryngoscopie permet d'observer la corde vocale immobilisée. L'atteinte bilatérale est plus rare.

Dans la paralysie des dilatateurs (due à une atteinte des noyaux d'origine du nerf), les cordes vocales peuvent se rapprocher (la voix est possible), mais elles ne peuvent s'éloigner pour la respiration : il en résulte une forte dyspnée.

Enfin, les paralysies du larynx peuvent être associées à des paralysies des muscles du voile du palais, du cou, de la langue, ce qui permet de localiser le siège de la lésion.

Le *laryngospasme** est une contracture de la glotte d'origine nerveuse.

Tumeurs du larynx. TUMEURS BÉNIGNES. Très diverses, elles entraînent essentiellement de la dysphonie (altération de la voix) persistante, de la dyspnée si leur volume augmente. Il peut s'agir de nodules vocaux siégeant sur la corde vocale et justiciables de rééducation vocale, de polypes ou de papillomes nécessitant une intervention chirurgicale. On peut également observer des kystes, lipomes, angiomes, chondromes relevant également de la chirurgie.

CANCERS DU LARYNX. Ces cancers sont des épithéliomas pouvant siéger sur la glotte (cordes vocales), au-dessus ou au-dessous. Ils se manifestent au début par une dysphonie persistante (voix altérée), de la dyspnée et une gêne légère à la déglutition. Les symptômes persistant plus de 15 jours nécessitent un examen par le spécialiste, comportant la laryngoscopie (indirecte ou directe), des radiographies et une biopsie qui confirmera le diagnostic. Toute laryngite chronique doit d'ailleurs être suivie régulièrement, afin de dépister une dégénérescence possible.

Le *traitement* repose sur la chirurgie et comporte toute une gamme d'interventions, allant de l'ablation d'une seule corde vocale à celle de tout le larynx (laryngectomie). La radiothérapie complète le traitement chirurgical. La rééducation de la voix est possible même après laryngectomie.

Lasègue (signe de), douleur et limitation de la flexion du membre inférieur sur le bassin, la jambe étant en extension sur la cuisse. — C'est un signe que l'on retrouve dans la sciatique* et dans la méningite.

laser n. m. Générateur de rayons lumineux cohérents, c'est-à-dire formés de vibrations se faisant en phase (en même temps).
Le rayon du laser est employé en ophtalmologie pour effectuer la photocoagulation de la rétine (rétinites, choroïdites), des lésions vasculaires du fond d'œil (diabète, angiomes) et en dermatologie pour la destruction de petites tumeurs.

latence n. f. Délai qui sépare l'apparition d'un phénomène de la stimulation qui lui a donné naissance.

latent, e adj. Se dit d'une maladie qui ne présente pas encore de symptômes apparents, par exemple une maladie infectieuse en incubation.

latéralisation n. f. Installation de la latéralité* des mouvements (ses troubles provoquent la gaucherie*).

latéralité n. f. Inégalité fonctionnelle des côtés droit et gauche du corps humain.
Elle fait appel à la notion de *dominance cérébrale :* dans la majorité des cas, c'est-à-dire chez le droitier, l'hémisphère cérébral gauche est dominant, et est le siège de la fonction du langage. Chez le gaucher, c'est l'inverse. (V. GAUCHERIE.)

laudanum n. m. Médication liquide à base d'opium et qui en renferme les principes actifs à la dilution de 1/10.
On utilise principalement le laudanum en application sur la peau (en compresses) pour obtenir une sédation, ou, associé à d'autres sédatifs, sous forme de lavement.

laurier-rose n. m. Arbrisseau méditerranéen dont les feuilles sont vénéneuses, provoquant une intoxication analogue à celle de la digitale. Le suc des feuilles est employé en gargarisme comme calmant dentaire.

laurylsulfonate n. m. Corps tensioactif, émulsif et détergent, employé dans les succédanés des savons et dans certaines solutions antiseptiques pour nettoyer les plaies.

lavage n. m. **Lavage gastrique,** procédé consistant à introduire dans l'estomac un liquide au moyen d'une sonde, puis à l'évacuer immédiatement après par siphonnement, pour entraîner le contenu gastrique par la même sonde.

On utilise le lavage gastrique au cours des intoxications par ingestion, sauf en cas d'absorption de liquide caustique. On fait pratiquer ensuite une recherche des toxiques dans

Lavement baryté. Image normale avec opacification de l'iléon terminal.

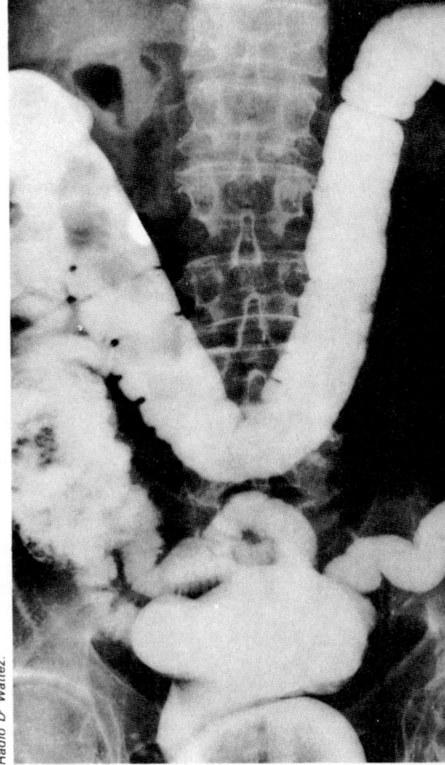

Radio Dr Wattez.

le liquide d'évacuation. Le lavage gastrique ne doit jamais être effectué chez un malade dans le coma ou dont la vigilance est nettement diminuée, car on risque alors le passage du contenu gastrique dans la trachée, ce qui entraîne des complications sévères. En cas de coma, le lavage sera pratiqué sous la couverture d'une sonde d'intubation* trachéale. Le lavage gastrique ne doit être pratiqué que sur avis médical.

Technique. Le liquide employé est de l'eau tiède additionnée de sel, du sérum physiologique ou une solution antiseptique. On fait avaler une sonde gastrique au malade (ou on la passe par le nez, d'où elle descend dans l'œsophage), avec le maximum de douceur. On en enfonce environ 45 cm, après quoi on s'assure d'être bien dans l'estomac par l'aspiration de liquide gastrique (acide). On verse ensuite de 400 à 500 ml de liquide dans un entonnoir adapté à l'extrémité de la sonde gastrique, qu'on laisse s'écouler dans l'estomac en la tenant légèrement surélevée, puis on renverse l'entonnoir, en l'abaissant, et on vide ainsi le contenu gastrique avec l'eau qu'on vient d'injecter. On recommence la manœuvre jusqu'à ce que le liquide d'évacuation soit clair.

lavande n. f. Les fleurs de lavande vraie (*Lavandula vera,* labiacées) sont employées en infusions (de 15 à 30 g par litre) comme antispasmodique, antimigraineux, antiseptique pulmonaire, sudorifique et diurétique. Le suc de feuilles froissées a un pouvoir cicatrisant sur les petites plaies, les piqûres d'insectes.

lavement n. m. **1.** Injection de liquide dans le gros intestin, par l'anus, soit pour favoriser l'évacuation des matières fécales, soit dans un dessein diagnostique, thérapeutique ou nutritionnel. — **2.** Le liquide injecté lui-même.

Lavement évacuateur. On l'utilise dans le traitement de la constipation, ou pour vider le côlon avant une rectoscopie* ou un lavement baryté (v. ci-dessous), médicamenteux ou nutritif. Le patient doit être couché sur le côté droit, les cuisses légèrement fléchies et le siège relevé par un oreiller. La canule, enduite de vaseline, doit être enfoncée dans le rectum sur une dizaine de centimètres pour éviter que le liquide ne ressorte par l'anus. La quantité de liquide introduite varie de 30 à 60 ml, pour un nourrisson, à 1 litre pour un adulte. Le lavement doit être gardé le plus longtemps possible (de 10 à 20 minutes) pour que l'évacuation soit complète. Les liquides employés sont l'eau (préalablement bouillie), à laquelle on ajoute 1 ou 2 cuillerées à soupe d'huile, et une décoction de graines de lin dans les lavements lubrifiants qui ramollissent les matières fécales. Dans les lavements purgatifs, qui excitent les contractions intestinales, on ajoute à 1 litre d'eau soit de 10 à 15 g de savon, soit 3 ou 4 cuillerées à soupe de glycérine, ou encore 1 ou 2 cuillerées à soupe d'huile de ricin.

Lavements médicamenteux. On les emploie soit à titre uniquement local (inflammation du rectum), soit à titre général, lorsque le malade ne peut ingérer le médicament à cause de sa nature (créosote) ou d'une intolérance gastrique grave.

Lavements nutritifs. Ils sont donnés aux malades qui ne peuvent pas se nourrir par voie buccale. À base de bouillon salé et de jaune d'œuf, ils étaient surtout utilisés lorsque l'alimentation parentérale (par voie veineuse) n'était pas encore pratiquée.

Lavement baryté. Il est destiné à l'examen du gros intestin (côlon), rendu visible par l'administration, par voie rectale, d'un produit opaque aux rayons X.

laxatif n. m. Médicament utilisé contre la constipation*, et provoquant l'élimination des selles par stimulation du réflexe de défécation.

Maladie des laxatifs. Surtout fréquente chez la femme, elle est provoquée par un abus de laxatifs irritants pour la muqueuse intestinale et contenant le plus souvent de la *phénolphtaléine.* Celle-ci entraîne une hypersécrétion intestinale et une perte sévère de potassium, avec hypokaliémie (v. KALIÉMIE), cause d'altération de l'état général, de fatigue, d'insuffisance rénale.

L'emploi abusif de laxatifs entraîne, en outre, une accoutumance qui nécessite l'augmentation perpétuelle des doses et une véritable dépendance. C'est pourquoi on préférera aux laxatifs des mucilages (cellulose, agar-agar), qui augmentent le volume des selles et favorisent les contractions intestinales.

laxité n. f. État de relâchement de certains tissus non soumis à une tension permanente, qui peut être physiologique (laxité de la peau) ou pathologique (hyperlaxité articulaire).

lazaret n. m. Local où se fait l'inspection sanitaire des voyageurs et où ils subissent éventuellement la quarantaine*.

L. C. R., sigle de LIQUIDE CÉPHALO*-RACHIDIEN.

L-dopa, forme lévogyre de la dopamine*.

L. E. (cellule), cellule observée dans le sang de malades atteints de collagénoses, en particulier le *Lupus Érythémateux Disséminé* (L. E. D.). [Syn. : CELLULE DE HARGRAVES.]

Il s'agit d'un polynucléaire ayant phagocyté le noyau d'un autre globule blanc.

Léchère (La), station thermale de la Savoie, à 21 km d'Albertville, ouverte du 10 mai au 10 octobre.
Les eaux, sulfatées calciques et sodiques, très chaudes (de 51 à 55 °C) et radioactives, sont employées en bains, douches, douches sous-marines dans le traitement des varices, séquelles de phlébites, ulcères variqueux et dans les troubles circulatoires de la ménopause. On traite également des affections du foie, des reins ainsi que les rhumatismes.

lécithine n. f. Graisse complexe (phosphoaminolipide), présente dans un grand nombre de tissus animaux et végétaux (cervelle, muscles, lait de femme, jaune d'œuf, haricot) et utilisée comme stimulant de la nutrition.

légal, e, aux adj. **Médecine légale,** discipline qui met la médecine au service de la justice et qui comprend, outre la médecine légale proprement dite ou médecine criminelle avec ses diverses annexes (toxicologie, police scientifique, etc.), la médecine légale civile (appréciation des séquelles d'une maladie, d'un accident...), la médecine légale psychiatrique (appréciation du degré de responsabilité pénale, étude des maladies mentales pouvant conduire au crime) et la médecine légale sociale (hygiène et sécurité du travail, prophylaxie des accidents et maladies, etc.).

légiste adj. **Médecin légiste,** médecin qui intervient dans les problèmes judiciaires de médecine légale toutes les fois qu'un examen médical peut influencer les décisions de la justice.

légume n. m. Les *légumes frais* comportent une forte proportion d'eau (de 90 à 95 p. 100), des sels minéraux : potassium, calcium, magnésium. La teneur en glucides est élevée dans les racines (navets, carottes, betteraves), faible dans les parties aériennes. La teneur en protides est faible, en lipides nulle. Les légumes frais sont riches en vitamines C et B (feuilles vertes, tomates, choux, carottes). Les légumes sont alcalinisants par leurs sels minéraux.

Les *légumes secs* sont riches en protéines (25 p. 100), en glucides (de 55 à 60 p. 100), ce qui leur donne un pouvoir calorifique élevé. Ils contiennent également des sels minéraux (phosphore, fer, calcium) et des vitamines B.

Consommation. Les légumes jeunes et frais peuvent être consommés crus. Certains donnent un jus très digestible (tomates, carottes). Le plus souvent, on les consomme cuits, bien que la cuisson diminue leur valeur alimentaire et fasse baisser le taux de vitamines par oxydation.

Conservation. Les progrès réalisés dans l'industrie alimentaire permettent de conserver pratiquement tous les légumes en toutes saisons. (V. CONGÉLATION et CONSERVES.)

Leiner-Moussus (maladie de), dermatose d'origine infectieuse touchant le nourrisson.
Le début, entre le 2e et le 4e mois, se fait sous la forme d'une rougeur fessière ou de lésions séborrhéiques du cuir chevelu. L'atteinte se généralise souvent, la peau ayant un aspect pseudo-scarlatinoïde, squameux et croûteux.

La surinfection est fréquente, due à des germes banals (staphylocoque, candida, etc.).
Le *traitement* associe une désinfection par colorants et crèmes et l'observation d'une hygiène stricte.

léiomyome n. m. Tumeur bénigne faite de fibres musculaires lisses : la tumeur utérine couramment dénommée « fibrome » est en fait un léiomyome.

leishmaniose n. f. Parasitose transmise par piqûre d'un phlébotome femelle et due à un protozoaire flagellé du genre *leishmania.*
Les leishmanioses existent sous deux formes selon l'hôte : en culture, elles sont flagellées ; chez l'homme, ovoïdes. Selon leur localisation, on distingue les leishmanioses cutanées et les leishmanioses viscérales.

Leishmaniose cutanéo-muqueuse.

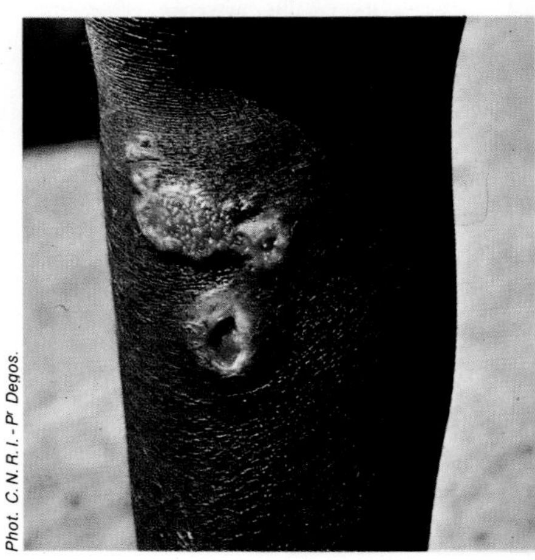

Phot. C.N.R.I. - Pr Degos.

La leishmaniose viscérale est le kala-azar*. Les leishmanioses cutanées sont de deux groupes : oriental (*Leishmania tropica*) ou sud-américain (*Leishmania brasiliensis*).

Le *bouton d'Orient* (ou de Biskra) siège sur les régions découvertes et se présente sous la forme d'une papille excavée, croûteuse, responsable d'une cicatrice inesthétique. Il est rencontré sur le pourtour méditerranéen et au Moyen-Orient.

La *dermite forestière* est une lésion extensive végétante qui atteint parfois les muqueuses.

Le diagnostic est fondé sur la recherche du parasite sur les frottis et la culture sur milieu spécial.

Le *traitement* doit lutter contre la surinfection, et une action spécifique est obtenue par les dérivés de l'antimoine.

lénitif, ive adj. Se dit d'un remède qui calme, qui apaise.

lente n. f. Œuf de pédiculidé (pou de tête, de corps ou du pubis [morpion]).
La lente est assez grande (0,8 mm), transparente, et adhère au cheveu ou au poil par un ciment fixateur. Une de ses extrémités est libre. Elle donne une larve qui subira trois mues. La présence de lentes affirme la pédiculose*, affection parfois difficile à distinguer des pellicules.

Les lentes sont supprimées par rasage ou peignage spécial. Un shampooing à base de D. D. T. est souvent utile auparavant. Pour les cils, on emploie une vaseline xylolée.

lenticulaire adj. **Os lenticulaire,** un des osselets de l'oreille moyenne, situé entre l'enclume et l'étrier.
Noyau lenticulaire du cerveau, formation de substance grise située au centre du cerveau*.

lentiginose n. f. Dissémination de petites taches brunâtres, les *lentigos,* sur la face et les régions exposées à la lumière.
La lentiginose périorificielle associe les lentigos autour de la bouche et de l'anus à des polypes digestifs, parfois très nombreux dans le rectum, et dont certains peuvent se cancériser.

lentigo n. m. Petite tache brune de la peau, plus visible en été. (Syn. : GRAIN DE BEAUTÉ, NÆVUS PIGMENTAIRE.)

lentille n. f. **1.** Plante de la famille des légumineuses, dont la valeur calorique est de 327 calories pour 100 g, et qui est riche en phosphore.
2. Lentille cornéenne, lentille optique correctrice de la vue, que l'on place directement sur la cornée. (V. VERRE, *Verres correcteurs.*)

léontiasis n. m. (du grec *léôn,* lion). Hypertrophie de la face, responsable de son aspect léonin, visible dans certaines lèpres* lépromateuses.
Leontiasis ossea, hypertrophie des os de la face, et surtout des maxillaires supérieurs, lui donnant un aspect léonin.

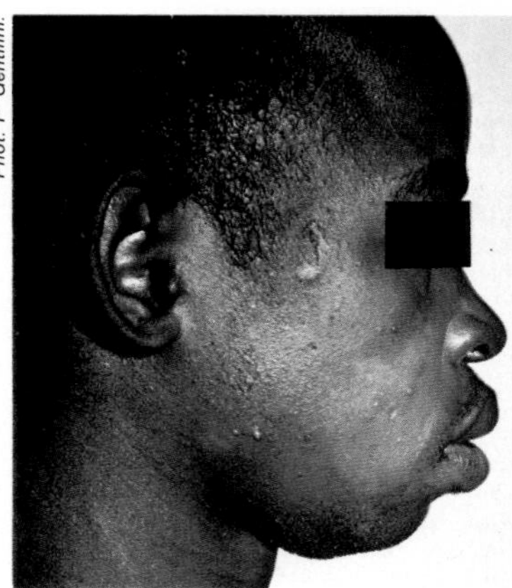
Phot. Pr Gentilini.

Lèpre indéterminée.
Plaques achromiques planes au niveau du visage.

Lèpre. Lépromes de la face.

lépiote n. f. Champignon.
La *lépiote helvéolée* est la plus toxique de ce groupe de champignons. (V. CHAMPIGNON.)

lèpre n. f. Maladie infectieuse due au bacille de Hansen, et dont les signes principaux sont cutanés et nerveux.
Il existe encore plus de 10 millions de lépreux de nos jours. La lèpre est une maladie très peu contagieuse, à transmission interhumaine. La pénétration se fait par lésion cutanée, parfois muqueuse. Mais ce sont surtout les conditions d'hygiène et les mauvaises conditions socioéconomiques qui sont responsables de la persistance de cette maladie.
Signes cliniques. Après une très longue incubation (de 2 à 5 ans), la lèpre débute le plus souvent par une atteinte cutanée. On distingue trois formes cliniques : la forme indéterminée ; la forme tuberculoïde ; la forme lépromateuse.
La lèpre indéterminée. Elle représente le stade initial de la lèpre. Il s'agit, avec un

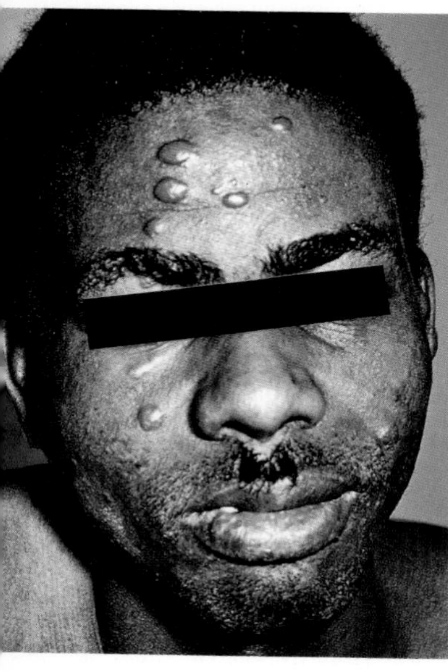

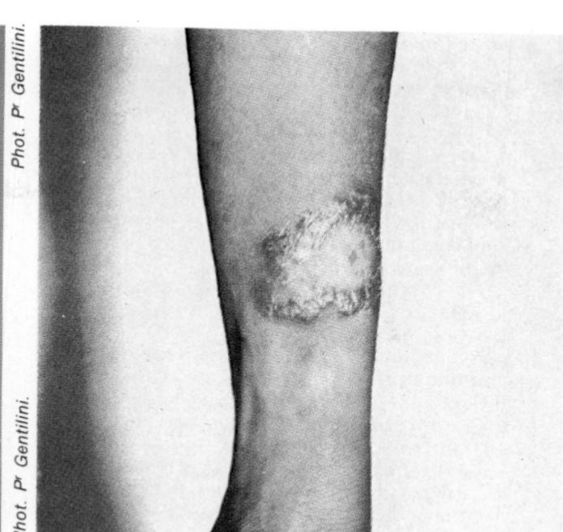

Lèpre. Lèpre tuberculoïde, avec zone centrale dépigmentée.

état général conservé, de l'apparition de macules* (taches), uniques ou multiples, hypochromiques (blanches) ou érythémateuses* (rouges) qui s'étendent de façon centrifuge. À ces endroits, la peau n'a plus de sensibilité tactile et thermique ni de sudation.

Ces lésions sont peu contagieuses ; le bacille n'est pas présent lors des prélèvements et la réaction de Mitsuda (v. LÉPROMINE) rarement positive.

La lèpre tuberculoïde. C'est une des deux évolutions de la forme précédente. Elle se traduit par la conservation de l'état général, des lésions cutanées peu importantes contrastant avec l'ampleur des atteintes nerveuses.

Les atteintes cutanées ressemblent à celles de la lèpre indéterminée : taches roses à bords circinés (en cirques), avec dépigmentation au centre et extension des lésions.

Les lésions nerveuses associent hypertrophie des troncs nerveux (gros nerfs, palpables au creux poplité, au cou et au coude), une atrophie musculaire (responsable d'attitudes vicieuses [griffe cubitale]) et des troubles nerveux (sensitifs, vasomoteurs et sécrétoires) à type de multinévrites. Des modifications cutanées surviennent, responsables de mutilations, d'ulcérations (maux perforants) pouvant léser l'os (résorption osseuse).

Le bacille est rarement mis en évidence, mais la réaction de Mitsuda est positive. L'évolution se fait, en dehors du traitement, vers la cachexie* et la mort en quelques dizaines d'années.

La lèpre lépromateuse. C'est la forme contagieuse, avec des lésions multiples. Les lésions cutanées, ou « lépromes », sont infiltrées, réalisant des nodules disséminés sur le corps, sur un fond d'infiltration diffuse réalisant un aspect éléphantiasique des membres. Les lésions viscérales (atteintes des ganglions, du foie, des yeux) sont le propre de cette forme. Les lésions muqueuses (rhinopharynx) sont destructrices et très contagieuses (nombreux bacilles dans le prélèvement muqueux). Les lésions nerveuses existent toujours.

Le bacille de Hansen est mis en évidence dans les lésions, mais la réaction de Mitsuda est négative.

Traitement. Il permet actuellement de guérir les lésions précoces et d'enrayer l'évolution vers la forme lépromateuse, la plus grave, mais il ne peut agir sur les déformations.

Le traitement débute après l'identification du stade de la lèpre (réaction à la lépromine, biopsie cutanée et nerveuse, recherche du bacille) et après la recherche et le traitement de parasitoses éventuellement associées. Il doit commencer de façon très progressive pour éviter les *réactions lépreuses :* fièvre et exacerbation de toutes les lésions. Il dure toujours plus de 5 ans.

Il est à base de sulfones* (en comprimés ou en injections) pour les formes bacillifères, de sulfamides (action retardée), efficaces sur les lésions nerveuses. D'autres médicaments sont également utilisés : la rifadine, l'huile de chaulmoogra, les thio-urées.

On complète par des traitements orthopédiques et chirurgicaux (« neurolyse fasciculaire »).

Actuellement, les malades sont traités en ambulatoire si on a constaté l'absence de lésions bacillifères ; les villages de lépreux, les léproseries sont indiqués pour les formes contagieuses.

La prophylaxie associe le développement du niveau socioéconomique et de l'hygiène dans les pays d'endémie, la vaccination par le B. C. G. et le traitement préventif par les sulfones pour les personnes vivant au contact des malades.

lépromine n. f. Broyat de nodules lépreux. La « réaction de Mitsuda », ou « léprominoréaction », est une intradermoréaction testant l'allergie retardée au bacille de Hansen. Elle est positive en cas de réaction de défense de l'organisme (dans les formes de bon pronostic) et négative tout au début de la maladie et dans les cas où celui-ci est incapable de combattre. D'un grand intérêt pronostique, cette réaction est un des critères de classification.

leptosome adj. et n. Se dit d'un individu longiligne, maigre, de taille variable.

leptospirose n. f. Maladie infectieuse due à un spirochète *leptospire.*
Il en existe diverses formes cliniques.

Leptospirose ictéro-hémorragique. Due à *Leptospira ictero-hemorragiæ,* cette maladie touche le plus souvent les égoutiers et les terrassiers, car elle se transmet par l'intermédiaire indirect du rat (eau souillée). C'est une maladie professionnelle.

Après une incubation silencieuse d'une dizaine de jours, la maladie débute brutalement par la fièvre, un syndrome méningé et des douleurs diverses (musculaires et articulaires). Puis un ictère s'installe 5 jours après, d'une teinte safran, accompagné d'une diminution de volume des urines, d'une exacerbation du syndrome méningé et d'une atteinte hémorragique (épistaxis, ecchymoses). Dix jours après, l'ictère disparaît, alors qu'il se produit une nouvelle poussée thermique. La convalescence commence au 20ᵉ jour ; elle sera longue, avec une importante fonte musculaire. La maladie ne laisse pas de séquelles.

Il existe des formes bénignes et, à l'opposé, des ictères graves (coma azotémique).

Le diagnostic repose sur la mise en évidence du germe (pendant les 6 premiers jours) et l'inoculation au cobaye. Le sérodiagnostic de Martin et Petit est positif à partir du 10ᵉ jour.

Le traitement antibiotique associe les tétracyclines et les pénicillines. La prophylaxie repose sur la dératisation et la prévention des maladies professionnelles.

Leptospirose grippo-typhosique. C'est une maladie due à *Leptospira grippo-typhosa,* sévissant surtout autour des rivières. Les réservoirs de virus sont des rongeurs sauvages. La maladie débute brutalement par une fièvre et un syndrome méningé. Une rechute thermique est fréquente. Le diagnostic repose sur l'examen sérologique.

Leptospirose canicolaire. Due à *Leptospira canicola,* cette atteinte s'observe chez les personnes vivant avec les chiens. Les sujets présentent une fièvre élevée et des signes méningés. Le pronostic est favorable malgré les rechutes fréquentes.

Leptospirose des porchers. *Leptospira pomona* est l'agent de cette maladie qui s'attrape par les porcs (réservoir du germe). Les principaux foyers sont en Suisse, dans les Alpes et en Italie du Nord. Le diagnostic se fait sur le sérodiagnostic et l'hémoculture. Toutes les leptospiroses sont traitées par les antibiotiques : tétracyclines et pénicillines.

Leriche (syndrome de), syndrome provoqué par l'oblitération de la division de l'aorte* abdominale en deux artères iliaques.
Cette obstruction est le plus souvent due à l'athérome. Elle entraîne une fatigabilité anormale des deux jambes à la marche, des douleurs de la région fessière et des troubles de l'érection.

lesbianisme n. m. Homosexualité* chez la femme.

lésion n. f. Altération d'une cellule, d'un tissu ou d'un organe, due à une agression ou à une maladie.

Variétés de lésions. Les *lésions inflammatoires,* comme les infiltrats, les abcès, les phlegmons, sont dues à des processus d'inflammation* qui peuvent évoluer vers la guérison ou vers la suppuration et la fibrose.

Les *lésions dégénératives* comportent des altérations définitives des composants de la cellule, en particulier du noyau et du cytoplasme.

Les *lésions tumorales* sont bénignes ou malignes selon que la prolifération respecte ou non la structure histologique du tissu et qu'elle est ou non susceptible de se disséminer à d'autres cellules lointaines. (V. CANCER, TUMEUR.)

Conséquences des lésions. L'agent responsable entraîne des bouleversements dans le rôle de la cellule, dans sa reproduction, et peut même provoquer sa mort. Certaines lésions sont irréversibles, comme celles qui se produisent au niveau des cellules nerveuses. Par contre, les cellules du foie récupèrent leurs fonctions grâce à la grande capacité de régénération de cet organe.

Selon l'endroit touché, une lésion aura des conséquences diverses. Un rein touché totalement n'empêche pas la fonction rénale de s'effectuer efficacement quand l'autre rein est intact. Au niveau du cerveau, les lésions de certaines zones, même petites, entraînent des troubles neurologiques ou psychiques considérables.

Certaines lésions gardent une gravité certaine alors même que l'agent causal a disparu. Il en est ainsi de certaines cicatrices cutanées susceptibles de se cancériser, de certaines hépatites virales qui se transforment en cirrhose irréversible, etc.

lessive n. f. Poudre ou solution concentrée de bases minérales (lessive de soude, de potasse) et, par extension, poudre ou solution de divers détergents pour le nettoyage.

Divers produits sont ajoutés aux lessives. Les poudres à laver sont peu nocives, excepté pour les ouvriers qui les manipulent et risquent une pneumopathie* chronique.

L'absorption de lessive entraîne une diarrhée sévère. Il ne faut ni faire vomir ni pratiquer de lavage d'estomac, car le produit risque de pénétrer dans les bronches.

létal, e, aux adj. Se dit de ce qui est nécessairement mortel.
Ce terme est employé pour parler d'un gène qui, présent à la fois dans les cellules mâles et femelles, entraînerait la mort du produit de leur union.

On parle aussi de *dose létale* de poison à propos des intoxications mortelles.

létalité n. f. **1.** Propriété d'entraîner la mort. — **2.** Syn. de MORTALITÉ.

leucémie n. f. Prolifération maligne de globules blancs, ou leucocytes*, dans le sang. Les leucémies sont classées en fonction du type de globule blanc atteint et du caractère évolutif de la maladie. On distingue : les *leucémies lymphoïdes* (lymphocytes*), les *leucémies myéloïdes* (granulocytes* issus de la moelle osseuse). Ces deux formes de leucémies ont une évolution longtemps chronique. Les *leucémies aiguës* sont caractérisées par la rapidité de leur évolution et le caractère immature des cellules qui prolifèrent : ce sont des *blastes*, éléments les plus jeunes de la lignée blanche.

La leucémie myéloïde chronique. Elle peut survenir à tout âge, mais touche de préférence l'adulte jeune. Elle se manifeste d'abord par de la fatigue, une altération de l'état général et, surtout, une sensation de pesanteur du flanc gauche. On retrouve souvent dans le caryotype des sujets atteints de leucémie myéloïde chronique un chromosome 21 anormal : le chromosome Philadelphie.

À l'examen, on retrouve une rate augmentée de volume (splénomégalie) qui peut être énorme. Elle est parfois accompagnée d'un gros foie et de douleurs osseuses. La numération sanguine montre un taux de globules blancs voisin de 100 000 et plus, avec une nette prédominance de polynucléaires et le passage dans le sang de quelques formes immatures : myélocytes*, métamyélocytes. Le myélogramme* confirme le diagnostic en montrant une augmentation importante des granulocytes, avec un respect de l'équilibre général de la lignée, sans prédominance des formes jeunes. Le traitement, essentiellement chimiothérapique, à base de busulfan, ramène les globules blancs à des chiffres normaux, et la rate diminue de volume. L'évolution de la leucémie myéloïde chronique est émaillée de rechutes, qui deviennent de plus en plus fréquentes au fil des années. C'est pourquoi, même en phase de rémission, un contrôle hématologique mensuel est nécessaire. D'autre part, l'épaississement du sang fait courir le risque de thromboses*. L'apparition de blastes dans le sang, ou *transformation blastique,* indique que la leucémie devient aiguë et de pronostic fatal à brève échéance.

La leucémie lymphoïde chronique. La prolifération maligne porte ici sur les lymphocytes, ce qui entraîne une hypertrophie de tout le tissu lymphoïde : ganglions, rate. La maladie peut être longtemps très bien supportée et est souvent découverte au cours d'un examen de routine, où la numération-formule sanguine montre une lymphocytose entre 10 000 et 20 000 lymphocytes, mais parfois beaucoup plus modérée : de 5 000 à 10 000. Le diagnostic est porté au vu du myélogramme, qui montre plus de 25 p. 100 de lymphocytes. L'envahissement de la moelle osseuse par les lymphocytes peut entraîner une diminution des autres lignées : anémie*, granulopénie* et thrombopénie*. Le malade est victime d'infections fréquentes et son état général s'altère. Le déficit immunitaire se manifeste par des anomalies des immunoglobulines*.

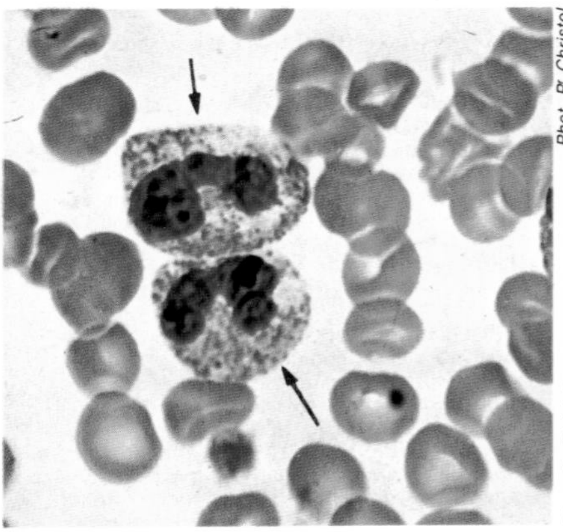

Phot. Pr Christol.

Leucocyte. Polynucléaires neutrophiles.

Phot. Pr Christol.

Leucocyte. Monocyte.

Le traitement de la leucémie lymphoïde chronique n'est pas toujours nécessaire. En effet, les formes modérées sont très longtemps bien supportées. Cependant, lorsque la lymphocytose dépasse 100 000 par millimètre cube, on administre une chimiothérapie à base de chlorambucil. L'évolution de la maladie est très longue et porte sur plus de 10 ans. Les malades meurent en général d'une infection intercurrente ou d'un autre cancer.

Leucémie aiguë. Elle est caractérisée par la prolifération de cellules jeunes, les blastes, de morphologie anormale. Selon que ces blastes évoquent le lymphoblaste ou le myéloblaste, on parle de *leucémie lymphoblastique* ou *myéloblastique*. La maturation de la lignée blanche étant bloquée à ce stade, on ne trouve dans le sang pratiquement plus de cellules normales, alors qu'il existe un envahissement blastique important. C'est le *hiatus leucémique*. La moelle est envahie de leucoblastes et les autres lignées sont toutes diminuées.

Les signes de la maladie découlent des faits précédents : syndrome hémorragique dû à la thrombopénie (hémorragies cutanéomuqueuses), tableau infectieux dû à la baisse du nombre des polynucléaires (angines nécrotiques, surinfections multiples). À l'examen, on retrouve une rate volumineuse, des adénopathies. Il existe souvent des douleurs osseuses. La numération globulaire montre l'anémie, la thrombopénie, la granulopénie et surtout la présence des blastes, confirmée par le myélogramme. Les leucémies aiguës avaient toujours un pronostic fatal à brève échéance. Les traitements récents par corticothérapie, rubidomycine, vincristine et d'autres associations de chimiothérapie permettent des rémissions d'une durée variable ; quelques rares guérisons complètes ont été observées.

leucémoïde adj. Qui ressemble à la leucémie*.

Réaction leucémoïde, augmentation, dans le sang d'un individu non leucémique, du nombre des globules blancs, avec présence de quelques formes jeunes de la lignée blanche. Elle s'observe dans de nombreuses infections, surtout chez l'enfant, et dans certains cancers.

leucoblaste n. m. Cellule jeune des diverses lignées de globules blancs ou leucocytes*.

leucocyte n. m. Cellule sanguine contenant un noyau. (Syn. : GLOBULE BLANC.)

Le nombre des leucocytes dans le sang (*leucocytose**) est normalement de 5 000 à 8 000 par millimètre cube. (V. HÉMOGRAMME.)

Selon la forme du noyau, on distingue deux grandes catégories de leucocytes : les polynucléaires et les mononucléaires.

Les polynucléaires. Contrairement à ce que semble indiquer leur nom, ils n'ont qu'un seul noyau, mais il est polylobé. Leur cytoplasme étant ponctué de granulations, on les

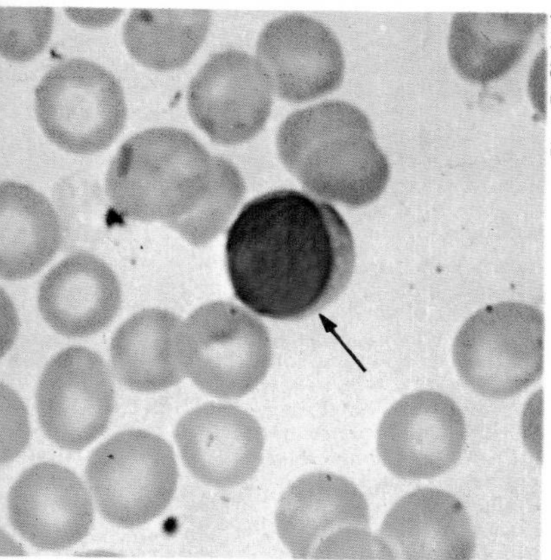

Phot. Pr Christol.

Leucocyte. Petit lymphocyte.

appelle aussi *granulocytes.* Les grains ont une affinité variable pour les colorants, en fonction de quoi on distingue des polynucléaires *neutrophiles, éosinophiles* et *basophiles.*

Les polynucléaires sont formés dans la moelle* osseuse à partir de l'hémocytoblaste*. Ils passent successivement par le stade de *myéloblaste, promyélocyte, myélocyte, métamyélocyte* et, enfin, *polynucléaire,* le seul à quitter la moelle osseuse pour entrer dans le courant sanguin. À mesure qu'il passe par ces différents stades, le cytoplasme du futur polynucléaire se charge en granulations et le noyau prend sa forme polylobée.

Les *polynucléaires neutrophiles* (de 45 à 70 p. 100) sont spécialisés dans la phagocytose des bactéries. Ils jouent donc un rôle important dans la lutte anti-infectieuse, et leur chiffre augmente lors de toute infection due à des bactéries.

Les *polynucléaires éosinophiles* (de 1 à 3 p. 100) ont des fonctions encore mal connues. Ils seraient spécialisés dans la phagocytose des complexes antigène-anticorps, et particulièrement des réagines allergiques. Le nombre des éosinophiles augmente lors des réactions allergiques, ainsi que lors des infestations parasitaires.

Les *polynucléaires basophiles* (de 0 à 0,5 p. 100) sont riches en histamine. On ignore leur fonction.

Les mononucléaires. Ils comportent deux lignées : les monocytes et les lymphocytes.

Les *monocytes* (de 3 à 7 p. 100) sont formés dans le tissu réticulo-endothélial (la trame des ganglions lymphatiques). Ce sont de grandes cellules à noyau encoché et à grains azurophiles (bleus) dans le cytoplasme. Leur principale fonction est la phagocytose des grosses particules (corps étrangers, cellules détruites) et ils peuvent se transformer en macrophages* très différenciés.

Les *lymphocytes* (de 20 à 40 p. 100) sont formés dans le tissu lymphoïde (ganglions lymphatiques) et constituent une lignée à part. (V. LYMPHOCYTE.)

Maladies des leucocytes. V. AGRANULOCYTOSE, LEUCÉMIE, LEUCOCYTOSE, LEUCOPÉNIE, MONONUCLÉOSE, etc.

leucocytose n. f. Nombre de globules blancs présents dans la numération sanguine. Au-delà d'un chiffre de 8 000, on parle d'*hyperleucocytose.* En deçà d'un chiffre de 4 000, on parle de *leucopénie**.

leucodermie n. f. Teinte très blanche de la peau, qui est peu pigmentée.
La leucodermie peut être constitutionnelle ou acquise, généralement à la suite de l'exposition au soleil de lésions épidermiques squameuses (pityriasis* versicolor, dartres). Elle peut être estompée par l'application de solutés d'hydroxyacétone (tan).

leucodystrophie n. f. Variété d'encéphalite* suraiguë évolutive, due à des lésions de la substance blanche du cerveau.

leucokératose n. f. Syn. de LEUCOPLASIE*.

leuconychie n. f. Teinte blanche acquise par l'ongle, soit sur toute sa surface, soit en bande, en forme de croissant transversal, et qui serait due à la présence de microbulles d'air dans son épaisseur.

leucophérèse n. f. Syn. de CYTOPHÉRÈSE.

leucoplasie n. f. Aspect blanchâtre de la muqueuse buccale, dû à la formation d'une couche cornée (kératinisation) identique à celle de la peau. (Syn. : LEUCOKÉRATOSE.)
La leucoplasie peut être congénitale, mais elle est le plus souvent acquise, due soit à un tic de mordillement, soit au lichen* ou encore à la syphilis*, voire au tabac. Les leucoplasies sont susceptibles de se cancériser. Les premiers signes sont l'infiltration (durcissement), l'aspect végétant, le saignement facile. L'apparition d'une leucoplasie chez un fumeur doit inciter celui-ci à interrompre promptement l'usage du tabac.

leucopénie n. f. Diminution du nombre des globules blancs du sang ou leucocytes, au-dessous de 4 000, témoin d'une maladie générale ou hématologique, qu'il faut rechercher. (V. AGRANULOCYTOSE, LEUCOCYTE.)

leucopoïèse n. f. Formation de globules blancs, ou leucocytes*.

leucorrhée n. f. Écoulement non sanglant par la vulve. (Syn. : PERTES ou FLUEURS BLANCHES.) C'est une affection fréquente, qui nécessite un examen local soigneux et des examens complémentaires. Elle est souvent mal interprétée par les femmes, qui soit la négligent, soit en exagèrent l'importance.

Il faut la distinguer des *écoulements physiologiques* abondants, mais sans caractère pathologique, que sont l'*hypersécrétion de la glaire cervicale* au moment de l'ovulation, et l'*exagération de la desquamation* des cellules superficielles du vagin.

Leucorrhées pathologiques. Elles représentent, au contraire, une anomalie et demandent un traitement adapté à leur cause. Elles sont pratiquement toujours dues à un état inflammatoire du vagin ou du col utérin.

État inflammatoire du vagin (vaginite). Il s'agit de leucorrhée mal tolérée, avec cuisson, dyspareunie* et troubles urinaires. À l'examen au spéculum, le vagin apparaît rouge et recouvert de pertes plus ou moins adhérentes.

a) La vaginite à *trichomonas* est la plus fréquente. Elle entraîne une leucorrhée abondante, vert jade, d'odeur fade, finement bulleuse et souvent striée de sang. Elle entraîne du prurit vulvaire, avec irritation de la peau et de la muqueuse, et des signes urinaires. L'agent causal, le trichomonas, est un protozoaire facilement reconnu sur l'examen microscopique des pertes à l'état frais. Le traitement est local et général, et doit être appliqué également au partenaire.

b) La vaginite mycosique, ou *muguet vaginal*, entraîne une leucorrhée blanchâtre, parfois grumeleuse et analogue à du lait caillé. Elle s'accompagne plus de cuisson que de démangeaisons. Elle est due à un champignon, appelé *Candida albicans*, qui se développe surtout à la suite d'un traitement par antibiotiques chez les femmes prenant la « pilule », les diabétiques et les femmes enceintes. Le traitement utilise les antifongiques par voie locale et générale.

c) La vaginite à *gonocoque* entraîne un écoulement purulent abondant, irritant, avec des brûlures à la miction, et survient après une contamination vénérienne. (V. GONOCOCCIE.)

d) Les *autres vaginites microbiennes*. Plus rarement, on peut observer des infections vaginales à *hæmophilus*, à *proteus* ou à *staphylocoques*.

État inflammatoire et dystrophique du col de l'utérus (cervicites). Il s'agit de leucorrhées épaisses, visqueuses, collant et empesant le linge, jaunissant à l'air. À l'examen au spéculum, si le vagin paraît relativement sain, le col utérin, par contre, est anormal. Il peut s'agir d'une *exocervicite* (*synectopie* ou *ectropion*) ou d'une *endocervicite*. La colposcopie a permis de classer avec une grande précision ces lésions. Le traitement comporte la destruction des lésions par diathermocoagulation ou cryothérapie, associée aux antibiotiques et aux médications anti-inflammatoires.

Variétés de leucorrhées selon les terrains. Chez la *petite fille*, il s'agit plus souvent d'une irritation locale et vulvaire que d'une vaginite vraie. L'absence d'œstrogènes favorise le développement microbien. Il faut éliminer une oxyurose, un corps étranger introduit par l'enfant, une malformation urinaire passée inaperçue.

Chez la *femme enceinte*, les infections vaginales sont fréquentes, notamment avec *Candida albicans*. Elles doivent être traitées, car elles peuvent être à l'origine de contamination de l'enfant, lors de l'accouchement.

Chez la femme *ménopausée* ou *âgée*, l'atrophie progressive des muqueuses vaginales favorise la surinfection par des germes banals.

leucosarcomatose n. f. Affection caractérisée par l'association d'une tumeur maligne de nature lymphoïde* et d'une dissémination dans le sang périphérique des cellules leucémiques. (V. LEUCÉMIE.)

leucose n. f. Affection hématologique maligne, caractérisée par la prolifération anarchique des cellules formatrices de globules blancs, que ces cellules passent ou non dans le sang périphérique. Dans le premier cas, on dit qu'il y a *leucémie**, dans le second, *leucose aleucémique*.

Le diagnostic se fait par l'interprétation du *myélogramme**, la moelle osseuse étant massivement infiltrée de leucoblastes. Les leucoses ont une symptomatologie superposable à celle des leucémies ; elles ont le même pronostic.

leucotomie n. f. Destruction chirurgicale d'une zone de substance blanche cérébrale. La leucotomie est indiquée dans certaines douleurs rebelles, voire dans le traitement des psychoses sévères.

leucotoxique adj. et n. m. Se dit d'un corps toxique pour les globules blancs, ou leucocytes*.

lever n. m. **Lever précoce.** Le lever précoce des opérés et des accouchées dès le lendemain de l'intervention est un des facteurs essentiels de la lutte contre la stase sanguine génératrice de thrombose*. C'est le traitement préventif des phlébites* et des embolies* pulmonaires.

lévomépromazine n. f. Dérivé de la phénothiazine*, d'action voisine de celle de la chlorpromazine*.

lèvre n. f. Bord de certains orifices naturels : lèvres de la bouche, petites et grandes lèvres du vestibule de la vulve. (Le terme de *lèvre* désigne également les bords d'une plaie ou d'une incision chirurgicale.)

lévulose n. m. Glucide isomère du glucose, ainsi dénommé parce qu'il dévie à gauche le plan de polarisation de la lumière.

levure n. f. Forme évolutive de champignons, dont certains sont utilisés en thérapeutique alors que d'autres sont pathogènes. On distingue deux sortes de levures : les *ascosporées* (sexuées) non pathogènes, qui sont utilisées en thérapeutique ou dans l'industrie ; les *anascosporées* (asexuées), dont certaines sont pathogènes : le *Candida albicans,* responsable de candidoses* ; le *torulopsis,* de la torulose*, et l'*histoplasma,* d'histoplasmoses*. Le *blastocytis* est un saprophyte du tube digestif.

On emploie des levures, telle que la levure de bière (en émulsions, lyophylisée ou en poudre), comme vitaminothérapie dans le diabète, les traitements antibiotiques au long cours et les infections intestinales.

libido n. f. Énergie ou force sexuelle.
Ce terme est essentiellement utilisé par les psychanalystes.

La libido ne désigne pas seulement le désir du coït. Il s'agit d'un désir beaucoup plus vaste, qui englobe l'amour au sens le plus large.

Très tôt dans la vie de l'individu, les instincts libidineux se heurtent à des interdits moraux et à des obstacles d'ordre familial et social qui les empêchent de s'exprimer pleinement. Le conflit qui en résulte peut être plus ou moins bien résolu. Dans les cas où un équilibre entre les différentes forces n'est pas trouvé, le conflit est générateur d'angoisse* et de névrose*.

lichen n. m. **En pharmacie,** végétal formé par la symbiose d'un champignon et d'une algue. Le lichen d'Islande (*Cetraria islandica*) est employé pour ses propriétés émollientes et sédatives de la toux.

En dermatologie, affection papuleuse ou nodulaire de la peau (sans rapport avec les lichens végétaux).

Le *lichen plan,* affection fréquente, est caractérisé par des papules polygonales, planes, brillantes, à surface quadrillée de stries opalines, et dont la dimension va d'une pointe d'épingle à une lentille. Il siège surtout

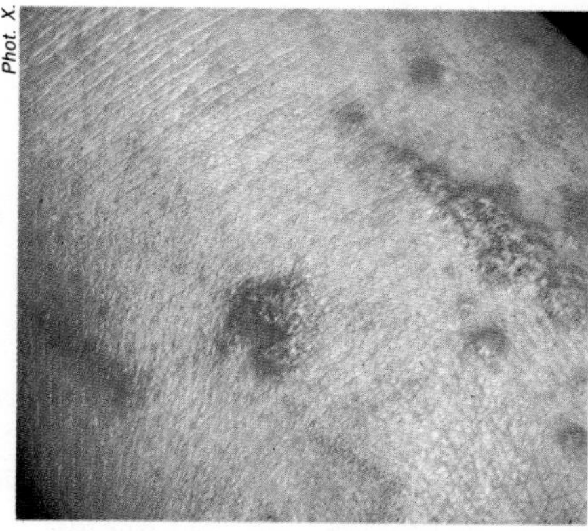
Phot. X.

Lichen plan du dos de la main.

aux avant-bras, aux poignets, pouvant s'associer à des lésions verruqueuses des jambes. Sans gravité, le lichen plan est désagréable par le prurit (démangeaisons) qu'il provoque et par son aspect inesthétique. On doit éviter l'exposition au soleil et prendre des sédatifs doux. Les pommades corticoïdes ne sont appliquées que dans les poussées aiguës.

Le *lichen obtus* est fait de nodules très prurigineux aux jambes ; le *lichen aurique* est une complication du traitement par les sels d'or.

lichénification n. f. Modification de la peau sous l'influence d'un prurit prolongé et intense et du grattage qui en résulte.
La peau se pigmente, devient grenue par apparition de papules séparées par des sillons qui forment un quadrillage en réseau. La lichénification apparaît au cours du *prurigo** ou à la suite d'un *eczéma**, d'une *mycose**, d'une *névro-dermite**, etc.

lifting n. m. (mot angl.). V. LISSAGE.

ligament n. m. Élément de tissu conjonctif qui relie deux organes : *ligament articulaire, ligaments péritonéaux.*
(V. illustration p. 540.)

ligature n. f. **Ligature chirurgicale,** lien employé pour obturer un vaisseau, un canal, pour suturer les différents plans anatomiques. Certaines ligatures subissent en 8 à 10 jours une résorption par l'organisme (catgut) ; d'autres sont non résorbables (lin, soie, Nylon, acier).

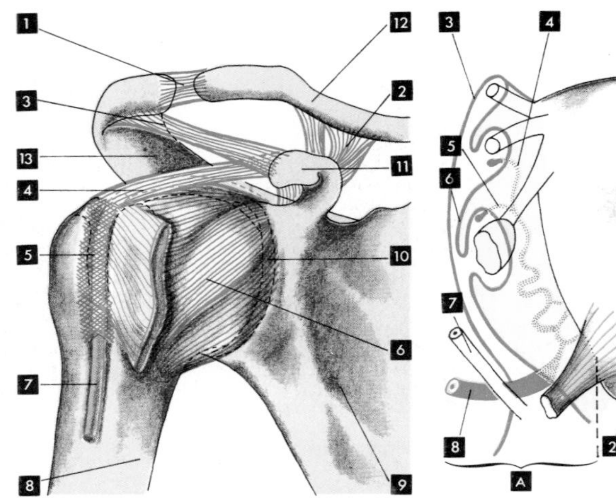

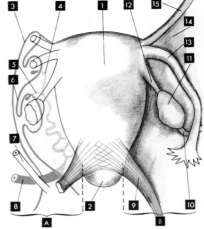

Ligament. Ligaments de l'épaule.
1. Ligament acromio-claviculaire ;
2. Ligament coraco-claviculaire ;
3. Ligament acromio-coracoïde ;
4. Ligament coraco-huméral ;
5. Ligament huméral transverse ;
6. Ligament gléno-huméral ;
7. Longue portion du biceps ; 8. Humérus ;
9. Omoplate ; 10. Bourrelet glénoïdien ;
11. Apophyse coracoïde ; 12. Clavicule ;
13. Acromion.

Ligament. Ligament large de l'utérus (face postérieure) :
1. Corps de l'utérus ; 2. Col de l'utérus ;
à gauche (A), ligament sectionné laissant voir ses deux feuillets et son contenu ;
3. Feuillet antérieur du ligament large ;
4. Artère tubaire ; 5. Artère ovarienne ;
6. Feuillet postérieur ; 7. Uretère ;
8. Artère utérine ;
à droite (B), ligament large étalé ;
9. Ligaments utéro-sacrés ;
10. Ligament lombo-ovarien ; 11. Ovaire ;
12. Ligament utéro-ovarien ; 13. Trompe ;
14. Mésosalpinx ; 15. Ligament rond.

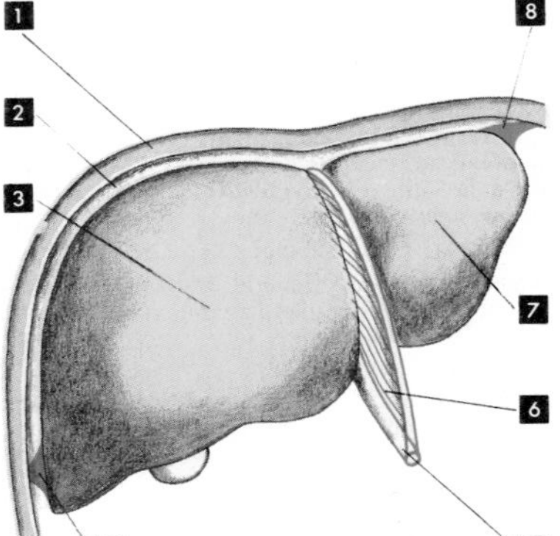

Ligament. Ligaments du foie :
1. Diaphragme ; 2. Ligaments coronaires ;
3. Lobe droit ;
4. Ligament triangulaire droit ;
5. Ligament rond ; 6. Ligament falciforme ;
7. Lobe gauche ;
8. Ligament triangulaire gauche.

Ligature des trompes, oblitération chirurgicale des trompes de Fallope, en vue de rendre la femme stérile, sans toucher à la fonction ovarienne.

ligne n. f. **Ligne blanche,** bandelette tendineuse qui s'étend de la pointe du sternum à la symphyse pubienne, entre les muscles grands droits de l'abdomen.

lignocaïne n. f. Anesthésique local d'action rapide, dénué de réactions allergiques.

limaçon n. m. Cavité de l'oreille* interne, en forme d'escargot, qui contient l'organe de l'audition.

limnée n. f. Mollusque gastropode, vecteur de la grande douve du foie, *Fasciola hepatica.* (V. DISTOMATOSE.)

lin n. m. Plante herbacée.
La *graine de lin* est employée comme laxatif doux en décoction (de 1 à 2 cuillerées à potage sur lesquelles on verse un peu d'eau bouillante).

lingual, e, aux adj. Qui se rapporte à la langue.
V lingual, groupement en forme de V des plus grosses papilles gustatives, à la base de la langue.

liniment n. m. Médicament liquide ou à consistance de pommade, destiné à être appliqué sur la peau, en compresses, onction ou friction, pour obtenir une sédation ou une révulsion (camphre, huile de jusquiame, laudanum, etc.).

lipémie n. f. Taux de lipides* dans le sang. Les lipides du sang sont les triglycérides, les phospholipides et le cholestérol.

Les *lipides totaux* dans le sang normal sont présents à un taux variant de 4 g à 6,5 g par litre de plasma. L'hyperlipémie (augmentation du taux de lipides dans le sang) se voit chez le sujet sain à la suite d'un repas copieux, d'un jeûne prolongé, d'un effort physique.

L'hyperlipémie se voit aussi dans la néphrose* lipoïdique, le diabète*, le myxœdème*, et il existe des *hyperlipémies essentielles* (sans cause connue).

lipide n. m. Terme général désignant les graisses animales et végétales.
Biochimie. Les lipides sont des esters* d'acides gras et d'alcools. Leur rôle énergétique est important. On connaît :
— les *triglycérides,* qui sont les graisses de réserve de l'organisme ;
— les *stérides,* qui sont les esters du cholestérol* et d'un acide gras ;
— les *lipides complexes,* dont les phospholipides, qui sont formés par du glycérol dont une fonction est estérifiée par l'acide phosphorique. Suivant la liaison qu'a lui-même contractée l'acide phosphorique, on obtient la céphaline, la sérine ou la lécithine.
Physiologie des lipides. ***Origine.*** L'alimentation apporte les lipides. Le suc pancréatique transforme les triglycérides en monoglycérides et acides gras. Les triglycérides sont retransformés par la cellule intestinale en chylomicrons qui rejoignent la circulation lymphatique et sont captés par le foie.

L'organisme fabrique des acides gras à partir de l'acide pyruvique.
Mode de transport des lipides. Le foie synthétise les triglycérides, les phospholipides, et les combine aux protéines. Les lipoprotéines ainsi formées gagnent la circulation sanguine, où l'on distingue les alpha- et les bêta-lipoprotéines.
Catabolisme (dégradation) des lipides. La bêta-oxydation est une réaction chimique qui scinde les acides gras. Les carbones sont perdus par l'acide gras, et un radical s'en va pour entrer dans le cycle de Krebs*, cycle qui est à l'origine de la production d'énergie du métabolisme* cellulaire.

lipidose ou **lipoïdose** n. f. Affection caractérisée par les dépôts de graisses dans certains tissus, tels que les os, la peau, le système nerveux.
Lorsque prédomine un excès de cholestérol, les dépôts sont jaunes et les affections sont appelées *xanthomatoses** (xanthomes, xanthélasma).
Manifestations nerveuses des lipidoses. Certaines affections familiales rares donnent des tableaux neurologiques qui varient avec la localisation de la lipidose. Citons l'idiotie amaurotique de Tay-Sachs, les maladies de Niemann-Pick et de Gaucher, le gargoylisme*.

lipocaïque adj. **Facteur lipocaïque** ou **hormone lipocaïque,** substance extraite du pancréas, qui protège les organes de la surcharge graisseuse.

Associé à l'héparine, on l'emploie pour la prévention de l'athérosclérose.

lipodystrophie n. f. Altération du fonctionnement des cellules graisseuses, provoquant une atrophie ou une tuméfaction du tissu sous-cutané.
La maladie de Barraquer*-Simons est responsable d'une accumulation de graisse dans la moitié inférieure du corps. Une lipodystrophie se voit aussi aux points d'injections répétées chez les sujets diabétiques.

La lipodystrophie intestinale, ou maladie de Whipple, d'origine bactérienne, présente des localisations digestives associées à des douleurs articulaires. Le traitement consiste en l'administration d'antibiotiques.

lipomatose n. f. Affection caractérisée par l'accumulation de tissu graisseux, formant des masses tumorales.
La *lipomatose pancréatique* est une agénésie du pancréas exocrine, dont les acini sont remplacés par des lobules graisseux. Cette affection est incompatible avec la vie.

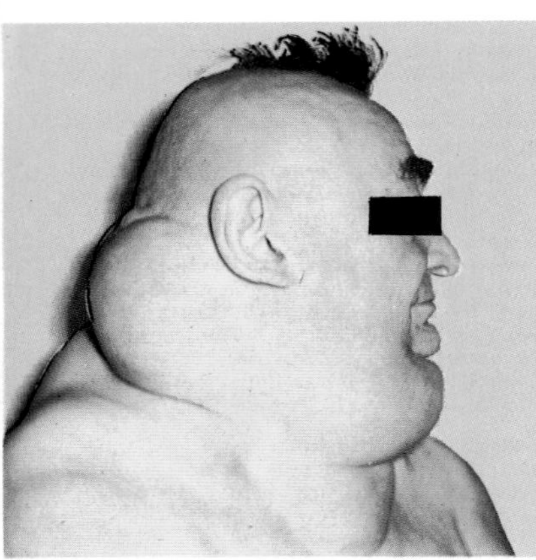

Lipome. Lipomatose diffuse (maladie de Launois-Bensaude) avant intervention.

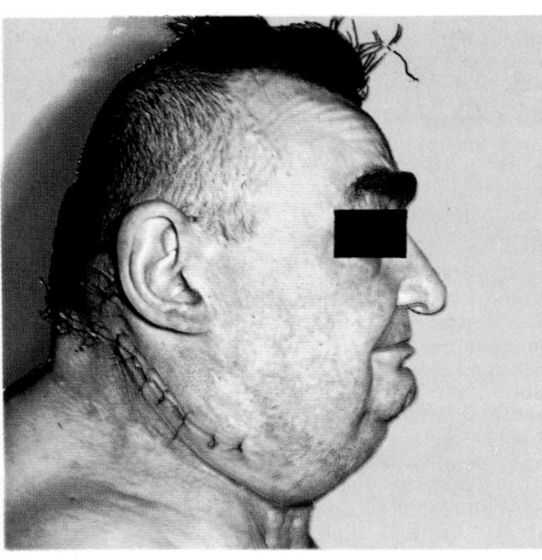

Lipome. Même cas après intervention.

lipome n. m. Tumeur formée de lobules graisseux, circonscrite ou diffuse, qui peut atteindre des proportions considérables, mais qui est de nature bénigne.

lipoprotéine n. f. Combinaison d'une protéine* et d'un lipide*.
Les lipides du plasma sont transportés par des protéines avec lesquelles ils sont combinés.

Analyse des lipoprotéines. Les lipoprotéines sont séparées par action de réactifs chimiques qui permettent de les classer, selon leur migration à l'électrophorèse*, en classes α, β et γ correspondant à des poids moléculaires différents.

liposoluble adj. Soluble dans les lipides (graisses).

lipothymie n. f. Malaise à type de sensation angoissante de perte de connaissance imminente, accompagné de sueurs, de voile blanc devant les yeux, de bourdonnement d'oreilles et de pâleur.
Survenant lors d'une émotion, la lipothymie témoigne d'une dystonie* neurovégétative. Elle peut marquer le début d'une syncope*.

lipotrope adj. Qui est attiré par les graisses.

Facteurs lipotropes. La choline et la méthionine sont des facteurs lipotropes, capables de capter les graisses accumulées dans le foie.

lipurie n. f. Présence de graisse dans les urines, visible à la surface de celles-ci quand la graisse n'est pas émulsionnée.
La lipurie existe dans certaines néphropathies* et dans les lésions pancréatiques.

liqueur n. f. Boisson alcoolique préparée par un mélange d'alcool, d'eau, de parfum et, le plus souvent, de sucre. — Les liqueurs dont la teneur en alcool est élevée exposent à tous les dangers de l'alcoolisme*.
En pharmacie, ce terme est consacré à la désignation de divers médicaments liquides.

Lisfranc (articulation de), ensemble des articulations qui, au pied*, unissent l'arcade tarsienne (cuboïde et cunéiformes) à la base des 5 métatarsiens. (Syn. : ARTICULATION TARSO-MÉTATARSIENNE.)

lissage n. m. Opération chirurgicale ayant pour but de supprimer les rides (en angl. : *lifting*).
Le lissage (ou remodelage) consiste à faire des incisions en haut du front (à la limite des cheveux), en avant des oreilles et au cou, à réséquer de fines bandelettes de peau et à retendre celle-ci en suturant.

listériose n. f. Maladie infectieuse due à une bactérie Gram positive, *Listeria monocytogenes.*
Cette maladie, bien connue des vétérinaires, est également répandue dans l'espèce humaine, en particulier chez la femme enceinte et le nouveau-né. Elle est plus rare chez l'homme adulte. Le germe est à l'origine

d'affections diverses : méningites, infections latentes, fœtopathies.

La méningite est fréquente, souvent associée à une septicémie comme l'atteste l'hémoculture. Des céphalées intenses, des rachialgies et de la fièvre complètent ce tableau. Chez la femme, le germe détermine des infections génitales latentes, responsables d'avortements spontanés et de contamination pour le nouveau-né.

L'atteinte du nouveau-né est particulièrement grave, occasionnant une septicémie néonatale avec atteinte hépatique (ictère), neurologique (méningo-encéphalite), cutanée, oculaire et cardiaque. Le pronostic est toujours réservé.

Le diagnostic repose sur l'identification du germe à l'hémoculture et à la ponction lombaire. Le traitement est à base d'antibiotiques (ampicilline, érythromycine et spiramycine).

lit n. m. La nature de la literie, qu'elle soit en laine, en crin, en duvet ou en mousse, n'a aucune importance pour les sujets normaux. Elle joue au contraire un rôle capital dans l'évolution de certaines affections.

Les *sujets allergiques* présentant des crises d'asthme voient parfois ces dernières s'espacer lorsqu'ils suppriment les oreillers en plume.

Les *sujets atteints d'une affection vertébrale,* et spécialement ceux qui souffrent d'une sciatique, ont intérêt à dormir sur un plan dur, ce qui est aisément réalisé par l'interposition d'une planche entre le matelas et le sommier.

Les *femmes porteuses de varices* sont soulagées en dormant les pieds soulevés à l'aide de cales placées sous les pieds avant du lit ou à l'aide d'un traversin glissé sous le matelas.

Les *sujets alités* de façon prolongée présentent rapidement une inflammation, puis une escarre* au niveau des talons et des fesses, c'est-à-dire aux points d'appui. Il est indiqué dans ce cas d'utiliser un matelas* alternant ou une peau de chamois.

lithiase n. f. Formation de pierres, ou calculs, dans diverses glandes ou leurs voies excrétrices.

Les calculs sont formés de substances minérales, mais aussi de produits organiques qui perdent leur solubilité. La nature des calculs varie avec chaque organe, leur teneur en calcium détermine leur caractère opaque ou non aux rayons X. Parfois la lithiase se résume à l'existence de fines concrétions que l'on nomme *boue* ou *sable.*

Une lithiase peut être totalement muette et rester ignorée, mais le plus souvent elle crée un obstacle dans un conduit d'excrétion :

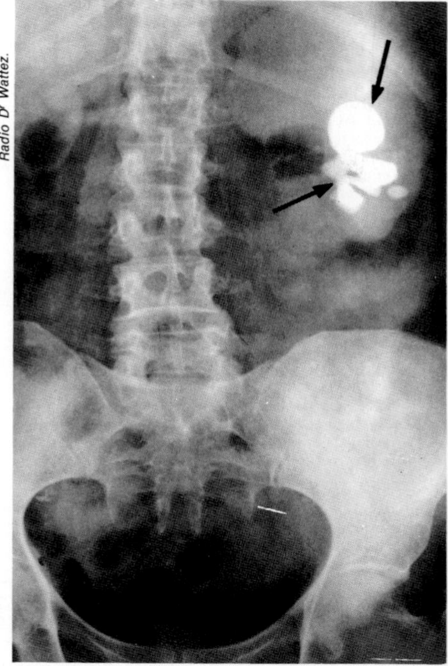

Radio Dr Wattez.

Lithiase. Calcul coralliforme du rein gauche.

Lithiase. Vésicule lithiasique.
Pièce opératoire.

Phot. Dr Landry.

l'organe lutte contre la gêne à la progression du flux physiologique en renforçant ses contractions, qui deviennent douloureuses, ou se laisse distendre par le produit de sécrétion accumulé en amont du calcul, ce qui peut entraîner des troubles dus au déficit sécrétoire. De plus, la lithiase favorise l'infection et parfois l'apparition de certains cancers. Les lithiases les plus fréquentes sont les lithiases biliaire et urinaire.

Lithiase biliaire. V. BILIAIRE, *Voies biliaires*, et COLIQUE, *Colique hépatique*.

Lithiase urinaire. V. URINAIRE, *Pathologie*.

D'autres organes peuvent être le siège d'une lithiase :

— le *pancréas* peut avoir ses canaux excréteurs obstrués de concrétions calciques génératrices de pancréatites* ;

— les *glandes salivaires* peuvent être atteintes de lithiase, se traduisant au moment de la mastication par un gonflement douloureux de la glande dont le canal est obstrué : l'intervention chirurgicale assure la guérison.

Les calculs des *voies lacrymales* sont formés de carbonate ou de phosphate de chaux ; ils peuvent se surinfecter. Des concrétions peuvent aussi se produire dans les glandes mammaires, les bronches ou l'intestin.

lithium n. m. Métal alcalin dont les sels sont prescrits comme solvants de l'acide urique (goutte, lithiase urinaire) et, en psychiatrie, dans la psychose maniacodépressive.

lithopédion n. m. Fœtus mort et surchargé en sels minéraux dans l'utérus.

lithotritie ou **lithotripsie** n. f. Broiement des calculs urinaires. Les calculs de *vessie* peuvent être détruits avec un appareil introduit par les voies naturelles (lithotripteur classique). Les calculs du *rein* peuvent maintenant être broyés par une succession d'ondes de choc appliquées à l'extérieur du corps placé dans une baignoire ; le sable qui en résulte est éliminé dans les urines (lithotripteur à ondes de choc).

Little (maladie de), infirmité motrice cérébrale survenant chez les enfants prématurés ou victimes d'un accouchement difficile. (Syn. : HÉMIPLÉGIE INFANTILE CENTRALE.) La paralysie atteint les membres inférieurs le plus souvent, accompagnée d'une exagération de la tonicité des groupes musculaires.

La marche se fait en ciseaux et la position assise est difficile. La rééducation et la kinésithérapie améliorent le pronostic de ces enfants qui, d'autre part, ont un développement intellectuel normal.

livedo n. f. Traces violacées présentes aux membres inférieurs surtout, et témoignant de troubles circulatoires.

lividité n. f. **Lividité cadavérique,** taches violacées apparaissant sur le cadavre quelques heures après la mort et correspondant à l'accumulation passive du sang dans les régions déclives. — La disposition des lividités cadavériques a une importance capitale en médecine légale.

loa-loa n. m. Ver nématode de la famille des filaires.

Cette filaire est localisée à l'Afrique tropicale occidentale et est transmise par la piqûre du chrysops*. La filariose* à loa-loa associe des troubles cutanés et cardiaques (v. FILARIOSE). Le diagnostic repose sur la mise en évidence des filaires, une éosinophilie sanguine et la présence de microfilaires dans le sang.

Le *traitement* utilise la carbamazine. La prophylaxie repose sur la lutte contre le chrysops.

lobe n. m. Partie individualisée d'un organe : *lobe hépatique, lobe pulmonaire, lobe cérébral.*

lobectomie n. f. Ablation d'un lobe : *lobectomie pulmonaire.*

lobélie n. f. Plante exotique (*Lobelia inflata*) employée sous forme de poudre et de teinture contre l'asthme, la coqueluche et les bronchites.

lobéline n. f. Alcaloïde de la lobélie, stimulant du centre nerveux de la respiration. On l'emploie dans les intoxications par l'oxyde de carbone et par la morphine. À dose suffisante (dragées), elle diminue le désir de fumer du tabac.

lobite n. f. Lésion pulmonaire d'origine infectieuse, limitée à un lobe* pulmonaire.

lobotomie n. f. Intervention neurochirurgicale pratiquée dans certaines psychoses graves, et consistant à sectionner les fibres nerveuses allant à un lobe cérébral.

Livedo rédiculaire.

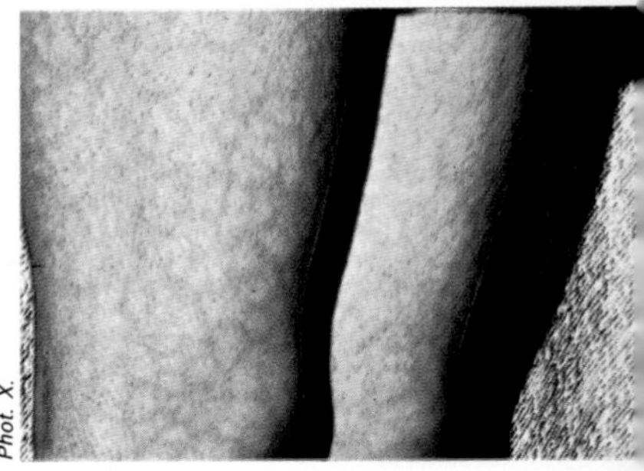

Phot. X.

Lobstein (maladie de), maladie congénitale caractérisée par une fragilité osseuse excessive, des fractures multiples et une teinte bleutée des sclérotiques.

lobule n. m. Subdivision d'un lobe ou segment arrondi d'un organe (lobule de l'oreille).

Lobule hépatique, segment élémentaire du foie centré par une veinule sus-hépatique.

Lobule pulmonaire, segment pulmonaire où se termine la dernière branche de ramification d'une bronche.

local, e, aux adj. Limité à une portion circonscrite de l'organisme ou d'un organe : *infection locale.*

localisation n. f. **Localisation cérébrale,** région de l'écorce cérébrale correspondant à une fonction particulière et dont la lésion entraîne la suppression de la fonction correspondante. (V. CERVEAU.)

Signes de localisation, signes retrouvés à l'examen neurologique et correspondant à la lésion d'un centre cérébral particulier.

lochies n. f. pl. Écoulements vulvaires des suites de couches.
Constituées, les 2 ou 3 premiers jours après l'accouchement, par du sang non coagulé, elles deviennent séro-sanguinolentes vers le 8e jour. À partir du 15e jour, elles sont séreuses et se tarissent. Leur odeur est fade et non fétide en l'absence d'infection.

locomoteur, trice adj. Qui concerne la locomotion, le déplacement du corps.
L'*appareil locomoteur* comprend les os, les muscles, les nerfs, les articulations des membres.

Loëwenstein-Jensen (milieu de), milieu de culture utilisé pour l'isolement du bacille de Koch* à partir de produits pathologiques.
Les colonies de bacilles tuberculeux se développent en deux semaines. La culture est négative si rien ne pousse au bout de deux mois.

Löffler (syndrome de), association d'images radiologiques d'infiltrat pulmonaire de courte durée et d'une éosinophilie* sanguine.
C'est une manifestation allergique bénigne, consécutive à une infestation parasitaire (ascaris).

logorrhée n. f. Bavardage intarissable, flot de paroles plus ou moins cohérentes.
La logorrhée s'observe surtout dans les états maniaques (v. MANIE), où elle est le reflet de la « fuite des idées » du malade. Elle est habituelle dans les états d'excitation (ivresse aiguë, alcoolisme, etc.).

loisir n. m. Temps dont on peut disposer en dehors des activités professionnelles et des obligations sociales.
Du point de vue de l'hygiène mentale, les loisirs permettent de rétablir un équilibre en donnant à l'homme l'occasion de se réaliser dans un domaine différent de celui de sa vie professionnelle.

Les loisirs devraient être des moments d'enrichissement personnel joignant l'utile et l'agréable, et mériteraient une certaine préparation.

Il y a, d'une part, les distractions qui apportent l'épanouissement physique (sport, promenade), d'autre part, les loisirs à orientation culturelle (lecture, cinéma, théâtre, concerts, etc.). Tout aussi enrichissantes peuvent être les activités personnelles gratuites à caractère manuel (jardinage, bricolage) ou artistique (peinture, musique, etc.).

La radio et la télévision, qui comblent les loisirs d'une grande majorité, ne doivent pas devenir une façon de « tuer le temps » en restant démesurément passif.

lombago n. m. Douleur lombaire aiguë, spontanée ou traumatique.
Le lombago apparaît brutalement, accompagné d'une contracture réflexe des muscles sacro-lombaires qui bloque le segment lombaire et rend le malade impotent. La douleur irradie au niveau des fesses et vers la racine des cuisses ; elle est augmentée à chaque mouvement, lors de la toux, de la défécation. Au maximum, c'est une sciatique* ; on parle alors de *lombo-sciatique.*

Le lombago dure habituellement quelques jours, puis disparaît assez brusquement. Il peut aussi persister plusieurs semaines. La cause en est généralement une lésion d'un disque intervertébral ou une poussée d'arthrose. La radiographie permet le diagnostic entre le lombago et les affections graves de la colonne vertébrale (tuberculose, cancer).

Kinésithérapie des lombagos. Outre le traitement médical qui soigne la douleur, la kinésithérapie tient une grande place dans le traitement de fond des lombagos, bien que certains ne lui accordent aucun pouvoir préventif des récidives.

L'important est d'acquérir des positions antalgiques (qui calment la douleur), en soulageant les disques de l'effet de la pesanteur.

La kinésithérapie, semblable à celle qui est utilisée dans les lordoses, impose un travail des muscles abdominaux, un réveil des muscles extenseurs du dos. Le port d'un corset orthopédique aide au maintien en bonne posture.

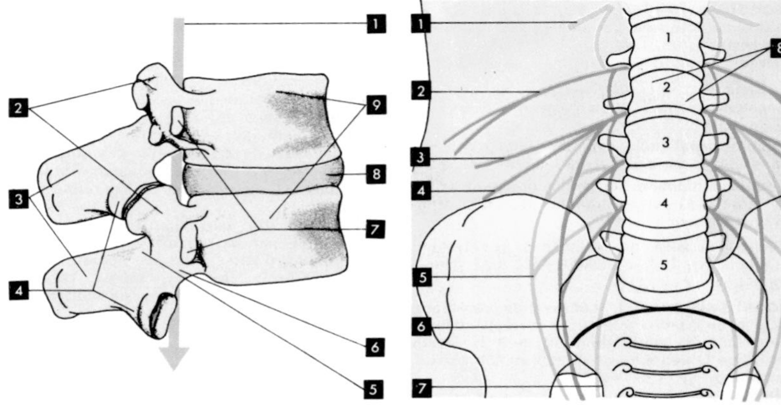

Lombaire. Vue latérale de l'articulation de deux vertèbres lombaires :
1. Canal rachidien ;
2. Apophyses articulaires supérieures ;
3. Apophyses épineuses ;
4. Apophyses articulaires inférieures ;
5. Lame ;
6. Pédicule ; 7. Apophyses transverses ;
8. Disque intervertébral ;
9. Corps vertébraux.

Lombaire.
Schéma du plexus lombaire :
1. Douzième nerf intercostal ;
2. Nerf abdomino-génital ;
3. Nerf fémoro-cutané ;
4. Nerf génito-crural ;
5. Nerf crural ;
6. Nerf obturateur ;
7. Tronc lombo-sacré ;
8. Chaînes sympathiques lombaires.

Les massages, quant à eux, sont efficaces par la décontraction musculaire qu'ils provoquent.

lombaire adj. Qui se rapporte aux lombes (au bas du dos).
Vertèbres lombaires, au nombre de 5, elles constituent le rachis lombaire.
Région lombaire, région située de chaque côté de la colonne vertébrale, entre la 12e côte et la crête iliaque.

lombalgie n. f. Douleur de la région lombaire, pouvant s'accompagner d'irradiations diverses.
Les lombalgies ont une origine principalement vertébrale (v. LOMBAGO) ou rénale ; il est parfois difficile d'en diagnostiquer l'origine.

lombalisation n. f. Anomalie de la première vertèbre sacrée, qui n'est plus soudée complètement à ses voisines et ressemble ainsi à une vertèbre lombaire.

lombarthrose n. f. Arthrose* des vertèbres lombaires.

lombo-sacré, e adj. Qui concerne à la fois la région lombaire et le sacrum.
La *charnière lombo-sacrée* est l'articulation entre la 5e vertèbre lombaire et le sacrum. Sa *pathologie* est riche et variée, car c'est un étage de transition entre la colonne vertébrale mobile et la ceinture pelvienne : *anomalies transitionnelles* (lombalisation de la 1re sacrée, sacralisation de la 5e lombaire) ; *spinabifida* (déhiscence de l'arc postérieur d'une vertèbre), *spondylolisthésis** (glissement en avant du corps de la 5e lombaire), *hernies discales**, *ostéo-arthrites* tuberculeuse, mélitococcique, staphylococcique. Les fractures de la charnière lombo-sacrée n'entraînent pas de lésions de la moelle épinière, mais parfois des lésions des racines des derniers nerfs rachidiens (queue-de-cheval).

lombo-sciatique n. f. Association d'un lombago* et d'une névralgie sciatique*.

lombostat n. m. Corset* de contention lombo-sacrée utilisé pour le traitement des lombalgies, des sciatiques.

longiligne adj. Type morphologique caractérisé par une taille élevée, des membres longs, sans graisse.

Looser-Milkman (stries de), image radiologique observée dans les maladies osseuses par carence phospho-calcique (ostéomalacie*), et faite de fissures multiples donnant des images en bandes claires.
Ces stries de Looser-Milkman s'observent surtout sur les os du bassin, aux fémurs, sur les côtes et les omoplates, prenant parfois des aspects de fracture.

lordose n. f. Courbure à convexité antérieure de la colonne vertébrale.
Anatomie. Il existe deux lordoses physiologiques normales : la lordose cervicale (au niveau du cou) et la lordose lombaire. La première a son sommet à la 6e vertèbre cervicale, la seconde à la 3e vertèbre lombaire.
Pathologie. L'accentuation de la lordose lombaire, ou hyperlordose, débute souvent dans l'enfance et est traitée par la gymnastique corrective.
L'hyperlordose peut être un moyen de rétablir l'équilibre au cours d'une grossesse, ou quand il existe une cyphose* sous-jacente. Elle peut correspondre à une affection organique atteignant la colonne vertébrale (arthrose) ou les muscles vertébraux (paralysie, myopathie*).
Enfin, la lordose physiologique peut être au contraire atténuée, comme c'est le cas dans les rétrolisthésis* et le spina*-bifida occulta. (V. LOMBO-SACRÉ.)
La kinésithérapie active apprend au sujet à acquérir une bonne statique et à basculer le bassin en avant pour réduire la lordose.

loupe n. f. Terme usuel désignant un *kyste sébacé,* petit amas de graisse qui apparaît surtout au cuir chevelu, à la nuque, dans le dos.
Sans danger mais inesthétique, on l'enlève en l'énucléant après une incision minime.

L. S. D. 25. V. HALLUCINOGÈNE.

Luchon, station thermale sulfureuse de la Haute-Garonne, à 90 km de Tarbes, ouverte toute l'année.
Les eaux, sulfureuses et radioactives, sont employées en humages, insufflations, bains, douches (locales et générales) et applications de boues. Certaines eaux sont utilisées en boisson. Les indications de la cure sont, d'une part, les affections chroniques des voies respiratoires : rhinites, sinusites, otites et bronchites ; d'autre part, les affections rhumatismales : arthroses et arthrites en dehors des poussées inflammatoires aiguës.

lucite n. f. État inflammatoire de la peau provoqué par l'exposition à la lumière, au soleil, aux rayons ultraviolets.
Certains états carentiels, comme la pellagre* (manque en vitamine PP), des maladies métaboliques, comme les porphyries*, ou l'absorption de substances photosensibilisatrices, comme les sulfamides*, la chlorpromazine*, les phénotiazines ou certains dérivés de la tétracycline, rendent plus sensibles à la lucite.

luette n. f. Appendice charnu du voile du palais, mobile et contractile, qui ferme les fosses nasales pendant la déglutition. (V. PALAIS.)

lugol n. m. **Solution de lugol,** solution d'iode et d'iodure de potassium dans de l'eau.
Test au lugol, test consistant à badigeonner le col utérin avec un tampon imbibé de solution de lugol. (Syn. : TEST DE SCHILLER.)

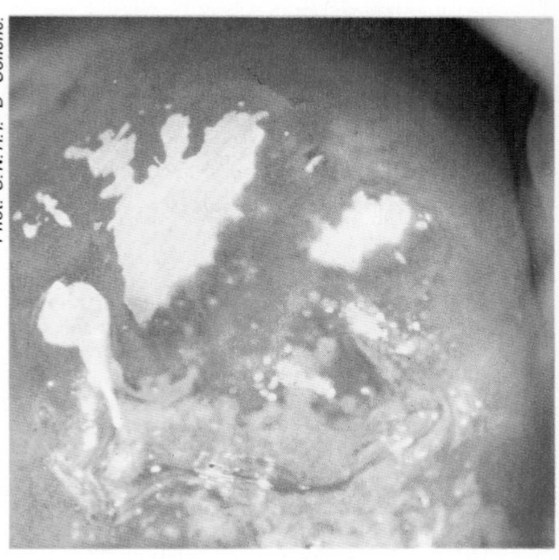
Phot. C.N.R.I. - Dr Coliche.

Lugol. Test au lugol.
Les zones jaunes (non colorées par l'iode) sont suspectes
et feront l'objet d'une biopsie.

Le col utérin normal prend une teinte acajou. Lorsqu'il y a des anomalies de l'épithélium utérin, celui-ci ne se colore pas, et on pratique une biopsie à ce niveau.

lunettes n. f. pl. Instrument d'optique destiné à corriger les imperfections de la vue (myopie, presbytie, etc.).

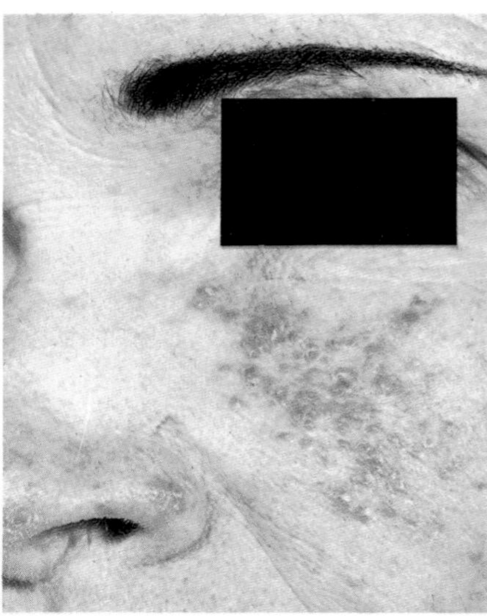

Phot. C.N.R.I. - Pr Degos.

Lupus érythémateux du visage.

Les verres* correcteurs (simples ou teintés, incassables, à double foyer, etc.) doivent être centrés en tenant compte de l'écartement pupillaire. Leur plan doit être perpendiculaire à l'axe optique de l'œil.

lupique adj. Relatif au lupus*.

lupoïde adj. Qui rappelle l'aspect cutané des lésions du lupus.

lupus n. m. Affection cutanée à tendance envahissante et destructive.

Lupus érythémateux. Il en existe deux types : le lupus érythémateux chronique et le lupus érythémateux disséminé.

Lupus érythémateux chronique. C'est un érythème (rougeur) un peu infiltré, sensible à la pression, prédominant à la face, soit en ailes de papillon, tel un loup de déguisement (d'où le nom de la maladie), soit en disques. Ces plaques s'accompagnent de desquamation et évoluent vers l'atrophie cicatricielle. Le traitement consiste en l'administration d'antipaludéens de synthèse pendant des mois et en l'application locale et générale de corticoïdes. Les sujets atteints doivent éviter l'exposition au soleil et les médications photosensibilisantes.

Lupus érythémateux disséminé. Il s'agit d'une maladie générale, de cause inconnue, frappant surtout la femme jeune. Cette affection se manifeste par une éruption érythématosquameuse de la face (lupus) en aile de papillon, une altération de l'état général associé à une fièvre variable, des douleurs articulaires, des atteintes viscérales, dont les plus fréquentes sont rénales, cardiaque (endocardite*, péricardite*), pleurale (épanchements inflammatoires).

Les examens biologiques montrent la présence de nombreux anticorps* circulants et de cellules L.* E. (ou cellules de Hargraves) dans le sang.

L'évolution peut s'étendre sur de nombreuses années, aboutissant encore fréquemment à la mort malgré les traitements qui associent corticoïdes, antipaludéens de synthèse et immunosuppresseurs.

Lupus tuberculeux. V. TUBERCULOSE, *Tuberculose cutanée.*

Luxation de l'épaule.
La tête de l'humérus (1)
a quitté la cavité glénoïde de l'omoplate (2)
et se trouve près des côtes.

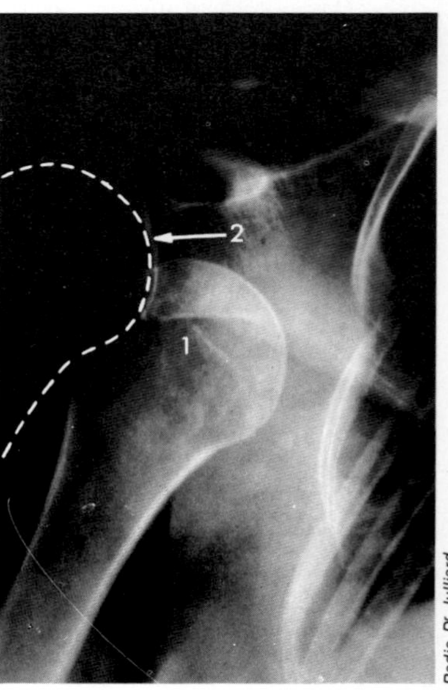

Radio Dr Julliard.

lutéine n. f. Syn. de PROGESTÉRONE*.

luxation n. f. Déplacement des extrémités articulaires entraînant une modification permanente de leurs rapports.

Luxations traumatiques. Elles atteignent électivement l'épaule ou le coude de l'adulte ; succédant à un traumatisme direct ou indirect, elles entraînent une douleur très vive, l'aspect de la région étant, en règle générale, assez caractéristique pour que le diagnostic s'impose à la simple inspection. La réduction d'urgence doit être pratiquée après vérification radiologique de l'absence de fracture associée. Le pronostic est généralement favorable, mais des récidives sont possibles, réalisant à l'extrême le tableau de la luxation récidivante.

Luxation congénitale de la hanche. Elle est due à un vice de formation de cette articulation. Les symptômes n'en deviennent évidents qu'au début de la marche, entre 15 et 18 mois : le traitement en est alors long et difficile, les séquelles fréquentes. C'est dire l'importance d'un diagnostic précoce, dès la naissance, par l'examen systématique des nouveau-nés (à la recherche du signe du « ressaut »). À ce stade, la simple mise en abduction permanente (jambes écartées) suffit à éviter la luxation confirmée et permet le développement normal de la marche.

Luxation dentaire, variété de luxation articulaire. — C'est la séparation plus ou moins accentuée d'une dent* de son alvéole. Elle peut s'infecter.

Luxation du cristallin, déplacement anormal du cristallin (v. ŒIL) soit vers l'arrière dans le corps vitré, soit en avant dans la chambre antérieure. — La luxation du cristallin entraîne des troubles de la vue.

Luxeuil-les-Bains, station thermale de la Haute-Saône, à 30 km de Vesoul.

Des eaux chlorurées sodiques très chaudes (de 44 à 62 °C) et peu radioactives et des eaux plus froides (de 19 à 36 °C), mais plus radioactives, sont employées en bains (piscine thermale ou baignoire), douches et applications de boues thermales.

Les indications sont les affections gynécologiques (ovarites, troubles des règles, stérilité) et les affections veineuses (périphlébites, ulcères variqueux, crampes).

lycée n. m. **Lycée climatique,** établissement d'enseignement secondaire situé dans un site favorable (altitude, demi-altitude, mer, plaine) et destiné aux jeunes gens dont l'état de santé peut bénéficier des conditions climatiques de la région.

Lyell (syndrome de), affection épidermique bulleuse sévère, caractérisée par l'existence de bulles* et d'un décollement de l'épiderme en lambeaux.

La cause en est le plus souvent une intolérance médicamenteuse.

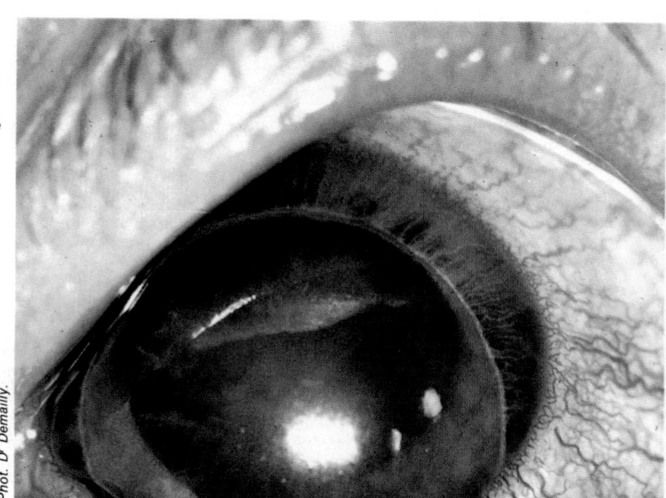

Luxation antérieure du cristallin. Le cristallin se trouve dans la chambre antérieure, en avant de l'iris.

Phot. Dr Demailly.

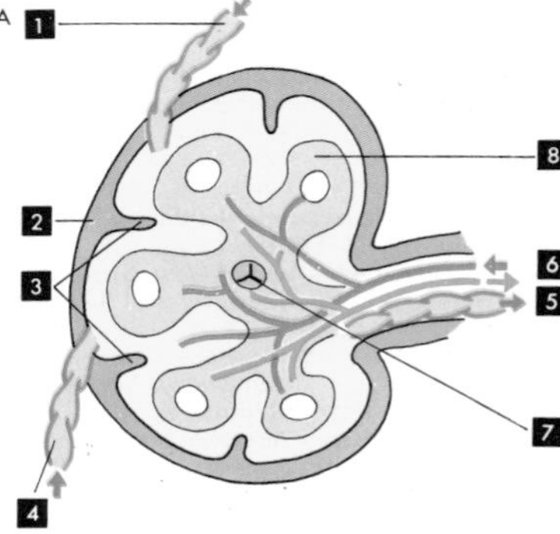

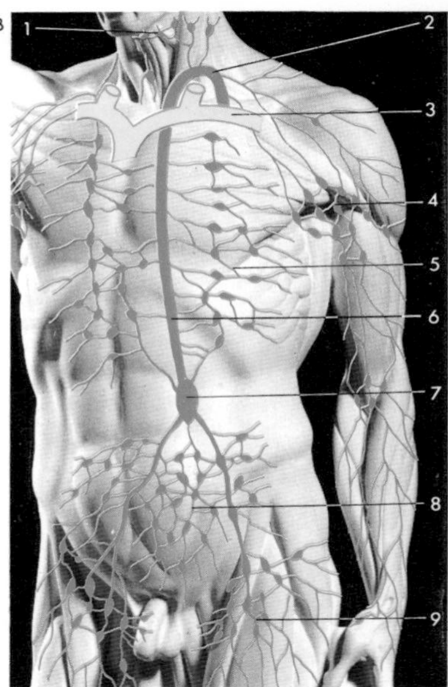

Lymphatique.
A. Structure d'un ganglion lymphatique : 1. Canal lymphatique ; 2. Capsule ; 3. Cloisons ; 4. Valvule du canal lymphatique ; 5. Veine lymphatique ; 6. Artère et veine du ganglion ; 7. Cordon médullaire ; 8. Follicule.
B. Ensemble de l'appareil lymphatique : 1. Ganglions sous-maxillaires ; 2. Crosse du canal thoracique ; 3. Veine sous-clavière ; 4. Ganglions de l'aisselle ; 5. Ganglions thoraciques ; 6. Canal thoracique ; 7. Citerne de Pecquet ; 8. Lymphatique ou chylifères abdominaux ; 9. Ganglions de l'aine.

lymphadénome n. m. Tumeur bénigne du tissu lymphatique (simple augmentation de volume des ganglions lymphatiques).

lymphangiectasie n. f. Dilatation des vaisseaux lymphatiques.
La lymphangiectasie peut être congénitale, siégeant sur les membres dont le tissu sous-cutané est épaissi, œdémateux : c'est l'éléphantiasis.

Le plus souvent, la lymphangiectasie est acquise, consécutive à une obstruction des gros canaux lymphatiques due à une thrombose*, à des amas parasitaires (filarioses). Les lymphangiectasies intestinales sont à l'origine de malabsorptions* et de troubles digestifs.

lymphangiome n. m. Tumeur bénigne faite de cavités lymphatiques dilatées, s'observant surtout chez l'enfant.

lymphangite n. f. Inflammation des vaisseaux lymphatiques.

Lymphangites aiguës ou subaiguës. Les lymphangites secondaires à des plaies septiques ont une porte d'entrée cutanée ; on distingue la *lymphangite réticulaire,* qui dessine une aréole rouge autour de la plaie, et la *lymphangite tronculaire,* traînée rouge le long de l'axe des troncs lymphatiques.

Se produisant sur des malformations congénitales ou acquises, elles nécessitent un traitement antibiotique rapide et efficace.

Lymphangites chroniques. Souvent secondaires aux précédentes, elles ont une origine microbienne, parasitaire ou néoplasique.

lymphatique adj. et n. m. Qui se rapporte à la lymphe et aux vaisseaux qui la véhiculent.
Les *vaisseaux lymphatiques* drainent la lymphe et la déversent dans le système veineux. Les ganglions lymphatiques en sont les relais. Nés de toutes les parties du corps, les petits vaisseaux rejoignent les gros troncs collecteurs qui s'ouvrent dans les grosses veines du cou.

Les *ganglions lymphatiques* se trouvent sur le trajet des vaisseaux et sont groupés essentiellement au niveau du cou, de l'aisselle, de l'abdomen et de l'aine.

Le *système lymphatique* de l'appareil digestif draine de nombreuses substances absorbées au cours de la digestion.

lymphatisme n. m. État de fatigue générale de l'organisme avec augmentation du volume des ganglions lymphatiques.
En fait, ce terme regroupe de nombreuses affections qui entraînent une grande fatigue, allant de la primo-infection tuberculeuse aux affections hématologiques bénignes (anémies, mononucléose, etc.).

Le traitement du lymphatisme comporte celui de la cause et, quand aucune cause n'est décelée, on peut souvent conclure à un conflit psychologique.

lymphe n. f. Liquide de l'organisme occupant les espaces intercellulaires et drainé dans les vaisseaux lymphatiques.

La *lymphe interstitielle* (intercellulaire) est le résultat de la filtration du sang à travers les parois des capillaires* sanguins.

La lymphe apporte aux cellules des éléments venant du sang et renvoie au sang les déchets cellulaires.

La *lymphe vasculaire* circule dans le système clos qu'est le réseau lymphatique*, voie importante de drainage des tissus et du tube digestif.

lymphoblaste n. m. Cellule souche siégeant dans le tissu lymphoïde* et capable de donner des lymphocytes*.

lymphocytaire adj. Relatif aux lymphocytes.

Méningite lymphocytaire, méningite dans laquelle le liquide céphalo-rachidien est riche en lymphocytes. Ce sont soit des méningites tuberculeuses, soit des méningites virales (oreillons, grippe).

Réaction lymphocytaire. V. LYMPHOCYTOSE.

lymphocyte n. m. Leucocyte* (globule blanc) mononucléaire, qui se différencie des autres globules blancs en ce qu'il n'est pas formé dans la moelle osseuse, mais dans les organes lymphoïdes : ganglions, rate et formations lymphoïdes du tube digestif (amygdales, appendice, plaques de Peyer).
Il existe deux populations de lymphocytes : les lymphocytes B, à vie courte, qui interviendraient dans les réactions d'immunité* humorale, et les lymphocytes T, qui, après avoir effectué un passage dans le thymus*, acquièrent une immunocompétence qui en fait des lymphocytes à vie longue (de 3 mois à 10 ans), capables de conserver la mémoire d'un contact avec un antigène* observé, et qui jouent de ce fait un rôle dans l'immunité cellulaire. Cette immunité peut être transférée d'un sujet à un autre par des transfusions de lymphocytes.

Les lymphocytes représentent normalement de 20 à 40 p. 100 du nombre total des globules blancs.

lymphocytose n. f. Augmentation du nombre des lymphocytes dans le sang (normalement de 1 500 à 4 000 lymphocytes par par millimètres cubes).
La lymphocytose est normale chez l'enfant jusqu'à l'âge d'environ 6 ans. Les lymphocytoses pathologiques témoignent de la réaction de l'organisme à une agression bactérienne, virale, ou à un processus tumoral.

lymphogranulomatose n. f. Nom générique groupant des affections responsables d'une prolifération du système lymphatique. — Ce sont essentiellement : la maladie de Besnier*-Bœck-Schaumann, la maladie de Hodgkin* et la maladie de Nicolas* et Favre.

lymphographie n. f. Radiographie des vaisseaux et des ganglions lymphatiques après injection d'un produit opaque aux rayons X.

Lymphographie. Hyperplasie généralisée des ganglions à type inflammatoire (tuberculose).

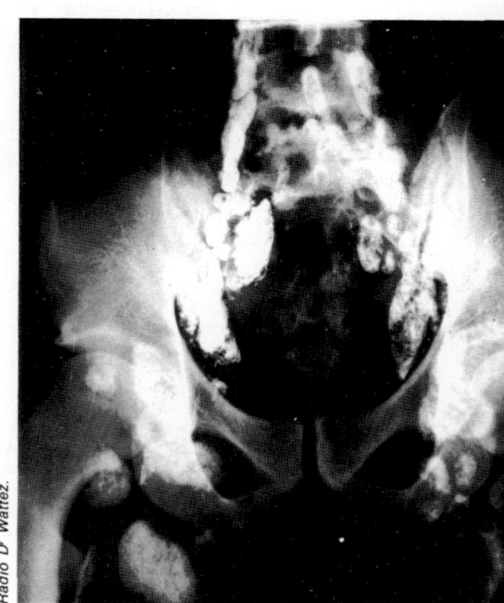

Radio Dr Wattez.

La lymphographie donne des renseignements dans le diagnostic des affections des ganglions : maladie de Hodgkin*, leucémies*, métastases cancéreuses. On l'emploie également dans l'étude des affections des vaisseaux lymphatiques : lymphœdème*, chylurie, adénopathies, etc.

lymphoïde adj. Relatif aux lymphocytes.
Tissu lymphoïde, tissu qui constitue les amygdales*, les ganglions* lymphatiques, les plaques de Peyer de l'intestin. Le tissu lymphoïde est constitué d'un enchevêtrement de cellules endothéliales (v. ENDOTHÉLIUM) entre lesquelles se trouvent les précurseurs des lymphocytes (histioblastes, lymphoblastes) et les lymphocytes eux-mêmes.
Leucémie lymphoïde, leucose lymphoïde. V. LEUCÉMIE et LEUCOSE.

lymphopoïèse n. f. Formation de lymphocytes. (Elle se fait dans le tissu lymphoïde.)

lymphoréticulose n. f. Affection du tissu lymphoïde* et du tissu réticulo*-endothélial, responsable d'une augmentation de volume des ganglions lymphatiques. (En pratique, on réserve ce terme à la maladie des griffes du chat* [lymphoréticulose bénigne d'inoculation].)

lymphorragie n. f. Écoulement de lymphe, de nature traumatique ou inflammatoire.
La *lymphorragie traumatique* survient après blessure d'un gros tronc lymphatique ou au niveau d'une plaie ou d'une brûlure étendue.
La *lymphorragie inflammatoire* s'observe dans les poussées de lymphangite* aiguë et peut entraîner des pertes calciques et protidiques graves.

lymphosarcome n. m. Tumeur maligne de l'amygdale ou d'un ganglion lymphatique, susceptible de diffuser à l'ensemble du tissu lymphoïde.
Les ganglions atteints sont ceux du tube digestif ou du médiastin*. La rate est augmentée de volume, il existe des lésions osseuses, cutanées. On distingue essentiellement le sarcome de Burkitt* et la maladie de Brill-Symmers, de pronostic grave.

lyophilisation n. f. Technique de dessiccation à basse température utilisée pour la conservation de nombreux médicaments (extraits d'organes, sérums, vaccins, etc.) ou aliments qui seraient altérés par les méthodes classiques.
Les produits lyophilisés sont avides d'eau ; il suffit, pour reconstituer le produit primitif, d'en ajouter un volume convenable au moment de l'emploi.

lysat n. m. Produit de la dissolution des cellules ou des bactéries.

lyse n. f. Dissolution, destruction. (Employé souvent en suffixe : *hémolyse**, *autolyse**, *cytolyse**, etc.)

lysine n. f. **1.** Nom donné à diverses substances enzymatiques qui ont la propriété de dissoudre les globules rouges (*hémolysines*), les cellules des tissus ou les bactéries (*bactériolysines*).
2. Nom usuel de l'*acide diaminocaproïque,* acide aminé* indispensable.

lysozyme n. m. Enzyme bactéricide.
Il se trouve dans les larmes, le lait maternel et le blanc d'œuf. Il est employé comme anti-infectieux dans le zona, les affections buccales (aphtes) et comme antagoniste de l'héparine.

lytique adj. **1.** Qui provoque la lyse*.
2. Qui diminue les effets d'une substance ou d'une fonction : *adrénolytique, sympatholytique.*

McBurney (incision de), incision de la fosse iliaque droite pour l'appendicectomie.

McBurney (point de), point situé à 4 cm de l'épine iliaque antérosupérieure droite, sur une ligne menée de celle-ci à l'ombilic. (Une douleur nette provoquée à ce niveau par la palpation est un signe d'*appendicite**.)

macération n. f. **En pharmacie.** V. DISSOLUTION.

En pathologie, aspect blanchâtre et ridé de la peau lorsqu'elle est restée humide (mains dans l'eau, pansement trop hermétique, etc.). — Les cadavres ayant séjourné dans l'eau sont macérés.

mâchoire n. f. Pièce osseuse de la face qui supporte les dents. — V. MAXILLAIRE.

macrocéphale adj. et n. Se dit d'un individu présentant une grosse tête.

macroglobulinémie n. f. Présence en quantité anormale dans le plasma, de *macroglobuline* (ou immunoglobuline* IgM).

Dans la maladie de Waldenström, ou *macroglobulinémie essentielle* (sans cause connue), cette protéine est sécrétée par des cellules d'allure lymphocytaire. Il y a des gros ganglions, un gros foie et une grosse rate, des hémorragies, des troubles circulatoires.

Il existe aussi des *macroglobulinémies secondaires,* dues à des cirrhoses, à des infections chroniques, etc.

macroglossie n. f. Augmentation de volume de la langue.

Elle peut être congénitale (souvent due à un lymphangiome) ou acquise (myxœdème, acromégalie, phlébite des veines de la langue).

macrophage adj. et n. m. Cellule dont le rôle est de *phagocyter** de nombreuses particules (déchets cellulaires, corps étrangers). Les monocytes sanguins sont les principaux macrophages.

macropsie n. f. Fait de percevoir les objets plus grands qu'ils ne sont en réalité. — La macropsie précède souvent l'épilepsie*.

macrosomie n. f. Monstruosité caractérisée par une augmentation de toutes les parties du corps.

macrotie n. f. Dimension excessive de l'oreille.

Elle se traite chirurgicalement.

macula n. f. Zone centrale de la rétine* située sur l'axe visuel et responsable de l'acuité visuelle. (Syn. : TACHE JAUNE.)

macule n. f. Petite tache cutanée érythémateuse (rouge), non indurée.

maduromycose n. f. Variété de mycétome* dont le type est constitué par le « pied de Madura » (gonflement et ulcérations).

magique adj. **Pensée magique,** reflet de la mentalité primitive et de la mentalité infantile suivant lesquelles l'homme peut agir sur les êtres et les choses au moyen de forces mystérieuses.

La pathologie psychiatrique est riche en manifestations puisées dans les croyances magiques.

La plupart des délires contiennent des idées d'envoûtement, de possession, etc. Dans la névrose obsessionnelle, les rites, les obsessions correspondent souvent à un mode de pensée magique.

magnésium n. m. Métal blanc, brillant, très oxydable.

Biochimie. Le magnésium se trouve dans tous les organes vivants (feuilles, graines, os, rein, cerveau, etc.).

Le magnésium du sérum sanguin varie entre 16 et 22 mg par litre. Son taux diminue dans l'hypothyroïdie*, l'éclampsie*, les cirrhoses graves ; il augmente dans l'hyperthyroïdie*, l'insuffisance rénale*.

Pharmacie. La *magnésie lourde* (oxyde de magnésium) et son hydroxyde, la *magnésie légère* et l'hydrocarbonate de magnésium sont employés comme anti-acides gastriques et laxatifs. Le *sulfate de magnésium,* ou sel d'Epsom, est cholagogue et purgatif.

Le *chlorure de magnésium*, laxatif et cholagogue, a été préconisé dans la prévention du cancer. Le silicate de magnésium naturel est le *talc**, alors que le *trisilicate synthétique* de magnésium est un pansement anti-acide employé contre les brûlures d'estomac.

maigreur n. f. État résultant de la pauvreté des réserves graisseuses de l'organisme et donnant à un individu un poids inférieur à celui d'un sujet normal de même taille.
Une maigreur est notable quand il existe une diminution de 10 p. 100 par rapport au poids normal pour la taille.
Les maigreurs constitutionnelles. On connaît des maigreurs *sthéniques*, chez des sujets actifs, vifs, et des maigreurs *hyposthéniques* chez des sujets rapidement fatigables, frileux. Le caractère héréditaire et familial de ces maigreurs est indiscutable.
Les maigreurs acquises. Certaines sont physiologiques, survenant après des efforts intensifs. Les autres sont pathologiques : la maigreur est en fait un amaigrissement, symptôme parmi d'autres d'une maladie organique ou psychique.

L'*insuffisance de la ration alimentaire*, due au jeûne volontaire, à une famine ou à une pauvreté extrême des ressources, est cause d'amaigrissement.

Dans certaines *affections digestives*, après gastrectomie*, lors de diarrhées profuses, l'amaigrissement est fréquent.

Des *maladies infectieuses, parasitaires* sont responsables de maigreur ; de même, l'amaigrissement peut être le signe d'une affection grave, comme un *cancer**.

Des *maladies endocriniennes*, comme la maladie de Basedow*, la maladie d'Addison* (atteignant les surrénales), le diabète, provoquent des amaigrissements.

Des *affections psychiatriques*, en premier lieu la mélancolie* (ou dépression endogène), provoquent fréquemment un amaigrissement important. L'anorexie* mentale de la jeune fille, affectivement perturbée, conduit souvent à un état voisin de la cachexie.
Traitement des maigreurs. Il concerne d'abord la cause quand elle est connue. Puis il concerne la ration calorifique, qui doit être suffisante, établie sur les habitudes alimentaires du sujet et sur ses besoins dominants en certains aliments. Manger à heures régulières, bien mastiquer, éviter de boire pendant les repas, c'est une conduite qui permet de mieux assimiler les aliments et d'éviter les troubles digestifs. Les anabolisants* de synthèse sont un bon appoint à ce régime.

main n. f. Organe de préhension et de sensibilité qui constitue l'extrémité des membres supérieurs de l'homme.

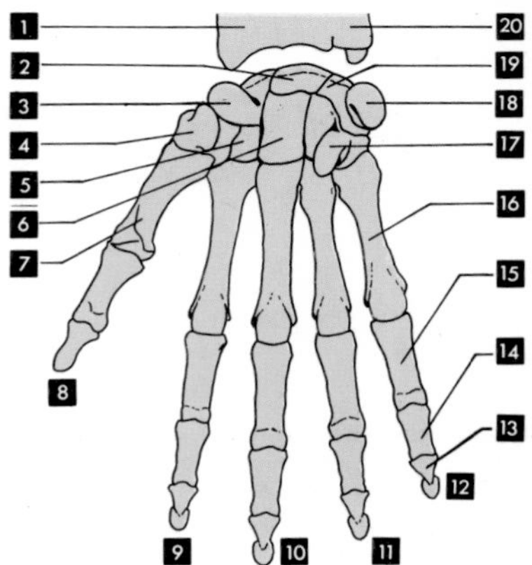

Main.
Os de la main droite (face antérieure).
1. Radius ; 2. Semi-lunaire ; 3. Scaphoïde ; 4. Trapèze ; 5. Trapézoïde ; 6. Grand os ; 7. Premier métacarpien ; 8. Pouce ; 9. Index ; 10. Médius ; 11. Annulaire ; 12. Auriculaire ; 13. Troisième phalange ; 14. Deuxième phalange ; 15. Première phalange ; 16. Cinquième métacarpien ; 17. Os crochu ; 18. Pisiforme ; 19. Pyramidal ; 20. Cubitus.

Très complexe, sa fonction essentielle de préhension est rendue possible par les mouvements du pouce, opposable aux autres doigts, et les mouvements de flexion des 5 doigts.

Le squelette de la main est constitué par les 8 os du carpe*, les 5 métacarpiens et les phalanges, au nombre de 3 pour chaque doigt sauf pour le pouce qui n'en a que 2. La main est le lieu de passage des tendons des muscles fléchisseurs et extenseurs des doigts, dont elle permet le jeu par un système de gaines et de poulies de réflexion ; des muscles spécifiques sont affectés au pouce et à l'auriculaire (formant les éminences thénar et hypothénar) ; les muscles interosseux (entre métacarpiens) permettent les mouvements latéraux des doigts. La vascularisation de la main est assurée par les branches des deux arcades palmaires formées par les anastomoses des artères radiale et cubitale ; son innervation est complexe, par des branches des nerfs médian, cubital et radial.
Pathologie. La main est particulièrement exposée aux accidents (50 p. 100 des acci-

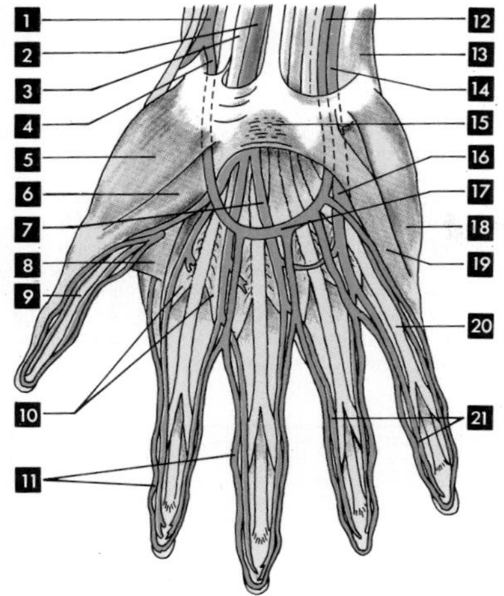

Main.
Muscles, vaisseaux, nerfs (face antérieure).
1. Artère radiale ; 2. Nerf médian ;
3. Grand palmaire ; 4. Artère radio-palmaire ;
5. Court abducteur du pouce ;
6. Court fléchisseur du pouce ;
7. Branche du nerf médian ;
8. Adducteur du pouce ;
9. Long fléchisseur du pouce ; 10. Lombricaux ;
11. Artères collatérales palmaires des doigts ;
12. Artère cubitale ; 13. Cubital antérieur ;
14. Nerf cubital ;
15. Ligament annulaire antérieur ;
16. Branche superficielle du nerf cubital ;
17. Arcade palmaire ;
18. Abducteur du petit doigt ;
19. Court fléchisseur du petit doigt ;
20. Tendon du fléchisseur commun ;
21. Nerfs collatéraux des doigts.

dents du travail) : fractures, luxations, entorses, brûlures (42 p. 100 des brûlures). Toute plaie de la main doit être considérée comme potentiellement grave et faire l'objet d'une exploration à la recherche d'une lésion nerveuse ou tendineuse : les sections des tendons, surtout des fléchisseurs, sont graves, car elles menacent la fonction du doigt intéressé, et le traitement est difficile.

Les *infections* de la main exigent un traitement précoce antibiotique ou chirurgical, avant qu'un panaris* ou une plaie infectée évoluent vers un phlegmon profond des gaines digitales. Les maladies du tissu conjonctif n'épargnent pas les mains : main rhumatismale, rétraction de l'aponévrose palmaire ou maladie de Dupuytren*.

main artificielle. V. PROTHÈSE.

maïs n. m. L'huile de maïs fait baisser le taux de cholestérol sanguin. Les stigmates (ou filaments des fleurs) de maïs en tisane ou en extrait sont diurétiques (30 g de stigmates pour 1 litre d'eau pendant 2 heures). L'extrait, insaponifiable, est employé dans le traitement des parodontoses*.

mal n. m. Souffrance, douleur, maladie.
Suivi d'un adjectif le mot *mal* prend des significations particulières : *mal comitial,* épilepsie* ; *mal blanc,* panaris*, abcès*.
Mal de tête. V. CÉPHALÉE. — *Mal de mer.* V. MER. — *Mal au cœur.* V. NAUSÉE.

malabsorption n. f. Défaut du processus qui fait passer les aliments (préalablement transformés par le processus de digestion) à travers la barrière intestinale.
Les *tests utilisés dans le diagnostic de malabsorption* mettent pour la plupart en évidence l'anomalie de l'absorption *ou* de la digestion. Seuls un petit nombre d'entre eux permettent un diagnostic spécifique de malabsorption.

Les *principaux symptômes d'un syndrome de malabsorption* associent un amaigrissement, une diarrhée graisseuse, une anémie avec glossite*, des névrites, des œdèmes, des douleurs osseuses, une tétanie, une asthénie, un retard staturo-pondéral chez l'enfant, etc.

Les *principales causes de malabsorption intestinale* sont : 1° l'altération de la digestion (maldigestion*) ; 2° la diminution de la surface d'absorption (résection intestinale par exemple) ; 3° une prolifération bactérienne anormale dans l'intestin grêle ; 4° une obstruction lymphatique (maladie de Whipple* par exemple) ; 5° une insuffisance cardiovasculaire ; 6° des lésions de la muqueuse intestinale (entérite*, sprue*, salmonellose* ; 7° des anomalies biochimiques ou génétiques ; 8° des maladies endocrines ou métaboliques.

maladie n. f. Altération de la santé comportant un ensemble de caractères définis, notamment une cause, des signes et symptômes, une évolution et des modalités thérapeutiques et pronostiques précises.
La maladie se distingue du syndrome* et de l'affection*. La science des maladies est la *pathologie.* Elle envisage la cause et les circonstances d'apparition de la maladie (étiologie), son mécanisme et son évolution (pathogénie), les signes par lesquels elle se manifeste (séméiologie). On établit le *diag-*

nostic d'une maladie en déterminant sa nature et en la différenciant des maladies voisines. On émet un *pronostic* en tirant des prévisions des symptômes et de l'évolution. La classification des causes de maladies constitue la *nosographie,* alors que la lutte contre ces causes est la *prophylaxie.*

Maladies à déclaration obligatoire. V. CONTAGIEUX.

Assurance maladie, branche des assurances sociales dont peuvent bénéficier soit l'assuré, soit les membres de sa famille et qui comprend deux ordres de prestations : les unes, dites *en nature,* concernent le remboursement des actes médicaux et paramédicaux, les médicaments, les hospitalisations, les appareils, tout ce qui concourt aux soins à donner au malade ; les autres, *en espèces,* réservées au seul assuré, constituent des indemnités en argent destinées à atténuer la perte de salaire due à la maladie (indemnités journalières).

Les prestations en nature sont accordées sans autre limitation de durée que celle qui est inhérente à l'opportunité thérapeutique. Pour en bénéficier, l'assuré social du régime général doit justifier de 1200 heures de travail salarié accomplies au cours de l'année civile précédant la date du 1er avril de chaque année. Une attestation annuelle d'activité

MALADIES PROFESSIONNELLES (résumé des causes reconnues

1	plomb et ses dérivés	39	bioxyde de manganèse
2	mercure	40	bacilles tuberculeux
3	tétrachloréthane	41	pénicilline
4	benzène	42	affections professionnelles provoquées par les bruits
5	phosphore et sesquisulfure de phosphore	43	aldéhyde formique et polymères
6	rayonnements ionisants	44	sidérose professionnelle
7	tétanos	45	hépatites virales professionnelles
8	ciments	46	mycoses cutanées d'origine professionnelle
9	dérivés halogénés des hydrocarbures aromatiques	47	affections professionnelles provoqués par les bois
10	acide chromique, chromates et bichromates alcalins	49	amines aliphatiques et alicycliques
10bis	affections respiratoires par acide chromique, chromates et bichromates alcalins	50	phénylhydrazine
10ter	cancers par acide chromique, chromates et bichromates alcalins, chromate de zinc	51	résines époxydiques et leurs constituants
11	tétrachlorure de carbone	52	polymérisation de chlorure de vinyle
12	dérivés halogénés des hydrocarbures aliphatiques	53	rickettsies
13	dérivés nitrés et chloronitrés des carbures benzéniques	54	poliomyélite
14	dérivés nitrés du phénol	55	affections professionnelles dues aux amibes
15	amines aromatiques	56	rage
16	brai de houille	57	affections professionnelles périarticulaires
17	sesquisulfure de phosphore	58	travail à haute température
18	charbon	59	hexane
19	spirochétose	60	péritachlorophénol ou péritachloraphénate de sodium
20	arsenic et ses composés minéraux	61	cadmium et ses composés
20bis	cancer bronchique par inhalation de poussières et vapeurs arsenicales	62	isocyanates organiques
21	hydrogène arsénié	63	enzymes protéolytiques
22	sulfure de carbone	64	oxyde de carbone
23	nystagmus des mineurs	65	dermites eczématiformes de mécanisme allergique
24	brucellose	66	affections respiratoires professionnelles de mécanisme allergique
25	silicose professionnelle	67	chlorure de potassium
26	bromure de méthyle	68	tularémie professionnelle
27	chlorure de méthyle	69	vibrations des machines-outils et objets
28	ankylostomose	70	poussières de carbures métalliques frittés
29	pression supérieure à la pression atmosphérique	71	affections oculaires dues au rayonnement thermique
30	inhalation de poussières d'amiante	72	dérivés nitrés des glycols et du glycérol
31	streptomycine	73	antimoine et ses dérivés
32	fluorure double de glucinium et de sodium	74	furfural et alcool furfurylique
33	glucine et sels de glucinium	75	exposition au sélénium et à ses dérivés minéraux
34	phosphates, pyrophosphates, thiophosphates d'alcoyl, aryl ou alcoylaryl, phosphoramides, carbamates	76	maladies infectieuses contractées en milieu hospitalier
36	lubrifiants et fluides de refroidissement	77	périonyxis et onyxis d'origine professionnelle
37	oxydes et sels de nickel	78	chlorure de sodium (mines de sel et dépendances)
38	chlorpromazine	79	lésions chroniques du ménisque
		80	kératoconjonctivites virales

(les tableaux 35 et 48 sont abrogés et remplacés par 69 et 70)

MALADIES PROFESSIONNELLES AGRICOLES (résumé des causes reconnues)	
1 tétanos 2 ankylostomose 3 spirochétose ictéro-hémorragique 4 charbon 5 leptospirose *a mitis* 6 brucelloses professionnelles 7 tularémie 8 sulfure de carbone 9 tétrachlorure de carbone 10 arsenic 11 phosphates, pyrophosphates et thiophosphates d'alcoyle, d'aryle ou d'alcoylaryle et autres organophosphorés, phosphoramides et carbonates hétérocycliques nitrés de la série phénolique 12 hydrargyrisme 13 dinitrophénol, ses homologues et leurs sels, dinitrocrésol, autres dérivés 14 ciments 15 dermatophytoses d'origine animale 16 bacilles tuberculeux 17 poussières de foin moisi ou de produits végétaux moisis 18 saturnisme professionnel 19 benzolisme professionnel 20 radiations ionisantes 21 dérivés halogénés des hydrocarbures acycliques 22 silicose professionnelle 23 bromure de méthyle	24 streptomycine et ses sels 25 dermatoses professionnelles par lubrifiants 26 chlorpromazine 27 pénicillines, céphalosporines et leurs sels 28 aldéhyde formique, ses solutions et ses polymères 29 affections professionnelles provoquées par les vibrations et chocs transmis par certaines machines-outils, outils et objets 30 rage professionnelle 31 pentachlorphénol, pentachlorphénate de sodium et lauryl-pentachlorphénate de sodium 32 poussières aviaires 33 hépatites virales professionnelles 34 acide chromique, chromates et bichromates alcalins, sulfate de chrome 35 goudrons de houille, brais de houille et huiles anthracéniques 36 affections professionnelles dues aux bois 37 résines époxydiques et leurs constituants 38 poliomyélite 39 affections professionnelles périarticulaires 40 oxyde de carbone 41 hexane 42 cadmium et ses composés 43 isocyanates organiques 44 dermites eczématiformes allergiques 45 affections respiratoires allergiques

salariée est fournie à l'employé par l'employeur.

Le remboursement s'effectue en principe sur la base d'un pourcentage. On nomme *ticket* modérateur* la participation restant à la charge de l'assuré.

Les prestations en espèces supposent 200 heures de travail salarié au cours du trimestre civil ou des 3 mois de date à date précédant l'arrêt de travail. Elles ne sont versées qu'à partir du 4e jour qui suit l'arrêt de travail médicalement motivé. Elles représentent la moitié du salaire dans les limites d'un plafond (dans certains régimes spéciaux comme celui des fonctionnaires, l'employeur continue de verser plein salaire pendant une première période, demi-salaire ensuite) et sont servies de telle sorte que, pour une période quelconque de 3 années consécutives, l'assuré reçoive au maximum, au titre d'une ou plusieurs maladies, 365 indemnités journalières.

Maladies de longue durée. Elles suppriment la participation de l'assuré (ticket* modérateur) au tarif de base de l'assurance maladie. Ces maladies sont les suivantes : accident vasculaire cérébral invalidant ; aplasie médullaire ; artériopathie chronique et évolutive (y compris coronarite) avec manifestations cliniques ischémiques ; bilharziose compliquée ; cardiopathie congénitale mal tolérée, insuffisance cardiaque grave et valvulopathie grave ; cirrhose du foie décompensée ; déficit immunitaire primitif grave nécessitant un traitement prolongé et déficit immunitaire acquis grave (S. I. D. A.) ; diabète insulinodépendant ou non insulinodépendant ne pouvant pas être équilibré par le seul régime ; forme grave d'une affection neuro-musculaire (dont myopathie) ; hémoglobinopathie homozygote ; hémophilie ; hypertension artérielle sévère ; infarctus du myocarde datant de moins de six mois ; insuffisance respiratoire chronique grave ; lèpre ; maladie de Parkinson ; maladies métaboliques héréditaires nécessitant un traitement prolongé spécialisé ; mucoviscidose ; néphropathie chronique grave et syndrome néphrotique pur primitif ; paraplégie ; périartérite noueuse, lupus érythémateux disséminé, sclérodermie généralisée évolutive ; polyarthrite rhumatoïde évolutive grave ; psychose, trouble grave de la personnalité, arriération mentale ; rectocolite hémorragique et maladie de Crohn évolutives ; sclérose en plaques invalidante ; scoliose structurale évolutive (dont l'angle est égal ou supérieur à 25 degrés) jusqu'à maturation rachidienne ; spondylarthrite ankylosante grave ; suites de transplantation d'organes ; tuberculose active ; tumeur maligne, affection maligne du tissu lymphatique ou hématopoïétique.

L'exonération du ticket modérateur peut également intervenir pour des maladies ne figurant pas sur cette liste s'il s'agit d'une forme évolutive ou invalidante d'une affection grave caractérisée, après accord entre le médecin traitant et le médecin conseil de la caisse.

Maladie professionnelle, maladie reconnue comme directement liée au travail et assimilée aux accidents* du travail par le législateur. — Ne peuvent être considérées comme telles que les maladies dont une liste est fixée par les pouvoirs publics. Cette liste comprend actuellement 66 tableaux pour les maladies professionnelles du régime général et 43 tableaux pour les maladies professionnelles agricoles. Une maladie professionnelle non inscrite au tableau pourrait être prise en charge, mais au titre d'accident du travail si l'accident était prouvé (morsure) ou au titre de maladie ordinaire. (V. TABLEAU.)

malaire adj. Relatif à la joue.
Os malaire, os de la face qui participe à la constitution de l'orbite et dont le relief correspond à la pommette.

malaise n. m. Dans le langage populaire, sensations imprécises à type de faiblesse générale. (V. LIPOTHYMIE, SYNCOPE.)

malaria n. f. Syn. de PALUDISME*.

maldigestion n. f. Anomalie de la digestion intestinale par maladie du foie, des voies biliaires, par gastrectomie* ou insuffisance pancréatique. (V. aussi MALABSORPTION.)

malentendant n. m. Sujet dont l'acuité auditive est diminuée, mais non supprimée. (V. SURDITÉ.)

malformation n. f. **Malformation congénitale,** vice de structure anatomique externe ou interne, présent à la naissance.
La fréquence en est de 2 à 3 p. 100 de l'ensemble des naissances. Les malformations peuvent être la conséquence de facteurs héréditaires d'ordre chromosomique ou génétique (mongolisme, syndrome de Turner) ou de facteurs extrinsèques agissant avant le 3e mois sur le fœtus *in utero,* qu'ils soient infectieux (rubéole, toxoplasmose), chimiques (thalidomide), hormonaux ou ionisants (rayons X, radiations atomiques).

malignité n. f. Tendance d'une maladie à évoluer vers l'aggravation. — En anatomie pathologique, les tumeurs dites *malignes* sont des cancers*.

malin, igne adj. Qui a les caractères de la malignité.

malléole n. f. Apophyse de chacune des extrémités inférieures des deux os de la jambe, contribuant à former la mortaise tibio-péronière (malléole interne ou tibiale, malléole externe ou péronière).

malnutrition n. f. Nutrition inadéquate résultant d'une sous-alimentation, d'une alimentation mal équilibrée ou d'une assimilation incomplète ou imparfaite (maldigestion* ou malabsorbtion*) et se traduisant essentiellement par la maigreur.

Malpighi (corps de), couche profonde de l'épiderme* située au-dessus de la membrane basale.

malposition n. f. **Malposition dentaire,** anomalie de position d'une dent (en avant ou en arrière de sa position normale, oblique, abaissée, surélevée, etc.). — Les malpositions dentaires sont cause de troubles de l'articulé* et doivent être traitées par l'orthodontie* lors de la dentition définitive.

Malte (fièvre de). V. BRUCELLOSE.

Malformation.
Syndactylie plantaire unilatérale (pied palmé).

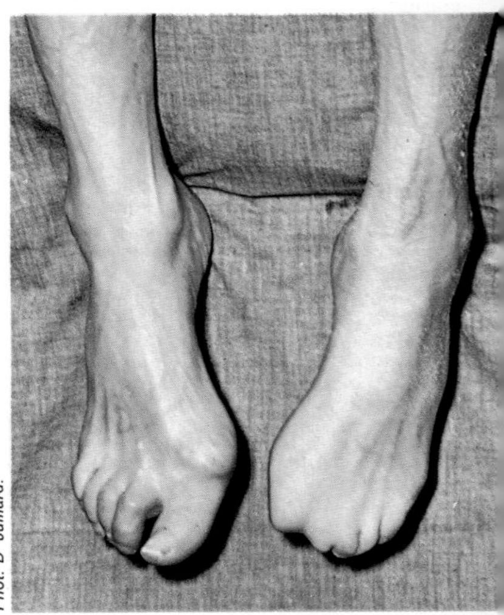
Phot. Dr Julliard.

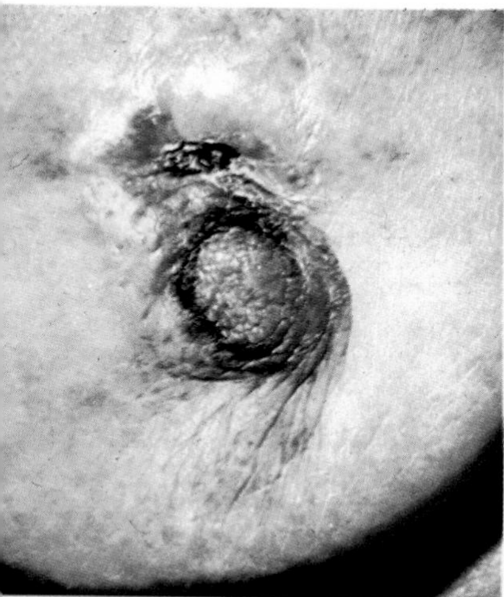

Phot. C.N.R.I. - Pr Serment.

Mamelon.
Rétraction du mamelon dans un cancer du sein.

mamelle n. f. Glande qui sécrète le lait, appelée plus couramment *sein** chez la femme.

mamelon n. m. Saillie centrale du sein où débouchent les canaux galactophores et qui permet au nourrisson de téter. (V. ALLAITEMENT.)
Le mamelon est entouré d'une surface annulaire pigmentée, ou aréole. Il peut présenter des anomalies (invagination du mamelon), des lésions *inflammatoires* (eczéma, impétigo, crevasses) ou des *écoulements anormaux,* de lait en dehors de la grossesse (galactorrhée) ou de sang. Les écoulements sanglants par le mamelon doivent conduire à des examens complémentaires.

mamilloplastie n. f. Intervention plastique destinée à corriger une anomalie du mamelon.

mammaire adj. Qui se rapporte à la glande sécrétant le lait : *tension mammaire, artères mammaires.*

mammite n. f. Congestion passagère du sein.

mammographie n. f. Examen radiologique du sein.
La mammographie simple, sans préparation, permet de préciser la nature de certains kystes et tumeurs du sein. La mammographie avec préparation consiste en l'opacification préalable, par une substance opaque, des canaux galactophores (galactographie) ou en l'injection de gaz dans le tissu graisseux situé en arrière du sein (pneumomammographie).

mammoplastie n. f. Intervention pratiquée sur un sein afin d'en améliorer l'esthétique.

mandélique adj. Relatif aux amandes amères.
Acide mandélique. Il est utilisé à l'état de sel d'ammonium, comme acidifiant des urines.

mandragore n. f. Plante contenant de l'hyoscyamine*.
Son extrait est utilisé en cataplasmes sur les lésions suintantes.

mandrin n. m. Tige métallique qui s'adapte exactement à la lumière intérieure d'une aiguille ou d'un trocart à ponction.

manganèse n. m. Métal voisin du fer dont certains sels sont employés dans le traitement des anémies.
Le *permanganate de potassium,* qui se présente sous forme de cristaux violets, est un oxydant énergique employé en solution (à 1/10 000) comme antiseptique à action brève.

maniaco-dépressive (psychose), maladie mentale caractérisée par l'alternance d'accès dépressifs de type mélancolique

Mammographie. Cancer du sein.

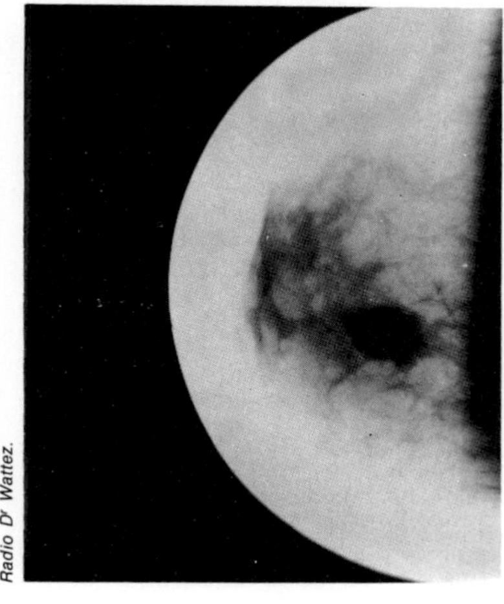

Radio Dr Wattez.

(v. MÉLANCOLIE) et d'accès d'excitation de type maniaque (v. MANIE). [Syn. : PSYCHOSE PÉRIODIQUE ou CYCLIQUE.]
L'alternance des accès, leur durée, leur nombre sont très variables. Certains malades peuvent présenter surtout des accès mélancoliques, d'autres sont plus sujets aux accès maniaques. La guérison de ces épisodes est la règle, soit spontanément, soit à la suite d'un traitement, mais il est impossible de prévoir les rechutes. Il existe des formes mineures qui n'entraînent qu'un ou deux accès, dans d'autres cas, la répétition est indéfinie. Dans tous les cas, il faut souligner la nécessité pour les malades d'être suivis par un psychiatre et d'être traités par neuroleptiques et antidépresseurs et par les sels de lithium.

manie n. f. Sous ce terme, on entend couramment des habitudes que certains individus s'imposent ou imposent à leur entourage.

Psychiatrie. En fait, la *manie* désigne une psychose aiguë caractérisée par un état de surexcitation des fonctions psychiques avec exaltation de l'humeur, des instincts et de l'activité motrice.

Le maniaque — généralement un adulte entre 20 et 50 ans — est dans un état de grande excitation euphorique. Il est sans cesse en mouvement, rit, chante, parle sans interruption, se montre à la fois familier, jovial, ironique et grossier. Il passe très rapidement d'une idée à l'autre, d'une activité à l'autre, dans un désordre qui le rend totalement inefficace. L'excitation érotique est fréquente. Les excentricités, les idées farfelues se succèdent avec tapage et scandale. Elles entraînent rapidement l'hospitalisation. L'insomnie est généralement totale et s'accompagne d'un amaigrissement malgré l'accentuation de l'appétit et de la soif.

L'évolution spontanée se fait vers la guérison en quelques semaines ou quelques mois, mais, sous traitement, l'amélioration est bien plus rapide.

L'accès maniaque survient brusquement, sa durée est variable ; cependant, il peut s'étendre sur plusieurs mois.

Les crises de manie peuvent alterner avec des crises de mélancolie : on donne le nom de psychose maniaco*-dépressive à cette affection mentale.

Les causes de cette psychose sont encore inconnues. Il s'agit d'une maladie endogène le plus souvent indépendante des conditions extérieures. On retrouve fréquemment un événement déclenchant (échec, surmenage, deuil). Mais cet événement n'est pas la véritable cause de la maladie, à laquelle il faut probablement une prédisposition nerveuse et psychique. Dans quelques cas, on a pu découvrir une cause précise à un accès maniaque : méningo-encéphalite, tumeur, intoxication, traumatismes crâniens, etc.

Enfin, il existe des états maniaques révélateurs d'une schizophrénie*.

Les accès de manie atténués, appelés crises d'hypomanies ou accès hypomaniaques, sont plus connus. Ils comportent une excitation moindre et ne nécessitent pas obligatoirement des soins.

Traitement. Le traitement des états maniaques repose sur l'emploi des neuroleptiques et du lithium, qui suffisent dans la plupart des cas. L'hospitalisation est nécessaire dans les accès suraigus (fureur maniaque) avec gros troubles du comportement. Les risques de rechutes rendent nécessaire la surveillance médicale de ces malades.

maniérisme n. m. Comportement caractérisé par un langage, des attitudes, des gestes ou des mimiques compliqués et dépourvus de naturel.
Préciosité, sophistication et affectation marquent l'individu maniéré dont l'attitude est souvent mal adaptée à l'ambiance. Ce comportement se rencontre aussi bien chez des sujets normaux que des malades mentaux. Il est particulièrement net chez les hystériques. Dans un autre registre et sous sa forme discordante, le maniérisme peut être un signe de schizophrénie*.

manipulation n. f. Thérapeutique utilisant la mobilisation passive et mesurée d'une ou de plusieurs articulations, notamment celles de la colonne vertébrale.
Les *manipulations vertébrales* doivent être prudentes ; elles sont utilisées dans les douleurs lombaires, les lumbagos, les douleurs cervicales, les douleurs du dos et certaines névralgies. Des manœuvres brutales ou inadéquates peuvent se compliquer de troubles neurologiques (paralysies notamment). Aussi l'usage de ces techniques est-il réservé aux médecins.

manne n. f. Suc visqueux de divers frênes, sucré, partiellement soluble et laxatif grâce au mannitol* qu'il contient.

mannitol n. m. ou **mannite** n. f. Sucre complexe doué de propriétés laxatives et cholalogues.

marche n. f. L'enfant marche normalement à 1 an environ, mais de grandes variations peuvent être observées, entre 9 et 18 mois ; au-delà de ce délai, si l'enfant ne marche toujours pas, un état pathologique est en cause, mais son diagnostic aurait dû être fait

beaucoup plus tôt, dans la période postnatale : recherche d'une hanche luxable, d'une malformation des membres inférieurs, d'une affection du système nerveux.
Excellent exercice trop souvent négligé, la marche active la circulation, accroît la ventilation pulmonaire ; c'est la seule activité physique permise aux vieillards.

La marche athlétique est réservée à des sujets très entraînés ; les compétitions de longue durée (plusieurs centaines de kilomètres) sont très pénibles.

Marché commun. La Communauté économique européenne (C. E. E.) comprend à l'heure actuelle la France, l'Allemagne, l'Italie, la Belgique, les Pays-Bas, le Luxembourg, la Grande-Bretagne, l'Irlande et le Danemark.
Les différences quant à la formation médicale dans les divers pays membres, comme les différences entre les règles de déontologie et les législations concernant la sécurité sociale ont rendu longtemps difficile l'adoption d'une politique européenne de l'exercice de la médecine. Ce n'est qu'en 1975 qu'ont été arrêtées par les communautés européennes deux directives qui visent : 1° à la reconnaissance mutuelle des diplômes de médecine dans les divers pays membres de la C. E. E. et à faciliter l'exercice effectif du droit d'établissement et de libre prestation des services d'un médecin d'un pays membre dans un autre pays membre ; 2° à la coordination des dispositions législatives, réglementaires et administratives concernant les activités du médecin. La France a accordé sa législation avec ces directives par une loi du 31 décembre 1976.

Marchiafava-Micheli (maladie de), anémie* hémolytique rare, de cause inconnue, se traduisant par des poussées d'hémolyse* entraînant une hémoglobinurie (hémoglobine dans les urines qui sont rouges ou noirâtres).
L'évolution est grave, et aucun traitement n'est efficace en dehors des transfusions.

mare n. f. L'eau stagnante des mares contient parfois des parasites (douves* par exemple) ou des larves de moustiques qui véhiculent diverses maladies (paludisme*).

Marfan (syndrome de), affection héréditaire transmise sur le mode dominant qui associe des malformations squelettiques, cardio-vasculaires et oculaires graves.

margarine n. f. Graisse ayant l'apparence du beurre, faite d'un mélange d'huiles végétales et de graisses animales, et présentée en cubes. Les margarines uniquement végétales sont indiquées en cas d'hypercholestérolémie, d'hyperlipémie, d'athérosclérose.

mariage n. m. **Législation.** Le droit français impose des conditions d'aptitude physique au mariage qui sont la différence de sexe et l'âge de 18 ans révolus pour l'homme, de 15 ans révolus pour la femme, des dispenses pouvant être néanmoins accordées pour motifs graves (grossesse). Un examen médical est exigé avant le mariage : les futurs époux en justifient par la présentation du certificat prénuptial, datant de moins de 2 mois, qui atteste sur papier libre que l'intéressé a été examiné en vue du mariage, que le médecin a pris connaissance des résultats d'un examen de sang et qu'il a fait part à l'intéressé de ses constatations. Cet examen de sang comporte obligatoirement les examens suivants : groupe sanguin, facteur Rhésus, agglutinines anti-Rhésus si le rhésus est négatif, sérologie de la syphilis, de la rubéole et de la toxoplasmose.

Le consentement de certaines personnes est exigé pour le mariage des mineurs, c'est-à-dire des individus de moins de 18 ans ; les incapables majeurs comme le malade mental* doivent également obtenir le consentement des père et mère ou du conseil de famille s'il s'agit d'un incapable sous tutelle, du curateur ou du juge des tutelles s'il s'agit d'un incapable sous curatelle (le majeur sous sauvegarde de la justice conservant le droit de donner son consentement).

Il existe des empêchements à mariage pour des raisons de parenté ou d'alliance, inspirés par la morale et la génétique. La femme veuve ou divorcée doit respecter avant de se remarier un délai de viduité, c'est-à-dire un délai de 300 jours à partir du décès du mari ou de l'ordonnance de domicile séparé en cas de divorce, qui, représentant le délai de gestation la plus longue, évite par son respect la confusion de part, c'est-à-dire l'équivoque relative à la paternité de l'enfant.

Un mariage *in extremis* ou avec une personne intransportable peut être célébré en dehors de la mairie.

Les mariages consanguins. Ils augmentent les risques de survenue de tares récessives provenant d'ascendants communs.

Le mariage des cardiaques. Le mariage et sa conséquence habituelle, la grossesse, posent de difficiles problèmes aux femmes cardiaques. Grâce à une stricte surveillance médicale et à des règles hygiéniques rigoureuses, les risques au cours de la grossesse, pour la mère et pour l'enfant, ont été réduits.

Mariage et maladie mentale. On connaît un certain nombre d'états névrotiques et psychotiques déclenchés par la vie conjugale.

Ces états sont provoqués par les conflits avec le conjoint, la mésentente sexuelle, les déceptions diverses, l'alcoolisme du partenaire, les problèmes inhérents à la venue des enfants.

En fait, la fragilité de la personnalité antérieure et la réactivation par le mariage d'anciens conflits infantiles semblent jouer un rôle majeur.

L'attachement excessif aux parents gâte souvent l'harmonie conjugale. La non-liquidation du complexe d'Œdipe* est à la base de nombreuses frigidités* ou impuissances*.

Il arrive que les époux ne se soucient plus guère de la satisfaction de leur conjoint dans les rapports sexuels. Agressivité, rancune, ressentiment émaillent la vie des couples, où l'épouse devient acariâtre, le mari inaffectif, brutal, égocentrique.

Bien souvent aussi, on se marie pour échapper à une vie jugée décevante ou contraignante en exigeant du partenaire qu'il comble tous les manques, les carences infantiles, les désirs inassouvis. Or, le mariage n'est presque jamais un remède à ces maux.

Le problème de la validité du mariage des malades mentaux est un point de droit délicat. En principe, le mariage nécessite un consentement total et la pleine lucidité des futurs conjoints. Cette lucidité n'est altérée que dans les maladies qui comportent un état de « démence » au sens du Code pénal.

marijuana n. f. Préparation de chanvre* indien employée à l'origine sous forme de cigarettes.
Actuellement fumée ou mâchée, elle est utilisée par les toxicomanes* pour ses propriétés hallucinogènes.

marisque n. f. Petite tumeur ridée, molle et indolente s'insérant à la marge de l'anus, qui est issue de la transformation fibreuse d'une hémorroïde.

marjolaine n. f. Plante ornementale dont les fleurs sont employées en infusions (50 g par litre) comme antispasmodique et stimulant de la digestion.

marronnier n. m. On utilise le *marron* d'Inde en extraits stabilisés ou en alcoolature dans le traitement des affections veineuses (varices, hémorroïdes) en raison de son action vaso-constrictive et de sa teneur en vitamine P.

marsupialisation n. f. Technique opératoire consistant à ourler à la paroi abdominale les lèvres d'une cavité pathologique, tel un kyste hydatique du foie.

marteau n. m. **Anatomie.** L'un des osselets de l'oreille* moyenne.
Marteau pneumatique, instrument utilisé dans les travaux publics dont les vibrations provoquent chez les ouvriers divers troubles. Le « doigt mort » professionnel est le plus banal (doigt blanc ou bleuté, insensible, parfois gonflé). Une diminution de la force musculaire et une atrophie des muscles peuvent être observées. Les lésions osseuses et articulaires sont fréquentes et touchent le poignet (ostéonécrose de l'os semi-lunaire du carpe), le coude, parfois le genou, la cheville en cas de contact. Des troubles auditifs et digestifs peuvent être observés. L'arthrose du coude et la nécrose du semi-lunaire sont des maladies* professionnelles (tableau, n° 35).

martial, e, aux adj. Relatif au fer.
Traitement martial, traitement par le fer*.

masculinisation n. f. Apparition chez la femme pubère de caractères sexuels secondaires de type masculin (hirsutisme*, voix grave, hypertrophie du clitoris) avec ou sans troubles des règles. — Elle traduit un dérèglement hormonal.

masochisme n. m. Perversion associant le plaisir sexuel à la douleur ou à la souffrance ressenties par le sujet lui-même.
Le masochiste n'éprouve de jouissance que lorsqu'il est battu, violenté. Il est d'usage d'étendre ce mot à toute forme de satisfaction procurée par une souffrance physique ou morale. Le masochisme est, en règle, lié à son contraire : le sadisme, ou tendance à prendre du plaisir dans la souffrance d'autrui. Le sado-masochisme exprime la combinaison chez le même individu, ou dans un couple, de ces deux tendances complémentaires.

L'agressivité, toujours importante, est tantôt tournée contre soi, dans le masochisme, tantôt vers autrui, dans le sadisme. Pour les psychanalystes, le sado-masochisme se rencontre dans les tout premiers stades du développement de la personnalité auquel l'individu ne doit pas rester fixé. Ils ont insisté sur l'existence d'un type caractériel pathologique : le « caractère masochique ». Il s'agit de sujets indéfiniment malheureux et malchanceux, accumulant les échecs, les insatisfactions, et qui se complaisent, en réalité, dans leur état. Selon Freud, le masochisme reflète un besoin de punition exprimant un sentiment de culpabilité inconscient.

masque n. m. **Masque de grossesse.** Encore appelé *chloasma,* il est constitué de taches brunes aux contours irréguliers, mais relativement symétriques, siégeant sur le front, les pommettes et les tempes, et apparaissant vers le 3e mois de la grossesse. Il disparaît en général après le retour de couches.

massage n. m. Action pratiquée avec la main sur une partie du corps dans une intention hygiénique ou thérapeutique.

Utilisée de tous temps, dans tous les pays, la *massothérapie* est associée de nos jours aux techniques de la kinésithérapie* avec des indications précises. Le massage entraîne un renouvellement complet du sang dans les régions manipulées, agit sur le système vaso-moteur, régularise les fonctions circulatoire, respiratoire, digestive ; il entraîne d'autre part un relâchement musculaire, une relaxation.

Les indications en sont multiples : en *dermatologie* (acné, cicatrices vicieuses) ; en *rhumatologie,* où il constitue un traitement d'appoint indispensable de toutes les arthroses et arthralgies inflammatoires ou traumatiques (torticolis, lombalgies aiguës...). Très efficace dans certaines affections endocriniennes (obésité, cellulite), il est indispensable en orthopédie et en traumatologie, tant pendant la période d'immobilisation que pendant celle de rééducation. Le massage des membres inférieurs chez les sujets alités est une prévention efficace des phlébites et des escarres de décubitus. Les contre-indications sont rares (enfants et certains cardiaques).

Pour être remboursés par la Sécurité sociale, les massages doivent être prescrits par un médecin, et le masseur kinésithérapeute doit demander l'entente* préalable de la Caisse.

Le *massage cardiaque* se pratique en cas d'arrêt cardiaque : interne, il exige une incision chirurgicale du thorax ou de l'abdomen (massage transdiaphragmatique) ; externe, il consiste en pressions rythmées sur le sternum, très efficaces surtout si elles sont combinées à une respiration artificielle, tel le bouche-à-bouche.

masséter n. m. Muscle pair des joues qui contribue à la mastication.

masseur-kinésithérapeute n. Auxiliaire* médical qui traite les maladies par les techniques du mouvement actives ou passives, associées ou non à certains agents physiques. (V. KINÉSITHÉRAPIE et MASSAGE.)

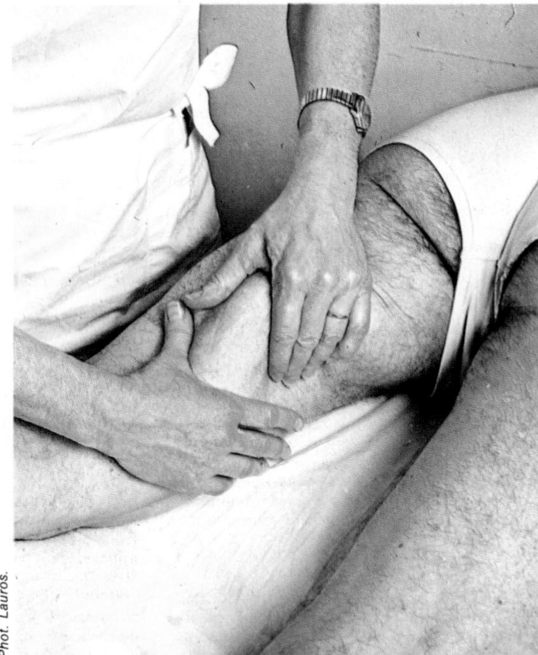

Massage.
Pétrissage profond : manœuvre d'élimination.

Phot. Lauros.

masticateur adj. m. Qui a trait à la mastication. (Les muscles masticateurs sont les temporaux, les masséters et les ptérygoïdiens externes et internes.)

mastication n. f. Transformation des aliments en bol alimentaire par incision, broyage au niveau des surfaces triturantes des dents, grâce aux mouvements de la mâchoire inférieure.

masticatoire adj. **Coefficient masticatoire,** nombre qui permet de déterminer les possibilités de mastication d'après le nombre et le type des dents restantes.

Pâte masticatoire, pâte parfumée qui excite la sécrétion salivaire (*chewing-gum*).

mastite n. f. Inflammation de la glande mammaire.

La *mastite aiguë* survient le plus souvent au cours de l'allaitement. Le début est marqué par une fissuration du mamelon, puis par un écoulement de pus. La température s'élève et oscille. Le sein devient ensuite rouge, douloureux et tuméfié. Le traitement antibiotique est souvent impuissant à enrayer la suppuration, et il faut alors drainer le pus par une incision au bistouri.

La *mastite chronique* se rencontre chez la femme à la quarantaine, sous la forme d'un noyau dur, mal limité. Le diagnostic se pose alors avec le cancer du sein, et l'examen histologique est indispensable.

mastodynie n. f. Douleur des seins.

Il peut s'agir de mastodynie isolée, simple congestion mammaire inter- ou prémenstruelle, sans altération objective du sein à l'examen clinique et qui s'insère dans le syndrome prémenstruel. La mastodynie avec support organique s'accompagne d'une masse située dans le quadrant supéro-externe du sein, ferme et sensible.

mastoïde n. f. Apophyse osseuse du crâne, située en arrière de l'oreille et creusée de cavités (cellules mastoïdiennes) qui communiquent avec l'oreille moyenne.

mastoïdite n. f. Infection des cavités de la mastoïde consécutive à une otite moyenne suppurée.

Les mastoïdites aiguës, fréquentes autrefois, sont devenues très rares depuis qu'on traite les otites conjointement par la paracentèse* précoce et les antibiotiques. Il existe néanmoins des infections mastoïdiennes chroniques entretenant une suppuration prolongée de l'oreille (après ouverture du tympan) et qui nécessite l'ouverture de la mastoïde.

mastopexie n. f. Intervention chirurgicale destinée à corriger la ptose mammaire (seins descendus).

masturbation n. f. Manipulation ou attouchement solitaires des organes génitaux, s'accompagnant de sensations voluptueuses. La masturbation se manifeste très tôt chez le petit enfant, vers 3 ans, ou encore avant. Elle diminue au-delà de 5 à 6 ans et réapparaît à l'adolescence.

Ce comportement est banal, et il ne devient pathologique que par sa persistance à l'âge adulte, et à partir du moment où il est préféré à l'acte sexuel normal.

La masturbation ne détermine en soi aucun trouble physique ou psychique. C'est en fait le sentiment de culpabilité très fort qui s'attache à cet acte qui nuit le plus à l'équilibre affectif de l'enfant et de l'adolescent. Le sentiment de culpabilité et l'angoisse peuvent être excessivement aggravés par l'attitude répressive et punitive de parents qui ne tolèrent pas ce comportement.

Chez l'adulte, la masturbation peut être le reflet et non pas la cause d'une névrose ou d'un déséquilibre. Elle s'accompagne de phantasmes, c'est-à-dire d'images mentales qui tendent à maintenir le sujet hors de la réalité.

maté n. m. Espèce de houx d'Amérique du Sud. — Les feuilles sont employées en infusions dont l'action est voisine de celle du thé.

matelas n. m. **Matelas alternant,** matelas pneumatique formé de plusieurs cylindres de matière plastique gonflés et dégonflés tour à tour par un dispositif approprié permettant ainsi un massage constant des zones d'appui. — Ses effets sont remarquables dans la prévention des escarres chez les malades alités.

matériel n. m. **Matériel chirurgical.** Le gros matériel est constitué par le *bloc* opératoire* et ses dépendances. Les instruments courants sont des bistouris, des ciseaux, des pinces hémostatiques, des écarteurs, etc. De nombreux instruments spéciaux sont prévus pour chaque intervention particulière. Le linge comprend les vêtements et gants du chirurgien et de ses aides, les champs* opératoires, le matériel de pansement. Tout le matériel chirurgical est stérilisé dans des boîtes métalliques.

maternel, elle adj. **Instinct maternel,** c'est l'amour maternel dans ses composantes instinctives. — Il peut être pathologiquement exalté chez des mères surprotectrices, affaibli chez des femmes narcissiques ou perverti chez des femmes souffrant de troubles mentaux.

maternité n. f. État, qualité de mère. (V. GROSSESSE, ACCOUCHEMENT et ALLAI-

TEMENT.) — Par extension, lieu où les femmes viennent accoucher.

Assurance maternité, branche des assurances sociales dont bénéficient l'assurée ou la femme légitime de l'assuré ou sa fille à charge, et qui comporte deux ordres de prestations : des prestations dites *en nature* (soins médicaux), qui couvrent les frais d'examens obligatoires avant la grossesse, les frais d'accouchement et les examens postnataux ; des prestations *en espèces* (indemnité en argent atténuant la perte de salaire), qui correspondent au repos prénatal qui commence 6 semaines avant l'accouchement et au repos postnatal qui s'achève à la fin de la 10e semaine qui suit l'accouchement. Le bénéfice de l'assurance suppose que l'assurée a travaillé au moins 200 heures pendant le trimestre civil précédant le début du 9e mois avant la date présumée de l'accouchement, ou au moins 120 heures au cours du mois civil précédant cette même date. La déclaration de grossesse doit être faite à la caisse de Sécurité sociale avant la fin du 3e mois.

Si la grossesse est considérée comme de nature pathologique, il est fait appel aux prestations de l'assurance maladie. Il en est de même lorsque les suites de couches sont estimées pathologiques.

matière n. f. **Matières fécales,** syn. de FÈCES*, SELLES.

matité n. f. Diminution du son normal perçu à la percussion du thorax.
Elle traduit une condensation du poumon sous-jacent (pneumonie) ou un épanchement pleural (pleurésie).

matrice n. f. Syn. d'UTÉRUS*.

maturité n. f. Moment où un être atteint son développement complet physique et psychique, caractérisé par l'état adulte.

mauve n. f. **Mauve sauvage,** plante commune dont les fleurs séchées sont employées en infusion contre la toux (espèces* pectorales).

maxillaire adj. Qui se rapporte aux mâchoires.
Le *maxillaire supérieur* est un os de la face, pair, formant avec son homologue la plus grande partie de la mâchoire supérieure et prenant part à la formation des cavités orbitaires et des fosses nasales ; ses deux tiers supérieurs sont occupés par le volumineux *sinus maxillaire.*

Maxillaire inférieur. Canal dentaire ouvert.

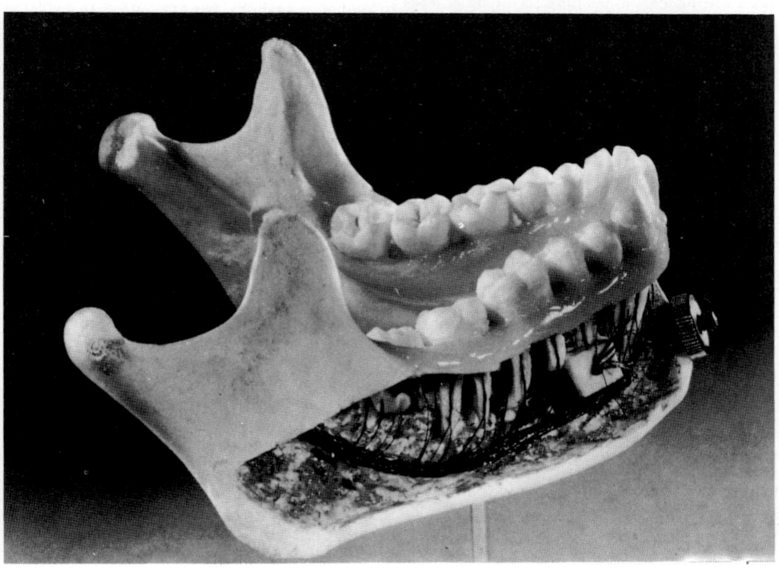

Phot. Lauros - Atlas-Photo.

Le *maxillaire inférieur* constitue le squelette mobile de la mâchoire inférieure ; l'extrémité de ses branches montantes présente la saillie des condyles, qui s'articulent avec l'os temporal pour former l'articulation temporo-maxillaire, qui permet les mouvements de la mâchoire.

Les fractures des maxillaires sont fréquentes, pouvant entraîner des lésions de l'arcade dentaire, des troubles de la mastication ; en cas de déplacement, leur traitement est complexe.

maxillo-facial, e, aux adj. La *région maxillo-faciale,* partie antérieure et inférieure de la tête, constitue le centre de la vie de relation : expression du sentiment (mimique), perception des sensations gustatives, olfactives, visuelles et auditives. (V. FACE.)
La *chirurgie maxillo-faciale* fait appel aux techniques propres à l'oto-rhino-laryngologie, à la stomatologie et à la chirurgie plastique : correction des disgrâces faciales (malformations du nez, des mandibules, chirurgie plastique de la peau) ; traitement des malformations congénitales (bec-de-lièvre, division palatine). Les traumatismes de la face sont de plus en plus fréquents : fractures, plaies intéressant non seulement les téguments, mais les muscles et les nerfs, avec de grosses conséquences esthétiques et fonctionnelles.

May-Grünwald-Giemsa (méthode de), méthode de coloration des cellules du sang, pour leur examen au microscope.

méat n. m. Orifice d'un conduit ou espace compris entre les parois d'un organe : *méat urinaire* (à l'extrémité de l'urètre), *méats des fosses nasales* (espaces limités par les cornets et le corps de l'ethmoïde).

mécanothérapie n. f. Partie de la kinésithérapie* qui utilise des appareils ou instruments pour la rééducation des malades.
Le malade peut pratiquer des *mouvements actifs* sur des appareils ayant des leviers gradués pour doser l'effort et la résistance opposée au mouvement (*pouliethérapie* notamment), ou des *mouvements passifs* (ses efforts sont totalement supprimés).

mèche n. f. Ruban de gaze stérilisée utilisée en tamponnement pour faire l'hémostase* d'une cavité.

Meckel (diverticule de), cul-de-sac plus ou moins profond appendu à l'iléon, persistance partielle du canal omphalo-mésentérique de l'embryon*.
La possibilité d'inflammations, de tumeurs de ce diverticule lorsqu'il persiste à l'âge adulte impose son exérèse lors de toute intervention abdominale.

méconium n. m. Mélange visqueux de couleur verdâtre, que le nouveau-né expulse par l'anus, peu après la naissance. Il est constitué de bile, de débris épithéliaux et de mucus.
Il peut être expulsé prématurément lors de l'accouchement ou en fin de grossesse. Il colore alors le liquide amniotique en brun plus ou moins foncé et peut constituer un témoin de souffrance fœtale.

L'absence ou le retard d'élimination après la naissance doit faire suspecter une anomalie ano-rectale.

méconnaissance n. f. **Méconnaissance systématique,** attitude de l'esprit qui résiste contre la vérité malgré l'évidence et les preuves tangibles.
Une telle attitude de refus de la réalité est bien connue chez les personnalités rigides et chez les paranoïaques.

médecin n. m. **Médecin généraliste** ou **omnipraticien,** docteur en médecine qui traite les maladies ou blessures de l'ensemble de l'organisme et de chacune de ses parties. — Il peut accomplir tout acte médical, même ceux qui ressortissent à un spécialiste, dès lors qu'il se croit capable de le mener à bien et que l'intérêt du malade l'exige.
Médecin traitant, médecin qui soigne habituellement le malade, par opposition au médecin consultant ou au médecin du travail ou au médecin contrôleur, qui ne dispensent pas de soins au malade.

Diverticule de Meckel (peropératoire).

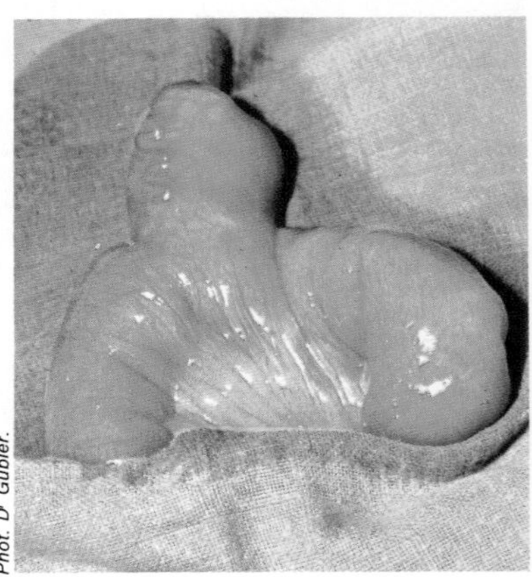

Phot. Dr Gübler.

Médecin plein-temps, médecin exerçant la totalité de son activité professionnelle à l'hôpital. (Il peut, sous certaines conditions, recevoir à titre privé ses malades personnels dans le service où il exerce ses fonctions hospitalières.)

Médecin conventionné. V. HONORAIRES.

Médecin consultant, médecin appelé en consultation par le médecin traitant d'un malade lorsque les circonstances l'exigent (il s'agit souvent d'un spécialiste). Il ne donne pas au malade de soins continus et laisse au médecin traitant la charge de surveiller l'application de ses prescriptions.

Médecin spécialiste, médecin compétent. V. SPÉCIALITÉ, COMPÉTENCE.

Médecin du travail. V. TRAVAIL.

médecine n. f. Ensemble des connaissances scientifiques et des moyens de tous ordres mis en œuvre pour la prévention, la guérison ou le soulagement des maladies, blessures ou infirmités.

Enseignement de la médecine. Les études de médecine qui sont accomplies dans les unités d'enseignement et de recherche de médecine (U. E. R.) sont divisées en 3 cycles. Le 1er cycle dure 2 ans et forme aux sciences fondamentales; le 2e cycle dure 4 ans et donne une formation à la fois hospitalière, théorique et clinique; le 3e cycle consiste en un stage pratique interné de 1 an, à l'issue duquel l'étudiant soutient sa thèse et reçoit le titre de docteur en médecine. Après les études de médecine générale, l'étudiant peut entreprendre des études spécialisées (chirurgie, ophtalmologie, etc.). L'accès à une carrière hospitalière nécessite une formation supplémentaire : les médecins sont recrutés par concours et gravissent ensuite tous les échelons d'une hiérarchie qui va de l'interne au professeur, chef de service.

Exercice de la médecine. Pour exercer la médecine en France, et sous réserve des dispositions de la loi du 31-12-1976 (v. MARCHÉ COMMUN) en ce qui concerne les médecins ressortissants de l'un des États membres de la C. E. E., il faut être muni du diplôme d'État français de docteur en médecine et être citoyen français (une loi du 13 juillet 1972 permet cependant au ministre de la Santé publique de délivrer des autorisations individuelles d'exercer la profession, d'une part à des personnes étrangères titulaires d'un diplôme français, d'autre part à des personnes françaises ou étrangères titulaires d'un diplôme étranger). Il faut, en outre, être inscrit au tableau de l'Ordre* des médecins et avoir fait enregistrer son diplôme. L'exercice de la médecine sous un pseudonyme est interdit. Le remplacement temporaire d'un médecin par un confrère ou un étudiant remplissant certaines conditions est possible.

L'association de médecins omnipraticiens ou de même discipline mettant en commun leur équipement professionnel et l'organisation de leur travail dans une maison médicale commune, sans hospitalisation, en vue de permettre une bonne distribution des soins aux malades, une aide mutuelle, un perfectionnement professionnel et de parer au surmenage est autorisée : c'est le *cabinet de groupe*. L'utilisation en commun de locaux et d'équipements par des spécialistes de disciplines différentes est possible sous la forme de *sociétés de moyens*, et un décret du 14 juin 1977 portant application aux médecins de la loi du 29 novembre 1966 autorise les *sociétés civiles professionnelles de médecins.*

Exercice illégal de la médecine. Infraction commise par une personne non habilitée à exercer la médecine et qui, cependant, habituellement et par direction suivie, établit un diagnostic ou participe au traitement de maladies ou affections chirurgicales, congénitales ou acquises, réelles ou supposées, par acte personnel, consultation verbale ou écrite ou par tous autres procédés, même sans intention de nuire et même lorsque les actes incriminés ont été accomplis en présence d'un médecin (guérisseur, médecin en situation irrégulière, auxiliaire médical qui dépasse son rôle, etc.).

Médecine légale. V. LÉGAL.

Médecine préventive, partie de la médecine qui, d'une part, s'intéresse à l'individu pris isolément pour améliorer ses conditions de santé et, d'autre part, essaie de faire disparaître certains fléaux sociaux dans l'intérêt non seulement de cet individu mais de la collectivité et des générations futures.

Médecine scolaire. V. ÉCOLE.

Médecine du travail. V. TRAVAIL.

médian, e adj. Du milieu.

Incision médiane, incision verticale faite dans le plan de symétrie du corps : *laparotomie médiane.*

Nerf médian, nerf du membre supérieur qui suit l'axe médian de l'avant-bras, innerve des muscles de sa loge antérieure et une grande partie de la main. Sa paralysie se traduit par une perte de la flexion et de la pronation.

médiastin n. m. Région médiane du thorax située entre les deux poumons, le sternum et la colonne vertébrale.

Le médiastin contient des organes essentiels : cœur entouré du péricarde, gros vaisseaux artériels (aorte, artère pulmonaire), gros troncs veineux (veines caves, veines pulmonaires), trachée et bronches. C'est de

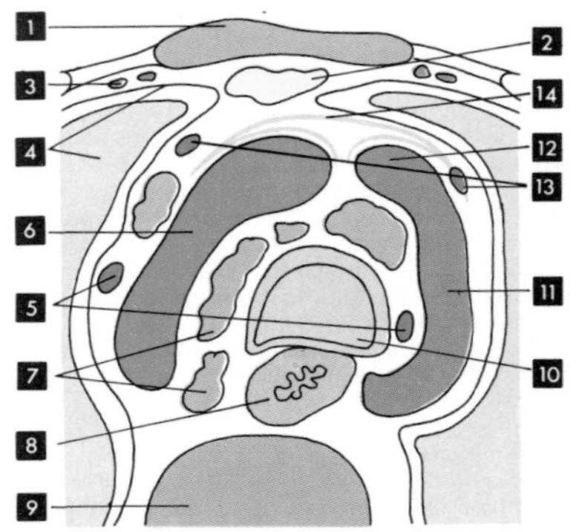

Médiastin. Coupe horizontale montrant les différents éléments selon le pointillé du schéma ci-contre :
1. Sternum ; 2. Thymus ;
3. Vaisseaux mammaires ; 4. Plèvre et poumon ;
5. Nerfs pneumogastriques ;
6. Crosse de l'aorte ;
7. Ganglions médiastinaux ; 8. Œsophage ;
9. Quatrième vertèbre dorsale ;
10. Trachée ; 11. Crosse de la veine azygos ;
12. Veine cave supérieure ;
13. Nerfs phréniques ; 14. Péricarde.

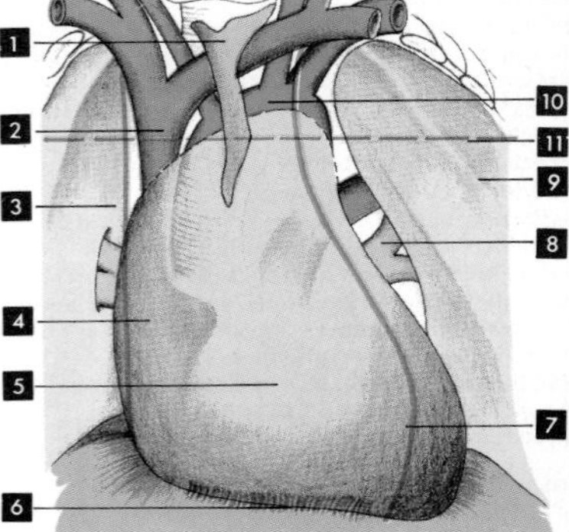

Médiastin.
Éléments du médiastin antérieur (les poumons et leur plèvre ont été réclinés) :
1. Thymus ; 2. Veine cave supérieure ;
3. Région pleuro-pulmonaire droite ;
4. Nerf phrénique droit ; 5. Péricarde ;
6. Ligaments péricardiques ;
7. Nerf phrénique gauche ; 8. Hile du poumon ;
9. Région pleuro-pulmonaire gauche ;
10. Crosse de l'aorte ;
11. Lieu de la coupe du schéma ci-contre.

plus un lieu de passage entre la tête et l'abdomen pour l'œsophage, les nerfs pneumogastriques et phréniques, la chaîne sympathique, le canal thoracique, etc.

Affections du médiastin. Souvent découvertes lors d'un examen radiologique systématique (déformation de la silhouette médiastinale), les affections médiastinales sont aussi capables de provoquer des symptômes en rapport avec la compression d'un organe de cette région.

Syndrome de compression médiastinale. Il se manifeste par de la toux, de la dyspnée*, des hémoptysies*, des douleurs intercostales, des troubles de la phonation*, de la déglutition, des signes de compression de la veine cave supérieure.

La radiologie et surtout les tomographies* permettent de préciser le diagnostic, associées à des examens propres à l'œsophage, aux bronches et aux vaisseaux. La médiastinographie* gazeuse permet, après infiltration d'air, de mieux apprécier les différents organes.

Les principales causes de compression médiastinale sont : l'anévrisme* de l'aorte, le mégaœsophage*, la hernie diaphragmatique (v. DIAPHRAGME), les tumeurs du médiastin et les médiastinites*.

Tumeurs du médiastin. Certaines sont d'origine embryonnaire (dysembryomes), d'autres se développent aux dépens des nerfs (sympathoblastome malin, schwannome, neurofibrome). Une tumeur du thymus* accompagne souvent la myasthénie*. Les tumeurs de la thyroïde* peuvent plonger dans le médiastin et sont alors difficiles à découvrir (goitre plongeant).

médiastinite n. f. Inflammation du tissu conjonctif du médiastin.

Les médiastinites s'observent après des plaies thoraciques, des interventions chirurgicales sur le médiastin ou au cours d'affections de l'œsophage.

médiastinographie n. f. Radiographie du médiastin* après insufflation de gaz.

médiateur n. m. **Médiateur chimique,** substance libérée aux extrémités d'une fibre nerveuse excitée et qui permet la transmission de l'influx* nerveux à une fibre voisine ou à un muscle. — L'*acétylcholine** est le médiateur des nerfs du système parasympathique*. L'atropine* diminue son action. La *noradrénaline**, accélératrice des battements de cœur, est le deuxième médiateur chimique ; elle intervient dans le système sympathique*, et son action est augmentée par la cocaïne*, diminuée par l'ergotamine*.

Au niveau du cerveau, l'acétylcholine est facilitatrice, car elle est le médiateur des fibres excitatrices, tandis que l'acide gamma-amino-butyrique est le médiateur des fibres inhibitrices. L'acétylcholine permet aussi la transmission de l'influx nerveux entre le nerf et la fibre musculaire, transmission que le curare* interrompt.

médicament n. m. Substance matérielle employée dans le traitement des maladies ou des blessures.
Les médicaments sont toujours vendus en pharmacie, mais n'est pas un médicament tout produit vendu en pharmacie, par exemple les cosmétiques*.

Le médicament possède des propriétés curatives et n'est pas toujours dépourvu de toxicité, c'est pourquoi il doit être préparé et dispensé par un pharmacien qui en expliquera le mode d'emploi.

Le *médicament simple* s'utilise sans transformation préalable ; le *médicament galénique* résulte d'un mélange qui rend possible son administration (teinture de belladone) ; le *médicament chimique* résulte d'un mélange galénique de plusieurs substances chimiques ; le *médicament officinal*, lui, est inscrit au codex (laudanum) ; le *médicament magistral* est préparé au vu d'une ordonnance qui en prescrit la formule.

Le *médicament spécialisé* ou spécialité pharmaceutique est préparé industriellement.

Depuis le XVIIIe siècle, moment où ils sont apparus, les médicaments spécialisés ont progressé pour aboutir de nos jours à une grande qualité, mais un médicament n'est délivré au public qu'après des années d'expérimentation et délivrance d'un « visa », émanant du ministère de la Santé publique. Chaque exemplaire doit comporter mention de sa formule quantitative et du laboratoire responsable. Les spécialités pharmaceutiques remboursables par la Sécurité sociale figurent sur des listes établies selon la législation en vigueur.

DÉNOMINATIONS COMMUNES DES MÉDICAMENTS. Dans un but de simplification, le codex autorise certaines dénominations abréviatives, généralement dérivées du nom scientifique.

Formes médicamenteuses. La voie d'administration impose une préparation convenable du médicament, afin d'obtenir une efficacité maximale par cette voie. On distingue : la *voie orale* (per os) [ingestion par la bouche de comprimés, cachets, poudres, etc.] ; la *voie rectale* (suppositoires, lavements) ; la *voie parentérale* (injections intradermique, intraveineuse, intramusculaire) ; les *applications sur les muqueuses* (collyres, aérosols, ovules) et *sur la peau* (pommades, pâtes dermiques, etc.).

Prescription des médicaments. Le médecin ordonne un traitement pour une durée déterminée en précisant les doses par prise et par jour. Il peut mentionner un renouvellement. Le pharmacien exécute l'ordonnance en délivrant la quantité de médicament nécessaire pour la durée du traitement.

Le remboursement par la Sécurité sociale n'est assuré pour les spécialités que si la vignette* en est collée sur la feuille de maladie.

médullaire adj. Qui est relatif à la moelle* (osseuse ou épinière).

médullosurrénal, e, aux adj. Se dit de la partie centrale de la glande surrénale et de sa sécrétion.
Les glandes médullosurrénales, formées de cellules chromaffines, secrètent des catécholamines* (noradrénaline et adrénaline). L'adrénaline agit par augmentation du débit cardiaque et de la pression systolique et a un effet dilatateur sur les vaisseaux du foie et du cerveau. La noradrénaline a une action constrictive des vaisseaux périphériques et dilatatrice des coronaires. L'une et l'autre inhibent la musculature striée du tube digestif, des bronches et de la vessie.

Les tumeurs médullosurrénales sont les *phéochromocytomes**.

mégacaryocyte n. m. Cellule très volumineuse, présente dans la moelle osseuse et qui donne naissance aux plaquettes*.

mégacôlon n. m. Dilatation permanente du côlon.
Le *mégacôlon congénital* (maladie de Hirchsprung) est dû à l'absence d'innervation autonome d'un segment plus ou moins étendu du côlon. Le traitement est chirurgical : résection du segment anormal.

Chez l'adulte, on peut observer des mégacôlons au cours de certaines affections du système nerveux central, des avitaminoses B, du myxœdème*, de l'acromégalie*.

mégadolichocôlon n. m. Dilatation progressive du côlon au cours des ans, souvent limitée à l'anse sigmoïde, entraînant une constipation opiniâtre et des dangers de volvulus* (torsion).

mégalérythème n. m. **Mégalérythème épidémique**, maladie éruptive bénigne de l'enfance. (Syn. : CINQUIÈME MALADIE ÉRUPTIVE.)

L'éruption est faite de taches rouges confluentes, en « carte de géographie » ; elle atteint le visage, le tronc, puis les membres (sauf leurs extrémités) et dure de 3 à 12 jours.

mégalocyte n. m. Globule rouge anormalement grand (de 10 à 12 μ), trouvé dans les anémies* mégaloblastiques.

mégalomanie n. f. Folie des grandeurs. La mégalomanie comporte une surestimation orgueilleuse de sa propre valeur, qui peut aller jusqu'au délire de grandeur vrai.

Le sujet est persuadé de posséder une puissance démesurée, il s'identifie aux plus hauts personnages ou croit en une destinée illustre (Dieu, maître du monde). La conviction absolue d'être un personnage important (Napoléon) se rencontre dans certains délires* paranoïaques ou paraphréniques.

Des idées de grandeur sont aussi observées dans la paralysie générale, ou les démences séniles.

Enfin, dans la manie*, il est fréquent de noter des idées mégalomaniaques avec euphorie excessive, sentiment de toute puissance, projets extravagants, mais, en général, la conviction est assez faible.

Toute une gamme d'états intermédiaires existe entre le vrai délirant mégalomane et l'homme simplement orgueilleux et vaniteux.

mégaœsophage n. m. Dilatation de l'œsophage due à une achalasie* (défaut de motricité) du segment inférieur de l'organe, entraînant de la dysphagie*, des régurgitations et au maximum une impossibilité totale de s'alimenter.
Le traitement chirurgical consiste en la section des fibres musculaires au niveau du cardia (opération de Heller).

méga-uretère n. m. Dilatation congénitale de l'uretère, pouvant entraîner une pyélonéphrite, une insuffisance rénale, justiciable alors d'un traitement chirurgical.

méiopragie n. f. Prédisposition d'une partie du corps ou d'un organe à une maladie déterminée.
Cette notion rendrait compte de la fixation de certains symptômes de conversion hystérique sur un point du corps antérieurement atteint.

méiose n. f. Variété particulière de mitose*, s'observant dans les cellules de la lignée germinale (cellules sexuelles), au cours de la maturation progressive qui transforme l'ovogonie en ovocyte, la spermatogonie en spermatocyte.
Cette méiose, ou mitose réductionnelle, donne naissance à deux cellules filles (haploïdes), qui ne possèdent que la moitié du nombre des chromosomes* dont leur cellule mère (diploïde) était porteuse. La réduction chromosomique est un phénomène capital dans la compréhension de l'hérédité et de la génétique : la conjugaison d'un spermatozoïde et d'un ovule, à 23 chromosomes chacun, constitue la fécondation ; elle donne naissance à la première cellule humaine, à 46 chromosomes, dont la moitié des caractères proviennent du spermatozoïde (c'est-à-dire du père), la moitié de l'ovule (c'est-à-dire de la mère).

mélancolie n. f. Communément, état de dépression, de tristesse assez mal défini dans son intensité.

Psychiatrie. Trouble de l'humeur ou état dépressif profond, vécu avec un sentiment de douleur morale intense et accompagné d'un ralentissement ou d'une inhibition de toutes les activités psychiques et psychomotrices. — Il s'agit d'une psychose aiguë, dont l'évolution est en règle favorable. Le malade retrouve son état antérieur au bout de quelques semaines ou de quelques mois.

La mélancolie représente cependant, malgré sa tendance à la guérison, l'état dépressif le plus profond, et le risque de suicide y est très grand.

La mélancolie peut revêtir plusieurs aspects. La forme avec inhibition psychomotrice se caractérise par un ralentissement extrême de toutes les fonctions psychiques, motrices et sexuelles. Le malade est prostré, immobile, le faciès douloureux, la parole est rare et la voix est à peine audible. Il a la conviction d'une déchéance, d'une incurabilité totales. Sa souffrance s'exprime sous la forme d'idées exagérées de culpabilité, d'indignité, de damnation, de ruine : « J'ai commis de lourdes fautes, je mérite la mort. »

Au maximum est réalisée la stupeur mélancolique avec mutisme et inertie complète.

Il existe aussi une forme dite « mélancolie anxieuse », avec agitation et désespoir vivement exprimés.

Dans la forme de mélancolie délirante, on observe des idées hypocondriaques de négation d'organe : « Je n'ai plus de foie », « tout se pourrit à l'intérieur », « je suis déjà mort ».

L'insomnie, enfin, est un signe constant.

On ne connaît pas actuellement les causes de cette affection qui frappe plus souvent les femmes que les hommes, à l'âge adulte. Il s'agit probablement d'un trouble de la régulation de l'humeur qui toucherait un ensemble complexe de structures cérébrales. Une hérédité similaire est assez fréquemment retrouvée. Néanmoins, on peut observer des événements psychologiques déclenchants. La ménopause, la mise à la retraite, le vieillissement sont aussi l'occasion de mélancolies dites « d'involution ».

Dans le cas où l'accès mélancolique se répète, on parle de psychose maniaco-dépressive surtout si des accès maniaques alternent avec les accès mélancoliques.

Traitement. Les médicaments antidépresseurs, associés ou non au lithium, obtiennent souvent un très bon résultat. Mais l'électrochoc demeure la thérapeutique la plus efficace des formes graves très délirantes ou très anxieuses, ou en cas de danger majeur de suicide. L'hospitalisation s'avère indispensable, ainsi qu'une surveillance médicale régulière.

mélanine n. f. Pigment brun, granuleux, dérivant de la tyrosine.
Présente surtout dans la peau (à laquelle elle donne sa couleur), la mélanine existe également dans le cerveau (*locus niger*) et dans l'œil. Son excès de production peut être physiologique (brunissage solaire, tache mongolique des nouveau-nés) ou pathologique (maladie d'Addison*). Elle est très développée dans la race noire, et son déficit est responsable d'albinisme* ou de vitiligo*.

Les nævi* ou mélanomes* sont des tumeurs riches en mélanine.

mélanocyte n. m. Cellule sécrétant la mélanine.
Les mélanocytes sont localisés dans le derme, près des follicules pileux, dans les poils et les cheveux.

mélanodermie n. f. Pigmentation brune de la peau.
Le hâle solaire est une mélanodermie due à l'action des rayons ultraviolets. Elle est localisée aux régions exposées. Certaines affections comme la maladie d'Addison*, la mélanose* de Riehl, le chloasma* sont reconnaissables par ce symptôme.

mélanodontie n. f. Coloration noire des dents de lait, avec fonte de l'émail.
La mélanodontie n'a pas d'influence sur les dents permanentes.

mélanome n. m. Tumeur riche en mélanine.

Mélanome malin ou nævo-carcinome. C'est une tumeur rare et grave, se développant sur un nævus* pigmentaire ou « grain de beauté ». Parfois il apparaît comme la transformation maligne du nævus, d'une mélanose* de Dubreuilh ou sur une peau totalement saine.

La dégénérescence est impossible à prévoir et rare en face du grand nombre de nævi. Elle s'observe le plus souvent sur des nævi très pigmentés, siégeant sur des zones de frottement ou de traumatisme (joue, plante, paume). Toute atteinte accidentelle, toute extension rapide d'un nævus doit amener à le faire exciser largement en profondeur et en surface par un médecin expérimenté.

Les *signes d'alerte,* en dehors de l'extension, sont la pigmentation piquetée, l'induration, l'ulcération et le saignement spontané de même qu'une adénopathie (ganglions).

Le *traitement* (chirurgie et radiations), mais surtout le dépistage beaucoup plus précoce en ont amélioré le pronostic, qui demeure sévère.

Mélanome juvénile de Spitz. C'est une tumeur rougeâtre de bon pronostic.

Mélanomes bénins. Ce sont les nævi. (V. NÆVUS.)

mélanophore adj. et n. m. Se dit d'une cellule pigmentée, riche en mélanine, siégeant dans l'épiderme.
On en rencontre dans les nævi (v. NÆVUS) pigmentés.

mélanose n. f. Affection secondaire à une surcharge en mélanine, responsable d'une teinte bronzée.
La *mélanose de Dubreuilh* est une tumeur pigmentée du sujet âgé, siégeant le plus souvent au visage. Sa dégénérescence cancéreuse est fréquente et doit être envisagée devant une extension de la tache, une ulcération et une induration.

La *mélanose de Riehl* est une atteinte de la face, sous forme de coloration en mailles grisâtres, accompagnées de fines dilatations capillaires (télangiectasies*) et d'une atrophie cellulaire. Elle peut s'étendre au cou. Elle

Mélanome. Pièce opératoire.

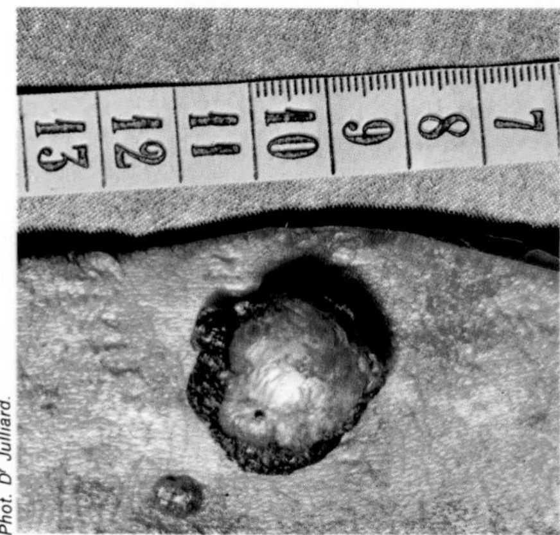

Phot. Dr Julliard.

survient presque exclusivement chez la femme. L'emploi d'un produit de beauté ou d'un parfum est souvent reconnu comme facteur favorisant. Le traitement associe la radiothérapie, des règles d'hygiène et des apports vitaminiques (PP).

La *mélanose colique* est secondaire à l'emploi abusif de laxatifs.

mélanosarcome n. m. Sarcome (tumeur maligne) débutant à la peau ou à l'œil, dont les cellules sont chargées de mélanine, qui lui donne une teinte brune. — Le mélanosarcome est de pronostic redoutable. Il est cependant sensible à la radiothérapie.

méléna ou **melæna** n. m. Élimination par l'anus de sang noir, c'est-à-dire de sang digéré par le tube digestif.
Ce méléna résulte d'une hémorragie haute (duodénale ou gastrique*) du tube digestif.

mélilot n. m. Petite plante dont l'extrait est utilisé dans le traitement des conjonctivites et des affections inflammatoires veineuses.

mélisse n. f. Plante commune dont on utilise la tige feuillée pour préparer des infusions aux propriétés stimulantes et antispasmodiques.

melon n. m. Le melon peut provoquer de la diarrhée et est déconseillé en cas de troubles intestinaux.

méloplastie n. f. Intervention de chirurgie plastique destinée à réparer des lésions traumatiques du visage et plus spécialement des joues.

membrane n. f. Couche tissulaire mince qui enveloppe ou divise les diverses formations des organismes vivants.
Cytologie et histologie. 1. *À l'échelon cellulaire,* il existe une *membrane cytoplasmique* qui enveloppe chaque cellule et une *membrane nucléaire* qui sépare le noyau du cytoplasme. 2. *À l'échelon des tissus et des organes,* les membranes désignent des feuillets aussi bien formés de tissu épithélial qu'issus de tissu conjonctif (membranes de l'œil, membranes du cerveau comme les méninges, etc.).
Physiologie. Les membranes séparent différents milieux de manière plus ou moins complète (imperméables, semi-perméables, ou perméables).
Potentiel de membrane. C'est la valeur de la tension électrique qui existe entre l'intérieur d'une cellule vivante intacte et la périphérie.
Pathologie. Des membranes se forment dans de nombreux processus morbides (fausses membranes de la diphtérie*, adhérences pleurales, péritonéales, etc.).
Maladie des membranes hyalines. Due à la production dans les alvéoles pulmonaires de fines membranes adhérant aux parois et empêchant l'hématose du sang capillaire, elle s'observe souvent chez les nouveau-nés prématurés et entraîne une asphyxie progressive, parfois mortelle.

membre n. m. Appendice latéral du tronc. Au nombre de 4, pairs et symétriques, ils jouent un rôle essentiel dans la vie de relation.
Le *membre supérieur* est composé du bras* relié au tronc par la ceinture* scapulaire, de l'avant*-bras et de la main*, articulés au niveau du coude* et du poignet*.

Le *membre inférieur,* relié au tronc par la hanche*, est formé par la cuisse*, la jambe* et le pied*, articulés au niveau du genou* et de la cheville*.

Les *malformations congénitales* des membres sont multiples : les *aplasies* pouvant présenter tous les degrés ; absence totale d'un ou de plusieurs membres (ectromélie) ; aplasie du segment proximal ou phocomélie (tristement célèbre lors de la vague d'intoxications par la thalidomide).

Citons aussi la *syndactylie**, les *luxations** congénitales.

membre fantôme. V. AMPUTATION.

mémoire n. f. Faculté de se souvenir.
Les défauts de la mémoire s'appellent des *amnésies.* On distingue : les *amnésies antérogrades,* ou de fixation, caractérisées par l'incapacité à acquérir de nouveaux souvenirs, comme dans le syndrome de Korsakoff* ; les *amnésies rétrogrades* ou *d'évocation,* qui désignent l'impossibilité de se souvenir d'événements passés.

L'hypertrophie de la mémoire se nomme *hypermnésie :* elle est gênante si la sélection des souvenirs et leur évocation se trouvent perturbées.

Les *paramnésies* peuvent être définies comme des évocations de souvenirs « à côté » de celles qui devraient être choisies.

Ménière (vertige* de), syndrome associant une surdité, des bourdonnements d'oreilles et des vertiges, à évolution paroxystique.
Il serait dû à des modifications de tension de l'endolymphe contenue dans le labyrinthe de l'oreille* interne.

méninge n. f. Enveloppe du système nerveux central.
L'encéphale et la moelle épinière sont entourés complètement par trois méninges superposées, de dehors en dedans : la dure-mère, l'arachnoïde et la pie-mère. Entre pie-mère et arachnoïde se trouve délimité l'espace sous-arachnoïdien, qui contient le *liquide céphalo*-rachidien.*

méningé, e adj. Relatif aux méninges.
Syndrome méningé, ensemble des troubles traduisant une souffrance des méninges, quelle qu'en soit la cause. — La manifestation la plus courante est la céphalée* (mal de tête), accompagnée de vomissements, d'une raideur de la nuque et parfois de troubles de la conscience (ou du tonus chez les nourrissons). Un signe de Kernig* est presque toujours mis en évidence.

Hémorragie méningée, rupture d'un vaisseau dans les espaces sous-arachnoïdiens. — Des maux de tête très violents surviennent brutalement, associés à un syndrome méningé. La ponction lombaire ramène un liquide teinté de sang. La localisation de l'hémorragie rend compte des signes neurologiques associés : paralysies oculomotrices, aphasie, hémiplégie, coma. Ces hémorragies sont consécutives aux traumatismes crâniens, aux anévrismes artériels ou artério-veineux, à l'hypertension artérielle. En cas de malformations, une intervention après angiographie permet de supprimer la cause.

méningiome n. m. Tumeur bénigne des méninges, entraînant une compression cérébrale.
Son ablation, délicate, est un des triomphes de la neurochirurgie.

méningite n. f. Atteinte infectieuse des méninges*.
La méningite comporte un syndrome méningé, un syndrome infectieux, fébrile ou non, et des altérations du liquide céphalo*-rachidien (L. C. R.). On distingue des méningites purulentes et des méningites à liquide clair.

Méningites purulentes. Elles sont dues à l'invasion des méninges par des bactéries pyogènes*. Tous les germes peuvent être responsables de méningites, mais le méningocoque et le pneumocoque sont les plus fréquents, avec le bacille de Pfeiffer chez l'enfant.
Signes cliniques. On observe un syndrome méningé*, une altération importante de l'état général, parfois des troubles de la conscience et un coma. La ponction lombaire donne la clé du diagnostic en ramenant un liquide trouble ou purulent. L'examen bactériologique fournit l'identification du germe et son antibiogramme, ce qui permet d'adapter rapidement le traitement antibiotique. L'analyse chimique du liquide met en évidence les modifications du glucose (abaissé) et de l'albumine (augmentée), ainsi que la présence de globules blancs, d'hématies et de germes.

Les méningites purulentes à méningocoques sont épidémiques (crèche, écoles), mais des infections locales de voisinage (otites, abcès du cerveau) sont souvent en cause chez le nourrisson.

Le *traitement antibiotique* doit être très précoce, adapté au germe et administré à une posologie suffisante. Souvent on utilisera un seul antibiotique avec contrôle de son taux dans le liquide céphalo-rachidien.

Méningites à liquide clair. Elles regroupent les méningites tuberculeuses, virales et lymphocytaires aiguës et parasitaires.
Les méningites tuberculeuses. Localisation grave de la tuberculose, l'atteinte méningée reste de mauvais pronostic malgré le progrès de l'antibiothérapie, car le diagnostic en est souvent retardé. Elle touche surtout les nourrissons et les adultes jeunes qui ne sont pas protégés par le B. C. G. On note, avant la méningite, une fatigue, une fièvre constante, parfois isolée, et un amaigrissement. Des signes abdominaux, neurologiques (à type ramollissement) peuvent exister, risquant de retarder la mise en route du traitement. L'examen du liquide céphalo-rachidien (L. C. R.) montre une augmentation de l'albumine, une diminution du glucose et la présence de cellules nombreuses à forte prédominance lymphocytaire. La recherche du B. K. dans le L. C. R. est l'étape importante. La présence du B. K. est consécutive à une autre localisation (ancienne, plus ou moins bien traitée, ou récente) et fait instaurer un traitement aux 3 antibiotiques pour 1 an (réduit à 2 antibiotiques au bout de 6 mois). L'apport de la corticothérapie est parfois nécessaire au début, ainsi qu'une ventilation assistée en cas de troubles respiratoires.

Le pronostic est encore sévère, en particulier en raison de la fragilité du terrain, du retard fréquent du traitement, de la multiplicité des localisations.
Les méningites virales et lymphocytaires aiguës. Infections fréquentes, elles atteignent exclusivement l'enfant. Elles s'accompagnent d'un syndrome méningé franc, d'une fièvre en général modérée, sans signe de gravité (conscience normale, pas de troubles du tonus). Le L. C. R. est clair, avec peu d'éléments lymphocytaires, le taux de glucose est normal, l'albuminorachie peu élevée. L'évolution est favorable spontanément.

L'étiologie est très souvent virale : entérovirus, virus coxsackie, écho-virus, sans oublier la poliomyélite* aiguë, les oreillons, l'herpès.
Les méningites parasitaires. Les leptospiroses*, les rickettsioses*, etc., peuvent être à l'origine de méningites à liquide clair.

Autres méningites. Il faut mentionner l'atteinte méningée lors de la brucellose, de la syphilis, des métastases cancéreuses, des leucoses.

Les mycoses, peu fréquentes en France, sont responsables de méningites graves : ce sont la torrulose, les candidoses, l'histoplasmose, l'aspergillose...

méningocèle n. f. Hernie des méninges hors de leur enveloppe osseuse naturelle, le plus souvent congénitale, exceptionnellement acquise et d'origine traumatique.
La méningocèle réalise une tumeur kystique, liquidienne, recouverte d'une membrane fine et fragile. Elle peut siéger dans la région du *crâne* (v. ENCÉPHALOCÈLE), ou dans la région du *rachis* (v. SPINA-BIFIDA).

Sa gravité est liée aux anomalies cérébrales ou médullaires dont elle peut s'accompagner. Le traitement chirurgical donne des résultats variables selon l'importance des lésions.

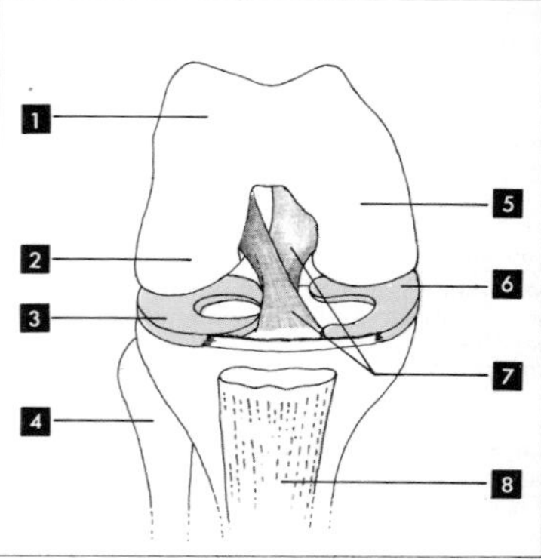

Ménisque.
1. Trochlée fémorale ; 2. Condyle externe ; 3. Ménisque externe ; 4. Péroné ; 5. Condyle interne ; 6. Ménisque interne ; 7. Ligaments croisés ; 8. Tendon rotulien.

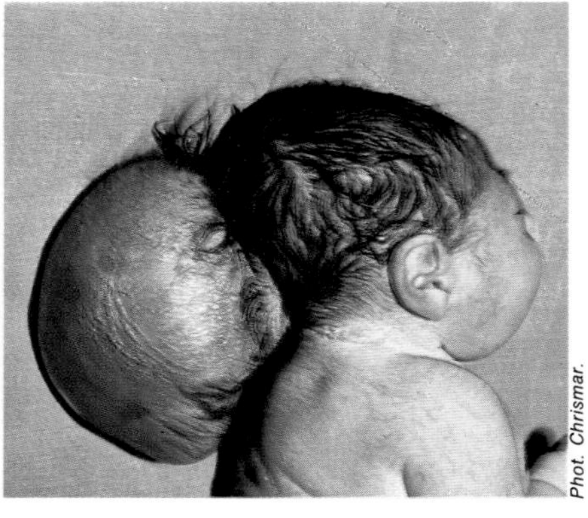

Méningocèle.

méningococcémie n. f. Septicémie à méningocoque.
La forme aiguë est souvent contemporaine d'une méningite, une fièvre en plateau à 39 ou 40 °C, des arthralgies*, une grosse rate s'ajoutent au tableau de la méningite* purulente.

La forme suraiguë est gravissime. Elle s'accompagne de troubles de la coagulation réalisant un *purpura* fulminans.*

Le traitement associe des antibiotiques à la corticothérapie.

méningocoque n. m. Diplocoque, de la famille des *Neisseria,* ne prenant pas la coloration de Gram et responsable de méningites* graves et contagieuses.

méniscectomie n. f. Ablation d'un ménisque.

méniscographie n. f. Examen radiologique des ménisques* du genou après injection, dans l'articulation, de liquide opaque aux rayons X ou d'air.

ménisque n. m. Lame fibro-cartilagineuse interposée entre des surfaces articulaires qui ne s'adaptent pas exactement, afin de rétablir la concordance.
Le ménisque de l'articulation *temporo-maxillaire* est un disque biconcave situé entre les surfaces convexes du temporal et du maxillaire inférieur.

Les *ménisques du genou* sont interposés entre les condyles fémoraux et les cavités glénoïdes du plateau tibial. Au nombre de 2, interne et externe, ils ont la forme d'une lame prismatique triangulaire recourbée en croissant.

Les *lésions traumatiques* des ménisques du genou sont fréquentes surtout chez l'adulte jeune et sportif (football, rugby, ski). Le traumatisme (en règle, rotation de la cuisse sur la jambe combinée avec un mouvement d'extension brusque) entraîne une douleur aiguë avec blocage en flexion du genou, qui cède dans les heures qui suivent. Mais les symptômes ne sont pas toujours aussi nets : simple entorse qui dure, épanchements articulaires à répétition. Seule l'arthrographie (gazeuse ou avec produit de contraste)

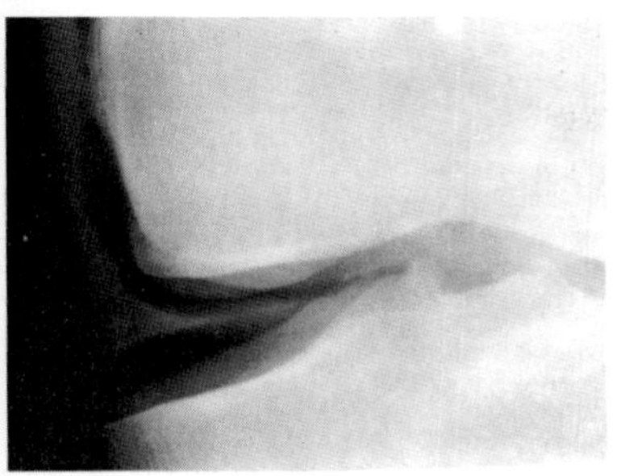

Radio Dr Julliard.

Ménisque du genou.
Arthrographie gazeuse d'un ménisque normal.

affirme la lésion anatomique : désinsertion d'une corne, fissuration, luxation d'un fragment méniscal.

Le traitement de toute lésion méniscale confirmée est chirurgical, car un ménisque rompu cicatrise mal et dégénère vers l'arthrose.

ménopause n. f. Cessation définitive des règles.
Elle survient le plus souvent à un âge compris entre 45 et 55 ans.
Physiologie. La ménopause est provoquée par le vieillissement de l'ovaire, qui devient insensible aux influences de l'hypophyse. On distingue deux périodes :
1. *La phase de préménopause.* Il existe encore dans l'ovaire* quelques follicules semi-actifs qui sécrètent bien encore de la folliculine*, mais qui se transforment de plus en plus irrégulièrement en corps jaune. Il y a alternance de cycles ovulatoires et de cycles anovulatoires. La sécrétion de progestérone* disparaît progressivement, et la sécrétion de folliculine, qui persiste sans être contrebalancée par la progestérone, réalise un état d'hyperfolliculinie relative.
2. *La phase de ménopause confirmée.* Elle succède à la précédente après quelques mois ou années. Les sécrétions ovariennes ont alors complètement disparu : il n'y a plus ni progestérone ni folliculine. Les sécrétions hypophysaires s'intensifient pour essayer de faire sécréter quand même l'ovaire déficient.
Manifestations de la ménopause. Elles sont très diverses :
Symptômes liés directement à la disparition des sécrétions hormonales de l'ovaire.
TROUBLES DES RÈGLES. Tantôt arrêt brusque et inopiné, tantôt arrêt progressif. Le plus souvent, l'arrêt définitif est précédé d'une période d'irrégularités menstruelles consistant en allongements des cycles, alternant avec des raccourcissements, et séparés par des périodes sans règles, ou avec des règles hémorragiques. On observe aussi fréquemment l'apparition ou le renforcement d'un syndrome prémenstruel (gonflement abdominal et des seins).
BOUFFÉES DE CHALEUR. Elles se traduisent par une rougeur plus ou moins intense de la face et du cou, et s'accompagnent souvent d'une sensation d'angoisse, d'étouffement et d'une transpiration abondante prédominant à la nuque, au visage et dans le sillon intermammaire. Elles surviennent au début de la nuit, puis dans la journée à l'occasion d'efforts ou des repas.
TROUBLES DE RÉGRESSION GÉNITALE. Ils sont d'apparition plus ou moins tardive et d'intensité très inégale selon les femmes : diminution du tissu graisseux et de la pilosité du pubis ; sécheresse et atrophie de la muqueuse vulvo-vaginale ; atrophie et hypotonie des seins.
Autres manifestations, de signification pathogénique variable. On peut observer : des troubles musculaires et ostéo-articulaires ; des troubles cardio-vasculaires ; des troubles mentaux avec leurs trois aspects caractérisant la « crise ménopausique » (crise personnelle, crise familiale, crise sociale). Certains troubles peuvent se développer ou s'exagérer à l'occasion de la ménopause : obésité, diabète, asthme, eczéma, migraines, déséquilibre thyroïdien.

Cette énumération ne doit pas inquiéter outre mesure, car bien des femmes ne souffrent absolument pas de leur ménopause. Il s'agit quand même d'un « âge critique », et il est bon qu'à cette période les femmes aillent consulter leur médecin. Lorsqu'il existe des anomalies des règles, en particulier, seul le médecin pourra affirmer qu'il s'agit bien d'anomalies en rapport avec la ménopause, et non avec une affection organique.

Traitement. *Classiquement,* il n'est indiqué que chez les femmes qui présentent des troubles des règles ou des bouffées de chaleur. Il est alors différent selon qu'il s'agit de la préménopause (la progestérone est le traitement de choix), ou de la ménopause confirmée (les œstrogènes en forment la base essentielle).

La femme, à la ménopause, doit savoir que les troubles ressentis sont le plus souvent passagers, que la ménopause n'est pas le prélude à la sénescence et que, pour ne plus avoir ses règles, elle ne doit pas perdre pour autant la joie de vivre ni la confiance dans l'avenir.

ménorragie n. f. Écoulement de sang menstruel (règles) anormalement long et abondant.
Elle se distingue de la métrorragie par le fait que, dans l'intervalle de ces règles hémorragiques mais venues à la date attendue, il n'y a aucune perte de sang anormale.

Les causes de ménorragies varient selon les périodes de la vie.

Elles sont fréquentes chez les *jeunes filles* encore près de la puberté. Elles sont liées presque toujours à un état d'insuffisance hormonale.

Chez les *femmes* en période d'activité génitale, elles peuvent être également la conséquence d'un déséquilibre hormonal, ou en rapport avec une affection organique telle qu'une infection génitale ou un fibrome de l'utérus.

Chez les femmes en période de *préménopause,* elles sont liées le plus souvent à une insuffisance de progestérone.

Seul le médecin, après avoir pratiqué des prélèvements et des radiographies pourra affirmer la cause exacte. Toute ménorragie devra donc faire l'objet d'un bilan gynécologique soigneux.

Le traitement symptomatique comporte le repos allongé, les hémostatiques et les ocytociques. Le traitement de fond dépend de la cause.

menstruation n. f. Écoulement sanguin d'origine utérine, survenant périodiquement chez la femme en période d'activité génitale. (Syn. : RÈGLES.)
L'apparition des premières menstruations caractérise la *puberté**. Leur arrêt définitif caractérise la *ménopause**. Elles s'arrêtent temporairement pendant la grossesse. L'intervalle entre deux menstruations définit un *cycle menstruel.* Cet intervalle est le plus souvent de 28 jours, mais il est en fait variable d'une femme à l'autre. La durée des règles est également très variable : le plus souvent l'écoulement dure de 3 à 4 jours, mais on peut considérer comme normales des règles de 1 à 5 jours. L'abondance du sang perdu varie de 20 à 70 cm³. Faible le premier jour, la perte sanguine atteint un maximum au deuxième jour et diminue à partir du quatrième.

Signification de la menstruation. Il importe de bien comprendre que la menstruation ne constitue qu'une activité négative, en ce sens qu'elle n'est que la conséquence de l'absence de fécondation de l'ovule. Elle correspond à la chute de la muqueuse préparée en vue de permettre la nidation de l'œuf fécondé. Si l'ovule n'a pas été fécondé, les transformations de cette muqueuse induites par les sécrétions de progestérone et de folliculine n'ont plus de raisons d'être, la couche superficielle (ou « fonctionnelle ») de la muqueuse se détache et s'élimine avec une petite perte sanguine.

menstruel, elle adj. En rapport avec la menstruation.

Cycle menstruel. V. CYCLE.

mensuration n. f. Mesure des différentes parties du corps.
La *mensuration des diverses parties du corps* (taille* debout ou assise, thorax, membres, etc.) permet d'apprécier la croissance et son harmonie.

La *mesure du périmètre abdominal,* faite au niveau de l'ombilic, renseigne sur l'évolution d'une grossesse, d'une obésité ou d'une ascite*.

Le *périmètre crânien* est régulièrement mesuré chez le nourrisson.

Les *mensurations du bassin* permettent chez la femme enceinte de prévoir si l'accouchement pourra se faire par les voies naturelles.

mental, e, aux adj. Relatif à l'esprit.

Malade mental, individu dont la vie psychique est gravement perturbée. — Les possibilités et les conditions d'hospitalisation des malades mentaux varient beaucoup suivant l'équipement psychiatrique départemental. En règle générale, tout département dispose au moins d'un hôpital psychiatrique pour internement (régime de la loi de 1838) ; un nombre croissant de régions possède des services libres de psychiatrie soit dans le cadre de l'hôpital psychiatrique, soit à l'hôpital général, ou encore sous forme de cliniques privées ; enfin les dispensaires d'hygiène mentale tendent à se multiplier. Lorsque le malade consent à l'hospitalisation jugée nécessaire, on l'adresse de préférence dans un service libre. S'il n'y en a pas, on recourra généralement à l'auto-placement. Lorsque le malade ne comprend pas la nécessité de l'hospitalisation, et en fonction des critères de danger et de méconnaissance de l'état morbide ou de l'utilité des soins, on a recours à la procédure d'internement. Il existe deux sortes d'internement qui font au patient des situations fort différentes quant au régime d'entrée, de sortie et de séjour : le *placement volontaire,* demandé par l'entourage du malade (ou, à l'extrême, par le malade lui-même en l'absence de service libre), et le *placement d'office,* ordonné par le préfet lorsque l'état d'aliénation du malade mental compromet l'ordre public et la sûreté des personnes. La loi porte des dispositions très strictes pour éviter les internements arbitraires. Sur le plan patrimonial, les malades mentaux sont protégés par la loi du 3 janvier 1968 portant réforme du droit des incapables majeurs, c'est-à-dire de tous ceux qui sont victimes d'une altération durable de leurs facultés, telle qu'elle mette en péril l'expression de leur volonté (malades mentaux, vieillards, inadaptés, blessés, prodigues). Cette loi crée trois régimes de protection des biens des incapables majeurs : tutelle, curatelle et mise sous sauvegarde de la justice. Le choix de protection dépend de l'état du malade à un moment donné. Il ne dépend pas du choix du traitement, et même un malade placé dans un service libre pourra être pourvu d'une forte protection légale. Aux termes de cette même loi de 1968, l'individu qui cause un dommage à autrui alors qu'il est sous l'empire d'un trouble mental n'en est pas moins obligé à réparation.

menthe n. f. Plante odorante des endroits humides.
La *menthe officinale* ou menthe poivrée (*Menta piperata*), d'odeur caractéristique, a des propriétés antispasmodiques et stomachiques dues au menthol*. On l'emploie en infusions (5 g par litre).

menthol n. m. Substance cristalline, très odorante, extraite de la menthe.
Employé en pommade, poudre, dentifrice, inhalations, le menthol est analgésique, antiprurigineux et décongestionnant.

méprobamate n. m. Syn. de PROCALMADIOL*.

mEq, sigle de MILLIÉQUIVALENT*.

mer n. f. **Eau de mer.** Elle contient de 34,5 à 36 g par litre de sels minéraux sous forme ionisée.
L'eau de mer n'est pas toxique tant que les quantités bues restent faibles. Au-delà, apparaissent de graves désordres hydroélectrolytiques. (V. ÉLECTROLYTIQUE.)

Bains de mer. Ils sont, dans la majorité des cas, bénéfiques pour l'organisme. Néanmoins, les enfants jeunes, les femmes enceintes, les vieillards doivent être particulièrement prudents. Les maladies de peau irritatives (eczéma, impétigo), les infections générales ou respiratoires restent de réelles contre-indications. L'hydrocution* est un danger chez tout sujet en période de digestion. Certaines affections sont justiciables de bains d'eau de mer réchauffée, c'est la thalassothérapie*.

Mal de mer, ensemble des troubles provoqués par les mouvements d'un navire. (Syn. : NAUPATHIE.)

Signes. Ils vont de la simple somnolence, avec nausée, au malaise sérieux, qui se traduit par des vomissements, des vertiges et une pâleur extrême. Certaines formes graves aboutissent au collapsus*. Les troubles disparaissent dès qu'on retrouve la terre ferme.

Causes. Les mouvements du navire en sont responsables : le roulis (oscillation autour de l'axe longitudinal), le tangage (oscillation autour de l'axe transversal), la houle (mouvement vertical).

Ce sont surtout les accélérations de ces mouvements qui déplacent les viscères dans l'abdomen, provoquant des tiraillements des nerfs sympathiques et qui stimulent les labyrinthes* de l'oreille* interne régissant l'équilibre. La vision des objets qui se déplacent est un facteur aggravant, de même que les facteurs de suggestion (mauvaise odeur, inconfort).

Comment éviter le mal de mer. Il est recommandé de rester en position allongée, la tête immobile, inclinée en arrière, près du centre de gravité du bateau. Il ne faut pas être à jeun, mais s'être alimenté auparavant par petites prises successives. Il est utile de bander l'abdomen en le serrant modérément : on diminue ainsi les mouvements des viscères.

Traitement. Des médicaments peuvent être pris préventivement ; ce sont les alcaloïdes de la belladone (atropine) ou, mieux, les antihistaminiques* de synthèse, associés à des dérivés de la théophylline (à proscrire chez le nourrisson) ou de la phénothiazine.

mercure n. m. Métal liquide à la température ordinaire, très dense, se combinant à la plupart des métaux lourds en donnant un amalgame. (Symbole chimique : Hg.)

Thérapeutique. Le mercure a été utilisé sous forme de sels ou de complexes pour leurs propriétés antiseptiques, antiparasitaires, diurétiques. Leur toxicité tend à les faire abandonner.

Toxicologie. Le mercure lui-même ne présente pas de toxicité, n'étant pas absorbé par l'intestin.

Les sels minéraux. Les sels mercureux comme le calomel ne sont que peu absorbés par le tube digestif ;
— les sels mercuriques comme le sublimé sont bien absorbés et réalisent le syndrôme de l'intoxication mercurielle.

L'*intoxication aiguë* se manifeste par des douleurs abdominales vives, accompagnées de vomissements et de diarrhée. Ces troubles s'atténuent après 2 à 3 jours, tandis que se constitue progressivement une insuffisance rénale avec anurie*.

Le traitement comporte, outre le lavage d'estomac en cas d'intoxication récente (moins de 6 heures), l'administration de B. A. L.*, qui est l'antidote. La néphropathie anurique nécessite, lorsqu'elle apparaît, une épuration* extra-rénale permettant d'attendre la reprise de la diurèse (une quinzaine de jours).

L'*intoxication chronique* se traduit par des signes cutanés et muqueux (placards ardoisés), des troubles digestifs variés (anorexie, diarrhée intermittente), surtout par une atteinte insidieuse des fonctions hépatiques et rénales, auxquels peuvent s'ajouter des troubles neurologiques.

Les sels organiques. Ceux qui sont utilisés en thérapeutique (mercurescéine, diurétiques) ont une faible absorption digestive. En revanche, les organomercuriels, utilisés en agriculture comme fongicides*, déterminent des signes d'encéphalopathie, des troubles de la vue et des troubles psychiques. Le B. A. L.* y est peu efficace.

Les intoxications mercurielles sont rarement volontaires (sublimé principalement). Il s'agit le plus souvent d'accident par manipulation ou inhalation prolongée (fabrication de feutre, détonateurs...) ou d'une ingestion accidentelle.

mercurescéine n. f. Dérivé organique du mercure, de couleur rouge, employé en solution ou pommade.

mercurobutol n. m. Dérivé organique du mercure, incolore, non toxique, fortement antiseptique, utilisé en solutions alcooliques ou aqueuses.

mérocrine adj. Se dit d'une glande dont l'excrétion ne s'accompagne pas de destruction du cytoplasme. (S'oppose à HOLOCRINE.)

mérycisme n. m. Régurgitation des aliments de l'estomac dans la bouche, où ils sont de nouveau mastiqués.
Plus fréquent chez le nourrisson que chez l'adulte, il traduit un trouble psycho-affectif.

mescaline n. f. Substance hallucinogène* extraite du peyotl.

mésenchyme n. m. Tissu conjonctif de l'embryon à partir duquel se forment les vaisseaux sanguins, le système lymphatique et les muscles lisses.

mésentère n. m. Repli du péritoine, qui relie le jéjuno*-iléon à la paroi postérieure de l'abdomen.
Cette insertion postérieure est longue de 15 cm environ (racine du mésentère), alors que le bord intestinal mesure 6 m en moyenne, d'où l'aspect plissé et godronné du mésentère qui permet la mobilité des anses grêles. Le mésentère contient vaisseaux, lymphatiques et nerfs destinés au jéjuno-iléon (intestin grêle).

Affections du mésentère. La *mésentérite rétractile* est une inflammation chronique de cause discutée ; les *tumeurs* du mésentère sont rares.

L'*infarctus mésentérique* est une perturbation vasomotrice ou une oblitération de la circulation artério-veineuse mésentérique entraînant la nécrose d'un segment intestinal. C'est un accident brutal, se manifestant par des douleurs abdominales violentes, des vomissements, un arrêt du transit ou au contraire une diarrhée sanglante, et un état de choc marqué. L'intervention chirurgicale est urgente.

mésentérique adj. Qui se rapporte au mésentère*.

méso n. m. et préfixe. Repli du péritoine* qui unit à la paroi abdominale un segment du

Mésentère. Disposition définitive du mésentère et des mésos :
1. Estomac ; 2. Épiploons ;
3. Mésocôlon ascendant ; 4. Mésentère ;
5. Artère mésentérique supérieure ;
6. Mésocôlon descendant ;
7. Mésocôlon transverse.

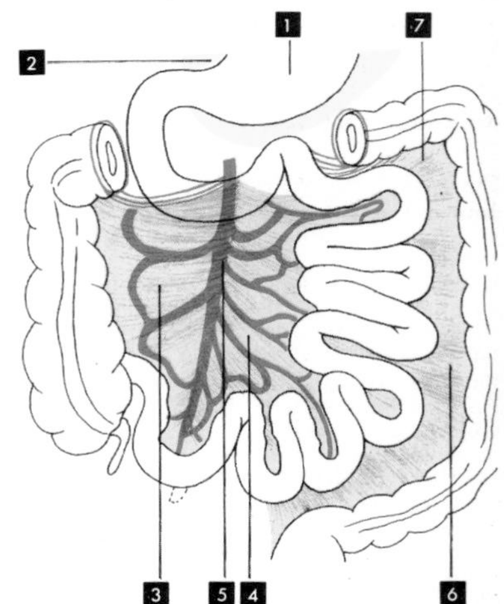

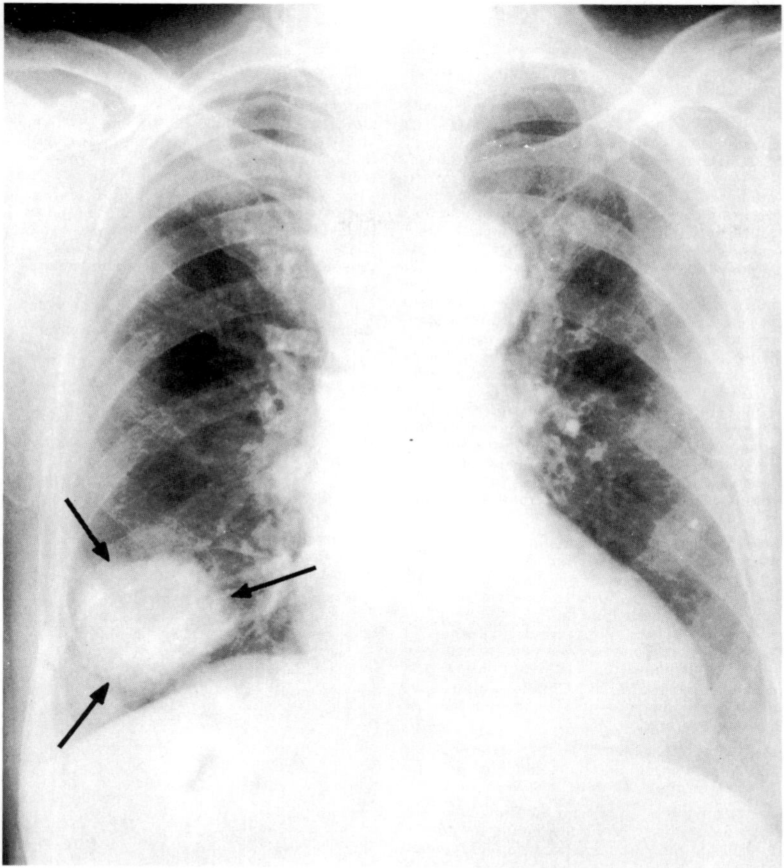

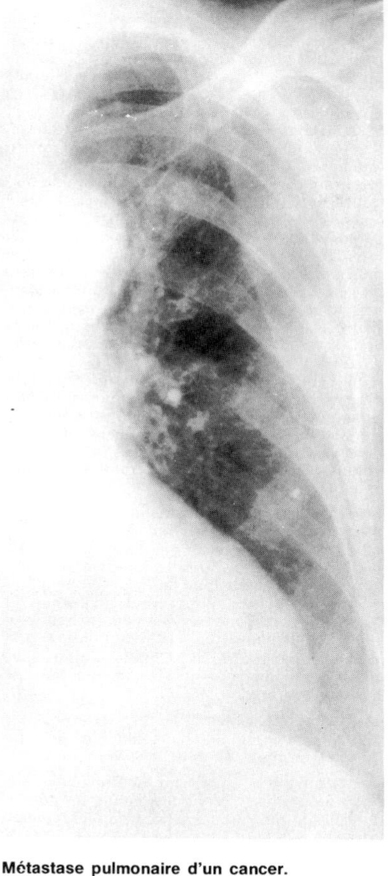

Radio Dr Wattez.

Métastase pulmonaire d'un cancer.

tube digestif, lui apporte ses vaisseaux et nerfs : mésocôlon, mésogastre, méso-appendice.

mésoblaste ou **mésoderme** n. m. Feuillet intermédiaire entre l'ectoderme* et l'endoderme* de l'embryon.

mésocôlon n. m. Repli péritonéal unissant le gros intestin à la paroi abdominale postérieure.

mésothéliome n. m. Tumeur développée aux dépens des séreuses (péritoine, plèvre, péricarde, etc.).

mésothorium n. m. Corps radioactif naturel, dont les applications sont identiques à celles du radium. (V. CURIETHÉRAPIE.)

métabolisme n. m. **1. Métabolisme matériel.** C'est l'ensemble des transformations que subit toute substance introduite dans l'organisme.

On distingue deux étapes : l'assimilation ou *anabolisme,* c'est-à-dire la transformation d'une substance brute en éléments utilisables par l'organisme pour synthétiser sa propre substance ; le *catabolisme,* qui est l'ensemble des réactions de dégradation d'une substance vers des éléments rejetables par le rein, l'intestin ou le poumon.

2. Métabolisme énergétique. On considère ici l'apport ou la consommation d'énergie du métabolisme d'une substance. On peut considérer un corps chimique isolé (glucide, lipide, protide, par exemple) ou le métabolisme énergétique total de l'organisme.

Métabolisme basal. C'est la mesure de la quantité de chaleur produite par l'organisme en une heure et par mètre carré de surface corporelle dans des conditions basales, c'est-à-dire au repos musculaire complet, à jeun, couvert en fonction de la température de façon à n'avoir à réagir ni contre la chaleur ni contre le froid.

En pratique, on mesure la consommation d'oxygène dont on connaît le pouvoir calorique chez un sujet normalement alimenté. Le métabolisme basal est augmenté dans les hyperthyroïdies (maladie de Basedow) et diminué dans les hypothyroïdies (myxœdème).

métabolique adj. Relatif au métabolisme.

Maladies métaboliques. Elles sont pour la plupart d'origine génétique, soit congénitale (anomalie acquise du fœtus), soit héréditaire (anomalie existant chez les parents et transmise). Cette anomalie entraîne l'absence ou la diminution d'une enzyme nécessaire à une réaction biochimique, bloquant ainsi une chaîne métabolique. Citons l'albinisme, l'idiotie phénylpyruvique, la galactosémie, les porphyries, etc.

métabolite n. m. Corps intermédiaire d'une chaîne de réactions biochimiques ou produit terminal de cette chaîne.

métacarpe n. m. Partie du squelette de la main* comprise entre le poignet et les doigts, formée de cinq os longs, les métacarpiens.

métamère n. m. Segment résultant de la division primitive de l'embryon*.
Chez l'embryon humain, cette fragmentation n'est que passagère, et il se produit une nouvelle fragmentation de la chorde qui donnera naissance aux vertèbres.

métaphase n. f. Deuxième phase de la mitose*.

métaplasie n. f. Transformation d'un tissu en un autre de structure et de fonction différentes.
On retrouve souvent à l'origine des facteurs inflammatoires, chimiques ou hormonaux.

métastase n. f. Développement de foyers secondaires d'une affection, disséminés par voie sanguine ou lymphatique à partir d'un foyer primitif.

Métastases cancéreuses. V. CANCER.

Métastases infectieuses, présence d'abcès situés à distance d'un foyer infectieux primitif lors d'une septicémie*.

Métastases uratiques, fixation d'urates sous la peau ou dans les reins d'un sujet atteint de goutte*.

Métastases calciques, fixation de calcium sous la peau ou dans les reins d'un sujet présentant une hypercalcémie importante.

métatarsalgie n. f. Souffrance de l'avant-pied (métatarse).

métatarse n. m. Partie du squelette du pied comprise entre le tarse et les orteils, composée des 5 métatarsiens.

metatarsus varus n. m. Déviation en dedans des métatarsiens par rapport à l'axe du pied.
Il entraîne une déformation compensatrice des orteils (hallux valgus).

Metatarsus varus.
Metatarsus varus avec orteil dévié (*hallux valgus*).

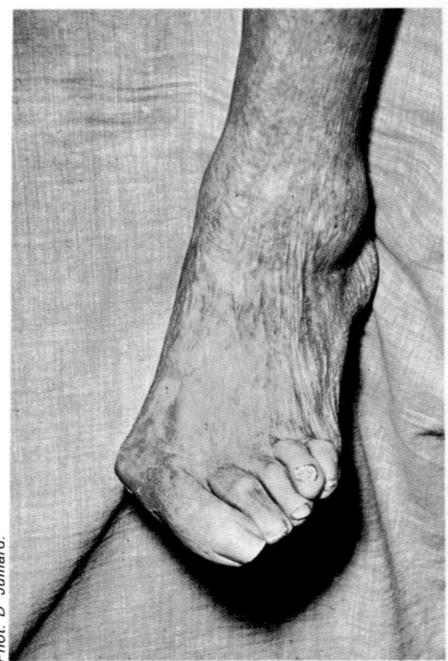

Phot. Dr Julliard.

météorisme n. m. Distension gazeuse de l'intestin entraînant un gonflement de l'abdomen qui est sonore à la percussion.

méthadone n. f. Substance analgésique, utilisée comme succédané de la morphine, lors de certaines cures de désintoxication. (Tableau B.)

méthémoglobine n. f. Hémoglobine* dont le fer ferreux a été oxydé en fer ferrique, ce qui la rend impropre au transport de l'oxygène.
La méthémoglobine présente dans le sang (méthémoglobinémie) est responsable de vertiges, de dyspnée*. Sa présence est souvent due à une intoxication (acides), dont le traitement comprend du bleu de méthylène et de l'acide ascorbique.

méthionine n. f. Acide aminé soufré indispensable à l'équilibre et à la croissance de l'organisme.

méthotrexate n. m. Antimitotique* dont la structure est proche de celle de l'acide folique.

méthyle n. m. Radical chimique $—CH_3$.
Biochimie. Le groupe méthyle est en partie synthétisé par l'organisme qui puise le complément nécessaire dans l'alimentation. Un de ses rôles essentiels est la formation de glycérophospholipides permettant le transfert des lipides. Cette synthèse se fait dans le foie. La carence en « donneurs de méthyle » (facteurs lipotropes) aboutit à l'accumulation de lipides dans le foie et à sa dégénérescence graisseuse.
Toxicologie. ***Dérivés non halogènes.*** La plupart sont dangereux pour le foie, le rein ou le cœur et peuvent être mortels à des doses allant de 3 g (sulfate de diméthyle) à 10 g (acrylate) ou 30 g (formiate ou acétate).
Dérivés halogènes. Ils sont tous très toxiques pour le système nerveux et en particulier le nerf optique, soit directement, soit par formation d'alcool méthylique. Les bromures et chlorures de méthyle (anciens extincteurs, insecticides, colorants) ne sont plus utilisés.
L'intoxication aiguë se manifeste par des vertiges, des céphalées, des convulsions, puis par un coma avec séquelles neurologiques graves si le malade survit.
L'intoxication chronique donne les mêmes symptômes, mais atténués.

méthylène n. m. **Bleu de méthylène.** V. BLEU.

méthylsergide n. m. Substance dérivée de l'ergot* de seigle, utilisée dans le traitement des migraines.

méthyltestostérone n. f. Dérivé de la testostérone, utilisable par voies intramusculaire, sublinguale et en implants.

métoclopramide n. m. Corps synthétique augmentant le péristaltisme et le calibre des voies digestives, efficace contre les nausées, les digestions difficiles, le ballonnement.

métopimazine n. f. Médicament antinauséeux et antivomitif très efficace, employé en gouttes, comprimés, suppositoires et injections.

métrite n. f. Inflammation du col ou du corps de l'utérus.

La métrite du col, ou métrite cervicale, ou cervicite, est la plus fréquente. Elle survient, en fait, sur une muqueuse dystrophique (v. ECTOPIE) du col et succède souvent à un avortement ou à un accouchement. Elle détermine des leucorrhées*, des douleurs et une dyspareunie*. Son traitement repose sur la diathermocoagulation*.

La métrite du corps est plus rare. Elle peut évoluer sur un mode *aigu,* il s'agit alors d'une infection gonococcique ou puerpérale (streptocoque).
Elle peut évoluer sur un mode *chronique* et est alors plus rare, puisque la chute de l'endomètre, lors des règles, assure un véritable « décapage » de la muqueuse tous les mois.

métrorragie n. f. Saignement provenant de l'utérus en dehors des règles, et de ce fait anormal.
Ce symptôme relève d'un très grand nombre de causes, et il doit entraîner une consultation quel que soit l'âge de la femme. La survenue d'une métrorragie impose un toucher vaginal et un examen au spéculum, mais également, selon les cas, des examens complémentaires tels que frottis* vaginaux, hystérographie* ou cœlioscopie*, dosages hormonaux.
Une métrorragie peut être grave par sa répétition, qui anémie progressivement la malade ; le plus souvent elle est grave par la lésion qui en est à l'origine.
Avant la puberté. Les métrorragies sont exceptionnelles et peuvent être dues à une puberté précoce ou à une tumeur sécrétante de l'ovaire.
Chez la jeune fille. Il peut s'agir d'une cause *générale* (tuberculose, maladie de cœur ou du sang), d'une cause *génitale organique* (kyste de l'ovaire), mais, le plus souvent, il s'agit d'une *cause fonctionnelle* par irrégularité de l'ovulation.
Chez la femme en période d'activité génitale. Il faut penser d'abord à un *état de grossesse* connu, ou méconnu (menace d'avortement, grossesse extra-utérine, môle*). Si le diagnostic de grossesse est éliminé avec certitude, il peut s'agir d'un *fibrome,* d'un

polype, d'une *infection* génitale, d'une *tumeur maligne* (cancer du col de l'utérus) ou d'*anomalies* dites « fonctionnelles » du cycle menstruel.

Chez la femme à la ménopause. Les métrorragies sont fréquentes et le plus souvent bénignes. Mais aucune femme ne doit se contenter de l'explication facile du « retour d'âge », sans avoir consulté son médecin, qui seul est à même de découvrir des causes organiques toujours possibles comme un fibrome, un polype ou un cancer.

Chez la femme après la ménopause (c'est-à-dire un an après l'arrêt total des règles). Il peut s'agir de lésions bénignes (polype, atrophie vulvo-vaginale, cervicite), mais il peut s'agir aussi de tumeurs au pronostic beaucoup plus sérieux (cancer du corps de l'utérus). Les métrorragies sont parmi les plus fréquents des troubles du cycle menstruel. Elles doivent toujours être considérées comme des anomalies et toujours inciter à aller consulter sans tarder.

microbe n. m. Terme général regroupant tous les micro-organismes : virus*, bactéries*, protozoaires*, champignons microscopiques.

microbiologie n. f. Science des microbes*.
Elle regroupe la virologie, la bactériologie, la parasitologie et la mycologie.

microcéphalie n. f. Insuffisance de développement du crâne, sans anomalies de formes, mais s'accompagnant parfois de cécité et d'arriération mentale.

microchirurgie n. f. Chirurgie effectuée sous le contrôle du microscope, avec des instruments spéciaux. La microchirurgie est un progrès important en O. R. L., en ophtalmologie, en traumatologie, etc.

microclimat n. m. Région très limitée où un ensemble de conditions climatiques précises sont réalisées. (V. CLIMATOLOGIE.)

microcoque n. m. Bactérie de forme ronde. (Syn. : COCCUS* [pl. *cocci*].)

microcornée n. f. Malformation congénitale de la cornée, dont le diamètre est très petit.

microcyte n. m. Globule rouge de taille inférieure à la normale.

microdactylie n. f. Malformation congénitale caractérisée par une réduction proportionnée d'un ou de plusieurs doigts ou orteils.

microglossie n. f. Petitesse excessive de la langue.

micrognathie n. f. Petitesse excessive du maxillaire inférieur.

microgramme n. m. Millionième de gramme, représenté par le signe γ (gamma) ou μg.

micromélie n. f. Anomalie congénitale caractérisée par une brièveté anormale des membres.
L'achondroplasie* réalise une micromélie symétrique des quatre membres.

micro-organisme n. m. Syn. MICROBE*.

microphage n. m. Cellule effectuant la phagocytose* d'éléments de taille très petite (bactéries par exemple).

microphtalmie n. f. Réduction congénitale des dimensions du globe oculaire, pouvant réaliser, à l'extrême, une absence complète de cet organe.

micropolyadénopathie n. f. Présence de nombreux ganglions de petite taille, disséminés au cou, aux aisselles, aux aines, etc.

microscope n. m. Appareil d'optique qui permet d'observer des objets invisibles à l'œil nu, grâce à un système d'agrandissement associant plusieurs lentilles (grossissements allant de 15 × à 1 500 ×).

Ultramicroscope, microscope muni d'un fond noir sur lequel se détachent les objets très brillants qui sont éclairés latéralement. — Il permet d'observer des organismes difficiles à colorer et à l'état mobile (tréponèmes de la syphilis par exemple).

Microscope polarisant, système optique permettant l'observation en lumière polarisée (recherche de corps biréfringents dans les urines).

Microscope électronique. Le rayon lumineux est remplacé ici par un faisceau d'électrons et les lentilles optiques par un dispositif électrique complexe. Les grossissements obtenus atteignent 100 000 ×.

microsporie n. f. Maladie cutanée causée par un *microsporon* (champion).
Microsporon furfur est l'agent du pityriasis* versicolor.

microtome n. m. Appareil utilisé en histologie pour confectionner des coupes très fines d'un tissu à examiner au microscope.

miction n. f. Action d'uriner.
La miction est le résultat de la contraction réflexe de la vessie* et du relâchement volontaire des sphincters. L'adulte normal présente 5 ou 6 mictions par jour et n'urine pas pendant le sommeil. La miction normale est indolore, immédiate, sans effort, et sa terminaison est franche.

miel n. m. Le miel, principal aliment sucré de l'Antiquité, est très nutritif (320 calories pour 100 g), il ne contient pas de lipides. On peut l'employer comme le sucre et à sa place.

Il est légèrement laxatif. Les diabétiques doivent l'éviter.

mifépristone n. f. V. RU 486.

migraine n. f. Douleur unilatérale siégeant au crâne, sans horaire précis, souvent très violente et accompagnée de nausées, de troubles oculaires.

Formes cliniques. ***La migraine ophtalmique.*** C'est la plus typique. Les signes annonciateurs sont des troubles du sommeil, une somnolence, une irritabilité particulière. La première phase est marquée par des troubles visuels. Un point brillant apparaît devant les yeux et s'agrandit (scotome* en croissant). Ce trouble s'étend en tache d'huile ou se transforme en déficit visuel (hémianopsie*). L'accès entre ensuite dans sa phase douloureuse (crise migraineuse), à prédominance fronto-orbitaire, unilatérale : sensation de broiement, de martèlement. La douleur s'exagère par paroxysmes déclenchés par le bruit, la lumière, l'éternuement, la toux. L'accès aboutit à un état vertigineux, nauséeux : le sujet est pâle, il vomit, ce qui apaise la douleur. Puis celle-ci reprend, et la crise dure ainsi de 12 à 24 heures, laissant ensuite le sujet détendu, mais las.

La migraine simple. Elle ressemble à la migraine ophtalmique, sans ses signes visuels. La mise en évidence des signes annonciateurs et des signes d'accompagnement aide au diagnostic.

La migraine accompagnée. Elle associe à la crise douloureuse des signes neurologiques passagers : fourmillements des extrémités, illusions concernant le volume et la position de certains segments corporels (asomatognosie), parfois troubles du langage, qui régressent à l'arrêt de la crise.

Certaines migraines surviennent à des périodes particulières de la vie : puberté, menstruations. D'autres se rencontrent chez des sujets à tendance dépressive, anxieuse ou victimes d'un traumatisme crânien.

Physiopathologie. La douleur est le résultat d'une vaso-dilatation et d'une hyperpulsabilité artérielles au niveau du cerveau, responsable d'un œdème qui engendre la douleur. Des causes peuvent être alléguées à la survenue d'une crise migraineuse : allergie alimentaire surtout, perturbations digestives ou hépatiques. Le vomissement de bile calmant souvent la migraine, on a tendance à attribuer celle-ci à un dérèglement du foie ou des voies biliaires ; en réalité, le plus souvent les deux phénomènes (le mal de tête et la crise biliaire) semblent causés par un dérèglement du système neurovégétatif.

Traitement. ***Le traitement de fond.*** Il vise à éviter la répétition des crises. Il comporte, d'une part, la correction de tous les troubles organiques constatés : constipation, dyskinésie* biliaire, insuffisance hépatique, troubles endocriniens (notamment ovariens chez la femme), la désensibilisation d'une éventuelle allergie, le respect d'un régime sans graisses, ragoûts, abats, boissons alcoolisées, tabac, etc., et, d'autre part, la prescription de cures régulières de régulateurs du système sympathique, au premier plan desquels se trouvent les dérivés de l'ergot de seigle : dihydro-ergotamine et méthysergide. La conduite de ce traitement, qui doit être adapté à chaque cas, ne peut être entreprise que par le médecin connaissant bien son patient et le suivant régulièrement.

Le traitement des crises. Lorsqu'elles sont déclarées, il est aléatoire : le tartrate d'ergotamine associé ou non à la caféine peut limiter la crise lorsqu'il est administré dès la première phase. Plus tard, seuls les antalgiques puissants peuvent atténuer la douleur : amidopyrine associée aux barbituriques, paracétamol, phénacétine, codéthyline, dont il existe de nombreuses formes spécialisées. Les suppositoires calmants permettent de traiter les sujets qui vomissent. Le repos au lit, le calme, l'obscurité sont essentiels.

Mikulicz (syndrome de), nom donné à deux affections différentes :

1. Une hypertrophie des glandes salivaires et lacrymales, de cause inconnue et d'évolution bénigne.

2. Une ostéite* dystrophique bénigne touchant les sujets jeunes (kystes et transformation fibreuse des os).

miliaire adj. Qui ressemble à un grain de mil.

En pneumologie, « miliaire » désigne un aspect radiologique fait d'un semis de petits nodules disséminés dans les champs pulmonaires. La cause majeure en est la tuberculose. Ces images se trouvent aussi dans la maladie de Besnier*-Bœck-Schaumann, dans les pneumoconioses* (silicose surtout) et dans les scléroses pulmonaires diffuses.

En dermatologie, « miliaire » désigne les éruptions faites de petites vésicules qu'on observe chez les sujets fébriles. La *suette miliaire* est une maladie infectieuse qui se traduit par une éruption miliaire, des sueurs abondantes et de la fièvre.

milieu n. m. Espace matériel dans lequel un corps ou un être vivant est placé, ou encore son environnement.

Milieu intérieur, ensemble des liquides qui baignent les cellules des organismes supérieurs, de composition remarquablement constante. (V. HOMÉOSTASIE.)

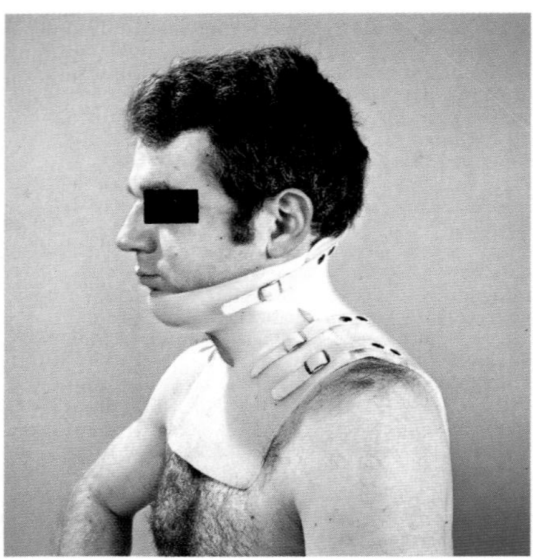

Minerve.

Milieux transparents de l'œil*. Ils comprennent la cornée, l'humeur aqueuse, le cristallin, le vitré, qui sont des substances réfringentes à travers lesquelles passent les rayons lumineux pour frapper la rétine.
Milieu de culture, substance apte à favoriser le développement des micro-organismes

Les bactéries sont cultivées sur milieu liquide ou solide (bouillon de viande, gélose nutritive, etc.). Le milieu à l'œuf de Loewenstein est utilisé pour la culture du bacille de Koch. Des milieux privés d'air sont nécessaires pour le développement de germes anaérobies*. Les virus ne peuvent être cultivés que sur des cellules vivantes (œuf embryonné de poule ou culture de tissus).
Milieu social. On désigne ainsi, en psychopédagogie, l'ensemble de toutes les influences émanant de l'éducation et de la culture ambiante s'exerçant sur un individu.

milium n. m. Granulation bénigne blanche, de la taille d'une tête d'épingle, apparaissant sur la peau du visage ou sur des cicatrices, en éléments groupés.

Millard-Gubler (syndrome de), hémiplégie dite *alterne* (paralysie d'un hémicorps et de l'hémiface opposée).

millefeuille n. m. Plante aux feuilles divisées (*Achillea millefolium,* composées), employée en infusions comme cholérétique, emménagogue et contre les hémorroïdes.

milliéquivalent n. m. Millième partie de la masse d'un ion capable de se combiner (donc d'être « équivalent ») à 1 g d'hydrogène H^+ s'il s'agit d'un anion, ou à 17 g de radical OH^- s'il s'agit d'un cation (sigle : mEq).
Cette expression est la seule capable de rendre compte d'une concentration d'ions, qu'ils soient positifs ou négatifs. La concentration ionique étant déterminante de la pression osmotique, on peut ainsi juger de l'équilibre hydrique de l'organisme. (V. IONOGRAMME.)

mimique n. f. Expressions du visage, jeux de physionomie qui accompagnent et reflètent les états affectifs et les pensées.
Certains troubles mentaux comportant une perturbation de la mimique, on distingue les mimiques exagérées (hypermimies), les mimiques appauvries (amimies) et les mimiques paradoxales.

minéralocorticoïde n. m. Hormones sécrétées par la corticosurrénale*, qui agissent sur le métabolisme de l'eau et des sels minéraux.
Ce sont l'aldostérone et la désoxycorticostérone. Elles retiennent l'eau et le sodium et favorisent la fuite de potassium.

minerve n. f. Appareil orthopédique destiné à maintenir la tête en rectitude et en extension. Il permet l'immobilisation des lésions de la colonne cervicale (plâtré ou en plastique, avec ou sans appui mentonnier).

Minkowski-Chauffard (maladie de), anémie hémolytique*, due à une fragilité excessive des globules rouges.
La maladie commence dans l'enfance par un ictère* modéré, une anémie*, une splénomégalie* (grosse rate), des anomalies osseuses. La lithiase* vésiculaire est une complication fréquente.

Le diagnostic repose sur la découverte de la microsphérocytose (petits globules rouges sphériques), de la diminution de la résistance* globulaire et l'hémolyse *in vitro,* qui est accélérée et corrigeable par le glucose. La maladie peut provoquer des crises aiguës sur un fond d'anémie chronique.

Le traitement utilise les transfusions et surtout la splénectomie*.

minoxidil n. m. Médicament employé dans le traitement des alopécies*.

miroir n. m. **Optique.** ***Miroir d'éclairage,*** instrument utilisé par les oto-rhino-laryngologistes pour l'examen du nez, du larynx et de l'oreille. — Le plus courant est le miroir de Clar, qui réfléchit et concentre la lumière sur la zone à examiner.
Miroir d'examen, miroir utilisé pour exami-

ner un organe caché dans une cavité. — On se sert de miroirs laryngés et dentaires, de petit diamètre, montés sur une tige fine.
Psychologie. ***Stade du miroir.*** Ce stade constitue, chez l'enfant, une étape importante dans le développement de la personnalité et dans la formation de l'image du corps.

Au début de sa vie, l'enfant a de l'espace qui l'entoure et de son propre corps une connaissance imparfaite, à la fois chaotique et morcelée. Progressivement, il va réaliser la synthèse de son image corporelle devant le miroir en prenant conscience peu à peu de son identité et de son intégrité propres par rapport au monde extérieur.

mithridatisation n. f. Tolérance partielle ou complète à des doses importantes de poison, grâce à l'ingestion répétée et prolongée de doses minimes du même poison.
Ce phénomène existe notamment pour les stupéfiants (morphine et autres) et la nicotine, qui donnent une accoutumance*.

mitochondrie n. f. Élément du cytoplasme des cellules, jouant un rôle important dans les réactions de respiration cellulaire.

mitose n. f. Mode de division indirecte des cellules des organismes supérieurs, au cours de laquelle le noyau subit d'importantes modifications. (S'oppose à AMITOSE*.)
Son résultat est la formation de deux cellules filles identiques à la cellule mère qui leur a donné naissance. La mitose comprend plusieurs phases : lors de la *prophase*, la chromatine* nucléaire se condense en filaments qui se dédoublent dans le sens longitudinal formant les chromosomes* ; le *centre cellulaire* (centrosome) situé dans le cytoplasme se dédouble en deux centromères allant chacun à l'un des pôles de la cellule et reliés entre eux par de fins filaments qui

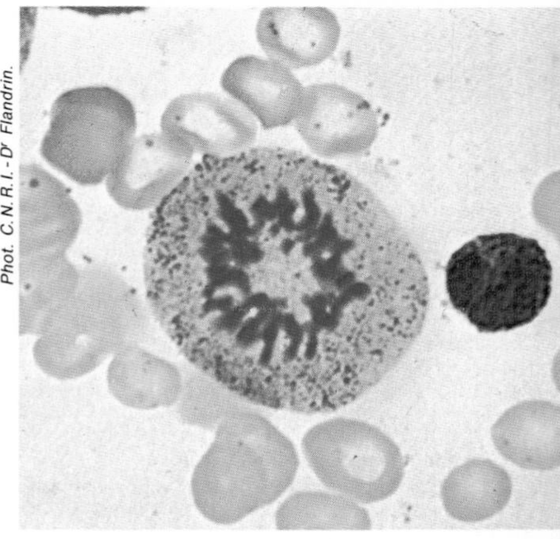

Phot. C.N.R.I.-Dr Flandrin.

Mitose.
Cellule en mitose au stade de la métaphase.

Miroir de Clar.

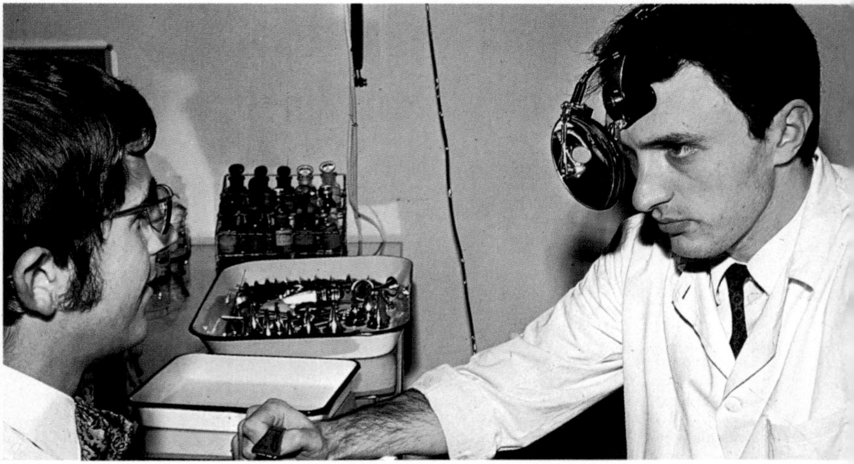

Phot. Larousse.

forment le *fuseau achromatique.* La membrane du noyau disparaît. Lors de la *métaphase* (deuxième temps), les chromosomes, groupés en paires, se disposent dans la partie médiane du fuseau, donnant la plaque équatoriale. Lors de l'*anaphase*, les chromosomes homologues se séparent, migrant vers chaque centromère. La *télophase* (dernière étape) se caractérise par la formation à chaque pôle de deux noyaux normaux et par la formation de deux cellules filles par étranglement du cytoplasme.

Mitoses anormales. Ces divisions anormales sont surtout le fait des cellules cancéreuses. Elles peuvent consister en perte ou non-disjonction de chromosomes, en la formation de 3 cellules filles au lieu de

Mitose réductionnelle. V. MÉIOSE.

Modificateurs de la mitose. Les extraits embryonnaires augmentent le nombre des mitoses. Les agents bloquant la mitose sont nombreux et utilisés dans le traitement des cancers : radiations ionisantes, drogues antimitotiques*.

mitral, e, aux adj. Qui a la forme d'une mitre.

L'*orifice mitral* fait communiquer l'oreillette et le ventricule gauches du cœur*. Il est muni d'une valvule formée de deux valves quadrilatères retenues par des cordages, eux-mêmes fixés à des piliers ancrés sur la paroi du ventricule gauche. Cette valvule s'oppose au reflux du sang vers l'oreillette gauche lors de la systole (contraction) ventriculaire.

Rétrécissement mitral (R. M.), diminution d'ouverture de la valvule mitrale, qui est devenue fibreuse, avec soudure des commissures séparant les deux valves. — La cause principale en est le rhumatisme articulaire aigu.

Le R. M. s'observe plus fréquemment chez la femme que chez l'homme. Il entraîne une stase sanguine en amont de l'orifice : oreillette gauche, capillaire pulmonaire, puis secondairement ventricule droit.

Il se révèle par une dyspnée* à l'effort, des épisodes d'œdème pulmonaire plus ou moins intense, accompagnés souvent d'hémoptysies*. Cliniquement, le diagnostic est affirmé par le roulement diastolique caractéristique à l'auscultation, que l'on perçoit souvent à la palpation sous forme d'un frémissement « pareil au chat qui ronronne » : le frémissement cataire.

Le traitement curatif est chirurgical : commissurotomie à cœur fermé, de plus en plus remplacée à l'heure actuelle par la pose de valves artificielles qui évitent la récidive.

Insuffisance mitrale (I. M.), reflux de sang du ventricule vers l'oreillette gauche lors de la

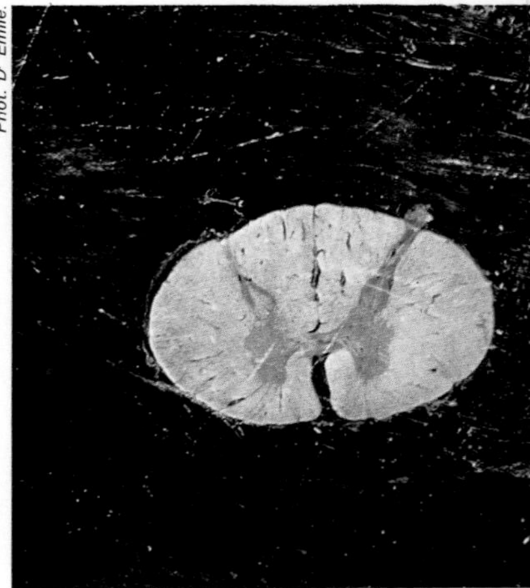

Phot. Dr Émile.

Moelle épinière.
Anatomie du système nerveux : coloration de Nissl.
La substance grise apparaît en bleu foncé.

systole*, par incontinence (fuite) de la valvule. — Les causes principales sont une anomalie congénitale ; parfois une rupture de cordage ou un dysfonctionnement de pilier après infarctus ; parfois une perforation ou la lésion d'une valve au cours de l'endocardite* d'Osler ; fréquemment, il s'agit d'une séquelle de rhumatisme articulaire aigu.

Les signes fonctionnels sont les mêmes que ceux du R. M., mais il s'y associe des signes d'insuffisance ventriculaire gauche. (V. CŒUR.) Le traitement associe diurétiques et tonicardiaques. La chirurgie propose le remplacement valvulaire.

Insuffisance mitrale fonctionnelle, reflux du sang du ventricule vers l'oreillette gauche, dû à un élargissement de l'anneau mitral par relâchement du myocarde du ventricule gauche, consécutif à une affection autre qu'une atteinte mitrale.

Maladie mitrale. Elle associe rétrécissement mitral et insuffisance mitrale.

mitte n. f. Conjonctivite due à l'hydrogène sulfuré (v. SOUFRE), associant un larmoiement, une photophobie et parfois des ulcérations cornéennes.

mobilisation n. f. **1. En physiologie,** déplacement du corps par rapport au sol ou d'un

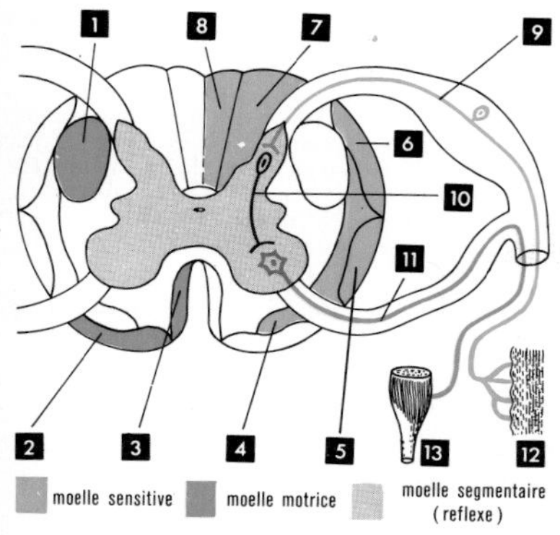

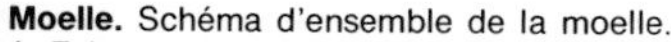

Moelle. Schéma d'ensemble de la moelle.
1. Faisceau pyramidal croisé (motricité volontaire);
2. Faisceau vestibulo-spinal (voie extrapyramidale);
3. Faisceau pyramidal direct;
4. Faisceau spino-thalamique (douleur, température);
5. Faisceau cérébelleux croisé (sensibilité proprioceptive);
6. Faisceau cérébelleux direct;
7. Faisceau de Burdach; 8. Faisceau de Goll;
9. Neurone sensitif; 10. Neurone connecteur;
11. Neurone moteur; 12. Peau; 13. Muscle.

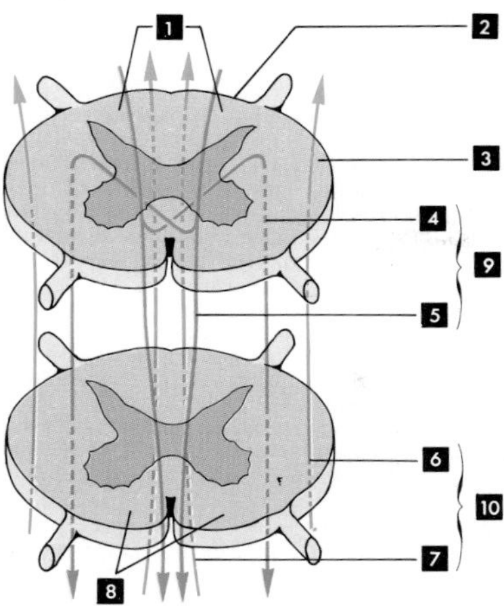

Moelle. 1. Cordons postérieurs; 2. Toucher;
3. Cordon latéral;
4. Faisceau pyramidal croisé;
5. Faisceau pyramidal direct;
6. Voie extéroceptive;
7. Voie proprioceptive;
8. Cordons antérieurs;
9. Fibres descendantes (motrices);
10. Fibres ascendantes (sensitives).

segment du corps par rapport aux autres. — **2. En thérapeutique,** mise en mouvement des articulations dont le jeu est limité en vue d'en augmenter l'amplitude, cette mobilisation pouvant être active ou passive. (V. KINÉSITHÉRAPIE.) — **3. En chirurgie,** section des adhérences normales ou pathologiques pour déplacer un organe fixe ou restaurer une mobilité disparue. — **4. En biochimie,** mise en circulation des réserves nutritives (graisses, glycogène*, etc.).

mobilité n. f. **Mobilité anormale,** déplacement anormal d'os ou de fragments osseux perçu en cas de fracture ou d'entorse. (La recherche de cette mobilité anormale doit être très prudente, car douloureuse et parfois dangereuse.)

moelle n. f. **1.** Partie du système nerveux que protège la colonne vertébrale (*moelle épinière*).
2. Tissu mou occupant la cavité interne des os (*moelle osseuse*). — Le même adjectif, *médullaire,* se rapporte aux deux.

Moelle épinière. Située dans le canal rachidien, c'est une tige cylindrique qui s'étend du trou occipital (où elle fait suite au bulbe*) jusqu'au niveau de la deuxième vertèbre lombaire (où lui font suite les nerfs lombosacrés). Sa face antérieure est parcourue par un sillon médian profond, sa face postérieure par un sillon médian peu accusé. Sur une coupe horizontale, la moelle apparaît formée d'une partie centrale de substance grise (cellules nerveuses) et d'une partie périphérique de substance blanche (faisceaux nerveux conducteurs).
La substance grise a la forme d'un croissant : les cornes antérieures, larges, donnent issue aux racines motrices des nerfs rachidiens; les cornes postérieures, étroites, reçoivent les racines sensitives des nerfs; les cornes sont reliées entre elles par une bande transversale percée du canal de l'épendyme et par deux bandes latérales. La substance blanche est divisée par les sillons antérieur et postérieur en deux cordons antérieurs, deux cordons postérieurs ayant entre eux les cordons

latéraux ; elle contient les faisceaux nerveux moteurs (pyramidal en avant et latéralement), sensitifs (en arrière et latéralement) et d'association assurant la transmission de l'influx nerveux entre l'encéphale et les nerfs périphériques.

Syndromes médullaires. Ils associent des troubles sensitifs, moteurs et parfois sphinctériens dont le niveau est fonction de la lésion causale (lésion lombaire : troubles au niveau des membres inférieurs ; lésion cervicale : troubles des quatre membres).

Les *paralysies* d'origine médullaire peuvent être flasques ou spasmodiques.

Les *troubles sensitifs* peuvent être globaux ou électifs pour un mode de sensibilité. (V. SYRINGOMYÉLIE.)

Les *troubles sphinctériens* sont plus graves lorsque la lésion responsable est située au niveau des centres sphinctériens lombo-sacrés.

Affections de la moelle épinière. Citons les *traumatismes rachidiens* (fractures ou luxations de vertèbres), qui peuvent provoquer les différents syndromes médullaires (v. ci-dessus). Les *compressions médullaires* résultent d'une lésion osseuse du canal rachidien ou d'une lésion développée entre celui-ci et la moelle. Elles doivent être levées par une intervention neurochirurgicale urgente. Elles se traduisent par des signes d'atteinte médullaire, par des signes de compression des nerfs rachidiens et par un blocage de la circulation du liquide céphalo*-rachidien. Elles peuvent avoir pour cause le mal de Pott*, les tumeurs intra- ou extramédullaires, les épidurites, etc. Les *myélomalacies* (ramollissements) sont dues à un défaut de vascularisation médullaire. Les *myélites* sont des affections inflammatoires de la moelle. Les *tumeurs* de la moelle sont soit bénignes, soit malignes, la myélographie* en permet le diagnostic. Les autres affections de la moelle épinière sont la syringomyélie*, la sclérose* latérale amyotrophique, la sclérose* en plaques, le tabès* (syphilis nerveuse).

Moelle osseuse. La *moelle rouge* est cantonnée, chez l'adulte, aux os courts et plats et aux extrémités des os longs ; la *moelle jaune* contient surtout de la graisse. La moelle osseuse rouge est le principal organe de l'hématopoïèse*. Elle peut être explorée par le myélogramme* (ponction sternale).

Affections de la moelle osseuse. L'infection aiguë généralement localisée est l'*ostéomyélite* (v. OSTÉITE). Les *lésions dégénératives de la moelle,* causes d'anémies* et d'agranulocytose* sont souvent consécutives à la prise de médicaments, à l'absorption de toxiques industriels, à des irradiations par des corps radioactifs. (V. MYÉLOSE.) Les *lésions tumorales* de la moelle sont les myélomes*, les leucémies* myéloïdes, etc.

moi n. m. En *psychologie,* le « moi » désigne en principe la personnalité psychique d'un sujet qui prend conscience de lui-même et qui s'affirme comme un être bien distinct des autres. Au sens *psychanalytique,* le moi est l'une des trois grandes « instances* » de la personnalité.

moignon n. m. Ce qui reste d'un membre ou d'un organe que l'on a amputé. (V. AMPUTATION.)

molaire n. f. Grosse dent* servant à broyer les aliments.

Les molaires de la première dentition (dents de lait) sont au nombre de 8 ; elles sont remplacées par les prémolaires (dents définitives) ; les molaires de la seconde dentition, définitives, situées en arrière des précédentes, sont au nombre de 12. (V. DENT.)

môlaire adj. Relatif à la môle*.

Avortement môlaire. L'avortement d'un œuf môlaire se caractérise par le fait qu'il s'effectue par fragments, qu'il est très hémorragique, qu'il s'accompagne d'expulsion de vésicules translucides caractéristiques de la môle. Il est souvent incomplet et nécessite la vérification de la cavité utérine avec une curette ou une canule d'aspiration.

môle n. f. Dégénérescence kystique des villosités du placenta, aboutissant à la formation d'une grappe volumineuse de vésicules translucides.

C'est une affection bénigne en elle-même, mais dont les suites doivent être surveillées pendant longtemps, en raison de la possibilité de transformation ultérieure en tumeur maligne gravissime, le *chorio-épithéliome.*

La *grossesse môlaire* est marquée par des métrorragies* répétées dès les premiers mois et une exagération des signes fonctionnels de grossesse (vomissements et nausées intenses, crampes, insomnies). L'examen clinique permet de reconnaître un utérus trop gros, pour l'âge supposé de la grossesse, et trop mou. Parfois, il met en évidence des kystes ovariens bilatéraux. Le diagnostic doit être confirmé par le dosage des hormones gonadotropes et par l'échographie.

L'*évolution spontanée* de la grossesse môlaire se fait vers l'avortement. Dans la très grande majorité des cas, les récidives après guérison sont exceptionnelles, et les grossesses ultérieures se déroulent normalement. Après évacuation de la môle, le taux des hormones gonadotropes diminue rapidement et devient nul au bout d'un mois. La

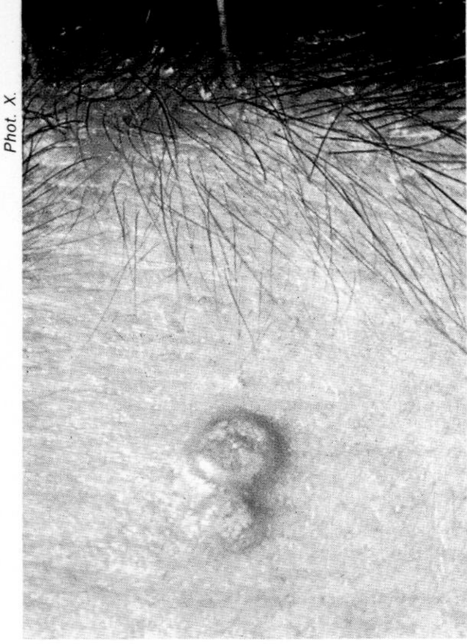

Molluscum. *Molluscum contagiosum.*

persistance ou l'augmentation des ces hormones font suspecter un chorio-épithéliome.

mole n. f. Unité de quantité de substance, correspondant à un nombre déterminé de molécules dit nombre d'Avogadro (6×10^{23}). En médecine, on emploie des sous-multiples, la millimole (mmol), ou millième de mole, et la micromole (μmol) ou millionième de mole.

Molitg, station thermale des Pyrénées-Orientales, dont les eaux sulfurées et bicarbonatées, riches en silicium, sont utilisées dans certaines affections de la peau (eczémas, psoriasis, etc.), du nez et du pharynx (rhinites, pharyngites, etc.).

molluscum n. m. Tumeur cutanée bénigne.
Molluscum contagiosum, tumeur hémisphérique, d'aspect perlé, contagieuse et d'origine virale, profondément enchâssée dans le derme. — Isolé ou multiple, le molluscum contagiosum siège souvent à la face, ce qui rend son traitement délicat. La cryothérapie* en permet l'ablation.
Molluscum pendulum, tumeur cutanée saillante de petite taille, présente par dizaines au niveau du cou et des aisselles. — Le traitement repose sur l'électrocoagulation.

mollusque n. m. Les principaux mollusques comestibles sont l'escargot, l'huître, la moule, le calmar, etc. Chez certains sujets, ils entraînent des accidents allergiques. Les huîtres et les moules peuvent transmettre l'hépatite virale et la typhoïde.

momification n. f. Transformation d'un cadavre en momie, le plus souvent par dessiccation et absence de putréfaction.

Monge (maladie de), polyglobulie observée chez les sujets vivant en haute altitude (où l'air est raréfié en oxygène) ; elle s'accompagne de cyanose, d'asthénie et disparaît lorsque le sujet retrouve une atmosphère au taux normal d'oxygène.

mongolisme n. m. Maladie congénitale caractérisée par des troubles intellectuels et une morphologie particulière avec faciès rappelant les Mongols, mais sans rapport avec cette race.
Le mongolisme est lié à la présence dans les cellules de 3 chromosomes 21 au lieu de 2, ce pourquoi cette maladie est également appelée « trisomie 21 ».

Le visage du mongolien est large et rond avec une bouche petite et une grosse langue ; les fentes palpébrales sont obliques avec une bride interne, ou épicanthus ; les yeux sont écartés, la nuque aplatie et le cou court. Le mongolisme s'accompagne souvent de malformations cardiaques ou digestives, qui abrègent l'existence des enfants qui en sont atteints. Néanmoins, le développement d'un enfant mongolien permet une survie qui peut atteindre l'âge adulte, mais il existe une

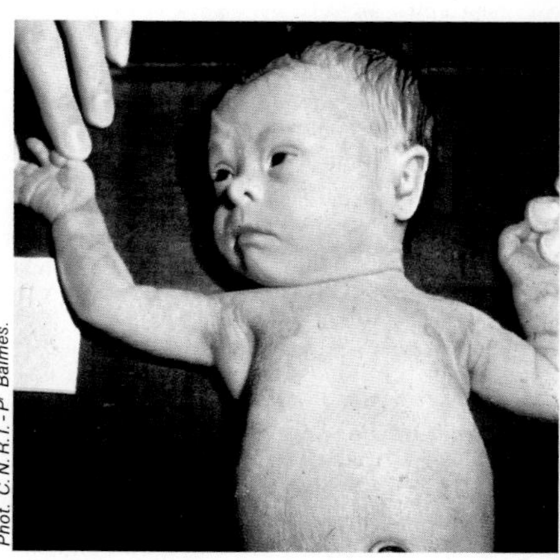

Mongolisme. Nouveau-né mongolien.

arriération profonde, et l'âge mental dépasse rarement 7 ans.

La plupart des mongoliens naissent de femmes âgées, et le risque s'accroît considérablement au-delà de 40 ans. Dans ces cas, il s'agit d'un « accident de la méiose », et les chromosomes des parents sont normaux. (Les autres enfants sont normaux.)

Dans de rares cas, les mongoliens naissent de parents porteurs d'une anomalie appelée « translocation », mais qui ne présentent pas d'anomalies cliniques. Dans ces cas, la maladie peut être transmise 1 fois sur 3 grossesses.

moniliase n. f. Syn. de CANDIDOSE*.

moniteur n. m. Appareil électronique de surveillance automatique des malades.
Le moniteur contrôle en permanence un ou plusieurs paramètres (pouls, tension artérielle, température, etc.) dont on a fixé les limites permises de variation. Une alarme sonore et visuelle sera déclenchée si ces limites sont franchies, soit immédiatement, soit après un délai variable à volonté.

Les moniteurs sont utilisés pour la surveillance continue de l'électrocardiogramme, de la respiration, de la pression artérielle, du débit sanguin périphérique, de la pression artérielle ou pulmonaire, de la température.

Chaque moniteur peut être relié à une console centrale permettant à une seule personne de surveiller de 8 à 10 malades. Indispensables en réanimation, les moniteurs permettent aussi de détecter des troubles intermittents et brefs ou d'étudier en continu des phénomènes naturels (sommeil par exemple).

monitorage ou **monitoring** n. m. Surveillance d'un ou de plusieurs malades à l'aide d'un moniteur.

monoamine n. f. Amines ne possédant qu'un « radical —NH_2 », telles la sérotonine et les catécholamines.

monoamine-oxydase n. f. Enzyme capable d'oxyder les monoamines.
Présente dans la substance grise du cerveau, elle détruit à ce niveau les monoamines. Les inhibiteurs de la monoamine-oxydase (I. M. A. O.*) sont des médicaments antidépresseurs.

monoarthrite n. f. Arthrite* touchant une seule articulation.

monocyte n. m. Variété de leucocyte* mononucléaire de grande taille, représentant de 4 à 10 p. 100 des leucocytes sanguins. (Ce taux augmente dans les syndromes mononucléosiques et les maladies éruptives.)

mononucléaire adj. et n. m. Se dit d'une cellule ne possédant qu'un seul noyau.
Les mononucléaires du sang sont les lymphocytes* et les monocytes*.

mononucléose n. f. Réaction ganglionnaire et sanguine comportant surtout une leucocytose* avec augmentation du nombre des mononucléaires.

Mononucléose infectieuse, maladie infectieuse d'origine virale caractérisée par l'existence d'une angine rouge aiguë, pseudomembraneuse, d'adénopathies* cervicales et plus rarement par un ictère* et une splénomégalie. — La fièvre est élevée, et la fatigue est intense. Les arguments du diagnostic sont biologiques : d'abord, il existe une hyperlymphocytose (de 12000 à 25000) avec hyperbasophilie et grands monocytes bleutés ; d'autre part, le « M. N. I.-test », spécifique de la maladie, ainsi que la réaction sérologique de Paul-Bunnell-Davidson sont positifs.

La mononucléose infectieuse atteint surtout les adultes jeunes ; la contamination se fait par la salive des individus, d'où son nom de « maladie du baiser ». Le traitement ne comporte que le repos au lit et les antibiotiques, qui évitent les surinfections bactériennes. Parfois, on administre des corticoïdes* afin d'écourter l'asthénie (fatigue) de la convalescence, qui dure souvent plusieurs mois.

monoplégie n. f. Paralysie d'un des quatre membres.

monstre n. m. Être qui a subi une perturbation dans son développement, avant ou pendant la *morphogenèse.*
C'est l'aspect le plus grave des malformations. Un petit nombre seulement sont capables de vivre. L'étude des monstres constitue la *tératologie.*

Principaux types de monstres. ***Les monstres simples ou unitaires.*** On en distingue 3 groupes, selon le siège de la malformation :
— *monstruosités du tronc :* malformation des parois du corps ou des viscères ;
— *monstruosités des membres :* absence ou atrophie des deux premiers segments des membres (hémimèles, phocomèles, ectromèles), anomalies portant sur l'ensemble des membres (symélie) ;
— *monstruosités de la tête :* affectant soit le système nerveux (hydrocéphalie), soit le système nerveux et le crâne (anencéphales, encéphalocèle, méningocèle).

Les monstres composés, qui sont le plus souvent doubles. Lorsque les deux êtres qui les composent sont égaux, ils constituent des *tératopages* (frères siamois), réunis front contre front, occiput contre occiput, sacrum contre sacrum, etc. Lorsque les deux êtres sont inégaux, le plus petit, plus incomplet et imparfait que l'autre, est appelé *parasite,* tandis que l'autre est appelé *hôte.*

Causes des monstruosités. Ces causes exercent obligatoirement leur action avant la fin de la morphogenèse, c'est-à-dire au début du 3e mois de la grossesse.

Causes préexistantes à la fécondation. Ce sont les facteurs génétiques ou héréditaires (gènes anormaux, anomalies de nombre ou de structure des chromosomes), ou encore des anomalies de l'ovule ou du spermatozoïde (vieillissement).

Causes extérieures au produit de conception initialement indemne (agressions par des agents nocifs ou des carences durant la période de formation des organes). V. EMBRYOPATHIE.

L'étude des monstres, qui, il y a quelques années, se limitait à en établir la liste et la description, est devenue une science essentielle en raison des possibilités de prévention qu'elle permettra.

montagne n. f. L'alpinisme impose un effort physique intense dans des conditions atmosphériques qui dépendent de l'altitude*. La *baisse de la teneur en oxygène* dans l'atmosphère détermine une hypoxie contre laquelle le sujet lutte par une respiration plus ample et rapide, une tachycardie*, une polyglobulie*. L'hypoxie n'entraîne pas de troubles si l'ascension se fait par paliers.

Le *froid* peut être responsable de gelures en l'absence de protection.

La *diminution de la saturation en vapeur d'eau* peut entraîner une irritation des voies respiratoires supérieures et doit conduire à augmenter la ration d'eau.

L'*intensité de la lumière* peut provoquer, en l'absence de protection, des brûlures cutanées et des ulcérations de la cornée.

Mal des montagnes. V. ALTITUDE.

Mont-Dore (Le), station thermale et climatique du Puy-de-Dôme, à 48 km de Clermont-Ferrand et à 7 km de La Bourboule, ouverte du 15 mai au 25 septembre.

Les eaux chlorobicarbonatées sodiques, carbogazeuses, riches en silicium sont radioactives. On les emploie, en salles de humage (brouillards de vapeur d'eau thermale, aérosols), en bains, douches et applications locales (gargarismes, douche nasale gazeuse, etc.), dans le traitement de l'asthme et dans les bronchites chroniques, l'emphysème, les irritations des voies respiratoires.

morale, e, aux adj. Qui concerne les mœurs et la morale.

Sens moral, capacité de discrimination du bien et du mal. — Il existe, en psychiatrie, des troubles de la conscience morale, chez certains pervers* asociaux notamment.

moral n. m. Ensemble des fonctions psychiques par opposition au physique.

Dans un sens plus restrictif, peut désigner l'humeur* d'un sujet (*avoir bon moral, mauvais moral*).

morbidité n. f. Nombre d'individus touchés par une maladie dans une population déterminée et pendant un temps donné.

morbilleux, euse adj. Se rapportant à la rougeole*.

morbilliforme adj. Se dit d'une éruption qui ressemble à celle de la rougeole* et qui laisse des intervalles de peau saine entre des plaques rouges.

morphée n. f. Sclérodermie* circonscrite en plaques, en bandes, ou en petites plages blanc nacré entourées d'un halo lilas.

morphine n. f. Alcaloïde extrait de l'opium, qui en contient de 8 à 12 p. 100.

Le chlorhydrate de morphine est utilisé en injections comme analgésique ; son usage répété conduit à l'accoutumance (stupéfiant* inscrit au tableau B) et peut provoquer des accidents, notamment un arrêt respiratoire.

morphinomanie n. f. Toxicomanie* à la morphine.

Après une phase d'adaptation désagréable, elle entraîne un état d'euphorie transitoire en raison de l'accoutumance. À long terme, elle provoque une altération de l'état général.

morphogenèse n. f. Développement de la forme corporelle de l'embryon, qui va se délimiter, se modeler et prendre une forme humaine.

Elle se termine au début du 3e mois de la grossesse ; l'embryon est alors devenu un fœtus*. La morphogenèse précède la formation des organes (organogenèse), qui elle-même précède la différenciation tissulaire.

morphologie n. f. Étude des formes.

morpion n. m. Pou de pubis adhérent fortement à la racine d'un poil.

On s'en débarrasse avec une préparation à base de D. D. T. (V. POU, *Pou de pubis.*)

Morquio (maladie de), affection rare, héréditaire, à transmission récessive* autosomique*.

Elle se traduit par un nanisme dysharmonieux dû à l'aplatissement des vertèbres (avec risques de compression médullaire) et par des anomalies épiphysaires entraînant des déformations des membres.

morsure n. f. Certains animaux peuvent transmettre diverses maladies infectieuses par morsure. Citons la rage* (transmise par le chien, le chat, le renard), la brucellose* (ruminants), la spirochétose* (communiquée par le rat).

mort n. f. Cessation de la vie.
La mort est caractérisée par l'arrêt de la respiration et l'arrêt du cœur. L'auscultation ne perçoit aucun bruit, le pouls est absent, la tension artérielle est nulle. Divers procédés permettent de confirmer ces signes : un miroir placé devant les narines ne se couvre d'aucune buée (respiration arrêtée), l'ouverture d'une petite artère du bras (artériotomie) ne provoque pas d'écoulement de sang. Des syncopes cardiaques et respiratoires peuvent réaliser un état de *mort apparente,* que les moyens modernes de réanimation peuvent parfois faire rétrocéder. Toutefois un arrêt circulatoire de plus de 3 minutes entraîne des lésions définitives du cerveau : c'est la *mort cellulaire* attestée par la disparition des tensions électriques mesurées à l'électro-encéphalographie (électroencéphalogramme « plat »). Dans les heures qui suivent, et plus ou moins rapidement selon la température ambiante et l'état du cadavre, surviennent la rigidité cadavérique, les lividités* cadavériques et l'abaissement de la température du corps.

La mort subite — qui se produit brusquement chez un sujet en bonne santé apparente — peut relever de causes diverses : hémorragies internes, embolies, fibrillation cardiaque, intoxication, etc. L'absence d'une cause évidente pose un problème médico-légal (recherche d'un suicide ou d'un meurtre éventuels) et conduit à une autopsie.

Législation. La loi a facilité la preuve de la mort par la rédaction de l'acte de décès*, mais n'a pas défini les procédés scientifiques de constatation de la mort. Or les progrès de la science et notamment les nouvelles techniques de réanimation, les prélèvements sur cadavre en vue de greffes* ont fait naître ce problème de définition ou plutôt de diagnostic certain. En l'absence de textes définissant la mort clinique, on admet que les textes qui autorisent l'autopsie* immédiate après le décès et la greffe de cornée, à condition que la réalité du décès ait été constatée par deux médecins employant des procédés reconnus valables par le ministère de la Santé publique et de la Population (examen direct, artériotomie, épreuve à la fluorescéine d'Icard, signe de l'éther), peuvent être appliqués pour procéder aux prélèvements en vue des autres greffes. En cas de réanimation prolongée, le constat de décès nécessitera la consultation de deux médecins, dont l'un sera un chef de service hospitalier, secondé, chaque fois qu'il est possible, par un spécialiste d'encéphalographie, et s'appuiera sur le caractère destructeur et irrémédiable des altérations du système nerveux central. Le chirurgien qui utilisera l'organe prélevé ne peut être un des deux médecins ayant constaté le décès.

Mort du fœtus « in utero ». La mort du fœtus dans l'utérus et avant l'accouchement pose un certain nombre de problèmes d'ordre diagnostique et thérapeutique.
DIAGNOSTIC. Il est souvent difficile à faire. La mère ne perçoit plus les mouvements habituels et constate souvent une montée laiteuse prématurée. Le médecin ne perçoit plus les bruits du cœur, note que la hauteur utérine a cessé d'augmenter. Il faut souvent s'aider d'examens complémentaires tels que : radiographie du contenu utérin, dosages hormonaux, enregistrement de l'électrocardiogramme fœtal, ou examen échographique.
CAUSES. Il peut s'agir de causes *maternelles* (néphropathies, toxémie, hypertension, diabète, maladies infectieuses banales ou spécifiques [listériose, toxoplasmose], intoxications, etc.).

Il peut s'agir de causes *fœtales* (malformations incompatibles avec la vie ; déséquilibre circulatoire chez des jumeaux).

Il peut s'agir de causes *ovulaires,* ce sont les anomalies d'insertion du placenta et les anomalies du cordon ombilical (brièveté, circulaires [cordon enroulé autour du cou ou d'un membre] et nœuds).

Enfin certaines causes sont mixtes, tels les incompatibilités sanguines, les grossesses réellement prolongées, les traumatismes violents sur l'abdomen, les émotions exceptionnelles.
CONDUITE À TENIR. Après la mort du fœtus, l'accouchement peut ne survenir que plusieurs jours, voire plusieurs semaines, après. Il y a souvent moins d'inconvénients à attendre le déclenchement spontané de cet accouchement qu'à le provoquer. L'infection, souvent redoutée à tort par la patiente dans ces cas, n'est pas à craindre puisque la poche des eaux n'est pas ouverte.

Mort apparente du nouveau-né, état d'un enfant qui vient de naître, lorsqu'il est privé de motilité, de mouvements respiratoires et que son cœur ne bat pas, ou ne bat que très lentement.

La *cause essentielle* en est l'asphyxie intense et prolongée dont a souffert l'enfant *in utero* ou lors de l'expulsion. Il s'agit d'une extrême urgence, et l'on ne dispose que de quelques secondes pour empêcher l'enfant de mourir et surtout sauver son cerveau.

Il *faut d'extrême urgence* assurer simultanément l'assistance circulatoire (massage cardiaque), l'assistance respiratoire (mettre en place un laryngoscope, désobstruer le naso-pharynx, intuber et ventiler artificiellement) et lutter contre l'acidose (injection de bicarbonate).

mortaise n. f. **Mortaise tibio-tarsienne,** ensemble articulaire formé par l'extrémité inférieure du tibia et du péroné (pilon tibial et malléoles), enserrant le « tenon » de l'astragale et permettant les mouvements de flexion et d'extension du pied.

mortalité n. f. Rapport qui existe entre le nombre de décès et le chiffre d'une population donnée pendant un temps déterminé.

mort-aux-rats n. f. Les rodonticides (mort-aux-rats) sont nombreux. Leur absorption par l'homme est de danger variable. Les *anticoagulants** n'entraînent pas de gros troubles (la vitamine K est l'antidote). Le *phosphore**, la *strychnine**, etc., sont très toxiques, et leur absorption nécessite de faire appel à un centre antipoison.

mortification n. f. **1.** Gangrène*, nécrose*. **2.** Privation que l'on s'impose dans un but spirituel ou moral.

mortinatalité n. f. On appelle actuellement *mort néonatale* la mort d'un enfant au cours des 27 premiers jours de vie, *mortalité néonatale* le taux de morts néonatales pour 1 000 naissances d'enfants vivants. On appelle *mort fœtale* la mort *in utero* survenue après la 20e semaine de gestation, *mortalité périnatale* le taux global des morts fœtales et néonatales pour 1 000 naissances d'enfants vivants.

morue n. f. L'huile de foie de morue est administrée *per os* comme antirachitique et pour sa richesse en vitamines A et D.

morula n. f. Nom donné à l'œuf humain fécondé, lorsque les premières divisions de segmentation lui ont donné la forme d'une mûre.

Morvan (chorée de). V. CHORÉE.

Morvan (maladie de), panaris analgésique (indolore) des doigts relevant de causes multiples, dont la lèpre et la syringomyélie.

morve n. f. Maladie infectieuse contagieuse touchant les équidés (cheval) et transmissible à l'homme.
Le bacille morveux (*Malleomyces mallei*) pénètre dans l'organisme par voie cutanée (plaie) ou muqueuse. La morve peut avoir une évolution aiguë ou chronique ; ses localisations sont cutanées (abcès cutanés et sous-cutanés disséminés) et/ou muqueuses (écoulement nasal) et s'accompagnent de fièvre. Le diagnostic repose sur la cutiréaction à la malléine (substance extraite du bacille morveux) et sur la mise en évidence du bacille dans le pus.

Les traitements antibiotiques sont efficaces ; l'éradication de la morve animale a rendu cette maladie rare en Europe.

mosaïque n. f. Existence, chez un individu, de populations de cellules qui n'ont pas le même équipement chromosomique. (Ainsi le syndrome de Turner a habituellement un caryotype XO, mais une mosaïque XO-XX peut s'observer.)

Moschkowitch (maladie de), affection rare, de cause inconnue, touchant l'enfant et caractérisée par un purpura* thrombopénique avec anémie hémolytique*, des signes neurologiques et une atteinte rénale grave.

moteur, trice adj. Qui produit le mouvement : *nerf moteur.*
Syndrome moteur, terme général désignant toute paralysie due à une lésion du système nerveux.
Plaque motrice, endroit où le nerf rejoint le muscle et où s'effectue la transmission de l'influx nerveux au muscle par l'intermédiaire de l'acétylcholine*, de manière que le muscle puisse se contracter.

Mott (cellule de), cellule volumineuse qui s'observe dans les organes de sujets atteints de trypanosomiase* et de maladies du système réticulo*-endothélial.

mouchage n. m. Moyen qui permet l'évacuation des sécrétions des fosses nasales.
La meilleure façon de se moucher est d'obstruer successivement chaque narine et de souffler sans violence par la narine restée libre. Le nourrisson ne sait pas se moucher, et il est nécessaire d'apprendre au jeune enfant à se moucher correctement.

mouche n. f. Insecte diptère du genre *musca,* pouvant transmettre des maladies.
Rôle pathogène des mouches. La mouche domestique se pose sur les aliments et y dépose ce qu'elle transporte sur ses pattes (microbes), d'où son rôle dans la transmission du trachome, du choléra, de nombreuses maladies infectieuses. Les *œstres* sont les agents des mycoses ; les *glossines,* ou mouches tsé-tsé, se trouvent en Afrique et transmettent la maladie du sommeil. (V. TRYPANOSOMIASE.)
Lutte contre les mouches. Les insecticides à base de D. D. T. en plaquettes ou en aérosols permettent de détruire les mouches.

mouche de Milan, emplâtre révulsif à base de cantharide. (V. SPARADRAP et VÉSICATOIRE.)

mouche volante. V. MYODÉSOPSIE.

mouillant, e adj. Se dit de produits (détersifs, par exemple) qui abaissent la tension superficielle d'un liquide afin qu'il imprègne ou s'étale plus facilement.

moule n. f. Les moules peuvent entraîner divers types d'accidents : des accidents allergiques parfois (urticaire, choc, etc.), des chocs ptomaïniques (diarrhée suraiguë après ingestion de moules mortes), des maladies infectieuses qu'elles transmettent (typhoïde*, botulisme*, etc.), une intoxication due à la mytilotoxine*, avec paralysie respiratoire nécessitant la respiration artificielle.

moustique n. m. Insecte diptère (*culicidés*) transmettant à l'homme de nombreuses maladies (paludisme, filarioses lymphatiques, fièvre jaune, etc.). Les moustiques vivent au voisinage des points d'eau calme. La femelle dépose ses œufs à la surface de l'eau, où ils se transforment en larves (qui vivent dans l'eau), puis en adultes.

La lutte contre les moustiques. Elle comprend : la *destruction des adultes* par la pulvérisation de D. D. T. ou d'H. C. H. ; la *destruction des larves* par la suppression des marécages, par l'utilisation de poisons (pétrole, D. D. T.) et de poissons larviphages.

moutarde n. f. **Moutarde noire,** plante qui fournit la *farine de moutarde,* employée comme révulsif.

Moutarde à l'azote. V. ANTICANCÉREUX.

mouvement n. m. (V. DÉPLACEMENT.)

Mouvements associés, contraction synergique de certains muscles pour l'accomplissement d'une fonction.

moxa n. m. Cautère en bois ou petite mèche en cône, imprégnée ou non de médicament, qu'on fait brûler et qu'on applique sur la peau comme révulsif. (V. ACUPUNCTURE.)

M.S.T. Sigle de *M*aladies *S*exuellement *T*ransmissibles. Ce sont, outre les maladies vénériennes* (transmises uniquement par les rapports sexuels), le S. I. D. A.*, les candidoses*, les affections à chlamydia* et à trichomonas*, la mononucléose* infectieuse, l'hépatite virale B.

mucilage n. m. Substance qui se dissout ou gonfle dans l'eau, en donnant un liquide visqueux. De nombreux granulés, introduits dans le tube digestif, se comportent comme des mucilages ; augmentant le volume des selles, ils sont laxatifs. Ils sont recommandés en cas de constipation*.

mucine n. f. Substance hyaline, semi-liquide élaborée par les cellules muqueuses.

mucocèle n. f. Pseudo-tumeur bénigne due à une accumulation de mucus dans une cavité dont l'orifice est obstrué (*mucocèles sinusiennes, lacrymales, appendiculaires*).

mucolytique adj. Se dit des enzymes dépolymérisant le mucus et plus généralement les mucopolysaccharides*.

mucopolysaccharide n. m. Composé dont l'hydrolyse libère des osamines (sucres aminés).
Les mucopolysaccharides entrent dans la composition du tissu collagène, des cartilages, des mucus et sécrétions digestives.

mucoprotéine n. f. Protéide formé par une protéine et un mucopolysaccharide.

muco-pus n. m. Mucus jaunâtre contenant des polynucléaires et des macrophages, sécrété au cours des infections rhinopharyngées et bronchiques.

mucosité n. f. Produit d'excrétion d'une muqueuse comportant, outre du mucus, des débris cellulaires et des microbes.

mucoviscidose n. f. Maladie héréditaire récessive, caractérisée par une altération des sécrétions muqueuses.
Cette maladie, de pronostic redoutable, est due à la composition du mucus : très visqueux, épais, chargé en sel. Elle touche toutes les glandes muqueuses : respiratoires, digestives, pancréatiques et hépatiques.

Le plus souvent, le diagnostic est posé à la naissance devant un « iléus méconial » (occlusion intestinale par le méconium*), un simple retard à l'élimination du méconium ou une atteinte pulmonaire aiguë. Ultérieurement, une fibrose kystique du pancréas, un ictère, une hypothrophie et surtout des manifestations pulmonaires permettant de faire le diagnostic. Celui-ci est confirmé par la mesure de la teneur en chlore de la sueur, par une absence d'enzymes pancréatiques et par la présence de graisses dans les selles.

Le dépistage précoce se fait en mesurant la concentration en albumine du méconium chez le nouveau-né dont un frère ou une sœur est atteint.

Le traitement vise à fournir les enzymes digestives absentes, à fluidifier les sécrétions bronchiques et à éviter leur surinfection. Malgré cela, l'évolution est le plus souvent fatale.

mucus n. m. Substance filante et visqueuse faite de mucines* hydratées.
Cette substance est sécrétée par les cellules à mucus ou mucipares (cellules calciformes des bronches, cellules glandulaires salivaires, cellules mucipares de l'épithélium gastrique). Le mucus joue un rôle de protection chimique et mécanique des muqueuses.

muet, ette adj. Qui est privé de l'usage de la parole. (V. MUTISME et MUTITÉ.)

muguet n. m. Maladie habituellement localisée aux muqueuses, due à une levure (*Candida albicans*).

Elle s'observe surtout chez le nourrisson, où elle se traduit par la présence d'un enduit très blanc sur la langue et sur la muqueuse buccale. Chez l'enfant et l'adulte, le muguet peut se localiser au niveau de la bouche ou du vagin et succède souvent à un traitement antibiotique prolongé. Le traitement du muguet repose sur les antifongiques* (localement et *per os*).

Muller (canal de). V. CANAL.

multiceps n. m. Ver plat, très voisin des ténias.
Il vit, à l'état adulte, dans le tube digestif des carnivores et se développe, à l'état larvaire (cénure), chez les herbivores. L'homme peut être parasité par les larves, qui engendrent des manifestations appelées *cénuroses.* La cénurose sous-cutanée ou musculaire, bénigne, s'oppose à la cénurose cérébrale, d'évolution grave.

multinévrite n. f. Atteinte simultanée et non symétrique de plusieurs nerfs périphériques éloignés les uns des autres.
Elle se traduit par des douleurs, une paralysie et une atrophie des muscles ; le diabète en est une cause fréquente.

multipare adj. f. Se dit d'une femme qui a déjà eu plusieurs enfants.

muqueuse n. f. Membrane épithéliale recouvrant les différents conduits naturels ouverts à l'extérieur.

Muqueuses non sécrétantes. Les muqueuses *buccale, œsophagienne, anale, vaginale, du col de l'utérus* et *des voies urinaires* forment une paroi épaisse : les cellules y sont aplaties, comme des pavés, en plusieurs couches (épithélium pavimenteux pluristratifié).

Muqueuses sécrétantes. Ce sont des revêtements plus fragiles. Les muqueuses des *voies respiratoires* sont faites d'un épithélium simple cilié (rôle dans le rejet des poussières) et de cellules à mucus ; les muqueuses de l'*estomac* et de l'*intestin* assurent un double rôle de protection des cavités digestives et de sécrétion des ferments destinés à la digestion ; au niveau du duodénum et de l'intestin grêle, des replis, ou villosités, permettent l'absorption intestinale ; la muqueuse *utérine,* ou *endomètre,* se modifie au cours du cycle génital (les règles correspondent à sa desquamation).

mûrier n. m. Arbre originaire de la Chine, dont les fruits (mûres) servent à préparer un suc astringent utilisé en gargarismes.

murmure n. m. **Murmure vésiculaire,** bruit du déplissement des alvéoles pulmonaires lors de l'inspiration, qu'on entend à l'auscultation.

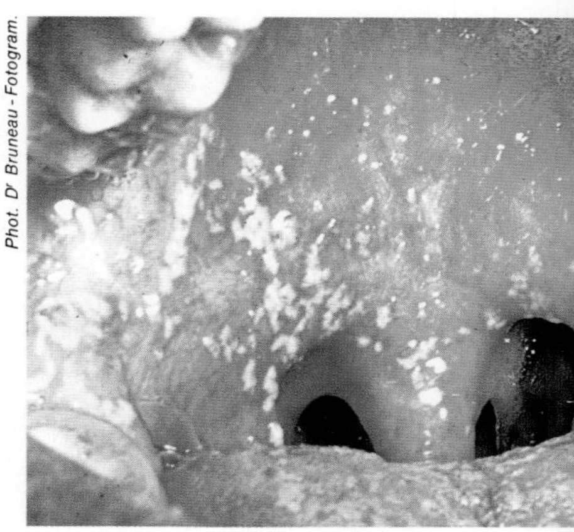

Phot. Dr Bruneau - Fotogram.

Muguet. Muguet buccal dû à *Candida albicans.*

Murphy (signe de), douleur à la palpation de la région sous-hépatique, déclenchée lorsque le malade inspire profondément, signe de cholécystite*.

muscade n. f. La noix de muscade (graine du muscadier) contient une huile volatile douée de propriétés excitantes. La muscade entre dans la composition des alcoolats de Fioravanti, de Garus et de mélisse composée.

muscle n. m. Organe doué de la propriété de se contracter.
On distingue les *muscles striés,* volontaires, destinés à la vie de relation, généralement insérés sur des os par des tendons, et les *muscles lisses,* involontaires, destinés à la vie végétative, en règle générale annexés aux viscères.

Les muscles sont faits de cellules spécialisées qui transforment l'énergie chimique en énergie mécanique. Le fonctionnement de la cellule musculaire, très complexe, implique des modifications de la structure des molécules d'actine et de myosine qui composent les myofibrilles. L'énergie nécessaire provient de la dégradation du glucose et de réactions d'oxydation, en présence d'enzymes. Le muscle normalement commandé par un nerf est d'autre part excitable par l'application d'un courant électrique.

La jonction nerf-muscle se fait au niveau de la plaque motrice : l'arrivée d'un message nerveux y libère un médiateur chimique, l'acétylcholine, qui excite l'unité motrice

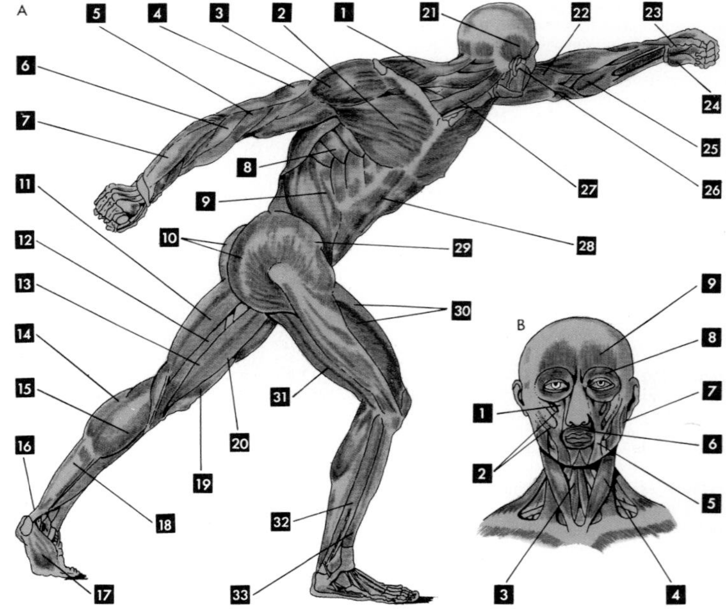

Muscles.
A. *Principaux muscles du corps.*
1. Trapèze ; 2. Grand pectoral ; 3. Deltoïde ;
4. Triceps brachial ; 5. Long supinateur ;
6. Premier radial ;
7. Extenseur commun des doigts ;
8. Grand dentelé ; 9. Grand oblique ;
10. Grands fessiers ; 11. Demi-tendineux ;
12. Demi-membraneux ;
13. Droit interne ; 14. Jumeau externe ;
15. Jumeau interne ; 16. Tendon d'Achille ;
17. Court fléchisseur des orteils ;
18. Soléaire ; 19. Vaste interne ; 20. Couturier ;
21. Muscle temporal ; 22. Biceps ;
23. Éminence thénar ;
24. Éminence hypothénar ;
25. Grand palmaire ;
26. Masséter ; 27. Sterno-cléido-mastoïdien ;
28. Grand droit de l'abdomen ;
29. Moyen fessier ; 30. Quadriceps ;
31. Biceps crural ; 32. Long péronier latéral ;
33. Extenseur commun des orteils.

Muscles.
B. *Principaux muscles de la face et du cou.*
1. Élévateur commun
du nez et de la lèvre supérieure ;
2. Grand et petit zygomatiques ;
3. Sterno-cléido-hyoïdien ;
4. Sterno-cléido-mastoïdien ;
5. Triangulaire des lèvres ;
6. Orbiculaire des lèvres ;
7. Masséter ; 8. Orbiculaire des paupières ;
9. Muscle frontal.

voisine, d'où naissance d'une onde de dépolarisation, qui entraîne le phénomène mécanique de la contraction musculaire ; l'acétylcholine est détruite sur place par une enzyme, la cholinestérase ; la transmission neuromusculaire peut être bloquée soit en empêchant l'action de l'acétylcholine libérée (curare), soit en empêchant sa destruction par la cholinestérase (néostigmine, curarisants de synthèse).

Les *affections traumatiques* des muscles sont fréquentes : élongations brutales (claquage), hématomes, hémorragies plus ou moins importantes. Les écrasements massifs des masses musculaires entraînent la libération de déchets en quantité importante avec phénomènes de choc (syndrome de Bywaters*). Les plaies, souvent associées à des écrasements, exposent toujours à des infections (en particulier le tétanos*, d'où importance de la sérothérapie et de la vaccination). Les tumeurs bénignes des muscles sont des *myomes* (léiomyomes des muscles lisses, rabdomyomes des muscles striés). Les tumeurs malignes (*sarcomes**) sont exceptionnelles.

Parmi les *affections dégénératives* des muscles entraînant leur faiblesse, les plus fréquentes sont les amyotrophies* ; plus rares, réalisant des entités cliniques bien particulières, sont la myasthénie* et les myopathies*.

musculaire adj. Qui se rapporte au muscle, qui lui est propre.
Bilan musculaire. Cet examen, ou « testing musculaire », explore la force de chaque muscle et la cote de 0 à 5. Le testing est utilisé dans l'analyse d'une paralysie, la poliomyélite en particulier, afin d'évaluer les possibilités de la rééducation et ses progrès.

musculo-cutané, e adj. Qualifie certains nerfs mixtes qui se distribuent aux muscles et à la peau : *nerf musculo-cutané du membre supérieur.*

museau n. m. **Museau de tanche,** nom donné, en raison de la ressemblance, à la partie du col de l'utérus accessible à la vue, à travers un spéculum.

mutation n. f. Transformation définitive d'un gène* en rapport avec une altération de la molécule d'A. D. N. constitutive du chromosome; elle peut modifier le caryotype*, sans se traduire dans le phénotype*.
Dans certains cas, elle produit des anomalies franches (albinisme*, phénylcétonurie*, etc.). [V. CHROMOSOME et HÉRÉDITÉ.] Les causes des mutations sont souvent inconnues; certains facteurs peuvent les induire (rayons X, γ, certaines substances chimiques, certains virus).

mutilation n. f. Destruction ou ablation d'une partie du corps, accidentelle ou volontaire.
Les conséquences psychiques d'une mutilation accidentelle peuvent être graves, chez l'enfant comme chez l'adulte. Parmi les mutilations volontaires, il faut distinguer l'*hétéromutilation* (mutilation d'autrui), qui est le fait de sadiques, de pervers, ou rituelle chez certains primitifs, et l'*automutilation,* qui peut être utilitaire et organisée (pour obtenir une pension, une réforme...) ou le fait de psychotiques (mélancoliques, schizophrènes).

mutisme n. m. Absence d'utilisation de la parole sans lésion organique décelable.
Il peut être volontaire ou traduire des troubles psychiques.

mutité n. f. Impossibilité de parler, due à une lésion organique (consécutive à la surdité ou à une lésion du larynx).

mutualité n. f. **Mutualité agricole,** ensemble institutionnel qui a pour but de protéger les agriculteurs à l'égard de leurs risques professionnels et sociaux et de leurs charges familiales.

Les caisses de mutualité agricole se divisent en deux groupes : les *assurances mutuelles agricoles* (dites « mutualité 1900 »), qui pratiquent l'assurance contre les accidents, l'incendie, la grêle et la mortalité du bétail, et la *mutualité sociale agricole,* qui gère la protection sociale obligatoire (assurances sociales, assurance vieillesse, prestations familiales des salariés de l'agriculture et assurance maladie des exploitants [AMEXA]).

myalgie n. f. Douleur musculaire.

myasthénie n. f. Maladie due à un trouble de la transmission de l'influx nerveux du nerf au muscle au niveau de la plaque motrice.
La myasthénie débute le plus souvent vers 20 ans, parfois beaucoup plus tard. C'est donc une maladie acquise. Elle est remarquable par la qualité du trouble moteur qu'elle provoque : le déficit des muscles n'existe pas au repos, il apparaît uniquement à l'effort soutenu et prolongé du muscle et augmente progressivement.

En premier lieu survient l'atteinte de la musculature oculaire (chute des paupières), puis apparaissent les troubles des muscles de la face, des membres et éventuellement des muscles respiratoires (diaphragme).

Un bon argument diagnostique réside dans le test à la néostigmine, qui, injectée, supprime momentanément les signes myasthéniques en rétablissant la jonction neuromusculaire. L'évolution de la maladie est imprévisible, se faisant par poussées, qui, responsables d'accidents respiratoires, nécessitent souvent l'hospitalisation en service de réanimation. Mais, bien souvent, la myasthénie adopte un mode évolutif chronique. Le traitement utilise des anticholinestérasiques, qui opèrent sur le « bloc » neuro-

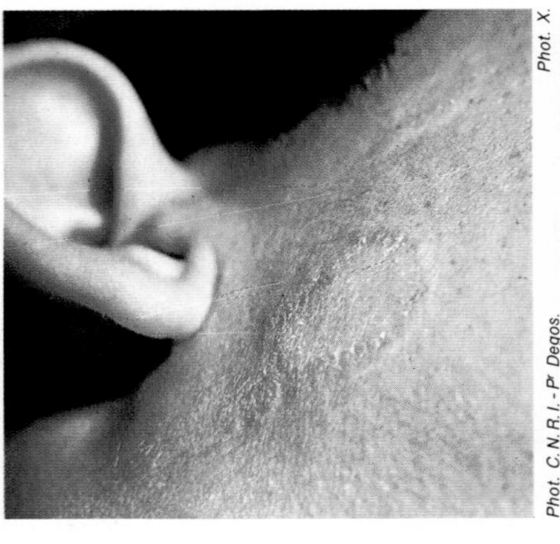

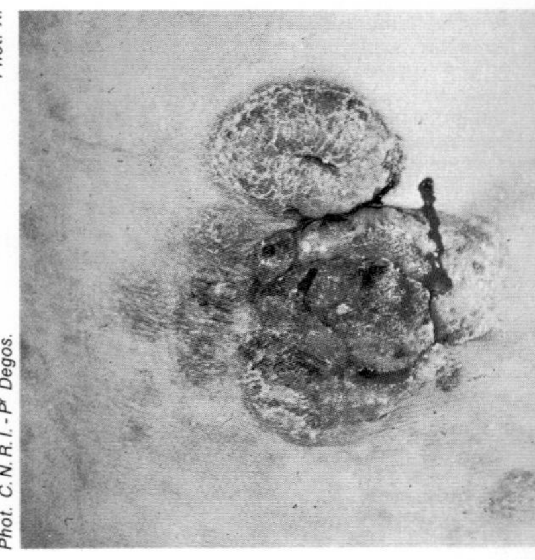

Mycose.
Trichophytie de la joue (herpès circiné).

Mycosis fongoïde de la taille.

musculaire, et préconise souvent une thymectomie (ablation du thymus*).

myatonie n. f. Absence de tonus musculaire.
La myatonie est en rapport avec des maladies neurologiques (maladie de Werding-Hoffmann, myopathie), de pronostic sombre.

myatrophie n. f. Syn. d'AMYOTROPHIE*.

mycétome n. m. Tumeur mycosique dont de nombreux champignons peuvent être responsables (*actinomycètes, ascomycètes, adelomycètes*).
La transmission se fait par introduction du parasite dans les téguments. Le *pied de Madura* est le plus fréquent des mycétomes.

mycologie n. f. Science des champignons et des maladies qu'ils provoquent : les *mycoses**, les *intoxications* secondaires à l'ingestion de *champignons vénéneux,* les *mycotoxicoses* dues à l'ingestion d'aliments contaminés par des champignons microscopiques.

mycose n. f. Affection de la peau ou des viscères due à des champignons microscopiques.
Les mycoses viscérales. Elles sont rares en France. Ce sont la sporotrichose*, l'histoplasmose*, la chromoblastomycose* et l'aspergillose*
Les mycoses cutanées. Elles sont fréquentes. Elles reconnaissent deux sortes de champignons : les dermatophytes et les levures.
Les dermatophytes. Le diagnostic étiologique n'est pratiqué que dans les cas douteux, car les prélèvements ne sont pas toujours nécessaires : la localisation du parasite renseigne sur celui-ci.
L'*herpès circiné* siège sur la peau glabre (visage ou tronc), sous forme de cercles rosés, prurigineux, s'étendant en périphérie. Le parasite, souvent transmis par un animal, est le *trichophyton.*
Dans les plis (aine, aisselle), les lésions se caractérisent par des plaques érythématosquameuses limitées par un liséré plus sombre. C'est l'*eczéma marginé de Hébra,* qu'il faut différencier de l'*érythrasma,* d'origine bactérienne, et des intertrigos à levures.
L'atteinte des pieds est fréquente, favorisée par la mauvaise hygiène et la sudation. Le suintement et la surinfection provoquent la macération et la fissuration de la peau. Un eczéma* ou une dysidrose* peuvent se greffer sur la mycose.
La guérison nécessite une hygiène soigneuse, un traitement de tous les orteils, qui seront isolés par des morceaux de gaze.
Les ongles et cheveux peuvent également être atteints, réalisant des onychomycoses*, des kérions* et des teignes.
Les *onychomycoses** entraînent un épaississement et un jaunissement de la lame de

l'ongle, se propageant de proche en proche. Ils s'accompagnent parfois d'un périonyxis*.

Les *kérions** sont plus rares. Très contagieux, ils sont la rançon d'une absence d'hygiène.

Les teignes *microsporiques* réalisent de grandes plaques d'alopécie* (chutes de cheveux). Les teignes *trichophytiques* se caractérisent par de petites plaques où les cheveux sains et malades sont mélangés. Le favus* se caractérise par un godet jaunâtre purulent, laissant une alopécie définitive.

Les levures. Elles provoquent les candidoses* généralisées ou localisées et surtout le *pityriasis* versicolor.*

Diagnostic des mycoses. Le prélèvement et l'analyse mycologique ne sont pas toujours nécessaires. La culture se fait sur milieu de Sabouraud. La notion de contage et l'aspect des lésions permettent le diagnostic.

Traitement. Il associe des soins locaux (solutions iodées) aux antifungiques* : la griséofulvine pour les dermatophytes, la nystatine pour les levures, l'amphotéricine B pour les mycoses viscérales. La difficulté réside dans les surinfections secondaires et l'eczématisation possible des lésions cutanées.

mycosis n. m. Affection cutanée et générale grave.
Le *mycosis fongoïde*, dont la cause est inconnue, débute par des placards, érythémateux (rouges) bien limités, très prurigineux*, ou, parfois, par un pseudo-eczéma. L'évolution se fait vers une infiltration tumorale et une atteinte de l'état général. Le traitement associe, au début, des corticoïdes à une vitaminothérapie. La radiothérapie et les antimitotiques sont employés ultérieurement.

mycothérapie n. f. **1.** Traitement par des extraits de champignons. (Syn. : ANTIBIOTHÉRAPIE.) — **2.** Emploi de levures* vivantes pour reconstituer la flore intestinale.

mydriase n. f. Dilatation anormale de la pupille par paralysie des fibres parasympathiques commandant l'iris* ou due à l'action d'un mydriatique (atropine*).
La mydriase observée lors d'un traumatisme est le signe d'une atteinte cérébrale sévère.

mydriatique adj. et n. m. Qui est relatif à la mydriase. — Substance (atropine, néosynéphrine) qui produit la mydriase.

myéline n. f. Substance riche en lipides, entourant le cylindraxe de certaines cellules nerveuses et donnant aux nerfs et à une partie de la substance cérébrale son caractère blanc laiteux.

myélite n. f. Inflammation de la moelle* épinière, se traduisant par une paraplégie.

myélocyte n. m. Cellule jeune de la moelle osseuse dont dérive le polynucléaire*.

myélogramme n. m. Résultat de l'étude quantitative et qualitative des cellules de la moelle osseuse. On pratique le myélogramme lorsque des anomalies de l'hémogramme* n'ont pas une cause évidente.

Technique. Le myélogramme se fait par ponction du sternum ou par biopsie de la moelle osseuse. Le myélogramme normal de l'adulte contient de 8 à 30 p. 100 de cellules de la lignée du globule rouge (une *lignée* regroupe l'ensemble des précurseurs d'un type de cellules circulantes); de 50 à 70 p. 100 de cellules de la lignée du polynucléaire neutrophile ; de 2 à 4 p. 100 de cellules de la lignée éosinophile et basophile ; de 1 à 2 p. 100 de cellules souches indifférenciées ou hémoblastes ; enfin, la lignée plaquettaire (v. PLAQUETTE) et moins de 15 p. 100 d'éléments cellulaires non myéloïdes (non formés dans la moelle : lymphocytes, plasmocytes, etc.).

Le myélogramme peut être anormalement pauvre (hypoplasie médullaire) ou riche (syndrome myéloprolifératif). Il peut révéler la présence d'éléments cellulaires anormaux.

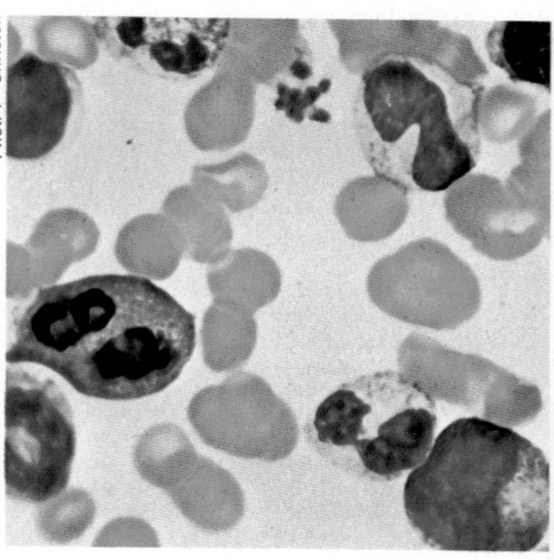

Phot. Pr Christol.

Myélogramme.
Moelle osseuse (fort grossissement).

myélographie n. f. Radiographie de la moelle épinière après injection dans l'espace

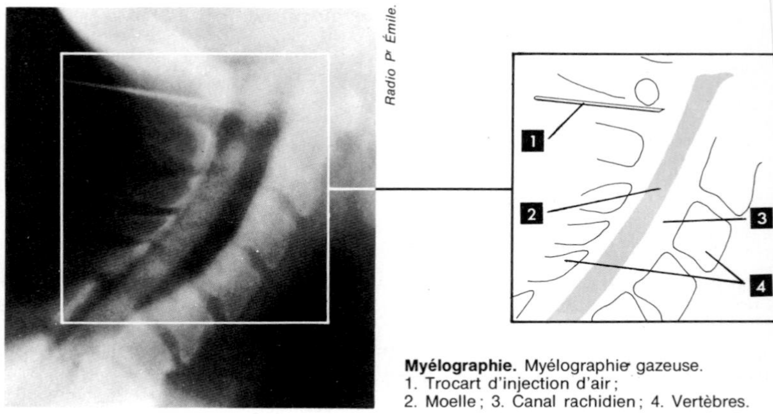

Myélographie. Myélographie gazeuse.
1. Trocart d'injection d'air ;
2. Moelle ; 3. Canal rachidien ; 4. Vertèbres.

sous-arachnoïdien de substances de contraste iodées ou d'air (myélographie gazeuse).

myéloïde adj. Qui se rapporte à la moelle osseuse.

Lignées myéloïdes, lignées de cellules sanguines qui se développent dans la moelle osseuse (globules rouges, leucocytes polynucléaires, plaquettes).

myélome n. m. Tumeur de la moelle osseuse formée d'une prolifération de plasmocytes* anormaux sécrétant en quantité importante une immunoglobuline* anormale. (Syn. : MALADIE DE KAHLER.)
Cette affection d'évolution fatale se traduit par une asthénie, une anémie et des douleurs osseuses avec des « lacunes » à l'emporte-pièce sur les radiographies osseuses. Les urines peuvent contenir la protéine de Bence-Jones, qui représente la chaîne légère de l'immunoglobuline* anormale.

myéloplaxe n. m. **1.** Nom parfois donné à l'OSTÉOCLASTE*.
2. Cellule géante, multinucléée, qui se rencontre dans certaines tumeurs bénignes des os (*tumeur à myéloplaxes*).

myéloprolifératif, ive adj. **Syndrome myéloprolifératif,** syndrome marqué par la prolifération des lignées sanguines de la moelle osseuse (leucémie* myéloïde, polyglobulie*).

myélotomie n. f. Intervention neurochirurgicale qui sectionne la commissure postérieure de la moelle épinière, interrompant les fibres de la sensibilité douloureuse, en cas de douleurs intolérables.

myiase n. f. Parasitose due à différentes larves de diptères (mouches).
Les localisations des larves sont variables.
MYIASES CAVITAIRES. La localisation nasale et la localisation dans le conduit auditif provoquent des douleurs et des écoulements.
MYIASES INTESTINALES. Elles sont rares.
MYIASES OCULAIRES. Les larves pondues dans les replis conjonctivaux doivent être extraites rapidement.
MYIASES DES PLAIES. Elles ne s'observent que dans les régions tropicales.
MYIASES RAMPANTES (*creeping disease*). Les larves circulent sous la peau et provoquent des cordons inflammatoires.
MYIASES FURONCULEUSES. Les larves forment sous la peau des lésions purulentes.
On les traite par des antihelminthiques*.

myocarde n. m. Tunique musculaire du cœur située entre l'endocarde (en dedans) et le péricarde (en dehors).
Le myocarde est sous la dépendance du *système de commande intrinsèque du cœur**, qui est formé de faisceaux musculaires et d'éléments nerveux. Sa contraction rythmée assure la circulation du sang. Les *affections du myocarde* sont l'infarctus* du myocarde, les myocardites*, la myocardie*, la cardiomyopathie*.

myocardie n. f. Insuffisance cardiaque avec gros cœur, de cause inconnue, en rapport avec un processus inflammatoire subaigu d'évolution rapidement mortelle.

myocardite n. f. Inflammation du myocarde dont les symptômes sont variables (collapsus, insuffisance cardiaque* de degré variable), et qui complique certaines maladies infectieuses, virales, métaboliques, etc.

myoclonie n. f. Suite de secousses musculaires brèves, entraînant un déplacement de la partie du corps intéressée.
Elles peuvent se voir dans l'épilepsie* (petit mal myoclonique) ou dans d'autres affections neurologiques.

myodésopsie n. f. Points brillants apparaissant dans le champ visuel. (Syn. : MOUCHES VOLANTES.)

myoépithélial, e, aux adj. Se dit d'une cellule épithéliale possédant des fibres musculaires (myofibrilles) lui permettant de se contracter.
Les glandes exocrines en possèdent souvent (glandes mammaires, sébacées) et excrètent plus facilement leur sécrétion.

myofibrille n. f. Fibre musculaire contractile, constitutive des cellules musculaires.

myoglobine n. f. Protéine voisine de l'hémoglobine, présente dans les muscles striés. En cas de lésion musculaire ou myocardique, la myoglobine passe dans le sang et dans les urines. (V. MYOGLOBINURIE.)

myoglobinurie n. f. Présence de myoglobine dans les urines.
La myoglobinurie survient lors de grands traumatismes musculaires (syndrome de Bywaters*) et au cours de rhabdomyolyses (lyses musculaires spontanées).

myographie n. f. Technique d'enregistrement des phénomènes mécanique (*myogramme*) ou électrique (*électromyographie**) de la contraction musculaire.

myome n. m. Tumeur bénigne faite de fibres musculaires.
On distingue les *léiomyomes** (fibres musculaires lisses) et les rhabdomyomes (fibres striées).

myomectomie n. f. Opération consistant à retirer un ou plusieurs fibromes (myomes) bien individualisés de l'utérus, tout en laissant intact le reste de l'appareil génital féminin.
La myomectomie conserve donc les règles et les possibilités de procréation.

myopathie n. f. Nom générique des affections musculaires dégénératives, héréditaires, qui réalisent une dystrophie* musculaire progressive.
Les myopathies débutent avant l'âge de 30 ans, insidieusement, toujours bilatérales et symétriques ; le déficit prédomine sur les racines des membres, et l'atteinte musculaire est diffuse. Le dosage des enzymes musculaires permet d'aider au diagnostic, dont les arguments majeurs sont l'électromyographie et la biopsie musculaire.
On distingue :
*Les myopathies sans myotonie**. La maladie de Duchenne ne frappe que les garçons très jeunes et reste très grave. La myopathie de Landouzy-Déjérine débute dans la seconde enfance et évolue lentement, atteignant d'abord les muscles de la face. Elle est souvent compatible avec la vie. Il existe des myopathies oculaires, des ceintures (scapulaire et pelvienne) et distales (des extrémités) ;
*Les myopathies avec myotonie**. La myotonie de Thomsen, hypertrophique, donne au sujet un aspect athlétique. La myotonie de Steinert, atrophique, plus fréquente, est remarquable par les manifestations extramusculaires qu'elle provoque : calvitie précoce, atrophie testiculaire, cataracte ;
Les myopathies métaboliques. Citons les paralysies périodiques, les glycogénoses*, les myoglobinuries*.

Myopathie du type Duchenne. Profil.

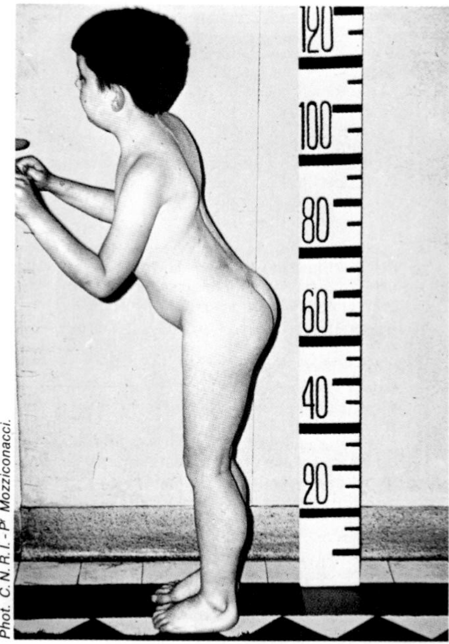

Phot. C.N.R.I.-Pr Mozziconacci.

Le traitement repose sur la rééducation motrice.

myopie n. f. Anomalie de la réfraction des milieux transparents de l'œil dans laquelle l'image se forme en avant de la rétine.
L'acuité visuelle est très diminuée de loin ; de près, elle est en général bonne. La myopie peut être faible ou forte (ici, même corrigée, l'acuité visuelle reste médiocre). La choroïdose myopique peut compliquer une forte myopie : c'est l'étirement de la sclérotique qui conduit souvent à des altérations du champ visuel.

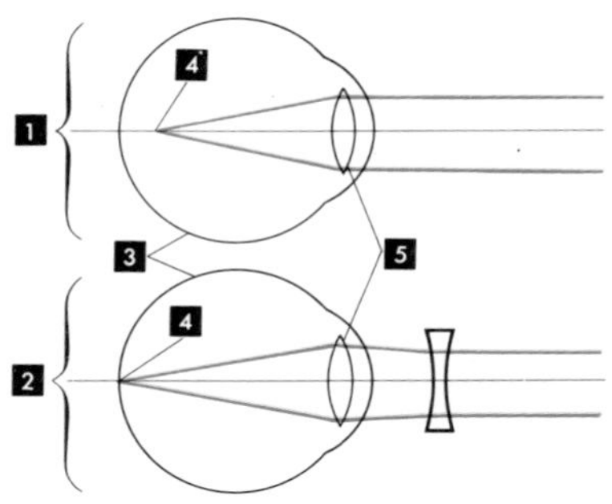

Myopie. 1. Myopie ;
2. Myopie corrigée par des verres divergents ;
3. Rétine ; 4. Foyer ; 5. Cristallin.

Traitement. Le port de verres correcteurs ou de lentilles cornéennes permet de rétablir une acuité visuelle normale. Certains cas peuvent être traités par la chirurgie.

myoplastie n. f. Opération plastique portant sur un muscle (suture, transposition, allongement, etc.).

myorésolutif, ive adj. et n. m. Médicament provoquant le relâchement musculaire. (Syn. : DÉCONTRACTURANT.)
Les myorésolutifs sont dépresseurs au niveau du système nerveux. Ils diminuent les douleurs provoquées par la contracture musculaire, d'où leur emploi dans le lumbago, le torticolis. Les plus utilisés sont le chlorméthazanome*, le méthocarbamol* ; le curare et ses dérivés ont une action identique. Les myorésolutifs sont utilisés en anesthésie.

myosis n. m. Rétrécissement du diamètre de la pupille provenant d'une atteinte de l'innervation sympathique de l'iris.

myosite n. f. Affection inflammatoire et destructrice du muscle.
La myosite est d'origine infectieuse (typhoïde*) ou parasitaire (trichinose*). Certaines myosites ont une étiologie inconnue : ainsi en est-il de la *dermatomyosite**, où l'atteinte musculaire est associée à une atteinte cutanée, et de la *polymyosite*, affection diffuse des muscles.

myotonie n. f. Anomalie de la décontraction musculaire.
La myotonie se produit après une contraction volontaire qui persiste et empêche le muscle de se relâcher. (V. MYOPATHIE.)

mysticisme n. m. Attitude mentale qui donne aux intuitions, aux croyances et aux sentiments une valeur plus importante qu'aux connaissances déterminées par l'observation et la raison.

mythomanie n. f. Tendance pathologique à mentir, à imaginer des fables ou à simuler.
Le mythomane se complaît dans une fabulation permanente qui peut prendre des formes variables : paroles, discours, lettres et écrits destinés à enjoliver ou à noircir la réalité. Au départ, le mensonge et la simulation sont le plus souvent conscients et utilitaires, mais le mythomane peut se prendre à son propre jeu et croire sincèrement à ses fables.

Le fond mental du mythomane est fait de vanité et d'exaltation imaginative. Le mythomane est souvent un individu instable, suggestible, au moi inconsistant, volontiers théâtral. À ces traits peut s'ajouter la perversité (v. PERVERS), qui a de graves conséquences sociales (médisance, lettres anonymes).

Chez l'enfant, les tendances mythomaniaques sont habituelles et n'ont pas de caractère pathologique. Le mensonge a souvent, chez lui, valeur de jeu.

mytilotoxine n. f. Toxine se trouvant dans les moules* et les huîtres* contaminées par un protozoaire (*Gonyaulax cutenella*).

myxœdème n. m. Infiltration de la peau et des muqueuses observée, surtout, lors des hypothyroïdies ; par extension, insuffisance de la glande thyroïde.

Myxœdème de l'hypothyroïdie. ***Chez l'adulte.*** La maladie regroupe divers signes faciles à mettre en évidence, qui peuvent être isolés ou associés. Les modifications de la peau et des phanères sont caractérisées par une bouffissure du visage, donnant un aspect de « pleine lune », le nez épaté, les lèvres épaisses. Le teint du visage est cireux ; la rougeur des pommettes et les lèvres cyanosées (bleues) forment un contraste avec le reste de la face. L'infiltration touche plus discrètement les membres (doigts boudinés) et le corps. La peau est sèche, et les poils sont cassants. On note souvent une disparition de la pilosité (sourcils). Les dents sont en mauvais état. Il existe par ailleurs un ralentissement psychomoteur (fatigue, diminution de la mémoire) avec des troubles psychiques (hallucinations, dépressions) que le traitement hormonal guérit.

L'atteinte œdémateuse du cœur est responsable d'un ralentissement du pouls, d'une hypotension, d'anomalies sur l'électrocardiogramme, parfois d'accidents graves. D'autres troubles sont fréquents : digestifs (constipation, anorexie*), musculaires (crampes et myalgies), anémie modérée.

Le diagnostic biologique retrouvera une diminution de l'hormone thyroïdienne circulante et un abaissement du métabolisme de base, un allongement du temps de réponse du réflexogramme*, une augmentation du cholestérol dans le sang.

Chez l'enfant. Les signes cliniques sont souvent absents à la naissance, bien que l'affection soit alors congénitale. Malgré cela, seul un traitement précoce permet une évolution intellectuelle acceptable.

Les premiers signes doivent attirer l'attention dès le premier mois de la vie ; ce sont une prolongation de l'ictère physiologique, une constipation, une grosse langue responsable de difficultés à téter, parfois une toux, une respiration bruyante. Une hernie ombilicale existe souvent. C'est un nourrisson « trop sage pour son âge », qui grossit plus qu'il ne grandit. Très souvent, peu de signes sont présents, et les signes radiologiques permettront de faire le diagnostic sur une simple radiographie de squelette. Il existe un retard des points d'ossification, une dysgénésie* touchant les épiphyses des os et un retard d'apparition des ébauches dentaires.

En l'absence du traitement précoce et efficace, l'évolution se fera vers un nanisme dysharmonieux accompagné d'une débilité profonde (crétinisme).

Causes. L'origine du myxœdème peut être thyroïdienne ou centrale.

L'*origine thyroïdienne,* de loin la plus fréquente, consiste en une absence, une atrophie ou une destruction glandulaire : absence en cas de myxœdème congénital ; atrophie secondaire à une thyroïdectomie ou à un traitement par l'iode (v. BASEDOW [*maladie de*]) ou après thyroïdites.

L'*origine centrale* provient d'une lésion de l'hypothalamus ou de l'hypophyse et s'accompagne souvent d'une panhypopituitarisme*.

Traitement. Il consiste en l'administration quotidienne d'hormone thyroïdienne la vie durant. On utilise la poudre desséchée de thyroïde ou des hormones synthétiques.

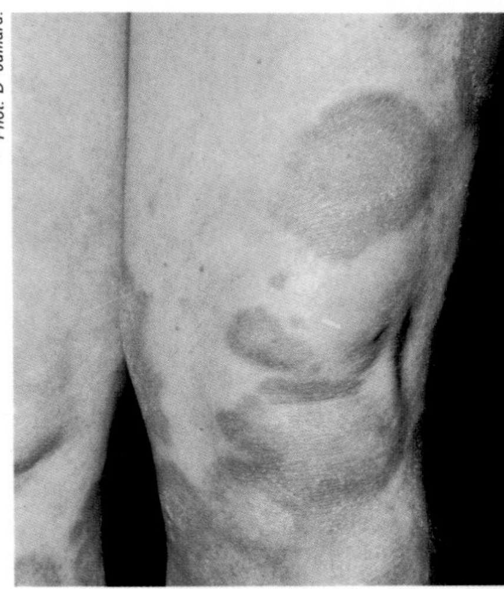

Phot. Dr Julliard.

Myxœdème. Infiltrations myxœdémateuses des téguments du membre inférieur.

Chez l'enfant, la dose sera très faible au début, relevée progressivement. Elle devra être administrée toute la vie et surveillée pour éviter tout accident et permettre une croissance et un développement psychomoteur normaux.

Myxœdèmes cutanés. Ce sont des infiltrations de mucine dans le derme, identifiées par des colorants spéciaux.

Le *myxœdème lichénoïde* est caractérisé par une éruption de grosses papules réparties sur le corps et le visage. Il n'existe pas de prurit. Il n'y a pas, non plus, de troubles thyroïdiens biologiques, seule une anomalie des immunoglobulines a été découverte.

Le *myxœdème prétibial* est constitué par un placard livide, en peau d'orange, localisé à la face antérieure des jambes. Il peut se transformer en éléphantiasis.

myxome n. m. Tumeur conjonctive constituée par un tissu très lâche rappelant le mésenchyme embryonnaire, de nature bénigne, mais récidivant volontiers après extirpation.

nævo-carcinome n. m. Syn. de MÉLANOME MALIN.

nævus n. m. (plur. : *nævi*). Tache brune ou rougeâtre de la peau apparaissant pendant l'enfance ou à l'âge adulte, de nature héréditaire.
On distingue les nævi pigmentaires, riches en mélanocytes* et dont certains peuvent se transformer en mélanomes* malins (nævicarcinomes), et les nævi simples.
Les nævi pigmentaires. Ce sont les lentigos, les nævi tubéreux et les nævi bleus.

Les *lentigos,* ou grains de beauté, sont des taches marron foncé, arrondies, légèrement en relief, siégeant avec prédilection sur le visage.

Les *nævi tubéreux* sont de petites saillies de teinte plus ou moins foncée, souvent pileuses, inesthétiques. Ils apparaissent après la puberté et fréquemment après des grossesses.

L'ablation de ces deux types de nævi n'est pas obligatoire, car la dégénérescence de ces lésions est rare. Mais en cas de traumatismes répétés, lors d'une blessure ou du fait de leur aspect inesthétique, l'intervention peut être pratiquée. L'exérèse doit être totale et large, effectuée au bistouri électrique avec contrôle histologique systématique.

Les *nævi bleus* sont de grandes nappes lombaires bleutées. C'est la « tache mongolique » que l'on observe fréquemment en Afrique du Nord et en Asie. Elle s'efface lentement.

Le *nævus d'Ota,* fréquent en Asie, est localisé à la face et s'étend jusqu'à la sclérotique.

La *mélanose de Dubreuilh* touche les personnes âgées sous forme d'une tache brune irrégulière qui dégénère rapidement en cancer.
Les nævi simples. Ils sont nombreux et de natures diverses. Il faut citer les angiomes*, les nævi verruqueux, les nævi pileux (avec un ou plusieurs poils), inesthétiques mais ne dégénérant pas. Le *nævus sébacé,* petite tumeur jaune localisée au visage, peut dégénérer en cancer et doit être opéré.

Nævus pileux.

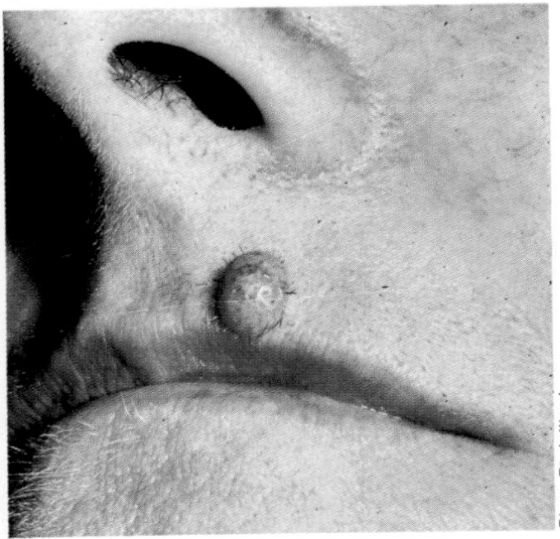

Phot. Dr Julliard.

nain, naine n. Individu dont la taille est inférieure à 1,25 m à l'âge adulte. — Par extension, personne de très petite taille. (V. NANISME.)

naissance n. f. V. ACCOUCHEMENT.
Déclaration des naissances. La déclaration de naissance d'un enfant revient au père ou, à défaut du père, aux docteurs en médecine ou en chirurgie, aux sages-femmes ou autres personnes qui auront assisté à l'accouchement, ou encore, lorsque la mère accouche hors de son domicile, à la personne chez qui elle aura accouché. Cette déclaration doit avoir lieu dans les 3 jours qui

suivent l'accouchement et doit indiquer la commune, la date et l'heure de l'accouchement, le sexe et éventuellement les nom et prénoms de l'enfant. La déclaration peut ne pas porter les noms du père et de la mère, ni même les nom et prénoms de l'enfant. L'indication du nom de femme mariée de la mère établit la filiation légitime d'un enfant, sauf si le mari de la mère peut désavouer cette paternité. La présomption de paternité du mari de la mère ne joue pas lorsque l'enfant, inscrit sous le nom de jeune fille de la femme mariée sans indication du mari, n'a de possession d'état que vis-à-vis de sa mère. (On appelle « possession d'état » une réunion suffisante de faits qui indiquent le rapport de filiation comme le nom, le fait d'être traité comme un enfant, etc.) L'indication du nom de la mère célibataire vaut reconnaissance de l'enfant si elle est corroborée par la possession d'état. L'enfant reçoit le nom du mari de la mère. À défaut, le nom de la mère s'il est indiqué sur l'acte de naissance, ou le nom du premier de ses deux parents qui l'a reconnu, ou le nom de son père naturel si ses deux parents l'ont reconnu en même temps. Quand l'acte de naissance ne contient aucune indication de nom, un nom provisoire est donné à l'enfant par l'officier d'état civil, d'accord avec l'administrateur de l'hospice où il est placé.

Régulation des naissances. Le problème de la régulation des naissances est un problème concernant les familles mais aussi l'État, qui ne peut se désintéresser des problèmes de démographie.

Une loi du 30 juin 1973 crée un *Conseil supérieur de l'information sexuelle, de la régulation des naissances et de l'éducation sexuelle.* Il assure la liaison entre les associations et les organismes ayant vocation à la planification familiale, à l'information des couples et à l'information sexuelle.

V. ACCOUCHEMENT, AVORTEMENT, CONTRACEPTION.

nalorphine n. f. Antagoniste de la morphine*, utilisé dans le traitement des intoxications par cette drogue ou par les drogues voisines.

nanisme n. m. Affection caractérisée par une insuffisance de développement statural aboutissant à l'état de nain.

Nanismes par défaut de développement statural. **1.** L'*achondroplasie** est une affection congénitale très rare, due à une soudure trop précoce des cartilages de conjugaison.
2. Les *affections endocriniennes* provoquant un nanisme sont : l'*insuffisance thyroïdienne* ou *myxœdème** qui, lorsqu'il commence dès la naissance, est associé à une débilité mentale profonde ; l'*insuffisance hypophysaire,* qui entraîne un nanisme bien proportionné mais assorti à d'autres troubles, car il est rare que l'hormone somatotrope* soit la seule à être déficitaire.

Parmi les *nanismes d'origine métabolique,* le *nanisme rénal* se manifeste par un arrêt de la croissance où les proportions sont respectées.

Nanismes par déformation des os. Ce ne sont pas des nanismes vrais, car les os ont des longueurs pratiquement normales mais sont courbés ou tassés : rachitisme*, ostéomalacie*, maladies de la colonne vertébrale (cyphose*, scolioses*, mal de Pott*) ont pu produire des restrictions de taille ressemblant au nanisme ; les membres ont alors la longueur normale, contrastant avec le tronc.

naphtazoline n. f. Vasoconstricteur utilisé pour décongestionner les muqueuses de l'œil ou des fosses nasales.

narcissisme n. m. Amour excessif de soi. Le narcissisme désigne d'abord l'amour exclusif de leur propre corps qu'ont certains sujets atteints de perversions sexuelles. Dans un sens plus élargi, il désigne une attitude fréquente de l'esprit consistant en une valorisation exagérée de sa propre personne.

narcoanalyse n. f. Méthode de diagnostic et de traitement psychiatrique qui consiste à provoquer un sommeil léger par des hypnotiques et à interroger le sujet, à le faire parler au moment de l'endormissement et du réveil. (Syn. : SUBNARCOSE ANALYTIQUE.)
On emploie à cet effet des barbituriques à action brève (amobarbital, penthiobarbital) en injections intraveineuses lentes. Ces substances sont parfois appelées à tort « sérum de vérité » : en réalité, le sujet ne dit que ce qu'il veut. Dans des cas exceptionnels, on emploie des hallucinogènes pour l'analyse des rêves.

La narcoanalyse, en permettant au sujet de se détendre, en supprimant son angoisse, lui permet de mieux extérioriser ses préoccupations et de s'en débarrasser à l'occasion d'une réaction émotionnelle après laquelle il se trouve soulagé.

La narcoanalyse rend des services indiscutables dans le diagnostic et le traitement des névroses : angoisses, hystérie, phobies, troubles sexuels divers, ainsi que dans ceux des psychoses (délires).

narcolepsie n. f. Besoin irrésistible de dormir, survenant par accès.
La narcolepsie est généralement un signe de troubles cérébraux (syphilis nerveuse, tumeur cérébrale, traumatisme crânien).

narcose n. f. Sommeil profond dû à l'action d'un narcotique.
La narcose est apparentée à l'anesthésie et désigne les états au cours desquels on ne peut pas réveiller le sujet, même en le mobilisant ou en lui parlant.

narcothérapie n. f. Traitement par des substances narcotiques. (Syn. : CURE DE SOMMEIL.)

narcotique n. m. Substance qui provoque un sommeil profond. (Ce sont essentiellement les barbituriques* et les stupéfiants*.)

narine n. f. Chacun des orifices des fosses nasales situés en bas du nez*.
En cas de corps étranger dans une narine, l'extraction ne doit être tentée que si l'on est certain de ne pas repousser l'objet plus profondément, sinon il faut consulter le spécialiste O. R. L.

nasal, e, aux adj. Relatif au nez*.
Fosses nasales, cavités de la face situées en arrière du nez et communiquant avec l'extérieur par les narines.

Anatomie. Les fosses nasales constituent la partie supérieure de l'appareil respiratoire et elles contiennent l'organe de l'olfaction. Ce sont des cavités paires et symétriques, allongées d'avant en arrière et communiquant en arrière avec le pharynx par deux orifices, les choanes. Les fosses nasales sont séparées par une cloison dont le squelette est cartilagineux en avant, osseux en arrière. La paroi supérieure est formée par les os propres du nez, le frontal et la lame criblée de l'ethmoïde, dont les trous laissent passer les terminaisons sensorielles des nerfs olfactifs.

La paroi externe des fosses nasales, complexe, est formée des lames latérales de l'ethmoïde et du maxillaire supérieur. Cette paroi est rendue irrégulière par les cornets, supérieur, moyen et inférieur, qui sont des lames osseuses enroulées d'avant en arrière. Sous les cornets se trouvent des méats où s'ouvrent : pour le cornet inférieur, le canal lacrymo-nasal (v. LACRYMAL) ; pour le cornet moyen, les sinus maxillaire, frontal et ethmoïdal antérieur ; pour le cornet supérieur, le sinus ethmoïdal supérieur.

Les sinus* sont des cavités annexées aux fosses nasales et communiquant avec elles. Toutes les parois des fosses nasales sont recouvertes d'une muqueuse, dite « pituitaire », comportant un épithélium cilié et innervée par le nerf trijumeau.

Physiologie. Les fosses nasales ont un rôle dans la respiration : l'air inspiré y est purifié de ses poussières, humidifié et réchauffé avant de parvenir à la trachée et aux bronches. L'ensemble des cavités nasales joue un rôle dans la tonalité de la voix*. Enfin, le plafond des fosses nasales est le siège de l'odorat (v. OLFACTION).

Maladies. INFLAMMATION. L'inflammation des fosses nasales est la rhinite* ; elle peut être

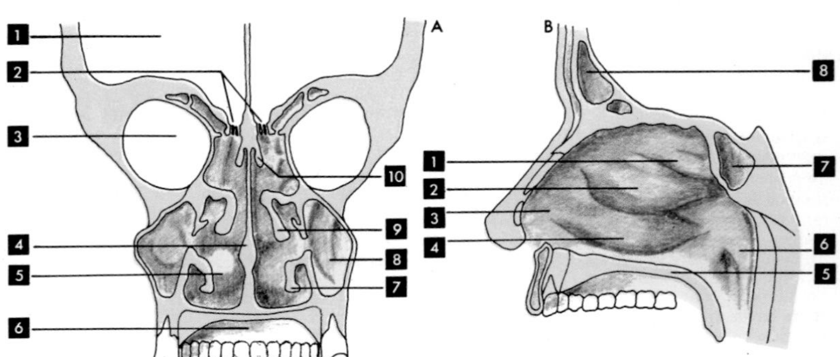

Nasal.
A. Coupe frontale des fosses nasales.
1. Cavité crânienne ;
2. Lame criblée de l'ethmoïde (nerf olfactif) ;
3. Orbite ; 4. Cloison médiane ;
5. Fosse nasale ; 6. Palais ;
7. Cornet inférieur ; 8. Sinus maxillaire ;
9. Cornet moyen ; 10. Cornet supérieur.
B. Paroi externe des fosses nasales (côté droit).
1. Cornet supérieur ; 2. Cornet moyen ;
3. Maxillaire supérieur ;
4. Cornet inférieur ;
5. Palais ; 6. Rhino-pharynx ;
7. Sinus sphénoïdal ; 8. Sinus frontal.

d'origine infectieuse ou allergique et se propager aux sinus, réalisant les sinusites*. La tuberculose nasale, devenue rare, commence par le lupus tuberculeux, qui peut se propager vers les fosses nasales. Le traitement antituberculeux a transformé le pronostic de cette affection. La syphilis nasale a subi une évolution analogue.

DÉVIATION DE LA CLOISON. La *cloison nasale* est souvent le siège de déviations qui lui donnent, de face, un aspect en S plus ou moins allongé. Ces déviations peuvent être d'origine congénitale ou consécutives à un traumatisme. La déviation de cloison est une cause de rhinite chronique et d'obstruction nasale. L'intervention chirurgicale, qui n'est effectuée qu'après la fin de la croissance (à l'âge adulte), permet de reposer la cloison en bonne position et de redonner une forme correcte au nez.

CORPS ÉTRANGERS. Introduits par les narines*, ils sont cause d'obstruction et d'infection, et peuvent nécessiter une intervention chirurgicale.

TUMEURS DES FOSSES NASALES. Les *tumeurs bénignes* telles que fibromes, angiomes, ostéomes sont rares. Toutefois, on rencontre souvent des *polypes,* masses gélatineuses translucides qui obstruent les fosses nasales, supprimant l'odorat et causant de fréquentes infections. Leur ablation se fait sous anesthésie locale ; elle peut nécessiter plusieurs séances et la récidive n'est pas rare.

Les *tumeurs malignes* modifient la structure osseuse des fosses nasales, entraînant douleurs, obstruction et écoulements séreux ou sanglant. Elles se traitent par la chirurgie et la radiothérapie.

nasonnement n. m. Trouble de la voix dans lequel les fosses nasales ne jouent plus leur rôle de résonateur. (V. RHINOLALIE.)

natation n. f. Sport complet, utile et agréable, qui tonifie la musculature, entretient la souplesse, accroît l'amplitude respiratoire.

On conseille généralement d'attendre 3 heures après la fin d'un repas important avant de pénétrer dans l'eau, afin de laisser à la digestion le temps de s'accomplir. (Le mécanisme de la noyade par hydrocution* est cependant discuté.) Il faut éviter en tout cas de se plonger brutalement dans une eau très froide après une longue exposition au soleil et ne pas s'éloigner à trop grande distance du rivage. En cas de « crampe », il est nécessaire de se mettre en « planche » sur le dos et, si possible, de se faire remorquer par un nageur proche.

natrémie n. f. Concentration d'ion sodium (natrium) dans le sang.

Normalement comprise entre 135 et 142 milliéquivalents par litre, elle reflète l'état d'hydratation du secteur extracellulaire.

naturisme n. m. Conception et pratique d'un mode de vie qui se veut proche de la nature.

Le naturisme est considéré par ses adeptes comme un moyen d'acquérir et de conserver une bonne santé.

Ses principes généraux sont : la vie au grand air, l'exposition au soleil le corps dépourvu de vêtements et l'alimentation à base de régimes végétariens. Enfin, les plantes sont souvent préconisées comme médicaments par certains adeptes de la nature. Il faut cependant bien connaître les plantes pour les utiliser correctement. On a vu des sujets mourir pour avoir pris des infusions de fleurs des champs contenant des digitales*, des colchiques* ou des solanées*. Le naturisme ne doit donc pas être considéré comme un mode de vie simpliste, mais doit tenir compte des données de la science.

nausée n. f. Malaise dû à l'envie de vomir, couramment désigné par l'expression « mal au cœur ».

La nausée s'accompagne d'une contraction involontaire des muscles du pharynx et des parois abdominales. Elle s'observe lors de nombreuses affections digestives ou lors de l'irritation des centres nerveux du tronc* cérébral, par une tumeur par exemple. On peut la déclencher artificiellement par l'attouchement de la paroi postérieure du pharynx. Certaines douleurs, lorsqu'elles sont très violentes, provoquent la nausée. Enfin, la nausée peut être présente dans toutes les formes de malaise (début de grossesse, mal de mer, etc.) : c'est un signe de dystonie neurovégétative.

On calme les nausées par l'administration d'antiémétiques* et en traitant la cause.

nauséeux, euse adj. Relatif à la nausée.
Réflexe nauséeux, réflexe provoquant une nausée, déclenché par l'attouchement de la paroi postérieure du pharynx. Il est aboli lors de certaines paralysies et dans la diphtérie.

nébulisat n. m. Extrait sec, obtenu par pulvérisation et dessiccation d'un liquide médicamenteux.

nébuliseur n. m. Appareil pulvérisant sous pression de fines gouttelettes d'un liquide médicamenteux (pour le nez, la gorge, la peau, etc.).

nécrobiose n. f. Mort tissulaire localisée, entraînée par l'arrêt de la circulation à un endroit donné d'un organe, mais qui ne s'accompagne jamais de suppuration et est tolérée par le reste de l'organe.

nécropsie n. f. Syn. d'AUTOPSIE*.

nécrose n. f. Mort tissulaire.

Nécrose secondaire à une infection. Les microbes sont à l'origine de la destruction des cellules et de la formation de pus. C'est le cas type du bourbillon du furoncle*. Dans la tuberculose, le pus, ou caséum, est formé de lymphocytes*, et dans la syphilis les plasmocytes* sont les plus nombreux.

Nécrose secondaire à une ischémie ou à un traumatisme. C'est la nécrose aseptique ou gangrène* sèche. Parfois, la cause reste inconnue : c'est le cas de la nécrose fibrinoïde* observée dans les collagénoses*.

négatif, ive adj. Absence d'un signe, d'une réaction recherchée.

Un examen négatif n'autorise jamais à éliminer un diagnostic. L'examen doit être répété.

négation n. f. Action de nier.

Délire de négation. Dans ce délire, le malade nie les réalités les plus évidentes. Il a la conviction qu'il n'a plus d'organes, plus de cerveau, qu'il est mort...

Un tel délire se rencontre surtout dans certaines formes de mélancolies*.

négativisme n. m. Attitude de résistance de certains malades mentaux aux sollicitations de l'entourage. — Les sujets négativistes ne répondent à rien de ce qui leur est demandé, et leur comportement, bien différent d'une opposition volontaire, correspond à un refus de contact avec le monde extérieur.

négatoscope n. m. Écran lumineux permettant d'examiner les radiographies.

neige n. f. **Neige carbonique,** anhydride carbonique solidifié, utilisé en dermatologie dans le traitement de la couperose*, de l'acné*, des verrues*, etc.

Nelson (test de), réaction de laboratoire, spécifique de l'infection syphilitique (Syn. : TEST D'IMMOBILISATION DES TRÉPONÈMES.)

Il consiste à mettre le sérum suspect en présence de tréponèmes : si plus de 50 p. 100 de ceux-ci sont immobilisés (par des anticorps du sérum), le test est positif ; il est douteux entre 25 et 50 p. 100.

nématode n. m. Ver rond ayant un tube digestif complet. (V. ANGUILLULE, ANKYLOSTOME, ASCARIS, FILAIRE, OXYURE, TRICHINE, TRICHOCÉPHALE.)

néomycine n. f. Antibiotique bactéricide à l'égard d'un grand nombre de bactéries Gram positif et Gram négatif, employé en usage externe.

néonatal, e, als adj. Relatif au nouveau-né.

néonatalogie n. f. Spécialité médicale qui a pour objet l'étude du nouveau-né avant, pendant et après la naissance.

Nécrose. Nécrose de l'auriculaire après aponévrectomie.

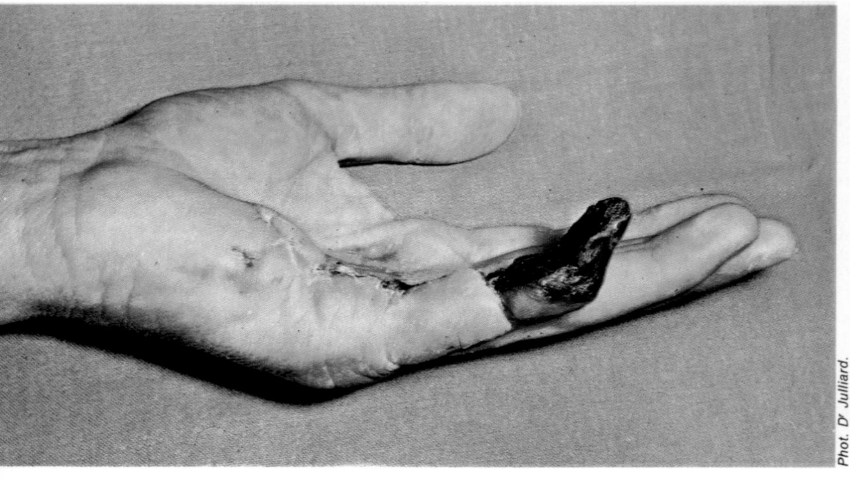

Phot. Dr Julliard.

néoplasie n. f. Formation histologique nouvelle. (En pratique, tumeur bénigne ou maligne.)

néostigmine n. f. Substance de synthèse voisine de l'ésérine*.
La néostigmine excite le péristaltisme intestinal ; on l'emploie pour rétablir le transit des matières après les opérations.

néphrectomie n. f. Ablation d'un rein.

néphrétique adj. Relatif au rein.
Colique néphrétique. V. COLIQUE.

néphrite n. f. Atteinte inflammatoire du rein. (V. NÉPHROPATHIE.)

néphroangiosclérose n. f. Affection rénale due à l'hypertension* artérielle, et comportant des lésions des artérioles rénales et des glomérules*.

néphroblastome n. m. Tumeur rénale de l'enfant, de volume important et responsable d'une hématurie*.

néphrocalcinose n. f. Surcharge calcique du tissu rénal.
L'examen radiologique la révèle souvent en montrant une densité anormale du tissu rénal.
Les causes locales sont les malformations rénales, les néphrites interstitielles. Les hypercalcémies*, quelle qu'en soit la cause, sont aussi responsables de néphrocalcinose.
L'évolution se fait, à long terme, vers l'insuffisance rénale.

néphrogramme n. m. **Néphrogramme isotopique,** méthode qui permet d'apprécier la valeur fonctionnelle des reins par injection d'un corps radioactif et mesure de la radioactivité émise par chacun des deux reins.

néphrologie n. f. Étude des maladies du rein*.

néphron n. m. Unité sécrétrice élémentaire du rein*, comprenant le glomérule et le tubule.

néphropathie n. f. Affection inflammatoire ou dégénérative du rein.
On classe les néphropathies selon le siège de la lésion : glomérulopathies (glomérule), tubulopathies (tubule), néphrite interstitielle (tissu conjonctif) et néphroangiosclérose (vaisseaux).

Les glomérulopathies. Les lésions sont variables, atteignent la membrane basale, les cellules ou tout le glomérule. On distingue schématiquement :
1. *Les glomérulonéphrites aiguës,* le plus souvent d'origine infectieuse. Après une angine streptococcique, une sinusite, une scarlatine apparaissent la fièvre, des urines rares et foncées, des œdèmes, une protéinurie (albuminurie). Survenant plus souvent chez l'enfant, l'affection régresse grâce au régime sans sel et au repos strict au lit. La protéinurie s'estompe peu à peu. Le pronostic reste néanmoins réservé dans certains cas qui évoluent vers la chronicité, où l'hématurie* microscopique est le signe majeur ;
2. *Les glomérulites membraneuses avec syndrome néphrotique*.* Selon l'extension des lésions, on distingue des formes bénignes et des formes plus sévères ;
3. *Les glomérulopathies chroniques pariétoprolifératives.* Souvent secondaires à une atteinte aiguë persistante, elles se révèlent par un syndrome néphrotique*, une poussée d'hypertension* artérielle, une hématurie* (sang dans les urines), une protéinurie* (albumine dans les urines). La glomérulopathie chronique évolue vers l'insuffisance rénale. Les glomérulopathies peuvent apparaître dans le cadre d'affections métaboliques comme le diabète*, l'amylose*, etc.

Les tubulopathies. La tubulopathie aiguë, d'origine toxique ou liée à un état de choc*, se manifeste par une anurie*.
Parmi les tubulopathies chroniques, citons le diabète rénal, le diabète insipide résistant à l'extrait d'hypophyse* postérieure.

Les néphropathies interstitielles. Les lésions commencent dans le tissu interstitiel et atteignent secondairement le néphron*. Leur origine est infectieuse ; parfois, elles sont dues à une intoxication ou à un obstacle des voies urinaires. On les dit « ascendantes », car elles sont secondaires à une altération des voies urinaires. La néphrite interstitielle aiguë des maladies infectieuses se traite par les antibiotiques. Les néphropathies d'origine obstructive, responsables d'hydronéphrose* si elles atteignent un seul rein, évoluent rapidement vers l'insuffisance rénale aiguë si elles touchent les deux reins.

Les néphroangioscléroses. V. ce mot.

Autres affections échappant à la classification. Ce sont : *a*) les anomalies du développement rénal, le rein polykystique, le rein en fer à cheval (souvent ectopique) ; *b*) les lithiases* rénales ; *c*) les affections des gros vaisseaux du rein : thrombose des veines rénales, responsables d'anurie ou de syndrome néphrotique.

néphropexie n. f. Intervention chirurgicale consistant à fixer en bonne place un rein descendu (ptôse rénale).

néphrose n. f. Affection non inflammatoire du rein, par opposition aux néphrites. (V. NÉPHROTIQUE.)

néphrostomie n. f. Intervention chirurgicale faisant passer directement l'urine des cavités excrétrices du rein à l'extérieur, par abouchement des uretères* à la peau.

néphrotique adj. **Syndrome néphrotique,** affection qui frappe surtout les jeunes, et est habituellement l'expression d'une néphropathie* glomérulaire.

Il se caractérise par des œdèmes blancs et mous, une protéinurie (albuminurie) abondante, une augmentation du cholestérol et des lipides totaux, une diminution des protéines du sang.

Parfois, le syndrome néphrotique évolue vers l'insuffisance rénale, mais l'évaluation du pronostic, assombri par la constatation d'une hématurie microscopique, d'une hypertension artérielle, dépend de la cause retrouvée.

Les *syndromes néphrotiques secondaires* à une affection générale (amylose, diabète, lupus*) ou locale (thrombose de la veine cave) régresssent avec le traitement de la maladie en cause.

Les *syndromes néphrotiques «primitifs»* sont divisés en plusieurs groupes par la biopsie rénale. Dans les *syndromes néphrotiques purs,* variété la plus fréquente chez les sujets jeunes, le traitement par les corticoïdes* est formellement indiqué. Les *glomérulites membraneuses* avec épaississement de la paroi des capillaires, généralement dû à des dépôts pathologiques en dehors ou en dedans de la membrane basale, ne guérissent jamais complètement malgré les tentatives de traitement par les extraits thyroïdiens, la nivaquine. Dans les *glomérulites prolifératives endocapillaires,* où l'effet des corticoïdes est minime, le traitement anti-infectieux semble le mieux indiqué.

Néphrotique. Syndrome néphrotique.
Œdème de la face
chez un sujet atteint de néphrose.

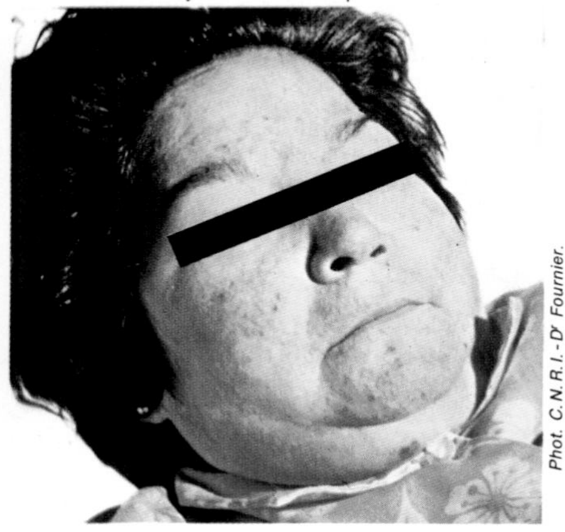

Phot. C.N.R.I.-Dr Fournier.

Nerf.
A. Les nerfs crâniens (douze paires symétriques) : leur émergence à la face inférieure de l'encéphale.
1. Hypophyse ; 2. Pédoncules cérébraux ; 3. Protubérance ; 4. Bulbe.
I. Nerf olfactif ; II. Nerf optique ; III. Nerf moteur oculaire commun ; IV. Nerf pathétique ; V. Nerf trijumeau ; VI. Nerf moteur oculaire externe ; VII. Nerf facial ; VII *bis.* Intermédiaire de Wrisberg ; VIII. Nerf auditif ; IX. Nerf glosso-pharyngien ; X. Nerf pneumogastrique ; XI. Nerf spinal ; XII. Nerf grand hypoglosse.
B. Projection des noyaux d'origine des huit derniers nerfs crâniens sur une vue postérieure du tronc cérébral.
1. Glande pinéale (ou épiphyse) ; 2. Pédoncule cérébral ; 3. Quatrième ventricule.
De V à XII, voir légende précédente.

nerf n. m. Organe en forme de cordon blanchâtre, conducteur des incitations sensitives, sensorielles ou motrices.

Anatomie. ***Nerfs crâniens.*** Ils véhiculent la sensibilité, la sensorialité et la motricité de toute la région de la tête. Ils sont au nombre de douze paires : nerfs olfactifs* (I) ; optiques* (II) ; moteurs* oculaires communs (III) ; pathétiques* (IV) ; trijumeaux* (V) ; moteurs oculaires externes (VI) ; faciaux (v. FACIAL) [VII et VII bis] ; nerfs auditifs* (VIII) ; glosso*-pharyngiens (IX) ; pneumogastriques* (X) ; nerfs spinaux (v. SPINAL) [XI] et grands hypoglosses* (XII).

Ces nerfs ont leurs *noyaux,* ou centres, dans les divers étages du tronc* cérébral, dont ils sortent pour aller innerver leurs territoires respectifs. Leur lésion provoque l'anesthésie ou la paralysie du territoire correspondant de la tête (exemple : paralysie faciale* par atteinte d'un nerf de la VIIe paire).

Nerfs rachidiens. Ils véhiculent la sensibilité et la motricité du reste du corps. Au nombre de 31 paires, ils ont leur origine dans la moelle* épinière, d'où ils sortent au-dessus de la vertèbre* correspondant à leur numéro : 7 nerfs cervicaux, 12 dorsaux, 5 lombaires, 5 sacrés, 2 coccygiens. Ils se distribuent ensuite au cou, au tronc et aux membres.

Les nerfs rachidiens sont formés par la réunion de deux racines : antérieure motrice

A

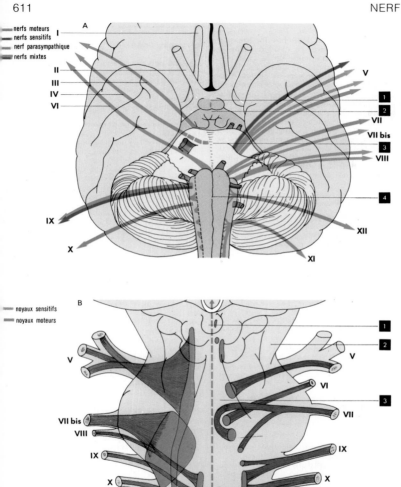

nerfs moteurs
nerfs sensitifs
nerf parasympathique
nerfs mixtes

I
II
III
IV
VI
V
1
2
VII
VII bis
3
VIII
4
IX
XII
X
XI

B

noyaux sensitifs
noyaux moteurs

1
2
V
V
VI
3
VII bis
VII
VIII
IX
IX
X
X
XII
XI

et postérieure sensitive. Ils se redivisent rapidement en deux branches (motrices et sensitives à la fois), concernant respectivement la face antérieure de la face postérieure du corps. Les nerfs rachidiens constituent le *système nerveux périphérique* (v. NERVEUX, *Système nerveux cérébro-spinal*).

Histologie. Les nerfs sont faits de fibres nerveuses groupées en faisceaux. Ces fibres sont des axones*, c'est-à-dire les prolongements du corps cellulaire des neurones*. On distingue deux grandes catégories de fibres nerveuses, suivant qu'elles sont entourées de myéline (*myélinisées*) ou non (*amyéliniques*), ces dernières appartenant au système nerveux végétatif. Les fibres nerveuses sont entourées d'une gaine protectrice : la gaine de Schwann.

Pathologie. V. NERVEUX, *Système nerveux cérébro-spinal.* Pathologie.

nerfs (crise de), expression populaire désignant un accès d'excitation motrice et psychique désordonnée, incontrôlée, avec cris, pleurs, sanglots, contorsions plus ou moins spectaculaires, etc. — Les tranquillisants, notamment sous forme injectable, sont très efficaces dans ces situations, mais une attitude ferme est déjà salutaire.

Néris-les-Bains, station thermale de l'Allier, à 7 km de Montluçon, ouverte du 15 mai au 1er octobre. — L'eau, bicarbonatée et sulfatée sodique, contient de la silice ; elle est radioactive. On l'emploie en bains, douches et en étuves thermales. On traite les paralysies et leurs conséquences, les névralgies, la maladie de Parkinson*, la sclérose* en plaques, les névroses et dépressions, les rhumatismes, les affections gynécologiques et celles de la peau.

nervosisme n. m., **nervosité** n. f. Termes populaires désignant généralement les manifestations observées sur des sujets irritables, instables, à l'humeur variable, et l'état de ces sujets eux-mêmes.

neurasthénie n. f. Affection psychiatrique fréquente, qui fait partie des névroses.
Le symptôme essentiel en est l'asthénie ou fatigue permanente, intense, physique, psychique et génitale.

La fatigue est maximale le matin, au réveil, et n'est guère améliorée par le repos. Cet état s'accompagne de troubles divers : maux de tête, douleurs, nausées, spasmes digestifs, troubles de la sexualité, difficultés de l'attention et de la mémoire, insomnies.

En règle générale, les examens ne révèlent pas de lésion organique : il s'agit essentiellement d'un état névrotique dont les causes sont discutées.

nerveux, euse adj.

Système nerveux, ensemble de cellules spécialisées, appelées *neurones**, qui assurent le fonctionnement interne de l'organisme (système neurovégétatif) et la relation de cet organisme avec le milieu extérieur (système nerveux cérébro-spinal).

Système nerveux cérébro-spinal.

Anatomie. LE SYSTÈME NERVEUX CENTRAL. L'*encéphale* est l'ensemble des organes situés dans la boîte crânienne : il comprend le cerveau*, le cervelet* et le tronc cérébral (pédoncules cérébraux, protubérance annulaire et bulbe rachidien). Au-dessous du bulbe, le système nerveux central se continue dans le canal rachidien par la moelle* épinière.

L'encéphale et la moelle sont enveloppés par les méninges*. Le système nerveux central contient les centres de réception, d'intégration et d'élaboration des messages nerveux.

LE SYSTÈME NERVEUX PÉRIPHÉRIQUE. Il est constitué par les nerfs qui sont reliés au système nerveux central. On distingue les nerfs crâniens et les nerfs rachidiens. (V. NERF, *Anatomie.*)

Physiologie du système nerveux cérébro-spinal. Elle repose sur le fonctionnement du neurone*, et en particulier sur deux de ses propriétés : l'excitabilité, qui entraîne la création d'un influx nerveux, et la conductivité, qui en assure la propagation. Le second élément capital de la physiologie nerveuse est la synapse. C'est le point où s'articulent deux neurones différents, et qui assure la transmission de l'influx nerveux entre deux structures discontinues.

L'influx nerveux naît de la dépolarisation électrique de la membrane endoplasmique des neurones, provoquée par une stimulation sensitive (v. SENSIBILITÉ) ou une incitation centrale. Cette dépolarisation se propage ensuite le long de la fibre nerveuse de proche en proche, assurant ainsi la conduction de l'influx. La conduction n'est efficace que dans un sens seulement : celui qui va des terminaisons dendritiques vers le corps du neurone, puis de celui-ci vers la terminaison de l'axone. Là, l'influx nerveux doit franchir la synapse* qui le sépare du neurone suivant ou de l'organe effecteur.

La transmission synaptique (au niveau des synapses) s'effectue par l'intermédiaire d'un médiateur chimique : *acétylcholine** ou *adrénaline**, en fonction duquel les fibres

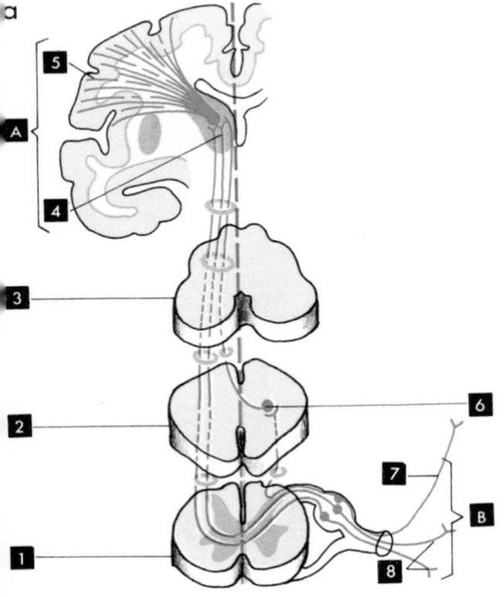

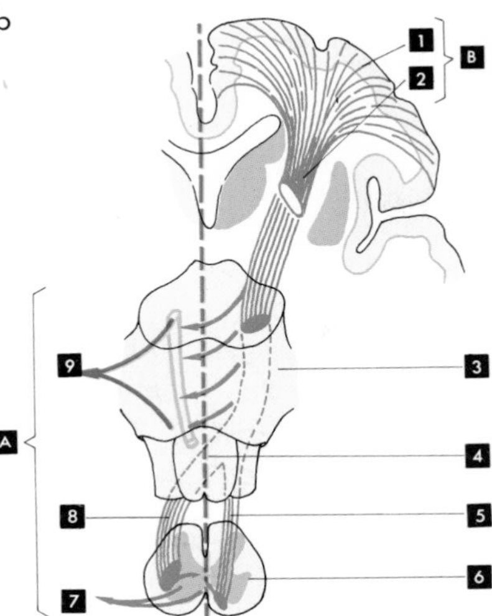

Système nerveux.
a) Voies de la sensibilité thermique et tactile.
A. Hémisphère droit. B. Hémicorps gauche.
1. Moelle ; 2. Bulbe ; 3. Pédoncule cérébral ;
4. Thalamus ; 5. Cortex pariétal ;
6. Noyaux de Goll et Burdach ;
7. Sensibilité profonde et tactile ;
8. Sensibilité thermique et douloureuse.
b) Voie motrice pyramidale.
A. Hémicorps droit. B. Hémisphère gauche.
1. Cortex moteur ; 2. Capsule interne ;
3. Tronc cérébral ;
4. Décussation du faisceau pyramidal ;
5. Faisceau pyramidal direct ;
6. Moelle épinière ;
7. Nerfs du tronc et des membres ;
8. Faisceau pyramidal croisé ;
9. Nerfs crâniens.

c) Coupe de la moelle épinière : voies sensitives (en bleu) et motrices (en rouge).
1. Voie pyramidale croisée ;
2. Faisceaux de Goll et Burdach ;
3. Voie pyramidale directe ;
4. Corne postérieure ;
5. Faisceau spino-thalamique ;
6. Substance blanche ; 7. Substance grise ;
8. Corne antérieure ; 9. Sillon antérieur ;
10. Racine antérieure ;
11. Racine postérieure et son ganglion.

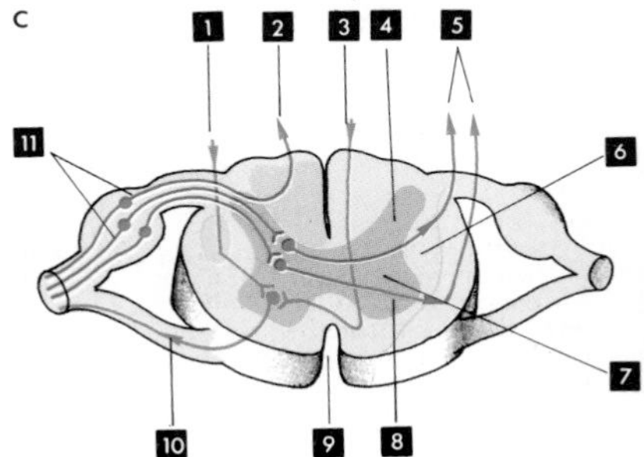

nerveuses sont dites respectivement *cholinergiques* ou *adrénergiques*. La jonction neuromusculaire (du nerf au muscle) s'appelle *plaque** motrice.

L'influx, né à l'extrémité centrale ou périphérique d'une voie nerveuse, ne connaît pas seulement une propagation linéaire jusqu'à l'autre extrémité de la fibre où il a pris

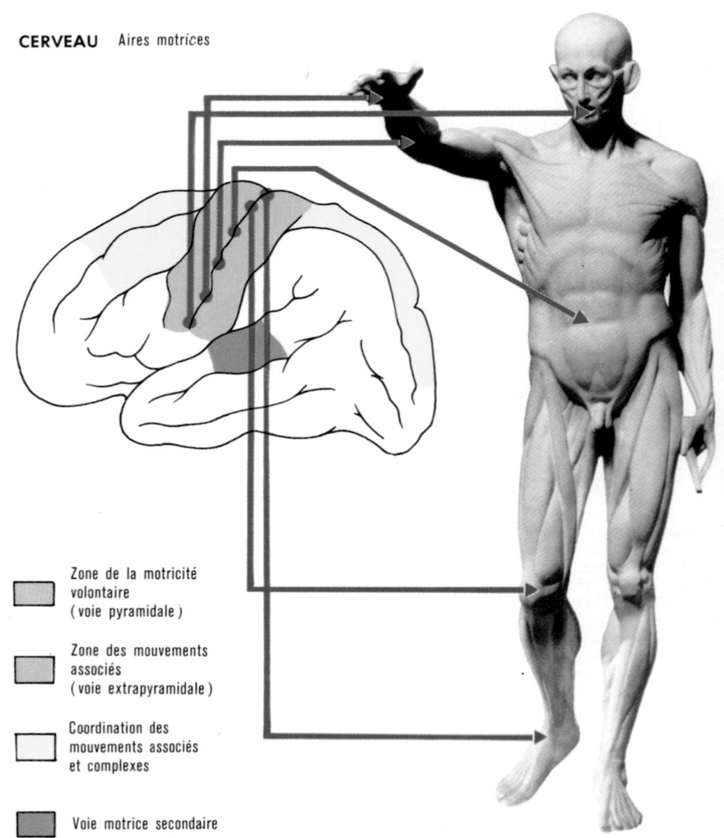

Système nerveux.
Localisations cérébrales des zones commandant la motricité des différentes parties du corps.

naissance : l'excitation se propage aux neurones voisins, dans un sens aussi bien ascendant que latéral, et les synapses qu'il pourrait franchir sont innombrables. Elles ne jouent pas toutes un rôle de transmission, car certaines sont inhibitrices, permettant ainsi la modulation et l'adaptabilité du message nerveux. Un même influx suit donc un circuit très complexe au sein des voies nerveuses jusqu'au cortex, suscitant nombre de réactions conscientes et inconscientes (physiologiques, viscérales), qui échappent, par leur importance et leur complexité, au seul schéma anatomique.

Exploration du système nerveux cérébro-spinal. Toute altération d'une étape quelconque du système nerveux se traduit immédiatement par l'altération de la fonction correspondante : motricité, sensibilité, équilibre, coordination..., qui sera mise en évidence par l'examen neurologique. C'est en fonction de cet examen que la plupart des diagnostics sont portés et localisés, les examens paracliniques ne tenant lieu que de confirmation.

L'*examen neurologique* se fait suivant un protocole bien défini. On étudie l'une après l'autre les grandes fonctions du système nerveux.

LA MOTRICITÉ. On étudie les mouvements spontanés du malade en quantité et en qualité, et on note l'existence d'éventuels mouvements anormaux. On localise un éventuel *déficit moteur* (hémiplégie gauche ou droite, paralysie d'un ou de différents groupes de muscles). Le bilan musculaire peut être fait muscle par muscle.

Avec le mouvement, on étudie aussi la marche et le *tonus** musculaire.

LES SENSIBILITÉS*. On étudie successivement les sensibilités profonde et superficielle et les différents modes de la sensibilité : tactile, douloureuse, thermique, l'altération d'un seul de ces modes étant le reflet de la lésion d'une voie déterminée. La sensibilité peut être abolie (*anesthésie*) ou présenter les sensations anormales (*paresthésies**).

LES RÉFLEXES*. Ils sont étudiés un à un, explorant les racines nerveuses correspondantes. L'excès de vivacité d'un réflexe autant que son abolition est un signe pathologique. L'examen des réflexes se termine par l'exploration du fonctionnement des sphincters*.

LES PAIRES DE NERFS CRÂNIENS. Elles sont systématiquement explorées une à une : odorat (I), vue (II), mouvements des yeux (III et VI), de la face (VII), etc.

L'ÉQUILIBRATION ET LA COORDINATION. Elles sont explorées par la marche et la réalisation de certains gestes complexes, qui étudient entre autres le fonctionnement du cervelet*.

L'ÉTUDE DES FONCTIONS SUPÉRIEURES (LANGAGE, MÉMOIRE). Elle termine l'examen neurologique. L'altération de ces fonctions témoigne, plus que d'une affection diffuse du système nerveux, d'une lésion du cerveau* lui-même.

L'examen neurologique est complété par une série d'*examens paracliniques.* La *ponction* lombaire* permet l'étude du liquide céphalo*-rachidien, qui présente des altérations caractéristiques dans de nombreuses maladies neurologiques. L'*électroencéphalogramme** étudie l'activité électrique du cerveau, dont il peut localiser les éventuelles anomalies. L'*électromyogramme** étudie le fonctionnement des muscles et celui de la fonction neuro-musculaire (plaque motrice). Les autres examens sont principalement radiologiques, à base d'opacification du canal rachidien, des cavités ou des artères cérébrales. (V. CERVEAU.)

Pathologie du système nerveux. Le système nerveux peut être atteint d'affections multiples. Certaines ne sont que l'expression nerveuse d'une maladie plus générale, tandis que d'autres sont à localisation exclusivement nerveuse, comme la sclérose* en plaques, la syringomyélie*, etc.

PATHOLOGIE DU SYSTÈME NERVEUX CENTRAL. Les symptômes sont fonction du siège des lésions, de leur caractère localisé ou non et de leur rapidité de développement. Il existe ainsi une pathologie de la moelle*, du cerveau*, du cervelet*, du tronc* cérébral. Mais nombre d'affections ont un caractère plus diffus.

Les *lésions traumatiques* peuvent toucher le crâne* aussi bien que le canal rachidien, à travers les vertèbres, et laisser des séquelles neurologiques importantes, notamment l'épilepsie*.

Le système nerveux central peut être le siège de *tumeurs,* qui peuvent se localiser aussi bien dans le cerveau* que dans le canal rachidien, occasionnant des compressions de la moelle épinière (v. NEURINOME). Les tumeurs sont aussi bien bénignes que malignes, ces dernières étant primitives ou métastatiques d'un autre cancer. Elles relèvent souvent de la chirurgie, mais ont un pouvoir de récidive important.

Les virus ont une grande affinité pour le système nerveux central. Ils entraînent des lésions souvent disséminées qui intéressent soit la substance grise, soit la substance blanche, donnant lieu à des encéphalites*, des myélites*.

Les maladies bactériennes peuvent diffuser au cerveau par la voie d'une septicémie ou par une localisation élective (syphilis). Dans les affections dégénératives, tout se passe comme si l'on assistait à un vieillissement de certaines populations neuronales : maladie de Parkinson*, chorée* de Huntington, sclé-

rose* latérale amyotrophique, etc. (V. aussi CERVEAU, *Maladies du cerveau.*)
PATHOLOGIE DU SYSTÈME NERVEUX PÉRIPHÉRIQUE. Ce sont les maladies des nerfs. Suivant qu'elles touchent des nerfs moteurs ou sensitifs, les symptômes sont différents. Le plus souvent, cependant, les deux types de nerfs seront touchés, et l'atteinte nerveuse se traduira par un déficit moteur, une baisse du tonus, l'abolition des réflexes* ostéo-tendineux, des crampes et des fasciculations. L'atteinte d'un nerf moteur entraîne obligatoirement l'atrophie du muscle qu'il innerve. C'est pourquoi on constatera aussi une amyotrophie*. Sur le plan sensitif, l'atteinte nerveuse se traduit soit par une anesthésie, soit au contraire par des douleurs, des paresthésies* (sensations anormales). Le déficit sensitif peut être global ou toucher plus particulièrement un mode de la sensibilité*. Selon la façon dont se groupent les symptômes, et surtout selon leur répartition topographique, on parlera de polynévrite* (atteinte bilatérale et symétrique des nerfs, sensitivo-motrice, prédominant aux extrémités), de polyradiculonévrite* (atteinte bilatérale et symétrique non globale, prédominant aux racines nerveuses, avec modifications du liquide céphalo-rachidien), de mononévrite ou radiculite* (atteinte d'une seule racine nerveuse), ou encore de multinévrite* (atteinte non systématisée de plusieurs troncs nerveux). L'atteinte de la corne antérieure de la moelle* épinière produit une atteinte nerveuse périphérique (poliomyélite).

Ces atteintes ont une origine toxique (alcool), métabolique (diabète), virale (poliomyélite) ou encore relèvent d'une lésion directe des fibres nerveuses par traumatisme.

Les nerfs peuvent présenter des tumeurs. Il existe des tumeurs proprement nerveuses : *schwannomes* (développées aux dépens de la gaine de Schwann), *neurofibromes.* Elles dégénèrent rarement en cancers. Des tumeurs d'une autre origine peuvent venir comprimer un tronc nerveux, provoquant ainsi des douleurs et des paralysies.

Système neurovégétatif.

C'est le système nerveux des organes. (Syn. SYSTÈME NERVEUX AUTONOME.) Il coordonne les relations entre les viscères d'un même organisme. Il assure la régulation des fonctions dites *végétatives :* respiration, circulation, reproduction, métabolisme.

Le système neurovégétatif est relié au système nerveux central au niveau de ses centres : les noyaux végétatifs sont en effet contenus dans le tronc* cérébral, où ils sont en rapport avec le reste du système nerveux, en particulier avec l'hypothalamus* et le rhinencéphale*.

Schéma du système neurovégétatif.
1. Moelle épinière ; 2. Chaîne sympathique ; 3. Artère de la tête ; 4. Ganglion ophtalmique ; 5. Œil ; 6. Ganglion sphéno-palatin ; 7. Glande lacrymale ; 8. Ganglion otique ; 9. Glande parotide ; 10. Ganglion sous-maxillaire ; 11. Glandes sous-maxillaire et sublinguale ; 12. Artère ; 13. Cœur ; 14. Poumon ; 15. Poil ; 16. Glande sudoripare ; 17. Artère périphérique ; 18. Estomac ; 19. Grand splanchnique ; 20. Ganglion cœliaque ; 21. Foie ; 22. Pancréas ; 23. Ganglion mésentérique supérieur ; 24. Ganglion mésentérique inférieur ; 25. Glande surrénale ; 26. Rein ; 27. Plexus hypogastrique ; 28. Intestin ; 29. Vessie ; 30. Pénis ; 31. Rectum.

Le système végétatif comprend deux contingents : le *sympathique* et le *parasympathique.* L'équilibre végétatif résulte de l'interaction entre ces deux systèmes antagonistes. Sur le plan anatomique, ils sont organisés de la même manière : la voie efférente, qui va du névraxe à l'organe effecteur, comporte deux neurones articulés entre eux par une synapse située dans un *ganglion végétatif :* le premier neurone est dit *préganglionnaire,* le second *postganglionnaire.*

Le sympathique. ANATOMIE. Le neurone préganglionnaire a son origine dans la corne latérale de la moelle épinière. Les ganglions végétatifs de relais du système sympathique s'étagent le long de la colonne vertébrale (d'où sortent les fibres), tout près du névraxe, formant de chaque côté les *chaînes du grand sympathique.* Les fibres postganglionnaires gagnent l'organe effecteur par un long trajet. PHYSIOLOGIE. Les fibres préganglionnaires du système sympathique sont *cholinergiques**. En revanche, les fibres postganglionnaires sont adrénergiques. Leur action est dilatatrice sur la pupille et sur les bronches ; elle accélère le cœur, ralentit le transit digestif et élève la glycémie.

Le parasympathique. ANATOMIE. Il se divise en deux parties : crânienne et sacrée. Le

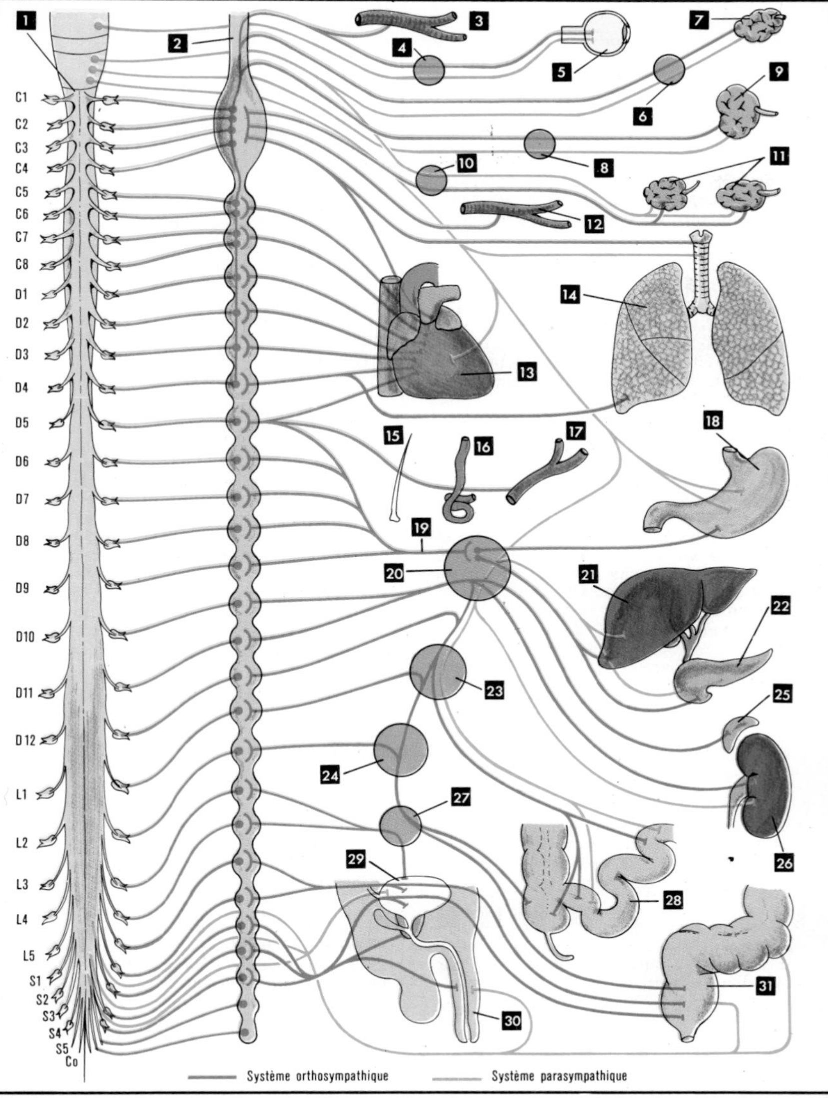
1
2
3
4
5
6
7
8
9
10
11
12
13
14
15
16
17
18
19
20
21
22
23
24
25
26
27
28
29
30
31
C1
C2
C3
C4
C5
C6
C7
C8
D1
D2
D3
D4
D5
D6
D7
D8
D9
D10
D11
D12
L1
L2
L3
L4
L5
S1
S2
S3
S4
S5
Co
Système orthosympathique
Système parasympathique

parasympathique crânien est représenté par la Xe paire de nerfs crâniens, ou nerfs *pneumogastriques*, ou encore nerfs *vagues*. Chaque nerf pneumogastrique descend avec les vaisseaux du cou et envoie des fibres aux organes de la tête et, plus bas, aux organes du thorax et de l'abdomen.

Le *parasympathique sacré* innerve le côlon, le rectum et l'appareil uro-génital. Les ganglions parasympathiques, où se fait la synapse entre neurone pré- et postganglionnaire, se trouvent situés à proximité de l'organe effecteur.

PHYSIOLOGIE. Le parasympathique est entièrement *cholinergique*, c'est-à-dire qu'à sa terminaison il libère de l'acétylcholine*. Cette hormone active les sécrétions lacrymales et salivaires, provoque une contraction de l'iris ; elle a une action constrictive sur les bronches, ralentit le cœur, augmente la sécrétion gastrique, accélère le transit digestif et joue sur le sphincter vésical. □

neurinome n. m. Tumeur le plus souvent bénigne, due à une prolifération des cellules de Schwann qui entourent les nerfs* périphériques. (Syn. : SCHWANNOME.)
Les neurinomes peuvent siéger en n'importe quel point de l'organisme. Leur traitement est chirurgical.

neuroanémique adj. **Syndrome neuroanémique**, syndrome associant les signes de l'anémie de Biermer* à des troubles neurologiques divers : paralysies, troubles de la sensibilité, polynévrites, etc.

Neurone. Ultrastructure du neurone.
1. Appareil de Golgi ; 2. Neurotubules ;
3. Noyau ; 4. Corps de Nissl ; 5. Nucléole ;
6. Ergastoplasme ; 7. Polysomes ; 8. Myéline ;
9. Axone ; 10. Cellule de Schwann ;
11. Cône d'émergence de l'axone ;
12. Neurofibrilles ; 13. Lysosome ;
14. Mitochondrie ; 15. Dendrite.

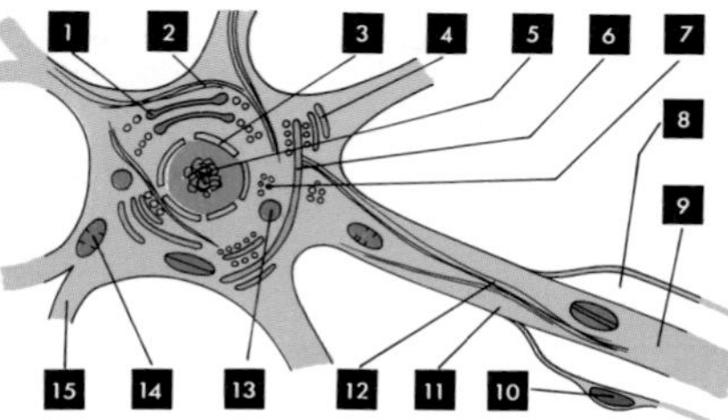

neurochirurgie n. f. Branche de la chirurgie consacrée aux affections du système nerveux.
Exception faite de la chirurgie des nerfs périphériques, la neurochirurgie s'exerce sur des lésions intracrâniennes ou intrarachidiennes, et implique comme préalable un passage à travers des structures osseuses (trépanations*, volet* crânien, laminectomie*).

neurofibromatose n. f. Formation de tumeurs fibreuses (neurinomes*) sur le trajet des nerfs. (V. RECKLINGHAUSEN.)

neuroleptique adj. et n. m. Substance psychotrope* sédative, douée d'actions importantes sur le système neurovégétatif. (Syn. : NEUROPLÉGIQUE.)
Les neuroleptiques créent un état d'indifférence psychomotrice sans action proprement hypnotique* ; ils réduisent les états d'excitation, d'agressivité et d'agitation ; ils réduisent les psychoses aiguës et chroniques ; ils provoquent des modifications du système nerveux autonome (sympathique et parasympathique). Leur action sur le système nerveux autonome se manifeste par une sédation des nausées et des vomissements, par un abaissement de la température et de la tension artérielle et par un blocage de l'ovulation*.

Les principaux neuroleptiques sont la chlorpromazine et ses dérivés, les butyrophénones (dont le type est l'halopéridol) et, enfin, la réserpine.

neurologie n. f. Spécialité médicale ayant pour objet l'étude des maladies du système nerveux* (affections des nerfs et du cerveau, à l'exclusion des maladies mentales).

neurolyse n. f. Libération chirurgicale d'un nerf enserré dans un tissu pathologique.

neurone n. m. Cellule nerveuse qui participe à l'élaboration et à la transmission de l'influx nerveux.
Le neurone est composé d'un corps cellulaire et de prolongements : les *dendrites*, qui le réunissent aux neurones voisins, et l'*axone*, beaucoup plus long, qui transmet l'influx nerveux à sa destination. Les corps cellulaires des neurones forment la substance grise, les axones, la substance blanche. (V. NERVEUX, *Système nerveux*.)

neuroplégique n. m. Syn. de NEUROLEPTIQUE. (V. aussi GANGLIOPLÉGIQUE.)

neuro-psychiatrie n. f. Spécialité médicale regroupant les qualifications de la neurologie et de la psychiatrie.

neurotomie n. f. Section chirurgicale d'un nerf.

neurotoxine n. f. Toxine qui agit sur le

système nerveux (toxines diphtérique et tétanique).

neurotrope adj. Qui a une affinité particulière pour le système nerveux.
Virus neurotropes, ceux de la rage, de la poliomyélite, etc.

neurovégétatif n. m. **Système neurovégétatif.** V. NERVEUX, *Système neurovégétatif.*

neutrophile adj. Qui présente une affinité pour les colorants neutres. (C'est le cas du plus grand nombre des leucocytes* polynucléaires.)

névralgie n. f. Douleur dans le territoire d'un nerf. — La névralgie est due à une névrite* ou à la compression du nerf.

La névralgie est une douleur aiguë, intense, avec des élancements, qui siège sur un trajet défini. Elle s'accompagne de fourmillements, d'une diminution de la sensibilité sur ce trajet. La névralgie doit être distinguée de la douleur radiculaire ou radiculalgie (atteinte des racines sensitives).

Les nerfs sensitifs ou mixtes (sensitifs et moteurs) peuvent être atteints : on connaît ainsi les névralgies cervico-brachiale, crurale, faciale (atteignant le trijumeau), intercostale, sciatique.

Traitement. C'est souvent celui de la cause, quand il s'agit d'une compression. Les antalgiques et analgésiques calment la douleur. La vitamine B1 (thiamine) et ses dérivés (benzotiamine, diacéthylthiamine) permettent une meilleure nutrition du nerf à long terme. Enfin, la carbamazépine est le médicament spécifique de la névralgie du trijumeau. (V. FACIAL, *Névralgie faciale.*)

névraxe n. m Nom donné au système nerveux* cérébro-spinal : cerveau, tronc cérébral, moelle épinière, à l'exception des nerfs*.

névrite n. f. Inflammation d'un nerf, se traduisant par des paralysies et des douleurs (névralgies) dans le territoire de ce nerf.
Les causes sont toxiques (plomb, alcool), infectieuses ou allergiques.
Névrite optique. Elle se traduit par la baisse rapide de la vision d'un œil et des douleurs orbitaires. Le champ visuel montre un scotome* central. Chez le sujet jeune, il faut penser à une sclérose* en plaques dont la névrite optique peut être la première manifestation. Une cause fréquente est l'intoxication alcoolo-tabagique ; dans ce cas, le traitement favorise la régression des troubles visuels.

Une inflammation de la papille* ou papillite, caractérisée par l'œdème qu'elle provoque, accompagne parfois la névrite optique.

névrodermite n. f. Affection dermatologique d'origine nerveuse.
On distingue : **1.** La *névrodermite disséminée,* forme majeure de l'eczéma constitutionnel de l'adulte ; **2.** La *névrodermite circonscrite,* plaque érythémateuse (rouge) infiltrée (dure), quadrillée, résultant du grattage provoqué par le contact avec un objet quelconque, ou spontanée dans certaines régions (nuque, organes génitaux, dos du pied, etc.).

névroglie n. f. Tissu de soutien des centres nerveux.
La névroglie joue un rôle nutritif et intervient dans la cicatrisation.

névrome n. m. Tumeur du nerf.
Un névrome peut se développer sur un nerf en un point quelconque ou à l'extrémité amputée après un traumatisme.

névropathe n. Se dit d'un sujet, en général anxieux et hyperémotif, qui présente des troubles du système nerveux végétatif.

névrose n. f. Affection neuropsychique fréquente, qui ne s'accompagne d'aucune lésion décelable dans le système nerveux.

Caractères généraux. Les névroses se traduisent par des symptômes très variés — essentiellement psychologiques — et s'accompagnent secondairement de troubles physiques de type fonctionnel (douleurs, fatigue, malaises...) qui ne correspondent pas à des lésions des organes intéressés.

Les névroses s'opposent aux psychoses par leur caractère de moindre gravité. Elles n'altèrent jamais la personnalité dans sa totalité comme le font les psychoses. Le sens de la réalité est conservé chez le névrosé, qui a en outre une conscience pénible de son état morbide : il se sent malade.

Les névroses se caractérisent encore par l'importance — dans leur genèse — des conflits psychologiques, plus souvent inconscients que conscients.

Les névrosés se distinguent des déséquilibrés du caractère (v. DÉSÉQUILIBRE) par le fait que leur comportement n'est presque jamais antisocial.

Différents types de névrose. La névrose classique se définit en principe par une *personnalité pathologique* d'une part, et des *symptômes spécifiques* d'autre part, plus ou moins gênants pour le malade. Les névroses les mieux définies et les plus structurées sont : la *névrose obsessionnelle,* qui associe des obsessions multiples, des rites, des impulsions à une personnalité obsessionnelle (v. OBSESSION) ; la *psychasthénie,* qui est proche de cet état. Elle comporte une asthénie physique et psychique ; la *névrose phobique,* qui associe des phobies (des craintes) de personnes, d'objets, de lieux, de situations à une personnalité *hyperémotive phobique* (v. PHOBIE) ; la *névrose hystérique*, qui associe des manifestations somatiques, dites « de conversion », à une personnalité de type hystérique (v. HYSTÉRIE).

À côté de ces trois principaux types de névroses, on a décrit des états névrotiques divers qui ne constituent pas toujours une entité clinique : la névrose d'*angoisse*, la névrose *hypocondriaque*, la névrose d'*organes*, ou névrose *psychosomatique*, la *neurasthénie**, la *dépression* névrotique*, les névroses *traumatiques* ou réactions névrotiques aiguës, déclenchées par un événement objectivement dramatique ou catastrophique (guerre, bombardement, accident...).

Enfin, on peut citer d'autres névroses un peu artificiellement isolées, telles que la névrose d'*échec* ou de *destin*, la névrose de *préjudice*, etc.

Cependant, de nombreux névrosés n'entrent pas dans les catégories citées plus haut. Ils ont peu de symptômes francs tels que phobies, obsessions, etc., mais leur névrose réside dans une organisation plus ou moins pathologique de la personnalité qui se manifeste par des troubles du caractère, des difficultés d'adaptation familiale et professionnelle.

Les névrosés souffrent aussi d'anomalies de la sexualité (impuissance, masturbation, abstinence, frigidité).

Pendant longtemps, ils parviennent à compenser leurs difficultés, mais, à la suite d'un événement assez banal (surmenage, maladie, accouchement) et parfois sans cause apparente, peut survenir, à un âge quelconque, la décompensation : c'est-à-dire la rupture d'un équilibre affectif jusque-là fragile. Cette décompensation prend l'aspect de la classique dépression névrotique.

En réalité, la frontière entre caractère névrotique et caractère normal demeure très floue. L'écart entre normalité et névrose ne tient pas à la nature des problèmes, mais à leur degré, à leurs proportions.

Les causes. Il est possible que des facteurs multiples interviennent pour fragiliser l'individu et déterminer une névrose.

Le terrain neurosomatique peut jouer un rôle. Mais, en fait, les causes psychologiques sont considérées comme primordiales.

C'est à Freud et à la psychanalyse que l'on doit une compréhension des difficultés psychiques à l'origine des névroses.

Il existe chez le névrosé un ensemble de conflits inconscients, générateurs d'angoisse et *remontant à la petite enfance.* L'événement réel qui semble décompenser la névrose à l'âge adulte ne fait que réactiver un traumatisme ancien enfoui dans l'inconscient.

Pendant les 6 ou 7 premières années de la vie, le « moi » a subi une série de déviations, d'arrêts, de régressions au cours du développement de la personnalité.

Les conflits entre désir et crainte, pulsions et interdits n'ont pas été résolus et ils deviennent générateurs d'angoisse et de culpabilité. Elles-mêmes sont refoulées ou remaniées par des mécanismes de défense, dits « névrotiques », qui occasionnent un défaut d'épanouissement affectif.

Le névrosé ne perçoit que les symptômes gênants, lesquels l'amènent à consulter.

La précocité dans les origines de la névrose, même lorsqu'elle se révèle à l'âge adulte, n'est pas un obstacle à son abord thérapeutique par la psychanalyse.

Évolution et pronostic. L'évolution et le pronostic des névroses sont, en général, difficiles à préciser. Ils dépendent de chaque cas particulier, de la gravité, des possibilités de traitement. La névrose est classiquement liée à la notion de chronicité, mais elle peut évoluer par poussées et rémissions.

Traitement. La *psychothérapie*, qu'elle soit d'inspiration psychanalytique ou de soutien, plus superficielle, est toujours indiquée. Elle vise à atténuer les symptômes les plus gênants, à détendre une situation anxieuse, à améliorer l'adaptation.

La *psychanalyse* classique est plus rarement indiquée, car elle exige des conditions très précises.

Signalons aussi les méthodes de relaxation, les psychothérapies de groupe, la sociothérapie. Enfin, la chimiothérapie (psychotropes*) peut contribuer à favoriser la prise en charge psychothérapique du malade, en le soulageant rapidement et en lui faisant reprendre espoir.

Névroses infantiles. Elles constituent souvent l'amorce des névroses de l'adulte, mais la personnalité malléable de l'enfant rend leur évolution réversible si un traitement est entrepris assez tôt.

Leurs symptômes les plus fréquents sont des troubles du caractère et du comportement, difficiles à classer. Parfois il s'agit de troubles d'allure « caractérielle », où dominent l'agressivité, les colères, l'agitation, l'instabilité, l'opposition. Parfois il s'agit d'inhibition, d'apathie, de passivité, d'anxiété ou d'hyperémotivité, avec tendances dépressives.

Certains enfants névrosés peuvent présenter quelques obsessions, s'assujettir à des rites ; d'autres manifestent des peurs injustifiées (phobies). Beaucoup ont des crises d'angoisse avec des symptômes corporels.

Le sommeil est souvent troublé, ainsi que l'alimentation. Sur le plan psychomoteur, fréquents sont les tics, l'énurésie*, l'encoprésie*, l'onychophagie*. Le rendement scolaire est presque toujours nettement diminué.

Ces états névrotiques peuvent se regrouper en deux catégories : les *réactions névrotiques* directement conditionnées par le milieu familial, le milieu scolaire, les erreurs d'éducation ; les *névroses* plus graves, enracinées dans la personnalité, avec des relations pathologiques complexes tissées entre les parents et les enfants. Elles apparaissent précocement, dominées par l'inhibition, des blocages affectifs, une anxiété profonde, des difficultés de communication qui ne s'améliorent pas avec un changement de milieu.

La psychothérapie est l'élément fondamental du traitement, qui demande la coopération des parents.

névrotique adj. Relatif à la névrose. N. Sujet atteint de névrose.

nez n. m. Saillie médiane de la face, en forme de pyramide creuse, surplombant les narines* à la manière d'un auvent.

Anatomie. Le nez a un squelette osseux (os propres du nez, branche montante du maxillaire supérieur) et un squelette cartilagineux qui lui donne sa forme caractéristique. Le cartilage médian est celui de la cloison nasale. Des cartilages latéraux, pairs et symétriques, complètent la charpente du nez et des narines. En raison de cette charpente cartilagineuse, la forme du nez varie beaucoup selon les individus et les races. La peau qui recouvre le nez comporte de nombreuses glandes sébacées, sources de « points noirs » qu'il convient d'exprimer avec précaution et en désinfectant la peau.

Difformités nasales. Elles sont multiples, congénitales ou consécutives à un traumatisme. Il est des nez convexes ou bossus, d'autres concaves, en forme de selle, d'autres déviés d'un côté, certains trop grands, d'autres trop

Nez. Os et cartilages :
1. Os propre du nez ;
2. Apophyse montante du maxillaire ;
3. Cartilage latéral du nez ;
4. Cartilage de la cloison ;
5. Lame cartilagineuse ;
6. Cartilage des narines.

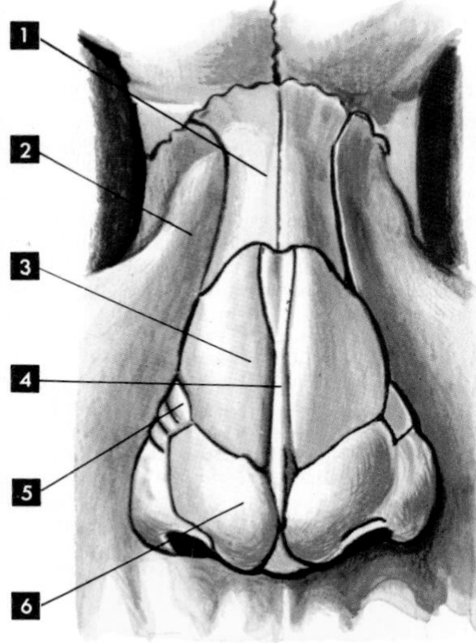

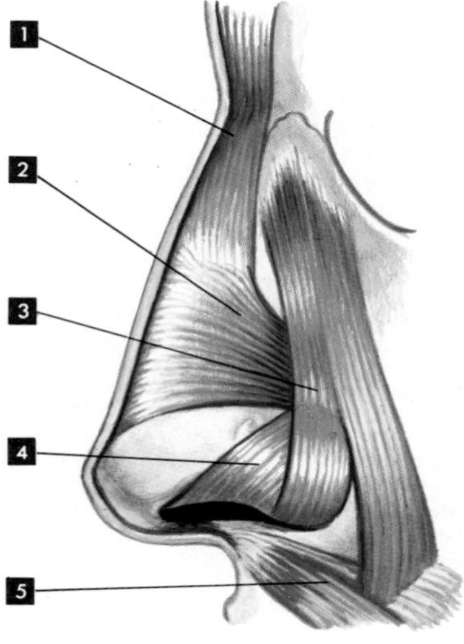

Nez. Muscles du nez :
1. Pyramidal ; 2. Triangulaire ;
3. Élévateur de l'aile du nez ; 4. Myrtiforme ;
5. Naso-labial.

petits, toutes ces anomalies pouvant se combiner. Le traitement chirurgical des difformités nasales, ou rhinoplastie, permet de restituer au nez une forme normale et le plus souvent de rendre aux fosses nasales une perméabilité correcte (les difformités visibles étant souvent accompagnées d'une déviation de la cloison nasale*).

Fractures du nez. Consécutives à un traumatisme (chute, coup de poing, accident d'auto), ces fractures atteignent l'os et le cartilage, ou seulement le cartilage. Il existe une déformation du nez, et la palpation peut permettre de sentir des fragments mobiles ; toutefois seules la rhinoscopie et la radiographie autorisent un bilan complet. Le traitement comporte la réduction chirurgicale et une contention par mèches dans les fosses nasales et pansement spécial.

niche n. f. Image radiologique d'une cavité, terme spécialement employé pour désigner la lésion radiologique typique des ulcères* de l'estomac.

nickel n. m. Métal blanc dont la manipulation régulière peut entraîner des troubles cutanés.
Le *nickel carbonyle,* gaz employé dans l'industrie, est extrêmement toxique pour le poumon, entraînant une gêne respiratoire et, après une accalmie trompeuse, un œdème* aigu du poumon.

niclosamide n. m. Dérivé cyclique chloré, doué de propriétés ténifuges*.

Nicolaier (bacille de), agent du tétanos*.

Nicolas-Favre (maladie de), affection vénérienne atteignant la région ano-génitale. (Syn. : LYMPHOGRANULOMATOSE SUBAIGUË.)
Le chancre d'inoculation, indolore, passe inaperçu. Des adénopathies (gros ganglions) se forment et évoluent vers une suppuration séreuse. L'inflammation ano-rectale, aboutissant à la sclérose et au rétrécissement du rectum, est la complication majeure. Une antibiothérapie à base de tétracyclines permet un arrêt de l'infection.

nicotinamide n. f. Syn. de VITAMINE B3 ou PP.

nicotine n. f. Alcaloïde liquide extrait du tabac*, utilisé comme antiparasitaire.
La nicotine est toxique : une dose de 40 mg peut être mortelle.

nicotinique adj. Qui se rapporte à la nicotine.

Acide nicotinique, corps voisin de la vitamine PP (amide nicotinique), vasodilatateur artériel et veineux.

nidation n. f. Fixation de l'œuf fécondé dans la muqueuse qui tapisse la cavité de l'utérus.

Nidation normale. L'œuf fécondé atteint l'utérus 3 jours après l'ovulation, mais demeure encore libre 2 ou 3 jours. Dépourvu de matériaux de réserve, il pénètre dans l'épaisseur de la muqueuse utérine pour y puiser sa subsistance. La muqueuse utérine doit, pour pouvoir assurer son développement, se trouver à un certain stade du cycle menstruel, le *stade sécrétoire,* caractéristique du 22e jour. Le lieu normal de la nidation est le fond utérin.

Nidations anormales. Les nidations *extra-utérines* peuvent se faire, sur l'ovaire, dans la cavité abdominale ou dans la trompe. (V. EXTRA-UTÉRIN, *Grossesse extra-utérine.*) La nidation, bien que se faisant dans l'utérus, peut être de *mauvaise qualité,* en raison d'un état anormal de l'endomètre ou de l'équilibre hormonal, et avoir pour conséquence un avortement spontané.

Niemann-Pick (maladie de), affection rare, congénitale et familiale, touchant le nourrisson vers le 3e mois.
Elle se traduit par un gros foie et une grosse rate, une polyadénopathie (des ganglions), un arrêt du développement avec teinte jaunâtre de la peau.
Cette maladie est due à un trouble du métabolisme des lipides*, que traduisent l'hypercholestérolémie* et l'augmentation des lipides totaux dans le sang.

nitreux, euse adj. **Vapeurs nitreuses,** mélanges gazeux d'oxydes d'azote contenant du peroxyde d'azote.
Particulièrement caustiques pour les poumons, les vapeurs nitreuses donnent, après une phase d'inhalation douloureuse suivie d'accalmie, un œdème* pulmonaire grave.

nitrite n. m. Ester ou sel de l'acide nitreux. L'ion nitreux est un vasodilatateur puissant, utilisé dans le traitement de l'angine de poitrine.

nodal, e, aux adj. **Tissu nodal,** tissu cardiaque histologiquement individualisé, le long duquel s'effectue la conduction de l'onde de dépolarisation qui entraîne la contraction cardiaque.
Il comprend le nœud de Keith et Flack, et le nœud d'Aschoff-Tawara. (V. CŒUR.)

nodosité n. f. Toute formation pathologique qui donne au palper une sensation de dureté nettement limitée et de dimensions réduites. Les nodosités se rencontrent le plus souvent au cours des maladies rhumatismales.

nodulaire adj. Relatif au nodule*, ou formé de nodules, ou ressemblant à un nodule.
On parle de lésion nodulaire, de tuberculose nodulaire, d'image nodulaire à la radiographie.

nodule n. m. Petit renflement cutané ou sous-cutané, d'origine inflammatoire, graisseuse ou calcaire. — En radiologie pulmonaire, le nodule désigne une lésion de forme arrondie et de dimensions variables.

nœud n. m. La confection des *nœuds chirurgicaux,* destinés à maintenir les ligatures d'hémostase ou de réfection tissulaire, demande beaucoup de soins.
Le terme « nœud » désigne également, *en anatomie,* un ensemble localisé de tissu particulier : *nœud d'Aschoff-Tawara du cœur**.

noix n. f. **1.** Fruit du noyer*.
2. Noix vomique, graine du vomiquier, contenant de la strychnine* et utilisée dans les états d'asthénie et comme excitant des fonctions digestives. (Toxique, tableau A.)

nombril n. m. Syn. d'OMBILIC.

nomenclature n. f. **Nomenclature des actes professionnels,** document établi par l'Administration, sur lequel chaque acte* professionnel du praticien (médecin, chirurgien-dentiste, auxiliaire médical) est désigné par une lettre clef stipulant la nature de l'acte et comportant un coefficient indiquant la valeur relative de chaque acte professionnel. Ainsi le praticien peut respecter le secret* professionnel, tout en remplissant les papiers dont l'assuré social aura besoin pour le remboursement des frais qu'il a engagés.

non-assistance n. f. *Non-assistance à personne en danger.* V. ASSISTANCE.

noradrénaline n. f. Catécholamine* précurseur de l'adrénaline*, libérée au niveau de la médullo*-surrénale et à la terminaison des nerfs adrénergiques*.
Elle a une action vasoconstrictrice et hypertensive supérieure à celle de l'adrénaline, et est utilisée pour cela dans les chocs*. (V. ISOPRÉNALINE.)

noramidopyrine n. f. Dérivé de l'amidopyrine*, moins toxique qu'elle, employé contre les douleurs, névralgies et migraines.

normocytaire adj. Désigne une anémie* dans laquelle la taille des globules rouges est normale.

nosoconiose n. f. Maladie due aux poussières. (V. ALUMINOSE, ANTHRACOSE, PNEUMOCONIOSE, SILICOSE.)

nosologie n. f. Partie de la médecine qui classe les maladies selon leur cause, selon leur localisation sur un organe ou selon les lésions qu'elles entraînent.

nourrice n. f. Personne qui garde et parfois allaite un enfant de moins de 2 ans, soit chez elle, soit chez les parents de cet enfant. (On l'appelle *gardienne d'enfant* lorsque ce dernier a de 2 ans à 5 ans.)
Des registres ouverts à la mairie consignent les déclarations des parents prenant une nourrice à domicile et celles des personnes qui prennent chez elles des enfants en nourrice ou en garde. La loi du 17 mai 1977 relative aux assistantes maternelles revalorise les fonctions de nourrice et de gardienne en même temps qu'elle assure les parents et les organismes publics et privés de la compétence de ces personnes.

nourricier, ère adj. **Trou nourricier,** orifice livrant passage à l'artère nourricière de l'os.

nourrisson n. m. Enfant nourri au sein. — Par extension, enfant de 1 mois à 2 ans.

Le développement physique. Durant cette période de transformation intense, l'enfant a une croissance staturo-pondérale très importante. Il double son poids de naissance à 3 mois, le triple à 1 an. Il grandit de 20 à 25 cm, et son périmètre crânien, après une croissance rapide, varie peu au-delà de 15 à 18 mois. Tous les tissus se maturent, en particulier le tissu nerveux et le tube digestif.

Les besoins du nourrisson sont très importants, d'autant plus que son organisme manque de réserves : besoins protidiques (3 g par kilo), en eau, en fer et en vitamines (A, D, C, etc.).

Le nourrisson entre dans la vie avec deux handicaps : son immaturité immunologique, qui le laisse fragile devant les infections, et son équilibre thermique précaire, dû à une mauvaise régulation métabolique. Il est particulièrement sensible au froid et surtout à la chaleur (coup de chaleur*).

Le développement psychomoteur. La croissance physique s'accompagne d'un éveil psychologique important, favorisé par la présence attentive des parents.

L'éveil mental est étudié au moyen de tests précis (Gesell). Il reconnaît sa mère et lui sourit avant 2 mois; il redresse la tête à 3 mois, babille à 4-5 mois. À partir de 6 mois, il se tient assis, tient son biberon, et les premières dents apparaissent. Les premières syllabes sont entendues vers 8 mois, et la station debout acquise à 9-10 mois. Il marche à partir de 1 an environ et dit quelques mots à 15 mois. Mais chaque enfant suit son propre développement, et certains retards ne doivent pas inquiéter les parents.

L'hygiène du nourrisson. Une vie calme et régulière est indispensable à la poursuite de la croissance et du développement du nourrisson. La manipulation d'un bébé ne doit pas être brutale, mais toujours douce, calme et sûre. L'alimentation comporte, surtout depuis quelques années, une diversification rapide des repas. Après l'allaitement*, on utilise rapidement des purées de légumes dans le biberon, puis, vers 4 mois, à la cuillère. L'introduction de la viande, des œufs et du poisson se fait progressivement vers 5-6 mois. Les repas ne seront pas donnés à heures fixes, mais adaptés à l'emploi du temps du nourrisson (ne pas réveiller un nourrisson qui dort).

Le repos est essentiel chez l'enfant. Au cours de sa croissance, le nourrisson passe du sommeil quasi permanent (1 mois) à la nécessité d'avoir des heures de jeux ou de promenade (5-6 mois) tout en maintenant la sieste. La chambre du nourrisson doit être calme, aérée, séparée si possible de celle des parents. Elle doit être humidifiée mais pas trop chauffée (18-20 °C). Dès que l'enfant se met debout, un lit à barreaux est nécessaire pour prévenir les chutes. Toute la literie doit être lavable ; l'emploi de pyjamas spéciaux permet d'éviter les couvertures et édredons (risque d'étouffement). Une aire de jeu (parc, siège relax) est indispensable pour leur permettre l'apprentissage de la marche.

C'est l'âge des intoxications accidentelles souvent mortelles (détergents, médicaments, etc.) et des accidents (brûlures).

La vie du nourrisson comporte également des contacts avec la vie extérieure : jouets (peluche, puis jouets éducatifs), visites, promenades. Dès l'âge de 1 mois, un enfant doit sortir (rôle du soleil). Les voyages sont permis, mais doivent être limités, car ils entraînent fréquemment des décalages thermiques, des troubles digestifs et surtout des contaminations infectieuses. La déshydratation survient souvent lors des voyages, surtout en voiture. La sécurité du nourrisson doit être assurée en plaçant toujours les enfants à l'arrière des voitures, dans un siège fixé aux banquettes (risque d'éjection). Une altitude supérieure à 1 000 mètres est déconseillée.

La propreté du nourrisson est capitale. Dès l'âge de 15 jours, on peut le baigner dans une pièce chaude, l'eau étant à 38 °C. Le bain étant sédatif, il est recommandé de le donner le soir. Après chaque change, le siège doit être lavé au savon, en insistant sur les plis inguinaux, la vulve chez la petite fille. L'absence de rougeur et de boutons est un gage de bonne santé. L'irritation de la peau du siège provient d'une hygiène défectueuse, d'une allergie à la lessive (ou aux couches en plastique) et parfois d'une affection intercurrente (diarrhée, rhinopharyngite).

Les cheveux sont nettoyés par un shampooing spécial une ou deux fois par semaine, de même que les ongles, les narines et les oreilles. L'apprentissage de la propreté se fait dès que l'enfant tient assis tout seul.

L'habillement du nourrisson varie selon son âge et le climat. Il doit toutefois suppléer à son mauvais équilibre thermique et être fréquemment changé.

Au début, des tissus fins (lin) sont appliqués sur la peau. Les brassières doivent être boutonnées dans le dos et ne pas comporter d'épingles. L'enfant sera langé en abduction (jambes écartées) et ses jambes seront couvertes. Le langeage cuisses rapprochées doit être abandonné. Les couches en cellulose sont de plus en plus utilisées et sont tolérées entre les deux parois d'une couche-culotte. Vers 3 mois, les habits d'une seule pièce sont conseillés pour permettre une plus grande liberté de mouvement. Plus tard, l'habillement est adapté à la marche.

Les erreurs d'habillage sont le plus souvent le fait d'excès, les nourrissons étant trop couverts et sujets au coup de chaleur*. La lessive des habits doit être faite au savon, excluant l'eau de Javel et autres détergents.

Les maladies du nourrisson. Après la période néonatale, où diverses malformations congénitales peuvent être reconnues, le nourrisson aborde une pathologie le plus souvent infectieuse, mais certaines anomalies congénitales ne s'expriment qu'à ce moment : surdimutité, cardiopathie*, maladie cœliaque. Les atteintes les plus fréquentes sont celles du rhinopharynx (rhinopharyngites, otites) ainsi que celles du tube digestif (gastro-entérites, diarrhées, etc.). La surveillance médicale, des soins d'hygiène et l'éloignement des autres enfants visent à en diminuer la fréquence.

Le nourrisson est touché également par des maladies plus graves : méningites*, staphylococcies*, rougeole*, carences, etc. La vaccination* systématique préventive a permis de diminuer la fréquence de la diphtérie* et de la coqueluche*.

nouure n. f. **En pédiatrie,** déformation osseuse observée au cours du rachitisme, et caractérisée par des épaississements semblables à des nœuds.

En dermatologie, induration circonscrite, arrondie ou ovalaire, dure, située ordinairement dans l'hypoderme, d'un volume variant entre celui d'un pois et celui d'un œuf, et observée lors de l'érythème* noueux, du rhumatisme* articulaire aigu, de la sarcoïdose*, etc.

nouveau-né, e adj. et n. Qualifie l'état de l'enfant depuis sa naissance jusqu'à la fin du séjour moyen à la maternité. (Passée cette période, il devient un nourrisson*.)

Éléments de physiologie. La naissance constitue une rupture brutale des amarres avec la mère. Le *fœtus* était un être parasitaire,

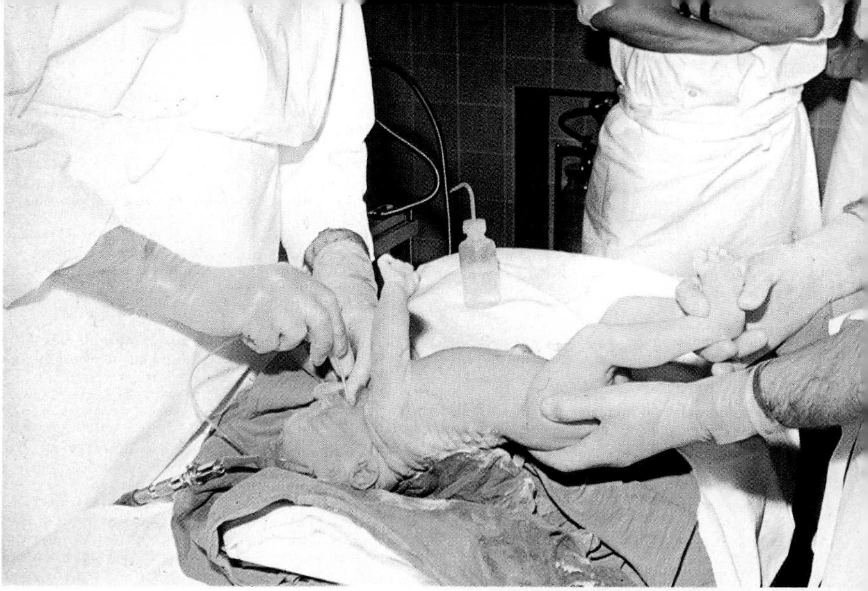

Phot. Larousse.

Nouveau-né. Soins à la naissance : désobstruction du pharynx.

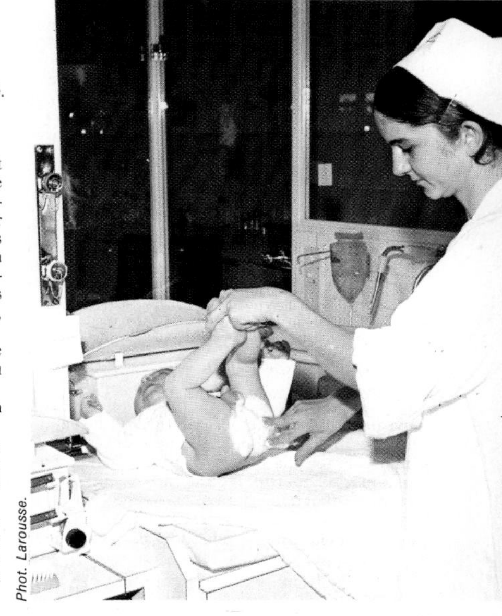

Phot. Larousse.

Nouveau-né. Hygiène du nouveau-né.

greffé à l'intérieur de sa mère, dépendant d'elle par l'intermédiaire du placenta*. Le *nouveau-né* est expulsé dans un monde nouveau, aérien, agressif, et est obligé pour survivre de mettre en route en quelques secondes les dispositifs qui assureront son autonomie respiratoire, énergétique et calorifique. Outre les difficultés mécaniques, trois dangers menacent le nouveau-né : l'anoxie*, l'hypothermie* et l'hypoglycémie*.

Soins à la naissance. L'évaluation clinique de l'état de l'enfant à la naissance, au moyen du score d'Apgar*, guide la conduite à tenir.

Le nouveau-né normal a, à la naissance, un score d'Apgar égal ou supérieur à 7.

A la première minute, il faut désobstruer le pharynx et les fosses nasales. L'aspiration provoque en plus un réflexe de toux et augmente la réactivité de l'enfant.

À la troisième minute, il faut pratiquer les soins du cordon ombilical, instiller un collyre antibiotique dans les yeux et pratiquer le premier examen du nouveau-né, en évitant toute déperdition de sa chaleur.

Le nouveau-né en état de mort apparente a un indice d'Apgar inférieur à 3, et nécessite une réanimation immédiate sur 3 plans : *cardiaque* (le massage cardiaque externe doit être entrepris sans délai); *respiratoire* (la désobstruction, l'intubation trachéale et la ventilation sont pratiquées ensuite); *métabolique* (le cathétérisme ombilical permet l'administration de bicarbonate et de sérum glucosé).

Le nouveau-né dont l'indice est compris entre 3 et 7 représente une urgence moins grande. Si, à la troisième minute, le score est remonté au-dessus de 7, ce nouveau-né doit être considéré comme normal. Si le score reste bas, il faut procéder comme au paragraphe précédent.

Examen médical à la naissance. Le but de cet examen est de s'assurer de l'absence de malformations : recherche d'une *atrésie de l'œsophage* ou des *choanes,* en passant une sonde demi-molle par le nez jusque dans l'estomac ; d'une *division palatine,* par l'examen de la cavité buccale ; d'une *imperforation de l'anus,* par celui de la région périnéale ; de malformations neuro-vertébrales, par l'inspection de la colonne vertébrale.

Par ailleurs, l'examen reconnaît les caractéristiques du nouveau-né en bonne santé : teint rouge vif, cri vigoureux, gesticulation, extension des bras en croix à la moindre stimulation. La peau, épaisse, ne garde pas le pli et est recouverte d'une couche graisseuse (*vernix caseosa*) et d'un fin duvet (*lanugo*). À terme, il pèse 3,250 kg et mesure 50 cm. Le cœur bat à 130-140 pulsations/mn ; la respiration, assez rapide, ne dépasse pas 40 à 50 cycles/mn. Le foie déborde largement le rebord costal; la rate n'est pas perçue. L'examen neurologique est le plus important : la tête est ballante et, en position assise, le tronc s'incurve et s'affaisse ; en revanche, les membres sont hypertoniques. Les réflexes propres au nouveau-né sont dits « archaïques » ; ce sont les réflexes des bras en croix, de préhension et de serrement des doigts, de la marche automatique, des points cardinaux.

Hygiène du nouveau-né. Après avoir été habillé (bande élastique pour maintenir le pansement ombilical, chemisette et brassière, pointe en tissu-éponge, couche en coton, lange de laine), il est couché sur le côté dans un berceau où il sera surveillé. L'enfant est changé de préférence *après* chaque tétée. Le cordon est nettoyé tous les jours et protégé par une compresse stérile. Il tombe vers le 10e jour, et on peut alors donner le premier bain si la plaie est bien cicatrisée. La première sortie du nouveau-né à terme ne se fera pas avant le 15e jour en été, et le 25e jour en hiver.

Alimentation. Le nouveau-né est laissé classiquement à jeun durant environ 12 à 24 heures. Les premières prises alimentaires peuvent consister en eau sucrée donnée prudemment, à la cuiller ou au biberon. Les premières sécrétions mammaires (colostrum) sont intéressantes, car riches en protéines et en gammaglobulines* protectrices. Dans les jours suivant la naissance, le rythme et la quantité des repas seront fonction du poids de l'enfant et de son avidité. (V. ALLAITEMENT.)

Durant les 3 à 4 premiers jours de la vie, la courbe de poids du nouveau-né commence par fléchir, et la chute peut atteindre de 5 à 10 p. 100 du poids de naissance. Au 8e jour, le nouveau-né a habituellement repris ce poids de naissance.

Pathologie chirurgicale du nouveau-né. La chirurgie néonatale a bénéficié des progrès de la réanimation et de la création de centres spécialisés. Elle a pour objet de traiter les malformations qui entraînent un risque vital immédiat. Parmi les malformations qui relèvent de cette spécialité, il faut citer : *a*) les *malformations digestives* (atrésie de l'œsophage, imperforation anale, occlusions, malformations des voies biliaires); *b*) les *hernies* (diaphragmatiques, ombilicales, inguinales); *c*) certaines *malformations cardiaques* cyanogènes (transposition des gros vaisseaux); *d*) les *malformations neuro-vertébrales* (méningocèles crâniennes et spina*-bifida graves).

Pathologie médicale. Elle est dominée par les problèmes de *dépression respiratoire* (maladie des membranes* hyalines, retard de résorption du liquide pulmonaire, inhalation de liquide amniotique, pneumothorax*), par les *malformations cardiaques,* par les *ictères** néonataux, enfin par les problèmes de l'*infection néonatale.*

noyade n. f. Mort par asphyxie, due à la pénétration de l'eau dans les poumons (de 6000 à 7000 noyades mortelles en France chaque année).

En cas de submersion, après une phase d'apnée volontaire d'une durée de 1 minute, la victime effectue quelques mouvements inspiratoires amples et irrésistibles, puis perd connaissance ; des convulsions apparaissent, les battements cardiaques persistent pendant quelques minutes après l'arrêt de la respiration, et la mort survient en moyenne de 6 à 8 minutes après le début de la noyade.

Soins à donner à un noyé. Sortir la victime le plus rapidement possible ; enlever avec le doigt la mousse qui obstrue la bouche et le larynx ; commencer la *respiration* artificielle* ainsi que le massage cardiaque externe, en attendant le transfert à l'hôpital, indispensable pour tout noyé. Ces manœuvres de réanimation doivent être prolongées un certain temps et, après la reprise des fonctions respiratoire et cardiaque, il faut garder la victime sous surveillance médicale (possibilité d'insuffisance cardiaque, de surinfection pulmonaire secondaire).

noyau n. m. Partie centrale de la cellule, séparée du cytoplasme par la membrane nucléaire, et contenant les chromosomes* et les nucléoles.
Noyaux du système nerveux. Ce sont des formations anatomiques de substance grise, situées à divers étages du névraxe. Dans le cerveau*, ce sont les noyaux gris centraux : thalamus, putamen, pallidum, locus niger, etc. ; dans le tronc* cérébral, ce sont les noyaux d'origine des nerfs* crâniens.

noyer n. m. Les *feuilles* de noyer sont employées en décocté, comme dépuratif et astringent.
Les *noix,* très nutritives, contiennent de l'acide gallique, nocif pour les dents (il faut se brosser les dents après avoir mangé des noix).

nucléaire adj. Qui a rapport avec le noyau, soit le noyau de l'atome (*énergie nucléaire*), soit le noyau de la cellule.

nucléique adj. **Acides nucléiques,** protéines complexes, présentes dans le noyau des cellules.
Ils sont les supports du message héréditaire. Ils comprennent l'*acide désoxyribonucléique,* ou A. D. N., et les différentes variétés de l'*acide ribonucléique* de l'A. D. N.
Acide désoxyribonucléique ou A. D. N. C'est la substance chimique constitutive des chromosomes. Sa structure a une forme de double hélice. On peut la comparer à une échelle de corde enroulée autour d'un axe imaginaire, dont les montants sont formés par l'alternance régulière d'un sucre, le désoxyribose, et d'un groupement phosphoré. Les barreaux de l'échelle sont fixés aux molécules de sucre. Ils sont constitués par deux bases, l'une purique, l'autre pyrimidique, unies entre elles au milieu du barreau par une liaison labile. Il y a deux bases puriques : la *guanine* (G) et l'*adénine* (A), et deux bases pyrimidiques : la *cytosine* (C) et la *thymine* (T). Les seules liaisons possibles sont A-T et G-C. Il n'existe donc que 4 paires de bases « possibles » : A-T ; T-A ; G-C et C-G.
Lorsque la cellule se divise, la double hélice se sépare en ses deux chaînes par rupture des liaisons labiles entre les bases. Chaque hélice synthétise alors une nouvelle chaîne complémentaire identique.

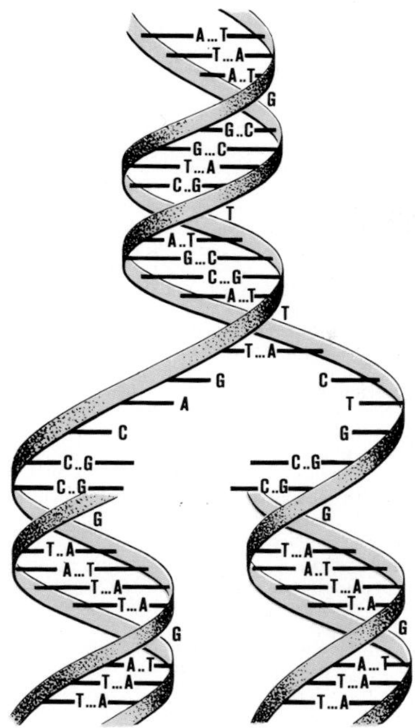

Nucléique. Acides nucléiques.
La structure de la molécule d'A. D. N. a une forme de double hélice.
Lorsque cette molécule se divise, la double hélice se sépare en ses deux chaînes, chacune synthétisant alors une nouvelle chaîne complémentaire identique.

Les *mutations* génétiques sont dues à des erreurs dans l'enchaînement des paires de bases : perte ou substitution incorrecte.
L'enchaînement rigoureux et *spécifique* des paires de bases constitue le message héréditaire, chaque portion de chromosome ou gène étant constituée d'un fragment d'A. D. N. responsable de la synthèse d'une protéine déterminée.

Acides ribonucléiques ou A. R. N. L'A. R. N. *transcrit* le message génétique contenu dans l'A. D. N. du noyau. Il le « transporte » jusqu'au cytoplasme de la cellule, où se font les synthèses protéiques.

La constitution de l'A. R. N. est semblable à celle de l'A. D. N., à ceci près qu'il n'y a qu'une seule hélice, que le sucre est un ribose et que la thymine est remplacée par l'*uracile.* Il existe trois types d'A. R. N., en fonction du travail qu'ils ont à exécuter : l'A. R. N. messager, ou *A. R. N. m,* transcrit le message génétique, c'est-à-dire qu'il quitte le noyau et pénètre le cytoplasme, porteur du message génétique de l'A. D. N. Dans le cytoplasme, il est *lu* par les *ribosomes,* petites structures sphériques constituées de protéines et d'*A. R. N. ribosomal* ou *A. R. N. r.* Cette « lecture » de l'*A. R. N. m* par l'*A. R. N. r* aboutit à la formation d'une série spécifique d'acides aminés, grâce à une 3e variété d'A. R. N., l'*A. R. N. de transfert* ou *A. R. N. t.* Ainsi, la séquence des acides aminés de la protéine respecte strictement le message inscrit dans l'*A. R. N. m,* lui-même contretype du message inscrit dans l'A. D. N.

nucléoprotéine n. f. Protéide* résultant de l'association d'une protéine basique avec un acide nucléique.

nucléotide n. m. Corps chimique résultant de la combinaison d'un acide phosphorique, d'un glucide et d'une base purique ou pyrimidique.
Le nucléotide est l'élément constitutif de base des acides nucléiques*.

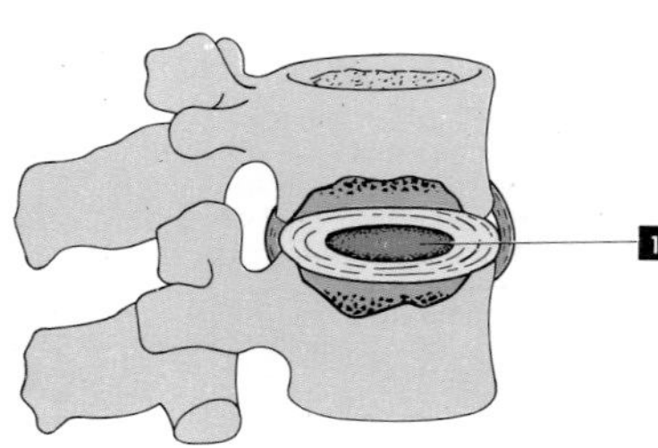

Nucleus pulposus (1).

nucleus n. m. **Nucleus pulposus,** partie centrale des disques intervertébraux, faite d'une substance gélatineuse et ferme.
L'expulsion en arrière du nucleus pulposus constitue la hernie* discale.

nullipare n. f. et adj. Femme qui n'a jamais mené de grossesse à son terme.

numération n. f. **Numération globulaire,** comptage des globules rouges et des globules blancs du sang. (V. HÉMOGRAMME.)

nuque n. f. Région postérieure du cou, située en arrière de la colonne cervicale, siège fréquent de furoncles* et d'anthrax*.
L'exposition prolongée de la nuque au soleil peut être une cause de coup de chaleur*.

nursing n. m. (terme anglais). Ensemble des petits soins infirmiers qu'il est nécessaire d'effectuer au cours de maladies prolongées, de suites d'interventions chirurgicales, ou chez les sujets impotents ou comateux.

nutrition n. f. Introduction dans l'organisme et utilisation par celui-ci des matériaux nécessaires à la vie.
Les fonctions de nutrition comprennent les fonctions digestives, respiratoires, circulatoires, excrétoires et endocriniennes qui permettent l'apport aux cellules des éléments assurant leur croissance, le déroulement des différents métabolismes et l'élimination des déchets de ces métabolismes.

Parmi les maladies de la nutrition, le diabète* sucré et la goutte* sont les plus fréquentes.

nyctalopie n. f. Faculté de voir la nuit. — Par extension, sensibilité accrue à la lumière.

nymphomanie n. f. Exagération morbide de l'impulsion sexuelle chez la femme.
Elle peut se rencontrer chez certaines déséquilibrées du caractère, perverses ou non, dans certaines névroses, chez des débiles mentales, au cours d'épisodes d'excitation maniaque ou d'états délirants à thèmes érotiques. Elle peut également survenir à la suite de traitements par les hormones androgènes.

nystagmographie n. f. Enregistrement électrique des contractions musculaires, entraînant le *nystagmus**.

nystagmus n. m. Suite de secousses rythmiques, involontaires et conjuguées des globes oculaires, dues à une lésion du labyrinthe*, des voies vestibulaires ou du cervelet. Des nystagmus s'observent également en cas de mauvaise fixation sur un objet (cas des voyageurs en chemin de fer qui fixent le paysage).
Le nystagmus est fréquemment retrouvé dans les syndromes cérébelleux et vestibulaires*.

nystatine n. f. Antibiotique antifongique* extrait de *Streptomyces nourcei,* actif contre les mycoses (*Monilia* et *Candida albicans*).

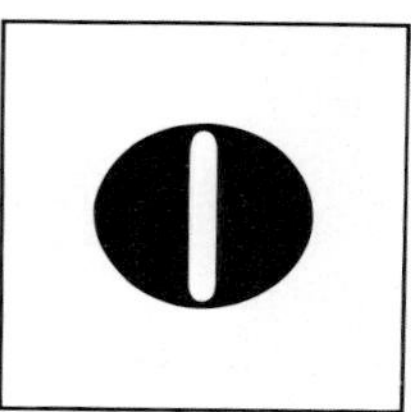

obésité n. f. Hypertrophie du tissu graisseux, engendrant un excès de poids corporel.

Mesure de l'obésité. Certaines formules, dont celle d'Azerad, définissent le poids théorique normal en fonction du sexe, de la taille et de l'âge. Plus simplement, le poids idéal peut se définir par cette formule, où P est le poids et T la taille :

$$P = T - 100 - \frac{(T - 150)}{4}.$$

À partir de ce poids idéal, on dit qu'il y a obésité chaque fois que le poids du sujet dépasse de 10 p. 100 le poids calculé.

Caractères morphologiques des obésités. Dès la puberté, le pannicule adipeux se répartit différemment chez l'homme et chez la femme. Il est plus épais dans la partie supérieure du corps chez l'homme, dans la partie inférieure chez la femme.

On distingue deux grands types d'obésité :
— l'*obésité androïde*, qui intéresse le menton, la nuque, le thorax et le haut de l'abdomen ;
— l'*obésité gynoïde*, qui intéresse le bas de l'abdomen, les fesses et les cuisses.

Pronostic de l'obésité. L'obésité est une maladie grave, et le taux de mortalité des obèses s'accroît de 25 à 50 ans : à 45 ans, un excès de poids de 11 kg diminue d'un quart les chances de survie.

Le retentissement viscéral de l'obésité est important.
1. *Sur le système cardio-respiratoire.* L'essouflement est fréquent ; d'autre part, le cœur est un muscle engorgé de tissu graisseux et les artères qui l'irriguent sont atteintes d'athérome*, générateur d'insuffisance coronarienne.
2. *Sur l'appareil digestif.* Le foie est surchargé, et la vésicule biliaire, contrainte de travailler au-delà de ses possibilités, devient insuffisante.
3. *Sur les articulations.* L'excédent de poids détériore les articulations des vertèbres et des membres inférieurs.
4. *Sur les glandes endocrines.* Le danger essentiel est le diabète*, fréquent chez les obèses.

Causes de l'obésité. 1. L'obésité peut résulter d'un déséquilibre entre les dépenses et les recettes énergétiques (activité physique très réduite, voire sédentarité, contrastant avec une alimentation excessive).
2. Certains *facteurs nerveux* provoquent l'obésité. L'obésité peut être consécutive à une intervention neurochirurgicale portant sur l'hypothalamus*, ou à un traumatisme crânien. En fait, les traumatismes psychoaffectifs en sont les grands responsables : choc nerveux, polyphagie* symptomatique d'une névrose* d'angoisse où la prise alimentaire est assimilable à une conduite infantile archaïque (stade oral).
3. Les obésités peuvent être dues à des *troubles glandulaires.* Le myxœdème entraîne une rétention d'eau ; les affections pancréatiques avec hypersécrétion d'insuline provoquent une sensation de faim qui entraîne l'obésité. Les syndromes d'hypercorticisme* modifient surtout la répartition graisseuse, qui se place à la partie supérieure du corps, « en pèlerine ». Les troubles portant sur les glandes sexuelles provoquent plus une rétention d'eau qu'une surcharge de tissu adipeux.
4. Enfin, il faut souligner la part de responsabilité qui incombe à l'*hérédité ;* en effet, l'existence d'un facteur constitutionnel transmis est indéniable.

Traitement de l'obésité. Il repose sur la restriction calorique, qui impose ainsi à l'organisme de faire appel à ses réserves. Le régime doit être tolérable pour le patient afin qu'il ne le décourage pas rapidement ; il doit être équilibré dans ses constituants, suivi médicalement et institué progressivement.

Habituellement, la ration quotidienne doit être réduite à 1 000 ou 1 200 calories ; la

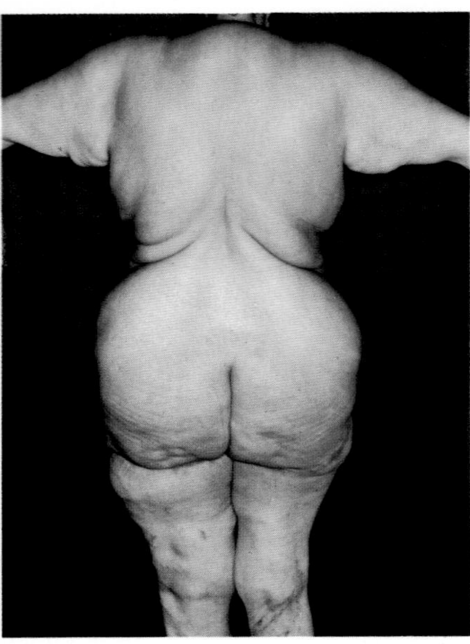

Phot. Dr Julliard.

Obésité. Obésité gynoïde portant principalement sur les fesses et les cuisses.

restriction porte sur les trois types d'aliments :
— les *glucides** ne doivent pas dépasser 1,5 à 2 g par kilogramme de poids ;
— les *graisses* (ou lipides) sont sévèrement restreintes, et seules sont autorisées les graisses contenues dans la viande ;
— les *protides,* eux, sont peu diminués, car ils ne se transforment pas en graisse : ce sont surtout les viandes et les fromages maigres. (V. RÉGIME.)

En ce qui concerne les boissons, l'alcool et le vin sont proscrits, alors que l'eau est consommée à volonté. Le sel doit être un peu restreint, car il favorise la rétention d'eau dans l'organisme. Le traitement de l'obésité est complété par la prise d'exercice physique quotidien, des massages qui activent la circulation périphérique.

Quant aux médicaments, en aucun cas ils ne peuvent être absorbés sans contrôle médical ; ils seront toujours administrés d'une façon éphémère et comme adjuvants en raison de leurs inconvénients. On utilise ainsi les modérateurs de l'appétit ou anorexigènes, les extraits thyroïdiens (pour augmenter les combustions) et les diurétiques*, pour évacuer l'excès d'eau.

Les cures thermales, notamment à Brides-les-Bains*, donnent des résultats constants et sans inconvénients notables.

obnubilation n. f. Trouble psychique consistant en une diminution de la conscience et de la vigilance.

obsession n. f. Irruption, dans la pensée, d'une idée, d'un sentiment, d'une tendance, apparaissant au sujet comme un phénomène morbide en désaccord avec son moi conscient, et qui persiste malgré tous ses efforts pour s'en débarrasser.
L'obsession est donc une idée parasite qui assiège (lat. *obsidere,* assiéger) le sujet, alors que celui-ci la critique et la trouve absurde. Un sujet normal peut éprouver, de façon passagère, des obsessions sous l'effet de la fatigue et du surmenage.

La véritable obsession s'observe dans la névrose obsessionnelle, et il faut la distinguer de l'idée délirante obsédante, non critiquée par le sujet.

La névrose obsessionnelle. Elle peut comporter trois grandes formes d'obsessions :
— les *obsessions idéatives* prennent souvent la forme interrogative d'un doute permanent qui contraint le sujet à d'incessantes ruminations et recherches mentales rendant tout choix impossible ;
— les *obsessions phobiques* sont des craintes liées — comme les phobies — à certains objets (couteaux, épingles, allumettes, crainte de la saleté...), mais qui, à l'inverse des phobies, apparaissent en dehors de la présence de ces objets ;
— les *obsessions-impulsions,* appelées aussi « phobies d'impulsion », désignent la crainte obsédante d'être poussé à perdre le contrôle de soi et à commettre un acte ridicule, nuisible ou scandaleux. Ces phénomènes s'accompagnent d'une lutte anxieuse intense, mais le passage à l'acte est exceptionnel.

Conscient de leur caractère absurde et irrationnel, l'obsédé ne peut y faire face que sur le mode magique conjuratoire. Tel malade devra se laver 13 fois les mains pour « conjurer les microbes », etc.

Les obsessions peuvent se greffer sur deux types de personnalité. Le premier est la *psychasthénie**, forme de dépression mentale caractérisée par l'abaissement de la tension psychologique. Le second, décrit par les psychanalystes, est le « caractère anal » ou « caractère obsessionnel ». Il s'agit de sujets méticuleux, parcimonieux, autoritaires, manquant de générosité affective et de chaleur spontanée.

L'évolution de la névrose obsessionnelle est très variable. Certaines formes mineures parviennent à « s'enkyster » ou à s'améliorer sensiblement. Les formes graves, au contraire, sont émaillées d'états dépressifs nécessitant l'hospitalisation.

La chimiothérapie (tranquillisants, certains neuroleptiques, les antidépresseurs) peut améliorer l'état des malades. La psychothérapie psychanalytique bien indiquée est susceptible de bons résultats, à condition de se prolonger très longtemps.

Syndromes obsessionnels. En dehors de la névrose obsessionnelle, on connaît des syndromes obsessionnels passagers au cours d'autres maladies mentales. Ainsi en est-il de la mélancolie et de certaines schizophrénies*.

obstétrique n. f. Spécialité médicale qui se rapporte à la grossesse et à l'accouchement.

obstruction n. f. Gêne ou obstacle complet à la circulation des matières solides ou liquides dans les conduits naturels ou les vaisseaux. (V. OCCLUSION.)

obturation n. f. **Obturation dentaire,** insertion dans une cavité dentaire convenablement préparée d'un matériau adéquat restituant la forme naturelle de la dent.

L'obturation des canaux des *racines* de la dent (obturation radiculaire) fait partie de l'endodontie (traitement interne des dents).

L'obturation des cavités (caries) siégeant dans la *couronne* de la dent (obturation coronaire) a pour but de rendre à la dent sa fonction et un aspect aussi esthétique que possible.

Préparation des cavités. Les cavités sont presque toujours dues à des caries, parfois à un accident. Le premier temps consiste à ouvrir la cavité et à délimiter son contour. On résèque ensuite toute la partie cariée de la dent. Enfin, on réalise une cavité correspondant au matériau qui va être utilisé : fond plat et parois perpendiculaires, forme dite « de rétention » (fond plus large que l'orifice), forme dite « de convenance » pour l'or. Tous ces temps doivent respecter des règles de prophylaxie et de résistance mécanique.

Matériaux employés. Pour les *obturations provisoires,* pendant le traitement de la cavité (dévitalisation de la pulpe, traitement des canaux radiculaires), on emploie des pâtes durcissantes permettant de maintenir un pansement.

Les *obturations définitives* idéales nécessiteraient un matériau inaltérable, de bonne résistance mécanique, mauvais conducteur de la chaleur, sans action nuisible sur les tissus vivants, esthétique et de préparation facile. Aucun matériau ne répond à tous ces critères à la fois ; aussi, suivant les conditions cliniques et techniques et les possibilités économiques, on utilise les ciments, l'amalgame, l'or, les silicates, les résines acryliques, etc.

Les *incrustations* (onlay*, inlay*) consistent à sceller dans la cavité un bloc d'or coulé à sa forme. On réalise ainsi les restaurations les plus variées avec d'excellents résultats mécaniques et physico-chimiques, et seule l'esthétique constitue une limitation d'emploi.

occipital, e aux adj. En rapport avec la région inférieure et postérieure de la tête : *os occipital, artère occipitale, lobe occipital du cerveau.*

Syndrome occipital, syndrome neurologique comportant des troubles du champ visuel à type d'agnosie* visuelle, dû à une lésion des lobes occipitaux du cerveau.

(V. illustration p. 632.)

occlusion n. f. **Occlusion intestinale,** arrêt du cours des matières et des gaz dans un segment de l'intestin. (Syn. : ILÉUS INTESTINAL.) Selon que cet arrêt survient brusquement ou se confirme peu à peu, on parle d'occlusion *aiguë* ou *subaiguë.*

Obturation. Onlay pilier de bridge.
1. Tenon qui s'intègre dans le puits ;
2. Puits creusé dans la dentine.

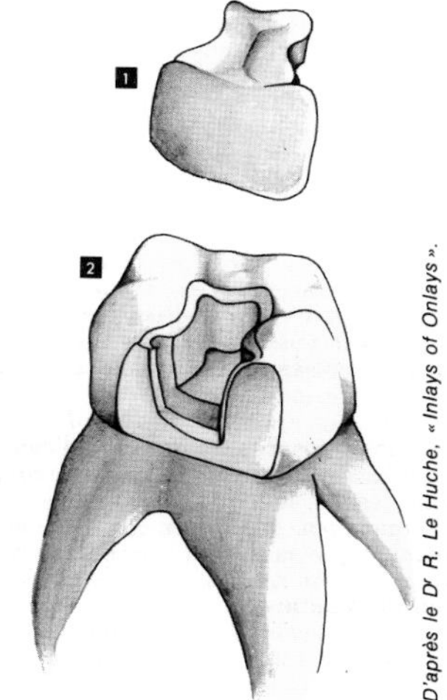

D'après le Dr R. Le Huche, « Inlays of Onlays ».

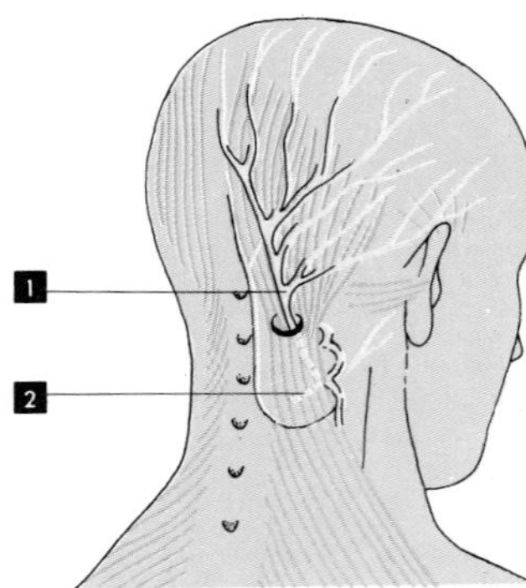

Occipital. Région occipitale.
1. Grand nerf occipital ou nerf d'Arnold ;
2. Deuxième nerf cervical.

Signes cliniques. Dans les cas aigus typiques, le tableau clinique est dominé par quatre signes cardinaux : la *douleur*, variable dans son siège, dans l'intensité des caractères d'apparition ; les *vomissements*, abondants ou réduits à de simples nausées, d'abord alimentaires, puis bilieux et fécaloïdes ; l'*arrêt des matières et des gaz* plus ou moins précoce ; le *ballonnement abdominal* (météorisme) diffus ou localisé, immobile ou animé de mouvements péristaltiques. L'altération de l'état général est plus ou moins importante selon le mécanisme et la durée de l'occlusion. La *radiographie* montre l'apparition de niveaux hydroaériques sur le cliché sans préparation ; dans certains cas, le lavement opaque peut préciser siège et nature de l'obstacle. Le *diagnostic du siège de l'occlusion* est très important : en faveur d'une occlusion haute (grêle) plaident le début brutal, les douleurs vives, les vomissements précoces, un ballonnement périombilical et, à la radio, des images hydroaériques centrales étagées « en tuyaux d'orgue ». Dans les occlusions basses (gros intestin), le début est habituellement progressif, les douleurs atténuées, les vomissements tardifs ou absents, les images hydroaériques périphériques et peu nombreuses. Le *mécanisme* de l'occlusion influe également sur le tableau clinique : ballonnement intestinal très douloureux mais immobile d'une occlusion par strangulation, état général mieux conservé et ondulations péristaltiques en cas d'obstruction.

Causes. Les causes des occlusions sont multiples, mais il faut opposer les *occlusions mécaniques* par obturation (tumeurs intestinales, corps étranger, iléus biliaire, agglutination d'anses...) ou par strangulation (bride, volvulus, hernie étranglée, invagination intestinale...), qui imposent toujours l'intervention chirurgicale, et les *occlusions fonctionnelles*, provoquées par le dérèglement du système nerveux moteur de l'intestin sous des influences diverses, et qui peuvent être paralytiques ou spasmodiques. Les *iléus paralytiques*, fréquents et sans gravité pendant 2 à 5 jours après les interventions chirurgicales sur l'abdomen, peuvent être secondaires à certains états pathologiques (coliques néphrétiques), à des troubles du métabolisme (hypokaliémie), et se rencontrent surtout chez le sujet âgé.
Traitement. La réanimation constitue le premier temps du traitement, quels que soient le tableau clinique et la cause : la correction des troubles électrolytiques viendra à bout des occlusions fonctionnelles et, dans les occlusions mécaniques, permettra une intervention dans de bonnes conditions ; cette réanimation préopératoire devra cependant être écourtée si l'on craint une occlusion par strangulation. L'intervention chirurgicale comporte en tout cas une exploration complète de la cavité abdominale, à la recherche de la ou des causes de l'occlusion. La sanction chirurgicale sera fonction de la lésion : simple section d'une bride, résection d'un segment d'intestin grêle nécrosé. Au niveau du côlon, il est risqué de traiter d'emblée l'occlusion et une tumeur, par exemple : souvent, on pratique seulement en urgence une dérivation en amont de la lésion (colostomie*) ; ultérieurement, il sera possible de pratiquer l'exérèse de la lésion et de rétablir le transit intestinal normal.

occupationnel, elle adj. **Méthodes occupationnelles,** méthodes de traitement ayant pour but d'occuper les malades mentaux.
On distingue l'*ergothérapie*, ou thérapeutique par le travail, et les *activités récréationnelles* (jeux, sport...). Dans un sens large, on parle de *sociothérapie* quand on vise la réadaptation du malade à la société.

oculaire adj. Relatif à l'œil.
Traumatismes oculaires. Les *contusions du globe oculaire* (coups de poing, projectile, accident de la route) peuvent entraîner un hyphéma*, des lésions de l'iris, des luxations du cristallin, une cataracte*, un glaucome*. Il peut également se produire un décollement de la rétine, des hémorragies de la macula, une hémorragie du vitré, qui compromettent gravement la vision.

Les *plaies du globe* peuvent consister en un éclatement (sous l'influence d'un choc violent), en plaies perforantes par couteau, débris de verre (pare-brise). Ces plaies doivent être explorées chirurgicalement et suturées après résection éventuelle d'une hernie de l'iris. Au pire, on est amené à pratiquer l'énucléation de l'œil.

Les *plaies des paupières* réclament une suture minutieuse par le spécialiste, pour éviter une irrégularité disgracieuse ou un larmoiement.

Les *traumatismes de l'orbite*, qui peuvent dévier la position et l'axe de l'œil, nécessitent une reconstitution osseuse par greffe.

Corps étrangers de l'œil. V. EXTRACTION.

oculo-cardiaque adj. **Réflexe oculo-cardiaque,** ralentissement du rythme cardiaque, obtenu normalement par la compression des globes oculaires. (Cette manœuvre stimule en effet le nerf pneumogastrique*, pourvu des fibres parasympathiques* qui ralentissent le cœur.)

oculogyre adj. Qui fait tourner les yeux. (V. OCULOMOTEUR.)

Crise oculogyre, crise spasmodique des globes oculaires (qui tournent et se fixent vers le haut), observée au cours de l'encéphalite épidémique.

oculomoteur, trice adj. Qui fait mouvoir le globe oculaire ou ses parties. (V. ŒIL, *Annexes du globe oculaire.*)

Paralysies oculomotrices. Elles résultent de l'atteinte d'un des nerfs moteurs de l'œil.

Les *paralysies de la pupille* et du *muscle ciliaire* (ophtalmoplégie intrinsèque) rendent l'accommodation* impossible.

L'ensemble des mouvements de l'œil peut être perturbé dans les polyradiculonévrites*, la myopathie*, la myasthénie*, ou lors d'une lésion du tronc cérébral.

Dans l'atteinte du nerf moteur oculaire commun (IIIe paire), tous les mouvements sont supprimés, sauf celui qui porte l'œil au-dehors, d'où strabisme* divergent avec diplopie* et chute de la paupière.

Dans l'atteinte du nerf moteur oculaire externe (IVe paire), il y a strabisme interne (impossibilité de porter l'œil vers l'extérieur) et diplopie.

La paralysie de la motricité conjuguée des yeux résulte d'une atteinte des centres de commande (partie haute du tronc cérébral, tubercules quadrijumeaux) par une tumeur ou un accident vasculaire. Les deux yeux ne peuvent alors se porter simultanément vers la droite, la gauche, le haut.

ocytocine ou **oxytocine** n. f. Hormone polypeptidique sécrétée par le lobe postérieur de l'hypophyse* (posthypophyse), qui renforce les contractions des muscles lisses et notamment de l'utérus.

ocytocique adj. et n. m. Se dit d'une substance qui renforce les contractions utérines.

L'hormone posthypophysaire, par son efficacité constante et le caractère physiologique de son effet en perfusion intraveineuse, est l'ocytocique le plus employé lors de l'accouchement.

Oddi (sphincter d'), sphincter situé à l'abouchement du cholédoque* dans le duodénum*.

oddite n. f. Processus inflammatoire atteignant le sphincter d'Oddi. (C'est une complication de la lithiase biliaire.)

odontalgie n. f. Douleur dentaire.

odontoïde adj. **Apophyse odontoïde,** apophyse surmontant le corps de la 2e vertèbre cervicale (axis*), s'articulant avec l'arc antérieur de l'atlas* et constituant l'axe de rotation de la tête par rapport au cou.

odontologie n. f. Étude du système dentaire, base de la chirurgie dentaire.

odonto-stomatologie n. f. Étude du système dentaire et de la bouche, et traitement des lésions pouvant les atteindre.

odorat n. m. Sens spécialisé dans la perception des odeurs. V. OLFACTION.

œdème n. m. Infiltration de liquide dans les tissus de l'organisme, et particulièrement dans les tissus conjonctifs.

Causes. Les œdèmes peuvent avoir une cause *mécanique,* qui est une gêne dans la circulation de retour du sang vers le cœur (phlébite*, lymphangite*, compression des lymphatiques ou des veines, etc.), ou une cause *physico-chimique,* qui modifie l'équilibre osmotique (v. OSMOSE) entre le sang et les tissus au niveau de la paroi des capillaires (rétention de chlorure de sodium au cours des affections rénales, perte de protides au cours des cirrhoses*, trouble endocrinien, etc.).

Variétés d'œdèmes. ŒDÈME SOUS-CUTANÉ. Il se manifeste par un gonflement de la peau et des tissus sous-jacents dans lesquels la pression d'un doigt laisse un creux, le *signe du godet.* Il s'observe dans toutes les inflammations aiguës, dans les affections allergiques (v. ci-dessous *œdème de Quincke*), dans les phlébites, les affections cardiaques et rénales.

ŒDÈMES DES MUQUEUSES. Ils sont fréquents au cours des inflammations aiguës du nez (nez bouché), de la gorge (gênant la déglutition), du larynx (gênant la respiration), des muqueuses génitales.

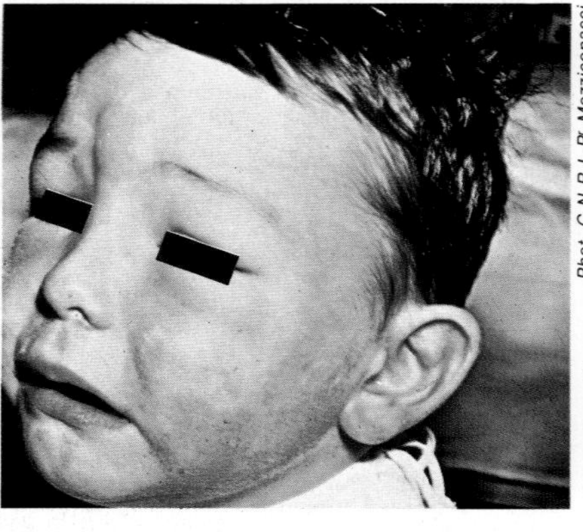

Phot. Dr Domailly.

Œdème. Œdème de Quincke du visage.

Phot. C.N.R.I.-Pr Mozziconacci.

Œdème. Œdème papillaire.

ŒDÈME CÉRÉBRAL. Témoignant d'un œdème généralisé ou d'une affection locale (tumeur, abcès cérébral, etc.), il s'accompagne d'hypertension* intracrânienne grave.

ŒDÈME PAPILLAIRE. L'œdème de la papille optique s'observe au fond* d'œil. Lorsqu'il persiste, il entraîne une baisse de l'acuité visuelle ; il témoigne souvent d'une hypertension intracrânienne dont il partage les causes.

Œdème.
Volumineux œdème du membre inférieur droit.

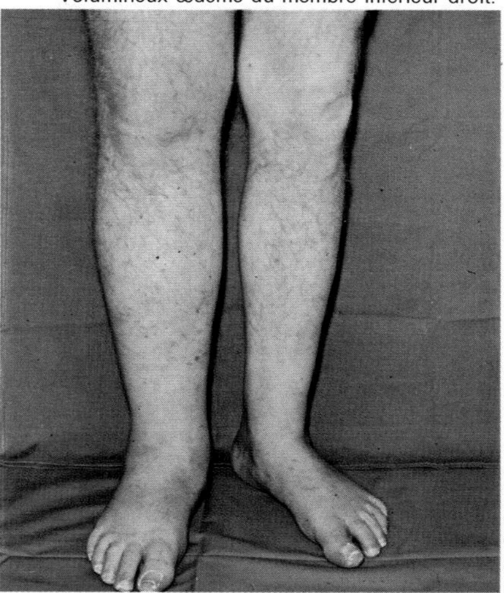

Phot. Dr Julliard.

ŒDÈME AIGU DU POUMON. Inondation brutale des alvéoles et du tissu interstitiel pulmonaire par le plasma sanguin transsudé à travers la paroi des capillaires pulmonaires. Il se traduit par une dyspnée* brutale douloureuse et angoissante, par une expectoration* mousseuse et saumonée et par la perception, à l'auscultation des poumons, de râles crépitants. Il met en jeu le pronostic vital, en raison du risque d'asphyxie, et s'observe surtout dans les défaillances cardiaques* gauches.

ŒDÈME DE QUINCKE. C'est un œdème dermique aigu, douloureux, de nature urticarienne. (Syn. : URTICAIRE GÉANTE.) Il atteint le plus souvent la face, qu'il tuméfie, et peut mettre la vie en danger lorsqu'il touche la muqueuse laryngée (on le traite par administration de corticoïdes par voie intraveineuse). Il répond aux mêmes causes que l'urticaire*.

Œdipe (complexe d'), le plus important des complexes*, selon la théorie psychanalytique.

Son installation est un phénomène normal qui survient chez l'enfant entre 3 et 5 ans en moyenne. Il consiste en un ensemble de sentiments contradictoires éprouvés par l'enfant à l'égard de ses deux parents. Le garçon manifeste un amour exclusif à l'égard de sa mère, alors qu'il éprouve à l'égard de son père hostilité et jalousie. La fille, au contraire, aime son père d'un amour exclusif, alors qu'elle s'oppose à sa mère et la jalouse.

Mais la réalité n'est pas aussi simple, car l'enfant éprouve aussi des sentiments positifs envers le parent du même sexe, comme l'admiration avec désir de lui ressembler. Et c'est la possibilité pour l'enfant de s'identifier à ce parent qui va lui permettre de dépasser cette position conflictuelle.

Dans le cas où le complexe n'est pas résolu, il demeure refoulé et devient générateur de troubles névrotiques (névroses), aussi bien chez l'enfant que chez l'adulte.

œil-de-perdrix n. m. Cor entre deux orteils, typiquement centré d'un point noir et entouré d'une aréole rouge (d'où son nom). On le traite par des pommades antiseptiques et réductrices ou par électrocoagulation.

œnolisme n. m. Alcoolisme* dû au vin.

œnologie n. f. Discipline qui traite de la composition et de la préparation des vins.

œsophage n. m. Segment du tube digestif qui relie le pharynx à l'estomac.
Long de 25 cm, de 2 à 3 cm de diamètre (mais avec plusieurs rétrécissements), il chemine en avant de la colonne vertébrale. Il traverse successivement la partie inférieure du cou, le thorax dans le médiastin* postérieur, et le diaphragme*, puis il pénètre dans l'abdomen et s'ouvre dans l'estomac au niveau du cardia*.

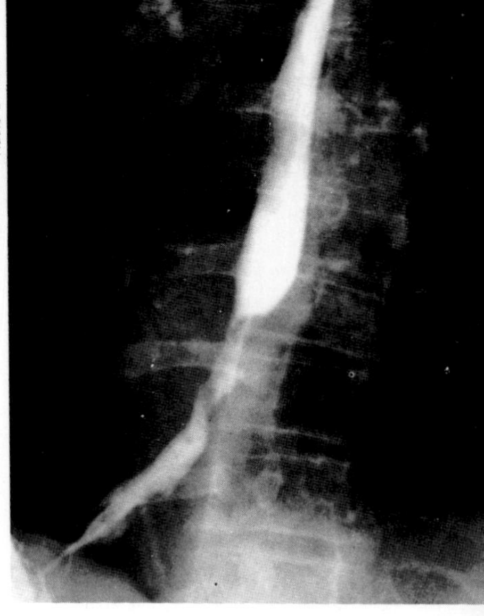

Radio Dr Aim.

Œsophage. Rétrécissement œsophagien (vue oblique).

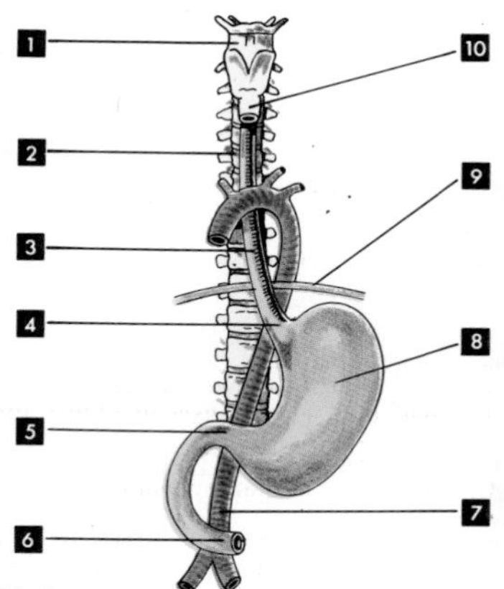

Œsophage.
1. Larynx; 2. Colonne vertébrale; 3. Œsophage; 4. Cardia; 5. Pylore; 6. Duodénum; 7. Aorte; 8. Estomac; 9. Diaphragme; 10. Trachée (sectionnée).

Œsophage.
Atrésie et fistule bronchique (nouveau-né). Le produit de contraste opacifie également les bronches.

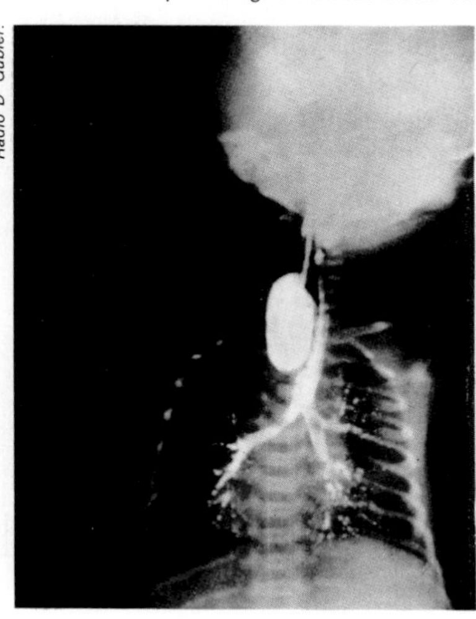

Radio Dr Gübler.

œil n. m. Organe de la vue.

Anatomie.

Le globe oculaire. C'est une sphère constituée de trois tuniques :

— la tunique externe est la *sclérotique* (blanc de l'œil), épaisse de 1 mm, résistante, blanc nacré, qui se continue en avant par une calotte de 11 mm de diamètre, plus convexe, la *cornée* transparente ;*

— la tunique moyenne, ou *uvée*, comprend la choroïde vasculaire et nerveuse qui tapisse l'intérieur de la sclérotique et forme, en avant, le corps ciliaire* et l'*iris** ;

— la tunique interne est la *rétine**, organe sensoriel.

À l'intérieur de l'œil et en arrière de l'iris se trouve le *cristallin,* lentille optique de puissance variable dont la périphérie est insérée, à l'union de la cornée et de la sclérotique, par le muscle ciliaire.

En avant du cristallin se trouve l'humeur aqueuse (formée d'eau et de sels minéraux) dont l'excès s'échappe de l'œil au niveau de l'angle irido-cornéen (entre iris et cornée) par des pertuis formant le *trabéculum.*

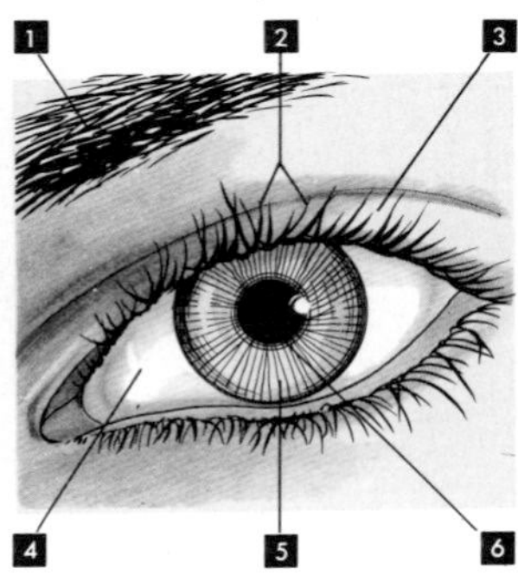

Œil (vue de face) :
1. Sourcil ; 2. Cils ; 3. Paupière supérieure ;
4. Sclérotique (blanc d'œil) ; 5. Iris ;
6. Pupille.

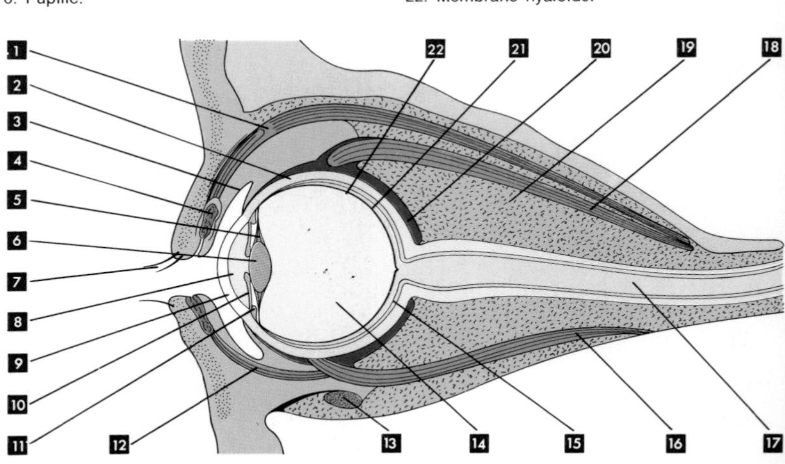

Œil. Coupe de l'œil.
1. Muscle releveur de la paupière supérieure ;
2. Sclérotique ; 3. Conjonctive ;
4. Tarse supérieur avec glande de Meibomius ;
5. Ligament suspenseur ; 6. Cristallin ;
7. Cils ; 8. Pupille ; 9. Cornée ; 10. Iris ;
11. Procès ciliaire ;
12. Muscle de la paupière inférieure ;
13. Muscle petit oblique ; 14. Humeur vitrée ;
15. Choroïde ; 16. Muscle droit inférieur ;
17. Nerf optique ; 18. Muscle droit supérieur ;
19. Graisse de l'orbite ;
20. Capsule de Tenon ; 21. Rétine ;
22. Membrane hyaloïde.

En arrière du cristallin se trouve l'humeur vitrée ou corps vitré, substance gélatineuse sans vaisseaux et transparente. L'innervation du globe oculaire est assurée par les nerfs ciliaires.

Annexes du globe oculaire. Le globe oculaire est maintenu en place et animé de mouvements de rotation par les *muscles oculomoteurs.*

Ces muscles, au nombre de 6 (4 muscles « droits » et 2 muscles « obliques »), s'insèrent au pourtour de la sclérotique et vont prendre appui au pourtour ou au fond de l'orbite. Ils assurent la mobilité de l'œil (regard en haut, en bas, sur les côtés, convergence des axes pour voir de près) et sont commandés par les nerfs moteurs oculaires communs et moteurs oculaires externes (IIIe et VIe paires des nerfs crâniens).

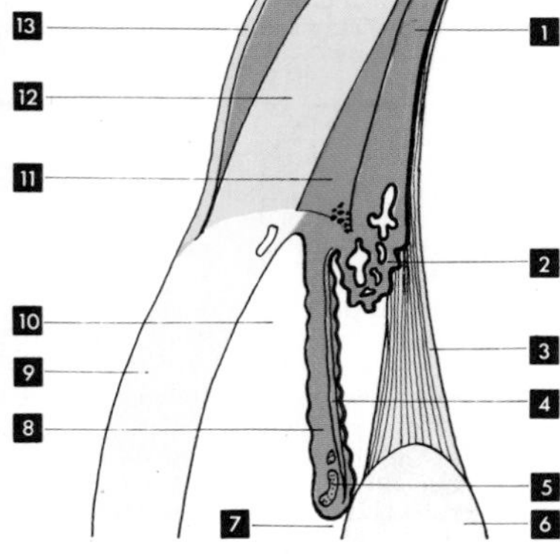

Œil. Coupe de l'œil dans la zone ciliaire.
1. Choroïde ; 2. Procès ciliaire ;
3. Ligament suspenseur du cristallin ;
4. Muscle dilatateur de la pupille ;
5. Sphincter ; 6. Cristallin ; 7. Pupille ;
8. Iris ; 9. Cornée ; 10. Chambre intérieure ;
11. Muscle ciliaire ;
12. Sclérotique ; 13. Conjonctive.

L'œil est protégé en avant par les paupières* supérieure et inférieure limitant la fente palpébrale, le globe et la face interne des paupières étant recouverts par la conjonctive. L'humidification permanente de la sclérotique et de la cornée (qui assure la transparence de celle-ci) est assurée par les larmes, sécrétées par l'appareil lacrymal*. Près du pôle postérieur de l'œil, le nerf optique, issu de la rétine, émerge du globe oculaire.

L'orbite. Le globe oculaire et ses annexes (muscles, glandes lacrymales, nerf optique) sont contenus dans une cavité osseuse de la face, l'orbite, dont les bords saillants le protègent. La paroi de l'orbite correspond, en dedans, aux fosses nasales par l'intermédiaire des sinus frontal, ethmoïdaux, sphénoïdal et maxillaire. Le fond de l'orbite est percé par le trou optique (où passe le nerf optique) et la fente sphénoïdale (comblée par des vaisseaux, des nerfs et des formations fibreuses).

Symptômes affectant l'œil.

L'*œil rouge* peut être dû à une inflammation (kératite*, conjonctivite*, iridocyclite*) ou à une hémorragie sous la conjonctive (traumatisme ou rupture spontanée d'un vaisseau capillaire). Le diagnostic de la cause doit toujours être recherché.

Les *paupières collées* le matin sont l'indice d'une infection des paupières (blépharite*) ou de conjonctivite ; il faut nettoyer l'œil à l'eau bouillie avant d'instiller un collyre antiseptique. Le spécialiste doit être consulté si l'incident se reproduit.

La *diminution de l'acuité visuelle* (baisse de la vision d'un œil ou des deux yeux) peut être due à un vice de réfraction, à une cataracte*, un glaucome*, une rétinite. La perte subite et passagère de la vue, totale ou partielle (mouches volantes, voiles), peut être due à un trouble vasculaire (spasme, hémorragie de la rétine, hypertension artérielle) ou à une affection du cerveau (compression des veines nerveuses optiques, tumeur, etc.).

Les *douleurs oculaires* peuvent être dues à une inflammation (kératite, iritis) ou à l'hypertension* oculaire (glaucome) ; elles s'accompagnent souvent de maux de tête (céphalées). Inversement, la migraine* s'accompagne souvent de troubles visuels.

Tous les symptômes oculaires justifient, surtout s'ils se prolongent, la consultation d'un ophtalmologiste et celle d'un médecin généraliste.

Pathologie de l'œil.

Lésions accidentelles. V. OCULAIRE, *Traumatismes oculaires.*

Lésions inflammatoires. Elles peuvent toucher la cornée (kératite*), la conjonctive (conjonctivite*), la sclérotique (épisclérite), le cristallin (cataracte*), l'iris (iritis*, iridocyclite, uvéite*), la rétine (rétinite*), les paupière (blépharites*), l'appareil lacrymal (dacryoadénite, dacryocystite), le nerf optique (névrite optique).

Hypertension oculaire. V. GLAUCOME.

Troubles de la réfraction. Anomalies optiques de l'œil, ce sont la myopie*, l'hypermétropie*, l'astigmatisme*, la presbytie*, responsables de troubles de la vision qu'on corrige par le port de lunettes ou de verres* de contact.

Tumeurs de l'œil. Le *rétinoblastome* est une tumeur de la rétine, d'origine embryonnaire, atteignant le petit enfant. La pupille prend un aspect blanchâtre, l'œil devient aveugle. L'énucléation de l'œil est le seul geste thérapeutique. La radiothérapie peut permettre de conserver l'autre œil.

Les *tumeurs de la choroïde* touchent surtout l'adulte. Elles peuvent être bénignes (angiomes) ou malignes (sarcome de la choroïde). Le diagnostic est difficile et nécessite des examens complémentaires (test au phosphore radioactif, échographie). En cas de sarcome, l'énucléation de l'œil est nécessaire.

Anomalies de l'œil ou de la vision en rapport avec une lésion du système nerveux. L'*œdème de la papille optique,* décelé à l'examen du fond d'œil, peut être un signe d'hypertension intracrânienne ; les *modifications du champ visuel* traduisent des atteintes des voies optiques (v. HÉMIANOPSIE). Les *paralysies* isolées ou associées des muscles oculomoteurs* s'observent dans les hémiplégies, dans certaines intoxications. Les *modifications de la pupille** permettent le diagnostic de nombreuses maladies. □

Parmi les *lésions traumatiques,* rares sont les plaies et les ruptures de l'œsophage ; beaucoup plus fréquentes sont les perforations par corps étranger ou par manœuvre instrumentale (œsophagoscopie). Les *brûlures* de l'œsophage sont dues le plus souvent à l'ingestion de caustiques (acides ou bases) : après une phase de début dramatique s'installent des signes d'œsophagite chronique qui témoignent d'un rétrécissement cicatriciel de traitement long et difficile. Les *malformations congénitales* de l'œsophage sont graves (atrésie œsophagienne, fistule œsotrachéale) ; leur cure chirurgicale, très délicate, est la seule chance de survie.

Les *tumeurs* de l'œsophage peuvent être bénignes (kystes, myomes) ; mais, surtout fréquent chez l'homme au-dessus de 50 ans, se rencontre le *cancer de l'œsophage,* dont le signe révélateur est la dysphagie*, d'abord capricieuse et intermittente, puis permanente. Les indications thérapeutiques sont difficiles à poser : agents physiques ou résection chirurgicale ; le pronostic demeure sombre.

œsophagite n. f. Inflammation aiguë ou chronique de la muqueuse œsophagienne.
L'œsophagite a une origine *infectieuse, toxique* ou *allergique.*

L'œsophagite *peptique* est secondaire à l'action corrosive du suc gastrique en excès sur la muqueuse. Le tableau clinique se résume à l'association d'une gêne à avaler, d'une hypersalivation et de régurgitations. Le traitement est médical (gels, antispasmodiques) et la chirurgie est réservée aux œsophagites consécutives à une malformation et aux perforations.

œsophagoscope n. m. Endoscope* destiné à l'examen de l'œsophage. (V. ENDOSCOPIE.)

œstradiol n. m. Hormone œstrogène* de l'ovaire. (Syn. : DIHYDROFOLLICULINE.)

œstriol n. m. Dérivé peu actif de l'œstradiol.
Au cours de la gestation, il est élaboré en grandes quantités à partir d'un précurseur sécrété par la surrénale du fœtus. À ce titre, il constitue un témoin fidèle du « bien-être » fœtal, et son effondrement est un signe de souffrance fœtale.

œstrogène n. m. et adj. Hormone provoquant chez la femelle l'ensemble des phénomènes physiologiques et histologiques caractéristiques de l'œstrus*.

Biochimie. Les œstrogènes *naturels* sont essentiellement sécrétés par l'ovaire, qui reçoit des actions stimulantes de l'hypophyse, accessoirement par les surrénales, le placenta et les testicules. Les principaux sont l'œstrone, ou folliculine, l'œstradiol et l'œstriol.

Les œstrogènes de *synthèse* sont l'éthinyl-œstradiol, le benzœstrol, le diénœstrol, le diéthylstilbœstrol, etc.

Physiologie. Les œstrogènes exercent essentiellement une action sur les récepteurs génitaux (utérus, vagin, petites lèvres, sein). Ils ont, d'autre part, une action métabolique générale, en favorisant l'anabolisme protidique, la rétention d'eau et de sodium.

œstrus n. m. Phase du cycle menstruel où se produit l'ovulation.

œuf n. m. Cellule résultant de la fusion de l'ovule et du spermatozoïde à l'issue de la fécondation.
Par extension, on appelle également ainsi la même cellule ayant subi des divisions (œuf embryonné), puis l'ensemble du fœtus et de ses annexes.

Dès sa formation, l'œuf commence à se diviser (segmentation). Il se divise en deux, puis quatre, huit, etc. Il passe ainsi par le stade de *morula,* puis de *blastula* et arrive dans la cavité utérine pour effectuer sa nidation. Il est fait alors d'une couche de petites cellules périphériques, qui formeront le *trophoblaste* et les villosités placentaires, et d'un amas central de grosses cellules, le *bouton embryonnaire,* qui constituera l'embryon proprement dit.

Au terme de la grossesse, l'œuf comporte d'une part le fœtus, d'autre part ses annexes (placenta, liquide amniotique, membranes amniotique et chorionique, cordon ombilical).

officine n. f. Lieu où se préparent, se stockent et se dispensent au public les médicaments, sous la direction d'un ou de plusieurs pharmaciens.

Ogino-Knaus (méthode d'), technique contraceptive reposant sur la théorie selon laquelle, chez les femmes bien portantes, l'ovulation se produirait le 15e jour précédant la menstruation à venir.
Il suffirait, en conséquence, de pratiquer la continence du 14e au 18e jour inclus pour éviter la fécondation. En fait, de nombreux facteurs sont capables de bouleverser les calculs de la femme la plus prévoyante, et cette méthode n'apporte qu'une garantie illusoire.

oïdiomycose n. f. Syn. de CANDIDOSE.

oignon n. m. Callosité douloureuse du gros orteil, souvent secondaire à une malformation articulaire (*hallux* valgus*).

oléandomycine n. f. Antibiotique extrait de *Streptomyces antibioticus,* actif *per os* contre les germes Gram positif.

olécrane n. m. Apophyse osseuse de l'extrémité supérieure du cubitus*, qui donne insertion au tendon du triceps.
Les fractures de l'olécrane nécessitent une ostéosynthèse, car le tendon du triceps éloigne le fragment fracturé du cubitus.

olfaction n. f. Sens qui permet la perception des odeurs.
L'olfaction est due à l'excitation de cellules sensorielles, dites *de Schultze,* situées dans les fosses nasales, qui transmettent l'information chimique au cerveau par l'intermédiaire du nerf olfactif.

L'olfaction nécessite une perméabilité nasale satisfaisante et se fait à l'inspiration comme à l'expiration. Le stimulus est représenté par la composition chimique des molécules actives à sentir.

L'odorat identifie un nombre très important d'odeurs, alors que le goût ne reconnaît que quatre saveurs (salé, sucré, acide, amer).

L'olfaction peut être modifiée : ainsi certaines encéphalopathies herpétiques, certaines tumeurs cérébrales provoquent des hallucinations olfactives ; la destruction des centres nerveux de l'olfaction (traumatismes, artériosclérose) provoque l'*anosmie* (perte de l'odorat).

oligoamnios n. m. Quantité insuffisante (moins de 200 cm^3) de liquide amniotique dans les derniers mois de grossesse.

oligoélément n. m. Élément minéral présent dans l'organisme en très faible quantité.
Certains oligoéléments ont un rôle important dans le métabolisme* cellulaire, et leur carence alimentaire peut être responsable de troubles sévères. Il en est ainsi de l'iode, du magnésium, du zinc, du cobalt, de l'alumine.

Certains oligoéléments sont administrés en injections ou par voie perlinguale.

oligophrénie n. f. Déficit intellectuel, quelle que soit son importance. (V. ARRIÉRATION.)

oligurie n. f. Diminution de la quantité d'urines émises en un temps donné.

olivier n. m. Les *feuilles* de l'olivier (*Olea europea*) sont employées en décoction contre l'hypertension artérielle et le diabète. L'*huile* d'olive est laxative et cholagogue* (une cuillerée à soupe le matin à jeun avec du jus d'orange).

ombilic n. m. Petite dépression cutanée située un peu au-dessous du milieu de la paroi abdominale. (Syn. : NOMBRIL.)
Elle représente la cicatrice consécutive à la section du cordon ombilical.

Affections de l'ombilic. ***Infections.*** V. OMPHALITE. (Chez l'adulte, le manque de soins corporels peut amener également eczéma et mycoses.)

Hernies. Elles peuvent s'observer à tout âge, mais spécialement chez le nourrisson et chez la femme après la grossesse.

Tumeurs. Parmi les tumeurs qui peuvent siéger à son niveau, il faut isoler l'endométriose*.

omnipraticien n. m. Médecin généraliste capable de pratiquer certains examens et certaines interventions relevant de diverses spécialités médicales, notamment les premiers soins en cas d'urgence.

omoplate n. f. Os plat, triangulaire, qui constitue avec la clavicule la ceinture scapulaire.
Sa face postérieure est divisée en deux fosses sus- et sous-épineuses par l'*épine* de l'omoplate, qui se prolonge en dehors par une apophyse articulée avec la clavicule, l'*acromion*. L'angle externe présente le col de l'omoplate qui supporte la cavité glénoïde, articulée avec la tête de l'humérus, et l'*apophyse coracoïde*.

Les *fractures* de l'omoplate sont rares et, en général, de bon pronostic. La *surélévation congénitale* de l'omoplate n'est justiciable du traitement chirurgical que dans les rares formes graves; le plus souvent la gymnastique suffit à corriger cette malposition.

omphalectomie n. f. Ablation chirurgicale de l'ombilic.

omphalite n. f. Inflammation de l'ombilic. Elle survient dans les jours qui suivent la naissance, soit avant, soit après la chute du cordon. Elle est due à un défaut d'asepsie* dans les soins du cordon. La peau est rouge, gonflée, et du pus peut se former. L'infection peut se propager à partir de cette porte d'entrée et conduire à une septicémie.

Chez l'adulte et le grand enfant, l'omphalite est la conséquence d'un manque d'hygiène; elle prend la forme d'eczéma, de mycoses.

omphalocèle n. f. Hernie ombilicale congénitale.
Elle réalise une tumeur sessile, en demi-sphère, portant le cordon ombilical et recouverte d'une membrane dont l'ouverture entraîne une éviscération. Le pronostic dépend de l'importance de la masse, des malformations associées et de la précocité de l'intervention chirurgicale.

O. M. S., sigle d'ORGANISATION MONDIALE DE LA SANTÉ* (institution de l'O. N. U.).

onanisme n. m. Action de provoquer solitairement l'orgasme génital par quelque moyen que ce soit. (V. MASTURBATION.)

onchocercose n. f. Parasitose due à un ver nématode*, la filaire vivipare *Onchocerca volvulus*.
La femelle est beaucoup plus grande que le mâle ; ils circulent sous la peau sous forme de filaments ou de nodules. La femelle libère des microfilaires, qui vivent dans le derme. Le vecteur du parasite est un moustique, la simulie*, qui prend des microfilaires lors d'une piqûre et véhicule le parasite.

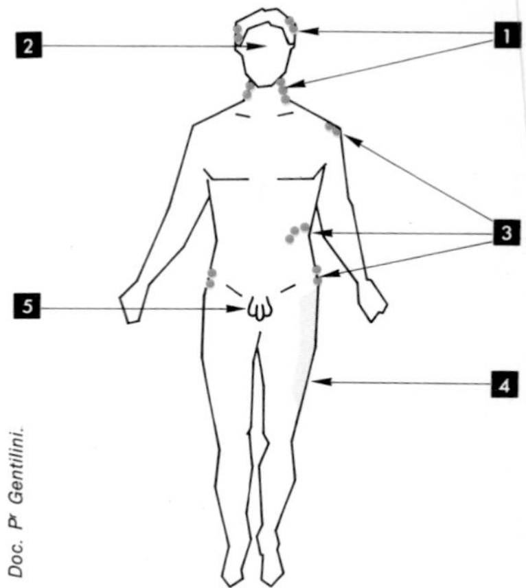

Onchocercose.
Principales localisations de l'onchocercose :
1. Nodules cranio-cervicaux
(plus fréquents en Amérique);
2. Complications oculaires;
3. Nodules corporéaux
(plus fréquents en Afrique);
4. Gale filarienne; 5. Éléphantiasis.

L'atteinte parasitaire se traduit par la présence de nodules sous-cutanés indolores, disséminés sur le corps, de lésions de grattage (craw-craw). Les lésions les plus graves et les plus tardives touchent l'œil et aboutissent à la cécité. Le diagnostic repose sur l'examen du derme avec recherche de microfilaires, l'éosinophilie* sanguine (de 20 à 30 p. 100) et sur un examen ophtalmologique.

L'ablation des nodules (filaires adultes) se fait chirurgicalement pour éviter l'essaimage. Les microfilaires sont détruits par la diméthylcarbamazide à doses croissantes.

La prophylaxie repose sur la lutte contre les simulies et le traitement des malades.

oncotique adj. **Pression oncotique,** pression osmotique* due à la présence de protéines dans une solution.

onction n. f. Friction douce avec une pommade.

ondulant, e adj. **Fièvre ondulante,** fièvre irrégulière dont les accès sont séparés par des périodes de température normale, surtout observée au cours des brucelloses*.

ongle n. m. Formation cornée mince, plate ou légèrement bombée, faite de kératine* dure, située à l'extrémité dorsale des doigts et des orteils.
La *matrice*, située au niveau de son implantation, assure sa croissance régulière. Le croissant clair situé à sa base s'appelle *lunule*.
Affections des ongles. La *fragilité* des ongles peut être constitutionnelle ou acquise (travaux ménagers, dissolvants de vernis, etc.). L'ongle peut être altéré par des taches blanches, ou *leuconychies**, et par des *mycoses** (*onychomycoses**).
Ongle incarné. L'ongle incarné, ou *onyxis* latéral, est une lésion fréquente, douloureuse, siégeant au niveau du gros orteil. Le rebord unguéal pénètre dans le sillon périunguéal, entraînant des douleurs avec risque d'infection. Le port de chaussures trop étroites en est la cause la plus fréquente. De nombreuses techniques appliquées par les pédicures sont efficaces (l'ongle ne doit jamais être entaillé sur les bords); en cas d'échec, l'ablation chirurgicale de la partie latérale de la matrice est nécessaire.

onguent n. m. Médicament à base de résines et de corps gras, destiné aux applications sur la peau.

onirisme n. m. Ensemble de phénomènes mentaux se déroulant de façon automatique à la faveur de baisse de la vigilance ou d'un état de confusion mentale.
C'est une sorte de rêve éveillé où surgissent de multiples visions qui fascinent le sujet.
L'onirisme s'observe dans diverses maladies organiques, les infections avec fièvre, les intoxications, et aussi dans les psychoses.

onychogryphose n. f. Hypertrophie de l'ongle, qui est irrégulier, en forme de griffe.

onycholyse n. f. Décollement de l'ongle, découvrant la pulpe unguéale.

onychomycose n. f. Infection de l'ongle par un champignon parasite.
L'ongle s'épaissit et devient jaunâtre et friable. Progressivement l'infection s'étend et s'accompagne d'une réaction inflammatoire. Le traitement est local (ablation de l'ongle, applications locales d'antifongiques) et général (griséofulvine*).

onychophagie n. f. Tic caractérisé par l'impulsion à se ronger les ongles.

onyxis n. m. Inflammation de l'ongle*. (Elle s'associe souvent à un *périonyxis**.)

opération n. f. Acte chirurgical.
Les *opérations chirurgicales* sont très différentes en difficulté, en gravité, en durée selon les cas. Précédées de soins préopératoires*, elles se pratiquent sous anesthésie* générale, régionale ou locale dans une salle appropriée (bloc* opératoire) en respectant les règles de l'asepsie*.

Phot. C.N.R.I.-Pr Degos.

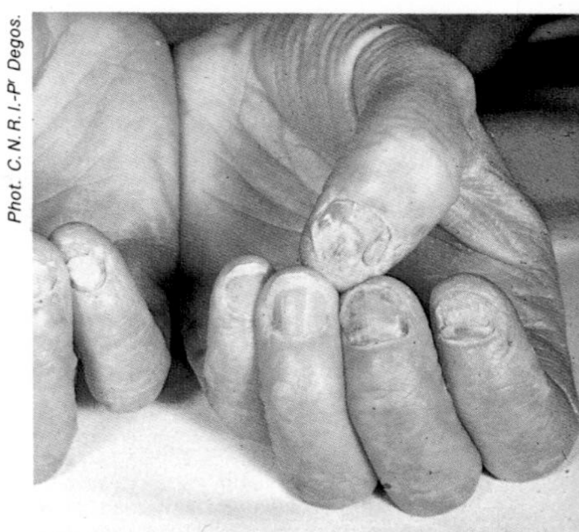

Onychomycose. Lésion au niveau des ongles, produite par des champignons parasites (avant traitement).

Phot. C.N.R.I.-Pr Degos.

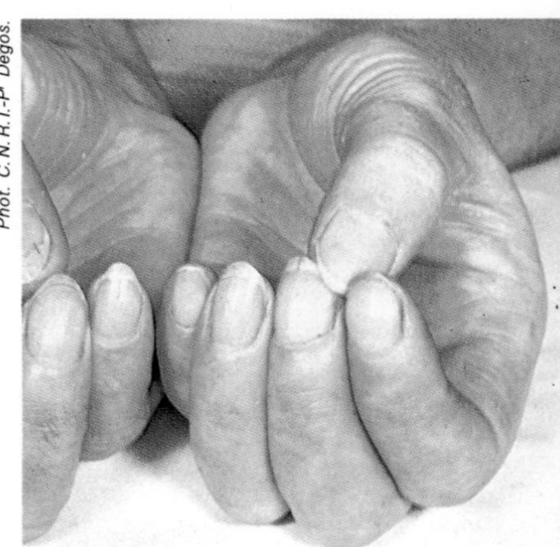

Onychomycose, après traitement.

ophiasis ou **ophiase** n. f. Pelade tondante décrivant des couronnes autour de la nuque et des oreilles.

ophidisme n. m. Ensemble des troubles occasionnés par les morsures de serpents.

ophtalmie n. f. Affection inflammatoire de l'œil.
Ophtalmie purulente, infection grave de l'œil qui débute par une conjonctivite, puis se propage aux autres éléments de l'œil pour se terminer par la fonte purulente.
Ophtalmie sympathique, uvéite* post-traumatique qui débute sur un œil et gagne le second. Après un accident, un fragment d'iris reste dans la cicatrice et irrite l'œil. Le second œil est atteint plus tard. S'y associent un syndrome méningé et des troubles de l'équilibre. Les corticoïdes ont transformé le pronostic, autrefois sévère (perte de la vue). Un virus serait responsable de cette affection, mais certains auteurs penchent pour une allergie au pigment uvéal.

ophtalmique adj. **Nerf ophtalmique de Willis,** branche sensitive du nerf trijumeau*. Le nerf ophtalmique de Willis se divise en trois branches : le nerf lacrymal pour la sensibilité des paupières, le nerf frontal pour la région médiane du front, le nerf nasal pour la sensibilité du nez.

ophtalmologie n. f. Spécialité médicale des maladies de l'œil* et de ses annexes.

ophtalmomalacie n. f. Ramollissement et réduction du globe oculaire.
L'ophtalmomalacie, consécutive à une affection inflammatoire de l'œil, est une lésion d'atrophie. La vision est nulle, et la douleur oblige parfois à l'énucléation* de l'œil.

ophtalmoscopie n. f. Examen du fond de l'œil.

opisthotonos n. m. Contracture généralisée incurvant le corps en arrière et étendant les membres, observée dans le tétanos* et l'hystérie*.

opium n. m. Suc extrait des capsules de pavots.
L'opium contient de nombreux alcaloïdes, parmi lesquels la morphine*, la codéine*, la papavérine*, la noscapine*.
L'opium officinal est titré à 10 p. 100 de morphine par addition de lactose à l'opium brut.
Toxicologie. L'intoxication aiguë par la morphine ou l'extrait d'opium se traduit par des nausées, une constipation, un myosis* et une gêne respiratoire. Des doses fortes (0,10 g de morphine) provoquent un coma. L'antidote est la nalorphine. L'intoxication chronique est la morphinomanie*, toxicomanie dont la désaccoutumance peut être obtenue grâce aux injections substitutives de méthadone.

opothérapie n. f. Thérapeutique à base de tissus animaux (hormonothérapie).
La préparation est analogue à celle des extraits végétaux, mais elle nécessite de nombreuses précautions. Actuellement, les préparations d'opothérapie sont facilitées par la lyophilisation*, qui conserve intactes toutes les propriétés du tissu vivant.
L'opothérapie est utilisée pour pallier l'insuffisance de certaines glandes endocrines ou mixtes : thyroïde, surrénales, hypophyse, foie, pancréas, etc.

opposition n. f. **1.** Propriété du pouce humain qui lui permet de se placer de telle façon que la face palmaire de sa deuxième phalange soit au contact de celle de l'un quelconque des autres doigts. (C'est l'opposition qui permet la préhension.)
2. *En psychiatrie,* acte qui consiste à prendre le contrepied de ce qui est demandé. (Les réactions d'opposition sont fréquentes et normales chez l'enfant, tant qu'elles ne deviennent pas constantes.)

oppression n. f. Syn. de DYSPNÉE*.

opticien n. m. **Opticien lunetier,** auxiliaire* médical, en même temps que commerçant et artisan, qui effectue le meulage et le montage des verres et l'adaptation des lunettes.
L'opticien lunetier ne peut délivrer aucun verre correcteur d'amétropie à une personne de moins de 16 ans sans ordonnance médicale ; il peut en délivrer aux personnes de plus de 16 ans, à condition de n'utiliser en vue du choix du verre que la méthode de réfraction subjective (en essayant les verres au client), la méthode de réfraction objective (calcul de l'acuité visuelle par les principes de l'optique) étant réservée aux médecins. Les verres délivrés sans ordonnance médicale ne seront pas remboursées par la Sécurité sociale.

optique adj. Relatif à la vision.
Voies optiques. Elles naissent au niveau de la rétine et forment les fibres optiques qui, groupées en faisceaux, constituent le nerf optique. Celui-ci passe de l'orbite à l'intérieur du crâne, se réunit au nerf optique opposé pour constituer le *chiasma**. Puis, après croisement, les fibres forment les *bandelettes optiques* qui atteignent les corps genouillés externes. À ce niveau, des fibres rejoignent le noyau du nerf moteur oculaire commun ; d'autres rejoignent le lobe occipital du cerveau, où siègent les centres de la vision.

or n. m. Les « sels d'or » sont utilisés dans le traitement de la polyarthrite rhumatoïde. (Syn. : CHRYSOTHÉRAPIE.)

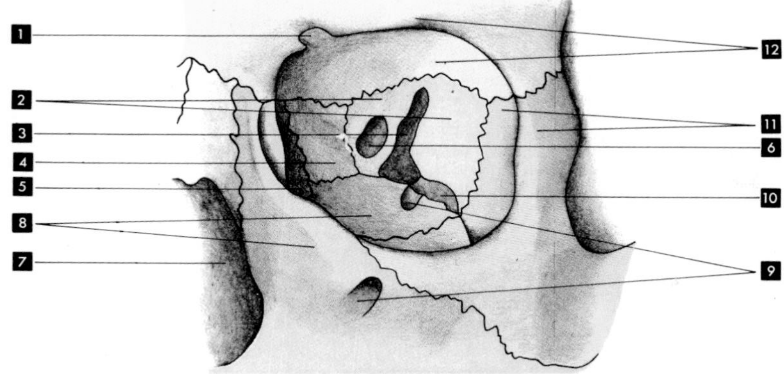

Orbite. 1. Échancrure sus-orbitaire; 2. Sphénoïde (petite aile et grande aile); 3. Fente sphénoïdale; 4. Ethmoïde (os planum); 5. Unguis; 6. Canal optique; 7. Fosses nasales; 8. Maxillaire supérieur; 9. Canal sous-orbitaire; 10. Fente sphéno-maxillaire; 11. Os malaire; 12. Os frontal (voûte orbitaire).

oral, e, aux adj. Se dit d'un médicament qu'on administre par la bouche.
Voie orale. Syn. de PER OS.

orange n. f. L'orange est riche en vitamine C, mais elle contient de l'acide oxalique. Son abus peut provoquer la formation de calculs urinaires.

orbiculaire adj. En forme de cercle. (Se dit des muscles circulaires dont l'action tend à fermer un orifice : *muscle orbiculaire des lèvres, des paupières.*)

orbite n. f. Cavité paire de la face, qui contient l'œil et ses muscles moteurs.

orchi-épididymite n. f. Inflammation du testicule et de l'épididyme, d'évolution aiguë ou chronique, secondaire à une blennorragie, à une infection urinaire, à une maladie spécifique (oreillons) ou à germes banals.
Elle guérit en général facilement grâce aux antibiotiques, mais peut être une cause de stérilité*.

orchidopexie n. f. Intervention chirurgicale consistant à descendre et à fixer dans les bourses un testicule en ectopie*.

orchite n. f. Inflammation du testicule, souvent associée à celle de l'épididyme. (V. ORCHI-ÉPIDIDYMITE.)
Elle se traduit, dans son aspect aigu, par une vive douleur des bourses irradiant vers l'aine, s'accompagnant de fièvre, et par une bourse rouge et tuméfiée.

ordonnance n. f. Pièce écrite remise par le médecin au malade ou à son entourage, et qui résume ses prescriptions.

L'ordonnance est exécutée par le pharmacien, qui donnera éventuellement tous les détails complémentaires utiles à sa compréhension. L'ordonnance doit être présentée à la Sécurité sociale pour le remboursement des frais, mais elle doit être rendue au malade à qui elle appartient.

L'ordonnance, datée et signée par le médecin, doit respecter la législation sur les substances vénéneuses*; le pharmacien est dans l'obligation de vérifier que les posologies sont conformes aux indications de la pharmacopée (les dépassements de doses doivent être formellement indiqués).

ordre n. m. **Ordre des médecins**, organisme professionnel qui veille au maintien des principes de moralité, de probité et de dévouement indispensables à l'exercice de la médecine.

ordure n. f. Les ordures ménagères doivent être déposées dans des boîtes fermées par un couvercle, car elles attirent les rats, les mouches et contiennent des germes. Elles doivent être ramassées systématiquement et rigoureusement détruites. Les boîtes doivent être fréquemment désinfectées à l'eau de Javel.

oreille n. f. Organe sensoriel de l'ouïe.

Anatomie.

L'oreille *externe* est la seule partie visible, l'oreille *moyenne* et l'oreille *interne* étant situées dans des cavités creusées dans le *rocher* de l'os temporal.

Oreille externe. Le *pavillon* de l'oreille est une lame fibrocartilagineuse centrée par une sorte d'entonnoir, la conque, entourée de replis (hélix, anthélix, tragus, antitragus) et terminée en bas par le lobule, dépourvu de cartilage.

Le conduit auditif externe, long de 25 mm, prolonge la conque jusqu'au tympan. Il est tapissé de peau munie de poils et de glandes sébacées et cérumineuses (formant le cérumen).

Oreille moyenne. Le fond du conduit auditif est clos par une membrane fine, nacrée, le tympan, qui le sépare de la caisse du tympan, cavité creusée dans le rocher. La caisse du tympan communique en avant avec le pharynx, en arrière avec les cellules mastoïdiennes, l'ensemble, rempli d'air, constituant l'oreille moyenne.

La trompe d'Eustache. C'est un conduit fibrocartilagineux et osseux, long de 4 cm. Elle fait communiquer l'oreille moyenne avec le rhino-pharynx ou cavum.

La caisse du tympan. Elle présente une paroi osseuse supérieure très mince, qui la sépare de la boîte crânienne (d'où les complications méningées de certaines otites).

La paroi interne présente deux orifices, la fenêtre ovale et la fenêtre ronde, qui la font communiquer avec l'oreille interne ou labyrinthe.

La chaîne des osselets, située dans la caisse du tympan, est formée par le *marteau,* dont le manche s'insère à la face interne du tympan, l'*enclume,* dont le corps s'articule avec la tête du marteau, une de ses « racines » prenant appui sur la paroi et l'autre s'articulant avec le dernier osselet, l'*étrier,* dont la platine est ajustée à la fenêtre ovale. Les osselets sont mis en tension par deux petits muscles (muscles du marteau et de l'étrier).

Les cellules mastoïdiennes. Ce sont des cavités remplies d'air qui occupent l'apo-

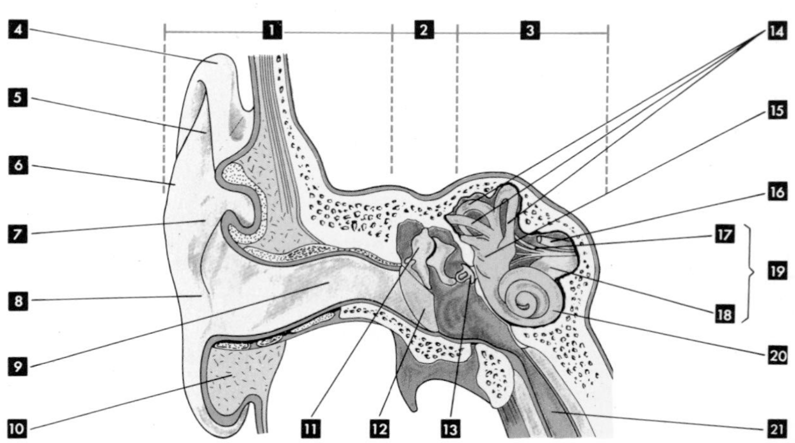

Oreille. Coupe de l'oreille.
1. Oreille externe ; 2. Oreille moyenne ;
3. Oreille interne ; 4. Hélix ;
5. Fossette naviculaire ; 6. Anthélix ;
7. Conque ; 8. Antitragus ;
9. Conduit auditif ; 10. Coupe du lobule ;
11. Chaîne des osselets ;
12. Membrane du tympan ;
13. Platine de l'étrier ;
14. Canaux semi-circulaires ;
15. Vestibules (utricule et saccule) ;
16. Nerf facial (VII) ; 17. Nerf vestibulaire ;
18. Nerf cochléaire ; 19. Nerf auditif (VIII) ;
20. Limaçon ou cochlée ;
21. Trompe d'Eustacle.

physe mastoïde. La première et la plus importante est l'antre mastoïdien.
Oreille interne. Située dans le rocher, elle est très complexe et formée du *labyrinthe osseux* et du *labyrinthe membraneux*.
Le labyrinthe osseux. Il comprend une cavité, le *vestibule*, située en dedans de la caisse du tympan ; les *canaux semi-circulaires*, tubes cylindriques situés dans les trois plans de l'espace (horizontal, frontal, sagittal) et communiquant avec le vestibule ; enfin le *limaçon*, tube creux enroulé autour d'un axe creux, la columelle, et cloisonné en deux rampes, la rampe vestibulaire et la rampe tympanique.
Le labyrinthe membraneux. Contenu dans le labyrinthe osseux, il comprend : dans le vestibule, l'*utricule* et le *saccule*, dont naissent des fibres pour le nerf vestibulaire (de l'équilibre) ; dans les canaux semi-circulaires osseux, les canaux semi-circulaires membraneux dont les dilatations ou ampoules donnent également des fibres au nerf vestibulaire ; enfin, dans le limaçon membraneux, le canal cochléaire, situé à la partie périphérique de la rampe vestibulaire dont il est séparé par la *membrane de Reissner*. La membrane basilaire supporte l'organe de l'audition, ou *organe de Corti*, d'où partent les fibres du nerf de l'audition.
Le conduit auditif interne, creusé dans le rocher, contient le nerf auditif (formé par le nerf cochléaire et le nerf vestibulaire).

Physiologie.
L'oreille est l'organe sensoriel de l'audition, mais aussi de l'équilibration.
Transmission des sons. Les sons, captés par le pavillon, sont transmis par le conduit auditif externe au tympan, qu'ils font vibrer. Les vibrations sont transmises, renforcées par la chaîne des osselets, à la fenêtre ovale et aux liquides de l'oreille interne. L'intégrité de tous ces organes est nécessaire à la transmission des sons.
Perception des sons. Les vibrations sont transmises par les liquides labyrinthiques à l'organe de Corti, qui transforme les vibrations mécaniques en énergie nerveuse, qui parcourt ensuite le nerf cochléaire et est acheminé par les voies cochléaires aux centres nerveux temporaux droit et gauche.
Perception des positions et des mouvements de la tête. Nécessaires à l'équilibre, ces perceptions prennent naissance dans le vestibule et dans les canaux semi-circulaires par les déplacements des liquides endolymphatiques et ceux de petits fragments osseux qui y sont contenus, les *otolithes*. Ces déplacements de liquide et les pressions qui en résultent sont transformés en influx nerveux et transmis par le nerf vestibulaire aux centres nerveux de l'équilibration*.

Hygiène.
Nettoyage de l'oreille. Pour enlever le cérumen contenu dans le conduit auditif, il ne faut pas employer d'instruments durs (os, métal, bois), mais un petit tampon de coton monté sur une fine tige (porte-coton). Il ne faut nettoyer ainsi que la partie visible du conduit et veiller à ne pas enfoncer le cérumen ou un éventuel corps étranger. Le soin du lavage avec un énéma doit être laissé au médecin. Celui-ci sera consulté pour tout écoulement, même minime, et pour toute baisse de l'audition.
Protection contre les variations de pressions. Les ascensions ou descentes brusques (en montagne ou en avion) provoquent une gêne des oreilles due à la différence de pression entre la caisse du tympan et l'extérieur. On y remédie en avalant souvent sa salive, ce qui est facilité en suçant un bonbon.

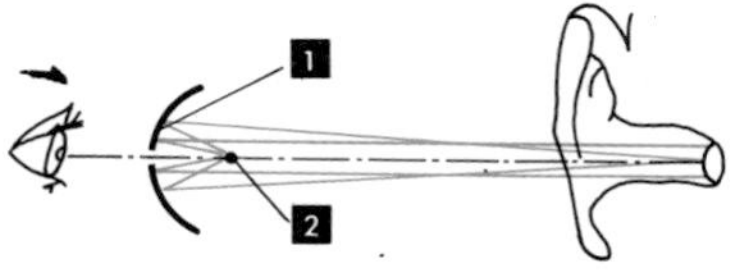

Oreille. Examen clinique de l'oreille à l'aide du miroir de Clar (1) ; la source lumineuse (2) est portée par l'appareil lui-même.

Perforation du lobule de l'oreille (pour les boucles d'oreilles). Elle doit être évitée chez les sujets à peau délicate.

Maladies de l'oreille.
Signes. Cinq symptômes doivent attirer l'attention sur l'oreille ; ce sont :
— la *douleur de l'oreille* ou *otalgie ;*
— l'*écoulement d'oreille* ou *otorrhée ;*
— la *baisse d'audition* (hypoacousie, puis surdité) ;
— les *bourdonnements* d'oreilles ;
— les *vertiges* (signes d'atteinte du vestibule).

Inflammations. Ce sont les différentes formes d'otite (externe, moyenne, interne), dues à différents germes banals ou à des mycoses (v. OTITE). La syphilis acquise de l'oreille est extrêmement rare actuellement : elle peut entraîner baisse d'audition, bourdonnements, vertiges. La syphilis congénitale peut provoquer la surdi-mutité.

La tuberculose de l'oreille touche l'oreille moyenne, parfois le labyrinthe. Elle se manifeste comme une otite chronique traînante. Le diagnostic repose sur l'examen bactériologique de l'écoulement. Le traitement antituberculeux général est appliqué.

Tumeurs. Des tumeurs malignes peuvent être localisées au pavillon, au conduit auditif externe, à l'oreille moyenne. La chirurgie et la radiothérapie permettent de les traiter. La tumeur du glomus jugulaire (formation paraganglionnaire du golfe de la veine jugulaire), bien que bénigne, entraîne des bourdonnements, de la surdité, une paralysie faciale, des hémorragies ; on la traite par la chirurgie.

Malformations de l'oreille. Les malformations congénitales concernent les formes et les dimensions de l'oreille (oreille trop grande ou *macrotie*, trop petite ou *microtie*). Le décollement des pavillons, source de complexes d'infériorité, doit être corrigé précocement, vers 7 ans.

L'*aplasie*, ou absence de formation de l'oreille, est la plus grave malformation : elle peut être limitée au pavillon ou intéresser l'oreille moyenne et interne, et être cause de surdité.

Les *malformations acquises* résultent de traumatismes, plaies, brûlures. La chirurgie esthétique et la prothèse pallient les différents vices d'aspect du pavillon.

□

oreillette n. f. Chacune des deux cavités musculaires du cœur, situées à sa partie supérieure et ayant pour fonction de chasser le sang qu'elles reçoivent dans le ventricule correspondant. (V. CŒUR.)

oreillons n. m. pl. Maladie virale frappant l'enfant et l'adulte jeune, et caractérisée par une parotidite.

Très contagieuse, l'affection se répand par petites épidémies dans les collectivités.

Après une incubation silencieuse de 21 jours, elle associe une fièvre modérée, une angine et une douleur devant les oreilles. Puis une tuméfaction des glandes parotides apparaît, rejetant en dehors le pavillon de l'oreille. Une douleur gêne la mastication. L'évolution se fait vers la guérison en une semaine.

D'autres localisations virales sont possibles : méningée (raideur de la nuque et céphalée) et testiculaire ou ovarienne (après la puberté), responsable d'atrophie testiculaire ou ovarienne, donc de stérilité. Les autres atteintes (pancréatite, néphrite) sont plus rares.

Le *traitement* vise à faire baisser la fièvre et à calmer la douleur. Chez le grand enfant et l'adulte, le repos au chaud et au lit permet d'éviter la localisation aux organes génitaux. Les antibiotiques ne sont pas utiles.

organe n. m. Partie du corps destinée à remplir une fonction spécifique.

organique adj. Qui se rapporte à un organe.

Se dit plus spécialement d'un trouble qui est en rapport avec une altération visible de la structure d'un organe, par opposition à un trouble *fonctionnel**.

Organisation mondiale de la santé (O. M. S.), institution spécialisée, fondée en 1948 au sein de l'Organisation des Nations unies, et qui a notamment pour objet d'amener tous les peuples au niveau de santé le plus élevé possible.

Son siège est établi à Genève. Elle a notamment mis au point le *Règlement* sanitaire international* (actuellement règlement de 1971), qui organise la prévention des épidémies des maladies quarantenaires*, publié la *Pharmacopée* internationale* (dernière édition en 1967), créé le *Centre international de recherche sur le cancer de Lyon* (1965). Elle patronne des recherches sur les maladies transmissibles.

organochloré, e adj. et n. m. Se dit des produits organiques contenant du chlore.

Les insecticides organochlorés peuvent provoquer une intoxication aiguë avec vomissements, tremblements, puis convulsions et encombrement respiratoire. Le lait et les amines* pressives sont interdits. Le *traitement* comporte le lavage d'estomac et la réanimation. L'intoxication chronique se traduit essentiellement par des lésions du foie, du rein et du système nerveux, variables avec la nature du produit (paradichlorobenzène, hexachlorure de benzène, texaphène, aldrine).

organogenèse n. f. Période du dévelop-

pement de l'embryon au cours de laquelle les organes se différencient.
Elle suit la *morphogenèse* corporelle et précède la *différenciation* tissulaire. Lorsque des facteurs tératogènes* agissent durant cette période, des malformations peuvent survenir.

organophosphoré, e adj. et n. m. Se dit de produits organiques contenant du phosphore.
Les insecticides organophosphorés sont nombreux (le plus connu est la nitrostigmine). Ils peuvent être la cause d'une intoxication aiguë qui se traduit par une hypersudation, une diarrhée et des crampes musculaires précédant les paralysies, souvent mortelles en l'absence de traitement (lavage immédiat de la peau, réanimation, administration d'atropine). Le respect des prescriptions inscrites sur les boîtes d'insecticides a réduit le nombre des intoxications.

orgasme n. m. Point culminant de l'excitation génésique, qui correspond à un paroxysme de sensations voluptueuses.
L'impossibilité de parvenir à l'orgasme est, chez l'homme, un des aspects de l'impuissance*. Chez la femme, c'est l'essentiel de la frigidité*.

orgelet n. m. Furoncle* de la glande pilosébacée annexée à un cil.
Il se traduit par une douleur et un œdème rouge de la paupière. Son traitement est local (pommades, antibiotiques).

orgueil n. m. Surestimation de soi.
L'orgueil est souvent au centre de maladies mentales, notamment dans la *paranoïa** et dans les états mégalomaniaques.

orientation n. f. L'*orientation scolaire* a pour objet de diriger l'enfant vers la forme d'enseignement qui lui convient, afin que ses capacités soient utilisées au mieux.
L'*orientation professionnelle* prend le relais de l'orientation scolaire. Elle est chargée d'aider les jeunes à choisir un métier qui convienne à leurs aptitudes physiques et intellectuelles, en tenant compte de leurs goûts, de leur situation familiale et des besoins du marché du travail. Le médecin et le psychologue sont utilement consultés dans les décisions d'orientation.

orifice n. m. Ouverture qui donne accès à une cavité ou fait communiquer deux cavités entre elles.
Maladies des orifices du cœur. Elles peuvent toucher les orifices mitral*, tricuspide*, aortique* ou pulmonaire* (insuffisance ou rétrécissement dus à une anomalie du fonctionnement des valvules). [V. CŒUR.]

O. R. L., sigle de OTO-RHINO-LARYNGOLOGIE.

ornithodore n. m. Acarien de la famille des tiques*.
Les adultes comme les larves sont hématophages*. Le plus souvent, ce sont des parasites des animaux, mais l'homme peut être contaminé. Les ornithodores transmettent les fièvres récurrentes (borrélioses*).

ornithose n. f. Maladie contagieuse due à une bactérie du genre *chlamydia.*
C'est une maladie voisine de la psittacose*, transmise par les pigeons, les colombes, etc. ; la maladie se caractérise par une fièvre élevée, une toux persistante et des épistaxis*. Les anomalies radiologiques pulmonaires sont importantes : opacités cotonneuses, contrastant avec peu de signes cliniques. L'évolution aboutit à la guérison.
Le diagnostic se fait par le sérodiagnostic en cours de maladie et la réaction de déviation du complément. Le virus est sensible aux tétracyclines ; la seule prophylaxie réside dans l'éviction des pigeons.

oronge n. f. Nom de certains champignons vénéneux.
La *fausse oronge* ou *amanite tue-mouches* entraîne une intoxication atropinique.

Orifice. Les orifices du cœur.
A. Orifice auriculo-ventriculaire droit (tricuspidien) ;
B. Orifice pulmonaire ; C. Orifice aortique ;
D. Orifice auriculo-ventriculaire gauche (mitral).
1. Aorte ; 2. Oreillette droite ;
3. Valvule tricuspide ; 4. Valvules sigmoïdes ;
5. Ventricule droit ; 6. Ventricule gauche ;
7. Valvule mitrale ; 8. Artère pulmonaire.

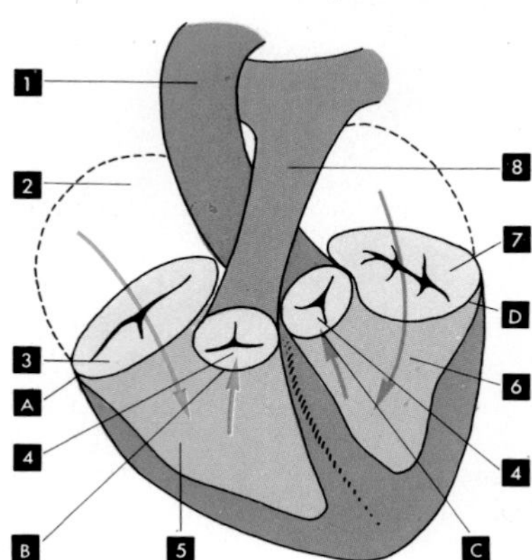

D'autres oronges, ou *amanites**, sont mortelles.

orotique adj. L'*acide orotique* est prescrit *per os* pour faire baisser l'acide urique et le cholestérol sanguins.

orteil n. m. Au nombre de cinq, les orteils sont au pied l'équivalent des doigts de la main ; ils sont constitués par trois phalanges, sauf le gros orteil, qui, comme le pouce, n'en a que deux, mais ne peut accomplir les mouvements d'opposition*.
Les *fractures* des orteils ne sont pas rares et en général de bon pronostic. Les déformations des orteils sont particulièrement fréquentes. La plus souvent rencontrée est l'*hallux* valgus,* déformation du gros orteil dévié en dehors, favorisé par la pression de chaussures étroites et pointues, à haut talon ; il se voit surtout chez la femme et nécessite l'intervention chirurgicale. Au niveau des autres orteils, la *griffe des orteils* (orteil en marteau) nécessite également un traitement sanglant. Il existe de nombreuses autres affections, dues aux frottements : durillons*, cors*, œils-de-perdrix*.

orthodiagramme n. m. Dessin en vraie grandeur des organes examinés en radioscopie.

orthodontie n. f. Partie de l'art dentaire qui s'occupe de la prévention et du traitement des difformités et anomalies de position des dents.

orthopédie n. f. Étymologiquement, correction des déformations infantiles, mais l'usage englobe sous ce nom toute la partie de la médecine et de la chirurgie qui a pour objet l'étude et le traitement des affections de l'appareil locomoteur et du rachis.

Chirurgie orthopédique. C'est une spécialisation qui groupe tous les traitements chirurgicaux, sanglants ou non, qui concernent les os et les articulations, quels que soient l'âge ou la nature de l'affection.

Chez l'enfant, en plus des lésions traumatiques telles que fractures et luxations, de nombreuses affections relèvent d'un traitement orthopédique : luxations* congénitales, *coxa* valga* ou *vara,* pieds* bots, scolioses*, etc. Le traitement peut se limiter à une réduction progressive par plâtres successifs, semelles, chaussures orthopédiques, ou nécessiter une intervention sanglante.

Chez l'adulte, l'orthopédie s'adresse essentiellement aux lésions traumatiques (fractures, luxations) en utilisant des méthodes

Orteil en marteau.

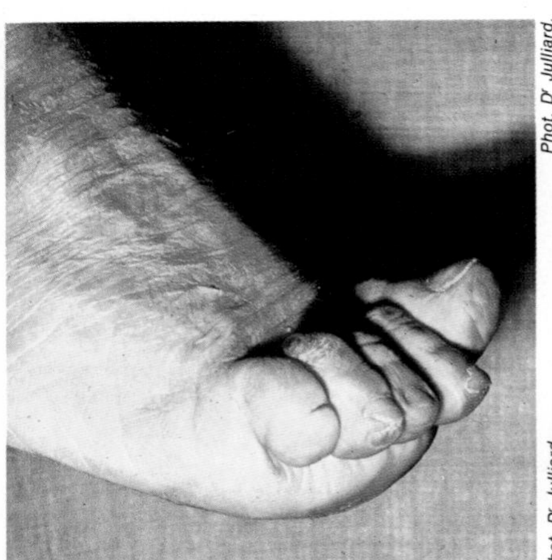
Phot. Dr Julliard.

Orteil. Orteil en marteau après opération.

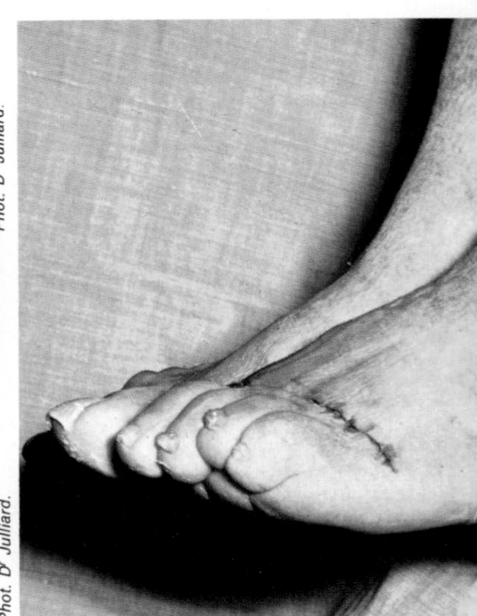
Phot. Dr Julliard.

non sanglantes (plâtre, extension continue) ou une réduction chirurgicale. Depuis quelques années, la chirurgie orthopédique a considérablement amélioré le pronostic de certaines affections dégénératives (coxarthrose*).

Appareils d'orthopédie. Les *chaussures orthopédiques* sont des souliers faits sur mesure à partir d'un moulage du pied ; elles peuvent être destinées uniquement à dissimuler une déformation ou à corriger un défaut, telle une boiterie par raccourcissement d'un membre inférieur ; dans le pied paralytique, elle permet la marche en relevant le pied en position normale.

Les *semelles orthopédiques,* amovibles dans des chaussures normales, ont pour objet de ramener le pied dans ses aplombs anatomiques en corrigeant les affaissements de la voûte (pieds plats) ou les appuis douloureux (pied creux, métatarsalgie, etc.).

Les *bandages herniaires* ont des indications actuellement très réduites : nourrissons, contre-indication formelle de l'intervention chirurgicale, qui est le traitement de choix de toute hernie : les progrès de l'anesthésie ont rendu très rares les contre-indications, l'âge, en tout état de cause, n'en étant plus une absolue.

Les *corsets** et *lombostats** sont des appareils orthopédiques de soutien ou de correction vertébrale.

Les *ceintures* sont destinées au soutien abdominal chez les obèses, les insuffisants musculaires, les femmes enceintes.

Orthopédie dento-faciale. C'est la branche de l'odonto-stomatologie qui a pour objet de corriger les malformations et déformations des maxillaires et des dents. Ces malformations peuvent être héréditaires ou dues à des causes acquises locales (troubles respiratoires, attitudes* vicieuses et en particulier succion du pouce, extractions prématurées de dents) ou générales (rachitisme). La surveillance attentive, l'hygiène bucco-dentaire doivent diminuer considérablement la fréquence de ces anomalies qui demandent, à partir d'un certain âge (de 7 à 16 ans), une thérapeutique bien réglée : fonctionnelle (rééducation), mécanique (appareils à appui extrabuccal, alvéolo-dentaire ou dentaire) ou chirurgicale. L'orthopédie dento-faciale intervient encore dans le traitement des accidents intéressant les maxillaires.

orthophoniste n. Rééducateur spécialisé dans les troubles du langage.
L'orthophoniste s'attache à corriger chez l'enfant le bégaiement et les retards de langage par des exercices phonétiques, respiratoires et grâce à des méthodes pédagogiques appropriées chez ces enfants perturbés affectivement.

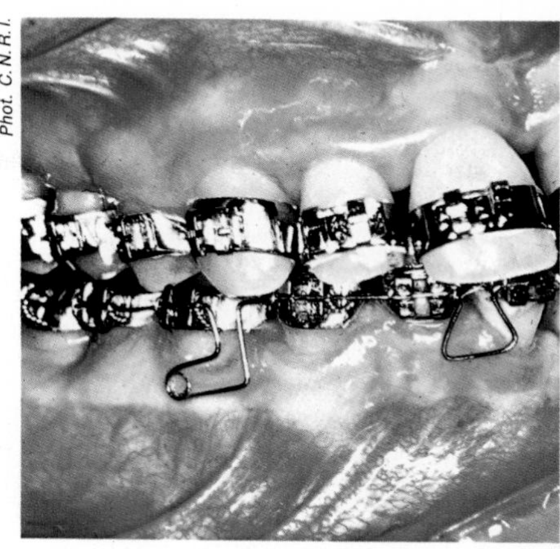
Phot. C.N.R.I.

Orthopédie. Orthopédie dento-faciale. Appareillage fixe d'arcs (système de Begg).

Orthopédie.
Appareillage d'une séquelle d'amputation par semelle orthopédique comportant un faux bout.

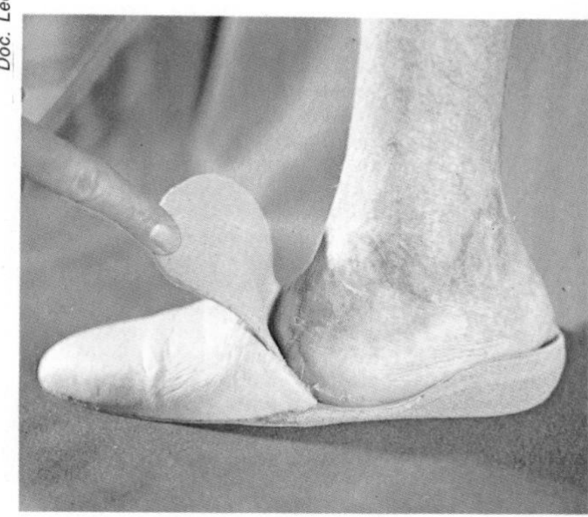
Doc. Ledos.

orthophorie n. f. Faculté de diriger sans effort les deux yeux vers un seul point.

orthoptiste n. Auxiliaire* médical qui mesure et traite les déséquilibres oculomoteurs et les troubles de la vision binoculaire.

orthosiphon n. m. Arbriseau de Java dont les feuilles et les fleurs ont des propriétés diurétiques*. (On l'utilise sous forme d'infusé et d'extrait fluide.)

orthostatique adj. Relatif à la station debout.
La *protéinurie* (ou albuminurie) *orthostatique* survient surtout chez les jeunes, où le passage de la station horizontale à la station debout favorise une fuite de protéines dans les urines, en l'absence de lésion du rein.

L'*hypotension orthostatique,* baisse de la tension artérielle au moment du passage à la station debout, peut entraîner des malaises, le plus souvent une lipothymie*. La dihydroergotamine corrige généralement bien ce trouble.

orthosympathique adj. Se dit d'une partie du système nerveux autonome. (V. NERVEUX, *Système neurovégétatif,* NEUROVÉGÉTATIF.)

orthotonos n. m. Contracture des muscles maintenant le corps en rectitude.

ortie n. f. Les *orties brûlantes, romaines,* la *grande* et la *petite ortie* provoquent au contact de la peau une irritation (urticaire) calmée par les crèmes antihistaminiques.
Les fleurs de l'*ortie blanche* (non urticante) sont employées en infusions pour leur action diurétique et astringente.

os n. m. Organe dur et solide qui constitue la charpente de l'homme et des vertébrés.
Anatomie. Le *tissu osseux,* forme différenciée du tissu conjonctif, comporte des cellules ou *ostéoblastes* qui interviennent tout au long de la vie : très actifs dans la formation de l'os pendant la croissance, les ostéoblastes continuent à l'âge adulte à adapter constamment la structure de l'os aux efforts qui lui sont demandés, et interviennent dans la formation des cals (consolidation des fractures*) ; dans la vieillesse, le fléchissement de leur activité entraîne une diminution de la solidité de l'os. La substance fondamentale qui entoure les cellules est une protéine analogue au collagène*, l'*osséine,* dans laquelle les ostéoblastes déposent le phosphate de calcium, qui donne à l'os sa dureté et sa résistance. Les éléments du tissu osseux reçoivent leurs substances nutritives et leurs sels minéraux par le sang : les vaisseaux sanguins abordent l'os, d'une part, par sa surface (périoste*) et constituent, d'autre part, un important réseau dans les cavités creusées dans les os (moelle* osseuse).

On distingue habituellement les *os courts* (carpe, tarse, vertèbres), les *os plats* (voûte du crâne, os iliaque) et les *os longs,* qui comportent une partie moyenne, compacte, la *diaphyse,* et des extrémités, les *épiphyses,* faites de tissu spongieux et recouvertes de cartilage* sur leur portion articulaire.

Rôle biologique des os. Les os conditionnent par leur dureté les formes stables et la solidité de l'organisme ; ils permettent, grâce aux muscles insérés sur eux, les déplacements des différents segments de l'organisme les uns par rapport aux autres et donc la locomotion. Par la mise en réserve du phosphate de calcium et sa restitution selon les besoins, ils participent à la régulation de la calcémie*, dont la stabilité est indispensable au bon équilibre des fonctions organiques. Enfin, par la présence dans la moelle* osseuse de la plus importante portion du système hématopoïétique, les os interviennent dans la formation des globules sanguins.

Pathologie du système osseux. En dehors des affections traumatiques du squelette, qui font l'objet de descriptions générales (fractures*, luxations*) ou particulières à chaque segment anatomique, la pathologie de l'os comporte trois grands chapitres : les ostéites, les tumeurs et les dystrophies osseuses.
Les ostéites. Elles revêtent de multiples aspects selon leur cause et leur évolution. L'*ostéomyélite aiguë* était, avant l'apparition des antibiotiques, une maladie redoutable par sa fréquence et sa gravité : menace pour la vie dans ses formes septicémiques, danger fonctionnel par ses séquelles. L'agent habituel en est le *staphylocoque doré,* le point de départ une lésion cutanée (furoncle, plaie infectée) ou muqueuse. Le microbe atteint l'os par voie sanguine et se fixe électivement dans l'épiphyse des os longs. L'infection atteint tous les éléments de l'os, avec élimination de débris morts (séquestres). Cliniquement, l'ostéomyélite aiguë de l'enfant a un début brutal avec frissons, température à 40 °C, prostration, et la douleur immobilise le membre dans une attitude antalgique. Sous l'influence du traitement antibiotique et de l'immobilisation stricte, l'évolution se fait vers la guérison. Mais l'évolution vers l'ostéomyélite prolongée, chronique, qui était la règle autrefois, peut encore se voir en cas de germes antibiorésistants. L'*ostéomyélite chronique* post-traumatique est l'infection d'un foyer de fracture (fractures ouvertes, plaies de guerre) ; le traitement en est particulièrement long et difficile. Les *ostéites infectieuses* sont représentées par des atteintes osseuses qui peuvent se voir au cours de certaines maladies infectieuses : fièvres éruptives, fièvre de Malte (spondylite mélitococcique), typhoïde. Les lésions ostéo-articulaires de la syphilis sont exceptionnelles dans nos pays. Les *ostéites tuberculeuses* sont, en règle générale, des ostéo-arthrites (atteinte de

l'os et de l'articulation), et leur fréquence a beaucoup diminué depuis quelques années, grâce aux médications spécifiques antituberculeuses. Des champignons peuvent provoquer des *infections osseuses mycosiques* (actinomycose, sporotrichose).

L'*échinococcose** (kyste hydatique) des os est exceptionnelle en France. L'imprégnation de l'organisme par un métal toxique peut provoquer une *ostéite chimique :* ostéite mercurielle au cours d'un traitement hydrargyrique prolongé, ostéites phosphorée, arsenicale, cadmique, d'origine professionnelle.

Les tumeurs des os. Les *tumeurs malignes primitives* dérivent soit du tissu ostéogénique, soit des tissus de la moelle osseuse. Les *ostéosarcomes** ou sarcomes ostéogéniques sont les plus fréquentes des tumeurs primitives des os. La constitution en est très variable (de l'os au tissu fibreux en passant par le cartilage), d'où les noms d'*ostéosarcome*, de *chondrosarcome*, de *fibrosarcome*, selon le tissu prédominant. La douleur en est souvent le premier signe ; la radiographie montre une zone peu nette, avec aspect déchiqueté, dit « en feu d'herbes », et éperon périosté, mais seul l'examen histologique peut affirmer le diagnostic. Le traitement est très décevant, les larges exérèses ne donnant pas de meilleurs résultats que des interventions plus limitées suivies de radiothérapie. Les caryolytiques* modernes pourront peut-être améliorer un pronostic actuellement désastreux. Le *réticulo-sarcome* (tumeur d'Ewing) est une affection du système réticulo-endothélial très sensible aux radiations, mais avec tendance à la récidive. Les *myélomes* sont des néoplasmes du tissu médullaire proprement dit : multiples, ils réalisent la *maladie de Kahler**.

Les *tumeurs malignes secondaires* des os sont soit des tumeurs propagées au squelette (épithélioma de la face par exemple), soit des tumeurs métastatiques (cancer du sein, de la prostate).

Les *tumeurs bénignes* du squelette sont beaucoup plus rares : angiomes, lymphangiomes, fibromes sont exceptionnels ; les *chondromes* atteignent les petits os des extrémités ou les grands os des membres, et peuvent alors dégénérer. Les *tumeurs à myéloplaxes*, souvent révélées par une fracture spontanée, ont un aspect radiologique caractéristique, ainsi que le *kyste solitaire* des os.

Les dystrophies osseuses. Elles sont multiples, d'origine génotypique, endocrinienne ou inconnue. L'*ostéopétrose** (maladie des os de marbre) est caractérisée par une opacité extrême des os à la radiographie, une anémie grave et progressive. La *maladie de Lobstein** (maladie des os de verre), héréditaire et familiale, est caractérisée par des fractures spontanées et la teinte bleutée des sclérotiques. La *maladie exostosante* provoque des excroissances ostéo-cartilagineuses à la surface des os, qui peuvent être supprimées chirurgicalement. L'*hyperparathyroïdie* primitive due à une tumeur d'une parathyroïde* entraîne, par un excès d'hormone parathyroïdienne, une fuite de calcium des os, d'où douleurs, fractures spontanées. L'*acromégalie** réalise des malformations osseuses bien particulières.

Le *rachitisme** est un trouble de la minéralisation de l'os, frappant un organisme en croissance rapide et lié à une carence en vitamine D. L'*ostéomalacie** se rencontre surtout chez la femme après 40 ans. L'*ostéoporose** est consécutive à une insuffisance ou à une mauvaise qualité de la trame protéique de l'os. Chez l'enfant, elle peut être due à une avitaminose C ; chez la femme ménopausée, à une carence hormonale ; elle se rencontre également au cours de toutes les affections invalidantes, médicales ou chirurgicales ; et elle existe toujours, plus ou moins accentuée, chez le vieillard.

La *maladie de Paget** des os se rencontre dans les deux sexes. La *dysplasie fibreuse* des os se révèle habituellement dans l'enfance, par des déformations osseuses et des fractures spontanées.

La pathologie osseuse est un vaste domaine qui ne peut être séparé de la pathologie du rhumatisme*, des articulations*, des muscles* et des tendons*.

oscillomètre n. m. Appareil permettant d'explorer la pulsatilité artérielle en enregistrant les variations de volume qu'elle provoque.

ose n. m. Sucre simple. (V. GLUCIDE.)

oseille n. f. En potage ou en légume, l'oseille est laxative et parfois mal tolérée par l'estomac. Contenant de l'acide oxalique, elle est contre-indiquée en cas de calculs rénaux et de goutte.

oside n. m. Sucre complexe dont l'hydrolyse fournit soit uniquement des oses* (holosides), soit des oses et des composés non glucidiques (hétérosides). [V. GLUCIDE.]

Osler (maladie de). V. ENDOCARDITE, *Endocardite maligne lente.*

Osler (maladie de Rendu-). V. RENDU-OSLER (*maladie de*).

osmose n. f. Ensemble des phénomènes qui régissent le passage de l'eau à travers une membrane semi-perméable, en fonction de la concentration des éléments en solution de part et d'autre de cette membrane.

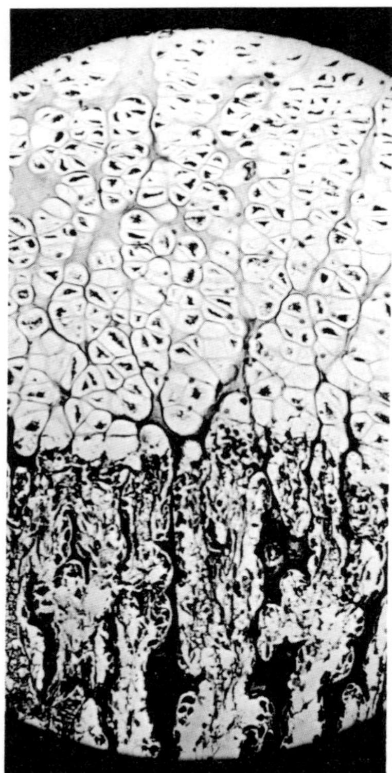

Microphoto Baufle et Bresse.

Ossification. Ossification endochondrale.

Les membranes cellulaires sont comparables à des membranes semi-perméables et entretiennent activement à l'égard de certains ions des concentrations différentes à l'intérieur et à l'extérieur de la cellule. Sous l'effet de la pression osmotique*, l'eau passe du milieu le moins concentré vers le plus concentré, de même qu'un certain nombre d'ions ou de substances diffusant librement (chlore, urée, etc.). L'osmose est, dans l'organisme, responsable des mouvements hydriques entre les divers secteurs, intra- et extracellulaires.

osmotique adj. **Pression osmotique,** pression développée par certaines substances (ions, urée, glucose, protéines) lorsqu'elles sont en solution et tendent à retenir ou attirer l'eau.
La pression osmotique des protéines est la pression *oncotique.*

osséine n. f. Constituant azoté du tissu cellulaire sous-cutané, du cartilage et des os.

osselets n. m. pl. Petits os de l'oreille* moyenne (marteau, enclume, étrier).

ossification n. f. Ensemble des phénomènes tissulaires et biochimiques aboutissant à la constitution d'un tissu osseux.

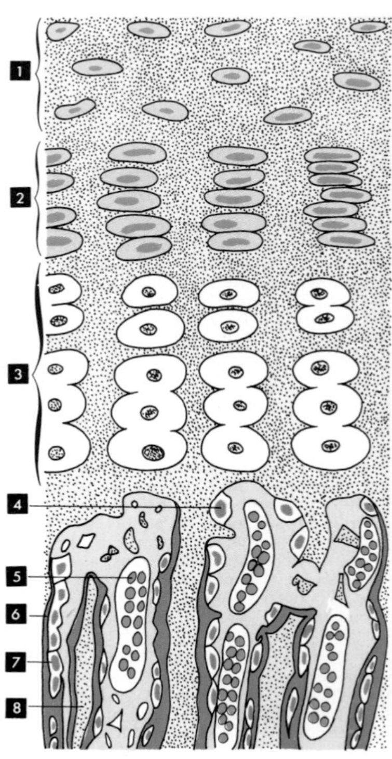

Ossification. Ossification endochondrale : 1. Cartilage hyalin ; 2. Cartilage sérié ; 3. Cartilage hypertrophié ; 4. Cellule conjonctive ; 5. Capillaire sanguin ; 6. Lamelle osseuse ; 7. Cellule osseuse ; 8. Travée cartilagineuse calcifiée.

L'ossification est un des stades de la formation des os et elle se poursuit pendant toute leur croissance (v. OSTÉOGENÈSE). L'*ossification à partir du tissu fibreux* s'observe au niveau des os de la voûte du crâne et au niveau du périoste* de tous les os, où elle produit le développement des os en épaisseur. L'*ossification à partir d'ébauches cartilagineuses* d'os, ou ossification enchondrale, se fait au niveau de tous les os longs et courts ; pendant la croissance, le *cartilage de conjugaison,* situé entre l'épiphyse et la partie moyenne de l'os, continue à se développer, assurant ainsi la croissance de l'os en longueur.

ossifluent, e adj. **Abcès ossifluent,** abcès des parties molles ayant pour origine une lésion osseuse (abcès ossifluent du mal de Pott*).

ostéite n. f. Affection inflammatoire du tissu osseux. (V. OS.)

ostéo-arthrite n. f. Atteinte infectieuse, aiguë ou chronique, d'une articulation et des os voisins, dont le pronostic dépend de l'étendue des surfaces articulaires atteintes et de la rétraction des capsules et ligaments. (V. OS, OSTÉITE.)

ostéo-arthropathie n. f. Atteinte simultanée d'une articulation et des extrémités osseuses voisines, de cause infectieuse ou dégénérative.
Ostéo-arthropathie hypertrophiante pneumique, ensemble d'anomalies (hippocratisme* digital, hypertrophie des extrémités des membres avec douleurs articulaires, etc.) observées au cours d'affections pulmonaires chroniques.

ostéoblaste n. m. Cellule conjonctive qui élabore la trame osseuse.
Celle-ci, d'origine protéique, se charge ensuite de calcium. Les ostéoblastes sont logés dans des travées qui vont former la structure de l'os. Leur prolifération est responsable de tumeurs, les ostéoblastomes ou sarcomes ostéogéniques.

ostéochondrite ou **ostéochondrose** n. f. Inflammation primitive ou secondaire des cartilages formateurs des os ou recouvrant leurs extrémités.
Ostéochondrites primitives. Elles sont de cause inconnue et touchent la hanche avec aplatissement de la tête du fémur, le coude, le genou, le semi-lunaire (maladie de Kienböck), le deuxième métatarsien (maladie de Köhler).
Ostéochondrites secondaires. Nombreuses, elles sont secondaires à des nécroses osseuses post-traumatiques (fracture du col du fémur, maladie des caissons) ou survenant au cours d'un traitement cortisonique prolongé.

ostéochondromatose n. f. Affection rare, caractérisée par une atteinte des synoviales* articulaires avec libération de multiples débris cartilagineux (ostéochondromes*) dans l'articulation (genou le plus souvent), entraînant une usure progressive de celle-ci.

ostéochondrome n. m. Tumeur osseuse développée au voisinage du cartilage de croissance, très fréquente chez l'enfant et l'adolescent, de nature essentiellement bénigne, ne dégénérant qu'exceptionnellement. (Syn. : EXOSTOSE* OSTÉOGÉNIQUE.)

ostéoclasie n. f. **1.** Résorption des os due aux ostéoclastes*.
2. Intervention chirurgicale sectionnant un os en vue de corriger une anomalie de forme, congénitale ou traumatique.

ostéoclaste n. m. Cellule conjonctive qui détruit les travées osseuses. Un équilibre permanent avec les ostéoblastes* permet un remaniement permanent de l'os.

ostéogenèse n. f. Formation du tissu osseux. — Elle résulte de la transformation du tissu conjonctif commun dont les cellules deviennent des ostéoblastes capables de mobiliser les sels de chaux, tandis que la substance fondamentale se transforme en osséine capable de les fixer.

L'*os long* de l'enfant est issu d'un moule cartilagineux ; il comporte plusieurs parties. Un fût central, ou *diaphyse,* est entouré par le périoste*, qui fabrique des lamelles osseuses concentriques augmentant le volume de l'os. Les extrémités de la diaphyse élaborent des travées osseuses qui assurent la croissance en longueur de l'os. À partir d'un certain stade de développement, la diaphyse est surmontée par les *épiphyses,* centrées par un point d'ossification et qui élaborent le squelette articulaire de l'os et qui sont séparées de la diaphyse par le cartilage de conjugaison. Ce dernier s'ossifie progressivement vers la diaphyse et vers l'épiphyse ; sa soudure marque la fin de la croissance.

Au niveau des os de membranes, l'édification des lamelles osseuses se fait directement à partir du tissu conjonctif.

Les *troubles de l'ostéogenèse* peuvent être dus à des facteurs héréditaires, métaboliques (rachitisme*) ou locaux (arthrites, décollement épiphysaire chez l'enfant).

ostéoïde adj. Qui rappelle le tissu osseux.
Ostéome ostéoïde. V. OSTÉOME.

ostéologie n. f. Partie de l'anatomie relative aux os.

ostéolyse n. f. Destruction osseuse localisée, d'origine inflammatoire (ostéomyélite), dystrophique (kyste solitaire) ou tumorale (ostéosarcome, métastase).

ostéomalacie n. f. Affection osseuse due au défaut de minéralisation de la matrice protéique de l'os.

Les travées osseuses restent normales en quantité et en taille, mais l'os n'y est pas calcifié. Chez l'enfant, l'ostéomalacie prend le nom de *rachitisme**.

Causes. Elles sont souvent digestives : carence d'apport, gastrectomie*, cirrhose, pancréatite* chronique, maladie cœliaque*. Ailleurs, l'ostéomalacie a une cause rénale : néphropathie* responsable de l'excès d'élimination urinaire du phosphore et du calcium.

Signes. L'ostéomalacie se traduit par des douleurs osseuses, profondes et vives, responsables d'une gêne à la marche (démarche « en canard ») et finissant par confiner le malade au lit.

La radiologie confirme le diagnostic en montrant des déformations de la colonne vertébrale (cyphose*), du bassin (bassin « en cœur de carte à jouer ») ; tout le squelette présente des stries de Looser*-Milkman. Le phosphore sanguin est abaissé.

Traitement. Il associe le traitement de la cause à l'administration de vitamine D.

ostéome n. m. Tumeur bénigne formée par du tissu osseux adulte, qui se rencontre au niveau de certains os (ostéome ostéoïde) ou au niveau d'un muscle (et alors secondaire à l'ossification d'un hématome circonscrit).

Ostéomalacie. Déformation du bassin. Notez
la forme triangulaire du détroit supérieur
et les aplatissements des têtes fémorales.

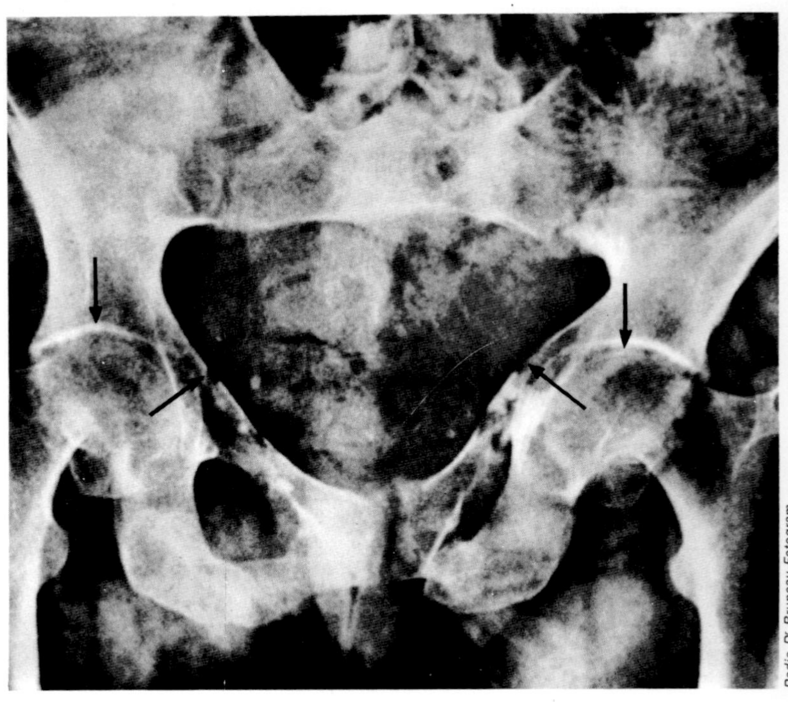

Radio Dr Bruneau-Fotogram.

ostéomyélite n. f. Infection de l'os* par le staphylocoque doré.

ostéomyélosclérose n. f. Transformation fibreuse avec sclérose de la moelle osseuse, de cause inconnue, s'accompagnant d'une métaplasie* myéloïde de la rate (apparition dans cet organe de lignées sanguines normalement présentes dans la moelle osseuse).
Elle se manifeste par une altération de l'état général avec grosse rate. Le diagnostic repose sur la biopsie osseuse qui montre la sclérose de la moelle et l'absence d'autres lésions. L'évolution est grave, mais lente.

ostéopathie n. f. Toute affection touchant l'os.

ostéopériostite n. f. Inflammation aiguë ou chronique du périoste s'accompagnant d'une atteinte sous-jacente de l'os.

ostéopétrose n. f. Maladie « des os de marbre », dite *maladie d'Albers-Schönberg.*
Héréditaire, l'ostéopétrose se traduit par une augmentation de l'opacité radiologique du squelette, due à l'épaississement de la corticale des os longs et des travées de l'os spongieux. La maladie peut être latente ou se traduire par des troubles de l'hématopoïèse, par des fractures spontanées, etc.

ostéophlegmon n. m. Suppuration osseuse sous-périostée, véritable abcès chaud de l'os, surtout fréquent au niveau du maxillaire (d'origine dentaire).

ostéophyte n. m. Production osseuse exubérante, qui se développe au cours de l'arthrose à la périphérie des surfaces articulaires. (Syn. : BEC*-DE-PERROQUET.)

ostéoporose n. f. Fragilité osseuse due à un amenuisement des lamelles osseuses, donnant au tissu osseux un caractère poreux.
Elle résulte souvent d'un déficit de l'activité ostéoblastique (qui reconstitue constamment l'os), alors que la résorption osseuse s'effectue normalement. L'ostéoporose s'observe au cours des immobilisations prolongées (fracture, paralysie), au cours de la sénilité, après la ménopause, au cours du syndrome de Cushing* et lors des traitements corticoïdes prolongés. Elle se traduit surtout par des douleurs dorso-lombaires.

Le traitement repose sur l'administration de calcium, de vitamine D, d'un régime riche en protéines et d'anabolisants*.

ostéopsathyrose n. f. Affection héréditaire, encore appelée *ostéogenèse imparfaite tardive* ou *maladie de Lobstein**.
Elle se caractérise, dans sa forme complète, par des fractures spontanées précoces dues à la fragilité osseuse, des déformations osseuses affectant surtout le crâne, une coloration bleue des sclérotiques, une hyperlaxité ligamentaire, une croissance diminuée et par une surdité.

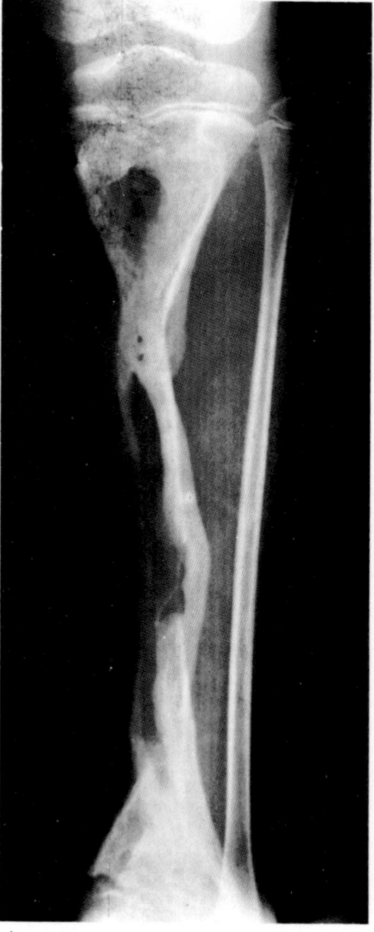

Radio Dr Wattez.

Ostéomyélite. Ostéomyélite du tibia gauche, avec lésions osseuses importantes.

ostéosarcome n. m. Sarcome du tissu osseux.

C'est la plus fréquente des tumeurs malignes primitives des os, de pronostic particulièrement sévère.

ostéosynthèse n. f. Intervention chirurgicale ayant pour but de mettre en place exactement les fragments d'un os fracturé et de les maintenir par un matériel, habituellement en métal laissé en place jusqu'à la consolidation.
Il peut s'agir d'un cerclage*, d'un boulonnage*, d'un enclouage*, etc. Une petite intervention complémentaire pratiquée plusieurs mois après permet de retirer le matériel métallique.

ostéotendineux, euse adj. V. RÉFLEXE.

ostéotomie n. f. Section chirurgicale d'un os pour modifier l'orientation de l'un des fragments.
Cette intervention est utilisée dans certaines malformations congénitales, certaines coxarthroses ou devant un cal vicieux.

otalgie n. f. Douleur de l'oreille.
L'otalgie peut être due à une otite*, à une névralgie faciale*, à des affections dentaires, temporo-maxillaires, pharyngées, laryngées.

otite n. f. Inflammation de l'oreille.
Employé seul, le terme d'« otite » désigne l'*otite moyenne*, c'est-à-dire l'atteinte de l'oreille moyenne (caisse du tympan). L'atteinte de l'oreille externe est l'*otite externe*, celle de l'oreille interne, l'*otite interne* ou *labyrinthite*.

Otite externe. C'est une inflammation de la peau du pavillon ou du conduit auditif due à des germes divers (bactéries, champignons). Elle se traduit par des démangeaisons, une douleur, une rougeur de la peau, parfois des écoulements de sérosité ou de pus. Le traitement comporte l'emploi d'antiseptiques ou d'antibiotiques (solutions, crèmes).

Le *furoncle du conduit auditif*, très douloureux spontanément et à la pression, est consécutif à des grattages de l'oreille (ongles, spatules). Il faut éviter toute pression sur le conduit, faire des bains d'oreille (alcool à 90⁰), et les antibiotiques par voie générale sont souvent nécessaires.

L'*impétigo* et l'*eczéma* du conduit auditif se traitent comme les autres localisations de ces affections.

Otite moyenne. C'est l'infection de la caisse du tympan par des germes provenant du pharynx (angine, rhino-pharyngite) et véhiculés par la trompe d'Eustache. L'otite moyenne peut être aiguë ou chronique.

Otite aiguë. Elle se manifeste chez le grand enfant et chez l'adulte par une otalgie* plus ou moins intense, une baisse de l'audition, de la fièvre. Chez le nourrisson, la fièvre seule ou associée à une rhino-pharyngite ou à une diarrhée devra faire suspecter une otite et pratiquer l'examen du tympan à l'otoscope.

Le tympan est rouge, partiellement (à sa partie supérieure) ou en totalité dans les *otites congestives*. Le traitement comporte la désinfection du nez, les bains d'oreilles décongestionnants et les antibiotiques par voie générale. Tout peut rentrer dans l'ordre, ou, au contraire, l'évolution peut se faire vers la suppuration.

L'*otite suppurée* se manifeste par un surcroît de douleur et de fièvre, une baisse nette de l'audition. L'examen montre un tympan bombé et rouge. La paracentèse (ouverture du tympan) doit être faite à ce stade, sinon la perforation se fera plus tardivement, exposant au risque de mastoïdite*, à un drainage insuffisant conduisant à l'otite chronique. Le stade congestif peut également être suivi d'une *otite séreuse*, dans laquelle le liquide retenu derrière le tympan et visible par transparence est séreux (clair), formant un niveau liquide ou des bulles. Dans ce cas, l'évolution peut être spontanément favorable, mais les récidives sont fréquentes.

Otites chroniques. Elles sont consécutives aux otites aiguës et aux mastoïdites ayant évolué défavorablement.

L'otite *muco-purulente* se traduit par un écoulement jaune clair provenant du rhinopharynx à travers la trompe d'Eustache et le tympan déjà perforé. L'évolution est traînante, et le traitement doit s'attacher à supprimer le foyer infectieux du rhino-pharynx (amygdales, végétations). Après assèchement de l'oreille, on pratique une tympanoplastie.

L'*otorrhée purulente*, beaucoup plus grave, se manifeste par un écoulement purulent, fétide, provenant d'une suppuration osseuse (mastoïde, caisse du tympan). La perforation du tympan peut être presque totale. La baisse auditive devient importante, pouvant atteindre la surdité complète. Des complications graves peuvent survenir : otite interne ou labyrinthite, lésion du nerf facial (paralysie faciale), méningite, abcès du cerveau.

Le traitement des otorrhées purulentes chroniques doit être poursuivi régulièrement par l'oto-rhino-laryngologiste avec des moyens médicaux (antibiotiques, soins locaux) et chirurgicaux (évidement pétro-mastoïdien), suivant l'évolution et l'imminence de complications.

Otite interne ou labyrinthite. C'est la propagation de l'infection d'une otite moyenne suppurée vers le labyrinthe : elle entraîne des vertiges incoercibles (atteinte des canaux semi-circulaires) et une baisse ou une disparition de l'audition (atteinte du limaçon). La prévention de ces accidents réside dans un traitement efficace des otites moyennes.

otomycose n. f. Infection de l'oreille externe due à des champignons, le plus souvent associés à des germes banals.
Elle se manifeste par des démangeaisons et des signes d'otite* externe. La prévention consiste à éviter les grattages de l'oreille, les nettoyages irritants. Le traitement curatif emploie les antifongiques, l'alcool iodé, les solutions de permanganate.

otoplastie n. f. Intervention chirurgicale visant à corriger les malformations congénitales ou acquises de l'oreille.

oto-rhino-laryngologie n. f. Spécialité médicale consacrée aux affections des oreilles, du nez et de la gorge. (Sigle : O. R. L.)

otorragie n. f. Écoulement de sang provenant de l'oreille.
Il peut s'agir de traumatisme (blessure ou corps étranger du conduit auditif, fracture du crâne), d'infection (otite) ou de tumeur (polype). Il faut proscrire les lavages et instillations et se contenter d'un pansement stérile en attendant l'avis médical.

otorrhée n. f. Écoulement séreux, muqueux ou purulent provenant de l'oreille. (V. OTITE.)

otoscope n. f. Instrument pour l'examen de l'oreille.
C'est un spéculum* (petit entonnoir) employé avec un éclairage frontal ou muni d'un dispositif éclairant et d'une loupe incorporés.

otospongiose n. f. Affection de l'oreille interne qui provoque une surdité par ankylose entre l'étrier (dernier osselet de l'oreille moyenne) et le pourtour de la fenêtre ovale (qui met la platine de l'étrier en rapport avec l'oreille interne).
L'otospongiose est une affection familiale touchant la femme jeune et s'aggravant à chaque grossesse. C'est une surdité de transmission, et le tympan est d'aspect normal. Le traitement chirurgical comporte diverses interventions visant à rompre l'ankylose de l'étrier ou à remplacer celui-ci par une prothèse en Téflon. Une récupération excellente de l'audition est obtenue dans de nombreux cas.

ouabaïne n. f. Glucoside digitalique* extrait de *Strophantus gratus.*
L'ouabaïne injectée par voie intraveineuse est un tonicardiaque d'urgence.

ouate n. f. Duvet de coton utilisé pour la fabrication des pansements.
Ouate de cellulose, substance fibreuse analogue, constituée de fibres de conifères, surtout utilisée en puériculture (couches).

oubli n. m. Perte d'un souvenir ou d'un ensemble de souvenirs.
L'oubli est un phénomène psychologique normal, qui peut être aussi pathologique. Il est souvent sélectif, utilisé comme une défense inconsciente.
L'étude des oublis pathologiques se confond avec celle des amnésies*.

ouraque n. m. Canal embryonnaire reliant primitivement le conduit uro-génital à l'allantoïde*.
Chez l'adulte, il est oblitéré et réduit à un cordon fibreux reliant le sommet de la vessie à l'ombilic. Anormalement, il peut ne pas s'oblitérer et déterminer fistule, diverticule ou kyste.

ourlien, enne adj. Relatif aux oreillons : *virus ourlien.*

ourles n. m. pl. Syn. d'OREILLONS*.

ovaire n. m. Glande génitale de la femme.
Au nombre de 2, les ovaires constituent, avec l'utérus et les trompes, l'appareil génital féminin interne.
Anatomie. De forme arrondie et aplatie transversalement, les ovaires mesurent 4 cm de long et 2 cm de large. Ils sont situés dans le

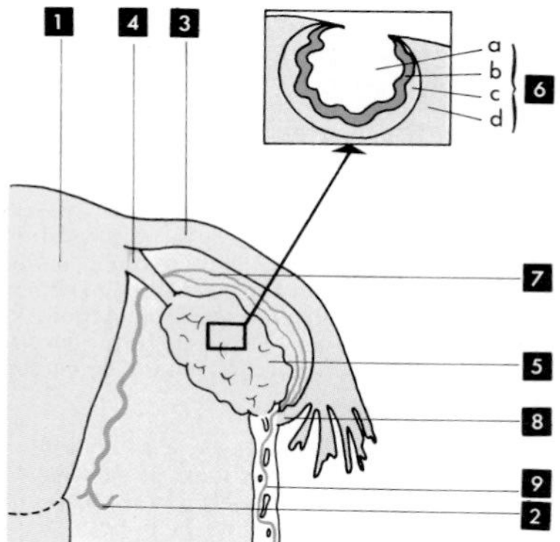

Ovaire. Situation anatomique de l'ovaire.
1. Utérus ; 2. Artère utérine ; 3. Trompe ;
4. Ligament utéro-ovarien ; 5. Ovaire ;
6. Follicule de De Graaf après rupture
(*a.* Cavité folliculaire ;
b. Paroi folliculaire ; *c.* Thèque interne ;
d. Thèque externe) ;
7. Mésosalpynx ; 8. Ligament tubo-ovarien ;
9. Ligament lombo-ovarien.

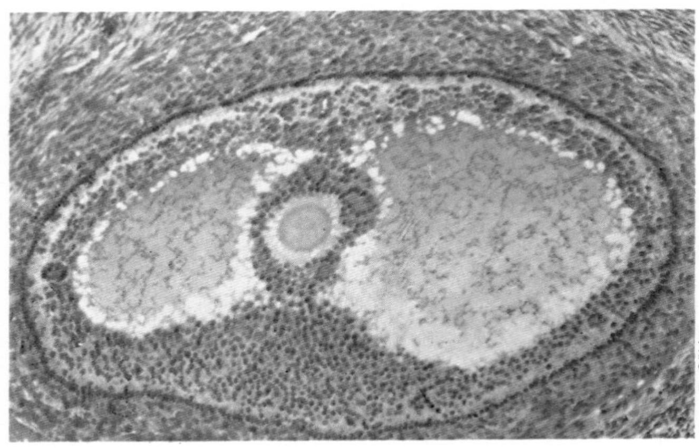

Phot. Dr Gübler.

Ovaire humain : l'ovule dans son follicule (grossi 50 fois environ).

petit bassin, de part et d'autre de l'utérus et en arrière des trompes. Chaque ovaire est composé de deux parties distinctes :
a) Une *partie interne,* centrale, appelée *médullaire,* où s'épanouissent les vaisseaux qui ont pénétré dans son hile ;
b) Une *partie externe,* la plus large, appelée *corticale,* qui contient les éléments de la gamétogenèse, les *follicules de De Graaf.* Chaque follicule de De Graaf mûr est formé d'un *ovocyte,* ou ovule, entouré de *cellules folliculeuses.* Quand le follicule est arrivé à maturation complète survient l'ovulation. Après elle, la cavité du follicule laissée béante est envahie par un exsudat séro-fibrineux coagulé et se charge d'un pigment jaune lipidique. Le follicule est ainsi transformé en *corps jaune.* En l'absence de fécondation, le corps jaune régresse et se transforme en un organe blanc et scléreux persistant, le *corpus albicans.*

Physiologie. Le rôle de l'ovaire est double : *a*) il excrète l'ovule, qui s'unira au spermatozoïde (fonction exocrine). Il libère ainsi un ovule tous les 28 jours, de la puberté à la ménopause ; *b*) l'ovaire crée par ses hormones un développement de la muqueuse utérine permettant la fécondation et le développement de l'œuf jusqu'à ce qu'il soit relayé par le placenta (fonction endocrine). Schématiquement, il sécrète exclusivement des œstrogènes* avant l'ovulation, puis des œstrogènes et de la progestérone*, lorsque le corps jaune s'est formé à la suite de l'ovulation.

Les deux ordres de fonction sont sous la dépendance de l'hypophyse et de l'hypothalamus. L'hormone hypophysaire de stimulation folliculaire (ou F. S. H. [Folliculo-Stimuline-Hormone]) préside à la croissance du follicule ; l'hormone lutéinisante (ou L. H. [Lutéo-stimuline-Hormone]) détermine l'ovulation et les sécrétions hormonales. L'hypophyse agit ainsi sur l'ovaire par des stimulines, mais l'ovaire est capable, en retour, de freiner l'hypothalamus et l'hypophyse par ses sécrétions hormonales (*feed*-back*).

Exploration de l'ovaire. Les examens paracliniques auxquels on a recours pour explorer les fonctions de l'ovaire sont : la courbe thermique, l'étude de la glaire cervicale, les frottis vaginaux, la biopsie de l'endomètre, les dosages hormonaux urinaires et sanguins, la cœlioscopie et la biopsie.

Pathologie. ***Maladies organiques.*** Les ovaires peuvent être le siège de lésions inflammatoires (*ovarite* et *annexite*), de kystes variés (*séreux, dermoïdes* et *mucoïdes*) et de tumeurs bénignes ou malignes. Ces dernières peuvent être, ou non, douées de pouvoir hormonal.

Maladies fonctionnelles. Ce sont toutes les causes ou les conséquences d'une anomalie du cycle menstruel qui peuvent être observées : anomalies dans le processus de maturation des follicules, anomalies de l'ovulation, anomalies de sécrétions hormonales. Les *dystrophies de l'ovaire,* affections très fréquentes (dystrophie micropolykystique), se situent à la limite du fonctionnel et de l'organique, et semblent bien être une conséquence d'un déséquilibre entre les stimulines hypophysaires.

ovariectomie n. f. Ablation de l'ovaire.
Elle peut être unilatérale ou bilatérale et, dans ce cas, elle réalise une *castration.*

ovarite n. f. Inflammation de l'ovaire.
L'inflammation *vraie* de l'ovaire est rare. C'est le plus souvent un élément de l'infection des annexes de l'utérus, et la participation de l'ovaire à l'annexite* est plus une réaction de voisinage qu'une infection véritable du parenchyme. L'usage a consacré l'expression d'*ovarite sclérokystique* pour une affection où il n'existe jamais d'éléments inflammatoires, et où l'élément essentiel est une dystrophie de l'ovaire.

ovocyte n. m. Cellule ovarienne dérivant de l'*ovogonie** et destinée à former l'ovule.
Les ovocytes de *premier ordre* donnent après division réductionnelle (méiose) des ovocytes de *second ordre.*

ovogonie n. f. Cellule souche de la lignée séminale féminine, n'existant que pendant la vie fœtale.

ovotestis n. m. Présence simultanée, dans la même gonade, de tissu testiculaire et de tissu ovarien.

ovulation n. f. Libération périodique d'un ovule par l'ovaire. (Syn. : PONTE OVULAIRE.)
Physiologie. Tous les mois, chez la femme, un follicule de De Graaf arrive à maturation, se distend et laisse échapper, en un point aminci de sa paroi, un ovule entouré de sa couronne de cellules folliculaires. L'ovule libéré est capté par le pavillon de la trompe. Après l'ovulation, le follicule rompu et vidé se transforme en corps jaune.

Ce phénomène est conditionné par le fonctionnement de l'hypophyse* lui-même sous la dépendance d'influences hypothalamiques et corticales du cerveau.
Signes. Quelques signes de présomption permettent à certaines femmes de reconnaître la période de l'ovulation : vague douleur latérale du bas-ventre, changeant de côté d'un cycle à l'autre; discret écoulement vulvaire. La méthode la plus valable pour déterminer, *a posteriori*, la date de l'ovulation est la courbe de température. Il existe un plateau avant l'ovulation, au-dessous de 37 °C, et un plateau au-dessus de 37 °C après elle. Elle semble avoir lieu le premier jour de la montée thermique, ou le dernier de la température basse. Toutefois, la température ne permet pas de la prévoir, mais seulement de penser qu'elle a eu lieu.
Pathologie. La connaissance de la date de l'ovulation permet de favoriser ou d'éviter la fécondation. D'autre part, les anomalies de l'ovulation entraînent des anomalies du cycle menstruel, c'est-à-dire des troubles des règles.
Inhibition de l'ovulation. La suppression de l'ovulation peut être réalisée pour des raisons de contraception ou des raisons thérapeutiques. Elle est facile à réaliser à l'aide des œstrogènes ou des progestatifs, si ces hormones sont données à un certain moment du cycle («pilule» contraceptive). L'inhibition peut être réalisée au cours d'un ou de plusieurs cycles consécutifs.
Induction de l'ovulation. À l'inverse, certains états pathologiques sont dus à une absence occasionnelle ou habituelle de l'ovulation (anovulation). Ils déterminent alors une stérilité et des troubles menstruels. Des progrès considérables ont été faits récemment pour induire, à la demande, une ovulation. On a recours soit à des hormones gonadotrophines à effet F. S. H., tirées de l'urine des femmes ménopausées (H. M. G.), soit à des corps de synthèse (chlorotrianisène, cyclofénil). Toutefois, si l'on peut utiliser ces produits pour obtenir une grossesse, on ne peut encore les utiliser pour régulariser les cycles menstruels.

ovule n. m. **Cytologie et gynécologie.** Cellule libre née de l'ovaire, au niveau d'un follicule de De Graaf et qui constitue le gamète femelle. — L'ovule, capté par le pavillon de la trompe, peut être fécondé dans le tiers externe de cette dernière. En l'absence de fécondation, il meurt au bout de 24 à 36 heures.
Pharmacie. Médication solide, de forme ovoïde, destinée à être introduite dans la cavité vaginale. — L'excipient est le plus souvent constitué par de la glycérine solidifiée par la gélatine. Le produit actif peut être un antiseptique, un antibiotique, un hémostatique, un œstrogène, etc.

oxomémazine n. f. Antihistaminique dérivé de la phénothiazine, calmant de la toux et des insomnies.

oxycodone n. f. Puissant analgésique, hypnotique et calmant de la toux dérivé de la morphine. (Syn. : DIHYDROXYCODÉINONE.) [V. STUPÉFIANT, tableau B.]

oxydase n. f. Enzyme réagissant avec l'oxygène pour lui transférer des électrons. (V. RESPIRATION, *Respiration cellulaire.*)

oxydation n. f. Fixation, sur un substrat, d'atomes d'oxygène ou, ce qui est équivalent, perte d'atome d'hydrogène ou d'électrons.
L'oxydation est, dans l'organisme, sous la dépendance d'enzymes : oxygénases et hydroxylases.

oxydoréduction n. f. Ensemble des phénomènes qui, au niveau cellulaire, régissent le transport de l'oxygène entre les molécules organiques, le plus souvent par action enzymatique.

L'oxydoréduction est le couplage de l'oxydation* d'une molécule à la réduction d'une autre qui fournit l'oxygène ou reçoit l'hydrogène ou les électrons transférés de l'une à l'autre.

Potentiel d'oxydoréduction. Noté par le symbole *rH,* il caractérise la concentration en molécules d'hydrogène d'un milieu. Par définition, $rH = \text{Log} \frac{1}{[H]}$, où [H] représente la concentration en molécules d'hydrogène. Le maintien du rH à une valeur constante est une nécessité pour les organismes vivants qui assurent, par l'oxydoréduction, la respiration cellulaire.

oxygène n. m. Corps simple gazeux, inodore, incolore, de masse atomique 16, représentant 21 p. 100 de l'air atmosphérique.

Dans l'organisme, l'oxygène moléculaire assure la respiration* cellulaire et la combustion des produits énergétiques. Il est véhiculé par le sang, fixé à l'hémoglobine.

Il est produit industriellement par distillation fractionnée de l'air liquide et stocké sous pression (environ 150 kg) dans des obus d'acier.

En thérapeutique, on l'utilise pour améliorer l'hématose* ou en caisson* hyperbare au cours des intoxications oxycarbonées. (V. OXYGÉNOTHÉRAPIE.)

Oxygène. Oxygénothérapie au masque, dans une ambulance.

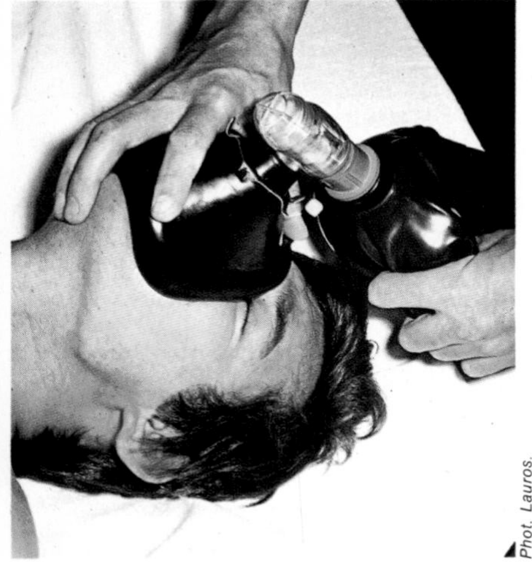

Phot. Lauros.

oxygénothérapie n. f. Emploi thérapeutique de l'oxygène.

L'oxygénothérapie est indiquée chaque fois que les tissus sont privés d'oxygène (anoxie). En faisant inhaler de l'oxygène pur ou un mélange d'air enrichi en oxygène, on augmente la concentration d'oxygène des globules rouges et surtout celle de l'oxygène dissous dans le plasma, qui se trouve directement utilisable par les tissus.

Sources d'oxygène. On emploie des bouteilles cylindriques en acier (obus) munies d'un détendeur (pour réduire la pression) et d'un débitmètre (pour mesurer la quantité d'oxygène délivrée). L'oxygène est humidifié en passant dans un barboteur d'eau ou un nébuliseur. Dans les hôpitaux et cliniques, l'oxygène est amené à un poste spécial à chaque lit par des canalisations reliées à un réservoir central.

Modes d'administration. La *sonde nasale,* d'emploi commode, est introduite après lubrification dans une narine jusqu'à la luette. Il existe des embouts pour appliquer l'oxygène aux deux narines.

Les *masques à oxygène,* fixés sur le visage, sont munis de soupapes permettant l'évacuation des gaz expirés (les masques sont surtout employés au cours des anesthésies).

Les *tentes à oxygène,* faites de parois plastiques transparentes et appliquées sur le lit, laissent toute liberté aux mouvements du visage. Les *cloches à oxygène* sont employées pour les petits enfants.

Enfin, on fait des *chambres à oxygène* où ce gaz est employé à la pression atmosphérique ou à une pression supérieure (oxygène hyperbare).

Le débit d'oxygène est réglé, suivant les cas, de 3 à 12 litres par minute ; il peut être continu ou intermittent, à la demande.

L'oxygène peut également être employé en *injections sous-cutanées* (il se résorbe rapidement) ou dans certaines cavités de l'organisme pour faire un contraste radiologique (bien et vite résorbé, il ne provoque pas d'embolies gazeuses).

Indications. L'oxygénothérapie est indispensable dans l'intoxication par l'oxyde de carbone (CO), nécessaire dans le traitement des asphyxiés, des états de choc*, dans certaines affections pulmonaires (pneumonies, broncho-pneumonies), en cas de paralysie respiratoire et au cours des anesthésies et de toutes les ventilations artificielles.

Chez les insuffisants respiratoires chroniques, l'oxygène ne doit être employé qu'à faible dose (de 0,5 à 1 litre par minute), sinon on déprime le centre respiratoire, qui ne réagit plus à l'excès de gaz carbonique mais seulement à l'absence d'oxygène.

oxyhémoglobine n. f. Forme oxygénée de l'hémoglobine*.

oxyquinol n. m. Antiseptique intestinal et urinaire administré par la bouche et en applications locales en gynécologie, en stomatologie, en urologie.

oxytocine n. f. Syn. d'OCYTOCINE*.

oxyure n. m. Ver rond (nématode) parasitant souvent l'intestin de l'homme.
Les oxyures sont de petits vers ronds, au corps allongé se terminant en spirale chez le mâle et en pointe chez la femelle. Ils vivent dans l'intestin grêle, le cæcum et l'appendice. La femelle va pondre près de l'anus et libère 10000 œufs, qui deviennent infestants.

La contamination est interhumaine, due à une mauvaise hygiène; plus rarement, il s'agit d'inhalation de poussières contenant des œufs. Après ingestion, l'œuf se transforme en ver adulte en 20 jours, provoquant l'oxyurose*; le grattage de l'anus provoque l'auto-inoculation et entretient l'infestation.

oxyurose n. f. Parasitose due aux oxyures*.
C'est une maladie très répandue, surtout chez les enfants d'âge scolaire. L'adulte tolère souvent très bien l'oxyurose, seulement gêné par des démangeaisons anales. L'enfant, du fait des réinfestations massives (doigts souillés dans la bouche), est beaucoup plus touché. Il existe un prurit anal intense, avec lésions de grattage, parfois des troubles du sommeil et de l'irritabilité, des troubles digestifs à type de douleurs vagues, des anomalies des selles. Une appendicite aiguë peut se manifester lorsque les oxyures pénètrent l'appendice. Chez la petite fille, ils peuvent être responsables de vulvo-vaginite.

Le diagnostic est fondé sur la recherche des œufs au microscope après prélèvement sur la marge anale (patch test).

Le traitement utilise des sels de pipérazine (sirops ou comprimés) ou de pyrvinium et nécessite une hygiène corporelle stricte. Toute la famille doit être traitée le même jour pour éviter les réinfestations.

ozène n. m. Lésion atrophique de la muqueuse nasale provoquant une suppuration malodorante se desséchant sous forme de croûtes fétides.
C'est une affection familiale débutant à la puberté et dont les causes restent obscures.

Le traitement est décevant, qu'il soit médical (lavages isotoniques, corps tensio-actifs, antibiotiques) ou chirurgical (implants acryliques ou en Téflon, greffons osseux...); on observe une amélioration à la ménopause.

ozone n. m. Gaz d'odeur caractéristique, résultant de la condensation de 3 atomes d'oxygène (O_3).
Il se forme dans l'air traversé par des étincelles électriques et existe en faible quantité dans l'atmosphère sous l'influence des radiations solaires et des décharges orageuses.

Très antiseptique, il est utilisé dans le traitement de l'eau domestique. À forte concentration, il est irritant pour les muqueuses respiratoires et peut même provoquer de l'œdème pulmonaire si l'inhalation est prolongée.

pacemaker n. m. (mot angl.). V. STIMULATEUR.

Pachon (appareil de), oscillomètre* pour mesurer les oscillations (pulsations) artérielles. (Il renseigne sur la souplesse et la perméabilité des artères.)

pachydermie n. f. Augmentation de l'épaisseur de la peau.
La *pachydermie vorticillée* (en tourbillons) du cuir chevelu est un nævus géant à surface contournée. La *pachydermopériostose* est un épaississement de la peau et du périoste.

Paget (maladie cutanée de), maladie s'observant le plus souvent au sein, mais pouvant aussi toucher la vulve, le scrotum et l'anus.
Elle prend la forme d'un eczéma suintant, se traite difficilement et représente un des stades élémentaires de la cancérisation.

Paget (maladie osseuse de), dystro-

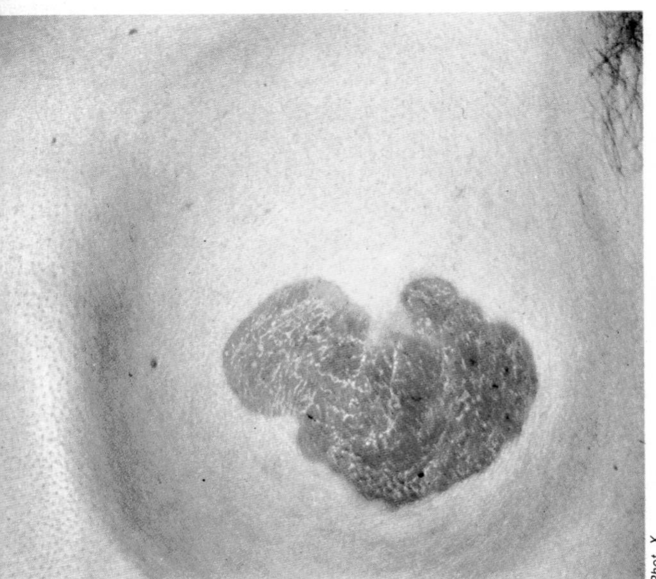

Phot. X.

Paget.
Maladie de Paget du sein.

phie* osseuse observée surtout après 60 ans, dont l'origine est inconnue.
Elle est causée par la prolifération anormale et excessive des ostéoblastes* et des ostéoclastes*, entraînant une destruction et une régénération anarchique de la trame osseuse. Les deux processus, se déroulant en même temps, donnent lieu à un remaniement osseux permanent. L'os ainsi remanié a une morphologie caractéristique : il est déformé en longueur et en largeur, prenant un aspect « entre parenthèses » très évocateur, surtout au niveau des membres inférieurs (tibia pagétique). Le crâne augmente de volume, obligeant les malades à reconsidérer périodiquement la pointure de leur chapeau. La face conserve son intégrité. Des douleurs plus ou moins vives et une gêne fonctionnelle, surtout aux membres inférieurs, sont les principaux symptômes cliniques.

Les radiographies osseuses montrent des modifications de structure qui caractérisent le processus pagétique : épaississement de la corticale, remaniement architectural, aspect ouaté et alternance de zones claires et opaques.

L'évolution de la maladie est très lente, émaillée par de nombreuses complications dont la plus fréquente est la surdité.

Outre le traitement de la douleur, on prescrit des sels phospho-calciques et de la calcitonine.

pain n. m. **Qualités du pain.** La croûte inférieure doit être jaune ou brun léger, la croûte supérieure jaune d'or à brun clair. Les deux croûtes doivent représenter le cinquième du poids du pain. La mie sera homogène, claire, sans taches, non collante aux doigts. Le pain devient *rassis* par perte d'eau et par transformation chimique de l'amidon en dextrine. En réchauffant le pain rassis, l'eau restante « distille » de la croûte vers la mie, ce qui lui redonne pour une faible durée l'apparence de pain frais.

Fraudes et falsifications du pain. La plus courante consiste à maintenir une forte proportion d'eau. L'adjonction d'« améliorant », condamnée, permet l'emploi de farines pauvres en gluten.

Variétés de pain. Le *pain blanc* (de gruau) est léger, digestible, mais pauvre en vitamines, en fer et en substances azotées. Le *pain viennois* est pétri avec du lait. Le *pain complet*, riche en cellulose, lutte contre la constipation ; il contient plus de vitamines, de fer, d'azote que le pain blanc, mais il est souvent mal toléré. Le *pain grillé*, le *pain braisé* et les *biscottes* sont plus digestes que le pain frais. Des pains de régime se font *sans sel*, *hypoazotés* (enrichis en amidon), au *gluten* (davantage de protéines et moins de glucides pour les diabétiques). Le *pain d'épice*, fait avec de la farine de seigle et du miel, est légèrement laxatif.

Valeur nutritive et digestibilité. Cent grammes de pain blanc fournissent 250 calories et contiennent 37 g d'eau, 7 g de protides, 1 g de lipides, 53 g de glucides et des sels dont 0,5 g de sodium. Le pain est un aliment excellent, mais son abus entraîne des troubles digestifs et conduit à l'obésité.

palais n. m. Paroi supérieure de la bouche* qui sépare celle-ci des fosses nasales.

Paget.
Importantes déformations pagétoïdes du fémur.

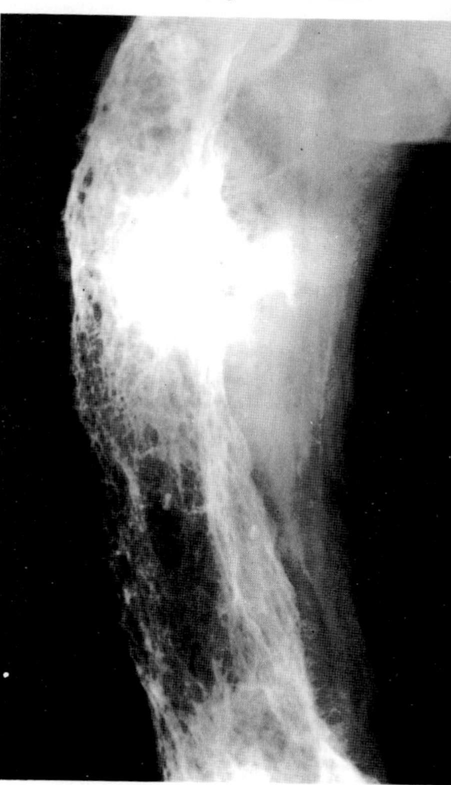

Radio Dʳ Wattez.

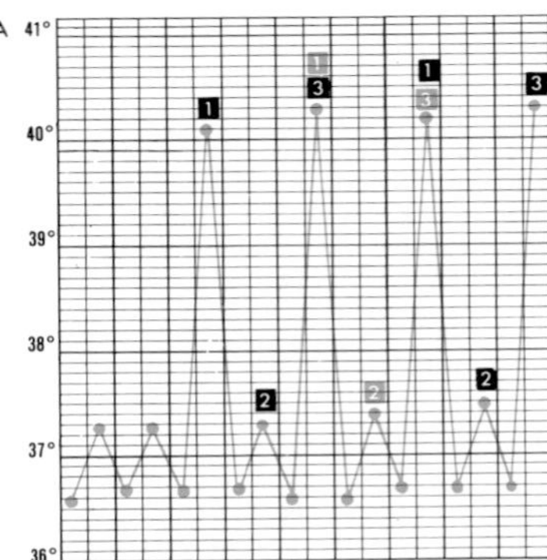

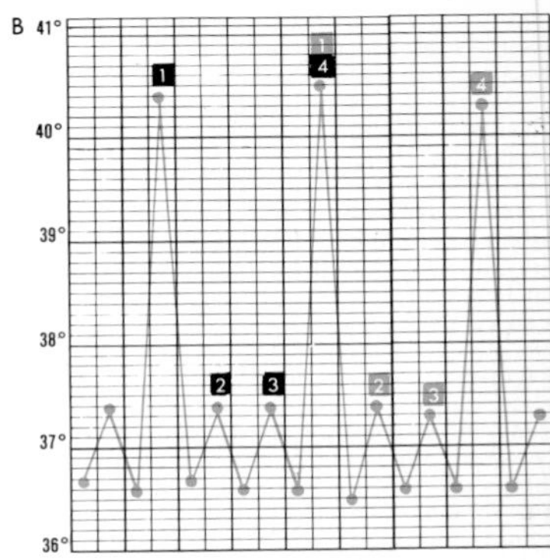

Paludisme.
A. *Fièvre tierce :*
les accès se reproduisent tous les deux jours (le 3e jour à partir du 1er jour).

B. *Fièvre quarte :* les accès se reproduisent tous les trois jours (le 4e jour à partir du 1er jour).

Ci-contre, cycle d'évolution du paludisme.

Le palais se continue en arrière par le *voile du palais*, membrane musculo-membraneuse dont le bord libre supporte la luette*. Le palais peut être le siège de malformations. (V. PALATIN, *Division palatine*.)

palatin, e adj. Relatif au palais : *os palatin.*
Division palatine. C'est une malformation congénitale qui laisse une communication anormale entre bouche et fosses nasales ; souvent associée à un bec*-de-lièvre, elle doit être traitée chirurgicalement vers 18 mois.

pâleur n. f. Aspect blanchâtre de la face et des téguments en général.
La pâleur est un signe d'anémie* ou de diminution de la quantité de sang contenu dans les capillaires de la peau (choc*).
Pâleur-hyperthermie, syndrome mortel observé chez les nourrissons après une intervention chirurgicale, et, chez l'adulte, après un traumatisme crânien ou des brûlures graves, et qui se manifeste par une fièvre élevée et une pâleur intense.

palilalie n. f. Trouble de la parole consistant dans la répétition involontaire d'un mot ou d'une phrase.

palliatif, ive adj. **Traitement palliatif,** traitement visant à diminuer les douleurs et à améliorer les différentes fonctions, lorsqu'on ne peut s'attaquer à la cause d'une maladie.

pallidum n. m. Segment interne du noyau lenticulaire, élément des noyaux gris du cerveau*.

pallidectomie n. f. Destruction neurochirurgicale du pallidum*, préconisée dans les formes graves de la maladie de Parkinson*.

palmaire adj. Qui se rapporte à la paume de la main : *région palmaire, aponévroses palmaires.*

palmo-plantaire adj. Relatif à la paume de la main et à la plante des pieds. (Certaines affections de la peau touchent simultanément ces deux régions [pemphigus*, dyshidrose*].)

palpation n. f. Méthode d'exploration clinique qui consiste à appliquer la paume de la main et la pulpe des doigts sur une partie du corps en exerçant une pression douce afin d'apprécier les qualités physiques d'un organe, d'une région.
Elle renseigne sur les dimensions, la consistance, la mobilité, la chaleur et la sensibilité de ceux-ci.

palpébral, e, aux adj. Qui se rapporte à la paupière.
Fente palpébrale, fente délimitée par les bords des paupières inférieure et supérieure, réunis à l'occlusion des yeux. (Elle est élargie au cours des paralysies faciales d'origine centrale.)

palpitation n. f. Perception par un sujet de ses battements cardiaques, accélérés et ressentis comme gênants, voire douloureux.

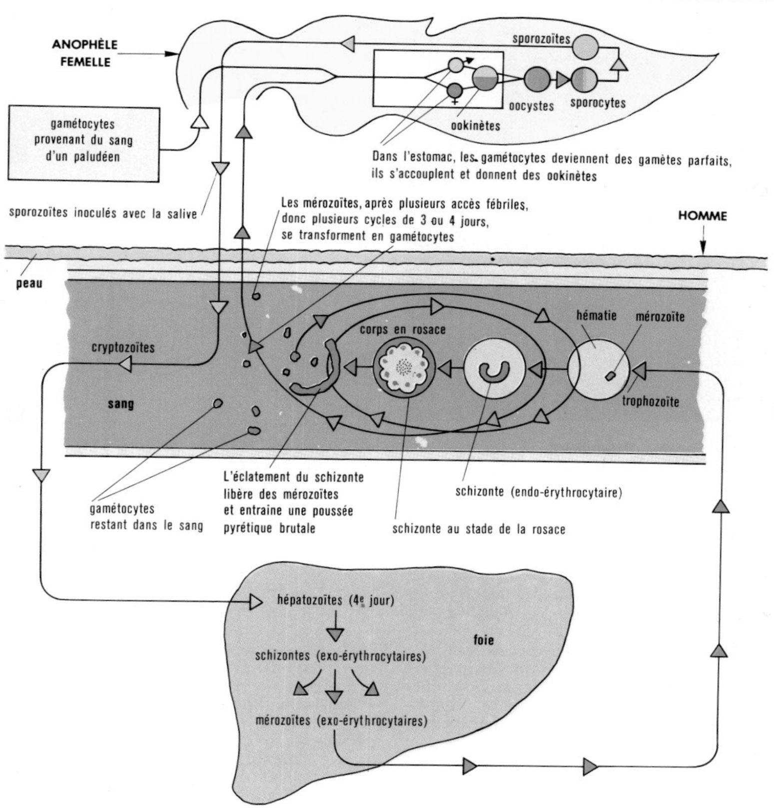

La palpitation correspond à une tachycardie* dont l'origine est très souvent émotive, mais qui peut traduire un trouble du rythme* cardiaque.

paludisme n. m. Maladie fébrile due à un protozoaire (hématozoaire du genre *plasmodium*) et transmise par la piqûre d'un moustique : l'anophèle*. (Syn. : FIÈVRES TIERCE et QUARTE, MALARIA.)

Répartition du paludisme. C'est surtout dans les zones équatoriales et tropicales (Afrique, Asie du Sud-Est, Amérique centrale) que l'endémie est la plus forte, touchant près d'un milliard de personnes. Mais la multiplication des voyages et des transports rapides ne met aucun pays à l'abri des cas d'importation.

Signes cliniques. La *période d'invasion* est difficile à diagnostiquer, car elle associe des symptômes trompeurs : embarras gastrique, fièvre, céphalées, vomissements, nausées, etc. Sa durée est variable (de 3 à 5 jours).

La *phase d'état,* caractéristique, lui fait suite. Après une période de fatigue extrême, elle comprend une sensation de froid intense avec frissons, puis une fièvre élevée à 40-41 °C avec des céphalées, une oligurie*. Enfin survient la *phase de résolution* avec

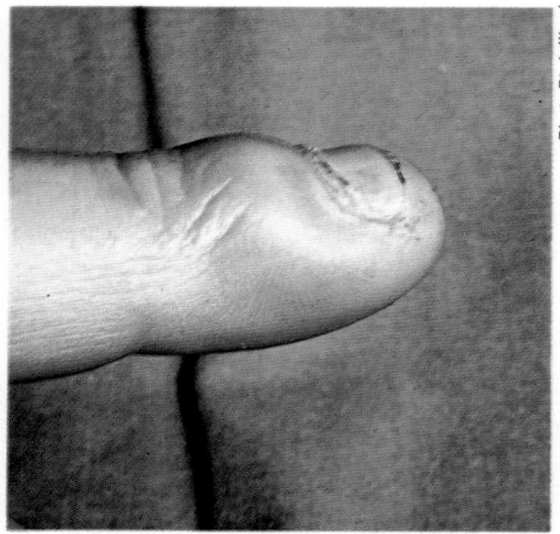

Panaris. Panaris périunguéal.

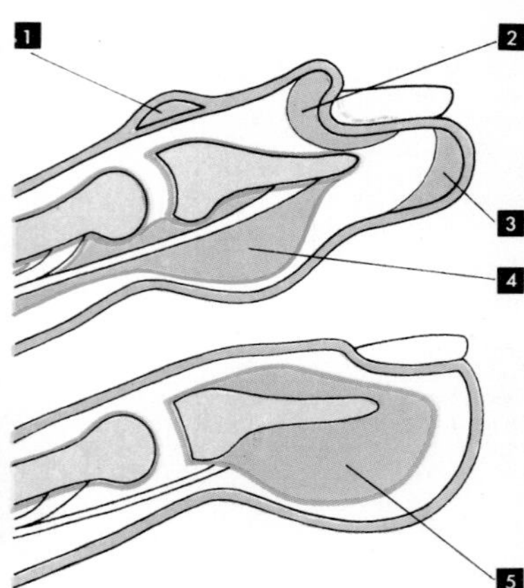

Panaris. Les principaux types de panaris. Coupe sagittale d'un doigt.
1. Sous-épidermique ;
2. Périunguéal ou sous-unguéal ;
3. Sous-dermique ;
4. Panaris de la gaine des fléchisseurs ;
5. Sous-périosté.

chute de la fièvre, transpiration abondante et sensation de bien-être. Cette crise se répète les 3e et 5e jours (fièvre tierce) ou les 4e et 7e jours (fièvre quarte), puis s'arrête spontanément. Au cours des crises, le foie et la rate sont augmentés de volume, le teint est pâle (anémie).

Une forme particulière est réalisée par l'infestation due au *Plasmodium falciparum : l'accès pernicieux.* Il associe aux troubles précédents des signes neurologiques : obnubilation, coma, collapsus... Il est responsable de nombreux décès chez les enfants.

Il existe des manifestations tardives du paludisme, dues à la persistance du parasite dans le foie (v. HÉMATOZOAIRE). Le paludisme chronique est la conséquence des réinfestations fréquentes des malades. Il associe une anémie, un gros foie et une grosse rate à de la fièvre. Le paludisme est responsable d'atteintes rénales (néphrites* et syndromes néphrotiques*). Mais c'est surtout la fièvre bilieuse* hémoglobinurique (due au *falciparum*) qui nécessite un traitement approprié (hospitalisation). Le diagnostic se fait sur la présence de l'hématozoaire dans le sang (goutte épaisse).

Traitement. Il repose toujours sur la quinine et ses dérivés, et varie selon le type de plasmodium. L'accès non compliqué est traité pendant 5 jours à forte dose, puis pendant quelques semaines à dose plus faible. L'accès pernicieux nécessite l'hospitalisation, une réhydratation importante, une thérapeutique associant corticoïdes et antimalariques de synthèse.

Prophylaxie. Les personnes se rendant en pays d'endémie doivent absorber des comprimés de sels de quinine le jour de leur arrivée, durant leur séjour et pendant les 2 mois suivant leur retour.

La vaccination est à l'étude, mais se heurte au fait que le paludisme ne confère pas d'immunité.

La prophylaxie collective s'appuie sur la désinsectisation et le traitement des malades qui constituent le réservoir du parasite.

panacée n. f. Autrefois, remède censé guérir toutes les maladies. (Ce terme est employé actuellement par dérision.)

panaris n. m. Infection d'un doigt.
Toute excoriation cutanée, toute écharde, tout piqûre peut entraîner un panaris.

Les panaris superficiels. Ce sont les plus fréquents et les moins graves : panaris phlycténoïde (mal blanc), périunguéal (tourniole), sous-unguéal. La simple excision de la peau morte ou d'une partie de l'ongle amène la guérison. Le panaris érythémateux est une lymphangite du doigt qui cède rapidement aux pansements alcoolisés.

Les panaris sous-cutanés. Ils siègent dans les espaces celluleux du doigt : le plus fréquent est le panaris de la pulpe, qui se manifeste par des douleurs lancinantes entraînant l'insomnie ; la pulpe devient gonflée et tendue, avec fièvre. Le traitement est chirurgical, l'antibiothérapie étant souvent sans effet décisif : l'excision sous anesthésie générale des tissus nécrosés amène une guérison rapide.

Les panaris profonds. Ils atteignent les gaines des fléchisseurs, les phalanges et les articulations du doigt. Les *panaris des gaines,* ou ténosynovites suppurées, peuvent être primitifs par inoculation directe ou secondaires à un panaris sous-cutané. Au niveau des trois doigts moyens (index, médius, annulaire), l'infection reste localisée à la gaine digitale, entraînant des douleurs intenses, une fièvre élevée et une attitude du doigt en crochet irréductible, avec, à la pression, une douleur exquise en face de la tête du métacarpien. Au niveau des 1er et 5e doigts, la suppuration atteint les gaines palmaires de la paume, réalisant un phlegmon des gaines digito-palmaires. Le traitement est chirurgical : ouverture et lavage de la gaine, instillation d'antibiotiques, mais les séquelles sont toujours à craindre (raideur plus ou moins grave du doigt).

L'*ostéite des phalanges* est généralement secondaire à un panaris de la pulpe négligé ; la radiographie confirme l'atteinte osseuse. L'arthrite entre la phalange et la phalangine risque d'entraîner une ankylose.

Le panaris est une affection grave qui ne doit jamais être traitée à la légère, car elle peut aboutir à la perte d'un doigt.

pancréas n. m. Glande digestive à sécrétion interne et externe, située derrière l'estomac, au-devant des premières vertèbres lombaires.

Anatomie. Le pancréas est formé d'une *tête* enchâssée dans le cadre duodénal, d'un *corps* et d'une *queue* effilée. Il est en rapport intime avec le canal cholédoque, qui le pénètre, avec les branches du tronc cœliaque, les racines et l'origine de la veine porte. La sécrétion externe du pancréas est acheminée vers le duodénum par les canaux de Wirsung et de Santorini (le canal de Wirsung débouche à côté du canal cholédoque, dans l'ampoule de Vater).

Histologie. Le pancréas comporte, étroitement imbriqués, deux organes : le *pancréas exocrine,* dont la sécrétion est déversée dans le duodénum et aide à la digestion, et le *pancréas endocrine,* dont les hormones sont déversées dans le sang.

Le *pancréas exocrine* est une glande acineuse (v. ACINUS) dont les canaux excréteurs se réunissent pour former le canal de Wirsung et le canal de Santorini.

Le *pancréas endocrine* est formé par les *îlots de Langerhans,* qu'on retrouve entre les acini et dont les cellules sécrètent l'insuline* et le glucagon*.

Physiologie. Le pancréas exocrine sécrète le suc pancréatique, alcalin, formé d'enzymes digestives (protéases, lipases et amylases) et d'ions (bicarbonate et sodium). Les protéases sont activées en trypsine* et chymotrypsine. L'amylase hydrolyse l'amidon, et la lipase les graisses.

Le suc pancréatique est déversé dans le duodénum au moment de la digestion.

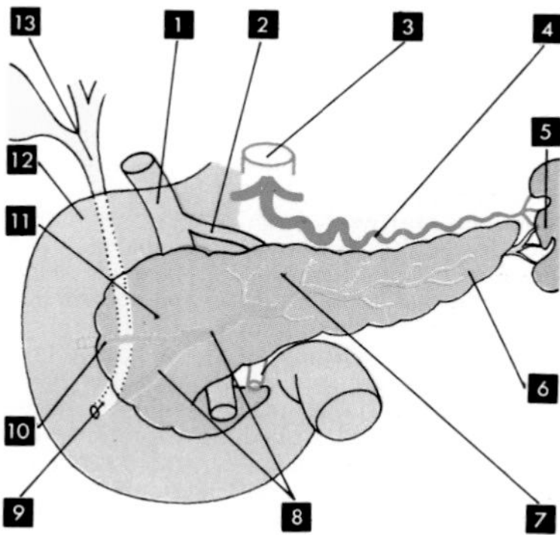

Pancréas. Vue antérieure du pancréas.
1. Veine porte ; 2. Veine splénique ;
3. Aorte ; 4. Artère splénique ; 5. Rate ;
6. Queue du pancréas ; 7. Corps du pancréas ;
8. Canal de Wirsung ; 9. Ampoule de Vater ;
10. Canal de Santorini ; 11. Tête du pancréas ;
12. Duodénum ; 13. Voies biliaires.

Exploration fonctionnelle. Le déficit de la sécrétion n'apparaît que pour des lésions très importantes. Il existe diverses manières d'explorer la sécrétion pancréatique exocrine.

1. *Dosages enzymatiques.* Certaines lésions pancréatiques (destruction glandulaire, obstruction des voies excrétrices) peuvent entraîner une élévation de l'amylase dans le sang et dans les urines.

2. *Tubage duodénal.* On recueille par une sonde duodénale le suc pancréatique obtenu après stimulation de l'excrétion de la glande.
3. *Examen des selles.* L'insuffisance pancréatique entraîne une maldigestion qui porte à la fois sur les graisses, les viandes et l'amidon. Les selles sont très abondantes, pâteuses et graisseuses (stéatorrhée).

Exploration radiologique. Elle est très difficile et fournit avant tout des signes indirects résultant des modifications des organes de voisinage, notamment une déformation du cadre duodénal à l'examen baryté. La cholécystographie* visualise la partie du cholédoque qui traverse le pancréas, et peut mettre en évidence une déformation éventuelle. La splénoportographie* étudie les veines splénique et porte, intimement accolées au pancréas. On peut également voir des calcifications du pancréas.

Pathologie. ***Inflammations du pancréas.*** Elles forment le groupe des pancréatites*.

Tumeurs bénignes. Elles peuvent se développer aux dépens du *pancréas exocrine :* tumeurs kystiques et pseudokystes d'origine traumatique ou parasitaire, ou aux dépens du *pancréas endocrine : adénomes langherhansiens* le plus souvent insulinosécrétants, parfois responsables d'ulcères (syndrome de Zollinger*-Ellison.

Tumeurs malignes. Ce sont des carcinomes ou des épithéliomas langerhansiens : le pronostic en est sombre car la seule thérapeutique radicale, la *duodéno-pancréatectomie totale,* est une opération difficile.

Lithiase pancréatique. Elle se caractérise par la présence de calculs dans les voies excrétrices de la glande. L'évolution en est variable : parfois les troubles restent discrets, parfois la lithiase déclenche une pancréatite aiguë. En cas d'échec du traitement médical, l'intervention chirurgicale s'impose : extraction des calculs, pancréatectomie partielle.

pancréatectomie n. f. Ablation du pancréas.

pancréatico-jéjunostomie n. f. Intervention consistant à anastomoser une anse d'intestin grêle au pancréas, pour drainer une fistule pancréatique.

pancréatique adj. Qui a rapport avec le pancréas*.

Insuffisance pancréatique. La destruction du pancréas par une pancréatite chronique ou par ablation chirurgicale entraîne une maldigestion (insuffisance du pancréas exocrine) et un diabète (insuffisance du pancréas endocrine).

La maldigestion porte sur les protéines, entraînant une élimination de fibres musculaires intactes, une élévation de l'azote fécal ; elle porte surtout sur les graisses, occasionnant une *stéatorrhée** (selles graisseuses et abondantes). Le déficit de la digestion des sucres (amidons) est moins important. Le tout entraîne une diarrhée chronique, un amaigrissement. Cette insuffisance du pancréas exocrine peut être corrigée par l'administration *per os* d'extraits pancréatiques. Le diabète consécutif à la destruction du pancréas endocrine nécessite le traitement par l'insuline.

pancréatite n. f. Inflammation du pancréas.

Les *pancréatites aiguës* présentent divers aspects. Le plus typique est celui de la *pancréatite aiguë hémorragique,* qui survient chez l'adulte jeune, réalisant un véritable « drame abdominal » : douleur brutale, atroce, en coup de poignard, avec angoisse, vomissements, état de choc*. À l'opposé, l'examen ne montre qu'un minimum de signes abdominaux, et le diagnostic est confirmé par les épreuves biologiques : augmentation considérable de l'amylasémie et de l'amylasurie. Si le diagnostic clinique est évident, le traitement médical s'impose : lutte contre le choc, antalgiques, neutralisation des enzymes pancréatiques par les « antienzymes », qui ont considérablement amélioré le pronostic, jadis très sombre, de l'affection. Souvent, le tableau clinique, moins précis, pousse à l'intervention, afin de ne pas passer à côté d'une perforation gastrique ou intestinale par exemple : elle découvre un pancréas au minimum œdématié, au maximum nécrosé, permet de vérifier les voies biliaires, d'infiltrer les nerfs splanchniques. Le traitement par les antienzymes demeure essentiel.

Les *pancréatites chroniques* sont de cause souvent obscure, de diagnostic et de traitement difficiles : la forme la plus fréquente est marquée par des poussées douloureuses épigastriques, avec nausées, élévation thermique modérée, augmentation de l'amylase dans le sang et dans les urines, entrecoupées de périodes de calme. L'évolution se fait souvent vers la destruction progressive du pancréas, avec stéatorrhée, diabète, hémorragies digestives, faux kyste du pancréas. Le traitement est très difficile : antienzymes, antalgiques en période aiguë ; les interventions de dérivation du canal de Wirsung sont souvent décevantes ; la pancréatectomie totale comporte un pronostic sévère.

pancytopénie n. f. Diminution du nombre des éléments des trois lignées sanguines (globules rouges, globules blancs, plaquettes), par lésion de la moelle osseuse ou excès de destruction dans la rate (hypersplénisme).

pandémie n. f. Extension d'une maladie contagieuse à un continent entier ou même à toute la Terre.

panhypopituitarisme n. m. Diminution globale des fonctions endocriniennes de l'antéhypophyse. (V. HYPOPHYSE.)

pannicule n. m. **Pannicule adipeux,** tissu graisseux sous-cutané, qui est plus ou moins développé.

pannus n. m. **1.** Affection de la cornée, caractérisée par le développement de petits vaisseaux qui injectent la conjonctive.
2. Tissu inflammatoire recouvrant et érodant le cartilage des articulations, au cours de certaines arthrites* et dans la polyarthrite rhumatoïde.

pansement n. m. Ce qui sert à soigner une plaie, à la protéger des agents infectieux.
Les éléments du pansement comprennent :
— un *matériel de contact* : gaze* aseptique pliée convenablement (compresses) ;
— un *matériel d'absorption* : coton hydrophile, ouate de cellulose ;
— un *matériel de protection* mécanique et bactériologique (coton cardé) ;
— un *matériel de contention* : bandes de gaze, de crêpe, de toile, adhésifs divers (sparadraps).

Des produits en poudre, en pommade ou liquides (antibiotiques, antiseptiques) servent à protéger la plaie de l'infection (alcool, solution de Dakin...).

Il existe de nombreuses variétés de pansements : pansement sec, pansement isolant (gaze imbibée de corps gras, feuilles minces d'aluminium), pansement compressif (pour assurer une hémostase temporaire), pansement humide, qui diminue la douleur et favorise la collection du pus par le maintien de chaleur et d'humidité, pansement à irrigation continue (méthode de Carrel).

Le pansement oculaire, destiné à un œil opéré ou blessé, est fait de rondelles de gaze maintenues par un sparadrap.

pantothénique adj. **Acide pantothénique.** Syn. de VITAMINE B5.

papaïne n. f. Enzyme extraite du fruit du papayer, d'action voisine de celle de la trypsine, et employée pour faciliter la digestion et détruire les vers intestinaux.

papavérine n. f. Alcaloïde de l'opium.
Sans action sur le système nerveux ni sur le système neurovégétatif, la papavérine s'oppose aux contractions des muscles lisses. Elle est antispasmodique et hypotensive ; on l'administre en injections ou par la bouche.

papille n. f. **1.** Petit disque perçu à l'examen du fond* d'œil, constituant la réunion des fibres du nerf optique.
2. Renflement constitué par la terminaison du canal cholédoque* et du canal de Wirsung* dans la deuxième portion du duodénum*.

papillectomie n. f. Résection de la papille de l'ampoule de Vater (où se terminent canal cholédoque et canal de Wirsung).

papillome n. m. Petite formation épithéliale végétante de la peau ou des muqueuses, d'origine infectieuse, bénigne, mais pouvant dégénérer en cancer.

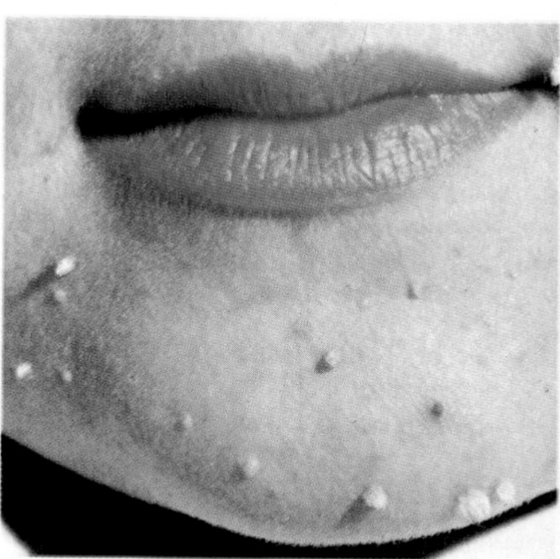

Phot. X.

Papillomes infectieux.

Les *papillomes de la vessie* (ou polypes) sont découverts par la cystoscopie, à la suite d'une hématurie. Ils doivent être détruits par électrocoagulation.

papillotomie n. f. Incision de la papille de l'ampoule de Vater, lorsque celle-ci présente un rétrécissement.

papule n. f. Lésion élémentaire de la peau, en relief, dont la taille varie de celle d'une tête d'épingle à celle d'une lentille.
La papule se rencontre dans de nombreuses dermatoses* : urticaire*, lichen* plan, etc.

para-amino-hippurique adj. Se dit d'un acide dont la mesure de la clairance* permet d'explorer le fonctionnement rénal.

para-amino-salicylique adj. (sigle : P. A. S.). Se dit d'un acide dérivé de l'acide salicylique, doué de propriétés bactériostatiques vis-à-vis du bacille tuberculeux.

paracentèse n. f. Ponction ou ouverture d'une cavité, pour évacuer une collection liquidienne anormale : *paracentèse du péritoine* en cas d'ascite* ; *paracentèse du tympan* devant tout épanchement de la caisse du tympan (v. OTITE).

paracétamol n. m. Médicament analgésique et antipyrétique dérivé de l'aniline.
Bien toléré, il est souvent prescrit aux enfants sous forme de suppositoires, aux adultes sous forme de comprimés dans les fièvres et douleurs diverses.

parachutisme n. m. Les accidents traumatiques les plus fréquents sont les entorses de la cheville et du genou, les accidents graves de l'atterrissage étant rendus peu fréquents par la préparation physique indispensable. Les harnais modernes ont rendu exceptionnelles les fractures du rachis dorsal au moment du choc d'ouverture.

paracousie n. f. Fait d'entendre d'une façon anormale.
La paracousie porte sur la fréquence, l'intensité et le timbre des sons, ces anomalies étant le plus souvent indissociables.

paraffine n. f. Mélange solide d'hydrocarbures provenant de la distillation des pétroles.
On l'emploie dans la confection de tulles gras et de certaines pommades.

paragangliome n. m. Tumeur développée aux dépens des ganglions sympathiques* abdominaux ou à partir de la médullosurrénale.

parage n. m. Action de parer, d'apprêter.
Le *parage d'une plaie* contuse et sale consiste en l'ablation chirurgicale de tous les tissus souillés (peau, graisse, aponévroses, tendons, muscles).

parakératose n. f. Altération des cellules de la couche cornée de l'épiderme, dont la maturation est anormale, et formant généralement des squames.

paralysie n. f. Impotense motrice due à un déficit de la force musculaire.
Les paralysies atteignent une moitié droite ou gauche du corps (hémiplégie*), un membre (monoplégie*), les deux membres inférieurs (paraplégie*). Le déficit moteur porte parfois sur un seul groupe musculaire, la racine des membres (cas des myopathies*) ou leur extrémité (cas des polynévrites*). Les nerfs crâniens peuvent être atteints, d'où les paralysies faciales oculaires, pharyngées (déglution), laryngées (voix), etc.

La *paralysie agitante* est l'ancien nom de la maladie de Parkinson*. La *paralysie générale* est la syphilis* cérébrale.

Paralysies des membres et du tronc. On distingue les *paralysies centrales,* où la lésion atteint les neurones* de la voie pyramidale (provenant de l'écorce cérébrale), dites *spasmodiques,* et qui se manifestent par l'exagération des réflexes ostéotendineux, et les *paralysies périphériques,* dites *flasques,* où la lésion est plus basse. Ces dernières associent au déficit moteur une abolition des réflexes, des troubles de la sensibilité, une amyotrophie*.

L'analyse de tous les signes neurologiques rencontrés permet de déterminer le siège et l'origine de la lésion (infection, traumatisme, intoxication, tumeur, déficit vasculaire, maladie dégénérative).

Le pronostic dépend de la topographie et de la nature de la lésion. Certaines paralysies régressent totalement, d'autres sont définitives.

Traitement. Outre les soins qui doivent permettre d'effectuer les actes élémentaires de la vie (assistance respiratoire en cas de paralysie des muscles intercostaux et du diaphragme), le traitement repose essentiellement sur la rééducation motrice. Celle-ci exploite au maximum les capacités des muscles intacts ou en voie de restauration.

La chirurgie peut également réduire certaines impotences fonctionnelles.

Paralysies oculomotrices. C'est la paralysie des muscles moteurs de l'œil (ophtalmoplégie). Elle se traduit par une diplopie*, et un strabisme est fréquent lorsque l'œil veut se déplacer dans le champ d'action du muscle paralysé. Il importe de localiser le siège de la lésion le long du trajet des nerfs oculomoteurs. Une lésion du tronc cérébral associe une hémiplégie* à une atteinte des nerfs crâniens de l'autre côté.

Parmi les causes, citons : les traumatismes crâniens, la sclérose en plaques, les intoxications, les tumeurs cérébrales, la myopathie.

Paralysie à tiques. Cette maladie, observée chez l'animal et l'homme, est due à la piqûre de certaines tiques. Quelques jours après la fixation d'une tique femelle, le sujet ressent un déficit moteur des membres inférieurs, puis supérieurs, enfin des centres respiratoires. La neurotoxine* sécrétée par le parasite est responsable des lésions, qui provoquent la mort si la tique n'est pas extraite avant l'apparition des troubles respiratoires.

paramédical, e, aux adj. **Professions paramédicales,** ensemble des professions qui ont trait, sur les plans techniques ou administratifs, aux activités relatives à la santé : manipulateurs de radiologie, diététiciennes, secrétaires médicales, etc. (Les personnels donnant les soins [infirmiers, masseurs, kinésithérapeutes, etc.] sont des auxiliaires médicaux.)

paramètre n. m. Tissu conjonctif situé de chaque côté de l'utérus, sous le péritoine.

paranéoplasique adj. **Syndrome paranéoplasique,** ensemble de manifestations pathologiques apparaissant parallèlement à un cancer et disparaissant lors de son ablation, sans avoir cependant avec lui un lien direct de cause à effet. (V. CANCER.)

paranoïa n. f. Trouble du jugement.

La constitution paranoïaque. C'est une organisation pathologique de la personnalité. Le paranoïaque se distingue par quatre caractères fondamentaux : la *surestimation de soi,* qui va de la suffisance à la mégalomanie ; la *méfiance ;* la très grande susceptibilité ; la *psychorigidité,* qui tient au culte de la logique purement formelle et sans nuances ; l'*insociabilité,* qui résulte des traits précédents. Les troubles du caractère occasionnent souvent des brouilles avec l'entourage. Le paranoïaque a une forte agressivité qu'il attribue à autrui (projection). Cet ensemble psychologique dépend d'un jugement faussé par l'orgueil. Le paranoïaque juge mal, interprète sans cesse la réalité de façon erronée à partir de faits exacts et se trouve souvent au bord du délire de persécution ou de revendication.

Psychoses paranoïaques. La paranoïa désigne aussi les psychoses paranoïaques dans les formes délirantes chroniques dont la plus connue est le *délire d'interprétation* et *de persécution.*

Ce délire évolue chroniquement de manière systématisée, tout en demeurant cohérent. Il repose sur de multiples interprétations fausses de faits exacts.

On connaît, en outre, des *délires de revendication* fondés sur un postulat faux (tels un postulat de préjudice, un postulat passionnel).

Une autre psychose paranoïaque, la *paranoïa sensitive* (Kretschmer), apparaît chez des sujets bien différents des véritables personnalités paranoïaques : on les appelle « personnalités sensitives ». Ce sont des individus timides, peu communicatifs, très susceptibles mais souffrant en silence, qui développent un jour des idées délirantes (impressions d'hostilité de l'entourage). Ils peuvent alors parfois changer de comportement, devenir accusateurs et agressifs, mais le plus souvent ils se montrent déprimés et anxieux.

Le traitement des paranoïaques est des plus difficiles, car ils refusent généralement la consultation médicale. Dans les psychoses paranoïaques, les neuroleptiques ne parviennent pas à entamer la conviction délirante, mais ils freinent l'expansion du délire.

Un certain nombre de paranoïaques, par leur caractère dangereux, font l'objet d'une mesure d'internement prolongé.

paranoïde adj. Se dit d'une variété des psychoses délirantes chroniques.
Le *délire paranoïde,* contrairement au délire paranoïaque, n'est pas systématisé. Il est flou, incohérent, peu construit, souvent incompréhensible. Les malades ont « perdu pied » par rapport à la réalité. Ils se trouvent plongés dans un univers imaginaire, peuplé d'idées délirantes abstraites, symboliques. Ces délires paranoïdes se rattachent à la schizophrénie*.

paraphimosis n. m. Gonflement important du gland de la verge, dû à son étranglement par le collet du prépuce ramené en arrière. Le paraphimosis survient lorsqu'on décalotte un phimosis* trop serré. Il nécessite une intervention chirurgicale d'urgence.

paraphlébite n. f. Syn. de PÉRIPHLÉBITE.

paraphrénie n. f. Variété de délire chronique, caractérisée par un ensemble d'idées délirantes extraordinaires ou fantastiques, élaborées par des sujets dont l'imagination est très développée.
Ce délire, si riche et si déraisonnable, demeure cependant compatible avec une lucidité conservée pour les actes de la vie courante. Les malades paraphréniques (atteints à partir de 35-40 ans) ont, par exemple, la conviction d'avoir vécu plusieurs vies, de s'être métamorphosés en arbres, en animaux ; d'autres d'avoir eu des filiations divines, d'autres encore croient posséder des secrets inouïs, etc. Les neuroleptiques peuvent appauvrir le délire, mais la conviction reste intacte.

paraplégie n. f. Paralysie des deux membres inférieurs.
Dues à une atteinte des nerfs périphériques (polynévrite*, poliomyélite*, polyradiculonévrites*), elles sont dites *paraplégies flasques.* Quand l'atteinte porte sur le premier neurone du faisceau pyramidal (paraplégie centrale), la paraplégie est spasmodique.

Les paraplégies sont provoquées par les traumatismes vertébraux (lésions de la moelle épinière), les polynévrites, la poliomyélite, les tumeurs du rachis, etc.

Le pronostic dépend de la cause et des signes associés, tels que les troubles sensitifs et sphinctériens. La rééducation permet dans

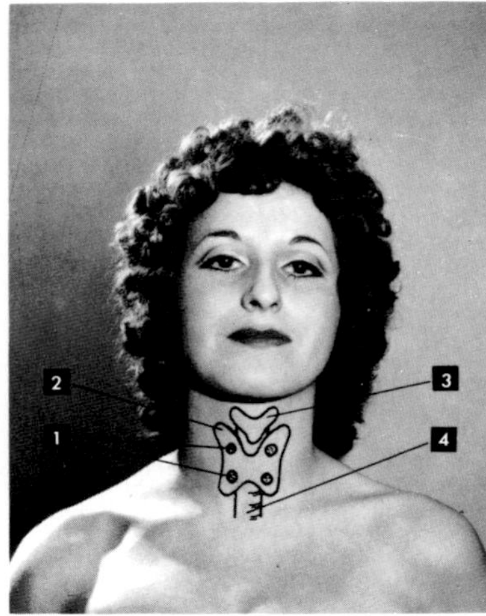

Parathyroïde.
1. Parathyroïde ; 2. Glande thyroïde ; 3. Cartilage thyroïde (du larynx) ; 4. Trachée.

certains cas d'améliorer les fonctions déficientes.

paraprotéine n. f. Globuline* anormale présente dans le sérum au cours d'affections telles que la maladie de Kahler* (myélome multiple), la maladie de Waldenström*, les cryoglobulinémies*, etc.

parapsoriasis n. m. Affection de la peau, voisine du psoriasis*. — On distingue :
— le *parapsoriasis en gouttes,* qui donne des taches rouges recouvertes d'une squame et qui peuvent s'étendre sur tout le corps ;
— le *parapsoriasis en plaques,* qui se traduit par de larges nappes rouges siégeant sur le tronc et qui sont susceptibles d'évoluer vers le mycosis* fungoïde.

parasitaire adj. Qui a trait aux parasites*. Les maladies parasitaires, ou parasitoses, regroupent quatre types : les *helminthiases**, dues aux vers ou helminthes ; les *protozooses,* dues aux protozoaires (amibiase*, paludisme*) ; les parasitoses dues aux *arthropodes** ; les *mycoses**.
Les troubles cliniques sont nombreux (hépatiques, neurologiques, toxiques...), de même que les réactions de l'organisme (éosinophilie*, formation d'anticorps spécifiques).

parasite n. m. Tout être qui vit aux dépens d'un organisme hôte.
Certains parasites restent à l'extérieur de l'hôte (ectoparasites), d'autres le pénètrent (endoparasites)

parasympathique n. m. Un des deux constituants du système nerveux* végétatif, dont le médiateur chimique est l'acétylcholine*.

parasympatholytique adj. et n. m. Se dit d'une substance qui s'oppose à l'action du parasympathique. (Le type en est l'atropine*.)

parasympathomimétique adj. et n. m. Se dit d'une substance qui reproduit les effets du parasympathique. (V. NERVEUX, *Système nerveux végétatif.*)

parathormone n. f. Hormone polypeptidique, faite de 84 acides aminés, produite par les glandes parathyroïdes.
Son rôle principal est d'élever la calcémie* ; son rôle secondaire est d'accélérer l'élimination urinaire du phosphore. Son taux normal est de 0,3 à 0,7 millimicrogrammes par millilitre chez le sujet normal. L'abaissement du taux du calcium du sang stimule sa sécrétion.

parathyroïde adj. et n. f. Se dit de glandes endocrines dont le rôle est la régulation du métabolisme du calcium.

Anatomie. Habituellement au nombre de quatre, les parathyroïdes sont disposées derrière les lobes latéraux du corps thyroïde. Néanmoins, elles peuvent avoir un siège aberrant (derrière l'œsophage, dans la thyroïde). Leur taille est d'environ 5 à 10 mm de long, 4 mm de large.

Physiologie. Les glandes parathyroïdes sont composées de cellules qui renferment la *parathormone**, dont le stimulus de sécrétion est la variation du calcium dans le milieu intérieur. La parathormone mobilise les réserves phosphocalciques de l'os. Au niveau du rein, elle empêche la réabsorption tubulaire du phosphore. Les taux de calcémie* et de calciurie* témoignent du fonctionnement de ce système homéostatique. L'action de la parathyroïde sur le phosphore reste encore inexpliquée.

Pathologie. ***Hypoparathyroïdie.*** C'est l'insuffisance de fonctionnement des parathyroïdes. Souvent secondaire à l'exérèse de la glande thyroïde (vu la proximité de ces glandes), l'hypoparathyroïdie se manifeste essentiellement par l'accès de tétanie*, par des troubles trophiques (cataracte*, fragilité de la peau, des ongles et des dents) et par des troubles psychiques (accès dépressifs).

Le diagnostic repose sur la découverte des signes de Chvostek* et de Trousseau*, témoins de l'hyperexcitabilité neuromusculaire, que confirment les données de l'électromyogramme* (présence de potentiels répétitifs). La biologie confirme le diagnostic, avec un taux de calcium sanguin bas.

Hyperparathyroïdie. C'est l'excès de fonctionnement des parathyroïdes.

HYPERPARATHYROÏDIE SECONDAIRE. Souvent, la baisse de la calcémie (cause de cette hyperparathyroïdie) est due à une mise en réserve du calcium dans les os. C'est le cas des ostéopathies par carence phosphocalcique. Elle peut être due à une carence en vitamine* D, telle que l'ostéomalacie* et le rachitisme*. L'insuffisance rénale chronique en est parfois responsable.

HYPERPARATHYROÏDIE PRIMAIRE. Fréquente chez la femme entre 30 et 50 ans, elle débute par des douleurs osseuses du rachis lombaire ; puis surviennent des fractures spontanées. Les clichés radiologiques révèlent une augmentation généralisée de la transparence osseuse, un aspect de tumeurs réalisant alors l'ostéite fibrokystique de Recklinghausen. Le syndrome urinaire, souvent révélateur, comprend des calculs rénaux bilatéraux et parfois une néphrocalcinose* (dépôts de calcium dans le rein). Les lésions digestives sont plus rares ; il s'agit d'un ulcère duodénal, souvent associé à une tumeur du pancréas endocrine, réalisant le syndrome de Zollinger*-Ellison.

Les examens biologiques révèlent une hypercalcémie (signe fondamental), une hypercalciurie, une hypophosphorémie, une hypophosphaturie.

Une tumeur de la parathyroïde est souvent responsable de ce tableau.

Le traitement est avant tout chirurgical et demande une extrême précision. En général, l'amélioration est immédiate.

parathyroïdectomie n. f. Ablation des glandes parathyroïdes*.

paratyphoïde adj. **Fièvre paratyphoïde,** salmonellose comparable à la fièvre typhoïde*, mais due aux bacilles paratyphiques A, B ou C. (L'évolution et les complications sont identiques à celles de la typhoïde.)

parégorique adj. **Élixir parégorique,** composé à base d'opium, d'anis, de camphre et d'acide benzoïque, utilisé dans le traitement de la diarrhée (1 cuillerée à café dans un demi-verre d'eau plusieurs fois par jour).

parenchyme n. m. Tissu dont les cellules ont une activité physiologique déterminée, par opposition au tissu conjonctif, tissu de soutien : *parenchyme hépatique, rénal,* etc.

parentéral, e, aux adj. Littéralement : à côté de l'intestin.

Administration parentérale, administration d'une substance liquide médicamenteuse ou nutritive par une autre voie que la voie digestive (sous-cutanée, intramusculaire, intraveineuse, intrarachidienne).

parésie n. f. Paralysie légère, se traduisant par une diminution de la force musculaire. Elle relève des mêmes causes que la paralysie*, avec une atteinte plus discrète.

paresse n. f. Opposition à tout travail intellectuel ou corporel chez un sujet capable de réaliser ces tâches.

La paresse peut parfois relever d'une altération de l'état général, due à une maladie encore latente. Il faut y penser en particulier à propos des baisses soudaines de rendement scolaire chez les enfants.

paresthésie n. f. Sensation anormale non douloureuse.

Spontanées ou provoquées par le frôlement des téguments, les paresthésies sont variables : picotement, fourmillement, sensation thermique. Elles s'observent dans les atteintes des nerfs périphériques (polynévrite) et de la moelle (sclérose en plaques). De simples troubles circulatoires en sont le plus souvent la cause (engourdissements, bras ou doigt « morts », etc.).

pariétaire n. f. Plante commune en France, utilisée en infusions (10 g par litre) pour son pouvoir diurétique.

pariétal, e, aux adj. En rapport avec la paroi d'une cavité (plèvre pariétale, péritoine pariétal, etc.).

L'*os pariétal* est un os du crâne situé de chaque côté de la ligne médiane, entre l'occipital en arrière et le frontal en avant. Le *lobe pariétal du cerveau* est situé sous l'os pariétal.

Parkinson (maladie de), maladie lentement progressive, atteignant le sujet dans la seconde moitié de la vie. Elle associe un trouble moteur, l'akinésie, une rigidité, un tremblement.

Clinique. L'*akinésie* est la rareté du mouvement : le parkinsonien est immobile, sa mimique diminue, le balancement associé du bras lors de la marche disparaît ; le sujet paraît économe de ses mouvements. Cette akinésie est due à la *perte de l'automatisme des mouvements,* qui dépend des voies extrapyramidales*. Le parkinsonien doit penser le moindre de ses gestes, d'où de grandes difficultés à se mouvoir et notamment à marcher, écrire, etc.

La *rigidité* est due à une exagération du tonus musculaire, constatée lors de l'étirement passif d'un muscle. La résistance du sujet cède par à-coups successifs : c'est le phénomène de la roue dentée. Cette hypertonie donne au malade une attitude caractéristique « en flexion », tête et tronc inclinés en avant, bras fléchis, genoux légèrement repliés.

Le *tremblement* est dit « de repos », car il s'atténue dans le mouvement volontaire. On le constate nettement au niveau des doigts : le sujet semble rouler une cigarette. Il disparaît pendant le sommeil et s'exagère à l'émotion.

L'état psychique des malades évolue vers le repliement sur soi et des modifications de l'humeur, dues à une communication de plus en plus difficile avec l'entourage. L'évolution de la maladie de Parkinson est inexorablement progressive.

Cette affection est due à une atteinte du *locus niger*, noyau gris central du cerveau et des voies extrapyramidales.

LES SYNDROMES PARKINSONIENS. Ils diffèrent de la maladie dans leur mode de début et leur installation, qui peuvent être brutaux. Ils peuvent avoir une cause infectieuse, tumorale, vasculaire, traumatique ou toxique (oxyde de carbone, neuroleptiques*).

Traitement. Il repose sur la prescription de L-dopa, précurseur de la dopamine*, dont les doses doivent être augmentées très progressivement afin de parvenir à la dose seuil. L'amantadine, la scopolamine et divers médicaments synthétiques complètent l'action de la L.-dopa.

La chirurgie (v. STÉRÉOTAXIE) est utilisée dans le traitement des tremblements irréductibles.

parodonte n. m. Appareil de soutien de la dent, constitué par le *cément* (couche superficielle recouvrant l'ivoire de la racine), le *ligament alvéolo-dentaire* (attachant la dent à l'alvéole du maxillaire), l'*os alvéolaire* (partie de l'os maxillaire où sont creusés les alvéoles dentaires) et les *gencives**.

parodontite n. f. V. PARODONTOLYSE.

parodontolyse n. f. Destruction progressive, et irréversible en l'absence de traitement, du parodonte*.

Les parodontolyses se manifestent par une rétraction des gencives (dents déchaussées), de la pyorrhée (formation de pus) et un ébranlement croissant des dents aboutissant à leur chute.

Causes des parodontolyses. Les *causes générales* le plus fréquemment retrouvées sont les *troubles endocriniens* (hypophyse, thyroïde, surrénales, glandes génitales surtout chez la femme), les *infections* (des amygdales, de l'intestin, des voies biliaires ; les septicémies), les *allergies*, les *avitaminoses*, les *intoxications*.

Les *causes locales* sont nombreuses : il peut s'agir d'une inflammation (gingivite*), d'un traumatisme, du tartre dentaire, des obturations ou prothèses mal ajustées ou débordant sur les gencives. La pénétration de particules alimentaires entre les dents est une cause d'inflammation, donc de parodontolyse. Une anomalie de l'articulé* dentaire, l'absence d'une dent sont causes de fatigue pour les dents restantes, qui sont ainsi plus exposées. Les bactéries observées au niveau des lésions ne sont pas spécifiques : ce sont les germes habituels des infections buccales (entérocoques, streptocoques, fusospirilles).

Formes cliniques. La parodontolyse se manifeste sous deux formes très différentes : l'une inflammatoire, la *parodontite*, l'autre dégénérative, la *parodontose*.

La *parodontite* (ancienne « pyorrhée alvéolo-dentaire ») commence par une gêne, puis une douleur au niveau des gencives, qui deviennent rouges, gonflées, avec des bandelettes interdentaires hypertrophiées. Les saignements sont fréquents, au moindre contact. Les poussées se répètent, séparées par des périodes d'amélioration, puis l'inflammation devient permanente. Des cavités se creusent dans le ligament alvéolo-dentaire, et du pus s'écoule entre la gencive et la dent. Celle-ci devient de plus en plus mobile. La radiographie montre la régression de l'os alvéolaire. La gencive se rétracte. La mastication devient très difficile. L'infection peut gagner la dent par sa racine, former des abcès (parulie). Des complications générales sont possibles : néphrite, endocardites, rhumatismes.

La *parodontose* se caractérise par l'absence de douleur et par la lenteur de son évolution. Les gencives sont pâles, comme anémiques. Elles se résorbent, ainsi que les languettes interdentaires, près des incisives, des canines, des molaires supérieures. Puis des racines des dents se dénudent sur le tiers de leur hauteur, devenant légèrement douloureuses au contact. À un state ultérieur, l'os se résorbe, comme le montrent les radiographies, le ligament étant réduit à quelques millimètres ; la dent, très mobile, tombe spontanément. Des phénomènes inflammatoires peuvent se surajouter, transformant la parodontose en parodontite (v. plus haut).

Traitement. Il doit être préventif et curatif, local et général, et être poursuivi régulièrement afin de limiter l'évolution.

Le *traitement préventif* consiste à établir chez l'enfant un articulé dentaire et une occlusion des maxillaires normaux. À tout âge le brossage biquotidien des dents élimine les déchets retenus près des dents. Le traitement des caries à leur début, le détartrage périodique et une surveillance régulière par le dentiste ou le stomatologiste permettent de supprimer sinon de réduire au maximum les causes locales. Le médecin joue un rôle important en neutralisant les foyers infectieux, corrigeant les troubles endocriniens, le diabète, les erreurs de régime, les avitaminoses.

Le *traitement curatif* comporte pour l'état général les mêmes indications que le traitement local, auxquelles on ajoute l'administration régulière d'extrait de *Zea mays* (maïs) et les antibiotiques en cas d'infection aiguë.

Le *traitement local* comporte une hygiène *bucco-dentaire* très rigoureuse, la suppression de toutes les causes d'irritation locale (détartrage), le rétablissement d'un bon engrènement des maxillaires ainsi que de leur occlusion. L'immobilisation ou la contention des dents mobiles permet une meilleure répartition des pressions masticatoires. Le traitement chirurgical supprime les culs-de-sac péridentaires (gingivectomie) et les cavités infectées. Le massage des gencives à la brosse souple reste la méthode la plus efficace, en activant la circulation et en exprimant le pus des culs-de-sac.

parodontose n. f. V. PARODONTOLYSE.

parosmie n. f. Interprétation erronée d'une perception olfactive réelle.

parotide n. f. La plus volumineuse des glandes salivaires, située sous le conduit auditif externe, en arrière de la branche montante du maxillaire inférieur.
La salive sécrétée se déverse dans la bouche par le *canal de Sténon,* qui, après avoir traversé la joue, s'ouvre en regard de la première molaire.

Les inflammations de la parotide sont les *parotidites**.

Les *tumeurs de la parotide* sont parfois des épithéliomas, plus souvent des *tumeurs mixtes,* constituées de tissus différents (dysembryomes), bénignes mais pouvant évoluer vers la dégénérescence cancéreuse ; elles doivent être traitées chirurgicalement dès leur découverte (parotidectomie).

Les *plaies* de la parotide présentent une gravité particulière du fait de la possibilité de blessure du nerf facial (paralysie faciale), de la carotide externe (hémorragie grave) ou du canal de Sténon (fistule salivaire).

La *lithiase du canal de Sténon* se manifeste par des crises douloureuses paroxystiques et une tuméfaction de la région parotidienne. Le calcul peut s'évacuer spontanément ou, enclavé, provoquer des complications (infection, fistule salivaire).

parotidite n. f. Inflammation de la parotide*, qui peut être infectieuse ou toxique.
La plus fréquente des *parotidites infectieuses* est observée dans les oreillons*.

Lors des infections de voisinage (stomatite, angines), on observe souvent des parotidites très douloureuses, surtout lors de la mastication, qui évoluent vers la suppuration. L'incision de l'abcès peut être suivie d'une fistule salivaire.

Les parotidites toxiques, dues au plomb, au mercure, sont de mauvais pronostic.

paroxysme n. m. Période d'une maladie ou d'une douleur où les signes atteignent leur maximum.

parulie n. f. Petit abcès de la gencive, dont l'origine est une infection de l'alvéole dentaire.

P. A. S. V. PARA-AMINO-SALICYLIQUE.

passion n. f. « Émotion intense et prolongée » qui mobilise toute l'énergie du sujet et détermine son comportement.
La passion peut aller dans le sens de l'amour ou de la haine. Elle peut être féconde tant que l'être passionné garde sa lucidité, mais peut atteindre une intensité pathologique dans l'*état passionnel* ou le *délire passionnel.*

Les *états passionnels* comportent des crises passionnelles passagères à la suite d'un

Parotide. Tumeur avant opération.

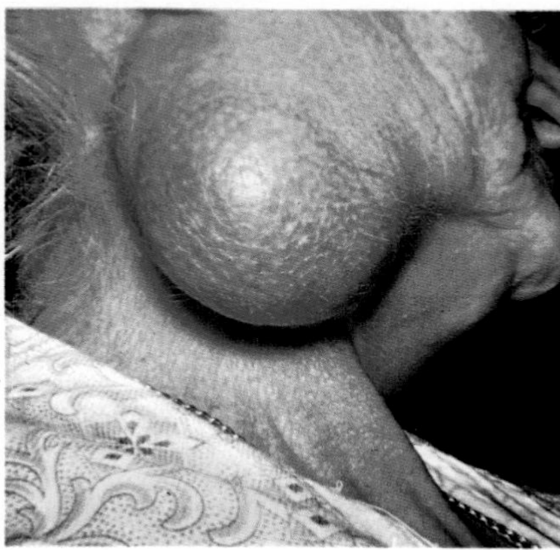

Phot. Pr Laccourreye.

choc affectif, des états passionnels se développant progressivement, pour aboutir à une décharge explosive parfois meurtrière. Encore plus graves sont les délires passionnels, que l'on classe dans les délires paranoïaques de revendication. Les plus courants sont le *délire de jalousie*, l'*érotomanie* (illusion délirante d'être aimé), les *délires de revendication*.

passivité n. f. Modalité de comportement caractérisée par une absence ou une faiblesse des réactions aux sollicitations extérieures.
La passivité s'observe aussi bien chez certains malades mentaux que chez des individus pour qui il s'agit d'un comportement passager.

pasteurellose n. f. Infection due à des bactéries du genre *pasteurella*.
Elles sont nombreuses chez les animaux sauvages ou domestiques qui contaminent l'homme accidentellement. On distingue, selon le bacille : la tularémie* (*Pasteurella tularium*), les pasteurelloses vraies (*Pasteurella multocida*), la pasteurellose à bacille de Malassez et Vignal.

La pasteurellose vraie. Après une morsure par un chien ou un chat, la plaie devient rouge, inflammatoire. Les ganglions lymphatiques augmentent de volume, une lymphangite et, parfois même, des douleurs articulaires complètent le tableau. Puis une sérosité purulente s'écoule de la plaie infectée. Il existe des formes septicémiques*, mais surtout des formes régionales avec atteintes articulaires et vasculaires.

Le diagnostic repose sur l'identification du germe et l'intradermoréaction à l'antigène correspondant. Le traitement est à base d'antibiotiques (tétracyclines) et justifie la vaccination.

La pasteurellose à bacille de Malassez et Vignal. C'est une maladie fréquente chez les rongeurs. Elle atteint rarement l'homme, avec une prédominance chez les sujets jeunes de sexe masculin. Elle se traduit souvent par une forme pseudo-appendiculaire (douleurs abdominales, troubles digestifs, fièvre) ou par un érythème noueux. Il existe des formes septicémiques, de mauvais pronostic.

La découverte du bacille dans les ganglions mésentériques* fait le diagnostic.

pasteurisation n. f. Méthode de protection des aliments par chauffage mesuré.
La pasteurisation ne permet de conserver les produits que quelques jours.

pastille n. f. Médicament de la forme d'un petit disque, qu'on laisse fondre dans la bouche.

patch n. m. Petit tissu adhésif renfermant une substance, qu'on applique sur la peau afin d'étudier la sensibilité de celle-ci à son égard, en vue de la détermination d'une allergie.

pâte n. f. **Pâte dermique,** pommade épaisse dont la consistance est due à la forte proportion de poudre qui la constitue.
Pâtes officinales composées sucrées, appelées aussi *pâtes pectorales;* elles sont à base de gomme arabique et de médicaments contre la toux.
Pâtes alimentaires, produits à base de semoule de blé desséchée et moulée. — On ajoute parfois des œufs desséchés ou frais. Elles renferment beaucoup de glucides et doivent être pesées dans le régime des diabétiques.

patellectomie n. f. Ablation chirurgicale de la rotule, totale ou partielle, en cas de fractures comminutives ou d'arthrose du genou.

paternité n. f.
Désaveu de paternité. En droit français, une présomption existe selon laquelle l'enfant né d'une femme mariée a pour père le mari de celle-ci. Cette présomption ne pourra pas jouer néanmoins dans deux cas : *a*) si l'enfant est déclaré sous le nom de jeune fille de sa mère et n'a de possession d'état qu'à l'égard de celle-ci; *b*) en cas de jugement ou de demande de séparation de corps ou de divorce, lorsque l'enfant est né plus de 300 jours après l'ordonnance qui autorise les époux à résider séparément (ou moins de 180 jours après le rejet de la demande ou la réconciliation).

Le mari de la mère aura toujours le droit de désavouer l'enfant en justice en justifiant de faits propres à démontrer qu'il ne peut pas en être le père (adultère, vieillesse du mari, couleur de peau de l'enfant, etc.). Lorsque l'enfant est né moins de 180 jours après la célébration du mariage, le père prétendu n'aura même pas à prouver ces faits; il pourra désavouer l'enfant en invoquant seulement la date de l'accouchement, à moins qu'il n'ait connu la grossesse avant le mariage ou qu'il ne se soit, après la naissance, comporté comme le père.

En l'absence de désaveu de la part du mari, la mère pourra *contester la paternité* de celui-ci lorsque, après dissolution de son mariage, elle se sera remariée avec le véritable père de l'enfant et qu'elle et son nouveau conjoint auront désiré légitimer l'enfant pour que la vérité de la filiation soit rétablie.

Recherche de paternité. Pour que la filiation d'un enfant non légitime soit établie, il faut soit une reconnaissance des parents, soit une décision de justice. La reconnaissance, qui se fait soit dans l'acte de naissance, soit par acte authentique, est un acte individuel qui n'engage que son auteur. La recherche de maternité est assez rare, la recherche de paternité beaucoup plus fréquente. La loi ne l'autorise que dans certains cas : enlèvement ou viol, lorsque l'époque des faits se rapporte à celle de la conception ; séduction accomplie à l'aide de manœuvres dolosives, abus d'autorité, promesse de mariage ou fiançailles ; existence de lettres ou autres écrits émanant du père prétendu, propres à établir la paternité d'une manière non équivoque ; fait que le père prétendu ou la mère ont vécu pendant la période légale de la conception en état de concubinage, impliquant, à défaut de communauté de vie, des relations stables et continues ; cas où le père prétendu a pourvu ou participé à l'entretien, à l'éducation ou à l'établissement de l'enfant en qualité de père. L'action en recherche de paternité n'est pas recevable s'il est établi que, pendant la période légale de la conception, la mère était d'une inconduite notoire ou qu'elle a eu commerce avec un autre individu, à moins qu'il ne résulte d'un examen des sangs ou de toute autre méthode médicale certaine (par exemple, constatation d'une castration) que cet individu ne peut être le père. Elle n'est pas non plus recevable si le père prétendu était pendant la même période, soit par suite de l'éloignement, soit par l'effet de quelque accident (le droit français ne reconnaissant pas l'impuissance naturelle comme une cause de désaveu), dans l'impossibilité physique d'être le père. Enfin, le père prétendu peut faire la preuve par un examen des sangs ou toute autre méthode médicale certaine qu'il ne peut être le père de l'enfant.

pathétique adj. Relatif aux émotions, aux passions.
Le *nerf pathétique*, IVe paire de nerfs crâniens, assure l'innervation d'un muscle rotateur de l'œil, le *grand oblique*, appelé autrefois *muscle pathétique* (il fait rouler l'œil, portant la cornée en bas et en dehors).

pathogène adj. Qui engendre la maladie.
Pouvoir pathogène d'un germe, ensemble des manifestations morbides que provoque la pénétration de ce germe dans un organisme réceptif. Il dépend de la virulence (capacité de multiplication) du germe et des différentes toxines qu'il sécrète.

pathogénésie n. f. En médecine homéopathique, ensemble des signes et symptômes observés chez un sujet antérieurement sain après absorption d'une substance organique minérale ou végétale, et qui justifient d'un traitement par cette même substance en cas de symptômes analogues.

pathognomonique adj. Se dit d'un symptôme ou d'un signe biologique permettant à lui seul de faire le diagnostic de l'affection qui le provoque.

pathologie n. f. Science consacrée à l'étude des maladies.

pathomimie n. f. Simulation de maladies ou d'infirmités par des individus qui se complaisent, par vanité ou dans un dessein vénal, dans des situations morbides.

patte-d'oie n. f. **1.** Insertion terminale sur le tibia des tendons des muscles couturier, droit interne et demi-tendineux de la cuisse. **2.** Rides « de la patte-d'oie », rides en rayons qui atteignent la région externe des paupières.

Paul, Bunnell et Davidson (réaction de), réaction sérologique de la mononucléose* infectieuse.

paupière n. f. Repli de peau et de tissu membraneux placé en avant de l'œil*.
Il existe pour chaque œil une paupière supérieure et une paupière inférieure, qui, en se rapprochant, recouvrent complètement le globe oculaire. Quand l'œil est ouvert, elles délimitent la fente palpébrale. Les paupières ont un rôle de protection grâce à leurs cils, qui écartent les poussières, et à leurs mouvements ou clignements, qui balaient constamment la cornée.

Les principales affections de la paupière sont : la blépharite*, l'orgelet*, le chalazion*, l'eczéma*, l'entropion*. Les tumeurs bénignes sont : le kyste dermoïde*, le papillome*, le xanthélasma*, l'angiome*, etc. Les tumeurs malignes sont des épithéliomas* ou des nævo-carcinomes*. (V. illustration p. 678.)

pavot n. m. Plante aux fleurs blanches ou rouges, au fruit globuleux (*Papaver somniferum*), contenant de la morphine et divers alcaloïdes sédatifs.
Les capsules non mûres sont incisées et laissent couler un suc qui, desséché, constitue l'opium*. Le décocté de capsules (20 g par litre) est employé en bains de bouche, en lotions calmantes. (Toxique, tableau A.)

Les graines de certaines variétés de pavot (œillette), exprimées à froid, donnent l'*huile d'œillette*, d'usage alimentaire et pharmaceutique (usage externe).

peau n. f. Membrane imperméable qui recouvre la surface du corps.
Histologie. La peau comprend le *derme**, richement innervé et vascularisé, l'*épiderme**, qui joue un rôle protecteur, les *phanères** et les *glandes.* La peau résiste aux

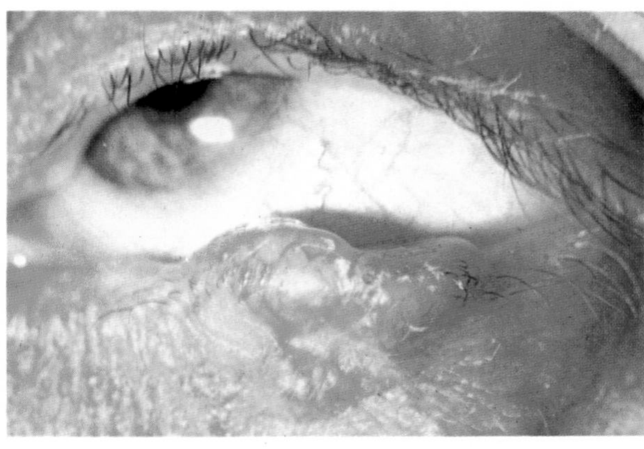

Paupière. Épithélioma de la paupière.

traumatismes et à la pénétration de produits toxiques. Les terminaisons nerveuses permettent la transmission au cerveau des perceptions du toucher (force, pression, température). La peau produit une matière sébacée, le *sébum*, qui assouplit la couche cornée, et la *sueur* qui règle les dépenses thermiques.

Lésions traumatiques de la peau. Les *avulsions** (ou arrachements) sont des pertes plus ou moins complètes de peau et posent de délicats problèmes de chirurgie réparatrice. Le *scalp* du cuir chevelu en est un exemple.

Les *contusions* sont des atteintes d'écrasement dues à des pressions exagérées. Les *érosions* sont des plaies très superficielles.

Dans tous les cas, l'infection doit être évitée par l'application locale d'antiseptiques et la vaccination contre le tétanos.

Maladies de la peau. On les désigne sous le terme générique de dermatoses*, à l'exception des cancers. (V. aussi ECZÉMA, PSORIASIS, IMPÉTIGO, etc.)

Cancers de la peau. Ils apparaissent souvent après la quarantaine et sont indolores.

On distingue les cancers épidermiques ou épithéliomas*, les nævo-carcinomes ou mélanomes* et les métastases de cancers profonds. Les épithéliomas sont les plus susceptibles de guérison en raison de leur faible extension et de la possibilité d'exérèse chirurgicale ou de radiothérapie. La récidive peut survenir longtemps après le premier traitement et est justiciable alors de nouvelles

Peau normale. A. Épiderme. B. Derme.
1. Couche cornée;
2. Couche claire; 3. Couche granuleuse;
4. Corps muqueux de Malpighi;
5. Couche génératrice (basale);
6. Glande sudoripare; 7. Follicule pileux;
8. Glande sébacée; 9. Corpuscule de Meissner;
10. Corpuscule de Pacini.

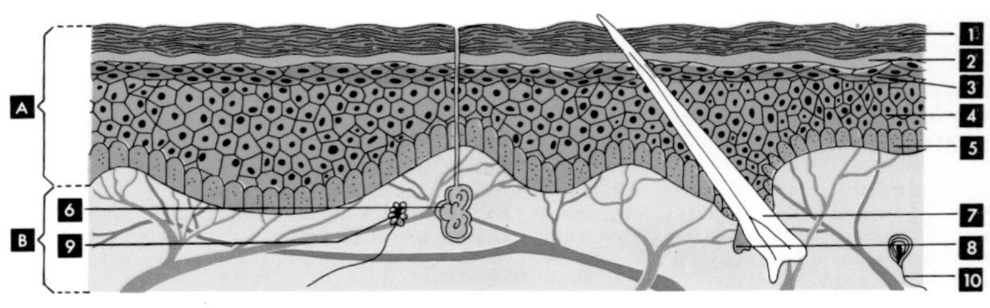

irradiations radiothérapiques*. L'électrocoagulation donne souvent d'excellents résultats.

peaucier adj. et n. m. Se dit d'un muscle qui possède une insertion mobile sur la peau (muscles des paupières, des lèvres, etc.).

pectine n. f. Sucre à grosse molécule, présent dans un grand nombre de fruits.
La pectine entre dans la composition de nombreux mucilages* et est hémostatique*.

pectoral, e, aux adj. **1.** En rapport avec la poitrine : *muscles petit et grand pectoral.* **2. Pharmacie.** Se dit des substances réputées curatives pour les bronches et les poumons : sirops, pâtes sucrées, espèces*.

pédagogie n. f. Art d'instruire ou d'élever les enfants.
La pédagogie a évolué progressivement depuis l'introduction des données de la psychologie. À côté des méthodes traditionnelles, dites « autoritaires », sont d'abord apparues des « méthodes optimistes », faisant entière confiance à la nature de l'enfant, mais qui devinrent l'objet d'un certain nombre de reproches. Bientôt fut créée une nouvelle organisation scolaire visant à former des classes homogènes : classes pour arriérés, classes de perfectionnement, classes pour sujets bien doués, etc. Sont venues enfin des méthodes pédagogiques visant à s'adapter le plus complètement possible à l'enfant, en fonction de son âge et de ses intérêts. La notion de « méthode active », de plus en plus connue, implique une participation active de l'enfant à l'élaboration même de ses connaissances.

pédérastie n. f. Homosexualité* masculine.

pédiatrie n. f. Médecine des enfants.
Cette spécialité fait appel à toutes les autres disciplines (génétique, biochimie, cardiologie, néphrologie...). Elle suit la pathologie de l'enfant, du stade de nouveau-né jusqu'à la puberté. Les hôpitaux d'enfants limitent à 15 ans l'entrée dans les services de pédiatrie.

pédicule n. m. Faisceau nourricier d'un organe, d'une glande, d'un tissu, réunissant l'artère principale, ses veines et son nerf.

pédiculé, e adj. Se dit de tumeurs rattachées à l'organisme par un seul pédicule.

Greffe pédiculée, greffon conservant une attache avec la région donneuse. (V. GREFFE.)

pédiculose n. f. Dermatose provoquée par les poux. (Syn. : PHTIRIASE*.)

pédicure n. Auxiliaire médical qui pratique des soins sur les pieds des malades.

pédieux, euse adj. En rapport avec le pied : *artère pédieuse, muscle pédieux.*

pédoncule n. m. **Anatomie.** Cordon aboutissant à un organe.

Pédoncules cérébraux. Situés sur la face antérieure du tronc cérébral, ils relient la protubérance* au cerveau*. (V. TRONC, *Tronc cérébral.*)

Pédoncules cérébelleux. Situés sur la face postérieure du tronc* cérébral, ils relient celui-ci au cervelet*.

pédophilie n. f. Perversion sexuelle qui se manifeste par les désirs ou le comportement érotiques que peut avoir l'adulte à l'égard d'enfants.

peeling n. m. Exfoliation artificielle de la peau. — Le peeling permet de renouveler l'épiderme en effaçant les rides et certaines cicatrices superficielles. On emploie la neige carbonique et la résorcine, qui provoquent une desquamation efficace. Seuls les dermatologues pratiquent les peelings, afin d'en évaluer les justes indications et d'en effectuer la surveillance. Les instituts de beauté se sont emparés de cette méthode, mais n'emploient que des produits légers, ce qui rend le résultat moins appréciable.

peinture n. f. **Peintures à l'huile.** Leurs *solvants,* d'origine végétale ou minérale, sont responsables de pneumopathies d'élimination, après passage dans le sang. Leurs *pigments* sont dangereux pour les sujets dont les reins sont atteints d'une affection sérieuse.

Le danger d'intoxication par ingestion existe surtout chez les enfants ; les sujets qui manipulent les pistolets à peinture peuvent inhaler imprudemment ces peintures, toxiques pour le poumon.

Peintures à l'eau. Elles sont en général anodines ; seuls les pigments peuvent être dangereux.

Traitement. L'ingestion proscrit toute tentative de lavage gastrique, toute administration de lait, qui favorise l'absorption des peintures. L'état pulmonaire demande une surveillance étroite pendant quelques jours, et un bilan rénal peut être entrepris afin de dépister une atteinte rénale.

pelade n. f. Plaque d'alopécie* (chute des cheveux) circonscrite.

Pelade en plaques. Il s'agit d'une ou de plusieurs zones arrondies, dépourvues de cheveux ou de poils. Le cuir est œdématié, les pores dilatés. À la périphérie, on trouve des cheveux dits « en points d'exclamation », c'est-à-dire présentant une extrémité renflée, l'autre étant en épi de blé. Ils signent l'évolutivité de la plaque. La pelade qui siège à la barbe est plus tenace et souvent associée à du vitiligo*.

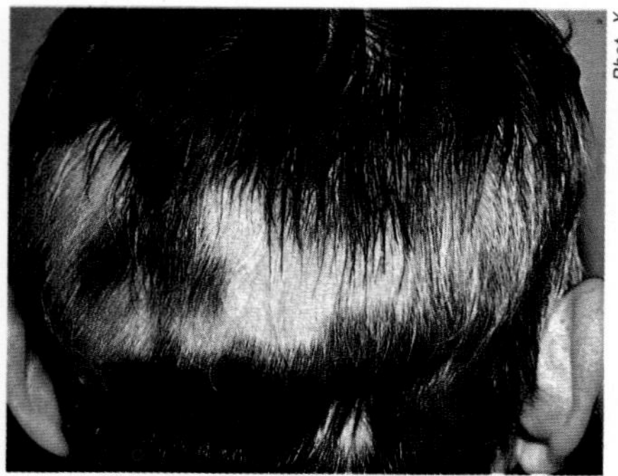

Pelade. Pelade avec cheveux de repousse.

Pelade décalvante totale. Elle atteint le crâne en totalité, les cils, les sourcils... La repousse est rare, surtout après la puberté. Des traitements classiques (frictions révulsives, soufre, vitamines) et surtout la corticothérapie générale permettent certaines guérisons. Un déséquilibre neurovégétatif doit toujours être recherché et traité (sédatifs).

pellagre n. f. Maladie du groupe des avitaminoses, due à un déficit en vitamine* B3 ou PP (*Para Pellagra*).

Causes. Les carences d'apport existent encore dans certains pays d'Asie ou d'Afrique.

La carence d'absorption résulte d'une gastrectomie* ou d'une diarrhée au long cours.

Les carences d'utilisation s'observent chez les sujets alcooliques chroniques et au cours de certains traitements antituberculeux.

Symptômes. La pellagre débute soudainement par un érythème* (rougeur) des régions découvertes qui finit par desquamer, des troubles digestifs à type d'entérocolite, avec glossite* et stomatite*. Enfin, les troubles psychiques débutent par des céphalées, de l'insomnie, de l'anxiété, et peuvent aboutir à un syndrome maniaco-dépressif.

Traitement. On prescrit des aliments lactés, des œufs, auxquels on adjoint de la nicotinamide (vitamine PP) et d'autres vitamines B.

pellet n. m. Comprimé d'hormone cristallisée, destiné à être implanté sous la peau et assurant une imprégnation prolongée de l'organisme.

pellicule n. f. Squame du cuir chevelu. Les squames sont fines (pityriasis sec) ou grasses et grossières (pityriasis gras). Il convient de corriger les troubles digestifs des sujets atteints et de faire un traitement local par des antiseptiques et des shampooings appropriés.

pelvien, enne adj. Qui se rapporte au pelvis ou petit bassin.

pelvimétrie n. f. Appréciation chiffrée des mesures du bassin osseux, pour juger du pronostic d'un accouchement, soit par l'examen clinique soit par radiographies.

pelvis n. m. Partie du bassin* située au-dessous du détroit supérieur. (Syn. : PETIT BASSIN.)

pemphigus n. m. Terme générique qui regroupe toutes les maladies cutanées bulleuses.

La bulle est dans l'épaisseur de l'épiderme. Le pronostic des pemphigus, autrefois fatal, a été modifié par la corticothérapie depuis que ces maladies ont été définies comme auto*-immunes (dues à des anticorps sanguins dirigés contre les cellules cutanées).

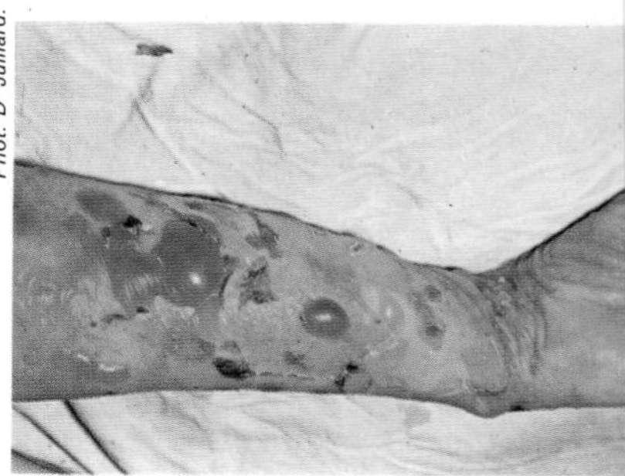

Pemphigus adulte.
Nombreuses lésions bulbeuses de l'avant-bras.

Le *pemphigus habituel* se traduit par de grosses bulles flasques disséminées, très douloureuses.

Le *pemphigus végétant* débute par une atteinte buccale et s'étend aux grands plis cutanés.

Le *pemphigus séborrhéique* est caractérisé par des placards squameux au niveau du cuir chevelu et du visage. Puis les croûtes font place aux bulles excentrées. Les muqueuses ne sont pas atteintes.

Le *pemphigus foliacé* aboutit à une érythrodermie* desquamative. La guérison est spontanée.

Enfin, le *pemphigus bénin familial*, survenant souvent dans l'enfance, prédomine sur les côtés du cou et aux plis inguinaux. Les rémissions spontanées alternent avec les poussées évolutives.

pendaison n. f. Forme de strangulation obtenue en passant autour du cou un lien sur lequel s'exerce ensuite le poids du corps.
La mort est provoquée par asphyxie et anoxie cérébrale. La perte de connaissance se produit en 8 à 10 secondes, mais le pendu reste accessible aux soins de réanimation pendant environ 10 minutes. En cas de chute du corps d'une certaine hauteur, il y a rupture des vertèbres du cou, lésion du bulbe et mort immédiate.

pénicillamine n. f. Produit de dégradation de la pénicilline, c'est un agent chélateur utilisé dans le traitement de la maladie de Wilson* et qui favorise l'élimination urinaire du cuivre.

pénicilline n. f. Antibiotique élaboré par divers champignons microscopiques du genre *penicillium.*
La préparation de la pénicilline consiste en une culture de *Penicillium notatum,* suivie de manœuvres d'extraction et de purifications qui isolent un grand nombre de corps (pénicillines F, G, V, K...) dont seuls quelques-uns sont retenus pour leurs propriétés thérapeutiques.

Constitution chimique et variétés. La pénicilline est un noyau complexe, soufré. Ce noyau, constant dans toutes les sortes de pénicilline, est responsable de l'activité et classe la pénicilline dans les β-lactamines.

La *pénicilline G* est la pénicilline de base : c'est un corps cristallisé, soluble dans l'eau et l'alcool, détruit en milieu acide, ce qui rend impossible son ingestion par la bouche.

Elle est administrée en injection intramusculaire ou en perfusion intraveineuse. Sa diffusion est rapide dans tous les liquides de l'organisme. Son élimination est également rapide par le rein, obligeant à répéter les injections. Elle n'est pas toxique, mais donne parfois des incidents allergiques bénins qui interdisent toute nouvelle prise.

La *pénicilline V* résiste à l'acidité gastrique et se prend donc par la bouche. Mais son absorption intestinale est peu contrôlable et son intérêt est plus prophylactique que curatif.

Dans les *pénicillines «retard»,* l'effet retard est obtenu en fixant la pénicilline sur une base organique peu soluble et retardant sa diffusion.

Ainsi le benzylpénicillinate de procaïne est-il efficace pendant environ 24 heures et la benzathine-pénicilline pendant environ 15 jours.

La *bipénicilline* associe une pénicilline G à la pénicilline-procaïne.

Spectre d'action. Active sur un grand nombre de bactéries Gram + et d'anaérobies, la pénicilline connaît des résistances, surtout envers certains staphylocoques. Elle reste très active vis-à-vis du méningocoque, du pneumocoque et du streptocoque.

Les résistances ont conduit à chercher d'autres pénicillines, synthétiques ou semi-synthétiques. Ce sont principalement l'*ampicilline,* la *méthampicilline,* la *cloxacilline,* l'*oxazocilline,* etc.

pentamidine n. f. Substance synthétique utilisée dans le traitement des trypanosomiases*.

penthiobarbital n. m. Anesthésique actif par voie intraveineuse.
C'est un barbiturique d'action rapide et brève, aux effets secondaires rares.

pentose n. m. Sucre à cinq atomes de carbone.
Certains pentoses entrent dans la composition des acides nucléiques*, de certaines enzymes et de l'A. T. P.*.

pepsine n. f. Protéine, constituant essentiel du suc gastrique, qui provient de l'activation du pepsinogène, sécrété dans le fundus de l'estomac*.
Elle hydrolyse un nombre important de protides. (V. DIGESTION.)

peptide n. m. Protide composé par l'union de deux ou de plusieurs acides aminés* par des liaisons CO—NH (*liaisons peptidiques*).
Les *polypeptides* comprennent un nombre plus important d'acides aminés.

peptique ou **pepsique** adj. Relatif à la pepsine. (V. ENZYME et ESTOMAC.)
Ulcère peptique, ulcère siégeant sur le jéjunum, survenant après une gastrectomie partielle et dû à l'attaque directe de la muqueuse par la sécrétion chlorhydropeptique de l'estomac restant. Le traitement en est chirurgical : résection de l'anse ulcérée et vagotomie*.

peptone n. f. Mélange d'aminoacides et de polypeptides résultant de l'action d'une enzyme protéolytique sur une protéine.

percussion n. f. Méthode d'investigation clinique consistant à écouter le bruit produit en frappant une partie du corps.
Pratiquée sur le thorax et l'abdomen, la percussion en apprécie la sonorité. Elle peut être *immédiate,* en frappant avec les doigts, ou *médiate,* les doigts droits frappant le médius gauche posé à plat sur la paroi. La

percussion permet de déceler la matité*, le tympanisme*, le skodisme*.

percutané, e adj. Fait à travers la peau. **Voie percutanée,** passage direct d'une broche à destinée osseuse à travers la peau.
Médicaments percutanés, ceux qui sont introduits par massage ou friction.

perforant, e adj. **Mal perforant,** ulcération creusant la peau en profondeur.

Ces maux atteignent tous les plans, cutanés, musculaires, articulaires, et s'observent au cours d'affections neurologiques telles que le tabès ou au cours du diabète évolué.

perforation n. f. **Perforation intestinale,** brèche au niveau de l'intestin grêle ou du côlon, entraînant l'irruption dans la cavité abdominale de gaz et de liquides alimentaires.

Les causes en sont nombreuses : traumatiques (plaies de l'abdomen), infectieuses (typhoïde), ulcéreuses (perforation des ulcères gastro-duodénaux), médicamenteuses (dérivés de l'acide salicylique, de la cortisone). La symptomatologie est variable, les signes essentiels restant la contracture abdominale et, à la radiographie, l'existence d'un pneumopéritoine*. Le traitement est chirurgical.

perfringens adj. et n. m. **Bacille perfringens,** bacille anaérobie* Gram* positif.

Il sécrète une toxine, responsable, avec d'autres germes, de gangrène gazeuse et de septicémies gravissimes (après avortement).

perfusion n. f. Introduction, de façon lente et prolongée, de liquides thérapeutiques (sang, plasma, médicaments) en volumes importants.
Les perfusions sont presque toujours pratiquées par voie veineuse. Le tuyau de perfusion est raccordé à une aiguille ou, mieux, à un cathéter* souple placé dans une veine. À l'autre bout, on place le flacon de perfusion contenant le liquide à administrer. Cette voie peut être maintenue longtemps, mais elle est parfois la source de complications infectieuses (lymphangites, septicémies).

périartérite n. f. Inflammation de la paroi externe des artères.

Périartérite noueuse ou maladie de Küssmaul-Maïer. Collagénose* atteignant l'homme plus fréquemment que la femme, à l'âge adulte. La symptomatologie de la maladie est variable, dominée par la fièvre. Il existe une altération de l'état général, et des douleurs intenses prédominent aux membres inférieurs. Des nodosités peuvent apparaître de façon fugace sous la peau. Les artères des viscères peuvent être atteintes, donnant des signes cardiaques, rénaux (hypertension artérielle), digestifs, pulmonaires. Le diagnostic est porté sur la biopsie musculaire ou cutanée, révélant l'aspect histologique caractéristique de la maladie.

D'évolution imprévisible mais parfois très longue, la périartérite noueuse (P. A. N.) ne connaît pas de traitement spécifique. La corticothérapie permet de prolonger la vie de ces malades, qui meurent généralement d'insuffisance cardiaque ou rénale.

périarthrite n. f. Inflammation des bourses séreuses et des tendons qui entourent une articulation, cette dernière étant respectée. La périarthrite est essentiellement une maladie de l'épaule (*périarthrite scapulo-humérale*) qui se traite par antalgiques, infiltrations locales, massages et kinésithérapie.

périarticulaire adj. Situé autour d'une articulation : *injection périarticulaire.*

péricarde n. m. Enveloppe qui contient le cœur, formée d'une partie séreuse (dont les deux feuillets pariétal et viscéral limitent la *cavité péricardique*, normalement virtuelle) et

Péricarde. Coupe antéro-postérieure passant par le cœur gauche :
1. Sac fibreux du péricarde ; 2. Aorte ;
3. Artère pulmonaire ; 4. Sinus de Theile ;
5. Péricarde pariétal ;
6. Péricarde viscéral ; 7. Ventricule gauche ;
8. Myocarde ;
9. Diaphragme ; 10. Oreillette gauche.

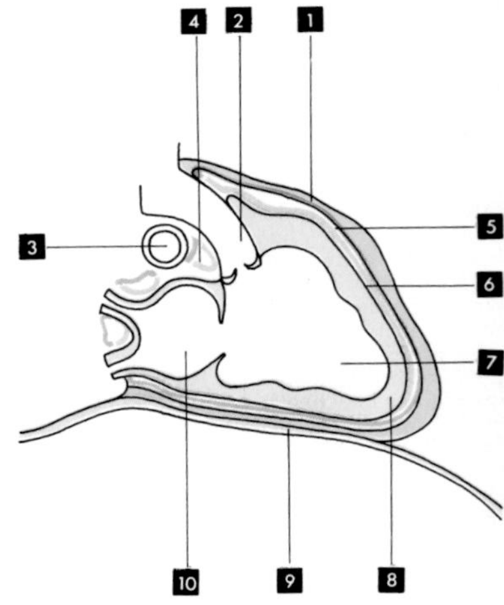

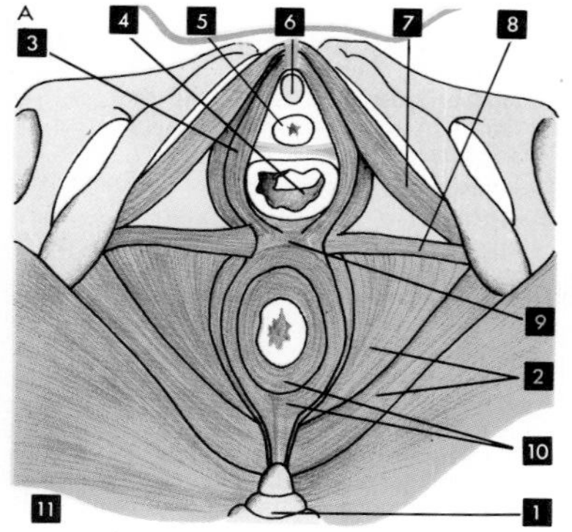

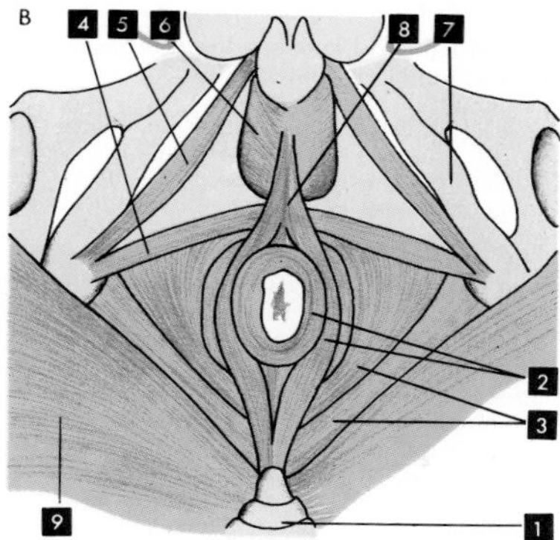

Périnée. A. Périnée de la femme :
1. Coccyx;
2. Releveurs; 3. Muscle bulbo-caverneux;
4. Vagin; 5. Urètre; 6. Clitoris;
7. Muscle ischio-caverneux;
8. Muscle transverse superficiel du périnée;
9. Noyau fibreux central;
10. Sphincter anal; 11. Grand fessier.
B. Périnée de l'homme :
1. Coccyx; 2. Sphincter externe de l'anus;
3. Muscles releveurs de l'anus;
4. Muscle transverse superficiel du périnée;
5. Muscle ischio-caverneux;
6. Muscle bulbo-caverneux;
7. Branche ischio-pubienne;
8. Noyau fibreux central;
9. Muscle grand fessier.

d'une partie fibreuse reliée aux organes voisins par des ligaments.

péricardite n. f. Inflammation du péricarde.

Péricardite sèche. Elle se traduit par des douleurs thoraciques, un essoufflement, une fièvre. L'auscultation découvre parfois le frottement péricardique, présent durant la systole et la diastole cardiaques.

Péricardite avec épanchement. Les signes cliniques sont plus importants. Les bruits du cœur sont assourdis à l'auscultation et le frottement péricardique d'abord entendu s'estompe. En cas d'épanchement abondant, le cœur, comprimé, est gêné dans son fonctionnement (tamponnade), et un tableau d'insuffisance cardiaque peut survenir.

L'examen radiologique montre les contours de l'ombre cardiaque augmentés de volume et arrondis.

La ponction du péricarde est réservée aux épanchements abondants. Autrement, l'épanchement se résorbe lentement; le risque, alors, est le développement d'une péricardite constrictive.

Péricardite constrictive. Elle est due à la fusion des feuillets pariétal et viscéral du péricarde.

Elle associe des signes de stase veineuse, d'hypertension portale* et une arythmie*. Le cœur apparaît recouvert de calcifications à l'examen radiologique. La chirurgie (péricardectomie) permet d'enrayer l'évolution sévère de cette affection.

Causes. Le rhumatisme articulaire aigu est une cause fréquente de péricardite. Dans ce cas, l'évolution est souvent bénigne.

La tuberculose, responsable d'abondants épanchements chez l'adulte jeune, s'observe souvent après une primo-infection.

La péricardite aiguë bénigne simule fréquemment l'infarctus du myocarde en raison des douleurs au cœur. La guérison sans séquelles est rapide, mais la cause reste souvent inconnue.

Certaines collagénoses* et hémopathies, quelques tumeurs provoquent des péricardites.

périchondre n. m. Membrane conjonctive qui enveloppe les cartilages, à l'exception des cartilages articulaires.

péridural, e, aux adj. Autour de la dure-mère. **Anesthésie péridurale,** anesthésie régionale du bassin par injection dans l'espace épidural*, avant un accouchement ou une opération.

périnatalogie n. f. Spécialité nouvelle, née de la collaboration des pédiatres et des obstétriciens, se proposant d'étudier la physiologie et la pathologie du nouveau-né, de façon globale, avant, pendant et après l'accouchement.

périnée n. m. Plancher du petit bassin, au niveau duquel se trouvent les organes génitaux externes et l'anus.
L'orifice inférieur du petit bassin, limité par les os iliaques et les ligaments sacro-iliaques, est presque entièrement obturé par des aponévroses et des muscles disposés en trois plans.
Le *périnée de l'homme* présente l'insertion de la base de la verge (où s'engage l'urètre), le scrotum et l'anus. (V. ill. p. 683.)
Le *périnée de la femme* présente en avant la vulve* et en arrière l'anus. Outre les plans superficiels de couverture et les plans musculo-aponévrotiques, il renferme les glandes de Bartholin*, l'appareil érectile. Entre vulve et anus se trouve un noyau fibreux essentiel dans le soutien des organes génitaux; la destruction de ce noyau central du périnée après un accouchement expose au prolapsus*. (V. ill. p. 683.)

périnéorraphie n. f. Rapprochement des muscles latéraux du périnée, pour reformer une sangle solide en cas de prolapsus.

périnéphrétique adj. Qui siège autour du rein.

Phlegmon périnéphrétique, suppuration de la graisse périrénale, secondaire à un abcès staphylococcique du rein.

période n. f. **Période réfractaire**, laps de temps pendant lequel une fibre nerveuse qui vient d'être excitée n'est plus excitable par un nouveau stimulus électrique, quelle que soit l'intensité de celui-ci. Elle impose ainsi une limite au fonctionnement d'une fibre.

périodicité n. f. Cycle que présentent les manifestations de certaines maladies (par exemple, la périodicité de l'ulcère* gastrique).

périodique adj. Qui revient à des époques régulières.

Maladie périodique, affection de cause inconnue, observée chez des sujets jeunes, d'origine méditerranéenne, et consistant en des accès de fièvre accompagnés de douleurs abdominales et de manifestations articulaires.

Paralysie périodique, maladie, le plus souvent familiale, caractérisée par la survenue d'accès paralytiques qui durent quelques heures et entre lesquels le sujet est parfaitement normal. Ces accès sont accompagnés de variations du taux du potassium sanguin.

périoste n. m. Membrane fibreuse qui recouvre les os, sauf au niveau des surfaces articulaires.
Le périoste joue un rôle essentiel dans le développement et la vascularisation des os*, dans la formation du cal* après fracture.

périostite n. f. Lésion inflammatoire aiguë ou chronique du périoste*.

périphérique adj. Se dit de tout ce qui touche l'extrémité distale (éloignée) d'un organe, par opposition à *central.*

Système nerveux périphérique. V. NERVEUX.

périphlébite n. f. Inflammation du tissu cellulaire situé autour d'une veine et de la paroi externe de celle-ci.
Elle peut être une complication d'une phlébite* ou secondaire à une inflammation de voisinage. Elle se manifeste par des douleurs, une rougeur localisée de la peau, sans œdème. Le traitement comporte des applications locales d'anti-inflammatoires, parfois un traitement antibiotique par voie générale. Les anticoagulants ne sont indiqués que si l'on craint une extension aux parois internes de la veine. (V. PHLÉBITE.)

péristaltisme n. m. Ensemble de contractions d'un organe creux qui provoque la progression de son contenu : *péristaltisme intestinal.*

péritoine n. m. Membrane séreuse qui tapisse les parois de l'abdomen et la surface des viscères digestifs qu'il contient.
Le péritoine enveloppe complètement le tube digestif et les organes annexes, et délimite une cavité virtuelle, la *cavité péritonéale,* qui permet le libre mouvement des anses intestinales. Le côlon transverse barre horizontalement la cavité abdominale : il est relié à la paroi postérieure par le *méso-côlon* transverse, qui délimite ainsi deux régions. L'*étage sous-mésocolique* renferme le *jéjuno-iléon**, le cæcum, les côlons ascendant, transverse, descendant et sigmoïde. L'*étage sus-mésocolique* renferme l'estomac*, relié au foie par le petit épiploon, à la rate par l'épiploon gastro-splénique, au côlon par le ligament gastro-colique.

péritonéoscopie n. f. Examen endoscopique de la cavité péritonéale. (Syn. : CŒLIOSCOPIE.)

péritonisation n. f. Réparation d'une ouverture du péritoine après une intervention chirurgicale.

péritonite n. f. Inflammation du péritoine.

Péritonites aiguës généralisées. L'infection peut atteindre le péritoine par effraction (traumatisme), à partir d'un viscère abdominal (avec ou sans perforation), par voie sanguine (au cours d'une septicémie). Le tableau clinique est marqué par des douleurs, des vomissements, une altération de l'état général et, à l'examen, par un signe essentiel : la *contracture abdominale,* qui, au maximum, réalise le « ventre de bois ». Les causes les plus fréquentes sont les perfora-

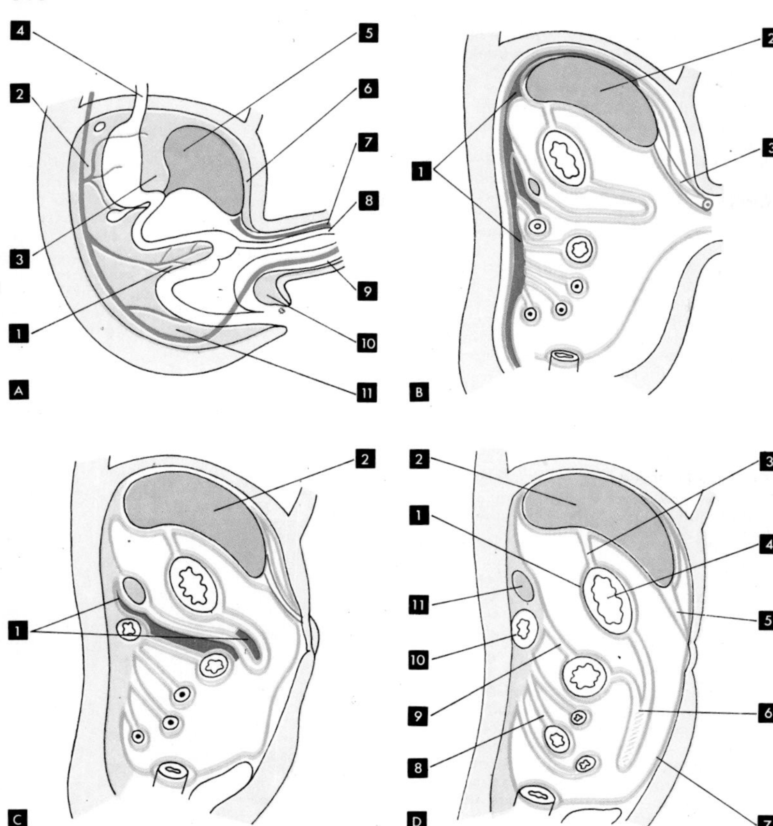

Péritoine.

Évolution du péritoine et des mésos.

A. Péritoine et méso de l'embryon :
1. Mésentère commun ;
2. Mésogastre postérieur ;
3. Petit épiploon ;
4. Tube digestif ;
5. Foie ;
6. Ligament suspenseur du foie ;
7. Veine ombilicale ;
8. Canal vitellin ; 9. Allantoïde ;
10. Méso allantoïdien ; 11. Méso terminal.

B. Premiers accolements (chez le fœtus) :
1. Zone d'accolement ; 2. Foie ;
3. Veine ombilicale.

C. Accolements ultérieurs
(après la naissance) :
1. Zone d'accolement ; 2. Foie.

D. Disposition définitive :
1. Péritoine viscéral ; 2. Foie ;
3. Petit épiploon ;
4. Estomac ; 5. Ligament suspenseur du foie ;
6. Grand épiploon ; 7. Péritoine pariétal ;
8. Mésentère ; 9. Méso du côlon transverse ;
10. Duodénum ; 11. Pancréas.

tions d'ulcères, les péritonites appendiculaires, biliaires, génitales. Le traitement chirurgical est une nécessité absolue (seule exception : la perforation d'ulcère gastroduodénal vue très tôt, qui peut être traitée par l'aspiration mais sous surveillance très stricte).

Péritonites aiguës localisées. Elles sont secondaires à des processus inflammatoires survenant dans une cavité péritonéale cloisonnée par des adhérences : abcès sous-phrénique, abcès appendiculaire, pelvi-péritonites génitales.

Péritonites tuberculeuses. Elles sont rares à l'heure actuelle, pouvant réaliser des aspects multiples : forme aiguë miliaire, forme subaiguë ascitique (classique « ascite essentielle des jeunes filles »). Le pronostic en a été transformé par la chimiothérapie antituberculeuse. (V. TUBERCULOSE.)

péri-urétral, e, aux adj. Situé au pourtour de l'urètre : le *phlegmon péri-urétral* est une complication rarissime du rétrécissement urétral blennorragique.

périviscérite n. f. Réaction inflammatoire chronique des séreuses qui entourent les viscères (plèvre, péricarde, péritoine).

perlèche n. f. Inflammation streptococcique des commissures des lèvres.
Fréquente chez l'enfant, elle s'associe souvent à l'impétigo. Chez l'adulte, une intolérance d'appareil dentaire, une avitaminose B, une syphilis doivent être recherchées.

perlingual, e, aux adj. À travers la langue.

Voie perlinguale, mode d'administration de certains médicaments. Le produit absorbé par la muqueuse de la langue et celle de la face interne des joues passe directement dans le sang, sans atteindre la muqueuse digestive. On utilise des glossettes (comprimés), qu'on laisse fondre sans déglutir. Ainsi en est-il de la trinitrine*, de l'adrénaline* et de certaines hormones.

permanente n. f. **Accidents cutanés.** Cette ondulation du cheveu, provoquée par la chaleur ou par une réaction chimique, est responsable de la fragilisation du cheveu, qui s'effiloche à son extrémité. Les incidents surviennent sur les cheveux fins ou déjà abîmés par des soins agressifs.

permanganate n. m. **Permanganate de potassium,** antiseptique en solution dans l'eau à 1/10 000, utilisé pour les lavages urétraux et les injections vaginales.

pernicieux, euse adj. Grave.

Anémie pernicieuse. V. BIERMER (*anémie de*).

Accès pernicieux. V. PALUDISME.

pernio ou **pernion** n. m. Appellation de l'engelure.

Lupus pernio, nom ancien de certaines formes de la maladie de BESNIER*-BŒCK-SCHAUMANN.

péroné n. m. Os long, grêle, situé à la partie externe de la jambe.
Son extrémité inférieure, ou *malléole externe,* forme avec l'homologue du tibia la mortaise tibio-péronnière. Les fractures les plus fréquentes sont celles de la malléole externe, isolées ou associées à une fracture du tibia (fractures de Dupuytren*).

peropératoire adj. Qui se produit ou doit se faire pendant une opération chirurgicale : *surveillance peropératoire, accident peropératoire, examens peropératoires* (radiographies par exemple).

Péroné.
Fracture sus-malléolaire (ici associée à une fracture de la malléole tibiale, réalisant la fracture de Dupuytren).

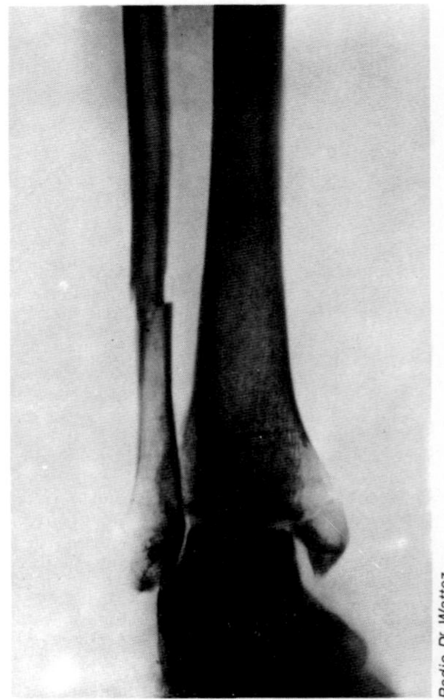

Radio Dr Wattez.

per os loc. adv. (mots latins). Par la bouche : *médicament qu'on doit absorber «per os».*

peroxydase n. f. Enzyme qui oxyde un substrat à partir de l'oxygène d'un peroxyde (telle l'eau oxygénée).

perroquet n. m. Les perroquets et les perruches peuvent transmettre la *psittacose**, même lorsqu'ils sont en apparence sains. Pour réduire le risque de contamination, il faut éviter d'acheter des oiseaux récemment importés, ne jamais leur présenter la nourriture maintenue entre ses propres lèvres et se désinfecter après avoir nettoyé leur cage.

perroquet (bec-de-) V. BEC-DE-PERROQUET.

persécution n. f. De nombreux malades mentaux expriment des idées de persécution. Ils ont la conviction qu'on essaie de leur nuire dans leur personne physique ou morale, ou dans leurs biens matériels. Les persécutions sont multiples : surveillance, menaces, préjudices, empoisonnements, etc. Ces idées de persécution reposent sur des interprétations fausses de faits souvent banals. «J'ai des maux d'estomac, c'est qu'on m'empoisonne», «J'ai vu trois voitures jaunes; on voulait me dire que j'étais cocu», etc. Dans la majorité des cas, ces malades ont aussi des hallucinations auditives, olfactives, des sensations anormales, des phénomènes de transmission de pensée ou d'écho de la pensée. Les persécuteurs peuvent demeurer inconnus, mais ils sont le plus souvent désignés : le conjoint, les voisins, un chef de bureau, etc. Il peut y avoir aussi des persécuteurs nombreux : des groupes sociaux, ethniques, politiques... Certains de ces délirants persécutés réagissent vigoureusement : plaintes à la police, procès, etc. D'autres «subissent», sans manifester d'agressivité. Les délires de persécution correspondent à différentes maladies mentales : le *délire chronique d'interprétation* de type paranoïaque, le *délire chronique hallucinatoire*, les *délires passionnels.* Il peut s'agir aussi de *délire paranoïde** au cours d'une schizophrénie. On rencontre des idées de persécution chez les déments préséniles ou séniles (atrophie du cerveau). Cependant, beaucoup d'idées de persécution ne sont que transitoires au cours de psychoses aiguës.

L'administration de neuroleptiques peut réduire, dans certaines formes de délire, les idées de persécution.

persil n. m. Plante d'usage culinaire, riche en calcium, fer, manganèse et vitamines. (On en extrait l'apiol*.)

personnalité n. f. Ensemble des éléments qui forment l'individualité mentale d'un sujet.
La personnalité se développe, soumise aux interactions de la maturation et du milieu. Elle se modifie durant les grandes étapes de l'enfance et de l'âge adulte. Le premier âge (de la naissance à 1 an) est dominé par le développement psychomoteur et marqué par les relations affectives centrées sur la mère et sur l'alimentation. Chez l'enfant de 1 à 3 ans, la motilité s'épanouit, le langage se développe jusqu'à l'acquisition du «je». Sur le plan affectif, l'enfant passe du stade oral au stade anal (apprentissage de la propreté).

Dans la seconde enfance (de 3 à 7 ans), les fonctions motrices et psychiques s'individualisent. La pensée est déjà moins égocentrique : c'est l'âge du début de la socialisation.

La grande enfance (de 7 ans à la prépuberté) est classiquement l'âge de raison où apparaît la conscience morale. Sur le plan affectif, la grande enfance est une période de latence où les conflits infantiles sont «refoulés». Sur le plan social, c'est l'âge scolaire avec ses acquisitions intellectuelles et sa vie en groupe.

L'âge de la puberté se traduit par une réactivation des tendances infantiles refoulées (pulsions génitales surtout) et par l'actualisation du problème de la fixation libidinale sur le sexe opposé. L'adolescence est l'âge de la crise d'originalité juvénile, des premières aventures amoureuses et de la formation définitive du caractère.

La personnalité adulte apparaît à un âge variable. C'est l'âge de l'entrée dans la vie professionnelle et de la fondation d'une famille.

perte n. f. **Perte de connaissance,** abolition passagère de la conscience, due à des causes neurologiques ou cardio-vasculaires. (V. LIPOTHYMIE et SYNCOPE.) Toute perte de connaissance prolongée réalise un coma*.

Pertes blanches. V. LEUCORRHÉE.

Pertes séminales, émission involontaire de sperme, le plus souvent nocturne, et s'accompagnant de sensations voluptueuses. Elles s'observent normalement chez l'adolescent ainsi que chez l'adulte dont les rapports sexuels sont rares.

pervenche n. f. Petite plante à fleurs bleues (*Vinca minor*) dont les feuilles, en infusion, sont utiles aux diabétiques.
On en extrait un alcaloïde vasodilatateur cérébral, la vincamine*, et deux alcaloïdes cytostatiques (anticancéreux), la vinblastine* et la vincristine*.

pervers, e adj. et n. Invalide mental qui n'a aucun sens moral et dont la conduite est

constamment dominée par la méchanceté et les tendances à la malignité (disposition à faire le mal intentionnellement).
La *perversité* (qui diffère de la perversion*) s'inspire du désir gratuit de nuire. Les pervers constitutionnels présentent depuis leur plus lointaine enfance des troubles graves du caractère et du comportement social. Ce sont de « mauvais sujets », indisciplinés, révoltés, impulsifs, agressifs, qui paraissent insensibles à l'amour, au respect, à la douleur, aux punitions. Ils ne connaissent ni l'angoisse ni la culpabilité, leur lucidité est intacte et leur intelligence normale. Leurs perversions sont variées : homosexualité, sado-masochisme, toxicomanies. Ils vivent en solitaire ou dans des bandes organisées pour la rapine ou la rébellion.

L'évolution de ces troubles aboutit à l'emprisonnement ou à l'internement à vie en hôpital psychiatrique, d'autant plus que surviennent des vols, des incendies criminels, des violences, des homicides.

À côté de ces pervers constitutionnels (assez peu répandus), il est des pervers conditionnés sous l'influence du milieu familial ou social : carences éducatives ou affectives, abandon, etc. On retrouve chez eux une angoisse, un sentiment de culpabilité qui les rend amendables.

perversion n. f. Déviation des tendances instinctives.
Il s'agit d'une conduite anormale par rapport au comportement de l'ensemble des individus d'une société donnée, avec ses règles morales et ses conventions. Il faut souligner que la normalité en matière de tendances instinctives est une notion qui varie selon l'âge de l'individu, la société et le contexte culturel dont il fait partie.

Parmi les principales perversions, citons les perversions sexuelles, de loin les plus répandues, les perversions du comportement alimentaire : certaines anorexies, la voracité avec gloutonnerie, la coprophagie, le mérycisme (rumination), le pica*... Citons aussi la dipsomanie*, la potomanie*, enfin les toxicomanies et en particulier l'alcoolisme*. Un bon nombre de conduites antisociales (vol, pyromanie, homicide...) sont aussi considérées comme des perversions. Beaucoup sont en réalité des perversités. (V. PERVERS.) « Perversion » et « perversité » ne sont pas synonymes.

Les pervers ont toujours des perversions multiples, mais l'existence d'une perversion chez un individu ne signifie pas obligatoirement qu'il est pervers. On connaît des perversions chez des psychopathes *non* pervers, des névrosés ou au cours de psychoses, ainsi que chez des insuffisants de l'intelligence.

Perversions sexuelles. Les comportements sexuels anormaux se substituent plus ou moins complètement au coït normal entre partenaires de sexe opposé. On distingue deux catégories : la première porte sur les *aberrations dans le choix du partenaire* ou de l'objet de désir. Ce sont la masturbation*, l'homosexualité* avec ses nombreuses variétés et pratiques, la pédophilie*, la gérontophilie (goût sexuel pour les vieillards), la bestialité (attrait érotique pour les animaux), le fétichisme (désir sexuel provoqué par des objets particuliers), la nécrophilie (coït ou attouchement sur des cadavres). La seconde catégorie se caractérise par une *déformation de l'acte sexuel.* Les plus fréquentes sont le sadisme* et le masochisme* (érotisation de la douleur que l'on inflige au partenaire ou que l'on subit). Citons aussi le *voyeurisme* (plaisir sexuel procuré par la vue de relations sexuelles), l'*exhibitionnisme* (besoin incoercible d'obtenir un équivalent de l'orgasme par l'exhibition devant quelqu'un de ses organes génitaux). L'exibitionnisme est une perversion typiquement masculine.

La nécrophilie et le vampirisme (action de sucer le sang) sont inséparables du sadisme en général. Ce type de perversion est rare.

Le viol en tant que perversion sadique peut se combiner à l'inceste. Il se rencontre fréquemment chez les alcooliques, les déséquilibrés pervers.

Toutes ces perversions s'associent diversement entre elles; il est rare de les rencontrer isolément chez un individu donné.

Les causes des perversions. Autrefois, on considérait ces déviations comme des anomalies innées ou constitutionnelles. Actuellement, sous l'influence de la psychanalyse, on propose l'explication de troubles du développement psychosexuel survenus pendant l'enfance. Du point de vue pulsionnel et instinctif, l'enfant évolue selon une suite de stades (oral, anal, phallique, génital) qui se caractérisent par un mode de satisfaction libidinale particulier. L'aboutissement de ce développement doit se faire par une bonne résolution des complexes d'Œdipe* et de castration et par l'orientation de la sexualité vers le sexe opposé.

Dans les cas de perversions, des éléments pathogènes ont bloqué ou fait régresser le développement psychosexuel de l'enfant qui, à l'âge adulte, va voir son désir sexuel dévier vers une ou plusieurs perversions.

Le vrai pervers sexuel finit toujours par se laisser aller à son plaisir favori sans culpabilité.

Traitement. Le traitement repose en principe sur la psychothérapie psychanalytique, mais il est fort difficile car la majorité des individus qui ont des perversions sexuelles s'en accommodent plus ou moins bien.

pèse-bébé n. m. Balance aménagée avec un plateau en forme de berceau, pour peser les nourrissons.

pessaire n. m. Instrument gynécologique destiné à corriger certaines anomalies de position de l'utérus.
Il se présente le plus souvent comme un anneau de dimensions variables, en caoutchouc, que l'on place au fond du vagin pour soutenir le col de l'utérus.

Il est indiqué en cas de rétroversion utérine ou de prolapsus, mais ne représente qu'un palliatif utilisé en cas de contre-indication opératoire (cardiaques, femmes très âgées ou refusant l'opération, etc.).

peste n. f. Maladie infectieuse épidémique, due au bacille de Yersin, transmise à l'homme par les rongeurs ou leurs parasites, et de pronostic grave.

La *peste bubonique* est transmise à l'homme par la piqûre d'une puce infestée. Après l'apparition brutale d'une fièvre élevée, avec frissons, vomissements, douleur diffuse, la maladie se localise à une aire ganglionnaire voisine du point d'inoculation, où apparaît le *bubon pesteux,* ganglion rouge, hypertrophié, inflammatoire. Son évolution se fait vers une dissémination septicémique fatale ou vers une suppuration qui aboutit parfois à la guérison.

La *peste septicémique* survient d'emblée ou fait suite à un bubon pesteux. Elle est toujours mortelle.

La *peste pulmonaire* est transmise directement d'homme à homme par l'intermédiaire de la salive. Elle se manifeste par une sensation d'asphyxie angoissante et une expectoration abondante qui fourmille de bacilles de Yersin et la rend très contagieuse. Son pronostic est fatal sans traitement.

Prophylaxie. En période épidémique, la vaccination assure une bonne protection individuelle. Les mesures de protection collective sont de deux ordres : *lutte contre les réservoirs de virus* (destruction des rats) et *lutte contre les puces* avec du D. D. T. C'est une maladie à déclaration obligatoire.

Traitement. L'association de streptomycine à des sulfamides permet la guérison si le traitement est entrepris assez tôt. La prophylaxie par les sulfamides chez des sujets en contact avec la peste pulmonaire s'est révélée efficace.

pesticide n. m. Substance destinée à protéger les cultures et les hommes contre certains animaux et certaines plantes.

Insecticides. *Minéraux :* l'arsenic*, les cyanures*, le séléniate de sodium (mortel pour quelques milligrammes), le sulfure de carbone*.
Organiques : l'oxyde d'éthylène*, le naphtalène (mortel pour une absorption de 2 g), le trichloréthylène* (très dangereux, de même que le tétrachlorure de carbone*), le dibromométhane, les carbonates.
Végétaux : la nicotine*, le pyrèthre (mortel pour une absorption de 50 mg), la roténone (mortelle pour une dose de 10 mg).

Nématocides (pour tuer les vers). Ce sont des gaz dérivés des halogènes. Ils sont très toxiques et entraînent un coma profond, souvent associé à un œdème pulmonaire. Parmi ces produits, citons : le dichloréthane (mortel avec 5 ml), le dichlorobuthane (mortel avec 5 ml), le trichloronitrométhane, qui libère du phosgène (v. CARBONE), le bromure de méthyle*.

Hélicides (pour tuer les escargots). Ils sont presque exclusivement à base de métaldéhydes. L'intoxication qu'ils provoquent est grave : une seule tablette peut être mortelle.

pétéchie n. f. Petite tache rouge violacé, provoquée par une petite hémorragie souscutanée. (V. PURPURA.)

péthidine n. f. Dérivé chimique doué de propriétés analgésiques et narcotiques analogues à celles de la morphine*. (Stupéfiant, tableau B.)

pétreux, euse adj. Qui se rapporte au rocher (partie de l'os temporal qui contient l'oreille moyenne et interne).

pétrissage n. m. Variété de massage destinée à agir sur les plans profonds par des pressions manuelles plus ou moins appuyées.

pétrole n. m. **Toxicologie.** Le pétrole et ses dérivés (essence, kérosène, gas-oil, fuel-oils et mazout, huiles de graissage), sont des produits toxiques.
Intoxication aiguë. La forme légère réalise un état d'ébriété et d'euphorie qui est recherché par certains toxicomanes qui inhalent régulièrement de l'essence ou du pétrole. Éliminés par voie pulmonaire, ces produits sont irritants pour les bronches, provoquant une *pneumopathie chimique* qui se surinfecte, entraînant toux et fièvre. L'atteinte pulmonaire est beaucoup plus grave lorsque le liquide pénètre directement dans les bronches. Pour cette raison, il faut éviter toute provocation de vomissements et tout lavage gastrique en cas d'ingestion, de peur de la survenue de fausses routes

bronchiques. L'absorption de quantités importantes de produits pétroliers produit un coma* qui ne présente pas de particularités en dehors d'une hypersécrétion bronchique et d'une surinfection pulmonaire.
Intoxication chronique. Elle provoque des manifestations cutanées, particulièrement fréquentes avec les huiles de graissage : boutons d'huile, dermites* pigmentaires, etc.

peuplier n. m. Les bourgeons de peuplier noir sont antihémorroïdaires; ils entrent dans la composition de l'*onguent populéum.*

peyotl n. m. Petit cactus des régions semi-désertiques du nord du Mexique.
La mastication de la partie aérienne du peyotl provoque une sensation euphorique accompagnée d'hallucinations et de visions colorées. Il contient de la mescaline*. À fortes doses, le peyotl entraîne la mort par arrêt cardiaque.

Pfeiffer (bacille de), bactérie fréquemment rencontrée dans les crachats, responsable de complications pulmonaires de la grippe.

pH, notation permettant de caractériser le degré d'acidité* ou d'alcalinité* d'une solution.
L'acidité d'une solution est déterminée par sa richesse en ions hydrogènes (H^+) libres. Le pH représente l'inverse du logarithme de la concentration en ions H^+. Une solution neutre comportant à parties égales des ions H^+ et OH^- aura un pH de 7. Une solution ayant une concentration en ions H^+ supérieure à la concentration en ions OH^-, donc acide, aura un pH inférieur à 7. Inversement, le pH d'une solution alcaline sera supérieur à 7.
Le pH du sang est normalement égal à 7,42. Le pH de l'urine normale est nettement plus acide : 5 à 6.

phacomatose n. f. Affection qui se manifeste par des petites tumeurs de la peau et du système nerveux et des taches cutanées pigmentées. (V. MALADIE DE BOURNEVILLE*, NEUROFIBROMATOSE.)

phagédénique adj. (grec *phagein,* manger). Se dit des ulcères qui creusent les tissus.

phagédénisme n. m. Propriété que possèdent certains états (diabète, syphilis) de former des ulcères phagédéniques.

phagocyte n. m. Cellule capable de phagocytose*. — Certaines sont fixes (histiocytes), d'autres mobiles (globules blancs).

phagocytose n. f. Absorption de substances par une cellule.
Celle-ci entoure le corps étranger par des expansions cytoplasmiques (pseudopodes) avant de l'absorber. La phagocytose est un moyen de nutrition chez les êtres primitifs (amibes) et de défense chez les organismes supérieurs. Les microbes et les déchets sont détruits par les phagocytes*.

phalange n. f. Segment osseux des doigts et des orteils. (Chaque doigt possède trois phalanges, sauf le pouce et le gros orteil qui n'en ont que deux.)

phalangette n. f. Dernière phalange des doigts, qui porte l'ongle.

phalangine n. f. Deuxième phalange des doigts à trois phalanges.

phalangisation n. f. Opération visant à transformer le premier métacarpien en pouce, après amputation de ce dernier.

phalloïde adj. **Amanite phalloïde.** V. AMANITE.

phanère n. m. Annexe de la peau ou des muqueuses : poils, ongles, dents.

phantasme n. m. Sorte de rêverie consciente ou inconsciente par laquelle l'individu satisfait des désirs inassouvis dans la réalité. Les phantasmes existent chez les sujets normaux ; leur connaissance et leur étude sont de grande importance en psychanalyse.

pharmacie n. f. **1.** Lieu où l'on prépare et dispense les médicaments.
2. Art de préparer les médicaments.
La pharmacie fait appel à de nombreuses disciplines : physique, chimie, biologie, technologie, et elle a de nombreux spécialistes.

Exercice de la pharmacie. L'exercice de la pharmacie nécessite le diplôme d'État de pharmacien et l'inscription à l'Ordre des pharmaciens. La pharmacie comprend trois grandes branches : la pharmacie d'officine (dans chaque ville le nombre des officines est proportionnel au nombre des habitants), la pharmacie industrielle (préparation des spécialités pharmaceutiques), la pharmacie de recherche (laboratoires). Les médicaments* ne peuvent être dispensés que dans des pharmacies, sauf dans les localités où il n'y a pas de pharmacie et où un médecin, dit *propharmacien*, est habilité à vendre les médicaments.

pharmacien, enne n. Personne qui exerce la pharmacie*. — L'exercice de la profession est réservé aux Français titulaires du diplôme d'État de pharmacien. (V. PHARMACIE.)

pharmacocinétique adj. et n. f. Se dit de l'étude du devenir des médicaments dans l'organisme (leur absorption, leur passage dans le sang, leur fixation par les organes, leur élimination).

pharmacodynamie n. f. Étude de l'action des médicaments sur les organes et sur les organismes.

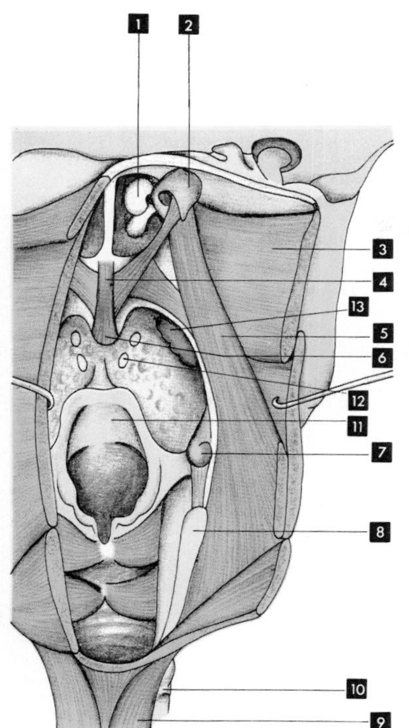

Pharynx. Pharynx vu de l'arrière, les muscles constricteurs ayant été sectionnés verticalement :
1. Fosses nasales postérieures ;
2. Trompe d'Eustache ;
3. Muscle constricteur supérieur ;
4. Muscle palato-staphylin ;
5. Muscle pharyngo-staphylin ; 6. Luette ;
7. Os hyoïde ; 8. Cartilage thyroïde ;
9. Œsophage ;
10. Trachée ; 11. Cartilage épiglottique ;
12. Base de la langue ; 13. Amygdale.

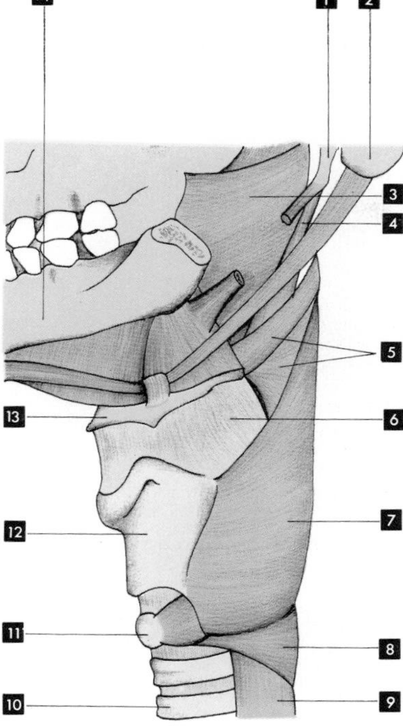

Pharynx.
Vue latérale des muscles du pharynx :
1. Apophyse styloïde ; 2. Mastoïde ;
3. Muscle constricteur supérieur du pharynx ;
4. Muscle stylo-pharyngien ;
5. Muscle constricteur moyen ;
6. Membrane thyroïdienne ;
7. Muscle constricteur inférieur ;
8. Muscle crico-pharyngien ; 9. Œsophage ;
10. Trachée ; 11. Cartilage cricoïde ;
12. Cartilage thyroïde ;
13. Os hyoïde ; 14. Maxillaire inférieur.

pharmacologie n. f. Étude descriptive des médicaments, de leur préparation, de leur posologie et de leurs indications.

pharmacopée n. f. Livre que tout pharmacien doit posséder et qui contient la nomenclature des drogues, des médicaments simples et composés, les tableaux de posologie et divers renseignements utiles aux pharmaciens. (Syn. : CODEX.)

pharyngite n. f. Inflammation du pharynx*. (V. aussi ANGINE.)

pharynx n. m. Conduit musculo-membraneux qui fait communiquer les fosses nasales et la bouche (en haut) avec le larynx et l'œsophage (en bas). Le pharynx est donc un carrefour où s'entrecroisent la voie aérienne (des fosses nasales au larynx) et la voie digestive (de la bouche à l'œsophage).

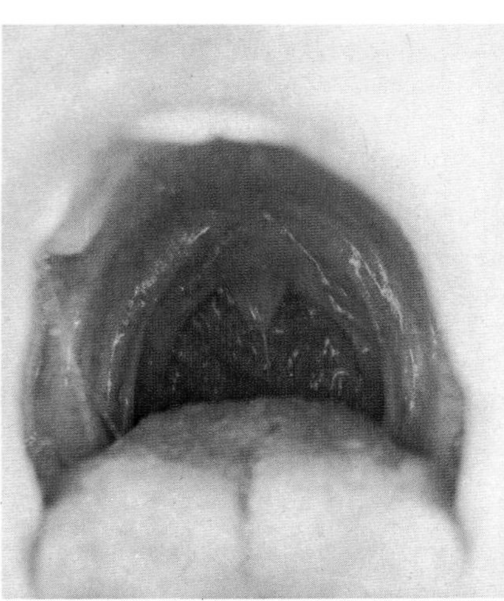

Phot. Lauros.

Pharynx. Vue d'un pharynx normal.

Anatomie. Le pharynx s'étend de la base du crâne à la 6e vertèbre cervicale.

Structure. Le pharynx est constitué de muscles constricteurs (supérieur, moyen et inférieur), qui réduisent son calibre, et de muscles élévateurs, qui élèvent ses parois au-dessus du bol alimentaire chassé vers le bas par les constricteurs. Des aponévroses recouvrent les muscles, et une muqueuse tapisse complètement l'intérieur du pharynx.

Configuration. Situé en avant de la colonne vertébrale, en arrière des fosses nasales, de la bouche et du larynx, le pharynx se divise en trois parties :

La partie supérieure, le *rhino-pharynx*, ou cavum, communique avec l'orifice postérieur des fosses nasales. On y trouve l'amygdale pharyngienne (qui forme les végétations adénoïdes) et, latéralement, les orifices des trompes d'Eustache ;

La partie moyenne, ou *oro-pharynx*, est celle qu'on voit à l'examen de la bouche ouverte. Elle se trouve sous le bord libre du voile du palais, centré par un appendice charnu, la luette. Latéralement se trouvent les amygdales palatines, entourées par les « piliers » du voile du palais ;

La portion inférieure, ou *hypopharynx*, répond en avant au larynx* et présente latéralement deux gouttières pharyngo-laryngées, dites *sinus piriformes*, qui vont rejoindre l'œsophage.

Le pharynx est irrigué par des branches des artères carotides externe et faciale. Il est innervé par les nerfs glosso-pharyngien et pneumogastrique et par des filets du sympathique.

Physiologie. V. DÉGLUTITION.

Pathologie. Les signes d'atteinte du pharynx sont la gêne à la déglutition, ou *dysphagie* (difficulté à avaler), et la douleur à la déglutition. Devant ces symptômes, on examine l'oro-pharynx directement avec un abaisse-langue : on voit les amygdales, la luette et, au fond, la paroi postérieure du pharynx. Le rhino-pharynx est examiné par rhinoscopie* postérieure et l'hypopharynx par laryngoscopie*.

Inflammations aiguës. L'inflammation du rhino-pharynx, ou cavum, est la rhino-pharyngite*, fréquente chez les nourrissons et les enfants ; celle de l'oro-pharynx est l'angine*, qui peut se localiser aux amygdales (amygdalite) ou atteindre tout le pharynx (pharyngite). Les pharyngites peuvent se compliquer de *phlegmon de l'amygdale* avec grosse gêne à la déglutition, voix nasonée, fièvre élevée, frissons et, à l'examen, bombement de l'amygdale et de son pilier antérieur. L'incision est nécessaire et il faut souvent pratiquer ensuite l'amygdalectomie.

Des *abcès* peuvent se former derrière le pharynx (abcès rétropharyngés) ou latéralement (abcès latéropharyngés). Ils entraînent un torticolis et une dysphagie douloureuse. L'incision et le drainage sont nécessaires.

Inflammations chroniques. L'amygdalite chronique se manifeste par des poussées inflammatoires locales avec gêne à la déglutition, sur des amygdales très grosses, cryptiques (percées de multiples petits orifices ou cryptes) ; elle fait grossir les ganglions du cou et engendre un risque de complications telles qu'otite, néphrite, rhumatisme articulaire aigu. Les traitements antibiotiques atténuent les poussées, mais seule l'amygdalectomie met à l'abri des récidives.

Des pharyngites chroniques atteignant toute la muqueuse pharyngée peuvent avoir pour origine une infection de voisinage (sinusite), l'alcool, le tabac, les poussières. Les gargarismes, collutoires, aérosols et les cures thermales améliorent les symptômes (douleurs, raclements, irritation, toux), mais seule la suppression de la cause est radicale.

Affections spécifiques. La tuberculose du pharynx, accompagnant une laryngite tuberculeuse, est rarissime, ne se voyant qu'au cours de granulies. Il en est de même de la syphilis*, qui peut néanmoins provoquer à la période primaire le chancre de l'amygdale, aux périodes secondaires des « plaques muqueuses » et à la période tertiaire des gommes.

Tumeurs du pharynx. TUMEURS BÉNIGNES. Les papillomes et polypes sont classiques, mais le fibrome naso-pharyngien est le plus caractéristique. C'est une tumeur envahissante du cavum qui provoque une obstruction nasale, des épistaxis* entraînant une anémie. Le traitement chirurgical en est délicat.

CANCERS. Ce sont des épithéliomas* ou des sarcomes*. Le cancer du cavum provoque destruction nasale, troubles auditifs par destruction de la trompe d'Eustache, compression des nerfs crâniens. Les cancers de l'amygdale et de l'hypopharynx se manifestent par une gêne à la déglutition et des douleurs irradiant à l'oreille. Parfois, les cancers du pharynx se manifestent d'emblée par un glanglion au cou. La persistance et l'unilatéralité de tous ces symptômes doivent faire consulter un spécialiste. Le traitement associe la chirurgie et la radiothérapie.

phénacétine n. f. Antipyrétique et analgésique* de synthèse.

L'emploi de ce corps et des substances voisines doit être prudent, car ils sont toxiques pour le rein.

phenformine n. f. Biguanide* à action « retard », employé en comprimés dans le traitement du diabète.

phénindione n. f. Médicament anticoagulant* employé en comprimés et en pommades.

phénobarbital n. m. Dénomination commune de la *phényléthylmalonylurée*, le plus employé des barbituriques*.

Son indication majeure est l'épilepsie*, mais il entre dans la composition de nombreux médicaments sédatifs. Il est administré par voie orale et rectale. Le *phénobarbital sodique* est administré par voie parentérale, en psychiatrie, en anesthésie et dans le traitement de l'intoxication par la strychnine.

phénol n. m. Dérivé du benzène, très antiseptique, qui fut longtemps employé en chirurgie.

Sa toxicité en a restreint l'emploi. On l'utilise encore dans le mélange anesthésique de Bonain* et pour la conservation de certains solutés.

Toxicologie. Le phénol, comme ses dérivés (menthol, thymol, résorcine, hydroquinone des révélateurs photographiques, etc.) cause des troubles digestifs, un coma avec troubles respiratoires et collapsus, et, en cas de survie, des lésions des reins et du foie. La dose mortelle est de 2 g. Le traitement consiste à faire vomir, à faire un lavage d'estomac, à administrer une purge et à lutter contre le collapsus.

phénolphtaléine n. f. Phtaléine du phénol, soluble dans l'alcool et l'éther, insoluble dans l'eau.

Réactif des oxydases, la phénolphtaléine a également des propriétés laxatives.

phénolsulfonephtaléine n. f. **Clearance de la phénolsulfonephtaléine,** méthode d'exploration du pouvoir d'excrétion du tubule rénal, fondée sur l'élimination urinaire d'une quantité injectée de phénolsulfonephtaléine (P. S. P.). Au bout de 15 minutes, si le rein est normal, 20 p. 100 de la substance doit avoir été éliminée, 70 p. 100 au bout de 70 minutes. (V. REIN, *Explorations fonctionnelles.*)

phénothiazine n. f. Dérivé soufré et aminé du phénol, utilisé dans le traitement des vers intestinaux (oxyures) et de certaines parasitoses végétales.

Il en existe de nombreux dérivés antihistaminiques* ou psychotropes*.

phénotype n. m. Terme de génétique désignant l'ensemble des caractères d'un individu qu'on peut observer.

Ceux-ci résultent, d'une part, du patrimoine héréditaire (génotype*), d'autre part de modifications apportées à l'individu par le milieu environnant.

phénylbutazone n. f. Médicament anti-inflammatoire, analgésique et antipyrétique.

On l'emploie par voies orale, rectale, intramusculaire ou locale (pommade) dans le traitement des rhumatismes, des arthroses et de la plupart des inflammations. Elle doit être utilisée avec prudence, car elle peut provoquer des troubles rénaux (albuminurie), cutanés (éruptions), gastriques (ulcères) ou hématologiques (agranulocytose*), mais son efficacité est certaine dans de nombreux cas.

phénylcétonurie n. f. Maladie héréditaire récessive, due à un déficit enzymatique empêchant la dégradation de la phénylalanine. (Syn. : MALADIE DE FÖLLING.)

Signes cliniques. Cette maladie se traduit par une arriération mentale acquise, après un développement psychomoteur des premiers mois normal. Des convulsions, des spasmes* en flexion, une hypertonie musculaire sont également évocateurs. Le dépistage à la naissance permet d'éviter cette dégradation si un régime strict est suivi.

Diagnostic. Le dépistage de la phénylcétonurie (test de Guthrie) repose sur l'augmentation dans le sang et dans les urines de la phénylalanine.

Traitement. C'est l'observation d'un régime sévère dès la naissance jusqu'à l'âge de 4 à 5 ans, en surveillant régulièrement ces enfants. Des laits spéciaux, des farines sont vendus dans le commerce. Les protides (viande, poisson, œufs) sont interdits ; les glucides et lipides représentent le principal apport alimentaire. Ce régime permet une acquisition psychomotrice normale.

phényléphrine n. f. Aminoalcool de structure voisine de celles de l'adrénaline et de l'éphédrine.
Vasoconstrictive et hypertensive, on l'emploie en gouttes, comprimés et injections dans le traitement de l'hypotension et du collapsus, et, localement, en collyres ou en gouttes nasales.

phénytoïne n. f. Médicament voisin des barbituriques*, mais non hypnotique, employé dans le traitement des convulsions et de l'épilepsie.

phéochromocytome n. m. Tumeur de la médullosurrénale*, sécrétant des substances hypertensives.
Ces tumeurs sont habituellement bénignes et souvent multiples, échelonnées dans le péritoine.
Signes cliniques. L'expression la plus courante est celle d'une hypertension artérielle permanente ou paroxystique. Il s'y ajoute souvent des douleurs abdominales, thoraciques, des céphalées et des sueurs abondantes.
Diagnostic. Il est indispensable de rechercher le phéochromocytome chez un sujet jeune, hypertendu, car l'exérèse totale de la tumeur peut assurer la guérison. L'augmentation des métabolites, des catécholamines (acide vanylmandélique) dans les urines, le test à la régitine* et les examens radiologiques (urographie intraveineuse avec rétropneumopéritoine) font le diagnostic.
Traitement. Après une médication antihypertensive de protection pour le malade, il repose sur l'ablation de toutes les tumeurs existant dans la cavité abdominale.

phimosis n. m. Étroitesse anormale de l'orifice préputial, s'opposant à la découverte du gland.
Peu serré, le phimosis peut céder dans les premiers mois à des tractions prudentes sur le prépuce ; plus tard, il faut intervenir chirurgicalement : circoncision* ou plastie préputiale.

phlébectomie n. f. Résection d'une veine, soit partielle, soit étendue, en cas de varices.

phlébite n. f. Inflammation d'une veine avec formation d'un caillot, qui entraîne son oblitération (thrombophlébite).

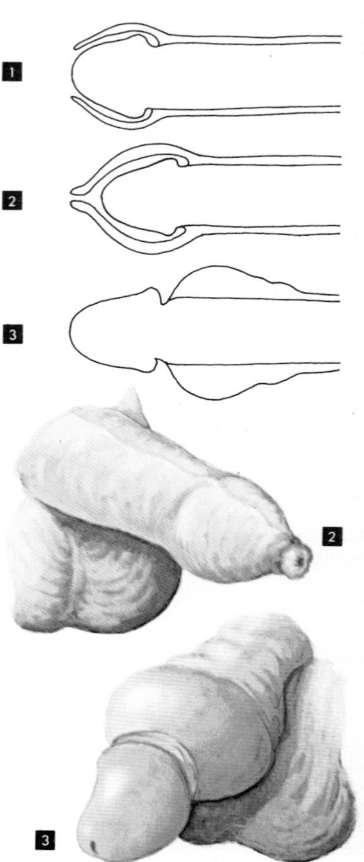

Phimosis. 1. Verge normale ; 2. Phimosis (zone resserrée) ; 3. Paraphimosis.

Les causes des phlébites sont multiples : interventions chirurgicales (et surtout opérations abdomino-pelviennes), avortements, accouchements, traumatismes, cardiopathies décompensées, infections.
Signes. Les signes de la phlébite sont minimes au début et doivent être recherchés

de façon systématique aux membres inférieurs, chez les opérés par exemple : sensibilité à la pression, empâtement du mollet, douleur à la flexion dorsale du pied, fièvre discrète avec anxiété et accélération du pouls. À un stade plus avancé, le mollet est très douloureux, l'œdème s'étend à tout le membre inférieur.

L'évolution se fait vers la résorption, mais en plusieurs semaines, et les séquelles sont fréquentes : lourdeur, gêne à la station debout, troubles trophiques, ulcères de jambe. Mais, surtout, peut survenir une *embolie* pulmonaire,* complication sévère, parfois mortelle, dont la fréquence fait toute la gravité des phlébites.

Traitement. Seul l'emploi immédiat des *anticoagulants* au moindre soupçon de phlébite peut éviter son évolution et constitue le véritable traitement préventif des embolies pulmonaires. Associé à la *mobilisation* et au *lever précoce,* le traitement anticoagulant réduit considérablement les séquelles, mais demande une surveillance rigoureuse, clinique et biologique, car il n'est pas sans danger (risque d'hémorragies).

phlébographie n. f. Radiographie des veines après injection d'un produit de contraste.

phlébolithe n. m. Calcification de la paroi d'une veine, au niveau de grosses varices.

phlébologie n. f. Spécialité médicale des affections veineuses.

phléborragie n. f. Hémorragie veineuse par plaie ou rupture d'une varice.
Le traitement consiste à surélever le membre le plus possible et à poser un pansement compressif.

phlébotome n. m. Insecte de petite taille des pays tropicaux.
La femelle se nourrit de sang; la piqûre provoque une démangeaison et une dermatite ou *harara.* Ces insectes sont les vecteurs de la fièvre à pappataci, de la verruga* du Pérou, de la leishmaniose*.

phlébotomie n. f. Incision d'une veine, pour faire une saignée, extirper un caillot ou poser un cathéter.

phlegmon n. m. Inflammation aiguë ou subaiguë du tissu conjonctif, évoluant ou non vers la formation d'un abcès.
Superficiels ou profonds, circonscrits ou diffus, les phlegmons sont particulièrement graves chez les diabétiques, les sujets déficients. Le traitement repose sur l'antibiothérapie, l'évacuation chirurgicale ne devant être pratiquée qu'au stade de collection suppurée.

phlyctène n. f. Élevure remplie de sérosité, siégeant sur l'épiderme. (Syn. : AMPOULE, CLOQUE.)
La phlyctène doit être ponctionnée et traitée par un antiseptique jusqu'à cicatrisation parfaite.

Phlébographie. Veine saphène normale.

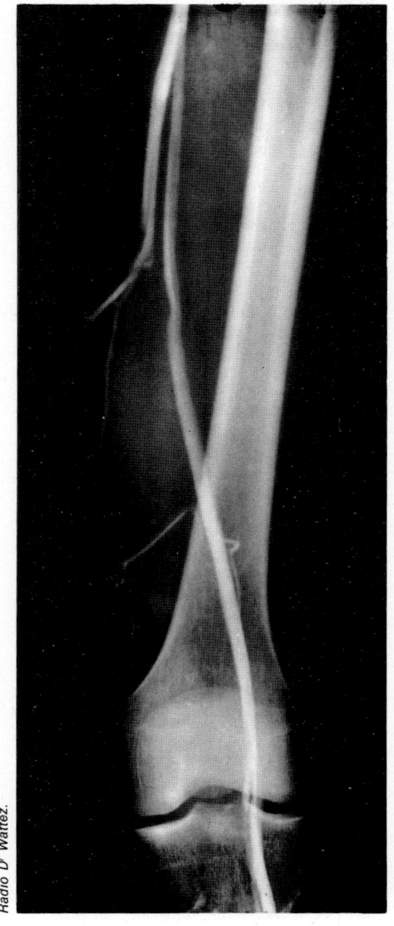

Radio Dr Wattez.

phobie n. f. Crainte angoissante éprouvée en présence d'un objet ou d'une situation n'ayant pas un caractère réellement dangereux.
L'angoisse disparaît toujours en l'absence de l'objet « phobogène ». Le sujet phobique reconnaît le caractère absurde de sa crainte, mais ne peut la vaincre. La phobie se rencontre essentiellement dans la névrose phobique. On distingue : les phobies d'objets ou d'animaux, les phobies de situation, les phobies d'impression dans lesquelles le malade craint de commettre un acte nuisible. Les aspects cliniques de ces phobies sont multiples. Citons : l'*agoraphobie,* angoisse intense ressentie dans un espace libre (rue, place, etc.); la *claustrophobie,* peur des espaces clos (caves, ascenseurs, etc.); la *phobie des moyens de transport ;* la *phobie de défenestration,* peur du vide, vertiges ; la *phobie des instruments tranchants, pointus ;* l'*éreutophobie,* peur de rougir en public. Signalons encore la peur de la foule, des éléments naturels, des animaux, etc.

Dans la névrose phobique, les symptômes se greffent sur une personnalité particulière avec tendance à l'évitement, timidité, hyperémotivité ou, au contraire, « fuite en avant » dans une activité excessive.

La théorie psychanalytique a permis un grand progrès dans l'interprétation et la compréhension de ce trouble.

La psychothérapie d'inspiration psychanalytique trouve dans cette névrose une de ses meilleures indications. Les thérapies médicamenteuses (tranquillisants) peuvent être associées afin d'atténuer l'angoisse. Notons enfin que des phobies peuvent apparaître dans d'autres troubles de la personnalité*, mais alors comme symptômes secondaires ou transitoires.

phocomèle n. et adj. Individu porteur d'une phocomélie*.

phocomélie n. f. Malformation congénitale caractérisée par l'absence ou le raccourcissement de la racine d'un ou de plusieurs membres, alors que la partie distale est normalement formée. (Cette malformation évoque le membre du phoque, d'où son appellation.)
L'ingestion de thalidomide en début de grossesse a été la cause de nombreux cas de phocomélie.

pholcodine n. f. Dérivé de la morphine, calmant de la toux comme la codéine*, mais moins toxique que cette dernière.

phonation n. f. Ensemble des phénomènes qui concourent à la production de la voix*. L'organe de la phonation est le larynx*.

phonendoscopie n. f. Étude de la transmission des sons par les organes.
La présence d'un organe plein permet la transmission des vibrations et, en percutant par zones concentriques, on peut déterminer les limites de l'organe étudié. On emploie actuellement des appareils électroniques et les ultrasons.

phonocardiographie n. f. Enregistrement des bruits du cœur par un microphone piézoélectrique posé sur la poitrine et transcrits sur un papier à déroulement continu.
L'électrocardiogramme simultané permet de repérer chaque bruit dans le cycle cardiaque. La méthode permet une étude précise des bruits du cœur et de leurs anomalies, ainsi que celle des souffles éventuels.

phosphatase n. f. Enzyme libérant de l'acide phosphorique à partir de ses esters.
Certaines phosphatases sont présentes en quantité constante dans le sérum sanguin. Selon leur pH d'activité maximale, on parle de :
— *phosphatases alcalines,* dont le taux normal est de 1 à 5 unités Bodansky et qui s'élèvent en cas d'*affection osseuse* ostéoblastique (maladie de Paget, myélome, etc.) et de rétention biliaire ;
— et de *phosphatases acides,* dont le taux normal est de 1 à 5 unités Plummel, et qui, étant d'origine spécifiquement prostatique, s'élèvent en cas de cancer de la prostate.

phosphène n. m. Sensation lumineuse provoquée en comprimant le globe oculaire. Lorsqu'il survient spontanément, c'est un signe de décollement rétinien ou d'hypertension artérielle.

phospholipide n. m. Lipide* complexe dont la molécule renferme du phosphore.
Il en existe deux groupes : les *phosphatides,* non azotés, d'origine végétale ; les *phosphoaminolipides,* où l'azote est sous forme alcaline aminée et le phosphore sous forme acide. On les trouve surtout dans le système nerveux.

phosphore n. m. Métalloïde de symbole P.
Le phosphore joue dans l'organisme un rôle considérable sous différentes formes : *phosphates minéraux,* principalement de calcium, qui représentent la presque totalité des substances minérales des os* et des dents ; *esters orthophosphoriques,* unissant une molécule d'acide phosphorique à une molécule organique (ose*, glycérol, acide aminé...) ; *esters polyphosphoriques,* dont l'acide est un anhydride phosphorique fait de 2 ou 3 molécules d'acide orthophosphorique.

On distingue les esters diphosphoriques, tel que l'acide adénosine-diphosphorique

(A. D. P.) et les esters triphosphoriques, tel l'acide adénosine-triphosphorique (A. T. P.). Le rôle de ces esters est essentiel, car ils stockent et redistribuent l'énergie dans l'organisme.

L'énergie libérée par les réactions métaboliques est ainsi stockée puis relibérée à la demande par la réaction inverse.

Toxicologie. Le phosphore se présente sous deux formes :
— le phosphore rouge, sans danger;
— le phosphore blanc, hautement toxique.

On l'utilise comme combustible de feux d'artifice et dans certains pesticides. L'intoxication aiguë peut être mortelle en quelques heures, après troubles digestifs, ictère* grave, collapsus cardio-vasculaire. L'inhalation de gaz phosphorés peut provoquer les mêmes troubles, avec en plus un œdème pulmonaire. L'intoxication chronique détermine des nécroses osseuses.

phosphorique adj. **En chimie,** se dit des dérivés oxydés du phosphore.

En homéopathie, la *constitution phosphorique* caractérise les individus longilignes, de texture musculaire et ligamentaire moyennement serrée, à tempérament vif, individualiste, artistique et émotif.

photocoagulation n. f. Coagulation par la lumière.
Elle est utilisée pour le traitement de certaines affections rétiniennes : destruction de certaines petites tumeurs, traitement de décollements minimes de la rétine.

photomètre n. m. Instrument permettant de mesurer les intensités lumineuses.
En médecine et en biologie, on utilise la photométrie pour le dosage de corps en solution ou en suspension; on l'effectue en mesurant l'absorption d'un faisceau lumineux qui les traverse dans des conditions données. Avec les *spectrophotomètres,* la mesure se fait sur une fréquence lumineuse strictement délimitée par la diffraction du faisceau dans un prisme.

photophobie n. f. Crainte de la lumière, due à l'impression pénible ou douloureuse qu'elle provoque dans les inflammations du globe oculaire, le glaucome congénital, les méningites, etc.

photopsie n. f. Vision lumineuse subjective qui frappe aussi bien l'œil sain que l'œil malade, due à une excitation directe de la rétine, en rapport avec un afflux du sang à la tête, un choc sur l'œil, etc.

photosensibilisation n. f. Sensibilisation de la peau à la lumière solaire, se traduisant par l'apparition d'érythèmes sur les zones exposées, auxquels peuvent s'ajouter des bulles, des croûtes.
La photosensibilisation peut être due à des troubles métaboliques (porphyries*), à une carence (pellagre*) ou à l'absorption de certains médicaments : phénothiazine, chlorpromazine, amidopyrine, etc.

phototraumatisme n. m. Lésion de la rétine, provoquée par une lumière trop intense.
Le phototraumatisme survient chaque fois que l'on regarde une source lumineuse particulièrement intense (Soleil, notamment). L'évolution se fait vers la récupération visuelle, avec parfois persistance d'un petit scotome*, gênant la vision, et d'une cicatrice indélébile au fond* d'œil.

phototropisme n. m. Déplacement ou changement d'orientation des êtres vivants sous l'influence de la lumière.
Certains êtres ont un phototropisme positif : ils vont vers la lumière; d'autres ont un phototropisme négatif : ils s'en éloignent. Ces propriétés jouent un rôle dans le mode de vie de certains parasites.

phrénique adj. Relatif au diaphragme*.

Nerf phrénique, nerf issu du plexus cervical, qui commande les contractions du diaphragme*. Il descend à travers le cou et le thorax; ses branches terminales se distribuent dans le diaphragme.

Sur le trajet du nerf phrénique peuvent apparaître des points douloureux caractéristiques, lors d'inflammations de voisinage (pleurésie, abcès sous-phrénique, colique hépatique).

Centre phrénique, partie centrale du diaphragme, formée par des fibres tendineuses.

phtiriase n. f. Infestation par les poux*.

phtisie n. f. Syn. ancien de TUBERCULOSE*.

phtisiologie n. f. Spécialité médicale consacrée à l'étude et au traitement de la tuberculose.

physiologie n. f. Science des fonctions et des constantes du fonctionnement normal des organismes vivants, unicellulaires comme pluricellulaires. — En médecine, c'est l'étude des fonctions de l'homme sain.

physiothérapie n. f. Traitement par les agents physiques.
Les principaux agents utilisés sont l'eau (v. BAIN, EAU, THERMALISME), la chaleur*, le froid* (v. CRYOTHÉRAPIE), les rayonnements (rayons* X, ultraviolets, infrarouges), l'électricité (v. ÉLECTROTHÉRAPIE), les actions mécaniques (forces et mouvements, v. KINÉSITHÉRAPIE).

phytothérapie n. f. Traitement par les plantes*.
De nombreuses plantes sont encore employées en nature, mais la plupart d'entre elles ne sont vendues qu'en pharmacie, et il peut être dangereux d'utiliser certaines d'entre elles dont on ne connaît pas parfaitement les effets.

pian n. m. Tréponématose* endémique, due à *Treponema pertenue.* (Syn. : YAWS.)
Cette infection sévit dans les régions chaudes et humides d'Afrique (côte ouest), d'Asie (Thaïlande, Indonésie) et d'Amérique (Haïti, Jamaïque).

La contamination se fait par contact non vénérien dans l'enfance, ou par le biais des mouches. La promiscuité et les mauvaises conditions hygiéniques favorisent l'extension de cette maladie.
Signes cliniques. Le pian ne se manifeste que par des signes cutanés et ostéo-articulaires, sans manifestations viscérales comme la syphilis.
Après un mois d'incubation, la lésion initiale se développe sous la forme d'une papule ulcérée : c'est le « pianome primaire », qui dure plusieurs mois. En même temps apparaissent les lésions dites « secondaires », tumeurs végétantes recouvertes de croûtes.

Pied. A. Squelette du pied :
tarse, métatarse, orteils.
1. Péroné ; 2. Tibia ; 3. Calcanéum ;
4. Interligne médiotarsien de Chopart ;
5. Scaphoïde ; 6. Premier cunéiforme ;
7. Interligne de Lisfranc ;
8. Premier métatarsien ; 9. Orteils.
B. Face dorsale :
1. Artère tibiale antérieure ;
2. Nerf saphène interne ;
3. Tendon du muscle jambier antérieur ;
4. Nerf tibial antérieur ;
5. Nerf cutané dorsal interne du pied ;
6. Artère pédieuse ;
7. Artère dorsale du tarse ;
8. Artères métatarsiennes dorsales ;
9. Tendons du muscle pédieux ;
10. Tendons du muscle long extenseur ;
11. Nerf saphène externe ;
12. Muscle long extenseur du gros orteil ;
13. Nerf musculo-cutané.

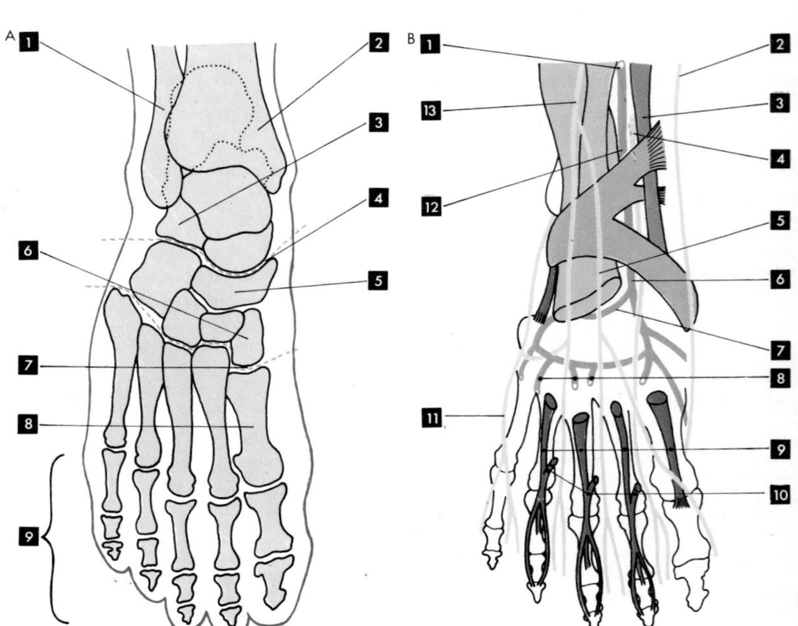

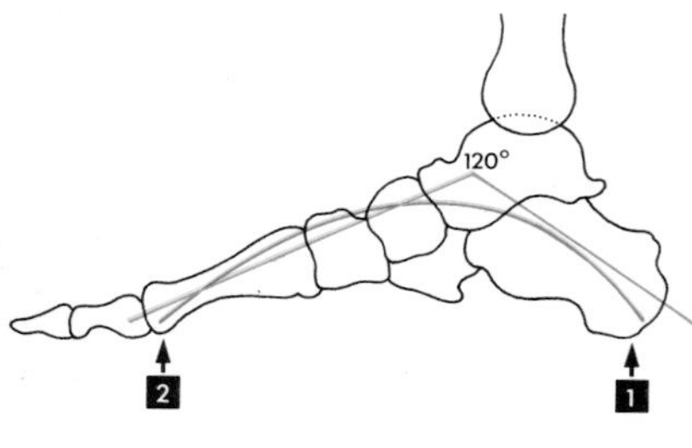

Pied.
Squelette de la voûte plantaire normale :
1. Point d'appui calcanéen;
2. Point d'appui
de la tête du premier métatarsien.

Pied. Surfaces d'appui du pied.
1. Pied creux. 2. Empreinte d'un pied normal.
3. Affaissements de la voûte plantaire :
a. Léger ; *b.* Accentué ; *c.* Pied plat.

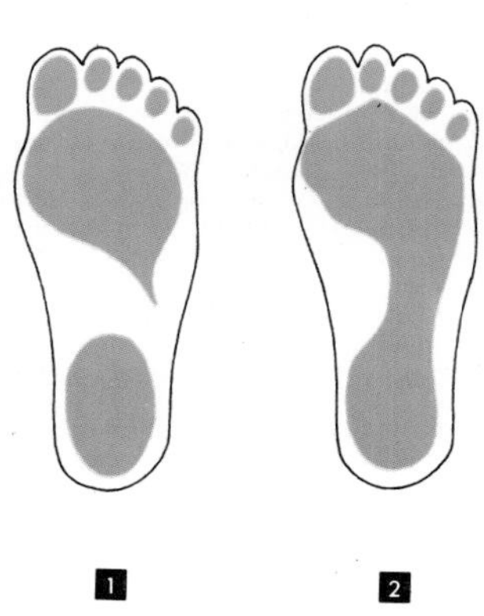

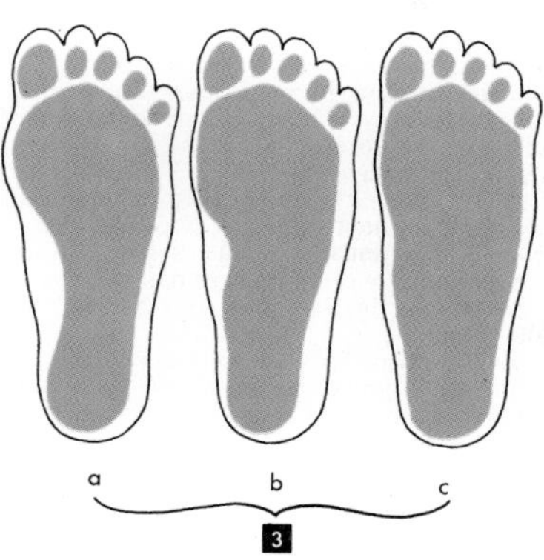

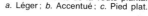

Aux paumes et aux plantes, elles prennent un aspect hyperkératosique. Ces atteintes disparaissent sans laisser de traces.

Le stade tertiaire associe des lésions cutanées (gommes, ulcérations palmo-plantaires) à des atteintes ostéo-articulaires (gangosa, goundou*).

Diagnostic. Il repose sur la découverte du tréponème dans les plaies.

Traitement. La pénicilline est l'antibiotique de choix.

pica n. m. Trouble du comportement alimentaire de certains malades mentaux qui avalent des objets ou des substances non comestibles.

picrique adj. **Acide picrique,** trinitrophénol. — Le soluté à 1 p. 100 d'acide picrique est utilisé en compresses dans le traitement des brûlures superficielles peu étendues.

picrotoxine n. f. Combinaison de deux lactones, présente dans la *coque du Levant* (*Anamirta cocculus,* ménispermacées). La picrotoxine est un poison tétanisant dont l'antidote est le chloral.

pied n. m. Partie distale du membre inférieur, qui repose sur le sol et supporte le corps.

Anatomie. Le squelette du pied est composé de 3 groupes osseux. Le *tarse,* massif, qui occupe la moitié postérieure, est formé par 7 os disposés sur 2 rangées : la rangée postérieure est constituée de 2 os superposés, l'*astragale**, qui s'articule avec la mortaise tibio-péronière, et le *calcanéum**, formant la saillie du talon; à l'extrémité postérosupérieure du calcanéum s'insère le tendon d'Achille. La rangée antérieure du tarse comprend 5 os juxtaposés : *cuboïde* et *scaphoïde* unis à l'astragale et au calcanéum par l'articulation médiotarsienne ou articulation de Chopart ; en avant du scaphoïde, les 3 *cunéiformes.* Le *métatarse* est composé de 5 os longs, les *métatarsiens,* qui s'articulent en arrière avec les os de la 2e rangée du tarse, en avant avec les premières phalanges des orteils. Les *phalanges* des orteils ressemblent à celles des doigts par leur disposition, leur forme, mais en diffèrent par leurs dimensions réduites (exception faite pour les 2 phalanges du gros orteil). Le squelette du pied comprend, sur sa face plantaire, des os sésamoïdes, dont 2 sont constants à la face inférieure de la première articulation métatarso-phalangienne.

La région dorsale du pied donne passage aux tendons des muscles extenseurs et péronier antérieur (eux-mêmes situés au-dessus du muscle pédieux), à l'artère pédieuse et aux rameaux du nerf tibial antérieur. La région plantaire, ou plante du pied, comprend 4 loges séparées par des aponévroses et contenant les tendons et les muscles des orteils, des vaisseaux et des nerfs.

Statique du pied. Le pied repose sur 3 points d'appui osseux : 1 postérieur, la tubérosité plantaire du calcanéum, 1 antéro-interne (la tête du premier métatarsien), 1 antéroexterne (la tête du 5e métatarsien). L'empreinte plantaire ne montre de ces 3 points d'appui que le postérieur, le talon ; les 2 points d'appui antérieurs sont noyés dans une bande transversale épaisse, qui constitue le talon antérieur.

Les 3 points d'appui sont réunis par des arches qui supportent la *coupole plantaire :* arches interne, externe et antérieure. La stabilité de la voûte plantaire est assurée par des moyens puissants : outre les ligaments qui assemblent les différentes pièces osseuses, en ne leur permettant qu'une très faible mobilité, et le grand ligament plantaire, tous les muscles de la jambe (à l'exception du triceps sural) et du pied concourent au maintien du galbe plantaire. Au point de vue moteur, dans le mouvement essentiel de la flexion plantaire, le pied est un levier du deuxième genre (type de la brouette) où la résistance (poids du corps transmis par le tibia) est placée entre le point d'appui (têtes métatarsiennes) et la puissance (tendon d'Achille transmettant sa force au calcanéum). Le pied, en dehors de ses mouvements essentiels de flexion-extension, effectue des mouvements de rotation interne et externe (adduction et abduction), de supination (varus) et de pronation (valgus), ces mouvements étant évidemment beaucoup plus limités qu'au niveau de la main.

Pathologie. Parmi les multiples *malformations congénitales* du pied, la plus fréquente est le *pied bot* (1 cas sur 1 000 naissances), qui atteint surtout les garçons et une fois sur deux est bilatéral. Il s'agit le plus souvent d'un pied bot « varus équin » à l'aspect caractéristique : la pointe du pied est déviée en dedans (adduction), la plante regarde en dehors (varus) ; la pointe du pied est abaissée comme le pied d'un cheval (équin).

L'évolution, en l'absence de traitement, aboutit à une déformation irréductible, d'où la nécessité d'entreprendre le traitement dès les premiers jours : manœuvres d'assouplissement et de redressement du pied, suivies d'application de bandages adhésifs, puis plâtres successifs ; à l'âge de la marche, l'enfant est appareillé avec des chaussures montantes et des attelles de nuit. Poursuivi jusqu'à la fin de la croissance osseuse, ce traitement a des résultats, en règle générale, excellents, mais parfois des corrections chirurgicales sont nécessaires, portant sur les parties molles (capsulectomies, ténotomies) ou sur les os eux-mêmes (tarsectomie, arthrodèse). Beaucoup plus rares sont le pied bot talus et le pied bot convexe.

Les *déformations de la voûte plantaire* sont de simples anomalies de position. Le *pied plat* est l'affaissement de cette voûte : normal chez le nourrisson, fréquent chez le petit enfant, où il s'agit en réalité d'un pied faible qu'il faut traiter préventivement. Le *pied plat valgus douloureux* de l'adolescent se traduit par une douleur, le soir, à la fatigue, une usure des chaussures plus marquée en dedans ; à l'examen, le pied est tourné en dehors, la saillie de la malléole tibiale exagérée ; les empreintes plantaires montrent l'affaissement de la voûte et son degré. L'évolution peut être grave, avec douleurs vives, contracture musculaire, apparition de signes d'arthrose. C'est dire la nécessité du traitement préventif dès l'enfance : chaussures physiologiques montantes et, dès qu'il existe un début d'affaissement de la voûte, usage d'une semelle orthopédique corrigeant le valgus du calcanéum et soulevant les têtes métatarsiennes. Plus rare est le *pied creux essentiel des adolescents*, avec creusement de la voûte par chute de l'avant-pied, appui à la marche uniquement sur la pointe ; aux déformations fibreuses s'ajoutent rapidement des déformations osseuses, et si le traitement orthopédique n'a pas été entrepris à temps il faut recourir à la chirurgie : ténodèses, voire tarsectomies.

Les *lésions traumatiques* du pied sont multiples : les plaies et piqûres sont toujours graves en raison du risque d'infection ; il faut les désinfecter très soigneusement, voire les débrider, et surtout prévenir le risque de *tétanos* par la sérothérapie et le rappel de vaccin. Les *entorses** sont particulièrement fréquentes au niveau des articulations tibio- et médiotarsiennes. Les *fractures* les plus fréquentes sont celles du calcanéum, des métatarsiens et des orteils ; celles de l'astragale et des autres os du tarse sont beaucoup plus rares. Quelles que soient la nature et l'importance du traumatisme, les séquelles sont souvent graves, en particulier l'ostéoporose post-traumatique. Seul un traitement correct (lutte contre l'infection, rééducation active précoce) peut permettre une récupération complète ou, au moins, réduire les séquelles au minimum.

Les *paralysies traumatiques* du nerf sciatique et de ses branches entraînent non seulement des troubles de la statique du pied (par exemple, le steppage dans la paralysie du sciatique poplité externe), mais aussi des troubles sensitifs et trophiques qui peuvent rendre la marche impossible. La réparation nerveuse est évidemment le traitement idéal, mais elle connaît des impossibilités et des échecs qui obligent à des interventions palliatives (transplantations tendineuses, arthrodèses, arthrorises). Les pieds bots de la *poliomyélite* présentent un polymorphisme extrême : la rééducation active précoce permet souvent de limiter les séquelles, qui demandent des traitements chirurgicaux délicats. Les *paralysies spastiques* d'origine cérébrale ou médullaire (syndrome de Little, hémiplégie cérébrale infantile) sont de traitement long et difficile. Certaines maladies du système nerveux (tabès) ou nutritionnelles (diabète) peuvent également entraîner des arthropathies importantes et des ulcérations rebelles des parties molles (mal perforant plantaire).

Les *métatarsalgies* (douleurs du métatarse), les *talalgies* (douleurs du talon) forment un chapitre important et difficile de la podologie. Ces syndromes sont de causes multiples : hyperlaxité constitutionnelle ou occasionnelle, pressions trop considérables (obésité), chaussures antiphysiologiques, anomalies congénitales ou acquises. Elles demandent un bilan complet, local et général pour décider de la thérapeutique : semelles orthopédiques, agents physiques, voire chirurgie.

Les déformations des orteils ne sont pas rares. La forme la plus fréquente est l'*hallux valgus*, où le gros orteil est dévié en dehors, pouvant même s'insinuer sous le 2e orteil ; en même temps se constituent une exostose du premier métatarsien et une bursite souvent très douloureuse au bord interne de l'articulation métatarso-phalangienne (oignon). Cet hallux valgus s'observe surtout dans le sexe féminin, la pression de chaussures trop étroites ou pointues, à haut talon, en est la cause favorisante. Lorsque la déformation est invétérée, seul le traitement chirurgical peut corriger la déformation de l'orteil. Les autres orteils peuvent être le siège d'une griffe de

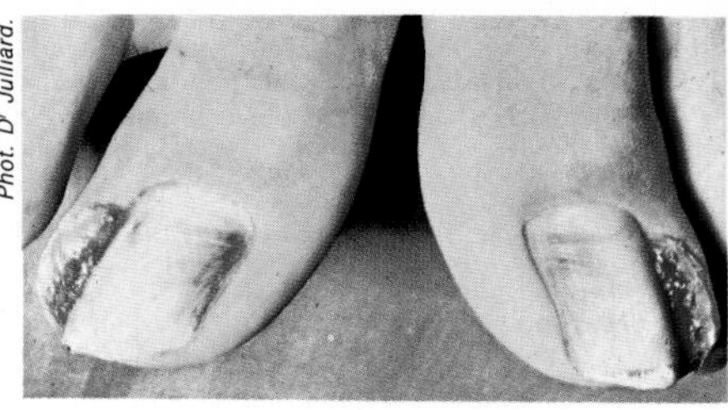

Pied. Anomalies. Ongles incarnés.

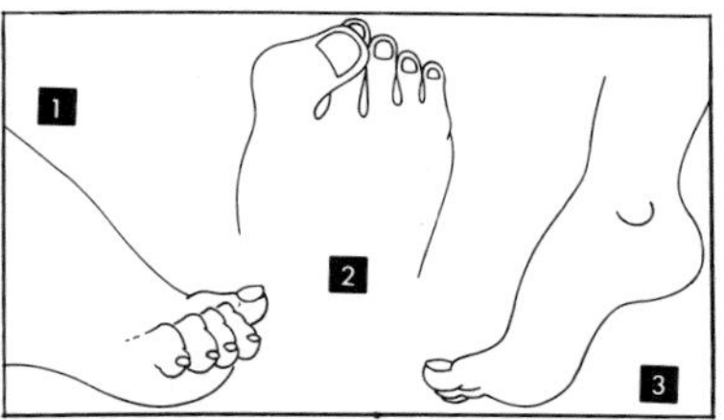

Pied. Anomalies.
1. Orteil en marteau ; 2. Hallux valgus ;
3. Pied bot.

la 2e phalange sur la première, un cor se développant au sommet de l'angle ainsi formé : c'est l'*orteil en marteau*, qui, au stade de déformation fixée, doit être traité chirurgicalement.

L'*ongle incarné*, ou *onyxis latéral*, est une lésion fréquente, siégeant électivement au gros orteil : le rebord unguéal pénètre dans le sillon péri-unguéal, entraînant de vives douleurs ; puis une suppuration apparaît, et la marche devient difficile. La prévention de cet accident consiste en une coupe à ras de l'ongle, en carré, sans entaille sur les bords, et à des soins d'hygiène minutieux. En cas d'échec, il faut recourir à l'ablation chirurgicale de la partie latérale de la matrice.

pied d'athlète. V. ATHLETIC FOOT.

pie-mère n. f. Enveloppe interne des méninges*, qui adhère étroitement au cerveau et à la moelle.

pierre n. f. **Maladie de la pierre,** ancien nom des calculs de la vessie. (V. LITHIASE et URINAIRE.)

pigeonneau n. m. Ulcération noirâtre, arrondie, du doigt, observée chez les travailleurs maniant l'acide chromique ou ses sels.

pigment n. m. Substance organique colorée, telles la bilirubine* de la bile, la mélanine* de la peau.
La coloration normale de la peau, due à la mélanine, peut diminuer (vitiligo*) ou augmenter (mélanodermie*, éphélides*). La bilirubine, lorsqu'elle se dépose dans les téguments et les muqueuses, est responsable de l'ictère*. Certaines intoxications (l'argent) sont responsables de pigmentations transitoires.

pilier n. m. Partie qui sert de soutien à un organe ou délimite un orifice : *piliers du cœur, du diaphragme, du voile du palais.*

pilocarpine n. f. Alcaloïde du jaborandi*, doué d'une action parasympathicomimétique. Elle excite les sécrétions (salive) et fait contracter la pupille. On l'emploie en collyre dans le traitement du glaucome*.

pilomoteur adj. m. Se dit d'un réflexe obtenu en effleurant la peau, et qui provoque l'érection des poils.
Celle-ci est déterminée par le muscle érecteur attaché à chaque poil et commandée par le système neurovégétatif (horripilation).

pilonidal, e, aux adj. **Kyste ou sinus pilonidal**, petite tumeur due à l'inclusion d'un poil dans l'épaisseur du derme.
Les kystes pilonidaux se rencontrent électivement au niveau de la région sacro-coccygienne. Leur infection, presque constante, impose le traitement chirurgical.

pilosébacé, e adj. Relatif au poil et à la glande sébacée qui lui est adjointe.

pilule n. f. Médicament de forme sphérique, destiné à être avalé, dans lequel la substance active est mélangée à un excipient et recouverte de poudre ou d'un vernis.

Pilule contraceptive, dragée renfermant des hormones œstrogènes et progestatives, employée pour la contraception*.
La pilule est prise 21 ou 22 jours par mois (selon les produits) avec un arrêt de 7 jours. Une hémorragie minime se produit pendant l'arrêt, simulant des règles. Le diabète et les maladies des veines ou des artères (thromboses), les hyperlipidémies sont les principales contre-indications.

piment n. m. Le piment rouge (piment annuel ou poivre long) et le piment frutescent (poivre de Cayenne) sont employés comme condiment ; ils facilitent la digestion, mais sont contre-indiqués en cas de gastrite ou d'ulcère gastrique ou duodénal. Les gros piments doux (poivrons), employés comme légumes ou en salade, sont également déconseillés en cas d'affection gastrique.

pin n. m. Les bourgeons de *pin sylvestre* sont employés en décoction (20 g par litre) et en sirop comme sédatif de la toux et diurétique. Le *pin maritime* fournit la térébenthine.

pince n. f. Instrument de chirurgie aux formes diverses, servant à extraire les corps étrangers, prendre et séparer les organes au cours des opérations (pinces à disséquer), obturer les vaisseaux (pinces hémostatiques).

pincement n. m. **Pincement articulaire**, diminution de l'écart qui existe normalement entre deux surfaces articulaires.
C'est le signe d'une affection articulaire (arthrose*, anomalie d'appui, etc.).

pinéal, e, aux adj. **Glande pinéale.** V. ÉPIPHYSE.

pinguécula ou **pinguicula** n. f. Petite tuméfaction bénigne, située sous la conjonctive et qui correspond à une dégénérescence hyaline.

Pinkus (tumeur fibro-épithéliale de), lésion de la région lombo-sacrée, qui apparaît très tôt dans la vie et qui correspond à un épithélioma* basocellulaire.

pipérazine n. f. Corps de synthèse, base de médicaments uricosuriques, anthelminthiques et psychotropes.

pipobroman n. m. Dérivé de la pipérazine, employé dans le traitement de la maladie de Vaquez (polyglobulie* essentielle) et dans celui des leucémies* myéloïdes.

piqûre n. f. **1.** Plaie ponctuelle faite par un objet pointu (aiguille, clou, etc.).
Les piqûres exposent à l'infection. Pour éviter celle-ci, il faut faire saigner les piqûres superficielles, les désinfecter, injecter le sérum antitétanique ou faire un rappel de vaccin antitétanique et appliquer un traitement antibiotique énergique.
Toute piqûre profonde doit être examinée par un médecin, qui décidera de la nécessité éventuelle d'une exploration ou d'une intervention chirurgicale. (V. PLAIE.)

2. Piqûre sous-cutanée, intramusculaire, etc. V. INJECTION.
3. V. ACUPUNCTURE.

piscine n. f. L'eau des piscines doit répondre à certains critères pour éviter la propagation des maladies infectieuses (poliomyélite, granulomes, mycoses, etc.). Les baigneurs sont également tenus à un minimum d'hygiène. Il est, par exemple, interdit d'uriner dans les piscines.
L'eau des piscines est régulièrement assainie et renouvelée. Dans les circuits sans système de régénération, une vidange com-

plète avec lessivage des parois doit être effectuée au moins tous les 3 jours. Dans les circuits avec régénération, l'eau est renouvelée sans arrêt et d'un vingtième de son volume par jour au moins. Le désinfectant le plus courant est le chlore ou le protoxyde de chlore. L'alcalinisation de l'eau facilite l'effet du chlore. Un contrôle rigoureux des piscines est exercé par les ministères des Affaires sociales, de l'Intérieur et de la Jeunesse et des Sports.

pithiatisme n. m. Ensemble de troubles corporels, sans aucune cause organique, qui peuvent apparaître et disparaître chez certains malades, par persuasion ou suggestion. (Ce terme, de moins en moins utilisé, désigne la « conversion hystérique » [v. HYSTÉRIE].)

pituitaire adj. Qui se rapporte : 1. À l'hypophyse, ou glande pituitaire ; 2. À la muqueuse des fosses nasales.

pituite n. f. Rejet par régurgitation d'un liquide filant, aqueux, survenant le plus souvent le matin, à jeun, chez des sujets atteints de gastrite, notamment les alcooliques.

pityriasis n. m. « Affection cutanée caractérisée par une fine desquamation » (Brocq). On décrit sous ce nom :

Le pityriasis rosé de Gibert. Il se traduit par des taches rosées, à centre jaunâtre, sur la racine des membres et le tronc seulement. L'affection, bénigne, est saisonnière (printemps, automne) ;

Le pityriasis rubra pilaire. Très rare, héréditaire, cette affection est caractérisée par des cônes cornés rouges, présents sur le dos des premières phalanges des doigts, associés parfois à une érythrodermie* ;

Le pityriasis versicolor. C'est une mycose* cutanée due au champignon *Malassezia furfur.* Très fréquente, elle est facilement reconnaissable : les régions atteintes (le tronc surtout) sont d'une coloration brun fauve, étendues en nappes. Le signe majeur est le signe du « copeau » ou décollement facile des squames avec une curette.

La variété achromiante (v. ACHROMIE) décolore la peau en plaques, ressemble au vitiligo et apparaît après exposition au soleil.

Le traitement repose sur l'application prolongée de fongicides* locaux.

pivot n. m. **Pivot dentaire, dent à pivot,** prothèse à tenon employée sur une dent dont il ne reste que la racine.

placenta n. m. Organe permettant les échanges gazeux et nutritifs entre la mère et son fœtus, et jouant un rôle endocrinien durant la grossesse.

Phot. X.

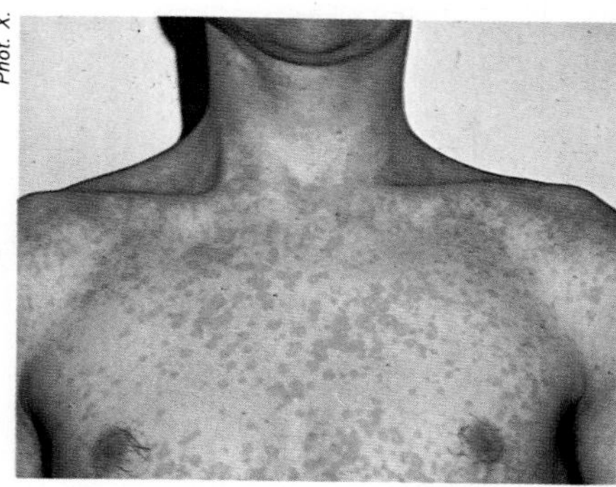

Pityriasis versicolor.

Anatomie. Le placenta se constitue à partir des villosités chorioniques de l'œuf, qui ont pris contact avec la muqueuse utérine. Le placenta à terme est une masse charnue, en forme de « gâteau », de 16 à 20 cm de diamètre, de 2 cm d'épaisseur et d'un poids de 500 g environ.

On lui décrit une face *fœtale,* lisse, tapissée par l'amnios, sous lequel on voit les vaisseaux placentaires. Cette face regarde vers l'intérieur de l'œuf. La face *maternelle,* charnue, formée de cotylédons polygonaux séparés par des sillons, est celle qui s'attachait à la paroi utérine. Le bord du placenta est circulaire et se continue par les membranes. Le cordon est fixé au centre de la face fœtale.

Physiologie. Le placenta est double.

Rôle d'échanges gazeux et nutritifs. Les deux circulations, maternelle et fœtale, ne communiquent pas, mais sont séparées par le revêtement de la villosité et par la paroi des vaisseaux. C'est à travers ces « barrières » placentaires que s'effectuent cependant les échanges d'oxygène et de gaz carbonique dissous (respiration fœtale), et les apports de protides, glucides, lipides, sels minéraux (nutrition du fœtus).

Rôle de glande endocrine. Il sécrète, *seul,* deux hormones protéiques : l'hormone gonadotrope chorionique, ou H. G. C., qui est utilisée pour faire le diagnostic biologique de la grossesse, et l'hormone lactogène placentaire, ou H. L. P., dont l'activité et la structure s'apparentent à celles de l'hormone de croissance et de la prolactine.

Il sécrète, *en association* avec les com-

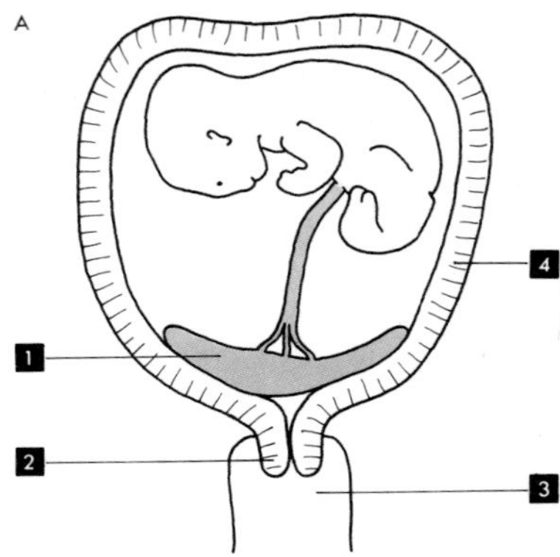

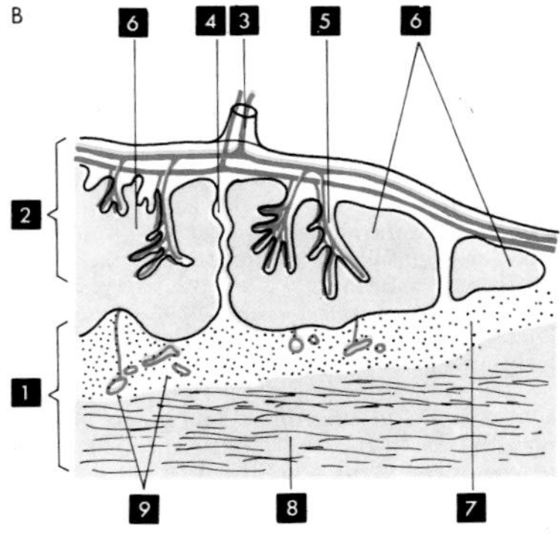

Placenta. A. Placenta prævia :
1. Le placenta est inséré
contre l'orifice interne du col utérin;
2. Col utérin; 3. Vagin; 4. Utérus.
B. Schéma d'une coupe de placenta :
1. Côté maternel; 2. Côté du fœtus;
3. Cordon ombilical;
4. Villosité « crampon » fixée à l'utérus;
5. Villosité du placenta
baignant dans un lac sanguin
et dite « flottante »;
6. Sang;
7. Muqueuse de l'utérus; 8. Muscle utérin;
9. Vaisseaux maternels dans l'utérus.

partiments maternel et fœtal (unité fœto-placento-maternelle), des hormones stéroïdes sexuelles comme la progestérone et les œstrogènes.

Pathologie. Pendant la grossesse, le placenta peut se décoller prématurément et saigner (hématome* rétroplacentaire; placenta prævia*). Il peut faillir à son rôle d'échanges entre la mère et le fœtus (syndrome dit « d'insuffisance placentaire ») et conduire à un retard de croissance, voire à la mort *in utero* du fœtus.

Après l'accouchement, il peut se décoller incomplètement, ou être retenu dans l'utérus et déterminer des complications de la délivrance.

Explorations du placenta. La localisation exacte du placenta peut être précisée par des techniques aux radio-isotopes* (technetium), ou par les ultrasons*. La fonction endocrinienne est explorée par les dosages de H. G. C. et de H. L. P., et, dans une certaine mesure, par ceux des stéroïdes.

plaie n. f. Solution de continuité de revêtement cutané.

Les plaies intéressent les plans de couverture (peau, aponévroses), mais peuvent s'accompagner de lésions d'autres organes : les risques propres à ces atteintes surajoutées, les dangers qu'elles présentent, les mesures thérapeutiques qu'elles imposent sont très particuliers à chaque lésion (plaies de l'abdomen*, des viscères, des artères*, fractures* ouvertes, etc.).

Les *piqûres* sont des plaies étroites, à bord net, dont le risque essentiel est l'infection.

Les *coupures* sont des sections nettes qui exposent particulièrement aux lésions vasculo-nerveuses ou tendineuses.

Les *plaies contuses* sont produites par un agent contondant qui broie les tissus, dévitalise les parties molles plus ou moins profondément.

Toute plaie implique un examen clinique méthodique et complet : circonstances de l'accident, nature de l'agent vulnérant, temps écoulé depuis la blessure. L'aspect des orifices cutanés est très variable; la recherche de lésions ostéo-articulaires, vasculo-nerveuses, viscérales est un temps essentiel de l'examen : abondance de l'hémorragie externe, tension d'un hématome profond, sensibilité des téguments, état du pouls en aval, état général du blessé (signes de choc* traumatique).

Traitement des plaies. L'ablation chirurgicale des zones dévitalisées, suspectes de souillure microbienne, et celle des corps étrangers inclus sont les actes thérapeutiques essentiels : le « parage chirurgical » excise méthodiquement, plan par plan, tous les tissus contus, avec une hémostase rigoureuse. La *suture cutanée primitive* entraîne une cicatrisation rapide, mais, lorsque le danger d'infection est particulièrement à redouter, il ne faut pas hésiter à laisser la plaie ouverte, sous couvert d'une surveillance clinique et bactériologique rigoureuse, les modalités du *pansement** étant adaptées à chaque circonstance. Cette méthode doit être la règle devant une plaie datant de plus de 12 heures ou lorsque l'état général interdit une exploration chirurgicale réglée. La thérapeutique anti-infectieuse moderne a considérablement amélioré le pronostic (antibiothérapie, sérothérapie antitétanique).

La guérison d'une plaie cutanée, si les lèvres sont accolées et s'il n'y a pas d'infection, survient en 6 à 8 jours (*cicatrisation par première intention*). Si les lèvres restent éloignées, s'il y a perte de substance, la guérison est retardée et ne se produit que lentement, par *seconde intention*, mais il est souvent possible de procéder ultérieurement à une *suture secondaire*, après avivement des bords de la plaie. En cas de perte de substance, il faudra recourir à des greffes*.

plancher n. m. Formation anatomique qui constitue la partie inférieure d'une cavité.
Le *plancher de la bouche* comprend toutes les parties molles qui ferment en bas la cavité buccale (le phlegmon du plancher de la bouche porte le nom d'*angine de Ludwig*). Le *plancher uro-génital* est le plan musculo-aponévrotique qui ferme, dans le périnée* antérieur, la fente uro-génitale. Le *plancher du 3e ventricule cérébral* est constitué par l'hypothalamus*, celui du *4e ventricule* par le bulbe* et la protubérance*.

planning n. m. **Planning familial,** régulation du nombre et de la date des naissances, volontairement pratiquée par un couple. — Il fait appel aux méthodes de contraception* ou au traitement de la stérilité*.

plante n. f. **1.** Espèce végétale dans son ensemble.
2. Face inférieure du pied*.

Plantes médicinales. De nombreuses plantes ont une action physiologique et sont utilisées en thérapeutique sous forme de poudre, d'extraits, de teintures, d'infusions ou de décoctions. Certaines sont inoffensives, tels le tilleul, la camomille, la menthe, etc. D'autres, très nombreuses, sont toxiques et ne doivent être utilisées que sous forme pharmaceutique, telles la digitale, la belladone, la colchique, etc. (V. TABLEAUX, p. 598 et suiv., et chaque plante à son ordre alphabétique.) L'emploi inconsidéré de plantes cueillies dans les champs peut aboutir à des intoxications graves, voire mortelles.

Intoxication par les plantes. Une intoxication par les plantes pose plusieurs problèmes.
1. L'absorption est-elle réelle ? Il s'agit en effet le plus souvent d'enfants, auxquels il est difficile de se fier.
2. L'identification exacte de la plante. Il sera toujours utile de s'adresser pour cela au pharmacien, qui a fait des études de botanique.
3. Faire une évaluation statistique du risque, toujours difficile. (V. ACONIT, BAIE, BELLADONE, BOIS, CHAMPIGNON, CIGUË, COLCHIQUE, COLOQUINTE, CYTISE, DIGITALE, ELLÉBORE, ERGOT, FLEURS, HASCHISCH, IVRAIE, LAURIER, ORANGER, PEYOTL, SOLANACÉES, TABAC.)

Conduite à tenir devant la suspicion d'une intoxication par les plantes. Devant l'apparition de troubles digestifs ou nerveux chez un enfant susceptible d'avoir absorbé des plantes, il faut d'abord procéder à un lavage d'estomac si l'enfant est conscient. Il convient ensuite d'essayer d'identifier la plante en cause pour juger de la gravité éventuelle de l'accident et commencer un traitement approprié. Si cette identification se révèle impossible, il faut placer l'enfant en surveillance à l'hôpital. (V. tableau p. 706.)

plaque n. f. **Plaque dentaire,** ensemble des éléments qui se déposent sur la surface de l'émail des dents : bactéries, protéines, débris alimentaires et épithéliaux, tartre.

Plaques fauchées, aires arrondies, de petite taille, qui apparaissent sur la partie antérieure du dos de la langue. — Elles sont lisses et indolores. Leur observation en association avec d'autres lésions cutanéo-muqueuses caractéristiques permet de fonder le diagnostic de syphilis* secondaire.

Plaque motrice, jonction entre le nerf et le muscle. — Au niveau de la plaque motrice, l'extrémité terminale de l'axone libère le médiateur chimique (adrénaline ou acétylcholine) sous l'effet de l'influx nerveux. Le muscle, alors, se contracte.

Sclérose en plaques. V. SCLÉROSE.

plaquette n. f. Élément figuré du sang, intervenant dans la coagulation*. (Syn. : THROMBOCYTE.)
Les plaquettes, au nombre de 200 000 à 300 000 par millimètre cube, sont formées par l'éclatement des mégacaryocytes* issus de la moelle osseuse.

La diminution du nombre des plaquettes, ou *thrombocytopénie*, entraîne des purpuras* ; son augmentation, ou *thrombocytémie*, se voit dans les hémopathies prolifératives (leucémie myéloïde), et, de façon transitoire, après une splénectomie*.

toxique : A stupéfiant : B dangereux : C	NOM DE LA PLANTE	PARTIE EMPLOYÉE	MODE D'EMPLOI	PRINCIPA
	absinthe	feuille fleur	infusion	(10) (12) (13) (21)
A	aconit	feuille racine	teinture extrait	(1) (2) (19)
C	adonis	plante entière	teinture	(7) (11) (15) hyper
	ail	caïeu ou gousse	tisane ou cru	(4) (15) hypo
	aloès	suc	teinture	(12) (14) (18) (23)
	anis vert	fruit	infusion	(10)
	armoise	feuille	infusion	(12)
	arnica	fleur feuille	infusion teinture	(5) (8) (13)
	aubépine	fleur	infusion teinture	(5) (7) (15) hypo
	badiane	fruit	infusion	(10)
A	belladone	feuille	teinture	(5) (7) (20) anti
	bigaradier	feuille	infusion	(5) (16) (19)
	boldo	feuille	infusion	(14) (18)
	bourdaine	écorce	infusion	(18)
	bourrache	fleur	infusion	(11) (17) (20)
	café	graine torréfiée	infusion	(7) (11) (21)
	camomille	fleur	infusion	(5) (10) (21) (24)
	cascara	écorce	poudre	(18)
	cassis	feuille	infusion	(3) (11)
	cerise	queue ou pédoncule écorce	infusion	(3) (11) (13)
	chiendent	rhizome	infusion	(10) (11)

ACTIVITÉS DES PLANTES
① anesthésique
② antidiarrhéique
③ antigoutteux et antirhumatismal
④ antiseptique
⑤ antispasmodique
⑥ astringent
⑦ cardiaque
⑧ circulatoire
⑨ dépuratif
⑩ digestif
⑪ diurétique
⑫ emménagogue
⑬ fébrifuge
⑭ hépatobiliaire
⑮ hypo- ou hypertenseur
⑯ narcotique ou hypnotique
⑰ pectoral
⑱ purgatif ou laxatif
⑲ sédatif
⑳ sudorifique

plasma n. m. Liquide surnageant au-dessus des cellules sédimentées du sang, après centrifugation d'un sang *non* coagulé. (V. SÉRUM.)
Le plasma contient des sels minéraux, des protéines et des acides aminés, du glucose et divers acides organiques, des lipides et du cholestérol, des vitamines, des pigments, des hormones, etc. Les protéines plasmatiques sont étudiées par électrophorèse* ou immunoélectrophorèse : le plasma contient 45 g/l d'albumine, 30 g/l de globulines* (α_1, α_2, β et γ) et 4 g/l de fibrinogène. Le plasma peut être transfusé. (V. PLASMATHÉRAPIE.)

plasmaphérèse n. f. Action de séparer le plasma des globules d'un sang prélevé par saignée, les globules pouvant être restitués au sujet.
Effectuée dans certaines affections, elle permet de débarrasser le sang de substances nocives, par exemple d'immunoglobulines ou de myoglobulines. Pratiquée sur le sang d'un donneur, elle permet de lui rendre ses globules si on ne désire que le plasma, ou d'utiliser séparément plasma et globules.

plasmathérapie n. f. Emploi thérapeutique du plasma humain.
Dans le traitement du choc* et du collapsus*, le plasma tend à être remplacé par des solutions à grosses molécules (dextran), car, riche en protéines, il est allergisant et peut créer des réactions d'intolérance.

plasmocyte n. m. Cellule du système lymphoïde, formée dans la rate et dans les ganglions lymphatiques, et qui synthétise des anticorps*.
C'est une cellule très basophile*, à noyau excentré, avec la chromatine en rayons de roue. Normalement, le sang ne contient pas de plasmocytes, ou très peu ; ils apparaissent lors d'affections très diverses (rubéole, myélome*, infections chroniques, etc.).
(V. illustration p. 709.)

plasmodium n. m. Genre de protozoaires vivant dans le sang et agents du paludisme. (V. HÉMATOZOAIRE.)

plastie n. f. Suffixe indiquant une réparation modelante, à partir des tissus contigus, à une perte de substance : *rhinoplastie* (nez), *myoplastie* (muscle).
Employé seul, le terme de *plastie* est utilisé pour désigner la réparation des pertes de substance cutanée ou une opération au cours de laquelle on place une prothèse : *plastie de la hanche.*

plastique adj. **Chirurgie plastique.** Elle vise à corriger les disgrâces congénitales ou acquises. Il faut distinguer la *chirurgie réparatrice,* qui, obéissant à des règles très

toxique : A stupéfiant : B dangereux : C	NOM DE LA PLANTE	PARTIE EMPLOYÉE	MODE D'EMPLOI	PRINCIPALE
	coca	feuille	décoction	1 19 21
	coing	fruit	suc	2 6
A	colchique	semence	teinture	3 11
	coquelicot	pétale	infusion	16 17
	coriandre	fruit	infusion	10
A	datura	feuille	poudre teinture	3 5 19
A	digitale	feuille	infusion poudre	7 11 15 22 hyper constr.
	douce-amère	jeune tige	infusion	3 11 20
	drosera	plante entière	infusion teinture	5 17
A	ergot de seigle	sclérote	extrait	22 constr.
	eucalyptus	feuille	infusion teinture	4 17
	fougère mâle	rhizome	extrait éthéré	23
	frêne	feuille	infusion	3 13 18
	gentiane	racine	infusion teinture	9 13 21
	grenadier	écorce de racine	décoction	23
	guimauve	racine feuille	infusion décoction	17 19
	hamamélis	feuille	extrait	6 8 21
	houblon	cônes	infusion	10 16 19 21
A	hydrastis	rhizome	teinture	8 10
	hysope	feuille sommité fleurie	infusion	5 10 17
C	ipéca	racine	poudre	2 17 21 24

CTIVITÉS DES PLANTES	
(21) tonique	
(22) vaso-constricteur ou vaso-dilatateur	
(23) vermifuge	
(24) vomitif	
(1) anesthésique	
(2) antidiarrhéique	
(3) antigoutteux et antirhumatismal	
(4) antiseptique	
(5) antispasmodique	
(6) astringent	
(7) cardiaque	
(8) circulatcire	
(9) dépuratif	
(10) digestif	
(11) diurétique	
(12) emménagogue	
(13) fébrifuge	
(14) hépatobiliaire	
(15) hypo- ou hypertenseur	
(16) narcotique ou hypnotique	

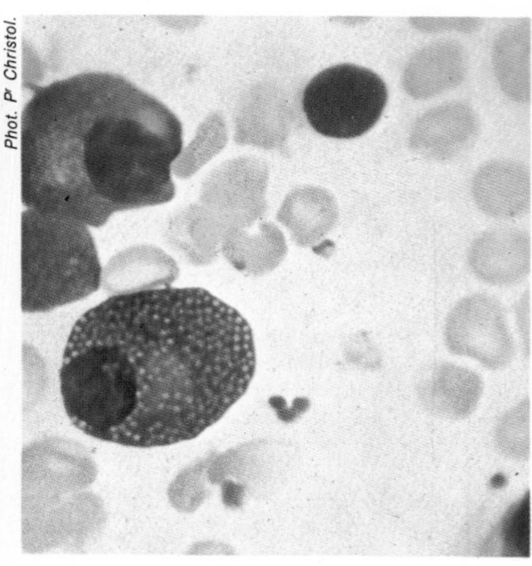
Phot. Pr Christol.

Plasmocytes.

strictes, a pour but de corriger des pertes de substance, par exemple au niveau des téguments, par greffes* cutanées (en pastille, dermo-épidermique, de peau totale) ou autoplasties (lambeaux de glissement, de rotation...). La *chirurgie cosmétique* ou *esthétique* s'efforce de corriger une imperfection corporelle qui prend pour le patient une importance préjudiciable à sa santé psychique : correction des déformations du nez (rhinoplastie), des hypertrophies ou des hypotrophies mammaires, lipectomies (ablation de graisse) au niveau des cuisses et de l'abdomen. Ces interventions esthétiques ne sont pas sans danger, et leurs risques réels doivent être connus des patients.

Aliments plastiques. Ce sont les aliments qui participent à l'élaboration de la matière vivante (protéines), par opposition à ceux qui sont oxydés pour des besoins énergétiques.

Matières plastiques. Elles présentent un certain danger au moment de la production. Leur toxicité est variable suivant leur nature, mais elles sont essentiellement irritantes pour le poumon ou la peau. Au niveau de l'utilisation, la toxicité est presque nulle, en dehors, toutefois, d'accidents d'intolérance cutanée, très rares. Les poêles à frire plastifiées ne doivent pas être chauffées au-delà de 350 °C, pour éviter le dégagement d'acide fluorhydrique.

toxique : A stupéfiant : B dangereux : C	NOM DE LA PLANTE	PARTIE EMPLOYÉE	MODE D'EMPLOI	PRINCIPA
C	jaborandi	feuille	teinture	3 17 20
A	jusquiame	feuille racine semence	teinture	5 16
	kola	noix	poudre extrait	21
	laurier-cerise	feuille	infusion	5
	lavande	sommité fleurie	infusion	4 5 9 17
	lobélie	tige fleurie	infusion teinture	4 17
	maïs	style	infusion extrait	9
	marjolaine	feuille	infusion	10 21
	maté	feuille	infusion	21
	matricaire	fleur	infusion	4 5 10 12
	mauve	fleur	infusion	17
	mélisse	feuille	infusion	5 21
	menthe	feuille	infusion	5 10
	millefeuille	feuille	infusion	8 12 13 21
	noyer	feuille	infusion	6 9
	olivier	feuille	infusion	15 hypo 22 dilat.
	oranger	(voir bigaradier)		
	orge	semence	décoction	11 18
	orthosiphon	feuille	infusion	3 11 14 15 hypo
	ortie blanche	sommité fleurie	infusion	6 11

CTIVITÉS DES PLANTES

(17) pectoral
(18) purgatif ou laxatif
(19) sédatif
(20) sudorifique
(21) tonique
(22) vaso-constricteur ou vaso-dilatateur
(23) vermifuge
(24) vomitif
(1) anesthésique
(2) antidiarrhéique
(3) antigoutteux et antirhumatismal
(4) antiseptique
(5) antispasmodique
(6) astringent
(7) cardiaque
(8) circulatoire
(9) dépuratif
(10) digestif
(11) diurétique
(12) emménagogue
(13) fébrifuge

plastron n. m. **Plastron appendiculaire,** empâtement perçu à la palpation de la paroi abdominale lors de l'évolution d'un abcès appendiculaire.
L'évolution spontanée de cette péritonite localisée se ferait vers la péritonite* généralisée ou la fistulisation à la peau ou dans un organe voisin. Ces modalités évolutives graves doivent être évitées par le drainage de l'abcès appendiculaire.

plathelminthes n. m. pl. Vers plats. (V. CESTODES, TRÉMATODES.)

platine n. m. **1.** Métal précieux qui sert à faire des objets inoxydables à haute température.
2. Surface dressée, plane. — La *platine de l'étrier* est la partie de cet osselet de l'oreille* moyenne qui fait piston dans la fenêtre ovale et y transmet les vibrations sonores. (V. OREILLE et SURDITÉ.)

plâtre n. m. Matériau employé pour immobiliser les fractures et diverses affections ostéo-articulaires : *gouttière plâtrée, appareils plâtrés circulaires.* (V. ill. p. 608.)
La surveillance d'un plâtre doit être attentive : toute douleur anormale, tout refroidissement des extrémités doivent faire craindre une compression, qu'il faudra supprimer.

platyspondylie n. f. Aplatissement congénital des corps vertébraux.

pleurer n. m. et v. **Pleurer spasmodique,** pleurs pathologiques alternant avec des rires de même nature, et retrouvés dans les atteintes lacunaires du cerveau, dites « pseudobulbaires » : *rire et pleurer spasmodiques.*

pleurésie n. f. Inflammation et épanchement de liquide dans la plèvre*.

Signes de la pleurésie. La douleur thoracique continue, pongitive*, augmentée par la toux sèche, quinteuse et brève qui survient aux changements de position, ainsi que l'essoufflement sont des signes qui imposent un examen clinique et radiologique. La percussion du thorax découvre une *matité* à sa partie basse (base) et le murmure vésiculaire est diminué, voire aboli, à l'auscultation. Les autres signes d'examen sont moins constants : égophonie, pectoriloquie aphone (transmission distincte de la voix chuchotée). La radiographie thoracique montre une opacité étendue, homogène, atteignant en bas le diaphragme.

Le signe de certitude d'un épanchement est fourni par la ponction pleurale, qui ramène un liquide séro-fibrineux, hémorragique ou purulent, sur lequel on pratique l'examen cytobactériologique.

Causes des pleurésies. ***Pleurésies séro-fibrineuses.*** Elles relèvent de trois causes essen-

toxique : A stupéfiant : B dangereux : C	NOM DE LA PLANTE	PARTIE EMPLOYÉE	MODE D'EMPLOI	PRINCIPAL
	pariétaire	feuille	infusion	(11)
	passiflore	fleur	teinture	(16) (19)
A	pavot	feuille capsule	infusion	(16) (19)
	pensée sauvage	fleur	infusion	(3) (9) (11)
	pied-de-chat	capitule	infusion	(17)
	prêle	feuille	infusion	(6) (11) (21)
	primevère	feuille racine	infusion	(5) (6) (17)
	psyllium	graine		(18)
	pyrèthre	fleur	poudre	(23)
	reine-des-prés	sommité fleurie	infusion	(3) (10)
	renouée	racine feuille	décoction	(6) (11)
	rhubarbe	rhizome	poudre	(18) (21)
	romarin	sommité fleurie	infusion	(14) (21)
	ronce	bourgeon	gargarisme	(6)
	rose pâle	pétale	à sec	(18)
	rose rouge	pétale	décoction mellite	(6)
	safran	stigmate	fil, poudre	(10) (12) (21)
	salicaire	sommité fleurie	teinture	(2) (4) (6)
	salsepareille	racine	décoction	(3) (9)
	sauge	feuille	infusion	(10) (20) anti (21)
	saule	écorce	infusion	(3) (6) (13) (19)

ACTIVITÉS DES PLANTES

⑭ hépatobiliaire

⑮ hypo- ou hypertenseur

⑯ narcotique ou hypnotique

⑰ pectoral

⑱ purgatif ou laxatif

⑲ sédatif

⑳ sudorifique

㉑ tonique

㉒ vaso-constricteur ou vaso-dilatateur

㉓ vermifuge

㉔ vomitif

① anesthésique

② antidiarrhéique

③ antigoutteux et antirhumatismal

④ antiseptique

⑤ antispasmodique

⑥ astringent

⑦ cardiaque

⑧ circulatoire

⑨ dépuratif

tielles : la tuberculose, les tumeurs et les maladies infectieuses. Le liquide de ponction est riche en albumine et en fibrine*, jaune citron. Le traitement de la pleurésie tuberculeuse comporte l'administration d'antibiotiques antituberculeux et de corticoïdes. En l'absence de traitement approprié, l'évolution se fait vers d'inévitables séquelles pleurales (symphyse* des feuillets, pleurite).

Les tumeurs intrathoraciques pleurales provoquent souvent, chez le sujet âgé, un épanchement, soit réactionnel, soit dû à une atteinte cancéreuse de la séreuse elle-même.

Enfin, les causes infectieuses sont représentées par les pneumopathies* virales, les suppurations bronchiques ou pulmonaires.

Pleurésies hémorragiques. Le liquide est rouge et incoagulable. Ces épanchements sont le plus souvent signe de tumeurs malignes, primitives ou secondaires, du poumon ou de la plèvre.

Pleurésies purulentes. Elles relèvent toujours d'une infection pulmonaire bactérienne (pneumocoques, entérocoques, staphylocoques, etc.).

Elles imposent un traitement antibiotique précoce et énergique afin d'éviter l'enkystement* et la pachypleurite* ; la ponction évacuatrice, en cas d'épanchement abondant, sera aidée d'un drainage et d'une aspiration de la collection purulente.

pleurite n. f. Inflammation de la plèvre sans épanchement de liquide.

La douleur thoracique, le frottement pleural, râpeux, présent aux deux temps (inspiration et expiration) de l'auscultation, l'opacité discrète et homogène visible sur la radiographie thoracique sont les signes habituels de la pleurite.

La pleurite peut précéder une pleurésie, quelle que soit l'origine de cette dernière. Elle peut être consécutive à une bronchopneumopathie banale ou à une atteinte tuberculeuse. Il faut craindre l'évolution vers la *pachypleurite* (épaississement des feuillets pleuraux et symphyse [soudure] de ceux-ci), source d'insuffisance respiratoire.

pleurodynie n. f. Douleur vive du thorax, observée dans les affections de la plèvre.

pleuroscopie n. f. Endoscopie* de la cavité pleurale.

Cette cavité, virtuelle à l'état normal, doit être préalablement emplie d'air (pneumothorax* artificiel).

pleurotomie n. f. Ouverture chirurgicale de la plèvre, par exemple pour drainer une pleurésie purulente.

plèvre n. f. Enveloppe séreuse des poumons.

toxique : A stupéfiant : B dangereux : C	NOM DE LA PLANTE	PARTIE EMPLOYÉE	MODE D'EMPLOI	PRINCIPAI
C	scille	écaille du bulbe	poudre	7 11 17
	séné	foliole	infusion	18
	serpolet	plante	infusion	5 14
	souci	fleur	infusion	5 12 14
	sureau	fleur	infusion	8 10 17 20
	tamarin	pulpe	infusion	18
	tanaisie	sommité fleurie	infusion	3 23
	thé	feuille	infusion	10 21
	thym	plante	infusion	4 10
	tilleul	inflore bractée	infusion	5 16 19
	tilleul	aubier	infusion	14
	valériane	racine	infusion	5 13 16 19
	vanille	gousse	infusion	4 21
	verveine	feuille	infusion	5 10 21
	vigne rouge	feuille	infusion	8
	violette	fleur	infusion	17

La plèvre se compose de deux feuillets, un feuillet viscéral et un feuillet pariétal, se réunissant au niveau du hile du poumon et limitant entre eux une cavité virtuelle, la *cavité pleurale.* Cette cavité pleurale peut être le siège d'un épanchement liquidien (pleurésie*) ou aérien (pneumothorax*). Les lésions traumatiques de la plèvre résultent soit de plaies du thorax, soit d'un embrochement par un fragment de côte fracturée (hémothorax, hémopneumothorax). Les tumeurs primitives de la plèvre sont exceptionnelles ; il s'agit le plus souvent de métastases d'un cancer pulmonaire ou extrathoracique.

plexus n. m. Réseau de nerfs ou de vaisseaux anastomosés (réunis entre eux) de façon complexe : *plexus veineux* de l'orbite, du mésentère, du petit bassin.

Les *plexus choroïdes* du cerveau sont des

CTIVITÉS DES PLANTES

(10) digestif
(11) diurétique
(12) emménagogue
(13) fébrifuge
(14) hépatobiliaire
(15) hypo- ou hypertenseur
(16) narcotique ou hypnotique
(17) pectoral
(18) purgatif ou laxatif
(19) sédatif
(20) sudorifique
(21) tonique
(22) vaso-constricteur ou vaso-dilatateur
(23) vermifuge
(24) vomitif

lacis de capillaires artériels et veineux qui sécrètent le liquide céphalo-rachidien. Les *plexus nerveux* sont formés soit de nerfs du système cérébro-spinal (plexus cervical, brachial, lombaire, sacré et coccygien), soit de nerfs du système neurovégétatif, provenant du sympathique et du parasympathique (plexus cardiaque, solaire, mésentérique, hypogastrique, honteux).
(V. schéma p. 716.)

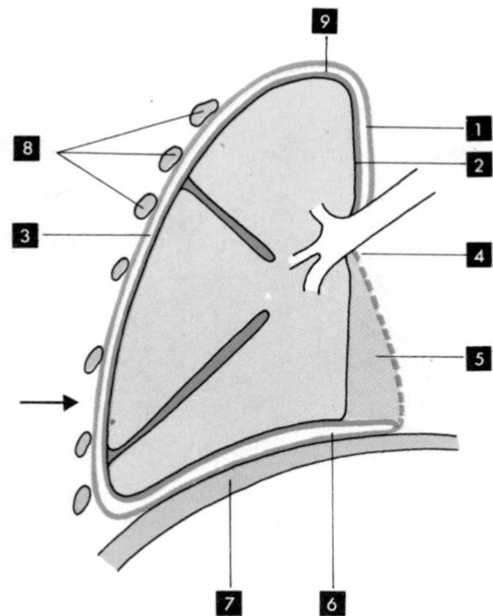

Plèvre. Coupe frontale du poumon montrant la plèvre pariétale et la plèvre viscérale :
1. Plèvre pariétale ; 2. Plèvre viscérale ;
3. Cavité pleurale ; 4. Hile du poumon ;
5. Ligament triangulaire du poumon (deux feuillets accolés) ;
6. Plèvre diaphragmatique ; 7. Diaphragme ;
8. Côtes ; 9. Dôme pleural.

plomb n. m. Métal gris bleuâtre, très dense.
Emploi pharmaceutique. L'acétate basique de plomb précipite avec les chlorures de l'eau commune pour donner l'*eau blanche*, employée comme résolutif en lotions.
Toxicologie. ***Intoxication chronique ou saturnisme.*** C'est une maladie professionnelle fréquente, résultant de l'emploi d'oxydes (minium de litharge), de sulfures (galène), de sulfate (blanc de Mulhouse), sous-carbonate (céruse), acétate (eau blanche), arséniate (utilisé en agriculture). Les métiers exposés sont l'imprimerie, la peinture, la fonderie et la tréfilerie, la récupération de vieux métaux, la fabrication d'accumulateurs, d'émaux et de céramique. Le saturnisme non professionnel résulte de l'utilisation de vaisselle ou de bouchons verseurs en plomb ou en étain, ainsi que de l'eau de boisson « trop dure », attaquant des canalisations en plomb (surtout si les prises de terre des appareils ménagers sont branchées dessus).

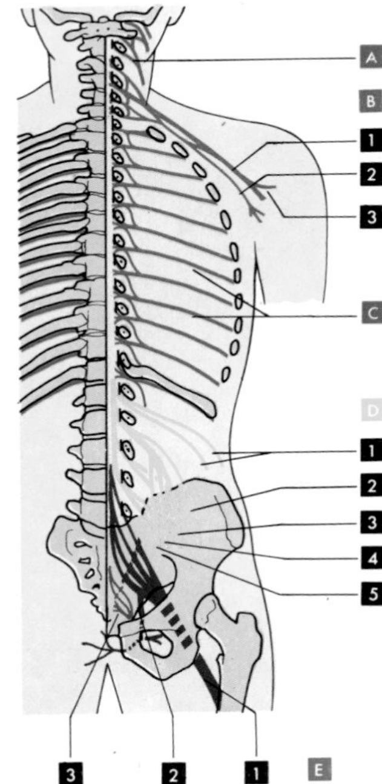

Plexus.
Schéma des principaux plexus du corps.
A. Plexus cervical.
B. Plexus brachial : 1. Nerf médian ; 2. Nerf radial ; 3. Nerf cubital.
C. Plexus dorsal (nerfs intercostaux).
D. Plexus lombaire :
1. Nerf abdomino-génital ;
2. Nerf fémoro-cutané ; 3. Nerf crural ;
4. Nerf génito-crural ; 5. Nerf obturateur.
E. Plexus sacré :
1. Nerf grand sciatique ; 2. Nerf honteux ;
3. Nerfs coccygiens.

SIGNES CLINIQUES. La *colique de plomb,* qui apparaît après plusieurs mois d'exposition, est une violente douleur abdominale avec constipation, pâleur, pouls lent et hypertension artérielle simulant une affection chirurgicale. La *paralysie* des avant-bras (nerf radial) empêche l'extension des doigts, surtout des doigts du milieu ; elle n'est pas douloureuse. La *néphrite chronique,* la *goutte saturnine* sont plus rares.

La constatation de l'un de ces signes fait rechercher le liséré de Burton, ligne ardoisée de la gencive en bordure des dents. Il existe une anémie avec hématies ponctuées (comportant des granulations inhabituelles). Le plomb est éliminé dans les urines (plomburie) à un taux supérieur à 50 γ par litre. Le dosage de plomb dans le sang (plombémie) montre un taux supérieur à 500 γ par litre. Au-dessous de ces chiffres, il y a imprégnation normale en cas de manipulation du plomb, mais non saturnisme.

TRAITEMENT. On emploie le *calcitétracémate disodique,* chélateur qui fixe le plomb et permet son élimination urinaire (*plomburie provoquée*).

PRÉVENTION DU SATURNISME. La législation impose la surveillance médicale fréquente des ouvriers touchant le plomb et ses dérivés, avec examens de sang. Il est recommandé de ne pas manger ni fumer au poste de travail, de porter des vêtements spéciaux, d'utiliser les douches. Le saturnisme figure au tableau n° 1 des maladies professionnelles.

Intoxication aiguë. Due à l'ingestion de *sels de plomb,* elle est rare et se manifeste par des vomissements, de la diarrhée, des douleurs abdominales, un goût métallique dans la bouche. Une anurie* survient les jours suivants, dont dépend la vie du sujet. La dose mortelle est de 0,50 g environ. Le traitement comprend le lavage d'estomac, une purge et la prescription de calcitétracémates.

Les *enfants* s'intoxiquent avec des jouets en plomb, des pots de peinture. Les troubles nerveux prédominent (céphalées, comas) analogues à ceux de l'hypertension intracrânienne. Il peut rester des séquelles.

L'absorption de *plomb tétraéthyle* (supercarburants) provoque des céphalées, des hallucinations et des convulsions, puis un coma pouvant entraîner la mort.

Les *intoxications aiguës* sont des accidents du travail et non des maladies professionnelles comme le saturnisme.

Plombières-les-Bains, station thermale des Vosges, à 32 km de Vittel, ouverte du 1er juin au 1er octobre, pour les affections de l'intestin et du système neurovégétatif.
Les sources chaudes (52 °C) et froide (27 °C), sulfatées et bicarbonatées sodiques avec oligoéléments, sont radioactives. On les emploie en bains, douches sous-marines, compresses, goutte-à-goutte rectaux dans les colites spasmodiques, les diarrhées avec spasmes, les colites muco-membraneuses, les colites parasitaires, inflammatoires, la rectocolite hémorragique, les diverticuloses. Cer-

taines affections rhumatismales et névralgies sont également améliorées.

plongée n. f. **Accidents de plongée.** Les plongées sous-marines exposent à des accidents liés aux variations de pression : *accidents de décompression* libérant des bulles et réalisant des embolies* gazeuses (hémorragies, paralysies, atteintes articulaires); accidents au niveau des *cavités gazeuses de l'organisme* (hémorragies gastriques, œdème aigu du poumon, otites, sinusites). Ces accidents sont particulièrement fréquents lors de la remontée : certaines précautions (décompression par paliers) permettent de les éviter.

Plummer-Vinson (syndrome de), difficulté à avaler (dysphagie), généralement associée à une atrophie de la muqueuse linguale, parfois observée lors des anémies par carence en fer ou en acide folique.

pneumallergène adj. Allergène* qui pénètre dans les voies respiratoires.
Ce sont les pollens, moisissures, fibres textiles, graines, poils, plumes, squames, poussières de maison et industrielles, etc.

pneumatocèle n. f. Cavité gazeuse intracrânienne ayant une traduction radiologique, parfois observée après un traumatisme ouvert du crâne.

pneumobacille n. m. V. FRIEDLÄNDER (*bacille de*).

pneumococcie n. f. Infection due au pneumocoque*.
C'est souvent à l'occasion de circonstances anormales que cette bactérie, normalement saprophyte*, devient pathogène : fatigue excessive, alcoolisme, diabète. Les pneumococcies s'observent plus fréquemment chez l'enfant et le vieillard. La localisation méningée est très grave.

Pneumatocèle. Fracture du rocher (1), avec pénétration spontanée d'air (2) [pneumatocèle] par une brèche méningée.

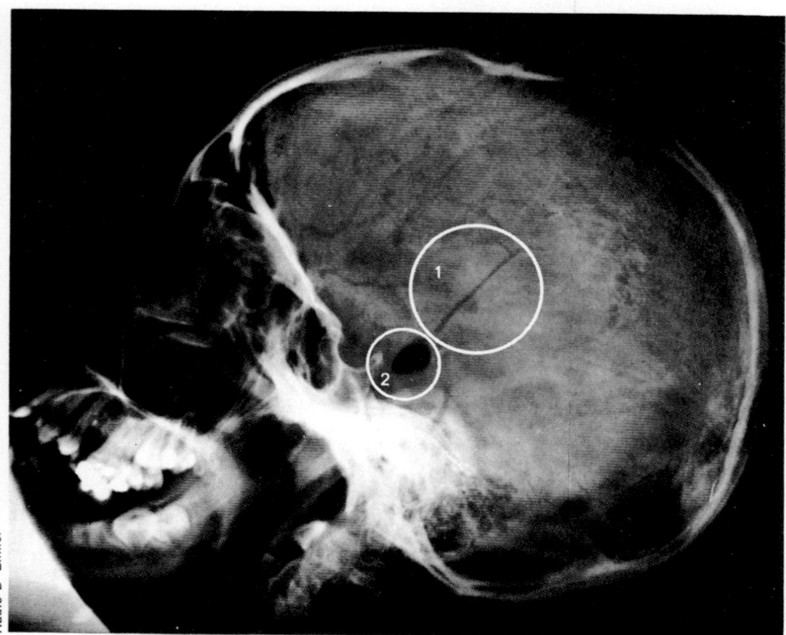

Radio Dr Émile.

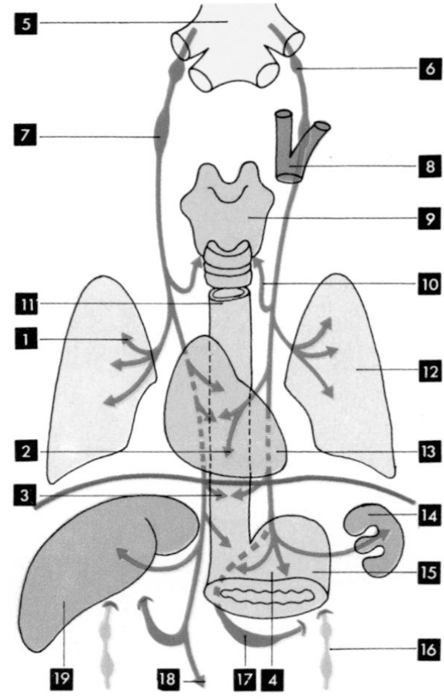

Pneumogastrique.
Schéma du trajet des nerfs pneumogastriques :
1. Plexus pulmonaire ; 2. Plexus cardiaque ;
3. Plexus œsophagien ; 4. Plexus gastrique ;
5. Bulbe ; 6. Ganglion jugulaire ;
7. Ganglion plexiforme ; 8. Carotide ;
9. Larynx ; 10. Nerf récurrent ; 11. Œsophage ;
12. Poumon ; 13. Cœur ; 14. Rate ; 15. Estomac ;
16. Chaîne sympathique ;
17. Ganglion semi-lunaire ;
18. Plexus mésentérique ; 19. Foie.

pneumoconiose n. f. Affection pulmonaire due à l'inhalation de poussières.
Certaines poussières minérales entraînent des surcharges sans lésion pulmonaire : telles la sidérose* (due au fer), l'anthracose* (due au charbon). Par contre, d'autres sont responsables de fibrose* pulmonaire irréversible : la *silicose**, l'*asbestose*, la *bérylliose*, qui sont des maladies professionnelles indemnisables.
Asbestose. Elle est due à l'inhalation de poussières d'amiante et atteint les ouvriers qui traitent de matériau. La toux, l'essoufflement, l'expectoration amènent le sujet à consulter. Le cliché thoracique montre des calcifications pleurales et des images réticulonodulaires en verre filé. Le pronostic est sévère, l'évolution se faisant inexorablement vers l'insuffisance respiratoire chronique.
Bérylliose. L'atteinte, due au béryllium, se traduit soit par une pneumopathie* aiguë, régressive en quelques semaines, soit par une insuffisance respiratoire apparaissant progressivement et pouvant aboutir à l'asphyxie.
Pneumoconioses d'origine végétale. Les agents responsables sont souvent des pollens de plantes, qui provoquent alors des accidents de type allergique. Mais les industries du bois, du liège, du coton, du chanvre sont responsables de pneumoconioses, appelées respectivement : subérose, byssinose, cannabiose. Le foin moisi est à l'origine du « poumon des fermiers ».

pneumocoque n. m. Bactérie du genre diplocoque, immobile, prenant la coloration de Gram* et responsable de pneumonies, méningites, péritonites.

pneumogastrique n. m. Formant la Xe paire de nerfs crâniens, le pneumogastrique ou *nerf vague* est un nerf mixte, sensitivomoteur, dont le territoire, très étendu, comprend les viscères du cou, du thorax et de l'abdomen. Il appartient au système nerveux* végétatif (parasympathique), et ses fonctions sont capitales.

pneumologie n. f. Spécialité médicale qui étudie les affections du poumon et des bronches.

pneumonectomie n. f. Ablation chirurgicale, totale ou partielle, d'un poumon.

pneumonie n. f. Pneumopathie microbienne circonscrite, caractérisée par l'inflammation aiguë d'un lobe entier du poumon. (V. PNEUMOPATHIE.)

pneumopathie n. f. Terme générique désignant toutes les atteintes infectieuses du poumon.
Pneumopathies bactériennes. ***La pneumonie* à pneumocoques.*** C'est la plus typique, bien qu'elle soit devenue rare. Son début est brutal, marqué par un point de côté, une fièvre élevée, de la toux ramenant une expectoration rouillée riche en pneumocoques. L'examen clinique et radiologique confirme l'atteinte d'un lobe du poumon.
L'évolution, aujourd'hui enrayée par la prescription précoce d'antibiotiques, était autrefois marquée au 9e jour par une « crise » accompagnant la chute de la fièvre. Grâce au traitement, la chute thermique survient en 48 heures et les complications (abcès du poumon, pleurésie* purulente) sont évitées,

sauf parfois chez le vieillard, où la maladie peut encore s'aggraver (défaillance cardiaque).

Les pneumopathies à staphylocoques. Elles sont assez fréquentes, surtout chez l'enfant, où elle apparaissent à la suite d'une grippe ou d'une autre infection. Le tableau est celui d'une infection sévère, et les complications atteignent surtout la plèvre (pleurésie purulente, pyopneumothorax*).

Autres pneumopathies bactériennes. Les *rickettsies** et les *miyagawanelles*, parasites intracellulaires, sont responsables de pneumopathies dues aux agents de l'ornithose* et de la psittacose* pour les premiers.

Le *bacille de Friedländer** provoque de graves atteintes pulmonaires et les séquelles sont fréquentes.

Pneumopathies virales. La mieux connue est due au virus de la *grippe*. Le début en est progressif, marqué par une altération de l'état général, des douleurs articulaires succédant à une laryngite, à une pharyngite. La radiologie montre des opacités nuageuses près du hile. Les signes cliniques s'amendent en une dizaine de jours. Le traitement antibiotique, inactif sur le virus lui-même, a pour but d'éviter les surinfections bactériennes. Les *adénovirus*, le *virus syncytial* sont susceptibles de provoquer des pneumopathies semblables, ainsi que les virus des fièvres éruptives (rougeole, varicelle, variole).

pneumopéricarde n. m. Épanchement d'air dans le péricarde, consécutif à une plaie thoracique.

pneumopéritoine n. m. Épanchement de gaz dans la cavité péritonéale, qui se traduit, à la radiographie de l'abdomen en position debout, par un croissant clair sous le diaphragme, séparant le foie du diaphragme.
Le pneumopéritoine *pathologique* est dû à un traumatisme (plaie de l'abdomen) ou à la

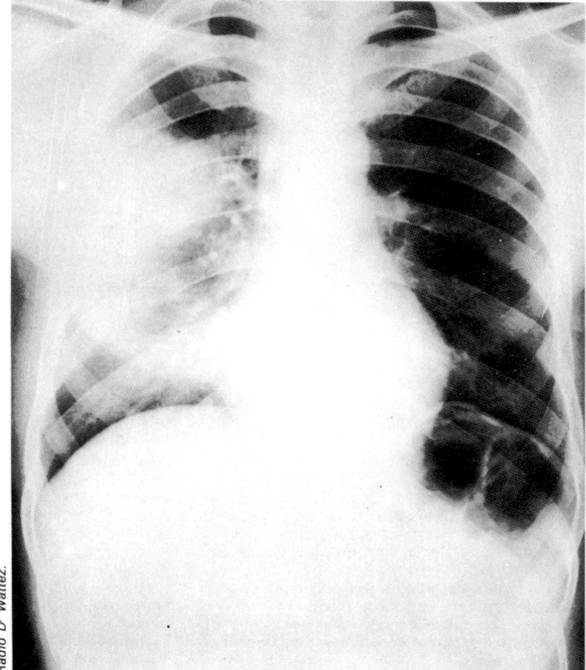

Pneumopathie.
Pneumonie franche lobaire aiguë droite.

Radio Dr Wattez.

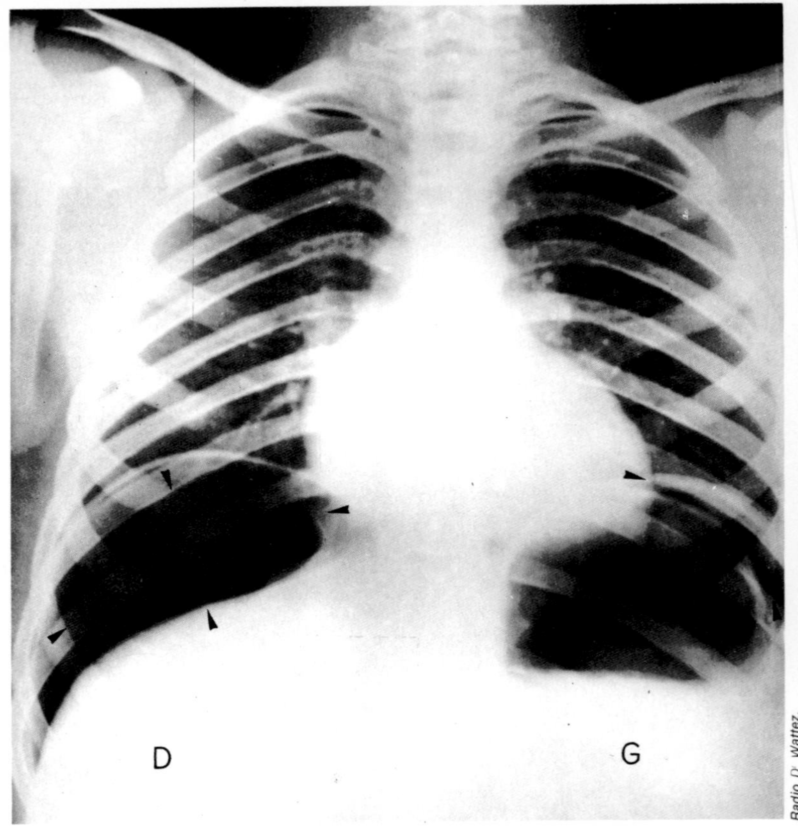

Pneumopéritoine.
Abaissement de l'angle hépatique.
Surélévation
de la coupole diaphragmatique droite.

perforation d'un organe creux. La découverte d'un pneumopéritoine est un élément diagnostic capital de la *perforation d'un ulcère* gastrique ou duodénal.*

On utilise de plus en plus, dans un dessein diagnostique, l'injection d'air ou de gaz carbonique dans la cavité péritonéale : c'est le premier temps de toute *péritonéoscopie* ou *cœlioscopie**.

pneumophtisiologie n. f. Spécialité médicale consacrée aux affections pulmonaires (pneumologie*) et à la tuberculose.

pneumothorax n. m. Épanchement d'air entre deux feuillets de la plèvre*.

Pneumothorax spontané. Il est dû à la perforation d'une lésion pulmonaire (tuberculeuse ou staphylococcique), mais il survient souvent sans raison apparente chez l'adulte jeune (*pneumothorax idiopathique*). Le pneumothorax complique parfois l'emphysème*, dont une des bulles se rompt dans la cavité pleurale.

Habituellement, le début est très brutal, marqué par une douleur atroce, un essoufflement sévère ; le diagnostic repose sur le tympanisme*, reconnu à la percussion thoracique, l'abolition du murmure vésiculaire à l'auscultation. La radiologie montre un hémithorax déshabité, sans trame pulmonaire visible, le parenchyme étant rétracté près du hile.

Généralement, un pneumothorax de faible importance régresse spontanément, mais s'il entraîne la moindre gêne respiratoire, il faut poser un drain aspiratif dans la plèvre, pour la vider de l'air qui s'y est introduit. L'infection reste néanmoins possible, surtout dans le pneumothorax tuberculeux. Les traitements antibiotiques évitent cette complication.

Les pneumothorax idiopathiques sont susceptibles de récidiver et imposent parfois la symphyse* thérapeutique de la plèvre.

Pneumothorax thérapeutique. Utilisé dans le traitement de la tuberculose avant l'apparition des antibiotiques antituberculeux, il est désormais abandonné.

poche n. f. **Poche à air gastrique,** présence physiologique d'air dans la partie supérieure de l'estomac, visible à la radiographie, sous la coupole diaphragmatique gauche.

podagre adj. et n. Atteint de goutte*.

podologie n. f. Branche spécialisée de la chirurgie orthopédique, consacrée aux affections du pied*.

podophylle n. m. Plante dont le rhizome est utilisé comme purgatif sous forme de poudre ou de teinture.

Sa résine, la *podophylline,* a les mêmes propriétés.

poids n. m. **Variations normales du poids.** Elles correspondent à la courbe de croissance pondérale, de l'enfance à l'âge adulte. À l'âge adulte, le poids normalement reste stable, sauf en cas de sous-alimentation, de surmenage, de maladie, etc. Chez les vieillards, il diminue régulièrement pour se stabiliser enfin.

Variations pathologiques du poids. ***Les chutes du poids.*** Elles sont un indice pathologique si elles se produisent sans explication physiologique : sous-alimentation, surmenage, etc. ; elles sont particulièrement évocatrices si elles sont importantes en peu de temps, ou prolongées sur plusieurs mois, régulières Chez l'enfant et l'adolescent, une chute de 200 g en un mois ou de 100 g par mois plusieurs mois de suite doit faire rechercher une cause pathogène. Chez le nourrisson,

RAPPORTS DU POIDS ET DE LA TAILLE CHEZ L'HOMME À L'ÉTAT NORMAL

Âge	15 à 19	20 à 24	25 à 29	30 à 34	35 à 39	40 à 44	45 à 49	50 à 54
Taille (m)	kg	kg	kg	kg	kg	kg	kg	kg
1,525	51,300	54	56,200	57,600	58,500	59,900	60,800	61,200
1,55	52,200	54,900	57,100	58,500	59,400	60,800	61,700	62,100
1,575	53,500	56,200	58	59,400	60,300	61,700	62,600	63
1,60	54,900	57,600	59,400	60,800	61,700	63	64	64,400
1,625	56,200	59,400	60,800	62,100	63,500	64,400	65,300	65,800
1,65	58,100	61,200	62,600	64	65,300	66,200	67,100	67,600
1,675	59,900	63	64,400	65,800	67,100	68	68,900	69,400
1,70	61,700	64,400	66,200	67,600	68,900	69,800	70,800	71,200
1,725	63,500	66,200	68	69,900	71,200	72,100	73	73,500
1,75	65,000	69,200	71,200	71,500	74,200	74,800	75,500	76,900
1,775	67,100	69,800	71,700	73,900	75,700	76,700	77,600	78
1,80	69,400	71,700	73,900	76,600	78	79,400	80,300	80,700
1,825	71,700	73,900	76,700	78,900	80,700	82,100	83	83,500
1,85	73,900	76,200	79,400	81,600	83,500	84,800	86,200	86,600
1,875	76,200	78,500	82,100	84,400	86,600	88	89,500	89,800
1,90	78,500	80,700	84,800	87	89,400	91,200	92,500	93

RAPPORTS DU POIDS ET DE LA TAILLE CHEZ LA FEMME À L'ÉTAT NORMAL								
Âge	15 à 19	20 à 24	25 à 29	30 à 34	35 à 39	40 à 44	45 à 49	50 à 54
Taille (m)	kg	kg	kg	kg	kg	kg	kg	kg
1,50	49,900	51,300	52,600	54	55,300	57,100	58,500	59,400
1,525	50,800	52,200	53,500	54,900	56,200	58	59,400	60,300
1,55	51,700	53	54,400	55,800	57,100	59	60,300	61,200
1,575	53	54,400	55,300	56,700	58,500	60,300	61,700	62,600
1,60	54,400	55,800	56,700	58	59,900	61,700	63	64
1,625	55,800	57,100	58,500	59,900	61,700	63	64,400	65,300
1,65	57,100	58,500	59,900	61,700	63,500	64,900	66,200	67,100
1,675	59	60,300	61,700	63,500	65,300	66,700	68,500	69
1,70	60,800	62,100	63,500	65,300	67,100	68,500	71,200	71,200
1,725	62,600	64	65,300	67,100	69	70,300	72,800	73,200
1,75	64	65,800	67,100	69	70,800	72,100	73,500	74,200
1,775	65,800	67,600	69	70,300	72,100	73,500	75,900	77,100
1,80	68	69,400	70,300	71,700	73,500	75,300	77,100	78,900
1,825	70,300	71,200	72,100	73,500	74,800	76,700	78,500	80,200

une chute de plus de 50 g par jour dans les premiers mois doit faire consulter un médecin, car toute perte de poids et même une stabilisation prolongée de la courbe pondérale chez le nourrisson est pathologique.

Les augmentations pathologiques du poids. Elles correspondent, en cas d'augmentation rapide, à une rétention d'eau et de sel; en cas de constitution progressive, à une surcharge graisseuse pouvant mener à l'obésité*. La mesure du poids est un critère de contrôle de l'efficacité d'un traitement diurétique*.

poignard n. m. **Douleur en coup de poignard,** douleur vive et soudaine en un point du corps : thoracique au début de la *pneumonie;* abdominale au début d'une *péritonite aiguë.*

poignet n. m. Articulation du membre supérieur, comprise entre l'avant-bras et la main*.

Les fractures et entorses du poignet sont fréquentes, en particulier les fractures articulaires de l'extrémité inférieure du radius.

poïkilodermie n. f. État bigarré de la peau, dû à la présence de petits capillaires et d'un fin réseau pigmenté.

La poïkilodermie se situe habituellement au visage et au cou ; elle entre dans le cadre d'affections générales, telle la dermatomyosite*.

poil n. m. Le poil est une phanère ; il naît au fond d'une invagination de l'épiderme, à partir d'un bulbe annexé à une glande sébacée.

Les poils sont présents à la surface du corps, et en grande quantité au niveau de certaines régions (cuir chevelu, creux axillaires, pubis).

En certaines régions, les poils sont des caractères sexuels secondaires (visage, thorax, pubis). Le développement exagéré de la pilosité féminine doit faire rechercher des troubles endocriniens.

point n. m. **Points douloureux,** douleur localisée en une région très limitée du corps.

Les points douloureux peuvent être *spontanés :* le type en est le *point de côté,* douleur aiguë siégeant à la partie latérale et postérieure du thorax, accompagnant une affection viscérale ou une névralgie intercostale. Il existe également des points douloureux abdominaux (appendicite*, cholécystite*) et au niveau des membres, sur le trajet des nerfs par exemple. Les *points douloureux provoqués* sont recherchés dans un dessein diagnostique par une palpation rigoureuse, tel le point de McBurney, signe d'appendicite.

Points de suture, points utilisés pour fermer une plaie, en général avec une aiguille sertie d'un fil fin. Il en existe une grande variété : point simple, points en X ou en U, surjet, etc.
Points d'ossification, zones de départ de l'ossification à partir d'une ébauche cartilagineuse (ossification* enchondrale).

Il existe un point d'ossification primaire, au centre de l'os, et des points accessoires au niveau des épiphyses.
Points noirs. V. COMÉDON.

poire n. f. **1.** Fruit comestible peu nutritif, mais riche en vitamines et régulateur du transit intestinal.
2. Appareil d'hygiène en caoutchouc, employé pour faire des lavements (de 50 à 300 ml), des lavages, des injections vaginales.

poireau n. m. **1.** Légume employé cuit, en bouillon, en salades, riche en potassium, rafraîchissant, laxatif et diurétique.

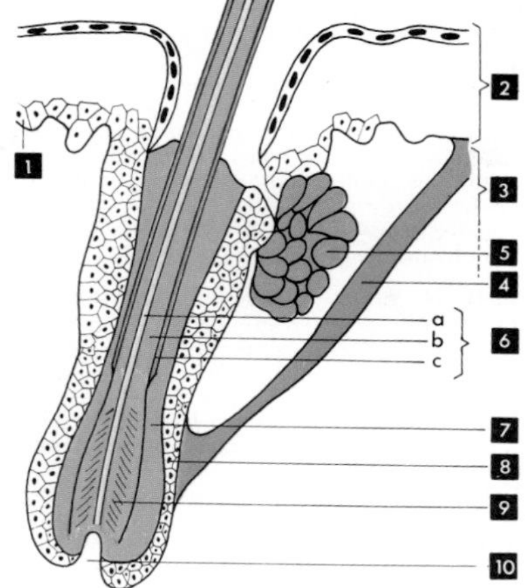

Poil. Coupe du follicule pilo-sébacé :
1. Basale ; 2. Épiderme ; 3. Derme ;
4. Muscle arrecteur du poil ;
5. Glande sébacée ; 6. Tige du poil
(*a,* moelle ; *b,* écorce ; *c,* cuticule) ;
7. Gaine épithéliale interne ;
8. Gaine épithéliale externe ;
9. Zone kératogène ; 10. Papille dermique.

Poignet normal. Face.

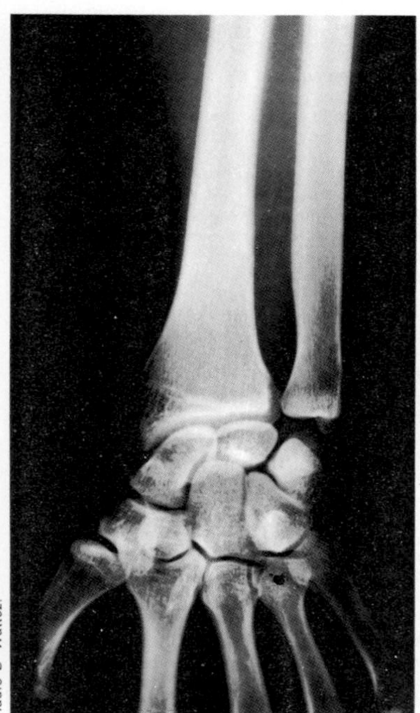

Radio Dr Wattez.

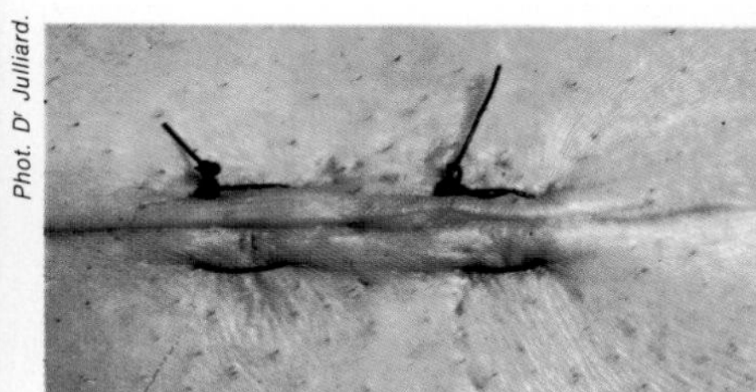

Phot. Dr Julliard.

Point de suture en U.

2. Terme familier désignant les verrues* du visage.

pois n. m. Le petit pois frais a une valeur nutritive de 93 calories pour 100 g, alors que le pois cassé en apporte 350. Les différentes variétés de pois (à écosser, mange-tout, pois chiches et pois cassés) sont déconseillées en cas de fermentations et de ballonnements intestinaux.

poison n. m. Tout toxique et spécialement ceux qui sont employés volontairement pour nuire.
À côté des médicaments ou pesticides utilisés en vue de suicide ou de crime, certains poisons anciens sont encore employés par diverses peuplades pour rendre la justice, initier les adolescents, et sont à base d'arsenic* ou de strychnine*. Les flèches sont empoisonnées à l'aconit*, à l'anémone*, au strophantus* et surtout au curare*.

poisson n. m. Animal aquatique dont de nombreuses espèces sont comestibles.

Composition. Les poissons, riches en protides (de 15 à 25 p. 100), ont une excellente valeur nutritive.

Les *poissons maigres* (brochet, colin, limande, merlan, raie, sole, turbot, truite) contiennent moins de 5 p. 100 de lipides.

Les *poissons demi-gras* (congre, hareng, maquereau, rouget, sardine [sans huile]) en contiennent de 5 à 12 p. 100.

Les *poissons gras* (anguille, thon, saumon) en contiennent plus de 12 p. 100.

Les vitamines liposolubles (A, D, E, K) se trouvent en quantités élevées dans le foie de certains poissons (morue, flétan).

Conservation. La glace, la saumure, le séchage et le fumage sont les procédés classiques de conservation, mais la congélation (poissons surgelés), plus récente, est le procédé qui conserve le mieux la saveur naturelle.

Digestibilité. Les poissons cuits à l'eau ou grillés sont facilement digérés, alors que la friture rend la digestion difficile. Certains poissons provoquent des phénomènes d'allergie (urticaire, nausées, malaises, hypotension) chez les sujets prédisposés.

Poissons venimeux ou toxiques. Par leur *piqûre*, certaines raies, le poisson-chat, la rascasse, la vive et de nombreux poissons tropicaux provoquent une vive réaction locale (rougeur, gonflement) qui peut suppurer ; une réaction générale (lipothymie), des troubles nerveux, une hémolyse, une anurie peuvent être observés dans certains cas. (Notons que nombre d'autres animaux marins sont venimeux : méduses, actinies, éponges rouges, astéries, etc.) En *ingestion*, de nombreux poissons sont venimeux, entraînant une intoxication muscarinique, histaminique ou hallucinatoire (tétrodon, requin, poisson-crapaud, perroquet). Le thon et le maquereau peuvent entraîner un choc histaminique. La rascasse et l'anguille, qui contiennent du venin, ne doivent pas être consommées crues. Les coquillages peuvent être à l'origine d'infections diverses (typhoïde, dysenterie).

poivre n. m. On distingue le *poivre noir*, à surface vert noirâtre et ridée, et le *poivre blanc*, qui est le précédent débarrassé de sa coque, moins âcre et moins aromatique. Utilisé dans de nombreuses préparations culinaires, le poivre est stimulant et excitant, mais il ne faut pas en abuser. On en fait des pommades et des cataplasmes révulsifs.

polarisation n. f. Orientation ou attraction par un pôle.

En physique, la polarisation de la lumière est utilisée dans les microscopes polarisants et dans les lunettes de soleil à verres polarisants.

En cytologie, on dit d'une cellule qu'elle est polarisée lorsque ses deux extrémités n'ont pas la même fonction.

En psychiatrie, le terme de *polarisation* désigne l'orientation prédominante de toutes les fonctions mentales ou de toutes les facultés dans une direction ou vers un but donné.

poliomyélite n. f. Maladie virale caractérisée par des lésions des cornes antérieures (motrices) de la moelle épinière. (Syn. : MALADIE DE HEINE-MEDIN.)

Signes cliniques. La poliomyélite débute, comme une maladie infectieuse, par de la fièvre, des vomissements précédant de peu un *syndrome méningé** annonciateur des paralysies (du 3e ou 4e jour). Celles-ci sont importantes, asymétriques, douloureuses, accompagnées d'abolition des réflexes, d'amyotrophie, mais sans aucun déficit sensitif. La mortalité est liée à l'existence de troubles respiratoires et de la déglutition par paralysie des muscles correspondants.

Actuellement, grâce à la vaccination, ces formes massives sont rares, remplacées par des méningites* lymphocytaires, des « grippes » qui passent inaperçues.

Évolution. Elle est très variable. Certaines paralysies régressent totalement sans séquelles, alors que d'autres n'ont qu'une récupération faible, aggravée par une amyotrophie importante. Les déformations des membres et du dos doivent être appareillées.

Le pronostic des formes graves (respiratoires) a été amélioré par les progrès techniques de ventilation assistée, permettant une survie du malade. Mais la récupération d'une autonomie respiratoire n'est pas toujours possible : la respiration assistée doit être poursuivie indéfiniment.

Virologie. Il existe trois types de virus retrouvés dans la gorge, les selles ou le liquide céphalo-rachidien. Des petites épidémies estivo-automnales subsistent, favorisées par les baignades en eau contaminée.

Traitement. Il se limite à une assistance respiratoire, à la prévention des déformations et à la rééducation.

Prophylaxie. Le traitement préventif est possible grâce à la vaccination, obligatoire en France, qui a pratiquement fait disparaître les épidémies.

Il existe deux vaccins, l'un tué (en injection sous-cutanée), l'autre vivant inactivé (*per os*), qui assurent une très bonne immunité. (V. VACCINATION.)

pollakiurie n. f. Augmentation exagérée du nombre des mictions* (émissions d'urine) diurnes, avec apparition de mictions nocturnes. (C'est un signe de souffrance de l'appareil urinaire*.)

pollicisation n. f. Procédé chirurgical qui transforme un index en pouce, après amputation de ce dernier.

pollinose n. f. Ensemble des manifestations allergiques (rhume des foins, asthme) résultant de la sensibilisation aux pollens.

pollution n. f. **1.** Action de souiller, souillure ; introduction dans un milieu donné de substances d'une nature telle qu'il puisse en résulter un effet nuisible ou une gêne.

La pollution s'exerce sur les êtres humains soit directement, soit plus souvent de manière indirecte, par la contamination du sol, des eaux, de l'atmosphère, avec des effets prolongés même à de très faibles concentrations, devenant dangereuses à la longue par le mécanisme des transmissions biologiques successives (des plantes aux herbivores, puis aux carnivores et à l'homme).

Pollution du sol et des terres. LES VILLES. Les causes de la pollution urbaine résident dans la surpopulation et la prolifération anarchique des véhicules à moteur, qui, en stationnant, obstruent les caniveaux, envahissent les trottoirs et, de ce fait, s'opposent au nettoyage et favorisent la dispersion des déchets et détritus de plus en plus nombreux. Des quantités importantes de plomb, provenant de la combustion de l'essence, provoquent le saturnisme*. Les suies, riches en benzopyrène, sont cause de cancer. Les imbrûlés de mazout et d'huiles de graissage provenant des moteurs Diesel favorisent les bronchites chroniques et l'insuffisance respiratoire.

LES CAMPAGNES. Dans les cultures, la recherche de hauts rendements conduit à l'abus des engrais chimiques ; l'emploi intensif des insecticides et autres pesticides* empoisonne le sol pour des décennies. Les pulvérisations de D. D. T. par les avions au-dessus des champs et des forêts tuent les oiseaux et perturbent l'équilibre naturel. Les eaux d'infiltration contaminent les nappes phréatiques, les eaux de ruissellement se déversent dans les mares et les ruisseaux, de telle sorte qu'on retrouve le D. D. T. cancérigène dans le lait, le beurre et les fromages.

Pollution des eaux. La pollution des lacs et cours d'eau est due à des déversements inconsidérés d'eaux d'égouts non épurées et d'eaux industrielles (industries agricoles et alimentaires, et surtout usines utilisant des *détergents non biodégradables*). Si les pollutions accidentelles sont très spectaculaires, les déversements permanents sont un mal endémique plus grave. La pollution atteint maintenant certaines nappes aquifères souterraines, malgré le rôle d'épuration joué par l'infiltration à travers les couches du sol.

En ce qui concerne les eaux potables, leur traitement les rend claires et limpides, absolument exemptes de germes pathogènes. Cependant, un certain nombre de virus peuvent résister au traitement par le chlore ou par l'ozone. Le danger le plus grave réside dans l'absence de méthodes sûres pour débarrasser des *détergents* les eaux livrées à la consommation, en particulier les détergents à mousse, non biodégradables.

Pollution atmosphérique. L'air est considéré comme pollué « lorsque la présence d'une substance étrangère ou une variation importante dans la proportion de ces constituants est susceptible de provoquer un effet nuisible [...] ou créer une gêne ». En dehors de la radioactivité naturelle et artificielle, les principales sources de la pollution atmosphérique peuvent être regroupées en trois catégories : la pollution due aux procédés industriels, la pollution due à la combustion des foyers domestiques, enfin celle qui est dégagée par les véhicules.

L'*activité industrielle* crée des polluants très variés : ceux-ci sont constitués, de façon générale, de produits faisant l'objet d'une fabrication, ou bien de produits primaires ou intermédiaires de cette fabrication, ou encore de produits de décomposition des produits précités. Citons : l'industrie sidérurgique, celle de l'aluminium, l'industrie chimique, les cimenteries, les usines de pâte à papier, etc.

La *combustion* provoquée par les combustibles solides, liquides ou gazeux utilisés dans les foyers domestiques ou industriels est constituée essentiellement par l'émission de dioxyde de soufre*, d'oxyde d'azote*, de monoxyde de carbone* (CO) et de particules.

Les *véhicules automobiles* dégagent non seulement du monoxyde d'azote, mais aussi des hydrocarbures imbrûlés, du plomb*, des particules d'amiante.

Moyens de lutte contre la pollution. Les améliorations apportées à la conception des moteurs de véhicules automobiles ont permis

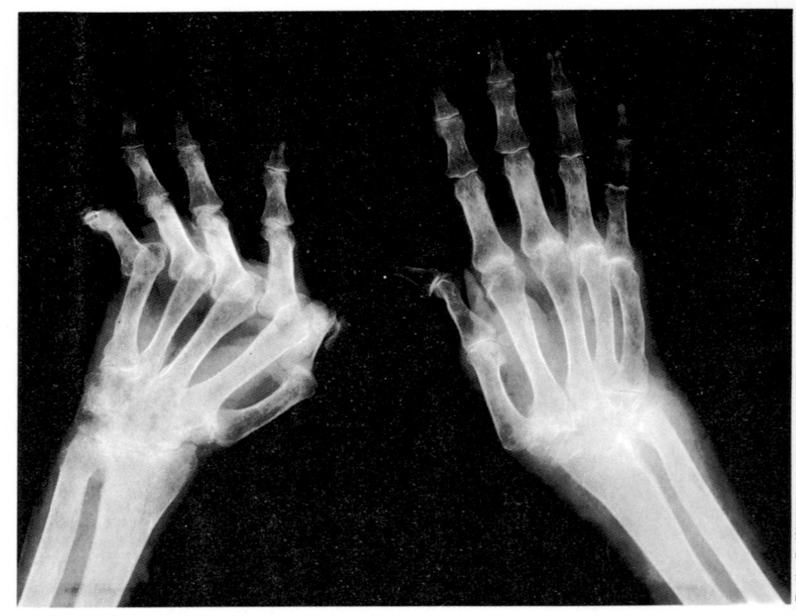

Polyarthrite rhumatoïde.
Radiographie des déformations des mains.

de diminuer les émissions polluantes de moitié de 1960 à 1972, mais ces progrès ont été masqués par l'augmentation parallèle du parc automobile.

Lorsqu'il n'est pas possible de réduire en permanence et partout les émissions polluantes, deux sortes de dispositions peuvent être envisagées : la limitation dans certaines zones seulement et la limitation dans le temps. En dehors de ces méthodes de prévention proprement dite, il existe un certain nombre de moyens permettant de faire en sorte que les émissions polluantes incriminées n'engendrent pas au sol un niveau de pollution jugé excessif : cheminées convenablement dimensionnées, meilleure conception du développement urbain, meilleur tracé des voies de circulation, création d'espaces verts, séparation par un espace suffisamment large des zones industrielles qui sont le siège d'activités polluantes et des zones réservées à l'habitation.

2. Émission involontaire de sperme*, sans valeur pathologique.

polyarthrite n. f. Inflammation simultanée de plusieurs articulations.
Polyarthrite rhumatoïde, affection rhumatismale d'évolution chronique et de tendance extensive. Elle s'observe chez l'adulte, où elle apparaît entre 35 et 55 ans, et elle est trois fois plus fréquente chez la femme que chez l'homme. (Syn. : POLYARTHRITE CHRONIQUE ÉVOLUTIVE ou P. C. É.)

Les arthrites* inflammatoires de la polyarthrite rhumatoïde touchent préférentiellement les mains, puis les pieds et les genoux. Elles évoluent vers des déformations visibles à la radiographie et particulièrement caractéristiques au niveau des mains, dites « en coup de vent » externe, et vers une ankylose. On observe également des nodosités sous-cutanées siégeant électivement à la face postérieure de l'avant-bras.

La maladie évolue par poussées, au cours desquelles l'état général s'altère, avec apparition de fièvre, de fatigue, de perte d'appétit et d'un amaigrissement. C'est une évolution chronique, compromettant à la longue lourdement le pronostic fonctionnel des articulations.

Le *diagnostic* est porté sur les signes cliniques mais aussi biologiques : accélération de la vitesse de sédimentation, présence dans le sang du *facteur rhumatoïde.*

Le *traitement* fait appel au repos, aux antalgiques (aspirine, glaférine) et aux anti-inflammatoires (corticoïdes, indométhacine) en dernier recours. Le traitement de fond utilise aussi les sels d'or et les antipaludéens de synthèse, mais c'est un traitement délicat, nécessitant une surveillance médicale stricte (peau, urines, sang, yeux, etc.) pour éviter les accidents.

polycorie n. f. **1.** Anomalie congénitale très rare de l'iris, constituée par la présence de plusieurs pupilles juxtaposées ayant chacune un sphincter et un dilatateur.
2. Accumulation quantitativement anormale de substances physiologiques dans un organe, qu'elles surchargent et hypertrophient.

polydactylie n. f. Malformation, souvent héréditaire, caractérisée par l'existence de doigts surnuméraires (complets ou simples moignons).

polydipsie n. f. Soif exagérée.
La polydipsie se rencontre au cours du diabète* (surtout du diabète insipide), des néphropathies*, de la potomanie*.

polyester n. m. Polymère d'esters d'éthylène ou d'autres substances organiques.
Les polyesters fixent l'eau et facilitent la préparation d'émulsions et de pommades.

polyéthylène-glycol n. m. Polymère résultant de la condensation de l'oxyde d'éthylène et de l'eau, de formule générale $H(OCH_2CH_2)_nOH$, où *n* peut varier de 3 à 225.
On utilise ces polymères comme excipients pour pommades ou comme agents émulsifs dans les collyres et les solutés injectables.

polygala n. m. Herbe vivace ayant, sous forme de sirop et de teinture, une action expectorante et fluidifiante sur les sécrétions bronchiques.

polyglobulie n. f. Augmentation du nombre des globules rouges, qu'il faut distinguer de l'hémoconcentration*.

Polyglobulies par manque d'oxygène ou anoxies. La baisse de la saturation en oxygène du sang artériel entraîne par compensation une augmentation du nombre des globules rouges ; c'est ce qu'on observe en haute montagne et dans certaines maladies respiratoires chroniques ou cardiaques.

Polyglobulies hormonales. Elles s'observent lors d'une tumeur du rein sécrétant de l'érythropoïétine, hormone qui intervient dans la synthèse du globule rouge, ainsi que dans la maladie de Cushing*.

Polyglobulie essentielle ou maladie de Vaquez. Elle rentre dans le cadre des syndromes myéloprolifératifs*. Le risque principal est la survenue des thromboses vasculaires, dues à l'épaississement du sang. On la traite par des saignées ou par l'injection de phosphore radioactif.

polykystique adj. Se dit d'une affection caractérisée par la présence de plusieurs kystes dans un organe : maladie polykystique du rein, du sein (maladie de Reclus*), du foie...
La maladie polykystique peut être généralisée, touchant plusieurs organes, et en particulier le cerveau.

polymyosite n. f. Affection inflammatoire touchant tous les muscles.
La polymyosite provoque des douleurs musculaires (myalgies*), une fatigue et un déficit moteur. Le traitement consiste en la prescription anti-inflammatoires, mais l'évolution reste sévère.

polynévrite n. f. Atteinte des fibres périphériques, sensitives, motrices ou végétatives des nerfs, responsable de troubles neurologiques symétriques, à prédominance distale*.
L'origine des polynévrites est le plus souvent toxique (alcool, plomb, arsenic). Le tableau clinique comprend une faiblesse musculaire avec amyotrophie, une abolition des réflexes* ostéo-tendineux et l'absence de signe de Babinski*.

Le traitement comprend la kinésithérapie* et l'administration des vitamines B1, B6, B12.

polynucléaire n. m. Sorte de leucocyte* ayant un gros noyau polylobé (faisant croire à plusieurs noyaux, d'où le nom) et un cytoplasme contenant des granulations neutrophiles, éosinophiles ou basophiles. (Syn. : GRANULOCYTE, LEUCOCYTE GRANULEUX.)

polynucléose n. f. Augmentation du nombre des polynucléaires dans le sang. (C'est un signe d'infection bactérienne.)

polype n. m. Tumeur bénigne des épithéliums, observée au niveau des muqueuses des cavités naturelles : *polypes du nez, du rectum, de l'urètre, du col utérin...*

polypeptide n. m. Protide composé de l'association d'un nombre assez important d'acides aminés. (V. PEPTIDE.)

polyphagie n. f. Faim exagérée entraînant une prise excessive de nourriture.

La polyphagie est un symptôme (diabète) et diffère en cela de la boulimie*, symptomatique d'un désordre psychique.

polypnée n. f. Augmentation de la fréquence respiratoire, manifestation habituelle de la dyspnée*.

polypoïde adj. En forme de polype (se dit de certaines tumeurs végétantes, de l'ovaire par exemple).

polypose n. f. Affection caractérisée par la formation simultanée ou successive de plusieurs polypes dans un même organe.

polyradiculonévrite n. f. Atteinte diffuse des racines des nerfs périphériques, souvent d'origine inflammatoire.
La polyradiculonévrite associe un déficit moteur d'origine périphérique et des troubles sensitifs qui peuvent porter sur les membres et le tronc. Le syndrome de Guillain-Barré en est l'exemple typique. Le liquide céphalorachidien montre une dissociation albuminocytologique (présence d'albumine, pas de réaction cellulaire). L'atteinte est généralement régressive. D'autres maladies (collagénoses*, lèpre*) provoquent des polyradiculonévrites qui s'installent sur un mode chronique.

polysérite n. f. Atteinte inflammatoire simultanée de plusieurs séreuses (plèvre, péricarde, etc.).

polysiloxane n. m. Polymère* du groupe des silicones, prescrit par la bouche, en gel ou en tablettes, comme protecteur du tube digestif.

polytraumatisé, e n. et adj. Blessé présentant simultanément plusieurs lésions traumatiques. (V. ACCIDENT, *Accidents de la route* et TRAUMATISME.)

polyurie n. f. Émission d'une quantité excessive d'urine, qui se voit au cours de certaines affections (diabète insipide, diabète sucré) et au moment de la guérison des maladies fébriles.

pommade n. f. Médicament de consistance molle, destiné à être appliqué sur la peau.
Les pommades sont constituées d'un ou de plusieurs principes actifs incorporés ou dissous dans un excipient approprié (matières grasses [lanoline, vaseline] ou excipients synthétiques [glycéré d'amidon, hydroxyde d'aluminium, polymères du glycol]). Lorsque le principe actif est constitué par une forte proportion de poudre insoluble, la pommade prend le nom de *pâte dermique;* lorsque, au contraire, il figure en petite quantité et est soluble dans l'excipient, la pommade prend le nom de *crème.* On appelle *onguent* une pommade renfermant une ou plusieurs résines. Les corps actifs des pommades sont de nature très diverse : antibiotiques*, anti-inflammatoires*, antihistaminiques*, etc.

pomme n. f. **1.** La *pomme,* fruit comestible, peu nutritive (58 calories pour 100 g), contient des vitamines et des sels minéraux, et elle facilite le transit intestinal. Crue et râpée, elle s'oxyde (devient jaune) et acquiert des propriétés antidiarrhéiques.
2. La *pomme de terre* est un aliment glucidique (elle contient 20 p. 100 de glucides, ce qui entre dans le calcul des régimes pour diabétiques). Riche en fer et en vitamine C, il ne faut pas la faire cuire longtemps à l'étouffée ou dans un excès d'eau, mais plutôt à la vapeur. Très digestible, la purée de pomme de terre est un des premiers aliments donnés à l'enfant au moment du sevrage.

ponction n. f. Intervention consistant à évacuer une cavité remplie de liquide, au moyen d'une aiguille, d'un trocart ou d'un bistouri.
La ponction peut avoir un but *thérapeutique* (ponction pleurale, d'ascite, ponction d'hémarthrose) ou *diagnostique* (ponction lombaire, sous-occipitale, ventriculaire).

ponctué, e adj. Semé de taches en forme de points.
Hématie ponctuée, globule rouge renfermant des points basophiles*, signe d'intoxication du globule rouge.

pondéral, e, aux adj. Qui se rapporte au poids.
Surcharge pondérale. V. OBÉSITÉ.

pongitif, ive adj. Se dit d'une douleur à type de piqûre.

pont n. m. **Pont dentaire.** V. BRIDGE.

pontage n. m. Intervention chirurgicale visant à restaurer la perméabilité d'une artère bouchée, le plus souvent par l'athérome*.
Elle consiste à greffer un « pont » veineux entre l'artère située en amont de l'obstacle et celle qui est en aval. Le pontage se fait couramment dans l'angine de poitrine (v. ANGOR) entre l'aorte et les artères coronaires pour rétablir la circulation dans celles-ci (pontage aorto-coronarien).

ponte n. f. **1. Ponte ovulaire,** masse gélatineuse de 0,5 cm^3, constituée du liquide folliculaire et de l'ovule, qui s'échappe de l'ovaire au moment de l'ovulation.
2. Cet échappement lui-même. (La ponte ovulaire est captée par les franges du pavillon de la trompe.)

ponto-cérébelleux, euse adj. Se dit de la région située à l'angle que forment ensemble la protubérance* (ou *pont* de Varole) et le cervelet*.

Des tumeurs bénignes (méningiomes) peuvent s'y développer, dites *tumeurs de l'angle ponto-cérébelleux.* Elles se traduisent par des signes d'hypertension* intracrânienne, par une paralysie faciale*, une baisse de l'acuité auditive et des troubles de l'équilibre, dus à l'atteinte des nerfs* de la région (VII, VIII).

poplité, e adj. Qui se rapporte à la partie postérieure du genou.

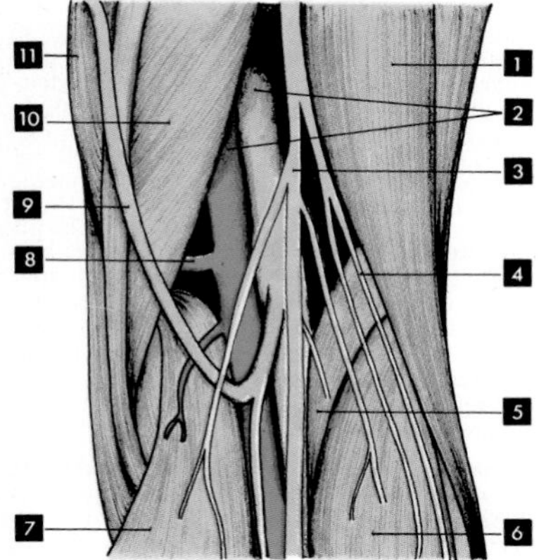

Poplité. Vue postérieure du genou.
Éléments du creux poplité :
1. Biceps ; 2. Veine et artère poplitées ;
3. Nerf sciatique poplité interne ;
4. Nerf sciatique poplité externe ;
5. Muscle plantaire grêle ;
6. Jumeau externe ; 7. Jumeau interne ;
8. Artère articulaire ; 9. Saphène interne ;
10. Demi-membraneux ; 11. Demi-tendineux.

Le *creux poplité* (le jarret), situé en arrière de l'articulation du genou, est traversé par les vaisseaux poplités (artère, veine, lymphatiques), la veine saphène externe, le nerf sciatique.

porocéphalose n. f. Affection parasitaire due à des larves d'arachnides qui infestent certains serpents.
Cette parasitose est fréquente en Afrique, où l'homme s'infecte en absorbant du serpent mal cuit. Les larves, calcifiées dans les viscères, ne provoquent pas de troubles.

porokératose n. f. Dermatose* exceptionnelle, caractérisée par des éléments cornés miliaires, déprimés en leur centre.

Porokératose de Mantoux, épaississement corné palmo-plantaire, formé d'élevures lenticulaires.

Porokératose de Mibelli, affection cutanée familiale, qui s'étend en placards à partir de papules cornées dont le centre est déprimé.

porome eccrine (de Pinkus), lésion bourgeonnante bénigne, siégeant à la plante du pied et attribuée à une hyperplasie des glandes sudoripares.

porphyrie n. f. Trouble du métabolisme, entraînant la formation dans l'organisme de quantités massives de porphyrines*.

La *porphyrie chronique* apparaît en général à l'âge adulte, mais peut aussi, plus rarement, se manifester dès l'enfance. Les signes en sont des éruptions cutanées bulleuses sur les zones exposées au soleil, associées à l'émission d'urines de teinte acajou.

Dans la *porphyrie aiguë intermittente,* la symptomatologie, qui apparaît tôt dans la vie, est à prédominance nerveuse. Les crises se manifestent par de violentes douleurs abdominales, pouvant simuler une urgence chirurgicale, des paralysies des membres, des nerfs crâniens et parfois des muscles respiratoires, nécessitant le transfert en centre de réanimation. On observe également des troubles de nature psychiatrique à type d'agitation, de dépression ou d'hystérie.

porphyrine n. f. Pigment constitué par l'union de quatre noyaux pyrroliques, précurseur de l'hémoglobine* et de la bilirubine*. L'excrétion urinaire normale de porphyrine est de 10 à 30 g par 24 heures. Elle est augmentée dans les porphyries* et dans le saturnisme*, dans les insuffisances hépatiques et certaines anémies* hémolytiques ou arégénératives.

porracé, e adj. Qui a la couleur du poireau : *vomissement porracé,* observé au cours de certaines occlusions* intestinales.

porte adj. Se dit d'un système veineux qui commence par un système capillaire et se termine par un autre système capillaire.

Veine porte. Elle est formée par la confluence des principales veines des viscères abdominaux (veines mésentériques, veine splénique). Le tronc porte, formé à la face postérieure du pancréas, monte dans le pédicule hépatique et se termine au hile du foie en deux branches, droite et gauche. La veine porte draine vers le foie la totalité du sang intestinal et, donc, une grande partie des produits de l'absorption intestinale ; son flux moyen est de 1 000 à 1 200 ml par minute, sa pression, de 7 à 10 mm de mercure.

Espace porte. C'est l'élargissement de la fissure interlobaire du foie où s'anastomosent les canaux périlobulaires des voies biliaires intrahépatiques.

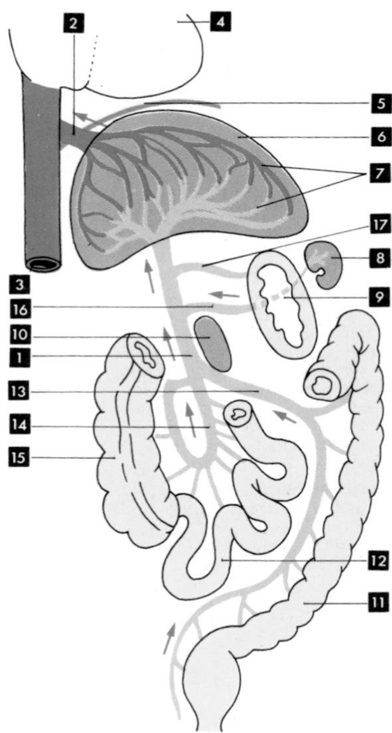

Porte. Schéma du système porte : foie et rate vus en coupe, estomac, duodénum et côlon transverse réséqués :
1. Veine porte ; 2. Veines sus-hépatiques ;
3. Veine cave inférieure ; 4. Cœur ;
5. Diaphragme ;
6. Foie ; 7. Capillaires du foie ;
8. Rate ; 9. Estomac ; 10. Pancréas ;
11. Côlon descendant ; 12. Intestin grêle ;
13. Veine mésentérique inférieure ;
14. Veine mésentérique supérieure (ou grande mésentérique) ;
15. Côlon ascendant ; 16. Veine splénique ;
17. Veine coronaire stomachique.

porteur, euse n. **Porteur de germes,** individu qui héberge des microbes pathogènes tout en demeurant cliniquement sain. — On dépiste ces sujets par prélèvements de gorge systématiques, car ils sont un élément important de dissémination des épidémies.

porto-cave adj. Qui appartient aux systèmes veineux porte* et cave*.
Anastomoses porto-caves. Ce sont des vaisseaux unissant les systèmes porte et cave, normalement de très faible calibre, mais qui peuvent, en cas d'hypertension* portale, se dilater considérablement ; il en existe plusieurs groupes : au niveau du cardia (varices œsophagiennes), du rectum (hémorroïdes), de la paroi abdominale, près de l'ombilic (circulation collatérale). En cas d'hypertension portale, on en crée chirurgicalement. (V. PORTE.)

posologie n. f. Étude du dosage et des modalités d'administration des médicaments. On distingue la dose maximale par prise (quantité administrée en une fois) et la dose par 24 heures. La posologie d'un médicament doit tenir compte de l'âge du malade, de sa susceptibilité particulière et de l'affection en cause.

possession n. f. **Délire de possession,** conviction de certains malades mentaux d'être habités par un être mythique ou magique qui agit ou s'exprime par leur propre corps.

postcure n. f. Période de repos et de réadaptation après une maladie de longue durée ou après un traitement fatigant.

poste n. m. **Poste de travail.** L'étude des postes de travail a un double but : réduire au minimum le travail nécessaire et sélectionner l'ouvrier le mieux adapté à ce poste. Le poste est étudié en fonction des mouvements et de la position de l'ouvrier, de la disposition des objets, de l'apport et de l'évacuation des pièces travaillées. Les qualités requises pour chaque poste sont numérotées de 1 à 5, et l'ouvrier dont le profil répond le mieux aux qualités exigées peut ainsi être choisi.

posthypophyse n. f. Lobe postérieur de l'hypophyse*.

postopératoire adj. Qui se fait, se produit à la suite d'une intervention chirurgicale.
Les *soins postopératoires* sont très importants : surveillance de l'opéré jusqu'au réveil complet, apport liquidien suffisant par voie veineuse puis buccale, prévention de l'encombrement bronchique, des escarres*, des phlébites*, contrôle de la reprise du transit digestif.

post-partum n. m. inv. Période de 6 à 8 semaines entre l'accouchement* et le retour de couches.

postprandial, e, aux adj. Survenant après le repas : *douleur postprandiale.*

post-traumatique adj. Survenant après un traumatisme.
Syndrome post-traumatique, ensemble des troubles fonctionnels observés dans les suites d'un accident : *séquelles* du traumatisme (éléments objectifs et mesurables) et *syndrome subjectif* des traumatisés du crâne, variable selon les individus : douleurs, déficits sensoriels ou psychiques posant des problèmes médico-légaux délicats. (V. SINISTROSE.)

posture n. f. Position d'une partie du corps par rapport aux autres.
Drainage de posture, méthode d'évacuation du liquide contenu dans une cavité (pus, sérosité...), qui consiste à placer le sujet de telle sorte que la cavité se vide en vertu des forces de pesanteur. (Cette technique est surtout utilisée dans le traitement des affections broncho-pulmonaires.)

potasse n. f. Hydroxyde de potassium, extrêmement caustique.
Son contact avec les tissus organiques provoque des brûlures graves. Il faut immédiatement laver à grande eau la région touchée. En cas d'ingestion, la potasse provoque des brûlures de la bouche et de l'œsophage, profondes et étendues. Il ne faut surtout pas tenter de faire vomir, ni pratiquer un lavage d'estomac (ce qui provoquerait un second passage du caustique sur les muqueuses), ni administrer un acide (vinaigre), qui ajouterait une intoxication à une autre, mais faire boire très abondamment *de l'eau* et administrer des pansements gastriques. Le rétrécissement (sténose) de l'œsophage est la conséquence habituelle de ces accidents.

potassium n. m. Métal alcalin, de symbole K (en lat. *kalium*).
Biologie. Le potassium est avant tout un ion intracellulaire. Son taux sanguin (kaliémie) normal est de 4 à 5 mEq* (ou 0,200 g) par litre.

Maintenu activement dans les cellules, il y assure une pression osmotique* égale à celle que lui oppose le sodium extracellulaire.

Son rôle est essentiel dans la contraction musculaire, ce qui explique que les anomalies de la kaliémie aient comme premier inconvénient des troubles du rythme cardiaque.

L'excès de potassium sanguin, ou *hyperkaliémie* (v. KALIÉMIE), s'observe dans les délabrements cellulaires (crush syndrome) et surtout dans l'insuffisance rénale aiguë. L'insuffisance de potassium sanguin, ou *hypokaliémie,* est due à un défaut d'absorption ou à une perte exagérée (syndromes dysentériques, maladie des laxatifs, traitements prolongés par les diurétiques).
Formes pharmaceutiques. Les sels de potassium sont solubles et utilisés habituellement pour compenser les pertes en potassium, soit sous forme de chlorure (par voie orale ou en perfusion), soit sous forme de glucoheptonate (sirop). On l'utilise aussi en remplacement du sodium dans les sels de régime.

potion n. m. Médicament liquide, sucré et édulcoré, destiné à être absorbé par cuillerées.
Les potions servent d'excipient à divers médicaments.

potiron n. m. Gros fruit comestible, consommé en potage.
Ses semences sont vermifuges et ténifuges.

potomanie n. f. Besoin de boire en grande abondance, de l'eau de préférence, dû à un dérèglement du centre nerveux de la soif.
Elle s'observe chez les déséquilibrés, certains obsédés et au cours de diverses perturbations affectives profondes. Elle ne doit pas être confondue avec la dipsomanie (alcoolisme) ni avec le diabète insipide (où c'est l'augmentation des urines éliminées qui provoque la soif).

Pott (mal de), tuberculose des corps vertébraux, la plus fréquente des tuberculoses* osseuses.
La maladie peut atteindre le rachis à n'importe quel niveau, individualisant ainsi autant de formes particulières, mais il existe un certain nombre de symptômes communs caractéristiques.

La *période de début* se manifeste avant tout par la douleur, progressive, exagérée par l'effort et la fatigue, avec irradiations douloureuses. La contracture musculaire entraîne une limitation des mouvements. Fatigue, amaigrissement, anorexie sont habituels. La cutiréaction est positive. La radiographie montre une diminution de hauteur du disque intervertébral (pincement), parfois déjà une usure du corps vertébral, voire une caverne.

La période de *pleine évolution* correspond à la phase de destruction des vertèbres et des disques : douleurs intenses, atteinte marquée de l'état général et, à la radiographie, écrasement de plusieurs vertèbres et déformation importante de la colonne vertébrale. Les abcès froids tuberculeux apparaissent à bas bruit et migrent (dans le mal de Pott dorso-lombaire, ils descendent dans la gaine du muscle psoas, franchissant parfois l'arcade* crurale). Leur fistulisation (v. FISTULE) est toujours à craindre.

L'évolution du mal de Pott se faisait autrefois en 3 ou 4 ans, la guérison survenant par une soudure spontanée des vertèbres déformées, d'où gibbosité*, parfois paralysie, lorsque le sujet n'était pas emporté par la surinfection des abcès ou une méningite tuberculeuse. Actuellement, le mal de Pott bien traité dès la phase de début doit guérir parfaitement, d'où la nécessité d'un diagnostic précoce. Chez l'enfant, le traitement médical par les antituberculeux est suffisant, aidé par une immobilisation relativement courte et la cure héliomarine. Chez l'adulte, il faut souvent recourir au traitement chirurgical : abord direct de la lésion rachidienne, curetage de l'abcès osseux et comblement de la cavité par un greffon.

pou n. m. Parasite de l'homme et de nombreux animaux.
Les poux se nourrissent de sang ; on peut les rencontrer sous tous les climats. Ils transmettent par leur piqûre de nombreuses maladies infectieuses (typhus exanthématique, fièvre récurrente*...). Le malade se contamine soit directement, soit au contact de la literie, des vêtements.

Pou de corps (*Pediculus humanus corporis*). Ce petit insecte se déplace avec rapidité grâce à 3 paires de pattes terminées en crochet. Il pique l'individu et aspire le sang. La femelle pond des « lentes », de l'ordre de 10 par jour. La durée de vie est de 1 mois si la température se maintient autour de 22 °C. Ce qui explique que la fièvre débarrasse provisoirement les malades. Les poux se nichent dans les replis de la peau, les poils et surtout les vêtements. Ils sont responsables de prurit à recrudescence nocturne, de lésions de grattage pouvant entraîner une pigmentation de la peau.

Pou de tête (*Pediculus humanus capitis*). La pédiculose du cuir chevelu s'observe surtout chez les enfants, où elle entraîne un prurit, des lésions de grattage fréquemment surinfectées, localisées le plus souvent au cou.

Pou de pubis ou morpion. C'est un insecte plus petit, restant immobile dans les poils, le plus souvent localisé au pubis, mais parfois à la poitrine, aux aisselles et aux cils. La transmission est souvent directe, parfois indirecte (literie). Il est responsable de papules et de prurit, surtout nocturne.

Traitement. Toutes les pédiculoses nécessitent deux cures, espacées de 8 jours. On associe des insecticides de contact (solutions de D. D. T.) à des antibiotiques en cas de surinfection. Les vêtements et linges doivent tous être désinfectés au D. D. T.
Les autres espèces de poux parasitant les animaux contaminent rarement l'homme.

pouce n. m. Premier doigt de la main, constitué seulement de deux phalanges et permettant, par son jeu articulaire et ses muscles propres, les mouvements d'*opposition,* essentiels à la préhension.
Les fractures du pouce menacent toujours les fonctions de la main : elles doivent donc être parfaitement réduites et immobilisées en position de fonction (légère flexion, opposition, abduction). La fracture de la base du premier métacarpien nécessite le plus souvent une ostéosynthèse*.

poudre n. f. Médicament constitué par des substances végétales, animales ou chimiques qu'on a amenées à un degré de division suffisant pour assurer leur homogénéité* et faciliter leur administration.
Le degré de division est obtenu par broyage après une première division grossière ; après quoi la poudre est tamisée.

Pougues-les Eaux, station hydrominérale de la Nièvre, à 11 km de Nevers, ouverte du 1er juin au 1er octobre.
Les eaux, carbogazeuses, sont *bicarbonatées calciques* et contiennent peu de sodium. On les emploie en cures de boisson dans les dyspepsies acides, les atonies gastriques, la lithiase biliaire, l'insuffisance hépatique et surtout le diabète.

pouliethérapie n. f. Technique de rééducation qui permet d'exécuter des mouvements avec résistance progressive, grâce à un système de poulies et de contrepoids.

pouls n. m. Transmission de l'onde pulsative artérielle engendrée par chaque contraction cardiaque.
La qualité et l'amplitude du pouls peuvent être appréciées par la palpation des artères périphériques, habituellement l'artère radiale (au poignet), en exerçant avec le doigt une pression plus ou moins forte.

Les variations du pouls sont très importantes : le pouls peut être petit, filiforme, au cours de l'insuffisance cardiaque*, du choc* ; il peut être dicrote (v. DICROTISME) ; il peut être ample, bondissant, dans l'insuffisance aortique, irrégulier dans les arythmies, etc.

L'étude du pouls carotidien (à la base du cou) renseigne sur la circulation cérébrale ; celle des pouls fémoraux (à l'aine), tibial postérieur (en arrière de la malléole interne) et pédieux*, sur celle des membres inférieurs.

Pouls lent permanent, forme la plus typique de bradycardie (pulsations lentes) par dissociation auriculo-ventriculaire complète (v. RYTHME, *Troubles du rythme cardiaque*). Le pouls lent permanent réalise le syndrome d'*Adams*-Stokes*.

poumon n. m. Organe de la respiration, où se font les échanges gazeux entre l'air et le sang.

Anatomie.

Le poumon fait partie de l'appareil respiratoire avec les bronches et la trachée.

L'homme possède deux poumons situés dans la cage thoracique et séparés par le médiastin*.

Aspect extérieur. Le poumon pèse environ 600 g chez l'adulte. Il a une coloration gris rosé ; il est élastique, et sa faible densité lui permet de flotter sauf s'il est gorgé d'eau (noyé).

Chaque poumon possède une face externe appliquée contre la cage thoracique, une face interne renfermant le hile, une face inférieure reposant sur le diaphragme* et un sommet arrondi. Le poumon droit possède 3 lobes séparés par les scissures, tandis que le poumon gauche, plus petit du fait de la présence du cœur, ne possède que deux lobes. Chaque poumon est recouvert par la plèvre*.

Configuration intérieure. Le parenchyme pulmonaire est constitué d'alvéoles*, petites cavités en rapport avec des capillaires* sanguins. D'autre part, les bronches, accompagnées d'une branche de l'artère pulmonaire, pénètrent par le hile* dans le parenchyme et se divisent successivement dans chaque lobe, puis dans chaque lobule pour y donner une bronchiole terminale qui, elle,

Poumon.
Vue antérieure des poumons dans le thorax.
A. Poumon droit. — B. Poumon gauche.
1. Trachée-artère ; 2. Bronches ;
3. Lobe supérieur G ; 4. Artère pulmonaire ;
5. Veines pulmonaires ; 6. Lobe inférieur G ;
7. Côtes ; 8. Cœur ; 9. Diaphragme ;
10. Muscles intercostaux ;
11. Lobe inférieur D ; 12. Lobe moyen ;
13. Lobe supérieur D.

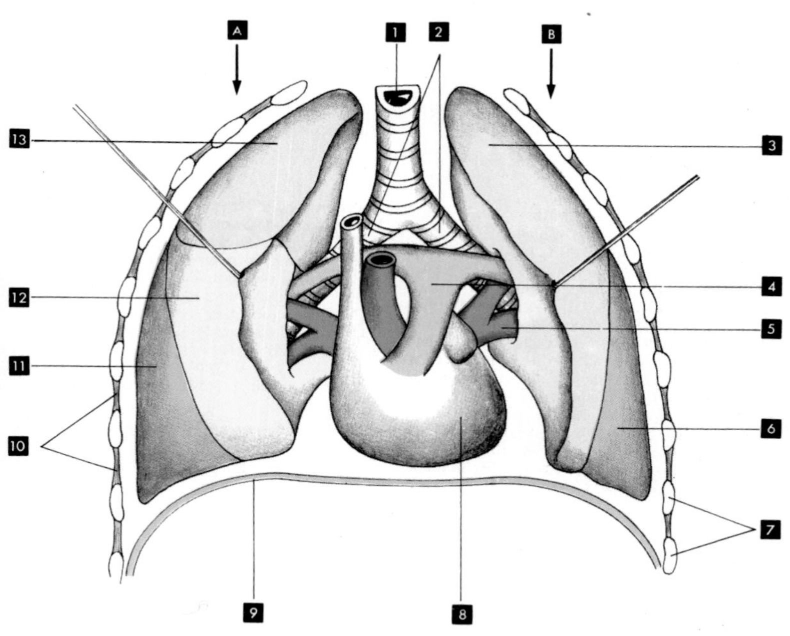

se divise en bronchioles respiratoires où s'ouvrent les alvéoles.

Aspect radiologique. Les poumons apparaissent comme des zones transparentes alternant avec des zones sombres, qui correspondent à la trame vasculaire et bronchique du parenchyme. L'ombre du cœur empiète largement sur le poumon gauche. La base du poumon est limitée en dehors par le sinus costo-diaphragmatique. Le sommet est visible au-dessus de l'ombre de la clavicule. La radioscopie permet d'apprécier les mouvements thoraciques au cours de la respiration.

Physiologie.

Les parois alvéolaires, innombrables, dans lesquelles se ramifient les capillaires, représentent une grande surface d'échange gazeux. Les muscles respiratoires, diaphragme surtout, permettent les mouvements des poumons, qui se laissent distendre passivement grâce à leur élasticité propre. La commande de ces mouvements inspiratoires est située dans le bulbe et la protubérance du cerveau. (V. RESPIRATION.)

Exploration fonctionnelle du poumon.

Étude de la fonction ventilatoire. Son bon fonctionnement dépend de l'intégrité des muscles respiratoires, des voies aériennes et des centres nerveux de commande.

L'étude du rythme respiratoire fournit déjà quelques renseignements. La radioscopie apprécie les mouvements des coupoles diaphragmatiques lors d'inspirations et d'expirations forcées. La spirographie enregistre la ventilation en circuit fermé, le sujet devant souffler et inspirer dans un appareil étanche. Elle étudie donc le volume courant, le volume de réserve inspiratoire (à l'inspiration forcée) et le volume de réserve expiratoire (à l'expiration forcée), la somme représentant la capacité vitale (environ de 3 à 5 litres). La spirographie permet de connaître le rapport de Tiffeneau, rapport du volume expiratoire maximal en une seconde (V. E. M. S.) à la capacité vitale (C. V.); ce rapport est normalement de 75 p. 100. On étudie aussi la ventilation maximale en une minute; elle est normalement de 80 à 150 litres par minute.

De ces données, on définit deux syndromes :

Le *syndrome « obstructif »* (diminution du rapport de Tiffeneau), qui atteste l'atteinte de la perméabilité bronchique : c'est la bronchite* chronique, l'emphysème*;

Le *syndrome « restrictif »* (Tiffeneau normal, capacité vitale diminuée), qui signe une

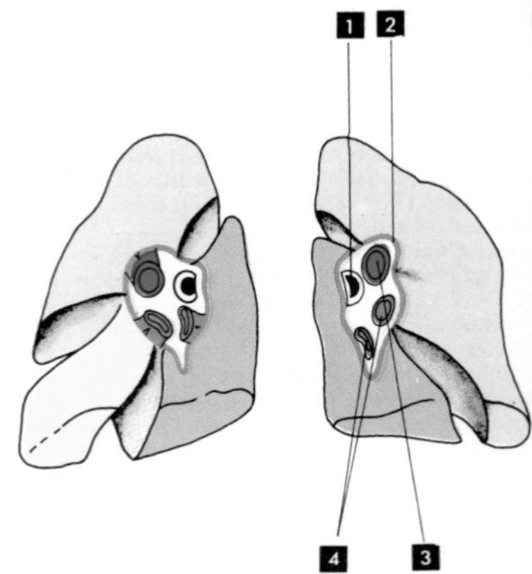

Poumon. Vue interne des poumons :
1. Bronche; 2. Hile du poumon gauche;
3. Artère pulmonaire; 4. Veines pulmonaires.

Poumon. Les différents volumes pulmonaires :
V. C. Volume courant;
V. R. E. Volume de réserve expiratoire;
V. R. I. Volume de réserve inspiratoire;
V. R. Volume résiduel; C. V. Capacité vitale;
C. P. T. Capacité pulmonaire totale.
En moyenne (en litres) :
V. C. = 0,500 litre; V. R. E. = 1,200;
V. R. I. = 2,500; V. R. = 1,300.
C. V. = V. R. I. + V. C. + V. R. E.
= 2,500 + 0,500 + 1,200 = 4,200 (moyenne).

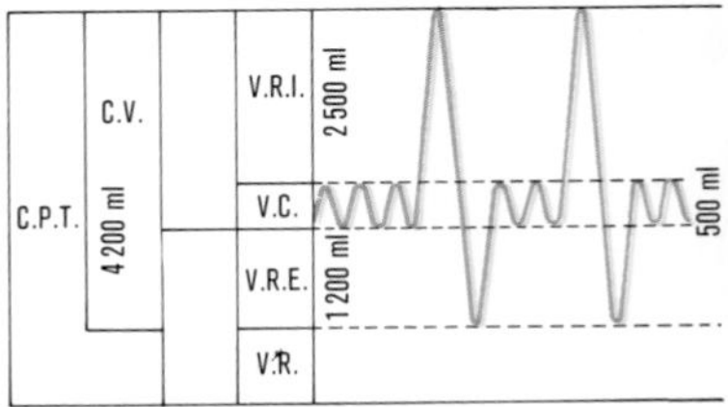

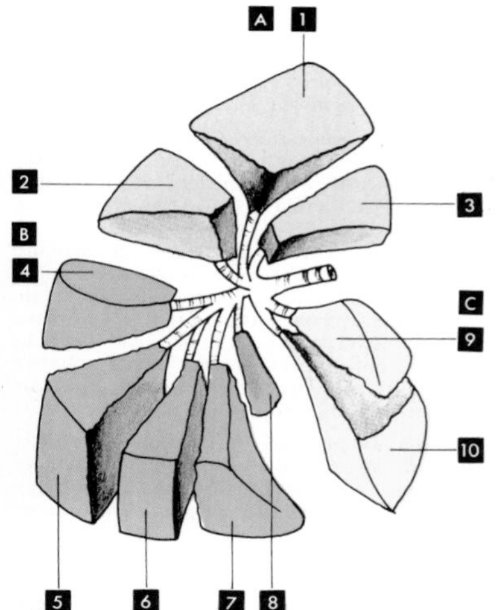

Poumon. Segmentation du poumon droit.
A. Lobe supérieur : 1. Segment apical ;
2. Segment dorsal ; 3. Segment ventral.
B. Lobe inférieur : 4. Segment de Nelson ;
5. Segment terminobasal ;
6. Segment latérobasal ;
7. Segment ventrobasal ;
8. Segment paracardiaque.
C. Lobe moyen :
9. Segment latéral ; 10. Segment médial.

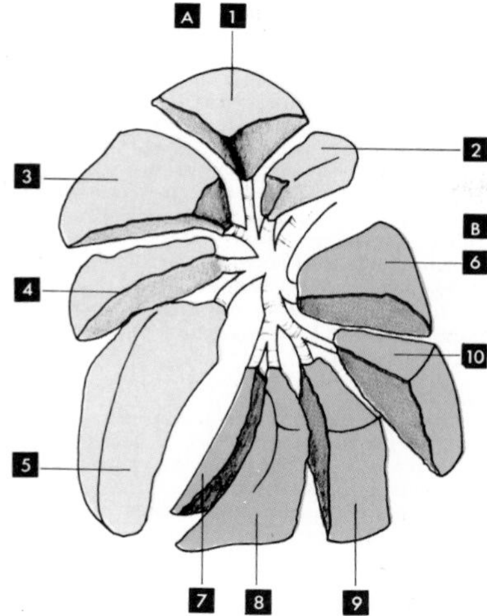

Poumon. Segmentation du poumon gauche.
A. Lobe supérieur : 1. Segment apical ;
2. Segment dorsal ; 3. Segment ventral ;
4. Segment crânial ; 5. Segment caudal.
B. Lobe inférieur :
6. Segment de Nelson ;
7. Segment paracardiaque ;
8. Segment ventrobasal ;
9. Segment latérobasal ;
10. Segment terminobasal.

atteinte du parenchyme ou de la plèvre : c'est la silicose*, la pachypleurite*.

ÉPREUVES PHARMACODYNAMIQUES. Elles répètent les mesures spirographiques après administration d'une drogue bronchodilatatrice ou bronchoconstrictrice ; on les utilise dans le diagnostic de l'asthme*.

BRONCHOSPIROMÉTRIE SÉPARÉE. Grâce à une sonde introduite dans les bronches, elle permet d'étudier simultanément la ventilation et la consommation d'oxygène de chaque poumon. On l'utilise pour évaluer l'efficacité pulmonaire avant pneumonectomie*.

MESURE DU TRAVAIL RESPIRATOIRE. On étudie la compliance thoracique ou rapport des variations de volume aux variations de pression intrathoraciques. On obtient des courbes qui renseignent sur le travail d'un poumon atteint d'asthme.

Étude de la fonction alvéolo-capillaire. Elle compare les pressions d'oxygène et de gaz carbonique dans l'air alvéolaire et dans le sang artériel. On obtient trois éventualités : *a*) trouble de diffusion par épaississement de la membrane alvéolo-capillaire (cas des fibroses*) ; *b*) alvéoles ventilés par l'air et non perfusés par le sang (cas d'embolie* pulmonaire) ; *c*) alvéoles perfusés et non ventilés (cas d'atélectasie* récente).

D'autre part, on étudie la capacité de diffusion de l'oxyde de carbone (CO), qui est normalement très diffusible à travers la membrane alvéolo-capillaire ; elle dépend de la perméabilité de cette membrane, de la ventilation et de la circulation sanguine.

Étude des gaz du sang artériel. C'est finalement le meilleur test d'efficacité de la fonction respiratoire, dont le but est de maintenir constants les taux d'oxygène et de gaz carbonique du sang artériel. On obtient les résultats suivants : pression en oxygène PO_2 = 90 mm de mercure ; pression en gaz carbonique = 40 mm ; pH = 7,40 ; saturation d'oxyhémoglobine SaO_2 = 97 p. 100 (ou pourcentage d'hémoglobine* combinée à l'oxygène). [V. GAZ, *Gaz du sang.*]

Étude de la fonction circulatoire. Ce sont essentiellement l'angiographie* et le cathétérisme* cardiaque.

Pathologie.

Lésions traumatiques du poumon.

PLAIES PLEURO-PULMONAIRES. Elles peuvent entraîner la mort par asphyxie et présentent un risque infectieux majeur.

Les plaies pleuro-pulmonaires à thorax ouvert se rencontrent en chirurgie de guerre ; les plaies à thorax fermé se rencontrent dans les fractures fermées des côtes et dans les plaies par balle ou par arme blanche. Il peut s'ensuivre un hémothorax*. Il faut évacuer l'épanchement pleural d'urgence et lutter contre l'insuffisance respiratoire aiguë.

LÉSIONS TRAUMATIQUES DES ALVÉOLES PULMONAIRES. Elles sont dues parfois aux brûlures par des agents physiques ou chimiques à partir des voies aériennes supérieures. Plus souvent, les accidents de décompression* et les corps étrangers intrabronchiques sont responsables de traumatismes alvéolaires (rupture d'alvéoles) et entraînent des déficits respiratoires importants.

Maladies inflammatoires du poumon. On les désigne toutes sous le nom de *pneumopathies**. Outre les bactéries* et les virus*, les parasites peuvent infecter le poumon (kyste* hydatique).

Quand les bronches participent à l'atteinte pulmonaire, on parle de broncho-pneumonie*. La tuberculose* est responsable de lésions très diverses, aboutissant à la névrose caséeuse (cavernes) ou à la sclérose (poumon fibreux) ; enfin, l'emphysème* et la sclérose pulmonaire sont l'aboutissement de la plupart des maladies chroniques du poumon.

Tumeurs du poumon. On connaît le *cancer primitif,* appelé plus proprement « cancer bronchique » (c'est l'épithélium bronchique qui est le point de départ du cancer [v. BRONCHE]), et le *cancer secondaire* du poumon, dû à des métastases de cancers du sein, de l'utérus, du testicule. Dans ce dernier cas, les douleurs thoraciques lancinantes, l'essoufflement, l'amaigrissement et la fatigue conduisent à pratiquer des examens chez ces sujets qu'on sait atteints par ailleurs. La radiologie montre typiquement l'image « en lâcher de ballons » (multiples images sombres).

□

poumon d'acier, variété de respirateur* artificiel, composé d'un cylindre dans lequel on place le malade, à l'exception de la tête, et où des variations de pression permettent de rétablir les mouvements de la cage thoracique ainsi que la ventilation pulmonaire. On l'emploie dans le traitement des paralysies respiratoires (poliomyélite, suites de traumatismes, etc.).

pourpre n. m. **Pourpre rétinien,** pigment de la rétine, indispensable au mécanisme photochimique de la vision*, premier temps de l'acte visuel. (Syn. : RHODOPSINE.) — Le pourpre rétinien est dérivé d'un caroténoïde voisin de la vitamine A, et l'absence de cette vitamine entraîne des troubles visuels (héméralopie*). [V. aussi RÉTINE.]

poussière n. f. Les poussières entraînent des nosoconioses*, dont la localisation est surtout pulmonaire (v. PNEUMOCONIOSE).
Elles occasionnent aussi des dermatoconioses : tatouages, granulomes inflammatoires par inclusion dans le derme, kératoses*, eczémas, etc.

Les *caries dentaires* sont favorisées par les poussières de sel, de sucre et de farine.

Les *rhinites* sont fréquentes avec le chrome et aboutissent à une ulcération.

Les *troubles oculaires* provoqués par les poussières sont faits d'eczémas ou d'incrustation des paupières, de conjonctivites, etc.

À côté de ces poussières spécifiques de l'industrie, la majorité des poussières industrielles ou ménagères sont banales. Leur inconvénient majeur est de gêner l'action du soleil et de véhiculer des germes microbiens et des caustiques.

Pouteau-Colles (fracture de), fracture sus-articulaire de l'extrémité inférieure du radius.
C'est la plus fréquente des fractures de la région du poignet.

Radio Dr Wattez.

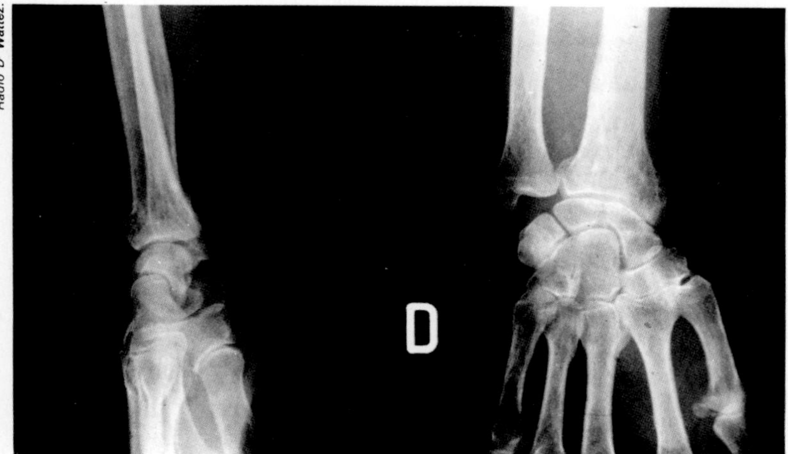

Fracture de Pouteau-Colles. Fracture de l'extrémité inférieure du radius (ici avec arrachement de la styloïde cubitale).

Prævia.
Placenta prævia : 1. Placenta inséré bas.

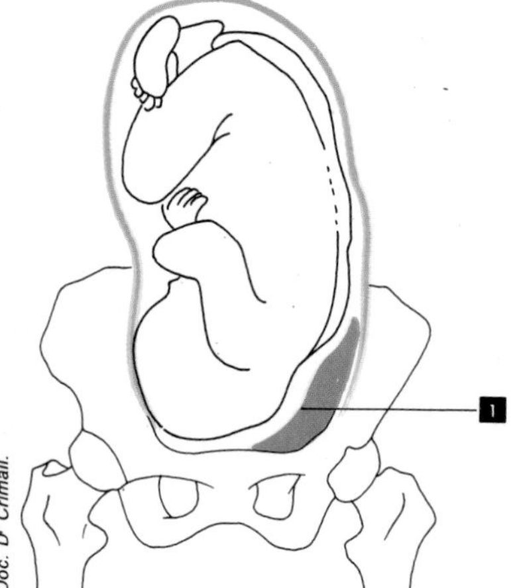

Doc. Dr Crimail.

prævia adj. Se dit d'un obstacle qui, placé au-devant du fœtus, constitue de ce fait une difficulté lors de l'accouchement*.

Placenta prævia. Le placenta* est dit *prævia* lorsque, au lieu de s'insérer normalement au fond de l'utérus, il se fixe sur la partie basse de l'utérus. Étant mou, il ne constitue pas un véritable obstacle pour la présentation. En revanche, il expose à des hémorragies qui peuvent être redoutables pour la mère et pour l'enfant.

Il se manifeste, dans la seconde partie de la grossesse, par des hémorragies indolores, inopinées, souvent nocturnes. Son diagnostic s'affirme par la localisation placentaire à l'aide des isotopes ou des ultrasons. Le repos absolu est nécessaire. Suivant le degré de gravité, fonction du caractère plus ou moins « recouvrant » du placenta, l'accouchement pourra avoir lieu par les voies naturelles ou par césarienne.

Tumeurs prævia. Il peut s'agir d'un kyste de l'ovaire, d'un fibrome, d'un rein en position anormale, d'une tumeur osseuse, etc. Ces tumeurs, par leur consistance et leur volume, ont pour conséquence de rendre impossible l'engagement de la présentation fœtale. Elles imposent le recours à la césarienne.

prandial, e, aux adj. Qui se rapporte aux repas. (V. POSTPRANDIAL.)

praticien n. m. Médecin, chirurgien-dentiste, sage-femme ou auxiliaire médical qui pratique son art.

praziquantel n. m. Médicament actif contre les vers responsables des cysticercoses* et des bilharzioses*.

Préchacq-les-Bains, station thermale des Landes, à 12 km de Dax, ouverte du 1er mai au 20 octobre.
Les eaux, sulfatées et chlorurés calciques et sodiques, très chaudes (de 56 à 61 °C), sont employées en bains douches, et en applications locales de boues radioactives, dans le traitement des arthroses*, des rhumatismes, de la goutte*, des raideurs post-traumatiques.

précordial, e, aux adj. Situé en avant du cœur, dans la région mammaire gauche : *douleur précordiale.*

précordialgie n. f. Douleur de la région précordiale. Il peut s'agir d'un élément de la crise d'angine* de poitrine, mais souvent c'est une névralgie sans gravité.

prédisposition n. f. Tendance particulière de certaines personnes à présenter plus facilement que d'autres des troubles donnés à l'occasion de certaines circonstances déclenchantes, composée de multiples facteurs souvent mêlés : génétiques, organiques, matériels, sociaux et psychologiques.

prednisone n. f. Dérivé de la cortisone* ayant une grande action anti-inflammatoire.

préjudice n. m. **Sentiment de préjudice,** impression que l'on est victime d'un dommage injustement infligé à sa propre personne ou à ses biens.
En psychiatrie, le sentiment de préjudice peut prendre une forme névrotique : la « névrose de rente », par exemple, des sujets qui ont eu un accident du travail et qui inconsciemment refusent de guérir, s'enlisant dans un état hypocondriaque ou dépressif, revendiquant une indemnité alors qu'objectivement ils sont aptes à reprendre le travail. Les bénéfices secondaires que le sujet tire de son inactivité constituent un obstacle important à son amélioration.

Le sentiment de préjudice peut faire partie de maladies mentales plus graves. Il est alors une conviction délirante d'une injustice que seule la vengeance ou la procédure judiciaire peuvent réparer. Le malade persécuté peut devenir dangereux et l'internement s'impose.

prèle n. f. Plante des terrains humides et argileux, précieuse pour sa forte teneur en silice et en potasse. (Syn. : QUEUE*-DE-CHEVAL.) Elle a une action diurétique, hémostatique et reminéralisante.

prélèvement n. m. Échantillon de produit biologique recueilli pour analyse.
Les prélèvements concernent le sang, l'urine, les fèces, les crachats, le pus où qu'il se trouve, les exsudats. Tout prélèvement doit être fait de manière stérile.

prématuré, e adj. et n. **Accouchement prématuré,** accouchement qui se produit entre 6 et 8 mois et demi de grossesse. Les causes de l'accouchement prématuré sont multiples : cardiopathie, excès de liquide amniotique, grossesse gémellaire, placenta prævia. D'autres facteurs peuvent intervenir : malformations utérines, béance de l'isthme, infections génitales ou urinaires, surmenage.

Nouveau-né prématuré. Il s'agit d'un enfant né vivant au terme d'une gestation d'une durée inférieure à 8 mois et demi (38 semaines), quel que soit son poids de naissance. En dépit des progrès considérables qui ont été faits, la mortalité reste élevée, et les séquelles cérébrales grèvent l'avenir d'au moins un quart des survivants.

Le prématuré présente un aspect variable selon son degré de prématurité, mais bien différent de celui du nouveau-né à terme. La tête et l'abdomen sont proportionnellement plus développés que le thorax ; le cou est long et la tête repose sur le côté ; les nodules mammaires ne sont pas palpables, les plantes de pieds sont lisses et sans plis ; les mouvements spontanés sont saccadés, généralisés et asymétriques. La peau est mince, rougeâtre, translucide ; les ongles sont mous et ne dépassent pas l'extrémité des doigts ; il existe des poils de lanugo (duvet à poils longs) à la face et sur les épaules.

La plupart des dangers qui menacent, à court terme, le prématuré découlent de l'immaturité physiologique des grandes fonctions. L'immaturité de la thermorégulation* expose au refroidissement ; celle de l'équilibre acido*-basique, à l'acidose* ; celle de la fonction pulmonaire, à la détresse respiratoire (maladie des membranes* hyalines) ; celle du foie, à l'ictère* ; celle du système nerveux, aux troubles respiratoires, aux troubles de la déglutition*.

À long terme, le prématuré reste exposé aux troubles moteurs, lesquels peuvent s'associer à des difficultés intellectuelles, à des troubles oculaires, à des troubles du langage et du comportement.

Les 8 premiers jours de la vie ont donc une importance capitale pour l'avenir du prématuré. À la naissance, il doit être considéré comme un nouveau-né à « haut risque » et doit pouvoir bénéficier des techniques de réanimation moderne. S'il présente des troubles manifestes, il doit être transporté dans d'excellentes conditions dans un centre de soins intensifs néonataux. S'il ne présente pas de signes pathologiques, il doit être transféré dans un centre de prématurés.

L'accouchement et l'élevage des prématurés ne peuvent être entrepris que dans des unités hospitalières spécialement conçues. Il faut en effet leur assurer une existence en milieu aseptique, à température et à oxygénation réglables, une alimentation adaptée aux possibilités réduites de leur appareil digestif, une surveillance constante des fonctions vitales, pour lutter contre l'anoxie (mesure des pressions d'O_2 et de CO_2 dans le sang), contre l'anémie, l'infection, l'immaturité hépatique, les pertes hydriques, etc.

Cet élevage se fait dans des incubateurs ou couveuses plus ou moins sophistiqués, où les soins sont effectués stérilement à travers des hublots ménagés dans les parois transparentes. L'oxygénation, l'humidification et la température sont réglées de façon constante et branchées parfois sur des alarmes multiples, la respiration et l'électrocardiogramme étant surveillés par des moniteurs*.

prémédication n. f. Traitement préalable à une intervention médicale (endoscopie*) ou chirurgicale, destiné à permettre un meilleur déroulement de l'opération et à supprimer les réactions indésirables.

prémolaire adj. et n. f. Se dit des 4e et 5e dents (à partir de l'incisive centrale) de la dentition définitive.
Les prémolaires, au nombre de 8, remplacent les molaires de lait. (V. DENT.)

prémonitoire adj. Se dit des signes, symptômes ou syndromes qui précèdent l'apparition d'une maladie.

préopératoire adj. Qui se fait avant une intervention chirurgicale.
Bilan préopératoire, examen clinique, radiologique et biologique destiné à apprécier l'extension des lésions, l'état général du patient et l'état de ses organes vitaux.
Soins préopératoires, ensemble des mesures à prendre concernant l'organe à opérer (évacuation rectale, désinfection intestinale par exemple), la région de la peau où doit se faire la voie d'abord, la correction des troubles généraux (diabète, anémie, déshydratation, infection, etc.).

prémenstruel, elle adj. Qui précède la menstruation.
Syndrome prémenstruel, ensemble de manifestations (congestion mammaire, abdominale, pelvienne, douleurs diverses, prise de poids, troubles du caractère) survenant avant les règles, et dont l'intensité peut, chez certaines femmes, constituer une gêne importante. Il disparaît généralement dès le premier jour des règles.

prénuptial (certificat). V. MARIAGE.

préparation n. f. *Préparation des malades aux interventions chirurgicales.* V. PRÉMÉDICATION et PRÉOPÉRATOIRE.
Préparations pharmaceutiques. V. CACHET, COMPRIMÉ, MÉDICAMENT, POMMADE.

prépuce n. m. Repli de la peau de la verge* qui recouvre le gland.

presbyophrénie n. f. Forme particulière de démence* sénile.
Les malades se montrent très souvent euphoriques, enjoués, volubiles ; ils fabulent sans cesse. Ils présentent une amnésie* de fixation et sont désorientés dans le temps et dans l'espace.

presbytie n. f. Inaptitude à distinguer avec netteté les objets rapprochés.
Le pouvoir d'accommodation* de l'œil diminuant avec l'âge, on comprend qu'à partir d'un certain moment la vision de près devienne difficile : c'est la presbytie. On la corrige au moyen de verres convergents, qui permettent une vision de près correcte, mais troublent la vision de loin.

présénilité n. f. Période qui s'étend du déclin de l'âge mûr à la sénilité*.
Variable suivant les individus, la présénilité ne semble pas dépendre directement de l'arrêt ou du ralentissement des fonctions sexuelles (ménopause*, andropause*). Il s'agit d'une période délicate de la vie, du point de vue de la santé physique et mentale. Concordant avec la diminution des dépenses naturelles de l'organisme, elle est l'époque où peuvent apparaître des maladies graves (cancers*, maladies dégénératives), ainsi que les déséquilibres neuropsychiques, le plus souvent à type de dépressions. Dans l'ensemble, la présénilité se résume souvent au passage d'un moment difficile de l'existence, et nombreux sont les petits états de fatigue, les troubles psychosomatiques, les réactions caractérielles, les déséquilibres passagers de l'humeur et de la sexualité qui guérissent ou s'harmonisent dans un équilibre nouveau et accepté. Il faut insister sur l'importance de conserver une certaine activité au-delà de la mise à la retraite, pour l'homme aussi bien que pour la femme.

présentation n. f. En obstétrique, partie du fœtus qui « se présente » au détroit supérieur, c'est-à-dire à l'entrée du bassin, lors de l'accouchement*.
On distingue ainsi les présentations *transversales* (présentations de l'épaule) et les présentations *longitudinales.* Parmi ces dernières, qui sont les plus fréquentes, on sépare les présentations *pelviennes* (siège complet et

siège décomplété) et les présentations *céphaliques* (sommet, front, face).

préservatif n. m. Dispositif en baudruche ou en caoutchouc, utilisé dans un but de contraception et/ou de prévention des maladies vénériennes, notamment le S. I. D. A.
L'emploi du préservatif masculin, ou condom, est une méthode sûre sous réserve d'une utilisation correcte. Il établit un obstacle à l'ascension des spermatozoïdes dans l'utérus et évite la transmission des microbes.
Les préservatifs féminins (cape, diaphragme) ont seulement une action contraceptive qui implique l'adjonction d'une crème spermicide.

pression n. f. **Pression artérielle,** force exercée sur la paroi artérielle par le sang, et provoquant la tension artérielle qui la compense exactement. (V. TENSION.)
La pression artérielle dépend du débit cardiaque et des résistances qu'opposent artérioles et capillaires à l'écoulement du sang. La régulation est complexe et précise, dépendant du système nerveux autonome et de facteurs hormonaux.
Les centres nerveux vasomoteurs sont situés dans le plancher du IVe ventricule cérébral. Ils reçoivent des informations venant des récepteurs situés à la bifurcation carotidienne et sur la crosse de l'aorte. Ils agissent par augmentation ou diminution du débit cardiaque et par action sur le tonus capillaire. Les facteurs hormonaux sont en partie liés au système nerveux sympathique, qui libère des catécholamines* vasopressives. Ils sont mis en jeu principalement par la libération de rénine* par le rein lorsque la pression artérielle diminue. La rénine provoque, d'une part, indirectement l'augmentation des résistances capillaires et, d'autre part, une sécrétion d'aldostérone* qui diminue l'élimination rénale du sodium et augmente la masse sanguine par la rétention de l'eau liée au sodium.
Pression atmosphérique, pression exercée en un lieu par la colonne d'air située au-dessus de ce lieu.
Elle est, au niveau de la mer, de 760 mm de mercure et diminue avec l'altitude. Sa diminution entraîne une baisse de la pression partielle des gaz composant l'atmosphère, en particulier de l'oxygène, obligeant l'organisme à s'adapter à l'altitude par augmentation de la fréquence respiratoire, puis par celle de la masse des globules rouges transporteurs d'oxygène. (V. POLYGLOBULIE.)

prestation n. f. Service fourni en vertu d'une obligation légale ou contractuelle.
Prestation sociale, prestation servie au titre d'une législation sociale : *prestation d'aide sociale* ou *d'assurance sociale, prestations familiales.*
Prestations familiales. Elles se sont généralisées à l'ensemble de la population par des textes de 1946, modifiés par de nombreux textes plus récents. Ce sont à l'heure actuelle : les allocations prénatales, les allocations postnatales, les allocations familiales, le complément familial, l'allocation de logement, l'allocation d'éducation spéciale, l'allocation d'orphelin, l'allocation de rentrée scolaire, l'allocation de parent isolé.

Preste (La), station thermale des Pyrénées-Orientales, à 68 km de Perpignan, ouverte du 1er mai au 1er octobre, traitant les affections urinaires.
L'eau hyperthermale (42 °C), sulfurée, sulfatée et bicarbonatée sodique, est employée en boissons, bains et douches dans les infections de l'arbre urinaire : cystites, urétérites, pyélites, notamment dues au colibacille. On traite également les affections des appareils génitaux masculin et féminin.

présure n. f. Substance liquide sécrétée par l'estomac et qui provoque la coagulation du lait.

pretium doloris n. m. (loc. lat. signif. *prix de la douleur*). Dommages-intérêts accordés par les tribunaux pour la réparation de la douleur physique ou morale résultant d'un accident. (Ils s'ajoutent à la réparation du préjudice matériel.)

préventorium n. m. Établissement de cure pour les sujets ayant fait récemment une primo-infection tuberculeuse.

priapisme n. m. État pathologique caractérisé par une érection persistante et douloureuse, sans désir sexuel, et n'aboutissant pas à une éjaculation.

primevère n. f. Une des premières plantes à fleurir au printemps (*Primula officinalis.* primulacées). Appliquées sur la peau, ses feuilles peuvent provoquer une éruption. Ses fleurs, en infusion, sont antispasmodiques et calmantes de la toux.

primipare adj. et n. f. Se dit d'une femme qui accouche pour la première fois.

primitif, ive adj. Se dit de toute maladie qui n'est pas la conséquence d'une autre, par opposition à *secondaire.* — Ainsi, le cancer *primitif* du foie s'oppose au cancer secondaire, qui est une métastase.

primo-infection n. f. Première atteinte d'un organisme par un germe.
Primo-infection tuberculeuse. La primo-infection tuberculeuse était autrefois l'apanage de l'enfance. Depuis les progrès de la lutte

antituberculeuse, et surtout depuis l'obligation de vacciner par le B. C. G., le nombre des contaminations a fortement diminué.

La contamination se fait par pénétration du bacille de Koch (B. K.), le plus souvent par voie aérienne (gouttes de salive), plus rarement par voie digestive, cutanée ou muqueuse.

Signes cliniques. La primo-infection tuberculeuse peut se manifester par des symptômes très différents :

La *primo-infection « latente »* ne s'extériorise que par un virage des tests tuberculiniques (cutiréaction devenant positive), sans aucune autre manifestation. Cela n'est possible que si l'enfant est régulièrement suivi. Seule intervient la notion de « virage », c'est-à-dire le passage d'une cutiréaction négative à une cutiréaction positive. La positivité seule ne peut faire le diagnostic.

Parfois, seuls une fatigue excessive, de la fièvre, un amaigrissement composent le tableau.

La *primo-infection « maladie »* associe certains signes évocateurs : fièvre élevée, signes digestifs pouvant égarer le diagnostic (typhobacillose), un amaigrissement récent, un érythème* noueux, une kérato-conjonctivite phlycténulaire doivent faire pratiquer des radiographies, des tests tuberculiniques et la recherche du B. K. La radiographie du thorax montre une image ganglionnaire d'adénopathie* médiastinale plus ou moins importante, accompagnant une opacité dans l'un des poumons. Il s'y ajoute parfois un épanchement pleural.

Évolution. Elle est le plus souvent bénigne et guérit par le traitement, laissant au sujet une immunité relative, mise en évidence par la positivité des tests (cuti-, intradermoréactions).

Les atteintes locales sont responsables de compressions bronchiques entraînant des troubles de ventilation ou des fistules, c'est-à-dire l'ouverture du ganglion avec irruption du pus dans les voies respiratoires.

L'atteinte secondaire de l'organisme par le B. K. est responsable de méningite, de miliaire, d'atteinte osseuse ou génito-urinaire.

Les séquelles sont des calcifications (témoignant de la guérison), des dilatations des bronches, parfois des lésions tuberculeuses évolutives.

Traitement. Il permet d'éviter le plus souvent les complications et les tuberculoses secondaires.

Selon la gravité de l'atteinte, on associe deux ou trois antituberculeux (streptomycine, isoniazide, rifampicine). Dans les formes graves, la corticothérapie améliore le pronostic.

Sur le plan social, le contaminateur (parent, enseignant, camarade) doit être recherché, traité et isolé pendant les premiers mois. Des règles hygiéno-diététiques (repos, alimentation équilibrée...) doivent être appliquées. La durée du traitement varie de 6 à 18 mois.

probénécide n. m. Médicament uricosurique* employé dans le traitement de la goutte.

procaïne n. f. Anesthésique local de synthèse.
C'est un succédané de la cocaïne*, moins cher, moins toxique et non stupéfiant. On l'emploie en injections (pour l'anesthésie locale) en chirurgie et en chirurgie dentaire, associée ou non à l'adrénaline*. On l'utilise également en comprimés dans le traitement de la sénescence. La procaïne peut provoquer des réactions allergiques.

procalmadiol n. m. Le premier médicament tranquillisant, encore employé actuellement. (Syn. : MÉPROBAMATE.)
C'est un sédatif du système nerveux qui relâche les muscles, combat l'anxiété et régularise le sommeil.

processus n. m. Succession des mécanismes et des manifestations (symptômes) qui caractérisent l'évolution d'une maladie.

procidence n. f. Issue à l'extérieur de l'utérus, et avant la sortie de l'enfant, d'une partie mobile de ce dernier ou de ses annexes.

Procidence du cordon, chute du cordon ombilical en avant de la présentation fœtale. — C'est un accident, souvent imprévisible, qui met en péril brutalement la vie de l'enfant, car le cordon risque d'être comprimé entre le bassin et la présentation, et de subir une dessiccation s'il apparaît à la vulve. La procidence est favorisée par l'excès de longueur du cordon, l'excès de liquide amniotique, les rétrécissements du bassin, les tumeurs prævia* et les présentations irrégulières, qui laissent des vides dans l'aire du détroit supérieur (siège, face, épaule).

Elle implique la terminaison immédiate de l'accouchement, le plus souvent par césarienne. C'est une des plus graves urgences obstétricales du point de vue fœtal.
(V. illustration p. 742.)

Procidence des membres, chute d'un membre au-dessous de la présentation, à laquelle il n'appartient pas : procidence de la main ou d'un pied dans une présentation céphalique

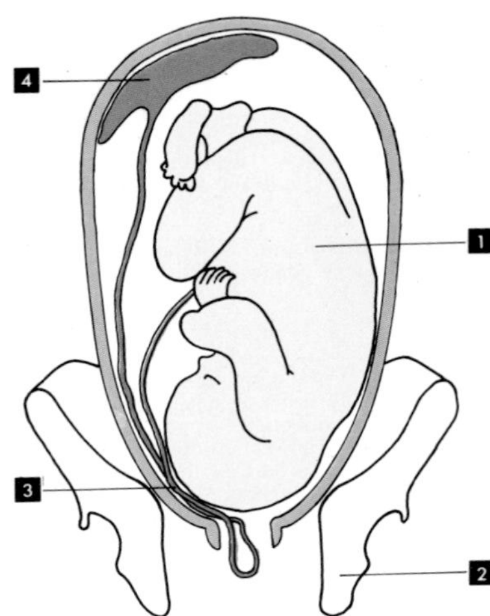

Procidence du cordon. 1. Fœtus ; 2. Bassin osseux ; 3. Cordon ombilical écrasé entre la tête fœtale et le bassin osseux ; 4. Placenta.

ou transversale ; procidence d'une main dans la présentation du siège.

proctologie n. f. Spécialité médicale des maladies du rectum* et de l'anus*.

prodrome n. m. Symptôme se produisant juste avant un état pathologique, dont il annonce l'imminence. (Par exemple, les nausées, la fièvre, les démangeaisons sont des prodomes de l'hépatite virale.)

progestatif, ive adj. et n. m. Qui permet le maintien de la gestation.
Ce terme désigne un certain nombre de substances dont les unes sont dérivées de la *progestérone**, et les autres, les *norstéroïdes* (ainsi dénommées parce qu'elles dérivent de la 19-nortestostérone), sont douées d'une activité extrêmement marquée, notamment dans la lutte contre les hémorragies de cause hormonale, et sont actives par voie buccale.

progestérone n. f. Une des deux hormones sexuelles féminines. (Syn. : LUTÉINE.)
Elle est sécrétée par l'ovaire au niveau du corps jaune, dans la seconde partie du cycle menstruel et sous l'influence de l'hormone gonadotrope hypophysaire L. H. Elle est éliminée dans les urines sous formes de prégnandiol. Elle exerce une action inhibitrice sur la contractilité de l'utérus et agit en synergie avec la folliculine pour transformer l'endomètre en une muqueuse apte à recevoir l'œuf fécondé. Pendant la grossesse, le placenta en sécrète également à partir du 2e mois.

C'est elle qui, par son action sur les centres de la thermorégulation, est responsable du décalage de quelques degrés de la courbe thermique menstruelle.

Sa sécrétion régulière est le garant de cycles menstruels normaux. Son insuffisance (insuffisance lutéale) est fréquemment rencontrée, notamment peu après la puberté et dans la période qui précède la ménopause.

prognathisme n. m. Saillie en avant de la mâchoire inférieure, due à un développement excessif du maxillaire inférieur.

projection n. f. En *psychanalyse,* ce terme désigne le mécanisme de défense par lequel un sujet attribue inconsciemment à autrui des désirs et des sentiments qui lui sont propres, mais qu'il ne veut accepter ni reconnaître comme tels.
La projection est le mécanisme dominant dans la psychose paranoïaque (v. PARANOÏA). D'une façon plus générale, le terme s'applique au fait de percevoir le monde extérieur en fonction de nos tendances, de nos expériences, de nos conflits intérieurs propres.

prolactine n. f. Hormone sécrétée par les cellules acidophiles de l'hypophyse*, qui agit sur les glandes mammaires et provoque la lactation.

prolan n. m. Substance gonadotrope sécrétée par le placenta dès le début de la grossesse.
Les prolans ont une action folliculostimulante (prolan A) et lutéinisante (prolan B). Ils sont retrouvés en quantité considérable dans le sang et les urines des femmes enceintes, et c'est sur cette présence que reposent les diagnostics biologique et immunologique de la grossesse.

Des éliminations trop importantes de prolans doivent faire suspecter une grossesse môlaire (v. MÔLE) ou gémellaire.

prolapsus n. m. Chute partielle ou totale d'un organe, par suite du relâchement de ses moyens de fixation et de soutènement.
Prolapsus génital, chute progressive, et à des degrés divers, des parois vaginales et de l'utérus, pouvant également conduire à extérioriser la vessie (cystocèle) et le rectum (rectocèle). — Le relâchement tissulaire qui l'autorise peut être d'origine congénitale, mais est le plus souvent la conséquence

d'accouchements répétés, difficiles, ou concernant de gros enfants.

La symptomatologie s'exprime par des sensations de pesanteur, des lombalgies, des troubles urinaires et de l'asthénie. Parfois, c'est la constatation par la malade elle-même d'une tuméfaction vulvaire à la suite d'un effort ou d'une station debout prolongée.

L'examen médical permet de faire l'inventaire des différents éléments du prolapsus, et de le classer du premier degré (simple béance vulvaire) au troisième degré (extériorisation de l'utérus, qui descend entre les cuisses).

Le traitement est chirurgical. Le port d'un pessaire ne peut être proposé qu'aux femmes âgées chez lesquelles existe un risque opératoire vital.

Prolapsus du rectum, issue, par l'orifice anal, de la paroi rectale. — Il ne doit pas être confondu avec la rectocèle, qui en est l'issue par l'orifice vaginal. (V. RECTUM.)

prométhazine n. f. Dérivé de la phénothiazine*, premier de la série des antihistaminiques* synthétisés à partir de ce corps.
La prométhazine n'est pas toxique. Elle s'oppose à tous les effets de l'histamine*, sauf à l'hypersécrétion gastrique. On la prescrit en sirop ou en dragées comme antihistaminique, hypnotique et antitussif, associée à l'aspirine comme antalgique, par les voies rectale et parentérale* pour la préanesthésie et en applications locales comme antiprurigineux.

Prolapsus. Prolapsus génital du 3e degré : le col de l'utérus fait saillie hors de la vulve.

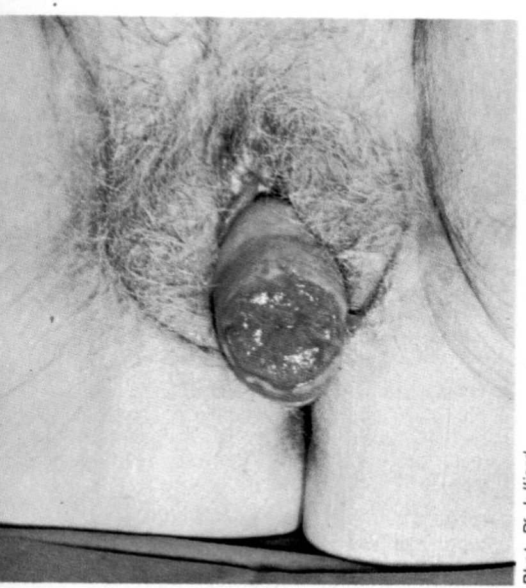

Phot. Dr Julliard.

promontoire n. m. Angle formé par l'articulation de la colonne vertébrale lombaire sur le sacrum.
Il limite en arrière le détroit supérieur du bassin*, et peut constituer un obstacle lors de l'accouchement.

pronation n. f. Rotation en avant du bord radial de la main, amenant la paume en dedans, vers l'axe du corps, puis en arrière. (Mouvement opposé : SUPINATION*.)

prononciation n. f. **Vices de prononciation.** Ils sont très divers et peuvent être isolés ou associés à des perturbations auditives, neurologiques, intellectuelles ou affectives. Citons le zézaiement, le chuintement.

pronostic n. m. Prévision que fait le médecin sur l'évolution et l'aboutissement d'une maladie.
Le pronostic est fonction de la nature de la maladie, de sa forme, du terrain du malade et des traitements entrepris. Il comporte toujours une marge d'incertitude.

propanolol n. m. Médicament sympatholytique de synthèse du groupe des bétabloquants*.
On l'emploie contre la fibrillation* cardiaque, certaines tachycardies, l'angine de poitrine.

prophylaxie n. f. Ensemble des mesures destinées à garantir contre les maladies ou les accidents non seulement l'individu, mais aussi les populations.
La prophylaxie s'adresse aussi bien aux maladies infectieuses qu'aux accidents du travail, aux parasitoses qu'au développement psychomoteur.

À ce titre, les campagnes de vaccination systématique (B. C. G., variole, etc.), la déclaration de certaines maladies contagieuses, ainsi que l'isolement des malades, les propagandes diverses d'hygiène de vie (antialcoolique, antitabac...), la médecine du travail, le dépistage précoce de certaines maladies (cancer, par exemple), les rééducations en milieu psychiatrique, etc., sont autant d'entreprises prophylactiques.

propreté n. f. **Propreté chez l'enfant,** fait de contrôler par lui-même ses urines et ses selles.

La propreté est acquise entre 1 et 2 ans pour le jour, et avant 4 ans pour la nuit. Son acquisition est soumise à de nombreuses variantes liées au sujet (hérédité, psychisme) qui ne doivent pas inciter la mère à employer la force. Elle doit, au contraire, par son attitude encourageante, amener l'enfant à s'imposer cette nouvelle contrainte.

proprioceptif, ive adj. Se dit des sensations provenant du corps lui-même et renseignant sur la position dans l'espace, les attitudes, les mouvements, l'équilibre, etc.

prostaglandines n. f. pl. Acides gras non saturés, isolés dans le liquide séminal, mais que l'on peut également isoler de la prostate (d'où leur nom) et de nombreux autres organes.
Ces substances, au nombre d'une quinzaine, contrôlent l'activité enzymatique des cellules et ont des fonctions multiples et encore mal précisées. De grands espoirs thérapeutiques sont fondés sur elles, tant dans le domaine gynécologique (accouchement, contraception, interruption de grossesse) que dans celui de la médecine générale (hypertension, ulcère de l'estomac, rhinites, etc.).

prostate n. f. Glande qui entoure, chez l'homme, la partie initiale de l'urètre.
Située en arrière du pubis et en avant du rectum, entre la vessie en haut et le périnée en bas, elle a la forme d'une châtaigne dont la base supérieure est accolée à la vessie. Elle est traversée de haut en bas par l'urètre prostatique, dans lequel s'abouchent les deux canaux éjaculateurs et l'utricule prostatique. Le tissu prostatique est formé de fibres musculaires et de glandes qui déversent leurs sécrétions dans l'urètre. Ces sécrétions, qui forment la plus grande partie du sperme, diluent les spermatozoïdes et leur donnent leur mobilité.

Prostate.
Coupe verticale du bassin chez l'homme, montrant la prostate (en rouge) :
1. Prostate ; 2. Rectum ;
3. Racine de la verge ; 4. Urètre ; 5. Pubis ;
6. Vessie ; 7. Vésicule séminale.

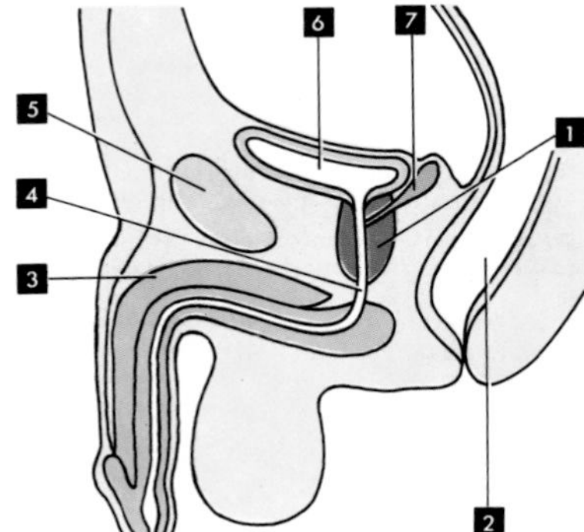

Adénome prostatique. C'est l'affection la plus fréquente de cet organe. Souvent appelé à tort « hypertrophie prostatique », c'est une tumeur bénigne qui se développe chez l'homme aux alentours de la soixantaine. Il se manifeste par une augmentation de la fréquence des mictions, des modifications du jet, parfois une rétention aiguë d'urines. Le diagnostic est fait par le toucher rectal ; l'urographie intraveineuse précise le retentissement éventuel de l'adénome sur les voies urinaires supérieures. Si le patient n'est pas opéré, l'évolution se fait vers la distension vésicale (miction par regorgement), l'infection. Le traitement est chirurgical : parfois résection endoscopique par les voies naturelles pour de petits adénomes, le plus souvent ablation de l'adénome par voie abdominale.

Cancer de la prostate. Moins fréquent, il se développe autour de la cinquantaine et chez le vieillard. Le traitement par les œstrogènes de synthèse, poursuivi indéfiniment, donne de bons résultats.

Infection de la prostate. V. PROSTATITE.

prostatectomie n. f. Ablation de la prostate, de la base de la vessie, et des vésicules séminales en cas de cancer prostatique. (Ne pas confondre avec ADÉNOMECTOMIE*.)

prostatite n. f. Inflammation de la prostate, se traduisant par une poussée fébrile avec dysurie, une prostate très douloureuse au toucher rectal.
Les prostatites peuvent être dues au gonocoque (complication de la blennorragie), mais aussi à des germes banals (staphylocoque, colibacille). Les antibiotiques sont généralement actifs ; sans traitement, l'évolution peut se faire vers l'abcès de la prostate.

prostration n. f. État d'abattement profond.
La prostration est due à une diminution très importante des forces physiques, le plus souvent consécutive à une longue maladie ou à une dénutrition extrême. On la rencontre également dans certaines maladies infectieuses et dans les états psychotiques de mélancolie* et de dépression*.

protamine n. f. Matière protéique préparée à partir du sperme de divers poissons.
Elle est utilisée dans la préparation de l'insuline « retard » et comme antidote de l'héparine* (sulfate de protamine).

protéase n. f. Enzyme hydrolysant les liaisons peptidiques et assurant ainsi la dégradation des protéines.
Des protéases sont présentes dans les sucs

digestifs (pepsine, trypsine, chymotrypsine, etc.), dans les tissus et dans le sang.

protection n. f. **Protection maternelle et infantile (P. M. I.),** ensemble des mesures de surveillance médicosociale préventive des femmes enceintes et des enfants du premier et du second âge.

La P. M. I. commence par l'examen médical prénuptial (certificat prénuptial) et se poursuit au cours de la grossesse (4 examens prénatals : le premier, avant la fin du 3e mois, consiste à confirmer l'état de grossesse et à évaluer les risques obstétricaux ou médicaux qui peuvent menacer la santé de la mère et celle de l'enfant, la détermination du groupe sanguin et du facteur Rh étant obligatoire à ce stade dans une première grossesse ; le deuxième, au 6e mois, pour dépister les menaces d'accouchement prématuré ; le troisième lors des 15 premiers jours du 8e mois et le quatrième pendant les 15 premiers jours du 9e mois, pour dépister la toxémie gravidique, prévenir les morts fœtales tardives et les causes possibles d'accouchement difficile).

Un carnet* de santé est remis par la mairie à la personne qui déclare la naissance. Un *examen postnatal* est ensuite prévu dans les 8 semaines qui suivent l'accouchement. Les enfants, jusqu'à l'âge scolaire, font ensuite l'objet d'une surveillance médicosociale : *9 examens médicaux* sont prévus au cours de la première année, dont le premier dans les 8 jours de la naissance et un au cours du 9e mois ; *3* au cours de la deuxième année, dont un au 24e mois ; *2 par an pour les années suivantes,* et cela jusqu'à ce que les enfants ayant atteint 6 ans passent sous la surveillance de la médecine scolaire. (V. ÉCOLE.) Les examens subis dans les 8 jours de la naissance et au cours du 9e et du 24e mois donnent lieu à l'établissement du certificat* de santé faisant mention de toute anomalie, maladie ou infirmité, notamment mentale, sensorielle ou motrice susceptible de provoquer une invalidité ou un handicap*.

Des *vaccinations obligatoires* complètent ce système de protection. Enfin, les placements d'enfants en dehors du domicile familial (crèches, nourrice*, etc.) sont soumis à des règles de contrôle, des garanties particulièrement strictes.

protéide n. f. Syn. de PROTÉINE* et, pour certains, d'HÉTÉROPROTÉINE.

protéine n. f. Substance caractéristique de la matière vivante, constituée par l'assemblage d'acides aminés unis par des liaisons peptidiques.

Constitution. Une protéine est constituée d'une ou de plusieurs chaînes peptidiques. La séquence des acides aminés définit la structure primaire, détruite par action enzymatique ou hydrolyse acide.

Ces chaînes sont enroulées en hélice, constituant la structure secondaire, et l'enroulement est maintenu par des liaisons hydrogènes.

Ces hélices sont elles-mêmes repliées ou associées, maintenues par des ponts disulfures constituant la structure tertiaire. Les structures secondaire et tertiaire sont fragiles, et peuvent être détruites par la température, les variations de pH, etc.

Classification des protéines. ***Les holoprotéines.*** Elles ne contiennent que des acides aminés. Elles peuvent être de structure fibrillaire, habituellement insolubles, et entrer dans la constitution des tissus de soutien (kératine, collagène) ; parfois solubles, comme le fibrinogène et la myosine. Elles peuvent être de structure globulaire. Ce sont, par ordre de complexité croissante : les protamines et les histones (basiques), les albumines et les globulines (acides).

Les hétéroprotéines. Elles comportent un groupement non protéique, qui peut être un glucide (glycoprotéine), un acide nucléique (nucléoprotéine), etc.

Métabolisme. Absorbées par voie digestive, les protéines sont dégradées en acides aminés. Puis ces acides aminés sont absorbés par la muqueuse intestinale.

La synthèse des protéines dans l'organisme à partir des acides aminés ainsi absorbés est sous la dépendance directe du code génétique transmis par les acides nucléiques*.

Les protéines plasmatiques. Le plasma sanguin contient 75 g par litre de protéines (protéinémie) constitués d'un grand nombre de fractions. On les analyse par électrophorèse*, immunoélectrophorèse, ultracentrifugation ou précipitation fractionnée. L'électrophorèse sur papier distingue :

— les *albumines* (de 55 à 60 p. 100), qui maintiennent la pression osmotique (v. OSMOTIQUE) du plasma et transportent un grand nombre de molécules dont les médicaments ;
— les α_1-*globulines* (de 3 à 6 p. 100) comportant des lipo- et des glycoprotéines ;
— les α_2-*globulines* (de 8 à 10 p. 100), surtout glycoprotéines ;
— les β-globulines (de 10 à 14 p. 100), comprenant des lipo- et glycoprotéines et quelques immunoglobulines ;
— les γ-globulines (de 15 à 20 p. 100), qui sont les immunoglobulines. (V. ANTICORPS.)

On trouve également dans le plasma du fibrinogène (de 2 à 4 g/l) et des transporteurs dont le rôle est capital en dépit de leur faible concentration (céruloplasmine, sidérophiline, haptoglobine...).

Enfin, les enzymes* sont des protéines.

Variations de la protéinémie. L'*hypoprotéinémie* (baisse des protéines du sang) peut être due à une dilution du plasma. Habituellement, elle porte sur l'albumine, qui est diminuée dans les cirrhoses, les affections intestinales exsudatives, les dénutritions graves, les syndromes néphrotiques*.

L'*hyperprotéinémie* (augmentation des protéines du sang) peut être due à une hémoconcentration ou à la production excessive d'un groupe de protéines, habituellement les γ-globulines. (V. DYSPROTÉINÉMIE.)

protéinose n. f. **Protéinose alvéolaire,** affection caractérisée par le dépôt d'une substance amorphe mucoprotéique dans les alvéoles pulmonaires, créant une insuffisance respiratoire progressive.

protéinurie n. f. Élimination de protéines dans les urines. (Syn. : ALBUMINURIE.)
Chez le sujet normal, l'élimination par 24 heures est extrêmement faible (moins de 40 mg), pouvant un peu augmenter à la station debout (protéinurie orthostatique) ou à l'effort. La protéinurie traduit une lésion du filtre rénal du glomérule (v. REIN) qui, normalement, retient les grosses molécules. Cela ne signifie pas nécessairement insuffisance rénale, le rein pouvant rester capable d'éliminer correctement les déchets azotés. Une protéinurie abondante (supérieure à 5 g par 24 h) définit le syndrome néphrotique*, qui s'accompagne rapidement d'œdèmes.

Une protéinurie importante et persistante impose une biopsie rénale pour en préciser l'origine. Par contre, une protéinurie orthostatique est normale chez l'adolescent.

protéolysat n. m. Mélange d'acides aminés, obtenu par hydrolyse de protéines et utilisé essentiellement pour l'alimentation des blessés et comateux, par sonde gastrique ou par perfusion veineuse.

protéolyse n. f. Dégradation des protéines en peptides et en acides aminés.

protéolytique adj. Se dit des enzymes réalisant la protéolyse.

proteus n. m. Genre de bacille très mobile, saprophyte* de l'homme (tube digestif et voies respiratoires supérieures) et très répandu dans la nature (fumiers, sol, etc.). Les proteus peuvent devenir pathogènes et sont alors responsables d'infections graves (méninges, vésicule biliaire, rein) de mauvais pronostic. Le traitement est dicté par l'antibiogramme*.

prothèse n. f. Ensemble des techniques et des appareils ayant pour objet le remplacement partiel ou total d'un membre ou d'un organe : *prothèses externes* pour les membres

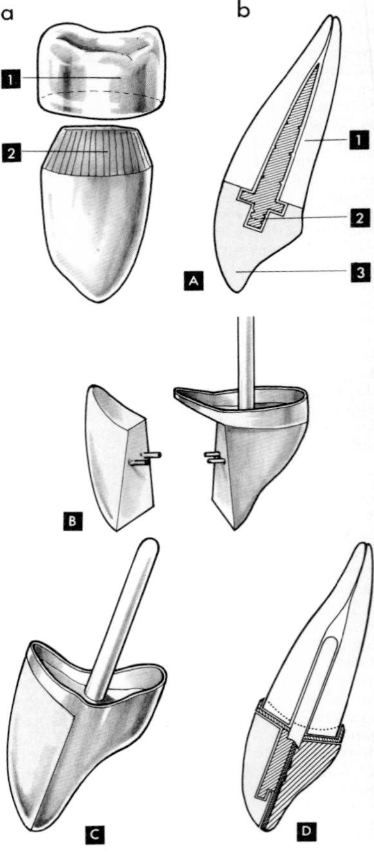

Prothèse dentaire.
a. Schémas d'une couronne métallique (1) et du moignon dentaire (2) préparé pour la recevoir.
b. Éléments de prothèse fixe.
A. Couronne de Davis :
1. Racine de la dent; 2. Tenon métallique; 3. Élément de porcelaine.
B. Couronne de Richmond avec facette à crampons platinés.
C. Couronne de Richmond avec facette à glissière.
D. Couronne de Richmond (coupe).

(v. AMPUTATION, MAIN); *prothèses internes* (prothèse de hanche, matériel d'ostéosynthèse, valves cardiaques...).

Prothèse dentaire, ensemble des techniques permettant la reconstitution d'une dent partiellement détruite, le remplacement d'une ou de plusieurs dents, ou la correction de troubles dentaires ou osseux.

PROTHÈSE UNITAIRE. Elle vise à réparer une seule dent. Si les lésions sont limitées, on fait une obturation* pouvant comporter des incrustations d'or (inlay, onlay). Si toute la couronne est atteinte, on la remplace par une couronne métallique ou en porcelaine cuite sur or, solide et esthétique. Sur une dent dont il ne reste que la racine, on peut réaliser une dent à tenon radiculaire (dent à pivot*).

Phot. C.N.R.I.

Prothèse. Prothèse cardiaque. Valve métallique à bille plastique (de Starr).

Prothèse. Prothèse dentaire totale de l'arcade supérieure.

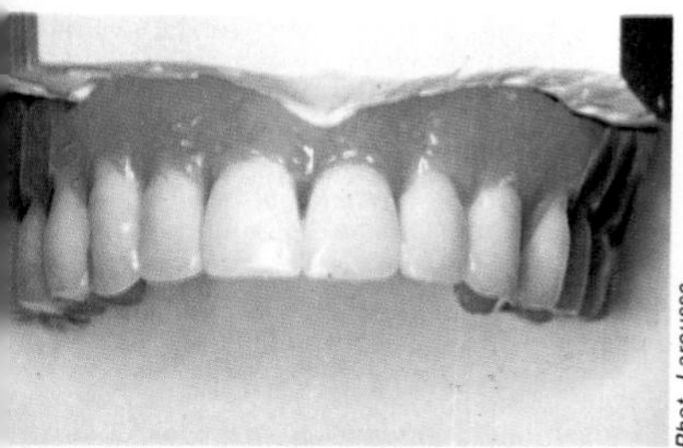

Phot. Larousse.

PROTHÈSES DE RECONSTITUTION. Elles peuvent être fixes, mobiles ou mixtes, et remplacent une ou plusieurs dents (prothèses partielles), ou toutes les dents (prothèses totales). Les *prothèses fixes* sont les bridges* ou ponts dentaires. Les *prothèses mobiles partielles* comportent une plaque-base qui s'appuie sur plusieurs dents et sur les muqueuses (gencives, palais). Sur cette plaque-base sont montées les dents artificielles (en résine ou en céramique), sur une « fausse gencive » de même teinte que la gencive. Les *prothèses mobiles totales* sont destinées à remplacer toutes les dents d'un maxillaire et elles s'appuient uniquement sur les muqueuses.

Les implants* permettent également de remplacer, dans certains cas, l'ensemble des dents du maxillaire inférieur.

PROTHÈSES D'ORTHODONTIE. Elles ont pour but de corriger les défauts d'implantation ou d'articulé dentaire.

PROTHÈSES DE CONTENTION. Elles ont pour objet de solidariser entre elles plusieurs dents ou toutes les dents d'un maxillaire : on les utilise dans le traitement des parodontoses* (dents mobiles) et dans celui des fractures des maxillaires.

Assurances sociales. Les assurés ne peuvent obtenir le remboursement que pour des appareils fonctionnels et thérapeutiques, ou nécessaires à l'exercice d'une profession. Les appareils sont considérés comme *fonctionnels* lorsque le coefficient masticatoire* est inférieur à 40 ou lorsque l'intéressé ne dispose pas de cinq couples de dents masticantes (prémolaires ou molaires) « en antagonisme physiologique dans la position d'occlusion normale de la bouche », répartis sur les deux côtés de la bouche. Les appareils sont considérés comme *thérapeutiques* lorsqu'une maladie est provoquée par l'absence de dents (troubles digestifs, maigreur, etc.). Les appareils *professionnels* sont accordés aux personnes « en contact avec le public ». Les appareils et les couronnes doivent faire l'objet d'une demande d'entente* préalable.

prothrombine n. f. Proferment synthétisé par le foie, qui, en présence de calcium et de thromboplastine, donne naissance à la thrombine. (V. COAGULATION.)

Taux de prothrombine. Défini comme étant de *100 p. 100* chez les sujets en bonne santé, il s'abaisse *spontanément* dans les maladies de foie (v. COAGULATION, EXPLORATION) et *artificiellement* lors des traitements anticoagulants*, où l'on s'efforce de le maintenir aux alentours de 30 p. 100.

protide n. m. Terme générique désignant des substances quaternaires (composées

d'oxygène, hydrogène, carbone et azote), caractéristiques de la matière vivante.
L'unité élémentaire est l'acide aminé* dont les groupements en chaînes composent les peptides* et les protéines*.

protocole n. m. **Protocole opératoire,** compte rendu de l'intervention que le chirurgien écrit sur un registre opératoire.

protoplasme ou **protoplasma** n. m. Gel de protéines, constituant fondamental de la matière vivante, présent dans les cellules, hors du noyau (cytoplasme) et à l'intérieur de celui-ci (caryoplasme).

protoxyde n. m. **Protoxyde d'azote,** gaz azoté utilisé comme anesthésique lors d'interventions prolongées. (V. ANESTHÉSIE.)

protozoaire n. m. Organisme microscopique, formé d'une seule cellule vivante complète (avec noyau, mitochondries, centrosome, dont plusieurs genres sont parasites de l'homme (amibes*, trypanosomes*, etc.).

protubérance n. f. **Protubérance annulaire,** formation nerveuse située à la face antérieure du tronc* cérébral. (Syn. : PONT DE VAROLE.)
De chaque côté de la protubérance sortent les racines motrices et sensitives de la Ve paire de nerfs* crâniens, ou nerf trijumeau.

provitamine n. f. Substance capable de se transformer en vitamine* dans l'organisme : *le carotène est la provitamine A.*

proximal, e, aux adj. Proche de la racine ou du centre, par opposition à DISTAL*, qui concerne l'extrémité. — Une paralysie proximale est une paralysie de la racine des membres.

prurigo n. m. Groupe d'affections prurigineuses, aux causes et aux manifestations diverses.
Les lésions (papules, vésicules) sont le siège d'un prurit* (démangeaison) intense, souvent nocturne, responsable de lésions de grattage (épaississement de la peau).

Le *prurigo strophulus* de l'enfant se voit entre 1 et 6 ans. Il a l'aspect d'une piqûre de moustique, c'est-à-dire une papule couronnée d'une vésicule qui disparaît en une dizaine de jours. La différence avec les piqûres d'arthropodes ou avec la gale est souvent difficile à faire. La cause de cette lésion est discutée : pour certains, elle signe l'intolérance alimentaire à un régime trop riche en hydrates de carbone, aux fraises, au poisson... ; pour d'autres, c'est un équivalent de l'urticaire, de l'eczéma, de l'asthme... ; pour d'autres encore, seule l'origine parasitaire existe. Le traitement associe des antihistaminiques et des sédatifs.

Le *prurigo chronique* a le même aspect que le précédent, mais les lésions se compliquent ultérieurement d'eczéma.

Chez l'adulte, le prurigo peut se manifester lors de la grossesse, lors de l'eczéma*.

prurit n. m. Démangeaison.
C'est un symptôme fréquent en dermatologie : eczéma*, lichen* plan, gale*, prurigo*... L'intensité du prurit est souvent différente selon l'individu. Il faut faire disparaître le prurit par des neurosédatifs ou des antihistaminiques pour éviter une altération de l'état général (insomnie) et des lésions de grattage (lichénifications). Certaines affections sont de cause interne : prurit diabétique, sénile, prurit vulvaire de la ménopause.

pseudarthrose n. f. Absence de consolidation entre les deux fragments d'un os fracturé, avec apparition, au niveau des extrémités osseuses, de modifications qui rendent la consolidation définitivement impossible. (V. FRACTURE.)

pseudopelade n. f. Alopécie* définitive, s'étendant par petites plaques.
On retrouve parfois un lichen* plan ou un lupus* érythémateux à l'origine.

pseudopode n. m. Expansion protoplasmique de la cellule, observée chez les protozoaires et les leucocytes, pour la locomotion et la phagocytose.

psittacose n. f. Maladie infectieuse, due à une bactérie du genre *chlamydia.* (Syn. : MALADIE DES PERROQUETS ou DES PERRUCHES.)
Cette maladie est transmise à l'homme par les oiseaux (pigeons, perruches...). Elle détermine une broncho-pneumopathie grave, avec des troubles neurologiques (méningite, délire) et de la fièvre. Des adénopathies sont fréquentes. Le diagnostic est fait par le sérodiagnostic spécifique.

Le *traitement* associe des tétracyclines, des corticoïdes et des moyens de réanimation dans les cas graves. C'est une maladie à déclaration obligatoire (no 19).

psoas n. m. Muscle épais, fusiforme, qui s'étend des vertèbres lombaires au petit trochanter, où il se termine par un tendon commun avec le muscle iliaque.
Il fléchit la cuisse sur le tronc.

psoïtis n. f. Inflammation du muscle psoas, qui se traduit par une attitude particulière de la cuisse, fléchie sur le bassin.

psore n. f. En *médecine homéopathique,* groupe de signes dus à une auto-intoxication. Elle comporte des manifestations allergiques, des suppurations, des éruptions cutanées, et relève de médicaments dits *psoriques.*

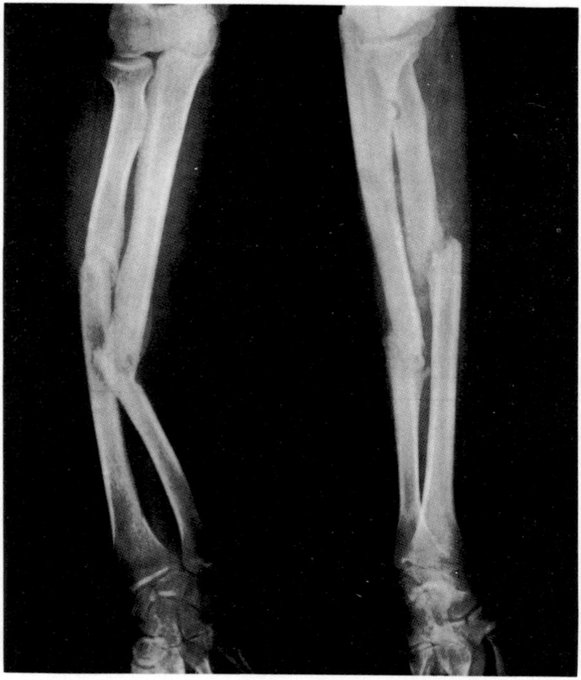

Pseudarthrose.
Fracture des deux os de l'avant-bras, suivie de pseudarthrose (face et profil).

Radio X.

Psoriasis.
Psoriasis circiné de l'avant-bras.

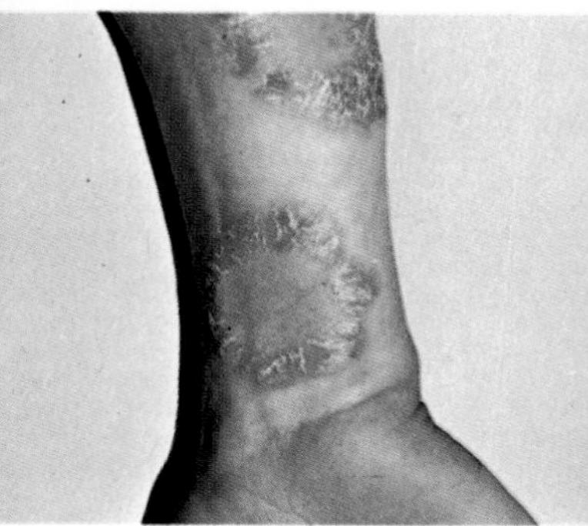

Phot. X.

psoriasis n. m. Dermatose* érythémato-squameuse (rougeur et squames) chronique, et réputée pour sa ténacité.

Signes. Souvent héréditaire, le psoriasis apparaît chez le sujet jeune ou adulte et débute insidieusement, au genou ou au coude, par des plaques rouges recouvertes de squames blanches. Parfois, il est plus malaisé de le reconnaître quand il atteint les ongles ou le cuir chevelu. Généralement, le psoriasis ne provoque pas de démangeaison. Il évolue par poussées successives, déclenchées par les infections ou les émotions. L'évolution est lente, mais il faut toujours craindre une complication invalidante : le rhumatisme psoriasique (arthrite chronique).

Traitement. Il comporte surtout des soins locaux : décapants (vaseline salicylique), réducteurs* (éosine en solution, huile de cade), corticoïdes (pommades). Les mercuriels ne s'emploient que pour les lésions du cuir chevelu. Les rayons ultraviolets sont efficaces après photosensibilisation dans les psoriasis étendus (PUVATHÉRAPIE). Certaines cures thermales (La Bourboule, Luchon) sont bénéfiques. Les soins généraux associent des vitamines, des acides aminés soufrés, voire des immunosuppresseurs*. Des médications sont prescrites pour lutter contre le foyer infectieux, s'il existe, et sur la labilité émotionnelle, fréquente, retrouvée chez les patients atteints.

psychanalyse n. f. Discipline fondée par Freud et se rapportant à l'exploration psychologique profonde de l'homme normal et pathologique, à l'élaboration d'une théorie psychologique et psychopathologique générale, à la psychothérapie* des maladies mentales (cure psychanalytique).
Pour Freud, le véritable champ d'investigation de la psychologie est l'inconscient. L'inconscient est au centre de la vie mentale. On peut se le représenter comme un vaste domaine, impossible à décrire (indicible), peuplé de pulsions*, d'instincts, de désirs, de phantasmes, d'affects plus ou moins complexes et souvent contradictoires. Cet ensemble voit son contenu s'orienter sous l'action des trois grandes *instances** de la personnalité, qui composent une sorte d'équilibre dynamique : le *ça*, le *sur-moi* et le *moi*. Le « ça » est représenté par les pulsions et les désirs archaïques ou primitifs qui tendent à se satisfaire brutalement. Les instincts du « ça » sont constamment réprimés par le « sur-moi » : instance morale constituée par des exigences et des interdits intériorisés. Ces deux instances demeurent inconscientes. La troisième, à la fois consciente et inconsciente, est le « moi ». Il s'agit d'une fonction de contrôle, de synthèse de la personnalité qui tend à réaliser un équilibre entre les exigences du « ça » et celles du « sur-moi », en leur permettant de les satisfaire sous une forme édulcorée. On ne peut avoir une idée de ce qui se passe dans l'inconscient que lorsque la vigilance du « moi » diminue. C'est le cas dans les rêves, les actes manqués, les lapsus, les oublis...

D'autre part, Freud a décrit chez le jeune enfant une série de stades du développement affectif et libidinal : les stades oral, anal, phallique, génital ou œdipien, qui se déroulent de zéro à 6 ans. Dès l'âge de 6 ans, les bases affectives et psychosexuelles de la personnalité sont acquises. La puberté*, l'adolescence* et l'âge adulte ne s'accompagnent que de remaniements partiels. D'après les psychanalystes, les névroses, même lorsqu'elles n'apparaissent qu'à l'âge adulte, dérivent de perturbations du développement infantile, d'une fixation ou d'une régression à un des stades précédents.

La théorie psychanalytique est indissociable de la pratique, de la méthode thérapeutique. La *cure psychanalytique* repose sur le principe de la libre association des idées. Le patient doit livrer tout ce qui lui vient à l'esprit dans le dessein d'analyser ses résistances et ses défenses inconscientes, ainsi que les conflits infantiles refoulés qui vont resurgir dans le phénomène du transfert*. Tous les malades ne peuvent bénéficier de la cure psychanalytique, et seul le spécialiste est habilité à discerner les indications de ce traitement.

psychasthénie n. f. Névrose attribuée par Janet à une baisse ou à une insuffisance de la tension psychologique.
La psychasthénie se caractérise par les symptômes suivants : fatigabilité rapide, sentiment très pénible d'incomplétude, d'impuissance, d'imperfection mentale, tendances aux scrupules, aux doutes, à l'autoanalyse de la vie intérieure, comme à une excessive autocritique, timidité et inhibition dans les contacts sociaux. Ces symptômes psychiques peuvent s'associer à des troubles corporels décrits autrefois dans la neurasthénie : hypotension artérielle, tendances aux évanouissements, troubles digestifs, maux de tête, douleurs.

Formes cliniques. *La psychasthénie chronique.* Elle apparaît comme une affection névrotique développée sur un tempérament nerveux particulier et une organisation plus ou moins pathologique de la personnalité.
Les états ou les syndromes psychasthéniques transitoires. Certains correspondent à des états d'épuisement, d'autres succèdent à un traumatisme crânien, à une maladie infectieuse ou encore à des chocs psychologiques graves. Ces états sont très voisins des états dépressifs.

Causes. Pour Janet, tous les symptômes s'expliquent par une faiblesse de la tension psychologique, qui empêche de parvenir à un niveau élevé des « fonctions du réel ». Pour les psychanalystes, ce sont les conflits psychologiques inconscients et l'angoisse qu'ils engendrent qui rendent compte des symptômes psychasthéniques.

Chez le psychasthénique proche de l'obsédé, on retrouve un « sur-moi » particulièrement rigide, écrasant les pulsions du « ça », et un « moi » faible, incapable de maîtriser les éléments de conflits.

Traitement. Il comprend des mesures d'hygiène nerveuse et mentale combinées à une amélioration des conditions de vie. La psychothérapie de soutien est nécessaire. Une psychanalyse est indiquée selon les cas. Les méthodes de relaxation, l'hydrothérapie, les activités physiques, la gymnastique sont très conseillées. La chimiothérapie intervient aussi. En premier lieu, les psychotoniques* nooanaleptiques améliorent le rendement psychique. On utilise également les antidépresseurs, ou thymoanaleptiques.

psychiatrie n. f. Branche de la médecine dont l'objet est l'étude et le traitement des maladies mentales.
Jusqu'au XVIIe siècle, on fit des malades mentaux des possédés du démon ou des sorcières. Puis, sous l'influence de certains précurseurs, la médecine commence à arracher les maladies mentales à la démonologie. Néanmoins les malades sont encore traités comme des animaux féroces, enchaînés aux murs. C'est en 1793 que Pinel, en France, dans un geste symbolique, brisa les chaînes des aliénés de Bicêtre. Il fut, avec quelques autres médecins de l'époque, le fondateur de la psychiatrie, inaugurant une ère de description minutieuse des maladies psychiatriques classées selon des catégories immuables. On rechercha pendant longtemps une cause organique bien définie à l'origine de chaque affection mentale. Mais cette méthode fut un échec car, à l'exception de certains processus comme les atrophies et les tumeurs cérébrales, la plupart des psychoses (et surtout les névroses, le déséquilibre et les perversions) demeurent apparemment exemptes d'altérations dans le système nerveux. Les conceptions psychiatriques s'assouplissent sous l'influence des théories psychologiques, psychanalytiques et sociologiques. La connaissance des phénomènes entrant dans la genèse des affections psychiatriques doit beaucoup au génie de Sigmund Freud, surtout en ce qui concerne les névroses. Les attitudes psychothérapiques, dans leurs diverses modalités, prirent de l'extension. À travers l'histoire de la psychiatrie, on distingue une opposition entre les conceptions organicistes et les conceptions psychiques des origines de la maladie mentale. La psychiatrie moderne tente de trouver sa voie entre ces diverses théories.

Une classification simple des maladies mentales est reconnue par la majorité des psychiatres : 1° les arriérations mentales ou les insuffisances intellectuelles ; 2° les psychoses manifestement organiques ; 3° les psychoses dites « fonctionnelles », sans lésion décelable dans le système nerveux ; 4° les névroses ; 5° les déséquilibres du caractère ou personnalités psychopathiques.

Les possibilités thérapeutiques ont nettement progressé. Après les méthodes de choc, apparues autour des années 30, l'emploi, depuis 1952, des drogues neuroleptiques et tranquillisantes et, depuis 1958, celui des antidépresseurs ont permis aux médecins de faire œuvre efficace en matière de pathologie mentale. Les médicaments favorisent l'abord psychothérapique des patients et les multiples méthodes de réintégration sociale. Les hôpitaux psychiatriques s'humanisent, tandis que s'organise une assistance médico-sociale avec établissements de postcure.

psychisme n. m. Ensemble des fonctions mentales : intelligence*, affectivité*, mémoire*, volonté.

psychochirurgie n. f. Intervention chirurgicale sur le cerveau, visant à traiter des troubles mentaux (telle la lobotomie).
Cette méthode a perdu de son intérêt depuis l'apparition des neuroleptiques*.

psychodrame n. m. Technique psychothérapique créée par Moreno (1922), utilisant comme moyen d'expression l'inprovisation dramatique.
Cette méthode, applicable à tout un groupe (mais aussi à un seul malade), est fondée sur l'expression des conflits par le jeu dramatique, avec la participation de psychothérapeutes.

psychodysleptique adj. et n. m. Drogue psychotrope qui entraîne des troubles d'ordre délirant et surtout hallucinatoire.
Les psychodysleptiques induisent des sortes de psychoses généralement transitoires, mais qui peuvent persister chez des sujets qui en abusent ou ont une personnalité fragile. Les principaux sont la mescaline, le diéthylamide de l'acide lysergique ou L. S. D. 25, la psilocybine, la butofénine, etc. Ils provoquent des hallucinations essentiellement visuelles, des troubles du schéma corporel, une impression de dépersonnalisation.

Les psychodysleptiques n'entrent pas dans la thérapeutique, car on ignore encore leur mécanisme d'action.

psychogène adj. Se dit d'une affection dont les causes sont psychologiques : contrariété, chagrin, deuil, etc.

psycholeptique adj. et n. m. Médicament ayant une action sédative sur le système nerveux central et le psychisme. Ce terme général englobe les neuroleptiques*, les tranquillisants* et les hypnotiques*.

psychologie n. f. Étymologiquement, « science de l'âme ».
L'objet de la psychologie est l'étude du comportement et de la conduite de l'homme. Les différents aspects de cette étude définissent les diverses branches de la psychologie. Citons, entre autres : la psychologie

génétique, qui étudie le psychisme dans sa formation ; la psychologie sociale, qui considère les relations des individus entre eux et des groupes entre eux ; la psychologie pathologique, qui s'attache aux troubles du comportement et aux perturbations de la personnalité.

psychologue n. Spécialiste de la psychologie.
En dehors des carrières d'enseignement et de recherche, le psychologue exerce son activité dans la psychologie appliquée. Le *psychologue clinicien* collabore à une équipe médicale, pédiatrique, neuropsychiatrique. Le *psychologue scolaire* est attaché à un établissement d'enseignement, où il a un rôle de dépistage et d'orientation scolaire. Le *psychologue industriel* participe à l'orientation, à la sélection professionnelle.

psychométrie n. f. Ensemble des méthodes et des techniques utilisées en psychologie pour évaluer le plus objectivement possible les fonctions mentales des individus normaux et pathologiques.
Elle comprend la détermination chiffrée des fonctions intellectuelles, instrumentales et psychomotrices, l'appréciation et l'analyse de la personnalité.

psychomotricité n. f. Résultat de la combinaison des fonctions motrices et psychiques.
Anomalies de la psychomotricité. On distingue les déficits psychomoteurs : par lésions précoces des centres nerveux, par arrêt, ralentissement ou régression dans le domaine psychomoteur, liés à des causes organiques ou à des perturbations de l'affectivité.

psychonévrose n. f. Névrose affectant profondément la personnalité du sujet, et au cours de laquelle peuvent apparaître, par intermittence ou en permanence, des troubles psychotiques.
Ces troubles peuvent être des idées délirantes, des dépressions graves, des sentiments de modification corporelle. Le sujet finit par ne plus se rendre compte de son état anormal.

psychopathe adj. et n. **1.** Se dit en général d'un sujet atteint d'une maladie mentale.
2. Dans un sens plus restreint et plus actuel, ce terme désigne le déséquilibré* du caractère ou encore la « personnalité psychopathique ».
Personnalité psychopathique. Ces psychopathes sont des sujets à l'intelligence normale, mais dont la personnalité pathologique donne naissance à des conduites antisociales : soit délinquance franche, soit inadaptation sociale avec une existence marginale. Ils se caractérisent par leur impulsivité, leur instabilité, leur agressivité, leur incapacité à profiter de l'expérience passée, leur besoin de satisfaction immédiate. Le devenir des psychopathes est variable : l'évolution peut se faire vers l'atténuation, avec une relative adaptation sociale. Ailleurs, dans les grands déséquilibres, c'est la prison ou l'internement qui guettent les malades. Le traitement est toujours difficile.
Psychopathe dangereux. L'image du « fou dangereux » n'a pas disparu. Certains malades sont susceptibles de nuire à autrui en s'attaquant à sa personne physique par homicide, coups et blessures, etc., à sa personne morale par calomnies, attentat aux mœurs, etc. Ce ne sont d'ailleurs pas les malades mentaux les plus spectaculaires qui sont les plus dangereux, mais des sujets lucides, normaux au premier abord dont la dangerosité est dissimulée. Il peut s'agir de paranoïaques (v. PARANOÏA), de déséquilibrés pervers* ou de mythomanes. Il faut insister sur le rôle joué par l'alcool, qui favorise hautement l'impulsivité et l'agressivité.

La loi de 1838 régit les modalités d'internement des malades mentaux dans les hôpitaux psychiatriques. Mais on ne peut se contenter d'enfermer les psychopathes. La dangerosité est un symptôme dont il faut chercher la cause en vue du traitement chimiothérapique et psychothérapique. Si l'hospitalisation est nécessaire, les médecins tendent de plus en plus à éviter l'internement.

psychoprophylaxie n. f. **Psychoprophylaxie obstétricale,** préparation psychologique à la grossesse et à l'accouchement, visant à détruire les préjugés sur la douleur.

Cette préparation rend confiance à la femme et lui permet d'avoir un comportement discipliné et organisé au moment de son accouchement « sans douleur ».

La *méthode soviétique,* fondée sur la physiologie du fonctionnement cérébral et des réflexes conditionnés (Pavlov), accorde à l'activité nerveuse supérieure un rôle prépondérant. Elle vise, d'une part, à *diminuer les excitations sensorielles* qui arrivent au cortex cérébral (parole, bruits), et, d'autre part, à *renforcer l'activité cérébrale* par la prise de conscience, par le contrôle permanent des péripéties de l'accouchement et par la coopération personnelle de la femme.

La *méthode anglaise* cherche au contraire l'assoupissement du psychisme pour briser le cercle vicieux « crainte-spasme-douleur ». La peur de souffrir entraînerait des réflexes de défense générateurs de tension musculaire douloureuse.

Ces préparations se réalisent par l'éducation de la femme enceinte au cours de séances spéciales, mais aussi par l'éducation du personnel, par l'aménagement des salles d'accouchement et des modalités particulières de surveillance du « travail ».

psychorigidité n. f. Disposition à l'entêtement inébranlable, avec résistance pathologique aux sentiments et aux désirs d'autrui.
La psychorigidité fait habituellement partie des traits de caractère décrits dans la paranoïa* et dans la névrose obsessionnelle. (V. OBSESSION.)

psychose n. f. Affection mentale altérant profondément la personnalité dans son ensemble et qui se définit par les caractères suivants : la *perte du contact avec le réel*, l'*altération foncière* des relations avec le monde environnant, l'*existence de désirs, de croyances, de comportements étranges*, incompréhensibles, irrationnels qui s'expriment à travers des *idées délirantes* et traduisant un mode de pensée irréelle.
Les symptômes psychotiques compromettent sérieusement l'adaptation sociale du malade ; les malades psychotiques sont le plus souvent *inconscients*, totalement ou partiellement, de leur état morbide.

Formes des psychoses. Les *psychoses aiguës* se déroulent comme des crises passagères dans l'existence d'un individu. Ainsi en est-il des accès confusionnels, des bouffées délirantes, des psychoses puerpérales.

Les *psychoses chroniques*, dont les symptômes sont durables, subissent des poussées évolutives suivies de périodes d'accalmie. Citons les délires* paranoïaques, les délires hallucinatoires chroniques, la schizophrénie*.

Les *psychoses intermittentes* se déroulent par accès successifs entrecoupés de périodes normales : la psychose maniaco-dépressive* en est l'exemple le plus frappant.

La *psychose infantile* est une psychose d'évolution chronique, caractérisée par une perte de contact avec la réalité, un repli intense de l'enfant sur lui-même, des troubles de la communication (du langage) et une grande régression affective traduisant une angoisse profonde. L'évolution dépend de l'âge auquel la psychose frappe l'enfant et du stade de maturation de celui-ci.

Causes des psychoses. Elles sont discutées. Si certaines sont manifestement organiques avec des lésions décelables (démences, confusions mentales, psychoses toxiques), beaucoup d'autres donnent lieu à des hypothèses étiologiques diverses et contradictoires.

Traitement. Le traitement utilise toutes sortes de moyens : les chimiothérapies neuroleptiques, les antidépresseurs, les méthodes de choc, les psychothérapies. L'essentiel réside dans la resocialisation du sujet grâce aux hôpitaux de jour ou de nuit, aux foyers de postcure, aux ateliers protégés.

psychosomatique adj. Se dit de la partie de la médecine qui étudie les troubles corporels d'origine psychologique et le retentissement psychique des affections organiques.
Les « manifestations psychosomatiques » sont les conséquences des conflits psychiques sur l'organisme.

Névroses psychosomatiques ou névroses d'organes. Ce sont des affections qui s'expriment par des symptômes corporels intéressant le plus souvent la vie végétative, dont les causes principales sont affectives ou émotionnelles. Les émotions entraînent, par l'intermédiaire du système nerveux végétatif et des glandes endocrines, des modifications dans le métabolisme et le fonctionnement des organes. Les facteurs psychologiques et somatiques, étroitement imbriqués, déterminent une prédisposition et une fragilité particulière chez les malades psychosomatiques, qui réagissent à leur manière propre : les uns par une crise d'asthme ou une diarrhée, les autres par une poussée d'hypertension artérielle, des éruptions cutanées, des douleurs gastriques.

On distingue de ces névroses la conversion somatique de l'hystérique, dont les manifestations ont un caractère et une signification différents.

Conséquences organiques des troubles psychosomatiques. Les désordres psychosomatiques, d'abord purement fonctionnels, c'est-à-dire sans lésion décelable, peuvent entraîner au bout d'un certain temps des lésions tangibles des organes qu'ils affectent. D'où l'importance d'un traitement précoce.

Autres affections psychosomatiques. Citons certaines affections allergiques, des affections endocriniennes et nutritionnelles, des affections cardio-vasculaires, certaines hypertensions artérielles, certaines angines de poitrine, de nombreuses affections digestives et toute une série de troubles, de douleurs, de dérèglements fonctionnels (céphalées, vomissements, constipation, diarrhée, palpitations, troubles urinaires ou gynécologiques chez la femme, etc.).

Traitement des troubles psychosomatiques. Il doit comporter à la fois des mesures visant à corriger les symptômes corporels et les troubles psychologiques qui les sous-tendent.

La psychothérapie est indispensable pour permettre au malade de prendre conscience de ses problèmes affectifs et de leur rôle dans la maladie.

Les mesures hygiéno-diététiques et les thérapeutiques de milieu (v. PSYCHOTHÉRAPIE) ont un rôle favorable. Les chimiothérapies par les tranquillisants et les neuroleptiques doux apaisent aussi les malades.

psychotechnique adj. et n. f. Se dit de la discipline qui englobe les méthodes d'application aux problèmes humains des données de la psychométrie et de la psychologie expérimentale.
Le terme s'emploie principalement à propos de la psychologie industrielle et de l'orientation professionnelle.

psychothérapie n. f. Mode de traitement utilisant exclusivement des techniques psychologiques.
Le champ de la psychothérapie est très vaste, car elle peut s'appliquer à des troubles variés. Les types de psychothérapie sont multiples.

La *psychothérapie directive ou «de soutien»* a pour but d'apporter une aide à un sujet dans une phase difficile de son existence, sans chercher à analyser en profondeur l'origine du malaise.

La *psychothérapie en profondeur* est fondée sur la méthode psychanalytique utilisant les « associations libres ». À partir du phénomène du transfert, le travail psychanalytique consiste à analyser les conflits profonds inconscients, à rechercher leurs liens avec les troubles présentés et, ainsi, à faire évoluer la personnalité du sujet.

Citons encore la *psychothérapie d'inspiration psychanalytique,* dont les règles sont moins strictes et qui peut s'appliquer à un plus grand nombre de cas ; la *psychothérapie d'expression* (psychodrame*, rêve éveillé, expressions plastiques) ; la *psychothérapie de groupe,* qui s'adresse à plusieurs personnes réunies.

La psychothérapie de l'enfant utilise les techniques du jeu, du dessin, de la peinture, du modelage.

La psychothérapie par le milieu, ou *psychothérapie institutionnelle,* fait appel à des établissements (écoles, ateliers, etc.) spécialisés.

Les indications de psychothérapie dépendent du trouble présenté, de la personnalité, de l'âge et de la situation du patient.

psychotique adj. et n. Relatif à la psychose ; sujet présentant une psychose.

psychotonique adj. et n. m. Se dit d'un médicament psychotrope ayant un effet de stimulation sur le système nerveux central. On distingue les stimulants de la vigilance et de l'activité intellectuelle, appelés *nooanaleptiques,* et les stimulants de l'humeur, appelés *thymoanaleptiques* ou *antidépresseurs.*

Médicaments nooanaleptiques. Ils sont essentiellement représentés par l'*amphétamine et ses dérivés.* Ils stimulent l'activité intellectuelle et physique avec sensation de fatigue différée, impression de meilleur rendement. En fait, leur prescription comme antiasthénique (contre la fatigue) ne répond à aucune indication. Ils sont utilisés comme correcteurs de certains médicaments (essentiellement les barbituriques chez les épileptiques), parfois comme anorexigène*. Leurs effets secondaires sont fréquents : anorexie, tachycardie, insomnie, anxiété et parfois états d'excitation de type maniaque, décompensation dépressive.

Les *régulateurs métaboliques,* autres psychostimulants, ont une action beaucoup plus douce et sont dénués d'effet végétatif ou d'excitation corticale. Citons les substances dérivées du diéthyl-amino-éthanol, les diverses vitamines et, plus spécialement, l'acide ascorbique, les substances supposées intervenir dans le métabolisme énergétique des cellules nerveuses (A. T. P.*, dérivés de l'acide glutamique ou de l'acide aspartique), etc.

Médicaments thymoanaleptiques ou antidépresseurs. Ils ne redressent l'humeur (le « moral ») que chez les sujets déprimés ; leur action est lente à s'établir comme à disparaître ; ils lèvent l'inhibition psychomotrice et peuvent accroître l'anxiété, entraînant un risque de « passage à l'acte » suicidaire (c'est pourquoi on les associe souvent à des tranquillisants). On en connaît deux catégories principales :

Les *dérivés de l'iminodibenzyle* (imipramine, amitriptyline, etc.). Ils donnent lieu à des effets secondaires gênants mais sans gravité lorsqu'on respecte leurs contre-indications (glaucome, adénome de la prostate, troubles du rythme cardiaque, hypertension artérielle).

Les *inhibiteurs de la mono-amino-oxydase* (I. M. A. O.) sont beaucoup moins bien tolérés, et leur emploi nécessite une surveillance stricte.

psychotrope adj. et n. m. Se dit d'une substance dont l'action s'exerce électivement sur les fonctions psychiques, qu'elle modifie. Selon Delay, les psychotropes peuvent être classés en trois groupes.

Les psycholeptiques, substances déprimant la vigilance, qui comprennent :
a) les *hypnotiques** (nooleptiques), qui provoquent le sommeil ;
b) les *neuroleptiques**, qui sont très actifs dans les psychoses aiguës et chroniques ;
c) les *tranquillisants**, qui sont anxiolytiques et plus ou moins sédatifs.

Les psychoanaleptiques ou psychotoniques, substances stimulantes. V. PSYCHOTONIQUE.
Les psychodysleptiques. V. ce mot.
Administration des psychotropes. L'usage des psychotropes a bouleversé la pratique de la psychiatrie, où ils sont largement utilisés. Leur prescription doit être prudente en raison de leurs effets secondaires et, parfois, de leur toxicité.

psyllium n. m. Graine riche en mucilages, qui, mise au contact de l'eau, se gonfle et agit comme laxatif* mécanique en augmentant le volume du bol fécal.

ptérygion n. m. Voile se formant sur la conjonctive et s'étendant sur la cornée, à partir de l'angle interne de l'œil*.
Ayant tendance à progresser vers le centre de la cornée, il peut entraîner une baisse de l'acuité visuelle. Le traitement est chirurgical, mais le ptérygion a tendance à récidiver.

ptérygo-maxillaire adj. Qui se rapporte à l'apophyse ptérygoïde du sphénoïde et à l'os maxillaire supérieur : *région ptérygo-maxillaire.*

ptomaïne n. f. Substance toxique provenant de la dégradation enzymatique de certaines protéines.
On trouve des ptomaïnes dans les intestins, au cours de certaines entérites, et dans les cadavres.

ptôse n. f. Situation anormalement basse, en position debout, d'un viscère : *ptôse gastrique, ptôse rénale.*

ptôsis n. m. Chute de la paupière supérieure par paralysie du muscle releveur.
Le ptôsis est le signe d'une atteinte de la IIIe paire de nerfs* crâniens, congénitale ou lésionnelle.

ptyalisme n. m. Sécrétion exagérée de salive. (Syn. : SIALORRHÉE.)
Le ptyalisme est déclenché par une hyperactivité parasympathique*.

puberté n. f. Passage de l'enfance à l'adolescence.
La puberté est caractérisée par une transformation importante de l'organisme : morphologique, psychologique et sexuelle (ovulation* et spermatogenèse). Cette maturation, qui se fait sous l'influence de l'hypothalamus et de l'hypophyse, est mise en évidence par l'augmentation des gonadostimulines* urinaires.
La puberté normale. Elle se traduit au début par une rapide croissance staturale, une nouvelle répartition des graisses chez la fille, une augmentation de volume des muscles chez le garçon. Puis les caractères sexuels secondaires apparaissent.

Chez la fille, le développement mammaire s'accompagne d'une pigmentation de l'aréole, les poils pubiens, puis axillaires se développent ; les organes génitaux externes se modifient (orientation des petites lèvres) et les règles* apparaissent.

Chez le garçon, la pilosité pubienne, d'abord triangulaire comme chez la fille, remonte à l'ombilic ; les poils axillaires sont les premiers signes de puberté. Les organes génitaux se développent ; le scrotum se plisse et se pigmente. La voix mue*, la barbe apparaît.

Des modifications psychologiques importantes accompagnent cette nouvelle image corporelle (affirmation de la personnalité).

L'âge de la puberté varie énormément selon les individus, les races et les climats. En France, elle se situe entre 11 et 15 ans, plus précocement chez la fille que chez le garçon.
Les pubertés anormales. ***Les pubertés précoces.*** Elles surviennent avant l'âge de 9 ans. Les examens biologiques permettent de

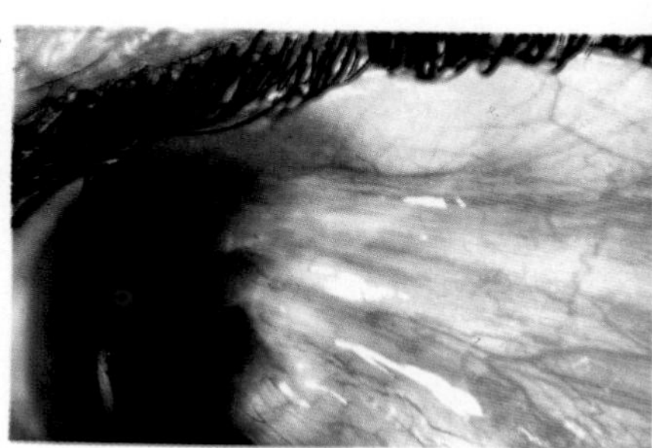
Phot. Dr Demailly.

Ptérygion.

Ptôsis.
Ptôsis de la paupière supérieure gauche.

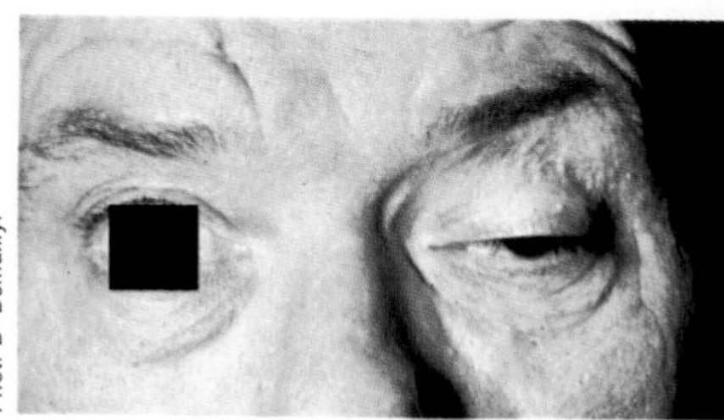
Phot. Dr Demailly.

retrouver une cause précise (tumeur hypophysaire, ovarienne, testiculaire, surrénalienne...), parfois un dérèglement secondaire (méningite, tumeur de l'épiphyse). Parfois aucune cause précise n'est retrouvée : c'est une puberté précoce idiopathique, de bon pronostic.

Les pubertés retardées. On en parle à partir de 16 ans chez le garçon et de 15 ans chez la fille. Ce sont, très souvent, de simples retards, sans cause organique, qui ne nécessitent pas de traitement.

L'« impubérisme » (absence de puberté) relève de causes plus générales et plus graves : dénutrition profonde, diabète, cardiopathie ; insuffisance thyroïdienne* et/ou hypophysaire ; anomalie testiculaire chez le garçon, responsable d'un eunuchisme ; syndrome de Turner* chez la fille. Les origines sont nombreuses : infectieuse (orchite ourlienne*), chirurgicale (hernie étranglée) ou agénésie testiculaire. Le traitement hormonal (testostérone) permet un développement normal, mais la stérilité est définitive.

Troubles mentaux de la puberté. La modification complète de l'image corporelle est responsable d'une dualité psychologique dès les premiers signes de puberté. Ce déséquilibre est aggravé par l'instabilité caractérielle de cette période. Les psychanalystes pensent que c'est le moment de plus grand risque pour extérioriser une névrose* traduisant les problèmes de l'enfance.

pubis n. m. Partie antérieure de l'os iliaque. L'articulation des deux pubis forme la *symphyse pubienne.* La *région pubienne* est la partie médiane inférieure de la région hypogastrique (bas-ventre).

puce n. f. Insecte dépourvu d'ailes (aptère), coureur et sauteur, vivant sur le corps de l'homme et de nombreux animaux.

Il existe plusieurs espèces de puces, chacune étant adaptée à un hôte préférentiel.

Rôle pathogène. La piqûre de la puce entraîne un prurit intense, avec apparition d'une zone érythémateuse (rond rouge) circonscrite au point de piqûre. La puce du rat transmet ainsi la *peste**, le *typhus* murin* et la *tularémie**. La puce du chien est l'hôte intermédiaire du ténia *Dipylidium caninum.*

Destruction. La pulvérisation du D. D. T. est très efficace dans les habitations, sur le passage des rongeurs et dans leurs terriers.

puériculture n. f. Discipline permettant d'assurer le développement harmonieux physique et psychique de l'enfant.

La puériculture s'appuie sur la psychologie, l'hygiène et la pédiatrie. Elle concerne les enfants, de la naissance à la seconde enfance. Elle est enseignée dans les hôpitaux d'enfants et dans certaines écoles spécialisées qui forment des éducateurs (puéricultrices, jardinières d'enfants).

puerpéral, e, aux adj. Relatif aux femmes en couches ou ayant accouché récemment.

Fièvre puerpérale, affection septicémique, due au streptocoque, ayant pour point de départ une infection de l'utérus lors de l'accouchement. C'était autrefois une affection redoutable, mais les mesures d'hygiène, l'asepsie et surtout les antibiotiques l'ont pratiquement fait disparaître.

Psychose puerpérale. On distingue sous ce nom tous les troubles psychiques, psychotiques ou névrotiques, majeurs ou mineurs, qui frappent les femmes enceintes, les accouchées ou les allaitantes.

pulmonaire adj. Relatif au poumon.

Orifice pulmonaire, orifice faisant communiquer le ventricule droit du cœur avec l'artère pulmonaire qui conduit le sang aux poumons.

Il est fermé par une valve composée de trois valvules cupuliformes (sigmoïdes) s'opposant au reflux du sang vers le ventricule droit lors de la diastole*.

La principale affection de l'orifice pulmonaire est le rétrécissement, presque toujours congénital, rarement l'insuffisance (fuite entre valvules).

Artère pulmonaire, vaisseau artériel de gros calibre qui véhicule le sang provenant du ventricule droit aux poumons. (Ce sang, contrairement à celui qui est contenu dans les autres artères, est pauvre en oxygène et chargé de gaz carbonique.) Elle se divise en artères droite et gauche qui pénètrent dans les poumons gauche et droit au niveau des hiles.

Veines pulmonaires, vaisseaux qui ramènent le sang oxygéné des poumons à l'oreillette gauche. Ces veines sont au nombre de deux par poumon.

pulpe n. f. **1.** Tissu conjonctif mou, richement vascularisé.

La *pulpe des doigts* occupe la face palmaire de la dernière phalange.

La *pulpe dentaire,* contenue dans la cavité de la dent, assure par ses vaisseaux et nerfs la nutrition de celle-ci.

2. Médicament de consistance molle, obtenu par écrasement et tamisation d'un tissu végétal.

pulpectomie n. f. Ablation de la pulpe dentaire (notamment en cas de pulpite).

pulpite n. f. Inflammation de la pulpe dentaire.

Au début, l'inflammation se manifeste par une sensibilité accrue aux variations de température (liquides froids ou chauds). Puis s'installe la pulpite, qui peut être aiguë d'emblée, avec des douleurs très violentes, pulsatiles, irradiées (rage de dents), intermittentes, survenant par crises plus ou moins prolongées. La douleur est accrue en position couchée. Les irradiations douloureuses se font vers l'orbite, les tempes, le menton, suivant les dents atteintes. À un stade plus avancé, c'est l'abcès pulpaire, la dent devenant très sensible à la percussion ; enfin s'installe la pulpite gangréneuse avec nécrose de la pulpe. Les douleurs spontanées s'atténuent, mais la sensibilité à la percussion s'accentue.

Le traitement de la pulpite comporte l'ouverture de la dent, suivie soit d'un traitement conservateur (dans les formes de début) avec coiffage pulpaire, soit d'une pulpectomie*.

pulsatile adj. Animé de battements, de pulsations.
Ce terme désigne des vaisseaux artériels ou des tumeurs d'origine vasculaire (v. ANÉVRISME), ou encore des douleurs vives à type d'élancements.

pulsation n. f. Battement que l'on attribue habituellement au cœur et aux artères.

pulsion n. f. Dans la théorie freudienne de la psychanalyse*, tendance instinctive inconsciente orientant la conduite de l'individu.

pultacé, e adj. Qui ressemble à une bouillie.
Ce terme qualifie habituellement l'enduit blanchâtre recouvrant les amygdales au cours des angines.

pulvérisation n. f. Mode d'application de médicaments sous forme de particules projetées par un gaz dans lequel elles sont en suspension.
Produits et appareils. Les *poudres* utilisées en pulvérisation sont souvent des anesthésiques, des antibiotiques ; on les administre à l'aide d'une poire adaptée à un flacon. Le produit est projeté avec le jet d'air.

Les *liquides* sont des anti-inflammatoires, des vasoconstricteurs, des antibiotiques, mis en réserve dans de petites « bombes » à pulvériser. Certains appareils comportent un dispositif doseur.
Applications. Sur la peau, on applique des pulvérisations pour désinfecter, cicatriser ou anesthésier.

Les pulvérisations nasales et buccales, pour décongestionner et désinfecter, ne doivent être faites que pendant quelques jours.

punaise n. f. Insecte hématophage de forme ovalaire, de la famille des hétéroptères.
La punaise pique l'homme aux parties découvertes, dans l'obscurité. Puis elle disparaît pendant la journée dans les boiseries, les rideaux, la literie, les sommiers... Les femelles pondent des œufs qui éclosent en une semaine; l'évolution complète dure onze semaines. Elles peuvent parasiter tous les animaux, mais l'homme est l'hôte de choix.

La piqûre, douloureuse, sous forme de papule, peut transmettre des maladies infectieuses.

L'action de l'hexachlorobenzène est efficace.

punctum n. m. (lat. *point*). **Punctum proximum,** point le plus rapproché de vision nette. (Il s'éloigne de l'œil avec l'âge, ce qui constitue la presbytie*.)
Punctum remotum, point le plus éloigné de vision nette. (À l'infini pour l'œil normal, il s'en rapproche dans la myopie* et en cas de port de verres chez les presbytes.)

pupille n. f. Orifice par lequel la lumière pénètre dans l'œil*.
La pupille est limitée par l'iris*, qui agit comme un diaphragme.
Syndromes pupillaires. Ils mettent en évidence des troubles de la dynamique ou de la statique pupillaire, souvent dus à des anomalies neurologiques, comme le *signe d'Argyll*-Robertson* et le *syndrome d'Adie**.
Anisocorie. Il y a *anisocorie* quand une pupille est plus grande que l'autre. Il peut s'agir soit d'une mydriase* (du côté plus grand) par paralysie de la IIIe paire de nerfs* crâniens (isolée, elle se rencontre dans la diphtérie*, le botulisme*, la syphilis*, certains traumatismes crâniens) ; soit d'un myosis* (du côté plus petit) par paralysie du sympathique* crânien : c'est le syndrome de Claude* Bernard-Horner.

purgatif n. m. Médicament qui accélère le transit du contenu intestinal et le rend plus fluide, provoquant ainsi l'évacuation rapide des fèces.
Purgatifs salins. Ils augmentent le péristaltisme intestinal et entraînent une hypersécrétion intestinale. Ils sont d'action rapide. Les principaux sont : le *sulfate de soude,* le *tartrate de potassium,* le *sulfate* et le *citrate de magnésium.*
Purgatifs anthracéniques. Ils agissent sur le côlon, ce qui fait que leur action n'apparaît que 6 ou 12 heures après la prise. Ce sont la *rhubarbe,* le *séné,* le *cascara.* Il faut y ajouter la phénolphtaléine, produit chimique irritant pour les muqueuses et pouvant provoquer une diarrhée.

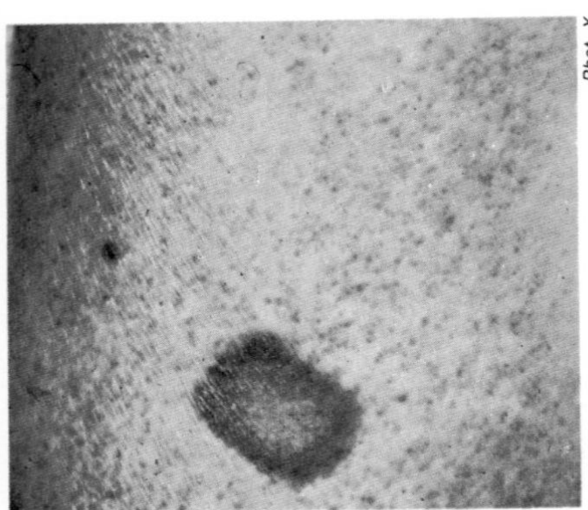
Phot. X.

Purpura.
Les petites taches rouges sont des pétéchies, la grosse tache du bas est une ecchymose.

Purgatifs huileux. Certains ont une action purement mécanique, comme l'huile de paraffine (v. ci-dessous), d'autres, comme l'huile de ricin, ont une action chimique.
Purgatifs drastiques. Ce sont la poudre de scammonée, l'huile de croton, la teinture de jalap. Ils sont très actifs mais très irritants pour les muqueuses intestinales.
Purgatifs mécaniques. Ils agissent soit en augmentant le volume des résidus de la digestion (mucilages), soit en lubrifiant la paroi intestinale (purgatifs huileux). Ce sont plus des laxatifs* que des purgatifs.
Thérapeutique. L'emploi des purgatifs, autrefois très répandu et appliqué non seulement à la constipation, mais aussi à de nombreuses affections dans un but « dépuratif », est actuellement bien limité. Seuls quelques cas de constipation aiguë durant depuis plusieurs jours, et dans la certitude de l'absence d'affection chirurgicale telle qu'une occlusion*, une appendicite* ou une péritonite*, justifient l'emploi de purgatifs salins ou anthracéniques. La constipation* banale est plutôt une indication de laxatifs mécaniques (mucilages).

purique adj. **Bases puriques ou purines,** substances azotées dont le rôle biochimique est considérable (adénine, guanine). Elles entrent dans la constitution des nucléotides*, qui sont utilisés sous forme simple par la cellule vivante pour son métabolisme, ou s'enchaînent pour former les acides nucléiques* (A. D. N. et A. R. N.) qui jouent un rôle fondamental dans la synthèse des protéines spécifiques. Leur dégradation dans l'organisme aboutit à la formation de l'acide urique*.

purpura n. m. Syndrome hémorragique cutané caractérisé par l'apparition sur la peau de taches rouges spontanées, ne s'effaçant pas à la pression, de forme et de dimension variables.
L'éruption purpurique est faite de petites taches lenticulaires nommées *pétéchies* ou d'*ecchymoses** (bleus), plus grandes ; elle évolue et peut s'étendre aux muqueuses sous forme de taches rouge noirâtre ou ecchymotiques. Des hémorragies des muqueuses sont parfois associées (saignements du nez, des gencives). Il peut, par ailleurs, exister un syndrome hémorragique généralisé (hémorragies internes).

Devant un purpura, il faut pratiquer une exploration complète de la crase* sanguine (temps de saignement, de coagulation et signe du lacet), une numération des globules rouges et blancs (hémogramme) et des plaquettes*, et un hématocrite*. En fonction de ces examens, on distingue deux types de purpura : les uns sans troubles de la crase sanguine, mais avec une altération de la paroi vasculaire ; les autres avec troubles de la crase et, le plus souvent, une diminution du nombre des plaquettes (thrombopénie).

Purpuras non thrombopéniques. Le *purpura rhumatoïde* est généralement formé de pétéchies siégeant de préférence aux membres inférieurs, avec douleurs articulaires, et souvent accompagné d'une néphrite hématurique.

Des *purpuras infectieux* s'observent au cours de nombreuses fièvres éruptives.

La *fragilité capillaire* entraîne un purpura chez les sujets âgés, les hypertendus et les diabétiques.

Le *syndrome de Willebrand,* d'origine génétique, consiste en un purpura associé à des saignements du nez, des hématuries* et des hémorragies digestives.

Enfin, des purpuras s'observent au cours de certaines maladies du sang, notamment les dysglobulinémies*.

Purpuras thrombopéniques. Ils se caractérisent, outre la présence sur le corps de pétéchies, par une diminution du nombre des plaquettes sanguines. Cette diminution peut être d'origine toxique (aplasies médullaires toxiques ou médicamenteuses, destruction des plaquettes par autoanticorps) ; elle peut être le signe d'une hémopathie maligne (leucémie*, maladie de Hodgkin*, etc.) ; enfin, être de cause inconnue (*purpura* *thrombopénique chronique,* ou *hémogénie, maladie de Werlhof*).

pus n. m. Exsudat pathologique liquide et opaque, qui est la conséquence d'une infection. Le pus s'accumule dans les tissus formant l'abcès, ou s'écoule par une fistule*. Le pus est formé de sérum, de nombreux leucocytes* polynucléaires plus ou moins altérés, de cellules provenant des tissus lésés, de microbes et d'hématies. Il a une coloration qui dépend du germe en cause, allant du jaune au vert. Il peut ne contenir aucun germe : il est dit alors *aseptique.*

pustule n. f. Lésion de la peau contenant du pus.
C'est l'élément caractéristique de la vaccine* (vaccination antivariolique) et de la variole. Elle existe dans l'impétigo et lors de surinfections de toutes les dermatoses.

pustulose n. f. Affection caractérisée par des pustules. (Syn. : ÉRUPTION DE KAPOSI*-JULIUSBERG.)

putréfaction n. f. Décomposition des protéines animales ou végétales sous l'influence de bactéries pour la plupart anaérobies*, avec production de gaz malodorants et de corps aminés fortement basiques, très toxiques.
Putréfactions intestinales. Normales jusqu'à un certain point, les putréfactions intestinales deviennent gênantes lorsqu'elles sont excessives, et signent alors un déséquilibre de la flore intestinale. Le traitement comporte une restriction de la consommation de viande, l'administration d'antiseptiques intestinaux et de suspensions de bacilles lactiques.

puvathérapie n. f. V. PSORIASIS.

pyélite n. f. Infection du bassinet, associée le plus souvent à une infection du parenchyme rénal (pyélonéphrite*).

pyélographie n. f. Radiographie des voies urinaires après injection d'un produit de contraste.
Cet examen se fait par cystoscopie et introduction du produit dans l'uretère (*urétéropyélographie rétrograde*).

pyélonéphrite n. f. Infection des voies urinaires supérieures et du rein.
Les *pyélonéphrites aiguës* se voient surtout en cas d'anomalies des voies excrétrices ou chez la femme enceinte. Leur évolution est en général favorable.

pyélotomie n. f. Incision du bassinet pour extraire un calcul.

pygomèle adj. et n. m. Variété de monstre double, avec fusion complète des deux têtes, des deux troncs, et ayant un seul ombilic. (V. DIPYGE.)

pygopage adj. et n. m. Variété de monstre double, généralement viable, dont chacun des composants possède un ombilic et un cordon ombilical, mais réunis l'un à l'autre par leurs régions sacro-coccygiennes. (Ils s'opposent aux *craniopages,* monstres doubles, viables, réunis par les têtes.)

pylore n. m. Orifice inférieur de l'estomac, à sa jonction avec le duodénum.
Le pylore est constitué par un muscle circulaire volumineux, le *sphincter pylorique,* qui règle le passage du bol alimentaire.
Pathologie. Le rétrécissement du passage pylorique constitue la sténose du pylore.
La sténose du pylore du nourrisson. Due à une hypertrophie congénitale du muscle, elle

Pylore. Pylore normal :
1. Pylore ; 2. Duodénum ; 3. Estomac.

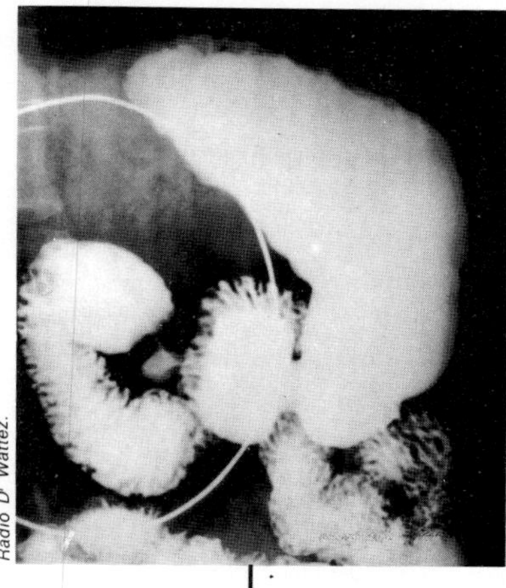
Radio Dr Wattez.

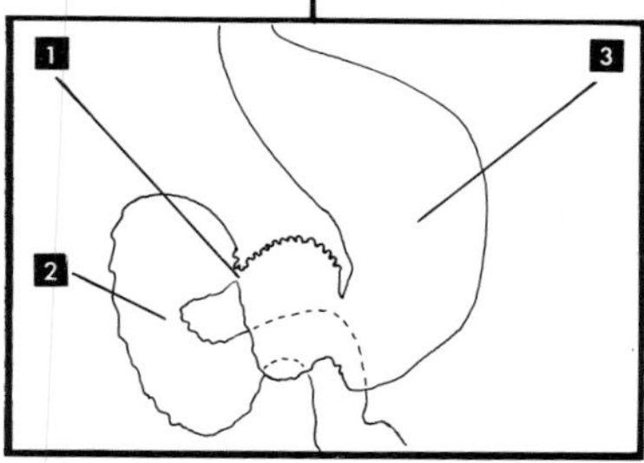

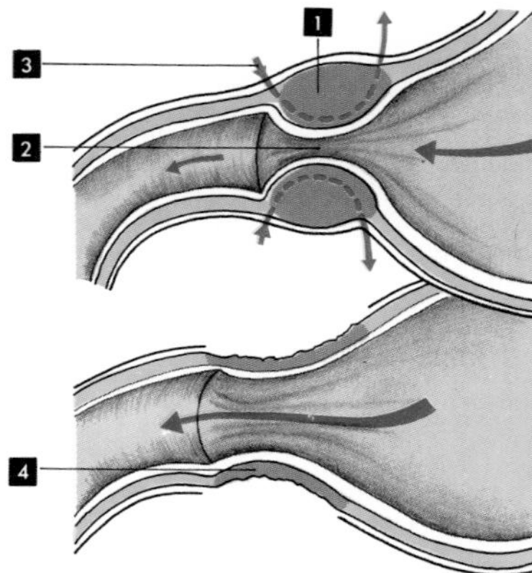

Pylore. Sténose pylorique du nourrisson :
1. Olive pylorique ;
2. Rétrécissement du pylore
ne laissant pas passer les aliments ;
3. Résection du sphincter trop volumineux ;
4. Résection faite :
le pylore peut se dilater.

se manifeste, entre 20 jours et 3 mois, par des vomissements répétés après presque toutes les tétées ; l'examen radiologique confirme le diagnostic. Le traitement est, en règle générale, chirurgical : pylorotomie extramuqueuse, qui assure rapidement et constamment la guérison.

La sténose pylorique de l'adulte. Elle est secondaire à une lésion ulcéreuse ou tumorale de la région pylorique. Elle évolue en deux phases : une phase de lutte (hyperkynétique) et une période d'atonie où l'estomac se laisse distendre, avec clapotage à jeun, image radiologique caractéristique, altération de l'état général. Le traitement est chirurgical : si possible ablation de la lésion par gastrectomie, sinon gastro-entérostomie, qui permettra le passage des aliments.

pylorique adj. Qui se rapporte au pylore. L'*antre pylorique* est la partie de l'estomac qui précède immédiatement le pylore.

pylorotomie n. f. Section, sur toute sa longueur, du manchon musculaire qui étrangle le pylore au cours de la sténose pylorique du nourrisson.

pyoculture n. f. Culture bactériologique de pus prélevé sur un organisme malade pour déterminer la ou les bactéries qui ont déterminé l'infection à l'origine de ce pus.

pyocyanique n. m. Bacille mobile formant du pus bleu.
Ce germe ubiquitaire est responsable d'infections graves en chirurgie et en néonatalogie. Il est souvent résistant aux antibiotiques courants.

pyodermite n. f. Lésion cutanée infectieuse formant du pus et des croûtes.
L'impétigo* peut former des lésions suppuratives secondaires dans les plis cutanés et devenir végétant. Les antiseptiques et les antibiotiques en ont rapidement raison. La *pyodermite végétante d'Hallopeau* est caractéristique par les vastes placards qu'elle provoque.

pyogène adj. et n. m. Se dit des germes qui produisent du pus, tels le staphylocoque, le streptocoque, l'entérocoque, etc.

pyonéphrose n. f. Suppuration du rein et de ses cavités excrétrices.

pyopneumothorax n. m. Présence d'air et de pus dans la cavité pleurale.
Très rare de nos jours, c'est une complication des pneumothorax* et des suppurations pulmonaires.

Pyorrhée alvéolo-dentaire.

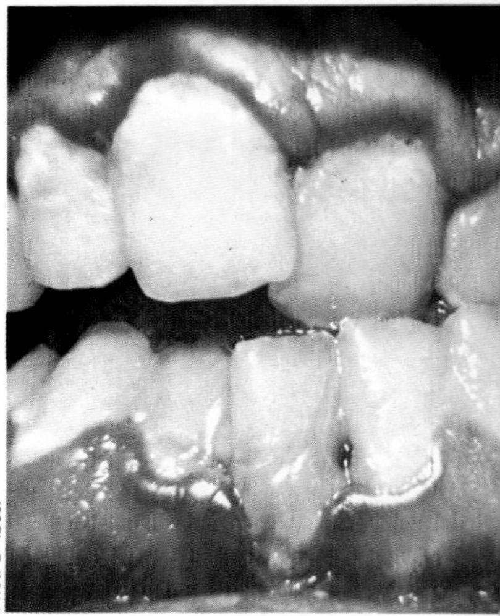

Phot. Dr Ibos.

pyorrhée n. f. Suintement ou écoulement de pus.

Pyorrhée alvéolo-dentaire, écoulement de pus autour du collet des dents ; c'est un signe important des parodontolyses*.

pyosalpinx n. m. Collection purulente dans une trompe de Fallope.
C'est un stade évolutif des salpingites ; il participe des mêmes étiologies qu'elles. Une fois constitué, le pyosalpinx risque de se rompre dans la cavité péritonéale (en donnant une péritonite), dans le côlon ou l'intestin grêle, ou encore de s'ouvrir dans le vagin en laissant une fistulisation chronique.

Son traitement nécessite l'ablation de la trompe, dès lors que le pus s'est collecté.

pyostercoral, e, aux adj. Se dit d'un écoulement de pus et de matières fécales à partir d'une cavité pathologique en communication avec le tube digestif.

pyothorax n. m. Présence de pus dans la cavité pleurale, au cours des pleurésies* purulentes.

pyramidal, e, aux adj. **Faisceau pyramidal,** groupement de fibres nerveuses provenant de la zone motrice du cerveau* et dont les corps cellulaires (neurones) ont la forme de pyramides.

Le faisceau pyramidal est constitué par les axones de ces cellules. Il descend jusque dans la moelle. Une partie importante du faisceau pyramidal s'entrecroise avec le faisceau controlatéral au niveau du bulbe. Le restant croise la ligne médiane au niveau de son lieu de destination. Toutes les fibres pyramidales étant finalement croisées, il en résulte que les troubles moteurs consécutifs aux traumatismes crâniens ou aux accidents vasculaires cérébraux sont toujours situés du côté opposé à la lésion.

Syndrome pyramidal. Ensemble des signes dus à une irritation du faisceau pyramidal. Il se manifeste par une *hypertonie* qui prédomine sur les muscles extenseurs des membres inférieurs et les muscles fléchisseurs des membres supérieurs, une vivacité des réflexes ostéo-tendineux avec, parfois, apparition d'une trépidation (clonus) du pied ou de la rotule, et par un signe de Babinski*. Les causes de l'atteinte pyramidale sont multiples : traumatiques, tumorales, vasculaires, infectieuses, etc.

Os pyramidal, troisième os de la première rangée du carpe.

Muscle pyramidal de l'abdomen, muscle s'étendant devant le grand droit*, du pubis à la ligne* blanche.

Muscle pyramidal du bassin, muscle provenant de la face antérieure du sacrum et qui se termine au niveau de l'extrémité supérieure du fémur.

pyrèthre n. m. **1.** Le *pyrèthre de Dalmatie* est un insecticide.

2. Le *pyrèthre vrai* (à ne pas confondre avec le précédent) fournit une poudre de racine qui a une action antinévralgique et sialagogue (augmentation de la production de salive).

pyridoxine n. f. Vitamine B6.
La pyridoxine a un rôle important dans les trois métabolismes principaux : elle favorise la transformation des acides gras non saturés ; elle facilite et accélère la glycogenèse* ; surtout, elle participe au métabolisme des acides aminés et intervient dans le cycle de Krebs*.

pyromanie n. f. Impulsion obsédante à allumer un feu. (V. OBSESSION.)

pyrosis n. m. Sensation de brûlure rétrosternale (dans le thorax).
Le pyrosis est dû à un reflux dans l'œsophage de liquide gastrique dont les causes les plus fréquentes sont la hernie* hiatale, les œsophagites* peptiques, l'aérophagie.

pyrvinium n. m. Matière colorante douée de la propriété de détruire les oxyures*.
Il colore les selles en rouge.

pyurie n. f. Présence de pus dans les urines.

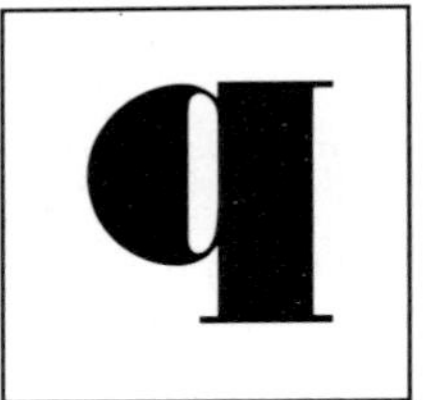
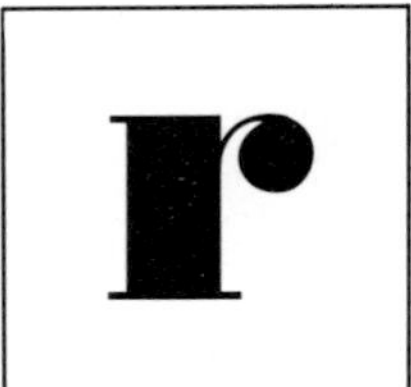

Q n. m. **Fièvre Q,** variété de rickettsiose observée au Queensland (d'où le nom de « fièvre Q »). Ses symptômes rappellent ceux du typhus exanthématique, mais l'évolution se fait généralement vers la guérison.

QRS, dans l'électrocardiogramme*, onde de dépolarisation des ventricules.

quadriceps n. m. Muscle qui forme le relief antérieur de la cuisse, formé de quatre « chefs » : droit antérieur, vastes interne et externe, crural.
Ces muscles se rejoignent et s'insèrent par un tendon commun sur la rotule ; ils sont extenseurs de la jambe.

quadriplégie n. f. Déficit moteur ou paralysie des quatre membres. Les quadriplégies résultent souvent d'une lésion de la moelle cervicale, parfois d'une lésion cérébrale.

quantitométrique adj. Se dit, en électroradiologie, de l'unité qui définit l'intensité d'un rayonnement X par rapport à celle d'un étalon connu.

quarantaine n. f. Mesure de police qui consiste à imposer un isolement provisoire (autrefois 40 jours, d'où son nom) aux personnes, aux navires et aux marchandises provenant d'un pays infecté par une maladie contagieuse.
Le développement de la désinfection et celui de la lutte antimicrobienne (antibiotiques notamment) ont permis d'abandonner cette mesure.
Il reste 6 maladies, dites « quarantenaires », où la surveillance médicale remplace l'isolement. Ce sont : le *choléra,* la *fièvre jaune* et les *fièvres récurrentes,* la *peste,* le *typhus* et la *variole.*

quatrième adj. **Quatrième maladie,** fièvre éruptive. (Syn. : MALADIE DE FILATOW*-DUKES.)

Queckenstedt-Stookey (manœuvre de), manœuvre permettant, au cours de la

Quadriceps.
Différents chefs du muscle quadriceps crural. (Le muscle droit antérieur a été sectionné pour laisser voir le muscle crural.)
1. Vaste interne ; 2. Tendon du quadriceps ; 3. Tendon rotulien ; 4. Vaste externe ; 5. Muscle crural ; 6. Grand trochanter ; 7. Épine iliaque antéro-inférieure.

ponction* lombaire, de juger de la libre circulation du liquide céphalo*-rachidien (L. C. R.) et de déceler s'il existe un blocage à cette circulation.
L'aiguille de ponction est reliée à un tube gradué où la pression du L. C. R. est mesurée au repos, puis lors de la compression de l'abdomen, puis des veines jugulaires*. Normalement, chaque fois que l'on comprime, la pression augmente, puis, à la décompression, redescend à sa valeur précédente. En cas de blocage du L. C. R., la pression n'est pas modifiée par la compression.

queue-de-cheval n. f. Volumineux faisceau de cordons nerveux, constitué par les racines des trois derniers nerfs lombaires, des nerfs sacrés et coccygiens.
Syndrome de la queue-de-cheval, ensemble symptomatique lié à la souffrance des racines ci-dessus, associant des troubles génitaux et sphinctériens, une anesthésie « en selle », des troubles des réflexes.

Quick (temps de). V. COAGULATION, *Exploration de la voie exogène.*

Quincke (œdème de) V. ŒDÈME.

quinidine n. f. Alcaloïde du quinquina, stabilisateur du rythme cardiaque.
Elle est utilisée dans les tachycardies* et les arythmies*.

quinine n. f. Principal alcaloïde du quinquina.
Le *chlorhydrate de quinine* est le plus ancien médicament connu du paludisme. Le *sulfate de quinine* est antipyrétique* et le *bromhydrate de quinine* est employé contre les palpitations, les névralgies, les paresthésies*.
Toxicologie. Employée à doses trop fortes, la quinine a une toxicité oculaire (spasme des artères rétiniennes), cardiaque (troubles du rythme) et parfois rénale (anurie*). En cas d'intoxication aiguë, il faut faire uriner le malade sans alcaliniser ses urines, et l'ophtalmologiste pratique une injection de vasodilatateurs derrière les globes oculaires s'il existe des troubles de la vue. Chez les enfants, et pour une intoxication importante, on pratiquera une exsanguinotransfusion*.

quinoléine n. f. Substance extraite du goudron de houille, noyau de médicaments très divers.

quinquina n. m. Arbre originaire des Andes. Le *quinquina gris,* très aromatique, sert à faire des apéritifs. Le *quinquina rouge* (seul officinal) contient dans son écorce de nombreux alcaloïdes dont les principaux sont la quinine* et la quinidine*. On emploie le quinquina en extrait fluide, teinture ou vin pour son action tonique.

quinte n. f. Toux caractéristique saccadée, pénible par ses secousses répétées qui ne permettent pas d'inspiration entre elles.
La quinte peut aboutir à l'asphyxie si elle se prolonge trop longtemps. Elle se voit le plus souvent dans la coqueluche*, où elle est suivie d'une inspiration bruyante dite « chant du coq ». Les affections trachéo-bronchiques et les corps étrangers peuvent être responsables de quintes.

quotient n. m. **Quotient respiratoire,** rapport du volume de gaz carbonique éliminé au volume de l'oxygène absorbé par les poumons. (Ce quotient est voisin de 0,8.)

Quotient intellectuel (Q. I.), système de cotation exprimant les résultats de nombreux tests* mentaux d'intelligence, de connaissance, d'aptitude.
On distingue deux méthodes de cotation du quotient intellectuel :
1. Le Q. I. déterminé à partir de la notion d'*âge mental* par des tests du type Binet-Simon, essentiellement appliqués aux enfants.
Le Q. I. résulte de la formule :

$$\frac{\text{âge mental} \times 100}{\text{âge réel}}.$$

L'âge mental correspond au degré de développement intellectuel. Il est déterminé à partir de la note obtenue à une échelle d'intelligence où les épreuves sont de difficultés croissantes et regroupées par tranches d'âge.
Pour un quotient de 100, c'est-à-dire moyen, normal, l'âge mental correspond à l'âge réel.
Si l'âge mental est inférieur à l'âge réel, on obtient un Q. I. inférieur à 100. Selon l'importance de retard intellectuel, on atteint ou non la zone de la débilité, dont la limite supérieure équivaut à un Q. I. de 70 à 75.
Inversement, un âge mental supérieur à l'âge réel donne un Q. I. supérieur à 100, signe d'une avance dans le développement intellectuel.
2. Le Q. I. déterminé par des tests du type Wechsler. Il ne s'agit plus d'apprécier le retard ou l'avance du développement intellectuel par rapport à l'ensemble des individus de tous les âges, mais de comparer les résultats d'un sujet à un test avec les résultats des sujets de son groupe d'âge. Le Q. I. situe l'écart de l'individu par rapport à une moyenne de 100 correspondant au point de plus grande fréquence.

R. A. A., abrév. de RHUMATISME* ARTICULAIRE AIGU ou maladie de Bouillaud.

race n. f. « Groupement naturel d'hommes présentant un ensemble de caractères physiques héréditaires communs » (Henri V. Vallois).
Le terme *physique* englobe des caractéristiques anatomiques (couleur de la peau essentiellement, forme des cheveux, du nez, du crâne, etc.), mais aussi physiologiques (groupes sanguins, groupes tissulaires, caractères génétiques, etc.).

La distribution géographique des races humaines et des espèces animales dépend de facteurs *climatiques, géologiques, physiographiques* (altitude, exposition, etc.) et *biologiques* (compétitions entre ennemis naturels, réserves en nourriture, etc.).

rachialgie n. f. Douleur au niveau de la colonne vertébrale.

rachianesthésie n. f. Méthode d'anesthésie partielle consistant à injecter dans le canal rachidien, par une aiguille à ponction lombaire, un liquide qui agit directement sur la moelle épinière et provoque l'anesthésie des régions sous-jacentes (petit bassin, membres inférieurs).

rachidien, enne adj. Qui se rapporte au rachis*.

rachis n. m. Axe osseux souple du corps, formé de l'articulation des vertèbres*. (Syn. : COLONNE·VERTÉBRALE.)

rachitisme n. m. Maladie de l'enfance, due le plus souvent à une avitaminose D.
Le rachitisme ne se voit que dans les pays faiblement ensoleillés, touchant les enfants entre 6 et 18 mois. Actuellement c'est une maladie rare, grâce au dépistage précoce et surtout au traitement prophylactique.
Signes cliniques. Les *signes neurologiques* se caractérisent par une hypotonie musculaire généralisée, responsable de hernies* (ombilicales), de retard dans l'acquisition de la marche.

Les *signes osseux* sont les plus importants. Le premier est le « craniotabès », ramollissement des os du crâne, accompagné d'une augmentation du périmètre crânien. Les fontanelles se ferment plus tardivement (jusqu'à 18 mois). Puis, vers 9-12 mois, le « bourrelet épiphysaire », tuméfaction des poignets et des chevilles, annonce les troubles de la maturation des os longs, responsables de déformation, des jambes notamment. Plus tard, et en l'absence de traitement, les cartilages costaux forment le « chapelet costal », pouvant être à l'origine de déformations thoraciques.

Il peut exister des manifestations viscérales touchant l'appareil pulmonaire (broncho-pneumopathies spasmodiques), le système réticulo-endothélial (gros ganglions, grosse rate), la régulation phosphocalcique (tétanie*).

Rachitisme.

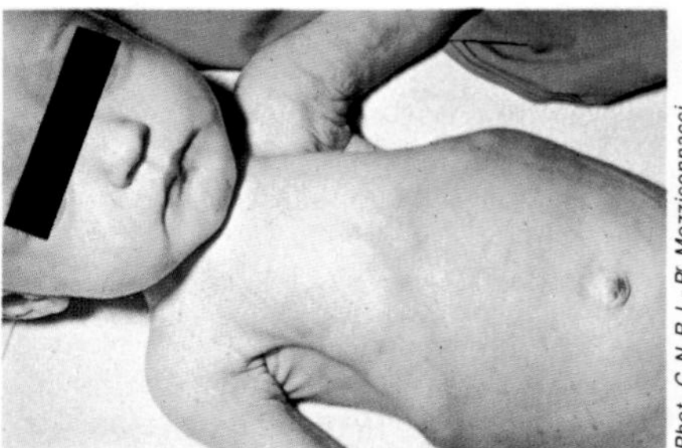

Phot. C.N.R.I. - Pr Mozziconnacci.

Rachitisme. Déformations rachitiques des os des membres inférieurs chez l'enfant (épiphyses en toit de pagode, forte incurvation des tibias).

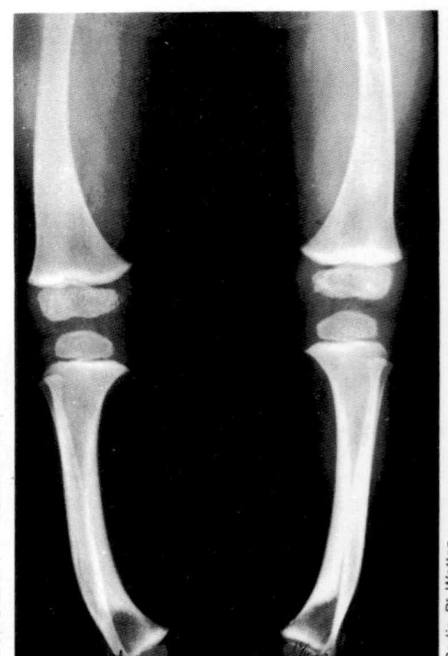

Radio Dr Wattez.

Examens complémentaires. Les *radiographies* du squelette permettent de faire le diagnostic et de suivre l'évolution du rachitisme. Elles mettent en évidence le retard des points d'ossification, les altérations des extrémités osseuses (élargissement des épiphyses) et de la trame (déminéralisation osseuse).

Les *signes biologiques* sont de deux ordres : l'hypophosphorémie (baisse du phosphore sanguin) et l'hypocalcémie (baisse du calcium sanguin) [responsable de morts subites].

Causes. L'avitaminose D est la cause la plus fréquente. Elle entraîne une diminution de l'absorption intestinale du calcium et du phosphore, et entrave la fixation osseuse du calcium. L'absence de soleil est souvent en cause, car les rayons solaires sont nécessaires à la transformation des provitamines D en vitamines D.

Le rachitisme vitaminorésistant est parfois génétique, parfois secondaire à une néphropathie* tubulaire (v. REIN) ou à une affection chronique de l'intestin.

Traitement. Il consiste en l'administration de vitamine D. Le rachitisme par avitaminose évolue spontanément vers la guérison après l'âge de 2 ans, mais au prix de graves séquelles (osseuses, pulmonaires). Pour éviter celles-ci, la prophylaxie actuelle (administration de vitamine D dès la naissance et jusque vers deux ans) supprime le risque d'avitaminose D.

radial, e, aux adj. Qui est en rapport avec le radius*.

Nerf radial, nerf mixte, moteur et sensitif, né du plexus* brachial, qui descend le long du bord externe et de la face postérieure du bras. — Au coude, il se termine en deux branches : l'une sensitive, innervant la peau de la face postérieure du bras, de l'avant-bras et de la main ; l'autre motrice, innervant les muscles de la région postérieure du bras et des régions externe et postérieure de l'avant-bras. (V. ill., p. 652.)

Paralysies du nerf radial. Elles s'observent lors de certains traumatismes du membre supérieur et dans l'intoxication par le plomb*.

Artère radiale, branche de bifurcation de l'artère humérale au pli du coude. — Elle descend sur la face antérieure et externe de l'avant-bras. C'est elle qu'on palpe quand on prend le pouls*.

radiations n. f. pl. Terme général désignant les rayons* électromagnétiques et les rayonnements corpusculaires (électrons, particules alpha [α], etc.).

Radiations ionisantes, les rayons X et ceux qui sont émis par la radioactivité*, lesquels

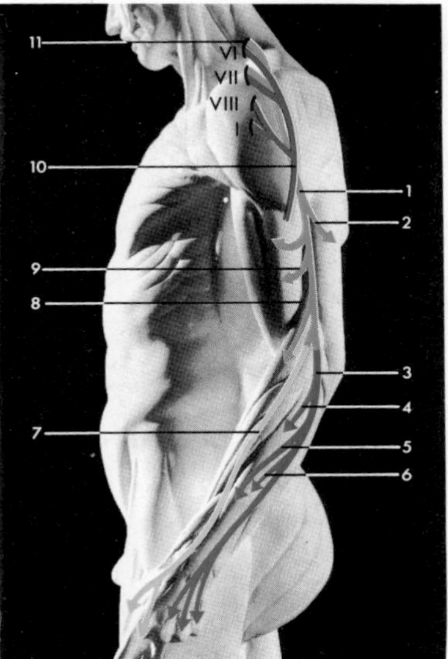

Radial. Schéma du nerf radial (branche sensitive et branche motrice) :
1. Nerf radial ; 2. Vaste externe ;
3. Radial postérieur (branche motrice) ;
4. Extenseur commun ; 5. Long extenseur ;
6. Interosseux ;
7. Radial antérieur (branche sensitive) ;
8. Long supinateur ;
9. Longue portion du triceps, vaste interne ;
10. Nerf médian ; 11. Sixième trou cervical.
VI, VII et VIII. 6e, 7e et 8e nerf cervical ;
I. 1er nerf dorsal.

ionisent les gaz et produisent des effets nocifs sur les tissus vivants. (V. RADIOBIOLOGIE.)

radicotomie n. f. Intervention chirurgicale consistant en la section d'une racine nerveuse rachidienne, en général sensitive, afin de supprimer la douleur dans le métamère correspondant.

radiculaire adj. Qui se rapporte aux racines des nerfs émergeant de la moelle épinière (nerfs rachidiens).

Syndrome radiculaire, ensemble des troubles nerveux dus à l'atteinte d'une racine nerveuse (radiculite). — La névralgie sciatique est un exemple de syndrome radiculaire L5 ou S1.

radiculalgie n. f. Douleur liée à la souffrance d'une racine postérieure d'un nerf rachidien.
La radiculalgie est caractérisée par sa topographie fixe (dans le territoire de la racine atteinte) et ses paroxysmes violents qui surviennent sur un fond continu. Les causes de radiculalgie sont le plus souvent des compressions.

radiculite n. f. Inflammation de la racine d'un nerf* rachidien.
Due à des causes mécaniques (tumeur, compression, etc.) ou infectieuses (polyradiculonévrite*), elle entraîne des symptômes neurologiques (douleurs, paresthésies) limités au territoire de ce nerf.

radiculographie n. f. Exploration radiologique des racines des nerfs rachidiens après injection d'un produit de contraste très fluide dans le canal rachidien.
La radiculographie est particulièrement utile dans le diagnostic des hernies discales, des compressions radiculaires et des tumeurs intrarachidiennes.

radioactivité n. f. Propriété de certains éléments chimiques, dits « radioactifs », de désintégrer leurs noyaux atomiques en émettant des particules (α et β) et des rayons électromagnétiques (γ).

Les particules ou *rayons alpha* (α) sont des atomes d'hélium réduits à leur noyau et chargés positivement. Leur faible pénétration limite leur emploi thérapeutique.

Les *particules bêta* (β) sont des électrons chargés négativement et doués d'une énergie cinétique considérable. L'utilisation des rayons bêta (bêtathérapie) permet le traitement d'affections cutanées telles qu'angiomes*, chéloïdes*, tumeurs superficielles.
Les *rayons gamma* (γ) sont des ondes électromagnétiques de la même nature que la lumière ou les rayons X, mais de longueur d'onde encore plus petite que ceux-ci et encore plus pénétrants. Ils ne sont pas chargés électriquement. Les applications biologiques des rayons gamma sont analogues à celles des rayons X, mais la profondeur d'action est plus grande et la répartition du rayonnement plus homogène. (V. CURIETHÉRAPIE, GAMMATHÉRAPIE, RADIOTHÉRAPIE.)

Corps radioactifs naturels. Ils sont groupés en familles. La famille *uranium-radium* aboutit, par émission de particules α et β à partir de l'uranium 238, au plomb 206.

La famille de l'*uranium-actinium* conduit, à partir de l'uranium 235, à un autre isotope du plomb, le plomb 207. Enfin, la famille du *thorium* aboutit, à partir du thorium 232, au plomb 208.

Chaque élément radioactif est caractérisé par sa période de *demi-désintégration* (ou *demi-vie*), durée de temps durant laquelle il perd la moitié de sa radioactivité. Cette période, très variable, va d'une fraction de seconde à des milliards d'années (pour le radium 1580 ans).

L'unité de mesure du rayonnement radioactif est le *curie* (et son sous-multiple le *millicurie*), mais il faut faire intervenir pour chaque corps radioactif un *facteur d'exposition* (des tables donnent ce facteur pour chaque cas). Les corps radioactifs naturels permettent le traitement et la guérison d'un certain nombre de cancers (v. CURIETHÉRAPIE).

Radioactivité artificielle. En plaçant un corps radioactif près d'un élément stable, ce dernier est bombardé par les particules émises par le premier et il émet à son tour un rayonnement radioactif. Ce rayonnement fait perdre des particules à l'atome bombardé, qui se transforme ainsi en un autre corps radioactif, qui lui-même se transformera ensuite en un autre élément stable. Les radioéléments artificiels sont obtenus en plaçant un corps stable dans une pile atomique ou dans un faisceau de particules électrisées provenant d'un cyclotron. On obtient ainsi des isotopes* radioactifs de nombreux corps, qui sont utilisés en médecine pour le diagnostic (v. GAMMAGRAPHIE) et le traitement de nombreuses affections (v. ISOTOPES).

radiobiologie n. f. Étude de l'action sur les tissus vivants des rayons X et, de façon plus générale, des radiations ionisantes.
L'ionisation (charge électrique des molécules ou des atomes) est produite par les rayons X et les rayonnements des corps radioactifs naturels ou artificiels. Elle a une action importante sur les tissus vivants, en provoquant des ruptures de liaisons entre les atomes des grosses molécules de protéines. On observe ainsi soit la mort immédiate ou différée des cellules, soit des modifications des chromosomes et de la division cellulaire qui sont transmises héréditairement d'une cellule à ses cellules filles. L'action des radiations ionisantes est d'autant plus forte que l'activité reproductrice des cellules est grande, qu'elles sont plus éloignées du terme de leur division et que leurs fonctions ne sont pas différenciées. C'est pourquoi les rayonnements ionisants détruisent plus facilement les cellules tumorales (qui se multiplient sans arrêt) que les cellules saines.

Les bactéries sont également détruites par les radiations, et on met à profit ce phénomène pour la stérilisation d'aliments ou d'instruments médicaux et chirurgicaux ; toutefois, les doses utiles de rayons sont trop fortes pour pouvoir être appliquées à la destruction des germes pathogènes de l'homme. Chez l'homme, en effet, les rayons ionisants provoquent des anémies*, des leucopénies*, des agranulocytoses*, des leucémies* et des lésions de la peau allant de la radiodermite* au cancer de la peau. La radiobiologie permet de déterminer les doses des différentes radiations qui peuvent être employées à des fins thérapeutiques et d'éviter les accidents que provoqueraient des doses excessives. (V. COBALTHÉRAPIE, CURIETHÉRAPIE, RADIOTHÉRAPIE.)

radio-carpien, enne adj. **Articulation radio-carpienne**, articulation du poignet, mettant en présence l'extrémité inférieure du radius* et la première rangée des os du carpe*.

radiocinématographie n. f. Utilisation d'une caméra en radiodiagnostic*.
Elle fournit des renseignements sur les mouvements du cœur, des vaisseaux, du tube digestif, etc.

radio-cubital, e, aux adj. Se dit de deux articulations, l'une supérieure, l'autre inférieure, permettant la rotation du radius* autour du cubitus*. (Cette rotation correspond aux mouvements de pronation et de supination de la main.)

radiodermite n. f. Lésion cutanée due à l'irradiation par les rayons X.
La radiodermite est une maladie professionnelle touchant le personnel radiologique, malgré les précautions obligatoires auxquelles il est soumis. Elle touche aussi les malades traités par radiothérapie quand leur sensibilité personnelle est grande et que les zones cutanées sont irradiées à des intervalles trop rapprochés.

La *radiodermite aiguë* se manifeste, peu après l'exposition, par un érythème*, des ulcérations douloureuses. Elle laisse après guérison une cicatrice peu esthétique.

La *radiodermite chronique*, tardive, peut être ulcéreuse et gagner les plans profonds. La douleur intense impose l'exérèse chirurgicale de la zone atteinte. Parfois, la radiodermite s'étend en placard indolore susceptible de dégénérer en lésion cancéreuse plusieurs années après. Pour cette raison, les dermatologues conseillent de plus en plus l'excision préventive de l'aire cutanée atteinte.

radiodiagnostic n. m. Application des rayons* X au diagnostic des maladies.

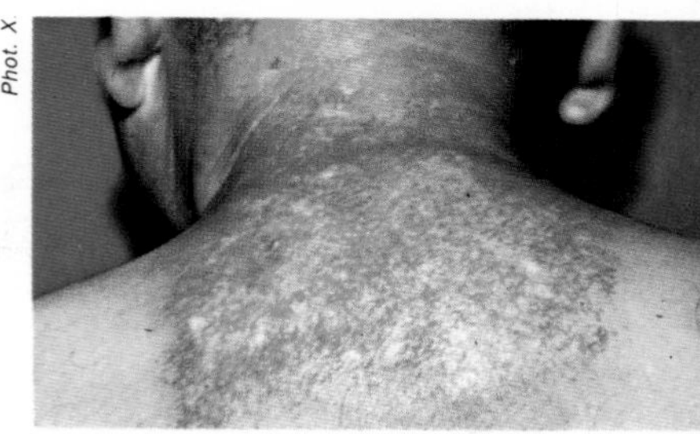
Phot. X

Radiodermite. Radiodermite de la nuque.

Les rayons X traversent facilement les tissus mous, alors qu'ils sont arrêtés par les os, les dents, les objets métalliques, les sels de métaux ou métalloïdes lourds (baryum, bismuth, iode). Cette propriété est à la base du radiodiagnostic : les images de radiographies ou de radioscopie faites sans préparation donnent une image nette et contrastée des os, alors que les parties molles (muscles, reins, foie, etc.) ne donnent que des images floues. Les cavités contenant de l'air (sinus, tube digestif, épanchements gazeux [pneumothorax]) sont encore plus transparentes aux rayons X que les tissus mous. Les cavités naturelles peuvent donner une image en introduisant dans leur lumière des produits de contraste. La tomographie* permet d'obtenir des images plus nettes d'un plan donné de la plupart des organes. La radioscopie, basée sur le fait que les rayons X rendent fluorescents divers sels métalliques, et la radiocinématographie permettent d'obtenir des images cinétiques (en mouvement) des organes mobiles (cœur, poumon, tube digestif, voies urinaires). La radioscopie directe tend à céder la place à la radioscopie télévisée (circuit fermé de télévision), qui, grâce aux amplificateurs de brillance, donne une image plus lumineuse et permet de diminuer les doses de rayons X traversant le patient et atteignant le praticien. Le soustracteur* d'images augmente la finesse des images obtenues avec des produits de contraste en supprimant les détails osseux au profit des vaisseaux contrastés. (V. RADIOCINÉMATOGRAPHIE, RADIOGRAPHIE, RADIOLOGIE, RADIOSCOPIE.)

radioélément n. m. Corps élémentaire radioactif, naturel ou artificiel.
Les radioéléments sont classés au tableau A des substances vénéneuses. Les plus

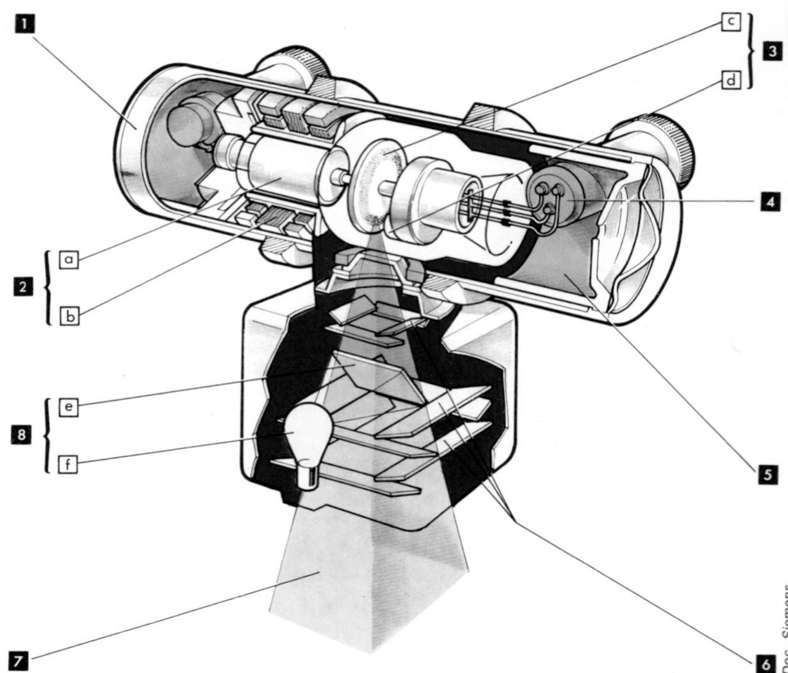

employés sont le thorium, le mésothorium et le radium pour les éléments naturels, le cobalt 60 pour les éléments artificiels. (V. ISOTOPE.)

radiographie n. f. Utilisation de la propriété qu'ont les rayons X d'impressionner une pellicule sensible photographique pour former des « images » des corps traversés par ces rayons.
Le film d'acétate de cellulose recouvert d'une couche de sel d'argent est placé dans une cassette qui le protège des rayons lumineux tout en laissant passer les rayons X. La radiographie qui ne fait passer les rayons dans le corps que pendant une fraction de seconde est inoffensive.

radio-immunisation n. f. Accoutumance d'un tissu aux radiations (rayons X, radioéléments), le rendant peu sensible à de nouvelles irradiations. (On doit en tenir compte dans les applications de la radiothérapie.)

Radiologie. Tube à rayons X
avec sa gaine protectrice et ses accessoires.
1. Gaine ;
2. Moteur (*a*, rotor contenu dans le tube ; *b*, stator extérieur au tube) ;
3. Tube générateur de rayons X (*c*, anode tournante ; *d*, cathode chaude) ;
4. Circuits électriques ;
5. Huile de refroidissement ;
6. Diaphragmes de réglage du champ ;
7. Faisceau lumineux se substituant aux rayons X (invisibles et dangereux pour le positionnement) ;
8. Localisateur lumineux (*e*, miroir escamotable ; *f*, source lumineuse).

radiologie n. f. Étude des radiations et, en langage courant, des rayons X et de leurs applications, le radiodiagnostic* et la radiothérapie*.

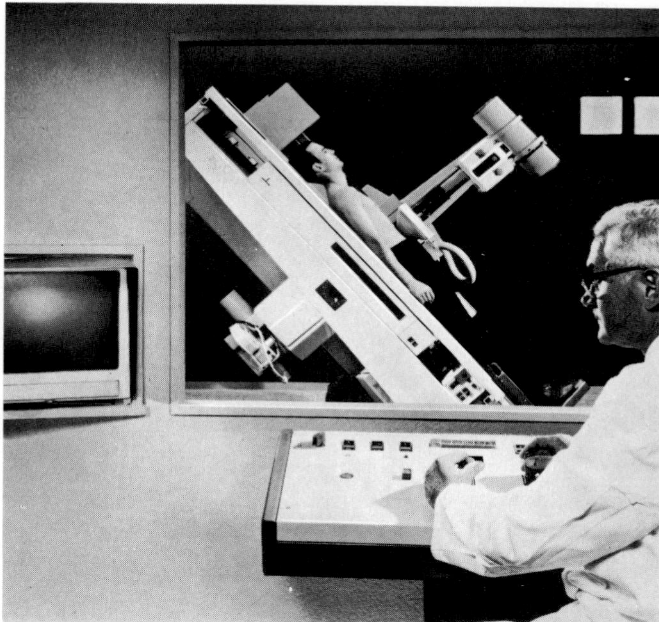

Radiologie. Table de radiodiagnostic télécommandée avec télévision : le médecin radiologiste pratique toutes les manœuvres nécessaires d'une pièce voisine.

Doc. Siemens.

Les rayons X. Découverts par Röntgen en 1895, ils sont de même nature que les rayons lumineux, mais de plus courtes longueurs d'onde. Ils sont produits, dans le tube à rayons X, par bombardement d'une pièce métallique (anode ou anticathode) avec des rayons cathodiques (électrons négatifs provenant de la cathode). La cathode est une pièce métallique chauffée au rouge dans une enceinte vidée d'air. Une différence de potentiel de 50 000 à 300 000 V, appliquée entre cathode (reliée au pôle négatif) et anode (ou anticathode, reliée au pôle positif), provoque l'accélération des électrons vers l'anode. La longueur d'onde des rayons X est d'autant plus courte et leur pénétration plus grande que la différence de potentiel est plus élevée. Les bêtatron et synchrotron, où les électrons sont encore plus accélérés, produisent des rayons X très pénétrants.

Les rayons X sont d'autant plus absorbés par les corps simples que ceux-ci ont une masse atomique élevée. Les différences de pénétration entre les diverses substances qui en résultent sont la base du radiodiagnostic*.

Les rayons X ont, d'autre part, une action sur les cellules vivantes, allant de simples modifications métaboliques à la destruction totale (v. RADIOBIOLOGIE) : ces propriétés sont la base de la radiothérapie*.

radiologiste n. Médecin spécialisé en radiologie. (Syn. : RADIOLOGUE.)

radiomanométrie n. f. Étude de la pression existant dans certains organes creux (voies biliaires), combinée à l'examen radiologique et utilisée dans quelques interventions chirurgicales.

radiomensuration n. f. Évaluation, à l'aide de la radiologie, des dimensions de certains os ou viscères (le bassin en vue de l'accouchement, par exemple) et des corps étrangers métalliques dont on peut ainsi préciser la localisation.

radionécrose n. f. Destruction des tissus

et des cellules par les rayons X et les autres radiations ionisantes. (V. RADIOBIOLOGIE.)

radiopelvimétrie n. f. Mensuration des diamètres du bassin, en obstétrique, obtenue par des radiographies réalisées suivant une technique déterminée.

radiophotographie n. f. Photographie en format réduit de l'image obtenue sur un écran de radioscopie.
Ce procédé est utilisé pour l'examen systématique et le dépistage dans les collectivités.

radiorésistance n. f. État des tissus qui, spontanément ou à la suite de plusieurs irradiations, ont perdu leur sensibilité aux rayons X. (C'est le cas de certains cancers.)

radioscopie n. f. Utilisation de la propriété qu'ont les rayons X de rendre fluorescents divers sels métalliques pour former des « images » de la configuration interne des corps traversés par ces rayons.
Les substances fluorescentes (platinocyanure de baryum, tungstate de cadmium, etc.) sont placées sur un écran. Le corps à observer est intercalé entre une ampoule à rayons X et cet écran (v. RADIODIAGNOSTIC). La radioscopie a l'avantage de donner une image cinétique (mobile) des organes examinés. Elle a l'inconvénient, par rapport à la radiographie, de ne pas laisser de document et de faire traverser le patient et le médecin par des doses plus importantes de rayons, ce dernier problème étant actuellement résolu par l'amplificateur de brillance. (V. RADIODIAGNOSTIC.)

radiosensibilité n. f. État des tissus vivants qui peuvent être modifiés par les radiations ionisantes. (V. RADIOBIOLOGIE, RADIOTHÉRAPIE.)

radiothérapie n. f. Traitement par les rayons X. (Syn. : RÖNTGENTHÉRAPIE.) [V. RADIOBIOLOGIE et RADIOLOGIE.]

Effets thérapeutiques recherchés. Suivant l'intensité et la qualité (longueur d'onde) des rayons X employés d'une part, suivant la nature des tissus irradiés d'autre part, on peut obtenir soit une destruction du tissu ou d'une de ses parties (effet cytolytique), soit une modification de son fonctionnement (effet modificateur).
Effet cytolytique ou destructeur. De loin le plus employé, il s'adresse au traitement des tumeurs, et spécialement des tumeurs malignes ou cancers. Ce mode de traitement est fondé sur la radiosensibilité des tissus tumoraux, qui est beaucoup plus grande que celle des tissus sains. Il s'ensuit une action sélective qui fait que les rayons X détruisent les cellules tumorales (spécialement celles qui sont en division, ou mitose) en respectant

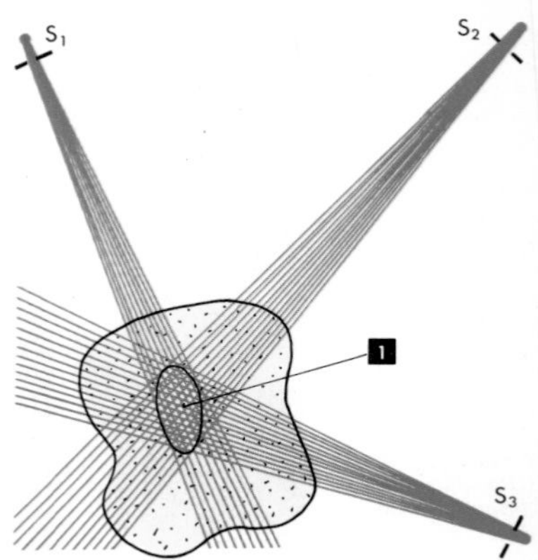

Radiothérapie. Technique des feux croisés. Plusieurs faisceaux de directions différentes s'entrecroisent et se superposent au niveau de la tumeur (1), où leurs effets s'additionnent.

les cellules saines. Parmi les tumeurs, certaines sont plus sensibles que d'autres : en allant des plus sensibles vers les moins sensibles, on rencontre les sarcomes, les épithéliomas basocellulaires, les cancers du col utérin, les cancers du sein, pour aboutir aux cancers digestifs, qui sont très peu améliorés par les rayons. Les tissus déjà irradiés sont moins sensibles à un nouveau traitement : c'est la radiorésistance*.
Effets modificateurs. Quelques séances de radiothérapie à faibles doses et à faible pénétration ont un effet anti-inflammatoire net sur les furoncles et les anthrax, sur les adénopathies (ganglions inflammatoires), les lymphangites, les sinusites. Des doses un peu plus élevées donnent de bons résultats dans les arthroses, les arthralgies, les névralgies (surtout sciatiques), diverses arthrites chroniques, les douleurs persistantes du zona. La castration ovarienne, le traitement des fibromes utérins sont d'autres applications de la radiothérapie modificatrice.

Modes d'application. ***La radiothérapie superficielle.*** Elle s'adresse aux lésions de la peau et des muqueuses accessibles. Elle fait appel à des rayons peu pénétrants, obtenus avec des tensions de 50 kV, le tube à rayons X étant directement appliqué sur la lésion : c'est la *contactothérapie.* La buckythérapie emploie les rayons encore plus mous dans le traitement du lupus érythémateux et des tumeurs épidermiques. L'*électronthérapie* (électrons émis par un accélérateur de particules et guidés par un champ magnétique) s'adresse aux lésions étendues en surface et faiblement en profondeur ; sans être, à proprement parler, de la radiothérapie, cette technique a des applications similaires.

La radiothérapie profonde. Elle s'adresse aux viscères profonds et fait appel à des rayons pénétrants obtenus avec des tensions de 200 kV et plus. Le rayonnement doit être filtré pour éliminer les radiations molles qui irriteraient la peau. L'utilisation de portes d'entrée multiples, avec des faisceaux toujours dirigés vers la tumeur, permet de concentrer sur celle-ci des doses importantes de rayons sans léser les tissus et viscères plus superficiels (méthode des « feux croisés »). La cycloradiothérapie (ampoule tournant autour du sujet, avec la lésion pour centre sur laquelle est orienté le faisceau des rayons X) en est l'application moderne.

La radiothérapie endocavitaire. C'est la radiothérapie des lésions situées dans la bouche, le vagin, le rectum ; elle utilise soit la contactothérapie, soit des rayons semi-pénétrants dirigés à l'aide de localisateurs spéciaux.

Techniques et précautions en radiothérapie. La nature des rayons employés (leur longueur d'onde) est mesurée par *qualitométrie*, alors que la mesure de leur intensité est la *quantitométrie.* Les doses effectivement appliquées au sujet sont mesurées avec le dosimètre en R (röntgen). La répartition de l'énergie au sein des tissus est estimée à l'aide de courbes isodoses. Il faut tenir compte de l'inégale sensibilité des différentes parties du corps aux rayons, établir des « points d'entrée » judicieux pour les faisceaux, fractionner au mieux la répartition dans le temps des séances.

Malgré toutes les précautions prises, le *mal des rayons* (nausées, vomissements, diarrhée, cyanose, perte de l'appétit) peut apparaître et nécessiter un ajustement des doses. L'hémogramme (numération globulaire et formule leucocytaire) doit être pratiqué régulièrement au cours d'un traitement radiothérapique pour déceler toute atteinte des lignées sanguines.

L'irritation de la peau (rougeur, pigmentation) est fréquente et sans risques si elle ne touche pas le derme ; dans le cas contraire, elle provoque une radiodermite aboutissant à l'atrophie, voire à la nécrose de la peau.

radiotoxicologie n. f. Étude des accidents provoqués par les différentes sortes de rayons. Ces accidents dépendent de la nature des rayons.

Les rayons non ionisants (ondes courtes, infrarouges, lumière visible, ultraviolets). Ils provoquent des brûlures et des déshydratations, l'œil étant spécialement exposé, donc à protéger.

Les rayons ionisants (rayons X, radiations des corps radioactifs [v. RADIOACTIVITÉ]). Ils provoquent des lésions de la peau, des désordres sanguins, des lésions osseuses, oculaires et viscérales portant spécialement sur les gonades (testicule et ovaire).

La prévention des accidents occasionnés par les radiations ionisantes est réglementée tant pour leurs applications médicales que dans l'industrie. Les sujets exposés sont soumis à des contrôles réguliers : port de dosimètres permettant de mesurer les quantités de rayons reçus par l'individu, examens de sang fréquents. Certaines zones sont dites « surveillées et contrôlées » en raison de sources locales de radioactivité. Le traitement préventif des accidents comporte les lavages de la peau et de l'estomac, le traitement curatif, les greffes de peau, de moelle osseuse, etc.

radis n. m. Le radis a une saveur piquante qui excite l'appétit ; il contient des vitamines et du potassium. Le radis noir est diurétique et facilite les fonctions du foie et de la vésicule biliaire.

radium n. m. Métal de nombre atomique 88, doué de radioactivité naturelle, découvert par P. et M. Curie en 1898.

C'est le premier élément radioactif employé en thérapeutique (v. CURIETHÉRAPIE) dans le traitement des cancers de la bouche, du col utérin, de la peau, etc. Malgré son efficacité, son utilisation diminue au profit des isotopes* radioactifs artificiels (notamment le cobalt 60) dont les indications sont identiques et les prix moindres.

radiumthérapie n. f. Synonyme de CURIETHÉRAPIE*.

radius n. m. Os long qui constitue avec le cubitus le squelette de l'avant-bras*.

Son *extrémité supérieure* comporte la tête, dont la face supérieure, ou *cupule*, s'articule avec le condyle de l'humérus et le pourtour avec la cavité sigmoïde du cubitus. L'*extrémité inférieure,* prolongée par l'apophyse styloïde, s'articule avec le cubitus pour former l'articulation radio-cubitale inférieure, et avec les os du carpe pour former l'articulation radio-carpienne.

Les *fractures du radius* sont fréquentes : fractures de la tête radiale, de la diaphyse (le plus souvent associée à une fracture de la

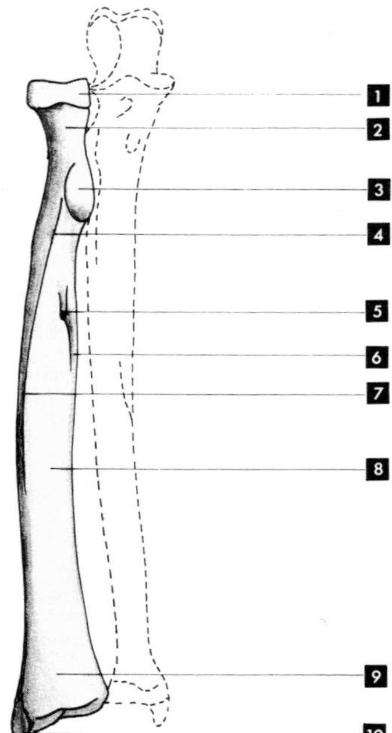

Radius.
Face antérieure du radius :
1. Tête ; 2. Col ; 3. Tubérosité bicipitale ;
4. Segment oblique du bord antérieur ;
5. Trou nourricier ;
6. Tubercule interosseux ;
7. Segment vertical du bord antérieur ;
8. Face antérieure ; 9. Extrémité inférieure ;
10. Apophyse styloïde.

diaphyse cubitale [fracture de l'avant-bras*]). Les fractures de l'extrémité inférieure sont les plus communes des fractures des membres : elles peuvent être articulaires ou sus-articulaires (fracture de Pouteau-Colles).

radon n. m. Gaz radioactif résultant de la désintégration radioactive du radium et présent dans l'eau de certaines sources thermales.

rage n. f. Maladie virale mortelle, transmise à l'homme par la salive des animaux malades (chiens, loups, renards...).
Le virus est une grosse molécule que l'on peut cultiver *in vitro* pour permettre l'isolement d'un virus « fixe » peu toxique pour l'homme et à l'origine de la vaccination. Le virus rabique a une affinité électivement nerveuse.

La rage, qui avait disparu de France, est redevenue une maladie courante depuis quelques années. Elle se propage d'est en ouest grâce à la prolifération et à la migration des renards. Ceux-ci sont infectés avant l'apparition des premiers signes et contaminent l'homme en le mordant, en le griffant ou même en le léchant.

La rage animale. C'est toujours l'animal qui contamine l'homme. Le chien est l'animal le plus souvent en cause. Il devient contagieux pendant l'incubation, cliniquement silencieuse (de 3 semaines à 3 mois).

La rage humaine. Après une incubation silencieuse de 2 semaines à 3 mois, la maladie débute par des troubles nerveux (fourmillements) et des troubles du caractère. Puis des tremblements, des convulsions, une hypersensibilité cutanée précèdent les contractions musculaires, la fièvre, les troubles de déglutition. La mort survient au bout d'une semaine par asphyxie.

Traitement. Les moyens actuels ne permettent pas de guérir la rage à la période

Radius.
Fracture de Pouteau-Colles (profil).
Notez la déformation en « dos de cuiller ».

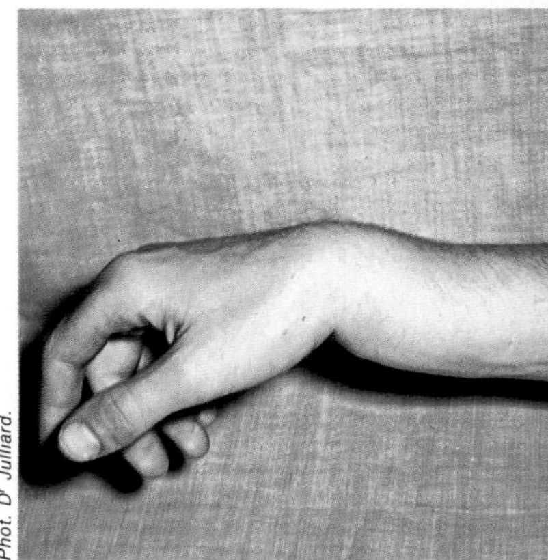

Phot. Dr Julliard.

d'état. Il faut donc traiter préventivement tous les sujets mordus par un animal suspect. Celui-ci doit être contrôlé tous les 15 jours par un vétérinaire. Si c'est un chien errant, il faut considérer *a priori* que la blessure est souillée.

Le traitement associe dans les cas graves la sérothérapie à la vaccination (utilisée seule dans les cas bénins). Elle se pratique à raison de 14 injections quotidiennes par voie sous-cutanée et une injection de rappel 15, puis 90 jours après.

Prophylaxie. Elle associe l'élimination des animaux errants, la lutte contre les renards femelles et la vaccination des animaux domestiques. Il ne faut à aucun prix abattre un animal suspect, mais l'isoler pour le surveiller et confirmer éventuellement le diagnostic, ce qui permet une prophylaxie plus efficace.

raideur n. f. **Raideur articulaire,** limitation plus ou moins grande de la mobilité d'une articulation, sans lésions des surfaces articulaires, secondaire aux traumatismes ou à une immobilisation prolongée après un plâtre ou une intervention chirurgicale.

raifort n. m. Plante à racine cylindrique, âcre et piquante, riche en vitamine C et employée râpée comme condiment. (Le sirop de raifort est antiscorbutique.)

raisin n. m. Le raisin contient des glucides (16 p. 100), du potassium, très peu de sodium et des vitamines. Il est rafraîchissant, laxatif, diurétique. Il n'a pas de contre-indication, mais, chez les diabétiques, on doit le peser en raison de sa teneur en glucides et pour intégrer ceux-ci dans la ration glucidique prescrite.

raison n. f. Faculté de penser, de connaître, de juger en fonction d'un système de référence logique.

La raison et le raisonnement (manière dont s'exerce la raison) sont troublés dans nombre de maladies mentales.

L'altération de la raison et du jugement constitue le symptôme primordial de la *démence**, au cours de laquelle les capacités intellectuelles du sujet s'affaiblissent et se détériorent.

L'atteinte du raisonnement peut s'observer aussi chez les malades délirants. Le *délire** se caractérise par des croyances fausses, choquant l'évidence et en désaccord avec la réalité. Le délire paranoïaque (v. PARANOÏA) en est un exemple.

Dans la schizophrénie*, l'intelligence et le raisonnement, qui peuvent être conservés, ont leur efficacité diminuée par des phénomènes mentaux de discordance* ou de dissociation*.

Chez les *débiles* mentaux, l'intelligence, le raisonnement et le sens critique sont particulièrement faibles.

Enfin, chez tous les individus normaux interviennent des erreurs de jugement et de raisonnement qui sont plus ou moins reconnues par chacun comme telles.

rajeunissement n. m. Ensemble des méthodes tendant à compenser les effets de la sénescence.

Elles utilisent souvent l'hormonothérapie, la vitaminothérapie ; leurs effets sont très discutables.

râle n. m. Bruit pathologique perçu à l'auscultation des poumons, et naissant dans les bronches ou les alvéoles.

Les râles bronchiques (ronflants et sibilants) sont modifiés par la toux. Les râles bulleux ou sous-crépitants traduisent l'existence de mucosités ou de pus bronchioalvéolaire. Les râles crépitants s'observent dans les processus d'alvéolite (pneumonie*, œdème* aigu du poumon).

ramassage n. m. Le *ramassage* et le *transport des blessés* dans des conditions satisfaisantes présentent un intérêt considérable pour le pronostic des accidents de la voie publique. (V. ACCIDENT, *Accidents de la route.*)

rameau n. m. **Rameaux communicants,** filets nerveux reliant les ganglions de la chaîne sympathique* au système cérébro-spinal. (V. NERVEUX, *Système nerveux cérébro-spinal.*)

ramollissement n. m. Diminution pathologique, due à un processus dégénératif, de la consistance d'un tissu.

Ramollissement cérébral, foyer de nécrose cérébrale consécutif à un accident vasculaire (embolie ou thrombose artérielle). Il se traduit souvent par une aphasie*, une hémiplégie* de degré variable, parfois par des troubles de la conscience (coma*).

raphé n. m. Entrecroisement de fibres musculaires ou tendineuses : *raphé médian de l'abdomen.*

rappel n. m. **Injection de rappel,** injection d'un vaccin pratiquée à distance de la primovaccination, soit systématiquement (les délais en sont variables), soit à l'annonce d'une épidémie ou à l'occasion d'un accident (vaccin antitétanique). [V. VACCINATION.]

raptus n. m. Manifestation psychique paroxystique, explosive, susceptible d'entraîner des troubles du comportement social.

Des raptus anxieux ou coléreux peuvent être

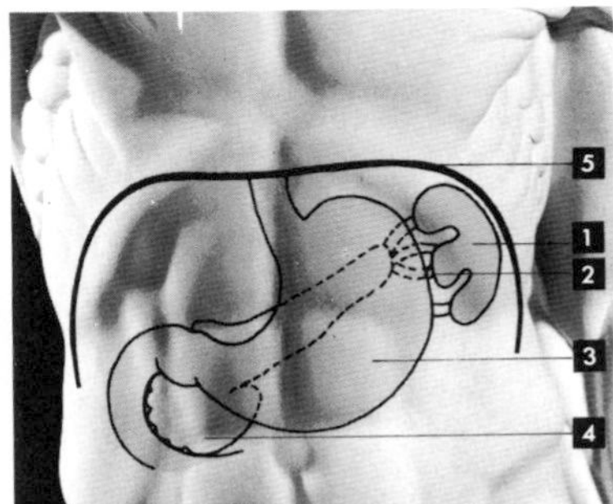

Rate. Situation de la rate chez l'homme (vue antérieure) :
1. Rate ; 2. Ligament gastrosplénique ;
3. Estomac ; 4. Pancréas ; 5. Diaphragme.

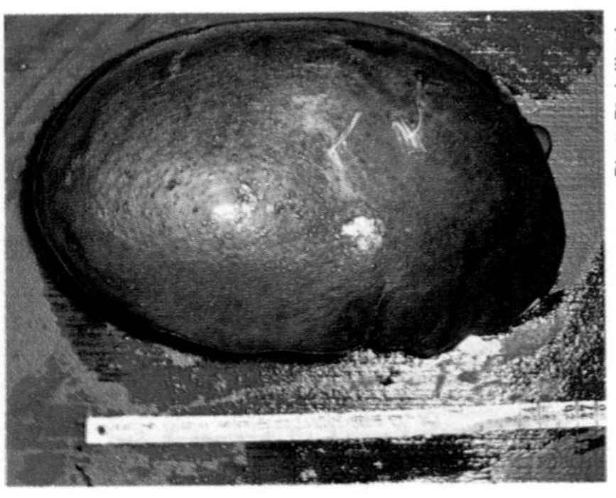

Phot. Dr Julliard.

Rate. Grosse rate après splénectomie (aspect normal, si ce n'est la taille : face externe).

suivis de passages à l'acte tragique : suicide, meurtre, violences physiques, fugues, etc.

rash n. m. Éruption cutanée pouvant simuler la scarlatine, la rougeole, et survenant au cours d'une maladie éruptive ou allergique.

rat n. m. Les rats sont nuisibles par leur voracité (ils rongent les canalisations) et, surtout, ils transmettent un certain nombre de maladies infectieuses (spirochétoses, septicémies à bacille *moniliformis,* peste, typhus murin, rage, sodoku, etc.) et parasitaires. La lutte contre les rats comporte le ramassage régulier des ordures ménagères, qui doivent être placées dans un local clos, la protection des habitations et des navires. La dératisation* proprement dite se fait avec divers poisons, avec les pièges et les animaux ratiers (chiens et chats).

ratanhia n. m. Plante d'Amérique du Sud, dont les racines, contenant du tanin, sont astringentes et antidiarrhéiques.
On l'emploie en poudre, sirop, extrait, teinture, dans le traitement des diarrhées, et en suppositoires contre les hémorroïdes.

rate n. f. Organe lymphoïde de l'abdomen, situé dans l'hypochondre gauche.

Anatomie. La rate est à gauche et en arrière du pôle supérieur de l'estomac, au-dessus de l'angle colique gauche, cachée sous les côtes. L'artère splénique (de la rate) vient de l'aorte par le tronc cœliaque*, la veine splénique se jette dans la veine porte*.

Histologie. La rate est formée de lobules contenant la pulpe rouge (cellules réticulaires et riche réseau veineux) et la pulpe blanche (corpuscules de Malpighi).

Physiologie. Le rôle de la rate est encore mal connu. Elle élabore des lymphocytes, des monocytes et fabrique des anticorps. Elle joue un rôle majeur dans le stockage et la destruction des globules rouges vieux.

Exploration. ***Examen clinique.*** La *rate normale* n'est pas palpable ni percutable. La *rate pathologique* est généralement grosse : c'est la splénomégalie. Dans ce cas, elle présente une aire de matité étendue et, surtout, elle peut être palpée sous les côtes, en inspiration profonde.
Examen biologique. L'*examen du sang* aide souvent au diagnostic étiologique d'une splénomégalie lorsqu'il montre des lignées d'*hypersplénisme**.

La *ponction de la rate* (après avoir vérifié l'absence de troubles de l'hémostase) permet d'étudier sa composition cellulaire (*splénogramme*) et de déceler éventuellement des parasites.

L'*examen radiologique de la rate* comporte la splénographie* et la splénoportographie*.

Maladies de la rate. ***Affections propres à la rate.*** Rares, elles sont représentées par les tumeurs primitives bénignes (angiomes*, kystes, pseudokystes d'origine traumatique ou dégénératifs) ou malignes (sarcomes).
Affections générales touchant la rate. Elles sont très nombreuses. L'atteinte splénique accompagne parfois une affection générale déjà connue (paludisme, leucémie myéloïde, cirrhose du foie) ; ailleurs, on se trouve

devant une splénomégalie* en apparence isolée dont il convient de faire le diagnostic.

ration n. f. **Ration alimentaire,** quantité d'aliments indispensable, qualitativement et quantitativement, aux besoins de l'organisme pendant 24 heures.

Besoins caloriques. La ration alimentaire doit couvrir les besoins caloriques de telle sorte que le bilan recettes-dépenses soit équilibré. Elle doit couvrir d'abord le métabolisme* de base (dépenses de fond de l'organisme au repos), les dépenses occasionnées par la lutte contre le froid et par l'activité de l'individu. L'apport calorique quotidien varie, suivant les cas, de 1 000 à 3 500 calories.

Aliments fournissant l'apport calorique. Ce sont les glucides, les lipides et les protides.

Les *glucides* ont une valeur énergétique moyenne de 4,1 calories par gramme. Ils sont apportés par les céréales, les légumes secs, la pomme de terre, les sucres purs ou leurs dérivés.

Les *lipides* ont une valeur énergétique moyenne de 9,3 calories par gramme. Ils sont fournis par le beurre et ses succédanés, les huiles et graisses animales.

Les *protides* ont une valeur énergétique moyenne de 4,2 calories par gramme. Ils sont présents dans de nombreux aliments d'origine animale (en particulier dans la viande) et végétale. Ils ont aussi un rôle plastique (croissance et renouvellement tissulaire).

Équilibre entre les éléments de la ration. L'apport calorique total doit comporter environ 12 p. 100 de protides (dont 50 p. 100 de protéines animales), 40 p. 100 de lipides et 48 p. 100 de glucides.

Besoins en vitamines et autres corps non synthétisés par l'organisme. La ration alimentaire doit apporter diverses substances indispensables qui sont des vitamines*, des sels minéraux, certains acides aminés et acides gras insaturés que l'organisme ne peut pas synthétiser.

Adaptation de la ration à certains états. Chez l'enfant, la ration calorique est proportionnellement plus élevée que chez l'adulte. Pendant la grossesse, les besoins caloriques et les besoins en protéines et en calcium sont plus élevés. Les travaux de force, les efforts sportifs, etc. nécessitent des rations élevées (3 500 calories et plus).

raubasine n. f. Alcaloïde du rauwolfia*, vasodilatateur et hypotenseur.

rauwolfia n. m. Arbuste de l'Inde (*Rauwolfia serpentina,* apocynacées), dont les racines sont utilisées pour leurs activités sédatives et hypotensives.

On l'emploie sous forme de poudre (comprimés) ou d'extrait fluide dans le traitement de l'hypertension. On en extrait plusieurs alcaloïdes : l'ajmaline*, la raubasine*, la réserpine*.

Raynaud (syndrome de), trouble de la vasomotricité artérielle, touchant les extrémités des membres.

Cette maladie évolue par crises, parfois déclenchées par le froid et caractérisées par une phase de pâleur des doigts (ou, moins souvent, des orteils) avec impression d'engourdissement, suivie d'une phase de cyanose*, avec douleur cuisante, puis d'une phase de rougeur. L'accès est parfois écourté par immersion dans l'eau chaude. La maladie de Raynaud affecte surtout les femmes. Certaines formes graves s'accompagnent de troubles trophiques cutanés (atrophie de la peau, gangrène, etc.). D'origine inconnue, elle accompagne parfois la syringomyélie* et certaines collagénoses*, surtout la sclérodermie*. Son traitement est décevant.

rayons n. m. pl. **1.** Vibrations électromagnétiques de même nature que la lumière visible, et n'en différant que par la longueur d'onde.

Raynaud. Maladie ou syndrome de Raynaud. Cyanose des doigts.

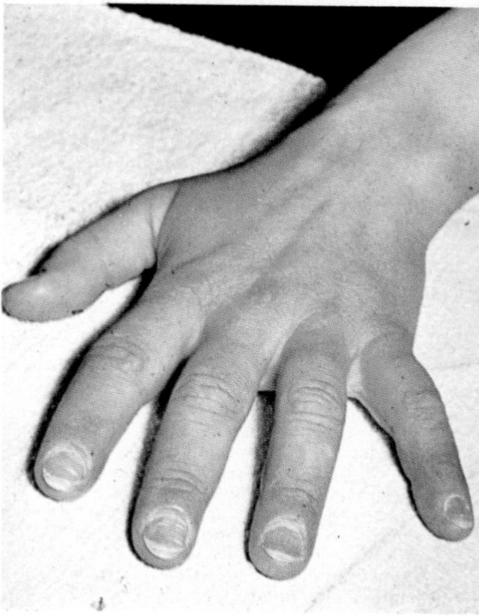

Phot. C.N.R.I.-Pr Tournay.

2. Émissions corpusculaires de la radioactivité*. (Syn. : RADIATIONS.)

Par ordre de longueurs d'onde croissantes des *rayons électromagnétiques,* on rencontre les rayons gamma (γ), les rayons X, les rayons ultraviolets*, la lumière visible, les rayons infrarouges*, les rayons hertziens (ondes courtes, moyennes et longues de la radiodiffusion). Tous ces rayons sont employés en médecine, mais le mot « rayons » employé seul désigne les rayons X. (V. RADIOLOGIE.)

Les *rayons corpusculaires* sont des particules de matière émises par les corps radioactifs ou par les accélérateurs de particules (cyclotron, bêtatron) ; ils ont une charge positive (rayons α [alpha]), négative (rayons β [bêta]) ou n'ont pas de charge électrique (neutrons).

Les rayons gamma, les rayons X et les rayonnements corpusculaires chargés électriquement sont des radiations ionisantes douées d'une action biologique importante mais nocive à forte dose. Le *mal des rayons* est l'ensemble des troubles provoqués par les radiations ionisantes. (V. RADIOBIOLOGIE, RADIOTHÉRAPIE, RADIOTOXICOLOGIE.)

réaction n. f. **1.** Méthode biologique ou chimique servant au diagnostic de certaines affections.
2. Mode de comportement de l'organisme à l'occasion d'une action agressive ou informatrice, le stimulus.

Réactions chimiques ou biologiques. ***Réactions chimiques.*** Elles visent à rechercher, par exemple, l'albumine, le glucose dans les urines.
Réactions tuberculiniques. Elles mettent en évidence l'allergie tuberculinique par la recherche de la sensibilité cutanée à la tuberculine.

La *cutiréaction** de von Pirquet est la plus communément employée.

L'*intradermoréaction,* plus précise, est pratiquée lorsque la cutiréaction est négative ou douteuse. La réaction provoquée par l'injection intradermique se lit à la 72e heure : l'existence d'un nodule rouge induré, entouré d'un halo rosé, traduit une réaction positive. Le principe de la bague tuberculinique est identique.

Le *timbre tuberculinique,* d'application simple, n'est pas douloureux mais il est moins précis, le sparadrap pouvant provoquer une rougeur difficile à identifier.

Le *B. C. G.-test,* pratiqué sous forme de cuti- ou d'intradermoréaction avec du B. C. G., permet de déceler une allergie tuberculinique extrêmement faible, dite « infratuberculinique ».

Les réactions tuberculiniques *positives* indiquent que le sujet a été vacciné par le B. C. G. ou qu'il a fait une primo-infection. Les réactions négatives permettent d'affirmer que le sujet n'a pas été tuberculisé, à quelques retenues près : les réactions ne se positivent que de 3 à 6 semaines après un contage tuberculeux, et certaines maladies dites *anergisantes* rendent négatives les réactions tuberculiniques.
Réaction de floculation ou de précipitation. V. IMMUNOLOGIE.
Réaction d'Herxheimer. C'est une poussée fébrile causée par une pénicillinothérapie trop intense au cours de la syphilis.

Les *autres réactions* sont traitées à leur ordre alphabétique.

réactionnel, elle adj. Se dit d'un symptôme ou d'une affection consécutifs à une agression extérieure, qu'elle soit physique (traumatisme, infection) ou psychique (affection psychogène).

réactivation n. f. Procédé qui vise à faire réapparaître des phénomènes qui ont disparus.
On réactive un sérum qui a perdu son complément* en ajoutant une goutte de sérum frais.

En *parasitologie,* l'administration d'un laxatif fait apparaître les amibes dans les selles. La réactivation de la blennorragie* consiste à faire boire de la bière : si l'affection n'est pas guérie, les gonocoques réapparaissent dans l'exsudat urétral.

réadaptation n. f. **Réadaptation fonctionnelle,** ensemble des mesures permettant d'obtenir la réinsertion d'un blessé ou d'un malade dans la société et son reclassement dans la vie professionnelle.

réanimation n. f. Ensemble des soins intensifs destinés à rétablir ou à maintenir chez certains malades ou blessés un équilibre humoral et fonctionnel normal.
Elle s'adresse soit à des sujets normaux ayant subi une intervention chirurgicale et une anesthésie générale (v. PRÉ-, PER- et POSTOPÉRATOIRE), soit à des sujets gravement atteints : polytraumatisés, cardiaques, insuffisants respiratoires ou rénaux. La réanimation comprend deux activités connexes : la surveillance et le traitement.

La *surveillance* est très importante, car la rapidité d'intervention est capitale en cas de collapsus*, d'arrêt cardiaque par exemple ; des appareils automatiques ont été créés à cet effet, qui mesurent la tension artérielle, le pouls, exécutent électrocardiogramme, électroencéphalogramme et donnent l'alarme à la moindre défaillance. (V. MONITEUR.)

Le *traitement* comporte de multiples interventions : rétablissement de la masse sanguine, de l'équilibre électrolytique*, ventilation assistée avec intubation ou trachéotomie, épuration extrarénale, choc électrique, etc.

C'est dire l'intérêt non seulement de centres spécialisés de réanimation, mais aussi des équipes mobiles, possédant le matériel nécessaire pour maintenir les fonctions vitales d'un blessé ou d'un malade jusqu'à son arrivée en milieu hospitalier.

recalcification n. f. Augmentation de la fixation du calcium par le tissu osseux.

récepteur n. m. **1.** Élément sensoriel, à l'origine d'une fibre nerveuse, qui répond à une stimulation physique ou chimique en déclenchant un influx* nerveux. — Citons les *extérocepteurs,* qui renseignent sur le milieu extérieur ; les *intérocepteurs,* qui renseignent sur le fonctionnement des viscères ; les *propriocepteurs,* placés dans les tendons, les muscles et les articulations, qui renseignent sur la position des segments du corps.
2. Cellule, tissu ou organe électivement stimulé par une hormone.

réceptivité n. f. État dans lequel un organisme contracte plus particulièrement certaines maladies.

récessif, ive adj. **Caractère récessif,** caractère héréditaire qui ne se manifeste que lorsque le gène responsable existe sur les deux chromosomes de la paire (c'est-à-dire à l'état homozygote*). [V. HÉRÉDITÉ.]

receveur n. m. **Receveur universel,** sujet possédant le groupe* sanguin AB, qui peut recevoir du sang d'un groupe quelconque sans inconvénient.

recherche n. f. *Recherche biomédicale,* « essais, études ou expérimentations organisés et pratiqués chez l'homme en vue du développement des connaissances biologiques ou médicales ». Une loi du 20 décembre 1988 en a précisé les conditions. Elle définit l'investigateur, les moyens employés, les conditions de sécurité et d'assurances. Le consentement du sujet (ou de l'autorité parentale s'il est mineur) est nécessaire, ainsi que l'avis favorable d'un Comité consultatif régional. Aucune indemnité n'est versée au sujet qui bénéficie d'un essai thérapeutique. Par contre, un sujet sain qui se prête à un essai sans risque prévisible sérieux et sans but thérapeutique peut recevoir une indemnité.

Cette loi permet l'essai des nouveaux médicaments ou méthodes thérapeutiques dans un cadre légal, avec les garanties nécessaires.

rechute n. f. Nouvelle poussée évolutive d'une maladie chez un sujet qui en avait été déjà atteint et qui n'était pas bien guéri.

Doc. Service d'urologie. - Hôpital Necker. Phot. Lauros.

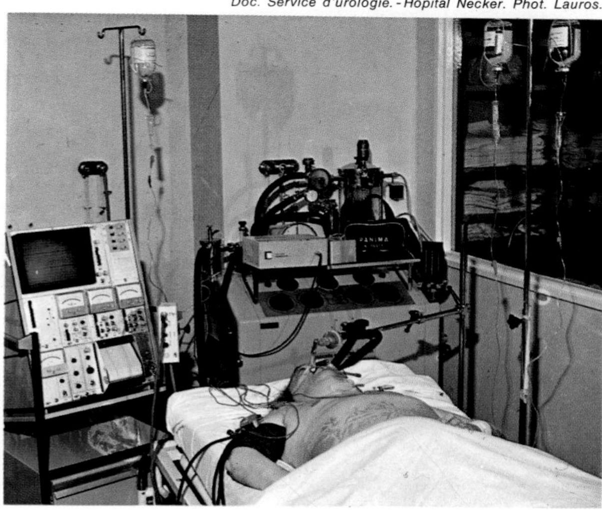

Réanimation.
Lit de réanimation chirurgicale postopératoire : opéré sous ventilation artificielle et surveillance électrocardioscopique

reconstituant, e adj. et n. m. Se dit des substances qui, apportées à l'organisme, sont supposées rétablir la fonction et la division des cellules après une agression (maladie ou blessure). [V. FORTIFIANT.]

recrudescence n. f. Exacerbation des manifestations d'une maladie après une rémission temporaire.

rectite n. f. Inflammation du rectum.
Les rectites sont fréquentes au cours des poussées d'hémorroïdes ; elles peuvent survenir dans les maladies comme la recto*-colite hémorragique, ou encore être secondaires à une irradiation thérapeutique du petit bassin. La rechute survient habituellement pendant la convalescence.

récidive n. f. Nouvelle offensive d'une maladie dont un sujet déjà atteint avait complètement guéri.

récipient n. m. Sous ce nom, le codex* consacre un chapitre définissant les conditions auxquelles doivent satisfaire tous les contenants qui renferment les préparations injectables et les collyres.
La transparence est une condition essentielle. On distingue les récipients en verre, qui regroupent les flacons et les ampoules, et les récipients en matière plastique, de compositions très diverses. Le codex exige de tous les récipients que le produit utilisé pour leur fabrication soit rigoureusement neutre vis-à-vis du contenu. Pour les ampoules « buvables », le verre qui les compose est généralement coloré.

**Recklinghausen. ** Maladie de Recklinghausen. Nombreux neurinomes cutanés.

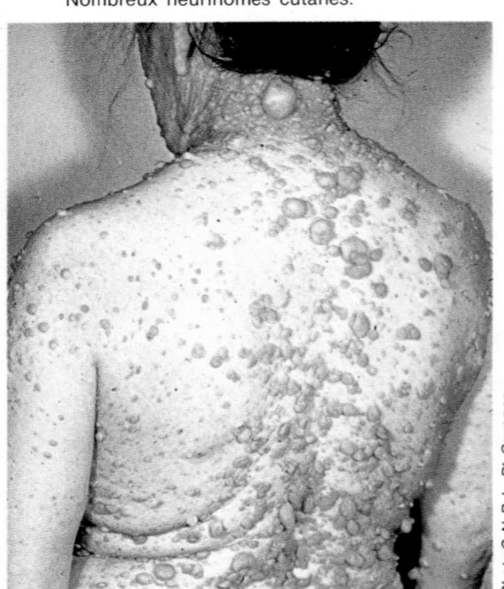

Phot. C.N.R.I. - Dr Grupper.

Recklinghausen (neurofibromatose de), affection héréditaire caractérisée par des *manifestations cutanées* (taches « café-au-lait », tuméfactions ou « neurinomes »), des *tumeurs nerveuses* de siège variable, des *lésions viscérales* (dystrophies de certains organes) et des *lésions osseuses* (affaissement de la colonne vertébrale).

Recklinghausen (ostéite fibrokystique de), ensemble des manifestations osseuses de l'hyperparathyroïdie primitive (v. PARATHYROÏDE) : douleurs osseuses sur les zones d'appui, fractures spontanées, tuméfactions osseuses aboutissant à des déformations squelettiques et qui sont dues à une décalcification osseuse importante.

Reclus (maladie de), affection caractérisée par la formation dans le sein de multiples petits kystes. (Syn. : MALADIE POLYKYSTIQUE DU SEIN.)
Le traitement consiste en l'application de lavements anti-inflammatoires.

rectocèle n. m. Protrusion de la paroi antérieure du rectum dans le vagin.
C'est une forme de prolapsus* génital.

recto-colite n. f. Inflammation du rectum et du côlon.
Recto-colite hémorragique, affection caractérisée par l'érosion de la muqueuse rectale et colique avec hémorragies et parfois suppuration. — Sa cause est mal connue ; ses manifestations cliniques et son pronostic sont très variables. Certaines formes se traduisent par un syndrome dysentérique avec fièvre, hémorragies, d'évolution subaiguë. D'autres ne se manifestent que par l'émission d'une glaire sanglante. La maladie évolue souvent par poussées. La rectoscopie et le lavement baryté prudent permettent de faire le diagnostic.
Le *traitement* des poussées aiguës repose sur la réanimation. Il comporte toujours l'administration d'antiseptiques intestinaux, de lavements aux corticoïdes. Certains aspects psychosomatiques de l'affection conduisent à employer les médicaments psychotropes (tranquillisants).

rectopexie n. f. Intervention chirurgicale consistant à fixer le rectum à un organe voisin ou à la paroi pelvienne postérieure, pour traiter un prolapsus* rectal.

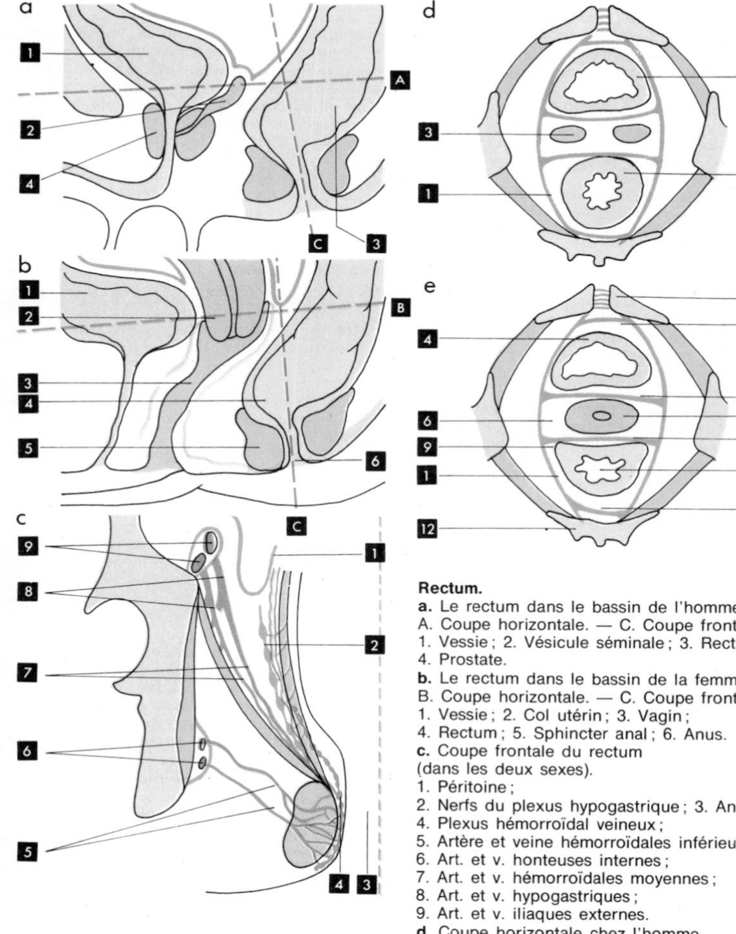

Rectum.
a. Le rectum dans le bassin de l'homme.
A. Coupe horizontale. — C. Coupe frontale.
1. Vessie ; 2. Vésicule séminale ; 3. Rectum ;
4. Prostate.
b. Le rectum dans le bassin de la femme.
B. Coupe horizontale. — C. Coupe frontale.
1. Vessie ; 2. Col utérin ; 3. Vagin ;
4. Rectum ; 5. Sphincter anal ; 6. Anus.
c. Coupe frontale du rectum
(dans les deux sexes).
1. Péritoine ;
2. Nerfs du plexus hypogastrique ; 3. Anus ;
4. Plexus hémorroïdal veineux ;
5. Artère et veine hémorroïdales inférieures ;
6. Art. et v. honteuses internes ;
7. Art. et v. hémorroïdales moyennes ;
8. Art. et v. hypogastriques ;
9. Art. et v. iliaques externes.
d. Coupe horizontale chez l'homme.
1. Aponévrose sacro-recto-génito-pubienne ;
2. Rectum ; 3. Vésicule séminale ; 4. Vessie.
e. Coupe horizontale chez la femme.
1. Aponévrose sacro-recto-génito-pubienne ;
2. Pubis ; 3. Loge vésicale ; 4. Vessie ;
5. Fascia vésico-vaginal ; 6. Loge vaginale ;
7. Col utérin ; 8. Fascia recto-vaginal ;
9. Loge rectale ; 10. Rectum ;
11. Fascia rétrorectal ; 12. Sacrum.

rectoscopie n. f. Examen endoscopique du rectum et du côlon sigmoïde.

rectum n. m. Segment terminal du tube digestif, faisant suite au côlon sigmoïde, descendant en avant du sacrum et du coccyx pour se terminer à l'anus.

Anatomie. Le rectum comprend un segment pelvien, l'ampoule rectale, et un segment inférieur, le canal anal, entouré des fibres du releveur de l'anus et du sphincter. Irrigué par les vaisseaux hémorroïdaires, ses veines constituent une anastomose porto-cave.

Pathologie. Les *lésions traumatiques* du rectum sont produites par des corps étrangers, des projectiles divers, l'empalement, voire l'air comprimé. Les plaies du rectum sont toujours graves et demandent l'intervention chirurgicale d'urgence.

Les inflammations du rectum sont les rectites*. Les anomalies des veines du rectum constituent les hémorroïdes et leurs complications.

Les *tumeurs bénignes* sont fréquentes (polypes) ; uniques ou multiples, elles doivent être extirpées, car leur dégénérescence est toujours à redouter.

Le *cancer du rectum* est un des plus fréquents des cancers digestifs. Il se manifeste par des hémorragies de sang rouge, des faux besoins, mais est parfois longtemps latent, d'où la nécessité de pratiquer un toucher rectal systématique chez tout malade ayant dépassé la cinquantaine. Le traitement peut, dans certains cas, faire appel aux agents physiques, mais est, en règle, chirurgical (amputation du rectum).

récurrent, e adj. **Nerfs récurrents,** branches des nerfs pneumogastriques qui innervent les muscles du larynx*.

Fièvre récurrente. V. FIÈVRE.

réducteur, trice adj. et n. Se dit de drogues d'usage local, comme le pyrogallol, l'ichthyol, employées dans le traitement de certaines dermatoses*.

réduction n. f. **1.** Manœuvre qui amène les fragments déplacés d'un os fracturé dans leur position anatomique normale. — Elle peut être *orthopédique* (par manipulation et immobilisation ou par traction continue) ou *sanglante*, c'est-à-dire par intervention chirurgicale.

2. En *chimie*, perte d'oxygène, diminution de l'oxydation.

réduve n. m. Insecte de la famille des réduvidés. (Syn. : TRIATOME.)

C'est le vecteur de la maladie de Chagas*. Sous nos climats, les réduves détruisent les insectes nuisibles.

rééducation n. f. Action de rétablir le cours normal de certaines fonctions chez des infirmes ou d'apprendre à des convalescents à recouvrer l'usage de leurs facultés.

La *rééducation motrice* s'adresse avant tout aux blessés et aux alités : elle utilise toutes les techniques de la *kinésithérapie**. De nombreuses spécialités médicales font appel à ces techniques : rééducation des mouvements des yeux en ophtalmologie (strabisme), de la voix après laryngectomie ; rééducation des insuffisants respiratoires ou des opérés du thorax ; rééducation obstétricale (les techniques d'accouchement sans douleur sont en réalité des techniques de rééducation musculaire et nerveuse). En rhumatologie et en neurologie, la rééducation a un rôle essentiel dans le traitement de toutes les infirmités motrices.

La *rééducation psychologique* est l'ensemble des méthodes utilisées en faveur de l'enfance inadaptée. (V. INADAPTATION.)

Rééducation des sourds-muets. V. SOURDS-MUETS.

rééquilibration n. f. Action de rétablir un équilibre (rééquilibration électrolytique*, par exemple).

réflexe n. m. Réponse involontaire à une stimulation donnée. (La réaction déclenchée est innée, identique dans la même espèce animale.)

Les *réflexes conditionnés* sont, eux, des réponses apprises à des stimulations répétées habituelles.

Physiologie. La moelle épinière est le centre nerveux des réflexes.

Le *réflexe myotatique* (d'étirement musculaire) traduit un arc réflexe élémentaire. L'incitation, née dans les récepteurs* musculaires, gagne la moelle par une fibre sensitive (neurone) qui rejoint là un deuxième neurone dont la fibre motrice excite le muscle et provoque sa contraction. Ce réflexe est dit « monosynaptique ». (Il existe une seule liaison : une seule synapse* entre le neurone sensitif et le neurone moteur.)

D'autres réflexes demandent la participation de nombreuses fibres, pour informer diverses régions du corps, pour inhiber ou, au contraire, faciliter la réponse réflexe : ce sont les réflexes polysynaptiques (plusieurs synapses).

Clinique. En pratique médicale, l'étude des réflexes fournit de précieux renseignements sur le type et la topographie d'une lésion neurologique.

Réflexes ostéo-tendineux. En frappant un des tendons d'insertion d'un muscle, on obtient une réponse musculaire de contraction qui engendre un mouvement. Ainsi, en percutant le tendon rotulien, on provoque la contraction du quadriceps de la cuisse. On recherche le réflexe achilléen au tendon d'Achille.

Aux membres supérieurs, on recherche les réflexes bicipitaux, tricipitaux, etc.

Une lésion de la moelle épinière, d'une racine ou d'un nerf abolit un certain réflexe correspondant au niveau de la lésion.

À l'inverse, une exagération d'un réflexe traduit l'atteinte d'une fibre inhibitrice du réflexe (le faisceau pyramidal* est inhibiteur).

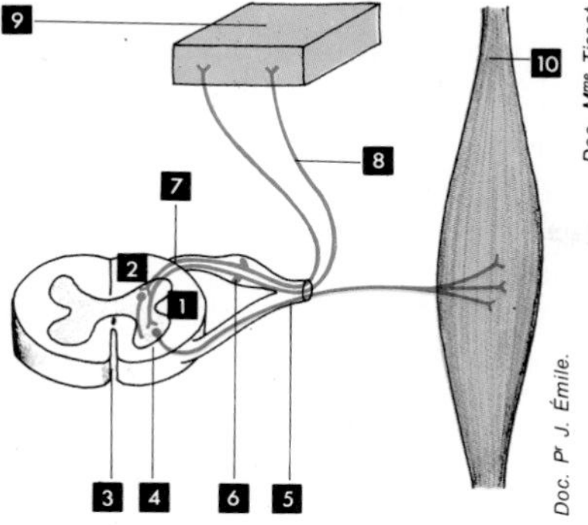

Doc. Pr J. Émile.

Réflexe. Arc réflexe :
1. Arc réflexe monosynaptique ;
2. Arc réflexe avec neurone intercalaire ;
3. Segment médullaire ;
4. Corne antérieure de la moelle (motrice) ;
5. Neurone moteur ; 6. Ganglion spinal ;
7. Corne postérieure de la moelle (sensitive) ;
8. Neurone sensitif ; 9. Peau ; 10. Muscle.

Doc. Mme Tissot.

Réflexogramme. Enregistrement d'un réflexogramme achilléen.

Réflexes cutanés. L'excitation d'une zone cutanée déclenche une réponse vive. On connaît ainsi les réflexes cutanés abdominaux, cutanés plantaires (v. BABINSKI [*signe de*]), crémastérien et du voile du palais.

Il faut en rapprocher les *réflexes de défense*, exacerbés lors d'une atteinte pyramidale, et qui se traduisent par une triple flexion du membre lorsqu'on pince la peau près de l'extrémité de celui-ci.

Réflexes neuro-végétatifs. La réponse due à la stimulation d'organes innervés par le système végétatif consiste en horripilation*, modification de la pupille, augmentation ou diminution de sécrétion, etc.

Réflexes oculaires. Le réflexe cornéen consiste en une fermeture de la paupière lors d'un attouchement de la cornée. Son abolition témoigne d'une atteinte du nerf trijumeau.

Le réflexe photomoteur (contraction de la pupille à la lumière) reflète le fonctionnement du nerf moteur oculaire commun et des fibres parasympathiques.

Le réflexe pupillaire d'accommodation à la distance fait intervenir les voies optiques de la rétine jusqu'au cortex*.

Réflexes du nouveau-né. Ces réflexes, dits « archaïques », disparaissent peu après la naissance. C'est le cas de la marche automatique, du réflexe de Moro*, du réflexe de succion.

Réflexe conditionné. V. CONDITIONNEMENT.

réflexogramme n. m. Tracé graphique d'un réflexe.

Réflexogramme achilléen, enregistrement de la réponse musculaire à la percussion du tendon d'Achille. Il explore la fonction thyroïdienne. Le réflexogramme achilléen est normalement compris entre 240 et 340 millièmes de seconde. Il est allongé dans l'hypothyroïdie et raccourci dans l'hyperthyroïdie.

reflux n. m. Retour d'un flot.
En clinique, certains reflux anormaux ont une importance diagnostique : *reflux hépato-jugulaire, reflux vésico-urétéral.*

refoulement n. m. Mécanisme psychologique inconscient par lequel des pensées, des images mentales ou des souvenirs liés à un désir profond et instinctif senti comme interdit sont maintenus hors de la conscience. Les sentiments et les images refoulés n'en conservent pas moins leur force, et cherchent sans cesse à revenir « à la surface ». La culpabilité et l'angoisse qui s'y rattachent engagent le sujet (le moi) dans une lutte intérieure nécessitant une dépense d'énergie plus ou moins grande.

Le concept de refoulement est essentiel dans la compréhension et dans l'approche psychothérapique des névroses*.

réfraction n. f. Changement de direction de la lumière lors de son passage d'un milieu dans un autre (de l'air dans l'eau, par exemple).
Dans l'œil normal (emmétrope*), ce pouvoir de réfraction est tel que l'image des objets situés entre 5 m et l'infini se forme sur la rétine sans accommodation. Un défaut de réfraction nécessite un verre correcteur.

réfrigérateur n. m. La température moyenne des réfrigérateurs est de + 4 °C. Il ne faut pas y laisser plus de 24 heures des aliments crus tels que le blanc d'œuf et le poisson. Il est déconseillé d'y conserver les coquillages, car ils meurent rapidement et leur chair devient toxique. Les freezers et congélateurs à − 18 °C conservent les aliments congelés.

Le chlorure de méthyle qui se trouve dans le circuit de certains appareils est dangereux en cas d'explosion ou de fuite.

réfrigération n. f. L'exposition au froid intense est responsable de troubles du système cardiaque. La réfrigération dans un dessein thérapeutique réduit les besoins de l'organisme en oxygène. (V. HYPOTHERMIE, *Hypothermie thérapeutique.*)

refroidissement n. m. Malaise passager, dû à l'exposition aux basses températures, qui provoque chez le sujet touché des frissons, une sensation de froid.
Le refroidissement favorise le développement des infections, notamment respiratoires, mais il n'en est pas la cause, qui est microbienne.

refus n. m. En psychologie et en psychiatrie, attitude consistant à rejeter hors de la conscience des désirs, des images mentales, des actes et divers aspects de la réalité extérieure que le sujet vit comme interdits, dangereux pour son équilibre ou simplement détestables.
Les conduites de refus revêtent des aspects divers : refoulement*, reniement, répression, opposition, méconnaissance, négativisme, oublis. Les objets ou thèmes qui engendrent des refus sont innombrables : refus (conscient ou non) de la mort, de la vieillesse, de l'exercice d'une sexualité normale, etc. Les malades mentaux expriment souvent le refus de la réalité extérieure en se dérobant à tout contact.

régime n. m. Ensemble de mesures diététiques prescrites lors de certaines maladies. Le régime doit soit diminuer l'effort de l'organisme devant une surcharge (néphropathie, enzymopathies), soit agir directement sur la maladie (obésité, diabète). On distingue les régimes de restriction glucidique (v. DIABÈTE), protidique, saline et celui de restriction calorique (v. OBÉSITÉ).
Régime de restriction protidique. Il est utilisé dans les insuffisances rénales chroniques et en cas d'anurie (v. REIN). Il freine le métabolisme protidique tout en apportant une ration suffisante (de 1 800 à 2 000 calories) grâce aux glucides, lipides et vitamines. Ce régime ne permet pas l'exclusion totale des protides (qui entraîne une fonte musculaire), mais en tolère 0,5 g par kilogramme de poids corporel. Il est souvent à l'origine d'une anorexie*, qu'il faut combattre par un assaisonnement varié. Des listes indiquent la teneur des aliments en protides, en fonction de leur équivalence.

TENEUR EN PROTIDES DE DIVERS ALIMENTS

10 g de protides équivalent à :

viande	50 g	pâtes	80 g
poisson	50 g	pain	120 g
œuf	100 g	riz	150 g
lait	300 g	chocolat	150 g
lentilles	40 g	pommes de terre	300 g

Régime de restriction saline. C'est un régime très employé (de façon plus ou moins stricte) en raison du rôle important du sodium. Il est utilisé en cas de néphropathies (v. REIN), d'insuffisance cardiaque*, d'hypertension* artérielle et lors de la corticothérapie*.

Le régime *pauvre en sel* (2 g de sodium par jour) interdit le sel dans la cuisine, remplace le pain par du pain sans sel et déconseille certains aliments : charcuterie, fromages, poissons et viandes salées.

Les conserves, les pâtisseries du commerce, les confitures et certains médicaments sont à proscrire.

Le régime *désodé strict* apporte moins de 200 mg de sodium. Il supprime les viandes, les œufs, le beurre et certains légumes (épinards, céleri). Il est difficilement accepté, et les condiments, le sel de régime (sauf chez les insuffisants rénaux) doivent permettre d'éviter une lassitude du malade.

Les eaux minérales (surtout gazeuses) doivent être employées en quantité minime.

Ces régimes ne sont pas exempts de dangers (désordres hydroélectrolytiques) et ne doivent être faits que sous surveillance médicale.

Autres régimes. Adaptés à des cas particuliers, ce sont :
— la *diète hydrique*, qui supprime pendant quelques jours toute alimentation solide ;
— les *régimes d'exclusion*, utilisés au cours de déficits enzymatiques (galactosémie*, phénylcétonurie*...) et permettant de pallier l'anomalie biologique ;
— le régime de *restriction lipidique*, qui apporte moins de 60 g de lipides. Il est très utilisé dans l'athérosclérose. Il supprime les abats, les huiles, le beurre, les œufs, les viandes grasses.

Le régime *hyperprotidique*, ou carné, est prescrit chez les dénutris, les cirrhotiques, les brûlés... Il associe une augmentation de la ration protidique animale, des légumes et certains protides (choline*, méthionine*).

règlement n. m. **Règlement sanitaire,** règlement de police relatif à la protection de la santé publique.

Règlement sanitaire international, règlement sanitaire adopté par l'Assemblée mondiale de la santé, composée des représentants des pays membres et membres associés de l'Organisation mondiale de la santé (O. M. S.). Le règlement actuel est entré en vigueur le 1er janvier 1971. Il prévoit un échange permanent et rapide des informations relatives aux épidémies, l'essentiel des moyens matériels et du personnel dont devront être pourvus chaque port et aéroport pour faire face aux besoins sanitaires, les mesures sanitaires que devront prendre les autorités nationales pour chacune des maladies quarantenaires. Il porte dispositions sur le carnet international de vaccination*. Il combine le maximum de sécurité possible contre la diffusion des maladies et le minimum d'obstacles au trafic international.

règles n. f. pl. Écoulement sanglant d'origine utérine, lié à la desquamation de l'endomètre, se reproduisant périodiquement, en l'absence de fécondation, de la puberté à la ménopause. (Syn. : MENSTRUATION*.)

réglisse n. f. Le *bois de réglisse*, riche en glycyrrhizine, de saveur sucrée, est employé pour sucrer les tisanes. La *poudre de réglisse* (tablettes, pastilles) facilite la digestion.

De fortes doses de réglisse provoquent une hypertension analogue à celle que l'on observe au cours de l'hyperaldostéronisme*.

régression n. f. **En pathologie,** diminution des symptômes d'une maladie ou de l'étendue d'une lésion (totale, elle aboutit à la *restitutio ad integrum*).

En psychiatrie, retour en arrière du développement d'une personnalité parvenue à un stade plus ou moins avancé de maturation. La régression fait revenir un individu à des modes d'expression ou de comportement d'un niveau inférieur, archaïque ou infantile.

La maladie mentale réalise une telle désorganisation de la personnalité. Les activités psychologiques les plus fines et de haut niveau sont diminuées, alors que se trouvent libérées des activités automatiques, affectives ou intellectuelles plus élémentaires, qui déterminent le comportement pathologique.

régularisation n. f. Ablation des parties contuses, déchiquetées et dévitalisées, des bords d'une plaie.

régulation n. f. **1.** Action d'assurer le fonctionnement harmonieux d'un système complexe (régulation hormonale).

2. Capacité de suppléance que possèdent certains tissus embryonnaires, et visant à compenser une déficience des tissus voisins.

régurgitation n. f. Rejet du contenu de l'estomac par la bouche, sans nausée ni effort de vomissement.

Elle traduit une lésion œsophagienne ou gastrique. Chez le nourrisson, la régurgitation d'une gorgée de lait accompagnant le « rot » après le biberon est normale.

réimplantation n. f. Section d'un canal ou d'un muscle, suivie de la fixation d'une des extrémités sur un autre viscère ou un autre os.

Réimplantation dentaire, intervention qui consiste à réintroduire dans son alvéole une dent expulsée accidentellement, ou à extraire puis réimplanter ailleurs une dent (généralement incluse). [Dans ce dernier cas, on dit aussi TRANSPLANTATION.]

rein Voir article page 784.

rein artificiel, appareillage qui permet, au cours de séances répétées tous les 2 ou 3 jours, d'épurer le sang du malade dans un système filtrant situé en dehors de l'organisme. — Le sang est prélevé dans une veine et réinjecté dans une autre veine après épuration*.

réinfection n. f. Infection nouvelle, frappant un sujet guéri d'une infection antérieure non immunisante, due au même germe.

réintervention n. f. Nouvelle intervention chirurgicale décidée pour pallier une complication secondaire à l'intervention première (hémorragie, désunion de suture, occlusion, etc.) ou à un résultat insuffisant.

rein n. m. Organe de sécrétion de l'urine, qui joue un rôle important dans la régulation de l'équilibre hydroélectrolytique* et celui de la tension artérielle.

Anatomie. Les reins, au nombre de deux, placés symétriquement de chaque côté de la colonne vertébrale dans les fosses lombaires, ont une couleur rouge foncé et la forme de haricots. Leur bord interne présente un segment déprimé, le *hile,* qui livre passage à l'artère et à la veine rénales, et au bassinet.

Le *parenchyme* rénal est composé d'une partie centrale, *médullaire,* formée par les pyramides de Malpighi, agglomérat de petits canaux collecteurs urinaires qui vont, par leur sommet, constituer une papille, et d'une partie périphérique, la substance *corticale,* qui pénètre entre les pyramides en formant les colonnes de Bertin. L'urine s'écoule des papilles dans les *petits calices,* qui la drainent dans les grands calices, lesquels se réunissent pour former le *bassinet.* Celui-ci se rétrécit en entonnoir et se continue avec l'uretère. (V. URINAIRE.)

Histologie.
Le *néphron* est l'unité fonctionnelle élémentaire du rein. Il en existe entre 1 000 000 et 1 500 000 dans chaque rein, et chacun d'entre eux possède toutes les fonctions d'épuration.

Rein. Néphron.
A. Situation générale d'un néphron :
1. Capsule du rein ; 2. Substance corticale ;
3. Pyramide de Ferrein ;
4. Pyramide de Malpighi
(substance médullaire) ;
5. Colonne de Bertin (substance corticale) ;
6. Néphron ; 7. Uretère ;
8. Artère arciforme ; 9. Veine arciforme ;
10. Artère rénale ; 11. Veine rénale.
B. Détail d'un néphron :
de 1 à 6. Néphron (1. Corpuscule de Malpighi ;
2. Capsule de Bowman ;
3. Tube contourné proximal ;
4. Branche grêle de l'anse de Henle ;
5. Branche large de l'anse de Henle ;
6. Tube contourné distal) ;
7. Tube de Bellini ; 8. Papille ;
9. Sens du cheminement de l'urine ;
10. Artère arciforme ; 11. Veine arciforme ;
12 et 13. Artère et veine interlobulaires ;
14. Réseau capillaire péritubulaire.
C. Corpuscule de Malpighi :
1. Capsule de Bowman ;
2. Glomérule de Malpighi ;
3. Artère afférente
provenant de l'artère interlobulaire ;
4. Artère efférente aboutissant
au réseau capillaire péritubulaire ;
5. Chambre glomérulaire ;
6. La flèche
indique la filtration glomérulaire.

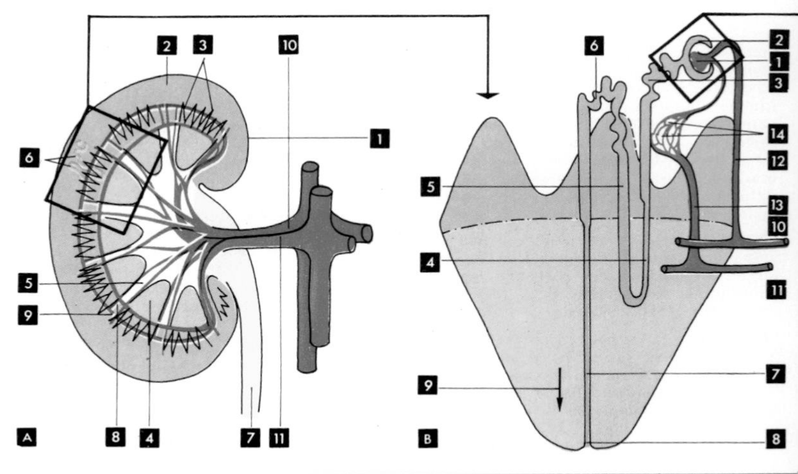

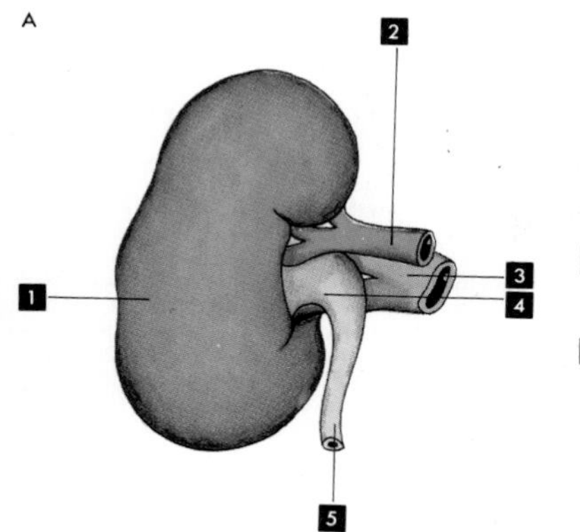

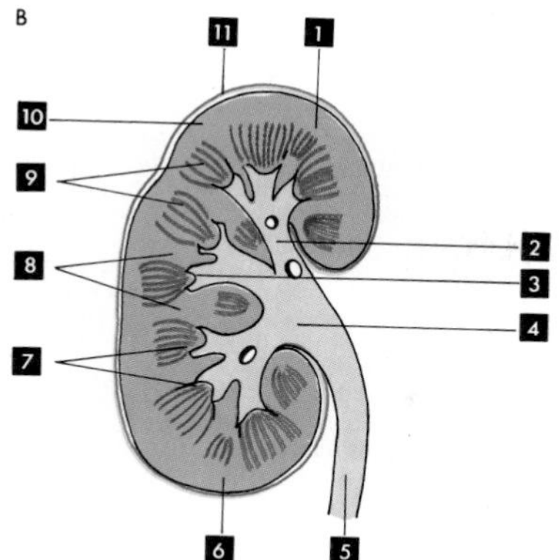

Rein. A. Face postérieure du rein gauche : 1. Rein ; 2. Artère rénale ; 3. Veine rénale ; 4. Bassinet ; 5. Uretère.
B. Coupe du rein et de ses conduits excréteurs : 1. Pôle supérieur ; 2. Grand calice ; 3. Petit calice ; 4. Bassinet ; 5. Uretère ; 6. Pôle inférieur ; 7. Papilles ; 8. Colonnes de Bertin ; 9. Pyramides de Malpighi ; 10. Parenchyme rénal ; 11. Capsule rénale.

Le néphron comporte deux parties : le glomérule et le tubule.

Le glomérule. C'est l'organe filtrant. Il est composé : *a*) d'un peloton vasculaire, ou flocculus, alimenté par une artériole afférente, drainé par une veinule efférente ; *b*) de la capsule de Bowman, qui englobe le flocculus et s'ouvre dans le tubule.

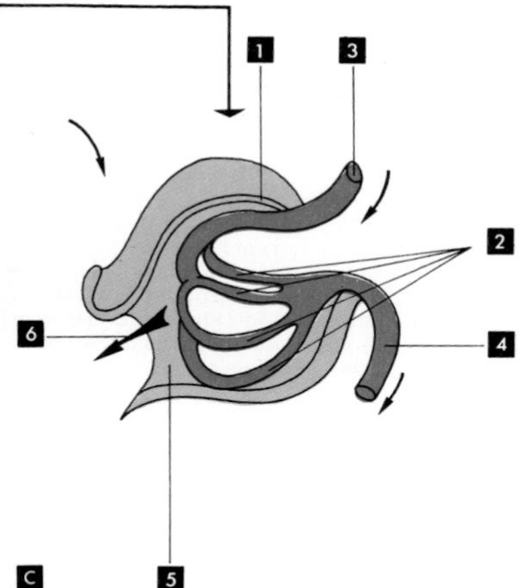

Le tubule. C'est l'organe de dilution et de concentration de l'urine. Il est fait d'un épithélium cubique reposant sur une membrane basale, en continuité avec celle de la capsule. Il comporte plusieurs segments : *a*) le *tube contourné proximal,* court, fin, sinueux, situé dans la corticale du rein, à la suite du glomérule ; *b*) l'*anse de Henle,* en épingle à cheveux, descendant profondément dans la médullaire du rein, puis remontant dans la corticale. La branche descendante est fine, la branche ascendante large ; *c*) le *tube contourné distal,* faisant suite à l'anse de Henle. Il se jette dans un tube collecteur dont plusieurs se réunissent pour former un des tubes papillaires de Bellini, descendant jusqu'à la papille où il se jette dans un calice.

L'*appareil juxtaglomérulaire* est un amas cellulaire dense situé entre l'artériole afférente et le tube contourné proximal. C'est un des régulateurs de la pression artérielle.

Physiologie.

Formation de l'urine. Elle dépend de trois mécanismes :

La filtration glomérulaire. Les parois du flocculus laissent passer environ 180 litres par jour d'un ultrafiltrat, ou urine primitive, de même composition que le plasma, à l'exception des protéines, trop grosses pour passer cette barrière.

Certaines substances du plasma, telle la créatinine, sont uniquement filtrées par le rein et non réabsorbées. Leur clairance* est donc un reflet de la filtration glomérulaire.

La réabsorption tubulaire. L'urine définitive n'étant que de 1 à 2 litres par 24 h, la plus grande partie de l'urine primitive est réabsorbée par le tubule. Cette réabsorption est *passive* pour certaines substances, régies uniquement par des gradients de concentration. C'est le cas de l'urée. Elle peut être *active* et connaît alors une limite (réabsorption tubulaire maximale ou T. m.) au-delà de laquelle l'élimination urinaire croît avec la concentration plasmatique. Le glucose, totalement réabsorbé à l'état normal, apparaît dans les urines lorsque son T. m. est dépassé. La glycosurie* est alors proportionnelle à la glycémie*.

La sécrétion tubulaire. Certaines substances comme l'acide para-aminohippurique ou la phénolsulfonephtaléine sont sécrétées par le tubule. Cette sécrétion est active et connaît donc une limite (sécrétion tubulaire maximale).

Régulation des équilibres hydroélectrolytique et acidobasique. Environ 80 p. 100 de l'eau de l'urine primitive est réabsorbée obligatoirement au niveau du *tube* proximal, car elle est liée au sodium dont c'est le premier site de réabsorption non ajustable.

L'*anse de Henle* constitue ensuite un système de concentration progressive de l'urine. Sa branche descendante s'enfonce, de la corticale à la médullaire, dans un milieu de plus en plus concentré en électrolytes, ce qui lui fait perdre de l'eau. Puis, la branche ascendante étant imperméable à l'eau, seuls les électrolytes seront échangés, le sodium étant réabsorbé contre un ion potassium ou hydrogène (acide). Cette réabsorption est sous la dépendance de l'aldostérone* et permet d'ajuster l'élimination du sodium aux besoins de l'organisme ainsi que d'éliminer ou d'épargner des ions acides. Le tube contourné distal, puis le tube collecteur permettent la réabsorption de l'eau, ajustée, au niveau du tube collecteur, par l'hormone antidiurétique*, qui le rend perméable à l'eau en fonction de l'état d'hydratation de l'organisme.

Régulation de la pression* artérielle. Le rein y joue un rôle majeur car il règle la volémie* par la réabsorption plus ou moins grande du sodium et de l'eau qui lui est liée. D'autre part, l'appareil juxtaglomérulaire, sensible à l'osmolarité* du plasma et à la volémie circulante, sécrète la rénine*, qui permettra la formation d'angiotensine*, directement active sur les centres vasomoteurs réglant la tension artérielle.

Rein. Glomérule rénal normal.

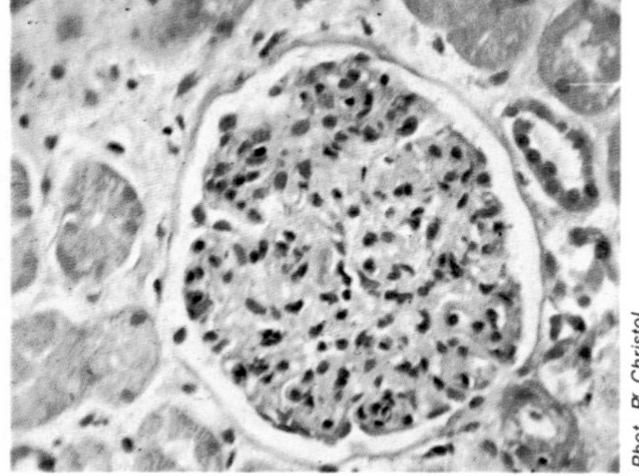

Phot. Pr Christol.

Explorations du rein.

Exploration clinique. Elle ne dispose que de l'interrogatoire, qui précise le type et l'évolutivité des symptômes, et de la palpation, permettant parfois de percevoir un gros rein.

Exploration radiologique. C'est un temps essentiel de l'examen. L'*urographie* intraveineuse* apprécie la rapidité et la symétrie de la sécrétion, puis la morphologie des voies excrétrices et, enfin, la taille et la forme du rein. Au besoin, l'*artériographie* permet au mieux de visualiser la vascularisation et les tumeurs parenchymateuses.

Exploration fonctionnelle. L'*examen chimique des urines* permet de dépister une protéinurie*, traduisant une anomalie du filtre glomérulaire.

Les dosages sanguins de *l'urée* et de la *créatinine* apprécient l'efficacité globale de l'épuration du sang par le rein.

Un certain nombre d'épreuves déterminent tout ou partie de la fonction rénale.

Le *calcul des clairances* est essentiel : clairance de l'urée (75 ml/mn), indice de la fonction globale, et clairance de la créatinine (130 ml/mn), indice de la filtration glomérulaire, sont les principales.

Les *épreuves de dilution et de concentration* apprécient le pouvoir du rein à éliminer une charge d'eau connue (dilution) ou à concentrer les urines après restriction hydrique. La mesure de la densité urinaire en est l'indicateur principal.

D'autres épreuves sont parfois pratiquées : élimination de la phénolsulfonephtaléine (éliminée par le tubule) ; clairance de l'inuline ou de l'acide para-aminohippurique, etc.

Exploration isotopique. Elle se fait par fixation d'un traceur radioactif dont on apprécie la qualité de la fixation, et qui permet, avec certains traceurs, de donner une « image fonctionnelle » du rein et surtout la forme du parenchyme efficace.

Biopsie rénale. Pratiquée à l'aiguille (ponction-biopsie) ou chirurgicalement, c'est le temps essentiel du diagnostic des glomérulopathies dans la mesure où il n'existe pas de contre-indication. L'étude microscopique du tissu prélevé lors de la biopsie objective l'anomalie d'un des tissus fonctionnels du rein.

Pathologie médicale du rein.

La biopsie rénale a bouleversé récemment la compréhension des affections du rein, ou *néphropathies*, et leur classification, en précisant le tissu lésé et le type de lésion.

Classification des néphropathies. ATTEINTE DU GLOMÉRULE OU GLOMÉRULOPATHIES. Les *glomérulopathies primitives* se traduisent cliniquement par une *protéinurie** (albuminurie) plus ou moins importante, souvent associée à une *hématurie**, parfois à de l'hypertension* artérielle.

Certaines sont bénignes et transitoires, telle la glomérulonéphrite* aiguë streptococcique ; d'autres sont d'avenir incertain, tel le syndrome néphrotique* ; d'autres, enfin, évoluent vers l'insuffisance rénale chronique (v. ci-dessous).

Les *glomérulopathies secondaires* apparaissent au cours d'une maladie générale ; elles sont facilement rattachées à leur cause si la maladie est connue, mais souvent révélatrices.

a) L'*amylose rénale* survient au cours des suppurations chroniques, des maladies inflammatoires, de certaines affections malignes ; elle aboutit à l'insuffisance rénale ;

b) Le *diabète* est une cause fréquente de glomérulopathie, dont l'évolution est grave ;

c) Les *maladies de système* se compliquent souvent de glomérulonéphrite (lupus* érythémateux disséminé, périartérite* noueuse, purpura rhumatoïde, pour citer les principales), témoignent de la susceptibilité immunologique du glomérule.

ATTEINTES DU TUBULE OU TUBULOPATHIES. Les *tubulopathies aiguës* correspondent habituellement au tableau d'insuffisance rénale aiguë. La cause est souvent un toxique (mercure*, plomb*, tétrachlorure de carbone,

Phot. Dr Landry.

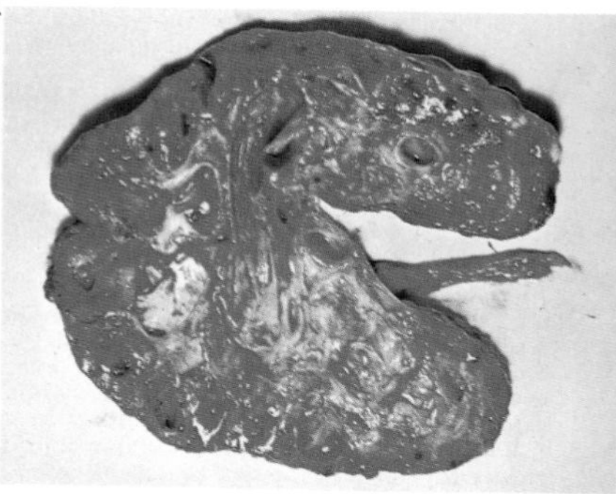

Rein. Coupe d'un rein polykystique.

Rein. Cancer du rein.

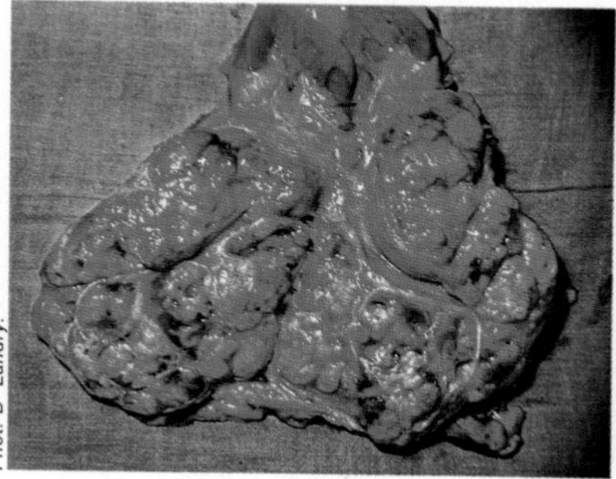

Phot. Dr Landry.

antibiotiques...) ou un état de choc* prolongé (collapsus, septicémie, etc.).

Les *tubulopathies chroniques* sont caractérisées par un défaut électif d'une ou de plusieurs fonctions tubulaires (élimination de glucose, acides aminés, sodium, eau...). Elles sont souvent congénitales, parfois toxiques ou acquises.

LES NÉPHROPATHIES INTERSTITIELLES. Touchant le tissu de soutien entre les néphrons, elles peuvent être aiguës (d'origine infectieuse ou immunoallergique) ou chroniques ; elles sont surtout consécutives à une affection des voies urinaires.

LES NÉPHROPATHIES VASCULAIRES. Touchant les vaisseaux du rein, elles sont parfois dramatiques et brutales par thrombose aiguë des veines ou des artères rénales.

Elles peuvent être insidieuses par lésion partielle des veines, se traduisant par un syndrome néphrotique, ou des artères, entraînant une hypertension artérielle.

LES MALFORMATIONS RÉNALES. Elles sont fréquentes : hypoplasies et surtout polykystoses familiales.

Insuffisance rénale. C'est une diminution ou une suppression de la fonction d'épuration du rein. Elle se traduit par une augmentation de l'*urée* et de la *créatinine* sanguines, avec souvent des *œdèmes** et une *hypertension artérielle.*

L'*insuffisance rénale aiguë* est transitoire, consécutive à une affection brutale : septicémie, collapsus prolongé, intoxications. Elle se traduit par une diminution ou une suppression de la sécrétion urinaire (anurie) et dure de quelques heures à 3 semaines.

Dans l'*insuffisance rénale chronique,* ou « *urémie* », il y a une rétention azotée (augmentation de l'urée sanguine) qui se complique rapidement de troubles métaboliques (acidose, décalcification, anémie) et de signes cliniques : pâleur, anorexie, œdèmes.

Au stade ultime apparaissent une péricardite et des infections multiples. Le traitement comporte un régime pauvre en azote (viandes) et en sel, un apport calcique adapté et l'épuration* extrarénale au long cours.

Pathologie chirurgicale du rein.

Traumatismes. Les *contusions du rein* sont dues à un choc direct dans la région lombaire : douleur et hématurie* les caractérisent. L'évolution se fait le plus souvent vers la guérison, mais, dans certains cas graves, l'intervention chirurgicale s'impose (suture ou néphrectomie).

Les *plaies* du rein sont rares et surtout le fait de blessures de guerre, souvent associées à des lésions d'un organe du voisinage.

Infections. L'abcès du rein (ou anthrax rénal) est secondaire à une lésion staphylococcique cutanée, propagée par voie sanguine. En l'absence d'antibiothérapie, l'évolution se faisait vers le phlegmon périnéphrétique (collection suppurée dans l'enveloppe fibreuse qui entoure le rein).

Tumeurs. Les lésions tumorales du rein sont longtemps silencieuses, l'hématurie d'alarme pouvant être très tardive ; ce sont des kystes (bénins) ou des cancers qui nécessitent une néphrectomie élargie.

Malformations. Les malformations du rein sont rares : symphyse rénale (rein en fer à cheval), ectopie rénale, reins doubles, etc.

La *ptôse rénale* (rein descendu) a une symptomatologie multiforme ; l'urographie confirme la position anormale et la mobilité du rein. Les complications sont rares (hydronéphrose) et l'indication opératoire ne doit être posée que dans des cas bien déterminés, peu fréquents.

---

rejet n. m. **Rejet de greffe,** phénomène immunologique par lequel l'organisme d'un receveur se défend contre un greffon provenant d'un donneur de constitution génétique différente. (V. IMMUNOLOGIE, *La réponse immunitaire cellulaire* et *Tolérance immunitaire.*)

relation n. f. **Fonctions de relation,** fonctions qui établissent des liaisons entre l'organisme et le milieu environnant.

Elles sont dominées par le système nerveux*, qui perçoit les modifications du milieu extérieur par les organes des sens et y répond par un comportement approprié. Le système nerveux* végétatif assure des liaisons internes entre les divers organes.

relaxation n. f. État de l'organisme caractérisé par une diminution du tonus musculaire, étroitement liée à un état psychologique fait de quiétude. La relaxation est utilisée comme élément psychothérapeutique dans de nombreuses affections.

La *technique de relaxation de Jacobson* a pour but de faire prendre conscience au sujet du degré de contraction puis de décontraction musculaire suivant un ordre déterminé pour les différentes parties du corps.

La ***méthode de Y. H. Schultz,*** dite « training

autogène », aboutit, à travers une concentration sur soi permettant un relâchement musculaire, à un état de détente global.

La *méthode de Kretschmer,* ou hypnose active fractionnée, ajoute aux techniques de relaxation la recherche d'un état hypnotique.

Les techniques de relaxation sont indiquées pour les états spasmodiques, les affections psychosomatiques et certaines névroses.

releasing factor n. m. (mots angl.). Hormone sécrétée par l'hypothalamus et qui déclenche la sécrétion d'une des hormones de l'hypophyse*.

releveur adj. et n. m. Nom donné à plusieurs muscles, traduisant leur fonction : releveurs de l'anus, de la paupière supérieure, de l'aile du nez.

rémission n. f. Sédation temporaire des manifestations d'une maladie.

rémittent, e adj. Qui présente des rémissions.
Fièvre rémittente, fièvre qui évolue par accès rapprochés, séparés de phases d'apyrexie plus ou moins complète.

Rendu-Osler (maladie de), affection héréditaire caractérisée par le développement d'angiomes, et dont la rupture est responsable d'hémorragies plus gênantes que graves.
Les angiomes peuvent être cutanés (visage) ou muqueux (bouche). Le traitement en est uniquement palliatif : cautérisation ou électrocoagulation des lésions hémorragiques.

rénine n. f. Substance sécrétée par l'appareil juxtaglomérulaire rénal (v. REIN, *Histologie*), en fonction de la pression artérielle locale du rein.
Elle participe à la formation d'angiotensine*, substance vasoconstrictrice et stimulante de la sécrétion d'aldostérone*, et joue un rôle dans la régulation de la tension artérielle.

renversé, e adj. Se dit d'une technique particulière de bandage faisant faire aux bandes plusieurs aller et retour et retournements pour éviter leur flottement sur une portion de membre conique (mollet, avant-bras).

renvoi n. m. Terme familier désignant la *régurgitation**.

réparatrice adj. **Chirurgie réparatrice,** ensemble des techniques chirurgicales destinées à rétablir un tissu ou un organe lésé dans son état antérieur : *chirurgie réparatrice orthopédique, esthétique,* etc.

réplétion n. f. État d'une cavité remplie.
La *réplétion gastrique,* après un repas, se traduit par une sensation de bien-être.

La *réplétion de la vessie* se manifeste par le besoin d'uriner.

repos n. m. État d'activité basale (minimale), notamment des organes de relation.
Repos physiologique, détente ou décontraction nécessaire à la récupération physiologique, après un effort musculaire.
Cure de repos, adjuvant indispensable du traitement de l'infarctus du myocarde (repos *complet* au lit pendant un mois environ) et des maladies asthéniantes (repos *incomplet*).

reprise n. f. **Visite de reprise du travail,** visite médicale à laquelle est soumis le salarié après une absence pour cause de maladie professionnelle ou d'accident du travail, après un congé de maternité ou une absence de plus de trois semaines pour cause de maladie non professionnelle.

rescinnamine n. f. Alcaloïde de *Rauwolfia* serpentina,* doué d'une action hypotensive durable, sans aucun effet sédatif ni tranquillisant.

résecteur n. m. Instrument d'endoscopie*, comprenant une anse coupante permettant de faire l'ablation de certaines formations pathologiques sous contrôle de la vue par l'endoscope.

résection n. f. Ablation de tout ou partie d'un organe, avec conservation ou rétablissement de ses fonctions : résections d'anses intestinales, de portions du côlon, de certains os, etc. (S'oppose à AMPUTATION*.)
Résection endoscopique, abrasion des saillies pathologiques du col de la vessie ou de la prostate à l'aide d'un instrument spécial (résecteur) introduit par les voies naturelles.

réserpine n. f. Principal alcaloïde du rauwolfia*, doué d'effets hypotenseur, sédatif et tranquillisant.
Son effet dépresseur sur l'humeur a réduit ses indications. (Tableau C.)

réserve n. f. **Réserve alcaline,** ensemble des constituants du plasma sanguin capables, par fixation et élimination du gaz carbonique, de s'opposer à l'augmentation de l'acidité sanguine (baisse du pH).
Il s'agit essentiellement de bicarbonates, principal tampon du plasma. (V. ÉLECTROLYTIQUE.)

Exprimée en ion bicarbonate, la réserve alcaline normale est de 25 milliéquivalents* (mEq) par litre.

réservoir n. m. **Réservoir de virus,** être vivant susceptible d'assurer la survie d'un agent pathogène (virus, bactérie, parasite) et d'être le point de départ d'une contamination.

résidu n. m. **Résidu vésical,** urine restant dans la vessie après la miction*. Un résidu

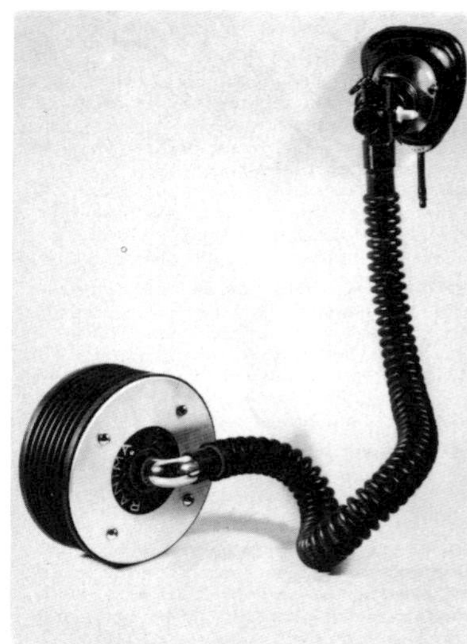
Phot. Larousse.

Respirateur.
Ci-dessus, appareil portatif à masque pour assistance respiratoire.
Ci-dessous, respirateur Claude-Bernard.

vésical important traduit une gêne à l'évacuation normale de la vessie* ; une malformation du col vésical ou une affection de la prostate est alors à rechercher.

résine n. f. Substance végétale obtenue par exsudation spontanée ou provoquée.
Quelques résines sont utilisées en pharmacie : la *térébenthine** (antiseptique urinaire et pulmonaire) et les résines de *podophylle**, de *turbith**, de *jalap** (purgatifs).
Résines échangeuses d'ions, substances polymères de poids moléculaire élevé, qui possèdent la propriété d'enlever aux solutions aqueuses leurs ions acides ou alcalins. — Elles sont utilisées pour la production d'eau « déminéralisée » (adoucisseurs d'eau) et pour la séparation de substances dont la charge ionique est différente.

résistance n. f. **Résistance des germes aux antibiotiques.** Certaines souches microbiennes mutantes (v. MUTATION) ne sont plus détruites par certains antibiotiques : elles deviennent « résistantes ». En cas d'infection, un antibiogramme* est donc nécessaire.
Résistance globulaire. C'est la possibilité pour les hématies de ne pas éclater dans des solutions salines dites « hémolysantes ». Cette résistance est diminuée dans les maladies hémolytiques et augmentée dans la thalassémie. (V. HÉMOLYSE.)
Test de résistance à l'héparine. Mieux appelée « test de tolérance à l'héparine* », cette méthode révèle des troubles de la coagula-

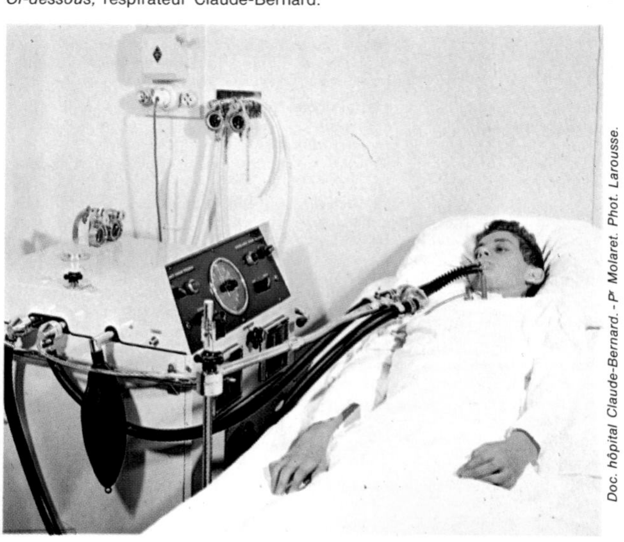
Doc. hôpital Claude-Bernard. - Pr Molaret. Phot. Larousse.

tion* là où le temps de coagulation standard est normal. Elle complète souvent la mesure du taux de prothrombine*.

résolutif, ive adj. et n. m. **1.** Se dit des médicaments qui font disparaître une inflammation sans suppuration.
2. Se dit aussi des substances qui favorisent le relâchement musculaire. (V. MYORÉSOLUTIF.)

résolution n. f. **Résolution musculaire,** état de relâchement musculaire complet.

résorcinol n. m. ou **résorcine** n. f. Substance antiseptique qui entre dans la formule de nombreux gargarismes.

résorption n. f. Retour dans la circulation sanguine ou lymphatique d'éléments normaux ou pathologiques, solides, liquides ou gazeux, qui étaient infiltrés dans les tissus.

respirateur n. m. **Respirateur artificiel,** appareil assurant la respiration de sujets sains en milieu inhabituel ou de malades incapables de respirer seuls.
Respirateurs pour sujets sains. Le sujet respire de lui-même des gaz oxygénés fournis par un appareil soit de type scaphandre vrai (prise d'air à distance), soit d'un type autonome (plongée sous-marine).
Respirateurs utilisés en médecine. Ce sont des appareils d'assistance respiratoire. Certains, tel le poumon d'acier, compensent le déficit des muscles respiratoires. D'autres apportent au poumon un mélange gazeux oxygéné sous pression selon un rythme et un débit réglables. (V. RESPIRATION.)

respiration. Voir article page 792.

respiratoire adj. Qui concerne la respiration.
Appareil respiratoire. Il comporte :
a) les voies aériennes supérieures : fosses nasales* (v. NEZ), une partie du pharynx*, le larynx*, la trachée*, les bronches* ;
b) les poumons* ;
c) le système musculaire et osseux assurant la mécanique ventilatoire (v. RESPIRATION).
Insuffisance respiratoire. C'est la carence partielle du système respiratoire à assurer l'oxygénation, l'épuration du gaz carbonique et, en partie, l'équilibration acido-basique du sang artériel.
L'insuffisance respiratoire est aiguë lorsqu'elle survient brutalement et reconnaît une cause curable, disparaissant avec elle. Elle est chronique en cas d'atteinte définitive de l'appareil respiratoire.
Causes. Elles sont nombreuses :
— *troubles de la perméabilité des voies aériennes,* surtout par bronchospasme (v. ASTHME) ou encombrement bronchique ;
— *troubles de la mécanique ventilatoire :* traumatismes, atteintes neurologiques (poliomyélite, tétanos, par exemple) ou déformations graves du thorax (scoliose, gibbosité) ;
— *suppression fonctionnelle d'une partie du parenchyme pulmonaire,* comprimé par un épanchement pleural, ou après exérèse chirurgicale, ou par destruction microbienne ;
— *troubles de la perméabilité alvéolo-capillaire* enfin, au cours des fibroses (silicose*, par exemple).
L'asthme*, la bronchite* chronique et l'emphysème*, affections les plus fréquentes où survient l'insuffisance respiratoire chronique, associent ces mécanismes à divers degrés.
Signes cliniques. Ce sont la dyspnée*, la cyanose*, et souvent la toux et l'expectoration. Biologiquement, il existe toujours une baisse de l'oxygène du sang, associée, selon les cas, à une augmentation (hypoventilation alvéolaire) ou à une diminution (hyperventilation par polypnée) du gaz carbonique du sang.
Traitement. Il vise d'abord à assurer la liberté des voies aériennes et à pallier le défaut de ventilation : intubation et ventilation assistée, avec oxygénothérapie, peuvent être nécessaires. La rééducation respiratoire par le kinésithérapeute joue un rôle important dans la plupart des cas (suites d'accidents, d'opérations, d'affections bronchiques ou pulmonaires).
La cause sera traitée si elle est accessible.
Le traitement d'entretien comporte des bronchodilatateurs, des fluidifiants bronchiques et des analeptiques* respiratoires.
L'oxygène doit toujours être manié avec la plus grande prudence chez ces malades. Enfin, l'insuffisant respiratoire est toujours exposé à la surinfection, ce qui justifie les traitements antibiotiques prolongés.

responsabilité n. f. **Responsabilité des malades mentaux.** ***Responsabilité civile.*** V. MENTAL, *Malade mental.*
Responsabilité pénale. La loi dispose qu'il n'y a ni crime ni délit lorsque le prévenu était en état de démence au moment de l'action ou lorsqu'il a été contraint par une force à laquelle il n'a pas pu résister. Encore faut-il apprécier cette démence par une estimation nuancée de chaque cas particulier (expertise médico-légale).
Responsabilité du médecin. La responsabilité civile du médecin est considérée comme fondée sur le contrat que le médecin a passé avec son patient et par lequel il s'est engagé non pas à guérir le malade, mais à mettre en œuvre tout ce qu'il faut pour le guérir en l'état actuel de la science. Le malade doit prouver, pour obtenir réparation, que le médecin (ou le chirurgien) a commis une faute dans l'exercice de ses fonctions.

respiration n. f. Ensemble des phénomènes permettant l'absorption de l'oxygène et le rejet du gaz carbonique par les êtres vivants.

Mécanismes de la respiration.
L'absorption et l'élimination des gaz sont assurées par :
— la ventilation pulmonaire, qui renouvelle l'air des alvéoles ;
— la diffusion permettant l'échange gazeux entre l'alvéole pulmonaire et le capillaire sanguin ;
— le système nerveux, qui commande et adapte la fonction respiratoire.

La ventilation pulmonaire. Elle est assurée par des phénomènes mécaniques. Les mouvements d'expansion et de rétraction de la cage thoracique provoquent à l'intérieur du poumon des variations de pression compensées par l'entrée (inspiration) ou la sortie (expiration) d'air par la trachée ;
— l'inspiration est entièrement active, musculaire, due essentiellement au diaphragme et aux autres muscles inspiratoires dont la contraction accroît le volume de la cage thoracique dans ses trois diamètres, vertical, antéropostérieur et frontal ;
— l'expiration, lorsqu'elle est calme, est passive, due à la seule élasticité du tissu pulmonaire et de la paroi thoracique ; lorsqu'elle est forcée, elle met en jeu les muscles expiratoires.

La ventilation pulmonaire assure la composition constante de l'air alvéolaire, qui, du fait des échanges gazeux avec le sang, s'appauvrit en oxygène et s'enrichit en gaz carbonique. Cette constance est due à l'apport continuel d'air atmosphérique à travers l'arbre respiratoire.

Les composantes de la ventilation pulmonaire sont étudiées par spirométrie (débits, volumes). [V. POUMON, *Exploration fonctionnelle.*]

Les échanges gazeux alvéolo-capillaires. Ils se font entre l'air alvéolaire et le sang du capillaire pulmonaire, l'oxygène diffusant

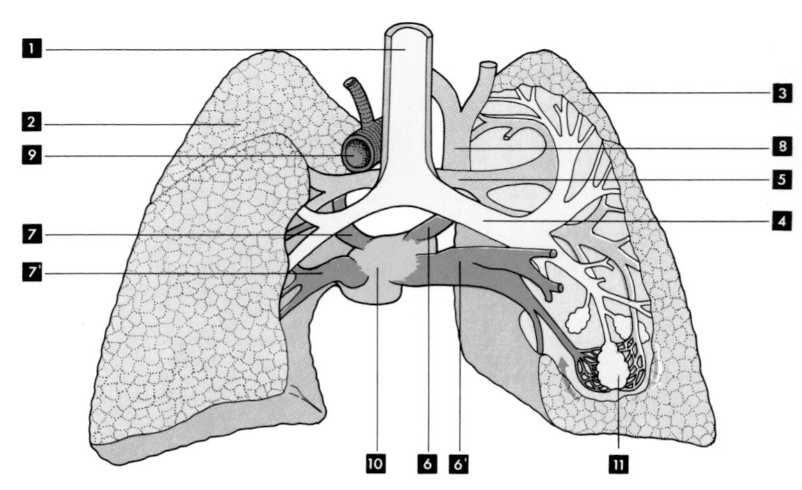

Respiration. Schéma général.
Vue postérieure des poumons :
1. Trachée ; 2. Poumon gauche ;
3. Poumon droit ; 4. Bronche souche droite ;
5. Artère pulmonaire droite ;
6 et 6'. Veines pulmonaires supérieure et inférieure droites ;
7 et 7'. Veines pulmonaires supérieure et inférieure gauches ;
8. Veine cave supérieure ;
9. Aorte ; 10. Oreillette gauche ;
11. Alvéole pulmonaire (lieu où se fait l'hématose).

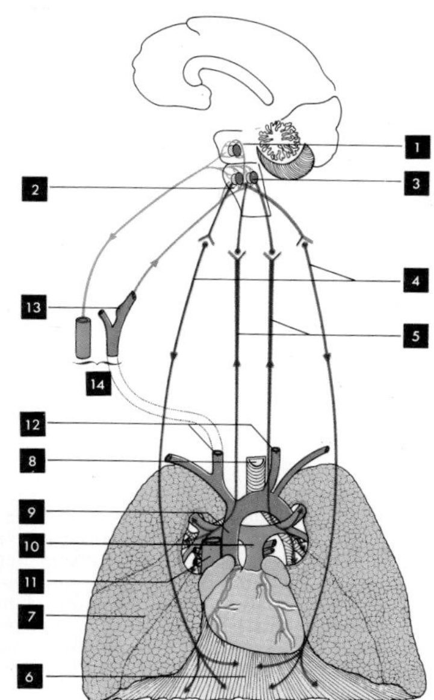

Respiration. Régulation de la respiration :
1. Centre pneumotaxique (protubérance);
2. Centre inspiratoire (bulbe);
3. Centre expiratoire (bulbe);
4. Nerfs phréniques (moteurs du diaphragme);
5. Nerfs pneumogastriques; 6. Diaphragme;
7. Poumon droit; 8. Trachée; 9. Aorte;
10. Artère pulmonaire;
11. Veine cave supérieure;
12. Carotides primitives;
13. Sinus carotidien; 14. Contrôle humoral.

vers le sang et le gaz carbonique vers l'alvéole.

Ces échanges dépendent, d'une part, des différences de pression partielle de l'oxygène et du gaz carbonique dans le sang veineux et dans l'air alvéolaire; d'autre part, de la constante de diffusion du poumon, liée à la qualité et à la surface de la membrane alvéolo-capillaire.

La pression partielle de l'oxygène alvéolaire est de 100 mm de mercure, contre 40 mm dans le sang veineux. La différence de 60 mm de mercure explique la diffusion vers le sang, qui, oxygéné, quitte le poumon avec une pression partielle en oxygène de 97 mm de mercure.

Pour le gaz carbonique, la pression partielle alvéolaire est de 40 mm de mercure, contre 46 mm dans le sang veineux. La différence est faible, mais le gaz carbonique, beaucoup plus diffusible que l'oxygène, passe cependant rapidement du sang vers l'alvéole, en égalisant les pressions.

Transport des gaz. V. GAZ, *Gaz du sang.* L'oxygène est en faible part dissous (0,3 ml d'oxygène pour 100 ml de sang artériel), la majeure partie étant combinée à l'hémoglobine* sous forme d'oxyhémoglobine.

Le gaz carbonique est également en faible part dissous (2,5 p. 100), en partie combiné avec l'hémoglobine et sous forme de bicarbonates.

Régulation de la respiration. Les organes de coordination des mouvements respiratoires sont des centres nerveux du bulbe et de la protubérance. Ils sont au nombre de trois :

Respiration.
Projection sur la cage thoracique des poumons, de la plèvre et du diaphragme :
1. Incisure cardiaque; 2. Plèvre; 3. Poumons;
4. Projection du diaphragme en expiration;
5. Projection du diaphragme en inspiration.

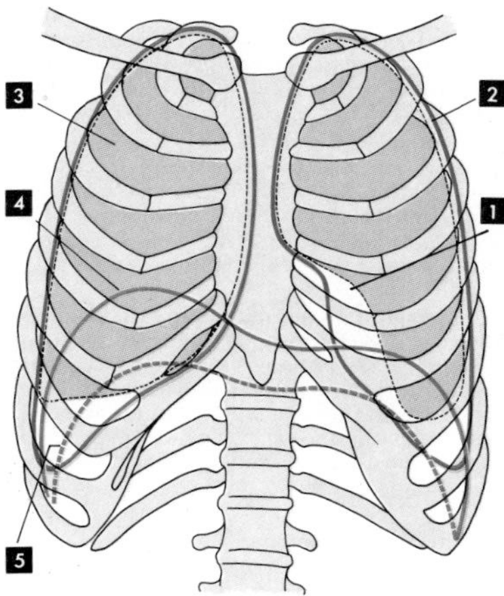

— le centre *apneustique* ou centre de l'inspiration ;
— le centre *expiratoire* (ces deux centres sont bulbaires, liés entre eux par des phénomènes d'inhibition réciproque) ;
— le centre *pneumotaxique,* enfin, est protubérantiel (situé plus haut dans le tronc cérébral) et assure la coordination des deux autres.

Ces centres sont pairs et symétriques, chacun commandant les mouvements respiratoires d'une moitié du corps.

Les voies effectrices cheminent dans la moelle, puis émergent par les nerfs : phrénique pour le diaphragme, intercostaux pour les muscles intercostaux. La musculature bronchique, enfin, est innervée par le pneumogastrique (parasympathique), constricteur, et par des filets sympathiques venant du ganglion stellaire (dilatateurs).

Des régulations existent à l'état normal sur ces centres :
a) une *régulation humorale* dépendant principalement de la pression partielle du gaz carbonique dans le sang artériel : le CO_2 agit directement sur les centres respiratoires, qu'il stimule, et indirectement par l'intermédiaire des chimiorécepteurs du sinus carotidien.

L'oxygène agit à un moindre degré et en modifiant le seuil de sensibilité des centres au CO_2 ; l'acidose provoquée par l'anoxie stimule également la respiration ;
b) un *contrôle nerveux* s'exerce également sur les centres : c'est surtout la distension des alvéoles pulmonaires qui provoque le réflexe expiratoire, et leur collapsus, l'inspiration.

D'autres influences sont importantes, notamment celle de la pression artérielle, agissant sur les barorécepteurs (récepteurs sensibles à la pression) de la crosse aortique et du sinus carotidien (son élévation déprime la respiration) et les influences centrales mises en jeu par les émotions, la fièvre, la volonté, etc.

La respiration normale suppose donc : la liberté des voies aériennes jusqu'aux alvéoles ; l'inhalation d'un mélange gazeux normal (air) ; une paroi alvéolo-capillaire perméable ; des mouvements respiratoires bien synchronisés, agissant sur une cage thoracique d'élasticité normale ; enfin, un poumon bien irrigué.

Respiration cellulaire.

Elle est représentée par les échanges gazeux au niveau des cellules vivantes (absorption d'oxygène, rejet de gaz carbonique), et par l'utilisation de l'oxygène comme comburant énergétique.

Le métabolisme cellulaire des glucides, des lipides et de certains protides aboutit à la formation de radicaux acétyl- qui entrent dans le cycle de Krebs* où ils sont oxydés en eau et gaz carbonique. Cette oxydation est couplée avec la réduction d'accepteurs d'hydrogène (v. OXYDORÉDUCTION). L'hydrogène passe ensuite à une flavoprotéine, puis à une chaîne de cytochromes qui transporte les électrons de l'hydrogène jusqu'à l'oxygène. Finalement H^+ et O^- s'unissent pour former de l'eau.

Ces transferts se font par petits sauts énergétiques, compatibles avec une température constante, et l'énergie est stockée sous forme d'A. T. P. (v. ADÉNOSINE et PHOSPHATE) qui pourra la relibérer à la demande.

respiration artificielle. Elle permet d'assurer une ventilation pulmonaire toutes les fois que celle-ci ne peut être réalisée par le malade : qu'il s'agisse d'une paralysie des mouvements respiratoires (atteintes neurologiques, électrocution, coma profond), d'un encombrement trachéo-bronchique (noyade, certaines bronchopathies aiguës) ou d'une anomalie alvéolaire (pneumopathies chroniques ou aiguës).

Les méthodes naturelles.

Elles sont nombreuses, mais seul le *bouche-à-bouche* est à la fois efficace et non traumatisant pour le thorax. Il importe avant toute chose de supprimer la cause extérieure, si elle existe (oxyde de carbone, électrocution...), et d'assurer la liberté des voies aériennes en mettant le malade en position de sécurité : tête basse, couché sur le côté, cou en hyperextension. On maintient la mâchoire subluxée en avant (en appuyant derrière les branches montantes du maxillaire inférieur) pour éviter la chute de la langue, qui obstruerait la glotte. La méthode consiste ensuite à souffler sans violence dans la bouche de la victime, que l'on maintient entrouverte avec deux doigts de la main droite glissés entre les dents et retenant la langue, tandis que la main gauche pince le nez pour éviter les fuites. On pratique ainsi, au rythme de 20 par minute environ (respiration un peu rapide), des insufflations de grand volume. Un tissu peut être placé sur la bouche de la victime, le sauveteur soufflant à travers.

Respiration. Respiration artificielle.
Méthode du bouche-à-bouche :
1. Extension de la tête ;
2. Ouverture de la bouche
et pincement du nez ;
3. Insufflation.

Les méthodes manuelles (Schaefer, Sylvester, Holger-Nielsen) ne sont utilisées que lorsque le bouche-à-bouche est impossible ; moins efficaces et comportant des risques de fractures de côtes, elles ne peuvent s'appliquer à tous les traumatisés.

Les méthodes artificielles.
Elles ont recours à des appareils de divers types dont le principe est soit une assistance mécanique s'adressant à des poumons sains dans un thorax paralysé, soit une assistance ventilatoire par insufflation d'un mélange gazeux plus ou moins enrichi en oxygène.
— L'ASSISTANCE MÉCANIQUE. Le type en est le poumon d'acier, enceinte close où l'on introduit le malade à l'exception de la tête et du cou. Cette enceinte est reliée à une soufflerie qui y exerce alternativement une dépression (inspiration) et une surpression (expiration) dont l'amplitude, la durée et le rythme sont réglables.
— L'ASSISTANCE VENTILATOIRE. Elle nécessite l'insufflation directe, soit après intubation*, soit après trachéotomie*, d'un mélange air-oxygène dans la trachée du malade.
La ventilation assistée implique un contrôle permanent de l'état du malade et une surveillance régulière des constantes respiratoires et des gaz du sang.

1

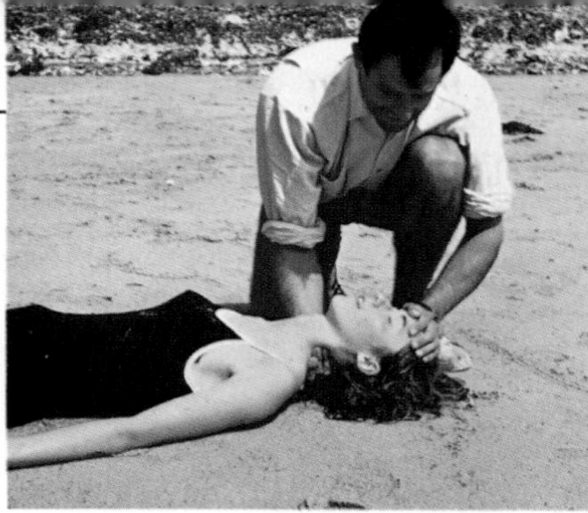

Phot. Dr Bourneuf.

2

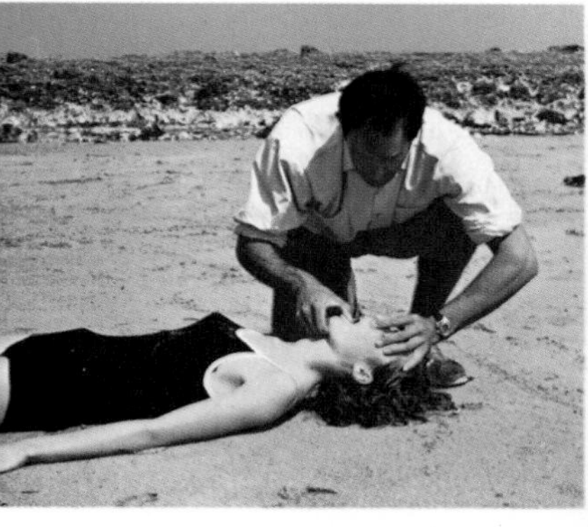

Respiration. Poumon d'acier.

Phot. Larousse. - Doc. hôpital Claude-Bernard - Pr Molaret.

3

retard adj. **Pharmacie.** Se dit d'un médicament dont la durée de transit dans l'organisme est assez longue, soit naturellement (digitaline*, vitamines liposolubles, etc.), soit grâce à un procédé physique, chimique ou galénique. Un médicament *retard* peut être administré à doses relativement élevées et espacées. Citons, parmi les procédés permettant d'obtenir un effet « retard » : l'utilisation d'enzymes freinant l'élimination rénale du médicament ; l'utilisation du principe actif sous forme de sel à hydrolyse lente ; sa combinaison à des macromolécules pour retarder son élimination ; l'utilisation de comprimés à couches multiples.

Retard de règles. V. AMÉNORRHÉE.

Retard de consolidation, anomalie dans le processus de guérison des fractures, qui retarde la reprise des fonctions du membre fracturé, mais n'empêche pas la consolidation dans un délai plus prolongé, contrairement à la pseudarthrose*.

rétention n. f. **1.** Accumulation excessive et dangereuse, dans la cavité qui le contient, d'un liquide normalement destiné à être évacué hors de l'organisme.

Rétention d'urines. La *rétention aiguë* est l'impossibilité totale et soudaine d'uriner malgré les efforts que fait le malade pour satisfaire son envie. Cet accident impose le sondage évacuateur d'urgence. Sa cause principale est l'adénome de la prostate*.

La *rétention chronique* est l'impossibilité de vider complètement sa vessie lors de chaque miction : l'urine restant dans la vessie est le « résidu vésical ». Les causes en sont nombreuses : lésions de la prostate, du col de la vessie*, de l'urètre*. La principale complication de la rétention chronique est l'infection urinaire, qu'il faut éviter par les antiseptiques et antibiotiques urinaires (s'éliminant dans les urines).

2. Augmentation, au-dessus du chiffre normal, du taux sanguin d'une substance.

Rétention azotée. C'est le défaut d'élimination par le rein des produits du catabolisme protéique et notamment de l'urée, dont le taux sanguin s'élève au-dessus de 0,50 g par litre. (V. REIN, *Insuffisance rénale.*)

Rétention du potassium. L'élévation du taux sanguin de potassium au-dessus de 5 milliéquivalents* par litre, par défaut d'élimination, s'observe au cours de l'insuffisance rénale aiguë. (V. REIN.)

Rétention du sodium. La diminution de l'élimination normale du sodium dans l'urine (normalement de 150 à 300 milliéquivalents par 24 heures) se produit sous l'influence d'une hypersécrétion d'aldostérone*, qu'elle soit primitive par tumeur surrénalienne ou secondaire à un trouble hydrique. Le sodium retenant de l'eau, il peut apparaître des œdèmes*.

Ictère par rétention. Cet ictère est dû à l'accumulation dans le sang de bilirubine* conjuguée, dont le taux sanguin normal est nul ou très faible. Il est occasionné par une obstruction des voies excrétrices de la bile ou un défaut de l'excrétion biliaire par la cellule hépatique (hépatite).

réticence n. f. Refus plus ou moins volontaire de se confier, de la part d'un malade, lors d'un entretien avec le médecin. Les causes sont diverses : inhibition, hyperémotivité, négativisme*, méfiance...

réticulé, e adj. Ayant un aspect en mailles. L'aspect réticulé du champ pulmonaire, en radiologie, indique une surcharge bronchique (œdème, infection).

Substance réticulée, formation du tronc cérébral qui participe au contrôle des voies nerveuses motrices et sensitives et, surtout, assure l'activité de vigilance. Le sommeil est dû à l'inhibition de la substance réticulée. (V. ill., p. 678.)

réticulocyte n. m. Hématie* jeune, contenant une substance granulo-filamenteuse, se présentant sous forme de grains ou de réseaux.

réticulo-endothélial, e, aux adj. **Tissu réticulo-endothélial,** tissu hématopoïétique diffus, contenant une grande cellule mésenchymateuse, l'*hémohistioblaste*, qui serait à l'origine de toutes les cellules du sang.

réticulopathie n. f. Terme général désignant toute affection du système réticulo*-endothélial.

réticulosarcome n. m. Prolifération cellulaire maligne du tissu réticulo-endothélial.
Elle est rarement localisée et, dès lors, sensible à la radiothérapie.

réticulose n. f. Affection du tissu réticulo-endothélial apparentée aux leucémies lymphomonocytaires.
Elle se traduit par des nappes érythémateuses (rouges) ou par des tumeurs globuleuses rouges dont l'évolution est imprévisible.

réticulum n. m. Réseau de fibres conjonctives, nerveuses, ou de vaisseaux.

rétine n. f. Membrane du fond de l'œil*, sensible aux rayons lumineux.
Située en avant de la choroïde, la rétine est formée de 9 couches cellulaires. On trouve ainsi, d'arrière en avant, une couche pigmentaire, qui arrête les rayons lumineux, et 3 couches de cellules nerveuses : celle des cônes et des bâtonnets, organes sensoriels,

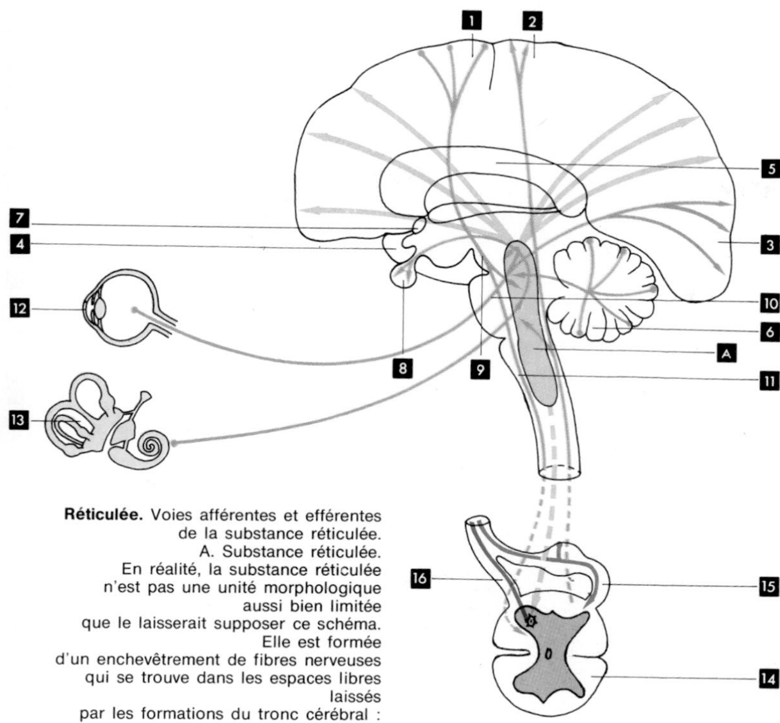

Réticulée. Voies afférentes et efférentes de la substance réticulée. A. Substance réticulée. En réalité, la substance réticulée n'est pas une unité morphologique aussi bien limitée que le laisserait supposer ce schéma. Elle est formée d'un enchevêtrement de fibres nerveuses qui se trouve dans les espaces libres laissés par les formations du tronc cérébral : 1. Aire motrice ; 2. Aire sensitive somato-viscérale ; 3. Aire visuelle ; 4. Aire auditive ; 5. Corps calleux ; 6. Cervelet ; 7. Commissure blanche antérieure ; 8. Hypophyse ; 9. Pédoncules cérébraux ; 10. Pont de Varole ; 11. Bulbe ; 12. Œil ; 13. Oreille interne ; 14. Coupe transversale de la moelle épinière ; 15. Racine postérieure (neurone sensitif) ; 16. Racine antérieure (neurone moteur).

récepteurs de la sensation visuelle ; celle des cellules bipolaires ; celle des cellules ganglionnaires, dont les cylindraxes se groupent pour former le nerf optique. Les bâtonnets, très sensibles aux basses luminescences, sont indispensables à la vision dans la pénombre. Les cônes, concentrés au centre optique de l'œil, permettent la vision des formes et des couleurs. Les couches externes de la rétine sont nourries par la choroïde, qui est très vascularisée, alors que les couches internes le sont par l'artère centrale de la rétine, qui pénètre dans l'œil avec le nerf optique et s'épanouit à la surface interne de la rétine. (C'est cette surface qu'on voit dans l'examen du « fond* d'œil ».)

rétinite n. f. Inflammation de la rétine.
Elle peut être due à une infection microbienne à point de départ extraoculaire ou à une inflammation de la choroïde qui diffuse vers la rétine (chorio-rétinite).

rétinopathie n. f. Toute lésion de la rétine d'origine métabolique ou dégénérative.
La *rétinopathie de l'hypertension* artérielle* se manifeste par une baisse de la vision et, à l'examen du fond d'œil, par le « signe de croisement » (les artères écrasent les veines

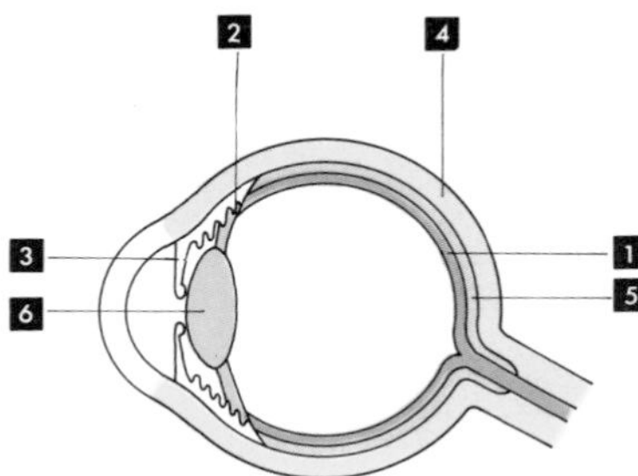

Rétine. Disposition générale de la rétine :
1. Rétine optique ; 2. Rétine ciliaire ;
3. Rétine irienne ; 4. Sclérotique ;
5. Choroïde ; 6. Cristallin.

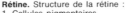

Rétine. Structure de la rétine :
1. Cellules pigmentaires avec grains de mélanine ;
2. Cellules à bâtonnets ;
3 et 4. Cellules visuelles (3. Cellules à cônes ; 4. Cellules bipolaires) ;
5. Cellules multipolaires ; 6. Nerf optique ;
7. Vaisseaux centraux de la rétine ;
8. Papille ; 9. Choroïde ; 10. Sclérotique ;
11. Gaine conjonctive.

Phot. J. Laporte.

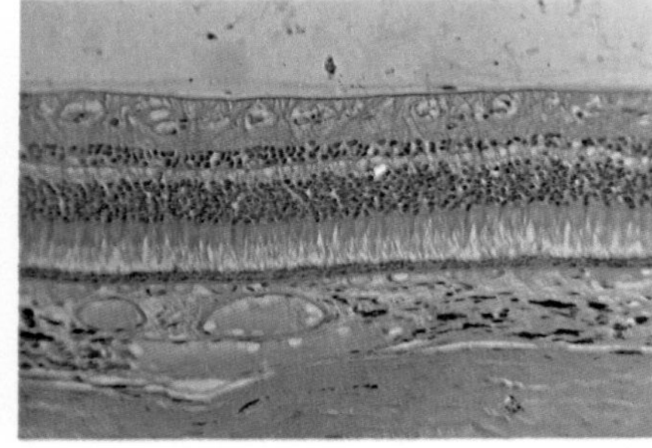

Rétine. Coupe de rétine humaine.

qu'elles croisent), par des hémorragies et par de l'œdème de la papille.

La *rétinopathie diabétique* est favorisée par une mauvaise équilibration du diabète. Elle se manifeste par des hémorragies, des exsudats, des thromboses veineuses, et entraîne une baisse importante de la vision.

La *rétinopathie pigmentaire,* affection dégénérative et héréditaire, entraîne une héméralopie* et un rétrécissement du champ visuel. Il existe également des rétinopathies dans les leucoses*.

retour n. m. **Retour d'âge.** V. MÉNOPAUSE.

rétraction n. f. Diminution des dimensions d'un organe ou d'un tissu, due à un raccourcissement des fibres qu'il contient.

Rétraction des cicatrices, phénomène qui se produit lors de la cicatrisation de certaines plaies, aboutissant à la formation de chéloïdes* inesthétiques, voire à des brides entraînant une gêne fonctionnelle plus ou moins marquée. (Cette complication est particulièrement fréquente au cours de la cicatrisation des brûlures.)

Rétraction de l'aponévrose palmaire. V. DUPUYTREN (*maladie de*).

Rétraction ischémique de Volkmann*, complication de certaines fractures du membre supérieur chez l'enfant, cette rétraction des muscles fléchisseurs des doigts entraîne une griffe de la main irréductible, qui compromet gravement la fonction.

Le traitement curatif est décevant, c'est dire que toutes les précautions doivent être prises pour l'éviter : pas de mobilisation brutale du foyer de fracture, plâtre non serré, surveillance attentive.

rétrécissement n. m. Diminution du calibre d'un conduit ou d'un orifice naturel (syn. : STÉNOSE) : *rétrécissement mitral, rétrécissement de l'œsophage, du pylore* (*sténose*), *de l'urètre**.

rétrolisthésis n. m. Déplacement en arrière d'une vertèbre par rapport à la vertèbre sous-jacente, d'origine traumatique, rhumatismale ou infectieuse (mal de Pott*).

rétropéritonéal, e, aux adj. Situé en arrière du péritoine : *espace rétropéritonéal, organes rétropéritonéaux.*

rétropneumopéritoine n. m. Procédé de radiodiagnostic consistant à insuffler un gaz dans l'espace rétropéritonéal, afin de mettre en évidence certains viscères abdominaux, et plus particulièrement les reins et les surrénales.
Le rétropneumopéritoine a actuellement tendance à être remplacé par des explorations scintigraphiques et échographiques.

rétrosternal, e, aux adj. En arrière du sternum. Les douleurs rétrosternales sont souvent dues au cœur et justifient un examen cardiologique.

rétroversion n. f. Position d'un organe basculé en arrière.
Rétroversion de l'utérus. L'utérus tout entier est basculé en arrière autour d'un axe transversal. La rétroversion se distingue de la rétroflexion, dans laquelle, le col conservant sa direction normale, le corps utérin seul bascule en arrière.

On distingue la rétroversion *mobile*, congénitale ou secondaire à un accouchement, et la rétroversion *fixée*, habituellement consécutive à une infection pelvienne chronique.

L'intervention chirurgicale, qui consiste à refixer l'utérus ne s'adresse qu'aux formes douloureuses de rétroversion ayant résisté au traitement médical.

rétrovirus n. m. Virus dont la duplication met en œuvre une enzyme, la *transcriptase reverse*. Divers virus touchant les animaux, et le virus du S. I. D. A. sont des rétrovirus.

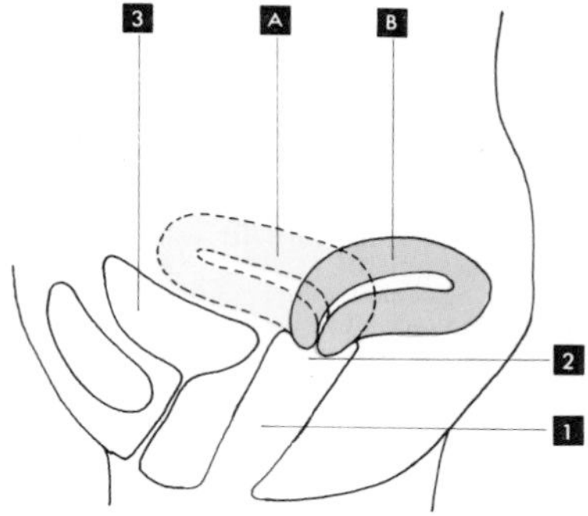

Rétroversion. Rétroversion de l'utérus.
A. Position normale de l'utérus.
B. Utérus rétroversé :
1. Vagin ; 2. Col de l'utérus ; 3. Vessie.

Rétraction. Rétraction ischémique : syndrome de Volkmann.

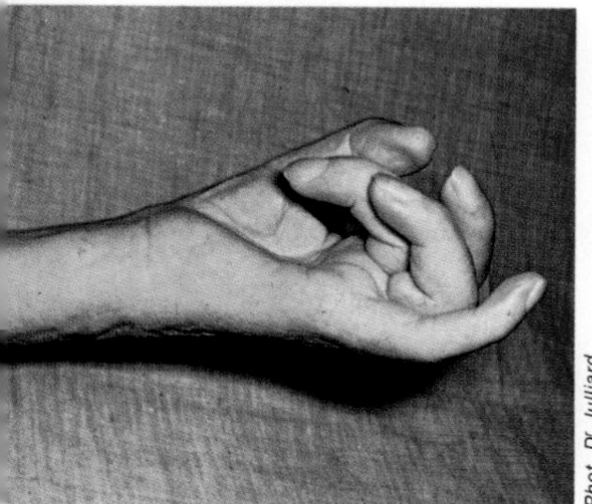
Phot. Dr Julliard.

revascularisation n. f. Opération ayant pour but d'apporter de nouveaux vaisseaux à un organe insuffisamment vascularisé. (Par exemple : revascularisation du myocarde* par « pontage* aorto-coronaire ».)

rêve n. m. Phénomène psychologique se produisant pendant le sommeil*, constitué par une série d'images dont le déroulement figure un drame plus ou moins suivi.

Les images du rêve sont en rapport avec des excitations sensorielles externes, internes, et avec les préoccupations du rêveur (souvenirs récents ou lointains, parfois totalement oubliés).

Au réveil, le rêve est le plus souvent oublié. Les techniques modernes de physiologie ont révélé que les images visuelles se traduisent par des mouvements oculaires rapides et peuvent être repérées sur les tracés électroencéphalographiques. La phase du sommeil pendant laquelle les rêves se déroulent est dite « sommeil paradoxal ».

Freud a beaucoup étudié les rêves et leur signification. Il a montré comment le « contenu manifeste du rêve », souvent absurde et confus, dérivait de l'élaboration d'un « contenu latent » primitif se rapportant à des désirs refoulés. Le rêve permet, sous une forme déguisée, d'exprimer et de réaliser des idées et des sentiments inacceptables pour le sujet lui-même ou pour la société.

revendication n. f. Action de réclamer.
Les idées de revendication, au sens psychiatrique, se manifestent essentiellement chez les paranoïaques. Le délire de revendication repose sur un postulat faux et s'affirme en une conviction absolue, parfois dangereuse par ses conséquences.

révision n. f. **Révision utérine,** manœuvre obstétricale pratiquée le plus souvent avec la main, visant à s'assurer de la vacuité de l'utérus et de l'intégrité de ses parois après un accouchement.
Se dit également d'un curetage pratiqué après un avortement incomplet, pour retirer les fragments ovulaires restants.

révulsif, ive adj. et n. m. Se dit de toute substance employée pour provoquer la révulsion* (capsicum*, camphre, alcool, etc.).

révulsion n. f. Thérapeutique provoquant une irritation locale de la peau, pour drainer le sang d'une région malade vers les téguments.
Ce résultat peut être obtenu par différents procédés.

La *friction,* sèche ou humide (gant imbibé d'alcool par exemple), est indiquée dans les contractures musculaires.

Les *fomentations* sont chaudes, sèches (air chaud, bouillottes, etc.) ou humides (compresse chaude humide). Elles sont indiquées dans les laryngites et les trachéites.

Les *cataplasmes* sont à base de farine de lin (chaleur simple) ou à base de farine de moutarde (irritation et vasodilatation).

Les *ventouses** ne sont plus guère employées.

La révulsion a vu ses indications réduites du fait de l'apparition des antibiotiques* et des anti-inflammatoires*.

Rh. Abréviation de RHÉSUS* (*facteur*).

rhabditoïde adj. Se dit d'une forme larvaire de certains vers nématodes*.

rhabdomyome n. m. Tumeur bénigne extrêmement rare, développée aux dépens d'un muscle strié.

rhagade n. f. Gerçure profonde.

rhéobase n. f. Intensité minimale d'un courant continu qui, appliqué pendant une longue durée à un nerf ou à un muscle, en provoque l'excitation.

rhéotome n. m. Dispositif électrique permettant d'étudier l'influence de la durée d'application d'un courant sur un muscle et l'excitation produite.

rhésus n. m. **Groupe sanguin Rhésus (Rh).** V. GROUPE, *Hématologie.* **Incompatibilité Rhésus.** V. INCOMPATIBILITÉ, *En obstétrique.*

rhinencéphale n. m. Partie de l'encéphale qui assure l'odorat.
Il est constitué notamment par la bandelette et le bulbe olfactifs, puis par le corps calleux, le lobe limbique, le septum, la circonvolution de l'hippocampe, le corps godronné, le trigone olfactif.

rhinite n. f. Inflammation de la muqueuse nasale. (Syn. : RHUME DE CERVEAU.)
Les rhinites aiguës. Le coryza ou rhume de cerveau est une affection virale commune. Après un « coup de froid », un refroidissement, le malade souffre d'un malaise général, de maux de tête, puis, après une sensation de sécheresse nasale, un écoulement nasal aqueux s'ensuit, qui devient rapidement purulent. L'écoulement redevient aqueux avant la guérison, qui survient en 8 jours. Cette affection banale peut se compliquer d'otite*, de sinusite*.

Rhinencéphale. Vue latérale du cerveau :
1. Bulbe olfactif ; 2. Corps calleux ;
3. Scissure calloso-marginale ;
4. Trigone cérébral ; 5. *Septum lucidum ;*
6. Grand lobe limbique de Broca ;
7. Corps godronné ; 8. Cunéus ;
9. Circonvolution de l'hippocampe ;
10. Trigone olfactif.

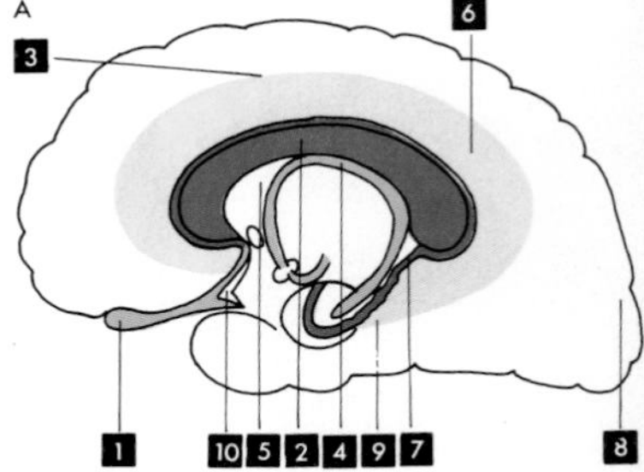

Le traitement est souvent décevant. On utilise la vitamine C, le paracétamol, l'aspirine, la quinine, les pulvérisations de vaso-constricteurs, les boissons alcoolisées chaudes... Il ne faut pas abuser des gouttes nasales, qui peuvent conduire à la rhinite chronique. Les antibiotiques ne sont généralement pas nécessaires.

Les maladies infectieuses débutent fréquemment par une infection rhino-pharyngée : c'est le cas de la grippe*, de la rougeole* et de la scarlatine*.

Les rhinites vestibulaires. Elles consistent en l'infection de la partie antérieure des fosses nasales (vestibule) et sont favorisées par les sécrétions nasales et surtout les poussières et le grattage. On utilise des crèmes antibiotiques. Une infection du pharynx ou des sinus doit être recherchée.

Les rhinites chroniques. La vie moderne a fait considérablement augmenter la fréquence de cette affection : ventilation insuffisante des locaux, chauffage par le plancher et surtout humidification inconstante. L'abus du tabac, de l'alcool ainsi que des gouttes nasales sont également en cause.

La rhinite catarrhale chronique est souvent associée à un état carentiel ou allergique. La sensation de « nez bouché » ne s'atténue alors que l'été.

La rhinite chronique hypertrophique associe une obstruction nasale, des céphalées, parfois un tremblement. Des complications (laryngite, pharyngite...) ne sont pas rares.

Les vasoconstricteurs doivent être évités, et une cause d'ordre général recherchée. Une cautérisation des cornets est parfois nécessaire.

La rhinite atrophique banale succède aux rhinites infectieuses et nécessite un traitement local, parfois une cure thermale.

Les rhinites allergiques. Elles sont souvent associées à d'autres manifestations allergiques et se présentent sous deux formes :

Le *rhume des foins* débute au même moment, celui de la floraison des plantes graminées (mai-juin). Il associe des salves d'éternuements qui fatiguent le malade, un écoulement nasal aqueux, une obstruction nasale, des céphalées et un larmoiement intense. Il s'accentue au soleil, au grand air et rétrocède à l'intérieur des maisons. Il dure pendant toute la floraison de l'espèce en cause ;

Les *rhinites apériodiques* (survenant à n'importe quelle époque) sont plus fréquentes que le rhume des foins et sont déclenchées par une cause minime (poussières, plumes, poils, etc.). C'est une obstruction nasale avec écoulement clair qui persiste chez un sujet commun comme chez un allergique. La muqueuse est rose lilas, parfois parsemée de polypes.

Le traitement des rhinites allergiques repose sur la désensibilisation spécifique et associe des antihistaminiques*, des corticoïdes*, des gammaglobulines* et des cures thermales.

rhinoconiose n. f. Atteinte de la muqueuse nasale, imputable aux poussières (de marbre, d'arsenic, d'acides, etc.).

rhinolalie n. f. Anomalie de la voix, due à une atteinte des voies respiratoires supérieures.
La *rhinolalie ouverte,* due à une paralysie du voile du palais, donne une voix nasonnée. La *rhinolalie fermée,* lors de l'obstruction des voies nasales, assourdit le timbre de la voix (parler « du nez »).

rhino-pharyngite n. f. Inflammation du rhino-pharynx (v. PHARYNX).
C'est une affection bénigne, banale pendant l'enfance, qui est favorisée par la présence de formations lymphoïdes (amygdales, végétations).

Elle se traduit par l'association de fièvre, d'un écoulement nasal, parfois de diarrhée. L'examen de la cavité buccale montre un écoulement de pus dans l'arrière-gorge.

Les complications sont nombreuses : otites, mastoïdites, sinusites, pneumopathies. Une atteinte grave de l'état général peut se voir.

Le *traitement* associe une désinfection nasale, des antibiotiques (en cas de complications) et parfois une paracentèse (otites). L'adénoïdectomie pratiquée au bon moment permet d'éviter les récidives dans le plus grand nombre des cas.

rhinophyma n. m. Tumeur du nez, stade ultime de l'acné* rosacée.
Il donne au nez un aspect tuméfié, bosselé. La peau est violacée.

Le traitement comporte des antiseptiques locaux et une antibiothérapie générale. La chirurgie est nécessaire dans les formes très évoluées.

rhinoplastie n. f. Intervention chirurgicale destinée à corriger les difformités du nez.

rhinorrhée n. f. Écoulement nasal.

rhinosclérome n. m. Infection chronique due au bacille de Frisch, caractérisée par un catarrhe chronique et une infiltration des muqueuses des voies respiratoires supérieures.
Le volume du nez augmente rapidement, puis les lésions s'étendent au pharynx et aux bronches. Les antibiotiques ont transformé le pronostic.

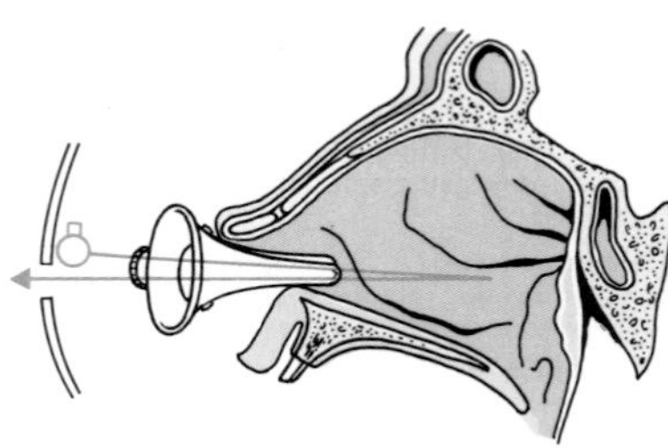

Rhinoscopie antérieure.
Elle se fait avec un spéculum nasal ; la vue est directe.

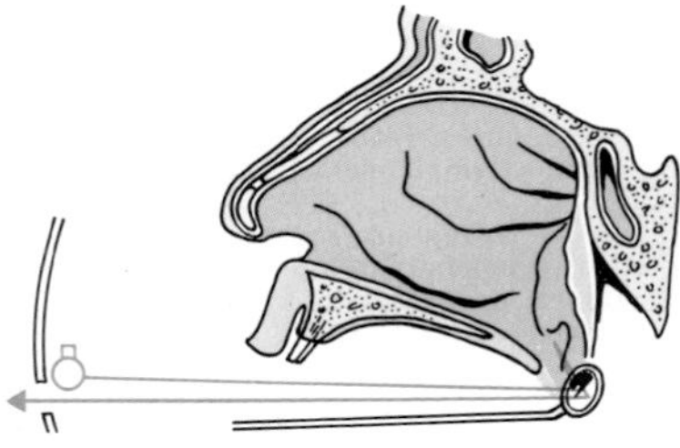

Rhinoscopie postérieure.
Elle se fait avec un petit miroir laryngé placé en arrière du voile du palais.

rhinoscopie n. f. Examen visuel des fosses nasales.
La *rhinoscopie antérieure* emploie un spéculum pour diriger le faisceau lumineux. La *rhinoscopie postérieure* s'aide d'un petit miroir introduit derrière le voile du palais afin de réfléchir l'image du cavum* et des choanes.

rhinosporidiose n. f. Maladie de l'Inde et de l'Afrique, due à un champignon et caractérisée cliniquement par des polypes développés sur les muqueuses (conjonctive, pharynx, vagin).

rhipicéphale n. m. Tique dont une espèce, parasite du chien, peut transmettre à l'homme une rickettsie, agent de la fièvre boutonneuse. (V. RICKETTSIOSE.)

rhizomélique adj. Qui touche la racine des membres (épaules, hanches).
La *spondylose rhizomélique* est un rhumatisme ankylosant atteignant les vertèbres, les épaules et les hanches.

rhizopode n. m. Protozoaire* se déplaçant par des pseudopodes, tel l'*amibe.*

rhomboïde adj. En forme de losange.
Le muscle rhomboïde est situé entre le rachis et l'omoplate ; il attire l'épaule en arrière.

rhubarbe n. f. La souche rhizomateuse (racine) de rhubarbe est laxative. On l'emploie en poudre (comprimés) et en extraits.

rhumatisme n. m. Terme général désignant la plupart des manifestations douloureuses des articulations (arthropathies) et les atteintes d'autres organes qui en sont la conséquence ou la cause.

Les rhumatismes inflammatoires. Non microbiens, non suppuratifs, aux manifestations générales d'intensité variable, on les distingue suivant leur expression clinique.

Le rhumatisme articulaire aigu (R. A. A.), ou maladie de Bouillaud, affection inflammatoire, due à la toxine du streptocoque*, atteignant les articulations et pouvant secondairement toucher le cœur. — Le R. A. A. débute le plus souvent de 15 à 20 jours après une angine* rouge, et ses principales manifestations sont articulaires, générales et cardiaques. Divers autres organes peuvent être atteints.

SIGNES CLINIQUES. Les *manifestations articulaires* réalisent typiquement une polyarthrite* aiguë, fébrile, touchant électivement les grosses articulations, qui sont rouges, chaudes et enflées. Toute mobilisation entraîne une douleur intense. Les arthrites sont *mobiles,* passant en quelques jours d'une articulation à l'autre, et *fugaces,* ne laissant aucune séquelle.

La *fièvre* est constante mais variable, chaque poussée articulaire étant accompagnée d'un clocher fébrile.

Les *manifestations cardiaques* sont très fréquentes et font toute la gravité de la maladie — la *cardite rhumatismale* —, l'inflammation pouvant toucher à la fois ou séparément chacune des trois tuniques du cœur* : l'endocarde, réalisant des lésions des valves* cardiaques; le péricarde (péricardite rhumatismale guérissant sans séquelles); le myocarde (myocardites de gravité très variable). L'atteinte cardiaque se décèle à l'auscultation : assourdissement des bruits du cœur, apparition de souffles, d'un frottement péricardique, d'un bruit de galop.

Les *autres manifestations* du R. A. A. sont nombreuses mais plus rares : manifestations nerveuses de la chorée* de Sydenham; manifestations cutanées avec les nodosités de Meynet et l'érythème marginé; manifestations pulmonaires (pneumonies, pleurésies, pleurites, etc.).

DIAGNOSTIC BIOLOGIQUE. Il est fondé sur une élévation importante de la *vitesse de sédimentation,* l'augmentation du taux sanguin de fibrine, la présence de streptocoques α (alpha) hémolytiques dans la gorge et une élévation des antistreptolysines O dans le sang.

ÉVOLUTION. Sans traitement, l'évolution de la crise de R. A. A. se fait vers la sédation en quelques semaines. Les arthrites guérissent sans séquelles, mais les lésions valvulaires cardiaques grèvent l'avenir du sujet atteint.

TRAITEMENT. *Le traitement de la crise.* Le repos absolu au lit doit être poursuivi jusqu'à ce que la vitesse de sédimentation soit redevenue normale. La prescription de *pénicilline* est indispensable dès le début pour lutter contre l'extension de l'infection. L'inflammation articulaire est traitée par les anti-inflammatoires cortisoniques.

Le traitement prophylactique des récidives. Il est aussi important que le traitement de la crise. Chez l'enfant, il est poursuivi pendant une durée de 5 ans après la dernière crise reconnue. Chez l'adulte, beaucoup moins exposé aux récidives et aux complications, les délais sont plus réduits. La pénicilline est alors administrée sous forme « retard ».

Le rhumatisme articulaire subaigu. Il est caractérisé par une polyarthrite touchant les grosses articulations et guérissant sans séquelles. Il ne s'accompagne pas de localisation cardiaque. Il peut récidiver sur le même mode ou sous forme d'un état intermédiaire entre le rhumatisme aigu et la polyarthrite banale.

La polyarthrite chronique évolutive. V. POLYARTHRITE.

La spondylarthrite ankylosante. V. SPONDYLARTHRITE.

Le rhumatisme psoriasique. Il associe à une maladie de peau, le psoriasis*, une arthrite rhumatismale.

Le rhumatisme palindromique, rare, de localisation variable, touche une seule articu-

Rhumatisme. Déformation des mains.

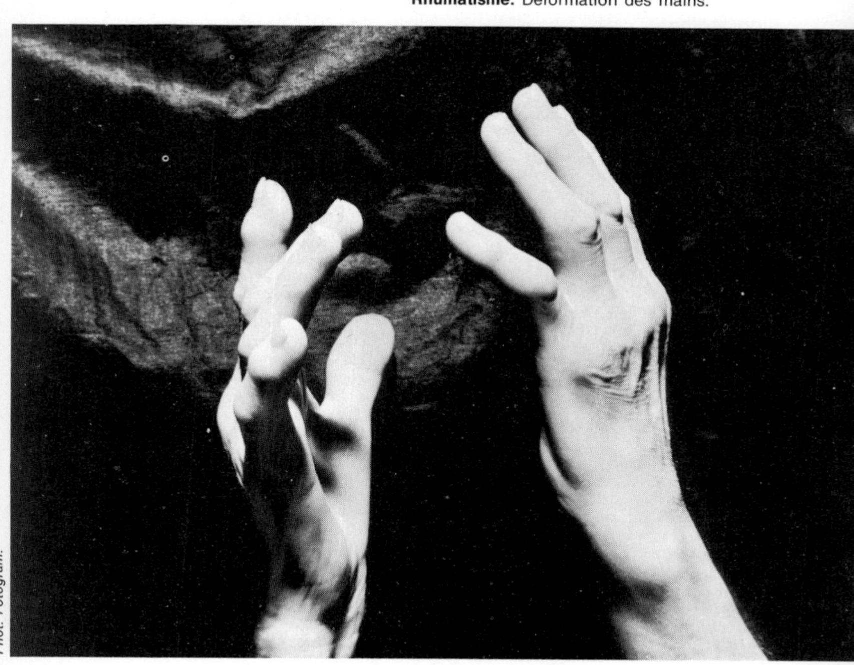

Phot. Fotogram.

lation à la fois, et son évolution est récidivante.

Les rhumatismes infectieux. Dus aux bactéries, ils se rencontrent au cours de la gonococcie, de la tuberculose, de la syphilis, de la brucellose.

Les rhumatismes dégénératifs ou arthroses. Ce sont des arthropathies chroniques résultant d'une destruction des cartilages articulaires associés à une prolifération du tissu osseux sous-jacent. Elles se traduisent par des douleurs à la mobilisation, des déformations, des limitations de mouvements. (V. ARTHROSE.)

Les arthropathies métaboliques. Elles sont le fait de la goutte* et de l'alcaptonurie*.

Les arthropathies nerveuses. Elles se voient dans le tabès* et la syringomyélie*.

rhumatoïde adj. **Douleur rhumatoïde**, se dit d'une douleur se déplaçant d'une articulation à l'autre.

Facteur rhumatoïde, protéine anormale trouvée dans le sérum des malades atteints de *polyarthrite* rhumatoïde.*

rhumatologie n. f. Spécialité médicale s'occupant des affections rhumatismales. (V. ARTHRITE, ARTHROSE, RHUMATISME.)

rhume n. m. V. RHINITE.

ribonucléique adj. **Acide ribonucléique.** V. NUCLÉIQUE.

ribose n. m. Sucre (ose*) à 5 atomes de carbone, entrant dans la constitution des acides nucléiques et déterminant, selon sa forme, l'acide ribonucléique (A. R. N.) ou l'acide désoxyribonucléique (A. D. N.). [V. NUCLÉIQUE.]

ricin n. m. Plante dont la graine est riche en huile, caractérisée par son action purgative.

rickettsie n. f. Microbe immobile, intermédiaire entre les bactéries et les virus, et se cultivant sur des milieux spéciaux.

Les rickettsies sont à l'origine de nombreuses maladies (rickettsioses*) transmises par des insectes ou des arachnides.

rickettsiose n. f. Maladie infectieuse, due aux rickettsies.

Les principales sont : le typhus* exanthématique, transmis par le pou; le typhus murin, dû à la puce du rat; les fièvres pourprées et boutonneuses transmises par les tiques* (fièvre des montagnes Rocheuses, fièvre méditerranéenne boutonneuse*); le typhus des broussailles, d'Extrême-Orient (ou scrub typhus); la fièvre Q*.

Toutes ces variétés, malgré des origines et des vecteurs différents, sont facilement traitées par le chloramphénicol* et les tétracyclines*.

ride n. f. Pli de la peau qui marque le visage.

Les rides d'expression, que l'on voit même sur le visage d'êtres jeunes, sont dues aux mimiques des visages et marquent le tempérament d'un sujet. Les rides dues au vieillissement de la peau apparaissent plus facilement sur certaines peaux fragiles ou particulièrement exposées au soleil. L'efficacité de certaines crèmes ou de certains « masques », dans la lutte contre les rides, est due aux massages répétés que ces produits réclament pour être appliqués plus qu'à leur composition. La chirurgie esthétique peut remédier à certaines rides, à condition de tenir compte du fait que certains types de peaux cicatrisent difficilement et peuvent développer des chéloïdes*.

Riehl (mélanose de), affection cutanée caractérisée par une pigmentation grisâtre du visage, prédominant aux joues et au front. Elle s'observe surtout, après 40 ans, chez les femmes nerveuses présentant des troubles digestifs et parfois endocriniens. (V. MÉLANINE, MÉLANOSE.)

rigidité n. f. **Rigidité cadavérique,** durcissement des muscles après la mort. — Elle apparaît vers la 4e heure après la mort, dont elle aide à déterminer l'heure. Si l'on « force » une articulation après l'installation de la rigidité cadavérique, celle-ci disparaît et ne revient pas.

rimantadine n. f. Médicament préventif de la grippe. (Administré dans les jours suivant la contagion, il empêche la multiplication du virus).

Rinne (épreuve de), épreuve qui permet de différencier les surdités de transmission et de perception par l'étude comparative de l'audition par voies osseuse et aérienne.

rire n. m. Expression corporelle spontanée d'un état émotionnel, acquérant secondairement une valeur symbolique et sociale.

Le rire peut avoir une signification pathologique dans certaines maladies neurologiques et psychiatriques (tel le *rire sardonique* du tétanos*, contraction musculaire qui ne correspond pas du tout à une joie, mais est, au contraire, très douloureuse).

ris n. m. **Ris de veau,** thymus* du veau, dont la richesse en purines interdit la consommation en cas de goutte*.

Rivalta (épreuve de), réaction de précipitation d'un épanchement séreux en présence d'acide acétique. — La réaction de Rivalta est positive si le liquide devient bleu. Cette réaction différencie les exsudats* des transsudats*.

riz n. m. Riche en glucides, le riz a une bonne valeur nutritive et sa richesse en amidon en fait un aliment très digestible. L'*eau de riz,* ou décoction de riz, est antidiarrhéique. La *farine de riz* est utilisée dans l'alimentation du tout-petit.

riziforme adj. Ressemblant au riz. (Qualifie certains granules pathologiques qui ont la forme et l'aspect d'un grain de riz, par exemple la diarrhée riziforme du choléra*.)

R. M. N., sigle de RÉSONNANCE MAGNÉTIQUE NUCLÉAIRE, technique de l'imagerie médicale fournissant des images en coupes de l'organisme et des renseignements sur la structure des tissus.

Roche-Posay (La), station hydrominérale de la Vienne, à 22 km de Châtellerault, pour le traitement des affections de la peau.
L'eau bicarbonatée calcique froide (de 11 à 13 °C) contient de la silice et du sélénium. On l'emploie en boisson, bains, douches, douche filiforme dans les eczémas, même en phase aiguë, les prurits. Le psoriasis, l'acné, le lichen plan sont également améliorés.

rocher n. m. Partie quadrangulaire de l'os temporal*, contenant l'oreille interne.
Fracture du rocher. Elle se traduit souvent par un écoulement de sang par l'oreille, parfois par une paralysie faciale*. Des radiographies centrées sur le rocher en permettent le diagnostic. Le traitement est délicat.

Rolando (scissure de), scissure située à la face externe des hémisphères cérébraux et séparant la zone motrice (en avant) de la zone sensitive (en arrière). [V. CERVEAU.]

romarin n. m. Arbrisseau méditerranéen dont on emploie les feuilles comme condiment. En infusions, les fleurs sont stimulantes et cholagogues.

Romberg (signe de), impossibilité pour un sujet de garder l'équilibre, debout, les yeux fermés. Le signe de Romberg témoigne de l'atteinte du cervelet* et des faisceaux nerveux proprioceptifs renseignant sur la position des parties du corps dans l'espace.

ronce n. f. Les feuilles et les bourgeons foliaires de la ronce, riches en tanin, sont récoltés au printemps et utilisés en gargarisme pour leur action astringente.

rond, e adj. **Fenêtre ronde,** orifice creusé dans la caisse du tympan.
Ligament rond, ligament de l'articulation de la hanche et cordon fibreux allant de l'utérus à la région inguinale.
Muscle rond pronateur de l'avant-bras, muscle qui fait tourner le radium.
Muscles rond et grand rond, muscles de la ceinture scapulaire, rotateurs de l'épaule.
Trous grand rond et petit rond, orifices de la grande aile de l'os sphénoïde.

ronflement n. m. Bruit variable survenant lors de la respiration, pendant le sommeil.
Il peut être dû à une diminution pathologique de la perméabilité nasale, à un relâchement complet du voile du palais (sommeil profond). On peut souvent le supprimer en dormant sur le côté. Sa persistance justifie un examen oto-rhino-laryngologique.

Röntgen **1. Rayons de Röntgen,** synonyme de RAYONS X. (V. RADIOLOGIE.)
2. Unité d'émission de rayons X.

Rorschach (test de), test psychologique de la personnalité, fondé sur l'interprétation par le patient de taches d'encre de formes variables. (V. TEST.)

Roscoff, station climatique du Nord-Finistère, à 28 km de Morlaix.
Le climat doux et tempéré et les bains d'eau de mer réchauffée (thalassothérapie) associés à la kinésithérapie permettent de traiter les enfants déficients, les troubles de la nutrition, les affections douloureuses rhumatismales ou post-traumatiques.

rose n. f. L'eau distillée de rose est adoucissante pour la peau et pour les conjonctives. La rose pâle est laxative, alors que la rose rouge est astringente. Le mellite de rose rouge est employé contre les aphtes, en bains de bouche.

roséole n. f. Éruption généralisée de taches rosées.
On lui reconnaît de nombreuses causes : infectieuse (roséole saisonnière, d'entité discutée), vénérienne (période secondaire de la syphilis), allergiques (barbituriques).

rossignol n. m. **Rossignol des tanneurs.** V. PIGEONNEAU.

rot n. m. Syn. fam. de ÉRUCTATION*.

rotation n. f. Action de tourner autour d'un axe.
La rotation en dehors d'un membre en position anatomique éloigne de l'axe du corps le pouce ou le gros orteil.

rotule n. f. (lat. *patella*). Os plat développé dans le tendon du muscle quadriceps, s'articulant par sa face postérieure avec la trochlée fémorale.
Sa base supérieure donne insertion au tendon du quadriceps*, son sommet (situé en bas) au tendon rotulien.
Fractures de la rotule. Fréquentes, elles sont dues en général à un choc direct. Sans déplacement, l'immobilisation plâtrée est suffisante ; en cas de déplacement, il faut intervenir chirurgicalement pour évacuer l'hémarthrose, faire une ostéosynthèse solide,

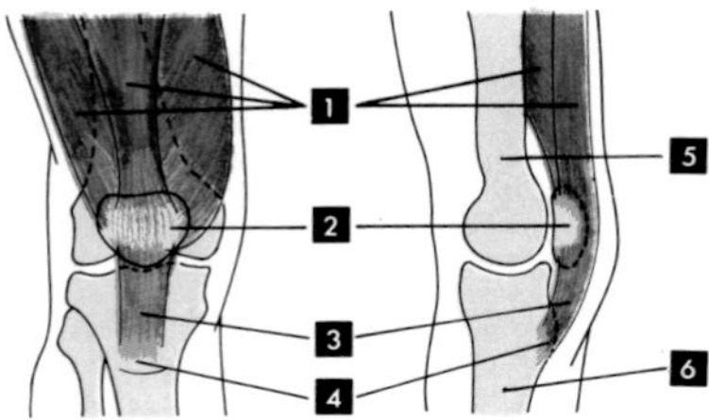

Rotule. Face et profil.
1. Quadriceps ; 2. Rotule ;
3. Ligament rotulien ;
4. Tubérosité antérieure du tibia ;
5. Fémur ; 6. Tibia.

reconstituer les ailerons rotuliens. Dans les fractures comminutives, on peut être amené à pratiquer l'ablation de la rotule (patellectomie). Dans tous les cas, la rééducation est indispensable, car les séquelles ne sont pas rares.

rouge n. m. **Dermite du rouge à lèvres,** réaction eczémateuse des lèvres à l'éosine* qui compose ce cosmétique. — L'intolérance peut gagner la peau ; il convient de traiter cet eczéma* et d'éviter un nouveau contact.

rougeole n. f. Fièvre éruptive très contagieuse, due à un virus.
C'est une maladie de l'enfance et peu d'adultes l'ont. Dans les pays développés, la maladie est bénigne, mais, dans les pays du tiers monde, les formes en sont beaucoup plus graves et c'est une grande cause de cécité et de mortalité. La transmission est directe, par les gouttelettes de salive lors de toux ou d'éternuements. La contagiosité débute dès l'incubation et se poursuit pendant le début de l'éruption.

Signes cliniques. Après une incubation silencieuse de 10 jours, la maladie débute par la *phase d'invasion.* Celle-ci associe de la fièvre, un larmoiement et une rhinite (catarrhe* oculo-nasal), de la toux, des vomissements. À ce moment, seul le signe de Koplick* fait le diagnostic : c'est un semis de petits points blanchâtres sur la face interne des joues. Quatorze jours après l'incubation, l'*éruption* apparaît, débutant à la tête, derrière les oreilles, autour du cuir chevelu, puis s'étend les jours suivants à l'abdomen et aux membres, pour se généraliser au 4e jour. C'est un exanthème* maculo-papuleux lais-

Rubéole. Éruption de rubéole.

Phot. C.N.R.I.

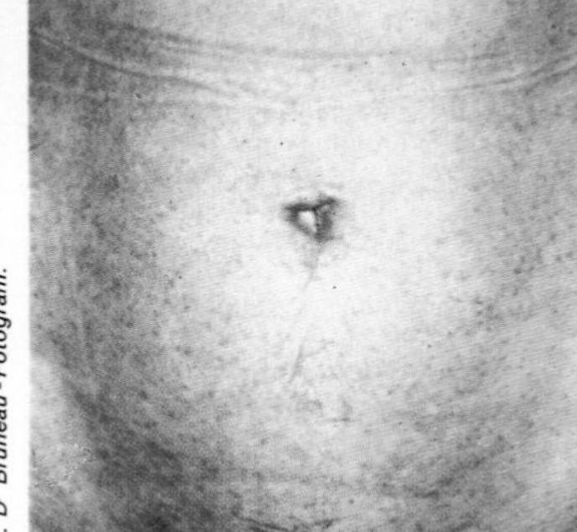

Rougeole. Début de l'éruption au visage.

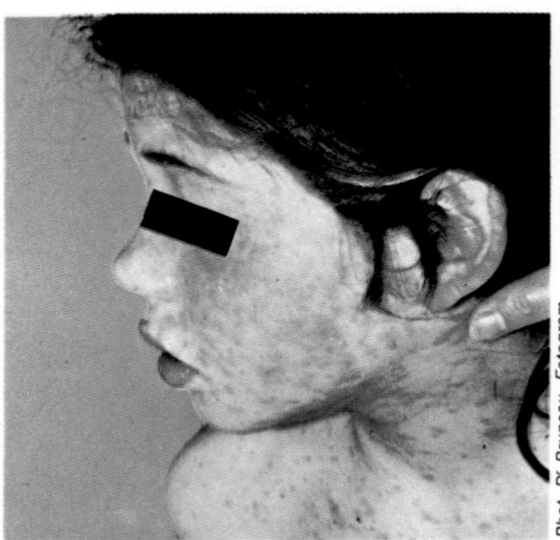

Phot. Dr Bruneau - Fotogram.

sant un intervalle de peau saine entre les taches.

L'éruption disparaît en 4 à 6 jours, la fièvre et le catarrhe oculo-nasal s'atténuent, mais l'enfant reste fatigué et anorexique pendant plusieurs jours. Des complications peuvent survenir : otites, pharyngites, mais surtout broncho-pneumonies, parfois graves, dues à une surinfection bactérienne. Les complications neurologiques (encéphalites) sont de mauvais pronostic.

L'immunité conférée par la rougeole est très solide.

Traitement. L'isolement est de rigueur, l'alimentation doit être légère. On utilise le repos au lit, des calmants de la toux et surtout des antipyrétiques. Dans les formes graves, les antibiotiques sont utiles pour traiter la surinfection.

La prophylaxie. Il existe un vaccin, préparé à partir de virus atténué, qui n'est pas obligatoire en France. Il comporte une seule injection sous-cutanée.

La séroprévention par des gammaglobulines* spécifiques est utilisée lors de contacts d'enfants fragiles avec des rougeoleux. L'injection doit être précoce (5 premiers jours). La déclaration de la maladie est obligatoire.

rouget n. m. **Rouget du porc,** infection contagieuse due à *Erysipelothrix rhusiopathiæ.* — Cette bactérie infecte les animaux (porc, cheval, mouton, etc.), qui contaminent les hommes se trouvant en contact fréquent avec eux (maladie professionnelle). Elle se traduit le plus souvent par une plaque vineuse surélevée au niveau de la main, avec une adénopathie satellite (ganglion dans l'aisselle). Elle guérit souvent spontanément, mais la pénicilline en abrège l'évolution.

roulade n. f. Technique de massage qui consiste à faire « rouler » les muscles sous les mains.

roulement n. m. **Bruit de roulement,** signe d'auscultation caractéristique du rétrécissement mitral, de timbre grave, entendu pendant la diastole (roulement diastolique) à la pointe du cœur.

rousseur n. f. **Taches de rousseur,** v. ÉPHÉLIDE.

Royat, station thermale du Puy-de-Dôme, à 4 km de Clermont-Ferrand, ouverte du 15 avril au 15 octobre pour les maladies des artères et du cœur.

Les eaux bicarbonatées calciques (de 28 à 34 °C) agissent par le gaz carbonique (CO_2) qu'elles contiennent en solution, et qui a des propriétés vasodilatatrices. On les emploie en *bains carbogazeux,* bains de gaz thermaux, pulvérisations, humages, douches locales dans le traitement des artérites des membres, de l'hypertension artérielle et dans les cardiopathies dues à l'artériosclérose ou aux scléroses broncho-pulmonaires. On traite également l'acrocyanose*, la cellulite*, les arthroses*. L'infarctus du myocarde, les thromboses, les hypertensions* malignes ou d'origine rénale (néphropathies) sont des contre-indications.

rubéfaction n. f. Rougeur due à une congestion et à une irritation cutanées, occasionnées par un médicament provoquant une vasodilatation et dit « rubéfiant ».

rubéole n. f. Fièvre éruptive due à un virus. Cette maladie contagieuse est bénigne, sauf chez la femme enceinte, entraînant de graves embryopathies*.

Signes cliniques. Après une incubation silencieuse d'une quinzaine de jours, survient une *période d'invasion* associant fièvre et courbatures. Puis apparaissent une *éruption* débutant au visage, s'étendant au reste du corps (sauf aux paumes et aux plantes), des adénopathies (gros ganglions) et parfois une angine. Dans le sang circulant, on note une plasmocytose (v. PLASMOCYTE) et une élévation des anticorps* spécifiques (sérodiagnostic). La maladie se termine rapidement et entraîne une immunité durable.

La seule complication est l'infection d'une femme enceinte non immunisée. Le risque de malformations est maximal pendant le premier trimestre de la grossesse. Les malformations touchent le cœur, les yeux, le cerveau, les oreilles de l'embryon.

Traitement. En dehors de la grossesse, seuls des antipyrétiques seront prescrits. En cas de grossesse, des gammaglobulines spécifiques sont utilisées à titre préventif mais pas toujours avec succès.

Prophylaxie. Le seul moyen d'éviter le risque de rubéole pendant une grossesse chez les personnes n'ayant pas eu cette maladie est la vaccination. Celle-ci est pratiquée chez les jeunes filles à partir de 14 ans (une injection sous-cutanée). Chez la femme, un traitement contraceptif est appliqué pendant les 3 mois suivant la vaccination.

rue n. f. Plante importante par sa teneur en rutine*.

rugine n. f. Instrument de chirurgie servant à dénuder l'os de ses insertions musculaires ou du périoste.

rupture n. f. Déchirure brusque d'une cavité, d'un vaisseau.

Rupture d'anévrisme*, complication la plus grave de l'anévrisme. — La rupture d'anévrisme de l'aorte se traduit par une douleur atroce, transfixiante, irradiant le thorax dans le dos, et par un état de choc* brutal. C'est une urgence chirurgicale.

Rupture de varices* œsophagiennes, éclatement de varices œsophagiennes provoqué par l'hypertension portale. — Complication fréquente des cirrhoses, elle se manifeste par une hémorragie digestive.

Rupture de grossesse extra-utérine. V. EXTRA-UTÉRINE.

RU 486 ou **mifépristone,** substance abortive, dont l'administration, combinée à celle d'une prostaglandine, provoque dans plus de 95 p. 100 des cas une I. V. G. sans intervention chirurgicale. Elle ne peut être administrée que dans un centre spécialisé d'I. V. G., et sous surveillance médicale stricte. Son emploi n'est possible que dans les 7 premières semaines de grossesse.

rutine n. f. Glucoside extrait de nombreux végétaux, notamment de la rue*, possédant l'activité vitaminique P. (V. VITAMINE.)

rythme n. m. **Rythme cardiaque.** C'est la fréquence des contractions du cœur, normalement réglée à 70-75 par minute au repos et à 37 °C.

Ce rythme est engendré par une activité électrique spontanée et répétitive dont l'origine est le sinus auriculaire situé dans l'oreillette droite. Cette activité est modulée par le système nerveux végétatif (parasympathique* qui le ralentit [stimulation vagale] et sympathique* qui l'accélère).

La stimulation ainsi déclenchée chemine à travers les oreillettes et rejoint le nœud d'Aschoff-Tawara situé à la jonction auriculo-ventriculaire, dans la cloison interventriculaire. Cette zone est ainsi appelée « jonctionnelle ».

L'influx chemine ensuite dans le faisceau de His*, puis gagne simultanément la branche droite et les deux branches gauches de ce faisceau et active les ventricules, qui se contractent. Trois principes fondamentaux régissent le rythme cardiaque et ses anomalies :

1. Chaque niveau des voies de conduction possède un rythme propre, d'autant plus lent qu'il est situé plus bas (sinus 75/mn, nœud d'Aschoff-Tawara 50/mn, tronc du faisceau de His 40/mn, branches 35/mn, ventricules 30/mn).
2. Le cœur obéit au stimulus le plus rapide, qu'il soit normal ou non, et qui « coiffe » les rythmes plus lents.
3. Après le passage du stimulus, suit une période réfractaire pendant laquelle aucune stimulation ne peut passer. Cela à chaque niveau des voies de conduction.

Les troubles du rythme cardiaque. On distingue, selon leur origine, les troubles supraventriculaires des troubles ventriculaires et, selon leur rythme, les réguliers des irréguliers. Enfin, certains troubles du rythme sont dus à une anomalie de la conduction intracardiaque.

1. LES TROUBLES SUPRAVENTRICULAIRES. Dans ce cas, le complexe rapide ventriculaire QRS de l'électrocardiogramme* est normal, fin (les deux ventricules sont activés en même temps par un stimulus venu de plus haut).

Les troubles supraventriculaires peuvent être auriculaires ou jonctionnels.

a) *Les troubles du rythme auriculaire réguliers.* Ce sont principalement :
— la tachycardie* sinusale, de 90 à 140/mn environ. Le stimulus part normalement du sinus auriculaire. Chaque complexe ventriculaire est précédé d'une onde P (auriculaire) normale, à un rythme accéléré. Elle est normale lors des émotions, de la fièvre.

On l'observe également au cours des maladies du sinus et surtout dans l'hyperthyroïdie* ;
— la bradycardie* sinusale est un ralentissement du sinus, qui reste cependant suffisamment actif pour ne pas laisser apparaître les rythmes spontanés sous-jacents (maladie de l'oreillette, malaise vagal) tel qu'on l'observe dans l'évanouissement banal ;
— les tachycardies auriculaires non sinusales : une onde P anormale précède chaque complexe ventriculaire. Ne provenant pas du sinus, elle a une morphologie particulière selon son origine. Une forme bien individualisée est le *flutter* auriculaire,* où les oreillettes battent à 300/mn et où les ventricules suivent une fois sur deux ou sur trois (flutters dits 2/1 ou 3/1). Les complexes QRS sont alors précédés d'une, de deux ou de trois ondes P.

b) *Les tachycardies « jonctionnelles » régulières.* Elles naissent soit au niveau du nœud d'Aschoff-Tawara, soit au niveau du tronc du faisceau de His. Les complexes QRS sont toujours fins, mais non précédés d'une onde P (l'activité ne provient pas de l'oreillette).

c) *Les troubles irréguliers.* Ils sont de deux types principaux :
— les extrasystoles* supraventriculaires d'origine auriculaire, survenant de façon inopinée entre deux stimulations normales ;
— la fibrillation* auriculaire : il n'existe ici aucune activité organisée des oreillettes, et l'activité passe aux ventricules de façon inopinée et irrégulière, créant une arythmie* complète.

2. LES TROUBLES DU RYTHME VENTRICULAIRE. Ils sont caractérisés par des complexes ventriculaires larges, car l'origine de l'excitation, siégeant dans la paroi d'un des ventricules, excite celui-ci en premier et crée un retard à l'excitation de l'autre.

a) La *tachycardie ventriculaire* représente

le principal et presque unique trouble du rythme ventriculaire régulier. Elle bat entre 180 et 220/mn, et sur l'électrocardiogramme on observe au milieu de complexes ventriculaires larges, de temps en temps, un complexe fin dû à l'activité auriculaire (qui persiste de son côté) et qui a momentanément « capturé » les ventricules.

b) les *rythmes ventriculaires irréguliers* sont dus :

— aux *extrasystoles ventriculaires* partant de façon inopinée du ventricule droit ou gauche. Selon leur incidence sur le rythme de base, on distingue les extrasystoles : intercalées (elles ne modifient en rien le rythme de base et apparaissent entre deux complexes normaux) ; décalantes (elles prennent la place d'un complexe normal, mais de façon prématurée et décalent ainsi le rythme normal) ; avec repos compensateur (le complexe normal suivant apparaît au double du temps auquel il aurait dû s'exprimer). Il est important de considérer le nombre d'extrasystoles pour 100 complexes normaux et leur position par rapport à eux, certaines pouvant être couplées tous les 2 ou 3 complexes normaux (bigéminisme, trigéminisme) ;

— à la *fibrillation ventriculaire* où il n'existe qu'une activité électrique anarchique, sans aucune efficacité hémodynamique. C'est l'équivalent d'un arrêt circulatoire, qui nécessite une défribrillation immédiate.

3. LES TROUBLES DU RYTHME DUS OU ASSOCIÉS À DES TROUBLES DE LA CONDUCTION INTRACARDIAQUE. On les observe principalement au cours des *blocs* auriculo-ventriculaires* où l'activité auriculaire ne parvient plus aux ventricules, qui battent à leur propre rythme (de 30 à 40/mn), et lorsqu'il existe des voies de conduction anormales, surnuméraires, susceptibles de créer un véritable mouvement circulaire électrique réactivant constamment les ventricules à une fréquence élevée.

Conséquences des troubles du rythme. Il existe toujours une chute du débit cardiaque.

L'urgence dépend surtout de son importance.

La fibrillation ventriculaire est une urgence absolue, nécessitant un choc électrique car c'est pratiquement un arrêt cardiaque dont la mort est l'aboutissement rapide.

Les troubles du rythme ventriculaire sont des urgences relatives, car susceptibles à tout moment de dégénérer en fibrillation.

Les troubles du rythme auriculaire sont habituellement mieux tolérés et moins graves.

Les principales causes sont :

a) Les *cardiopathies :* soit valvulaires, principalement mitrales, engendrant souvent une fibrillation auriculaire ; soit consécutives à l'hypertension* artérielle ; ou encore et surtout coronariennes, et principalement l'infarctus du myocarde, grand pourvoyeur de tachycardies et de fibrillations ventriculaires à sa phase aiguë ; ou finalement aiguës (péricardite* ou thyrotoxicose*, par exemple) ou dégénératives chroniques (maladie de l'oreillette, cardiomyopathies) ;

b) Les *désordres métaboliques,* portant principalement sur le calcium (hypocalcémie) et le potassium (hypokaliémie) ;

c) Les *intoxications médicamenteuses* enfin (digitaliques surtout).

Sabouraud (milieu de), milieu de culture gélosé pour la culture des champignons et des levures.

saburral, e, aux adj. **Langue saburrale,** se dit d'une langue dont la muqueuse est recouverte d'un enduit blanc jaunâtre. La langue saburrale s'observe au cours de la plupart des affections digestives et des infections. Elle témoigne d'un *état saburral* des voies digestives sur toute leur étendue, d'où son importance diagnostique.

saccharine n. f. Substance synthétique, soluble dans l'eau et dans l'alcool, possédant un pouvoir sucrant 500 fois plus élevé que le saccharose, mais non nutritive.
Elle est utilisée comme édulcorant dans les régimes pauvres en glucides (diabète).

saccharose n. m. Glucide (sucre) dont la molécule est formée par l'union d'une molé-

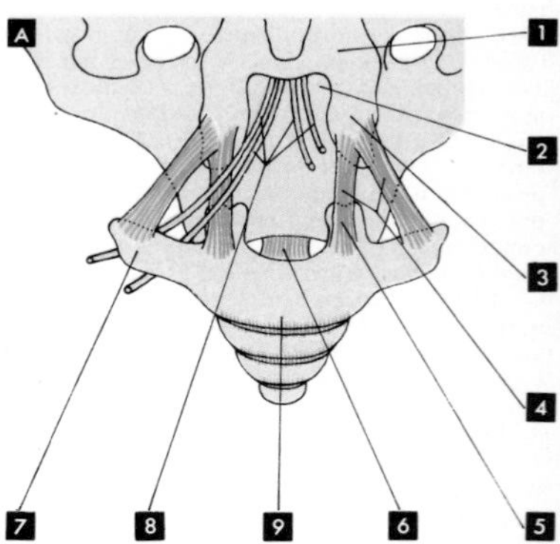

Sacro-coccygien.
Articulation, ligaments et plexus sacro-coccygiens (face postérieure).
1. Sacrum ;
2. Échancrure sacrée ; 3. Corne du sacrum ;
4. Ligaments sacro-coccygiens ;
5. Petite corne du coccyx ;
6. Articulation sacro-coccygienne ;
7. Corne latérale du coccyx ;
8. Nerfs sacro-coccygiens ; 9. Coccyx.

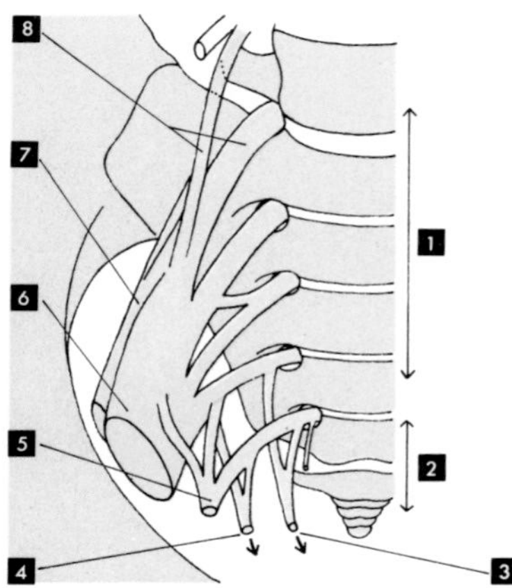

Sacré.
Représentation schématique du plexus sacré :
1. Plexus sacré ; 2. Plexus honteux ;
3. Nerf du releveur de l'anus ;
4. Plexus hémorroïdal ;
5. Nerf dorsal de la verge ;
6. Grand nerf sciatique ;
7. Nerf petit sciatique ;
8. Tronc lombo-sacré.

cule de glucose et d'une de lévulose. On la rencontre dans la canne et la betterave à sucre, et dans de nombreux fruits.

sacralisation n. f. Anomalie de la 5e vertèbre* lombaire, qui est soudée, totalement ou partiellement, au sacrum* dès les premières années de la vie.
Elle aggrave parfois les différentes affections de la charnière* lombo-sacrée (rhumatismes, arthroses, etc.), mais elle est souvent latente (sans manifestations cliniques).

sacré, e adj. Qui est en rapport avec le sacrum* : *artères sacrées moyenne et latérales, nerfs sacrés, plexus sacré* (qui donne naissance aux nerfs grand et petit sciatiques).

sacro-coccygien, enne adj. Qui se rapporte au sacrum et au coccyx : *articulation sacro-coccygienne, tumeurs sacro-coccygiennes.*

Sacro-iliaque.
Sacrum, coccyx et articulation sacro-iliaque (vue postérieure).
1. Os iliaque ; 2. Articulation sacro-iliaque ;
3. Sacrum ; 4. Coccyx ;
5. Ligament unissant la 5e vertèbre lombaire à l'os iliaque ;
6. Ligaments unissant le sacrum à l'os iliaque ;
7. Ligaments sacro-coccygiens ;
8. Petit ligament sacro-sciatique ;
9. Grand ligament sacro-sciatique.

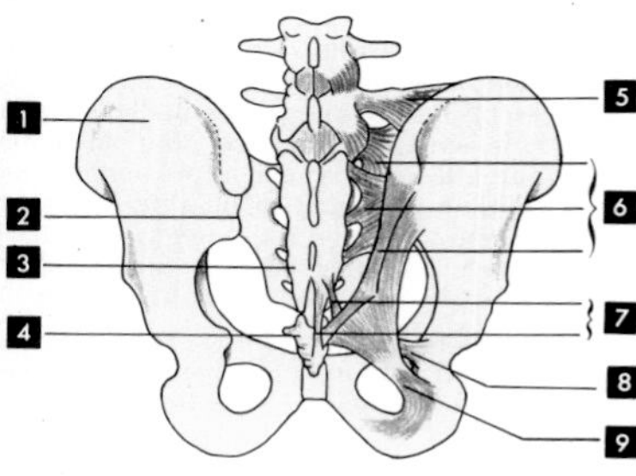

sacro-coxalgie n. f. (littéralement : « douleur de l'articulation sacro-iliaque »). En pratique, la sacro-coxalgie désigne la tuberculose de l'articulation sacro-iliaque.
Rare, elle se signale par une douleur fessière accompagnée de boiterie. Les radiographies et les tomographies centrées sur l'articulation permettent le diagnostic. Les traitements antituberculeux associés à la chirurgie ont amélioré le pronostic de cette affection.

sacro-iliaque adj. Qui se rapporte au sacrum et à l'os iliaque : *articulations sacro-iliaques.* (Syn. : SACRO-COXAL.)

sacro-sciatique adj. **Ligaments sacro-sciatiques,** bandes fibreuses larges et résistantes, tendues entre le sacrum et la tubérosité ischiatique de l'os iliaque*. (Les grand et petit ligaments sacro-sciatiques délimitent les deux échancrures sciatiques*.)

sacrum n. m. Os formé par la réunion des 5 vertèbres sacrées, articulé latéralement avec les os iliaques : par sa face supérieure avec le rachis lombaire et par son extrémité inférieure avec le coccyx.

sadisme n. m. Perversion sexuelle qui consiste à infliger de la douleur à autrui au cours de l'acte sexuel, afin d'éprouver un plaisir érotique et un orgasme.
Les actes de sadisme vont de la flagellation ou de la fessée au crime sadique le plus sauvage, en passant par la sodomisation.

L'envers du sadisme est le masochisme*, les deux perversions pouvant alterner ou s'ajouter chez le même individu. Les psychanalystes emploient le terme de *sadisme* dans un sens bien élargi, intéressant le psychisme pur pour désigner les tendances, les pulsions agressives dirigées vers autrui. Cette agressivité se manifeste sous des formes très diverses : un individu peut être sadique en gestes comme en paroles ou en écrits, exprimant par là son désir de dominer, de critiquer, de torturer moralement les autres. Inversement, le masochiste recherche la soumission, la passivité, l'échec, et se laisse écraser avec une sorte de joie plus ou moins consciente.

Le sado-masochisme réalise la combinaison de ces deux types de comportement. Il sous-tend bon nombre de relations humaines.

Tout n'est pas négatif dans le sadisme au sens large. Des tendances sadiques modérées et bien contrôlées par le « moi » peuvent constituer une force naturelle d'adaptation sociale.

safran n. m. Plante originaire du Levant (*Crocus sativus*), employée comme condiment. Après dessication, elle a une odeur spécifique. Elle doit être conservée en flacons bouchés, à l'abri de la lumière.
Il facilite la digestion et est emménagogue*. On en fait la *teinture de safran* et la *teinture d'opium safranée* ou *laudanum.*

sage-femme n. f. Femme qui pratique les accouchements et assure la surveillance des femmes enceintes.

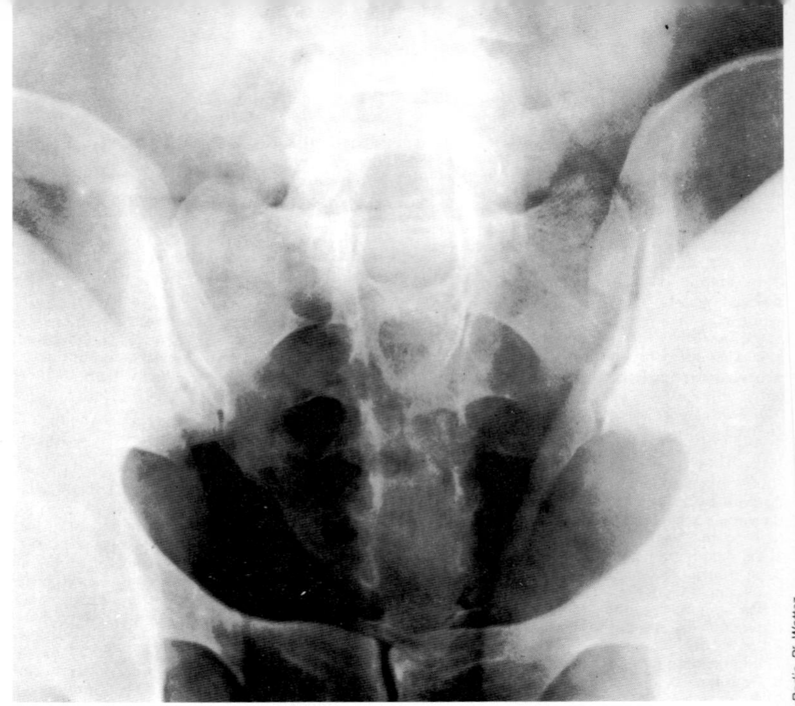

Sacrum. Radiographie sacro-coccygienne montrant
les deux articulations sacro-iliaques.

Contrairement à l'idée générale, une sage-femme n'est pas une auxiliaire médicale, mais un « personnel médical à compétence limitée ». C'est ainsi que, pouvant mener jusqu'à son terme la surveillance d'un accouchement normal, les sages-femmes doivent pouvoir diagnostiquer les anomalies (dystocies*) de l'accouchement et faire alors appel à un docteur en médecine.

L'exercice de cette profession est subordonné à la possession du diplôme d'État de sage-femme, délivré après trois années d'études, et à l'inscription au conseil de l'Ordre des sages-femmes.

sagittal, e, aux adj. **Plan sagittal,** en anatomie, plan de référence vertical, médian antéropostérieur.

saignée n. f. Évacuation d'une certaine quantité de sang à des fins thérapeutiques.

Saignée générale. Elle consiste à introduire une grosse aiguille dans une veine superficielle du pli du coude. On recueille jusqu'à 500 ml de sang. La saignée était autrefois largement utilisée, car elle représentait une des rares thérapeutiques disponibles ; elle est réservée maintenant au traitement de l'hémochromatose* primitive, de la polyglobulie* primitive et de l'œdème* aigu du poumon.

Saignée locale. Elle porte sur les petits vaisseaux* et procure une décongestion locale grâce à l'emploi de ventouses* et de sangsues*.

saignement n. m. Écoulement de sang. (V. HÉMORRAGIE.)

Temps de saignement, méthode d'étude de l'hémostase*.

On incise avec un vaccinostyle le lobule de l'oreille. Toutes les 30 secondes, on recueille une goutte de sang sur un buvard. Quand le buvard ne recueille plus rien, on sait que le temps de saignement, exprimé en minutes, est le double du nombre de taches. Ce temps est allongé en cas d'anomalies des plaquettes* et en cas d'atteinte des vaisseaux (fragilité capillaire, purpura*).

Saignement de nez. V. ÉPISTAXIS.

Saint-Amand-les-Eaux, station thermale du Nord, à 42 km de Lille, ouverte du 15 mai au 1er octobre, pour le traitement des rhumatismes.
Les eaux sulfatées calciques et magnésiennes, tièdes (26 °C) et radioactives, sont employées en bains et pour la confection de boues radioactives (applications locales, bains de boue), à la température d'émergence ou après réchauffement jusqu'à 40 °C. On traite ainsi les polyarthrites* chroniques évolutives en dehors de leurs poussées aiguës, les névralgies, douleurs musculaires et algodystrophies*, mais les meilleurs succès sont observés dans les arthroses* (vertébrales, de la hanche, du genou, etc.) avec ou sans ostéoporose*. On traite également les affections respiratoires supérieures par les gaz sulfureux contenus dans les eaux.

Saint-Christau, station thermale des Pyrénées-Atlantiques, à 40 km de Pau, ouverte du 1er juin au 31 octobre, pour les affections de la peau et des muqueuses.
L'eau bicarbonatée calcique froide (13 °C), contenant du *cuivre,* est employée en bains de bouche, dans les lésions de la muqueuse buccale et des lèvres, ainsi qu'en pulvérisations et jets filiformes dans les eczémas*, prurits* et ulcères* de jambe.

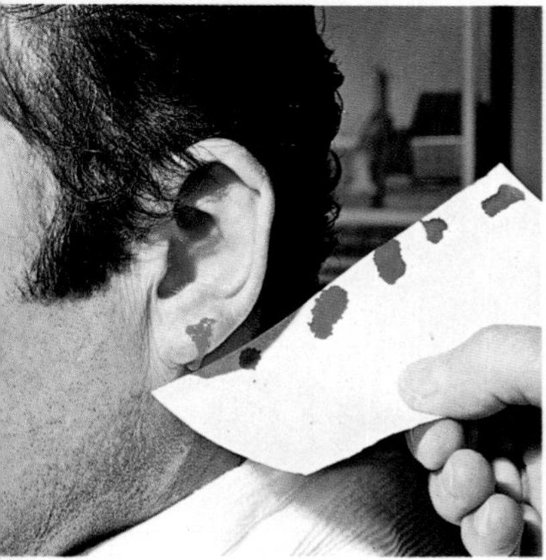

Phot. Larousse.

Saignement. Mesure du temps de saignement. Les gouttes
sont recueillies toutes les trente secondes.

Saint-Galmier, ville de la Loire, réputée pour la source Badoit, dont l'eau gazeuse, froide, bicarbonatée sodique et calcique, est employée dans les dyspepsies, l'acidité gastrique et comme reminéralisant.

Saint-Guy (danse de). V. CHORÉE, *Chorée de Sydenham.*

Saint-Honoré-les-Bains, station thermale de la Nièvre, à 69 km de Nevers, ouverte de début mai à fin septembre, pour le traitement de l'asthme et des affections des voies respiratoires supérieures.
Les eaux, chlorurées et bicarbonatées sodiques et calciques, sont sulfhydriquées (H_2S) et contiennent du fer, du manganèse, du fluor, du lithium, de l'arsenic. On pratique l'*inhalation sèche* des gaz thermaux, les *arérosols* et *pulvérisations* d'eau thermale, les insufflations nasales, les douches et bains de pieds ou généraux. On traite ainsi l'asthme intriqué à la bronchite, l'emphysème, l'asthme infantile, les trachéites, laryngites, sinusites et bronchites congestives, les suites d'interventions sur la sphère O. R. L.

Saint-Nectaire, station thermale du Puy-de-Dôme, à 41 km de Clermont-Ferrand, ouverte du 1er juin au 1er octobre, pour les affections des reins.
Les eaux, bicarbonatées sodiques (de 22 à 43 °C), carbogazeuses, sont employées en bains, affusions lombaires (très chaudes), douches, dans les séquelles de néphropathies, l'albuminurie (présence d'albumine dans les urines), les syndromes néphrotiques*. Le régime alimentaire doit être strict.

salade n. f. Les salades, peu nutritives mais riches en vitamines, facilitent le transit intestinal et luttent contre la constipation.

salaison n. f. Les viandes, poissons ou autres aliments « salés » ne donnent pas la même sécurité que les conserves (risques de toxi-infections). Les salaisons, souvent indigestes, sont déconseillées aux dyspeptiques et interdites dans les régimes sans sel.

salicaire n. f. Plante dont les fleurs servent à préparer l'*extrait fluide de salicaire,* utilisé dans le traitement des inflammations de la muqueuse intestinale.

salicylamide n. m. Amide de l'acide salicylique, utilisé comme antalgique*.

salicylate n. m. Sel de l'acide salicylique. Le *salicylate de sodium,* longtemps utilisé dans le traitement du rhumatisme* articulaire aigu, est le plus souvent remplacé par l'aspirine.

PRINCIPAUX CONSTITUANTS DU PLASMA SANGUIN

protides et autres constituants azotés	valeurs pathologiques hypoconcentration (diminution)	variations physiologiques valeurs normales		
protides totaux, protidémie	< 65 dénutrition et syndromes néphrotiques	70	75 g/l	85
albumine, albuminémie	< 30 cirrhoses	38	40 g/l	42
globulines, globulinémie	sans intérêt pratique	20	22 g/l	24
alpha$_1$-globulines	sans intérêt pratique	3	3,5 g/l	4
alpha$_2$-globulines	sans intérêt pratique	5,5	5 g/l	6
bêta-globulines	sans intérêt pratique	5,5	8 g/l	9
gamma-globulines	< 5 → 0 épisodes infectieux à répétition	7	7,5 g/l	8
fibrinogène, fibrinémie	< 2 insuffisance hépatique grave	2	3 g/l	5
urée, urée sanguine	< 0,15 insuffisance hépatique grave	0,25	0,35 g/l	0,4
acide urique, uricémie	sans signification	30	40 mg/l	50
bilirubine, bilirubinémie directe indirecte	sans signification	0,6 3	1 mg/l 8 mg/l	2, 10
créatine, créatinémie	< 7 myopathies	7	12 mg/l	15
enzymes				
amylase, amylasémie	sans signification	40	60 unités Somogyi	110
transaminases, transaminasémie S. G. O. T. S. G. P. T.	sans signification	10 10	25 g/l 30 g/l	40 50
phosphatase acide phosphatase alcaline	sans signification sans signification	1 1	3 unités Pl. 3 unités Bo.	5 5
glucides et lipides				
glucose, glycémie	< 0,8 insuffisance hépatique	0,9	1 g/l	1,
acide lactique, lactisémie	< 50 affections hépatiques	65	115 mg/l	170

valeurs pathologiques hyperconcentration (augmentation)
90 myélomes multiples et la plupart des maladies infectieuses
45 hémoconcentration
120 myélomes multiples
5 processus nécrotiques et inflammatoires
7 dans le rhumatisme articulaire aigu
10 → 50 myélomes multiples des os (maladie de Kahler)
10 → 50 myélomes multiples des os (maladie de Kahler) et toutes maladies infectieuses
5 → 10 dans tous les états inflammatoires
0,50 néphropathies avancées
50 néphrites et goutte
15 ictères par hémolyse
15 insuffisance rénale grave
200 pancréatite aiguë
20 fois supérieure à la normale, infarctus du myocarde ou hépatite
10 cancers de la prostate 10 maladies de Paget
> 1,3 diabète
> 200 diabète acidosique

salicylé, e adj. et n. Relatif à l'acide salicylique et à ses sels.
Le dérivé salicylé le plus utilisé est l'acide acétylsalicylique ou aspirine.
Toxicologie. Pris à forte dose, les dérivés salicylés (aspirine) sont responsables de brûlures, d'ulcérations et d'hémorragies gastriques. Au-delà de 10 g, un coma survient, associé à un collapsus* et à une acidose*. Dans les intoxications massives, l'alcalinisation sous contrôle biologique est nécessaire ainsi que, parfois, l'épuration* extrarénale, notamment chez les insuffisants rénaux.

salicylique adj. Se dit de l'acide orthohydroxybenzoïque, employé en pommades pour son action antiseptique et anti-inflammatoire. (Sa causticité proscrit son emploi *per os.*)

salidiurétique adj. et n. m. Se dit d'un diurétique* dont l'action sur le rein aboutit à une forte élimination d'ions sodium et potassium sous forme de chlorures.
Les principaux salidiurétiques sont les thiazidiques (chlorothiazide), l'acide éthacrinique et le furosémide.

Salies-de-Béarn, station hydrominérale des Pyrénées-Atlantiques, à 56 km de Pau, ouverte toute l'année, pour les affections gynécologiques.
Les eaux, fortement chlorurées sodiques (250 g par litre), sont employées en douches et irrigations vaginales dans les vaginites, cervicites, annexites, et dans les troubles des règles, aussi bien au voisinage de la puberté qu'à celui de la ménopause. On traite également les troubles de croissance et certaines affections ostéo-articulaires.

salive n. f. Produit de la sécrétion des glandes salivaires (parotides, sous-maxillaires et sublinguales) qui se déverse dans la bouche.
La salive favorise la déglutition du bol alimentaire et contient une enzyme, l'amylase*, qui hydrolyse les sucres complexes. Sa sécrétion est déclenchée par le contact des aliments sur les éléments sensitifs de la bouche et par réflexe conditionné. (La vue d'un mets appétissant fait saliver.)

salle n. f. **Salle d'opération,** lieu où sont pratiquées les interventions chirurgicales. (V. BLOC OPÉRATOIRE, CHIRURGIE, MATÉRIEL *chirurgical.*)

salmonellose n. f. Maladie infectieuse, due aux bactéries du genre *salmonella.*
On regroupe sous ce terme : les fièvres typhoïde* et paratyphoïde, certaines affections digestives (gastro-entérites, toxi-infections) et certaines méningites et ostéites, surtout fréquentes chez les prématurés.

glucides et lipides				
lipides totaux, lipidémie	< 2 très rare : tuberculose	5	6 g/l	7
cholestérol, cholestérolémie libre	< 1,5 grande insuffisance hépatique et période d'état des infections aiguës : typhoïde	1,5	1,80 g/l	2,2
estérifiée		65 à 75 % du cholestérol libre		
corps cétoniques, cétonémie	sans signification		des traces 0,1 g/l	

éléments minéraux électrolytes	valeurs pathologiques hypoconcentration (diminution)	variations physiologiques valeurs normales		
sodium, natrémie	< 2,2 vomissements, diarrhées	3,15	3,25 g/l	3,40
potassium, kaliémie	< 1,40 vomissements, diarrhées	140	180 mg/l	200
calcium, calcémie	< 70 hyperexcitabilité nerveuse : tétanie	90	100 mg/l	110
magnésium, magnésémie	< 18 hyperexcitabilité nerveuse : tétanie (alcoolisme chronique)	18	20 mg/l	25
cuivre, cuprémie	< 0,5 néphrose lipoïdique	0,9	1 mg/l	1,4
fer, sidérémie	< 0,90 anémies post-hémorragiques	1,10	1,20 mg/l	1,3
chlore, chlorémie	< 3,40 vomissements, insuffisance rénale chronique	3,40	3,60 mg/l	3,8
phosphore minéral, phosphatémie	< 20 ostéomalacie (déminéralisation osseuse)	30	36 mg/l	45
réserve alcaline	< 45 acidose fixe, alcalose gazeuse	50	55 vol. %	60
ÉLÉMENTS FIGURÉS DU SANG				
globules rouges (hématies)	< 4 000 000 anémies	4,5 M	5 000 000/mm³	5,5 M
globules blancs (leucocytes)	< 5 000 leucopénie	5 000	7 000/mm³	10 000
formule leucocytaire				
polynucléaires neutrophiles	< 50 % agranulocytose (maladie de Schultz)	60 %	62 %	68 %
éosinophiles	< 1 % troubles hormonaux hypophysaires et cortico-surrénaux	1 %	1,5 %	2 %
basophiles		0,5 %	1 %	1,5 %
leucocytes hyalins lymphocytes		25 %	27 %	30 %
monocytes		6 %	7 %	9 %
plaquettes ou thrombocytes	< 150 000 thrombopénie, syndrome hémorragique	200 000	300 000/mm³	400 00

9 → 40 affections rénales et ictère par rétention
4 obstruction biliaire
3 diabète grave
valeurs pathologiques hyperconcentration (augmentation)
3,50 déshydratation extra- et intracellulaire
200 insuffisance rénale
150 hyperparathyroïdie (maladie de Recklinghausen)
30 rarement isolé : syndrome d'insuffisance rénale
2 ictère par rétention
2 hémochromatose (diabète bronzé)
> 4 troubles de l'équilibre acido-basique
> 100 insuffisance rénale, hypoparathyroïdie
> 65 alcalose fixe, acidose gazeuse
> 6 000 000 polyglobulie (maladie de Vaquez)
> 10 000 hyperleucocytose, leucose myéloïde
> 70 % polynucléose infectieuse aiguë > 4 % parasitose et états allergiques > 3 % affections inflammatoires > 40 % affections chroniques, mononucléose > 12 % maladies aiguës
> 500 000 thrombocytose, leucose myéloïde

salpingectomie n. f. Ablation de la trompe de Fallope.
Elle peut être uni- ou bilatérale, totale ou partielle, associée ou non à l'ablation de l'utérus et des ovaires. Le chirurgien est souvent obligé d'y recourir en cas de lésion infectieuse ou tumorale de la trompe, et en cas de grossesse extra-utérine tubaire.

salpingite n. f. Inflammation d'une trompe. Le terme peut s'appliquer aux atteintes de la trompe d'Eustache (v. OREILLE), mais, en pratique, désigne les atteintes inflammatoires de la trompe utérine de Fallope. (V. TROMPE.)

salsepareille n. f. Plante récoltée du Mexique au Brésil (*Smilax medica,* liliacées) et utilisée pour ses propriétés diurétiques et sudorifiques.
On l'emploie sous forme de poudre, d'extrait et de sirop : *sirop du cuisinier* ou *de salsepareille composé.*

sanatorium n. m. Établissement public ou privé, se consacrant au traitement de la tuberculose pulmonaire ou extrapulmonaire. On y prépare la réinsertion sociale et professionnelle des patients et leur retour à une vie normale.

sang n. m. Élément vivant, liquide, circulant dans les vaisseaux et irriguant les tissus de l'organisme, auxquels il apporte les substances nutritives et l'oxygène nécessaires au métabolisme et dont il recueille les déchets pour les emporter vers les organes qui les éliminent.

Sang.
Prise de sang recueilli dans une seringue.

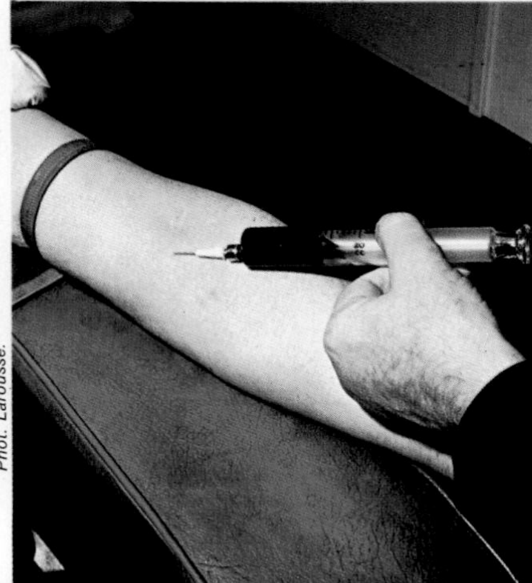
Phot. Larousse.

SUBSTANCES RESPONSABLES D'INTOXICATIONS DÉCELABLE	
oxyde de carbone	Normalement, le taux d'oxyde de carbone dans le sang (oxycarb-némie) est nul. On admet comme normale une concentration allai jusqu'à 3 cm^3 p. 100. Une telle oxycarbonémie se voit chez les suje vivant dans les grandes villes, ainsi que chez les gros fumeurs. A delà de 4 cm^3 p. 100, on admet qu'il y a intoxication oxycarbonée.
barbituriques	Bien que leur recherche se fasse surtout dans les urines, on adm qu'un taux sanguin supérieur à 30 μg/cm^3 correspond à une intoxic tion.
alcool	L'alcoolémie est exprimée en grammes d'alcool pur par litre de san La valeur 0,8 est importante pratiquement, car à partir de ce tau l'alcootest vire au vert. Au-dessus de 2 g, l'intoxication alcooliqu (ivresse) est certaine. (V. ALCOOLISME, ALCOOTEST.)

Phot. Larousse.

ANS LE SANG

plomb

'intoxication par le plomb (saturnisme) est relati-
ement fréquente dans certaines professions : in-
ıstries des peintures, imprimeries, etc. Le plus sou-
nt, le sujet présente des signes suffisamment carac-
ristiques pour poser d'emblée le diagnostic : stries
euâtres au niveau des gencives, accidents nerveux
uvant aller jusqu'à la crise d'épilepsie, coliques
plomb. La recherche de la plombémie confirme
diagnostic. A partir de 1 000 μg/l, l'intoxication
st certaine.

Sang.
1. Sang venant d'être prélevé ;
2. Sang rendu incoagulable.
Les globules rouges se déposent au fond
surmontés d'une fine lame jaune
constituée par les globules blancs.
Au-dessus, le plasma (jaune trouble) ;
3. Sang coagulé ;
début de rétraction du caillot,
qui est surmonté par le sérum
(liquide clair transparent) ;
4. Sang coagulé.
Caillot complètement rétracté (cas normal).
Le sérum transparent surnage ;
5. Sérum isolé.

Prise de sang, prélèvement de sang en vue d'examen. Ce prélèvement est d'abondance variable suivant la nature de l'examen : quelques gouttes de sang prélevées par piqûre de la pulpe du doigt à l'aide d'un vaccinostyle suffisent à pratiquer un hémogramme*, un dosage de la glycémie. Le plus souvent il est nécessaire de prélever le sang par ponction veineuse au pli du coude, après avoir rendu les veines turgescentes par compression du bras à l'aide d'un garrot.

Principaux constituants du sang. La centrifugation du sang, préalablement rendu incoagulable, en sépare les deux parties : le *plasma* et les *éléments figurés* (les cellules). Ces derniers représentent 45 p. 100 du volume sanguin total (*hématocrite**) : ce sont les globules rouges ou hématies*, les globules blancs ou leucocytes*, les plaquettes* ou thrombocytes. (V. HÉMOGRAMME.)

La composition du plasma est complexe (v. tableaux, pp. 692 et 694) ; le *sérum,* obtenu par centrifugation d'un sang qui a coagulé, a une composition identique si ce n'est qu'il est dépourvu du fibrinogène*, qui s'est transformé en fibrine au cours de la coagulation.

Masse sanguine totale. Elle peut être calculée en mesurant, après injection d'un colorant, la concentration de ce colorant ou d'une substance radioactive dans le sang. Elle est d'environ 5 litres.

sanglot n. m. **Spasme du sanglot,** perte de connaissance lors d'une colère ou d'un sanglot.
Le spasme du sanglot survient surtout chez les enfants anxieux, entre 2 et 6 ans. La respiration est bloquée, et l'enfant devient légèrement cyanosé (bleu) ; une friction et des mouvements du tronc lui font reprendre sa respiration. L'électroencéphalogramme n'est pas perturbé, un sédatif léger est nécessaire.

sangsue n. f. Ver de l'embranchement des annélides, aquatique ou terrestre, et dont le corps est terminé par une ventouse à chaque extrémité.
Par ses trois mâchoires, la sangsue provoque une plaie cutanée à travers laquelle elle suce le sang et injecte un produit anticoagulant, l'hirudine. Les sangsues étaient utilisées autrefois pour réaliser une saignée locale et fluidifier le sang.

sanitaire adj. Relatif aux actions tendant à améliorer l'hygiène.
Règlement sanitaire, règlement de police relatif à la protection de la santé publique. — Il a essentiellement pour but de lutter contre les maladies transmissibles, d'assurer l'alimentation en eau potable et l'évacuation des matières usées.

santé n. f. État de fonctionnement normal de l'organisme en dehors de maladies.

Santé physique. Elle dépend de nombreux facteurs : alimentation, importance et répartition dans le temps des périodes d'activité et de repos, qualité du sommeil, etc. L'hygiène* a pour objet de placer l'individu dans les meilleures conditions d'existence et de diminuer ainsi les risques de maladie.

La santé doit être surveillée dès la naissance et régulièrement durant toute la vie.

Santé mentale. Il s'agit d'une notion fort difficile à définir, pour laquelle un certain nombre de critères ont été proposés.

L'*adaptation au milieu social* tient à la possibilité de supporter agressivité et frustrations venues du milieu extérieur et de résoudre les problèmes posés par la vie professionnelle et familiale, les loisirs, les responsabilités sociopolitiques, l'épanouissement des sentiments.

L'*acceptation et l'exercice harmonieux de la sexualité** constituent le deuxième critère.

L'*aptitude au bonheur*, troisième critère, peut se définir comme la capacité de profiter de ce que la vie apporte de favorable, sans tomber dans le sentiment de confort permanent de l'« imbécile heureux ».

Santé publique, ensemble des questions relatives à la protection générale de la santé publique, à la protection sanitaire de la famille et de l'enfance, aux fléaux sociaux, aux professions médicales, à la pharmacie, aux hôpitaux et hospices publics, au thermalisme, aux laboratoires et institutions de santé publique. — Les textes qui y sont relatifs ont été réunis en 1953 en un *Code de la santé publique*.

santonine n. f. Substance vermifuge extraite du semen-contra*.

Santorini (canal de), un des canaux excréteurs du pancréas*.

saphène adj. Se dit de plusieurs éléments vasculo-nerveux du membre inférieur : *nerfs saphènes* interne, externe, péronier ; *veines saphènes* interne et externe.

Saphène. A. Veine saphène externe :
1. Veine saphène externe ; 2. Veine poplitée ;
3. Veine marginale externe.
B. Veine saphène interne :
1. Veine saphène interne ; 2. Veine fémorale ;
3. Veine marginale interne ;
4. Veine marginale externe.

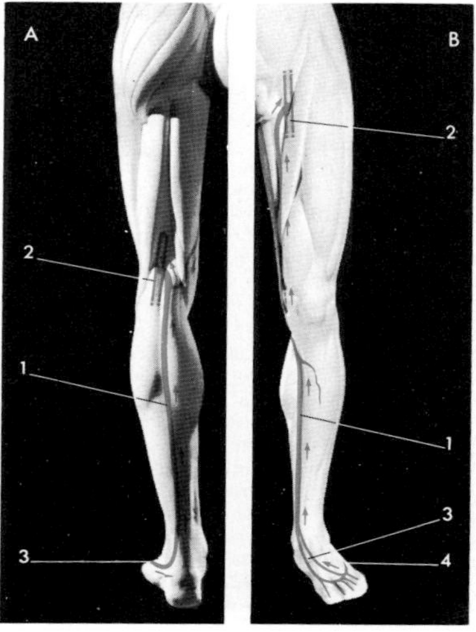

saphénectomie n. f. Résection d'une veine saphène. (V. VARICE.)

saphisme n. m. Homosexualité* féminine.

saponoside n. m. Sucre complexe (hétéroside) présent dans de nombreux végétaux (*sapindus*, asperge, douce-amère, etc.). Soluble dans l'eau, c'est un agent tensioactif qui donne des solutions moussantes par agitation.

saprophyte adj. et n. m. Se dit de bactéries ne provoquant pas de maladies infectieuses, hôtes habituels de l'organisme. (On en trouve sur la peau, dans la bouche, l'intestin, où ils sont nécessaires à la digestion.)

sarcine n. f. Bactérie saprophyte décelable dans les vomissements, au cours de maladies chroniques de l'estomac et dans les crachats de la gangrène pulmonaire.

sarcocèle n. m. Tuméfaction du testicule ou de l'épididyme, quelle qu'en soit la cause.

sarcoïde adj. Se dit d'un nodule inflammatoire de la peau, caractéristique de la maladie de Besnier*-Bœck-Schaumann (appelée aussi SARCOÏDOSE).

sarcomatose n. f. Nom donné aux formes diffuses des sarcomes*.

sarcome n. m. Terme générique désignant les cancers nés du tissu conjonctif différencié ou commun.

On désigne habituellement les sarcomes par le tissu qui leur a donné naissance ou qu'ils reproduisent (ostéosarcome [os], lymphosarcome [ganglions lymphatiques], réticulosarcome [rate, moelle osseuse, etc.]).

sarcoplasme n. m. Cytoplasme des cellules musculaires.

sarcopte n. m. Parasite de la gale*.

Il a un corps ovale, 4 paires de pattes, dont l'antérieure est munie de ventouses. La femelle, plus grande que le mâle, creuse une galerie dans la peau de l'hôte pour y déposer ses œufs. Dix jours suffisent pour que ceux-ci arrivent à maturité.

satellite adj. et n. m. Élément proche d'un centre dont il dépend ou qu'il accompagne dans son trajet : *ganglion satellite d'une infection locale* (par exemple : ganglions maxillaires lors d'une infection dentaire).

saturnisme n. m. Intoxication par les sels de plomb*.

satyriasis n. m. État d'excitation érotique chez l'homme, de nature morbide, car excessif et quasi permanent. (L'homologue chez la femme est la *nymphomanie*.)

sauge n. f. Plante labiacée (*Salvia officinalis*), employée en infusions comme tonique

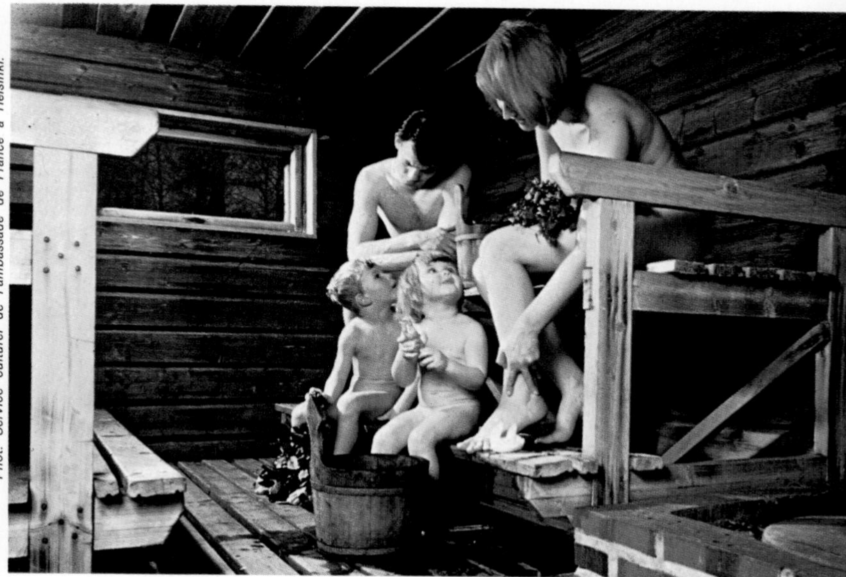

Phot. Service culturel de l'ambassade de France à Helsinki.

Sauna. Famille finlandaise dans la salle de détente d'un sauna. La température est de l'ordre de 40 °C avec un taux d'humidité de 5 p. 100 environ.

gastrique et contre l'excès de sudation et les migraines.

Saujon, station hydrominérale de la Charente-Maritime, à 11 km de Royan, ouverte toute l'année pour les affections nerveuses : névroses, états dépressifs, dystonies* neurovégétatives.

saule n. m. L'écorce de saule en décoction est employée dans la goutte et les rhumatismes. Les « chatons » en infusion sont sédatifs.

sauna n. m. (mot finnois). Bain de chaleur sèche puis humide, suivi de massage et intercalé de douches chaudes et froides.
Il stimule la circulation, provoque une forte sudation et une sensation d'apaisement.

savon n. m. Substance qui résulte de l'action, appelée « saponification », d'un oxyde métallique sur un corps gras. Les savons sont caustiques. En pharmacie, ils tendent à être remplacés par les détergents, mouillants et agents émulsifs modernes, qui ne présentent pas cet inconvénient.

scalène adj. et n. m. **Muscles scalènes,** muscles inspirateurs pairs, tendus de la nuque aux côtes.

scalénotomie n. f. Section chirurgicale du muscle scalène antérieur, qui peut être responsable d'une compression de la veine sous-clavière.

scalp n. m. Décollement chirurgical ou traumatique du cuir chevelu, qui laisse le crâne à nu.

scammonée n. f. Résine purgative drastique, employée en poudre.

scanner ou **scanographe** n. m. Appareil de radiodiagnostic permettant d'obtenir des images des diverses parties de l'organisme en coupes fines. (Syn. TOMODENSITOMÈTRE.)
Le scanner est basé sur le principe de la tomographie*. Un étroit pinceau de rayons X traverse le corps et est recueilli à sa sortie par des détecteurs qui transmettent les données reçues à un ordinateur. La source de rayons X et les détecteurs tournent autour du corps dans un même plan, fournissant des données à l'ordinateur pour chaque angle. L'ordinateur enregistre les données et reconstitue point par point une image nette de la coupe considérée. La durée de l'examen ne dépasse pas quelques minutes.

Phot. Alain-Pol-C.N.R.I.

Scanner.
Ci-dessus, vue d'ensemble.
Ci-dessous, coupe du cerveau.

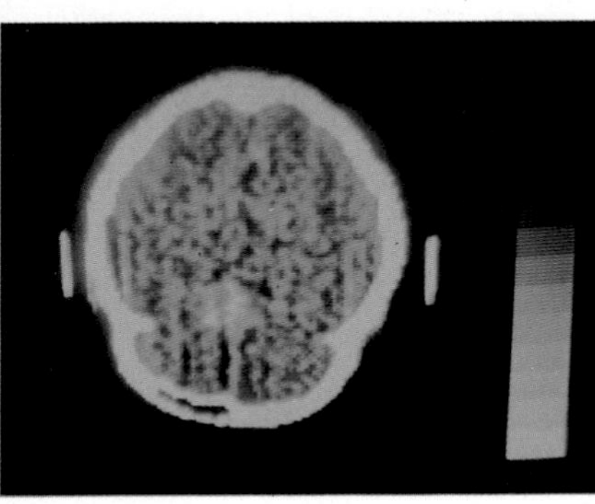

Les premiers scanners, mis au point en 1972, ne permettaient que d'explorer le cerveau ; les modèles plus récents autorisent une exploration du corps entier par des coupes perpendiculaires à son axe vertical.

Les images obtenues, ou scanographies, ont une grande netteté et se rapprochent des coupes anatomiques, permettant d'apprécier les moindres détails.

Les renseignements fournis par le scanner, basés sur les différences de pénétration des rayons X dans les tissus, ne dispensent pas toujours des autres examens tels que la gammagraphie*, l'échographie*, l'angiographie*.

Au niveau du cerveau, les diagnostics les plus facilités sont ceux des hématomes*, des abcès, des atrophies, de certaines tumeurs.

Dans l'abdomen, ce sont les organes pleins (foie, reins, pancréas) dont l'exploration bénéficie le mieux du scanner, les organes creux (tube digestif, voies urinaires, etc.) restant du domaine de la radiologie classique.

scaphoïde n. m. Nom donné à deux os des membres : *scaphoïde carpien*, qui constitue la partie supéroexterne du squelette du poignet ; *scaphoïde tarsien*, situé au bord interne du pied, entre l'astragale et les cunéiformes.
La *fracture du scaphoïde carpien* est assez fréquente ; elle est grave car évoluant souvent vers la pseudarthrose*.

scaphoïdite n. f. Affection de l'os scaphoïde tarsien chez l'enfant (maladie de Köhler).
La douleur à la marche, l'altération du noyau scaphoïdien, visible à l'examen radiologique, permettent d'évoquer cette maladie, qui évolue vers la guérison en 2 ou 3 ans.

scapulaire adj. En rapport avec l'épaule : *artères scapulaires, région scapulaire.*
Ceinture scapulaire, ensemble osseux formé par les clavicules, le sternum et les omoplates, ayant une forme de ceinture.

scapulo-huméral, e, aux adj. **Articulation scapulo-humérale,** articulation de l'épaule* qui unit l'omoplate et la tête de l'humérus*.

scarification n. f. Petite incision superficielle de la peau, surtout utilisée pour pratiquer les cutiréactions et certaines vaccinations.

scarlatine n. f. Maladie infectieuse éruptive, due au streptocoque.
Très contagieuse, elle survient surtout dans la seconde enfance, de façon plus ou moins sporadique, et est transmise par la salive des malades. La déclaration est obligatoire.

Le germe est un streptocoque* hémolytique responsable d'une angine, et sécrétant ensuite une toxine qui provoque l'éruption. L'immunité est solide.

Signes cliniques. La maladie débute brutalement, après une incubation de 3 à 4 jours, par une fièvre élevée (39 °C), des céphalées, des vomissements et une angine avec forte dysphagie*. L'examen de la gorge met en évidence une angine rouge s'étendant également sur le voile du palais, contrastant avec la langue, qui est blanche. Un ou deux jours plus tard, la muqueuse de la langue desquame*, et celle-ci prend une teinte rouge framboisé. Les ganglions lymphatiques du cou sont sensibles et augmentés de volume.

La période d'état se manifeste de 12 à 24 heures après par l'exanthème* (éruption), qui débute au tronc et aux plis, se générali-

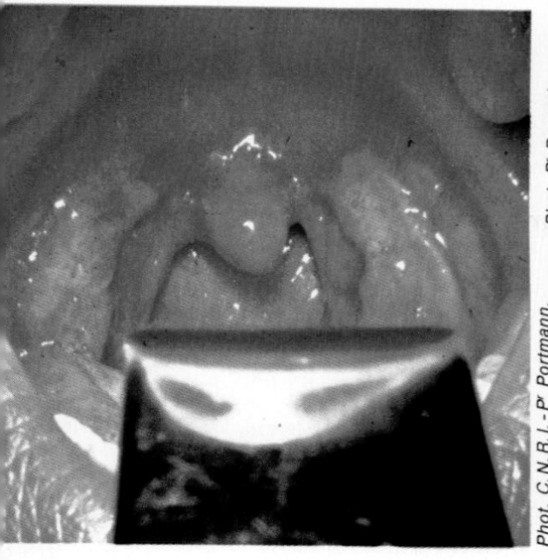

Phot. C.N.R.I. - Pr Portmann.

Scarlatine.
Angine rouge de la scarlatine.

sant rapidement. Il s'agit de vastes plaques rouges sans intervalles de peau saine. La peau est sèche, rugueuse, chaude.

L'énanthème* correspond à l'angine et est responsable des modifications de la langue.

Sans traitement, la fièvre reste élevée plusieurs jours et des modifications cardiaques et rénales (oligurie*, protéinurie*) doivent être recherchées. La disparition de l'éruption demande une dizaine de jours ; elle va de pair avec celle de l'énanthème. La peau desquame en lambeaux à partir du 10e jour, surtout aux paumes et aux plantes, à la pulpe des doigts.

Complications. Elles sont rares depuis l'emploi des antibiotiques, mais doivent être recherchées pendant toute l'évolution. Elles sont de deux ordres : les complications dues au streptocoque (angines graves, otites suppurées, streptococcémies ou scarlatine dite « maligne »); les complications dues à la toxine, plus tardives mais graves (atteintes rénales, glomérulonéphrites aiguës et rhumatisme* articulaire aigu ou maladie de Bouillaud). Ces dernières constituent le *syndrome poststreptococcique,* auquel il faut savoir penser tout au long de la vie d'un malade qui a présenté un jour une infection à streptocoque.

Formes cliniques. Elles sont nombreuses et de gravité variable, les scarlatines malignes pouvant évoluer vers le collapsus (chute de tension artérielle), les scarlatines frustes exposant aux complications, car le diagnostic est fait *a posteriori.* Certaines scarlatines

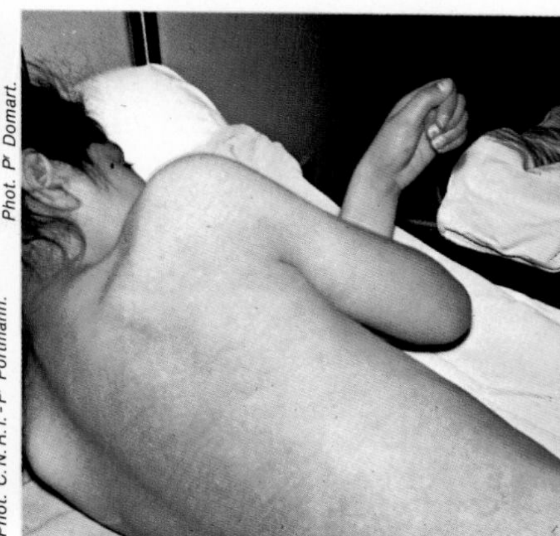

Phot. Pr Domart.

Scarlatine.
L'exanthème : éruption sur le dos
et éruption sur les membres inférieurs.
Notez
les accentuations sur les plis de flexion.

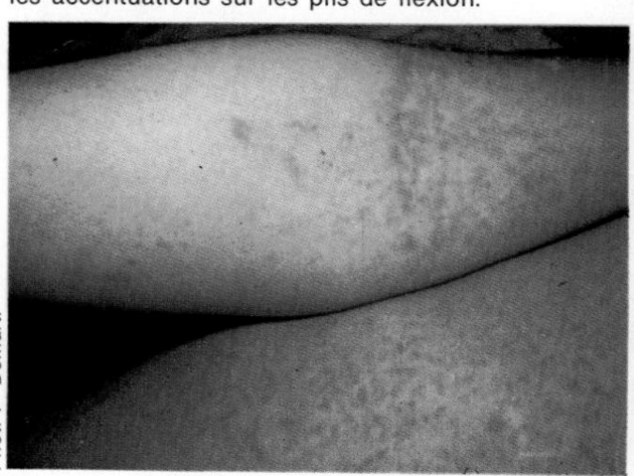

Phot. Pr Domart.

peuvent avoir une porte d'entrée autre que l'angine (brûlure, plaie).

Traitement. Il repose sur la pénicilline par voie intramusculaire (de 1 à 2 millions d'unités par jour), le repos et une surveillance cardiaque et urinaire. Deux prélèvements de gorge négatifs permettent de raccourcir à 10 jours l'éviction scolaire, qui était précédemment de 40 jours.

scarlatiniforme adj. Se dit d'une éruption rappelant celle de la scarlatine* (les causes en sont allergiques, infectieuses, toxiques), évoluant par plaques pouvant s'étendre à tout le corps, sans intervalle de peau saine.

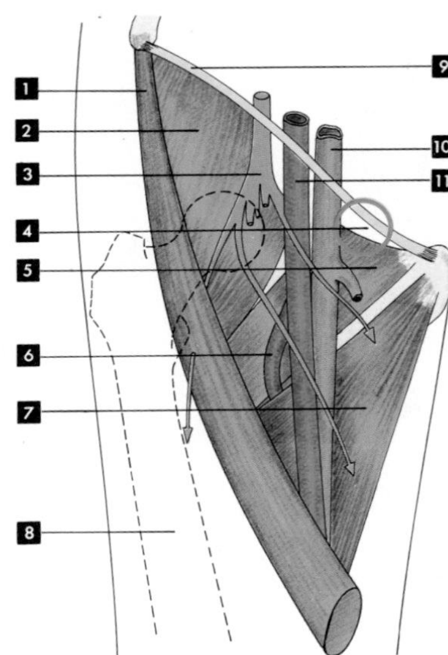

Scarpa (triangle de).
1. Couturier ; 2. Psoas-iliaque ;
3. Nerf crural ;
4. Orifice des hernies crurales ; 5. Pectiné ;
6. Artère fémorale profonde ;
7. Moyen adducteur ; 8. Fémur ;
9. Arcade fémorale ; 10. Veine fémorale ;
11. Artère fémorale.

Scarpa (triangle de), région antérieure de la hanche, limitée en haut par l'arcade fémorale, latéralement par les muscles couturier et moyen adducteur, traversée par les vaisseaux fémoraux, la terminaison du nerf crural et de la veine saphène interne et de nombreux ganglions lymphatiques.

Schaefer (méthode de), méthode de respiration artificielle manuelle pratiquée sur un sujet à plat ventre, le sauveteur provoquant l'expiration par la pression du thorax, l'inspiration se faisant par l'élasticité du thorax.

schéma n. m. **Schéma corporel,** représentation qu'a chaque individu de son corps.
Cette image du corps propre ne se constitue que progressivement, au cours de l'enfance, à partir de différentes expériences sensorielles d'origine interne ou externe. Elle est le fondement de la conscience de soi, comprise comme sentiment d'une unité, d'une intégrité, d'une identité distincte du monde extérieur et des autres.

Le schéma corporel peut être profondément perturbé au cours de certaines affections mentales. C'est notamment dans les états psychotiques (schizophrénie*, délires* chroniques hypocondriaques) que s'observent des sentiments de dépersonnalisation physique et mentale qui révèlent une terrible angoisse de morcellement du corps. Certains malades sentent leur personne physique se transformer, devenir étrangère ou irréelle. Ils sont la proie de sensations anormales, leur corps devient léger ou lourd, s'allonge ou se rétrécit, se disloque, se vide de son sang. Beaucoup se préoccupent de leur visage, qui leur apparaît bizarre, méconnaissable. D'autres malades nient l'existence de certains de leurs organes, ont le sentiment de n'être plus en vie.

Il s'agit, chez ces malades, d'un état de dépersonnalisation délirante. Beaucoup moins graves sont les troubles du schéma corporel rencontrés chez certains névrosés, psychasthéniques, hypocondriaques, hystériques, anxieux.

Scheuermann (maladie de), affection de l'adolescence, due à une altération du cartilage des vertèbres, entraînant une déformation du rachis et la constitution de hernies discales. (Syn. : ÉPIPHYSITE VERTÉBRALE, OSTÉOCHONDROSE VERTÉBRALE.)
Elle se caractérise par une cyphose* dorsale et des douleurs modérées mais persistantes. Les signes radiologiques permettent un diagnostic précoce : les plateaux vertébraux sont irréguliers, les vertèbres cunéiformes* et les disques intervertébraux pincés. La cyphose dorsale est composée par une lordose cervicale et lombaire. L'évolution se termine à la fin de la croissance, mais, en l'absence de traitement, au prix de déformations et de douleurs importantes. Une surveillance radiologique, la kinésithérapie et le corset de soutien jusqu'à la fin de la croissance permettent d'éviter ces séquelles.

Schick (réaction de), intradermoréaction à la toxine diphtérique.
Lorsqu'elle est positive (papule rouge), elle indique que l'organisme est réceptif à la diphtérie. Si elle est négative, elle prouve au contraire que l'organisme est immunisé.

schizoïdie n. f. Constitution mentale caractérisée par un repli sur soi, un défaut de contact avec le monde extérieur, une certaine froideur affective, un besoin de se réfugier dans les compensations imaginatives d'une vie intérieure assez riche. L'apparence de froideur et d'indifférence du schizoïde constitue une défense contre le monde extérieur et cache une sensibilité souvent vive, facilement blessée par les contacts avec les hommes. (V. SCHIZOPHRÉNIE.)

schizonte n. m. Stade évolutif de l'hématozoaire*.

schizophrénie n. f. Affection psychiatrique du groupe des psychoses*, observée surtout chez l'adulte jeune.

La schizophrénie se caractérise fondamentalement par une dissociation de la vie psychique, avec transformation profonde de la personnalité. La perte du contact vital avec la réalité, le repli dans un monde intérieur « autistique », c'est-à-dire hermétiquement clos et impénétrable qui devient le lieu d'un délire chaotique, marque la personnalité schizophrénique.

La dissociation se manifeste sur l'ensemble du « moi » ; on observe des troubles du cours de la pensée (incohérences, barrages, ralentissement...), des troubles du langage (mutisme, jargon...), des troubles de l'affectivité qui réalisent des comportements discordants, incompréhensibles, immotivés.

La vie affective est profondément perturbée et, à travers ses manifestations, on retrouve la marque du retrait par rapport au monde extérieur et l'incohérence.

Le malade peut paraître complètement inaffectif et indifférent, il sombre dans une inaction totale. Les sentiments, les désirs, les intentions, les actes sont contradictoires, incompatibles, bizarres, étranges.

La mimique et la motricité peuvent être altérées et ne plus s'harmoniser avec les paroles ou les situations présentes (paramimie, catatonie, maniérisme).

Le malade s'isole alors dans un monde imaginaire, archaïque, où il est confronté à des angoisses terribles, à des expériences de transformation de sa personne physique et morale, provoquées par des illusions, des hallucinations, des intuitions. Il peut avoir l'impression que sa pensée ne lui appartient plus, qu'il est influencé, téléguidé, etc. De là peuvent s'élaborer des thèmes délirants, mystiques, mégalomaniaques, parascientifiques, hypocondriaques, cosmiques, réalisant un délire paranoïde*.

Cette description correspond à un état de schizophrénie franc et prononcé.

Or deux ordres de remarques s'imposent.

1. À partir d'un trouble primordial, la schizophrénie prend d'innombrables aspects cliniques, desquels on a dégagé quatre grandes formes de schizophrénie : *hébéphrénique, catatonique, paranoïde, simple,* selon l'âge de début, les signes dominants, l'évolution.

De plus, on connaît des états frontières entre la névrose et la psychose où les troubles psychotiques sont intermittents et moins patents.

2. Si l'évolution de la schizophrénie est chronique, elle se fait souvent par poussées, entrecoupées de périodes de rémission, que les progrès thérapeutiques tendent à favoriser.

Le *début* de la schizophrénie peut se faire progressivement, insidieusement, marqué chez un jeune par une transformation complète du caractère, qu'aucun événement extérieur ne justifie.

Elle peut commencer d'une manière aiguë, brutale, par un état d'excitation ou de dépression atypique, une bouffée délirante, une confusion mentale...

Causes. Les origines de la schizophrénie demeurent hypothétiques, la plupart des travaux modernes supposant l'intervention de facteurs multiples, biologiques, sociologiques, psychologiques qui se mêleraient inextricablement pour faire basculer l'individu dans la maladie.

Scheuermann. Maladie de Scheuermann.

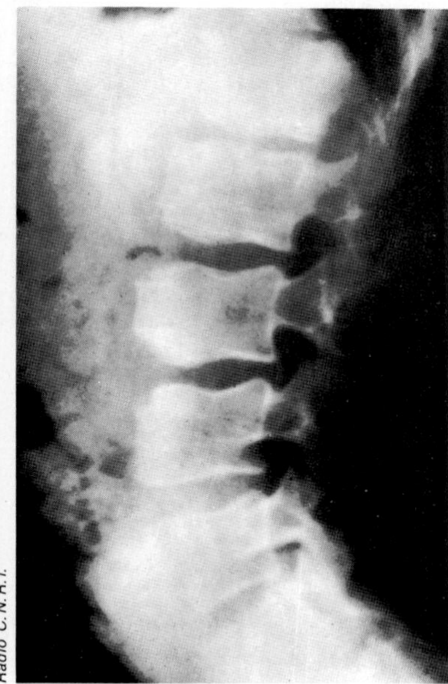

Radio C.N.R.I.

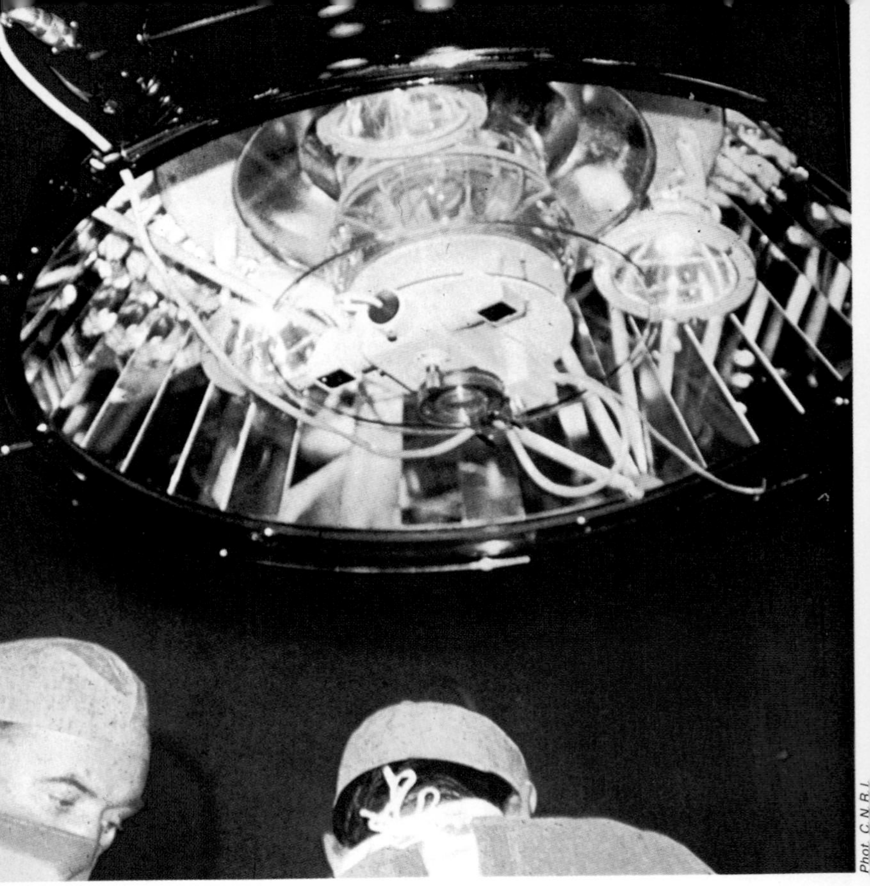
Phot. C.N.R.I.

Scialytique.

Ce sont les travaux psychanalytiques qui ont marqué un progrès dans la compréhension — du moins partielle — de la schizophrénie. Selon ces travaux, ce n'est pas à l'âge où elle se manifeste qu'il faut rechercher les causes de l'affection, mais durant les premières années de la vie infantile. Des perturbations affectives intenses et précoces dans les relations du nourrisson et du jeune enfant, avec la mère surtout, mais aussi avec le père, entraînent une fragilisation de la personnalité tout entière, qui pourra « craquer » plus tard sous le choc d'un événement pénible.

D'autres facteurs psychosociaux, dits « d'environnement », ont été incriminés : isolement moral, conditions sociales défavorables, aliénation de la personne humaine dans une civilisation écrasante par sa technicité, sans chaleur humaine.

En fait, les origines de la schizophrénie résultent de la convergence, à un moment donné, d'une série de conditions congénitales et acquises, anciennes et récentes, internes et externes.

Traitement. Le traitement que l'on oppose à la schizophrénie ne saurait être univoque en

raison de la grande diversité des formes et des causes possibles de la maladie. On associe, en général, plusieurs thérapeutiques :
— les *thérapeutiques de choc* (électrochocs), moins appliquées qu'auparavant du fait des progrès de la chimiothérapie, et qui sont maintenant réservées à des cas ayant résisté aux autres traitements ;
— la *chimiothérapie* par les psychotropes, où les médicaments utilisés sont surtout les neuroleptiques* ; plus accessoirement sont administrés des tranquillisants, des antidépresseurs à doses faibles.

Le traitement ne doit jamais être interrompu sans avis médical ; il peut durer des mois, voire des années.

Ces chimiothérapies ne vont jamais sans une *psychothérapie* de soutien, de compréhension, ni sans une relation confiante entre le médecin et son malade.

Au moment de l'hospitalisation, il ne faut pas tromper le malade sur la nécessité d'être hospitalisé, mais l'en avertir ; ne jamais employer la violence. La séparation du milieu habituel est indispensable tant que les troubles ont un aspect aigu.

Après l'hospitalisation, la reprise d'une vie socioprofessionnelle s'effectuera dans des conditions très variables.

On insiste actuellement sur des thérapeutiques fondées sur des institutions adaptées aux patients qui ont peu de soutien familial, des proches trop anxieux, traumatisants ou ne pouvant assumer la charge du malade. Les établissements (hôpitaux de jour, de nuit, ateliers protégés...) comportent des thérapeutiques de groupe.

Une extension des méthodes psychothérapiques inspirées de la psychanalyse se fait jour.

Schlemm (canal de), veine du pourtour de la cornée*.

Schüller-Christian (maladie de), maladie de l'enfance associant des lacunes crâniennes (amincissements des os du crâne) à une exophtalmie bilatérale et à un diabète insipide. (Syn. : MALADIE DE HAND-SCHÜLLER-CHRISTIAN, HISTIOCYTOSE*.)
Son évolution est imprévisible ; la radiothérapie a permis la guérison d'un certain nombre de malades.

Schwann (gaine de), enveloppe externe, protectrice de la fibre nerveuse.

schwannome n. m. Tumeur bénigne des nerfs, développée aux dépens des gaines de Schwann, fréquente surtout au niveau de l'estomac.

Scialytique n. m. (nom déposé). Dispositif d'éclairage suspendu au-dessus du champ opératoire, qui ne laisse aucune ombre.

sciatique adj. et n. Se dit de nerfs importants du membre inférieur.

Anatomie. Le *nerf grand sciatique,* branche terminale du plexus* sacré*, est le nerf le plus volumineux de l'organisme. Il sort du bassin par la grande échancrure sciatique, descend dans la fesse, puis dans la région postérieure de la cuisse. Au creux poplité il se divise en ses deux branches terminales : le nerf *sciatique poplité externe,* qui se termine en nerf musculo-cutané et tibial antérieur, et le nerf *sciatique poplité interne,* qui devient à la jambe le nerf tibial postérieur. Le nerf *petit sciatique* est destiné au muscle grand fessier et aux téguments de la région postérieure de la fesse et de la cuisse.

Pathologie. ***Névralgie sciatique ou sciatique*** (n. f.). Affection fréquente qui se traduit par une douleur sur le trajet du nerf sciatique.
CAUSES DE LA SCIATIQUE. La plupart des névralgies sciatiques sont dues au déplacement (hernie) d'un disque intervertébral, situé soit entre les 4e et 5e vertèbres lombaires, soit entre la 5e vertèbre lombaire et la 1re vertèbre sacrée (le sacrum). Il en résulte une compression des racines L5 ou S1 du nerf sciatique. La hernie discale survient vers 40 ans, témoignant de l'usure spontanée des disques intervertébraux ou des conséquences de petits traumatismes répétés. La douleur sciatique survient habituellement sans qu'il soit possible d'incriminer un traumatisme particulier, mais elle peut s'installer brusquement au cours d'un effort.

Par ailleurs, il existe des sciatiques dites « symptomatiques » parce qu'elles révèlent une anomalie vertébrale. La spondylodiscite (inflammation du disque intervertébral), le spondylolisthésis* (glissement en avant d'une vertèbre), un canal lombaire trop étroit provoquent souvent des névralgies sciatiques. De même, le neurinome* d'une racine nerveuse, une métastase osseuse d'un cancer primitif latent sont parfois découverts à l'occasion de la survenue de la douleur.
SIGNES CLINIQUES. La sciatique provoque une douleur caractéristique qui part de la région lombaire, suit la fesse, la face postérieure de la cuisse, le mollet et irradie le pied. En cas d'atteinte de la racine L5, la douleur, accompagnée de fourmillements, passe en avant de la malléole externe du pied et gagne le gros orteil. En cas d'atteinte de la racine S1, elle passe derrière le talon et atteint les derniers orteils par la face plantaire du pied, en dehors.

Le sujet atteint a tendance à fléchir le membre douloureux afin de porter le poids du

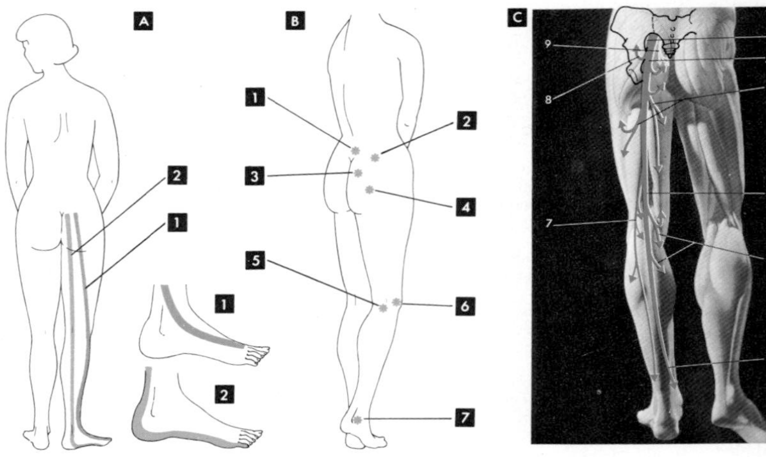

Sciatique. A. Trajet douloureux :
1. Atteinte
de la cinquième racine lombaire L5;
2. Atteinte
de la première racine sacrée S1.
B. Points douloureux mis en évidence
par l'examen dans la névralgie sciatique :
1. Point lombaire ; 2. Point iliaque ;
3. Point sacro-iliaque ; 4. Point fessier ;
5. Point poplité ; 6. Point rotulien ;
7. Point malléolaire externe.
C. Trajet du nerf grand sciatique :
1. Grande échancrure sciatique ;
2. Nerf grand sciatique ;
3. Nerfs des muscles de la cuisse ;
4. Nerf poplité interne ;
5. Nerfs des muscles de la jambe ;
6. Nerf tibial ; 7. Nerf poplité externe ;
8. Nerfs des muscles fessiers ;
9. Nerf petit sciatique.

corps sur le membre sain, car la sciatique est le plus souvent unilatérale.

La lordose lombaire s'efface légèrement, l'inclinaison latérale du tronc est limitée, la pression au niveau des espaces interépineux, près de la ligne médiane, déclenche une douleur fulgurante dans tout le membre (signe de la sonnette). La douleur est reproduite par la flexion du membre inférieur, le genou étant maintenu en extension (signe de Lasègue). Les signes neurologiques (abolition des réflexes ostéotendineux, signes de paralysie) sont à rechercher systématiquement.

L'examen radiologique peut montrer le pincement global d'un disque, mais, plus souvent, on observe un bâillement latéral du disque du côté de la douleur.

La douleur, survenue brutalement, persiste très vivement pendant plusieurs semaines, et la guérison spontanée se fait dans un délai de 10 semaines environ, avec parfois des séquelles sensitives.

TRAITEMENT DE LA SCIATIQUE. La crise de sciatique aiguë impose le repos au lit, la prescription d'antalgiques, d'anti-inflammatoires. Dans les cas rebelles, on a parfois recours à des infiltrations périradiculaires à base de corticoïdes. Les bains chauds, les rayons infrarouges, la radiothérapie sont d'un appui précieux. Le lever doit être très progressif et le port de charges lourdes, évité. Les cures thermales (Dax, Bourbonne-les-Bains) sont très salutaires.

Le traitement orthopédique comporte le port d'un corset plâtré au moment des crises hyperalgiques, nécessitant une immobilisation totale ; le lombostat prend le relais après la fin de la crise, pour maintenir une bonne attitude du rachis.

La chirurgie procède, dans les cas rebelles, à l'ablation de la hernie discale, spécialement dans les formes paralysantes de sciatique.

Paralysie sciatique. Une compression, tumorale ou inflammatoire, une tuberculose vertébrale entraînent parfois une paralysie des

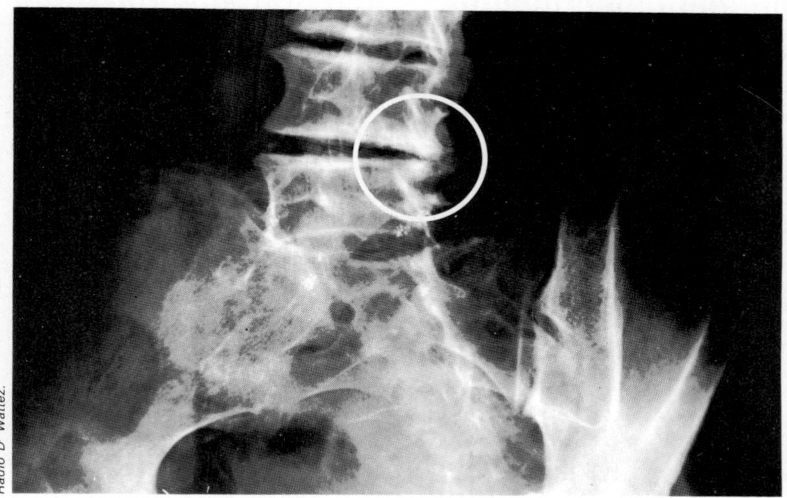
Radio Dr Wattez.

Sciatique. Pincement du disque L4-L5, avec ostéophytose.

muscles innervés par le nerf sciatique. La branche sciatique poplitée externe est le plus souvent atteinte, le malade progresse alors par steppage*.

scie n. f. Les *scies chirurgicales* sont variées : les plus utilisées sont les scies à lame, d'usage manuel. Il existe des scies mécaniques rotatives. La scie de Cigli est un fil-scie qui agit de la profondeur à la superficie. Les scies oscillantes, utilisées pour sectionner les plâtres, n'agissent pas sur la peau.

scintigraphie n. f. Syn. de GAMMAGRAPHIE. (V. ill., p. 830.)

scissure n. f. Fente naturelle à la surface de certains organes, ou plan de séparation entre deux segments d'un organe : *scissures pulmonaires, hépatiques, cérébrales, pleurales...*

scissurite n. f. Inflammation de la plèvre, située au niveau d'une scissure séparant deux lobes pulmonaires.
Elle se traduit par une ligne opaque sur le cliché radiologique.

sclérectasie n. f. Augmentation du volume de la sclérotique.
C'est la buphtalmie chez l'enfant, et elle ne survient que lors d'un glaucome* congénital.

sclérème n. m. Œdème, particulier au nouveau-né et au nourrisson, qui, de mou et déclive, devient dur, ligneux et luisant.
Son apparition est de pronostic réservé. Sa cause reste inconnue.

scléreux, euse adj. et n. Relatif à la sclérose. — Atteint de sclérose*.

sclérodactylie n. f. Effilement des doigts avec amincissement et parfois ulcération de la peau, s'observant au cours de la sclérodermie*.

sclérodermie n. f. Affection des fibres collagènes du derme dont la prolifération durcit la peau et réduit sa souplesse et sa mobilité.

Sclérodermies localisées à la peau. La *sclérodermie en plaques* (*morphée*) forme des plaques lardacées qui régressent après plusieurs années. La *sclérodermie en gouttes* forme des éléments lenticulaires blancs. La *sclérodermie en bandes* peut être *linéaire* ou *annulaire*, comme on l'observe aux membres inférieurs ou au prépuce.

Sclérodermie généralisée. C'est une maladie d'évolution sévère, mais lente. Elle associe aux manifestations cutanées, souvent révélatrices (maladie de Raynaud* suivie de sclérodactylie*, masque cireux et rigide du visage, pigmentation cutanée inégale), une atteinte viscérale profonde qui domine le pronostic (sclérose digestive prédominant au niveau de

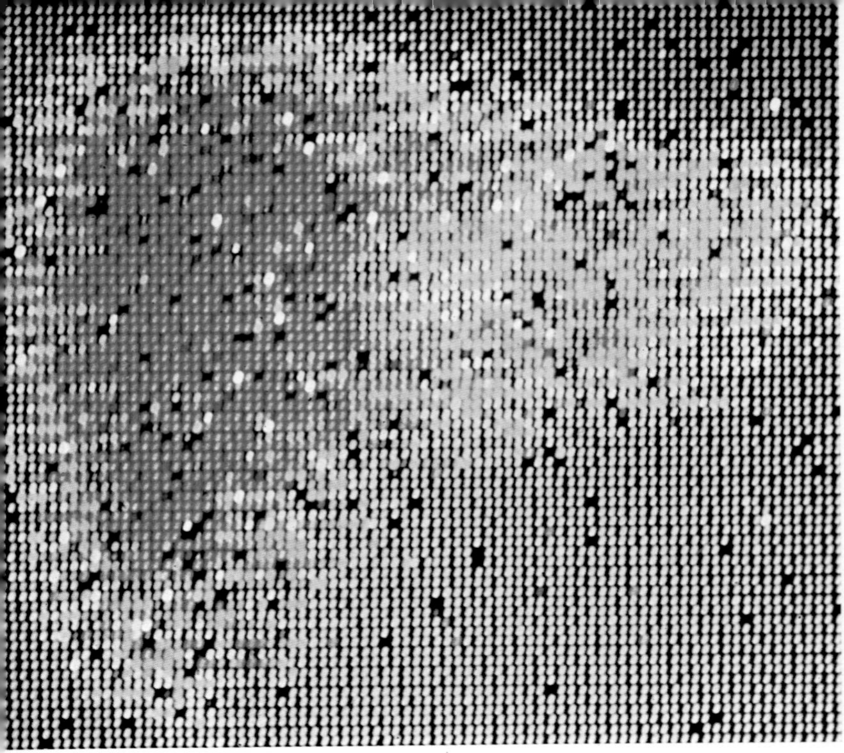

Phot. C.N.R.I. - Dr Gest.

Scintigraphie. Métastases hépatiques d'un épithélioma du sein.

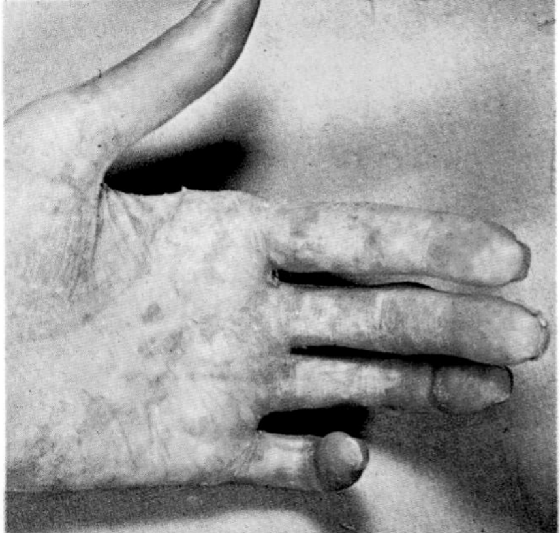

Phot. C.N.R.I. - Pr Degos.

Sclérodermie.
Dermatose caractérisée par l'épaississement avec induration de la peau et du tissu cellulaire sous-cutané, et parfois des tissus profonds.

l'œsophage, avec dysphagie*, atteintes cardiaque, pulmonaire, rénale). Le pronostic est amélioré par certaines thérapeutiques anti-inflammatoires (corticoïdes).

On observe des formes de passage entre les sclérodermies dermatologiques et généralisées.

sclérœdème n. m. Infiltration cutanée œdémateuse, dure, pouvant constituer un mode de début aigu de la sclérodermie*.

sclérogène adj. Se dit des agents morbides ou des maladies qui entraînent la constitution d'un tissu scléreux remplaçant le tissu originel lésé.

sclérolipomatose n. f. Inflammation entraînant la sclérose du tissu cellulaire adipeux qui entoure un organe (uretères, rein, intestin).

scléromalacie n. f. Amincissement de la sclérotique* qui permet d'apercevoir la choroïde par transparence.
La scléromalacie perforante en est l'aspect le plus fréquent : elle se rencontre parfois au décours de la polyarthrite* rhumatoïde.

scléroprotéine n. f. Variété de protéine constitutive du tissu conjonctif des phanères (poils, ongles).

sclérose n. f. Durcissement des tissus vivants, consécutif à une formation excessive de collagène*.
Elle est la conséquence d'une altération tissulaire de cause variable (infarctus, inflammation, etc.) et peut atteindre le myocarde, les artères (artériosclérose), le derme (sclérodermie*), le système nerveux, etc.
Neurologie. Le terme de sclérose entre dans la dénomination de diverses affections du système nerveux, qui peuvent comporter, à leur stade ultime, la formation de sclérose.
La sclérose en plaques. C'est une affection répandue, de cause inconnue. Sa définition est anatomique : les coupes histologiques montrent des plaques disséminées de désintégration des gaines de myéline*. (V. NERF.)
La maladie débute, en règle générale, entre 20 et 40 ans, par des troubles de la marche, une diplopie, ou par des paresthésies des membres. La maladie installée peut réaliser différents syndromes : paraplégie spasmodique, syndrome cérébelleux, syndrome cordonal postérieur, etc. L'évolution de la maladie se fait sur de nombreuses années, par poussées entrecoupées de rémissions parcellaires, vers un état grabataire, lui-même source de complications.
La sclérose latérale amyotrophique, ou maladie de Charcot. C'est une affection dégénérative du système nerveux également de cause inconnue. Elle est caractérisée par une atteinte des cellules motrices de la moelle* et du tronc cérébral ainsi que des fibres pyramidales. Touchant l'adulte, elle débute insidieusement par un déficit moteur des mains avec amyotrophie des muscles de la main, puis des avant-bras et des bras. Les réflexes ostéo-tendineux sont exagérés. Il existe un signe de Babinski. Des fasciculations musculaires s'y associent. Il n'y a jamais de trouble sensitif. L'évolution, rapide, se fait vers l'extension des lésions au tronc cérébral : les paralysies d'origine bulbaire sont le plus souvent responsables de la mort, qui survient en moyenne en 1 an à 18 mois par troubles respiratoires.
Les scléroses combinées de la moelle. Elles associent des signes d'atteinte pyramidale discrète et d'atteinte des cordons postérieurs de la moelle. Elles se rencontrent au cours de certaines compressions médullaires et caractérisent aussi les complications neurologiques de l'anémie de Biermer.
La sclérose diffuse des hémisphères, ou maladie de Schilder. C'est une affection de causes diverses qui frappe surtout l'enfant. Elle se caractérise par un déficit intellectuel, des crises d'épilepsie et par une évolution rapidement mortelle.
La sclérose tubéreuse de Bourneville*. Elle est due à de multiples dysplasies. (Syn. : ÉPILOIA.)
La sclérose corticale laminaire. Elle est due à l'alcoolisme chronique ; elle se traduit par une détérioration mentale progressive.

sclérotique n. f. Tunique externe fibreuse du globe oculaire. (V. ŒIL.)

scolex n. m. Tête de ténia.
Pour être définitivement débarrassé d'un ténia, il faut avoir éliminé ou détruit le scolex.

scoliose n. f. Déviation latérale de la colonne vertébrale.
Il faut distinguer :
— les *scolioses osseuses ou structurales,* d'origine congénitale ou acquise, accompagnées d'une rotation des vertèbres autour de leur axe vertical, entraînant gibbosités, voussures. Leur traitement est difficile : appareillages de redressement, voire interventions chirurgicales ;
— les *attitudes scoliotiques,* très fréquentes chez l'enfant et l'adolescent, de bon pronostic en général si un diagnostic précoce permet de mettre en œuvre une *kinésithérapie* bien dirigée.
(V. illustration p. 832.)

scolopendre n. f. Arthropode de la classe des myriapodes. (Syn. : MILLE-PATTES.)
Le scolopendre est venimeux. Sa piqûre provoque au point d'injection un œdème et une lymphangite. L'espèce *Scolopendra gigantea,* qu'on rencontre sous les tropiques, est responsable d'accidents gravissimes chez les enfants. Le traitement utilise la corticothérapie ou la sérothérapie et le gluconate de calcium.

scopolamine n. f. Alcaloïde des solanacées, utilisé comme sédatif et hypnotique. (Syn. : HYOSCINE.)
Elle diminue les sécrétions bronchiques et salivaires et les tremblements. (Toxique, tableau A.)

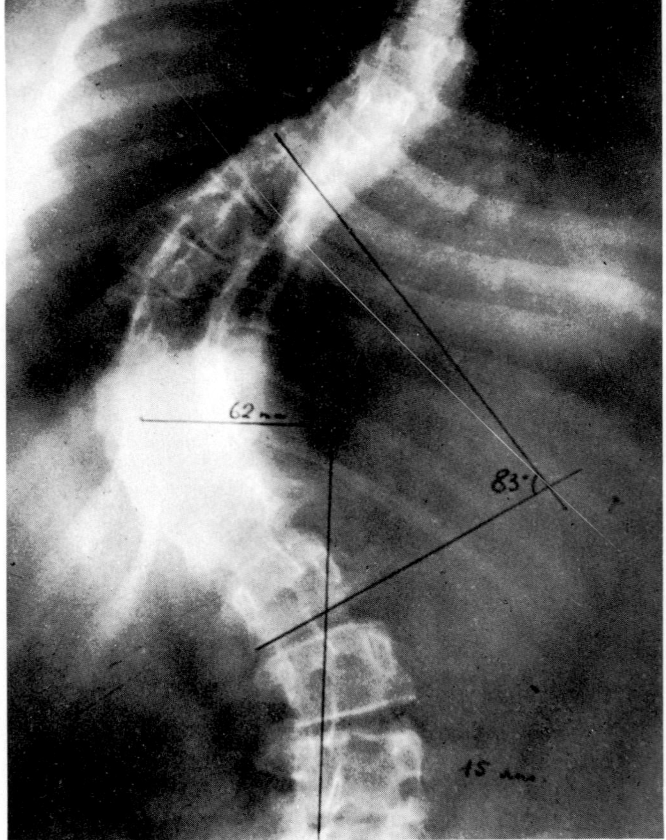

Scoliose.

Radio C.N.R.I. - Pr de Sèze.

scorbut n. m. Maladie due à la privation totale d'aliments frais contenant de l'acide ascorbique ou vitamine* C.

Le scorbut se rencontre le plus souvent associé à d'autres avitaminoses, lors des famines, des guerres.

Chez un individu carencé, on soupçonne le scorbut sur la présence d'une gingivite* avec stomatite* hémorragique, d'un purpura*, de douleurs dans les membres inférieurs. Les hémorragies sous-cutanées, digestives et musculaires sont fréquentes. Le dosage de l'acide ascorbique dans le sang et dans les urines confirme le diagnostic.

La maladie de Barlow, ou scorbut du nourrisson, donne des troubles osseux avec des risques de fractures spontanées, des troubles digestifs. L'anémie, constante, est parfois le seul symptôme. Ce tableau clinique s'observe chez les enfants nourris exclusivement de farines et de laits stérilisés.

Le traitement consiste en l'administration de vitamine C sous forme de jus de citron, d'orange, de légumes frais ou de préparations pharmaceutiques.

scorpion n. m. Arachnide qui possède 4 paires de pattes et une queue prolongée par un crochet porteur d'un venin mortel.

Les scorpions n'existent que dans les régions chaudes et sèches (Afrique, Proche-Orient), mais ils peuvent être importés dans les cageots de fruits. La piqûre de scorpion entraîne un engourdissement de la plaie, puis de la région touchée. Des signes neurologiques (convulsions, vertiges) précèdent la mort en l'absence de sérum antivenimeux spécifique (injection sous-cutanée le plus rapidement possible).

scotome n. m. Lacune limitée du champ visuel.
Le scotome peut être absolu (la sensation visuelle est complètement abolie dans la zone intéressée) ou relatif (la perception existe, mais elle est moins bonne, en particulier pour certaines couleurs). Le scotome peut être positif : il se détache dans ce cas comme une tache noire ou grise. Il est alors plus facilement perçu par le malade (scotome scintillant de la migraine*), qui, autrement, peut ne pas s'en apercevoir.

Le scotome ne doit pas être confondu avec la *tache aveugle* ou *tache de Mariotte*, qui correspond à la papille*, dépourvue de cellules visuelles (v. ŒIL et FOND, *Fond d'œil.*)

scrofule n. f. Terme ancien désignant la tuberculose des ganglions.

scrotum n. m. Enveloppe cutanée des testicules. (Syn. : BOURSES.)

scybales n. f. pl. Excréments durs et arrondis éliminés par certains constipés.

sébacé, e adj. Relatif au sébum, sécrétion grasse protégeant la peau.
Glandes sébacées, petites glandes annexées aux poils et sécrétant le sébum.

séborrhée n. f. Augmentation de la sécrétion des glandes sébacées*.

Séborrhée. Face huileuse. Comédons.

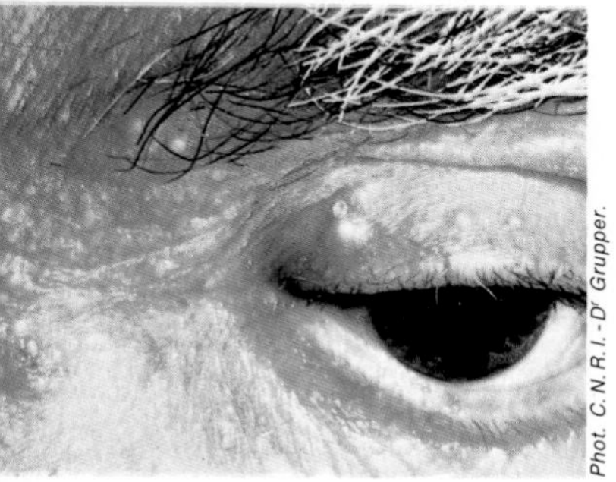

Phot. C.N.R.I.-Dr Grupper.

Elle est le fait de certains tempéraments et donne à l'épiderme un aspect luisant. Elle s'accompagne souvent d'alopécie* et d'eczéma* du visage et du tronc.

sec, sèche adj. **Régime sec,** régime comportant une ration de liquides minime. (Il est prescrit aux sujets ayant une surcharge hydrique à éliminer [ascite*].)

secondaire adj. **1.** Se dit de toute manifestation pathologique faisant suite à une autre maladie, dite « primitive », qui l'a engendrée. **2.** Se dit aussi de la deuxième période d'une affection qui en comporte plusieurs : *syphilis* secondaire.*

secourisme n. m. Ensemble de moyens thérapeutiques simples qui peuvent être

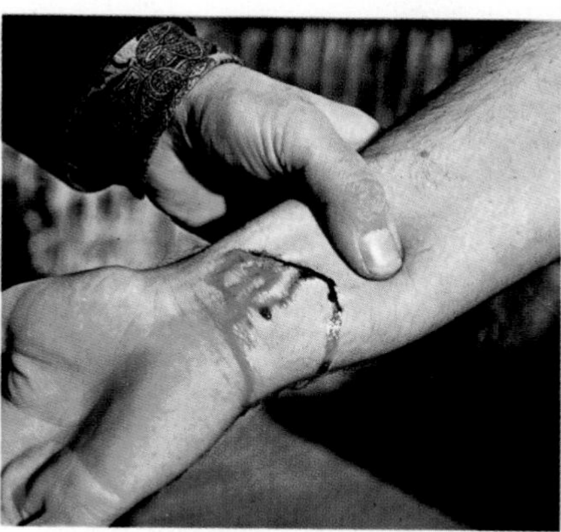

Phot. Lauros.

Secourisme. Arrêt d'une hémorragie par compression à distance.

appliqués pour porter secours aux personnes accidentées.
L'enseignement du secourisme peut être suivi à partir de 14 ans révolus. Il prépare à l'obtention du brevet d'État de secouriste de la protection civile. En France, la Croix-Rouge française (C. R. F.) délivre des certificats de secouriste de valeur identique au brevet d'État.

La Croix-Rouge française, dépendant de la Croix-Rouge internationale, est un auxiliaire du Service de santé des armées et des pouvoirs publics. (À ce titre, elle assure les secours d'urgence et l'éducation sanitaire du public.)

Le *poste de secours* est un poste fixe, prévu pour un grand nombre de personnes (foire, réunion sportive). Le personnel est composé d'un chef de poste, d'infirmières, de secouristes et, en cas de poste très important, d'un médecin. Il sert à donner les premiers soins aux blessés, qui seront évacués rapidement vers un hôpital.

La *chaîne de secours* est le dispositif qui permet, lors d'un sinistre important, le ramassage des blessés, l'administration des premiers soins, le tri et l'évacuation de victimes dans l'ordre d'urgence.

Lors de catastrophes plus importantes (tremblement de terre, inondations, incendie géant), le plan ORSEC (plan départemental d'ORganisation des SECours) est déclenché par le préfet.

secours n. m. **Premiers secours.** Ce sont ceux qui peuvent prévenir le danger de mort immédiate et rendre le blessé transportable vers un centre hospitalier. Au sens de la loi, ils sont un devoir pour quiconque se trouve près de la personne en péril. De toute façon, il faut prévenir Police-Secours en ville ou la gendarmerie en campagne, et chercher un médecin.

Des gestes intempestifs doivent être évités, tels que faire boire de l'alcool ou déplacer le blessé. Il est préférable de coucher le blessé sur le côté et de veiller à ce qu'il respire en ouvrant la bouche et en poussant le maxillaire inférieur vers l'avant.

Dans certains cas, cependant, **des gestes immédiats sont indispensables :**

— ARRÊTER UNE HÉMORRAGIE ARTÉRIELLE IMPORTANTE (sang rouge sortant par saccades) par un pansement compressif en amont de la plaie ou par la compression manuelle à demeure;

— STOPPER UNE HÉMORRAGIE VEINEUSE (sang frais coulant régulièrement) par compression du membre en aval de la plaie et élévation du membre qui saigne;

— LUTTER CONTRE UN ARRÊT RESPIRATOIRE en dégageant le cou et le thorax du blessé de toute entrave et en entreprenant la respiration* artificielle;

— LUTTER CONTRE UN ARRÊT CARDIAQUE par le massage* cardiaque à thorax fermé.

secret n. m. Le *secret professionnel* est imposé aux médecins par le Code pénal comme par le Code de déontologie médicale. Ce secret est relatif : il peut y être dérogé par la loi elle-même (déclaration des naissances*, des maladies contagieuses [v. CONTAGION], des maladies vénériennes, délivrance de certificats* médicaux), par la pratique hospitalière (explication des cas devant les autres malades et les étudiants), par la théorie du secret partagé qui autorise le médecin à communiquer à un autre médecin (par exemple le médecin conseil de la Sécurité sociale) ou à une personne habilitée à connaître ce qu'il sait de ses malades (le tiers à la confidence étant tenu lui-même au secret). Le médecin expert est tenu au secret dans une certaine mesure : il ne doit se prononcer que sur des faits d'ordre médical et ne doit communiquer ses conclusions qu'à l'autorité qui l'a commis.

sécrétine n. f. Hormone sécrétée par la muqueuse du duodénum et qui excite la sécrétion du suc pancréatique.

sécrétion n. f. Produit élaboré par une cellule spécialisée de l'organisme.
Le produit de sécrétion peut être éliminé à l'extérieur par des canaux excréteurs (*sécrétion externe* ou *exocrine*) ou passer directement dans le milieu intérieur, le sang (*sécrétion interne* ou *endocrine*). Certaines glandes* ont une sécrétion interne et externe.

sécurité n. f. **Sécurité et hygiène dans l'industrie.** Diverses dispositions régissent l'hygiène et la sécurité dans les entreprises : la médecine* du travail, la prévention des maladies* professionnelles, les normes relatives aux locaux professionnels et à la protection individuelle des travailleurs ont pour but de protéger l'individu et son entourage.

Sécurité sociale, institution qui : 1° garantit les travailleurs et leurs familles contre les risques de toute nature susceptibles de réduire ou de supprimer leur capacité de gain et qui couvre également les charges de maternité et les charges de famille de ces travailleurs ; 2° assure pour toute autre personne et pour les membres de sa famille résidant sur le territoire français la couverture des charges de maladie et de maternité ainsi que des charges de famille.

Le *Code de Sécurité sociale* regroupe les dispositions relatives à celle-ci.

La Sécurité sociale englobe : 1° des systèmes de réparation des accidents* du travail et des maladies* professionnelles; 2° des systèmes d'assurances* sociales; 3° des systèmes d'indemnisation des charges familiales (v. PRESTATION, *Prestations familiales*).

Le législateur français a voté en 1928 et 1930 les premières lois sur les assurances sociales protégeant certains salariés de l'industrie et du commerce (les milieux agricoles obtenant l'institution d'un régime spécial), en 1932 celle sur les allocations familiales.

En 1945 et 1946 sont adoptés une série de textes visant à étendre la Sécurité sociale à l'ensemble de la population : un régime général est créé, mais il laisse survivre certains régimes spéciaux. Des régimes complémentaires vont se développer. Lorsque, en 1948, le gouvernement entend assurer les travailleurs indépendants contre le risque vieillesse, il crée trois régimes autonomes. En 1952 est mis en place un nouveau régime autonome : celui des professions agricoles. Une loi de 1966 institue une assurance maladie pour les professions non salariées non agricoles; c'est un régime autonome.

En 1967 sont adoptées plusieurs ordonnances, ratifiées en 1968. L'une porte réorganisation administrative et financière de la Sécurité sociale. Une autre crée l'assurance volontaire. Le Parlement et le gouvernement ont poursuivi un effort commun en vue de réaliser sinon l'harmonisation des régimes existants, du moins la généralisation de la protection. Étendue progressivement à diverses catégories de la population non concernées jusque-là, la Sécurité sociale a fait l'objet d'une loi du 2 janvier 1978 qui consacre le droit de tous les Français, qu'ils exercent ou non une activité professionnelle, à être protégés. Désormais, les Français relevant d'un régime obligatoire sont couverts par celui-ci, tous les autres relèvent du régime de l'assurance personnelle, qui remplace, en l'améliorant, l'assurance volontaire.

V. ASSURANCES *sociales*, DÉCÈS (*assurance*), INVALIDITÉ, MALADIE (*assurance*), MATERNITÉ (*assurance*), MUTUALITÉ *agricole*, PRESTATIONS *familiales*, VIEILLESSE (*assurance*).

sédatif, ive adj. et n. m. Se dit d'un médicament qui provoque une légère dépression du système nerveux central, maintenant le malade éveillé mais plus calme. (Syn. : CALMANT et TRANQUILLISANT.)

sédiment n. m. Dépôt de substances solides contenues dans un liquide.

Sédiment urinaire. Toujours pathologique, il est constitué de cristaux, de cellules et parfois de microbes. Son étude est facilitée par centrifugation*.

sédimentation n. f. **Vitesse de sédimentation des hématies.** Le sang, rendu incoagulable, est recueilli dans des tubes de verre hauts et fins maintenus verticalement. Les éléments figurés du sang descendent au fond du tube, laissant au-dessus d'eux une couche claire de plasma. La lecture du niveau supérieur de la couche globulaire, grâce aux graduations millimétriques du tube, se fait après 1 heure, 2 heures et 24 heures. Les chiffres obtenus sont d'environ 5 mm à la 1re heure, 10 à la 2e heure et 55 après 24 heures. La vitesse de sédimentation est accélérée dans presque tous les états inflammatoires, quelle qu'en soit la nature. Elle est diminuée dans les polyglobulies*.

sein n. m. Nom donné à la glande mammaire. (Étymologiquement : angle [*sinus*] entre les deux glandes.)

Anatomie.

Organes glandulaires pectoraux, au nombre de deux, les seins sont destinés à la lactation*. De forme hémisphérique, chaque sein présente un mamelon au centre d'une zone pigmentée, l'aréole. Le sein est constitué de 15 à 25 lobes, subdivisés en lobules et en acini. L'appareil excréteur, ou arbre galactophore, est formé de canaux qui se réunissent pour se terminer en pores galactophores au

Sein. Coupe de glande mammaire :
1. Clavicule; 2. Côtes;
3. Muscle intercostal; 4. Muscle pectoral;
5. Lobules de graisse; 6. Canal galactophore;
7. Mamelon; 8. Muscle aréolaire;
9. Acini glandulaires; 10. Peau.

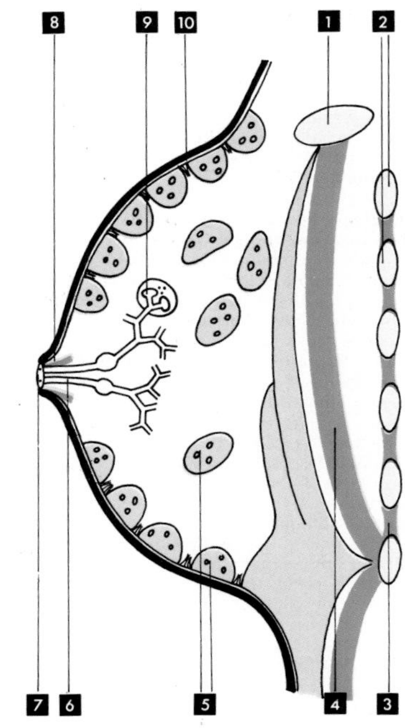

niveau du mamelon. L'ensemble est enveloppé dans un tissu conjonctif et adipeux.

Physiologie.
La commande hormonale du sein est dominée par celles des sécrétions ovariennes d'œstradiol et de progestérone, dont elle reflète les variations au cours du cycle menstruel et au cours des différents âges de la vie génitale. Le développement glandulaire acineux est maximal aux environs du 5e mois de grossesse, mais la lactation ne débute qu'après l'accouchement. C'est ensuite la succion régulière du mamelon qui entretient la lactation, en entraînant une sécrétion de prolactine* qui permet la synthèse de lactalbumine et de lactose.

Anomalies des seins.
Elles portent sur le nombre, la symétrie et le volume des seins. Elles posent des problèmes de chirurgie esthétique.

La ptôse mammaire (descente du sein), isolée ou associée à une *hypertrophie* de la glande, ou gynécomastie, peut, dans certains cas monstrueux, être traitée par amputation ou résection modelante.

Les *hypotrophies* relèvent de la mise en place de prothèses. Les asymétries et les anomalies de la région mamelonnaire peuvent également être corrigées.

Pathologie des seins.
États inflammatoires. On les observe surtout au cours de l'allaitement. Il peut s'agir d'une simple *lymphangite,* bruyante mais sans lendemain, ou d'un *abcès* du sein. Ce dernier se traduit par des douleurs de plus en plus marquées, une fièvre oscillante et des signes locaux. Lorsque l'abcès n'a pu être enrayé par les antibiotiques, il faut inciser et drainer le pus constitué. La *galactocèle* est une masse liquide renfermant du lait, plus ou moins altéré par une inflammation ancienne.
Tumeurs du sein. Le problème essentiel est de savoir s'il s'agit ou non d'un cancer. Toute tumeur du sein doit donc être l'objet d'un examen clinique minutieux par la palpation, et d'examens paracliniques (mammographie*, galactographie [par opacification des canaux galactophores*], thermographie*, ponction et étude cytologique, examen anatomo-pathologique). En fin de compte, seule l'ablation de la tumeur, suivie d'un examen microscopique, permet de porter un diagnostic certain.
TUMEURS BÉNIGNES. Il peut s'agir d'une tumeur *unique* (kyste, adénome ou adénofibrome) ou de tumeurs *multiples* (maladie de Reclus). Cette dernière affection est le plus souvent en rapport avec une hyperfolliculinie, et se traduit par des poussées douloureuses des seins avant les règles.
CANCER DU SEIN. C'est un des cancers les plus fréquents de la femme adulte. Il est découvert habituellement, de façon fortuite, par la malade elle-même. On insiste actuellement sur l'importance de l'autoexamen des seins pour dépister précocement ce cancer. Il n'existe, au début, ni douleur ni modification de la peau, seulement une petite masse arrondie, irrégulière, non sensible.

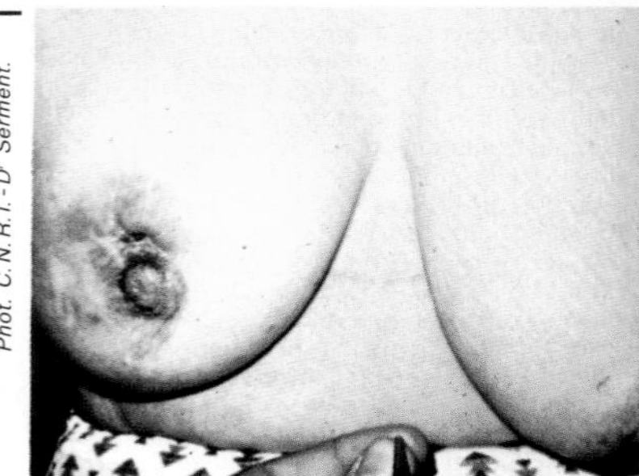
Phot. C.N.R.I. - Dr Serment.
Sein. Cancer du sein avec rétraction de la glande.

Toute masse de ce genre perçue par une femme devra la conduire à consulter son médecin. Celui-ci jugera s'il s'agit d'une simple congestion prémenstruelle (disparaissant complètement après les règles) ou, au contraire, d'une lésion permanente. Dans ce cas, il fera faire des examens complémentaires : mammographie*, thermographie*, et, surtout, si le moindre doute persiste, il conseillera une biopsie extemporanée, c'est-à-dire faite au cours d'une intervention chirurgicale, qui permettra l'ablation du sein si l'examen histologique pratiqué immédiatement indique une lésion maligne.

Le traitement fait appel à l'association de la radiothérapie et de la chirurgie. Actuellement, on discute la nécessité de l'amputation large du sein, et certains auteurs pensent que la simple ablation de la tumeur peut être pratiquée, avec les mêmes résultats, dans de nombreux cas. Il faut souligner qu'actuellement un cancer du sein traité *précocement* peut être guéri dans 70 à 85 p. 100 des cas.

sel n. m. **Sel de cuisine.** C'est le chlorure de sodium extrait des salines ou récolté sur les marais salants (sel de mer). Il joue un rôle important dans la rétention de l'eau par l'organisme (v. SODIUM). Il en faut de 9 à 15 g par jour, la moitié étant apportée par le pain, le lait, la charcuterie, etc.
Sels de régime. Ce sont des sels *sans sodium,* donnés aux sujets soumis au régime désodé (sans sel); ils ne doivent être mis sur les aliments qu'après la cuisson.

sélénium n. m. Métalloïde proche du soufre*.
Le sulfure de sélénium est utilisé dans le traitement des séborrhées*.

selle n. f. **Selle turcique,** dépression osseuse du corps du sphénoïde (os du crâne) où loge l'*hypophyse**.

selles n. f. pl. Syn. : MATIÈRES FÉCALES, FÈCES*.

séméiologie n. f. Étude des signes cliniques, des symptômes des maladies.

semelle n. f. **Semelles orthopédiques,** semelles amovibles destinées à ramener le pied dans ses aplombs anatomiques, en corrigeant les affaissements de la voûte plantaire ou les appuis douloureux (pieds plats, pieds creux, métatarsalgies).

semen-contra n. m. Capitules floraux non épanouis d'*Artemisa maritima,* contenant de la santonine et employés comme vermifuge sous forme de dragées (de 5 à 10 g par jour chez l'adulte, 0,50 g par année d'âge chez l'enfant) associées à des boissons acidulées. (Le traitement dure 3 jours.)

semi-circulaire adj. **Canaux semi-circulaires,** canaux de l'oreille* interne contenant l'organe sensitif de l'équilibration.

semi-lunaire adj. et n. m. **Os semi-lunaire,** os de la première rangée du carpe, situé entre le scaphoïde et le pyramidal.
Ganglions semi-lunaires, ganglions de la chaîne sympathique abdominale, situés dans la région cœliaque.

séminifère adj. **Tubes séminifères,** canalicules du testicule où se forment les spermatozoïdes*.

séminome n. m. Tumeur maligne du testicule, de bon pronostic si un diagnostic précoce permet l'intervention chirurgicale rapide.
Le séminome, très radiosensible, est traité par une irradiation globale, chaînes ganglionnaires et métastases comprises.

séné n. m. Folioles et gousses de divers cassiers, employées en infusions comme purgatif.

A
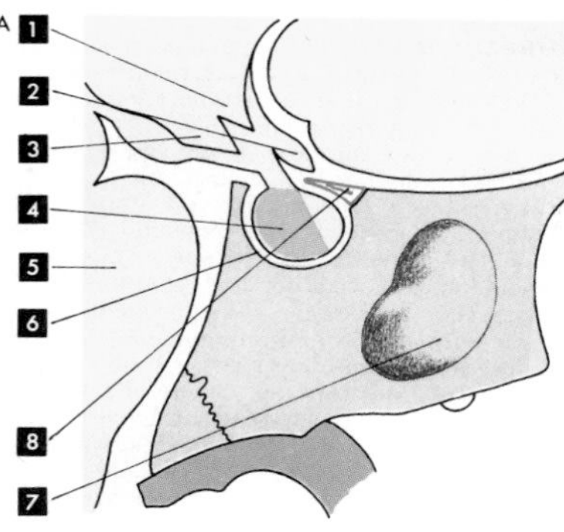

Selle.
A. Coupe sagittale de la selle turcique et de son contenu :
1. Recessus optique ; 2. Chiasma optique ;
3. Infundibulum ;
4. Hypophyse ou glande pituitaire ;
5. Protubérance ;
6. Selle turcique ou loge pituitaire ;
7. Sinus sphénoïdal ; 8. Sinus coronaire.
B. Selle turcique. Vue de profil sur une radiographie de la tête :
1. Selle turcique (déformée par une tumeur) ;
2. Sinus sphénoïdal ; 3. Maxillaire inférieur.

B
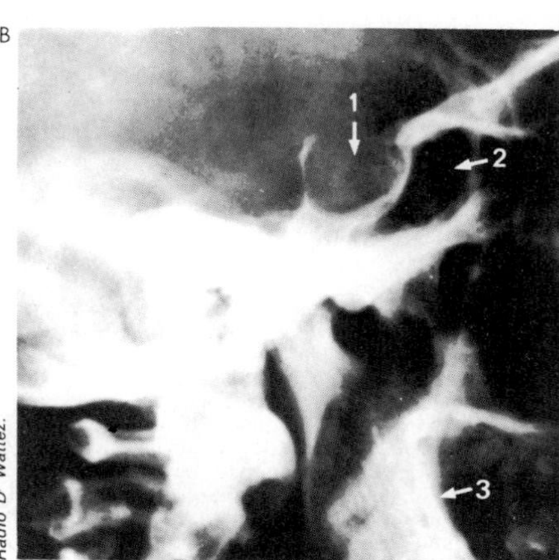

Radio Dr Wattez.

sénescence n. f. Phénomène biologique général de vieillissement, se manifestant à l'échelon moléculaire et tissulaire comme au niveau de la personnalité.

La sénescence survient à un âge variable selon les individus, et aboutit, tôt ou tard, à la sénilité*. Le vieillard voit souvent sa mémoire, sa curiosité, ses capacités d'adaptation, ses sens et ses réflexes s'émousser. Le radotage, la rigidité des croyances sont fréquents. L'humeur devient maussade. L'égocentrisme s'accroît et concerne souvent les préoccupations corporelles, qui s'exagèrent. La limitation du champ d'activités mentales et physiques rend rarement cette étape souriante et sereine. L'adaptation nécessaire est tributaire de la vie antérieure. Le sujet doit accepter ce troisième âge sans toutefois que celui-ci ne l'empêche de mener à bien certaines initiatives physiques ou intellectuelles. L'expérience passée et l'acquisition d'une plus grande sagesse sont néanmoins les vertus bénéfiques de cet âge.

L'entourage affectif joue toujours un rôle important. À cette période, certains sujets deviennent anxieux, déprimés, tandis que d'autres s'évertuent à ne rien changer de leurs habitudes, au risque d'accélérer le processus de vieillissement. D'autres encore se révoltent et deviennent hargneux. Il est donc nécessaire, par un soutien social et affectif permanent, de faire accepter cette étape de la vie.

Sur le plan médical, la sénescence peut être retardée par une surveillance des différents organes (cœur, artères, appareil urinaire, système nerveux) et des métabolismes (recherche du diabète*, des hyperlipémies*, des hypercholestérolémies) et par une correction d'éventuels troubles endocriniens, digestifs, etc.

sénilité n. f. État d'affaiblissement de l'activité physique et psychique, que l'on rencontre dans la vieillesse. (V. SÉNESCENCE.)

Troubles mentaux de la sénilité. Ils sont dus à une déchéance progressive des cellules cérébrales, avec un affaiblissement des fonctions intellectuelles.

Le trouble le plus grave est la démence sénile, par dégénérescence cellulaire ou par athérosclérose* des vaisseaux cérébraux.

Cette démence apparaît à partir de 65 ans et pose des problèmes socioéconomiques importants en raison des difficultés d'adaptation de ces sujets à la vie de famille et aux conditions d'existence du monde moderne. Cette démence revêt l'allure de la mélancolie* ou d'un état maniaque ou délirant. Les troubles mentaux sont aggravés par l'alcoolisme, les carences nutritionnelles, l'isolement affectif et les traumatismes physiques. Il est donc indispensable de veiller au confort moral et matériel des sujets âgés.

L'hospitalisation en milieu psychiatrique s'impose parfois en vue d'un traitement symptomatique. Les neuroleptiques, les tranquillisants, les antidépresseurs sont utilisés prudemment. L'adjonction d'hormones, de vitamines améliore la concentration et l'activité psychomotrice, bien qu'il ne s'agisse que d'une amélioration aléatoire.

sens n. m. Fonction qui transmet à l'homme les informations sur le milieu qui l'entoure et sur ses rapports avec lui. (V. ŒIL et VISION ; AUDITIF et OREILLE ; SENSIBILITÉ ; ÉQUILIBRATION.)

sensibilisation n. f. Introduction dans un organisme intact d'une substance étrangère, qualifiée d'antigène et entraînant le développement d'anticorps. (Une deuxième pénétration de la substance antigène provoque les phénomènes d'allergie*.)

sensibilité n. f. Propriété que possède l'organisme de percevoir des phénomènes physiques tels que contact, pression, frottement, chaleur, positions, déplacements du corps ou de ses parties.

Les informations que peut recevoir l'organisme sont divisées en *sensibilité superficielle* (tactile et thermique) et *sensibilité profonde* (perception de la position des segments de membre) à laquelle on rattache la sensibilité aux vibrations (diapason).

Organisation anatomique de la sensibilité. ***Récepteurs de la sensibilité.*** À chaque type de sensibilité correspondent des organes récepteurs spécialisés : ainsi les *récepteurs tactiles* (petits groupes de cellules nerveuses spécialisées) sont plus nombreux au niveau de la pulpe de l'index qu'au niveau du dos de la main.

Voies de la sensibilité. Les récepteurs sont reliés à des nerfs sensitifs qui se groupent pour gagner la corne postérieure de la moelle épinière. De là, les fibres montent jusqu'au thalamus* par des chemins différents, puis gagnent le cortex*. Le tact, les sensibilités thermique et douloureuse croisent la ligne médiane durant leur trajet.

Physiologie de la sensibilité. Les voies nerveuses de la sensibilité sont parcourues par l'influx* nerveux, constituant des « ondes-messages » se propageant à partir du récepteur. Les trains d'ondes-messages peuvent être modifiés lors de chaque franchissement d'une nouvelle synapse par des influx inhibiteurs ou facilitateurs venus d'autres régions du cerveau, permettant ainsi une sélection et un enrichissement de l'information.

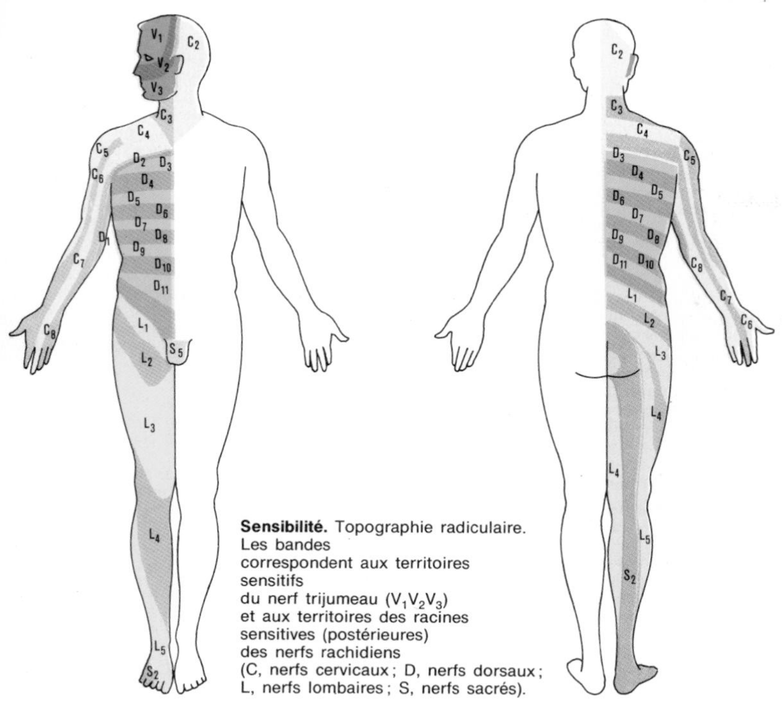

Sensibilité. Topographie radiculaire. Les bandes correspondent aux territoires sensitifs du nerf trijumeau ($V_1V_2V_3$) et aux territoires des racines sensitives (postérieures) des nerfs rachidiens (C, nerfs cervicaux ; D, nerfs dorsaux ; L, nerfs lombaires ; S, nerfs sacrés).

Examen de la sensibilité. En supprimant le contrôle de la vue (le sujet ferme les yeux), on explore objectivement la sensibilité individuelle à l'effleurement ou à la piqûre, à la chaleur ou à la position imprimée aux segments de membres (jambe, pied, orteil).
Troubles de la sensibilité. Selon le siège des lésions du système nerveux, la sensibilité peut être atteinte globalement ou partiellement, dans un territoire donné ou sur tout le corps. Les troubles sont des douleurs (algies), des sensations bizarres (paresthésies), une hyperesthésie ou une hypoesthésie.

sensitif, ive adj. et n. En psychiatrie, se dit de la constitution des sujets timides, renfermés, anxieux, affligés de scrupules exagérés, hyperémotifs.
Insatisfaits et se sentant inférieurs, ils vivent assez seuls. L'accumulation des échecs, des déceptions détermine parfois chez eux une explosion inattendue de colères ou un état dépressif (v. DÉPRESSION), ou encore un véritable délire* de persécution.

sensoriel, elle adj. Qui se rapporte aux organes des sens et à leurs fonctions : bulbe olfactif et olfaction, œil et vision, oreille et audition, langue et goût, peau et sensibilité tactile.

septicémie n. f. État pathologique caractérisé par l'envahissement durable de la circulation sanguine par des germes, à partir d'un foyer septique.
La positivité de l'hémoculture* affirme le diagnostic et met le germe en évidence. Toutes les bactéries* peuvent être à l'origine de septicémies, ainsi que les champignons.
Clinique. La fièvre, oscillante, en plateau ou irrégulière, présentant des clochers, est le signe principal de la septicémie. Elle est en

général très élevée, précédée par un frisson. On peut cependant voir des hypothermies jusqu'à 35 °C dans les septicémies à germes Gram* négatif et dans celles du nouveau-né. À chaque décharge bactérienne correspond soit un pic fébrile, soit une flèche d'hypothermie et un frisson. L'état général est profondément altéré. Des métastases* infectieuses peuvent se greffer à partir du foyer sur différents organes : foie, reins, poumons. La greffe endocarditique est particulièrement redoutable chez les cardiaques. (V. ENDOCARDITE *d'Osler.*) Le choc* infectieux est une complication grave des septicémies.

Les septicémies sont particulièrement sévères lorsqu'elles atteignent des malades diabétiques, cardiaques ou sous traitement immunosuppresseur.

Traitement. L'emploi précoce et massif d'antibiotiques adaptés au germe en cause (à partir de l'antibiogramme*) a entraîné une transformation du pronostic des septicémies, jadis le plus souvent mortelles. Il est impératif de guérir le foyer septique d'origine sous peine d'une rechute, ce qui nécessite parfois une intervention chirurgicale.

septicopyohémie n. f. Forme de septicémie caractérisée par l'apparition d'un ou de plusieurs abcès sur certains organes ou sur certaines régions de l'organisme.
La peau, le foie, les reins peuvent être le siège de ces abcès. Le traitement est identique à celui des septicémies; parfois, cependant, il nécessite une intervention chirurgicale « de nettoyage ».

septique adj. Contaminé par un microbe. (Contr. : ASEPTIQUE.)

septum n. m. Cloison séparant deux cavités : *septum interventriculaire* (du cœur); *septum des fosses nasales.*

séquelle n. f. Lésion ou manifestation fonctionnelle qui persiste après la guérison d'une maladie.

séquestre n. m. Fragment osseux dévitalisé, provenant d'une fracture comminutive* ou de l'évolution d'une ostéite*.

séreuse n. f. Membrane qui recouvre certains organes dont elle facilite les mouvements.
Une séreuse est constituée de deux feuillets, un pariétal et un viscéral, délimitant une cavité virtuelle : la *plèvre**, le *péritoine**, le *péricarde** sont des séreuses.

sériegraphie ou **sériographie** n. f. Suite de radiographies prises à des intervalles d'environ une seconde, pour étudier les mouvements et la structure d'organes internes.

seringue n. f. Instrument servant à injecter ou à prélever des liquides dans les tissus ou dans les cavités naturelles.
Toutes les seringues sont formées d'un piston et d'un corps de pompe, muni d'un embout qui s'adapte au pavillon d'une aiguille. Les seringues sont en verre ou en plastique (à usage unique) ou métalliques (pour les anesthésies locales). Leur capacité va du quart de millilitre à 500 ml.

sérique adj. Qui se rapporte au sérum*.

Séreuse. Différentes séreuses.
A. Schéma des séreuses péritonéales :
1. Séreuse péritonéale pariétale antérieure ;
2. Séreuse péritonéale viscérale ;
3. Séreuse péritonéale pariétale postérieure ;
4. Sac péritonéal.
B. Séreuses pleurales :
1. Séreuse pleurale pariétale ;
2. Séreuse pleurale viscérale ; 3. Poumon ;
4. Hile du poumon ; 5. Sac pleural.
C. Séreuse péricardique :
1. Séreuse péricardique pariétale ;
2. Séreuse péricardique viscérale ;
3. Sac péricardique.

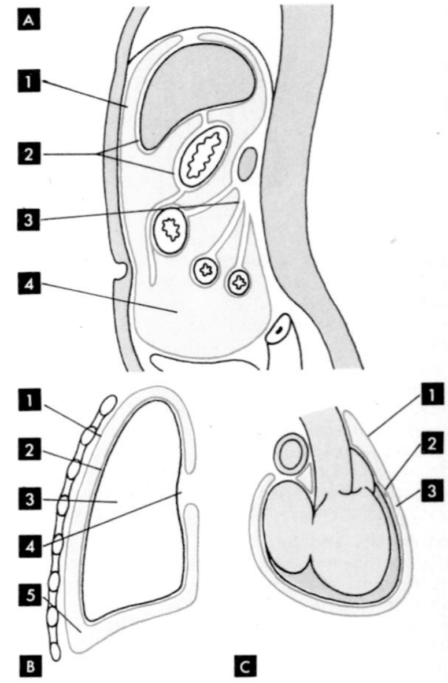

séroatténuation n. f. Emploi, au cours d'une maladie infectieuse, du sérum spécifique pour en atténuer la gravité et éviter les complications. (V. SÉROTHÉRAPIE.)

sérodiagnostic n. m. Examen du sérum*, permettant le diagnostic d'une infection.
On met en présence le sérum du malade avec des bactéries (ou leur toxine). Si le sérum contient les anticorps* correspondants, un complexe antigène-anticorps se forme, qui est mis en évidence par une agglutination*. On diagnostique ainsi la fièvre typhoïde, la brucellose*, le S. I. D. A.*, etc.

sérologie n. f. Méthode de diagnostic basée sur l'immunologie.

séronégatif, ive adj. Qui a un sérodiagnostic négatif. (Pas d'infection ou infection très récente sans anticorps dans le sang.)

séropositif, ive adj. Qui a un sérodiagnostic positif. Le sujet contaminé par le S. I. D. A. est séropositif longtemps avant l'apparition des symptômes ; dans la *fièvre typhoïde,* les symptômes précèdent le sérodiagnostic positif.

séroprévention n. f. Traitement préventif utilisant un sérum spécifique pour éviter l'apparition d'une maladie (tétanos, coqueluche) chez un sujet supposé contaminé.

sérosité n. f. Liquide présent dans les cavités séreuses, très proche de la lymphe et qui coagule comme elle.

sérothérapie n. f. Emploi de sérums* pour prévenir ou guérir certaines maladies.
La sérothérapie consiste à injecter à un malade un sérum contenant les anticorps spécifiques de la maladie dont il est atteint. Ces anticorps transmettent une immunité* passive. La sérothérapie permet ainsi une action rapide mais de durée limitée (20 jours). Elle est utilisée à titre préventif (tétanos), à titre curatif (diphtérie, venin de serpent, botulisme, etc.) ou pour atténuer une maladie (v. SÉROATTÉNUATION). Les sérums agissent par leurs anticorps, qui neutralisent les toxines de certaines bactéries (tétanos, botulisme), les venins de serpent et certains virus (rubéole, hépatite virale).

Application de la sérothérapie. Le sérum doit être injecté précocement pour éviter l'action néfaste de la toxine ou du virus. On l'injecte, le plus souvent, par la voie sous-cutanée en deux ou plusieurs fois (méthode de Beredka) pour éviter les accidents d'intolérance. On injecte 0,10 ml, puis 0,25 ml, puis 1 ml, de quart d'heure en quart d'heure, puis la dose prescrite.

Accidents de la sérothérapie. Ils sont dus à l'origine animale des sérums. L'introduction de protéines animales est à l'origine de manifestations allergiques et de sensibilisation. La purification des sérums a permis une diminution des accidents sériques.

Les accidents précoces. Le plus grave est le choc anaphylactique. (V. ANAPHYLAXIE.) Dès la fin de l'injection, le malade est pâle, frissonnant, la tension artérielle s'effondre. Une syncope brutale, parfois la mort, survient. D'autres accidents peuvent se voir sur des sujets allergiques ou eczémateux après plusieurs injections (asthme, réaction locale). Devant de tels accidents, on utilise l'adrénaline*, les corticoïdes* et les antihistaminiques*, après arrêt de l'injection.

Les accidents tardifs. Ils constituent la « maladie sérique », survenant vers le 10e jour après l'injection. Elle se traduit par une fièvre élevée, des manifestations allergiques (œdème de Quincke, urticaire) et une atteinte rénale. Les symptômes peuvent être uniques ou associés. Le traitement associe corticoïdes et antihistaminiques.

Prévention des accidents. Elle repose sur le fractionnement des doses, sur l'emploi de sérums purifiés et sur la prescription d'un régime alimentaire (peu de charcuterie et de viande, pas d'alcool les jours suivant l'injection). La vaccination doit, dans tous les cas possibles (tétanos), se substituer à la sérothérapie.

sérotonine n. f. Nom usuel de la *5-hydroxytryptamine,* substance du groupe des monoamines.
Elle est produite par certaines cellules de l'intestin et par les neurones du système nerveux central où elle jouerait un rôle de médiateur chimique dans les synapses. Elle est détruite par une enzyme, la monoamine-oxydase. Certaines tumeurs carcinoïdes* de l'intestin grêle ou du poumon peuvent entraîner une hypersécrétion de sérotonine avec crises vasomotrices typiques (rougeurs, sueurs, bouffées de chaleur).

serpent n. m. La morsure d'un certain nombre de serpents est venimeuse. Les troubles constatés dépendent de la nature du serpent en cause. Les serpents du groupe des *viperidæ* et des *crotalidæ* (surtout représentés par les vipères) provoquent une inflammation locale très forte avec léger collapsus, n'entraînant la mort qu'en cas de piqûre dans une veine ou chez un enfant. Les *clapidæ* (cobra, serpent corail, bongare vivant hors de France, entraînent en 1 à 2 heures la mort par paralysie respiratoire.

Traitement. ***Au niveau de la plaie.*** Il faut désinfecter (soluté de Dakin) et réduire la circulation du sang par l'immobilité, et par le froid. On peut faire un pansement peu com-

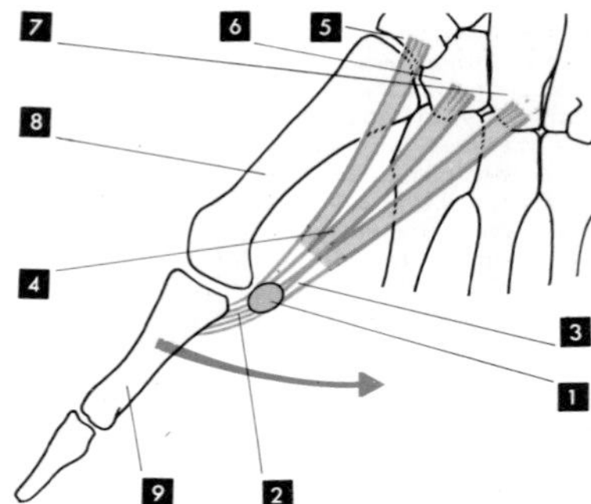

Sésamoïde. 1. Sésamoïde (servant de poulie); 2. Tendon du muscle adducteur du pouce; 3. Tendon s'insérant sur le sésamoïde; 4. Muscle adducteur du pouce; 5. Trapèze; 6. Trapézoïde; 7. Grand os; 8. Premier métacarpien; 9. Première phalange

pressif mais le garrot est déconseillé, ainsi que l'aspiration de la plaie avec la bouche, d'utilité discutée.

Traitement général. L'injection de sérum antivenimeux correspondant au serpent en cause est réservée aux cas graves, et la décision relève du médecin. Il faut traiter un choc ou une infection éventuels. En cas de troubles respiratoires, la réanimation est nécessaire.

serpigineux, euse adj. Se dit d'une lésion cutanée extensive, à contours irrégulièrement sinueux.

serpolet n. m. Petite plante servant de condiment et douée d'une action antispasmodique (toux quinteuses, coqueluche) et cholérétique. (On l'emploie en infusion à 10 g par litre.)

sérum n. m. Partie du sang* coagulé qui surnage au-dessus du caillot.
Le sérum contient tous les constituants du plasma*, à l'exception de ceux qui ont servi à la coagulation. On emploie les sérums qui contiennent des anticorps* à des fins d'immunisation. (V. SÉROTHÉRAPIE.)
Sérums thérapeutiques. Ils proviennent d'animaux (cheval, bœuf, ovins) préalablement vaccinés contre certaines maladies infectieuses, c'est-à-dire dont le sang contient les anticorps spécifiques destinés à lutter contre ces maladies. Toutefois, la forte quantité de protéines qu'ils contiennent peut donner lieu à des accidents d'ordre anaphylactique* lors de l'injection. C'est pourquoi on procède à la *purification* des sérums thérapeutiques, qui consiste à éliminer la plus grande partie des protéines qu'ils contiennent, pour ne conserver que les anticorps*. Les sérums thérapeutiques inscrits au codex sont : les sérums *antibotulique, anticharbonneux, antidiphtérique, antigangreneux, antirabique, antirouget, antitétanique, antivenimeux.* Tous ces sérums sont curatifs; toutefois, les sérums antitétanique et antidiphtérique sont également prescrits à dose préventive, pour conférer à l'organisme une immunité passagère, le premier en cas de blessure par accident, le deuxième pour préserver l'entourage d'un malade en période d'épidémie.
Maladie du sérum. V. SÉROTHÉRAPIE.

sésamoïde adj. **Os sésamoïde,** os inclus dans un ligament articulaire : *la rotule est un os sésamoïde.*

sessile adj. **Tumeur sessile,** tumeur qui se raccorde sans séparation à son tissu de soutien.

séton n. m. **Blessure en séton,** plaie produite par un agent vulnérant qui fait trajet sous la peau entre un orifice d'entrée et un orifice de sortie.

seuil n. m. Niveau de stimulation à partir duquel on obtient une réponse.
Le terme de «seuil» est surtout utilisé en physiologie nerveuse. Un courant électrique appliqué à une fibre nerveuse doit atteindre une intensité, dite *liminaire,* correspondant au *seuil d'excitation* de la fibre, pour l'exciter. On parle aussi de seuil d'activité d'un médicament (dose minimale à partir de laquelle il agit).

sevrage n. m. **1.** Cessation de l'allaitement et début d'une alimentation consistante chez le nourrisson. (V. ALLAITEMENT.)
2. Sevrage des alcooliques, diminution, puis arrêt de la consommation de boissons alcooliques chez les sujets alcooliques. Il doit être progressif, réalisé sous contrôle médical.

sexe n. m. **1.** Ensemble des caractères qui permettent de distinguer chez les êtres vivants deux genres, mâle et femelle, dont l'union permet la reproduction.
2. Les organes génitaux, mâles ou femelles.
La différenciation sexuelle. Elle est définie par des *caractères sexuels primaires* (gonades*, organes génitaux externes), et des *caractères sexuels secondaires* (morphologie, pilosité, musculature, comportement, etc.).

Le *sexe génétique* est déterminé dès la fécondation par l'union des chromosomes* sexuels (v. GAMÈTE), provenant l'un de l'ovule maternel (X), l'autre du spermatozoïde paternel (X ou Y). C'est donc le père qui détermine le sexe, car suivant que le spermatozoïde portera un chromosome X ou Y, l'œuf fécondé sera femelle (XX) ou mâle (XY). La différenciation sexuelle définitive repose également sur la sécrétion hormonale des gonades du fœtus. En effet, au stade embryonnaire, le fœtus, qu'il soit XX ou XY, porte à la fois les ébauches des deux appareils sexuels, mâle (canaux* de Wolff) et femelle (canaux de Müller). L'embryon mâle (XY) ne se différenciera en un sujet d'apparence masculine que si le testicule embryonnaire sécrète effectivement les hormones mâles (androgènes*). Celles-ci stimulent le développement des canaux de Wolff, qui se différencient alors en épididyme, canal déférent, vésicules séminales et canaux éjaculateurs. Parallèlement, le canal de Müller s'atrophie. Chez la femme, au contraire, le développement des voies génitales est un phénomène essentiellement passif, qui ne nécessite l'intervention d'aucune hormone jusqu'à la puberté, et les canaux de Müller se développent spontanément, donnant les trompes*, l'utérus* et la partie supérieure du vagin.

On voit ainsi que la différenciation sexuelle est deux fois sous la dépendance masculine : sur le plan génétique d'abord, avec le chromosome Y, sur le plan hormonal ensuite, avec l'intervention indispensable des hormones mâles pour le développement des voies génitales masculines.

Cette différenciation sexuelle peut entraîner des anomalies, d'origine principalement chromosomique (v. CHROMOSOME, *Anomalies des chromosomes*).

Maladies prépondérantes selon le sexe. En dehors de toute hérédité*, certaines maladies touchent plus fréquemment l'homme ou la femme, soit en vertu d'une prédisposition organique mal connue, soit en rapport avec certaines activités plus spécifiques à l'un ou à l'autre sexe. Par exemple, les maladies cardio-vasculaires touchent essentiellement les hommes de 45 à 55 ans, avec des taux de mortalité (en 1973) allant de 429 à 637 pour 100 000 habitants suivant les régions, alors que pour les femmes le taux de mortalité se situe aux alentours de 360 pour 100 000 habitants. Certains cancers atteignent plus volontiers un sexe que l'autre : pour l'homme, cancer de la peau, des poumons, de l'estomac, du pancréas ; pour la femme, celui de l'intestin. Les maladies de l'appareil respiratoire touchent en moyenne deux hommes pour une femme. En revanche les maladies dites « de système » (v. COLLAGÉNOSE) ainsi que les atteintes de la vésicule biliaire se manifestent plus souvent chez la femme que chez l'homme.

Maladies propres au sexe. L'appareil génital des deux sexes peut être le siège de tumeurs, malignes ou bénignes. Les infections touchent plus souvent la femme que l'homme : salpingite*, métrite*, vaginite*. Elles sont aussi plus latentes que chez l'homme, où elles se révèlent tout de suite, soit par un écoulement (urétrite*), soit par une inflammation douloureuse (orchite*, épididymite*). Enfin, les maladies vénériennes concernent particulièrement l'appareil sexuel. (V. BLENNORAGIE, SYPHILIS.)

sexualité n. f. Ensemble des phénomènes physiologiques et psychologiques qui se manifestent chez des êtres vivants du fait de leur répartition en sexes différents.

Sur le plan physiologique, la sexualité comporte la formation, le développement et le fonctionnement des organes génitaux. Sur le plan psychologique, la sexualité est l'ensemble du plaisir et des activités qui tiennent au fonctionnement normal de l'appareil génital. Dans ce sens, la *sexualité* est à rapprocher de la *génitalité* et se trouve fondée sur l'*instinct sexuel*.

Mais la *sexualité n'est pas réductible à la génitalité ;* elle désigne un ensemble beaucoup plus vaste de phénomènes. C'est dans un sens très large que l'emploient les psychanalystes en lui accordant une place primordiale dans le développement de la personnalité, d'où le terme « développement psychosexuel » :

— Est de nature sexuelle toute excitation agréable venue du corps et non réductible à un besoin organique élémentaire ;

— En second lieu, la sexualité englobe les émotions, les sentiments, les passions qui composent l'amour en général.

La « libido » désigne cette énergie, cet élan sexuel qui est une des forces principales de la vie psychique. La vie sexuelle ne commence pas à la puberté, mais dès la première enfance. Elle s'organise par étapes autour des zones du corps dites « érogènes » parce que susceptibles de procurer du plaisir. Chez le tout petit enfant (1re année), la zone buccale est source de satisfaction (plaisir de sucer, de mordre), puis la zone anale devient prépondérante avec l'apprentissage de la propreté (plaisir de retenir, d'expulser des matières), enfin les organes génitaux deviennent le centre d'intérêt (apparition de la masturbation).

La sexualité de l'enfant se manifeste de façon « polymorphe ». Elle englobe des conduites diverses (masturbation, voyeurisme, jeux homosexuels). C'est avec l'apparition et la résolution du complexe d'Œdipe que s'achève la mise en place des fondations et de l'armature — notamment sexuelles — de la future personnalité adulte.

Sheehan (syndrome de), nécrose* de la loge antérieure de l'hypophyse, survenant après un accouchement difficile, et responsable d'un panhypopituitarisme* aigu.

Shiga (bacille de), agent de la dysenterie bacillaire.

shunt n. m. (de l'angl. *to shunt*, dériver). Communication pathologique entre deux parties de l'appareil cardio-vasculaire, l'une artérielle, l'autre veineuse.

sialographie n. f. Radiographie des glandes salivaires après injection d'un liquide opaque aux rayons X.

sialorrhée n. f. Sécrétion exagérée de salive, de cause neurologique (maladie de Parkinson, paralysie bulbaire, etc.), toxique (mercure, pilocarpine, etc.), psychique (névrose) ou locale (lésion buccale).

S. I. D. A., sigle de SYNDROME D'IMMUNODÉFICIENCE ACQUISE, affection contagieuse grave, transmise surtout par les rapports sexuels, parfois par transfusion de sang, et provoquée par le virus H. I. V. Le S. I. D. A. correspond à une perte d'activité des lymphocytes « T », ce qui laisse la voie ouverte à des infections multiples (dues à des germes divers dits opportunistes) et à des tumeurs (sarcomes) rattachées à la maladie de Kaposi*. Le traitement par l'AZT* donne des améliorations ; la vaccination est à l'étude.

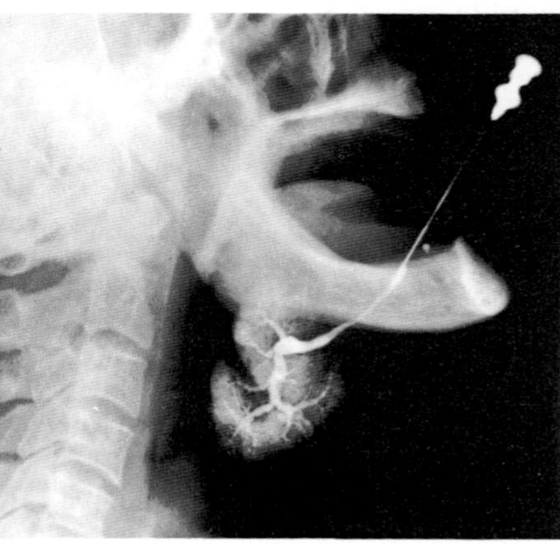
Radio Dr Wattez.

Sialographie. Image d'opacification normale d'une glande salivaire.

sidération n. f. Anéantissement brutal des forces vitales, motrices et végétatives.

sidéropénie n. f. Diminution du taux de fer dans le sang.

sidérose n. f. Pneumoconiose* due à l'inhalation d'oxyde de fer, observée chez les soudeurs, les ouvriers des fonderies, etc.

siège n. m. **Accouchement par le siège,** variété d'accouchement au cours duquel le fœtus s'expulse, le siège en premier et la tête en dernier. (V. ACCOUCHEMENT.)

Bain de siège, bain partiel se prenant dans un récipient permettant le bain isolé du siège (baignoire spéciale, bidet ou simple bassine). Ils sont indiqués dans les affections du petit bassin, les hémorroïdes*, les dysménorrhées*, les affections de la prostate*, etc.

sifflement n. m. **Sifflements d'oreille.** Ils ont la même signification et le même traitement que les bourdonnements d'oreille. (V. ACOUPHÈNE et BOURDONNEMENT.)

sigmoïde adj. En forme de sigma, lettre grecque (Σ).

Côlon sigmoïde (ou pelvien), segment du côlon gauche qui fait suite au côlon iliaque et se continue avec le rectum.

Valvules sigmoïdes, valvules des artères aorte et pulmonaire.

sigmoïdite n. f. Inflammation chronique ou aiguë du côlon pelvien ou sigmoïde, liée le plus souvent à une diverticulose* chronique. Elle peut se compliquer d'occlusion intestinale ou d'infection locale pendant l'intervention chirurgicale nécessaire.

signe n. m. Toute manifestation que le médecin peut observer ou provoquer à des fins diagnostiques. (V. SYMPTÔME.)

silicone n. m. Groupe de composés organiques dans lesquels le carbone est remplacé par le silicium. Les silicones sont employés en pommades pour leurs propriétés protectrices de la peau et des muqueuses.

silicose n. f. Affection broncho-pulmonaire, du groupe des pneumoconioses, provoquée par l'inhalation de poussières de silice.

Causes. Il s'agit d'une maladie professionnelle. Le travail dans les mines (creusement des galeries) expose particulièrement au risque de silicose. L'industrie céramique (porcelaine, faïence), l'industrie métallurgique (sablage au jet de sable, fonderies) y prédisposent également.

La silice libre est l'agent responsable, et le nombre et la taille des grains de poussières sont très déterminants. La durée d'exposition, en général plusieurs années, et l'association d'autres affections pulmonaires (tuberculose) sont des facteurs aggravants.

Signes. Latente pendant des années, la silicose débute par une dyspnée* et une toux qui deviennent permanentes. La radiographie révèle la maladie. Il s'agit de nodules de taille variable et d'opacités linéaires, réticulées, bilatérales, symétriques, respectant les bases et les sommets des poumons. Les épreuves fonctionnelles rendent compte de l'insuffisance respiratoire chronique.

Prophylaxie de la silicose. Elle est fondamentale. Il faut remplacer les substances silicogènes lorsque cela est possible, humidifier l'air, aspirer les poussières, porter un masque filtrant. Les ouvriers, soumis à un contrôle radiographique régulier, sont soustraits à l'exposition dès l'apparition d'une image radiologique suspecte.

La silicose étant une maladie professionnelle, la durée d'exposition nécessaire pour bénéficier de la réparation est de 5 ans. Le médecin traitant constate l'affection, et les expertises de la Sécurité sociale décident de l'indemnisation. En cas de litige, un collège de trois médecins experts tranche définitivement. La maladie doit être déclarée dans les 15 ans qui suivent l'arrêt de l'exposition au risque.

Sigmoïde. Schéma du côlon sigmoïde et de ses vaisseaux :
1. Côlon sigmoïde ou côlon pelvien;
2. Charnière recto-sigmoïdienne;
3. Rectum; 4. Artère sigmoïde inférieure;
5. Artère sigmoïde moyenne;
6. Artère sigmoïde supérieure;
7. Artère mésentérique inférieure;
8. Aorte; 9. Artère colique gauche;
10. Côlon descendant; 11. Mésocôlon sigmoïde.

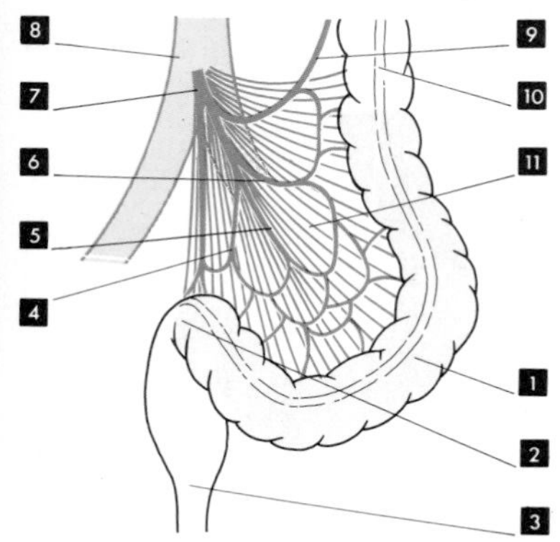

sillon n. m. **En anatomie,** fissure plus ou moins profonde de certains organes : *sillons séparant les circonvolutions cérébrales, sillons de la moelle épinière, du foie, sillon balano-préputial,* etc.

En dermatologie, les *sillons de la gale** sont des traînées grises correspondant aux galeries creusées par le parasite. Les *sillons unguéaux,* perpendiculaires à l'axe des doigts, apparaissent lors d'intoxications ou d'onyxis.

En pédiatrie, les *sillons amniotiques* sont des creux, plus ou moins profonds, au niveau des membres de certains nouveau-nés. On les attribue à une thrombose vasculaire entraînant une nécrose tissulaire. Certaines phocomélies* seraient dues à ce mécanisme.

similinum n. m. *En médecine homéopathique,* remède dont la pathogénésie* reflète au mieux l'état d'un malade.

similitude n. f. **Loi de similitude,** loi sur laquelle est fondée la médecine homéopathique* : telle substance donnée à un sujet sain provoque certains symptômes.

Lorsque ceux-ci sont retrouvés chez un malade, ils conduisent à lui donner cette substance comme remède.

Simmonds (maladie de), syndrome caractérisé par un déficit global de la sécrétion du lobe antérieur de l'hypophyse*, observé parfois à la suite d'une grossesse et caractérisé par un état cachectique avec somnolence.

simple n. m. Nom donné à une drogue végétale utilisée dans son état naturel.

simulation n. f. Reproduction ou imitation de symptômes pathologiques, dans l'intention consciente et volontaire de tromper et d'obtenir des avantages.

simulie n. f. Petit moustique d'Afrique et d'Amérique dont la piqûre douloureuse provoque de la fièvre, et qui transmet l'onchocercose*.

sinapisme n. m. Cataplasme à base de farine de moutarde. (Il est destiné à produire une révulsion*.)

sinistrose n. f. État mental pathologique résidant dans un sentiment, voire dans une idée délirante, de préjudice* corporel, qui s'enracine dans l'esprit de certains accidentés (du travail, de la circulation) et les pousse à prolonger anormalement leur inaptitude au travail.

sinus n. m. **Sinus du nez,** cavités aériennes annexées aux fosses nasales, creusées dans l'épaisseur des os qui entourent ces dernières. — Il y a 4 sinus (maxillaire, ethmoïdal, sphénoïdal, frontal) de chaque côté ; les sinus sont tapissés par une muqueuse.

F F
M M

Radio Dr Wattez.

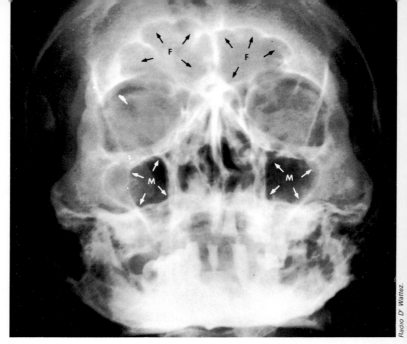

Sinus. F. Sinus frontaux (normaux) ;
M. Sinus maxillaires
(à droite, image normale ;
à gauche, polype du sinus).

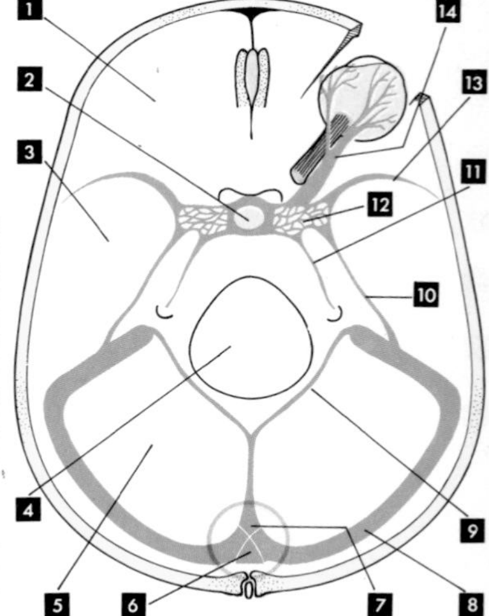

Sinus. Schéma des principaux sinus veineux de la base du crâne : 1. Fosse cérébrale antérieure ; 2. Hypophyse ; 3. Fosse cérébrale moyenne ; 4. Trou occipital ; 5. Fosse cérébrale postérieure ; 6. Sinus longitudinal supérieur ; 7. Confluent des sinus postérieurs, appelé « pressoir d'Hérophile » ; 8. Sinus latéral ; 9. Sinus occipital ; 10. Sinus pétreux supérieur ; 11. Sinus pétreux inférieur ; 12. Sinus caverneux ; 13. Sinus sphéno-pariétal ; 14. Veine ophtalmique (c'est par la veine ophtalmique que se propagent aux sinus veineux du crâne les infections provenant de la face).

Sinus du cœur, chez l'embryon, extrémité du confluent veineux se rendant au cœur.

Sinus veineux du crâne, veines qui drainent le sang venu de l'encéphale*, et qui constituent les origines de la veine jugulaire* interne.

sinusite n. f. Inflammation des sinus osseux de la face.

Sinusites aiguës. Elles font suite à une infection nasale ou à une infection dentaire, et, dans ce dernier cas, ne touchent que le sinus maxillaire.

Les infections d'origine nasale sont consécutives à une rhinite, à une grippe, à un bain en piscine, etc. Elles se manifestent par une douleur vive, paroxystique, au-dessus de l'angle interne de l'œil (sinus frontal), à côté du nez (sinus maxillaire), souvent diffuse et irradiante. Un écoulement de pus par une seule narine est très caractéristique.

Le diagnostic se fait par rhinoscopie*, diaphanoscopie* et radiographie de la face. Le traitement comprend les pulvérisations nasales, les inhalatations mentholées, les antibiotiques, les anti-inflammatoires et antalgiques.

Si l'infection se prolonge (sinusites subaiguës), le spécialiste pratique des ponctions et lavages des sinus, des aspirations (sinusite de l'ethmoïde* ou ethmoïdite).

Les sinusites maxillaires d'origine dentaire (2e prémolaire, 1re molaire) se traduisent par une douleur, une fluxion, un gonflement, le mouchage de pus fétide. L'extraction de la dent, la ponction éventuelle du sinus, les antibiotiques constituent l'essentiel du traitement.

Sinusites chroniques. Elles font généralement suite à une sinusite aiguë. Les signes en sont mutiples : mouchage purulent, écoulement dans la gorge, toux, laryngite, douleur, maux de tête, anosmie* et cacosmie*, fièvre. Parfois seuls les maux de tête, les douleurs oculaires, l'atteinte de l'état général sont présents et c'est l'examen (comme pour une sinusite aiguë) qui permettra de porter le diagnostic. Le traitement comporte les ponctions et lavages du sinus, la mise en place éventuelle d'un drain. En l'absence de résultat, on pratique l'ouverture chirurgicale du sinus. Le traitement des sinusites chroniques frontales, ethmoïdales et sphénoïdales est particulièrement délicat. L'action sur le terrain joue un rôle important : correction d'un déséquilibre alimentaire, d'une carence vitaminique, équilibration d'un diabète, désensibilisation d'une allergie. La mucoviscidose*, les agammaglobulinémies* doivent être recherchées. Le traitement thermal consolide les résultats.

sirop n. m. Liquide très sucré.

L'adjonction d'une grande quantité de sucre* permet la conservation et donne une consistance visqueuse au sirop. Les sirops « simples » sont une dilution du sucre dans de l'eau, pratiquement à saturation. Les sirops « médicamenteux » sont préparés par adjonction au sirop simple de diverses substances : sels, alcaloïdes, teintures, extraits de plantes. Selon les composants, on prépare des sirops contre la toux, les spasmes, la diarrhée, etc.

sitostérol n. m. Stéroïde* présent dans les huiles de maïs, de germes de blé, et prescrit contre l'excès de cholestérol*.

sixième adj. num. ordin. **Sixième maladie.** V. ROSÉOLE.

Sjögren (syndrome de), affection touchant essentiellement la femme après la ménopause, et qui consiste en un tarissement des sécrétions de toutes les glandes exocrines*.

Il se révèle par le dessèchement de la bouche et des yeux, dû au tarissement des glandes salivaires et lacrymales. Il accompagne souvent une maladie de système (v. COLLAGÉNOSE*) : polyarthrite* rhumatoïde, sclérodermie*, lupus*, etc., et peut parfois dégénérer en lymphome*.

skiascopie n. f. Examen ophtalmologique servant à déterminer objectivement la réfraction d'un œil.

Il consiste à projeter sur l'œil, à l'aide d'un miroir plan, un faisceau lumineux. Un orifice percé dans le miroir permet d'observer la façon dont le faisceau est réfléchi par l'œil lorsqu'on déplace le miroir, en intercalant des lentilles optiques de différentes puissances.

sociothérapie n. f. Méthode de traitement des maladies mentales.

La sociothérapie s'adresse à des groupes de malades. On l'applique généralement dans des établissements de soins, de rééducation, de convalescence.

Ce type de traitement a pour principe de favoriser la réinsertion des malades dans la réalité et la vie socioprofessionnelles, grâce à des activités de groupe et à une ambiance affective et culturelle chaleureuse autant que dynamique.

L'intégration dans une collectivité dûment encadrée par le personnel médical, infirmier, les rééducateurs, les psychologues... permet aux patients de renouer avec leurs semblables, d'abandonner l'univers morbide dans lequel ils étaient emmurés. L'ergothérapie* fait partie des activités sur lesquelles se fonde la sociothérapie.

sodium n. m. Métal très répandu dans la nature sous forme de sels.
Dans l'organisme, c'est le cation alcalin principal des secteurs extracellulaires. Son rôle est fondamental dans les échanges hydriques (le sodium est l'agent essentiel de la rétention de l'eau dans l'organisme) et au niveau du rein, ainsi que dans le maintien de l'équilibre acido-basique*, où il intervient par l'intermédiaire des bicarbonates. (V. ÉLECTROLYTE, OSMOSE, OSMOTIQUE.)

Les besoins de l'organisme, couverts par l'alimentation normale, sont d'environ 6 g par 24 heures. Le taux sanguin normal de sodium (natrémie) est de 3,25 g par litre (soit 14,2 MEq par litre). On mesure ce taux par l'ionogramme* avec ceux du potassium et du chlore.

sodoku n. m. Maladie due à une bactérie en forme de spirale, le *Spirillum minus muris.*
D'origine japonaise, cette maladie se transmet par les morsures de rat. Après une longue incubation silencieuse (de 3 à 6 semaines), une fièvre élevée (39, 40 °C) s'installe, accompagnée de frissons, de douleurs musculaires et articulaires, de céphalées* et parfois de troubles nerveux plus importants. La morsure est tuméfiée, dure, accompagnée d'une adénopathie. Après quelques jours, tous les signes s'estompent.

Une éruption survient 3 jours plus tard, accompagnée de fièvre et de douleurs. Cette récurrence* peut se prolonger sur plusieurs mois.

Le diagnostic se fait sur la présence du germe dans le sang et dans les ganglions.

Le traitement utilise les antibiotiques (pénicilline et tétracyclines).

sodomie n. f. Coït par voie rectale et l'une des formes de l'homosexualité masculine.

soif n. f. Sensation de sécheresse de la bouche et du pharynx appelant une ingestion d'eau.
Elle est plus ou moins intense et se traduit rapidement par une lourdeur de la langue et, à l'extrême, par une agitation et une anxiété. Sa satisfaction est impérieuse, car elle ne cesse qu'avec la prise de boisson et, surtout, elle traduit une déshydratation.

Son mécanisme est complexe : elle est déclenchée, d'une part, par un mécanisme purement local dû à l'assèchement des muqueuses (soif de l'orateur) et diminution de la sécrétion salivaire ; d'autre part, par un mécanisme nerveux central, hypothalamique (v. HYPOTHALAMUS), pourvu de récepteurs sensibles à l'osmolarité plasmatique (v. OSMOTIQUE) et au volume sanguin circulant, la première s'élevant et le second diminuant lors du manque d'eau.

En outre, l'hypothalamus libère, par l'intermédiaire de l'hypophyse*, l'hormone antidiurétique* qui participe au mécanisme de limitation de la soif.

Celle-ci cesse par un mécanisme inverse mettant en jeu les mêmes récepteurs centraux, mais aussi des récepteurs de la base de la langue, sensibles au passage de l'eau. En outre, la présence d'eau dans l'estomac inhibe la soif de façon durable.

Son rôle est d'ajuster les entrées d'eau de l'organisme aux pertes obligatoires.

Le refus de boire est rare et d'origine psychologique.

L'excès de boisson, en revanche, a plusieurs causes :
— soit par habitude ou par trouble psychique, sans soif vraie, le sujet supportant sans déshydratation la restriction hydrique : c'est la potomanie ;
— soit par perte d'eau anormale, entraînant une « polydipsie » obligatoire et non contrôlable, en particulier lors du diabète insipide, dû à un trouble hypophysaire avec carence en hormone antidiurétique.

soins n. m. pl. Moyens par lesquels on s'efforce de rendre la santé à un malade.
Les *soins d'urgence* sont les premiers actes à réaliser en présence d'une hémorragie*, d'une brûlure*, d'une noyade*, etc.

Les *soins journaliers* consistent à faire le lit du malade, sa toilette, à administrer les médicaments, à surveiller l'alimentation, la température, le pouls, la tension artérielle, etc.

Les *soins préopératoires** comportent un certain nombre d'examens, sauf en cas d'extrême urgence.

Les *soins postopératoires** sont complexes. L'infirmière doit surveiller le retour à la conscience, une éventuelle perfusion intraveineuse, l'état du pansement, le pouls, la tension artérielle, la température, les urines, le retour des selles.

soja n. m. Légumineuse originaire de Chine, de grande valeur nutritive (lécithine, stérols, vitamines A, B1, B2, D).
Le *pain de soja* est recommandé chez les diabétiques, car contenant peu de glucides*.

solaire adj. **Plexus solaire,** ensemble de ganglions nerveux situés autour de l'origine du tronc cœliaque*, recevant les nerfs splanchniques*, pneumogastriques* et phréniques*, et apportant aux différents viscères de l'abdomen leur innervation sympathique* et parasympathique*.

soléaire adj. et n. m. **Muscle soléaire,** muscle de la loge postérieure de la jambe, formant avec les deux jumeaux le triceps* sural.

soleil n. m. **Coup de soleil.** L'exposition intempestive et prolongée au soleil peut provoquer des brûlures allant d'un simple érythème* à la formation de phlyctènes (cloques). Un érythème étendu est dangereux. Au coup de soleil se joint souvent un coup de chaleur*, marqué par un malaise, de l'hypotension, parfois du délire. Son danger est grand chez les jeunes enfants (risque de convulsions) et chez les sujets âgés (risque d'hémorragies méningées et d'accidents cérébraux).

soluté n. m. Au sens strict, c'est la substance dissoute dans un solvant. En pharmacie, le soluté est un liquide formé par la dissolution d'un solide dans un liquide.

solution n. f. Mélange homogène, ne formant qu'une seule phase, de deux sortes de molécules ou plus, les unes étant le soluté, les autres le solvant. (La solution peut être solide, gazeuse ou surtout liquide.)
Solution normale, solution contenant un atome-gramme de soluté par litre de solution.

somatique adj. Qui concerne le corps.

somatotopie n. f. Structure particulière des centres nerveux, qui fait que, dans une aire cérébrale donnée, une zone précise assure la représentation d'une partie du corps.

somatotrope adj. Qui exerce une action sur les cellules somatiques (du corps).
Hormone somatotrope, hormone sécrétée par le lobe antérieur de l'hypophyse et stimulant la croissance. (Syn. : SOMATORMONE ou SOMATHORMONE.)

sommation n. f. Addition. (Terme utilisé en physiologie musculaire et nerveuse.)
Sommation temporelle, phénomène par lequel des excitations inefficaces peuvent devenir efficaces si elles sont répétées.
Sommation spatiale, renforcement de l'activité musculaire ou nerveuse, dû à la mise en jeu d'un nombre croissant d'unités contractiles ou conductrices.

sommeil n. m. État physiologique caractérisé par une suspension de la vigilance.
La réversibilité immédiate du sommeil le distingue du coma, de l'hypnose, de la narcose. Ces derniers ne pouvant pas être interrompus par le bruit, les secousses, etc.
Physiologie. La durée du sommeil par 24 heures varie entre 18 heures chez le nourrisson et de 6 à 9 heures chez le sujet adulte. On définit habituellement quatre stades de sommeil « lent », de profondeur croissante, et un état de sommeil dit « paradoxal », qui alternent au cours d'une même nuit. À chaque type de sommeil correspond une activité électroencéphalographique particulière.

Sommeil lent. Le *stade 1* correspond à l'endormissement. Il se traduit à l'électroencéphalogramme (E. E. G.) par la disparition du rythme d'éveil et par l'apparition d'un rythme plus rapide.

Le *stade 2* est le stade du sommeil confirmé. Il se caractérise à l'E. E. G. par l'apparition de bouffées de fuseaux sur un fond d'ondes courtes, et de grandes ondes lentes correspondant à des modifications neurovégétatives : accélération du rythme cardiaque, vasoconstriction* périphérique.

Le *stade 3* est la phase de transition vers le sommeil profond. Il y a une persistance des fuseaux sur un fond d'ondes lentes delta (Δ).

Le *stade 4* est le stade du sommeil profond. Les fuseaux disparaissent et les ondes delta (Δ) occupent tout le tracé. Le rythme cardiaque est ralenti, la respiration est lente, le tonus musculaire diminué. Les réflexes* sont conservés.

L'intensité des stimulations nécessaires pour éveiller le dormeur croissent avec les différents stades de ce type de sommeil, dit *sommeil lent.*

Sommeil paradoxal. Il est toujours précédé, au cours de la nuit, par une certaine durée de sommeil lent. Il est dit aussi sommeil rapide, car il est accompagné de mouvements oculaires « rapides », distincts des mouvements oculaires lents de l'endormissement. Les réflexes sont abolis. Sur l'E. E. G., il existe des ondes rapides qui évoquent le tracé de veille. C'est pendant le sommeil paradoxal que l'on rêve. C'est pourtant, *paradoxalement,* le stade de sommeil le plus profond, celui où le stimulus le plus intense est exigé pour réveiller le dormeur. Par contre, c'est au cours du stade 4 du sommeil lent que l'organisme se repose le plus complètement. Pendant une nuit de sommeil normal, les différents stades de sommeil se succèdent plusieurs fois, réalisant 4 ou 5 cycles complets. Le pourcentage du sommeil rapide par rapport à la durée totale du sommeil est de 20 p. 100 environ. Plus important pour le nourrisson (50 p. 100), il diminue avec l'âge. Le réveil se situe toujours après une phase de sommeil paradoxal. Les deux types de sommeil sont également indispensables à l'individu.

Le sommeil dépend de la substance réticulée* du cerveau, dont l'activation conditionne l'état de veille. La privation de sommeil est mal supportée, tant sur le plan somatique que sur le plan psychologique. C'est pourquoi il est parfois nécessaire d'employer les hypnotiques pour rétablir un sommeil assez proche du sommeil physiologique.

Insuffisance de sommeil ou insomnie. ***Chez l'adulte.*** L'insomnie réelle relève de mécanismes divers, et elle ne peut être affirmée qu'après avoir déterminé la durée de sommeil nécessaire à l'individu en cause.

1. Il existe des *insomnies d'endormissement.* Certaines sont occasionnelles, liées à des soucis responsables d'une tension psychologique transitoire (surmenage intellectuel, échec sentimental). D'autres sont permanentes, telles qu'on les rencontre chez les sujets à tendance névrotique. Ces sujets, particulièrement anxieux, émotifs, éprouvent une grande difficulté à s'endormir. À la longue, la dette de sommeil s'accumule, et le dynamisme vital est très réduit.

La grande insomnie s'observe dans les maladies mentales graves, telles que la schizophrénie*, les délires* chroniques.

2. Il existe des *insomnies de la seconde moitié de la nuit.* Ce sont les plus tenaces et les plus symptomatiques de désordres psychiques. En effet, le pôle maximal de l'angoisse se situe vers 3-4 heures du matin et la difficulté à se rendormir signe un épisode dépressif et/ou anxieux (mélancolie*, dépression réactionnelle).

Le sommeil demande une abdication de la volonté ; aussi l'insomnie est-elle aussi importante chez les sujets qui le refusent par anxiété que chez ceux qui s'efforcent (paradoxalement) de s'endormir. Le sommeil véhicule en effet, chez de nombreux sujets, l'angoisse de la mort, des ténèbres, de l'abandon par la mère, de la perte du contrôle du « moi ». Le traitement de l'insomnie dépend de sa cause, d'où l'emploi de tranquillisants, de barbituriques, de cures de psychothérapie, voire de simple relaxation.

Chez l'enfant. Les troubles du sommeil sont très fréquents. Chez le nourrisson, ils empêchent le développement normal du système nerveux, et de ce fait sont particulièrement graves.

Ils révèlent souvent une inadaptation du cycle du sommeil au rythme de l'alimentation imposé par la mère, d'où la nécessité d'une grande souplesse dans la distribution des biberons. La composition du lait entraîne parfois des troubles digestifs responsables d'un sommeil peu réparateur. Les enfants délaissés par les parents dans la journée ont souvent un sommeil nocturne perturbé, d'autant qu'ils ne sont pas assez actifs dans la journée.

Chez le grand enfant, les troubles du sommeil sont dus à un terrain instable et nerveux, et à une ambiance affective conflictuelle. Le déroulement de la journée est souvent en cause dans l'apparition de cauchemars ou d'images effrayantes quand la lumière est éteinte.

Le *somnambulisme**, manifestation du sommeil pathologique, est fréquent et sans gravité chez l'adolescent, qui n'en garde aucun souvenir. Les épilepsies de l'endormissement donnent lieu à une agitation psychomotrice interprétée comme un mauvais rêve. En résumé, si les insomnies révèlent parfois des perturbations affectives ou des conflits personnels, voire des psychoses* chroniques, elles sont néanmoins liées, pour la plupart, à une mauvaise hygiène de la vie, à une inadaptation au changement, de quelque nature qu'il soit. Les médicaments apportent dans ces circonstances une aide précieuse ; toutefois, les barbituriques seront évités chez l'enfant, à qui il est préférable d'administrer des sédatifs légers (tranquillisants ou neuroleptiques* à doses filées).

Excès de sommeil. L'hypersomnie témoigne fréquemment d'un surmenage ; elle se rencontre aussi dans certaines dépressions névrotiques comme une démission du sujet.

L'encéphalite virale de von Economo, certaines tumeurs cérébrales, le syndrome de Gélineau provoquent des hypersomnies incontrôlables.

sommeil (cure de) ou ***narcothérapie,*** méthode thérapeutique utilisée en psychiatrie, et consistant à provoquer un sommeil continu ou discontinu pendant quelques jours ou quelques semaines, grâce aux barbituriques et aux neuroleptiques.

Une cure moyenne se déroule ainsi : le sujet dort abondamment les premiers jours, a des réveils agréables : c'est la phase de gratification. Puis survient une phase de sommeil plus profond, qui s'achève par des cauchemars pénibles. Puis la cure se termine par une nouvelle détente grâce à l'addition d'opiacés*. Certaines cures sont collectives.

L'indication majeure est constituée par les états d'angoisse. C'est une thérapeutique utile dans les affections psychosomatiques, dans les états suraigus émotionnels, dans le sevrage des toxicomanes. Parfois, la narcothérapie est un adjuvant dans le traitement des dépressions mélancoliques et des psychoses délirantes aiguës. On a insisté sur l'effet libérateur (reviviscence de traumatismes psychiques refoulés), sur son effet cérébral (rupture du circuit entre les « stress » et les réactions qu'ils engendrent) et sur son effet social (permission de régresser).

sommeil (maladie du), affection parasitologique due au trypanosome*, transmis à l'homme par la glossine ou mouche tsé-tsé*. En Afrique tropicale, la mouche se nourrit du sang humain lors d'une piqûre et va contami-

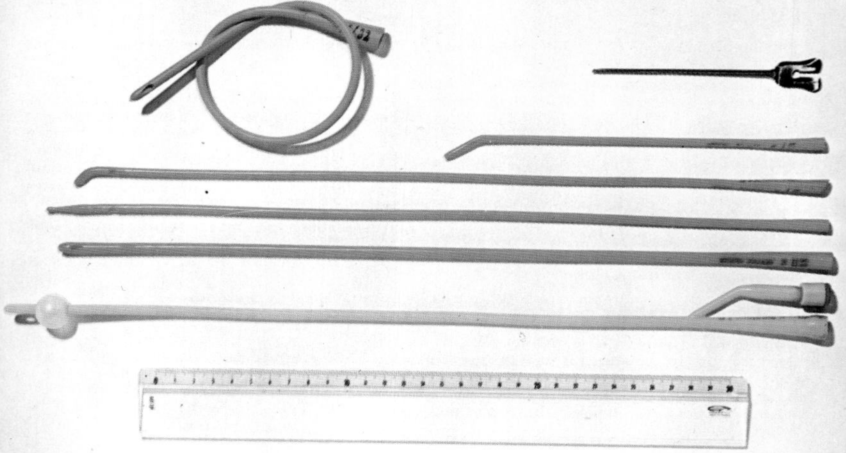

Phot. Larousse.

Sonde.
En haut, à gauche, sonde souple de Nélaton.
En haut, à droite, sonde cannelée.
Au-dessous, sondes semi-rigides :
coudée pour enfant et pour adulte,
à bout olivaire et droite.
En bas, sonde à ballonnet (ballonnet gonflé).

ner un homme sain après avoir piqué un sujet atteint.

Signes. La piqûre est souvent méconnue. La phase lymphatico-sanguine commence 10 jours plus tard par de la fièvre, une augmentation de volume du foie, de la rate, des ganglions de la base du cou. Puis des placards rouges apparaissent sur la peau et des signes nerveux (céphalées, somnolence) les accompagnent.

La phase de complications nerveuses s'installe brusquement : le sujet, amaigri, est plongé dans un état de somnolence irrésistible, entrecoupé d'accès de tremblements ou de délire*.

L'évolution de la maladie, en l'absence de traitement, se fait vers la mort par cachexie* en quelques semaines. Certaines formes chroniques durent plusieurs années.

Diagnostic. La découverte, dans le sang, dans le liquide céphalo-rachidien, de plasmocytes* ou de cellules de Mott* est très évocatrice. La certitude est apportée par la mise en évidence des trypanosomes dans le sang.

Traitement. Il nécessite une hospitalisation. La pentamidine est utilisée dans la première phase, remplacée par les dérivés arsenicaux lors de la dissémination nerveuse. La prophylaxie repose sur la destruction des glossines et le recensement des malades sommeilleux.

somnambulisme n. m. État caractérisé par l'accomplissement d'actes automatiques durant le sommeil.
Il peut traduire une épilepsie ou des troubles psychologiques variés.

somnifère n. m. Médicament capable de produire le sommeil en déprimant la vigilance. (Syn. : HYPNOTIQUE.)
Parmi les hypnotiques, certains induisent un sommeil de type physiologique (hypnotiques non barbituriques) ; d'autres induisent momentanément un sommeil forcé (hypnotiques barbituriques). Ces derniers, surtout, peuvent donner lieu à des toxicomanies en raison du phénomène d'accoutumance avec augmentation des doses. La prescription de somnifères doit donc être prudente chez un malade se plaignant d'insomnie. Le traitement d'une dépression sous-jacente, le changement des conditions de vie, la prise de conscience de conflits personnels suffisent souvent à rétablir le sommeil.

somnolence n. f. État de torpeur proche du sommeil, observé dans de nombreuses affections.

sondage n. m. Mise en place d'une sonde dans un organe creux (par exemple la vessie) à des fins d'exploration ou d'évacuation.

sonde n. f. Instrument cylindrique destiné à être introduit dans les orifices naturels, traumatiques ou thérapeutiques.

Les sondes peuvent être rigides (sonde cannelée métallique pour explorer un trajet fistuleux) ou plus souvent souples, destinées à permettre le passage de l'air (sonde endotrachéale) ou de liquides (sondes gastriques, urétrales).

sophrologie n. f. Discipline ayant pour but d'assurer un équilibre harmonieux de la personnalité.
Elle utilise des procédés voisins de l'hypnose, la relaxation, la musique, etc.

soporifique adj. et n. m. Qui provoque le sommeil. (V. HYPNOTIQUE.)

sorbitol n. m. Sucre du fruit du sorbier, employé comme laxatif et cholérétique.

soude n. f. Hydroxyde de sodium (NaOH).
Dangers de la soude. La soude est un caustique* très puissant. Elle est utilisée en industrie et dans les foyers domestiques (décapants, lessives, déboucheur de lavabos). L'absorption de soude entraîne des douleurs atroces avec vomissements sanglants et risque de perforation de l'œsophage ou de l'estomac ou de rétrécissement ultérieur de l'œsophage, de traitement difficile ; le transfert dans un centre antipoison est nécessaire.

souffle n. m. Bruit perçu à l'auscultation pulmonaire ou cardiaque, rappelant le bruit que fait une colonne d'air ou de liquide passant dans un canal étroit.
Souffles pulmonaires. Le *souffle tubaire* signe l'existence d'une condensation pulmonaire (pneumonie par exemple). Le *souffle pleurétique* est perçu à la limite supérieure des épanchements liquidiens de la plèvre (pleurésies*). Le *souffle cavitaire* est parfois perçu lorsqu'il existe une caverne au sein d'une zone de condensation. Le *souffle amphoro-métallique* traduit l'existence d'un pneumothorax.
Souffles cardiaques. Les *souffles anorganiques,* fréquents, s'observent en l'absence de toute lésion cardiaque organique. Exclusivement systoliques, ils varient avec les phases du cycle respiratoire et avec la position du sujet.

Les *souffles organiques* s'observent en cas de lésion d'un orifice valvulaire ou de communication anormale entre les différentes cavités du cœur. Les *souffles dits « fonctionnels »* s'observent en cas d'insuffisance cardiaque droite ou gauche, ce qui entraîne un défaut de coalescence des valves tricuspide ou mitrale. Le souffle disparaît en même temps que rétrocède l'insuffisance ventriculaire sous l'effet de la thérapeutique.

soufre n. m. Métalloïde solide, jaune, inodore, très répandu, en nature ou sous forme de sulfures et de sulfates.
Biochimie. Le soufre joue un rôle important dans la fonction de certains acides aminés. Ceux-ci, par leur fonction sulfhydrile (SH), s'unissent par des ponts disulfures (S—S), assurant le maintien de la structure tertiaire des protéines*. L'équilibre entre les formes de sulfures et sulfhydriles (c'est-à-dire entre les formes oxydées et réduites) joue un grand rôle dans l'équilibre d'oxydoréduction* des cellules.
Présentations pharmaceutiques. Utilisé sous forme d'une poudre jaune, dite *soufre lavé,* le soufre est prescrit *per os* comme laxatif et incorporé dans des préparations à usage externe en dermatologie.
Toxicologie. Le soufre lui-même est un peu dangereux. L'ingestion de soufre cause, à partir de 15 à 20 g, les mêmes troubles que l'hydrogène sulfuré (v. ci-dessous).

Les *dérivés du soufre* sont plus nocifs que le soufre pur : les anhydrides (oxydes de soufre SO_2 et SO_3), présents sous forme de gaz* dans de nombreuses industries, causent des lésions trachéales graves après inhalation à fortes doses ; l'acide sulfurique (SO_4H_2) est extrêmement caustique ; l'hydrogène sulfuré (H_2S) est très toxique : son inhalation peut provoquer une mort presque immédiate, précédée de signes (irritation oculaire, nausées, céphalées, toux) qu'il est important de connaître. L'intoxication chronique entraîne des troubles oculaires (mitte*). Citons enfin la toxicité du *sulfure de carbone*.*

source n. f. **Sources médicinales,** sources employées pour les vertus thérapeutiques de leurs eaux. (V. EAU, *Eaux minérales et thermales,* THERMALISME.)

sourd-muet, sourde-muette adj. et n. Personne sourde et muette.
La formation du langage implique une bonne audition. La surdité de l'enfant au cours des premières années entrave l'acquisition du langage ; aussi doit-elle être dépistée tôt si l'on veut éviter la surdi-mutité grâce à une thérapeutique et une rééducation appropriées. Chez le petit enfant, une légère diminution de l'audition (hypoacousie) passe souvent inaperçue et ne sera dépistée que plus tard, à la suite d'un retard dans l'acquisition du langage, de la lecture à l'âge scolaire. Les méthodes d'examen de l'audition chez l'enfant sont très diverses. Avant 2 ans, elles permettent de distinguer les mal-entendants des demi-sourds et sourds totaux. Ce n'est que vers 5 ans que l'examen de l'audition de chaque oreille peut être pratiqué. Suivant l'importance de la surdité*, on distingue le sourd total, le demi-sourd grave, le demi-sourd léger et l'hypoacousique. (V. SURDITÉ.)

Mesures thérapeutiques. La réadaptation de l'enfant doit être entreprise tôt, si possible dès l'âge de 2 ans. Elle repose sur l'appareillage (lorsqu'il est possible) et sur la rééducation. La rééducation varie avec l'importance de la surdité et du trouble du langage : elle peut être individuelle, pratiquée par un orthophoniste, ou collective dans un centre spécialisé d'audio-phonologie. Ses résultats dépendent aussi du quotient intellectuel de l'enfant et du milieu psychologique familial.

sous-crépitant adj. m. Se dit d'un râle (bruit pathologique) audible à l'auscultation pulmonaire, de sonorité fine, humide, et attribué à la présence de pus ou de mucus dans les bronches.

sous-cutané, e adj. Sous la peau.
Injection sous-cutanée. V. INJECTION.

sous-hyoïdien, enne adj. Situé sous l'os hyoïde : *la région sous-hyoïdienne occupe la partie médiane et antérieure du cou.*

sous-maxillaire adj. Qui est situé sous la mâchoire.
Glande sous-maxillaire, glande salivaire dont la sécrétion est amenée dans la bouche par le canal de Wharton.
Maladies de la glande sous-maxillaire. Cette glande est souvent touchée, avec la parotide*, dans les oreillons*. Elle est augmentée de volume dans le syndrome de Mikulicz*. Il existe des calculs de la glande sous-maxillaire qui provoquent des douleurs paroxystiques sous la mâchoire. Dans le syndrome de Sjögren*, la glande sous-maxillaire se dessèche, ainsi que toutes les glandes exocrines.

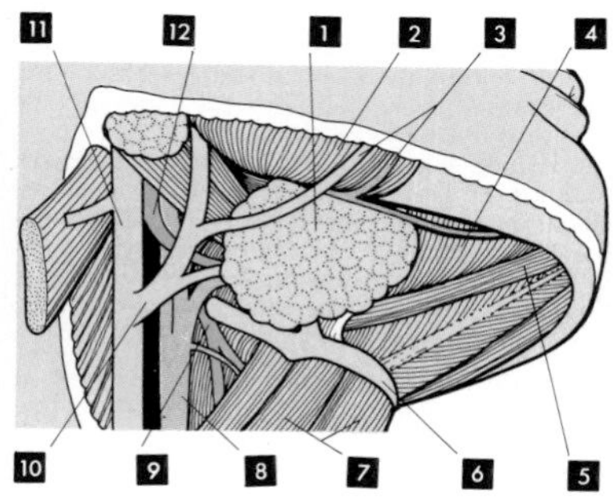

Sous-maxillaire.
Les éléments de la région sous-maxillaire :
1. Glande sous-maxillaire ;
2. Maxillaire inférieur ;
3. Artère et veine faciales ;
4. Plancher de la bouche ;
5. Muscle digastrique ; 6. Os hyoïde ;
7. Muscles sous-hyoïdiens ; 8. Carotide ;
9. Nerf laryngé supérieur ;
10. Tronc thyro-linguo-facial ;
11. Veine jugulaire interne ;
12. Nerf grand hypoglosse.

soustracteur n. m. **Soustracteur d'images,** dispositif électronique permettant de superposer deux images radiographiques prises de façon identique, l'une en négatif, l'autre en positif, et de reproduire un cliché commun des deux images. — Les structures identiques sur les deux films s'effacent en raison de leur valeur de luminosité antagoniste. Par contre, une modification produite sur l'un des clichés par une substance de contraste est rendue parfaitement visible (utilité dans la radiographie vasculaire).
(V. illustration p. 854.)

sparadrap n. m. Tissu recouvert d'une matière adhésive assurant une bonne adhérence pour fixer les pansements sur la peau. On utilise des sparadraps hypoallergiques pour les peaux sensibles.

sparganose n. f. Maladie parasitaire d'Afrique et d'Extrême-Orient, due à la pénétration, chez l'homme, de la larve d'un bothriocéphale. (V. BOTHRIOCÉPHALOSE.)

spartéine n. f. Principal alcaloïde du genêt à balai.
Le sulfate de spartéine est tonicardiaque* et stimulant des contractions de l'utérus.

spasme n. m. Contraction musculaire involontaire, touchant plus volontiers les muscles lisses.
Les spasmes siègent sur le tube digestif (œsophage, pylore, côlon), sur l'uretère, sur les voies respiratoires (glotte, larynx) et sur les sphincters (sphincter anal, sphincter des voies biliaires, sphincter vésical).

spasmolytique adj. et n. m. Se dit d'une substance qui supprime le spasme.
Les spasmolytiques agissent soit directement sur la fibre musculaire lisse, comme la papavérine, soit sur la commande par le système nerveux végétatif, comme l'atropine.

spasmophilie n. f. Affection chronique caractérisée par une hyperexcitabilité neuromusculaire permanente, et au cours de laquelle apparaissent les crises de tétanie*.
La spasmophilie survient chez des sujets présentant un terrain psychique particulier. Il s'agit le plus souvent de jeunes femmes anxieuses et à tendance névrotique nette. Le diagnostic est établi par le signe de Chvostek* et confirmé par l'électromyogramme. Le traitement repose sur la prescription de tranquillisants*, sur la psychothérapie et, lors

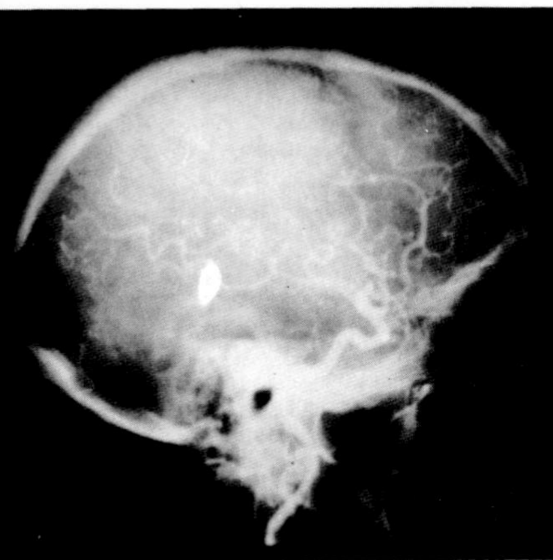
Doc. Siemens.

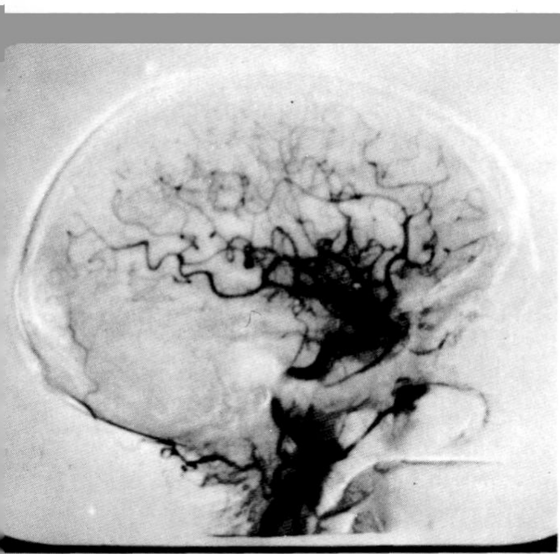
Doc. Siemens.

Soustracteur d'images. *En haut,* radiographie après injection du produit de contraste; *ci-dessous,* image obtenue après soustraction électronique : seul le système vasculaire reste en évidence.

d'une crise de tétanie, sur l'administration d'un tranquillisant par voie intraveineuse.

spécialité n. f. **Spécialité pharmaceutique,** tout médicament préparé à l'avance, présenté sous un conditionnement particulier et caractérisé par une dénomination spéciale.

Aucune spécialité ne peut être délivrée à titre gratuit ou onéreux si elle n'a reçu au préalable une autorisation de mise sur le marché délivrée par l'autorité administrative compétente. La décision de cette autorité est essentiellement fondée sur la présentation, par le fabricant, de rapports d'experts qui permettent d'apprécier que le médicament présente un intérêt thérapeutique, que sa toxicité et ses effets secondaires dans les conditions normales d'emploi sont acceptables, que la fabrication et les contrôles sont effectués dans des conditions propres à minimiser les risques d'accident.

Spécialité médicale, qualification reconnue à un médecin qui possède, dans une des disciplines considérées comme spécialités, un certificat d'études spéciales ou, lorsqu'un enseignement n'est pas institué en cette discipline, des connaissances particulières. Le médecin spécialiste exerce exclusivement dans sa spécialité. (V. MÉDECIN.)

spécificité n. f. **Spécificité d'une maladie,** ensemble des caractères d'une maladie qui la rendent toujours semblable à elle-même et en permettent le diagnostic.

spécifique adj. Se dit d'un symptôme qui caractérise une maladie, ou d'un traitement exclusivement efficace pour une maladie donnée.

spectrophotométrie n. f. Méthode optique d'identification de substances chimiques présentes dans un liquide, par leur spectre d'absorption de la lumière.

Le liquide est interposé entre une lumière blanche et la fente d'un spectroscope. Les radiations émises par la source et absorbées par les substances chimiques présentes dans le liquide disparaîtront du spectre recueilli à l'oculaire. On identifie ainsi, en particulier, l'hémoglobine* du sang.

spéculum n. m. Instrument servant à élargir les cavités naturelles, pour permettre leur examen médical.

Il existe des spéculums vaginaux et des spéculums pour les oreilles et le nez.

spermatique adj. Qui se rapporte au sperme.

Voies spermatiques. Les spermatozoïdes (issus du testicule) gagnent l'urètre par un trajet très long qui emprunte l'épididyme, le canal déférent (qui rejoint la prostate), les vésicules séminales (situées à l'extrémité du canal déférent), puis le canal éjaculateur, qui traverse la prostate et atteint l'urètre au niveau d'une saillie appelée *veru montanum.*

spermatogenèse n. f. Élaboration des spermatozoïdes par le testicule.

Physiologie. La spermatogenèse débute à la

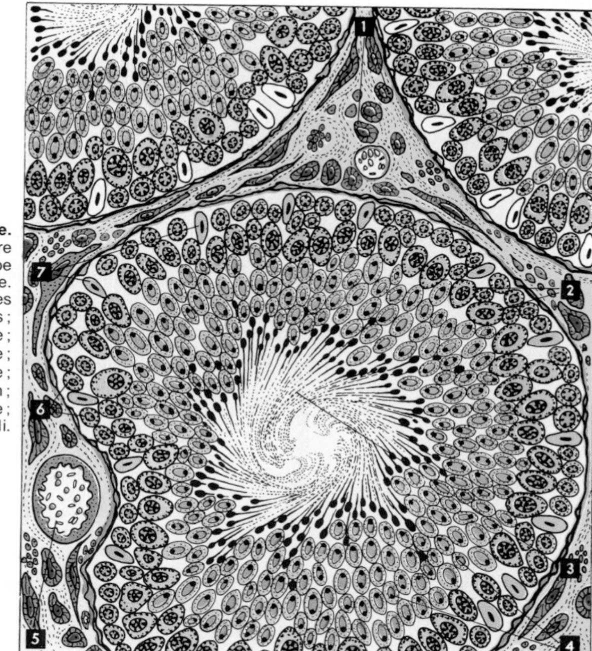

Spermatogenèse. Structure du tube séminifère. 1. Cellules interstitielles ; 2. Spermatocyte ; 3. Spermatozoïde ; 4. Spermatide ; 5. Vaisseau sanguin ; 6. Spermatogonie ; 7. Cellule de Sertoli.

puberté, sous l'influence de l'hypophyse*, et s'arrête chez le sujet très âgé.

Elle se fait à l'intérieur des tubes séminifères par multiplication des cellules germinales souches, les spermatogonies, qui donnent les spermatocytes de premier ordre (à 46 chromosomes), puis les spermatocytes de deuxième ordre (à 23 chromosomes) par méiose*. Puis naissent, par division simple (ou mitose*), des spermies, des spermatides et, enfin, les spermatozoïdes. Le spermatozoïde possède une tête (contenant les chromosomes), un col, auquel fait suite une queue, ou flagelle, qui lui assure sa mobilité.

Anomalies de la spermatogenèse. L'arrêt de la spermatogenèse s'observe chez des sujets fortement carencés (déportés) ou atteints de troubles endocriniens graves (tumeurs).

De même, certaines substances (tétrachlorure de carbone) et des affections touchant le testicule provoquent des stérilités définitives (tuberculose, oreillons) quand l'atteinte est bilatérale. (V. SPERME.)

spermatorrhée n. f. Émission involontaire de sperme, en dehors de toute stimulation sexuelle.

La spermatorrhée s'observe lors de certains troubles du comportement sexuel.

spermatozoïde n. m. Cellule sexuelle mâle, formée par le testicule et qui féconde l'ovule féminin lors des rapports sexuels. (V. SPERMATOGENÈSE.)

sperme n. m. Liquide qui transporte et nourrit les spermatozoïdes.

Physiologie. Le sperme renferme, outre les spermatozoïdes (v. SPERMATOGENÈSE), des protéines issues des glandes de Cowper, du fructose (sécrété par les vésicules séminales) et des enzymes apportées par la prostate.

Le sperme total est un liquide blanc jaunâtre, légèrement collant, qui résulte du

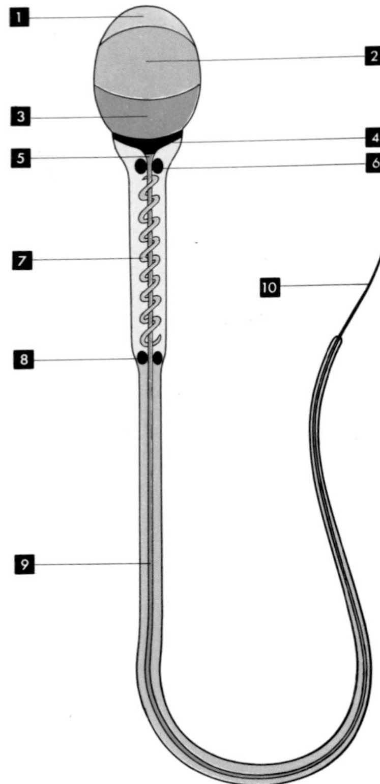

Spermatozoïde.
1. Coiffe céphalique ; 2. Acrosome ; 3. Noyau ; 4. Centrosome proximal ; 5. Filament axial ; 6. Centrosome distal antérieur ; 7. Filament spiral (gaine mitochondriale) ; 8. Centrosome distal postérieur ; 9. Gaine caudale (flagelle) ; 10. Pièce terminale (de 5 à 10 microns).

mélange du sperme testiculaire et du liquide prostatique. Le testicule sécrète le sperme en permanence, et le liquide gagne l'ampoule du déférent et la vésicule séminale. (V. SPERMATIQUE, *Voies spermatiques.*)

L'excrétion du sperme se fait au moment de l'orgasme, maximum des sensations voluptueuses, grâce à la contraction des muscles lisses qui entourent les conduits génitaux.

L'oblitération des conduits génitaux, due à une compression ou à un traumatisme, est responsable de coliques épididymaires douloureuses.

Anomalies du sperme. La présence de sang dans le sperme signe une inflammation prostatique. Les insuffisances de sperme, généralement dues à une anomalie des spermatozoïdes, entraînent une stérilité masculine. Elles portent sur leur nombre (l'oligospermie*, l'azoospermie*), sur leur mobilité, qui peut être réduite.

Examen du sperme. Il est indispensable dans les consultations conjugales pour stérilité. Le spermogramme étudie le nombre, la mobilité, le pourcentage de formes anormales des spermatozoïdes dans le sperme, ainsi que sa composition chimique et le pH du liquide.

La compatibilité entre glaire cervicale féminine et sperme est étudiée par prélèvement chez la femme après le rapport sexuel.

Banque de sperme, organisme où l'on conserve par le froid (− 196 °C) le sperme dilué avec du glycérol, en vue de l'insémination artificielle.

spermicide adj. Se dit d'une substance qui tue les spermatozoïdes.
Les substances spermicides ont été proposées comme agent de contraception locale. Elles ont cependant un pourcentage d'échecs important, et ne peuvent être utilisées qu'en association avec un diaphragme féminin ou un préservatif masculin.

spermoculture n. f. Ensemencement du sperme sur les milieux de culture bactériologique d'isolement pour rechercher le gonocoque*.

spermogramme n. m. Examen et numération des spermatozoïdes. (V. SPERME, *Examen du sperme.*)

sphacèle n. m. Tissu nécrosé en cours d'élimination.

sphénoïde adj. et n. m. L'*os sphénoïde* est un os du crâne, impair, médian, de forme tourmentée, situé à la partie moyenne de la base du crâne*.

sphéno-maxillaire adj. Relatif aux os sphénoïde* et maxillaire : *fente sphéno-maxillaire* (située à l'angle inféro-externe de l'orbite*).

sphéno-palatin, e adj. Relatif au sphénoïde* et au palais : *ganglion sphéno-palatin.*

sphincter n. m. Système musculaire, souvent circulaire, fait de plusieurs fibres lisses (contrôle involontaire) ou striées (contrôle volontaire) dont l'action ouvre ou ferme

l'orifice d'un canal ou d'un organe : sphincters de la vessie, du rectum, du pylore...
Le *sphincter d'Oddi** est un appareil sphinctérien qui entoure la terminaison des canaux cholédoque* et de Wirsung*. Il contrôle l'évacuation de la bile et de la sécrétion pancréatique, et évite le reflux du contenu du tube digestif dans ces deux canaux.

sphinctérectomie n. f. Résection d'une partie du sphincter d'Oddi, indiquée en cas de rétrécissement scléreux de la partie terminale du cholédoque.

sphinctérien, enne adj. Relatif à un sphincter. **Troubles sphinctériens.** L'usage réserve ce qualificatif aux troubles urinaires et aux troubles de la défécation d'origine neurologique.
Troubles urinaires. ANATOMIE ET PHYSIOLOGIE. L'orifice urétral d'évacuation de la vessie est muni de deux sphincters : un *sphincter lisse,* qui s'ouvre par suite d'une commande nerveuse induite par la distension de la vessie* et dont le centre se trouve dans la moelle sacrée ; un *sphincter strié,* dont le fonctionnement est sous la dépendance de centres situés dans l'écorce cérébrale et qui permet d'inhiber la miction automatique.
PATHOLOGIE. Un déficit du sphincter strié se traduit par des mictions impérieuses et fréquentes. Un déficit du sphincter lisse entraîne une incontinence urinaire vraie. La perte de la sensibilité de la vessie se traduit par une rétention d'urine.
Troubles de la défécation. La paralysie du sphincter anal se manifeste par une incontinence des matières. L'hypotonie du rectum se traduit par une constipation.
Causes des troubles sphinctériens. Ils s'observent dans les lésions de la moelle épinière et de la queue-de-cheval (dernières paires de nerfs rachidiens), dans les lésions cérébrales bilatérales et en cas de coma, et sont parfois dus à une simple incontinence* due à la vieillesse.

sphinctérotomie n. f. Incision d'un sphincter : sphinctérotomie du pylore (pylorotomie*) dans la sténose hypertrophique du nourrisson.

sphygmomanomètre n. m. Syn. de TENSIOMÈTRE.

spica n. m. Bandage croisé appliqué à la racine d'un membre.

spina-bifida n. m. inv. Fissure verticale du rachis.
On en distingue deux variétés selon qu'il existe ou non des signes au niveau de la peau :
Le *spina-bifida occulta* est une malformation mineure, fréquente et bénigne, due à la non-fermeture d'un ou de plusieurs arcs vertébraux postérieurs. C'est une découverte fortuite lors d'un examen radiologique de la colonne vertébrale ;
Le *spina-bifida congénital* est une malformation qui s'accompagne d'anomalies de la moelle épinière et d'une hernie méningée formant une tumeur médiane, molle, recouverte soit de peau, soit d'une mince membrane méningée. Le pronostic est grave, en dépit des tentatives de traitement chirurgical.

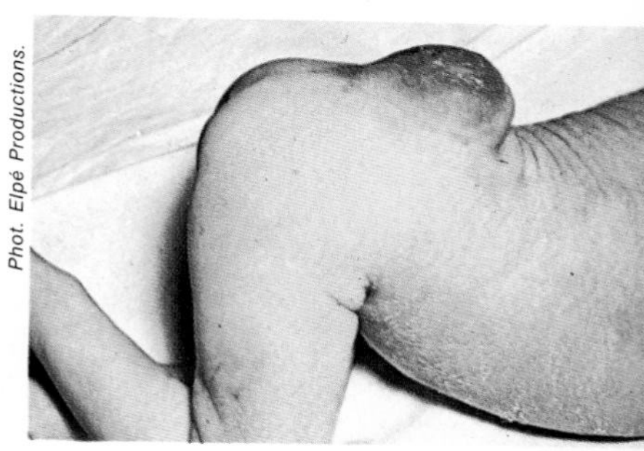
Phot. Elpé Productions.

Spina-bifida.

spinal, e, aux adj. Qui se rapporte à la colonne vertébrale (ou épine dorsale).
Le *nerf spinal* constitue la XIe paire crânienne.

spina-ventosa n. m. inv. Forme de tuberculose osseuse de la main et du pied, caractérisée par l'aspect radiologique des phalanges : l'os est boursouflé et aminci.

spino-cellulaire adj. Se dit d'une variété de cancer de la peau. (V. ÉPITHÉLIOMA.)

spiramycine n. f. Antibiotique actif sur les germes Gram positif, principalement streptocoque*, pneumocoque*, staphylocoque*.
Elle s'administre par voie orale et se concentre surtout au niveau des voies aériennes.

spirille n. m. Microbe très mobile, de forme spiralée. (Le sodoku* est dû à un spirille.)

spirochète n. m. Bactérie hélicoïdale mobile.
On en reconnaît, après cultures sur milieux spéciaux, trois groupes : les *tréponèmes**, les *borrelia** et les *leptospires**.

spirographie n. f. Étude des mouvements respiratoires et de la capacité pulmonaire.

Elle se fait à l'aide d'un *spirographe,* qui fournit un tracé permettant une mesure appelée *spirométrie.*

spiroïde adj. Contourné en spirale.
Fracture spiroïde, fracture des os longs dont le trait est hélicoïdal.

spironolactone n. f. Stéroïde dont l'action diurétique est due à l'inhibition de l'aldostérone* au niveau des tubules rénaux.

splanchnicectomie n. f. Résection des nerfs splanchniques au niveau des piliers du diaphragme.
Associée à une sympathectomie* lombaire, elle prend le nom d'*opération de Smithwick,* indiquée dans les artérites du sujet jeune et certaines hypertensions* artérielles malignes.

splanchnique adj. Qui se rapporte aux viscères.
Les *nerfs splanchniques* qui appartiennent au système sympathique* règlent le fonctionnement des viscères du tronc.

splénectomie n. f. Ablation de la rate, indiquée en cas de traumatisme grave de cet organe (et alors sans conséquences physiologiques ultérieures) ou au cours de diverses affections hématologiques (anémies hémolytiques, certaines leucoses...).

splénique adj. Relatif à la rate* : *artère splénique, veine splénique,* etc.

splénomégalie n. f. Augmentation de volume de la rate, qui devient palpable.
Elle peut dépendre d'une cause infectieuse ou parasitaire (brucellose*, septicémies*, kala-azar*, etc.), d'une hypertension* portale (cirrhose*), d'une affection hématologique (leucémie*, maladie de Hodgkin*, etc.), d'une maladie de surcharge (maladie de

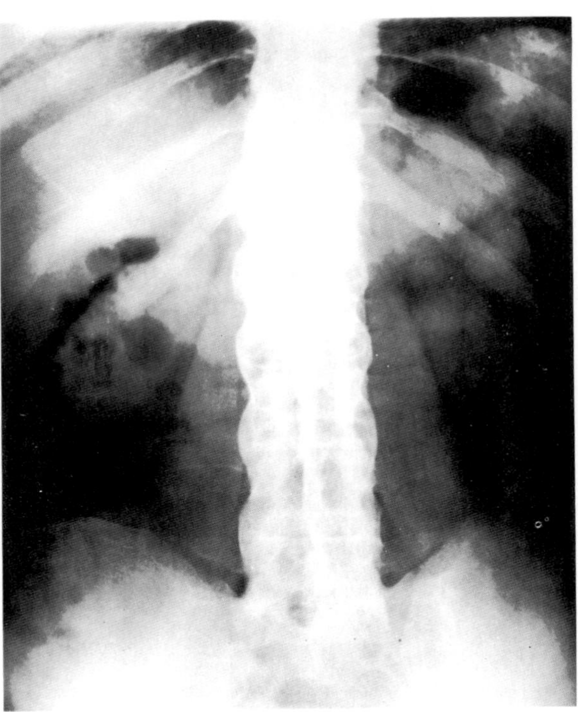

Radio Dr Wattez.

Spondylarthrite. Spondylarthrite ankylosante : stade de la colonne de bambou (de face).

Gaucher) ou être de cause inconnue (idiopathique).

splénoportographie n. f. Radiographie de la rate et du système de la veine porte après injection d'un produit de contraste.
Cette injection se fait dans la rate elle-même, à travers la paroi abdominale, après anesthésie locale. On l'emploie dans le diagnostic des hypertensions* portales. (V. PORTE.)

spondylarthrite n. f. Arthrite des vertèbres.
Spondylarthrite ankylosante, affection inflammatoire chronique frappant surtout le sexe masculin et les porteurs du gène d'histocompatibilité* HLA 27. — Elle débute chez l'adulte jeune et son évolution est lente. Frappant essentiellement les articulations sacro-iliaques et intervertébrales, elle se traduit par des douleurs et une raideur du dos, qui se bloque en cyphose* dorsale ; sur les radiographies il existe un flou des articulations sacro-iliaques, des images d'ossification intervertébrale appelées *syndesmophytes,* réalisant la « colonne bambou » et la calcification des ligaments intervertébraux. Les autres atteintes articulaires et extra-articulaires (iritis et aortite) sont plus rares.
Traitement. Il associe des antalgiques et des anti-inflammatoires (phénylbutazone, indométacine, corticoïdes). Il doit être complété par une kinésithérapie active visant à prévenir les déformations articulaires et le blocage du radius.

spondylite n. f. Inflammation d'une ou de plusieurs vertèbres* (spondyle).

spondylolisthésis n. m. Glissement en avant du corps d'une vertèbre.
Il résulte le plus souvent d'une absence d'ossification entre le segment postérieur et le corps de la vertèbre, et siège surtout au niveau des vertèbres lombaires. Parfois latent cliniquement, il peut se traduire par des lombalgies ou des crises de lombo-sciatique. L'examen radiologique permet le diagnostic.
Traitement. Les formes douloureuses bénéficient d'un traitement médical et d'une kinésithérapie. Le traitement chirurgical n'est indiqué que dans les formes rebelles aux traitements précédents.

spondylolyse n. f. Rupture entre les arcs antérieur et postérieur d'une vertèbre, entraînant un glissement du corps vertébral en avant (spondylolisthésis*).

spongieux, euse adj. En forme d'éponge.
Os spongieux, partie centrale des os.
Tissu spongieux, syn. de TISSU ÉRECTILE.
Corps spongieux, formation de tissu érectile entourant l'urètre chez l'homme.

spontané, e adj. Se dit d'un trouble ou d'une lésion qui se manifeste sans cause apparente.

sporadique adj. **Maladie sporadique,** maladie ne frappant que quelques individus isolés au sein d'une population.

spore n. f. Élément ovoïde produit par les bactéries ou les champignons. De par sa résistance, la spore est la forme de conservation et de dissémination des bactéries dites *sporulées* (tétanos).

sporocyste n. m. Stade évolutif des trématodes*.

sporogonie n. f. Cycle de l'hématozoaire* (paludisme) à l'intérieur de l'anophèle*.

sporotrichose n. f. Mycose* d'évolution lente, due à un adélomycète qui vit sur les plantes et le bois.
L'inoculation se fait à la suite d'une piqûre

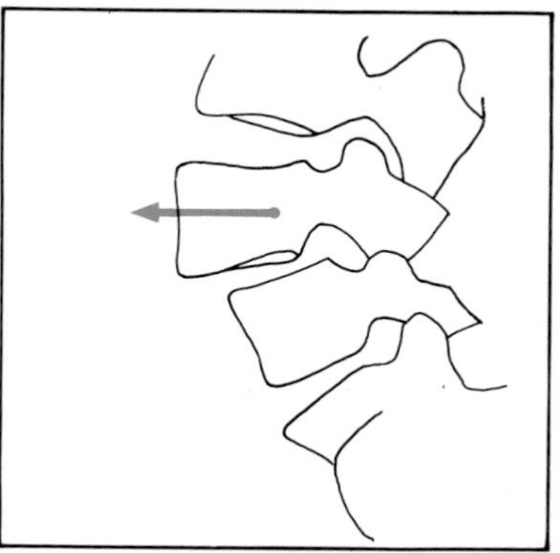

Spondylolisthésis
de la quatrième vertèbre lombaire (L 4).

par une épine ou une écharde, et se traduit par un chancre d'inoculation, à la main droite le plus souvent. C'est un nodule sous-cutané qui bientôt s'ulcère, s'accompagnant de lymphangite et d'ulcérations de l'avant-bras. Le diagnostic se fait par la mise en évidence du champignon dans les lésions, à l'examen au microscope ou après culture. Le traitement comporte l'administration *per os* d'iodure de potassium en solution.

sporozoaire n. m. Protozoaire* parasite des cellules.

Ce sont, pour l'homme, l'hématozoaire* ou plasmodium (agent de paludisme*) et les coccidies*.

sporozoïte n. m. Stade évolutif de l'hématozoaire*.
Les sporozoïtes sont localisés dans les glandes salivaires de l'anophèle et sont injectés lors de la piqûre à l'homme.

sport n. m. Ensemble d'exercices physiques individuels ou collectifs, pratiqués en observant certaines règles et sans but utilitaire immédiat.
L'action des sports sur les grandes fonctions de l'organisme est considérable. Le choix d'un sport dépend des qualités physiques, de l'âge, du sexe; sa pratique intensive, notamment en compétition, nécessite un contrôle médical rigoureux : chaque fédération sportive possède un service médical à tous les échelons. L'*examen médico-sportif* permet de classer les sujets en plusieurs catégories : tous les sports de compétition sont permis dans la 1re; la 2e comprend les sujets moyens, qui doivent éviter certains sports violents; les sportifs de 3e catégorie sont à ménager; le 4e groupe comprend les inaptes temporaires ou définitifs.

Les sportifs sont classés suivant leur âge en plusieurs catégories : minimes, cadets, juniors, seniors; mais le développement physique des jeunes ne correspondant pas toujours à leur âge chronologique, un surclassement est possible après avis médical. Après 45 ans, les activités sportives doivent être réduites. Certains sports violents sont trop rudes pour la femme, à qui, en revanche, la plupart des spécialités de l'athlétisme, la nage, le ski sont recommandables.

spray n. m. (mot angl. signif. « embrun »). Aérosol obtenu avec les nébuliseurs*.

sprue n. f. **Sprue tropicale,** syndrome dysentérique observé sous les climats tropicaux.
Elle s'observe chez des sujets dont la muqueuse intestinale est altérée à la suite d'une longue période d'irritation de causes diverses (infections, parasitoses, etc.); il s'ensuit un défaut d'absorption des graisses et des vitamines. L'affection se traduit par une diarrhée graisseuse et putride, un amaigrissement, une anémie. L'évolution lente peut aboutir à la cachexie. Le traitement doit associer les transfusions et la vitaminothérapie au régime sans graisses.

spume n. f. Liquide organique dont l'aspect évoque l'écume, tels certains crachats contenant des bulles d'air.

squame n. f. Lamelle provenant de la couche cornée de l'épiderme, détectable facilement et dont les cellules sont anormales (ayant gardé leur noyau).
Les squames sont abondantes dans le psoriasis* et l'ichtyose*. Il s'en détache après la scarlatine et la rougeole.

squelette n. m. Charpente osseuse du corps, qui comprend la *colonne vertébrale* ou rachis, les *côtes* et le *sternum*, qui forment le *thorax*, la *tête*, les *membres supérieurs* rattachés au thorax par la *ceinture* scapulaire**, les *membres inférieurs* rattachés au rachis par la *ceinture* pelvienne.*
Les os du corps humain sont au nombre de 200, non compris les osselets de l'oreille, les os sésamoïdes et les os wormiens.

squirrhe n. m. Variété de cancer à évolution lente (terme surtout utilisé pour certains cancers du sein de la femme âgée).

stade n. m. Période donnée au cours de l'évolution d'une maladie.
Stade 0 (zéro), terme d'histopathologie définissant l'extrême début d'un cancer.

stapédectomie n. f. Technique chirurgicale utilisée dans le traitement des surdités par otospongiose*.

staphylococcémie n. f. Septicémie* à staphylocoques.
Cette infection est fréquente et grave du fait de la résistance des staphylocoques à de nombreux antibiotiques.

L'origine en est souvent cutanée (furoncle) ou dentaire. La maladie débute par une fièvre élevée (40 °C), une altération de l'état général, un teint gris et, à l'examen, une grosse

Staphylococcie.
Staphylococcie de l'avant-bras (anthrax).

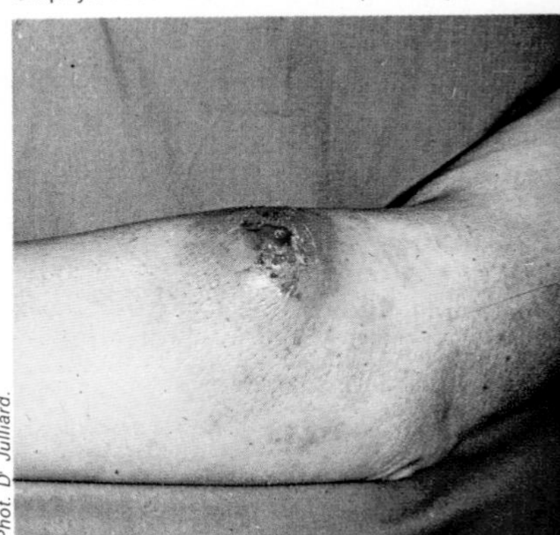
Phot. Dr Julliard.

rate. L'hémoculture* met en évidence les staphylocoques dans le sang.

Des localisations infectieuses pulmonaires, pleurales, osseuses ou rénales peuvent survenir.

Le traitement en milieu hospitalier associe des antibiotiques à forte dose (en fonction de l'antibiogramme*) à la chirurgie, nécessaire pour évacuer les foyers profonds lorsqu'ils existent.

staphylococcie n. f. Infection due au staphylocoque*.
Ces atteintes sont très fréquentes, et les lésions ont une tendance spontanée à se nécroser et à suppurer.

Staphylococcies cutanées. La peau est le siège de nombreuses staphylococcies : furoncle*, anthrax*, panaris, impétigo. Un traitement énergique et des soins d'hygiène viennent normalement à bout de ces infections qui, mal soignées, peuvent être à l'origine des staphylococcémies*. La dissémination et la multiplication des furoncles (furonculose*) est de traitement plus difficile.

La « staphylococcie maligne de la face » est une affection grave, consécutive à un furoncle traumatisé ou gratté de la lèvre supérieure. Elle associe une fièvre élevée et un malaise ; le furoncle est entouré d'une induration rouge parsemée de pustules jaunâtres. Toute la face est œdématiée. En l'absence d'un traitement rapide et efficace, elle est à l'origine de complications gravissimes, l'infection pouvant gagner le cerveau par les veines du crâne (cellulite orbitaire, thrombose du sinus caverneux [confluent veineux du crâne]). C'est pourquoi il est formellement déconseillé de gratter ou de presser tout furoncle, notamment s'il est localisé à la face.

Staphylococcies osseuses. V. OSTÉOMYÉLITE.

Staphylococcies pleuro-pulmonaires. Très graves, elles s'observent surtout chez l'enfant, où elles provoquent des lésions bulleuses disséminées dans les deux champs pulmonaires. Elles doivent être traitées énergiquement par une antibiothérapie massive.

Staphylococcies résistantes aux antibiotiques. Depuis l'apparition des antibiotiques, on a observé une résistance croissante des staphylocoques, due à la synthèse par ceux-ci d'enzymes capables de détruire ceux-là. Ce phénomène donne naissance à des souches résistantes qui sont à l'origine de staphylococcémies* graves, car survenant souvent sur des terrains fragiles (nourrissons, opérés, diabétiques, etc.) et difficiles à traiter.

staphylocoque n. m. Bactérie arrondie (coccus*), groupée le plus souvent en « grappe de raisin ». Certains staphylocoques sont « saprophytes » et vivent sur la peau et les muqueuses saines sans inconvénients ; d'autres sont pathogènes et à l'origine d'infections graves (abcès, furoncle, ostéomyélite, diarrhée, septicémies...).

staphylome n. m. Saillie localisée du globe oculaire, due à un affaiblissement de la paroi de l'œil.
Le staphylome peut être antérieur (cornée) ou postérieur (sclérotique).

staphyloplastie n. f. Réfection du voile du palais en cas de division palatine.

staphylorraphie n. f. Suture des muscles du voile du palais.

stase n. f. Diminution de la vitesse de circulation du sang ou d'un liquide de l'organisme, dans un territoire donné, entraînant stagnation et accumulation de ce liquide.

station n. f. **Station de cure,** lieu où est mise à profit l'action thérapeutique d'une source ou d'un climat. (Il peut s'agir d'un établissement ou d'une ville entière.)

Il existe plus de cent stations de cure en France. (V. THERMALISME.)

statique n. f. Fonction qui permet le maintien des postures et de l'équilibre.
Les récepteurs de *position de la tête* sont situés dans l'oreille interne (canaux semi-circulaires, utricule et saccule), régis par les nerfs vestibulaires. La *sensibilité proprioceptive* permet la reconnaissance des positions des parties du corps dans l'espace. Son atteinte provoque une ataxie locomotrice avec signe de Romberg*. L'atteinte de l'oreille interne ou du nerf vestibulaire provoque un vertige rotatoire intense, avec tendance à la chute sur un côté (Romberg vestibulaire).

staturo-pondéral, e, aux adj. Relatif à la taille et au poids.

Retard staturo-pondéral. On nomme ainsi l'anomalie des enfants ayant une taille et un poids inférieurs à la moyenne des enfants du même âge. De nombreuses causes peuvent être à l'origine de ces retards : mauvaise alimentation, mode de vie (surmenage, manque de repos), maladies infectieuses, cardiopathies, anomalies génétiques, etc. Le traitement varie avec la cause.

stéarine n. f. Appellation usuelle de l'*acide stéarique officinal.*
Les savons de sodium et d'ammonium de la stéarine et le stéarate de zinc sont utilisés dans certaines préparations dermatologiques.

stéatonécrose n. f. Dégénérescence cellulaire, avec transformation du cytoplasme en graisse.

stéatopyge adj. Se dit de l'hypertrophie graisseuse des fesses.

stéatorrhée n. f. Excès de matières grasses dans les fèces, souvent en rapport avec une maladie du pancréas.

stéatose n. f. Accumulation de graisses (triglycérides*) dans le cytoplasme des cellules.
Cette surcharge peut être due à un apport lipidique excessif ou à une déviation du métabolisme.

stégomie n. f. Moustique qui transmet la fièvre* jaune et la dengue*.

stellaire adj. Radié ou étoilé.
Ganglion stellaire, ganglion du système sympathique, situé dans le cou, et dont les filets efférents vont à l'œil, au cœur, au poumon.
Paralysie du ganglion stellaire. Conséquence d'une infection de la région, cette atteinte provoque le syndrome de Claude* Bernard-Horner (myosis, énophtalmie, rétrécissement de la fente palpébrale).
Infiltration du ganglion stellaire. Pratiquée avec un anesthésique local, elle permet de traiter certaines affections thoraciques (asthme, troubles circulatoires).

Sténon (canal de), canal qui draine la salive de la glande parotide* et qui, après avoir traversé la joue, s'ouvre dans la bouche en regard de la première molaire.

sténose n. f. Étroitesse, congénitale ou acquise, plus ou moins complète d'un conduit naturel ou d'un organe creux : sténose de l'artère pulmonaire, du pylore, de l'appareil urinaire, sténose vasculaire, etc.

steppage n. m. Anomalie de la marche, due à une paralysie des muscles releveurs du pied (la pointe du pied frotte sur le sol).

stéréognosie n. f. Reconnaissance des objets par leur forme et leur volume. (La perte de ce sens est l'astéréognosie ou stéréoagnosie.)

stéréoradiographie n. f. Radiographie en relief.
On fait deux clichés en écartant de 6 cm (écart des yeux) le tube à rayons X. Les clichés sont examinés ensuite avec un stéréoscope spécial.

stéréotaxie n. f. Procédé utilisé en neurochirurgie, permettant, par un repérage rigoureux dans les trois plans de l'espace, d'aborder en un point très précis des structures cérébrales profondes.

stéréotypie n. f. Répétition, selon une formule invariable, de certains gestes ou de certains mots, qui se voit au cours de certaines maladies mentales.

stérilet n. m. Dispositif en plastique, de formes variées, que l'on introduit à demeure dans la cavité utérine, pour obtenir un effet contraceptif. (Certains stérilets sont recouverts de cuivre ou imprégnés de progestatif.)
L'insertion d'un stérilet ne peut être réalisée que par un médecin, et doit respecter un certain nombre de contre-indications (fibrome, infection génitale, malformation utérine, etc.). Le stérilet est placé dans l'utérus après les règles (pour être certain qu'il n'existe pas de grossesse). Il ne gêne pas les rapports sexuels, mais peut provoquer quelques inconvénients chez la femme : règles très abondantes ou prolongées, douleurs vagues dans le bas-ventre. Son efficacité n'est pas de 100 p. 100, mais il peut être le seul moyen contraceptif possible dans certains cas.

Stérilets.

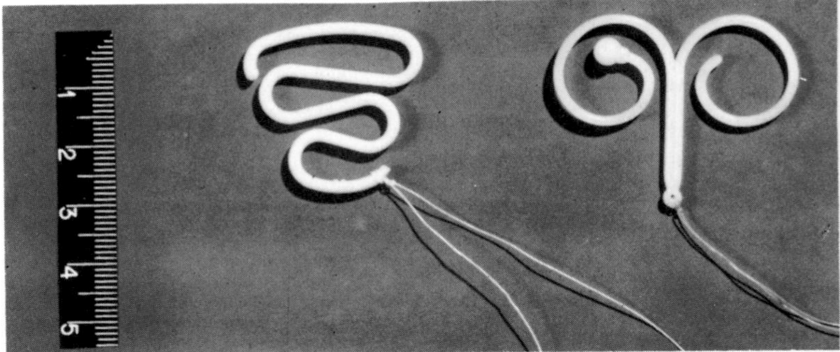

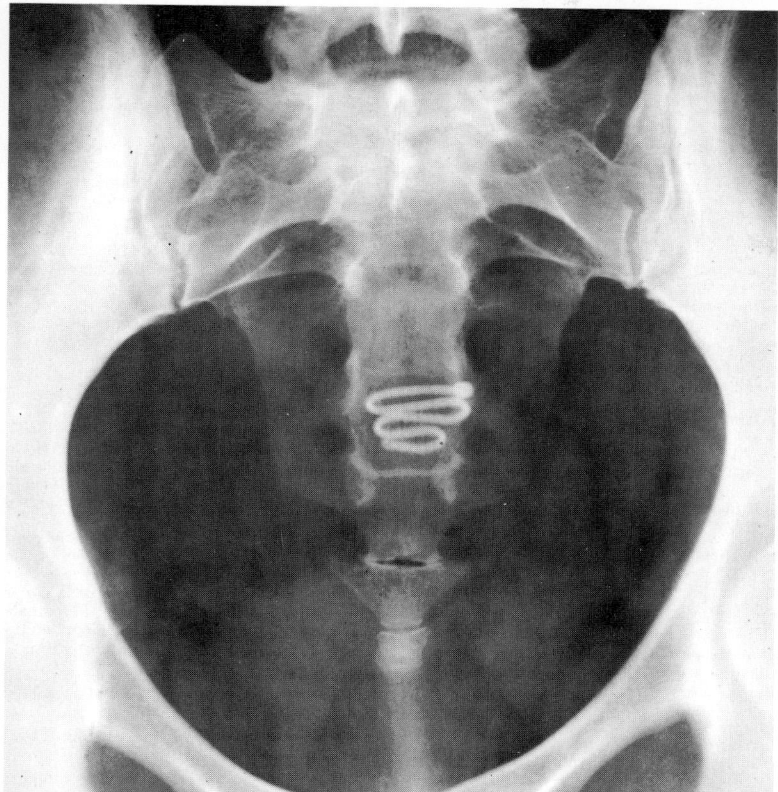

Doc. C. C.

Stérilet. Radiographie du bassin d'une femme porteuse d'un stérilet.

stérilisation n. f. **1.** Méthode permettant de détruire tous les microbes d'un milieu et d'obtenir ainsi l'état d'asepsie*.
2. Intervention chirurgicale pratiquée sur l'homme ou sur la femme et qui supprime toute possibilité d'avoir des enfants.
Stérilisation bactériologique (des microbes). Elle utilise des procédés divers selon la nature du milieu à stériliser.
SURFACES DU CORPS. Leur stérilisation requiert les antiseptiques. (V. ANTISEPSIE.)
SALLES D'OPÉRATION. Elles sont stérilisées par le nettoyage avec des désinfectants puissants, par l'usage d'ultraviolets et par la pulvérisation d'antiseptiques.
INSTRUMENTS CHIRURGICAUX ET MATÉRIELS DE PANSEMENT. Ils sont le plus souvent stérilisés par la *chaleur sèche* dans des étuves spéciales (instruments métalliques, verrerie, compresses, etc.) ou par la *chaleur humide*, qui est la méthode la plus sûre (l'autoclave* en est le meilleur procédé ; il est employé pour les boîtes d'instruments, les compresses, les gants de chirurgien, etc.). Lorsque la stérilisation par la chaleur est impossible (objets ne pouvant pas supporter une température supérieure à 50 ou 60 °C tels que les sondes en gomme, les appareils d'endoscopie, etc.), on utilise la stérilisation par les *vapeurs* de formol ou par les rayons γ (gamma).

STÉRILISATION DES MÉDICAMENTS. Les médicaments sont le plus souvent stérilisés à l'autoclave, sauf si leur stabilité à la chaleur est insuffisante. On emploie alors la *tyndallisation,* qui consiste à les stériliser au moyen de plusieurs chauffages à une température donnée.

Contrôle de la stérilisation. Les appareillages et les temps nécessaires sont vérifiés par l'emploi de tests bactériens. Dans les boîtes d'instruments ou de matériels de pansement, des tubes témoins, qui changent de couleur à une certaine température, permettent de contrôler que la température requise a bien été atteinte.

Stérilisation humaine. Chez l'homme, on réalise une résection des canaux déférents ou vasectomie. Chez la femme, on pratique une résection des deux trompes. Dans les deux cas, les glandes génitales sont respectées, ce qui distingue donc la stérilisation de la castration.

Par son caractère définitif, c'est une intervention qui ne peut être pratiquée en France que pour des raisons médicales graves.

stérilité n. f. **1.** État d'asepsie. (V. STÉRILISATION.)
2. État d'un sujet impropre à la génération. (La stérilité frappe environ 15 p. 100 des couples.)

Stérilité masculine. Loin d'être négligeable, elle représente de 30 à 40 p. 100 des cas de stérilité des couples.

Sa reconnaissance repose sur l'examen du sperme en laboratoire spécialisé, qui porte sur le volume de l'éjaculat, la concentration, la mobilité, la vitalité et l'aspect des spermatozoïdes*. Elle nécessite également des dosages hormonaux, et parfois une biopsie testiculaire ou un examen radiologique des voies épididymo-déférentielles.

Elle est la conséquence soit d'une absence totale de spermatozoïdes, soit d'une anomalie quantitative ou qualitative.

L'absence totale de spermatozoïdes, ou *azoospermie**, peut être la conséquence d'un obstacle sur les voies excrétrices, à la suite d'une lésion infectieuse ou traumatique de ces voies. Dans certains cas, on peut restaurer la perméabilité par une intervention chirurgicale.

Les anomalies quantitatives ou qualitatives, englobées sous le terme d'asthénooligospermie, sont la conséquence d'anomalies du testicule, acquises ou congénitales, ou d'insuffisance hormonale. Le pronostic de ces anomalies est moins favorable. Des progrès ont cependant été faits récemment en proposant une intervention en cas de varicocèle*, ou en administrant un traitement par les gonadotrophines*.

Stérilité féminine. Elle relève de causes très nombreuses et nécessite, avant la mise en œuvre d'un traitement, un bilan systématique, complet et assez long, pour préciser le niveau auquel se situe le trouble. Ce bilan comporte un examen clinique avec interrogatoire soigneux, une étude de la courbe thermique, de la glaire cervicale, des dosages hormonaux, une biopsie de l'endomètre, une insufflation tubaire, une hystérosalpingographie, une cœlioscopie et parfois des études immunologiques minutieuses.
1. Il peut s'agir d'une obstruction, à un niveau quelconque, des *trompes.* L'obstruction est le plus souvent la conséquence d'une atteinte inflammatoire (salpingite) tuberculeuse ou à germes banals. L'intervention chirurgicale (désobstruction) est difficile et rarement suivie de bons résultats.
2. Il peut s'agir d'une *absence d'ovulation* ou d'une *insuffisance hormonale.* Cette étiologie est plus favorable, et l'introduction récente des inducteurs de l'ovulation en a beaucoup amélioré le pronostic.
3. Il peut s'agir d'une *malformation congénitale* ou d'une déformation acquise de l'utérus par un fibrome, qui peut être opéré.
4. Il peut s'agir enfin d'anomalies de la *glaire cervicale,* d'origine inflammatoire, hormonale ou immunologique, et qui la rendent impropre à l'ascension des spermatozoïdes, à l'intérieur de la cavité utérine.

Sternberg (cellules de), cellules géantes à noyaux multiples et souvent en mitose, retrouvées dans les ganglions des sujets atteints de maladie de Hodgkin*.

sterno-claviculaire adj. Qui se rapporte au sternum et à la clavicule : *articulation sterno-claviculaire.*

sterno-cléido-mastoïdien, enne adj.
Muscle sterno-cléido-mastoïdien, muscle puissant, tendu de la mastoïde de l'os temporal au sternum et à la clavicule, qui fléchit la tête et l'incline de son côté en lui imprimant un mouvement de rotation.

Région sterno-cléido-mastoïdienne ou carotidienne. Elle donne passage à de nombreux organes, dont le paquet vasculo-nerveux du cou.

sternum n. m. Os plat situé à la partie antérieure et médiane du thorax, articulé avec les 7 premiers cartilages costaux et les clavicules.

stéroïde n. m. Corps dérivant du noyau stérol*.
Il y a des stéroïdes naturels (hormones

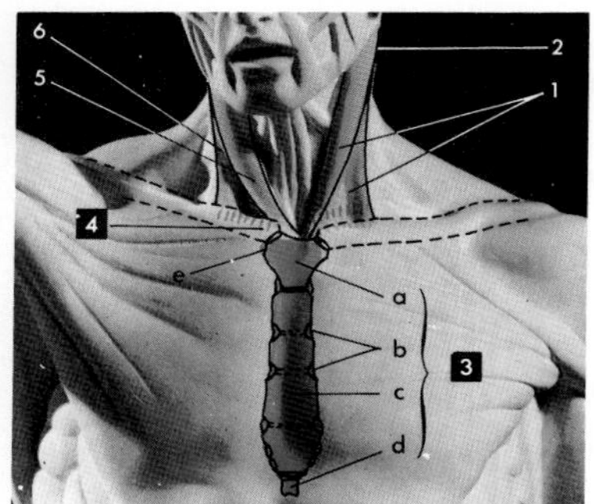

Sterno-cléido-mastoïdien et sternum.
1. Muscle sterno-cléido-mastoïdien ;
2. Apophyse mastoïde ;
3. Sternum
(*a.* Manubrium ; *b.* Échancrures costales ; *c.* Corps ; *d.* Appendice xiphoïde ; *e.* Échancrure claviculaire) ;
4. Clavicule ; 5. Chef sterno-mastoïdien ;
6. Chef cléido-occipital.

Stéthoscope.
Différents types de stéthoscopes :
1. Normal ; 2. Électronique ; 3. Obstétrical.

ovariennes et surrénaliennes) et des stéroïdes de synthèse, dérivant du cholestérol*.

Les principaux stéroïdes ainsi obtenus appartiennent à différentes classes de médicaments :
— *vitamines liposolubles du groupe D :* calciférol, vitamine D ;
— *hormones œstrogènes* naturelles et synthétiques ;*
— *hormones progestatives* (v. PROGESTÉRONE) ;
— *hormones testiculaires,* virilisantes et anabolisantes ;
— *corticostéroïdes**.

stérol n. m. Substance organique cyclique à 4 cycles, possédant un radical alcool estérifiable par un acide gras.
Le cholestérol* est le principal stérol.

stertor n. m. Respiration profonde et bruyante, accompagnée de ronflement, observée dans certains comas et au cours de la crise d'épilepsie*.

stéthoscope n. m. Instrument permettant l'auscultation fine du thorax, par propagation des bruits intrathoraciques dans un tube.
Le stéthoscope biauriculaire à conducteurs de caoutchouc est le plus habituellement utilisé. Des appareils plus perfectionnés comportent un amplificateur électronique et un système d'enregistrement.

stigmate n. m. Séquelle laissée par une affection après sa guérison.

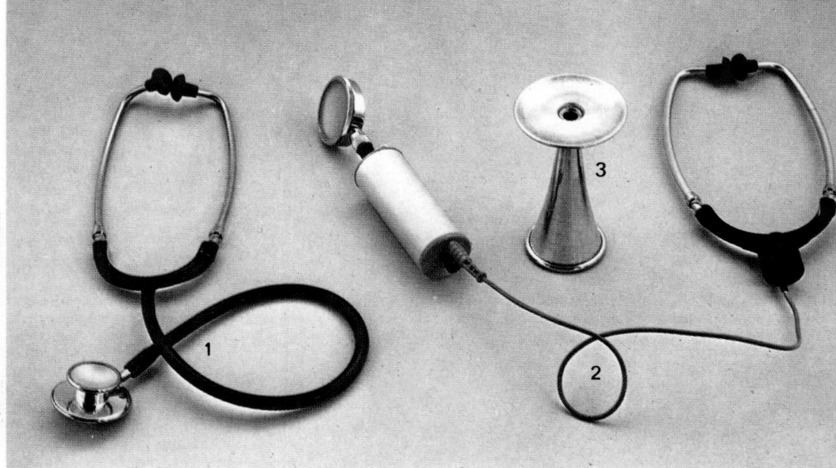

Doc. Drapier. - Phot. Lauros - Giraudon.

stilbœstrol n. m. Stéroïde artificiel qui possède une activité œstrogénique. (V. ŒSTROGÈNE.)

Still (maladie de), maladie rhumatismale particulière à l'enfance.
Elle débute en règle générale vers 7 ans. Elle se traduit par une atteinte des articulations, qui sont tuméfiées sans signes inflammatoires, une grosse rate, et par une polyadénopathie. La radiographie ne montre aucune atteinte osseuse. L'évolution se fait par poussées vers la cachexie, malgré les tentatives thérapeutiques.

stilligoutte n. m. Bouchon perforé d'un mince tube creux, permettant l'écoulement goutte à goutte du contenu d'un flacon.

stimulant, e adj. et n. m. Se dit de substances capables de faciliter le fonctionnement de certains organes. (V. FORTIFIANT.)

stimulateur, trice adj. et n. m. *Stimulateur cardiaque,* appareil permettant de commander artificiellement les contractions du cœur. (Syn. : PACEMAKER.) — Implanté chirurgicalement à l'intérieur du thorax, il est utilisé dans le traitement des blocs* du cœur et notamment du pouls lent permanent.

stimuline n. f. Hormone sécrétée par le lobe antérieur de l'hypophyse* et qui excite l'activité d'une autre glande endocrine (A. C. T. H.*, stimulant la corticosurrénale ; gonadostimulines*, stimulant les glandes sexuelles ; thyréostimuline*, stimulant la thyroïde, etc.).

Stimulateur.
Stimulateur interne (pacemaker).

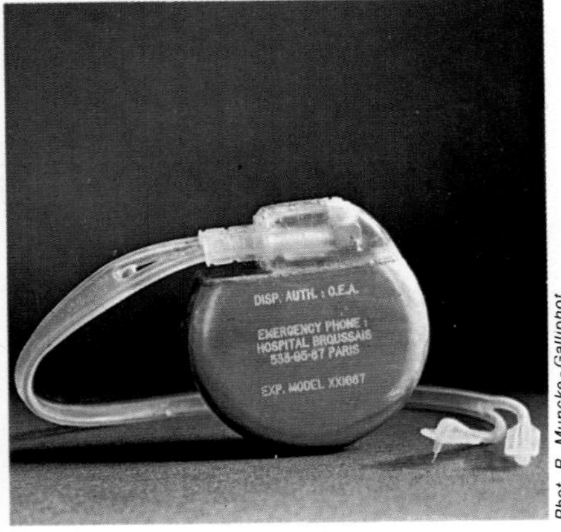

Phot. B. Muncke - Galliphot.

stimulus n. m. Excitation d'un organe, produite par un facteur physique ou chimique.

stomatite n. f. Inflammation de la muqueuse buccale.
Le plus souvent il s'agit d'une gingivite* (inflammation de la gencive) ou d'une glossite* (inflammation de la langue), qui s'étend ensuite à toute la muqueuse (palais, joue, amygdale). Les germes en cause peuvent être des bactéries, des champignons, des virus. Due au virus de l'herpès, la *stomatite herpétique* commence par une angine, les lésions d'herpès couvrant subitement toute la muqueuse.
Les bains de bouche sont un bon appoint au traitement de la cause de la stomatite, lorsque celle-ci est accessible.

stomatologie n. f. Spécialité médicale consacrée aux maladies de la bouche et de ses annexes osseuses, nerveuses, vasculaires.

stomatologiste n. Médecin spécialiste des maladies de la bouche.

stomatoplastie n. f. **1.** Opération reconstitutive des structures de la bouche, en cas de malformation ou après des lésions traumatiques.
2. En gynécologie, élargissement chirurgical du col utérin.

strabisme n. m. Anomalie de la vision binoculaire, liée à un défaut de parallélisme des axes optiques des yeux.
La vision binoculaire est normale quand les deux images perçues se confondent. Dans le strabisme, l'image fournie par l'un des yeux disparaît généralement de la perception. Si elle persiste, il y a diplopie* (vision double). La déviation de l'œil est le signe du strabisme visible à l'examen (l'œil « louche »). On distingue le strabisme *concomitant,* où l'angle entre les axes optiques des deux yeux est constant dans toutes les positions des yeux, et le strabisme *paralytique,* où la déviation est maximale dans la direction du muscle paralysé ; dans un cas comme dans l'autre, le strabisme peut être convergent ou divergent.
Strabismes convergents. Déviation d'un œil vers le nez (en dedans). — Les causes sont variées. L'amblyopie*, une hypermétropie* importante, une paralysie musculaire sont à l'origine de ces strabismes ; on recherchera toujours un trouble neurologique associé. Le traitement doit être précoce, avant l'âge scolaire pour éviter un handicap. Il associe une partie médicale (rééducation orthoptique) et chirugicale.

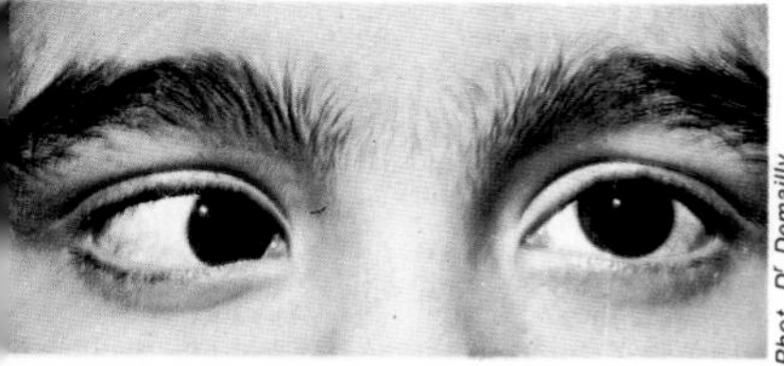
Phot. Dr Demailly.

Strabisme. Strabisme convergent.

Strabismes divergents. Déviation d'un œil du côté temporal (en dehors). — Ces strabismes sont surtout ceux de l'adulte et du grand enfant. L'amblyopie et la paralysie musculaire sont les causes les plus fréquentes. Le traitement est chirurgical, précédé d'une rééducation orthoptique.

strangulation n. f. Étranglement du cou par un lien ou par les mains.
Fait d'un crime, d'un accident ou d'un suicide, la strangulation provoque l'asphyxie et interrompt la circulation cérébrale, provoquant la mort.

streptobacille n. m. Bactérie en forme de bâtonnet aux extrémités enflées.

streptococcémie n. f. Septicémie à streptocoques*.
Elles sont devenues rares depuis les traitements antibiotiques. Les signes sont ceux d'une septicémie*, accompagnés de lésions cutanées (érysipèle*, purpura*) ou articulaires. Le traitement repose sur l'emploi précoce de la pénicilline à fortes doses.

streptococcie n. f. Infection due aux streptocoques*.
Elle regroupe différentes formes d'infection : cutanée (intertrigo, impétigo, érysipèle), pharyngée (angines) et générale (scarlatine). Les complications à redouter sont les atteintes du rein (néphropathies) et le rhumatisme* articulaire aigu. Le traitement, souvent très long pour empêcher la survenue des complications, utilise la pénicilline « retard ».

streptocoque n. m. Bactérie arrondie (coccus) qui se groupe en chaînettes.
Ce sont le plus souvent des saprophytes* de la peau et des muqueuses de l'homme, mais certains sont pathogènes. Ce sont : le *streptocoque-alpha-hémolytique,* responsable d'angines, de la scarlatine et des complications des streptococcies* ; le *streptocoque D,* ou entérocoque, agent d'infections biliaires, intestinales mineures ; le *streptocoque viridans,* fréquemment isolé dans l'endocardite* d'Osler.

Les streptocoques sécrètent diverses enzymes (hémolysine, streptokinase*), provoquant donc la formation d'anticorps spécifiques (antistreptolysines*) que l'on peut doser.

streptodornase n. f. Enzyme élaborée par diverses souches du streptocoque hémolytique.
Elle est utilisée, en pommades et par voie intramusculaire, pour résorber des hématomes et des exsudats purulents.

streptokinase n. f. Enzyme sécrétée par le streptocoque.
Elle a une action thrombolytique* en transformant le plasminogène* (protéine du plasma) en plasmine, ce qui lui vaut d'être utilisée dans le traitement des thromboses avec l'urokinase*.

On l'emploie localement avec la streptodornase* pour diluer certains épanchements. La streptokinase est à utiliser avec précaution, car elle est formatrice d'antigènes*.

streptolysine n. f. Enzyme du groupe des hémolysines, sécrétée par le streptocoque A. Elle entraîne la formation d'anticorps. (V. ANTISTREPTOLYSINES.)

streptomycine n. f. Antibiotique actif contre les bacilles de la tuberculose et de la lèpre et contre les bactéries Gram négatif.
Administrée par voie parentérale, la streptomycine n'est pas dénuée de toxicité (troubles psychiques, allergiques et surtout surdité).

Streptocoque.
Streptocoques à longues chaînettes.

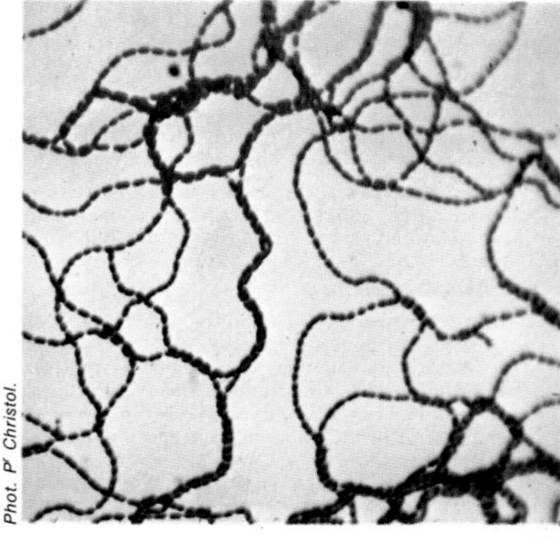
Phot. Pr Christol.

Son administration nécessite une surveillance médicale stricte.

stress n. m. Ce terme désigne à la fois les divers agents agresseurs auxquels peut être soumis l'organisme (traumatisme, émotion, infection, etc.) et l'ensemble des phénomènes métaboliques et viscéraux qu'ils peuvent provoquer (réaction d'alarme ou d'adaptation).

stridor n. m. Bruit aigu.
Stridor laryngé, affection bénigne du nouveau-né, caractérisée par une inspiration bruyante, aiguë, ne s'accompagnant ni de gêne respiratoire ni de cyanose.

striduleux, euse adj. Se dit de certains bruits respiratoires ayant les caractères d'un sifflement strident aigu.
Laryngite striduleuse, accès de dyspnée aiguë de l'enfant, survenant lors de diverses infections des voies respiratoires. (Elle se calme en général rapidement, sinon il faut craindre une laryngite* suffocante et hospitaliser.)

strié, e adj. **Muscle strié,** muscle constitué de fibres à contrôle volontaire. (V. MUSCLE.)
Corps striés, formations nerveuses appartenant aux noyaux gris de la base du cerveau.

stripping n. m. Extirpation d'une veine superficielle par de petites incisions cutanées, au moyen d'un instrument appelé *stripper.* (Syn. : ÉVEINAGE.)

stroma n. m. Tissu conjonctif de soutien d'un parenchyme*.

strongyloïde adj. Se dit des larves de certains vers (anguillule, ankylostome) qui traversent la peau et deviennent adultes dans l'intestin humain.

strontium n. m. Métal alcalinoterreux.
Les bromure, chlorure et iodure de strontium sont utilisés comme calmants, désensibilisants et antiartérioscléreux.
Strontium radioactif (Sr 90). C'est un des constituants des retombées atomiques. Emmagasiné par les végétaux, il constitue un danger de pollution alimentaire.

strophantus n. m. Plante africaine renfermant des glucosides cardiotoniques dont l'ouabaïne* et les strophantosides. (Toxique, tableau A.)

strophulus n. m. V. PRURIGO *strophulus.*

strychnine n. f. Principal alcaloïde des plantes du genre *strychnos.*
C'est un poison convulsivant, mais elle est administrée à très faibles doses en thérapeutique, car elle favorise la digestion et facilite la stimulation nerveuse des muscles. (Toxique, tableau A.)
Toxicologie. L'intoxication par la strychnine résulte le plus souvent d'une prise volontaire ou accidentelle de raticide*. Elle se manifeste par un coma avec convulsions, entraînant la mort par asphyxie. Son traitement comporte l'administration de sédatifs et la ventilation pulmonaire après intubation trachéale.

stupéfiant, e adj. et n. m. Se dit d'une substance toxique dont l'action sur le système nerveux se manifeste par un engourdissement de l'esprit et du corps, et qui est utilisée à faible dose pour le traitement des douleurs violentes.
Les stupéfiants en usage en thérapeutique (opium, morphine, cocaïne, analgésiques de synthèse, etc.) sont inscrits sur la *Liste stupéfiants* des substances vénéneuses*. Leur détention, leur prescription et leur emploi sont soumis à des règles rigoureuses, car leur utilisation peut conduire à des toxicomanies*.

stupeur n. f. Engourdissement ou suspension de toute activité physique et psychique.
Le sujet atteint de stupeur semble lointain, abruti, hébété ; sa mimique est pauvre, son regard fixe ; il se fige dans une immobilité totale.
Les stupeurs peuvent être d'origine psychotique ou neurologique.

stupidité n. f. Au sens commun, bêtise, imbécillité.
Au sens psychiatrique, état de stupeur.

styloïde adj. et n. f. En forme de stylet.
Styloïde radiale, pointe osseuse de l'extrémité inférieure du radius*.

subconscient n. m. Équivalent du mot *inconscient**.
Ce terme désigne parfois une zone du psychisme intermédiaire entre les domaines du conscient et de l'inconscient.

subictère n. m. Discrète coloration jaune de la peau et des conjonctives, qui s'observe au début des ictères et dans certaines affections du foie.

subjectif, ive adj. **Symptôme subjectif,** celui qui n'est perçu que par le malade (douleur par exemple).

Syndrome subjectif des traumatisés du crâne. V. CRÂNE.

sublimation n. f. Mécanisme de défense du « moi » par lequel une pulsion inconsciente, brutale, primitive, sexuelle ou agressive, est transformée en une tendance acceptable pour le sujet et pour la société qui l'entoure.
La pulsion sublimée est dérivée vers une activité ou une aspiration socialement élevée. Elle peut trouver un exutoire dans la profession choisie, par exemple.
La sublimation est un mécanisme de

défense, évolué, réussi, et indispensable pour l'équilibration de la personnalité.

sublimé n. m. Composé toxique du mercure*.

sublingual, e, aux adj. Situé sous la langue.

Glande sublinguale, glande salivaire située dans le plancher de la bouche.

subluxation n. f. Luxation incomplète.

subtil, e adj. **Bacille subtil,** bactérie non pathogène utilisée dans le traitement des affections intestinales ou pour la prévention des complications intestinales, durant les traitements antibiotiques.

suc n. m. Liquide contenu dans les substances végétales et animales.

Suc digestif, produit de sécrétion d'une glande digestive (estomac, pancréas, etc.).

Suc végétal, suc extrait d'une plante. — On distingue les sucs non aqueux (résines*, gommes*) et les sucs aqueux (herbacés ou acides).

succussion n. f. **Succussion hippocratique,** mode d'exploration du thorax qui consiste à imprimer des mouvements de latéralité au tronc d'un malade assis, tout en auscultant les poumons.

Un bruit de flot est entendu en cas d'hydropneumothorax.

sucre n. m. Substance du groupe des glucides*, de saveur douce et agréable, extraite de divers végétaux (canne, betterave) et principalement de la canne à sucre et de la betterave. (Syn. : SACCHAROSE.)

Propriétés chimiques. Très soluble dans l'eau, le sucre s'hydrolyse, dans certaines conditions, en donnant un mélange de glucose et de fructose.

Emploi alimentaire du sucre. Un gramme de sucre raffiné apporte 3,87 calories. Aliment très concentré, facilement absorbé et ne laissant pas de résidu, il permet une restauration rapide des réserves énergétiques. Sa consommation doit être réduite chez les diabétiques.

Parmi les aliments sucrés, citons le miel* (80 p. 100 de glucides), le chocolat (de 20 à 55 p. 100 de sucre) et les confitures (70 p. 100 de sucre).

Emploi pharmaceutique du sucre. Le sucre est utilisé dans la préparation de sirops, granulés, tablettes et pastilles.

sudamina n. m. pl. Ensemble de petites pustules apparaissant chez le nourrisson trop couvert.

Les sudamina requièrent des badigeons antiseptiques et l'éviction du contact avec des tissus synthétiques ou la laine.

sudation n. f. Sécrétion de la sueur.

L'excitation du système parasympathique* provoque une augmentation de la sudation en réaction à une élévation de la température.

Une sudation excessive perturbe le bilan hydrosodé de l'organisme, d'où la nécessité de faire boire abondamment les malades atteints d'affections (tuberculose, accès de paludisme, troubles endocriniens*) où la sudation est importante.

La sudation peut être réduite par les parasympatholytiques* (belladone, atropine, scopolamine, etc.).

sudation (bains de). Une forte sudation est obtenue dans un local où la température est élevée et l'air sec. On obtient de plus une vasodilatation des vaisseaux périphériques, que l'on fait suivre d'une vasoconstriction obtenue par une douche froide.

Le local peut être individuel ou assez spacieux pour que plusieurs personnes y circulent à l'aise. On recommande ces « bains » aux obèses, aux rhumatisants. (V. aussi ÉTUVE et SAUNA.)

sudorifique adj. et n. m. Se dit d'une substance qui augmente la sudation, telle que la pilocarpine* et l'ésérine*. (Syn. : DIAPHORÉTIQUE.)

sudoripare adj. Se dit des glandes qui sécrètent la sueur.

Situées dans le derme, elles se groupent autour d'un canal excréteur qui traverse

Sudamina.

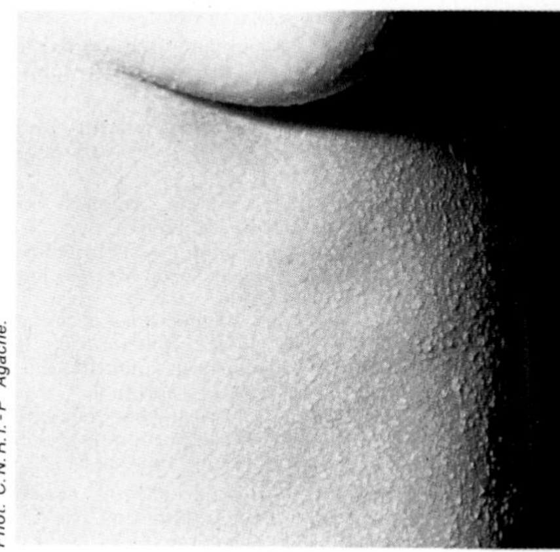

Phot. C.N.R.I.-Pr Agache.

l'épiderme. Leur nombre est élevé aux pieds, aux paumes des mains, aux régions axillaires et génitales.

Leur sécrétion est soumise au contrôle du système nerveux parasympathique*.

suette n. f. **Suette miliaire,** maladie rare qui associe une éruption cutanée à des sueurs abondantes. — Après une incubation de 6 à 12 jours, le malade présente brutalement une fièvre élevée, des douleurs thoraciques, et la sudation est importante. Puis surviennent des taches rosées sur tout le corps, qui desquament au bout de quelques jours tandis que la fièvre disparaît.

De cause inconnue, cette maladie réagit bien aux antibiotiques (tétracyclines). La réhydratation est parfois nécessaire.

sueur n. f. Liquide sécrété par les glandes sudoripares.
La sueur est riche en chlorure de sodium, et son pH est acide. Elle humidifie la peau et élimine des déchets. Son rôle essentiel est de lutter contre la *chaleur :* en effet, la vaporisation d'un litre de sueur absorbe 580 calories. La quantité de sueur sécrétée est variable, pouvant atteindre plus de 2 litres lors d'un effort musculaire violent dans une atmosphère chaude. Des états de déshydratation graves peuvent être dus à une transpiration excessive lors de la fièvre ; il faut les corriger par administration d'eau et de sel.

Le *test à la sueur* confirme le diagnostic de mucoviscidose* chez les enfants.

Traitement antisudoral. Une sudation excessive peut être diminuée par l'absorption de produits parasympatholytiques (diphémanil, atropine, belladone) et l'usage de poudres, de solutés à base de sels d'ammonium.

suffocation n. f. Asphyxie* produite par la présence d'un obstacle dans les voies respiratoires.

suffusion n. f. Passage d'une quantité plus ou moins importante de sang des vaisseaux vers les tissus voisins.

suggestibilité n. f. Trait de caractère des individus facilement influençables.
Chez l'enfant la suggestibilité est habituelle ; elle est plus ou moins prononcée chez l'adulte.

Les sujets les plus suggestibles à l'état permanent sont les hystériques, dont le « moi » immature, inconsistant, infantile, leur confère une réceptivité anormale aux influences extérieures, une psychoplasticité qui les fait changer de comportement selon les lieux, l'entourage, les circonstances.

suggestion n. f. Au sens habituel, action qui consiste à influencer quelqu'un.
En psychologie, la suggestion se définit comme l'éveil d'un sentiment, d'une croyance, d'une pensée ou d'un désir dans l'individu lui-même par une action menée de l'extérieur.

Des traitements psychothérapiques s'appuient sur la suggestion, mais les résultats obtenus ne sont guère durables.

suicide n. m. Meurtre de soi-même.
Il est d'usage de distinguer le *suicide* au sens strict, acte sanctionné par la mort, la *tentative* de suicide, acte incomplet en raison de la survie du sujet, la *velléité* de suicide, action à peine ébauchée, l'*idée* de suicide, représentation mentale de l'acte.

En fait, la velléité ou la tentative de suicide ont souvent la même signification que le suicide, sinon le même résultat.

Une grande prudence s'impose dans l'interprétation des intentions du suicidant, la distinction entre conduite suicidaire sincère et conduite suicidaire « chantage », par exemple, se révélant très difficile en pratique et même dangereuse. Toute tentative d'autodestruction doit faire l'objet d'un examen médical et psychiatrique.

Psychopathologie du suicide. L'existence ou non de suicides « normaux » a toujours soulevé des controverses. Diverses considérations philosophiques, morales, religieuses ont tenté de justifier l'acte suicidaire en tant que conduite lucide, rationnelle. En fait, l'attitude de l'homme à l'égard du suicide varie en fonction du groupe socioculturel auquel il appartient. Dans nos sociétés occidentales, l'attitude pratique des médecins est devenue sociopsychiatrique — c'est-à-dire que toute tentative d'autodestruction est considérée *a priori* comme morbide ou antisociale. S'il est excessif d'affirmer que tout suicidant est un malade mental, il est net que la majorité de ces sujets ont des difficultés psychologiques parfois très secrètes. La conduite suicidaire, si bénigne soit-elle en apparence, se révèle comme un cri d'alarme ou une réaction désespérée en face d'une situation intérieure ou extérieure vécue comme intolérable.

Conduite suicidaire pathologique. Elle peut répondre à deux ordres de situations selon qu'elle est le fait d'un malade mental ou qu'elle constitue un phénomène morbide isolé.

Suicide chez les malades mentaux. Dans de nombreux cas (80 p. 100), le suicide traduit une maladie mentale caractérisée par une psychose, une névrose ou un déséquilibre du caractère.

Parmi les états psychotiques responsables de tentatives de suicide, citons la dépression mélancolique, la schizophrénie, les délires, la confusion mentale.

Dans les états névrotiques phobiques,

anxieux obsessionnels, psychasthéniques, la tentative de suicide est rare, car « la hantise l'emporte sur l'envie de mourir ». Néanmoins, les états dépressifs névrotiques ou réactionnels peuvent entraîner des tentatives d'autodestruction. Chez l'hystérique, dont l'acte suicidaire peut prendre un aspect de chantage, ce serait une erreur d'interpréter son geste comme une simulation.

Le déséquilibre caractériel est sans doute responsable d'un grand nombre de conduites suicidaires, à la fois impulsives et récidivantes.

Suicide isolé. Il est des cas où le comportement suicidaire constitue en soi une sorte de phénomène morbide isolé qui se révèle extraordinairement tentant et facile pour certaines personnes (adolescents et adultes jeunes surtout). C'est une réaction immédiate et irraisonnée — en dehors d'anomalies véritables graves — à un sentiment de malaise intérieur, à un déplaisir profond.

Traitement. Le traitement idéal du suicide devrait être sa prévention. Cela n'est possible que lorsque les signes prémonitoires d'une affection psychiatrique se font jour et que le spécialiste peut évaluer le risque de suicide et surtout engager le traitement de l'état névrotique ou psychotique en cours.

Ces méthodes psychothérapiques, individuelles ou collectives, sont d'un grand intérêt. La coopération de l'entourage du patient est aussi indispensable au médecin. Ce qui compte c'est de bien pénétrer la signification de l'acte par rapport aux relations affectives du sujet avec les personnes de son entourage et la société en général.

Lorsqu'il y a eu tentative de suicide, il faut prévoir et prévenir la récidive, tout en conservant une attitude naturelle avec le sujet.

suite n. f. **Suites de couches,** période qui s'étend depuis l'accouchement jusqu'au retour de la première menstruation, et dont la durée habituelle est de 6 semaines. (Elle est marquée par le retour progressif de l'organisme féminin à son état antérieur.)

sulfamide n. m. Corps soufré appartenant à un groupe chimique dont la formule est $R—SO_2H_2N$.

Chlorosulfamides ou sulfachloramides. Utilisés comme antiseptiques d'usage externe, ils servent à la stérilisation de l'eau (chloramine T, dichloramine T, halazone).

Sulfamides à action antibactérienne. L'action bactériostatique des sulfamides se traduit par un ralentissement ou un arrêt de la multiplication des bactéries.

Les sulfamides actuellement employés dans le traitement des maladies infectieuses sont des sulfamides dits « retards », d'action prolongée (sulfaméthoxine, sulfaméthoxypiridazine, etc.). L'emploi de sulfamides solubles (contre les infections urinaires) et de sulfamides à faible absorption digestive (contre les infections intestinales) est courant.

Sulfamides hypoglycémiants. Ce sont des dérivés de la sulfanilamide. Par leur action stimulatrice sur les cellules β des îlots de Langerhans du pancréas, ils abaissent la glycémie. Ils sont donc utilisés dans le traitement du diabète*, associés ou non à l'insuline, aux biguanides.

sulfamidorésistance n. f. État de certaines souches microbiennes sur lesquelles les sulfamides n'ont plus d'action.

sulfate n. m., **sulfure** n. m., **sulfite** n. m. Respectivement, sels des acides sulfuriques, sulfureux et sulfhydrique.

Certains de ces sels sont utilisés en pharmacie : citons le sulfate double d'aluminium* et de potassium, ou alun (astringent), le sulfate de baryum* (opacifiant utilisé en radiologie), le sulfate de cuivre* (désinfectant), le sulfate de magnésium* (purgatif), le sulfure d'antimoine (émétique), le sulfite acide de sodium (conservateur de certaines préparations injectables).

sulfonaphtine n. f. **Sulfonaphtine sodique,** produit antihémorragique utilisé par voie intraveineuse.

sulfurique adj. Se dit de l'anhydride sulfurique SO_3 et de l'acide correspondant.

L'acide sulfurique est un caustique* corrosif*. En cas d'intoxication aiguë par ingestion, il peut entraîner un choc grave avec perforations digestives. Sur la peau, il provoque des brûlures. Toute projection d'acide sulfurique doit entraîner un lavage immédiat à grande eau.

sulpiride n. m. Médicament régulateur du cerveau végétatif, utilisé essentiellement dans le traitement de la maladie ulcéreuse gastro-duodénale, des dépressions névrotiques, des dystonies neurovégétatives.

superfécondation n. f. Fécondation d'un second ovule, au cours d'un même cycle menstruel, à la suite d'un autre rapport sexuel, donnant des faux jumeaux*.

supinateur, trice adj. Qui porte l'avant-bras et la main en dehors : *muscles supinateurs.*

supination n. f. Rotation externe du bord radial de la main, amenant la paume en avant, correspondant à une rotation du radius autour de son axe longitudinal.

suppositoire n. m. Médicament solide, de forme conique ou ovoïde, destiné à être introduit dans le rectum.

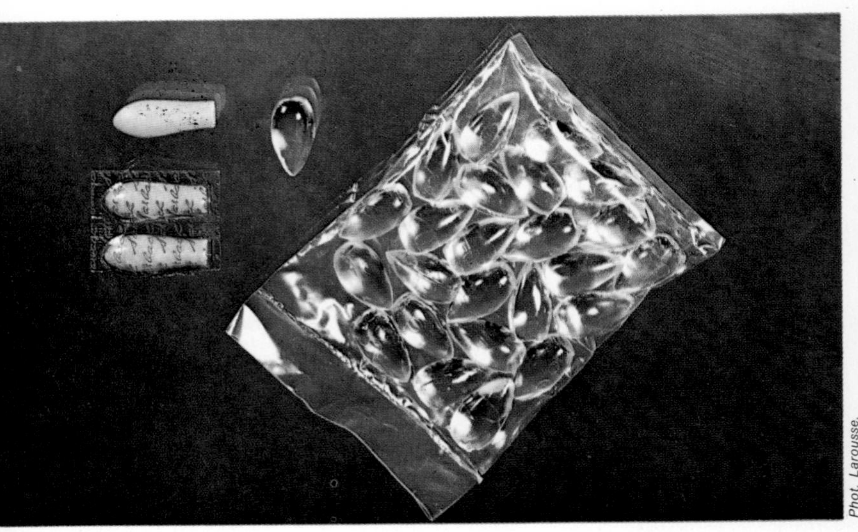
Phot. Larousse.

Suppositoires divers.

Les suppositoires sont constitués par un excipient qui se liquéfie à environ 37 °C (beurre de cacao*, glycérine* solidifiée par la gélatine, glycérides* semi-synthétiques), auquel on incorpore un ou plusieurs principes actifs d'action locale (laxatif léger) ou générale (médicaments variés).

Pour introduire un suppositoire conique dans le rectum, il faut faire entrer le *gros* bout d'abord (la constriction du sphincter le fait remonter).

suppuration n. f. Formation de pus*.
C'est la réaction normale de défense d'un organisme sain en face de l'agression microbienne. La suppuration d'un tissu est à l'origine des abcès*. Le pus est formé de leucocytes* phagocytés.

suralimentation n. f. Ingestion d'une ration alimentaire supérieure à la ration d'entretien.
Elle est parfois utile chez les malades amaigris, dans les limites de la tolérance digestive.

suramine n. f. **Suramine sodique,** dérivé sulfamidé synthétique, utilisé en injections intraveineuses contre la maladie du sommeil*.

surdi-mutité n. f. Privation de la parole, consécutive à une surdité dans la petite enfance. (V. SOURD-MUET.)

surdité n. f. Diminution ou suppression de l'audition. C'est une infirmité fréquente, due à la lésion d'un point quelconque de l'appareil auditif.
Les surdités dues à une lésion de l'oreille* externe ou de l'oreille moyenne sont des *surdités de transmission.* Celles qui sont dues à une lésion de l'oreille interne (cochlée, nerf auditif) ou des voies nerveuses centrales sont des *surdités de perception.* Ces deux formes se combinent souvent pour réaliser les *surdités mixtes.*

Surdités de transmission. Elles sont dues aux obstructions du conduit auditif externe (cérumen, tumeurs), aux otites en évolution ou guéries, à la tympanosclérose* et à l'otospongiose*. Elles se caractérisent par une diminution de la conduction aérienne des sons, précisée par l'audiométrie*.

Surdités de perception. Elles sont dues à des lésions de l'oreille interne par traumatisme (fracture du crâne), traumatismes sonores (surdités professionnelles dues aux bruits*), à des intoxications (quinine, streptomycine, gentamycine, etc.), à des troubles vasculaires, ou encore à des lésions du nerf auditif (névrites, zona, oreillons) ou des centres nerveux (tumeurs, athérosclérose). Les surdités de perception se traduisent par une altération de la conduction osseuse des sons. On y observe, s'il s'agit d'une lésion cochléaire, le phénomène de « recrutement » : l'oreille atteinte perçoit mieux les sons en présence d'une forte intensité sonore que l'oreille saine.

Surdités mixtes. Fréquentes, elles combinent les deux formes ci-dessus, soit par extension d'un même processus, soit par deux atteintes différentes.

Traitement des surdités. Il est variable suivant la cause et le siège de la lésion.

Les *surdités de transmission* relèvent le plus souvent d'un traitement chirurgical.

Celui-ci est préventif de la surdité au cours des otites moyennes : suppression des foyers de suppuration en association avec les antibiotiques.

Le traitement curatif de certaines surdités a été rendu possible par les progrès de l'instrumentation (opérations sous microscope), qui permettent la mobilisation de l'étrier ou son remplacement par une prothèse ou une greffe, notamment en cas d'otospongiose. La chirurgie de la surdité, ou cophochirurgie, traite également les malformations de l'oreille, les lésions du tympan et des osselets.

Les *surdités de perception,* par contre, relèvent le plus souvent de traitements médicaux : vasodilatateurs, corticoïdes, vitamines, etc., mais les résultats sont inconstants.

La prothèse auditive. Elle donne des résultats intéressants dans tous les types de surdités. Les appareils, actuellement très miniaturisés et adaptés à chaque cas par l'audiométrie, permettent de compenser les anomalies de la courbe de réponse de l'oreille (comme des verres correcteurs bien adaptés restituent une vision normale). Les prothèses donnent ainsi des résultats aussi bien chez les sourds adultes que chez les enfants sourds-muets*.

sureau n. m. Arbrisseau dont les fleurs sont utilisées en infusions pour leur action diurétique ou sudorifique.

surfactant n. m. Liquide tapissant la face interne des alvéoles pulmonaires.
Substance tensioactive variable avec la distension des alvéoles, il joue un rôle important dans la mécanique ventilatoire. Son absence serait responsable du syndrome des membranes hyalines*.

surinfection n. f. Infection secondaire venant compliquer le cours d'une maladie infectieuse (rougeole, coqueluche, grippe, etc.) ou d'une tumeur, une lithiase (calculs), une lésion traumatique.

surmenage n. m. Ensemble des troubles provoqués par le fonctionnement excessif ou trop prolongé d'une partie ou de l'ensemble de l'organisme.
Le surmenage peut être physique ou intellectuel. Des activités physiques et psychiques excessives ou dispersées, un surcroît de responsabilités, des charges familiales et professionnelles trop lourdes peuvent entraîner des accidents mentaux divers : états dépressifs ou troubles plus grands de nature psychotique.

Traitement. Un repos complet avec isolement du milieu habituel de vie est nécessaire. L'usage de médicaments psychotropes permet d'apaiser les perturbations émotionnelles. Des entretiens psychothérapiques permettent aux patients de prendre conscience de la longue évolution qui les a conduits au surmenage. Ils doivent réorganiser leur existence. Chez l'enfant et l'adolescent, on observe assez souvent des troubles liés au surmenage scolaire : asthénies, nervosité, anxiété, insomnie. Un rééquilibrage entre les temps de travail, d'une part, les temps de repos et de distraction d'autre part, permet d'en venir à bout avec un minimum de médicaments.

sur-moi n. m. L'une des trois grandes instances* décrites par Freud dans l'inconscient.
Il s'agit d'une force ou d'une fonction répressive et moralisatrice, constituée à partir d'interdits provenant des exigences de la société et intériorisés au cours de l'enfance.

Cette formation s'oppose aux satisfactions pulsionnelles du « ça » et oblige le « moi » à réaliser un compromis.

surrénal, e, aux adj. **Glandes surrénales** (ou **surrénales** n. f. pl.). Se dit de deux petites glandes endocrines situées au-dessus et en dedans des reins. Elles sont fixées par de nombreux filets nerveux ou plexus solaire. Chacune est constituée de deux parties embryologiquement et fonctionnellement différentes : la corticale (v. CORTICOSURRÉNAL) et la médullaire (v. MÉDULLOSURRÉNAL).

LA CORTICOSURRÉNALE. Elle est à l'origine de trois hormones : les minéralocorticoïdes* (aldostérone*), qui agissent sur la régulation de l'eau et des sels minéraux ; les glycocorticoïdes* (cortisone*), qui ont une action hyperglycémiante ; les corticoïdes sexuels ou androgènes surrénaliens.

LA MÉDULLOSURRÉNALE. Elle sécrète deux hormones : l'adrénaline* et la noradrénaline*, qui ont une action sur le système circulatoire, sur l'appareil respiratoire et sur la régulation de la glycémie* en stimulant d'une façon générale les combustions cellulaires et en augmentant le métabolisme basal et la mobilisation des glucides.

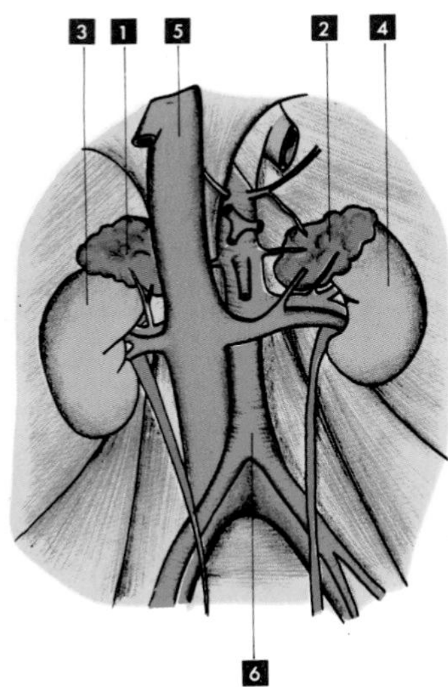

Surrénal.
Situation générale des glandes surrénales.
1. Surrénale droite ; 2. Surrénale gauche ;
3. Rein droit ; 4. Rein gauche ;
5. Veine cave inférieure ; 6. Aorte.

Méthodes d'exploration. La radiographie des surrénales se fait par contraste gazeux (rétropneumopéritoine*), un gaz étant injecté en arrière du péritoine. L'urographie intraveineuse permet de visualiser des signes de compression indirects. Les épreuves vasculaires (aortographie et artériographie sélective) mettent en évidence une éventuelle hypervascularisation tumorale.

La biologie explore le métabolisme de chaque hormone. Les sécrétions de la médullosurrénale sont explorées par le dosage des catécholamines* urinaires (400 µg par 24 heures).

La corticosurrénale est à explorer dans ses trois fonctions : *minéralocorticoïde* par l'ionogramme* sanguin et urinaire et le dosage de l'aldostérone (normale = de 4 à 9 µg par 24 heures) ; *glycocorticoïde* par la glycémie, les épreuves d'hyperglycémie* provoquée et le dosage des 17-hydroxycorticostéroïdes (normal = de 4 à 6 mg par 24 heures), *androgénique* par le dosage des 17-cétostéroïdes d'origine surrénalienne. Les épreuves dynamiques de stimulation et de freinage permettent de mieux suivre le mécanisme de ces hormones. (V. CORTICOSURRÉNAL.)

Pathologie des surrénales. L'HYPOFONCTIONNEMENT GLANDULAIRE. La déficience hormonale n'a pu être individualisée que pour la corticosurrénale. La destruction corticale peut être provoquée par diverses maladies : tuberculose, cancer bilatéral, amylose*, hémorragie. L'hypofonctionnement peut être d'origine hypophysaire* par défaut d'A. C. T. H.* (tumeur, exérèse chirurgicale ou traitement prolongé par les corticoïdes).

Le tableau clinique de l'insuffisance surrénalienne lente est celui de la maladie d'Addison*. L'insuffisance surrénale aiguë est une urgence médicale nécessitant un traitement rapide. Elle associe des troubles digestifs (diarrhées, vomissements), cardio-vasculaires (collapsus, cyanose), nerveux (convulsions, coma) et des douleurs abdominales violentes.

Le traitement repose sur l'injection rapide de corticoïdes, de minéralocorticoïdes* et une réanimation. Cet accident se voit au cours de la maladie d'Addison, lors d'infections, d'interventions chirurgicales de stress divers, ou à l'arrêt brutal d'un traitement corticoïde.

L'HYPERFONCTIONNEMENT GLANDULAIRE. Les tumeurs de la médullosurrénale, ou phéochromocytomes*, développées à partir des cellules chromaffines, sont le plus souvent bénignes, mais elles provoquent une hypertension* paroxystique.

Les trois groupes hormonaux corticosurrénaliens peuvent provoquer chacun un hypercorticisme. L'augmentation des glycocorticoïdes* réalise le tableau de la maladie de Cushing*. Le syndrome de Conn* est l'expression clinique de l'hyperfonctionnement minéralocorticoïde (hyperaldostéronisme tumoral primaire) ; certains dérèglements hormonaux peuvent se rencontrer au cours des œdèmes rénaux et cardiaques. L'hyperfonctionnement androgénique se présente différemment selon l'âge et le sexe. Chez l'adulte, c'est un hirsutisme* plus ou moins développé. Chez le petit garçon, c'est un tableau de macrogénitosomie (développement précoce de la verge) ; chez la fille, l'hypertrophie clitoridienne, signe de virilisme, peut être à l'origine d'erreur d'état civil. Ce sont des tumeurs ou des maladies enzymatiques qui en sont responsables.

surrénalectomie n. f. Ablation chirurgicale, totale ou partielle, d'une capsule surrénale.

surtout n. m. **Surtout fibreux,** tissu fibreux qui recouvre l'ensemble d'une formation anatomique.

sus-claviculaire adj. Situé au-dessus de la clavicule : *région sus-claviculaire.*

sus-hyoïdien, enne adj. Situé au-dessus de l'os hyoïde : *région sus-hyoïdienne.*

suspension n. f. **1. Appareillage en suspension,** appareil permettant, par un système de cadres et de poulies, d'équilibrer le poids d'un membre inférieur immobilisé, améliorant le confort, sauvegardant la motilité articulaire, prévenant les accidents de décubitus et facilitant les soins infirmiers.
2. Suspension injectable, liquide destiné à l'injection et dans lequel se trouvent dispersées de fines particules insolubles.

suspensoir n. m. Petite poche en tissu destinée à maintenir et remonter les bourses, lors d'une varicocèle, d'une orchite par exemple.

suture n. f. **Suture chirurgicale,** couture faite pour raccorder des tissus séparés par accident ou par une intervention chirurgicale.
Suture osseuse, nom donné à certaines surfaces articulaires réunies par du tissu fibreux (synarthroses), se rencontrant essentiellement au niveau de la voûte du crâne.

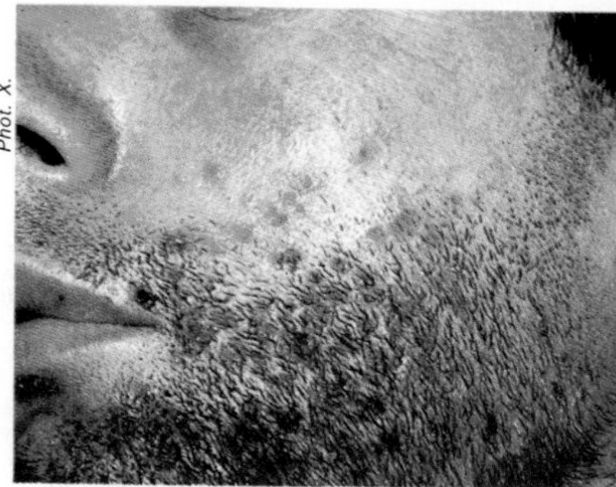
Phot. X.

Sycosis. Sycosis pyococcique.

sycosis n. m. Infection de la barbe ou de la moustache.
D'origine *bactérienne,* nécessitant un trai-

Sutures. Différents types de sutures.
A. Par affrontement : suture de peau.
1. Par points séparés ;
2. Par points coulissants invisibles (chirurgie plastique).
B. Sutures digestives.
3, 4 et 5. Points éversants (3. Point non perforant [point séro-séreux] ;
4. Suture en deux plans [point muquo-muqueux et point séro-séreux] ;
5. Suture enfouissante [point séro-muqueux et point séro-séreux]).
C. Sutures de vaisseaux :
6. Suture éversant les deux lèvres.

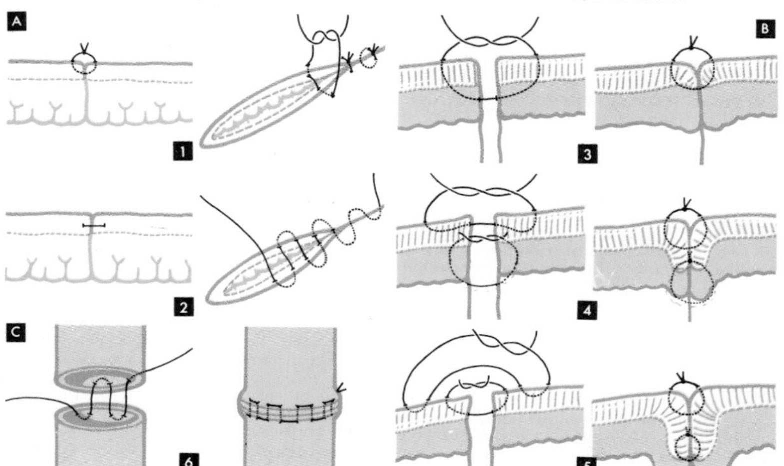

tement antibiotique général, ou *mycosique*, nécessitant un traitement antimycosique, cette infection oblige à couper et raser les poils pour être traitées.

Sydenham (chorée de), affection de l'enfance, caractérisée par des mouvements choréiformes associés à des arthralgies fugaces, et se compliquant parfois d'atteinte cardiaque comme le rhumatisme* articulaire aigu. (V. CHORÉE.)

Sylvester (méthode de), méthode de respiration artificielle manuelle qui se pratique sur le dos, en élevant les membres supérieurs, puis en les ramenant sur le thorax, qu'on comprime. (Elle ne dégage pas les voies respiratoires et n'est à utiliser que si on ne peut mettre le sujet à plat ventre.) [V. RESPIRATION ARTIFICIELLE.]

Sylvius (aqueduc de), partie du canal de l'épendyme, faisant communiquer les 3e et 4e ventricules cérébraux.

Sylvius (scissure de), scissure qui marque la face externe de chacun des hémisphères cérébraux. (V. CERVEAU.)

symbiose n. f. Association intime de deux ou de plusieurs organismes vivants.

symbiote n. m. Organisme vivant en association avec un autre, cette réunion profitant à chacun et faisant apparaître des propriétés nouvelles.
La flore bactérienne intestinale est formée de nombreux symbiotes qui sont utiles pour la digestion.

sympathectomie n. f. Résection plus ou moins importante d'une chaîne sympathique : *sympathectomie lombaire, cervico-thoracique, périartérielle.*

sympathicothérapie n. f. Méthode visant à exciter ou à anesthésier les filets nerveux végétatifs de la muqueuse nasale.
On l'utilise dans le traitement de certaines affections nasales et des dystonies neurovégétatives.

sympathicotonie n. f. Excitabilité excessive du système nerveux sympathique, dont les signes principaux associent un éréthisme* cardiaque, une tachycardie*, une irritabilité psychique.

sympathique adj. et n. m. **Système sympathique** (ou **orthosympathique**), formation nerveuse destinée à régler la vie végétative (fonctionnement des viscères) en fonction des différents besoins, en synergie avec le *système parasympathique.*

Il comprend des centres situés dans le système nerveux central et une partie périphérique constituée de nerfs et de ganglions. La chaîne ganglionnaire sympathique est formée de ganglions prévertébraux échelonnés de part et d'autre de la ligne médiane, reliés au système cérébro-spinal par les *rameaux communicants.* Le sympathique *céphalique* comprend les ganglions ophtalmique, sphénopalatin et optique ; il est relié par le plexus carotidien au sympathique *cervical,* formé de 3 ganglions dont l'inférieur est le *ganglion stellaire** ; le sympathique *thoracique* comprend 11 ganglions, dont les branches se distribuent aux organes intrathoraciques formant les plexus pulmonaire et cardiaque, les nerfs grand et petit *splanchniques;* le sympathique *abdominal* contribue à la formation des plexus solaire, mésentérique et splanchnique ; le sympathique *pelvien* va constituer le *plexus hypogastrique.* (V. NERVEUX, *Système nerveux végétatif.*)

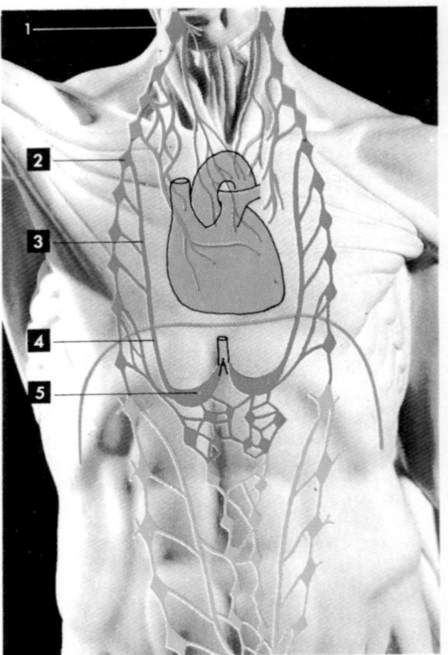

Sympathique.
1. Ganglion cervical inférieur ;
2. Chaîne sympathique ;
3. Nerf grand splanchnique droit ;
4. Nerf petit splanchnique droit ;
5. Ganglion semi-lunaire droit.

sympatholytique adj. et n. m. Se dit d'une substance qui s'oppose à l'action des nerfs sympathiques, soit en bloquant les récepteurs adrénergiques* alpha (alphabloquants, tel l'ergot* de seigle) ou bêta (bêtabloquants, tel le propanolol), soit en agissant au niveau des ganglions (ganglioplégiques*).

sympathome n. m. Tumeur due à une prolifération des cellules souches du système sympathique.

sympathomimétique adj. et n. m. Se dit d'une substance qui reproduit les effets provoqués par la stimulation des fibres sympathiques postganglionnaires.
Ces médiateurs exercent leur action sur deux types de récepteurs, alpha (vasoconstriction artérielle et accélération cardiaque) et bêta (dilatation des bronches), et sur le système nerveux central (excitation).

Les principaux sympathomimétiques sont l'adrénaline*, la noradrénaline*, l'éphédrine* et l'isoprénaline*.

symphyse n. f. **En anatomie,** connexion étroite entre deux os : *symphyse pubienne, symphyse mentonnière.*
En pathologie, accolement d'origine inflammatoire, sur une grande surface, des deux feuillets d'une séreuse* : *symphyse pleurale, péricardique.*

symptomatique adj. **Traitement symptomatique,** traitement des symptômes d'une maladie et non de ses causes.

symptôme n. m. Manifestation d'une maladie pouvant être perçue subjectivement par le malade lui-même (*symptôme subjectif*) ou être constatée par l'examen clinique (*symptôme objectif,* appelé couramment « signe »). Les symptômes se groupent en syndromes*.

synapse n. f. Lieu de jonction entre deux terminaisons de cellules nerveuses.
La synapse se situe entre l'extrémité de l'axone (prolongement efférent de la cellule) et des dendrites (prolongements afférents) de la cellule suivante. L'influx* nerveux franchit la synapse par l'intermédiaire de médiateurs* chimiques (adrénaline ou acétylcholine). Ceux-ci sont libérés par l'influx, sous forme de vésicules, dans l'espace intersynaptique. Le médiateur chimique vient ainsi exciter les dendrites* du neurone suivant, recréant un autre influx électrique qui se propage le long de la fibre jusqu'à la synapse suivante. Après avoir stimulé la cellule suivante, le médiateur chimique est réactivé dans l'espace intersynaptique par des enzymes spécifiques.

synchisis n. m. Lésion du corps vitré de l'œil, consistant dans son ramollissement, avec opacités flottant dans l'intérieur.
Synchisis étincelant. Il est dû à l'existence dans le corps vitré de points brillants, dus le plus souvent à des cristaux de cholestérol.

syncinésie n. f. Contraction musculaire involontaire survenant au cours de la contraction volontaire d'un autre groupe musculaire.

syncope n. f. Arrêt brusque et transitoire des fonctions circulatoires et respiratoires, entraînant une perte de connaissance.
La syncope est différente de la lipothymie*, malaise bénin avec vertige, sans arrêt du cœur ni de la respiration.

Le sujet en syncope présente l'aspect d'une mort apparente, les pouls sont abolis, comme les mouvements de la respiration. Il reprend connaissance en 1 ou 2 minutes, de lui-même ou aidé par une mise en position couchée, tête basse, col desserré, et par des frictions du thorax, des gifles légères et des secousses.

Les cardiopathies* et surtout les troubles du rythme cardiaque (pouls lent permanent), certaines anesthésies sont responsables de syncopes graves nécessitant une réanimation appropriée (massage cardiaque, défibrillation).

syndactylie n. f. Malformation congénitale consistant en l'accolement des doigts.
Elle est généralement héréditaire et familiale. Le pronostic est favorable au prix d'une intervention chirurgicale plastique qui ne doit pas être pratiquée trop tôt.

syndesmophyte n. m. Ossification des ligaments intervertébraux et de l'espace situé entre les disques intervertébraux et les liga-

Syndactylie.

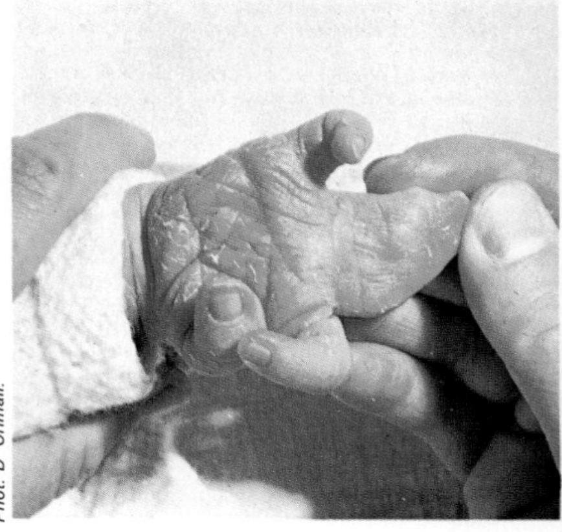

Phot. Dr Crimail.

ments, observée dans la spondylarthrite* ankylosante.

syndrome n. m. Ensemble de symptômes affectant simultanément ou successivement un organisme, et dont le groupement prend une valeur significative de la localisation, du mécanisme ou de la nature d'un processus pathologique, sans permettre cependant à lui seul d'établir un diagnostic complet.

Divers syndromes. ***Syndromes généraux.*** Ils témoignent d'une atteinte globale de l'organisme.

Le *syndrome infectieux* associe la fièvre*, une tachycardie*, un faciès rouge ou pâle et, suivant les cas, des douleurs, des éruptions, des signes nerveux (abattement, coma). Quand il est bactérien il s'accompagne presque toujours d'une hyperleucocytose*. (V. INFECTION.)

Le *syndrome parasitaire* se manifeste le plus souvent par un prurit, avec ou sans urticaire*, de l'irritabilité et des malaises, parfois des douleurs abdominales. L'éosinophilie* y est le plus souvent associée.

Le *syndrome toxique* est variable suivant la substance en cause. La température est normale ou abaissée, le faciès est terreux, parfois cyanosé. On peut observer des troubles digestifs, respiratoires (toux, dyspnée), nerveux (paralysies, convulsions, coma). L'identification du toxique responsable (alcool, arsenic, plomb, etc.) et son dosage permettent de préciser le diagnostic et le pronostic.

L'*état de choc* est un syndrome fait d'hypotension, de pâleur et de refroidissement des extrémités dont les causes sont multiples. (V. CHOC.)

Le *syndrome anémique* se traduit par la pâleur, l'hypotension, un souffle cardiaque systolique, des syncopes* ou des lipothymies et parfois par de la dyspnée. (V. ANÉMIE.)

Syndromes de localisation. Ces syndromes renseignent sur le siège d'une lésion ou d'un trouble, parfois de façon très précise. Ainsi, en neurologie, l'étude des muscles où se manifeste une paralysie, celle des anomalies de la sensibilité qui lui sont associées, celles des réflexes permettent de localiser la lésion qui en est la cause (ainsi le syndrome pyramidal, associant une paralysie avec conservation des réflexes ostéotendineux et signe de Babinski*, témoigne d'une atteinte du faisceau pyramidal).

Les différentes affections thoraciques engendrent des syndromes respiratoires, cardiaques, médiastinaux. Les organes intra-abdominaux traduisent leur atteinte par des groupes de symptômes qui permettent de distinguer des syndromes péritonéaux, gastriques, biliaires, urinaires, génitaux, etc.

Syndromes mécaniques. Ils témoignent d'un mécanisme physique particulier. Ainsi, un *obstacle dans un conduit* perturbe le transit normal de son contenu ; il s'ensuit une accumulation des substances en amont, un arrêt de l'écoulement en aval et une lutte de l'organisme contre l'obstacle, se traduisant par des douleurs d'abord localisées, puis irradiées aux régions voisines On comprend ainsi les symptômes de l'occlusion* intestinale, de la colique* hépatique, de la colique néphrétique.

Les syndromes mécaniques regroupent aussi les *compressions d'un organe ou d'une région* (œdème, douleurs, perturbations dans les organes voisins) et l'*augmentation de pression dans un organe creux* (syndromes d'hypertension* portale, d'hypertension intracrânienne, etc.).

Syndromes biologiques et radiologiques. Ils regroupent l'ensemble des modifications des constantes biochimiques, physico-chimiques ou cytologiques, ou des modifications radiologiques accompagnant certaines manifestations cliniques et en facilitant le diagnostic.

Citons le syndrome biologique de l'occlusion intestinale, qui se traduit par une baisse de sodium et du chlore sériques entraînée par les vomissements, et par des « niveaux liquides » sur les radiographies de l'abdomen.

On appelle aussi syndrome biologique des manifestations cliniques provoquées par un dérèglement biochimique. Ainsi, l'hypoglycémie* se manifeste par des convulsions suivies de coma, l'hypocalcémie* par des troubles nerveux spasmodiques. (V. SPASMOPHILIE.)

Significations des syndromes. Dans certains cas, la constatation d'un syndrome n'est qu'une étape dans l'établissement d'un diagnostic, qui sera établi avec l'évolution et les examens complémentaires.

Dans d'autres cas, le syndrome constitue une entité pathologique, toujours identique, mais dont la cause ou le mécanisme restent obscurs. Citons le syndrome de Dressler, qui peut survenir de 2 à 3 semaines après un infarctus* du myocarde.

La connaissance de la cause est un critère essentiel définissant la maladie et permettant son classement nosologique. *Toutefois, il est souvent difficile, voire impossible, de faire la distinction entre syndrome et maladie.* Si l'origine indéterminée et la diversité des causes possibles sont les deux critères proposés pour définir le syndrome, de nombreux états décrits originellement comme syndromes sont maintenant, du fait des progrès de la médecine, rattachés à une cause précise (ainsi le syndrome de Down, ou mongolisme, a été rapporté à la trisomie 21).

Signalons qu'*un syndrome peut n'être*

qu'une réaction normale de l'organisme à certaines agressions, sans être un état pathologique (ainsi l'exercice musculaire entraîne une élévation du taux de la glycémie, de la fréquence cardiaque et une augmentation de la sécrétion des hormones corticosurrénales qui entrent dans le cadre du syndrome général d'adaptation).

La connaissance approfondie des syndromes est nécessaire pour établir un bon diagnostic. Toutefois, un syndrome n'a de valeur que dans la mesure où ont été justement appréciées l'existence et l'importance des symptômes ou signes qui le constituent.

synéchie n. f. Accolement pathologique, cicatriciel, de deux surfaces.

Synéchies de l'iris, adhérences de l'iris aux organes de voisinage.

Synéchie utérine, adhérence des deux faces internes de l'utérus, entraînant une symphyse* totale ou partielle de la cavité utérine.

synergie n. f. Association de plusieurs tissus ou de plusieurs organes pour l'accomplissement d'une même fonction.

synoptophore n. m. Appareil pour l'étude et le traitement des troubles de la vision binoculaire.

synostose n. f. Union complète de deux os, normale au niveau de certains os du crâne, pathologique entre deux os accidentellement au contact (synostose des deux os de l'avant-bras après une fracture, par exemple).

synovectomie n. f. Ablation chirurgicale de la membrane synoviale d'une articulation et de ses prolongements.

synovial, e, aux adj. Qui se rapporte à la synovie.

Gaine synoviale, fourreau séreux qui entoure les tendons des muscles fléchisseurs et extenseurs des doigts et des orteils.

Membrane synoviale (ou **synoviale** n. f.), membrane qui double la face interne de la capsule et tapisse toute la cavité articulaire, sauf les surfaces articulaires elles-mêmes ; elle sécrète la *synovie**.

synovie n. f. Liquide incolore, visqueux, filant, qui lubrifie les surfaces articulaires en facilitant leur glissement.

Épanchement de synovie, terme couramment employé, mais à tort, pour désigner l'*hydarthrose**.

synoviorthèse n. f. Traitement de certaines affections articulaires, fondé sur une destruction de la synoviale pathologique, suivie de sa reconstitution normale.

La synoviorthèse consiste en l'injection intraarticulaire de substances caustiques ou radioactives. La principale indication en est la polyarthrite* chronique évolutive, mais elle ne peut s'appliquer qu'à des articulations encore peu détruites.

syntonie n. f. Disposition psychologique qui permet à un sujet de s'accorder facilement avec le milieu qui l'entoure.

syphilide n. f. Lésion cutanée de la syphilis* secondaire se manifestant par des taches (macules) ou des élevures (papules).

syphilis n. f. Maladie vénérienne contagieuse, due aux tréponèmes* pâles, et qui expose à des complications tardives affligeantes : nerveuses, cardio-vasculaires, osseuses.

Bactériologie. Le tréponène est une bactérie spiralée qui fut identifiée en 1905 par Schaudin et Hoffmann. Le diagnostic sérologique fut rendu possible par la réaction de Bordet-Wassermann (B. W.), puis par le test d'immobilisation des tréponèmes de Nelson.

Contagion. Elle se fait au cours de relations sexuelles avec une personne porteuse de lésions virulentes. La transmission indirecte (w.-c., instruments de musique à vent) est très discutée, car le germe est très fragile. La contamination peut être professionnelle (médecins, infirmières), mais elle ne peut se faire que sur une lésion cutanée. La prostitution joue encore un certain rôle dans la dissémination, mais l'évolution des mœurs, les rapports libres et l'homosexualité représentent les principales sources de contamination.

Signes cliniques. L'évolution de la syphilis comporte trois périodes : primaire, secondaire et tertiaire.

La syphilis primaire. Le chancre* en est la première manifestation. Il survient 3 semaines environ après le contage et apparaît au point d'inoculation. Le chancre du gland se présente comme une érosion indolore, rose, régulièrement arrondie, reposant sur une base légèrement infiltrée. Il s'y associe une adénopathie* (ganglions) du territoire intéressé, elle-même indolore. D'autres localisations se voient : chancres ulcéreux simulant de l'impétigo, chancre du col utérin, souvent méconnu, de la lèvre, de l'amygdale, de la vulve... La cicatrisation se produit rapidement et la phase secondaire débute.

Devant une lésion suspecte, c'est le laboratoire qui fait le diagnostic par la recherche du tréponème à l'ultramicroscope et la réaction de Bordet-Wassermann, qui devient positive. La présence de tréponème signe la syphilis, qui guérit à ce stade par un traitement antibiotique.

La syphilis secondaire. C'est le stade des éruptions contagieuses. Au début, elle se

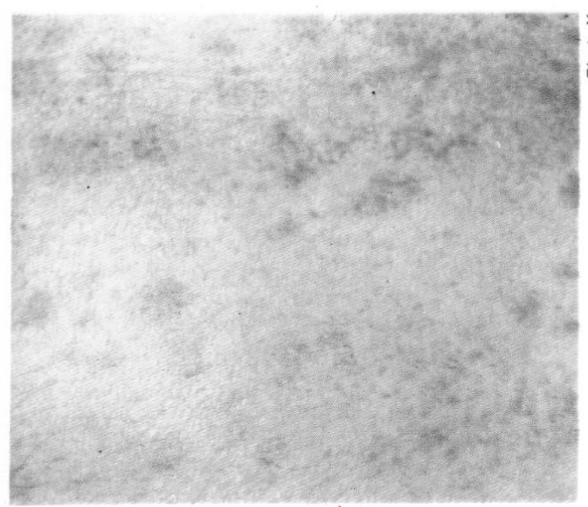
Phot. X.

Syphilis. Syphilis secondaire (roséole).

caractérise par une éruption de macules (taches rosées), non prurigineuses, et la présence de « plaques muqueuses » siégeant autour du gland (syphilides*), sur la langue, autour des orifices naturels. Une légère fatigue et de petits ganglions disséminés peuvent s'associer aux signes cutanés. La sérologie (B. W.) est toujours positive, comme le test de Nelson. Le traitement guérit la maladie et permet la négativation des tests sérologiques. En l'absence de traitement, surviennent, après un laps de temps variable où tous les signes ont rétrocédé, des lésions papuleuses indurées de couleur cuivrée, toujours indolores, donc méconnues du malade. Elles siègent souvent aux paumes des mains et plantes des pieds, autour des orifices naturels. Les tests sont positifs, et les lésions fourmillent de tréponèmes. L'action du traitement est rapide sur les lésions, plus inconstante sur la sérologie.

Syphilis. Syphilides plantaires.

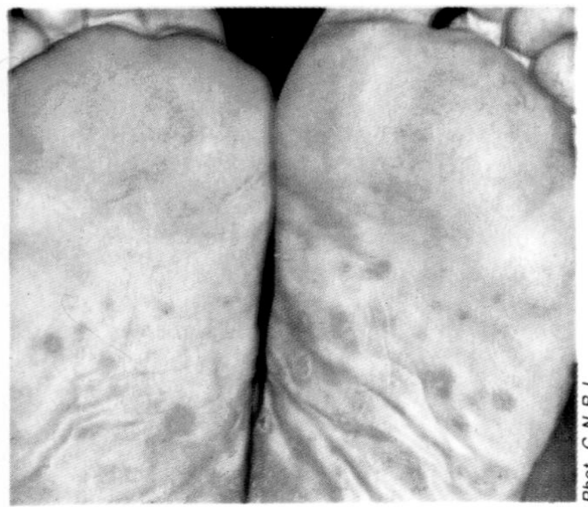
Phot. C.N.R.I.

La syphilis tertiaire. Elle nécessite de 3 à 12 ans pour se manifester en l'absence de tout traitement. Ses manifestations multiples ont pratiquement disparu de nos jours. Les lésions de la peau et des muqueuses sont à type de gommes* (nodosités suppuratives), qui aboutissent à la sclérose. Les localisations les plus courantes sont celles du voile du palais, de la langue (simulant un cancer), qui peuvent se transformer en lésion maligne sous l'action d'irritants locaux (tabac).

La destruction de l'os ou son hypertrophie sont à l'origine d'altérations graves.

L'atteinte du système cardio-vasculaire, surtout localisée sur l'aorte, porte sur la destruction des trois tuniques artérielles. Cela entraîne une insuffisance coronarienne, une insuffisance aortique et, surtout, l'anévrisme* aortique avec le grand risque de rupture et de mort subite.

Les manifestations les plus tardives (de 10 à 20 ans) sont celles du système nerveux : le tabès*, les scléroses* combinées et la paralysie générale. Le tabès est dû à une sclérose des cordons* et racines postérieures de la moelle épinière. La paralysie générale se caractérise par une amimie*, des troubles du langage et du comportement.

Toutes les anomalies neurologiques s'accompagnent d'un signe d'Argyll*-Robertson et de modifications du liquide céphalo*-raphidien.

Le traitement à ce stade ne permet qu'une stabilisation des lésions.

Syphilis congénitale. C'est une fœtopathie* transmise, par voie placentaire, de la mère à l'enfant, entre le 5e et le 9e mois de grossesse. Ce n'est donc pas une maladie héréditaire.

L'infection peut être à l'origine de la mort du fœtus (avortement ou accouchement à terme d'un enfant mort-né), mais c'est une éventualité rare. Le plus souvent, le nouveau-né fait une syphilis précoce, identique à la période secondaire de la maladie (pemphigus*, atteinte hépatique, hématologique et osseuse). Plus rarement, la syphilis peut se révéler dans l'enfance par des lésions tertiaires (muqueuses, osseuses, viscérales).

Les examens biologiques. La mise en évidence de la syphilis se fait de deux manières : mise en évidence du tréponème et méthodes sérologiques.

La recherche du tréponème se fait à l'ultramicroscope, à partir de la sérosité des lésions.

Les méthodes sérologiques utilisent les réactions d'hémolyse* et de floculation*. Ce sont les réactions de Bordet*-Wassermann (ou B. W.), de Kline, de Kahn. Les différences d'intensité des réactions sont cotées en négatif (−), douteux (±) ou positif (+ à +++). Ces tests ne sont positifs que 10 jours après le chancre et le restent pendant toute l'évolution. Mais certaines réponses positives peuvent se voir lors d'autres maladies (herpès*, hépatite* virale, lupus*, mononucléose*) et dans les tréponématoses non vénériennes. Le test d'immobilisation des tréponèmes (de Nelson), plus fiable, consiste à mettre le sérum suspect en présence de tréponèmes dont on observe la mobilité sous ultramicroscope. Ce test est positif à partir du 20e jour après le chancre. Il reste très longtemps positif. La méthode d'immunofluorescence, qui visualise des tréponèmes, est positive très précocement (25 jours après le contage).

Traitement. Le traitement actuel utilise la pénicilline, qui garde toujours son pouvoir bactéricide sur le tréponème.

Dans la syphilis récente (primaire ou secondaire), on utilise des doses croissantes d'antibiotiques (pénicilline retard) par voie intramusculaire. Des corticoïdes peuvent être administrés à petites doses. La sérologie sera surveillée tous les 3 mois. Dans la syphilis tertiaire, le traitement d'attaque est identique, mais il devra se poursuivre avec des cures complémentaires de pénicilline retard et de bismuth. L'adjonction de corticoïdes est nécessaire si la contamination est ancienne. La découverte inopinée d'une sérologie positive (confirmée par plusieurs laboratoires) doit faire traiter le malade, le mettant à l'abri des complications tardives ; mais les antibiotiques n'agissent que rarement sur la sérologie, qui reste positive.

Les *accidents du traitement* sont de deux sortes : intolérance à la pénicilline et réactions d'Herxheimer*.

L'allergie à la pénicilline peut être à l'origine d'un choc anaphylactique* grave. On utilisera alors les tétracyclines.

La réaction d'Herxheimer est due à la destruction massive des tréponèmes sous l'influence de la pénicilline. Toutes les lésions (chancre, roséole) sont exacerbées, et la réaction peut, en cas de syphilis tertiaire, être à l'origine de complications. Cette réaction peut être évitée par l'emploi de corticoïdes et de doses très faibles d'antibiotique au début.

Syphilis et grossesse. Les examens sanguins pratiqués au cours du 1er trimestre de la grossesse ont pour but de détecter une syphilis qui, traitée immédiatement, n'expose pas le fœtus à la contamination. Il faudra toutefois renouveler, au cours du 3e trimestre, un examen sérologique, car, à ce moment, le fœtus peut contracter la syphilis. (V. ci-dessus *Syphilis congénitale.*)

Les récidives. Il est possible d'observer des récidives, qui sont dues à la brièveté du traitement (surtout dans les syphilis primaires) et également à l'absence d'immunité conférée par la maladie.

Protection sanitaire. La découverte d'une syphilis doit être déclarée, de façon non nominative, par le médecin. Lorsqu'un malade refuse le traitement, l'hospitalisation* d'office est possible pour éviter la propagation de la maladie. Des dispensaires et un service social spécial assurent la lutte antivénérienne.

Le traitement par la pénicilline a changé l'épidémiologie de la syphilis, mais ne met pas à l'abri de flambées dues à l'imprévoyance ou à l'absence de mise en garde.

syringomyélie n. f. Maladie neurologique dont la lésion est une cavité au centre de la moelle épinière, au niveau du cou, et pouvant s'étendre jusqu'au bulbe (syringobulbie), détruisant dans sa progression les centres nerveux adjacents.

La particularité de cette affection réside dans l'existence d'un syndrome *suspendu* et d'un syndrome *sous-lésionnel.*

Le *syndrome suspendu* témoigne du siège des lésions sur une hauteur limitée de la moelle. Il associe une disparition de la sensibilité thermique et douloureuse, contrastant avec la persistance de la perception du tact et des positions des membres. L'abolition des réflexes* ostéo-tendineux s'observe dans cette zone, ainsi qu'une parésie* et une amyotrophie*, prédominant aux mains, qui sont le siège d'un tonus exagéré.

Le *syndrome sous-lésionnel* manifeste les conséquences de la lésion qui a produit une cavité dans la substance blanche de la moelle, où circulent les faisceaux moteurs des voies nerveuses. Les membres inférieurs sont hypertoniques et les réflexes y sont exagérés. On observe un signe de Babinski* bilatéral.

L'évolution de la syringomyélie est lente et insidieuse ; le traitement symptomatique est secondé par la chirurgie, qui permet la décompression de la zone anormale, au niveau de la charnière* cervico-occipitale.

systole n. f. Contraction du muscle cardiaque, faisant suite à la diastole* et entraînant l'éjection du sang de la cavité cardiaque dans laquelle il se trouve (oreillette ou ventricule).

La systole des oreillettes précède celle des ventricules. Celle-ci est essentielle : son arrêt, même bref, peut entraîner la mort. (V. CŒUR.)

T. A. B., sigle du vaccin contre la fièvre *T*yphoïde et les paratyphoïdes *A* et *B*.

tabac n. m. Le tabac est nocif par la nicotine* qu'il contient, mais celle-ci est brûlée en grande partie lorsqu'on le fume. Il est également toxique par les goudrons qui se forment lors de sa combustion et se déposent dans les voies aériennes. L'usage répété du tabac favorise l'insuffisance respiratoire, l'ulcère de l'estomac, les cancers des lèvres, de la langue, du poumon, les affections des artères coronaires et l'infarctus du myocarde. Il est interdit chez les cardiaques et artéritiques. Une loi du 9 juillet 1976 est relative à la lutte contre le tabagisme.

tabagisme n. m. Intoxication par le tabac. Les risques pour le fumeur sont d'autant plus élevés que la consommation est importante, mais même de petites quantités peuvent être la cause de troubles ou de lésions, et il est impossible de déterminer un seuil de danger. **Tabagisme passif,** intoxication involontaire de non-fumeurs (dits fumeurs passifs) par la fumée de tabac en atmosphère confinée. Il est responsable d'athérosclérose (coronaires), et chez l'enfant d'atteintes respiratoires.

tabatière n. f. **Tabatière anatomique,** dépression située à la partie postéroexterne du poignet, traversée par l'artère radiale et les tendons des muscles radiaux.

T. A. B. D. T., sigle du vaccin contre la fièvre *T*yphoïde, les parathyphoïdes *A* et *B*, la *D*iphtérie et le *T*étanos.

tabès n. m. Manifestation nerveuse de la syphilis* tertiaire.
Il se traduit par une incoordination dans les mouvements (ataxie* locomotrice), rendant la marche très difficile bien que la force musculaire segmentaire soit conservée ; par une abolition des réflexes ostéo-tendineux et par le signe d'Argyll*-Robertson ; par des douleurs fulgurantes et par des troubles trophiques (ulcères, maux perforants). Le traitement appliqué au début de l'évolution permet une amélioration.

table n. f. **Table d'opération,** table articulée sur laquelle est étendu le patient et qui permet d'opérer n'importe quel malade dans la position voulue, grâce à un jeu de commandes faciles à manœuvrer au cours même de l'intervention.

tableau n. m. **Tableaux A, B, C,** listes où étaient réparties les différentes substances pharmaceutiques vénéneuses employées en thérapeutique humaine et vétérinaire. Un décret du 29 décembre 1988 a remplacé ces tableaux par des « Listes », pour mettre la législation française en accord avec les directives européennes de la C. E. E.

Le tableau A (substances très toxiques) est remplacé par la LISTE I ; le tableau B (stupéfiants) est remplacé par la LISTE STUPÉFIANTS (prescription pour 7 ou 60 jours sur ordon-

Table. Table d'opération.

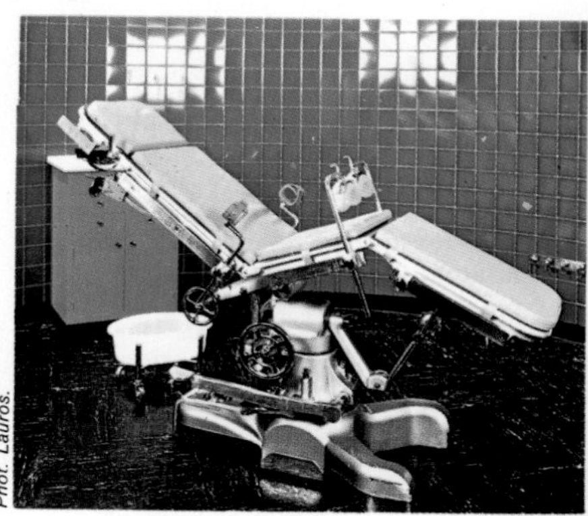

Phot. Lauros.

nance extraite d'un carnet à souche); le tableau C (substances dangereuses ou nécessitant des précautions spéciales) est remplacé par la LISTE II. L'ordonnance doit dans tous les cas comporter les nom, prénom, sexe et âge du malade, et la durée du traitement.

tablette n. f. Médicament solide renfermant une forte proportion de sucre et une faible quantité de principe actif, qu'on laisse fondre dans la bouche.

tache n. f. **Tache rubis,** petit angiome* en forme de perle, sans signification pathologique.
Les taches rubis sont plus nombreuses chez les alcooliques.

tachyarythmie n. f. Rythme cardiaque rapide et irrégulier qui prélude à l'arythmie* complète par fibrillation auriculaire*.
Elle s'observe surtout dans les formes compliquées de la maladie de Basedow* et dans les rétrécissements mitraux. Elle est parfois idiopathique*.

tachycardie n. f. Accélération du rythme* cardiaque.
Normale au cours de l'effort musculaire, elle s'observe à l'état pathologique dans la maladie de Basedow*, chez les sujets neurotoniques et dans certaines insuffisances cardiaques, où elle tend à rétablir le débit cardiaque. (V. RYTHME.)

taie n. f. Tache blanche sur l'œil, consécutive à un traumatisme ou à une inflammation de la cornée.

taille n. f. **1.** Dimension du corps.
On distingue la taille debout, ou *stature,* et la taille assise. La taille augmente pendant toute la durée de la croissance*, qui s'arrête vers 22 à 25 ans. Puis elle diminue lentement à partir de 40 ans (environ de 5 cm de 40 à 80 ans) en raison du tassement des disques intervertébraux. Les anomalies de la taille sont le nanisme* et le gigantisme*.
2. Périmètre abdominal mesuré à hauteur de l'ombilic. Sa mesure régulière est importante en cas d'obésité ou d'ascite*.
3. On appelle également «opération de la taille», ou «taille», l'ouverture de la vessie pour en extraire des calculs.

talalgie n. f. Douleur du talon.

Talalgies plantaires. Elles surviennent à la station debout et entraînent une boiterie. Des microtraumatismes répétés, une maladie inflammatoire (notamment la spondylarthrite* ankylosante) en sont parfois à l'origine. La radiographie montre souvent une épine osseuse sous le calcanéum*, témoin de l'inflammation. Le traitement comporte la radiothérapie, les semelles orthopédiques, les infiltrations de corticoïdes. L'intervention chirurgicale est rarement nécessaire.
Talalgies postérieures. Elles reconnaissent trois causes principales : les *exostoses rétro-calcanéennes,* qui doivent être abrasées; les *achilléites* (inflammations du tendon d'Achille), qui sont d'origine inflammatoire (goutte, rhumatisme, etc.) ou traumatique et réagissent bien aux infiltrations de corticoïdes; l'*apophysite postérieure du calcanéum,* qui guérit généralement spontanément.

talc n. m. Poudre blanche imputrescible, utilisée en pansements gastriques et intestinaux et, à l'extérieur, comme poudre isolante.

talon n. m. Partie postérieure du pied, formée par la saillie postérieure du calcanéum*, et point d'appui postérieur du pied.

talus adj. m. **Pied talus,** attitude anormale du pied, qui forme avec le tibia un angle aigu et qu'on ne peut ramener à angle droit.

tamarin n. m. Pulpe de *Tamarindus indica* (légumineuses), laxative en infusion, électuaire et confitures.

tamponnade n. f. Compression du muscle cardiaque par un épanchement péricardique (péricardite*) ou par un excès de pression intrathoracique, provoquée par un respirateur artificiel mal réglé (pression très supérieure à la pression atmosphérique).
La tamponnade entraîne l'arrêt cardiaque, le cœur, comprimé, ne pouvant plus se dilater pour se remplir de sang pendant la diastole. Il s'ensuit des signes d'insuffisance cardiaque* droite aiguë, par stase veineuse en amont du cœur, et une défaillance circulatoire brutale, le cœur ne contenant plus de sang à envoyer dans la grande circulation.

tamponnement n. m. Moyen d'arrêter une hémorragie, en comprimant la région intéressée par une mèche laissée en place : *tamponnement nasal, vaginal.*

tanin n. m. Terme désignant divers produits fortement astringents, qui transforment la peau en cuir.
Les tanins sont dits *pathologiques* lorsqu'on les trouve dans les tissus cicatriciels à la suite de piqûres d'insectes.
Le tanin officinal et certains de ses dérivés sont utilisés comme astringents antidiarrhéiques.

tannage n. m. Pulvérisation analgésique, cicatrisante, d'une solution d'acide tannique à 5 p. 100 sur les brûlures.

taon n. m. Grosse mouche au vol très rapide, piquant l'homme ou le bétail.

Les taons transmettent la filariose* loa-loa en Afrique et la tularémie* en Amérique du Nord.

tapioca n. m. Fécule extraite des racines de manioc, servant à préparer des potages et entremets.

Digeste, de valeur nutritive élevée, c'est un aliment de l'enfant et du convalescent. Sa teneur en glucide (86 p. 100) le fait éviter chez le diabétique.

tare n. f. Défectuosité physique ou psychique présentée par un individu.

En médecine, le mot « tare », non péjoratif, désigne un état pathologique antérieur à la maladie actuelle, dont il aggrave souvent le pronostic.

tarentule n. f. Araignée dont la piqûre peut provoquer un œdème étendu, des douleurs articulaires, des crampes et des maux de tête.

Il faut faire saigner, appliquer de l'ammoniaque et donner des antihistaminiques.

tarif n. m. **Tarifs médicaux.** V. HONORAIRES.

tarlatane n. f. Gaze rigide apprêtée avec de l'amidon, utilisée pour durcir les bandages.

tarsalgie n. f. Douleur du tarse* (c'est-à-dire de l'arrière-pied) en rapport avec une malformation de la voûte* plantaire, une scaphoïdite tarsienne chez l'enfant ou une arthropathie chez l'adulte.

tarse n. m. Moitié postérieure du pied, formée de 7 os courts (astragale, calcanéum, cuboïde, scaphoïde, 3 cunéiformes), articulée avec le tibia et le péroné par l'astragale, en avant avec les métatarsiens par les 3 cunéiformes et le cuboïde.

tarsorraphie n. f. Fermeture chirurgicale de l'ouverture palpébrale par suture des paupières. (Syn. : BLÉPHARORRAPHIE.)

tartre n. m. **Tartre dentaire,** dépôt plus ou moins dur, ayant des colorations diverses allant du jaune au brun foncé, qui se forme sur les dents*.

Le tartre constitue la « plaque dentaire », située sur la partie coronaire des dents et se propageant à la surface des racines, sous la gencive, qu'elle décolle. Le tartre est ainsi une des causes importantes des parodontolyses*, des gingivites et des stomatites.

Le tartre est d'origine salivaire ; c'est un corps organo-minéral complexe, et sa couleur est due aux nombreuses substances organiques qu'il contient, principalement pigment sanguin et nicotine. Le mécanisme de sa formation n'est pas totalement élucidé, mais on admet généralement que la précipitation de sels minéraux se fait sur une trame organique et microbienne.

Une bonne hygiène* bucco-dentaire est indispensable pour ralentir l'évolution du tartre, ainsi qu'un détartrage* régulier.

tartrique adj. L'*acide tartrique* extrait des tartres et lies de vin sert à faire des boissons acidulées, des limonades purgatives. Le tartrate double de potassium et de sodium (sel de Seignette) est diurétique et laxatif.

tatouage n. m. **Tatouage de la cornée.** Il est pratiqué à l'aide d'encre de Chine stérile pour reformer une pupille et dans le traitement de certains astigmatismes.

Destruction des tatouages de la peau. Elle se fait par électrocoagulation, meulage ou excision chirurgicale, avec ou sans greffe.

taxis n. m. Refoulement manuel d'une hernie dans la cavité abdominale.

teigne n. f. Mycose* du cuir chevelu, très contagieuse et provoquant des chutes de cheveux.

teinture n. f. **Teinture médicamenteuse,** liquide résultant de l'action dissolvante de

Tarse. Os du tarse.
1. Astragale ; 2. Calcanéum ; 3. Scaphoïde ; 4. Cuboïde ; 5, 6 et 7. Cunéiformes.

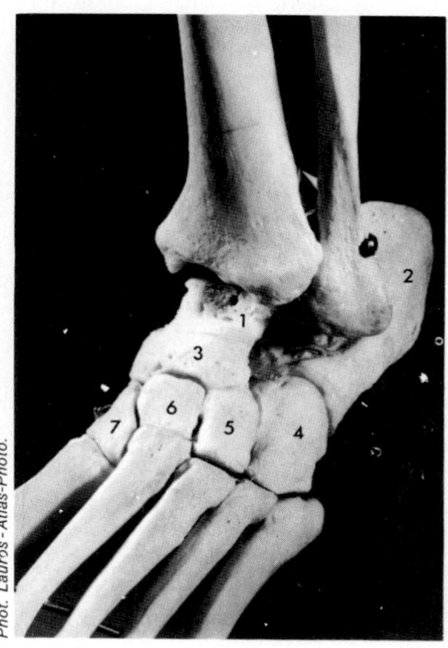

Phot. Larousse - Atlas-Photo.

l'alcool sur une ou plusieurs plantes sèches, ou sur certains corps chimiques (iode, camphre). Les teintures se prennent en gouttes.

Teinture des cheveux. ***Inconvénients, accidents.*** Les dermites allergiques dues aux teintures de cheveux sont rares mais parfois graves. Leur prévention est obligatoire : les coiffeurs doivent pratiquer 48 heures avant toute teinture une touche d'essai derrière l'oreille avec le produit qui sera employé, réalisant ainsi un test. L'existence d'antécédents personnels allergiques doit inciter à ne pas recourir aux teintures.

télangiectasie n. f. Dilatation sinueuse d'un vaisseau capillaire cutané, formant une petite tache rouge.

Télémann (méthode de), méthode de recherche de divers parasites dans les selles. Les selles, après dilution appropriée, sont centrifugées. Le sédiment est examiné au microscope.

téléradiographie n. f. Radiographie faite en éloignant le tube à rayons X du sujet, ce qui permet d'avoir une image grandeur nature et sans déformation conique des organes.

téléradiothérapie n. f. Radiothérapie faite en éloignant le tube du sujet, ce qui permet de couvrir la totalité du corps (traitement appliqué aux métastases cancéreuses).

tellure n. m. Métalloïde dont l'ingestion ou l'inhalation entraîne une odeur alliacée de l'haleine, des troubles digestifs et une asthénie tenaces.

tempe n. f. Région latérale de la tête, entre l'œil, l'oreille, la joue et le front.

tempérament n. m. Ensemble des caractères congénitaux définissant la personnalité physique et psychologique d'un individu.
Le tempérament est le terrain, le fondement sur lequel s'édifie la personnalité. Il regroupe un ensemble de caractéristiques chez un individu donné : type somatique général, particularité de son équilibre humoral, endocrinien et de son système nerveux central et végétatif.

Depuis l'Antiquité, les auteurs ont proposé des classifications très diverses se fondant sur la prédominance de tel facteur somatique, de telle réactivité.

Citons les deux types décrits par Kretschmer. Le pycnique : individu trapu, plutôt épais, doué d'un caractère cyclothymique (v. CYCLOTHYMIE). Le leptosome : individu longiligne au caractère schizoïde*. Il faut se garder de donner aux différentes variétés de tempérament une valeur exagérée et de

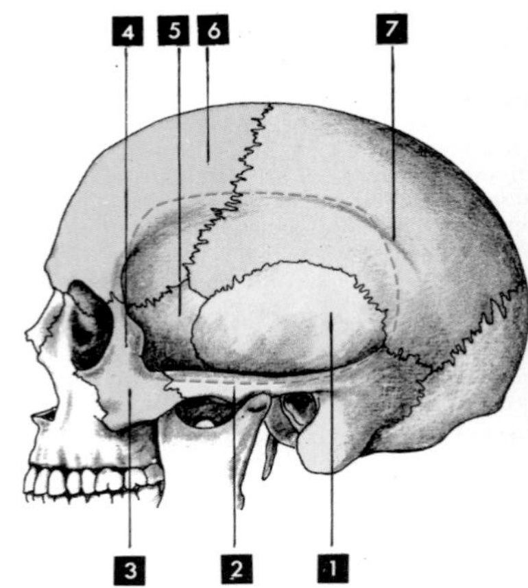

Temporal. Limites de la fosse temporale et les os du crâne qui la composent.
1. Écaille du temporal ;
2. Apophyse zygomatique ; 3. Os malaire ;
4. Branche montante (orbitaire) de l'os malaire ;
5. Grande aile du sphénoïde ; 6. Os frontal ;
7. Ligne courbe supérieure du pariétal.

vouloir expliquer par les données constitutionnelles toutes les singularités du caractère humain. La formation et l'orientation de la personnalité dépendent en grande partie de nombreux facteurs de milieu.

température n. f. Degré de chaleur du corps.
La *température normale de l'homme* (prise au rectum) est comprise entre 36,7 et 37,3 °C. Elle peut s'élever après un effort. Chez la femme, la *courbe* thermique menstruelle* renseigne sur la date de l'ovulation.

L'être humain est *homéotherme :* sa température centrale reste constante en dépit des variations thermiques ambiantes ou de sa propre production de chaleur. Le maintien de la température autour de 37 °C résulte d'un équilibre entre la production de chaleur par l'organisme (combustion des éléments énergétiques) et ses pertes par la radiation et par l'évaporation (transpiration, polypnée*).

La *fièvre**, ou élévation de la température, s'accompagne d'un accroissement de la thermogenèse, du tonus musculaire et parfois de frissons, d'une vasoconstriction superficielle

avec pâleur. Au cours de la fièvre, la régulation thermique persiste, mais à un niveau de réglage différent.
Méthode de la température, méthode de contraception fondée sur le fait que la température rectale prise le matin s'élève de 3 à 4 dixièmes de degré après l'ovulation. Comme la durée de vie de l'ovule est de 36 heures, le risque de grossesse est pratiquement nul si les rapports n'ont lieu que 3 jours après le décalage thermique, et jusqu'à la menstruation suivante.
C'est une méthode naturelle, mais son efficacité est médiocre. Elle ne peut être utilisée chez les femmes ayant des cycles irréguliers.

temporal, e, aux adj. Qui se rapporte à la tempe.
Os temporal, os de forme très complexe, situé à la partie inférieure et latérale du crâne, où l'on distingue trois parties : l'*écaille,* lame plate dont la face externe est traversée par l'apophyse zygomatique qui surplombe la cavité glénoïde de l'articulation temporo-maxillaire ; la *mastoïde,* située en arrière du conduit auditif externe ; le *rocher,* qui contient l'ensemble de l'appareil auditif.
Lobe temporal du cerveau*, partie moyenne inférieure de chacun des deux hémisphères, limitée en haut par la scissure de Sylvius.
Artérite* temporale (ou maladie de Horton*), variété d'artérite caractérisée par des céphalées violentes et une atteinte de l'état général.

temporo-maxillaire adj. **Articulation temporo-maxillaire,** se dit de chacune des articulations des branches montantes du maxillaire

Temporo-maxillaire.
Articulation temporo-maxillaire (incidence de Schüller).

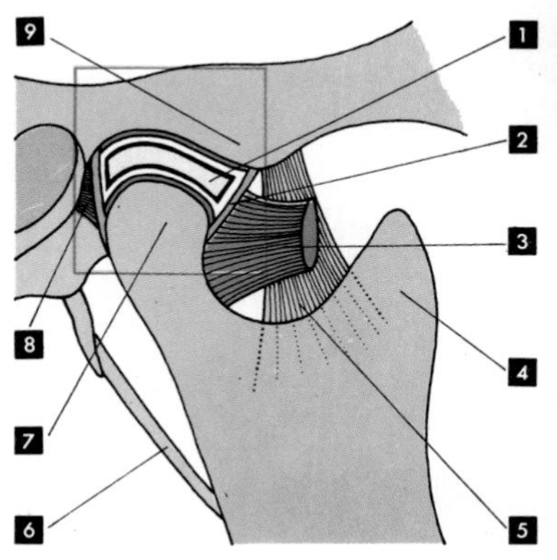

Temporo-maxillaire. Coupe schématique de l'articulation temporo-maxillaire.
1. Ménisque ; 2. Capsule articulaire ;
3. Ptérygoïdien externe ;
4. Apophyse coronoïde ;
5. Ligament sphéno-maxillaire ;
6. Ligament stylo-maxillaire ;
7. Condyle du maxillaire ;
8. Frein postérieur ; 9. Condyle du temporal.

inférieur avec la base du crâne, permettant les mouvements de la mâchoire.

temps n. m. **Temps de coagulation, de saignement, de Howell.** V. COAGULATION.

Temps de circulation, temps qui s'écoule entre l'introduction d'un produit dans une veine périphérique et sa manifestation au niveau de la bouche s'il s'agit d'un produit sapide.

tendance n. f. Force interne qui oriente le comportement et les états de conscience des individus.

On constate les effets des tendances plus qu'on en connaît l'exacte nature. La tendance est un terme utilisé de manière assez globale et imprécise comme équivalent des mots « besoin », « instinct », « pulsion ».

tendinite n. f. Détérioration microscopique compromettant la solidité d'un tendon, et prédisposant à sa rupture lors d'un traumatisme parfois minime.

tendon n. m. Partie blanche, résistante et dense qui constitue l'extrémité des muscles, transmettant l'effort des fibres musculaires charnues à la partie anatomique sur laquelle ils s'insèrent.

Plaies tendineuses. Elles sont fréquentes, les tendons les plus atteints étant ceux des doigts, du poignet, le tendon rotulien, le tendon d'Achille. La section peut être incomplète ou complète, entraînant alors une rétraction des extrémités sectionnées. Même après une suture chirurgicale correcte, la cicatrisation se fait par un véritable cal qui peut contracter des adhérences compromettant la fonction. Les plaies des tendons de la main posent des problèmes très particuliers : réparation difficile, séquelles fréquentes, pronostic réservé, surtout pour les fléchisseurs. La suture d'un tendon utilise des fils très fins, d'acier ou synthétiques ; chaque fois que les extrémités tendineuses ne peuvent être mises en contact, il faut recourir à la greffe tendineuse, le greffon étant prélevé sur le sujet lui-même.

Ruptures tendineuses. Elles surviennent sur un tendon pathologique (tendinite) à la suite d'un traumatisme parfois minime. La rupture du tendon d'Achille, celle du tendon rotulien sont les plus fréquentes, nécessitant l'intervention (suture et immobilisation par plâtre).

ténesme n. m. Besoin permanent et douloureux de miction ou de défécation (ténesme vésical ou rectal), qui n'aboutit à aucun résultat.

ténia n. m. Ver plat de la famille des cestodes*.

La tête du ténia (scolex*) est munie de crochets ou de ventouses qui lui permettent de s'accrocher à la paroi intestinale. L'homme se contamine en absorbant l'embryon contenu dans la viande de bœuf ou de porc mal cuite ; différentes espèces peuvent être à l'origine de l'infection.

Divers ténias. *Tœnia saginata* est transmis

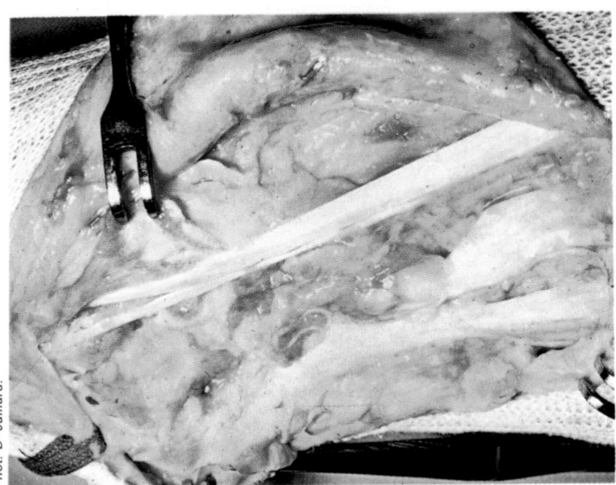

Phot. Dr Julliard.

Tendon. Rupture des tendons extenseurs : cure opératoire.

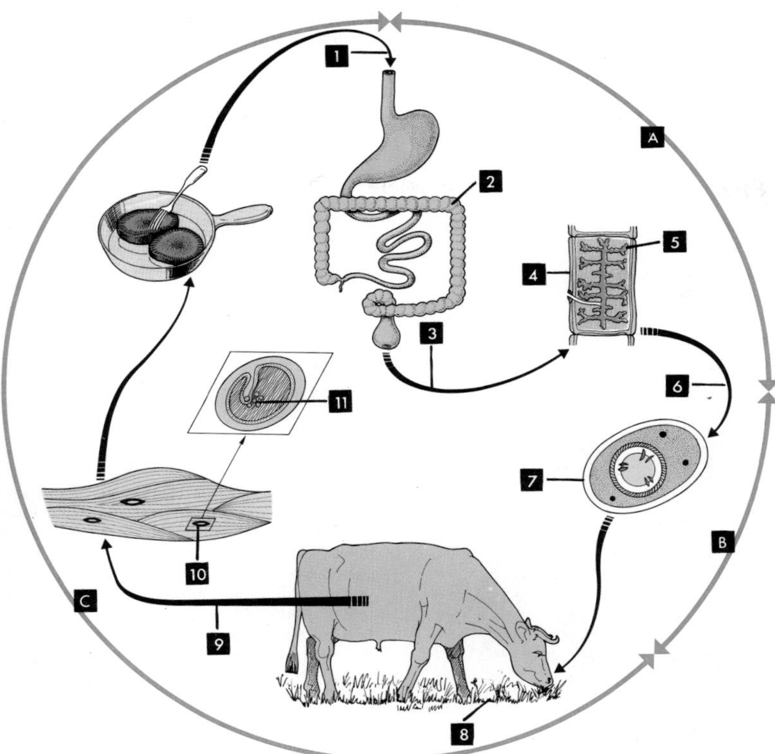

Ténia.
Cycle évolutif de *Tænia saginata*.
A. Homme. B. Pâturage. C. Bœuf.
1. Ingestion de viande de bœuf mal cuite ;
2. Le scolex se fixe sur l'intestin et donne naissance à des adultes ;
3. Les anneaux mûrs du ténia sont éliminés avec les selles ;
4. Anneau mûr ;
5. Utérus du ténia rempli d'œufs ;
6. À l'extérieur, les anneaux mûrs se dessèchent et libèrent les œufs ;
7. Œuf de ténia (embryon hexacanthe) ;
8. Pâturage contaminé ;
9. Sous l'action des sucs digestifs du bœuf, la coque est digérée : l'embryon devient libre et passe dans les tissus, puis se transforme en larve : le cysticerque ;
10. Viande de bœuf infestée de cysticerques ;
11. Cysticerque.

par la viande de bœuf. C'est un long ver (de 10 à 12 m) annelé, avec un scolex comportant des ventouses. C'est le « ver solitaire », car il existe un seul ver à la fois dans l'intestin. Les anneaux les plus éloignés de la tête mûrissent, se détachent du ver, puis sont excrétés activement (par contractions intestinales, entraînant des démangeaisons à l'anus) et libérés dans le milieu extérieur. Les œufs

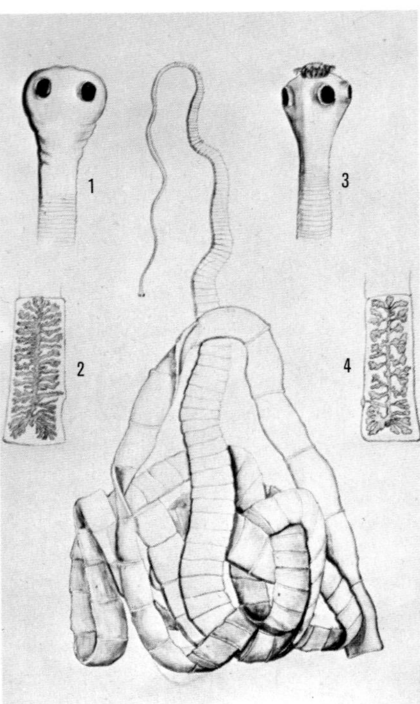

Ténia. 1. Tête de *T. saginata;*
2. Anneau de *T. saginata;*
3. Tête de *T. solium;* 4. Anneau de *T. solium.*

doivent alors être réabsorbés par un bovidé pour poursuivre le cycle ; ils donnent naissance aux cysticerques*. L'homme se réinfeste en absorbant de la viande de bœuf mal cuite.

Tænia solium est transmis par la viande de porc. Le scolex comporte des crochets. L'excrétion des anneaux se fait passivement dans les matières fécales.

Hymenolepis nana est un petit ténia rare sous nos climats.

Le *ténia échinocoque* vit à l'état adulte dans l'intestin du chien. Sa larve provoque chez le mouton ou chez l'homme l'échinococcose* (kystes hydatiques*).

Manifestations cliniques. C'est le plus souvent la découverte des anneaux dans la literie ou les vêtements qui permet le diagnostic. Un amaigrissement, quelques nausées ou vomissements chez l'adulte, des troubles nerveux chez l'enfant témoignent de l'infestation.

Le traitement utilise les ténifuges* et surtout les ténicides (niclosamide*), qui détruisent les vers en une seule prise. La cuisson correcte de la viande met à l'abri de ces parasitoses.

ténifuge n. m. Médicament permettant l'expulsion du ténia*.
On peut encore utiliser l'extrait éthéré de fougère mâle (administré après une diète) ou la semence de courge fraîche. Toutefois l'administration de niclosamide (ténifuge qui détruit le ver) est beaucoup plus facile et très efficace.

tennis elbow n. m. (mot angl.). Douleur au coude en rapport avec une épicondylite* consécutive au surmenage de l'avant-bras (fréquent chez les joueurs de tennis).
On le traite par infiltration locale de corticoïdes, par applications d'ultrasons et par la rééducation.

ténodèse n. f. Intervention pratiquée aux mains ou aux pieds, pour corriger une position anormale en déplaçant une insertion tendineuse.

ténolyse n. f. Libération chirurgicale d'un tendon dont le jeu est limité par des adhérences postopératoires.

ténosynovite n. f. Inflammation d'un tendon et de la gaine synoviale qui l'entoure.
Les ténosynovites *suppurées* de la main sont dues à l'inoculation directe d'un microbe par plaie. (V. PANARIS et MAIN.)

Les ténosynovites *tuberculeuses* sont devenues rares. Le début est insidieux et peu à peu se constitue une tuméfaction molle.

Les ténosynovites *chroniques* s'observent surtout au niveau du poignet, à la suite de microtraumatismes répétés. Elles provoquent une douleur, augmentée par les mouvements, qui persiste longtemps. Les injections locales de corticoïdes apportent souvent des améliorations, mais des rétractions cicatricielles sont possibles. La résection chirurgicale de la gaine synoviale devient alors nécessaire.

ténotomie n. f. Section chirurgicale d'un tendon.

tensiomètre n. m. Appareil pour mesurer la tension artérielle. (Syn. : SPHYGMOMANOMÈTRE.)
Il comprend un brassard pneumatique que l'on place autour du bras et qui est relié à un manomètre. On gonfle le brassard jusqu'à ce que le pouls ne soit plus perçu. Puis on

Phot. Dr Demailly.

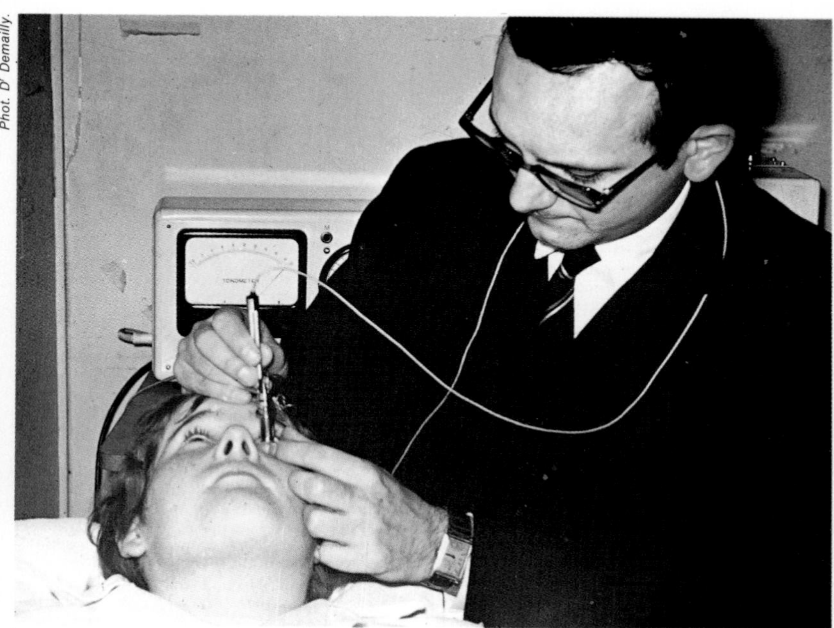

Tension. Prise de la tension oculaire.

décomprime progressivement tout en auscultant le pli du coude (sous le brassard) avec un stéthoscope. Au moment où l'on entend les premiers battements, on lit la pression maximale (maxima), puis, en continuant de décomprimer, les battements cessent d'être perçus au moment de la pression minimale (minima), qui est ainsi mesurée.

tension n. f. Contrainte interne qui apparaît dans les corps vivants ou inertes sous l'influence de forces externes ou internes.

Tension artérielle, état de tension de la paroi des artères, dû à la contraction de leurs fibres musculaires et qui équilibre exactement la *pression artérielle.*

La tension artérielle dépend également de la masse sanguine circulante (elle est abaissée lors d'une forte hémorragie) et du travail effectué par le myocarde. Elle oscille entre une valeur maximale de 12 à 15 cm de mercure lors de la systole, et une valeur minimale de 7 à 9 cm de mercure lors de la diastole cardiaque. La différence entre la maximale et la minimale, ou *pression différentielle,* correspond à l'écoulement de sang, donc à la perméabilité artérielle.

Mesure de la tension artérielle. Elle se fait au tensiomètre*.

Régulation de la tension artérielle. Des centres nerveux du tronc cérébral reçoivent des indications provenant du glomus* carotidien, de la composition du sang, et règlent la tension artérielle en agissant par l'intermédiaire du système neurovégétatif sur le cœur et sur les vaisseaux.

Anomalies de la tension artérielle. V. HYPERTENSION et HYPOTENSION.

Tension oculaire. L'œil est une sphère dont les parois sont soumises aux pressions des liquides qu'elles contiennent. La *tonométrie* est la mesure de la tension oculaire. Sa valeur moyenne est de 15-16 mm de mercure. Son augmentation est caractéristique du glaucome*.

tension psychologique. Sous le vocable de « tension nerveuse ou psychologique excessive », on désigne un état de déplaisir durable et intense, accompagné de ruminations mentales pénibles, de désirs agressifs et d'angoisse. La tension psychique anxieuse ou agressive naît parfois d'un choc affectif brutal, mais le plus souvent de conflits psychologiques.

tension superficielle, propriété que possède la surface de séparation de deux liquides non miscibles ; elle se comporte comme une membrane élastique s'opposant au mouillage. Elle est diminuée par les substances dites « tensioactives » employées notamment dans les détergents.

tente n. f. **Tente du cervelet,** prolongement de la dure-mère* recouvrant la face supérieure du cervelet* et séparant celle-ci de la face inférieure des lobes occipitaux du cerveau.

tératogène adj. Susceptible de déterminer une malformation chez l'embryon.
Les facteurs tératogènes se divisent en facteurs *génétiques* (préexistant à la fécondation) et en facteurs *métagénésiques* (agissant pendant la vie intra-utérine sur un fœtus initialement indemne). Ces derniers peuvent être d'origine infectieuse, physique ou chimique. Le médicament tératogène le plus connu est la thalidomide.

tératogenèse n. f. Branche de la tératologie qui étudie plus spécialement les causes des malformations ou facteurs tératogènes.
Jusqu'en 1940, il semblait bien établi que les malformations congénitales étaient dues à des facteurs préexistant à la fécondation, c'est-à-dire héréditaires (anomalies chromosomiques ou géniques). Cela reste vrai pour certaines malformations comme le mongolisme*. Mais il est apparu que ces malformations pouvaient également être la conséquence de l'action de certains facteurs agissant après la fécondation. Il peut s'agir de facteurs *infectieux* (rubéole, toxoplasmose, syphilis, etc.), *chimiques* (thalidomide, quinine, antimétabolites, hypoglycémiants de synthèse...) ou *physiques* (rayons X, explosions atomiques).

La susceptibilité de l'embryon à l'un quelconque de ces agents dépend du stade de son développement embryonnaire ; elle est généralement d'autant plus grande que l'embryon est plus jeune.

tératologie n. f. Étymologiquement, science des monstres. — Elle comporte l'étude des malformations congénitales se constituant au cours du développement de l'embryon, et qui se révèlent à la naissance.

Elle se répartit en trois branches :
1. La tératologie proprement dite, ou *morphologique,* qui considère l'aspect anatomique et établit le classement des anomalies ;
2. La tératologie pathogénique, ou *tératogénie,* qui étudie les mécanismes de l'évolution embryologique des sujets malformés ;
3. La tératologie étiologique, ou *tératogenèse**.

tératome n. m. Tumeur d'origine embryonnaire, formée d'une association de tissus différents.
Les plus fréquents sont les tumeurs sacrococcygiennes du nouveau-né et les tératomes ovariens (kyste* dermoïde). La plupart sont bénins, mais ils posent des problèmes chirurgicaux.

térébenthine n. f. Terme désignant diverses oléorésines fournies par des conifères (mélèze, pin maritime). L'*essence de térébenthine* est obtenue par distillation.

Utilisation thérapeutique. En usage externe, l'essence de térébenthine est prescrite comme révulsif. En usage interne, on emploie des produits oxydés hydrosolubles de l'essence de térébenthine, en suppositoires ou en injections intramusculaires ou intraveineuses, pour leurs propriétés antiseptiques des voies respiratoires.

Toxicologie. L'essence de térébenthine est toxique ; elle peut provoquer une irritation des voies digestives, des pneumopathies aiguës et, à forte dose, des troubles visuels et auditifs qui précèdent le coma. Les intoxications sont surtout professionnelles (peintures) et ménagères.

térébrant, e adj. Se dit d'un ulcère qui a tendance à se creuser ou d'une douleur en « coup de poignard ».

terminal, e, aux adj. **Artère terminale,** artère qui se divise et se répartit dans une région qui ne reçoit aucune autre irrigation artérielle.

terpine n. f. Substance obtenue par oxydation de l'essence de térébenthine.
Elle est prescrite à faibles doses pour fluidifier les sécrétions bronchiques, sous forme d'élixir, pilules ou potions, mais à fortes doses, elle dessèche.

terrain n. m. Ensemble des facteurs génétiques, physiologiques, tissulaires, endocriniens qui favorisent l'apparition de certaines affections chez un individu.
Ainsi les déséquilibres alimentaires, la fatigue, l'alcoolisme, le diabète* constituent des terrains favorables aux infections.

terreur n. f. **Terreurs nocturnes,** réactions

émotionnelles interrompant brusquement le sommeil de l'enfant.

Après s'être endormi normalement, l'enfant se réveille en sursaut dans un état de panique aiguë, hurlant, appelant à l'aide, agité. Le corps parcouru de tremblements, en larmes, en sueur, il semble parfois la proie d'hallucinations. Il ne peut pas toujours préciser la cause de son épouvante. Chez le tout-petit, de brèves périodes de terreurs nocturnes sont assez fréquentes et n'ont pas nécessairement une signification pathologique. Mais, chez l'enfant plus grand, on observe des terreurs nocturnes et répétées qui ont souvent valeur de symptôme morbide. Si les causes des terreurs nocturnes sont parfois organiques, la plupart dérivent de conflits affectifs.

Devant un accès de terreur nocturne, il faut réveiller complètement l'enfant, lui parler, l'apaiser. Le traitement des terreurs nocturnes est celui de leur cause éventuelle, organique ou psychologique.

test n. m. Terme d'origine anglaise signifiant *examen, épreuve.*
Les tests sont utilisés dans des domaines médicaux très variés.

Tests utilisés en bactériologie. Citons, entre autres, le test de Nelson*, le *dye-test* servant au diagnostic de la toxoplasmose*, etc.

Tests thérapeutiques. Le diagnostic, fortement suspecté lors de certaines affections, est parfois infirmé ou confirmé par un traitement d'épreuve avec un remède spécifique.

Tests cutanés employés en médecine générale. Ils utilisent l'introduction locale d'antigènes dans les cutiréactions et intradermoréactions. L'apparition de phénomènes congestifs variables au point d'inoculation traduit une réaction positive. Les *tests cutanés allergiques* traduisent l'état de sensibilité de l'organisme vis-à-vis de l'antigène utilisé (test à la tuberculine*, test de Casoni*, etc.). Les *tests cutanés toxiniques* permettent d'évaluer le degré de réceptivité de l'organisme (absence d'anticorps antitoxine) contre l'antigène utilisé (toxine) [réaction de Schick par la toxine diphtérique].

Les *tests allergologiques* sont couramment mis en œuvre à l'occasion des eczémas (cutiréactions), des allergies microbiennes ou aux champignons et aux levures (intradermoréactions); l'exploration d'un urticaire, d'un asthme comporte la recherche d'une allergie au pollen, aux moisissures, etc.

Tests mentaux. Un test mental consiste à soumettre un individu à une épreuve standardisée, à enregistrer son comportement, ses performances ou la qualité de ses réactions, puis à les comparer à ceux de la moyenne d'une population placée dans les mêmes conditions d'examen.

L'évaluation du comportement permet de classer le sujet dans une catégorie selon des critères soit quantitatifs, soit qualitatifs. Les tests visent à une compréhension des phénomènes mentaux normaux ou pathologiques. Ils sont largement utilisés dans le domaine technique (orientation, sélections scolaire et professionnelle) et en pathologie mentale.

La démarche d'interprétation et d'utilisation des données d'un test doit toujours se faire avec souplesse et prudence, sans prétention d'exhaustivité, et en restituant les résultats obtenus par rapport aux conditions dans lesquelles le test a été passé et par rapport aux antécédents personnels du sujet.

Les tests mentaux peuvent être classés selon deux grandes catégories :
1. Les *tests d'efficience,* qui explorent les aptitudes, les connaissances, l'intelligence ;
2. Les *tests de personnalité,* qui étudient l'affectivité, les traits de caractère.

Tests d'intelligence, de connaissances et d'aptitudes. Les *tests d'intelligence* évaluent le niveau de développement et de fonctionnement intellectuel de manière globale.

Les résultats de ces tests sont exprimés par des systèmes de notation quantitative divers.

La *notion d'âge mental* est utilisée pour définir le degré de développement intellectuel et n'est applicable qu'à un être en croissance, l'enfant.

Des tests tels que le Binet-Simon et ses révisions américaines (Terman-Merrill) et françaises (N. E. M. I. de Zazzo) permettent un calcul de l'âge mental et du *quotient intellectuel* (Q. I.) décrit par Stern :

$$\text{Q. I.} = \frac{\text{âge mental} \times 100}{\text{âge réel}}.$$

Il peut progresser jusqu'à l'âge de 15 ans.

Le Q. I. moyen est, par définition, de 100. En deçà s'étendent les zones du retard intellectuel léger, puis des débilités plus ou moins importantes. Au-dessus se situent les intelligences supérieures à la moyenne.

Le terme de Q. I. est aussi employé dans des tests dont le principe est tout à fait différent.

C'est le cas des échelles de Wechsler-Bellevue pour adultes (WAIS-WIB) et pour enfants (WISC-WPPSI). Le Q. I. situe ici les performances d'un sujet par rapport à la moyenne du groupe de son âge chronologique. L'échelle de Wechsler-Bellevue se compose d'épreuves verbales explorant différentes capacités (de perception, de jugement, d'abstraction, etc.).

Phot. Fournier - Rapho.

Test. Test WISC (Wechsler Intelligence Scale Children) : l'enfant doit assembler des éléments pour reconstituer une figure (ici, une auto).

Les *tests d'aptitudes* explorent des fonctions plus précises et limitées, par exemple l'habileté manuelle, la fatigabilité, l'acuité des réactions sensorielles, ou encore l'organisation spatio-temporelle, l'activité graphomotrice et perceptivomotrice, les capacités de mémorisation, etc.

Il existe de très nombreux tests d'aptitudes pour les enfants et les adultes.

La méthode de l'analyse factorielle a été appliquée aux *aptitudes intellectuelles* et à l'élaboration de certains tests.

Les uns tendent à mesurer un facteur général dit *facteur G,* qui serait l'intelligence à l'état pur (test des dominos, test « Progressive Matrices »). D'autres mesurent des aptitudes plus spécifiques.

Les tests d'intelligence et d'aptitudes permettent de dépister des déficiences globales ou spécifiques, d'en préciser le degré, de suspecter une détérioration démentielle.

Chez l'enfant, l'intérêt des tests de niveau réside dans l'indication éventuelle de méthodes spéciales d'éducation ou de rééducation.

Mais, chez tous les sujets, il est indispensable de ne jamais séparer la mesure de l'intelligence du contexte affectif, tant on connaît le retentissement intense des troubles affectifs sur le rendement intellectuel.

Tests de personnalité. Les « tests de personnalité » explorent les aspects affectifs de la personnalité. Nous distinguerons ici les questionnaires et les tests projectifs.

LES QUESTIONNAIRES. Ils sont composés de multiples questions présentées par écrit au sujet et auxquelles il doit répondre habituellement par « oui » ou par « non ». Ces questionnaires portent sur le comportement, les sentiments, les intérêts, les opinions, etc., et explorent un ou plusieurs traits de personnalité (questionnaires uniphasique ou multiphasique).

Les questionnaires multiphasiques sont les plus employés. Citons en particulier le *M. M. P. I.,* ou Minnesota Multiphasic Per-

Test. Test de personnalité.
Le sujet
doit dire ce que ce carton lui suggère.

sonnality Inventory, très utilisé en psychiatrie. Ce questionnaire, outre des échelles de validité, comporte 9 échelles correspondant à 9 tendances : hypocondrie, dépression, hystérie, psychopathie, masculinité ou féminité, psychasthénie, paranoïa, schizophrénie, hypomanie, toutes définies, sauf une (celle qui est relative au sexe), en fonction de la nosologie* psychiatrique. Le dépouillement du test permet d'obtenir un profil du sujet qui révèle le caractère plus ou moins pathologique de sa personnalité (de la névrose à la psychose) et son type d'organisation psychique. Il existe de nombreux autres questionnaires multiphasiques, dont certains fondés sur l'analyse factorielle, tels le questionnaire de Guilford, celui de Cattell, de Thurstone, etc.

LES TESTS PROJECTIFS. Ils visent à confronter un sujet à une situation à laquelle il va répondre librement selon ce qu'il ressent.

Les tests projectifs sont fondés sur la notion de *projection*, entendue au sens où le

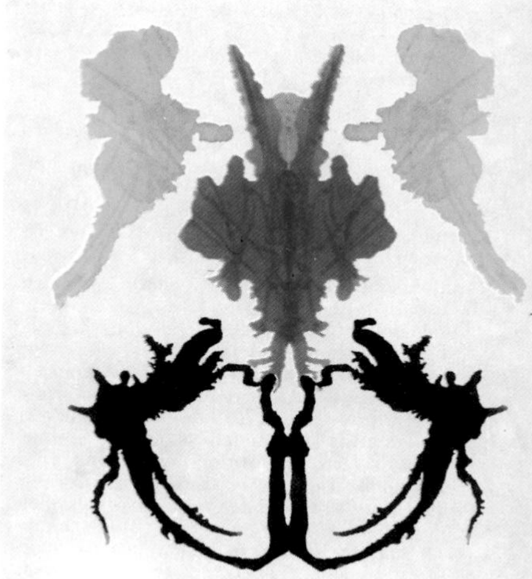

Test. Test de personnalité.
Les couleurs
apportent des éléments supplémentaires
de suggestion et d'interprétation.

sujet structure une situation extérieure, ambiguë ou neutre, en fonction de son monde intérieur personnel. Il est demandé au sujet, dans ces épreuves, de réagir par un double mouvement de perception objective et de projection subjective.

L'interprétation de ces tests fait appel à des notions psychanalytiques (inconscient, mécanismes de défense, symbolisme, etc.) et à une technique de dépouillement complexe.

Le plus connu est le *test de Rorschach,* du nom du psychiatre suisse qui l'a mis au point. Le « Rorschach » se compose de 10 planches sur lesquelles on peut voir des taches de forme et de couleur variables. On présente, dans un ordre donné, ces planches en demandant au sujet ce que, selon lui, cela pourrait représenter. Les réponses font l'objet d'une analyse quantitative et qualitative qui doit déboucher sur une meilleure compréhension de la dynamique affective originale du sujet.

Parmi les autres tests projectifs, citons le *T. A. T.* (Thematic Apperception Test) de Morgan et Murphy, qui propose des images représentant des scènes à un ou plusieurs personnages, et à partir desquelles on doit inventer une histoire. Le test de Szondi et le test de frustration de Rosenzweig sont moins répandus. Chez l'enfant, le dessin libre, le dessin du bonhomme, de la famille, d'une maison, etc., renseigne autant sur son niveau intellectuel que sur son évolution affective.

Rappelons enfin qu'un aperçu de la personnalité requiert l'emploi de plusieurs tests et que l'évolution du psychisme, tout particulièrement chez l'enfant et l'adolescent, doit être prise en compte.

testicule n. m. Glande génitale (ou gonade) mâle.
Le testicule est une glande paire ayant une double fonction sécrétoire : sécrétion externe, qui aboutit à la formation de la lignée spermatique ; sécrétion interne ou endocrine.

Anatomie. Masse ovoïde de 5 cm de long chez l'adulte, de consistance ferme, recouverte d'une membrane résistante, l'*albuginée,* le testicule est composé de lobules contenant les *canalicules séminifères* qui convergent en un réseau au bord supérieur de la glande (*rete testis*). De là partent les cônes efférents qui débouchent dans le canal épididymaire, dont le pelotonnement forme l'*épididyme* (qui coiffe le testicule), et du bord inférieur duquel part le *canal déférent.* Les testicules sont entourés extérieurement d'une gaine séreuse, la *vaginale,* et sont logés dans un sac situé sous la verge : les *bourses* ou *scrotum.*

Physiologie. La *fonction exocrine* ou *de reproduction* est assurée par la maturation progressive des cellules germinales aboutissant au *spermatozoïde** (v. SPERMATOGENÈSE). Cette sécrétion est sous la dépendance d'une gonadostimuline hypophysaire (F. S. H.).

La *fonction endocrine* consiste essentiellement en sécrétion de l'hormone mâle, ou *testostérone**, sous l'action d'une autre gonadostimuline hypophysaire (L. H.) [v. HYPOPHYSE].

Pathologie. L'*insuffisance testiculaire* diffère dans ses aspects cliniques selon qu'elle survient avant ou après la puberté ; elle

Testicule. Coupe de l'organe
et schéma de l'appareil génital mâle.
1. Lobules testiculaires ;
2. Canaux séminifères ; 3. Tubes droits ;
4. *Rete testis*
(réseau testiculaire de Haller) ;
5. Cônes efférents ; 6. Canal épididymaire ;
7. Épididyme ; 8. Canal déférent ;
9. Vésicule séminale ; 10. Canal éjaculateur ;
11. Urètre ; 12. Corps caverneux ;
13. Glande de Cowper ; 14. Prostate ;
15. Symphyse pubienne ; 16. Vessie ;
17. Rectum.

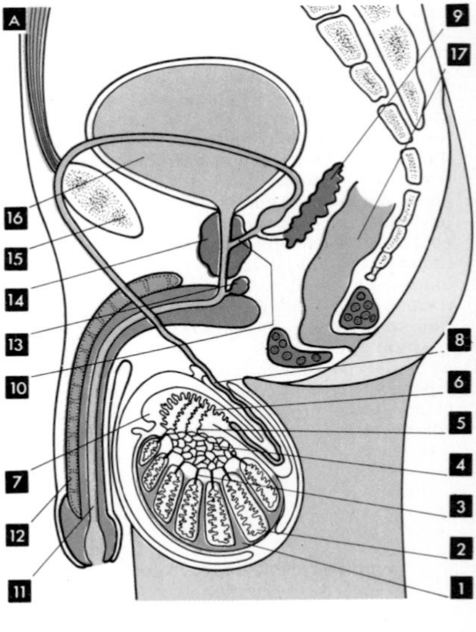

relève soit d'une atteinte du testicule, soit d'une maladie de l'hypophyse.

Les *hyperfonctionnements* testiculaires sont dus à des tumeurs sécrétantes de la glande, bénignes ou malignes ; chez l'enfant, elles réalisent des tableaux de puberté précoce.

Les *traumatismes* du testicule, très douloureux, peuvent entraîner un épanchement sanglant dans le scrotum (hématocèle), voire un éclatement du testicule.

La *torsion du testicule* survient le plus souvent chez l'enfant, généralement sans cause traumatique. Traduite par une douleur brutale, sans signes infectieux, elle impose l'intervention chirurgicale d'urgence pour éviter la nécrose de la glande par arrêt de la circulation.

Le *cancer du testicule* est le plus souvent un séminome* ; non traité à temps, le pronostic est grave du fait de la fréquence des métastases ganglionnaires et pulmonaires.

testostérone n. f. Hormone mâle, sécrétion interne du testicule (cellules de Leydig). Elle est sécrétée sous la dépendance d'une gonadostimuline* hypophysaire, l'hormone lutéotrope (L. H.). Dès la vie intra-utérine, elle agit sur le développement des caractères sexuels primaires et secondaires (v. SEXE), sur la croissance staturale (action sur les cartilages de conjugaison). Elle exerce une action trophique sur les tubes séminifères.

La testostérone est inactivée dans le foie et éliminée par l'urine sous forme de 17-cétostéroïdes.

tétanie n. f. Suite de contractions des muscles, due à une hyperexcitabilité neuromusculaire, la spasmophilie*.

Crise de tétanie. Elle débute par des fourmillements à l'extrémité distale du membre supérieur. Puis apparaissent les fasciculations* et la contracture, réalisant l'aspect de « main d'accoucheur ». L'attitude du visage détermine l'aspect dit « en museau de tanche ». La conscience est normale pendant l'accès, qui cède en quelques minutes. Parfois, la crise se réduit à de simples paresthésies* des extrémités ; chez le nourrisson, elle provoque un laryngospasme* qui peut aller jusqu'à l'apnée (arrêt de la respiration), responsable parfois de mort. La crise peut ressembler à un accès d'épilepsie localisée ou généralisée et elle représente une source d'erreurs de diagnostic.

Les signes de Trousseau* et de Chvostek* aident le diagnostic, fortement étayé par l'électromyogramme*. Celui-ci montre une activité électrique spontanée et des potentiels répétitifs. La biologie met en évidence une hypocalcémie* et une augmentation du phosphore sanguin.

Causes de la tétanie. Ce sont celles de la spasmophilie*. La principale est l'hypoparathyroïdie idiopathique (v. PARATHYROÏDE) ou consécutive à une thyroïdectomie*.

L'hyperaldosténosme* avec hypokaliémie* est responsable de tétanie par alcalose*. L'hyperventilation d'origine respiratoire ou névrotique provoque des accès tétaniques. Plus rares sont les tétanies par lésion nerveuse, par rachitisme (chez l'enfant).

Traitement. L'injection intraveineuse de diazépam fait céder l'accès tétanique quand il se prolonge. En dehors des crises, les sels de calcium, le magnésium, la vitamine D2 (ou calciférol) et les tranquillisants ont une action préventive.

tétanisation n. f. Contraction prolongée d'un muscle sous l'impulsion d'un courant électrique. (Syn. : TÉTANOS PHYSIOLOGIQUE.) Si on applique à un muscle des impulsions électriques à une fréquence faible (quelques périodes par seconde), il répond par des contractions synchrones ; si la fréquence atteint ou dépasse 40 périodes par seconde, la contraction devient permanente, d'où les dangers de l'électrocution* par les courants alternatifs à 50 périodes. En revanche, les courants de haute fréquence utilisés en thérapeutique (plus de 100 000 périodes par seconde) pour la diathermie ou l'électrocoagulation ne sont pas nocifs, car ces courants ne provoquent aucune contraction.

tétanos n. m. Toxi-infection due au bacille de Nicolaier*.

C'est une maladie encore fréquente et grave malgré les progrès thérapeutiques (40 p. 100 de décès). La vaccination antitétanique n'étant devenue obligatoire qu'en 1939, les sujets nés avant cette date ne sont habituellement pas vaccinés, et c'est surtout chez les sujets âgés et vivant à la campagne qu'on rencontre actuellement la grande majorité des cas de tétanos. Sa déclaration est obligatoire (n° 20).

Bactériologie. Le germe forme des spores* très résistantes, qui restent des mois dans la terre avant de trouver les conditions favorables pour redonner le bacille. Les personnes atteintes sont souvent âgées, travaillant la terre. Le tétanos pénètre par une effraction cutanée : plaie minime (épine de rosier), ulcères variqueux. Dans les pays du tiers monde, le tétanos obstétrical et celui du nouveau-né sont dus aux conditions inexistantes d'asepsie et d'hygiène.

Signes cliniques. Après une incubation silencieuse de durée variable (de 8 à 15 jours), la maladie débute par le trismus* : contracture des muscles masticateurs s'accompagnant d'une gêne à la mastication. Les contractures s'étendent en quelques jours à la face (donnant l'aspect du « rire sardonique »), aux membres supérieurs (en flexion), puis aux membres inférieurs (en extension). Le plus souvent, pendant la contracture, le malade est en opisthotonos*. En plus de ces contractures musculaires permanentes, il existe des crises paroxystiques très douloureuses, avec recrudescence des contractures. Il n'existe aucun trouble de la conscience. La fonction respiratoire peut être touchée, comme l'appareil cardio-vasculaire, ce qui est à l'origine des accidents et de la mortalité du tétanos.

Formes cliniques. Elles varient avec l'état antérieur du malade et la durée de l'incubation (d'autant plus grave que celle-ci aura été courte). Parfois le tétanos reste localisé à un membre, ce qui en améliore le pronostic.

Les formes les plus graves sont celles du nouveau-né et des femmes après avortement provoqué.

Traitement. Il doit être entrepris en milieu spécialisé, au moindre doute.

Il utilise la sérothérapie* (gammaglobulines de sujets hyperimmunisés), la désinfection de la porte d'entrée, très importante (sans quoi celle-ci peut conserver les germes qui seront à l'origine d'une rechute), l'antibiothérapie et les sédatifs (diazépam à haute dose, associé ou non au phénobarbital). Il faut souvent pratiquer une trachéotomie* en vue d'une assistance respiratoire complète. La vaccination sera entreprise immédiatement, car le tétanos n'immunise pas.

Traitement préventif. Devant toute plaie chez un sujet non vacciné ou dont la vaccination est vieille de plus de 18 mois, on injecte une dose préventive de sérum (1 500 U), on nettoie la plaie et on commence la vaccination. Chez un sujet correctement vacciné, une injection de rappel est suffisante, mais, pour les plaies importantes ou très souillées, on y associe le sérum.

Prophylaxie. Elle repose sur la vaccination, qui assure la protection à 100 p. 100. Elle se fait par trois injections sous-cutanées à 15 jours d'intervalle. Un rappel un an après, puis tous les 5 ans est nécessaire. Le vaccin antitétanique est le plus souvent associé au vaccin antidiphtérique (vaccin D. T.) ; il peut l'être également aux vaccins contre la coqueluche et la poliomyélite.

tête n. f. Partie supérieure du corps, unie au tronc par le cou, contenant l'encéphale et la plupart des organes des sens, et composée de deux parties : le *crâne** et la *face**.

Mal de tête, terme populaire désignant la céphalée*.

tétée n. f. Action de téter.

Par extension, repas du nourrisson et quantité de lait qu'il absorbe en un de ces repas. (V. ALLAITEMENT.)

tétracaïne n. f. Anesthésique local du groupe de la procaïne.

tétrachlorure n. m. **Tétrachlorure de carbone.** V. CARBONE.

tétracycline n. f. Antibiotique dont la formule chimique comporte quatre cycles.

Les tétracyclines (chlorétacycline, oxytétracycline) sont extraites d'un champignon, *Streptomyces viridifaciens,* ou obtenues par semi-synthèse les unes à partir des autres. Actives par voie orale ou parentérale, elles ont un très large spectre d'action.

tétragène ou **tétracoque** n. m. Bactérie de type microcoque*, dont les éléments se disposent par quatre, que l'on rencontre à l'état de saprophyte* dans la cavité vaginale, mais qui est pathogène dans la salive.

tétralogie n. f. **Tétralogie de Fallot,** cardiopathie* congénitale cyanogène. — Les enfants atteints sont appelés « enfants bleus ». Elle associe : 1° une communication interventriculaire haute et large (shunt); 2° une aorte à cheval sur les deux ventricules en proportion variable ; 3° un rétrécissement de l'orifice de l'artère pulmonaire faisant obstacle à l'éjection du sang hors du ventricule droit vers les poumons (son degré commande donc l'importance du shunt vers le ventricule gauche) ; 4° une hypertrophie du ventricule droit résultant de l'augmentation de pression dans celui-ci. La tétralogie de Fallot est compatible avec une survie assez prolongée, mais expose à des accidents infectieux (maladie d'Osler*), neurologiques, et à l'anoxie*. Son traitement est chirurgical.

tétraplégie n. f. Paralysie* des quatre membres.

thalamus n. m. Ensemble de deux des noyaux gris centraux symétriques de la base du cerveau*, situés de part et d'autre du IIIe ventricule. (Syn. : COUCHES OPTIQUES.)

C'est un centre de relais sensitif important. Les syndromes thalamiques se traduisent par des douleurs violentes.

thalassémie n. f. Anomalie du sang caractérisée par la persistance de l'hémoglobine F, de type fœtal, observée dans les populations méditerranéennes, et d'origine génétique.

La *thalassémie majeure,* ou maladie de Cooley (sujets homozygotes* pour le gène concerné), s'observe dès la naissance. L'anémie est importante ; on remarque un retard staturo-pondéral, une grosse rate et des anomalies au niveau du crâne. La mort est

Thalassothérapie. Bains couverts à l'Institut de thalassothérapie de Quiberon.

Phot. de l'Institut.

constante dans les 10 premières années de la vie.

La *thalassémie mineure* (sujets hétérozygotes*) est compatible avec la vie. Les signes cliniques sont atténués, quand ils existent, et l'étude de l'hémoglobine montre une élévation modérée de celle de type fœtal. Le seul risque réside alors dans la transmission de la tare.

thalassothérapie n. f. Cure marine mettant à profit l'eau de mer, les algues, le sable, le climat océanique, le soleil.

Les bains de mer froids donnaient des

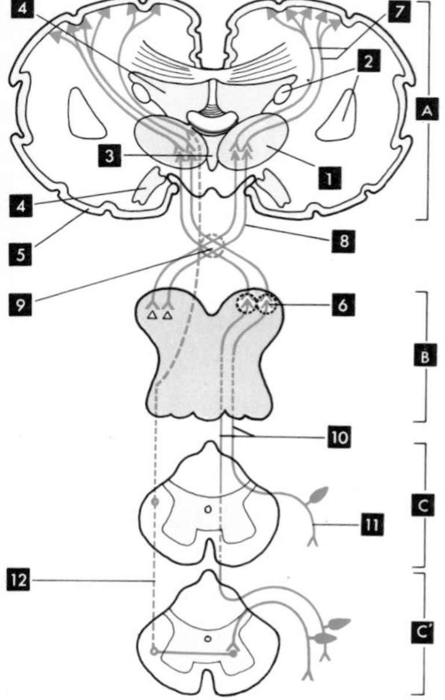

Thalamus. Thalamus et voies sensorielles.
A. Coupe frontale du cerveau.
B. Coupe du bulbe.
C et C'. Coupes de la moelle épinière.
1. Thalamus ;
2. Corps striés ; 3. Troisième ventricule ;
4. Ventricules latéraux ; 5. Écorce cérébrale ;
6. Noyaux de Goll et de Burdach ;
7. Fibres thalamo-corticales ;
8. Faisceau bulbo-thalamique ;
9. Entrecroisement bulbaire ;
10. Faisceaux de Goll et de Burdach (ils conduisent la sensibilité profonde, consciente) ;
11. Neurone sensitif périphérique (cellule en T du ganglion spinal) ;
12. Faisceau spino-thalamique (il conduit les sensations thermiques et douloureuses).

● INDICATIONS PRINCIPALES
○ INDICATIONS SECONDAIRES
Les stations comportant un astérisque sont traitées à leur ordre alphabétique

		THERMALISME																
	DÉPARTEMENTS	rhumatismes	goutte	séquelles de traumatisme	obésité	diabète	estomac	intestin	foie	anémies	enfants	gynécologie	dermatoses	cœur	artères	veines	voies respiratoires	rein et voies
Aix-en-Provence*	13											○				●		
Aix-les-Bains*	73	●		○														
Alet-les-Bains	11				○		○	○										○
Allevard-les-Bains*	38																●	
Amélie-les-Bains* - Palalda	66	●															●	
Argelès-Gazost	65											○				●		
Ax-les-Thermes*	09	●		●								○					●	
Bagnères-de-Bigorre*	65	●		●							○	○					○	○
Bagnoles-de-l'Orne*	61											○				●		
Bains-les-Bains*	88													●	●			
Balaruc-les-Bains	34	●		○								○						
Barbotan-les-Thermes*	32	●	○	●	○							○			●	●		
Barèges*	65	●		●								○	●				○	
Boulou (Le)*	66					○	○		●									
Bourbon-Lancy*	71	●										○		●				
Bourbon-l'Archambault*	03	●		●														
Bourbonne-les-Bains*	52	●		●							○							
Bourboule (La)*	63					●					●		●				●	
Brides-les-Bains-Salins-les-Thermes*	73				●			○	●									
Camoins	13	○																
Capvern*	65	○	●						●								●	
Cauterets*	65	○										○	○					●
Challes-les-Eaux*	73											○					●	
Châtelguyon*	63				○		○	●	●		○						●	
Chaudes-Aigues*	15	●	●	●								○						
Contrexéville*	88	○	●			○			○									
Cransac*	12	●			○													●
Dax*	40	●		○							○	○						
Digne	04																	
Divonne-les-Bains*	01	○									●						●	
Eaux-Bonnes*	64	●	●									○					●	
Eaux-Chaudes*	64	○	○			○		○	●			○			○			●

	système nerveux	SAISON dates d'ouverture - de fermeture
		toute l'année
		toute l'année
		15 juin - 30 sept.
		2e quinz. mai - 2e quinz. sept.
		toute l'année
		1er juin - 20 oct.
		toute l'année
		toute l'année
		2e quinz. d'avr. - 30 sept.
		début mai - fin sept.
		1er avr. - 20 nov.
		1er avr. - 30 nov.
		1er mai - 15 oct.
		toute l'année
		10 mai - 30 sept.
		toute l'année
		1er mars - 20 déc.
		toute l'année
		fin avr. - début oct.
		15 mai - 15 oct.
		1er mai - 15 oct.
		2 mai - 30 sept.
		15 mai - 25 sept.
		1er mars - 31 oct.
		1er mai - 15 oct.
		10 mai - 20 sept.
		1er avr. - 20 oct.
		toute l'année
		toute l'année
		toute l'année
		15 mai - 30 sept.
		toute l'année

résultats dans les convalescences, les asthénies et anémies, mais seules les techniques modernes (aciers inoxydables), permettant de canaliser et de réchauffer l'eau de mer, ont permis de traiter les rhumatismes, les arthrites, les convalescences de traumatismes, etc.

De nombreux établissements des villes côtières offrent ainsi la possibilité de traiter par bains, douches, bains d'algues et de varech ou de boues marines, associés à la kinésithérapie, de nombreuses affections ostéo-articulaires. L'action du climat et du soleil (héliothérapie) combinée à celle de l'eau de mer est mise à profit dans les convalescences des maladies infectieuses (sauf la tuberculose pulmonaire), des arthroses, névralgies, affections neurologiques. La fièvre, l'hypertension* artérielle, les néphropathies*, les laryngites, sinusites et otites sont des contre-indications.

thallium n. m. Métal dont le sulfate est employé comme raticide (mort-aux-rats).

Toxicologie. Le thallium est mortel à des doses supérieures à 1 g. Il provoque des troubles digestifs, puis des troubles nerveux plusieurs jours après (douleurs, perceptions anormales, tremblements) et une chute des cheveux. La mort survient après des convulsions, une anurie ou une asphyxie. Le traitement utilise les chélateurs*.

thanatologie n. f. Étude des cadavres. Elle permet d'en connaître les transformations normales au cours des semaines. (V. AUTOPSIE, CADAVRE, DÉCÈS, IDENTIFICATION, LÉGAL, *Médecine légale*.)

thé n. m. Substance constituée par les feuilles du théier, soumises à la dessiccation (thé vert) ou à la fermentation (thé noir), et contenant la *théine*, identique à la caféine. (L'infusé de thé est stimulant et stomachique.)

thénar adj. **Éminence thénar**, saillie arrondie située à la partie externe de la paume de la main et constituée par le relief des muscles du pouce.

théobromine n. f. Substance extraite des coques du fruit du cacaoyer. (Elle est prescrite *per os* comme diurétique.)

théophylline n. f. Substance isomère de la théobromine, qu'on rencontre dans le thé en même temps que la théine. — Elle est diurétique et facilite la respiration chez les asthmatiques.

thérapeutique n. f. Partie de la médecine qui a pour objet le traitement des maladies. (Syn. : THÉRAPIE.)

Moyens de la thérapeutique. On distingue les moyens « médicaux » et les moyens « chirurgi-

● INDICATIONS PRINCIPALES
○ INDICATIONS SECONDAIRES
Les stations comportant un astérisque sont traitées à leur ordre alphabétique

		THERMALISME															
	DÉPARTEMENTS	rhumatismes	goutte	séquelles de traumatisme	obésité	diabète	estomac	intestin	foie	anémies	enfants	gynécologie	dermatoses	cœur	artères	veines	voies respiratoires
Enghien-les-Bains*	95	●										○		●			●
Eugénie-les-Bains*	40	●	○		○		●	●	○		○	○					○
Evaux-les-Bains*	23	●										●			○		
Evian-les-Bains*	74	○	●						○						○		
Forges-les-Eaux*	76									●							
Fumades (Les)	30												●				○
Gréoux-les-Bains*	04	●	○	●	○							○			○		●
Lamalou-les-Bains*	34	○															
Léchère-les-Bains (La)*	73								○			○			○	●	
Lons-le-Saunier	39							○	○		●	○					
Luchon (Bagnères-de-)*	31	○											○				●
Luxeuil-les-Bains*	70	○										●				○	
Marlioz (Aix-les-Bains)*	73																●
Molitg*	66	●	○	●	●						○	○	●				●
Mont-Dore (Le)	63										○						●
Montrond-les-Bains	42						○		●								
Morsbronn-les-Bains	67	●															
Néris-les-Bains*	03	●										●					
Niederbronn-les-Bains*	67	●	○		○		○							○	○		
Plombières-les-Bains*	88	○						●				○					
Pougues-les-Eaux*	58					○	●		○								
Préchacq*	40	●															
Preste (Prats-de-Mollo - La)*	66																
Roche-Posay (La)*	86												●				
Royat*	63	○												●	●		
Sail-les-Bains	42		●		●								●				
Saint-Amand-les-Eaux*	59	●		○													
Saint-Christau* - Lurbe	64												●				○
Saint-Gervais-les-Bains	74								○		●		●				○
Saint-Honoré*	58										○						●
Saint-Nectaire*	63										○						
Saint-Sauveur (Luz-)	65											●					

	système nerveux	SAISON dates d'ouverture - de fermeture
		toute l'année
		avr. - oct.
		1er avr. - 10 oct.
		toute l'année
		toute l'année
		1er mai - 30 sept.
		toute l'année
		toute l'année
		toute l'année
		20 mai - 20 sept.
		2 mai - 10 oct.
		24 janv. - 24 déc.
		fin mars - début oct.
		toute l'année
		23 mai - 30 sept.
		15 mai - 15 oct.
		toute l'année
		2 mai - 30 sept.
		janv. - déc.
		10 mai - 30 sept.
		1er juin - 30 sept.
		21 avr. - 20 oct.
		début avr. - fin oct.
		toute l'année
		7 avr. - 15 nov.
		1er mai - 30 sept.
		avr. - nov.
		avr. - oct.
		2 mai - 30 sept.
		3 mai - 18 sept.
		25 mai - 30 sept.
		15 juin - 15 sept.

caux ». La thérapeutique médicale fait appel aux médicaments*, à la physiothérapie*, aux régimes*, au thermalisme*, à la psychothérapie*, à l'acupuncture*, à l'homéopathie*. La thérapeutique chirurgicale comporte des interventions sanglantes (opérations) et des méthodes orthopédiques (plâtres, appareils, d'immobilisation, de traction etc.). Le médecin utilise, selon les cas, les uns ou les autres de ces moyens, l'acte chirurgical pouvant compléter les moyens médicaux ou *vice versa.*

Indications et contre-indications thérapeutiques. La plupart des symptômes, syndromes et maladies relèvent de traitements qui leur sont propres et qui sont plus ou moins spécifiques. Selon la nature et la gravité de l'atteinte, l'âge et l'état de résistance du sujet ainsi que les autres maladies qu'il peut présenter, certains moyens sont considérés comme efficaces : on dit qu'il y a *indication* à les employer. Mais la plupart des moyens thérapeutiques, qu'ils soient médicaux ou chirurgicaux, ont des inconvénients et peuvent faire courir un risque. Si le risque est supérieur aux avantages qu'on suppose en retirer, on dit qu'il y a *contre-indication.*

Les décisions thérapeutiques. En présence d'une maladie ou d'une blessure, il faut toujours établir un diagnostic aussi précis que possible avant de décider de l'application d'un traitement. Dans la mesure du possible, le traitement doit être *étiologique,* c'est-à-dire s'attaquer à la cause de l'affection. À défaut, le traitement *symptomatique* vise à supprimer ou atténuer un symptôme gênant ou dangereux, telles la douleur, la fièvre, l'hypotension, etc. C'est parfois le seul possible si la cause n'est pas encore connue ou si elle n'a pas de traitement spécifique, ou encore si l'état du patient ne permet pas de l'appliquer : il en est ainsi en cas de coma, de choc, d'hémorragie, où il faut avant tout corriger les anomalies qui menacent la vie dans l'immédiat, afin d'amener le sujet à un état qui lui permettra de subir le traitement de la cause de son mal, par exemple une opération.

Dans tous les cas, le médecin *commence le traitement* après avoir évalué les avantages et les inconvénients (indications et contre-indications) des différents moyens utilisables. Parfois les inconvénients apparaissent trop importants, et il faut savoir décider de l'abstention thérapeutique ou attendre le moment opportun pour appliquer tel ou tel traitement.

La décision d'*arrêter un traitement* est prise soit sur la constatation de la guérison, soit en raison des inconvénients (intolérance, toxicité, etc.) résultant du traitement, ou enfin du fait de l'inefficacité confirmée de la

● INDICATIONS PRINCIPALES ○ INDICATIONS SECONDAIRES Les stations comportant un astérisque sont traitées à leur ordre alphabétique	DÉPARTEMENTS	rhumatismes	goutte	séquelles de traumatisme	obésité	diabète	estomac	intestin	foie	anémies	enfants	gynécologie	dermatoses	cœur	artères	veines	voies respiratoires
Salies-de-Béarn*	64			●							●	●					
Salies-du-Salat	31										○	○					
Salins-les-Bains	39				●												
Saujon*	17																
Thonon-les-Bains*	74		●						○						○		
Uriage*	38	●									●	○	●				○
Ussat-les-Bains (Ornolac-)	09											●			○		
Vals-les-Bains*	07				●		●		○								
Vernet-les-Bains	66	●											○				○
Vichy*	03	○	●		●		●	○	●								
Vittel*	88	○	●						●								

thérapeutique employée, qui ne constitue qu'une charge inutile pour le patient.

Thérapeutique occupationnelle. V. ERGOTHÉRAPIE.

thermalisme n. m. Ensemble des moyens médicaux, hospitaliers et administratifs mis en œuvre pour l'utilisation thérapeutique des eaux de source. Cette thérapeutique elle-même.

Éléments des cures thermales. Les *eaux* médicinales* ont leur maximum d'activité à leur émergence, aux sources, où leur emploi constitue la crénothérapie. Elles agissent par leur composition chimique (sels dissous) et par leurs propriétés physiques (chaleur ou *thermalité* et radioactivité). Les eaux sont employées à leur température d'émergence, ou réchauffées, ou refroidies, selon les cas, pour les bains, douches, applications locales, cures de boisson. Les gaz libérés au griffon (à l'émergence de la source) servent aux bains carbogazeux, aux étuves et aux inhalations.

Les *massages* et la *kinésithérapie* sont le plus souvent associés à l'action de l'eau.

Le *climat* joue également un rôle important dans la détente et le changement d'habitudes.

Indications et contre-indications des cures. La plupart des stations ont des indications principales (les maladies les plus améliorées) et des indications secondaires (les maladies qui bénéficient de la cure), ce qui permet de choisir la station en fonction de la ou des maladies dont est porteur le sujet. Les contre-indications générales à toutes les cures sont les états aigus, les fièvres, les affections cardiaques ou pulmonaires en évolution, les tumeurs malignes. De plus, chaque station peut avoir des contre-indications particulières en raison de l'action des eaux.

Conditions des cures. Les cures durent en principe 21 jours. Elles peuvent exceptionnellement être écourtées. Le mieux ne se fait pas toujours sentir pendant ou immédiatement après la cure, qui peut provoquer une réaction passagère (lassitude, fièvre) : un repos de quelques jours supplémentaires peut alors être justifié. Les cures thermales sont prises en charge par la Sécurité sociale sous réserve d'une demande d'entente* préalable déposée avant le 31 mars (pour les stations saisonnières) ou 2 mois avant la cure (pour les stations ouvertes toute l'année). Sont remboursés : les frais médicaux et thermaux et une partie des frais d'hôtel et de déplacement suivant la situation financière des assurés.

Bilan du thermalisme. Le résultat d'une cure se juge dans toute l'année qui la suit par la régression des symptômes, la diminution des quantités de médicaments nécessaires et par la diminution des arrêts de travail. Dans de nombreux cas, le renouvellement des cures pendant 2 ou 3 ans est nécessaire pour

	système nerveux	SAISON dates d'ouverture - de fermeture
		fin mars - 30 sept.
		début mai - fin sept.
		fin avr. - début oct.
●		toute l'année
		20 mai - 21 sept.
		2 mai - 25 sept.
●		juin - sept.
		1er mai - 1er oct.
		toute l'année
		fin avr. - début oct.
		20 mai - 20 sept.

obtenir une amélioration durable. Les résultats globaux du thermalisme sont positifs ainsi qu'en attestent les statistiques portant sur de nombreux malades et sur des affections déterminées. (V. tableau pp. 900 à 905.)

thermoanalgésie n. f. Disparition de la sensibilité normale à la chaleur par interruption des voies de conduction nerveuse spécifiques.

thermocautère n. m. Cautère en platine porté à l'incandescence par des vapeurs d'essence ou par une résistance électrique.

thermographie n. f. Enregistrement, à l'aide d'un appareillage spécial, des variations de température de la surface corporelle, que l'on transforme en signes graphiques pour obtenir une carte thermique ou *thermogramme.*
Les zones symétriques du corps sont photographiées et comparées. Cette méthode permet de faire le diagnostic de certains cancers au stade infraclinique (zone chaude), de contribuer au diagnostic des oblitérations artérielles (zones froides).

thermomètre n. m. Instrument servant à la mesure des températures.
Emploi des thermomètres médicaux. Après s'être assuré que la colonne de mercure est abaissée, le thermomètre est introduit dans la bouche ou, mieux, dans le rectum. La prise trop fréquente de la température rectale peut entraîner des ulcérations, des hémorragies. Le mercure contenu dans les thermomètres n'est pas toxique s'il est ingéré accidentellement.

thermorégulation n. f. Mécanisme physiologique qui maintient constante la température interne de l'homme et de tous les homéothermes.
C'est un équilibre précis entre les mécanismes chimiques producteurs de chaleur et les phénomènes physiques la dissipant. Le réglage est fait par le centre nerveux thermorégulateur situé dans le diencéphale, et par le contrôle endocrinien du métabolisme qui est sous la dépendance de la thyroïde.
Lutte contre le froid. Elle s'effectue : 1. Par augmentation de la production de chaleur principalement. C'est une augmentation générale du métabolisme cellulaire et la mise en jeu des muscles du squelette aboutissant au frisson, qui augmente les combustions; 2. Par une réduction des pertes : absence de sudation et vasoconstriction* cutanée.
Lutte contre la chaleur. C'est presque exclusivement une augmentation des pertes : sudation et vasodilatation, la réduction métabolique étant faible.

thésaurismose n. f. Groupe d'affections caractérisées par la surcharge anormale des tissus de l'organisme par des glucides, des lipides ou des protides. (Les lipoïdoses*, les mucopolysaccharidoses et les glycogénoses* en font partie.)

thiamine n. f. Syn. de VITAMINE* B1.

thiosinamine n. f. Dérivé soufré de l'urée, utilisé pour résorber les tissus fibreux ou cicatriciels.

thiosulfate n. m. Syn. d'HYPOSULFITE.

thiotépa n. m. Substance anticancéreuse employée, dans certaines formes de leucémies et de tumeurs, par voie parentérale.

thio-uracile n. m. Dérivé soufré de l'urée, doué de propriétés antithyroïdiennes.

Thonon-les-Bains, station hydrominérale et climatique de la Haute-Savoie, à 9 km d'Évian, sur le bord du lac Léman.
L'eau bicarbonatée calcique froide (11 °C), contenant des traces de bore, cuivre, fer, manganèse, est employée en cure de diurèse (en boisson) dans les calculs et infections urinaires; elle est utile dans les hyperazotémies, les rhumatismes et la goutte.

thoracentèse n. f. Ponction à travers la paroi thoracique.
La thoracentèse (ponction de la plèvre) est *exploratrice,* pour faire le diagnostic d'une pleurésie, ou *évacuatrice,* pour la traiter.

thoracoplastie n. f. Résection d'un nombre plus ou moins grand de côtes pour

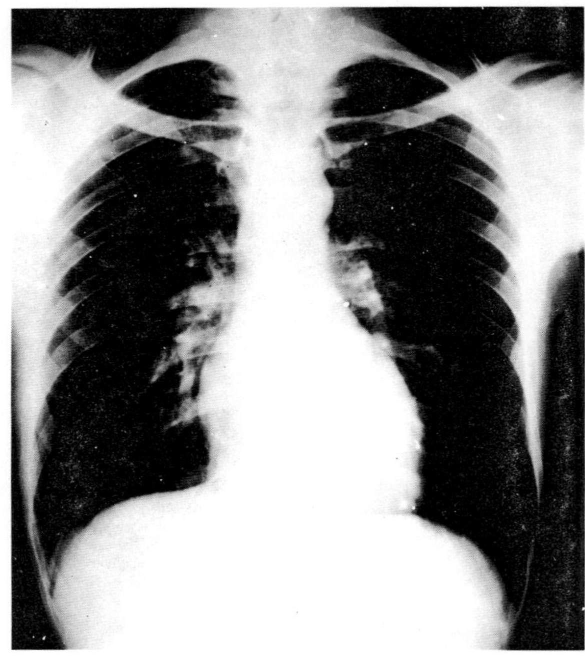
Radio Dr Wattez.

Thorax. Radiographie, poumons normaux.

obtenir l'affaissement d'une caverne sous-jacente. (Jadis utilisée pour le traitement de la tuberculose, cette intervention n'a plus que des indications exceptionnelles.)

thorax n. m. Segment supérieur du tronc, compris entre la base du cou et le diaphragme, ceinturé par la cage thoracique.
Le jeu des articulations costales, combiné à celui du diaphragme et des muscles inspiratoires, permet au thorax les mouvements de la respiration. Dans le thorax, entre les deux poumons entourés de leur plèvre, se trouve le *médiastin**, occupé par le cœur, les gros vaisseaux (aorte et artère pulmonaire, veines caves), les bronches et la trachée, l'œsophage.

Les accidents survenant sur la voie publique sont responsables de nombreux *traumatismes du thorax :* simples contusions, fractures de côtes*, volets thoraciques, enfoncements graves, entraînant une véritable détresse respiratoire par pneumothorax* ou hémothorax*, atteinte du cœur ou des gros vaisseaux. Les traumatismes ouverts du thorax touchent surtout les poumons (v. POUMON, *Plaies pleuro-pulmonaires*).

Parmi les *malformations* du thorax, la plus fréquente est le *thorax en entonnoir,* qui peut s'accompagner d'une gêne fonctionnelle marquée et nécessiter une cure chirurgicale.

Thorn (test de), épreuve de stimulation de la glande surrénale par l'A. C. T. H.*
Elle consiste à mesurer la variation du taux des stéroïdes urinaires. Après injection d'A. C. T. H., ceux-ci doivent normalement augmenter. S'ils n'augmentent pas, c'est le signe d'une atteinte de la glande elle-même, par opposition à une affection hypophysaire.

thrill n. m. Sensation de frémissement perçue à la palpation de l'aire précordiale.
Elle signe l'organicité d'un souffle cardiaque.

thrombectomie n. f. Désobstruction d'un vaisseau par ablation chirurgicale du caillot qui l'oblitère.

thrombine n. f. Enzyme qui apparaît dans le sang au cours de la coagulation, par action de la thromboplastine sur la prothrombine, et qui provoque la coagulation du fibrinogène. La thrombine est utilisée comme hémostatique.

thromboangéite n. f. **Thromboangéite oblitérante juvénile,** maladie rare caractérisée par une inflammation des artères et des veines des membres. (Syn. : MALADIE DE BUERGER.)
L'affection touche les hommes avant 40 ans, grands fumeurs ; le diagnostic repose sur l'existence de signes d'artérite (claudication intermittente aux membres inférieurs) et de phlébites à répétition. L'évolution se fait inexorablement vers l'oblitération des vaisseaux, nécessitant souvent l'amputation. Le traitement repose sur la surrénalectomie* subtotale avec sympathectomie*. Les vasodilatateurs, les anticoagulants constituent un appoint efficace.

thrombocyte n. m. Syn. de PLAQUETTE*.

thrombocythémie n. f. Élévation en nombre des plaquettes*, ou thrombocytes, au-dessus de 500 000 par millilitre de sang et pouvant atteindre 2 000 000 par millilitre, provoquant des thromboses et des hémorragies. (Syn. : THROMBOCYTOSE.)
On distingue les thrombocythémies secondaires (consécutives à une splénectomie*, à une maladie de Hodgkin, à un cancer profond) et les thrombocythémies primitives ou « essentielles », rares. La thrombocythémie

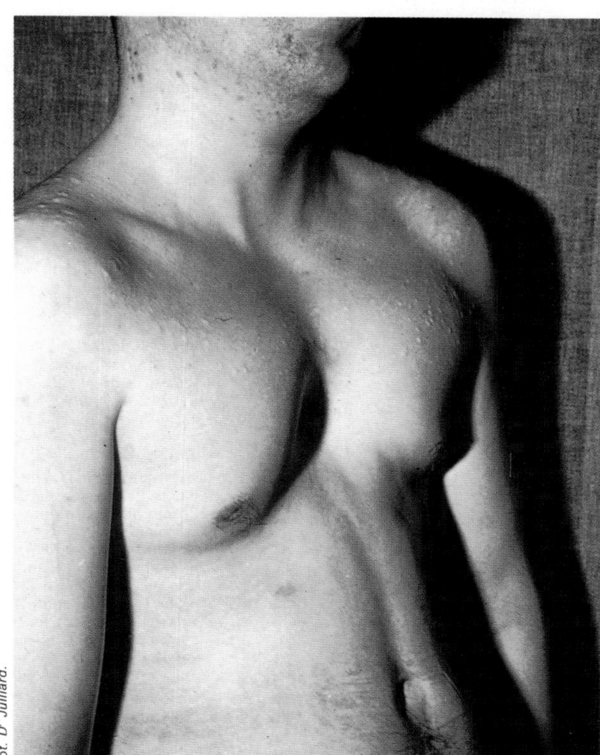

Thorax.
Thorax en entonnoir.

Phot. Dr Julliard.

est souvent associée à la prolifération des cellules des autres lignées : leucémie* myéloïde, polyglobulie*.

thrombocytopénie ou **thrombopénie** n. f. Diminution du nombre des plaquettes (thrombocytes) du sang au-dessous de 150 000 par millilitre.
La thrombocytopénie peut s'inscrire dans le cadre d'une insuffisance globale de la moelle osseuse, diminuant le nombre de tous les éléments figurés du sang. Souvent, la cause en revient à l'alcoolisme, à une allergie médicamenteuse, à une infection virale (rubéole, oreillons, etc.). On parle de « purpura thrombopénique idiopathique » quand la cause n'est pas retrouvée. La thrombopénie se manifeste par du purpura* et des hémorragies ; le temps de saignement est allongé.

thromboélastogramme n. m. Enregistrement graphique des diverses phases de la coagulation sanguine.
Le sang est placé dans une cuve entraînée dans un mouvement d'oscillation rotatoire autour de son axe vertical. Cet axe vertical de la cuve est occupé par un cylindre explorateur relié à un miroir qui réfléchit un spot lumineux sur un papier photosensible avec une échelle graduée. La courbe obtenue a une forme de diapason dont les deux branches se séparent plus ou moins selon l'état de la coagulabilité.

thromboembolique adj. Se dit d'un état caractérisé par l'apparition de thromboses* susceptibles de se fragmenter et de provoquer des embolies*.
Les manifestations cliniques les plus communes sont les thromboses veineuses des membres inférieurs (v. PHLÉBITE). Le traitement repose sur les anticoagulants*.

thrombolyse n. f. **1.** Résorption spontanée des caillots dans l'organisme. **2.** Méthode thérapeutique destinée à résorber les caillots situés dans les vaisseaux sanguins en dissolvant la fibrine. (Syn. FIBRINOLYSE.)

La *thrombolyse physiologique* s'observe après la coagulation*. Le plasminogène est une protéine plasmatique étroitement associée à la fibrine* et qui se trouve transformée en plasmine ; celle-ci est capable de lyser la fibrine.

En *thérapeutique,* on utilise la streptokinase* et l'urokinase*, substances qui remplacent les activateurs tissulaires et plasmatiques du plasminogène à l'état normal.

La streptokinase est employée très précocement, en perfusion intraveineuse* pendant 24 à 72 heures. La thrombolyse nécessite une surveillance clinique et biologique rigoureuse en milieu hospitalier. La méthode est employée pour le traitement des embolies et des suites d'infarctus du myocarde. Elle est contre-indiquée chez les sujets ayant des antécédents d'accidents vasculaires cérébraux et des ulcères digestifs.

thrombopathie n. f. Affection due à une anomalie de fonctionnement des plaquettes, ou thrombocytes, sans modification de leur nombre.
Les thrombopathies peuvent être constitutionnelles ou consécutives aux cirrhoses, à l'insuffisance rénale, à la prise d'aspirine, de phénylbutazone.

thrombophlébite n. f. Inflammation d'une veine associée à la formation d'un caillot dans sa lumière. (V. PHLÉBITE.)

thromboplastine n. f. Enzyme qui induit le deuxième stade de la coagulation* sanguine en transformant la prothrombine en thrombine. (Syn. : PROTHROMBINASE.)

thrombose n. f. Formation d'un caillot (ou thrombus) sanguin obstruant la lumière d'un vaisseau chez un être vivant.
Toute lésion de la paroi vasculaire, d'origine inflammatoire ou athéromateuse, favorise l'apparition de thrombose. Une diminution du débit circulatoire, de cause cardiaque ou veineuse, accroît les risques de thrombose, surtout au niveau des membres. Des modifications de la coagulation* sanguine (hémopathies*) peuvent également être en cause.

La thrombose se prévient et se traite par les anticoagulants*. La thrombolyse* est parfois employée contre les caillots qui viennent de se former.

thrombotest n. m. **Thrombotest d'Owren,** examen de laboratoire portant sur la coagulation du sang, qui permet d'ajuster un traitement anticoagulant*.

Le taux normal du thrombotest d'Owren est de 70 à 100 p. 100. Chez les sujets traités par les anticoagulants, ce taux est maintenu entre 10 et 20 p. 100.

thrombus n. m. (du grec *thrombos,* caillot). Amas de sang coagulé situé dans la lumière d'une artère, d'une veine ou d'une cavité cardiaque. (Syn. : CAILLOT.)
Le thrombus *pariétal* est situé préférentiellement là où la circulation est rapide (cœur, grosses artères) ; il s'étale contre la paroi et n'obstrue qu'incomplètement la lumière du vaisseau. Le thrombus *oblitérant* bouche complètement la circulation dans les petits vaisseaux. La fragmentation et la propagation dans le courant circulatoire du thrombus sont responsables d'une embolie*.

thym n. m. Petite plante condimentaire contenant du thymol*.
La tige fleurie a une action antiseptique ; elle fait partie des espèces vulnéraires.

thymie n. f. Tonus affectif de base. (Syn. : HUMEUR.)
La thymie oscille chez tout individu entre deux positions contraires :
— la position pessimiste (celle de la tristesse, de l'abattement, du désespoir) ;
— la position optimiste, faite d'euphorie, d'enthousiasme.

Chez les sujets dits « cyclothymiques », la thymie est instable, avec des oscillations plus fréquentes et plus intenses que chez la moyenne des individus.

thymoanaleptique adj. et n. m. V. ANTIDÉPRESSEUR.

thymocyte n. m. Petite cellule analogue à un lymphocyte*, qui se trouve dans le thymus*.

thymol n. m. Substance extraite de l'essence de thym*. (Astringente et antiseptique, elle s'utilise en bains de bouche et en inhalations.)

thymus n. m. Organe lympho-épithélial situé dans le médiastin antérieur, en arrière du sternum.
Développé chez l'enfant, il s'atrophie à l'âge adulte. Formé de lobules dont la corticale est occupée par les thymocytes* et la zone centrale par des cellules réticulaires et des cellules épithéliales kératinisées (corpuscules de Hassal), son rôle est important dans les processus immunitaires. (V. IMMUNOLOGIE.)

Pathologie du thymus. ***Hyperplasies thymiques.*** Caractérisées par l'augmentation des éléments cellulaires normaux du thymus, elles sont assez fréquentes chez le nourrisson. Asymptomatiques ou entraînant des signes de compression par hypertrophie, elles sont en elles-mêmes sans gravité.
Tumeurs thymiques ou thymomes. Elles se rencontrent surtout chez l'adulte. Leur type et leur caractère bénin ou malin est difficile à préciser. Elles s'accompagnent souvent de myasthénie* ou d'anomalies hématologiques.

thyréostimuline n. f. Hormone antéhypophysaire stimulant la sécrétion thyroïdienne. (V. THYROÏDE.)

thyréotoxicose n. f. Intoxication due à une hypersécrétion d'hormones thyroïdiennes. (V. BASEDOW [*maladie de*].)

thyrocalcitonine n. f. V. CALCITONINE.

thyroïde n. f. Glande endocrine située à la partie antérieure du cou.

Anatomie. La thyroïde est placée devant les premiers anneaux de la trachée, contre le larynx. C'est une petite glande impaire, pesant 30 g, et composée de deux lobes réunis par un isthme.

Les glandes « parathyroïdes* », au nombre de quatre, sont situées sur la face postérieure de la thyroïde.

Physiologie. La thyroïde possède une grande affinité pour l'iode et sécrète différentes hormones iodées : la thyroxine et la triiodothyrosine. L'iode est capté par la thyroïde, oxydé, puis incorporé à une protéine, la thyroglobuline*, sous deux formes (monoiodothyrosine et di-iodothyrosine). La thyroglobuline est scindée en petites molécules qui passent dans le sang. La thyroxine* est formée de deux molécules de di-iodothyrosine

Thyroïde.
Face antérieure de la région thyroïdienne :
1. Cartilage thyroïde ;
2. Muscle sterno-thyroïdien ;
3. Muscle crico-thyroïdien ; 4. Lobe latéral ;
5. Isthme ;
6. Trachée ; 7. Veine thyroïdienne ;
8. Nerf récurrent droit ;
9. Artère thyroïdienne inférieure ;
10. Artère thyroïdienne supérieure.

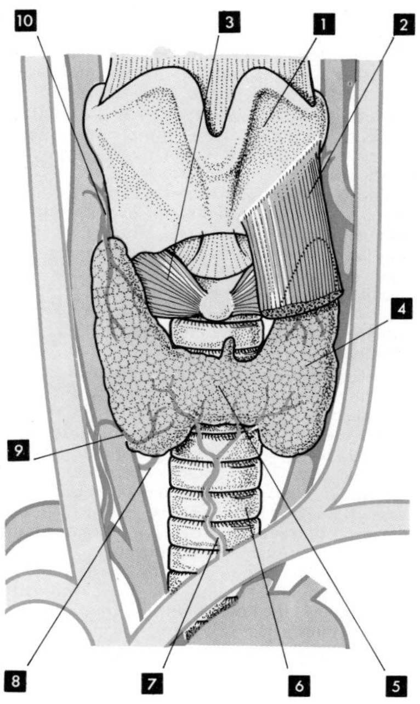

et la tri-iodothyrosine d'une mono- et d'une di-iodothyrosine. Le taux d'hormone circulante est sous le contrôle de la thyréostimuline hypophysaire (T. S. H.), elle-même freinée par l'augmentation de thyroxine dans le sang (*feed*-back*).

La thyroxine et la triiodothyrosine (cette dernière étant plus active) activent tous les métabolismes (lipides, glucides et protides) et stimulent la croissance.

Exploration de la thyroïde. Elle comporte deux aspects :

— LA MESURE DES RETENTISSEMENTS MÉTABOLIQUES. Elle comprend le dosage de la cholestérolémie, la mesure du métabolisme basal et l'enregistrement du réflexogramme* achilléen qui subissent des variations lors des syndromes pathologiques ;

— L'APPRÉCIATION DES TAUX D'HORMONES PAR DOSAGES DE L'IODE. Le dosage de l'iodémie protidique (iode fixé sur les protéines sanguines) reflète les taux d'iode hormonal (normalement de 4 à 8 γ pour 100 ml). L'étude de la fixation thyroïdienne de l'iode radioactif permet d'obtenir une image quantitative de la thyroïde (concentration proportionnelle à l'iode). Des erreurs sont possibles en cas d'injections de produits iodés (radiographies) dans les semaines précédant le dosage. La gammagraphie* fournit une carte de l'activité fonctionnelle de la glande.

Pathologie. ***Les hyperthyroïdies.*** Elles peuvent dépendre d'un trouble purement thyroïdien ou d'une anomalie du système régulateur.

L'*adénome toxique* est une hyperthyroïdie pure, se caractérisant par un hyperfonctionnement localisé (quelques lobules) et une mise au repos du reste du parenchyme. Le diagnostic se fait par la gammagraphie. La chirurgie est le traitement de choix.

La *maladie de Basedow** (goitre hyperthyroïdien) est due le plus souvent à une substance thyréostimulante.

Les hypothyroïdies. Elles relèvent plus souvent d'une cause locale que d'une cause hypophysaire.

Les causes d'hypofonctionnement locales sont nombreuses : atrophie glandulaire, athyroïdies, thyroïdectomies chirurgicales ou physiques (radiations), sclérose secondaire (cancer), déficit enzymatique. Selon l'âge du malade, elle réalise un nanisme chez l'enfant ou un myxœdème* chez l'adulte.

Les hypothyroïdies d'origine centrale (dues à une hypophysectomie, à une méningo-encéphalite) accompagnent le plus souvent un hypopituitarisme*, insuffisance hypophysaire globale, entraînant également une insuffisance de stimulation des gonades et des surrénales.

thyroïdectomie n. f. Résection de la glande thyroïde*, qui peut être totale, subtotale ou partielle.

thyroïdite n. f. Inflammation de la glande thyroïde*.

Les thyroïdites sont d'origine infectieuse (virale surtout) ou auto-immunes*, de mécanismes encore mal connu ; ce sont surtout des maladies de la femme. Elles se manifestent cliniquement par un goitre* douloureux, des signes inflammatoires au niveau de la glande (chaleur, rougeur du cou), parfois par des signes d'irritation des organes voisins (modifications de la voix, troubles de la déglutition). Les thyroïdites ont également un retentissement sur l'état général : fatigue importante, douleurs articulaires, anémie. Elles peuvent s'accompagner soit d'hyperthyroïdie*, soit, au contraire, d'hypothyroïdie*.

La *thyroïdite de De Quervain,* qui survient en général au décours d'une grippe et serait d'origine virale, évolue en trois phases : hyperthyroïdie initiale, hypothyroïdie secondaire par épuisement (et apparition du goitre à ce moment-là), puis retour à la normale.

La *thyroïdite fibreuse de Riedel,* exceptionnelle, se manifeste par un goitre envahissant et dur, qui doit toujours être opéré. (Syn. : THYROÏDITE LIGNEUSE.)

Enfin la *thyroïdite de Hashimoto,* la plus fréquente, survient presque exclusivement chez la femme, soit isolée, soit associée à une maladie génitale auto-immune : polyarthrite* rhumatoïde, lupus*, anémie de Biermer*, etc. Elle s'accompagne généralement d'une discrète hyperthyroïdie et, à l'examen, on trouve un goitre nodulaire, irrégulier.

Le traitement des thyroïdites repose principalement sur l'administration d'anti-inflammatoires et d'antibiotiques.

tibia n. m. Os long et volumineux, situé à la partie interne de la jambe, dont il forme le squelette avec le péroné.

Il s'articule en haut avec le fémur (v. GENOU), en bas avec l'astragale* (v. TIBIO-TARSIEN), à ses deux extrémités avec le péroné.

Les *fractures* du tibia s'accompagnent en général de fracture du péroné : ce sont les *fractures de jambe**. Elles peuvent revêtir de multiples aspects selon le siège, le trait (transversales, obliques, spiroïdes), le nombre des fragments (fractures comminutives*). L'ouverture de la peau, avec son danger d'infection, demande l'intervention d'urgence. Dans tous les cas, la réduction et la contention doivent être rigoureuses et surveillées de près pendant les 3 mois (en moyenne) de la consolidation, pour éviter cals vicieux et pseudarthroses*, de traitement difficile et générateurs de séquelles graves.

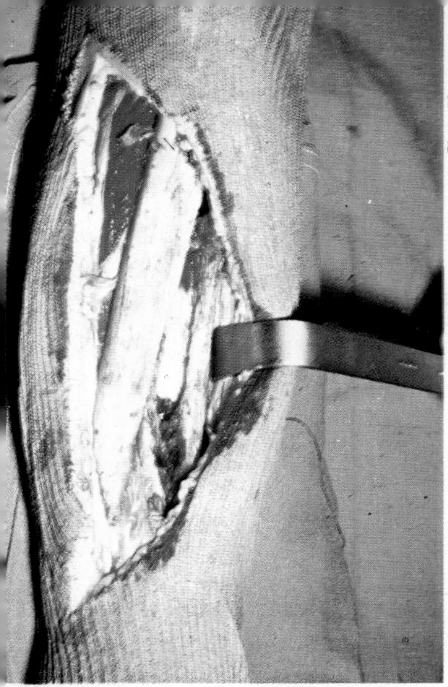

Phot. Dʳ Julliard.

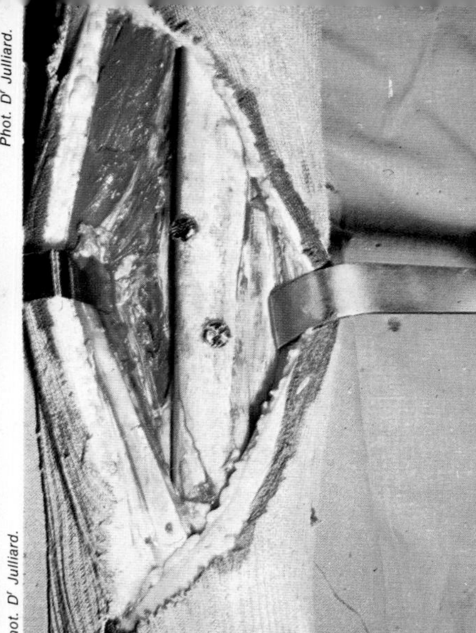

Phot. Dʳ Julliard.

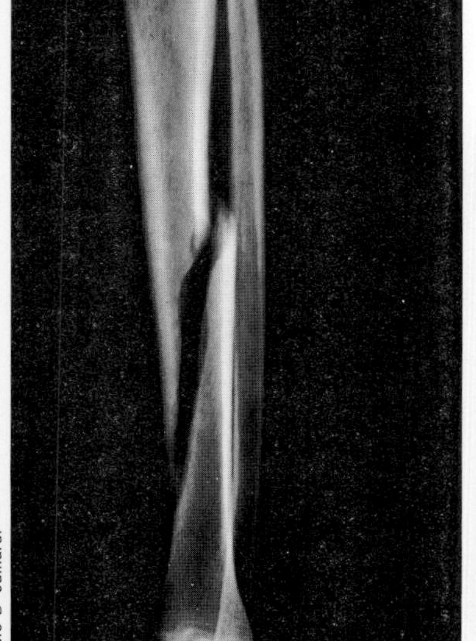

Tibia.
Ostéosynthèse du tibia pour une fracture spiroïde : foyer ouvert avant réduction *(à gauche)* et fracture réduite par vis *(à droite).*

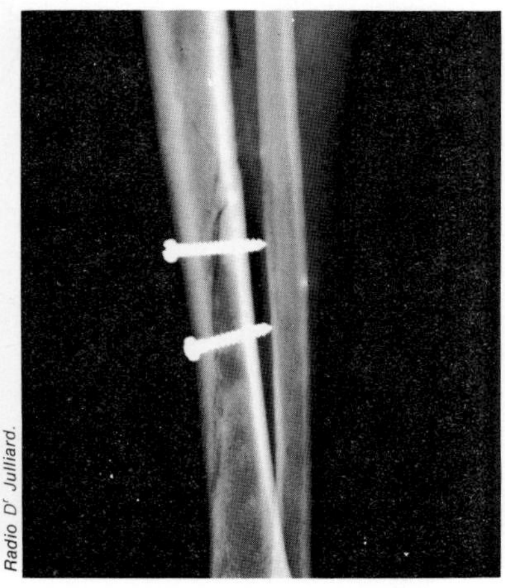

Radio Dʳ Julliard.

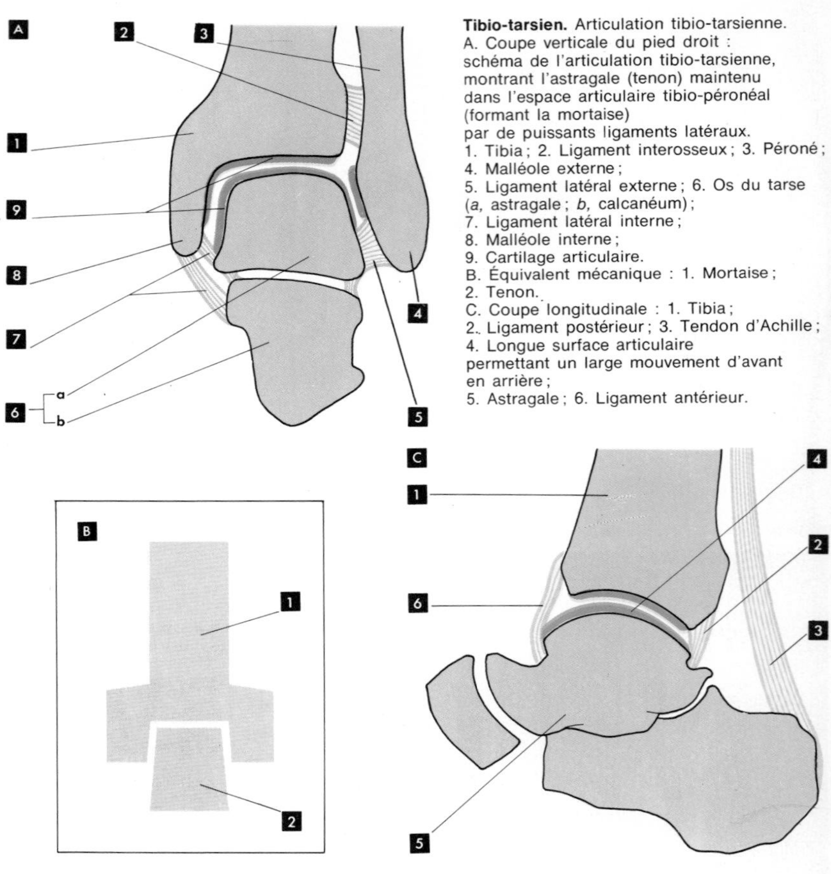

Tibio-tarsien. Articulation tibio-tarsienne.
A. Coupe verticale du pied droit : schéma de l'articulation tibio-tarsienne, montrant l'astragale (tenon) maintenu dans l'espace articulaire tibio-péronéal (formant la mortaise) par de puissants ligaments latéraux.
1. Tibia ; 2. Ligament interosseux ; 3. Péroné ; 4. Malléole externe ; 5. Ligament latéral externe ; 6. Os du tarse (*a*, astragale ; *b*, calcanéum) ; 7. Ligament latéral interne ; 8. Malléole interne ; 9. Cartilage articulaire.
B. Équivalent mécanique : 1. Mortaise ; 2. Tenon.
C. Coupe longitudinale : 1. Tibia ; 2. Ligament postérieur ; 3. Tendon d'Achille ; 4. Longue surface articulaire permettant un large mouvement d'avant en arrière ; 5. Astragale ; 6. Ligament antérieur.

tibial, e, aux adj. Qui se rapporte au tibia : *artères tibiales, nerfs tibiaux.*

Plateau tibial, face supérieure de l'extrémité supérieure du tibia, dont les condyles s'articulent avec les condyles fémoraux. C'est sur le plateau tibial que s'insèrent les ménisques* du genou. (V. GENOU.)

tibio-tarsien, enne adj. Qui appartient au tibia et au tarse.

Articulation tibio-tarsienne (ou articulation du cou-de-pied, de la cheville). Elle réunit les deux os de la jambe à l'astragale*. Les extrémités inférieures du tibia et du péroné, solidement unies par l'articulation péronéo-tibiale inférieure, forment une mortaise dans laquelle pénètre, tel un tenon, l'astragale. De très puissants ligaments maintiennent en place l'articulation, surtout de chaque côté (ligaments latéraux interne et externe).

Les *traumatismes* de l'articulation tibio-tarsienne sont particulièrement fréquents, depuis l'entorse* bénigne jusqu'à l'arrachement malléolaire et à la fracture bimalléolaire. (V. JAMBE, *Fractures.*)

tic n. m. Mouvement anormal, bref, involontaire, se répétant fréquemment chez un même individu.
Le tic ne correspond à aucune lésion organique et est souvent lié à des problèmes psychologiques : exagéré par les émotions, il disparaît pendant le sommeil. Les tics surviennent surtout chez le garçon à l'âge pubertaire ; ils touchent avant tout la face (clignement des yeux, mouvements des lèvres, etc.), mais aussi la voix, le cou, les épaules, etc. Le tic traduirait une agressivité contenue et une culpabilité ; son évolution spontanée est variable : il peut disparaître ou s'aggraver, se lier à des troubles affectifs dont le traitement est psychothérapique.

ticket n. m. **Ticket modérateur,** participation de l'assuré social aux dépenses de maladie (en principe 25 p. 100 des dépenses engagées ; 10 p. 100 pour les spécialités irremplaçables). — Cette participation peut être limitée ou supprimée dans certains cas (maladies* de longue durée).

tick-fever n. f. Terme anglais désignant les fièvres récurrentes, ou borrélioses*, transmises par les tiques* du genre *ornithodorus.*

tierce adj. et n. f. **Fièvre tierce,** fièvre intermittente dont les accès surviennent le 1er, le 3e, le 5e jour, etc. Elle s'observe au cours de certains paludismes*.

tierce personne, dans le vocabulaire de la Sécurité sociale, personne assistant un invalide ou une personne inapte au travail et ne pouvant accomplir les actes ordinaires de la vie.

tiers n. m. **Tiers payant,** système de paiement des actes professionnels médicaux et des frais pharmaceutiques ou d'hospitalisation par l'assureur et non par le malade (pratiqué en France notamment dans l'assurance contre les accidents du travail).

tilleul n. m. Arbre européen dont la fleur est récoltée pour son action sédative.
Les inflorescences de tilleul sont employées en infusion à 10 g par litre. Le bain de tilleul (500 g de fleurs par bain) est calmant et résolutif musculaire.
La poudre d'*aubier de tilleul* est employée en comprimés dans le traitement des dyskinésies biliaires et des migraines.

timbre n. m. **Timbre tuberculinique,** pastille adhésive sur laquelle est placée une goutte de tuberculine* et qui sert à la recherche de l'allergie tuberculeuse. — Le timbre est collé sur la peau et laissé 2 jours ; on l'enlève et on attend encore 2 jours pour faire la lecture. En cas de doute (dû notamment à une allergie au sparadrap) on pratique une intra-dermoréaction.

timidité n. f. Trait de caractère permanent ou transitoire d'un sujet émotif qui manque d'assurance et souffre d'inhibition dans les rapports sociaux.

tique n. f. Nom donné à certains acariens* hématophages qui parasitent l'homme et les animaux (chiens, bovidés, chevaux...).
La femelle perfore la peau et se gorge de sang : elle est responsable de la transmission

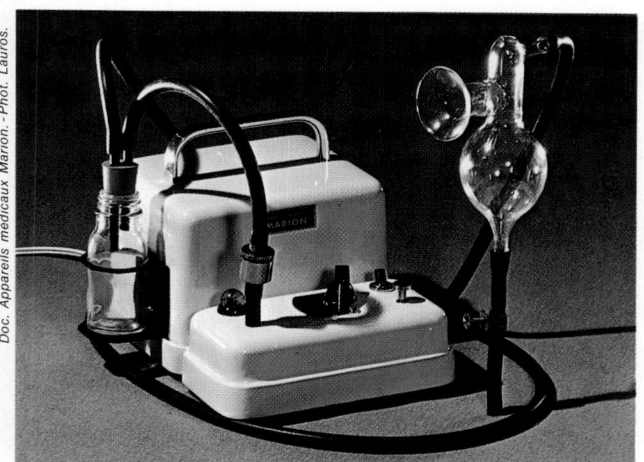

Doc. Appareils médicaux Marion. - Phot. Lauros.

Tire-lait.
Tire-lait électrique.

de nombreuses maladies (rikettsioses*, borrélioses* et tularémie*). Chez l'enfant et le chien, la piqûre peut à elle seule entraîner des paralysies. La destruction est difficile (D. D. T., Crésyl).

tirage n. m. Dépression de la paroi thoracique lors de l'inspiration, due à un obstacle mécanique à l'entrée de l'air dans les poumons.
Le tirage s'observe au creux sus-sternal, aux creux sus-claviculaires, aux espaces intercostaux, qui s'enfoncent à chaque inspiration.

tire-lait n. m. inv. Appareil, en général électrique, destiné à évacuer la sécrétion du lait par le sein.
Son utilisation est indiquée lorsque l'enfant n'a pas la force de téter, qu'il est séparé de sa mère, ou lorsqu'il existe des crevasses ou un engorgement du sein. Il peut être loué dans les pharmacies.
(V. illustration page 913.)

tire-veine n. m. (en angl. *stripper*). Instrument utilisé pour l'ablation chirurgicale des varices (stripping ou éveinage*).
C'est un fil métallique qu'on introduit dans une extrémité de la veine à extirper et qu'on fait progresser jusqu'à l'autre extrémité où, par une petite incision, on visse dessus une boule de taille variable, adaptée au calibre de la veine en question. En tirant sur la portion du tire-veine restée disponible au point d'introduction, on ramène avec soi la veine malade.

tisane n. f. Préparation aqueuse formée à partir de drogues végétales, utilisée comme véhicule à certains médicaments ou comme boisson.

PRINCIPALES TISANES

substances	mode de préparation	dosage g/l
anis vert (fruits)	infusion de 15 mn	10
armoise	—	10
badiane (fruits)	—	5
bardane (racines)	—	10
bourrache (fleurs)	—	5
busserole (feuilles)	—	10
café	lixiviation	
camomille (fleurs)	infusion de 15 mn	5
centaurée	—	10
cerise (pédoncules ou queues)	—	10
coquelicot (fleurs)	—	5
espèces pectorales	—	5
eucalyptus (feuilles)	—	10
gentiane	macération de 5 heures à froid	5
guimauve (fleurs ou racines)	infusion de 15 mn	10
hamamélis (feuilles)	—	10
lin (semences)	—	10
mauve (fleurs)	—	10
mélisse	—	5
menthe	—	5
pin (bourgeons)	infusion de 60 mn	20
quinquina	—	20
réglisse (racines)	macération de 5 heures à froid	10
réglisse (suc de)	solution simple	20
rhubarbe	macération de 5 heures à froid	5
thé (feuilles)	infusion de 15 mn	10
tilleul	—	10

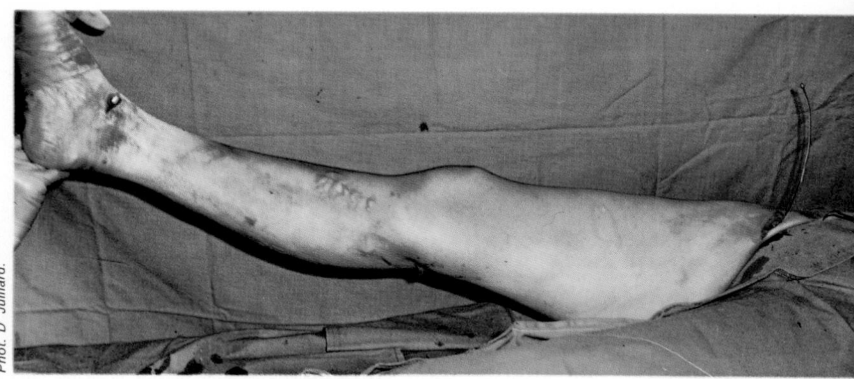
Phot. Dr Julliard.

Tire-veine en place.

usage
carminatif (évacuant les gaz intestinaux)
emménagogue (facilitant les règles)
carminatif
antirhumatismal
sudorifique
diurétique
stimulant
digestif
dépuratif
diurétique
antitussif (contre la toux)
—
antiseptique respiratoire
amer
émollient
vaso-constricteur
émollient, laxatif
antitussif
digestif
—
antiseptique urinaire et respiratoire
tonique
boisson hygiénique
—
purgatif
stimulant
sédatif

Le procédé employé (infusion, macération, lixiviation, solution, etc.), la concentration et la durée de la préparation varient selon l'usage et la substance.

tissu n. m. Terme désignant un ensemble de cellules ayant la même fonction.
Il existe trois sortes de tissus selon leur origine embryologique : épithéliaux, nerveux et mésenchymateux (os, cartilage, muscle). La croissance des tissus se fait par mitoses*. Le pouvoir de régénération est d'autant plus faible que le tissu est plus différencié (à l'exception du foie). Chaque tissu est spécifique de l'organisme auquel il appartient (d'où la difficulté des greffes*) et de sa fonction.

Les recherches récentes ont montré des liens entre les tissus et les antigènes leucocytaires ou HLA (v. GROUPE), permettant de mieux classer les tissus en « types » et aussi de faciliter la prise des greffes en faisant correspondre les antigènes du donneur et ceux du receveur.

tissuthérapie n. f. Thérapeutique utilisant l'injection d'extraits tissulaires.

titane n. m. Métal dont l'oxyde est utilisé comme antiprurigineux (pommades) et comme succédané des sels de bismuth pour les pansements gastriques.

tocophérol n. m. Syn. de VITAMINE* E.

toilette n. f. **Sujets sains.** Certaines personnes supportent mal les savons ordinaires et ont intérêt à employer des savons acides. Le brossage des dents (v. HYGIÈNE *bucco-dentaire*) est un élément essentiel de la toilette.

Toilette des nourrissons. Elle doit être faite avec des produits anodins : éviter les savons parfumés, les shampooings pour adultes. Ne pas frotter la peau à l'alcool ou à l'eau de Cologne d'un degré supérieur à 60°, et ne le faire que rarement sous peine d'imprégnation alcoolique (insomnie, tremblements, nervosité).

Toilette des alités. Elle a pour but : 1° d'améliorer le confort et l'hygiène en enlevant la sueur (lavages ou frictions alcoolisées). Les parfums violents sont à déconseiller. Pour les cheveux, les shampooings secs sont utiles ; 2° d'éviter les escarres d'immobilisation en tenant constamment propre le siège, les talons, le dos, qu'il faut frictionner à l'alcool camphré et talquer.

Toilettes internes. Les lavages de bouche avec des solutions antiseptiques sont nécessaires en cas d'infections bucco-dentaires ou pharyngées, ainsi qu'en cas de coma. Les injections vaginales de toilette doivent être faites de préférence le matin (pour éviter la rétention d'eau qui se produit en position couchée).

Toilette des ouvriers. Il ne faut pas employer le trichloréthylène pour enlever la peinture ou le cambouis de la peau mais des savons ou détergents appropriés. Il faut porter des vêtements spéciaux fréquemment lavés et rangés à part si l'on manipule des produits toxiques (mercure, plomb, etc.). Il faut prendre une douche après le travail et se laver les mains avant de manger et de fumer.

toise n. f. Appareil destiné à mesurer la taille des individus.

tolérance n. f. **Tolérance aux toxiques,** propriété que possède l'organisme de supporter des doses d'une substance donnée sans manifester de signes d'intoxication.
Elle peut être congénitale (variable suivant les espèces et les individus d'une même espèce) ou acquise, voire augmentée à la suite de l'administration répétée d'une drogue. (D'abord employée à doses minimes, celle-ci demande ensuite des doses plus élevées pour continuer à obtenir le même effet.) [V. ACCOUTUMANCE et TOXICOMANIE.] La tolérance peut être diminuée par défaut d'élimination d'une substance au cours de l'insuffisance rénale.

Tolérance immunitaire, perte par l'organisme de la capacité de réagir immunologiquement a des substances ou à des cellules normalement antigéniques. (V. IMMUNOLOGIE.)

tomate n. f. La tomate, riche en potassium et en vitamines A et C, ne contient que peu de glucides, d'acide oxalique, de sel, et pas de purines. C'est un fruit laxatif utile pour les rhumatisants et goutteux, les diabétiques, les cardiaques, les enfants.

tomodensitomètre n. m. Syn. SCANNER.

tomographie n. f. Procédé permettant d'obtenir une image radiographique en coupe d'un organe. (Syn. : STRATIGRAPHIE.)
Ce résultat est obtenu en faisant déplacer en sens inverse l'ampoule à rayons X et le film sensible, symétriquement par rapport à un axe qui détermine le « plan de coupe ». Ce plan (en réalité une tranche de 1 à 2 cm) sera seul visible nettement sur le cliché, tous les autres plans plus antérieurs ou plus postérieurs étant effacés. La tomographie permet d'obtenir des renseignements précis sur le poumon, les os, le larynx, les reins, etc.

tonicardiaque adj. et n. m. V. CARDIOTONIQUE.

tonicité n. f. État de tension moyenne d'un muscle lisse. (Pour les muscles striés, c'est le *tonus**.)

tonique adj. **1.** Qui se rapporte à la tonicité ou au tonus*.
2. Adj. et n. m. Se dit d'un médicament reconstituant des forces vitales de l'organisme ou d'une fonction. (V. FORTIFIANT.)

tonométrie n. f. Mesure des différentes pressions des liquides de l'organisme, spécialement celle du globe oculaire.

tonus n. m. État de contraction de base, permanente et involontaire, des muscles striés, sous la dépendance des centres nerveux. Le tonus détermine la position des segments de membres et assure la posture. Il est commandé par les noyaux gris centraux du cerveau et le cervelet. Le tonus est exagéré dans la maladie de Parkinson*.

tophus n. m. Nodule blanc jaunâtre, fait de concrétions d'acide urique déposées sous les téguments. (Pl. des TOPHI.)
Les tophi sont une manifestation de la goutte* chronique ; ils siègent aux oreilles, aux coudes, aux mains et aux pieds.

topique n. m. et adj. Substance destinée à être appliquée sur la peau et sur les muqueuses.
Les topiques peuvent être astringents, révulsifs, émollients, etc.

torpide adj. Désigne tout état pathologique qui garde une évolution sourde, subaiguë, et ne manifeste ni amélioration ni aggravation.

torticolis n. m. Position vicieuse caractérisée par une inclinaison de la tête avec un certain degré de torsion du cou, due le plus souvent à la contracture d'un des muscles sterno-cléido-mastoïdiens.

Torticolis aigu. D'origine traumatique ou rhumatismale, il se manifeste par l'apparition brutale d'une contracture des muscles du cou, avec douleur aiguë au moindre déplacement de la tête. L'affection ne dure, en règle générale, que quelques jours. Elle est en rapport avec une inflammation articulaire de voisinage. Son traitement comporte les anti-inflammatoires et les myorésolutifs parfois associés à la kinésithérapie.

Torticolis congénital. Il s'observe chez l'enfant de 2 à 6 ans. Il est dû à une brièveté anormale d'un des muscles sterno-cléido-mastoïdiens. Son traitement est chirurgical.

Torticolis spasmodique. Il est caractérisé par des contractions involontaires des muscles du cou. Il est dû à une atteinte des noyaux gris centraux du cerveau et des voies extrapyramidales. Les sédatifs du système nerveux central l'atténuent.

torulose n. f. V. CRYPTOCOCCOSE.

toucher n. m. Procédé d'examen des cavités naturelles de l'organisme (rectum, vagin, bouche, pharynx).

Obsession du toucher, peur des contacts avec des objets « qui pourraient ne pas être propres ». — Le sujet est obsédé par la crainte absolument irrépressible de la saleté, des microbes, etc., ce qui le contraint à des rites et à des vérifications multiples.

tourniole n. f. Panaris superficiel périunguéal (fam.).

tourniquet n. m. Procédé d'urgence visant à arrêter une hémorragie en utilisant comme *garrot** un lien placé autour du membre et dans lequel on glisse un bâton que l'on tourne plusieurs fois sur lui-même, ce qui entraîne une compression progressive.

toux n. f. Expiration forcée et bruyante succédant à une inspiration brève.
C'est un acte réflexe dont les voies nerveuses partent des zones tussigènes de la muqueuse respiratoire (larynx, trachée, bronches), montent au centre bulbaire et aboutissent aux muscles expirateurs.

La toux est souvent caractéristique : *sèche* dans les affections pleurales, *grasse* dans les bronchites, *quinteuse* dans la coqueluche, etc. Elle peut provoquer un vomissement (toux émétisante). Elle peut se compliquer de pneumothorax*, de rupture de bulles d'emphysème*. La toux ne doit pas être calmée à tout prix, car c'est elle qui permet l'expectoration, donc la libération des voies respiratoires.

toxémie n. f. Ensemble des accidents provoqués par l'accumulation dans le sang de poisons endogènes ou exogènes qui n'ont pu être éliminés par les organes excréteurs.

Toxémie gravidique, ensemble de manifestations pathologiques (albuminurie, hypertension artérielle, prise de poids excessive) survenant en fin de grossesse, spécialement chez les primipares jeunes.

Il s'agit d'une maladie liée à la première grossesse et qui disparaît, en règle, après elle.

Elle peut se compliquer d'éclampsie* et d'hématome rétroplacentaire, et menace donc à la fois la mère et le fœtus. Sa prophylaxie est réalisée par la surveillance des urines, de la tension artérielle et du poids de toute femme enceinte.

toxicologie n. f. Étude de la capacité toxique réelle ou théorique des divers produits.
Elle comporte la description des manifestations cliniques des intoxications* et l'étude de tous les produits, pour en déceler l'éventuelle toxicité. Cette étude s'appuie sur de nombreuses données.

La *formule chimique* donne une indication sur l'éventuelle toxicité par comparaison avec des produits de formule voisine.

Les *caractères physiques* (forme physique, solubilité, point de vapeur) permettent de prévoir l'absorption digestive et l'élimination d'éventuelles vapeurs toxiques*.

Les *études biochimiques* renseignent sur le métabolisme du produit dans l'organisme (transformations, élimination et niveau de ces opérations), sur les effets sur la cellule et ses réactions chimiques.

Les *données pharmacologiques* sont précieuses, car les effets toxiques d'un médicament sont souvent l'exagération des effets recherchés aux doses non toxiques, et utiles pour les dosages.

Si *l'observation humaine* rattache facilement un symptôme à une intoxication aiguë, l'*expérimentation animale* la complète dans le domaine des intoxications chroniques : la dose létale (mortelle) pour 50 p. 100 des animaux (DL 50) est déterminée, comme la recherche d'un effet tératologique*.

Le champ d'application de la toxicologie, outre l'apport qu'elle fournit à la médecine légale, est très vaste en raison des progrès de l'industrie : une étude toxicologique des médicaments est indispensable avant leur mise sur le marché, comme pour les produits alimentaires et industriels.

toxicologue n. Spécialiste en toxicologie.

toxicomanie n. f. Appétence morbide pour les drogues douées d'effets tonique, euphorisant ou analgésique, dont l'usage prolongé entraîne toujours un état d'accoutumance préjudiciable à l'individu autant qu'à la société.

Aspects cliniques. La toxicomanie vraie se définit par trois caractères fondamentaux :

L'*irrésistible perversion du besoin,* qui pousse le sujet à consommer sans cesse la drogue et à se la procurer par tous les moyens ;

L'*accoutumance,* qui invite le toxicomane à utiliser des doses de plus en plus fortes ;

Une soumission totale de l'individu à sa drogue, l'*assuétude* (ou *dépendance*), véritable tyrannie physique et morale.

L'état de besoin, quand la dose absorbée a fini d'agir et que l'angoisse intolérable à l'idée de manquer de toxique apparaît, fait du toxicomane un esclave incapable de rompre seul un tragique enchaînement. La déchéance socioprofessionnelle va le guetter à plus ou moins bref délai.

Il faut deux conditions pour que naisse l'état toxicomanique :

— une appétence anormale pour des substances naturelles ou des médicaments au pouvoir exaltant ou apaisant : la *toxicophilie,* prologue de la toxicomanie (le toxicophile ne devient toxicomane que s'il rencontre une drogue génératrice d'accoutumance et d'assuétude) ;

— l'existence de toxique (la possibilité de s'en procurer) capable de modifier radicalement le corps et l'esprit d'un sujet au point d'en faire un esclave.

On accorde une nette prévalence à la première condition, car le fait, pour certains sujets, d'avoir reçu au cours de leur existence des stupéfiants (morphine, par exemple) à l'occasion d'une opération, d'un accident, ne les a pas engagés sur la voie de la toxicomanie.

Aspects psychiques. Les raisons profondes de la toxicomanie sont à chercher dans une perturbation instinctivo-affective ancienne. La nature de ce déséquilibre intime de la personnalité se révèle variable : on a décrit des toxicomanes déprimés chroniques, anxieux, schizoïdes, obsédés, etc. En fait, le phénomène est complexe, et tous les cas de toxicomanie ne peuvent recevoir d'explication. À une fixation et à une régression au stade oral de la personnalité (théorie psychanalytique) s'ajoute peut-être le rôle de l'équipement neurologique génétique de l'individu dans la fragilité des toxicomanes. Parmi les facteurs déclenchants, citons les maladies ou accidents aux conséquences douloureuses, dévalorisantes ou invalidantes, tous les échecs familiaux, conjugaux, professionnels, les deuils, etc.

Classifications. Diverses classifications des drogues ont été proposées. On a opposé les drogues des toxicomanies majeures à celles des toxicomanies mineures.

Les *grandes toxicomanies* sont relatives aux stupéfiants naturels (opium, morphine, cocaïne, etc.) ou synthétiques (péthidine, dextromoramide). Il faut en rapprocher les substances psychotropes hallucinogènes (L. S. D. 25, mescaline).

L'*alcoolisme* doit être considéré comme une toxicomanie grave par ses conséquences individuelles désastreuses et son retentissement socioéconomique.

Les autres toxicomanies sont dues principalement aux *barbituriques,* aux *hypnotiques* divers, aux *amines psychotoniques* (amphétamines). Outre ces médicaments, citons le tabac, le café, le thé.

Les associations de divers toxiques sont fréquentes : l'alcool vient souvent aggraver l'état des grands toxicomanes.

Des complications graves sont inévitables quand l'état d'intoxication chronique se prolonge. Si certaines sont d'ordre somatique (épuisement, anorexie, etc.), la plupart sont d'ordre psychique (confusion mentale, affaiblissement intellectuel, psychoses délirantes aiguës, conduite antisociale, etc.).

Traitement. Le traitement curatif des toxicomanies est difficile et souvent décevant.

La *cure de désintoxication* en est le premier temps. Le *sevrage,* à l'hôpital, est rapide et facile sous couvert de neuroleptiques ou de tranquillisants. Il est suivi d'un *traitement chimiothérapique* antidépresseur ou anxiolyptique souvent indispensable, associé à une *prise en charge psychothérapique,* qui doit être à la fois chaleureuse et ferme.

Une *réinsertion sociale et familiale* est essentielle, et, la famille des toxicomanes étant souvent rejetante et démissionnaire, l'insertion du sujet dans des milieux de remplacement de type « familial » essaie de pallier les carences de l'environnement. Ces mesures sont souvent vouées à l'échec, notamment chez les toxicomanes déséquilibrés et récidivistes, ce qui explique la nécessité de mesures sociales de répression et de contrôle, et parfois de mesures d'internement chez les toxicomanes qui présentent de graves troubles du comportement.

Législation sur les toxicomanies. Elle tente de limiter l'extension de ce « fléau social ». En France, l'inscription des stupéfiants au tableau B, l'adhésion de l'État à un organisme international de lutte contre l'usage des stupéfiants y concourent, avec la loi du 31 décembre 1970 relative à la lutte contre la toxicomanie.

En ce qui concerne les *mesures sanitaires,* la loi envisage plusieurs situations : le toxicomane peut être signalé au procureur de la République par la police ou à l'autorité sanitaire par un médecin des services sociaux; il peut se présenter lui-même, spontanément, aux services de prévention et de cure. Les mesures médico-sociales seront les mêmes dans les trois cas, mais les personnes qui se présentent spontanément ne sont pas placées sous le contrôle de l'autorité sanitaire et bénéficient de l'anonymat.

Quant aux *mesures répressives,* elles sont différentes suivant les cas : alors que les trafiquants sont sévèrement poursuivis et réprimés, les usagers, considérés comme des malades, sont surtout incités à se soigner.

toxicophilie n. f. Goût inné pour les substances hallucinogènes qui peut conduire à la *toxicomanie**.

toxicose n. f. Syndrome très grave, propre au nourrisson, de causes multiples, caractérisé par d'importants troubles digestifs et une déshydratation sévère.

Signes cliniques. D'installation brutale, inopinée, le tableau clinique associe une prostration, une hyperthermie à 40-41 °C ou une hypothermie de mauvais pronostic, des signes de déshydratation extracellulaire (yeux excavés, langue sèche, pli cutané, chute de la courbe de poids en quelques heures), des signes de collapsus (pouls petit et filant, rythme cardiaque et respiration rapides), associés le plus souvent à une diarrhée liquide et parfois à des convulsions ou à un syndrome hémorragique.

Traitement. Il comporte, avant tout, la correction par des perfusions de sels minéraux, des troubles hydroélectrolytiques (pour éviter les séquelles qu'ils pourraient engendrer), puis la recherche et le traitement des causes éventuelles, pour éviter les rechutes : erreur diététique, infection déclenchante souvent disproportionnée avec la gravité de la toxicose, terrain allergique.

toxidermie n. f. Ensemble des lésions cutanées d'origine toxique.

De cause souvent médicamenteuse (pénicilline, streptomycine, aspirine, etc.), les toxidermies regroupent certains érythèmes* polymorphes, bulles, urticaires, lésions végétantes, et l'érythème pigmenté fixe (plaque brune, prurigineuse, de siège fixe).

toxi-infection n. f. Affection causée par une toxine microbienne issue du corps microbien (exotoxine) et agissant à distance du foyer infectieux. (V. DIPHTÉRIE, TÉTANOS.)

toxine n. f. Substance toxique élaborée par un micro-organisme, auquel elle confère son pouvoir pathogène.

Les *exotoxines** sont sécrétées vers l'extérieur et provoquent des lésions à distance du foyer infectieux (*neurotoxines,* par exemple). Les *endotoxines** ne sont libérées qu'à la mort du micro-organisme.

Aux toxines, le sujet infecté répond par la formation d'anticorps (*antitoxines*).

Les toxines peuvent être atténuées (par la chaleur, le formol, etc.) : elles perdent alors leur pouvoir toxique en conservant leur pouvoir antigénique, et sont alors utilisées dans la préparation de certains vaccins*; elles sont détruites à haute température.

toxique adj. et n. m. Se dit d'une substance nocive pour les organismes vivants.

Les médicaments toxiques sont groupés dans les tableaux* de substances vénéneuses (v. VÉNÉNEUX) de la pharmacopée. (V. TOXICOLOGIE.)

toxoplasmose n. f. Parasitose due à un protozoaire* : *Toxoplasma gondii.*

C'est une maladie fréquente, bénigne pour les enfants et les adultes, souvent méconnue, mais qui, chez la femme enceinte, entraîne de graves lésions du fœtus. Le toxoplasme est un petit parasite, en forme de croissant, localisé dans les cellules mononucléées. Il atteint de nombreux animaux et l'homme, mais le chat est le seul mammifère qui permette la maturation des formes sexuées. L'homme se contamine par de la viande mal cuite ou par un contact avec le chat.

Toxoplasmose acquise. Elle frappe surtout le sujet jeune et passe le plus souvent inaperçue. On observe des adénopathies cervicales persistant longtemps, une fatigue importante, une fièvre légère, parfois une éruption. Les formes graves sont rares, s'accompagnant de chorio-rétinite* bilatérale, d'encéphalite*...

Le diagnostic est sérologique. Deux examens sont utiles : le dye-test et l'immunofluorescence indirecte. Le *dye-test* met en évidence le taux d'anticorps circulant et favorise une surveillance de l'évolution. L'*immunofluorescence* permet de déceler le taux d'anticorps récents (immunoglobuline M) pour dépister la maladie chez la femme enceinte.

Le traitement est inutile dans les formes bénignes ; il utilise les sulfamides en cas de grossesse ou de formes graves.

Toxoplasmose congénitale. Elle est la traduction de l'infection fœtale alors que la maladie de la mère est passée souvent inaperçue. Elle associe des lésions du système nerveux (hydrocéphalie* ou microcéphalie*), des calcifications intracrâniennes, des crises convulsives, des lésions oculaires (chorio-rétinite), des atteintes hépatiques. Selon le moment de l'infestation, il y aura avortement ou naissance d'un enfant présentant des troubles divers, souvent de mauvais pronostic. L'enfant naît parfois sans autre anomalie qu'une sérologie positive, qui devra être surveillée.

Le diagnostic est identique à celui de la toxoplasmose acquise.

Le traitement de la mère doit être entrepris le plus vite possible, car il n'a pas d'action sur les lésions constituées.

trabéculum n. m. Ensemble de petits pertuis situés à l'union de la cornée et de la sclérotique, par où s'échappe l'humeur aqueuse. (V. ŒIL.) [L'obstruction de ces orifices est la cause principale des glaucomes*.]

trachée n. f. Conduit respiratoire intermédiaire entre le larynx et les bronches.

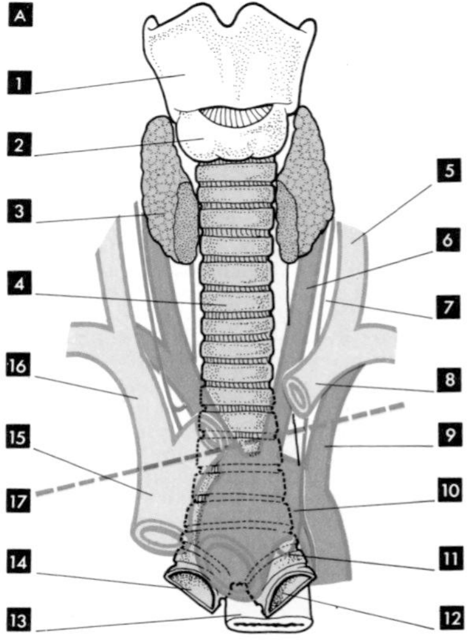

Trachée. Vue antérieure de la trachée et de ses rapports :
1. Cartilage thyroïde ; 2. Cartilage cricoïde ;
3. Corps thyroïde (dont la partie centrale a été réséquée) ;
4. Trachée ; 5. Veine jugulaire ;
6. Carotide ; 7. Nerf pneumogastrique ;
8. Tronc brachio-céphalique veineux gauche ;
9. Artère sous-clavière gauche ;
10. Crosse de l'aorte ;
11. Crosse du récurrent ; 12. Bronche gauche ;
13. Œsophage ; 14. Bronche droite ;
15. Veine cave supérieure ;
16. Tronc brachio-céphalique veineux droit.

Anatomie. La trachée a la forme d'un tube cylindrique aplati en arrière, semi-rigide, constitué d'anneaux cartilagineux. Elle descend dans la partie antérieure de la base du cou, puis dans le médiastin*, où elle se termine derrière la crosse de l'aorte en se bifurquant en deux bronches* souches.

Pathologie. ***Lésions traumatiques de la trachée.*** Elles sont relativement rares. Au cours des grands traumatismes du cou, on peut observer des fractures des cartilages, des plaies de la trachée, souvent associées à des plaies vasculaires et nécessitant un traitement d'extrême urgence pour pallier l'inondation de l'appareil respiratoire.

Corps étrangers. Pénétrant dans les voies respiratoires lors d'une « fausse route » (avaler de travers), ils font courir un risque grave d'asphyxie et doivent être extraits de toute urgence. (V. EXTRACTION.)

Inflammation. V. TRACHÉITE.

trachéite n. f. Inflammation de la trachée. Elle se manifeste par une toux sèche, spasmodique ou survenant en quintes. Le diagnostic de trachéite n'est porté que si toute autre cause de toux est éliminée.

trachéobronchite n. f. Inflammation simultanée de la trachée et des bronches. (V. BRONCHITE.)

trachéomalacie n. f. Ramollissement de la trachée, dû à la dégénérescence de ses cartilages. (C'est une rare complication des goitres*.)

trachéotomie n. f. Ouverture de la trachée au niveau du cou, pour la mettre directement en communication avec l'extérieur au moyen d'une canule.

Elle est indiquée chaque fois qu'il existe un obstacle respiratoire laryngé (mécanique ou réflexe) ; elle permet, de plus, la désobstruction bronchique par aspiration et la respiration assistée. L'ouverture faite dans la trachée est maintenue béante par une canule spéciale, permettant l'aspiration des mucosités et l'insufflation d'air ou d'oxygène. Si l'obstacle peut être levé, on enlève la canule, et la trachée se cicatrise ainsi que la peau.

trachome n. m. Maladie de l'œil, due à une bactérie du genre *chlamydia* et observée surtout en Afrique du Nord, au Moyen-Orient et en Extrême-Orient.

Il se manifeste par des follicules apparaissant sur les conjonctives, puis envahissant la cornée, formant le *pannus.* L'évolution se fait vers la guérison avec cicatrice déformant les paupières (trichiasis), et le pannus, qui peut s'étendre, laisse des opacités cornéennes, causes d'astigmatisme et de cécité.

Le traitement emploie les sulfamides et les

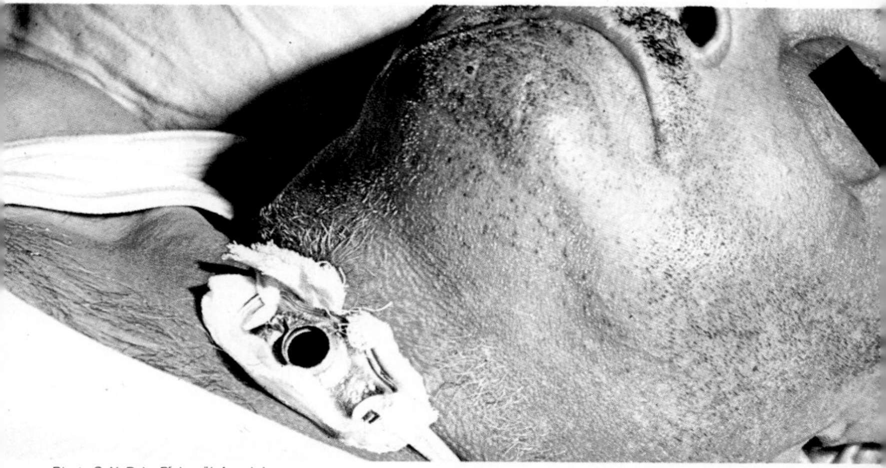

Phot. C. N. R. I. - Pr Israël-Asselain.

Trachéotomie.
Malade avec tube de trachéotomie.

antibiotiques en instillations et par voie générale. Le traitement chirurgical des cicatrices est souvent décevant.

traction n. f. **Tractions vertébrales,** tractions exercées sur le rachis par des forces agissant dans le sens de son axe, visant à écarter légèrement et progressivement les plateaux vertébraux. — Indiquées dans certaines lombalgies et sciatiques, les tractions vertébrales se font sur des tables spéciales, sous surveillance médicale minutieuse. (V. illustration page 922.)

Trachome.

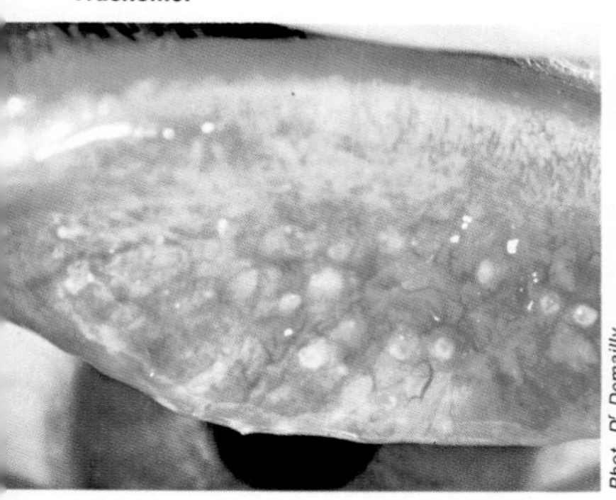

Phot. Dr Demailly.

tractus n. m. Formation anatomique constituée par une suite de fibres ou par un ensemble d'organes à fonctions communes : *tractus fibreux, nerveux; tractus digestif, urinaire, génital.*

tragus n. m. Saillie aplatie, située en avant du pavillon de l'oreille*.

traitement n. m. Ensemble des mesures thérapeutiques et des règles d'hygiène destinées à guérir une maladie ou une blessure. (V. THÉRAPEUTIQUE.)

tranchées n. f. pl. Douleurs paroxystiques de l'utérus, survenant pendant les 2 à 3 premiers jours après l'accouchement.
Elles correspondent à des contractions utérines survenant sur l'utérus vide, et destinées à assurer son involution.

tranquillisant, e adj. et n. m. Médicament psychotrope*, sédatif de la tension émotionnelle et des manifestations d'agressivité. (Syn. : THYMOLEPTIQUE.)
Les principales propriétés pharmacologiques des tranquillisants sont une relaxation neuromusculaire, un effet anticonvulsivant et une

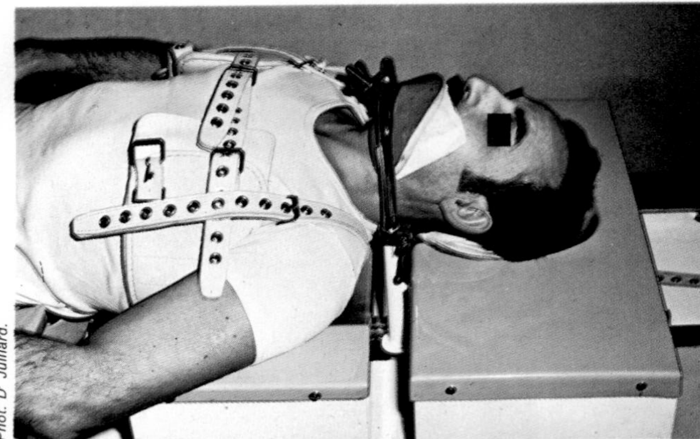
Phot. Dr Julliard.

Traction. Cervicale avant traction.

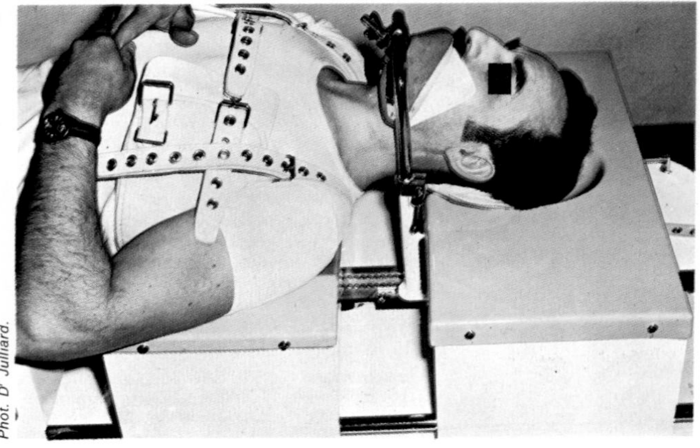
Phot. Dr Julliard.

Traction. Cervicale pendant traction.

potentialisation de l'effet des barbituriques et de l'alcool.

Les carbamates (méprobamate surtout) sont les premiers connus ; leur action est courte et ils provoquent une somnolence notable.

Les benzodiazépines sont les tranquillisants les plus utilisés actuellement. Le diazépam est très efficace dans les états d'agitation anxieuse, dans l'état de mal épileptique. La chlordiazépoxide est employée dans les états névrotiques avec tension nerveuse et possède peu d'action végétative. Citons encore l'oxazépam, le chlorazépate.

D'autre part, certains barbituriques à doses filées, certains neuroleptiques et antihistaminiques ont une action tranquillisante. Les indications des tranquillisants sont les névroses d'angoisse, nombre d'affections psychosomatiques, l'insomnie. Les tranquillisants sont, dans l'ensemble, bien tolérés à condition de ne pas prendre de boissons alcoolisées ; ils provoquent en début de traitement un abaissement de la vigilance, d'où le danger de conduire une automobile ou d'occuper un poste de travail nécessitant une grande concentration (conducteur d'engin, ouvrier sur machine-outil, etc.).

Toxicologie. À très fortes doses, on observe un coma, une chute de la tension artérielle et des troubles respiratoires. Le traitement est d'abord symptomatique : si le sujet est conscient, le lavage gastrique est un geste efficace. Les troubles apparaissent à des doses plus faibles chez les enfants, d'où la nécessité impérieuse de mettre tous ces produits hors de leur portée.

transaminase n. f. Enzyme* effectuant la transamination*.

Les tissus riches en transaminases sont surtout le foie et les muscles, dont le cœur.

Deux transaminases sont dosées dans le sérum sanguin. La *transaminase glutamino-pyruvique* (G. P. T.) s'y trouve normalement à des doses de 5 à 30 unités Wroblewski ; son taux passe à plusieurs centaines d'unités au cours des hépatites* virales ; le retour à la normale, contrôlé par des dosages successifs, témoigne de la convalescence.

La *transaminase glutamino-oxalo-acétique* (G. O. T.) s'y trouve à des doses de 10 à 40 unités ; son taux augmente fortement en cas d'infarctus* du myocarde récent.

transamination n. f. Transfert d'un groupement aminé d'un acide α-aminé à un acide α-cétonique, avec formation d'un nouvel acide α-aminé et d'un nouvel acide α-cétonique, effectué par les transaminases*.

transfert n. m. **Au sens général,** déplacement d'intérêts, de sentiments, d'émotions, liés à un objet ou à une personne sur un autre objet ou une autre personne.

En psychanalyse, le transfert désigne le type de relation affective engagée entre un analyste et son patient. Par son attitude de neutralité, le psychanalyste favorise la projection inconsciente sur sa personne de fantasmes, d'émotions, de sentiments, de désirs propres au patient et à sa vie affective infantile. Le patient attribue un rôle symbolique à son thérapeute et revit face à lui des expériences passées, des modes de relation qui ont marqué son enfance.

L'analyse du transfert est l'élément fondamental de la cure.

Le contre-transfert désigne les propres réactions du thérapeute face à son malade.

transfusion n. f. Injection dans les vaisseaux sanguins de sang frais ou conservé, prélevé sur un autre sujet.

La transfusion est pratiquée au cours des interventions chirurgicales (pour compenser les pertes de sang), dans la réanimation des hémorragies, dans le traitement des anémies, des brûlures.

Physiologie. La transfusion doit obéir aux règles de compatibilité sanguine définies à partir des groupes* sanguins. Bien qu'en principe un *donneur universel* (O) puisse donner son sang à tous les autres groupes (A, B, et AB) et qu'un receveur universel (AB) puisse en recevoir de tous les autres, il est toujours préférable de faire des transfusions *isogroupes,* c'est-à-dire injecter du sang du même groupe que le sang de celui qui le reçoit.

Iso-immunisation. Un sujet ne possédant pas le facteur Rhésus peut acquérir un anticorps anti-Rhésus lors d'une transfusion ou lors d'une grossesse (le fœtus portant des antigènes d'origine paternelle et immunisant sa mère par transfusion fœto-maternelle).

Donneurs dangereux. Il est des sujets O qui possèdent des anticorps acquis et dangereux, provenant de certains vaccins ; ces donneurs universels « dangereux » doivent être dépistés systématiquement.

Modalités de la transfusion. Le sang complet est conservé dans une solution anticoagulante et à une température de 4 °C. On préfère souvent injecter des globules rouges séparés de leur plasma, car celui-ci est allergisant ; chaque flacon renferme 400 ml de globules rouges. Dans le cas de grandes hémorragies, on transfuse du sang total afin de corriger le déficit en tous les éléments sanguins et notamment en facteurs de la coagulation*.

Accidents. Ils sont de trois ordres :

1. IMMUNOALLERGIQUES : destruction des globules rouges transfusés (très grave) ; le plus fréquemment hémolyse* aiguë chez le receveur, responsable d'un ictère*, d'une hypotension artérielle, d'une anurie* ;
2. INFECTIEUX : choc par contamination bactérienne du sang transfusé, de pronostic sévère ; transmission de la syphilis, de l'hépatite virale (actuellement rarissime) ;
3. DE SURCHARGE : surcharge hydrique chez les insuffisants cardiaques, surcharges en fer, responsable d'hémochromatose*.

transit n. m. **Transit intestinal,** déplacement du contenu du tube digestif entre le pylore et le rectum.

transpiration n. f. Production de la sueur*. (V. SUDATION.)

transplantation n. f. Terme utilisé en *chirurgie réparatrice* pour désigner la désinsertion d'un tendon de son implantation normale et sa réinsertion aux lieu et place d'un tendon paralysé pour redonner une fonction à un mouvement perdu.

Transplantation d'organe, remplacement de

tout ou partie d'un organe par un organe homologue prélevé sur le sujet lui-même (autogreffe) ou sur un autre être humain (homogreffe) : *transplantation rénale* (v. REIN), *cardiaque* (v. CŒUR).

Les transplantations d'organes ont fait d'immenses progrès au cours des dernières années, mais posent encore d'énormes problèmes techniques et immunologiques (incompatibilité tissulaire entraînant des phénomènes de rejet).

transport n. m. **Mal des transports,** ensemble des troubles présentés par certains sujets au cours des voyages en automobile, en avion ou en bateau.

Variable, il est fait d'anxiété, de sueurs, de nausées ou vomissements, d'adynamie, plus ou moins associés. Le roulis et le tangage, les accélérations, les odeurs en sont les causes essentielles, avec les facteurs psychiques.

transsonnance ou **transsonance** n. f. Résonance particulière perçue par l'oreille qui ausculte une région de l'organisme lorsqu'on exerce une percussion sur une région voisine plus dense.

transsudat n. m. Liquide suintant au niveau d'une séreuse ou d'une muqueuse, en dehors de tout processus inflammatoire, et qui résulte de troubles circulatoires (insuffisance cardiaque, compression veineuse).
Il contient peu de leucocytes et de protéines, par opposition à l'exsudat*.

transverse adj. et n. m. **Apophyses transverses,** saillies osseuses horizontales et transversales, situées de part et d'autre des corps vertébraux.
Muscles transverses, nom donné à différents muscles du corps : *transverses du cou, de l'abdomen, du périnée.*

trapèze adj. et n. m. **Muscle trapèze,** muscle étendu de la colonne cervicale et dorsale à l'épaule, formant le relief de la partie postérieure du cou et de l'épaule. (Il est élévateur de l'épaule.)
Os trapèze, os de la deuxième rangée du carpe.

traumatisme n. m. Ensemble des lésions d'un tissu, d'un organe, provoquées accidentellement par un agent extérieur, et des troubles qui en résultent.
Les traumatismes se traduisent par des signes locaux et généraux.
Signes locaux. Conséquence directe de l'accident, ils présentent plusieurs degrés, de la contusion simple à l'écrasement, en passant par les plaies, les fractures, les hémorragies externes ou internes.
Signes généraux. Les traumatismes entraînent une réaction de tout l'organisme, qui peut évoluer vers l'apparition d'un *état de choc** et de signes d'infection.

Les *traumatismes multiples* sont de plus en plus fréquents en pratique civile, du fait de l'augmentation des accidents de la voie publique. Les *polytraumatisés* présentent des blessures multiples, siégeant aussi bien sur l'axe cranio-encéphalique que sur l'abdomen et les membres. Le pronostic vital est constamment engagé, et le traitement impose des mesures rapides de réanimation* et d'évacuation vers des centres spécialisés.

traumatologie n. f. Partie de la médecine et de la chirurgie consacrée à l'étude et au traitement des conséquences des traumatismes.

travail n. m. **Physiologie.** Il y a *travail musculaire,* que la force musculaire soit supérieure, égale ou inférieure à la force extérieure à déplacer. Dans les trois situations, le muscle est le siège de phénomènes chimiques, thermiques, électriques et mécaniques entraînant une consommation d'énergie.
En cardiologie, le travail du cœur est égal au produit de la pression artérielle par le débit.
Obstétrique. *Travail de l'accouchement* ou *travail,* période de temps pendant laquelle

Traumatisme.
Plaie du cuir chevelu atteignant l'os.

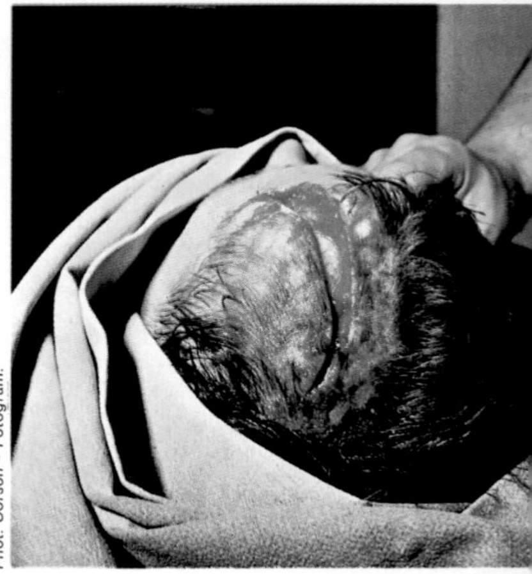
Phot. Corson - Fotogram.

les contractions utérines vont assurer la dilatation du col, puis l'expulsion du fœtus.

La durée du travail chez une primipare va de 8 à 10 heures. Elle est plus courte chez la multipare. (V. ACCOUCHEMENT.)

Salle de travail, salle d'accouchement.

Hygiène et sécurité dans l'entreprise. La législation du travail s'est préoccupée de l'hygiène et de la sécurité des travailleurs. Des prescriptions spéciales ont été adoptées pour protéger certaines personnes (femmes et enfants notamment) ou certaines professions (mines, transports aériens, etc.).

Des dispositions plus générales portent sur les organismes qui, dans les entreprises, sont destinés à assurer l'hygiène et la sécurité du travail. C'est ainsi qu'ont été créés les *comités d'hygiène et de sécurité,* obligatoires dans les entreprises industrielles occupant plus de 50 salariés, et dans les autres entreprises de grande dimension (plus de 300 salariés) : leur rôle est d'enquêter sur chaque accident, de veiller au respect des prescriptions sur l'hygiène et la sécurité, d'organiser des équipes de lutte contre l'incendie. Un *service social du travail* devrait exister en principe dans toute entreprise occupant plus de 250 salariés et être dirigé par une assistante sociale pourvue du diplôme de conseillère du travail. Son rôle est de veiller au bien-être des travailleurs, principalement à celui des femmes et des jeunes. Un *service médical du travail* doit être assuré par l'entreprise (autonome ou interentreprises selon les cas). Son rôle est exclusivement préventif et consiste à éviter toute altération de la santé des travailleurs en surveillant les conditions d'hygiène et l'état de santé de ceux-ci. Enfin, l'*action sanitaire et sociale de la Sécurité sociale* joue un rôle déterminant de la sécurité et de l'hygiène du travail.

Médecin du travail. Lié par contrat avec l'employeur ou le président du service interentreprises, il procède aux examens médicaux des travailleurs (visite d'embauche, visite périodique, visite de reprise) et surveille l'hygiène de l'entreprise (hygiène générale, hygiène des ateliers, surveillance de l'adaptation des salariés aux postes de travail; il est mis au courant des produits employés et consulté pour l'élaboration de toute nouvelle technique de production). Il établit chaque année un rapport transmis à l'inspecteur du travail. Il est tenu au secret du dispositif industriel et technique de fabrication comme au secret médical.

Accident du travail. V. ACCIDENT.

travestisme ou **transvestisme** n. m. Choix que font certains homosexuels des vêtements, des goûts, des attitudes caractéristiques du sexe opposé.

trayeur, euse n. **Nodules des trayeurs,** lésions tumorales, d'évolution bénigne, apparaissant parfois sur les doigts des trayeurs.

trématode n. m. Ver plat dont certaines espèces parasitent l'homme (douve*, bilharzies*).

tremblement n. m. Succession d'oscillations rythmées et involontaires d'un ou de plusieurs segments du corps.

Normal dans la lutte contre le froid, il s'observe dans de nombreuses affections neurologiques (maladie de Parkinson*, syndrome cérébelleux*, etc.), toxiques (abus de café, d'alcool) et dans l'hyperthyroïdie.

Le tremblement de la maladie de Parkinson disparaît lorsque le sujet fait un geste. Celui de l'alcoolisme apparaît au contraire lorsque le sujet fait un geste (tremblement intentionnel).

trémulation n. f. Tremblement rapide et fin.

Trendelenburg (opération de), extraction d'un caillot sanguin de l'artère pulmonaire.

Trendelenburg (position de), position d'un malade, au cours d'une intervention, consistant à placer la tête plus bas que le bassin.

trépan n. m. Instrument chirurgical permettant de perforer les os.

Le *trépan de neurochirurgie* sert à percer un orifice dans la boîte crânienne ; un mécanisme de débrayage spécial lui confère toute sécurité, en empêchant la perforation involontaire du cerveau.

trépanation n. f. Ouverture d'un os et spécialement de la boîte crânienne.

La trépanation peut être simple (trou) ou multiple, permettant la taille d'un volet osseux.

(V. illustration page 926.)

trépied n. m. En médecine, ensemble de trois signes toujours retrouvés dans une maladie donnée.

Trépied méningitique, association des trois signes observés lors d'une méningite : la *céphalée,* la *constipation* et les *vomissements.*

tréponématose n. f. Maladie due à un tréponème*.

La plus connue est la syphilis*. Les autres sévissent en milieu tropical : le *pian,* le *bepel* et la *pinta.* Toutes s'accompagnent de modifications sérologiques (B. W., Kline*) et sont traitées par la pénicilline. Toutes les tréponématoses ne sont pas nécessairement des maladies vénériennes.

tréponème n. m. Microbe de l'ordre des spirochétales.

Trépanation.
Volet crânien découpé à la scie « fil », à partir de 7 trous de trépan.

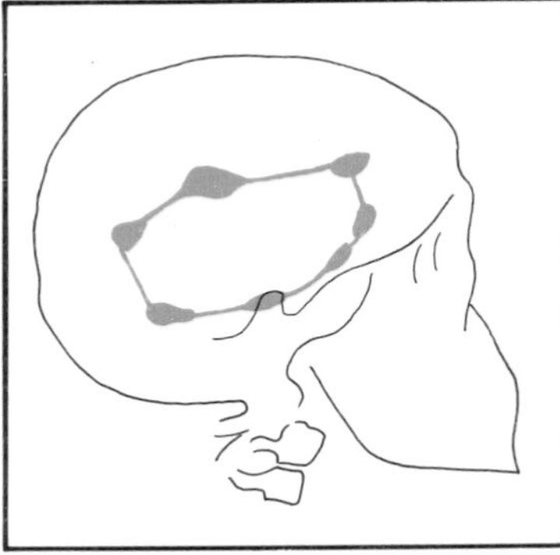

C'est un filament en forme de spirale, brillant, mobile. On l'observe à l'ultramicroscope*. *Treponema pallidum* est l'agent de la syphilis ; *Treponema pertenue*, celui du pian*, et *Treponema carateum*, celui du mal del Pinto.

triamcinolone n. f. Corticostéroïde*, de synthèse, anti-inflammatoire et anti-allergique très efficace.

triatome n. m. Insecte très répandu en Amérique latine, où il est le principal agent vecteur de la maladie de Chagas* ou trypanosomiase* américaine.
Vivant dans les gîtes insalubres, les triatomes peuvent être supprimés par les insecticides et la modernisation des habitations.

triceps adj. et n. m. Se dit d'un muscle qui s'insère à une de ses extrémités par 3 chefs distincts : *triceps brachial, triceps sural* (du mollet).

trichiasis n. m. Déviation des cils de la paupière supérieure vers l'intérieur de l'œil, venant irriter la cornée.

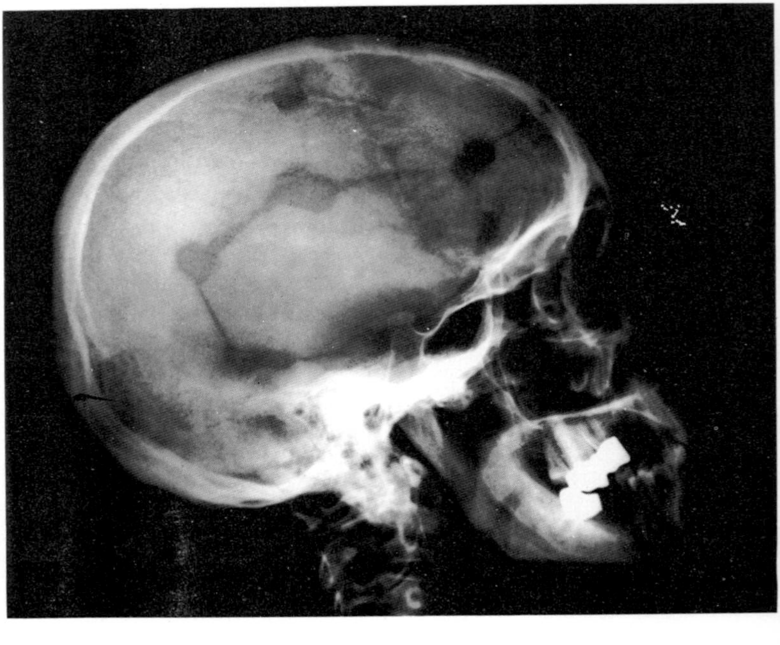

Radio Dr Wattez.

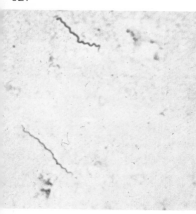

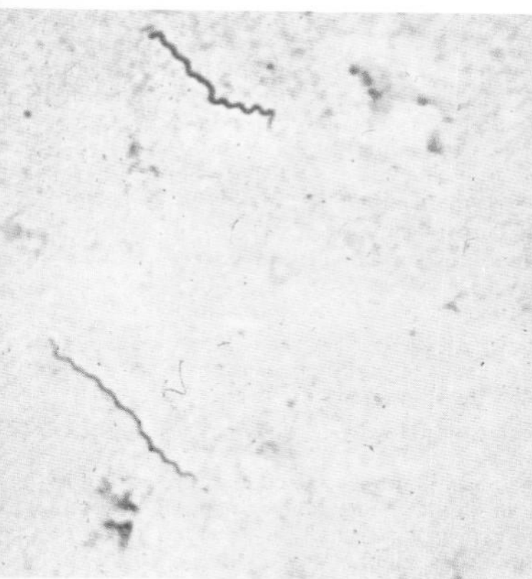

Tréponèmes
(coloration de Fontana-Tribondeau).

C'est une complication du trachome* et des affections palpébrales. Il relève d'un traitement chirurgical.

trichine n. f. Ver de la classe des nématodes.
Les trichines sont des parasites de l'intestin grêle de nombreux mammifères, où les femelles pondent. Les larves sont ensuite véhiculées jusqu'au foie puis aux poumons, passent dans la circulation sanguine et s'immobilisent dans les muscles, où elles s'enkystent, provoquant la trichinose*.

trichinose n. f. Maladie parasitaire due à la trichine*.
L'homme s'infeste par la viande de porc ou de cheval mal cuite. La maladie passe, au début, inaperçue, à part quelques douleurs abdominales. Puis apparaissent de la fièvre, une gêne à la déglutition, des troubles oculaires, des douleurs musculaires, cela correspondant à la phase de migration. L'enkystement est à l'origine d'asthénie, parfois de complications cardiaques et pulmonaires. Le diagnostic se fait par la mise en évidence des larves (biopsie musculaire) et surtout par les réactions sérologiques. L'éosinophilie* sanguine est souvent importante.

Triceps. Triceps brachial.
Face postérieure du bras gauche :
1. Longue portion ; 2. Vaste externe ;
3. Vaste interne ;
4. Omoplate ; 5. Humérus ; 6. Cubitus.

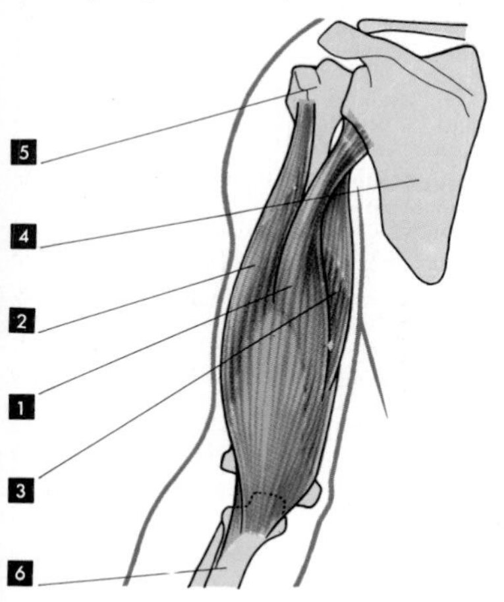

Triceps. Insertions du muscle triceps sural
(vue postérieure de la jambe gauche) :
1. Jumeau interne ; 2. Jumeau externe ;
3. Soléaire ;
4. Tibia ; 5. Tendon d'Achille ; 6. Calcanéum.

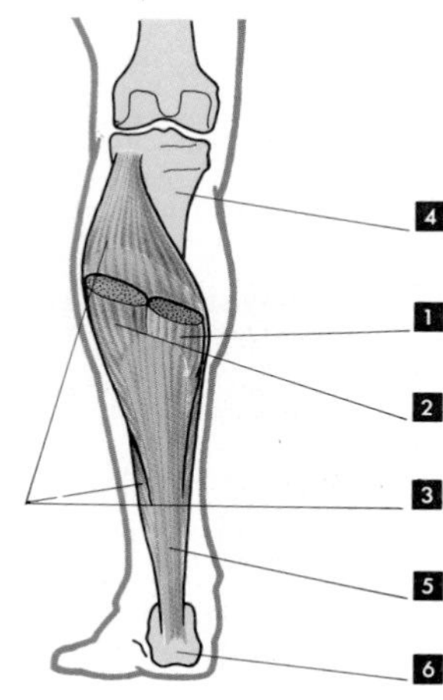

Le traitement précoce utilise les antihelminthiques* ; plus tard les sédatifs sont nécessaires. C'est la prophylaxie (surveillance des porcs à l'abattage) qui permet la meilleure défense.

trichloréthylène n. m. Solvant toxique employé dans l'industrie. (V. ÉTHYLÈNE.)

trichobézoard n. m. Corps étranger formé de poils et de cheveux avalés et agglutinés dans l'estomac, qui est à l'origine d'obstruction digestive.
Cet accident se rencontre chez les nourrissons et surtout chez les malades mentaux qui avalent des objets de toute nature.

trichocéphale n. m. Ver de la classe des nématodes*.
Ce parasite hématophage, de 3 à 5 cm de long, se fixe sur la muqueuse du gros intestin, provoquant la trichocéphalose*.

trichocéphalose n. f. Parasitose fréquente, due au trichocéphale*.
L'homme se contamine en absorbant les œufs de ce ver avec des aliments ou de l'eau de boisson. Le plus souvent, l'infestation passe inaperçue. Lorsqu'elle est massive, elle est à l'origine de douleurs abdominales, d'anémie, rarement de troubles nerveux.

Le diagnostic repose sur la mise en évidence des œufs dans les selles. Le traitement utilise la dithiazanine.

trichoclasie n. f. Rupture du cheveu.
Parfois spontanée et attribuable à la constitution du sujet, la trichoclasie est plus souvent due à des soins capillaires agressifs, ainsi que la trichoptilose (cheveux fourchus). [V. aussi TRICHOTILLOMANIE.]

trichoclastie n. f. Trouble psychomoteur qui consiste à arracher ou à briser les cheveux, les poils, les sourcils ou la barbe. (Il s'agit le plus souvent d'un tic.)

trichodecte n. m. Pou des mammifères.
Le pou du chien (*Trichodectes canis*) est le relais du ténia, assurant la dispersion du germe.

trichoépithéliome n. m. Lésion cutanée bénigne, prenant l'aspect d'un nodule unique ou multiple.
Certains ont un aspect globuleux ou ressemblent à des pores dilatés, sur la lèvre supérieure.

trichomonas n. m. Protozoaire* flagellé très mobile.
Deux espèces peuvent être pathogènes chez l'homme : *Trichomonas vaginalis* et *Trichomonas intestinalis.* La parasitose vaginale est à l'origine de leucorrhées* abondantes (pertes blanches), accompagnées de modifications de la flore locale. Elle est fréquente lors de la grossesse, de la ponte ovulaire. L'homme peut être contaminé ; il présente alors une urétrite* ou une prostatite*. L'atteinte intestinale est due à une rupture de l'équilibre microbien et se traduit par une diarrhée.

Le traitement utilise le métronidazole par voie buccale. En cas d'atteinte génitale, il est recommandé de traiter les deux partenaires.

trichomycose n. f. Mycose des poils, qui leur donne un aspect duveteux, gris-beige ou roux.
Il se traite par les antifongiques.

trichophobie n. f. Peur ou dégoût éprouvés par certaines personnes au contact d'objets, d'animaux ou d'humains velus.

trichophytie n. f. Mycose due au *trichophyton.*
Ce champignon, normalement saprophyte de la peau, peut, à l'occasion de certaines circonstances (transpiration, mauvaises conditions d'hygiène), être à l'origine de lésions cutanées diverses. On peut voir des alopécies* circonscrites, des plages d'herpès* circiné, de l'intertrigo*, et surtout le kérion*.

Le diagnostic est confirmé par l'examen mycologique et par l'efficacité du traitement (griséofulvine*). Malgré cela, les récidives sont fréquentes.

trichotillomanie n. f. Tic consistant à arracher machinalement ses cheveux ou ses cils, qui s'observe chez les sujets nerveux et certains psychopathes, et qui cède à l'administration de sédatifs.

tricuspide adj. **Valvule tricuspide,** appareil valvulaire qui occupe l'orifice auriculo-ventriculaire droit du cœur, empêchant le sang de refluer du ventricule droit vers l'oreillette droite.

Les atteintes de la valvule tricuspide (insuffisance ou rétrécissement, atteinte bactérienne) sont rares.

triglycéride n. m. Ester du glycérol et de trois molécules d'acide gras.
Ce sont des lipides de réserve chez l'homme. Leur taux normal dans le sang est de 0,50 à 1,50 g par litre.

L'augmentation de ce taux entre dans le cadre des hyperlipémies et constitue un des facteurs favorisants de l'athérosclérose.

trijumeau adj. et n. m. **Nerf trijumeau,** nerf constitutif de la Ve paire de nerfs crâniens.

Il comporte une racine sensitive, destinée à la face, et une racine motrice, innervant les muscles masticateurs.
Névralgie du trijumeau. V. FACIAL, *Névralgie faciale.*

trilogie n. f. **Trilogie de Fallot,** cardiopathie congénitale associant : 1° une communication interauriculaire (C. I. A.) ; 2° une sténose (rétrécissement) de l'orifice de l'artère pulmonaire ; 3° une hypertrophie du ventricule droit. (V. CŒUR.)

Contrairement à la tétralogie*, il n'y a pas obligatoirement de cyanose* tant que les pressions de l'oreillette droite restent inférieures à celles de l'oreillette gauche.

Le pronostic est lié à l'apparition d'une insuffisance ventriculaire droite et aux complications infectieuses ou emboliques.

La réparation chirurgicale est actuellement de pratique courante.

trinitrine n. f. Dérivé nitré de la glycérine. (Syn. : TRINITROGLYCÉRINE.)
Elle est utilisée en dragées (de 15 à 30 mg) pour la sédation des crises d'angine* de poitrine.

trinitrotoluène n. m. Hydrocarbure nitré dont l'ingestion peut provoquer de graves troubles sanguins, neurologiques, hépatiques et rénaux.

triorthocrésyl-phosphate n. m. Substance retrouvée dans de nombreux produits tels que solvants de résine, huiles industrielles, etc. (Son ingestion accidentelle provoque des paralysies peu réversibles.)

trismus n. m. Contraction intense des mâchoires, due à la contracture permanente des muscles masticateurs.
Le trismus est un symptôme essentiel du début du tétanos* ; il peut traduire également un traumatisme de la mâchoire, une infection locale articulaire, musculaire ou dentaire, une intoxication (strychnine) ou une tumeur maligne des maxillaires*.

trisomie 21 n. f. Affection caractérisée par l'existence de trois chromosomes 21. (Syn. : MONGOLISME*.)

trituration n. f. Mélange intime d'un médicament très divisé avec un excipient de volume important, au mortier ou avec un mélangeur mécanique. (Très employé en homéopathie.)

trocart n. m. Tige rigide dont l'extrémité est rendue pointue par trois facettes (trois carres), qu'on place dans un manchon ou une canule, rigide ou souple, pour faire des ponctions ou introduire un endoscope dans certaines cavités.

trochanter n. m. **Grand trochanter,** volumineuse apophyse située à la partie externe de l'extrémité supérieure du fémur*.

trochin n. m. Apophyse de l'extrémité supérieure de l'humérus*.

trochiter n. m. Apophyse de l'extrémité supérieure de l'humérus*, située en dehors du trochin*, dont elle est séparée par la coulisse bicipitale.

trochlée n. f. Surface articulaire en forme de poulie : *trochlée humérale, trochlée fémorale.* (V. FÉMUR, HUMÉRUS.)

trois adj. num. card. **Fièvre des trois jours,** virose transmise à l'homme par un moustique (*pappataci*), qui se traduit par une fièvre élevée, des céphalées et des douleurs rachidiennes qui cèdent en 3 jours.

Troisier (ganglion de), ganglion lymphatique sus-claviculaire gauche, qui est hypertrophié en cas de cancer de l'estomac.

trombiculidés n. m. pl. Parasites de la famille des acariens*. — Deux larves sont connues : *en Europe*, les aoûtats, à l'origine d'une dermatose prurigineuse ; *dans les régions tropicales*, une larve transmettant la fièvre fluviale du Japon (rickettsiose).

trompe n. f. **Trompes d'Eustache,** conduits qui font communiquer le pharynx avec les

Trompe.
Trompe de Fallope. Vue postérieure :
1. Vessie ; 2. Utérus ; 3. Artère utérine ;
4. Ligament lombo-ovarien ;
5. Pavillon et ses franges ;
6. Ligament tubo-ovarien ; 7. Ovaire ;
8. Artère ovarienne ; 9. Artère tubaire ;
10. Ampoule de la trompe ;
11. Isthme de la trompe ; 12. Ligament rond ;
13. Mésosalpinx.

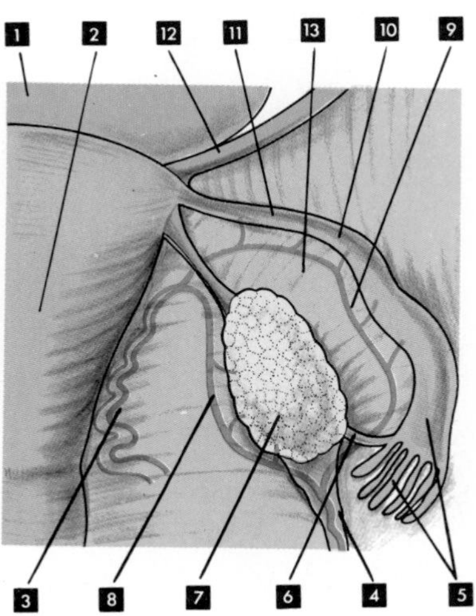

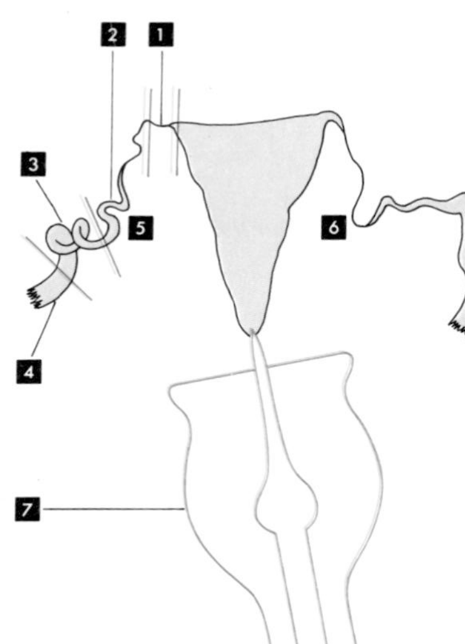

Trompe.
Trompes de Fallope. Aspect radiologique :
1. Portion interstitielle ;
2. Portion isthmique ; 3. Portion ampullaire ;
4. Portion pavillonnaire ;
5. Trompe droite ; 6. Trompe gauche ;
7. Ventouse de verre
pour l'injection du produit de contraste.

oreilles moyennes. — Ils assurent l'égalité de pression entre la caisse du tympan et l'extérieur, à chaque déglutition. (V. OREILLE.)
Trompe de Fallope, canal reliant les ovaires à la cavité de l'utérus.

C'est un organe pair, grâce auquel l'ovule, pondu tous les mois par l'ovaire, gagne la cavité utérine après avoir été fécondé par les spermatozoïdes venus à sa rencontre.

Les trompes comportent quatre portions de calibre inégal. On distingue successivement, de dedans en dehors : la portion interstitielle (dans l'épaisseur de la paroi utérine), la portion isthmique, l'ampoule et le pavillon. C'est le pavillon, évasé et porteur de franges

Trompe.
Trompes de Fallope. Aspect radiologique.

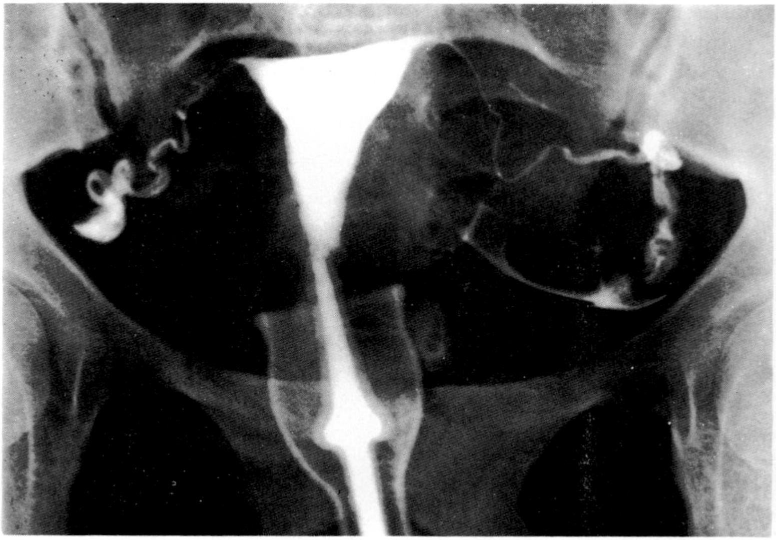

Radio Dr Crimail.

très mobiles, qui capte l'ovule à la surface de l'ovaire.

Parmi les maladies de la trompe, il faut citer les *salpingites** (inflammations aiguës ou chroniques liées à différents germes : streptocoques, colibacilles, bacille de Koch, gonocoque...), les tumeurs, rares et de diagnostic difficile, l'endométriose* et les *grossesses* extra-utérines tubaires.* L'*obturation des trompes* est une cause fréquente de stérilité*, le plus souvent consécutive à une infection.

On peut être amené à pratiquer plusieurs interventions sur les trompes : ablation d'une trompe malade (salpingectomie), réparation d'une trompe obturée (salpingoplastie), évacuation d'une grossesse extra-utérine tubaire (salpingotomie), ou ligature et résection pour réaliser une stérilisation définitive.

tronc n. m. Partie du corps considéré sans la tête ni les membres, et formée de trois parties : le thorax, l'abdomen et le petit bassin.
Tronc cérébral, partie du névraxe unissant le cerveau* et la moelle* épinière. — Il est composé par les pédoncules* cérébraux, la protubérance* annulaire et le bulbe* rachidien. Il contient les noyaux d'origine des nerfs* crâniens et la substance réticulée*.

trophique adj. Relatif à la nutrition des tissus ou trophisme.
Certaines cellules ont un *pôle trophique,* par où elles se nourrissent, et un pôle sécrétoire, à l'opposé, par où elles libèrent les produits de leur sécrétion.

Les *troubles trophiques* résultent d'un mauvais apport circulatoire (oblitération artérielle au niveau d'un membre) ou d'un défaut de contrôle nerveux par les nerfs végétatifs ou moteurs (paralysies). Les troubles trophiques atteignent les couches de l'épiderme, les cartilages, les muscles sous-jacents, voire les organes profonds. Au niveau de la peau, on observe une pigmentation foncée ou, au contraire, une zone blanche qui finit par s'ulcérer. L'atteinte des plans profonds aboutit à la formation d'escarres*. L'atrophie musculaire (amyotrophie*) est la règle lorsque le nerf moteur du muscle ou ses neurones d'origine sont lésés.

trophoblaste n. m. Partie de l'œuf en développement, qui contribue à former les villosités du placenta.
C'est lui qui sécrète les prolans*, permettant le diagnostic biologique de la grossesse*.

tropical, e, aux adj. Certaines maladies tropicales sont spécifiques du climat (paludisme*, bilharziose*, filariose*...) ; d'autres sont favorisées par lui (typhus*, leptospiroses*...). Actuellement, la rapidité des moyens de communication fait que de nombreuses affections tropicales peuvent être importées dans les pays tempérés.

trou n. m. **Trou de Botal,** communication interauriculaire du cœur du fœtus, qui normalement s'oblitère spontanément à la naissance. (V. CARDIOPATHIE.)
Trou déchiré postérieur, orifice de la base du crâne, situé entre le temporal* et l'occipital*.
Trous grand rond et petit rond, orifices de la base du crâne, traversés par le nerf maxillaire supérieur et l'artère méningée moyenne.
Trou occipital, large orifice de l'os occipital, faisant communiquer la cavité crânienne avec le canal rachidien, livrant passage au bulbe rachidien.
Trous de conjugaison, orifices compris entre les pédicules de deux vertèbres voisines, livrant passage aux racines des nerfs rachidiens.

trousse n. f. **Trousse de secours,** sac ou boîte contenant les instruments et médicaments nécessaires dans diverses circonstances.
Trousse familiale et pour voyages courants. Elle doit comporter des solutions antiseptiques (mercurescéine, hexamidine), de l'alcool à 90°, de l'eau oxygénée, des compresses stériles, du coton, des bandes pour pansements, des sparadraps adhésifs et des pansements adhésifs, une paire de ciseaux, une pince à échardes (genre brucelles), un garrot ; comme médicaments : des analgésiques (aspirine, paracétamol), un antihistaminique et des antinauséeux pour éviter le mal des transports. Il est utile d'avoir des seringues stériles avec aiguille à usage unique et du sérum antivenimeux à la campagne.

Pour les voyages plus importants, il est bon d'avoir des médicaments contre la toux, la diarrhée, la constipation, éventuellement un somnifère ; le choix de ces médicaments devra être conseillé par le médecin traitant.
Trousse d'urgence du médecin. Elle comporte en outre un assortiment, adapté aux circonstances, d'ampoules d'analgésiques*, de cardiotoniques*, d'antibiotiques*, de corticoïdes*, de neuroplégiques, etc. ; comme instruments : un bistouri, des pinces hémostatiques, des agrafes et fils de suture, éventuellement un matériel pour perfusions veineuses, des attelles*, une canule* pour bouche-à-bouche, un trocart pour ponctions.

Trousseau (signe de), signe de la tétanie*, consistant en contracture des muscles de la main, qui se met en pronation, doigts étendus et réunis, lorsqu'on comprime les vaisseaux du bras.

trypanocide n. m. Médicament utilisé dans les trypanosomiases*.

trypanosome n. m. Protozoaire* flagellé, parasite des vertébrés.
Chez l'homme, on rencontre :
— *Trypanosoma gambiense* et *Trypanosoma rhodesiense*, agents de la maladie du sommeil* transmise par la mouche tsé-tsé ;
— *Trypanosoma cruzi*, transmettant la maladie de Chagas* par l'intermédiaire des triatomes*.

trypanosomiase n. f. Parasitose due aux trypanosomes*. (V. CHAGAS [*maladie de*] et SOMMEIL [*maladie du*].)

trypsine n. f. Enzyme pancréatique agissant sur les protéines au cours de la digestion intestinale.
Ses propriétés protéolytiques sont aussi utilisées en thérapeutique.

tryptophane n. m. Aminoacide* indispensable pour l'organisme.

tsé-tsé n. f. Mouche glossine transmettant le trypanosome* de la maladie du sommeil*.

tubage n. m. **Tubage gastrique,** introduction d'un tube en caoutchouc dans l'estomac (par la bouche et l'œsophage) pour évacuer des toxiques ingérés (lavage gastrique) ou prélever les sécrétions.

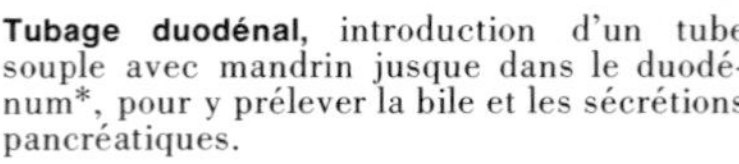

Tubage duodénal, introduction d'un tube souple avec mandrin jusque dans le duodénum*, pour y prélever la bile et les sécrétions pancréatiques.

tubaire adj. Relatif aux trompes (d'Eustache ou de Fallope).
Grossesse tubaire, grossesse* se développant dans la trompe. — C'est la plus fréquente des grossesses extra-utérines.

tuberculide n. m. Lésion cutanée tuberculeuse, généralement à type de papule rose jaunâtre, ne contenant pas ou peu de B. K.

tuberculine n. f. Produit que l'on extrait de cultures de bacilles tuberculeux.
La tuberculine sert à faire le diagnostic de la tuberculose. Elle est utilisée dans les cutiréactions* (brute), dans les intradermoréactions, les timbres et bagues tuberculiniques (purifiée). Elle détermine en cas d'allergie (après le B. C. G. ou après une primo-infection) une réaction cutanée caractéristique.

tuberculome n. m. Lésion tuberculeuse arrondie et enkystée, enveloppée d'une coque fibreuse qui la sépare des tissus voisins.

Tubage.
Tubage gastrique.
Introduction du liquide de lavage.

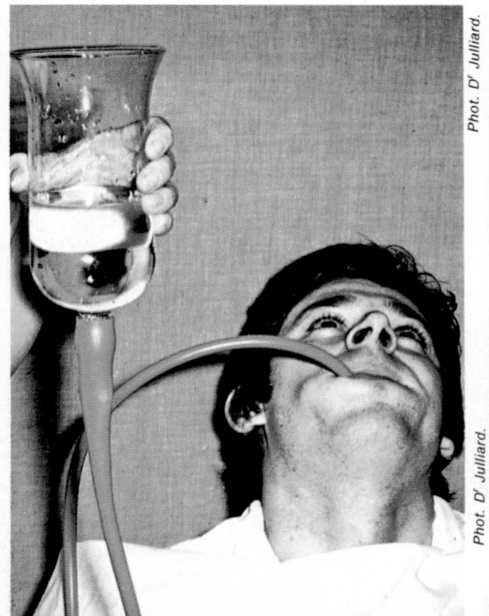

Phot. Dr Julliard.

Tubage. Tubage gastrique.
Siphonnage permettant de recueillir le contenu de l'estomac.

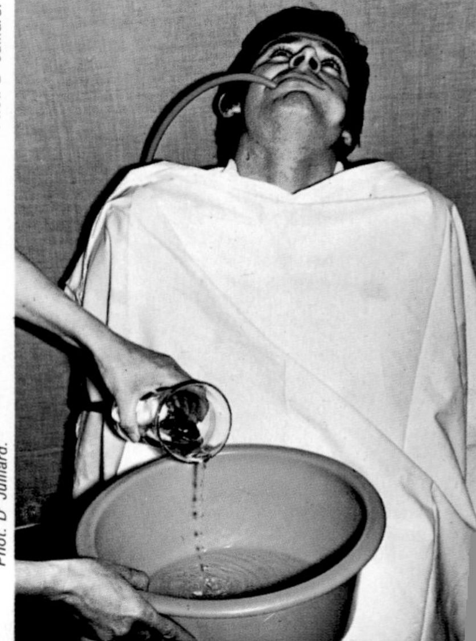

Phot. Dr Julliard.

tuberculose n. f. Maladie contagieuse due au bacille de Koch.
Le visage de cette maladie a changé depuis le siècle dernier, époque où la mortalité atteignait 222 pour 100 000 habitants. On dénombre actuellement en France une mortalité de 8,5 pour 100 000 habitants. La déclaration obligatoire, depuis 1964, a permis de mieux contrôler et traiter les malades et de diminuer les retentissements socioprofessionnels de cette maladie. Il faut souligner que le dépistage radiologique, l'importance de la lutte antituberculeuse et l'efficacité de la vaccination par le B. C. G. ont réduit considérablement la morbidité, mais certains groupes (migrants, vieillards, alcooliques...) restent un terrain de prédilection pour le B. K.
Le bacille de Koch. C'est un bacille rectiligne, aux extrémités arrondies. On le met en évidence par la coloration de Ziehl, qui permet de préciser son caractère de bacille acide alcoolorésistant. C'est un germe riche en lipides (responsables de l'hypersensibilité de type retardé [v. IMMUNOLOGIE]), aérobie* strict et se divisant très lentement.

Le B. K. est recherché dans les crachats, dans le liquide de tubages gastriques et dans les liquides séreux (de pleurésie, de péritonite, d'arthrite...). La mise en évidence du B. K., après centrifugation, est l'élément clef du diagnostic. Mais les formes actuelles, avec peu de bacilles, nécessitent la culture sur milieu spécialisé (Lœwenstein*-Jensen), qui demande 3 semaines, et l'inoculation au cobaye. La sensibilité du B. K. aux antibiotiques (antibiogramme) doit toujours être recherchée pour éviter une résistance*, surtout lorsqu'il s'agit d'une rechute.

Clinique.
Le cycle de la tuberculose. La tuberculose est une maladie contagieuse mais non héréditaire. Elle se transmet par contact direct interhumain, le plus souvent par les gouttes de salive du tousseur. La contamination est souvent familiale, et la découverte d'une primo-infection* chez un enfant doit faire rechercher un malade adulte.

Le bacille de Koch, après avoir pénétré par voie aérienne, essaime dans tout l'organisme : c'est la primo-infection tuberculeuse. Dans certains cas, les bacilles groupés en foyers s'enkysteront et seront à l'origine de tuberculoses viscérales tardives ; d'autres seront à l'origine de tuberculoses miliaires*.

Il existe d'autres voies de contamination : digestive par ingestion de lait cru, cutanée ou muqueuse.

La tuberculose pulmonaire commune. Elle reste beaucoup plus fréquente qu'on ne le croit souvent. Certains facteurs sont, semble-t-il, favorisants : le diabète, l'alcoolisme, la sous-alimentation, certaines ethnies.
LE MODE DE RÉVÉLATION. Il est très variable. Elle peut se faire de façon aiguë ou sur un mode progressif. Elle peut simuler une **pneumonie** avec une fièvre élevée, un point de côté ou une **grippe traînante.** Certains accidents sont évocateurs : **hémoptysie*** brutale, **pneumothorax* spontané** ou tout autre signe de primo-infection. Souvent c'est une **fatigue générale,** un **amaigrissement,** une **toux,** de la **fièvre** qui attireront l'attention du malade et du médecin. Les visites systématiques (embauche, prénatale) avec radiographie permettent parfois de découvrir une tuberculose évolutive chez des sujets ne se croyant pas malades, ce qui arrive assez fréquemment.
L'EXAMEN CLINIQUE. Il est précédé par un interrogatoire, permettant de préciser les possibilités de contage, l'ancienneté des troubles et, éventuellement, la notion d'une tuberculose déjà traitée. La fièvre, les sueurs, l'asthénie, le manque d'appétit, l'amaigrissement attirent l'attention. La percussion du thorax peut déceler une zone de matité et l'auscultation un foyer de râles sous-crépitants, mais fréquemment il n'existe pas de signes physiques évidents, et on demande des examens complémentaires.
L'EXAMEN RADIOLOGIQUE. Il apporte un élément essentiel au diagnostic. Les radiographies (de face et de profil) et au besoin les tomographies*, voire la fibroscopie* bronchique permettent d'apprécier le type et l'étendue des lésions. Les *infiltrats* (opacités homogènes, bien limitées) sont fréquents, surtout au début de la maladie. Ils peuvent se résorber ou faire place à des *lésions nodulaires* arrondies, plus ou moins nombreuses. Ces lésions peuvent faire place à des *cavernes,* cavités marquées par une zone de clarté entourée d'un cercle plus sombre. La juxtaposition de cavernes et de nodules caractérise les tuberculoses ulcéronodulaires.

On peut rencontrer des *images fibreuses* traduisant la réaction de défense de l'organisme, des *opacités pleurales,* des *calcifications.*

Les lésions de la tuberculose siègent généralement aux sommets pulmonaires ou sous la clavicule, mais toutes les topographies sont possibles et on voit de nombreuses formes atypiques.
LES EXAMENS DE LABORATOIRE. Seul l'examen

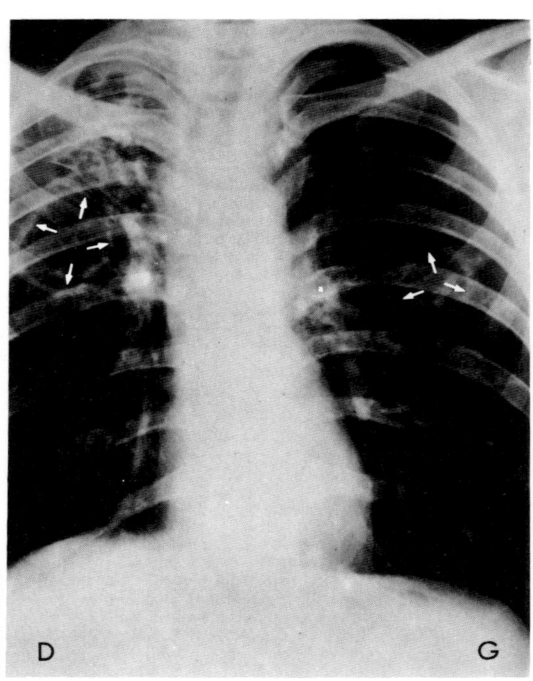

Radio Dr Wattez.

Tuberculose. Tuberculose pulmonaire.
Tuberculose cavitaire du lobe supérieur droit, avec infiltrat sus-jacent ; caverne près du hile gauche.

Tuberculose
Tuberculose de la peau (lupus). ▷

bactériologique pourra confirmer, par la présence de B. K. dans les crachats, le diagnostic de tuberculose pressenti au vu des radiographies. Le B. K. sera au besoin recherché par fibroscopie* avec aspiration des sécrétions bronchiques. La cutiréaction*, la vitesse de sédimentation, l'hémogramme donneront des indications sur les réactions de l'organisme et sur l'évolution.

ÉVOLUTION DE LA TUBERCULOSE. Elle pouvait, en l'absence de traitement, se faire de trois façons : guérison complète (assez rare), aggravation progressive (la plus fréquente) et stabilisation. La durée moyenne de l'évolution était au maximum de 5 ans et aboutissait à la phtisie. La mort survenait dans plus de 75 p. 100 des cas. À partir de 1912, le pneumothorax* thérapeutique a apporté une amélioration dans le pronostic, mais comportait de nombreuses complications. Après la Seconde Guerre mondiale, l'antibiothérapie* a bouleversé l'évolution de la maladie, et actuellement de 80 à 90 p. 100 des tuberculeux guérissent.

Les signes fonctionnels disparaissent rapidement, les recherches de bacilles deviennent très vite négatives, évitant ainsi la contagion. Les images radiologiques évoluent en 6 mois vers la régression et souvent la disparition des lésions. La rapidité d'action du traitement dépend de l'état antérieur du malade et des tares éventuelles (alcoolisme, diabète...) qu'il peut avoir.

Toutefois certains signes radiologiques régressent peu, laissant voir une caverne « détergée » sans présence de B. K. Une surveillance médicale est nécessaire pour éviter une éventuelle rechute ou la greffe d'une aspergillose*.

Les échecs thérapeutiques sont rares : il

s'agit soit d'une résistance* primaire des B.K. passée inaperçue, soit d'un traitement mal suivi (ce qui n'est pas un échec en soi) ou interrompu trop tôt.

La phtisie ou tuberculose aiguë. Ancienne « phtisie galopante », il s'agissait de formes cliniques qui avaient en commun leur rapidité et leur évolution fatale. Les antibiotiques ont permis de transformer ces atteintes mortelles en formes seulement un peu plus graves que la forme commune et nécessitant une surveillance plus importante.

La *pneumonie* caséeuse* traduit la caséification d'un lobe entier du poumon et s'accompagne d'altération intense de l'état général, d'une expectoration sanglante, abondante en B.K.

La *broncho-pneumonie ou « phtisie galopante »* proprement dite s'observait surtout chez les alcooliques et dans les milieux sociaux défavorisés.

La *tuberculose miliaire* est encore observée, caractérisée par la dissémination du bacille de Koch dans tous les viscères. Le foyer à partir duquel se fait la diffusion est souvent celui de la primo-infection. La miliaire associe une fièvre élevée, des céphalées, des signes respiratoires importants : dyspnée, cyanose... La radiographie met en évidence un semis généralisé de petits grains de 1 à 3 mm de diamètre (comme des grains de mil, d'où le nom). Avec les antibiotiques, l'évolution est bonne malgré quelques complications. La corticothérapie* est ici ajoutée au traitement antibiotique.

Traitement de la tuberculose.
Trois importantes découvertes ont bouleversé le pronostic et l'évolution de la tuberculose : celles de la streptomycine* (1944), de l'isoniazide* (1952) et, plus récemment, de la rifampicine (1966).

Le traitement actuel d'une tuberculose doit être spécifique, aussi précoce que possible, et doit s'adresser à toutes les formes, même les plus bénignes. Il doit être poursuivi pendant 18 mois au moins.

Les médicaments. Différents médicaments sont actifs sur le B.K., mais certains sont majeurs : ce sont l'isoniazide et la rifampicine.

L'*isoniazide* (I.N.H.) est administré par voie buccale (7 mg/kg) ; il peut être responsable de troubles nerveux (polynévrites, troubles psychiques), qui disparaissent avec l'administration de vitamine B6.

La *rifampicine*, de découverte plus récente, est très active sur le B.K. Elle est

Phot. X.

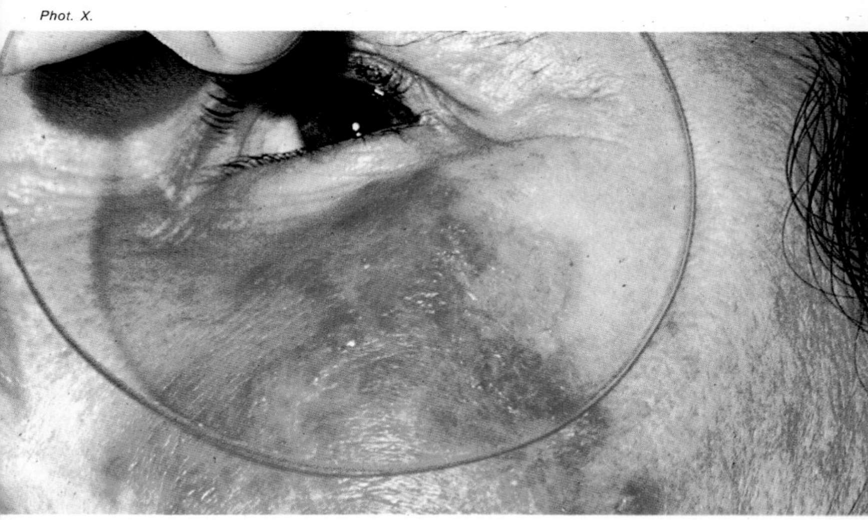

donnée à la dose de 600 mg par jour et peut être à l'origine d'ictères* et de troubles hépatiques.

La *streptomycine* a été le premier antibiotique utilisé avec succès contre la tuberculose ; elle s'administre par voie intramusculaire à raison de 1 g par jour.

L'*éthambutol** est très utilisé (1 g par jour) ; il est responsable de quelques troubles visuels. L'*éthionamide** est très actif (1 g par jour), mais est à l'origine de troubles digestifs et neurologiques.

D'autres médicaments sont également utilisés dans certains cas, mais à titre d'appoint : l'acide para-amino-salicylique (P. A. S.), à l'origine toutefois de troubles digestifs ; la cyclosérine, la kanamycine, la viomycine.

Les modalités du traitement. Bien que toutes les formes de tuberculose doivent être traitées, il existe deux modalités de traitement selon l'ancienneté de la maladie.

Lors d'un *premier contact*, le malade n'ayant jamais reçu d'antibiotiques antituberculeux, on commencera un traitement associant 3 antibiotiques après avoir fait un bilan clinique, bactériologique et radiologique complet. Pendant les 3 premiers mois, on utilise souvent la rifampicine, l'isoniazide et la streptomycine en une prise par jour. On surveille régulièrement le malade en vue de dépister une éventuelle complication bacillaire ou une intolérance médicamenteuse.

Après 3 mois, si tous les contrôles bactériologiques sont négatifs, on peut ne plus utiliser que deux antibiotiques : rifampicine et isoniazide. Le traitement sera suivi pendant au moins 1 an, ou, mieux, pendant 18 mois, voire 2 ans.

Lorsque le malade *a déjà été traité* par les médicaments classiques et que l'échec est dû à un arrêt intempestif, à une résistance, ou parfois lors d'une rechute, la conduite du traitement est différente. La recherche de la sensibilité du germe aux antibiotiques (antibiogramme) guide le choix du médicament (surtout pour les rechutes). De la même façon, les tuberculoses chroniques doivent bénéficier également d'un traitement approprié et de celui des complications (insuffisance respiratoire).

Dans tous les cas, le traitement antibiotique s'accompagne d'hygiène de vie (repos, alimentation normale). Le séjour en sanatorium n'est pas nécessaire pour ceux des malades qui peuvent bénéficier de soins proches de leur domicile s'ils suivent régulièrement leur traitement. Toutefois, dans les cas où une hospitalisation longue est à prévoir, ou si des complications diverses sont à craindre (logement insalubre, alcoolisme...), le séjour sanatorial est indispensable.

Les localisations extrapulmonaires de la tuberculose.

Le B. K., lors de l'essaimage dans l'organisme, peut se loger dans tous les viscères.

La tuberculose osseuse. C'était une localisation fréquente survenant chez l'enfant. Actuellement, ce sont les adultes jeunes (migrants) qui en sont affectés. C'est toujours une atteinte secondaire (après une tuberculose pulmonaire) propagée par voie sanguine, plus rarement lymphatique. Les os atteints sont en priorité le rachis (mal de Pott*), la hanche (coxalgie*), le genou et le pied.

Dans l'atteinte du *genou* ou du *pied*, les premiers signes sont discrets (gêne, puis douleur à la marche, gonflement régional) et doivent faire pratiquer des radiographies permettant de déceler l'atteinte ostéo-articulaire. En un second temps, l'os et le cartilage sont détruits, les signes généraux s'accentuent. Les clichés montrent une destruction totale de l'os ou de l'articulation. Le stade suivant est celui de la réparation, aboutissant à une ankylose et à des déformations. Actuellement, le traitement antituberculeux institué au début de l'évolution permet d'enrayer cette suite de phénomènes et évite les interventions secondaires (arthrodèse, résection osseuse...).

La tuberculose rénale. Cette localisation est tardive, survenant chez un ancien tuberculeux ou chez un sujet apparemment sain auparavant. L'infection, transmise par voie sanguine, touche la corticale* du rein, où la tendance spontanée est à la guérison ; puis la médullaire est atteinte, et l'extension par voie lymphatique vers les voies excrétrices est inévitable en l'absence de traitement.

Les signes d'appel de l'atteinte rénale sont souvent peu intenses et banals (cystite*, pyurie*, sans germes à l'examen bactériologique des urines). Ils peuvent être absents, et la tuberculose rénale ne se révélera que par des signes radiologiques (urographie intraveineuse). Les examens cytobactériologiques spécifiques à la recherche du B. K. permettent alors le diagnostic.

Le traitement antibiotique (pendant 18 mois) a fait diminuer le nombre des recours à la chirurgie (néphrectomies*) et le nombre des séquelles (insuffisance rénale).

La tuberculose génitale. Chez l'homme, elle accompagne souvent la localisation rénale. L'atteinte de l'épididyme*, indolore, n'est pas rare, comme la cystite*, qui se manifeste par une pollakiurie*.

Une forme aiguë (orchite*, tumeur scrotale) peut révéler une tuberculose génitale. L'atteinte testiculaire, lorsqu'elle est bilatérale, est responsable de stérilité. Le traitement médical précoce permet la guérison des lésions.

Chez la femme jeune, les localisations habituelles sont les trompes* et l'utérus* (associées, chez la jeune fille, à une ascite). La stérilité par obstruction tubaire est l'aboutissement d'une forme non traitée ; les grossesses extra-utérines en sont une autre conséquence. Le diagnostic repose sur l'identification du B. K. et les images radiologiques. Le traitement médical prescrit au début permet d'éviter les séquelles.

La tuberculose intestinale ou iléo-cæcale. C'est une localisation rare, survenant après une infestation primaire située sur le cæcum et le côlon. Des diarrhées rebelles, un syndrome de König* et même des hémorragies étaient les principaux signes d'appel. Le diagnostic se fait sur les clichés radiologiques, montrant une sténose intestinale localisée. Le traitement antibiotique est identique à celui de la tuberculose pulmonaire.

La tuberculose cutanée. Cette atteinte est devenue très rare depuis la découverte des médicaments antituberculeux. Le *lupus tuberculeux,* siégeant au visage, se présente comme un placard rougeâtre, indolore, largement squameux. Son évolution spontanée se fait vers l'extension et l'érosion du massif facial. Actuellement, les antibiotiques viennent à bout de cette localisation.

L'*érythème noueux* est une manifestation classique de la primo-infection. La *gomme* tuberculeuse* est rarissime de nos jours. □

tuberculostatique adj. et n. m. Se dit des médicaments qui empêchent la multiplication du bacille de Koch. (V. TUBERCULOSE.)

tubérosité n. f. Relief osseux arrondi : *tubérosité ischiatique, grosse tubérosité de l'humérus.*

tubocurarine n. f. Alcaloïde du curare.
Elle est utilisée par voie parentérale contre les spasmes et comme adjuvant de l'anesthésie, associée aux barbituriques*, sous couvert de la respiration assistée.

tubule n. m. V. REIN, *Histologie.*

tularémie n. f. Maladie infectieuse due à *Pasteurella tularensis.*
Ce sont les rongeurs, et en particulier le lièvre, qui transmettent la maladie. Ce sont surtout les chasseurs et les cuisinières qui en sont atteints, contaminés lors du dépeçage.

La maladie débute, après une courte incubation, par de la fièvre, des céphalées, des courbatures. La forme la plus fréquente succède à une excoriation cutanée. Un ganglion, le plus souvent axillaire, grossit, devient douloureux. La petite plaie qui constitue la porte d'entrée est également douloureuse et peut prendre l'aspect d'un chancre. La fièvre dure 8 jours. L'évolution en l'absence de traitement se fait vers la suppuration. Des formes respiratoires et cutanées peuvent se voir. L'intradermoréaction à la tularine, plus souvent que la sérologie, permet le diagnostic. Le traitement utilise les antibiotiques (ampicilline, céphalosporines, tétracyclines) pendant 3 semaines.

La détection des animaux malades et la déclaration obligatoire complètent les moyens de prophylaxie individuelle.

tuméfaction n. f. Augmentation de volume d'une partie du corps, sans préjuger de sa cause ni de sa nature.

tumescence n. f. État d'un organe qui se gonfle au cours de certaines fonctions physiologiques.

tumeur n. f. Excroissance pathologique, due à une prolifération de cellules.
Il en existe deux types : tumeurs bénignes et tumeurs malignes. Elles ont toutes deux pour origine un tissu quelconque de l'organisme : tissu de recouvrement, tissu glandulaire, tissu conjonctif, etc.

Les tumeurs bénignes. Elles sont souvent bien limitées et reproduisent plus ou moins fidèlement l'architecture de leur tissu d'origine. On les désigne sous le nom de ce tissu, suivi du suffixe *-ome :* angiome, fibrome, ostéome. Elles guérissent complètement après leur ablation chirurgicale. Celle-ci est nécessaire lorsqu'elle peuvent entraîner des complications par leur volume et leur siège : compression, occlusions, etc.

Les tumeurs malignes. V. CANCER.

tunique n. f. Couche de tissu enveloppant extérieurement ou tapissant intérieurement un organe.

tuphos n. m. État de stupeur, d'indifférence, observé au cours de certaines maladies : typhoïde*, typhus* exanthématique, etc.

turbinal, e, aux adj. **Crêtes turbinales,** reliefs osseux où sont fixés les cornets, sur la paroi des fosses nasales.

Turck (cellule de). 1. Cellule plasmocytaire. (V. PLASMOCYTE.)
2. Précurseur des histiocytes* (histioblaste).

Turner (syndrome de), affection congénitale, d'origine génétique, caractérisée par une agénésie des ovaires.
L'absence d'ovaire entraîne un infantilisme et une aménorrhée* primaire. Elle s'associe à des dystrophies diverses : petite taille, cou palmé, cubitus valgus.
Ce syndrome est lié à une anomalie chromosomique caractérisée par la présence d'un seul gonosome X, réalisant un caryotype de type XO. Le diagnostic repose sur les dosages hormonaux, notamment de F. S. H., sur la cœlioscopie et l'établissement du caryotype.

tussigène adj. **Zone tussigène,** région qui peut, par irritation, provoquer la toux (muqueuse des fosses nasales, de la trachée).

tween n. m. (mot angl.). Désignation de certaines substances utilisées comme mouillants et émulsionnants.
Leurs molécules ont deux (*two*) pôles, l'un soluble dans l'eau, l'autre soluble dans les graisses, d'où leur action.

tympan n. m. Membrane qui sépare le conduit auditif de l'oreille moyenne. (V. OREILLE.)

tympanisme n. m. Augmentation de la sonorité de l'abdomen ou du thorax, décelée à la percussion de ces régions.

tympanoplastie n. f. Réparation chirurgicale du tympan (par greffe) et de la chaîne des osselets (par mobilisation ou prothèse) en vue de faire recouvrer l'audition.

tympanosclérose n. f. Sclérose (durcissement) cicatricielle du tympan* et de la chaîne des osselets* après une infection de l'oreille* moyenne.
Il s'ensuit une baisse de l'audition, aboutissant à une surdité* mixte. Le traitement comprend la suppression de toute cause d'infection locale, des insufflations tubaires, les cures thermales, les injections locales de corticoïdes, d'enzymes fibrolytiques et, dans les formes anciennes, la tympanoplastie*.

typhique adj. et n. Qui a trait à la fièvre typhoïde* ou au typhus*. — Sujet atteint de ces maladies.

typhlite n. f. Inflammation du cæcum. (V. COLITE.)

typhoïde n. f. Maladie infectieuse contagieuse, due à des bactéries du genre *salmonelle**.
On différencie la fièvre typhoïde due au bacille d'Eberth et les parathyphoïdes dues aux bacilles paratyphiques A, B, C. Ces bacilles, de caractères morphologiques et culturaux semblables, ont des propriétés antigéniques et chimiques différentes.
Les *fièvres typhoïde* et *parathyphoïdes* s'observent dans les deux sexes, mais leur fréquence est moins élevée chez l'homme (vaccination obligatoire au service militaire) ; elles connaissent un maximum en été et en automne.
La contamination se fait rarement par contact direct (du malade au porteur sain), mais le plus souvent par ingestion d'eau ou d'aliments souillés. La cause habituelle des infections n'est pas tant les fruits et légumes souillés que les laitages (glaces, gâteaux) et surtout les coquillages. De toute façon, le réservoir de virus est l'homme, soit malade, soit convalescent, ou même sain (c'est-à-dire ne présentant aucun signe clinique d'infestation).

Mécanisme de la maladie. Les bacilles envahissent l'organisme par voie digestive, gagnent l'intestin grêle, en particulier les ganglions lymphatiques mésentériques, s'y multiplient. Ils atteignent ensuite le système sympathique, où leur endotoxine est la cause des manifestations neurovégétatives de l'affection. Enfin, ils essaiment dans le sang, réalisant une septicémie, et gagnent différents viscères. Ils sont éliminés par l'urine, la bile et les selles.

La fièvre typhoïde. ***Signes cliniques.*** La maladie, après une incubation silencieuse, débute par des troubles divers : céphalées, vertiges, insomnies, épistaxis. La température monte progressivement en « dents de scie » pour atteindre 40 °C à la fin de la première semaine. Il faut noter une dissociation du pouls (qui reste lent), une langue saburrale et un ballonnement abdominal. À ce moment, l'hémoculture met en évidence le bacille d'Eberth. Pendant la 2e semaine, et en l'absence de traitement, la température est en plateau à 39-40 °C. À l'atteinte de l'état général succèdent le tuphos*, une aggravation des troubles digestifs (diarrhée importante), une splénomégalie (grosse rate). La peau du tronc se couvre de petites taches rosées (taches lenticulaires), s'effaçant à la pression, disparaissant en quelques jours. Il peut exister des ulcérations pharyngées (angine de Duguet). À ce stade, l'hémoculture est négative, mais le sérodiagnostic de Widal devient positif.

Puis la fièvre baisse et la convalescence, longue, commence.

Il existe des formes frustes simulant un embarras gastrique fébrile qui, cependant, peuvent se compliquer.

Complications. Elles s'observent dans toutes les formes en cours d'évolution et doivent être dépistées précocement.

Les complications digestives. L'hémorragie intestinale se traduit par un collapsus*, une pâleur et un méléna*. La perforation intestinale entraîne une douleur intense, mais si le tuphos est important cette douleur peut passer inaperçue, et la complication est alors gravissime. L'intervention est néanmoins nécessaire. On peut voir une infection des voies biliaires, se traduisant par une réascension de la fièvre et un ictère.

Les complications cardio-vaculaires (collapsus, phlébites, myocardites). Elles doivent être soigneusement recherchées.

Les formes neurologiques (encéphalite, convulsions). Elles avaient un pronostic plus sévère avant le traitement antibiotique.

Les fièvres paratyphoïdes. Provoquées par des bacilles paratyphiques A, B, C, elles ont un tableau clinique identique à celui de la fièvre typhoïde, bien qu'un peu moins sévère, et seul le laboratoire peut les individualiser.

Le diagnostic repose sur : l'*hémoculture,* positive pendant la 1re semaine ; la *coproculture* et, surtout le *sérodiagnostic de Widal,* positif au cours de la 2e semaine.

Traitement. La fièvre typhoïde et les paratyphoïdes ont vu leur pronostic transformé par la découverte du chloramphénicol*.

Le traitement se fait par des doses croissantes jusqu'à atteindre de 2 à 3 g par jour. Les doses de début doivent être d'autant plus minimes (0,50 g) que l'état du malade est plus grave (cela pour éviter les réactions secondaires à une lyse* trop massive de bacilles). On poursuit le traitement pendant 2 semaines, parfois associé à la corticothérapie.

Une désinfection soigneuse (des selles et des urines) est indispensable. Les complications nécessiteront un traitement symptomatique : transfusions (hémorragie), intervention ou aspiration (perforation), qui complétera l'antibiothérapie.

Prophylaxie. Elle repose sur la surveillance des eaux de boisson et des aliments, sur la déclaration de la maladie.

La prévention se fait par la vaccination T. A. B. (Eberth, para A,B,C) par 3 injections sous-cutanées et un rappel 1 an après. L'immunité dure à peu près 5 ans.

typhus n. m. Maladie infectieuse caractérisée par une fièvre élevée, une éruption cutanée, un abattement profond ou *tuphos,* et due à une rickettsie*.

Deux formes sont connues : le typhus exanthématique, dû à *Rickettsia prowazeki,* et le typhus murin, dû à *Rickettsia mooseri.*

Typhus exanthématique. Cette maladie se transmet par le pou de corps, qui laisse ses déjections infectantes sur la peau. Les lésions de grattage permettent au germe de pénétrer. Ce mode d'infestation explique que les grandes épidémies aient eu lieu pendant les guerres et dans les camps de prisonniers ou de concentration.

Après une incubation silencieuse de 15 jours (parfois écourtée), la maladie débute par un grand frisson, une fièvre à 40 °C et des douleurs diffuses (céphalées, arthralgies...). Tous ces signes durent de 4 à 5 jours, précédant l'éruption et le tuphos* ; la température restant en plateau. L'exanthème* (éruption rouge de la peau) est généralisé, épargnant toutefois le visage, les paumes et les plantes, devenant pétéchial* (rouge sombre).

Depuis les antibiotiques, l'évolution se fait vers la défervescence thermique et la disparition rapide de l'éruption. Auparavant, des complications graves (coma, myocardite) étaient responsables de nombreux décès.

Le *diagnostic* repose surtout sur la sérologie (diagnostic de Weil-Félix, réaction de fixation du complément) et sur l'immunofluorescence.

Le *traitement* est à base de chloramphénicol* ou de tétracyclines*, associées dans les formes graves à la réanimation* et à la corticothérapie*. La prophylaxie comporte la lutte contre les poux (D. D. T.) et la vaccination dans les régions d'endémie.

Typhus murin. Le vecteur est la puce du rat, qui contamine l'homme par ses déjections au niveau des excoriations cutanées. Les signes sont identiques à ceux du typhus exanthématique, mais l'état général est moins altéré. Le traitement comme la prophylaxie se calquant sur les précédents.

tyrosine n. f. Acide aminé aromatique qui entre dans la composition de la mélanine, de la dopamine et des hormones thyroïdiennes.

tyrothricine n. f. Antibiotique utilisé en applications locales contre les bactéries Gram positif.

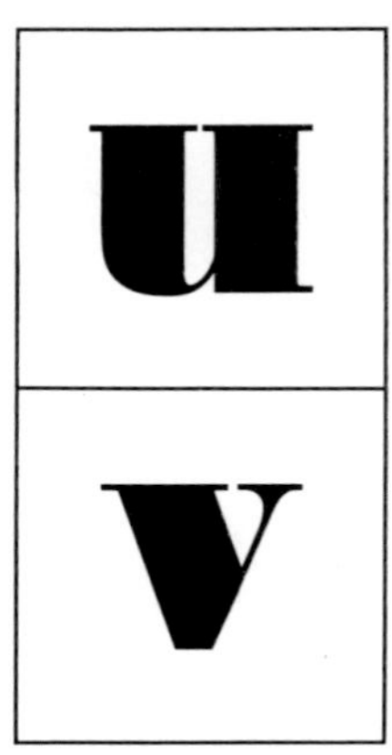

ulcération n. f. **1.** Formation d'un ulcère. **2.** Lésion superficielle intéressant un revêtement cutané ou muqueux, dont elle interrompt la continuité. (Syn. : ÉROSION, EXULCÉRATION.)

ulcère n. m. Perte de substance d'un revêtement épithélial, muqueux ou cutané, dont la cicatrisation est difficile.
On distingue les ulcères aigus (ulcère aigu de l'estomac par ingestion d'aspirine), et les ulcères chroniques (ulcères des jambes).
Ulcère de l'estomac. Cette affection, très répandue, se caractérise par une perte de substance de la muqueuse gastrique. L'ulcère gastrique atteint surtout l'homme d'âge moyen, et ses causes restent mal élucidées : on connaît l'incidence des facteurs psychiques (surmenage, contrariétés, angoisses) et de certains médicaments (corticoïdes, aspirine, phénylbutazone). Un trouble fonctionnel de la vascularisation semble fréquemment en cause.

La *douleur* est l'élément majeur de symptôme ulcéreux. Elle est périodique, apparaissant lors du jeûne et calmée par l'alimentation. Elle se manifeste régulièrement chaque jour par *crises* survenant de 2 à 3 heures après les repas, pendant une période allant de 1 à plusieurs semaines : c'est la *poussée* ulcéreuse. Puis la douleur se calme et disparaît souvent plusieurs mois, pour réapparaître ensuite avec toujours une disparition totale de la douleur entre les crises. On appelle *double périodicité* de la douleur d'ulcère la périodicité des crises (dans la journée) et la périodicité des poussées (dans l'année par exemple). Cette douleur est le plus souvent à type de crampe, de torsion, rarement à type de brûlure ; elle est aggravée par les aliments épicés.

L'examen radiologique décèle l'image ulcéreuse appelée « niche », avec convergence des plis gastriques vers la lésion. Celle-ci se situe le plus souvent au niveau de la petite courbure de l'estomac, mais il existe des ulcères des faces, difficiles à mettre en évidence et qui nécessitent l'aide de la gastroscopie. Les complications à craindre sont les hémorragies, les perforations et la cancérisation.

Traitement. Les mesures hygiéno-diététiques sont essentielles : le fractionnement des repas, le régime lacté, la suppression du tabac, de l'alcool, du café, des chocs émotifs suffisent souvent à diminuer l'intensité de l'affection ; les pansements gastriques (sels d'aluminium et de bismuth), les antiacides (sels de magnésium), l'atropine, associés à la vitamine C, aux injections d'oxyferriscorbone sodique sont efficaces. Certains médicaments sont à éviter : l'aspirine, les anti-inflammatoires, les corticoïdes* notamment. Si le traitement médical ne parvient pas à calmer la douleur, ou en cas de complications, le traitement chirurgical est indiqué. La gastrectomie des deux tiers, enlevant toute la muqueuse antrale, avec anastomose gastro-duodénale, est l'intervention de choix quand on doute de la nature bénigne de l'ulcère.

La vagotomie double (section des deux nerfs pneumogastriques), avec pyloroplastie*, stoppe l'évolution de l'ulcère quand il provoque un syndrome très douloureux, rebelle au traitement médical.

Ulcère du duodénum. Plus fréquent que l'ulcère de l'estomac, il siège sur le bulbe du duodénum et ne risque pas de dégénérer en cancer. La douleur est très tardive, survenant de 5 à 6 heures après les repas. Une nouvelle ingestion d'aliments la calme. L'évolution est périodique, entrecoupée de rémissions complètes. Les hémorragies et la sténose (rétrécissement) bulbaire sont les complications à redouter. Le traitement chirurgical est évité aussi longtemps que possible, en raison de ses conséquences : troubles nutritionnels, diarrhée, « dumping syndrome ».

Ulcère de la jambe. Il est dit souvent « variqueux » en raison des troubles veineux qui en sont la cause. Mais l'artérite* des membres inférieurs, des troubles neurologiques sont fréquemment à l'origine de cette affection du tiers inférieur de la jambe.

L'ulcère se compose de régions nécrotiques formant une croûte noire, en plaques étendues jusqu'à la malléole, et entourées d'une zone inflammatoire (rouge) plus ou moins large. L'état de la circulation locale, la possibilité de surinfection ou d'eczématisation rendent le pronostic incertain quand leur traitement n'est pas précoce.
(V. illustration page 942.)

Traitement. Il doit s'efforcer de rétablir une circulation sanguine normale : port de bandes ou bas à varices en cas d'ulcères variqueux, prescription de vasodilatateurs en cas de troubles artériels, et, dans tous les cas, surélévation des pieds du lit pour exhausser les pieds et favoriser la circulation de retour. Les antibiotiques par voie générale sont nécessaires en cas d'infection. Les soins locaux à base d'antiseptiques et de topiques cicatrisants ne doivent jamais être suspendus jusqu'à la guérison complète. En cas d'ulcère très étendu ou dont la guérison ne se fait pas, on pratique une greffe de peau.

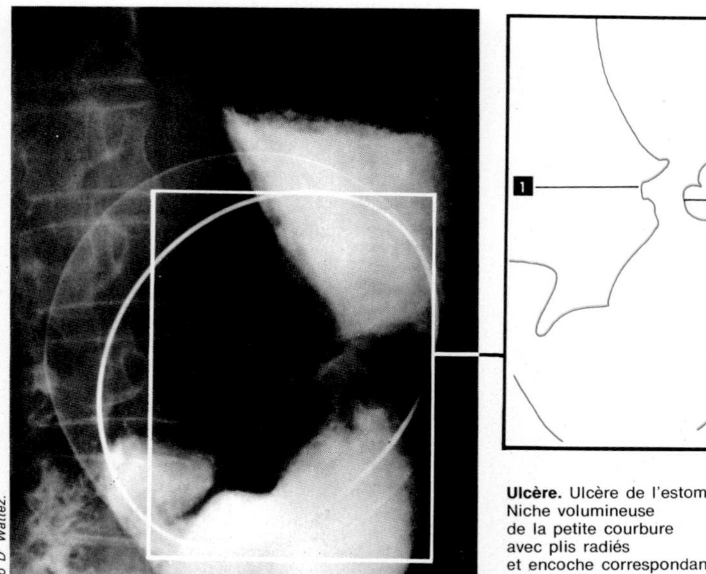

Ulcère. Ulcère de l'estomac. Niche volumineuse de la petite courbure avec plis radiés et encoche correspondante de la grande courbure : 1. Niche ; 2. Encoche.

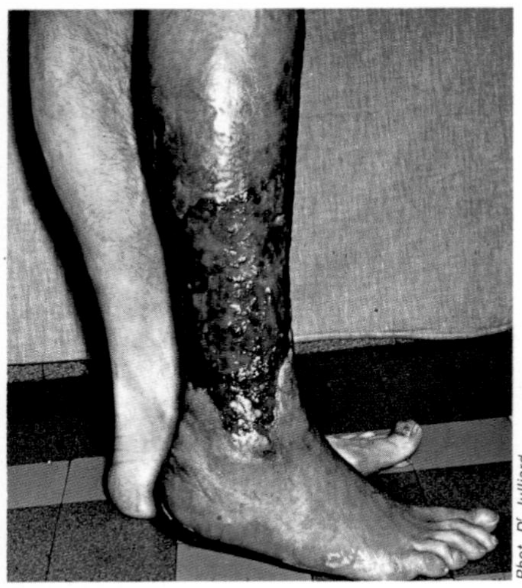

Phot. Dr Julliard.

Ulcère. Ulcère variqueux.

Ulcère. Le même ulcère après greffe.

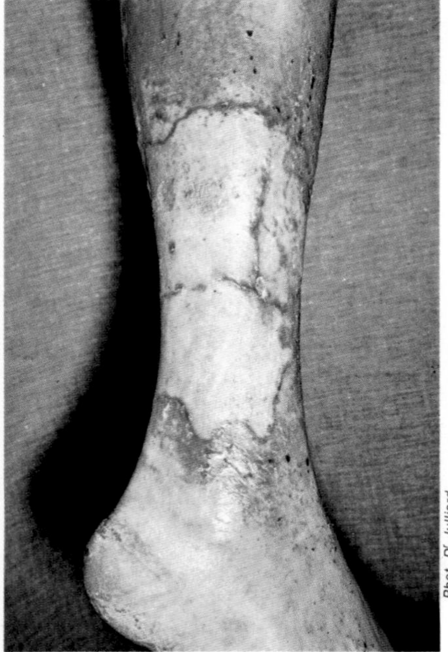

Phot. Dr Julliard.

Ulcère phagédénique des pays chauds. Il atteint la peau des sujets qui vivent en climat tropical humide. Les blessures, les piqûres d'insectes en sont le point d'appel. Le traitement comporte l'excision des tissus nécrosés et la prise d'antibiotiques.

ultracentrifugation n. f. Technique de centrifugation* rapide (100 000 tr/mn) utilisée pour séparer les constituants d'une solution et en déterminer le poids moléculaire.

ultrafiltration n. f. Filtration à travers certaines substances dont les pores sont assez ténus pour retenir les bactéries, mais qui laissent s'écouler les électrolytes, les grosses molécules (protéines) et les virus.

ultramicroscope n. m. Microscope dont le système d'éclairage, formant un faisceau lumineux dirigé latéralement, permet de voir en relief des particules trop petites pour être visibles au microscope ordinaire.

ultrason n. m. Vibration mécanique dont la fréquence est trop élevée pour être audible. On utilise les ultrasons en médecine en mettant la surface à traiter en contact avec une tête vibrante. On traite ainsi différentes douleurs d'origine rhumatismale ou post-traumatiques (tennis-elbow) et l'asthme.

ultrastructure n. f. Structure des tissus et des cellules visibles uniquement au microscope électronique, en raison de leur très petite taille (inférieur à 0,15 μ).

ultraviolet, ette adj. et n. m. Se dit de radiations électromagnétiques dont la longueur d'onde est comprise entre celle des rayons lumineux violets (0,39 μ) et celle des rayons X (0,0144 μ).

Contenus dans le rayonnement solaire ou produits par des lampes spéciales, les rayons ultraviolets (U. V.) rendent fluorescentes de nombreuses substances (ongles, dents) et sont utilisés pour le diagnostic de certaines maladies de peau. Dangereux pour l'œil et à forte dose pour la peau, les U. V. justifient l'emploi de lunettes protectrices, de crèmes filtrantes ou la protection par des vêtements (rayons solaires).

En thérapeutique, les ultraviolets sont employés dans le traitement du rachitisme*, de la spasmophilie*, des troubles de croissance, des tuberculoses* cutanées et ostéo-articulaires, du psoriasis*. Ils sont contre-indiqués dans la tuberculose pulmonaire.

unguéal, e, aux adj. Relatif à l'ongle.

unguis n. m. Petit os du crâne, entrant dans la composition de la paroi interne de l'orbite*. (Syn. : OS LACRYMAL.)

unique adj. **Enfant unique.** L'enfant unique est isolé des autres enfants, face à deux adultes. Il ne bénéficie pas des échanges de rivalité et d'amitié habituels avec la fratrie. Il faut multiplier des contacts durables avec d'autres enfants dès le jeune âge.

unité n. f. Grandeur de comparaison servant à la mesure.
Les unités sont légalement définies par le Comité international des poids et mesures.

Unités de poids

— le gramme, *g*, qui équivaut au millième du kilogramme (10^{-3} kg);
— le milligramme, *mg*, qui équivaut au millième du gramme (10^{-3} g);
— le microgramme, μg ou γ, équivalant au millième du milligramme (10^{-3} mg) ou au millionième du gramme (10^{-6} g).

Unités de volume

— le litre, *l*, correspondant au décimètre cube;
— le millilitre, *ml*, correspondant au centimètre cube;
— le microlitre, μl, ou 10^{-3} millilitre, correspondant au millimètre cube.

Unités physiologiques. Lorsqu'il s'agit d'apprécier avec précision une quantité d'une substance organique complexe peu définie chimiquement, on détermine la plus petite quantité de cette substance qui produit sur un organisme vivant ou sur un organe isolé l'action physiologique qui la caractérise. Cette quantité minimale est appelée *unité physiologique.* On utilise des unités physiologiques pour le dosage de vitamines, d'hormones, et celui des enzymes.

univitellin adj. m. Se dit de jumeaux issus d'un seul œuf. (On dit aussi, de préférence, HOMOZYGOTES ou UNIOVULAIRE.)

uranisme n. m. Inversion sexuelle chez l'homme. (V. HOMOSEXUALITÉ, PERVERSION.)

uranoplastie n. f. Un des temps opératoires de la réparation d'une division palatine (mobilisation de deux lambeaux palatins).

uranostaphylorraphie n. f. Suture du palais et du voile dans le traitement de la division palatine.

urate n. m. Sel de l'acide urique.
Les urates, lorsqu'ils sont présents en quantité trop élevée, peuvent précipiter dans les tissus (goutte) et former des calculs rénaux. (V. LITHIASE.)

urée n. f. Produit final de la dégradation des protéines (catabolisme azoté), de formule

$$NH_2—\overset{\displaystyle O}{\overset{\|}{C}}—NH_2.$$

L'azote libéré par les tissus est transporté jusqu'au foie par l'acide glutamique, et le foie seul est capable de synthétiser l'urée. Celle-ci est un produit non toxique, très diffusible, éliminé principalement par le rein*. Son taux sanguin normal oscille entre 0,20 et 0,40 g par litre; son taux urinaire est de 20 à 35 g par litre. Les dosages de l'urée sanguine et de l'urée urinaire constituent un bon reflet de l'importance du catabolisme protidique et un témoin de la fonction rénale.

Une élévation de l'urée sanguine peut être due à une insuffisance rénale, parfois seulement fonctionnelle, majorée par une déshydratation, ou à un hypercatabolisme azoté (augmentation des combustions).

L'abaissement de l'urée sanguine s'observe dans les insuffisances hépatiques évoluées.

urémie n. f. Au sens strict, désigne le taux de l'urée sanguine. — Par extension, l'urémie désigne l'insuffisance rénale chronique, dont l'augmentation de l'urée sanguine est un des signes. (V. REIN, *Insuffisance rénale.*)

uretère n. m. Conduit excréteur de l'urine, allant du rein à la vessie. (V. URINAIRE, *Voies urinaires.*)

urétérite n. f. Inflammation d'un segment de l'uretère, d'origine tuberculeuse, calculeuse ou traumatique, aboutissant à un rétrécissement du conduit.

urétéro-pyélographie rétrograde n. f. Radiographie de l'uretère et des cavités du rein après injection d'un produit de contraste à contre-courant, par l'orifice vésical de l'uretère.

urétérostomie n. f. Abouchement des uretères à la peau ou à l'intestin.

uréthane n. m. Composé synthétique voisin de l'urée.
On l'utilise pour la stabilisation de certains corps comme la quinine*, et pour ses propriétés hypnotiques et anticancéreuses.

urètre n. m. Canal conduisant l'urine de la vessie à l'extérieur, commençant au col de la vessie* et se terminant au méat* urétral. (V. URINAIRE, *Voies urinaires.*)

urétrite n. f. Inflammation de l'urètre, de causes diverses : *urétrites blennorragiques, à germes banals, à virus.*
Chez l'homme, l'urétrite se traduit par une cuisson très pénible à chaque miction* (chaude-pisse); chez la femme, elle passe souvent inaperçue. (V. BLENNORRAGIE.)

urétrographie n. f. Radiographie de l'urètre masculin après injection dans la verge d'un produit de contraste, ou après urographie, pendant la miction.
Elle permet le diagnostic des rétrécissements et des lésions de la prostate et du col de la vessie. (V. illustration page 944.)

urétroplastie n. f. Reconstitution du canal

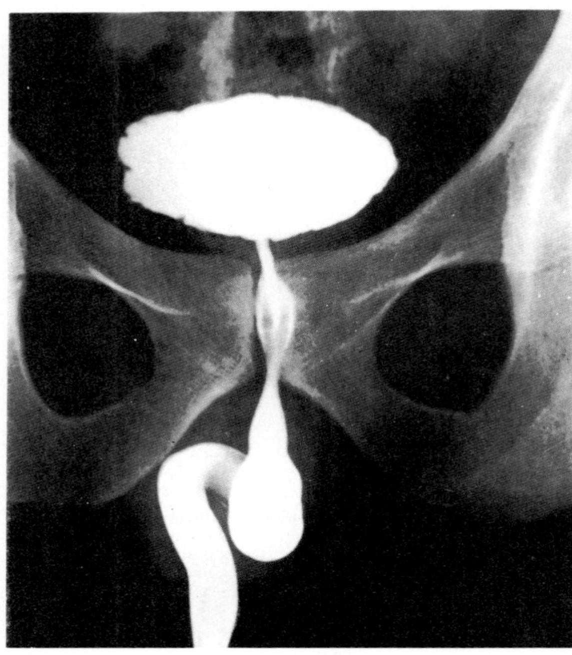

Radio Dr Wattez.

Urétrographie. Urétrographie normale de face.

urétral à l'aide de la peau de voisinage ou de greffes.

urétrorragie n. f. Écoulement de sang par l'urètre en dehors des mictions* et des éjaculations.

urétroscopie n. f. Exploration du canal urétral à l'aide d'un appareil endoscopique spécial (urétroscope).

urgence n. f. Situation nécessitant un geste ou un traitement médical ou chirurgical précis dans des délais très brefs.
Il est très important en matière d'urgence d'apprécier rapidement les moyens et les délais dont on dispose et de distinguer l'urgence pouvant attendre un transfert en milieu spécialisé de celle qui nécessite un geste immédiat, dans la mesure où celui-ci peut être fait correctement. C'est dans ce dessein qu'ont été mises en place des unités mobiles de soins, soit au niveau des établissements hospitaliers (SMUR : Service mobile d'urgence et de réanimation), soit au niveau départemental dépendant de la préfecture (SAMU : Service d'aide médicale urgente).

Ces équipes comportent un ou deux médecins et un matériel suffisant pour parer aux premières nécessités vitales (perfusions, ventilation, petite chirurgie, etc.). Leur but n'est pas d'accélérer le transfert, mais d'en améliorer les conditions, au besoin en démarrant le traitement dès le domicile du patient ou le lieu de l'accident.

Uriage, station thermale de l'Isère, à 12 km de Grenoble, ouverte de mai à septembre.
L'eau, chlorurée sodique et sulfureuse, est employée en bains, douches, instillations et pulvérisations dans les maladies de peau (psoriasis, eczémas chroniques, acné), du nez et des oreilles (catarrhe, sinusites, otites), les affections gynécologiques (salpingites*, métrites, stérilité), le rhumatisme psoriasique, les arthroses.

uricémie n. f. Taux d'acide urique dans le sang.
Elle est normalement de 40 à 60 mg par litre

chez l'homme et de 40 mg par litre chez la femme. L'hyperuricémie (supérieure à 60 mg par litre) s'observe lors de la goutte*, des insuffisances rénales, des leucémies*, et lors des traitements cytolytiques*.

uricosurique adj. et n. m. Se dit d'un médicament qui favorise l'élimination urinaire de l'acide urique.

urinaire adj. Relatif à l'urine.
L'*appareil urinaire* comprend les reins et les voies urinaires, que nous décrirons ici.
Voies urinaires. Elles comprennent les uretères, pairs et symétriques, la vessie et l'urètre.

Les uretères. Ce sont les conduits excréteurs des reins*, s'étendant des bassinets à la vessie. Long de 30 cm, de calibre variable (de 5 à 10 mm), l'uretère peut être atteint par de nombreuses affections : obstruction par un calcul, rétrécissement ou compression par une tumeur ou une inflammation. Les malformations de l'uretère ne sont pas rares : méga-uretère (trop grand), uretère double, abouchements anormaux.

La vessie. C'est un réservoir musculo-membraneux où s'accumule l'urine dans l'intervalle des mictions. Située en arrière du pubis, elle se trouve, chez l'homme, au-dessus de la prostate*, en avant du rectum ; chez la femme, l'utérus et le vagin la séparent du rectum. La capacité vésicale est de 350 cm^3 environ : au-delà, le besoin d'uriner se fait sentir, la concentration de la vessie et le relâchement du sphincter urétral permettent la miction. Les *lésions traumatiques* de la vessie ne sont pas rares chez les polytraumatisés* (rupture extra- ou intrapéritonéale). La *lithiase vésicale* (ancienne maladie de la pierre) est due à une stase urinaire favorisant les concrétions (adénome prostatique). Les *tumeurs* de la vessie se manifestent le plus souvent par une hématurie (urines sanglantes) ; reconnues par la cystoscopie*, elles peuvent être détruites par voie endoscopique si elles ne sont pas trop volumineuses ; les tumeurs malignes peuvent amener à procéder à une cystectomie* totale, opération grave et mutilante si la création d'une néovessie (cystoplastie*) est impossible.

L'urètre. C'est un canal allant du col de la vessie au méat* urétral.

Chez la femme, il mesure à peine 4 cm et débouche à la vulve, en arrière du clitoris.

Chez l'homme, il est beaucoup plus long (16 cm) et livre passage à l'urine et au sperme. Il présente une portion intraprostatique, une portion membraneuse (du bec de la prostate à l'entrée dans la gaine érectile) et une portion spongieuse (dans la verge).

L'urètre peut, comme le reste de l'appareil

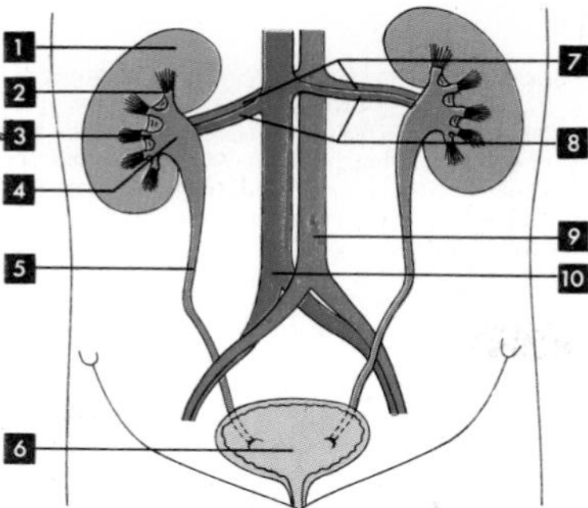

Urinaires (voies). Haut appareil urinaire (commun à l'homme et à la femme).
1. Rein ; 2. Papille ; 3. Calices ; 4. Bassinet ; 5. Uretère ; 6. Vessie ; 7. Artère rénale ; 8. Veine rénale ; 9. Aorte ; 10. Veine cave inférieure.

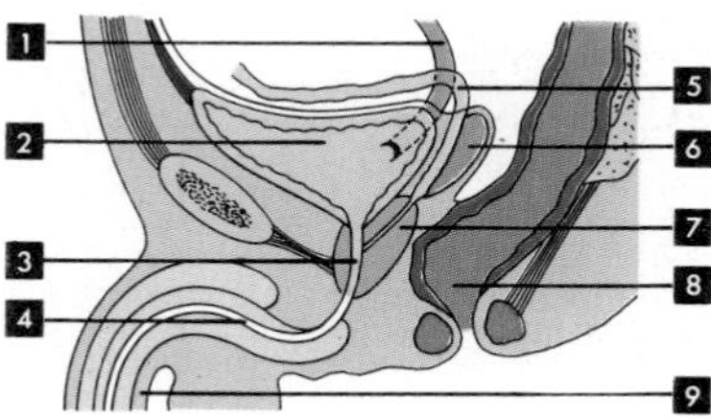

Urinaires (voies).
Bas appareil urinaire de l'homme.
1. Uretère ; 2. Vessie ; 3. Urètre prostatique ; 4. Urètre membraneux ; 5. Canal déférent ; 6. Vésicule séminale ; 7. Prostate ; 8. Rectum ; 9. Verge.

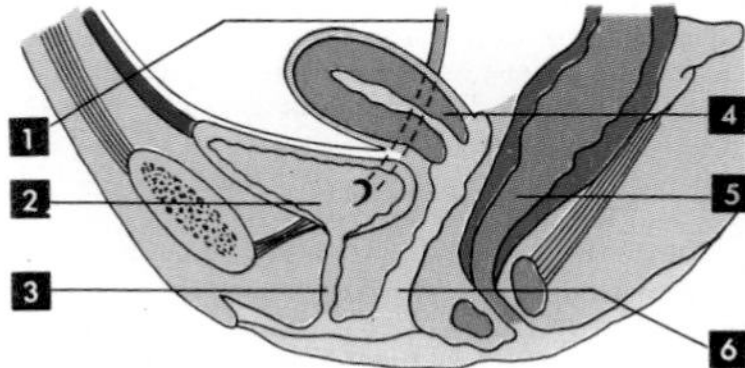

Urinaires (voies).
Bas appareil urinaire de la femme.
1. Uretère ; 2. Vessie ; 3. Urètre ; 4. Utérus ; 5. Rectum ; 6. Vagin.

urinaire, être le siège d'un rétrécissement, d'un calcul ou d'une tumeur.

Pathologie. ***Troubles urinaires.*** Les *douleurs* de l'appareil urinaire se manifestent dans les régions lombaire et abdominale, souvent unilatérales avec des irradiations vers le bas (bassin, organes génito-urinaires, périnée, anus). La *miction* (émission d'urines) peut être difficile (dysurie), douloureuse (brûlures), trop fréquente (pollakiurie) ou impossible (rétention d'urine). L'incontinence est l'impossibilité de retenir les urines.

Obstruction urinaire. La plupart des affections des divers étages des voies urinaires peuvent entraîner des gênes à l'écoulement de l'urine. L'obstruction haute (du bassinet, de l'uretère par calcul, tumeur, coudure ou par compression externe du conduit) provoque une dilatation des cavités rénales, un gros rein et une destruction du parenchyme rénal pouvant aboutir à l'insuffisance rénale.

Les obstructions basses, siégeant au col de la vessie ou à l'urètre (des lésions nerveuses, du col de la vessie, de la prostate ou de l'urètre lui-même peuvent en être responsables), provoquent une rétention d'urine.

Infections urinaires. Très fréquentes, elles peuvent compliquer une lésion de l'appareil urinaire (malformation, calcul, tumeur, etc.) ou survenir sur un appareil urinaire précédemment sain, à l'occasion d'une infection intestinale, d'un fléchissement des défenses (diabète, paralysie, etc.). Elles peuvent être ascendantes, touchant successivement l'urètre (v. BLENNORRAGIE, URÉTRITE), la vessie (v. CYSTITE), les uretères (urétérite), les cavités rénales (pyélite, pyélonéphrite) ou, au contraire, descendantes, commençant par le rein puis atteignant les étages sous-jacents (cas de la tuberculose rénale). Les antiseptiques urinaires et les antibiotiques permettent le plus souvent de juguler les infections urinaires, mais les cures doivent être prolongées et répétées, et il faut toujours rechercher une éventuelle lésion causale antérieure.

Lithiase (calculs) de l'appareil urinaire. La formation de concrétions ou calculs dans les cavités urinaires est à l'origine de redoutables complications. Leurs causes sont d'ordre général (trouble métabolique) ou local (stagnation des urines par obstruction [v. ci-dessus] ou infection).

VARIÉTÉS DE CALCULS URINAIRES. Les *lithiases calciques* sont les plus fréquentes ; à base de phosphates, elles constituent des calculs *coralliformes* qui réalisent un véritable moule des cavités calcielles ; survenant dans des urines alcalines, elles migrent peu, mais sont graves par leur retentissement rénal et leur tendance à la récidive après extraction des calculs par pyélotomie*. On les évite en veillant à acidifier régulièrement les urines (chlorure d'ammonium) et en surveillant le pH urinaire.

La *lithiase oxalo-calcique* forme des calculs arrondis, hérissés de fines aspérités, très migrateurs. On évitera l'oseille, la betterave rouge et tous les légumes ou fruits contenant de l'acide oxalique.

Les lithiases non calciques sont surtout représentées par la *lithiase urique :* calculs d'acide urique ou d'urates, friables, migrateurs mais peu douloureux. On les évite en faisant baisser l'uricémie par les uricofrénateurs (allopurinol*). Les boissons abondantes, les cures de diurèse (Évian, Vittel) sont utiles.

SIÈGES DES CALCULS URINAIRES. Les *calculs du rein* se forment le plus souvent dans le bassinet. Les symptômes en sont variés : douleurs lombaires vagues, hématurie*, colique néphrétique ; si le calcul ne peut migrer spontanément, son ablation chirurgicale s'impose (pyélotomie).

Le *calcul de l'uretère* entraîne rapidement des complications mécaniques : mort lente du rein par hydronéphrose* ou pyonéphrose*, anurie calculeuse (arrêt de la sécrétion d'urine). Si le traitement médical ne peut obtenir la descente spontanée, il faut tenter l'extraction par cathétérisme rétrograde au moyen de sondes spéciales ; si cette tentative échoue, il faut recourir à l'abord chirurgical de l'uretère.

Le *calcul de la vessie* est le plus souvent dû à un obstacle en aval (prostate) ; il peut atteindre un volume important. Son extraction est de moins en moins réalisée par les voies naturelles (lithothritie*) : l'ouverture chirurgicale de la vessie permet en effet de traiter en même temps la cause du calcul (adénome prostatique, malformation du col vésical).

Tumeurs de l'appareil urinaire. Elles ont pour point de départ la muqueuse de l'appareil excréteur et sont de type histologique identique tout le long de l'appareil urinaire : ce sont des tumeurs épithéliales.

Elles peuvent être bénignes ou malignes. Les tumeurs malignes sont *infiltrantes.* Toutes les tumeurs, même bénignes, ont tendance à récidiver facilement, ce qui pose des problèmes thérapeutiques (interventions chirurgicales à répétition).

Ces tumeurs se révèlent le plus souvent par des *hématuries* (urines sanglantes). L'urographie intraveineuse les localise. Leur risque principal est celui de boucher une voie excrétrice en entraînant l'atrophie du rein sus-jacent, voire l'atrophie des deux reins si la tumeur est vésicale, obstruant l'abouchement des deux uretères.

Le traitement est toujours chirurgical.

urinal n. m. Vase à large ouverture et col incliné, utilisé pour recueillir l'urine des malades alités.

urine n. f. Liquide jaune clair, transparent, sécrété par le rein et éliminé par les voies urinaires, constituant le principal véhicule d'élimination des déchets de l'organisme.

Urine normale. Elle est le résultat des filtrations, réabsorptions et sécrétions au niveau du rein (v. REIN et NÉPHRON). La quantité quotidienne varie de 30 à 60 ml chez le nouveau-né, de 100 à 500 chez le nourrisson, de 500 à 1 400 chez l'enfant, de 600 à 2 000 chez l'adulte. Sa densité varie de 1,002 à 1,006 et son pH de 5 à 6 (acide).

Composition. L'urine est faite d'eau (de 930 à 945 g par litre) et d'un résidu sec (de 55 à 70 g par litre) normalement totalement soluble et qui est formé :

1° par des sels minéraux dont les ions sont le chlore (de 8 à 15 g par litre), le sodium (de 3 à 4 g par litre), le potassium (de 2 à 4 g par litre), le calcium (de 150 à 250 mg par 24 h), les variations dépendant du régime alimentaire ;

2° par des déchets azotés, principalement l'urée (25 g par litre), la créatinine (2 g par litre environ), l'acide urique (0,5 g) ;

3° par certains acides aminés (de 3 à 4 g par litre) et de très faibles quantités de protéines ;

4° par différents acides : citrique, lactique, pyruvique, oxalique, ainsi que de quelques hormones principalement surrénaliennes et gonadiques, des vitamines et des enzymes.

L'urine normale est sujette à des variations dépendant essentiellement des bilans hydrique et électrolytique de l'organisme, et donc du rapport entre entrées digestives et pertes diverses : sueurs, selles, respiration.

L'urine est en effet l'émonctoire de l'organisme, qui y déverse les substances hydrosolubles à éliminer et ajuste les bilans soit en augmentant l'excrétion d'un constituant, soit en la diminuant.

Urines pathologiques. Les urines sont l'expression au premier chef du fonctionnement du rein*, mais un grand nombre d'affections modifient leur composition. Deux types de modifications peuvent se voir :

— soit la variation de la teneur d'un ou de plusieurs constituants normaux de l'urine hors des limites physiologiques. Par exemple, la diminution de l'élimination de l'urée ou la fuite de sel... ;

— soit l'apparition d'éléments anormaux dont les principaux sont :

a) les protéines (albumine) au cours des glomérulopathies (v. REIN) ;
b) les corps cétoniques dans l'acidose ;
c) le glucose dans le diabète* ;
d) les pigments et sels biliaires dans les ictères.

Il peut également y apparaître : des hématies (hématurie), des leucocytes (souvent signe d'infection), accompagnés de bactéries, habituellement Gram négatif, parfois de bacilles tuberculeux.

Enfin, l'excès de certains sels minéraux et des modifications du pH peuvent faire apparaître des cristaux : c'est la lithiase, qui, au maximum, forme un calcul dont l'analyse renseigne sur l'origine de la maladie.

V. tableaux pages 948 à 952.

urique adj. **Acide urique,** terme final du métabolisme des purines chez l'homme (v. PURIQUE).

La plus grande partie de l'acide urique formé est éliminée dans les urines. Normalement, cette élimination (uricurie) est de 340 à 500 mg par 24 heures ; elle devient pathologique au-dessus de 600 mg. Les uricosuriques* l'accroissent.

Une autre fraction de l'acide urique (300 mg par 24 h) est déversée par la bile dans les intestins, où il subit une destruction par les bactéries qui s'y trouvent. Le trouble principal du métabolisme de l'acide urique est la goutte*.

urobiline n. f. Pigment urinaire dérivé de la bilirubine*, dont on trouve des traces dans l'urine normale.

L'urobiline urinaire est augmentée lors des ictères*, mais aussi lors de maladies infectieuses touchant le foie, telles la scarlatine, les spirochétoses, etc.

uro-génital, e, aux adj. Qui concerne à la fois l'appareil urinaire et l'appareil génital : *tuberculose uro-génitale.*

urographie n. f. Radiographie de l'appareil urinaire après injection intraveineuse d'un produit de contraste s'éliminant par les reins. Seuls l'excès d'urée sanguine et l'intolérance à l'iode sont parfois des contre-indications.

Technique. Après une radiographie sans préparation, on fait l'injection intraveineuse ; une série de clichés sont pris à intervalles réguliers, puis, après environ 1 heure, un cliché après miction. Il peut être utile de comprimer l'abdomen avec un ballonnet d'air pour réduire l'épaisseur de la masse intestinale et freiner la descente du produit des bassinets dans la vessie, ce qui améliore les images.

Renseignements fournis. La radiographie sans préparation montre la présence éventuelle de calculs (lithiase*). Les premiers clichés

I. CARACTÈRES GÉNÉRAUX

	DIMINUTION	ÉTAT NORMAL
VOLUME	< 500 ml constitue l'oligurie : s'observe dans toutes les maladies infectieuses. 0 constitue l'anurie : s'observe, en particulier, dans l'obstruction biliaire (anurie calculeuse).	20 ml par kg de poids corporel, soit 1 300 à 1 500 ml par 24 h (le plus souvent les examens portent sur la totalité des urines émises pendant 24 h).
COULEUR	Jaune paille ou incolore : néphrite interstitielle chronique.	Jaune citron plus ou moins foncé.
ODEUR		Peu prononcée.
DENSITÉ	S'abaisse dans le cas d'une polyurie non diabétique.	A + 15 °C, 1 005 à 1 020.
pH	S'abaisse (acidité augmentée) chez les diabétiques.	5 à 8.
AIR		Chez le sujet normal, il n'y a pas d'émission d'air au cours de la diurèse.

II. CONSTITUANTS CHIMIQUES.

A. SELS MINÉRAUX

	DIMINUTION	VALEURS PHYSIOLOGIQUES MOYENNES
SODIUM (NATRURIE)	Sa diminution n'a d'intérêt que pour contrôler un régime sans sodium	3 à 4 g/l, selon le régime alimentaire.
POTASSIUM (KALIURIE)	Sa diminution s'observe dans l'insuffisance cortico-surrénale.	2,5 à 4 g/l, selon le régime alimentaire.
CALCIUM (CALCIURIE)	Sa diminution s'observe dans l'hypoparathyroïdisme.	150 à 250 mg/24 h, selon le régime alimentaire.
CHLORE (en sodium) [CHLORURIE]	Sa diminution s'observe dans la plupart des maladies fébriles aiguës à leur période d'état.	8 à 15 g/l, selon le régime alimentaire.

B. SUBSTANCES ORGANIQUES

	DIMINUTION	VALEURS PHYSIOLOGIQUES MOYENNES
ACIDES AMINÉS (dosage global)		0,10 à 0,50 g/24 h.
CYSTINE		10 à 30 mg/24 h.
ACIDE ASCORBIQUE (VITAMINE C)	Le taux d'acide ascorbique (ascorburie) peut être nul au cours du scorbut.	10 à 20 mg/24 h.
ACIDE URIQUE	La diminution de l'acide urique urinaire (hypo-uricurie) s'observe avant une attaque de goutte, parallèlement à l'augmentation de l'uricémie.	0,30 à 0,60 g/l. Le régime alimentaire agit beaucoup sur le taux d'excrétion de l'acide urique (uricurie) : plus le régime est végétarien, plus l'uricurie est basse.
URÉE	La baisse de l'azote urinaire (hypoazoturie) s'observe au cours des dégénérescences graisseuses du foie et au cours des insuffisances rénales.	25 à 35 g/l. Le régime alimentaire agit beaucoup sur le taux d'urée urinaire (azoturie) : plus le régime est végétarien, plus l'azoturie est basse.
CRÉATININE	La diminution s'observe au cours des insuffisances rénales (jusqu'à 0,05 g/l).	1 à 2 g/l. Le taux urinaire de créatinine (créatinurie) est une des rares valeurs qui soit fixe chez un même individu.
UROBILINE		Des traces.

AUGMENTATION OU CARACTÈRE ANORMAL

> 2 000 ml constitue la polyurie : tous les diabètes (sucrés, rénaux et insipides), ainsi que dans les néphrites interstitielles.

Brun acajou dans le cas d'un ictère, rouge sanglant dans l'hématurie.

Odeur de pomme au cours de l'acétonurie.

Augmente dans les insuffisances rénales.

Augmente (acidité diminuée) dans les insuffisances rénales.

L'émission d'air au cours de la diurèse constitue la pneumaturie. Celle-ci est due le plus souvent à une diverticulite sigmoïdienne qui atteint la vessie.

AUGMENTATION

L'augmentation urinaire s'observe dans l'insuffisance corticosurrénale (maladie d'Addison).

L'augmentation s'observe dans l'hyperaldostéronisme (syndrome de Conn).

L'augmentation s'observe dans l'hyperparathyroïdisme (maladie de Recklinghausen).

L'augmentation s'observe dans l'insuffisance corticosurrénalienne.

AUGMENTATION

Peut doubler dans la leucémie et la diabète. Peut être aussi le signe d'une tubulopathie (déficience du tubule rénal), comme, par exemple, dans le syndrome de Toni-Debré-Fanconi.

Le taux de cystine dans l'urine (cystinurie) peut être 20 fois plus élevé qu'à la normale au cours d'une affection métabolique héréditaire. Dans ce cas, la cystine peut précipiter et former des calculs.

Le taux d'acide ascorbique (ascorburie) augmente après une anesthésie à l'éther.

L'augmentation de l'acide urique urinaire (hyperuricurie) peut s'élever jusqu'à 4 à 5 g au cours de la leucémie, ainsi que pendant les accès de goutte.

L'augmentation de l'azote urinaire (hyperazoturie) s'observe au cours des maladies fébriles, du diabète sucré et de certaines intoxications : phosphore, antimoine.

3 g/l au cours des myopathies.

L'augmentation de l'urobiline (urobilinurie) dans l'urine s'observe dans les affections hépatiques, ainsi que dans tous les cas où il y a destruction excessive de globules rouges.

	HYPO-ACTIVITÉ (diminution de la sécrétion)	VALEURS MOYENNES ET VARIATIONS PHYSIOLOGIQUES
17 O. H. CORTICOÏDES	< 3 mg : insuffisance corticosurrénalienne.	Sont principalement représentés par l'hydroxycorticostérone (cortisol) et la cortisone. Chez l'homme, 6 à 12 mg/24 h. Chez la femme, 4 à 10 mg/24 h.
17 CÉTOSTÉROÏDES	< 5 mg chez l'homme et 3 chez la femme : insuffisance surrénalienne (maladie d'Addison).	Sont principalement représentés par l'androstérone et l'étiocholanolone. Chez l'homme adulte, 10 à 20 mg/24 h. Chez la femme, 6 à 15 mg/24 h. Chez les vieillards, dans les deux sexes, le taux baisse de 3-4 mg.
PRÉGNANDIOL	Très diminué dans les aménorrhées et dans toutes les stérilités par cycles anovulaires.	Est le principal produit d'excrétion de la progestérone. 2 à 10 mg/24 h chez la femme réglée et non gravide. Ce taux varie en fonction du cycle œstral : 1 à 3 mg au début du cycle, atteint 10 mg au cours de la phase lutéinique. Au cours de la grossesse ne fait qu'augmenter, pour atteindre 70 mg.

D. CONSTITUANTS CHIMIQUES ANORMAUX. À l'état normal, il n'y en a pas.

	ÉTAT NORMAL	APPARITION SANS VALEUR PATHOLOGIQUE
GLUCOSE (GLYCOSURIE)	Absence de glucose dans les urines.	La femme enceinte peut avoir des traces de sucre dans les urines, mais il s'agit de galactose (sucre du lait de femme).
PROTÉINE OU ALBUMINE	Absence de protéine (albumine) dans les urines.	Dans l'albuminurie dite *orthostatique* (lorsque le sujet passe de la position couchée à la position debout) et dans l'albuminurie dite *d'effort* (après un exercice musculaire intense), on peut observer la présence de traces d'albumine.
CORPS CÉTONIQUES	Absence de corps cétoniques dans les urines.	S'observe dans de nombreuses affections fébriles aiguës : typhoïde et paludisme.
CHYLE (CHYLURIE)	Aucune trace dans les urines.	Aucune trace dans les urines.

HYPERFONCTIONNEMENT (augmentation de la sécrétion)
> 14 mg : hyperactivité corticale (syndrome de Cushing).
> 50 mg/24 h au cours des tumeurs corticosurrénaliennes (peut atteindre 500 mg).
Peut atteindre 30 mg dans l'hyperactivité cortisocurrénalienne syndrome de Cushing).

ÉTAT PATHOLOGIQUE
a présence de glucose dans les urines (glycosurie) en ermanence traduit le plus souvent une élévation du glucose anguin : c'est le diabète* sucré. Si la glycémie est normale : iabète rénal (altération des tubules rénaux).
ne albuminurie supérieure à 2 g/24 h est le signe d'une aladie du rein : il n'existe guère de néphropathie sans buminurie. ne protéine très spéciale se trouve dans l'urine d'un sujet tteint de myélomes* multiples des os (maladie de Kahler).
es corps cétoniques sont constitués par l'acide êta-oxybutyrique, l'acide diacétique et l'acétone. ne forte acétonurie s'observe dans le diabète rave (signe précurseur du coma), ainsi que dans acétonémie des enfants.
a présence du chyle dans l'urine (chylurie) est le résultat de stules lympho-urinaires. L'urine prend alors un aspect iteux. Cela s'observe essentiellement dans l'infection filaenne (filariose de Bancroft).

après injection renseignent sur la qualité de la sécrétion rénale (des images, même floues, doivent apparaître dès les premières minutes. Si la sécrétion des deux reins est normale, on voit au bout de 5 mn les images des calices, bientôt suivies de celles des bassinets. Au bout de 10 mn, le produit opaque commence à descendre dans la vessie. Si l'un des reins fonctionne mal, aucune image n'apparaît de son côté, ou les images sont nettement asymétriques. Les clichés pris après 30 mn, 45 mn et 1 h renseignent sur les formes et les dimensions des cavités du rein (calices, bassinets), sur la perméabilité des uretères et sur la forme de la vessie. Le cliché après miction renseigne sur la bonne évacuation de celle-ci. On peut faire ainsi le diagnostic des lithiases, des malformations, de la tuberculose, des tumeurs des reins et de la plupart des affections de la vessie.
(V. illustration p. 953.)

urokinase n. f. Enzyme extraite de l'urine, qui a pour propriété de transformer le plasminogène en plasmine et qui est utilisée pour dissoudre les thrombus des embolies* veineuses.

urologie n. f. Spécialité chirurgicale consacrée à l'appareil urinaire des deux sexes et à l'appareil génital masculin.

urticaire n. f. Éruption d'aspect analogue à celle que provoque la piqûre d'ortie.
L'urticaire se manifeste par des papules (élevures) de taille variable, parfois étendues

Urticaire. Urticaire en plaques.

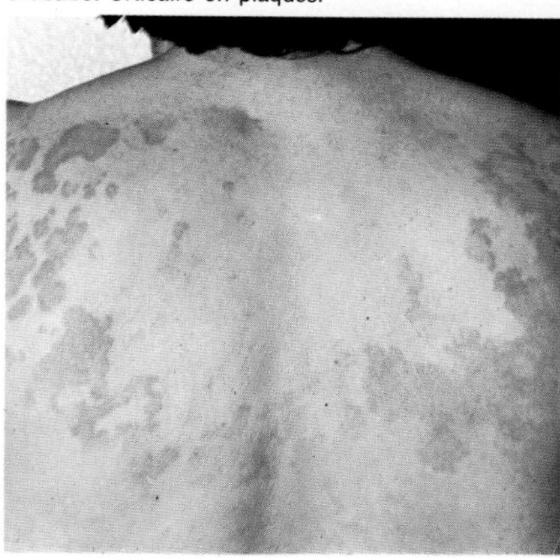

Phot. X.

III. SÉDIMENTS URINAIRES

L'urine tient en suspension des éléments cellulaires et minéraux (cristaux). Ceux-ci constituent le culot urinaire, dont l'examen se fait au microscope.

A. ÉLÉMENTS CELLULAIRES

	ÉTAT NORMAL	ÉTAT PATHOLOGIQUE
CELLULES ÉPITHÉLIALES DESQUAMÉES	On en trouve quelques-unes.	> 500 par minute dans les inflammations des voies urinaires. Parfois on décèle des cellules cancéreuses provenant d'un épithélioma de la vessie.
CYLINDRES	1 ou 2 cylindres hyalins sont excrétés par minute.	> 5 dans les inflammations des voies urinaires. Au cours d'altération du parenchyme rénal (néphrite), on décèle des cylindres granulo-graisseux parfois hématiques. Dans ce dernier cas, l'albuminurie est presque toujours de règle.
HÉMATIES	On en trouve au maximum 1 000 par minute.	> 1 000 constitue l'hématurie. Elle peut être d'origine vésicale, prostatique ou rénale proprement dite. Dans ce dernier cas, il s'agit le plus souvent de glomérulo-néphrite.
LEUCOCYTES	On en trouve au maximum 2 000 par minute.	> 2 000 constitue la pyurie. Le plus souvent d'origine urinaire : pyélite, pyélo-néphrite. Peut avoir aussi une cause extrarénale : pyosalpinx chez la femme, épididymite chez l'homme.
SPERMATOZOÏDES	Souvent observés dans l'urine du matin.	La présence permanente de spermatozoïdes dans l'urine constitue la spermaturie. Cette dernière traduit un état de réplétion des voies génitales (canal déférent, vésicules séminales).

B. CRISTAUX

L'excrétion de cristaux microscopiques, bien qu'anormale, peut être sans conséquence. Par contre, leur augmentation de volume les transforme en calculs (pierres du rein, de la vessie).

CALCUL CYSTIQUE	Déjà mentionné à propos de la cystine.
CALCUL URATIQUE	Dur et rougeâtre, en principe peu visible en radiographie. C'est la lithiase* du « gros mangeur ». Elle n'apparaît qu'en urine acide.
CALCUL OXALIQUE	Très dur et brun. Provient le plus souvent d'une lésion du tubule rénal et de la consommation d'oseille, épinards, betterave rouge, etc.
CALCUL PHOSPHATIQUE	Ces calculs blancs, ovoïdes, ne se forment dans les urines qu'en cas d'urine alcaline (pH $\geqslant$ 8).

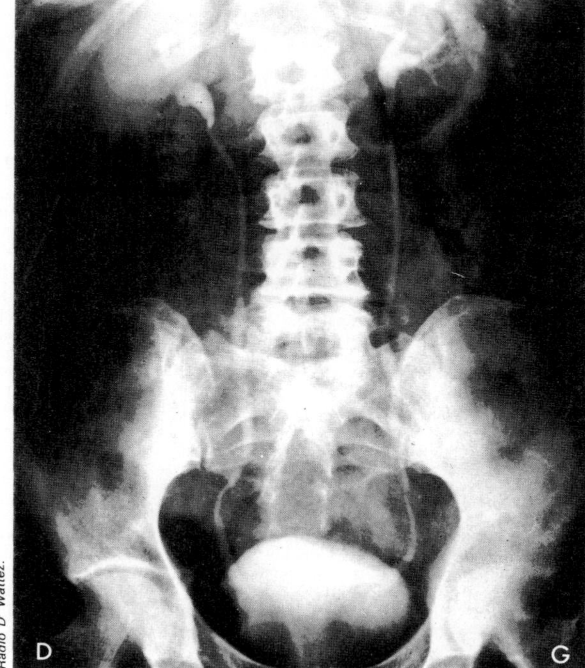

Urographie. Urographie intraveineuse avec uretères normaux.

Radio Dr Wattez.

en vastes placards, de couleur rosée, bien limitées, prurigineuses. Elle peut apparaître en n'importe quelle région du corps. Particulière est l'urticaire géante ou œdème de Quincke*.

Causes. Elles sont fort diverses, mais l'urticaire survient surtout chez des sujets ayant une hérédité allergique (eczéma, asthme, rhume des foins). Elle peut apparaître à l'occasion d'une fatigue générale, d'une émotion, de contrariétés. Les différences de température ainsi que de nombreux aliments : fraises, huile de noix, pain, charcuterie, poissons, blanc d'œuf, viandes diverses, produits inhalés, produits pharmaceutiques (aspirine), peuvent déclencher une crise d'urticaire sur un terrain prédisposé.

L'identification d'un allergène* éventuellement responsable, parfois facile, peut dans certains cas entraîner une longue enquête avec pratique de tests allergologiques. (V. ALLERGIE.)

Traitement. La médication de la crise d'urticaire est le plus souvent un antihistaminique* ou, dans des cas très particuliers, un corticoïde. Certains cas rebelles peuvent bénéficier d'une cure de désensibilisation.

utéro-ovarien, enne adj. Relatif à l'utérus et à l'ovaire.
Le ligament qui relie chaque ovaire à la corne de l'utérus du même côté s'appelle le *ligament utéro-ovarien.*

utéro-sacré, e adj. Relatif à l'utérus et au sacrum.
Le ligament pair qui, de chaque côté, relie la face postérieure de l'isthme utérin à la face antérieure du sacrum, en soulevant le ligament large, s'appelle le *ligament utéro-sacré.* C'est une localisation élective de l'endométriose*.

utérus n. m. Organe musculaire creux, impair, en forme de poire aplatie, situé dans le petit bassin. (Syn. : MATRICE.)
Il constitue, avec le vagin, les trompes et les ovaires, les organes génitaux internes de la femme.

L'utérus recueille l'ovule fécondé et en

assure le développement jusqu'à l'accouchement. En l'absence de fécondation, le renouvellement de sa muqueuse se traduit par la menstruation*.

Anatomie. On distingue trois parties à l'utérus : le *corps,* triangulaire, dont les cornes se continuent par les trompes de Fallope, le *col,* plus étroit et cylindrique, qui fait saillie dans le vagin en constituant le « museau de tanche », et l'*isthme,* qui unit ces deux portions. Il est fixé par trois paires de ligaments : ligaments larges, ligaments ronds et ligaments utéro-sacrés. Il est à la fois basculé en avant (antéversé) et plié au niveau de l'isthme (antéfléchi).

Histologie. La paroi utérine, épaisse d'environ un centimètre, se divise en trois parties. De dehors en dedans, on trouve la tunique séreuse ou péritonéale, la tunique musculaire, la plus importante, elle-même faite de deux couches longitudinales séparées par une couche circulaire, et la tunique muqueuse ou endomètre. Cette dernière, sous la dépendance des fluctuations hormonales du cycle menstruel, est en constant remaniement. Elle est transformée en « caduque » durant la grossesse.

Affections de l'utérus. ***Malformations congénitales.*** Il peut s'agir d'utérus double, cloisonné ou unicorne. Ces malformations peuvent être à l'origine de stérilité, d'avortements ou de présentations fœtales anormales.

Anomalies de position. L'utérus, organe mobile, peut être dévié en arrière (rétroversion), ou peut descendre dans le vagin et s'extérioriser à la vulve (prolapsus).

États infectieux de l'utérus. Il peut s'agir d'infections siégeant à l'intérieur de l'utérus (métrites), qui sont rares en l'absence d'accouchement ou d'avortements, ou d'infections siégeant sur le col (cervicites), beaucoup plus fréquentes.

Tumeurs de l'utérus. Elles peuvent être bénignes ou malignes. Parmi les *tumeurs bénignes,* il faut citer les *fibromyomes,* ou fibromes*, et les *polypes* muqueux ou fibreux. Les *tumeurs malignes* sont représentées par les cancers du col et du corps.

Le *cancer du col de l'utérus* est le plus fréquent des cancers de la femme, mais l'un des plus curables s'il est reconnu tôt. Son seul symptôme, au début, est la survenue de pertes de sang, souvent minimes, en dehors des règles. Toute perte de sang anormale, aussi anodine qu'elle paraisse, doit faire consulter un médecin. Le diagnostic est fait par les frottis vaginaux et la biopsie.

Utérus. Vue postérieure. Une portion a été réséquée, laissant voir la cavité utérine : 1. Vessie ; 2. Cavité utérine ; 3. Muqueuse utérine ; 4. Muscle utérin ; 5. Isthme utérin ; 6. Col de l'utérus ; 7. Vagin ; 8. Ligament lombo-ovarien ; 9. Artère utérine ; 10. Ovaire ; 11. Ligament utéro-ovarien ; 12. Trompe utérine ; 13. Ligament large ; 14. Ligament rond ; 15. Portion du corps de l'utérus recouvert de péritoine.

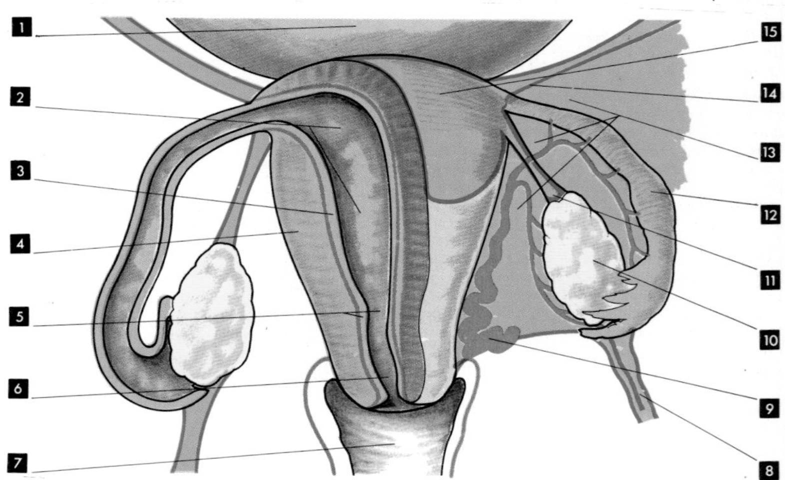

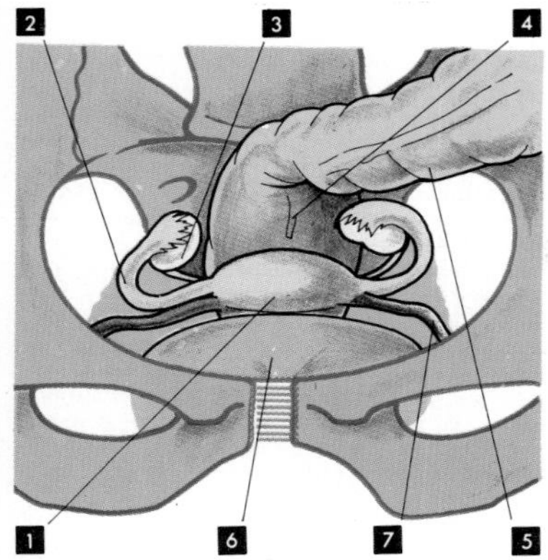

Utérus.
Situation de l'utérus dans le petit bassin : 1. Utérus ; 2. Trompe ; 3. Ovaire ; 4. Rectum ; 5. Côlon sigmoïde ; 6. Vessie ; 7. Ligament rond.

Le *cancer du corps utérin* survient en général après la ménopause. Il se révèle également par un seul signe : des pertes de sang anormales à cet âge.

Le traitement du cancer de l'utérus fait appel au radium, aux rayonnements et à la chirurgie (ablation de l'utérus et des annexes, seule ou associée à l'ablation des tissus cellulaire et ganglionnaire périutérins [opérations de Wertheim et dérivées]).

utricule n. m. **1.** Partie du labyrinthe membraneux de l'oreille*.
2. Petit diverticule de l'urètre prostatique.

uvée n. f. Ensemble des formations pigmentées de l'œil* : iris, choroïde, corps ciliaire.

uvéite n. f. Inflammation de l'uvée. — Si l'iris est seul atteint, c'est l'*iritis**. La *cyclite* est l'atteinte du corps ciliaire (à la périphérie de l'iris) ; celle de la choroïde est la *choroïdite :* elle entraîne une altération de l'humeur vitrée, qui devient trouble. Les différents éléments de l'uvée peuvent être touchés simultanément.

Les uvéites d'origine infectieuse, allergique, rhumatismale ou accompagnant une affection générale, telle la lymphogranulomatose de Besnier-Bœck-Schaumann, se manifestent par une baisse de la vision, des douleurs oculaires, une rougeur de l'œil. L'iris, œdématié et délavé, peut être le siège d'adhérences (synéchies) ; un dépôt de pus (hypopion) peut se former derrière la cornée. Une hypertension oculaire (v. GLAUCOME) peut compliquer ces affections.

Traitement. Il comporte les mydriatiques (atropine), pour empêcher les synéchies de l'iris, les instillations de corticoïdes* sous couvert d'un traitement antibiotique.

vaccin n. m. Substance qui provoque une immunité* spécifique par la formation d'anticorps* dans un organisme. (V. aussi VACCINATION.) — On prépare les vaccins à partir de germes vivants atténués ou tués, ou de toxines*. Les vaccins vivants sont atténués par différents procédés pour être inoculés sans danger. C'est le cas de la vaccination contre le charbon*, la poliomyélite* (Sabin), la rage, etc. Pour tuer les germes, on se sert de l'action de l'éther, de l'alcool ou de la chaleur. Les germes tués sont à l'origine des vaccins anticholérique, antipesteux, antipoliomyélite (Salk). Les toxines spécifiques sont modifiées en anatoxines par l'action du formol et de la chaleur (diphtérie, tétanos).

Préparation des vaccins. On différencie, selon le matériel utilisé, divers types de vaccins.
Les vaccins antiviraux. Ce sont, dans certains cas, des virus atténués pour éviter de provoquer la maladie contre laquelle on veut protéger.

Le vaccin contre la variole utilise le germe de la vaccine*, maladie bénigne immunisant également contre la variole (immunité croisée). Dans les autres cas, on utilise des broyats de cellules contaminées dont les propriétés pathogènes ont été diminuées par l'action de la chaleur, du temps, etc. Ce sont les vaccins antirabique, antiamaril, antirickettsies, antigrippal et antipoliomyélitique.
Les vaccins antibactériens. On prépare des cultures pures de bactéries qui sont ensuite rendues inoffensives par différents procédés. On obtient ainsi les vaccins anticoquelucheux, antityphoparatyphique, le B. C. G.
Les vaccins mixtes. Ils mettent en présence plusieurs vaccins dans la même solution : D. T. (diphtérie-tétanos) ; D. T. COQ. (diphtérie-tétanos-coqueluche) ; D. T.-T. A. B. (diphtérie-tétanos-typhoïde), etc.

La plupart des vaccins sont préparés avec plusieurs souches d'un même microbe (stock-vaccin). Dans certains cas, on prépare un vaccin à partir des germes du malade lui-même (autovaccin).

Action des vaccins. Elle est de deux ordres : préventive le plus souvent et curative parfois (vaccinothérapie). Les vaccins ont permis de faire diminuer la morbidité (nombre de malades), la mortalité de maladies graves (tuberculose, tétanos, diphtérie, poliomyélite, variole, etc.).

vaccination n. f. Introduction d'un vaccin* dans un organisme pour conférer à celui-ci une immunité* spécifique.
Les vaccins sont à l'origine de la formation d'anticorps* qui permettent la résistance de l'organisme aux batéries*, virus* et toxines*. L'élaboration par l'organisme des anticorps, qui sont des protéines (immunoglobulines*), nécessite un certains temps, ce qui explique que la vaccination est le plus souvent un moyen de prévention. Elle peut cependant aussi être employée à titre curatif : c'est alors la *vaccinothérapie**.

La *sérovaccination* consiste à associer la vaccination (protection à long terme) et la sérothérapie (action immédiate); c'est ce qu'on fait dans le cas de la prévention du tétanos chez les blessés. La poursuite de la vaccination se fait de la même façon.

Indications et contre-indications.
Indications. Les vaccinations contre la *diphtérie*, le *tétanos*, la *tuberculose* et la *poliomyélite* sont obligatoires (v. plus loin *Législation*). Appliquées systématiquement dès l'enfance, elles ont réduit considérablement le nombre des cas et la mortalité de ces maladies.

La vaccination contre la *coqueluche**, bien que non obligatoire et d'une efficacité relative, est utile chez le tout-petit et on a avantage à la pratiquer très tôt.

La vaccination contre la *rougeole** est recommandée chez les enfants fragiles, asthmatiques ou bronchiteux.

La vaccination contre la *rubéole** devrait être faite à toutes les petites filles ou jeunes filles n'ayant pas eu cette maladie, et au plus tard avant le mariage. Si la vaccination est faite après le mariage, une contraception orale est nécessaire au cours des 3 mois suivants pour éviter une grossesse.

La vaccination contre les *fièvres typhoïde* et *paratyphoïdes* est obligatoire pour les enfants allant en colonie de vacances, les personnels sanitaires, les militaires. Elle est indiquée chez tous les sujets en cas d'épidémie.

Les vaccinations contre les maladies dites « pestilentielles » (*fièvre jaune, peste, typhus*), sont obligatoires pour certains voyages internationaux ou lors d'épidémies.
Contre-indications. Les *contre-indications temporaires* à toutes les vaccinations sont les maladies aiguës fébriles, la primo-infection tuberculeuse, les suites immédiates de blessures ou d'interventions chirurgicales, les anomalies hématologiques (anémies, leucopénies). Les affections de la peau (eczéma, impétigo) contre-indiquent temporairement les vaccins par scarification (variole, B. C. G.). Les affections rénales aiguës font éviter les vaccinations contre la diphtérie, le tétanos, les fièvres typhoïde et paratyphoïdes. Les vaccinations redeviennent possibles dès que ces affections sont guéries.

Les *contre-indications définitives* sont peu nombreuses : il s'agit en particulier des états allergiques, des maladies rénales chroniques avec insuffisance rénale, des agammaglobulinémies. Toutefois, dans de nombreux cas, avec les vaccins purifiés et les précautions prises, la plupart des vaccinations peuvent être décidées par le médecin sous réserve de traitements préventifs éventuels.

Les vaccinations chez l'enfant.
Elles ont contribué à la disparition presque complète de la variole, de la diphtérie et de la poliomyélite ainsi qu'à la régression du tétanos et de la tuberculose.

Un *calendrier des vaccinations*, établi en tenant compte des avantages et des inconvénients des vaccins suivant les âges, et adopté dans la plupart des pays européens, permet

Vaccination. Pustules au 8e jour.

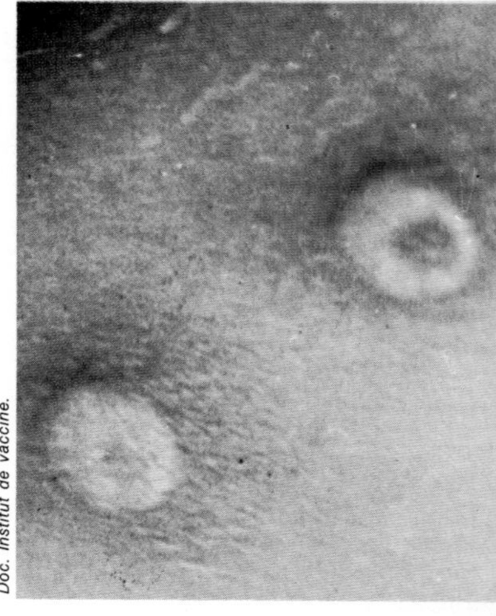

Doc. Institut de vaccine.

CALENDRIER DES VACCINATIONS

Le calendrier des vaccinations est un ensemble de recommandations concernant à la fois les vaccinations obligatoires et les vaccinations facultatives conseillées aux divers âges.

Son établissement tient compte de la multiplicité des vaccinations existantes, des conditions épidémiologiques propres à chaque pays et à chaque période et de l'évolution des connaissances immunologiques.

Selon les circonstances, le médecin traitant peut être amené à modifier la date des vaccinations, par exemple avancer les dates ou accélérer le rythme des injections en cas d'épidémie, ou au contraire repousser à une date ultérieure une injection en cas de contre-indication temporaire.

En France, le Conseil supérieur d'hygiène publique a adopté en 1984 un nouveau *Calendrier des vaccinations* qui remplace celui de 1965 et qui tend à se rapprocher de ceux des autres pays de la Communauté économique européenne (C. E. E.). Les principales modifications du nouveau calendrier concernent la suppression de la vaccination antivariolique, le report avant l'âge de 6 ans (au lieu de 1 mois) de la vaccination contre la tuberculose (B. C. G.), et des recommandations relatives aux vaccinations facultatives (contre la rougeole et la rubéole) sont introduites.

Par ailleurs, lorsqu'un retard de vaccination intervient dans le calendrier indiqué, il n'est pas nécessaire de recommencer le programme des vaccinations : il suffit de reprendre ce programme au stade où il a été interrompu et de compléter la vaccination en réalisant le nombre d'inoculations requis en fonction de l'âge.

Les vaccinations et leurs dates d'exécution doivent être mentionnées sur le carnet individuel de santé ou sur un carnet de vaccinations.

ÂGES CONSEILLÉS POUR LES VACCINATIONS	MALADIES CONTRE LESQUELLES LES VACCINATIONS SONT FAITES	OBSERVATIONS
à partir de 3 mois	1re injection D. T. C. P. (diphtérie, tétanos, coqueluche, poliomyélite)	Les vaccinations contre la diphtérie, le tétanos et la poliomyélite sont obligatoires. La vaccination contre la coqueluche, facultative, est recommandée en raison de la gravité de cette maladie dans le premier âge.
4e mois	2e injection D. T. C. P.	
5e mois	3e injection D. T. C. P.	
12e au 15e mois	rougeole et rubéole (garçons et filles)	Ces deux vaccinations facultatives sont recommandées : la rougeole en raison de la gravité possible de la maladie dans les deux sexes ; la rubéole en raison du risque pour le fœtus en cas de grossesse. Vacciner les garçons contre la rubéole permet d'éviter qu'ils ne communiquent cette maladie à leur entourage (notamment à une femme enceinte).
15e au 18e mois	1er rappel D. T. C. P.	
de 5 à 6 ans	2e rappel D. T. P. (diphtérie, tétanos, poliomyélite)	
avant 6 ans (avant l'entrée à l'école primaire)	B. C. G. (vaccin Bilié de Calmette et Guérin contre la tuberculose)	Le B. C. G. est fait à tous les enfants ayant un test tuberculinique (cuti- ou intradermo) négatif (c'est-à-dire n'ayant eu ni primo-infection tuberculeuse ni B. C. G. antérieur). Un test tuberculinique de contrôle est pratiqué 2 à 3 mois après le B. C. G. et il doit être positif, attestant la validité de la vaccination.
de 11 à 12 ans	rappel complémentaire D. T. P. rubéole pour les filles non immunisées test tuberculinique (cuti- ou intradermoréaction) et, si celui-ci est négatif, renouvellement du B. C. G.	Des rappels de vaccination contre le tétanos peuvent être nécessaires avant ce délai, et d'ailleurs pendant toute la vie, en cas de blessure exposant au tétanos. Les filles non immunisées sont celles qui n'ont pas eu la rubéole et qui n'ont pas reçu déjà le vaccin.
de 16 à 21 ans	rappel complémentaire D. T. P. rubéole pour les filles non immunisées test tuberculinique (cuti- ou intradermoréaction) et, si celui-ci est négatif, renouvellement du B. C. G.	

ÂGES CONSEILLÉS POUR LES VACCINATIONS	MALADIES CONTRE LESQUELLES LES VACCINATIONS SONT FAITES	OBSERVATIONS
après 21 ans	rappel complémentaire T. P. (tétanos et poliomyélite) tous les 10 ans rubéole pour les femmes non immunisées	Des rappels complémentaires de vaccination contre le tétanos peuvent être nécessaires à tout âge en cas de blessure exposant à cette maladie (v. ci-dessus). Les femmes adultes non immunisées sont dépistées par les réactions immunologiques obligatoires avant le mariage et au début des grossesses. Le vaccin ne doit pas être fait pendant la grossesse.
après 65 ans	grippe (vaccination antigrippale) tous les ans	Continuer les rappels de vaccination contre le tétanos tous les 10 ans, notamment pour les sujets vivant à la campagne

l'administration des différents vaccins avec le maximum d'efficacité et le minimum d'inconvénients. (V. tableau.) Le climat, les facteurs sociaux et les risques temporaires ou permanents, les contre-indications temporaires peuvent faire varier les dates habituelles ainsi établies. Toutefois, il est préférable de ne pas trop tarder pour faire les vaccinations, car, outre le risque de contamination par l'une des maladies en cause, les réactions sont souvent plus fortes chez les grands enfants que chez les nourrissons. Les enfants ne sont admis dans les crèches et les écoles maternelles que s'ils ont reçu les vaccins obligatoires (diphtérie, tétanos et poliomyélite) ; les vaccinations contre la coqueluche, la rougeole et la rubéole sont très souhaitables. Le B. C. G. est obligatoire avant 6 ans.

Les vaccinations des adultes.
Au service militaire, certaines vaccinations sont refaites (diphtérie, tétanos, poliomyélite, B. C. G. éventuellement) et on administre la vaccination contre les fièvres typhoïde et paratyphoïdes.

Tout au long de la vie, il est utile de faire *tous les 5 ans* des rappels de vaccination contre la poliomyélite, la diphtérie et le tétanos et, éventuellement, les fièvres typhoïde et paratyphoïdes. Naturellement, un rappel doit être fait en cas d'épidémie ou en cas de blessure (vaccin contre le tétanos, associé au sérum).

Les lois sur les vaccinations obligatoires (v. ci-dessous) étant, pour certaines, postérieures à la Seconde Guerre mondiale, nombreux sont les adultes (surtout les femmes et les hommes n'ayant pas fait de service militaire) qui n'ont pas reçu les vaccinations obligatoires actuellement. C'est pourquoi les cas de tétanos* sont particulièrement fréquents chez les vieillards.

Législation.
Le champ des vaccinations obligatoires s'élargit progressivement, car non seulement elles protègent les individus mais réduisent les causes de contamination. À la vaccination antivariolique, obligatoire de 1902 à 1979, aux vaccinations andidiphtérique, antitétanique et antityphoparatyphoïdique qui ont fait l'objet de divers textes s'échelonnant de 1902 à 1904, à la vaccination pour le B. C. G. imposée aux enfants et à certaines catégories de personnes par des textes s'échelonnant de 1950 à 1965 est venue s'ajouter, en 1964, la vaccination antipoliomyélitique. La vaccination anticoquelucheuse n'est pas obligatoire, mais fortement recommandée par une circulaire de 1958. Les vaccinations contre la rougeole et la rubéole sont recommandées dans le nouveau *Calendrier des vaccinations* (v. TABLEAU p. 957). Une loi du 1er juillet 1964 engageait la responsabilité de l'État pour tout dommage imputable directement à une vaccination obligatoire effectuée dans un centre agréé de vaccination, sans préjudices des actions qui pourraient être exercées conformément au droit commun. Une loi du 26 mai 1975 a supprimé la référence aux centres agréés et disposé que toute vaccination obligatoire, même pratiquée par un médecin privé, engage la responsabilité de l'État, la victime ou ses ayants droit conservant néanmoins le droit d'assigner directement le médecin privé devant les tribunaux judiciaires.

Carnet international de vaccination.
C'est un document répondant à un modèle établi par l'O. M. S. qui permet aux autorités d'un pays de vérifier si une personne qui prétend pénétrer sur le territoire national a bien subi les vaccinations qu'il exige et qui varient généralement en fonction du territoire de provenance. (Chaque pays indique les vaccinations à l'O. M. S., qui en informe toutes les administrations sanitaires.) □

vaccine n. f. Infection provoquée chez l'homme par inoculation d'une maladie bovine (*cow-pox*), et qui permet de vacciner contre la variole.
La vaccine est une maladie différente de la variole*, mais elle est à l'origine d'une immunité croisée avec elle, c'est-à-dire que les sujets qui ont eu l'une de ces maladies sont protégés contre l'autre.

On utilise, pour inoculer la vaccine, de la pulpe vaccinale prélevée sur une génisse et traitée par la glycérine.

Le « cow-pox », ou vaccine animale, peut infecter de nombreux animaux (chevaux, lapins). L'homme s'infecte au moment de la traite.

La vaccine humaine. Les lésions sont celles qui sont observées après une vaccination antivariolique.

Quelques jours après l'inoculation, une macule se forme au point de scarification, évolue vers une vésicule qui grandit, puis se déprime légèrement au milieu. Pendant la seconde semaine, la vésicule devient une pustule, puis se dessèche et forme une croûte qui tombe vers le 20e jour, laissant une cicatrice indélébile. Le sujet peut avoir de la fièvre pendant quelques jours (39 °C) 1 semaine après la vaccination.

Lors de la revaccination, diverses réponses peuvent se voir. En cas de perte de l'immunité, la réaction est identique à celle d'une primovaccination ; cela se voit chez les personnes âgées. Une réaction accélérée en quelques jours témoigne d'une perte partielle de l'immunité. La réaction précoce (de 2 à 3 jours), simple papule rouge, témoigne d'une sensibilisation de l'organisme au virus et d'une bonne immunité.

Les complications de la vaccine sont rares. Le plus souvent il s'agit d'infections locales dues à un manque d'hygiène ou à une auto-inoculation (vaccine généralisée). La complication la plus grave mais la plus rare est l'encéphalite vaccinale, survenant après l'âge de 2 ans et entraînant des crises convulsives et un coma. Les séquelles sont nombreuses. L'immunité est solide, souvent supérieure à 5 ans, mais certains sujets ne présentent plus d'anticorps après 3 ans, d'où l'intérêt de se faire revacciner fréquemment.

vaccinelle n. f. Éruption observée dans les revaccinations varioliques et renforçant l'immunité*.

vaccinostyle n. m. Petite lancette utilisée pour les scarifications.

vaccinothérapie n. f. Traitement d'une maladie en cours par un vaccin.
Depuis longtemps, les bactéries tuées ont été utilisées pour provoquer une augmentation des défenses générales de l'organisme, lors d'une maladie ; mais il ne s'agit pas d'une action spécifique. Ces injections sont à l'origine de fièvre, d'hyperleucocytose et facilitent la destruction microbienne. L'apparition des antibiotiques a considérablement diminué l'emploi de cette méthode, qui reste toutefois employée dans certaines affections cutanées (furoncles), dans les leucémies* et myélomes*, au cours desquelles on emploie le B. C. G. pour activer les défenses de l'organisme. (V. CANCER, IMMUNOTHÉRAPIE.)

va-et-vient n. m. invar. **1.** Méthode d'anesthésie* en circuit fermé.
2. Méthode d'administration de lavements fractionnés et répétés.

vagabond n. m. **Maladie des vagabonds,** état particulier de la peau (épaisse et brune), observé chez les vagabonds qui sont soumis depuis longtemps aux piqûres des poux de corps.

vagal, e, aux adj. Relatif au nerf vague, ou pneumogastrique.

Syncope vagale, arrêt cardiaque provoqué par l'action du nerf vague (le pneumogastrique).

vagin n. m. Conduit musculo-muqueux, impair et médian, qui fait partie des organes génitaux internes de la femme.
Il reçoit la verge au cours de la copulation. Il livre passage au sang des règles et, lors de l'accouchement, au fœtus et à ses annexes.

Anatomie. Le vagin s'étend de la vulve au col utérin, et mesure de 6 à 10 cm. Il est situé dans le petit bassin, en arrière de la vessie et en avant du rectum. Les parois se composent d'une tunique externe conjonctive, d'une tunique moyenne musculaire et d'une tunique interne muqueuse. Cette muqueuse est faite d'un épithélium pavimenteux stratifié qui subit des modifications cycliques liées aux sécrétions hormonales de l'ovaire.

Physiologie. Le vagin, cavité naturelle ouverte à l'extérieur, se défend contre les infections grâce à son acidité. Cette acidité est liée à la teneur élevée en acide lactique élaboré par les bacilles de Döderlein (hôtes habituels du vagin), à partir du glycogène des cellules vaginales. La richesse en glycogène est elle-même sous la dépendance de l'imprégnation folliculinique.

Pathologie du vagin. ***Malformations congénitales.*** On peut observer une absence complète ou partielle du vagin, des cloisonnements (transversal ou longitudinal). Ces malformations peuvent être associées à des malformations de l'utérus*. Elles nécessitent

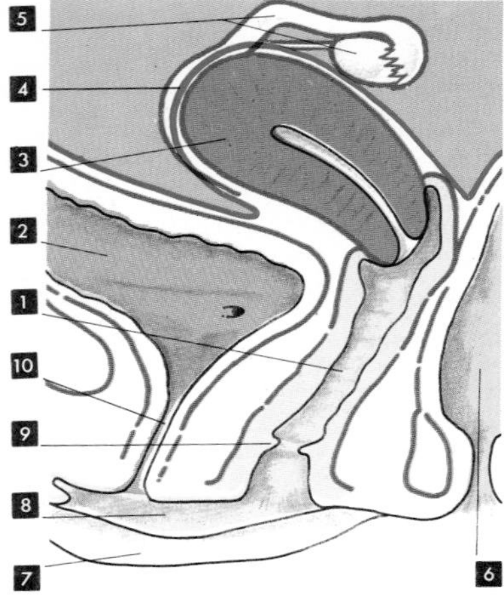

Vagin.
Le vagin sur une coupe sagittale médiane :
1. Vagin ; 2. Vessie ;
3. Utérus ; 4. Péritoine ; 5. Trompe et ovaire ;
6. Rectum ; 7. Grande lèvre ;
8. Petite lèvre ; 9. Hymen ; 10. Urètre.

un traitement chirurgical plus ou moins complexe.

Tumeurs du vagin. Il peut s'agir de tumeurs bénignes : polypes ou fibromes du vagin, ou, plus souvent, de kystes d'origine embryonnaire. Le *cancer* du vagin peut être primitif ou métastatique.

Fistules* vaginales. Elles font communiquer le vagin avec le tube digestif (fistules stercorales) ou avec les voies urinaires (fistules urinaires). Elles peuvent s'observer à la suite d'un accouchement difficile, d'une intervention chirurgicale ou d'un traitement par le radium. Le traitement en est chirurgical.

Inflammations du vagin. V. VAGINITES.

vaginale n. f. Membrane séreuse qui entoure le testicule*.

vaginisme n. m. Contraction involontaire des muscles périvulvaires, rendant difficiles et douloureux les rapports sexuels et l'examen gynécologique.
Il peut être la conséquence d'une lésion organique (vulvite*, épisiotomie*, défloration), mais il est souvent la traduction d'un problème sexuel psychologique.

vaginite n. f. État inflammatoire de la muqueuse du vagin.
La vaginite se traduit par des leucorrhées (pertes blanches), des brûlures, des démangeaisons et une gêne aux rapports sexuels (dyspareunie).
L'agent causal est le plus souvent un protozoaire, le *trichomonas**, ou un champignon (*Candida* albicans*), ou une bactérie le *gonocoque**. Il peut s'agir également de streptocoques, de staphylocoque ou d'autres bactéries plus rares.
Le traitement dépend de cet agent causal. Il consiste donc à le supprimer, tout en respectant la flore normale utile du vagin, à l'aide de comprimés gynécologiques appropriés.
La vaginite peut s'associer à des lésions inflammatoires de la vulve (*vulvo-vaginite*) ou du col utérin (*cervico-vaginite*).

vagotomie n. f. Section des nerfs vagues (ou pneumogastriques) pratiquée dans le traitement des ulcères* de l'estomac.

vagotonie n. f. État de l'organisme caractérisé par la prépondérance du tonus parasympathique (comprenant les nerfs *vagues* ou pneumogastriques*) sur le système orthosympathique.

vague adj. **Nerf vague.** Syn. de PNEUMOGASTRIQUE*.

vaisseau n. m. Canal ramifié dans tout l'organisme, où circule le sang ou la lymphe : *artères*, veines*, capillaires*, vaisseaux lymphatiques**.

valériane n. f. Plante des lieux humides (*Valeriana officinalis*) utilisée pour ses propriétés antispasmodique, sédative et vermifuge.
On l'emploi en infusé (10 g par litre), alcoolature, teinture, extrait stabilisé. On en extrait l'acide valérianique, dont on fait des valérianates d'ammonium, de quinine, de zinc.

valgus, a, um adj. lat. Qui est tourné vers l'extérieur par rapport à l'axe du corps : *coxa valga, genu valgum, hallux* valgus.*

Valsalva (manœuvre de), manœuvre qui consiste à créer une hyperpression dans le rhino-pharynx pour que l'air pénètre dans la caisse du tympan en passant par la trompe d'Eustache.
Le sujet pratique une expiration forcée après avoir fermé la bouche et s'être bouché les deux narines. Cette manœuvre est utile en cas de barotraumatisme* (skieur, aviateur, plongeur), mais elle est proscrite en cas

d'infection des voies respiratoires supérieures en raison du risque d'otite* qu'elle fait alors courir.

Vals-les-Bains, station hydrominérale de l'Ardèche, à 32 km de Privas, ouverte de mai à octobre, pour les affections digestives et le diabète.
Les eaux, bicarbonatées sodiques, gazeuses (CO_2) ou oligométalliques, sont essentiellement employées en cures de boisson. On pratique également des bains (bains carbogazeux), douches et massages dans le traitement des dyspepsies, des gastrites, des affections de la vésicule biliaire. La grande indication est le diabète, par l'action régulatrice de l'eau sur l'équilibre acido-basique. Un hôpital thermal et un centre de diabétologie permettent le traitement de tous les diabètes, bien que les formes sans acidocétoses soient les meilleures indications.

Les ulcères* gastriques, les cirrhoses* et les affections nécessitant un régime sans sel sont des contre-indications.

valve n. f. **1.** Instrument de chirurgie destiné à écarter et à refouler les viscères pour dégager le champ opératoire.
2. Prothèse destinée à remplacer une valvule cardiaque lésée. (V. CŒUR.)

valvule n. f. Formation anatomique destinée à empêcher un liquide de refluer : *valvules du cœur, des veines, du tube digestif.*

vampirisme n. m. Au sens strict, attirance perverse pour les cadavres. (Syn. : NÉCROPHILIE.)
Le vampirisme est en fait un comportement sexuel anormal, une perversion toujours liée au sadisme.

vanille n. f. Fruit du vanillier.
Employée comme condiment et comme aromate, la vanille possède une action stimulante et antiseptique.

vanité n. f. Satisfaction ostentatoire de soi-même. — On distingue la vanité de l'orgueil, qui se définit plutôt comme un amour excessif mais sincère de soi, sans vantardise ni hâblerie.
Le vaniteux désire être admiré au-delà de ses mérites, d'où sa mythomanie et ses tentatives pour éblouir à tout prix. La vanité se rencontre chez des débiles, des niais, des hystériques, des hypomanes (v. MANIE).

vapeur n. f. **1.** Forme gazeuse de substances chimiques normalement rencontrées sous l'aspect solide ou liquide. — Les vapeurs apparaissent dans des conditions de basse pression atmosphérique ou de température élevée. Le danger des vapeurs dépend du produit qui leur donne naissance.

2. vapeurs n. f. pl. Syn. de BOUFFÉES* DE CHALEUR.

varice n. f. Dilatation pathologique permanente d'une veine*.
Pathologie. ***La maladie variqueuse.*** La majorité des varices (dites « primitives ») sont dues à une insuffisance du fonctionnement des valvules veineuses. La veine saphène interne (face interne de la jambe et de la cuisse) est le plus souvent atteinte. La veine saphène externe, des troncs veineux superficiels anormaux peuvent être affectés. Les varices apparaissent chez les adultes jeunes : bien visibles à la station debout, elles s'aplatissent lorsque le membre est en élévation. Les varices sont cause de « jambes lourdes », de gonflement des pieds, surtout le soir.
Complications des varices. Outre leur préjudice esthétique, les varices peuvent se compliquer de périphlébites* (inflammations autour de la veine), de rupture (hémorragie externe ou hématome sous-cutané), d'ulcère* de jambe récidivant, d'eczéma.

Varice. Varices du membre inférieur.

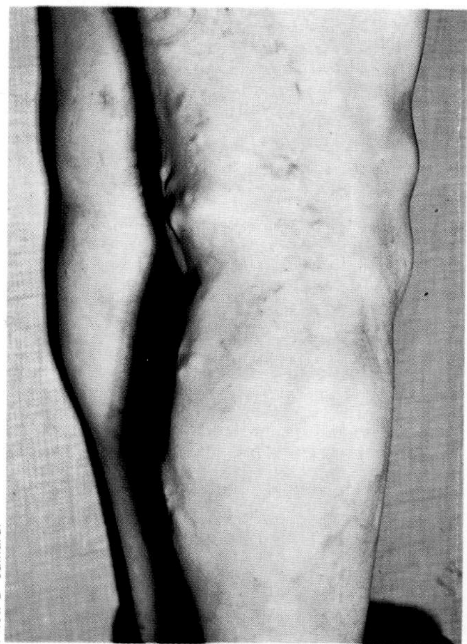
Phot. Dr Julliard.

Varices secondaires à d'autres affections. Certaines varices apparaissent plus tardivement et sont secondaires à des *phlébites.* Elles s'observent surtout chez la femme obèse, après la ménopause. D'autres varices sont secondaires à une *compression des troncs veineux :* par un organe déplacé (rétroversion utérine, par exemple), par tumeur bénigne ou maligne.

Les varices du scrotum constituent la *varicocèle**, et celles des veines hémorroïdales forment les *hémorroïdes**.

La *varice œsophagienne* est une dilatation des veines œsophagiennes consécutive à une gêne à la circulation dans la veine porte* (cirrhose du foie, anévrisme portal, etc.). Elle est la cause d'hémorragies digestives.

Traitement. Quand les varices ont une cause connue (une tumeur, par exemple), il faut, si possible, la supprimer. La contraception hormonale (pilule) est contre-indiquée chez la femme porteuse de varices.

Traitement médical. Il comporte classiquement l'emploi de vasoconstricteurs, de protecteurs de la paroi veineuse (vitamines C et P) et la correction de troubles endocriniens ou métaboliques associés. Les bas et les bandes à varices protègent contre les traumatismes et la survenue d'ulcères variqueux. Des cures thermales à Bagnoles-de-l'Orne, Barbotan, La Léchère peuvent être utiles.

Traitement sclérosant. Il consiste à injecter dans les varices une substance irritante qui provoque l'oblitération de la veine malade. Le nombre et la fréquence des injections sont variables. Ce traitement est réservé aux varices de taille moyenne.

Traitement chirurgical. Il consiste dans l'extirpation des veines déficientes par éveinage (ou stripping). La veine est liée à ses deux extrémités ; un tire-veine est introduit ; il extirpe la veine par traction à travers une petite incision cutanée. Cette technique donne des résultats satisfaisants pour les varices relativement localisées à un seul trajet veineux.

varicelle n. f. Maladie infectieuse très contagieuse mais bénigne, d'origine virale.
Le virus en cause est celui de l'herpès. Il est à l'origine de deux maladies (le zona* et la varicelle), et est transmis par la salive. On sait depuis peu qu'il est également responsable du lymphome de Burkitt*.

Signes cliniques. Après une incubation silencieuse de 14 jours, la maladie débute par une éruption caractéristique : macules rosées, au centre desquelles se forme une vésicule contenant un liquide clair. Celui-ci se trouble et une croûte se forme. L'éruption est généralisée, surtout au tronc et aux membres ; le cuir chevelu n'est pas épargné. Il existe des éléments d'âge différents sur la peau. L'état général est conservé (peu de fièvre). La maladie se termine en 2 semaines. Les complications sont rares, la surinfection des pustules est due souvent au grattage, l'encéphalite est rarissime. En cas de survenue de la maladie chez des enfants traités par les corticoïdes, des varicelles malignes sont toutefois possibles.

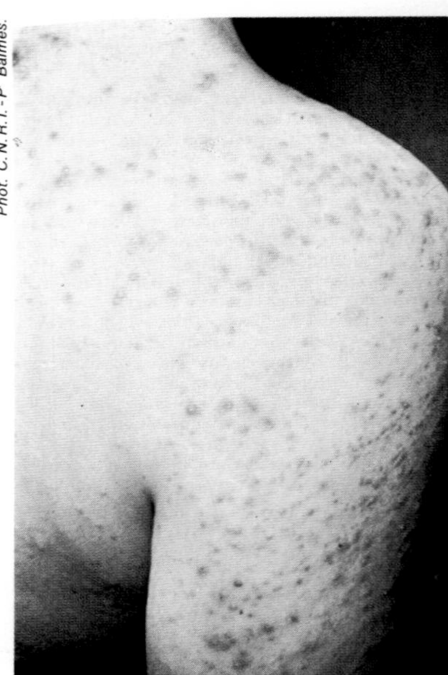

Phot. C.N.R.I.-Pr Balmes.

Varicelle.

Traitement. Il consiste à isoler le malade et à éviter les lésions de surinfection (application de solutions diluées de permanganate de potassium, d'hexamidine, etc.).

varicocèle n. f. Dilatation variqueuse des veines du testicule et de son enveloppe, le scrotum.
Cette affection bénigne et fréquente se traduit par une tuméfaction molle au-dessus du testicule ; la chirurgie n'est indiquée que dans les varicocèles volumineuses et dans certains cas de stérilité masculine (le trouble

circulatoire qui résulte de la varicocèle perturbe la spermatogenèse).

variole n. f. Maladie virale grave, très contagieuse, qui fut autrefois responsable de grandes épidémies.
En 1796, Jenner découvrit le principe de la vaccination* en inoculant la vaccine*, qui protège contre la variole. (V. VACCIN.)

Actuellement, la maladie ne sévit que dans certaines régions tropicales d'Afrique et d'Asie, et les cas importés sont rapidement jugulés.

Le virus variolique est un gros virus, très résistant au froid, qui persiste longtemps dans les croûtes et les vésicules.

Signes cliniques. Après une incubation silencieuse de 8 à 14 jours, la maladie débute brutalement par une fièvre élevée à 40 °C, une accélération du pouls, des douleurs diffuses. Des signes digestifs (vomissements) et cutanés (rasch*) sont fréquents. Le 4ᵉ jour, l'éruption caractéristique débute à la face, puis s'étend sur tout le corps selon un cycle évolutif bien stéréotypé. Au début, ce sont des macules* séparées par des espaces de peau libre ; elles deviennent des papules le jour suivant, avec une légère infiltration du derme ; puis des vésicules se forment avec un liquide séreux sous tension. Les muqueuses sont touchées par cette éruption, qui y prend la forme d'ulcérations. La fièvre diminue légèrement ainsi que les autres signes.

Au bout de 10 jours d'éruption, les vésicules se recouvrent de croûtes, qui laissent en tombant une cicatrice indélébile, surtout au visage.

Certaines formes de variole sont beaucoup plus graves. La variole confluente est une exagération de la forme normale, se terminant souvent par la mort. Les formes surinfectées ont diminué en nombre depuis les antibiotiques. Chez la femme enceinte, la variole entraîne l'avortement. Il existe également des formes bénignes : la varioloïde*, l'aslastrim*.

Le diagnostic est fait par l'aspect des lésions et la présence du virus.

Traitement. On associe l'isolement pendant 40 jours, la déclaration obligatoire de la maladie, la vaccination de l'entourage et des soins symptomatiques pour le malade (antiseptiques, calmants, antibiotiques).

Prophylaxie. La réglementation internationale commande rigoureusement l'isolement et la déclaration de la variole.

Variole.

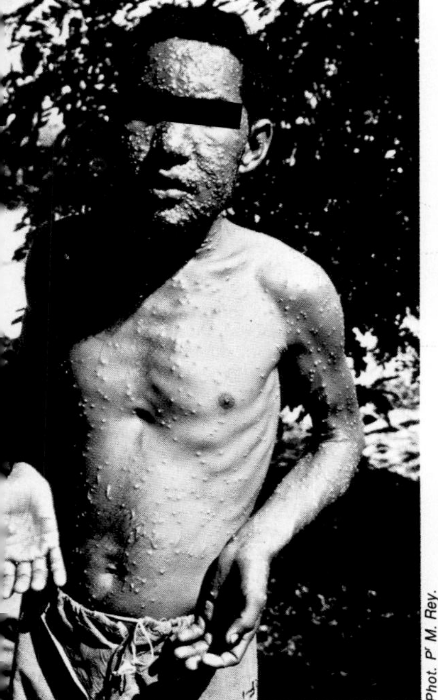

Phot. Pʳ M. Rey.

varioloïde n. f. Forme bénigne de variole, sans suppuration.

variqueux, euse adj. Relatif aux veines.
Ulcère variqueux, ulcère engendré par la stase sanguine que provoquent les varices*. (V. ULCÈRE.)

varus, a, um adj. lat. Tourné à l'intérieur par rapport à l'axe médian du corps : *coxa vara, genu varum.*

vasa-vasorum n. m. (en lat. *vaisseaux des vaisseaux*). Canal très fin, creusé dans la paroi d'un vaisseau et destiné à lui apporter les éléments du sang qui lui sont nécessaires.

vasculaire adj. Relatif aux vaisseaux.

vascularisation n. f. Formation des artères et des veines dans l'embryon. (Ce terme désigne également l'ensemble des vaisseaux d'une région.)
Lors de lésions importantes (inflammatoires ou tumorales), une nouvelle circulation, ou « néovascularisation », peut se reformer.

vascularite n. f. **Vascularite nodulaire,** inflammation de l'hypoderme*, se traduisant par la présence de nodules cutanés aux jambes ; le repos, la contention élastique légère, les vasoconstricteurs ont un effet favorable.

vasculo-nerveux adj. m. Relatif aux vaisseaux et aux nerfs.

Paquet, pédicule vasculo-nerveux, faisceau composé d'un nerf, d'une artère et d'une veine.

vasectomie n. f. Résection des canaux déférents*, pratiquée lors d'une prostatectomie, pour éviter une orchite*, ou, chez un homme sain, pour le rendre stérile sans altérer son comportement sexuel.

vaseline n. f. Résidu visqueux de la distillation des pétroles.
Son manque d'affinités chimiques lui assure une parfaite conservation. Elle sert à la fabrication de pommades, mais n'est pas résorbée par la peau.

Huile de vaseline. Obtenue par un traitement approprié du pétrole, elle est utilisée comme laxatif mécanique et sert à la confection de pommades.

vasoconstriction n. f. Diminution du calibre des artères et des veines par contraction de leurs fibres musculaires lisses.
Cet effet est particulièrement visible au niveau des capillaires et dépend du système nerveux sympathique. (V. VASOMOTEUR.)

La vasoconstriction est provoquée par des hormones, les catécholamines* (adrénaline* et noradrénaline*), sécrétées par la médullosurrénale. Leur sécrétion est provoquée par tous les stress* et agressions.

Les médicaments vasoconstricteurs sont soit des sympathomimétiques* agissant directement sur la paroi vasculaire, soit des nicotiniques* agissant sur le ganglion sympathique intermédiaire, ou encore des substances agissant sur les centres nerveux bulbaires régulateurs du sympathique.

vasodilatation n. f. Augmentation du calibre des vaisseaux par relâchement de la musculature lisse de leurs parois.
Elle est sous la dépendance du système nerveux parasympathique. (V. VASOMOTEUR.)
Elle peut être obtenue par différents types de médicaments, agissant :
— soit sur la musculature des vaisseaux, telle la trinitrine*, qui a une action particulière sur les artères coronaires ;
— soit en inhibant la vasoconstriction à chacun de ses niveaux : au niveau de la paroi vasculaire, ce sont les spasmolytiques ; au niveau du nerf sympathique, ce sont les sympatholytiques ; au niveau du ganglion, ce sont les ganglioplégiques ;
— soit enfin par action directe sur les centres bulbaires par compétition avec les catécholamines*, dont ils prennent la place, ou par action propre.

vasomoteur, trice adj. et n. m. Se dit de ce qui a rapport aux variations de calibre des vaisseaux (vasomotricité).
Ces phénomènes sont sous le contrôle du système nerveux végétatif dont les éléments sympathiques* et parasympathiques* ont une action antagoniste.

Le *système sympathique* est vasoconstricteur. Son centre nerveux est bulbaire. Il a une action très importante dans l'organisme, où il règle une vasoconstriction permanente.

Le *système parasympathique* est vasodilatateur, mais son tonus permanent est faible et la vasodilatation est obtenue par un renforcement de son activité.

La *vasomotricité* a pour but d'adapter le débit circulatoire des viscères, des muscles et de la peau aux conditions extérieures ou aux agressions inopinées.

Par exemple, la vasodilatation cutanée lutte contre la chaleur en permettant une plus grande sudation, alors que la vasoconstriction diminue les échanges thermiques au froid.

Le tonus vasculaire conditionne par ailleurs les résistances à l'écoulement périphérique du sang et, donc, en grande partie la tension artérielle.

vasopressine n. f. Hormone du lobe postérieur de l'hypophyse, qui augmente la tonicité des vaisseaux et diminue le volume des urines. (Syn. : HORMONE ANTIDIURÉTIQUE.)

Vater (ampoule de), dilatation de l'extrémité inférieure du canal cholédoque*.
L'ampoule de Vater est l'endroit où le cholédoque s'abouche dans le duodénum*. (V. BILIAIRE, *Voies biliaires.*)

vecteur n. m. et adj. **1.** Insecte ou arachnide transmettant une infection après évolution, dans son sein, du germe en cause.
2. Force définie dans sa longueur, dans sa direction et dans son sens.

vectocardiogramme n. m. Méthode d'enregistrement graphique (exprimé par des vecteurs) de la force électromotrice due à la contraction du cœur, à chaque instant. (La ligne reliant les extrémités libres des vecteurs obtenus constitue le vectocardiogramme.)

végétal n. m. Parmi les végétaux, seuls certaines plantes*, certains champignons* et certains bois d'arbres sont toxiques. Les végétaux peuvent être également toxiques par l'intermédiaire des *insectes* et des *serpents* qu'ils hébergent, et par l'action des *pesticides* dont ils sont aspergés.

végétarisme n. m. Habitude diététique consistant à éliminer de l'alimentation toutes

les viandes et, à l'extrême, tous les produits d'origine animale.
Il fait courir le risque d'une insuffisance d'apport en protéines.

végétatif, ive adj. Qui concerne le fonctionnement des viscères.
Le système nerveux* végétatif ou système nerveux autonome (v. SYMPATHIQUE) joue avec les hormones un rôle essentiel dans la vie végétative.

végétations n. f. pl. **Végétations adénoïdes,** amas pathologiques de tissu lymphoïde qui se forment dans le rhino-pharynx des enfants. (V. ADÉNOÏDE.)
Végétations vénériennes, petits papillomes* multiples, dus à un virus et transmissibles par contact, qui se forment sur les organes génitaux et à leur pourtour (syn. CRÊTES-DE-COQ). On les détruit par l'électrocoagulation.

veine n. f. Vaisseau qui amène au cœur le sang provenant de toutes les parties du corps.
Les veines caves* (supérieure et inférieure) drainent vers l'oreillette droite le sang vicié provenant de tous les organes périphériques ; les veines pulmonaires (deux pour chaque poumon) ramènent à l'oreillette gauche le sang oxygéné venant des poumons.

Histologie. Les veines comportent trois tuniques : l'endothélium (en dedans), une couche musculaire inconstante (qui n'existe pas dans toutes les veines) et une tunique adventice (en dehors). La paroi interne des veines forme des replis, les valvules, qui ne permettent le passage du sang que dans un sens, vers le cœur.

Physiologie. La circulation dans les veines est relativement lente et la pression y est toujours faible. Le flux sanguin est dû à la pression résiduelle à la sortie des capillaires, à la pression négative (par rapport à la pression atmosphérique) provoquée par la pesanteur, et surtout aux pressions exercées sur les parois veineuses par les contractions des muscles.

Maladie des veines. Citons les varices*, les phlébites*, les thromboses* veineuses.

Pathologie chirurgicale. Les *plaies* des veines provoquent des hémorragies de sang noirâtre qui s'écoule lentement, sans saccade ; la compression vient facilement à bout des hémorragies veineuses périphériques. Graves, par contre, sont les plaies des gros troncs veineux et en particulier des veines du cou (risque d'embolie gazeuse).

Veine.
Les veines superficielles au pli du coude :
1. Veine radiale accessoire ;
2. Veine radiale superficielle ;
3. Veine cubitale superficielle ;
4. Veine médiane basilique ;
5. Veine basilique ; 6. Veine céphalique ;
7. Veine médiane céphalique.

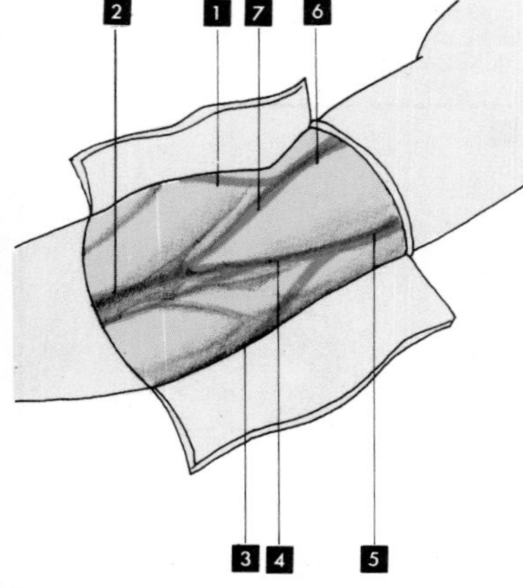

vélocimétrie n. f. V. DOPPLER *(effet).*

Vence, station climatique des Alpes-Maritimes, à 30 km de Cannes, pour les affections respiratoires avec dyspnée.

vénéneux, euse adj. Qui renferme un poison et est dangereux pour l'organisme.
De nombreuses substances plus ou moins toxiques ou dangereuses sont tout de même, mais à doses appropriées et jugées acceptables, employées en médecine. Le pouvoir réglementaire les inscrit sur des listes dites *de substances vénéneuses.* Celles-ci sont au nombre de trois : *Liste I* (substances très toxiques), *Liste II* (substances dangereuses), *Liste stupéfiants* (stupéfiants).

L'inscription d'une substance sur ces listes entraîne pour les médicaments qui en contiennent des conditions de détention, de délivrance et d'utilisation strictes. Ces médicaments ne peuvent être délivrés que sur la présentation d'une ordonnance mentionnant l'identité du prescripteur, les nom, prénom, âge et sexe du malade, la durée du traitement. Pour les stupéfiants, cette durée est limitée à 7 ou 60 jours suivant les cas, et l'ordonnance doit être numérotée et extraite d'un carnet à souche. Le pharmacien est soumis à des règles précises pour l'enregistrement des entrées et sorties de ces substances et pour leur stockage. (Décret du 29 décembre 1988.) [Voir aussi TABLEAU.]

vénérien, enne adj. **Maladies vénériennes,** affections contractées à l'ordinaire au cours des actes sexuels (syphilis*, blennorragie*, chancre* mou, etc.).

venin n. m. Substance toxique sécrétée par certains animaux et injectée par piqûre ou par morsure à l'homme ou à d'autres animaux dans un dessein défensif ou agressif.
Les principaux animaux sécrétant un venin sont les serpents*, les scorpions, certains insectes et divers poissons. Les venins provoquent une réaction inflammatoire locale, des troubles nerveux et un collapsus. On dispose de nombreux sérums appropriés à chaque animal venimeux.

Utilisation thérapeutique des venins. Le *venin d'abeille* est utilisé sous forme de pommades révulsives et analgésiques. Le *venin de crapaud* renferme des substances digitaliques et anesthésiques locales. Le *venin de cobra* contient des substances cytolytiques mises à profit dans le traitement du cancer. Les *venins* des serpents *Bothrops jaracaca* et *Lachesis atrox* sont employés pour leurs propriétés hémostatiques. Certains venins servent en homéopathie.

ventilation n. f. La ventilation des habitations* et des usines évite les confinements en renouvelant l'oxygène et en évacuant les gaz et poussières toxiques.
La *ventilation spontanée* s'obtient en ouvrant de façon intermittente ou permanente des orifices dans les parois (fenêtres, cheminées, grilles d'aération). La *ventilation forcée* nécessite un appareillage entraînant le renouvellement de l'atmosphère ; elle est très utile dans les usines qui produisent des gaz toxiques. La *climatisation* est un perfectionnement de la ventilation. En filtrant les poussières, elle procure un air purifié des gaz toxiques, qui est amené à une température et à un degré hygrométrique convenables.

Ventilation minute. C'est le volume d'air mobilisé par minute au cours de la respiration*.

ventouse n. f. Petit récipient de verre dont l'orifice est moins large que le fond et qui produit une aspiration du sang à la surface de la peau, grâce au vide créé par la combustion d'un morceau de coton placé dedans.
Ventouse obstétricale, cupule métallique que l'on fixe sur le crâne du fœtus au moyen du vide, pour faciliter son expulsion.

Son emploi dans de bonnes conditions ne présente aucun inconvénient. Elle laisse sur le cuir chevelu une bosse séro-sanguine qui disparaît en quelques jours.

ventricule n. m. Nom donné à diverses cavités du corps de taille réduite : *ventricules du cœur*, du cerveau*.*

ventriculographie n. f. Radiographie des ventricules cérébraux après injection d'air ou d'un produit de contraste.

ventriculoscopie n. f. Technique neurochirurgicale d'endoscopie, permettant de voir à l'intérieur des ventricules cérébraux.

ver n. m. Invertébré dont différents genres sont des parasites*. (V. HELMINTHE.)

vératrine n. f. Substance utilisée *per os* et en pommades dans la goutte et l'hypertension.

vératrum n. m. Plante dont les rhizomes contiennent de la vératrine.

verge n. f. Organe copulateur de l'homme. (Syn. : PÉNIS.)
La verge est appendue à la partie antérieure du périnée, sous la symphyse pubienne, et on distingue une partie antérieure, ou *gland**, séparée du *corps* de la verge par le *sillon balano-préputial ;* le corps de la verge est constitué par 3 corps érectiles, les 2 *corps caverneux* et le *corps spongieux,* traversé par l'urètre*.
→ V. illustration page 958.

vergeture n. f. Ligne fripée, à peine sinueuse, dessinant un réseau sur la peau du ventre, des seins ou des cuisses.
Les vergetures, dues à la rupture du tissu élastique du derme, sont banales au cours de la grossesse ou au décours d'une forte prise de poids ; leur teinte violacée doit faire rechercher l'existence d'un hyperfonctionnement de la corticosurrénale (maladie de Cushing*).

Ventriculographie.
Ventriculographie cérébrale
(cliché de profil) : 1. Ventricules latéraux.

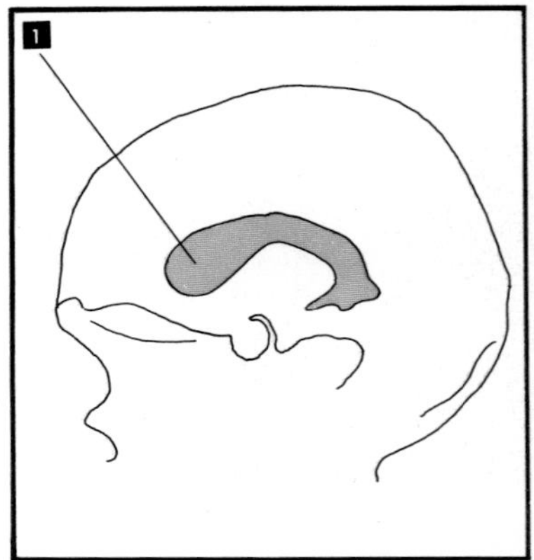

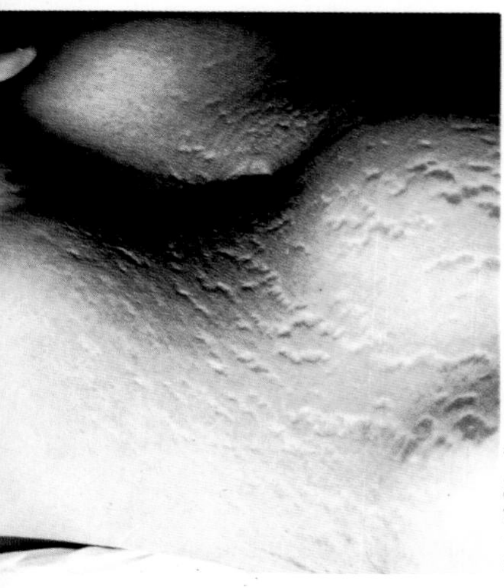

Phot. Dr Crimail.

Vergeture. Vergeture après accouchement.
Au centre, l'ombilic ;
à droite, saillie de l'utérus.

vermicide n. m. Syn. d'ANTHELMINTHIQUE*.

vermifuge n. m. Médicament employé contre les vers ronds. (V. ASCARIS, OXYURE.)

vermineux, euse adj. Se dit de lésions ou troubles provoqués par les vers ronds.

Appendicite vermineuse, localisation appendiculaire d'une parasitose à vers ronds.

vermiotes ou vermiothes n. f. pl. Filaments vermiculaires blanchâtres, qui apparaissent quand on presse sur certaines tumeurs cutanées.

vermis n. m. Partie médiane du cervelet*.

vernis n. m. Le danger des vernis provient du produit lui-même ou de son solvant.
Le *produit,* souvent à base de résines formoliques, peut provoquer des allergies cutanées (eczéma) ou de l'asthme.

Le *solvant* est la partie la plus toxique, contenant selon les cas de l'alcool* éthylique

Radio Dr Wattez.

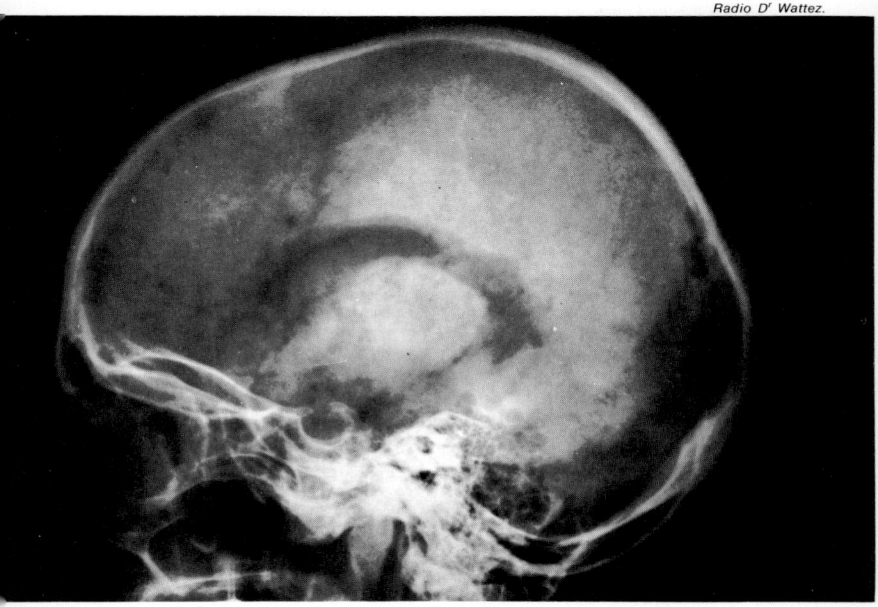

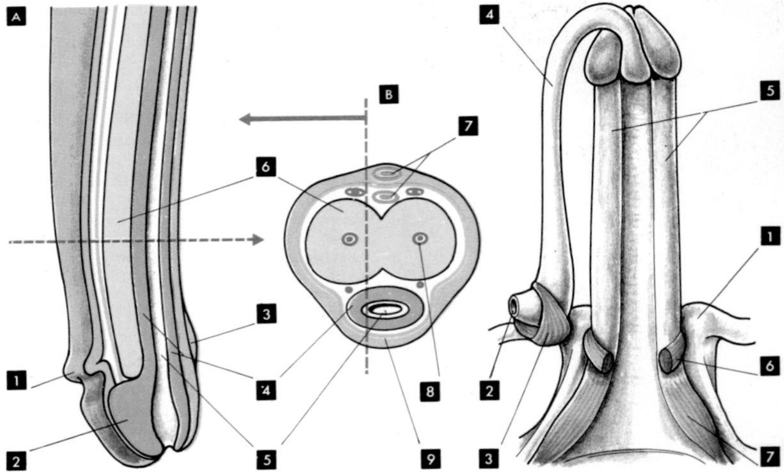

Verge.
A. Coupe longitudinale.
B. Coupe transversale de la verge :
1. Prépuce ; 2. Gland ; 3. Frein ;
4. Corps spongieux ;
5. Urètre ;
6. Corps caverneux ; 7. Veines dorsales ;
8. Artère caverneuse ; 9. *Fascia penis.*

Verge. Organes érectiles de la verge (le corps spongieux est détaché de sa gouttière) :
1. Pubis ; 2. Urètre ;
3. Muscle compresseur du bulbe ;
4. Corps spongieux ; 5. Corps caverneux ;
6. Muscle bulbocaverneux ;
7. Muscle ischiocaverneux.

ou méthylique, de l'acétone*, de l'essence*, du pétrole*, du white* spirit et parfois des traces de benzène* ou de tétrachlorure de carbone*.

vernix caseosa n. m. Enduit graisseux blanchâtre qui recouvre la peau des nouveau-nés. (Il est d'autant plus important que l'enfant est plus prématuré.)

vérole n. f. Syn. de SYPHILIS*.
Petite vérole, syn. de VARIOLE*.

verre n. m. Les ouvriers travaillant le verre sont exposés aux coups de chaleur* avec collapsus, aux brûlures, à la cataracte. Le port de vêtements spéciaux et de lunettes de protection évite ces accidents. Les souffleurs de verre sont exposés à des gonflements des parotides, dus à la pression élevée de l'air dans la bouche.

Verres correcteurs pour l'œil. ***Verres de lunettes.*** Ce sont des verres convergents (hypermétropie, presbytie), divergents (myopie) ou sphéro-cylindriques (astigmatisme). Ils sont actuellement tous fabriqués sous forme de ménisques (face antérieure convexe ou plane, face postérieure plus ou moins concave) pour diminuer les aberrations. On fabrique pour les presbytes des verres multifocaux (à 2 ou 3 foyers) ou des verres à puissance progressive de haut en bas (Varilux, nom déposé).

Les *verres prismatiques* permettent de pallier les diplopies. Les *verres incassables* sont recommandés pour les enfants et les sportifs, mais ils se rayent plus facilement.

Les *verres teintés,* filtrants, permettent d'atténuer les trop fortes luminosités et d'arrêter les rayons ultraviolets, nocifs pour la cornée. Certains verres ont une teinte qui s'accentue avec l'exposition au soleil et qui diminue à l'ombre.

Verres de contact. Ils sont en matière plastique et non en verre.

On distingue le *verre de contact scléral,* qui recouvre la cornée et la sclérotique (blanc de l'œil), et la *lentille cornéenne,* qui ne recouvre que la cornée et se maintient par capillarité. Les verres de contact, plus esthétiques que les lunettes, permettent dans de nombreux cas une meilleure vision que celles-ci. Leur tolérance, variable selon les individus, dépend de leur bonne adaptation. Ils ne doivent néanmoins pas être portés plus de 12 heures par jour.

verrue n. f. Tumeur bénigne de l'épiderme, provoquée par un virus ou sans cause connue.

Verrues d'origine virale. Ces verrues, fréquentes à tous âges et dans les deux sexes, sont contagieuses.

Les *verrues planes* siègent surtout sur le front, les doigts des enfants. Au début, elles forment des amas de papules, de couleur légèrement brunâtre et de quelques millimètres de diamètre. Leur évolution capricieuse en rend la guérision spontanée assez rare.

Les *verrues vulgaires* atteignent surtout les mains ; constituées, elles réalisent de véritables tumeurs, dures et noirâtres, indolores. La guérison spontanée est possible.

Les *verrues plantaires* sont douloureuses à la marche. Elles sont isolées ou en nappes.

Traitement. La destruction est la seule thérapeutique efficace, par curetage suivi d'électrocoagulation ou de cryothérapie* par azote liquide. Les récidives ne sont cependant pas exclues. La cryothérapie s'adresse essentiellement au dessus des doigts des mains et des membres, ainsi qu'au visage. La radiothérapie* de contact donne de bons résultats dans les verrues plantaires (elle ne provoque pas de plaie).

Verrues séborrhéiques. Elles surviennent chez l'adulte âgé. Elles ne sont pas d'origine virale et ne sont pas contagieuses. Elles siègent avec prédilection sur le dos, les plis sous-mammaires. La lésion initiale ressemble à une verrue plane ; puis elle s'agrandit et grossit, devenant une saillie noirâtre, de forme ovalaire. Sa transformation maligne est exceptionnelle. Le traitement par cryothérapie (application d'azote liquide) est décevant ; aussi l'exérèse chirurgicale est-elle souvent indiquée dans le cas de verrues isolées.

verruga n. f. **Verruga du Pérou,** infection

Verrue. Verrues plantaires.

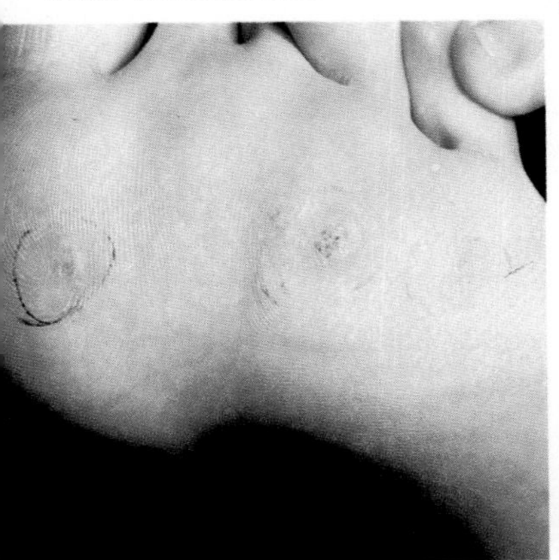

Verrue. Verrue unique de la main.

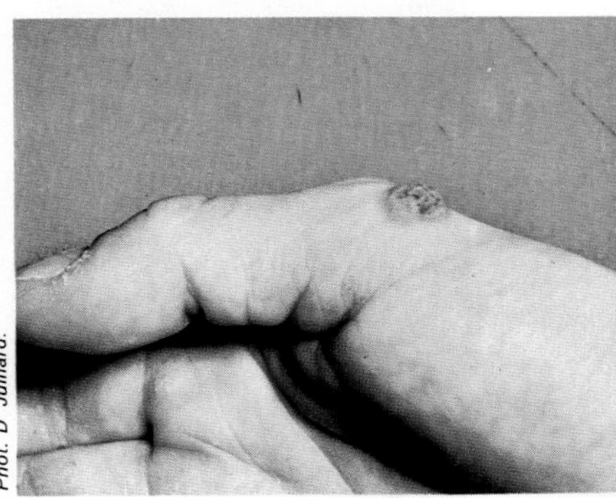

Phot. Dr Julliard.

Verrue. Verrues profuses des mains.

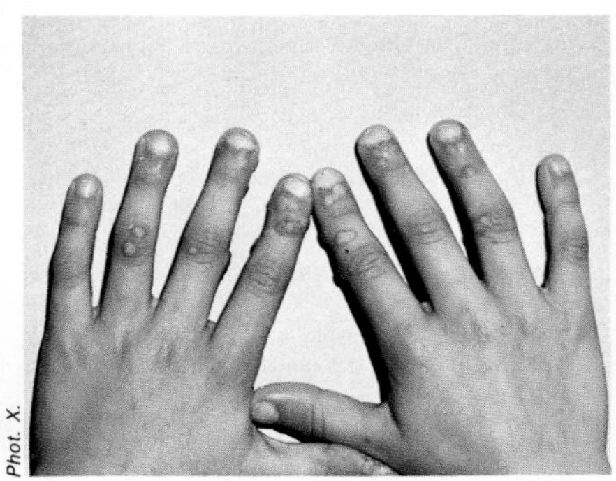

Phot. X.

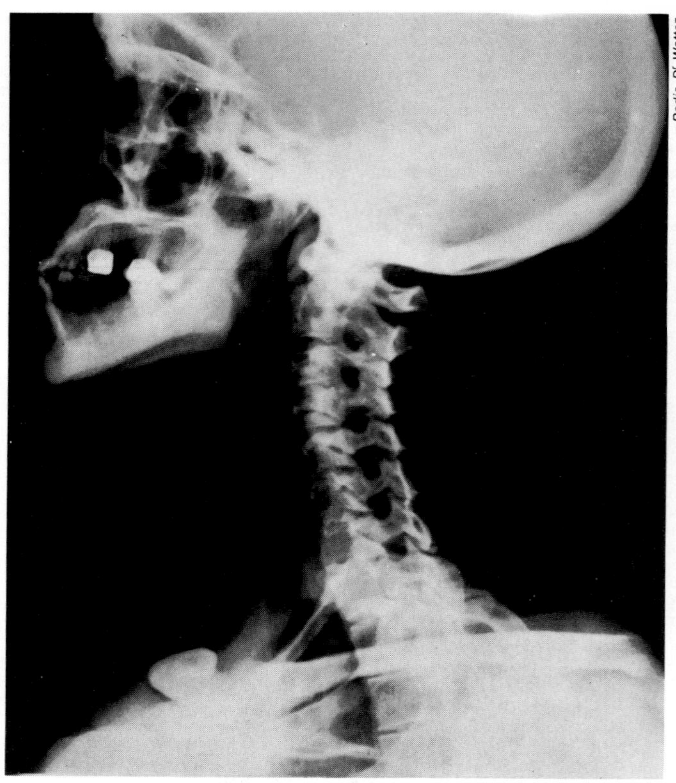

Vertèbre. Rachis cervical : incidence oblique montrant les trous de conjugaison.

humaine due à une bactérie Gram négatif, *Bartonella bacilliformis,* et responsable de verrues* prurigineuses.

verruqueux, euse adj. Se dit d'une lésion dont l'aspect rappelle celui d'une verrue*.

version n. f. Opération obstétricale qui a pour objet de transformer une présentation fœtale en une autre présentation.
Il en existe 3 variétés : version par *manœuvre externe,* version par *manœuvre interne,* version par *manœuvres mixtes.*

Les versions sont de plus en plus abandonnées, laissant place à la césarienne*.

vert-de-gris n. m. Sel de cuivre formé dans les ustensiles soumis à l'action des acides. Il est légèrement toxique, comme le cuivre*.

vertébral, e, aux adj. Qui se rapporte aux vertèbres* : *artère vertébrale, corps vertébral,* etc.

vertèbre n. f. Élément constitutif de la colonne vertébrale.

Anatomie. Chaque vertèbre comprend une partie antérieure, le *corps vertébral*, un arc osseux à concavité antérieure, formé par les *pédicules* en avant et les *lames* en arrière, et circonscrivant avec la face postérieure du corps le *trou rachidien;* une saillie médiane postérieure, l'*apophyse épineuse;* deux saillies horizontales et transversales, les *apophyses transverses.* Chaque vertèbre s'unit aux voisines par 4 apophyses articulaires. Suivant leur situation, les vertèbres présentent des caractères particuliers (vertèbres cervicales, dorsales, lombaires, sacrées et coccygiennes). Les deux premières vertèbres cervicales se nomment *atlas** et *axis**; les vertèbres sacrées sont soudées pour former le sacrum.

Pathologie. Les *lésions traumatiques* des ver-

Vertèbre. Fracture et tassement de la deuxième vertèbre lombaire.

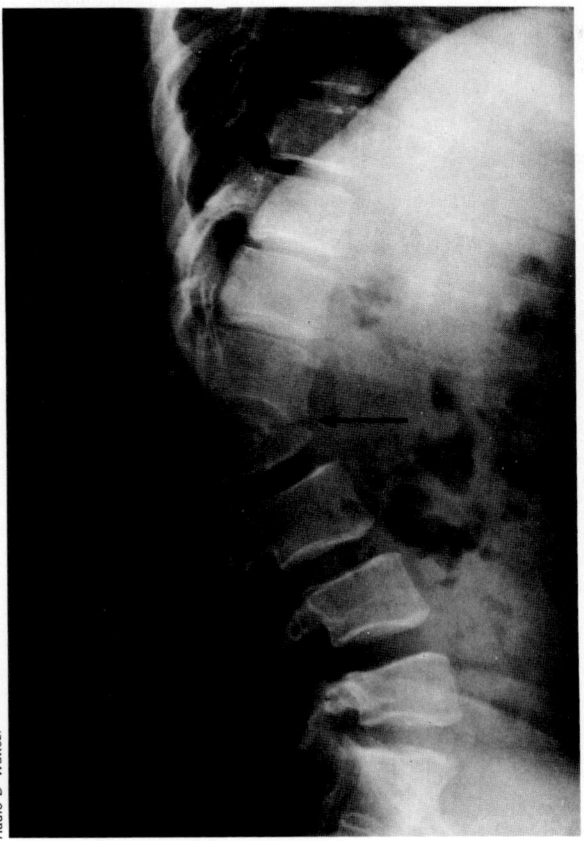

Radio Dr Wattez.

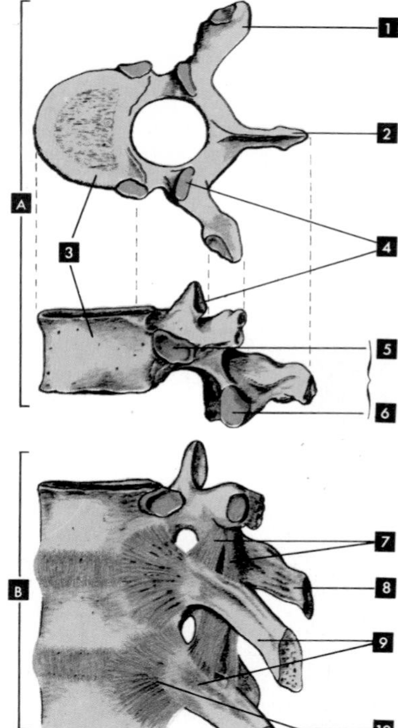

Vertèbre. A. Vertèbre dorsale :
1. Apophyse transverse ; 2. Apophyse épineuse ;
3. Corps vertébral ;
4. Apophyse articulaire supérieure ;
5 et 6. Articulations avec la côte.
B. Articulation des vertèbres.
7. Ligaments costo-vertébraux ;
8. Apophyse épineuse ;
9. Côtes ;
10. Articulation costo-vertébrale.

tèbres sont de gravité très variable selon qu'elles s'accompagnent ou non de lésions de la moelle épinière. (V. COLONNE *vertébrale.*)

Les *malformations* des vertèbres sont fréquentes : *spina* bifida,* anomalies transitionnelles. (V. LOMBO-SACRÉE.)

La tuberculose des corps vertébraux réalise le *mal de Pott**.

Les rhumatismes dans leurs différentes formes (arthrite*, arthrose*) atteignent fréquemment les vertèbres.

Le *cancer vertébral* est le plus souvent secondaire à un cancer d'un tissu glandulaire (métastase).

vertige n. m. Sensation qu'éprouve un sujet de voir se déplacer les objets qui l'entourent dans les trois plans de l'espace, ou sensation de déplacement de sa tête par rapport aux objets environnants.
Le vertige vrai ne doit pas être confondu avec la lipothymie* ou le déséquilibre*. Un vertige est dû à une altération des organes sensoriels de l'oreille interne et des voies vestibulaires qui leur sont liées. Le vertige est de type rotatoire, avec impression de chute latéralisée imminente. Les examens labyrinthiques, cochléaires et neurologiques permettent de déterminer le siège de la lésion (cortex, nerf vestibulaire, labyrinthe). Les otites, les traumatismes sont des causes fréquentes de vertige labyrinthique. Les causes d'atteinte du nerf vestibulaire sont les névrites* et les compressions du nerf.

Les vertiges d'origine centrale sont dus à des processus infectieux ou tumoraux.

Vésicule. Vésicule biliaire normale,
après repas de Boyden
(absorption de trois jaunes d'œufs
et de trois cuillerées à soupe
de crème fraîche).

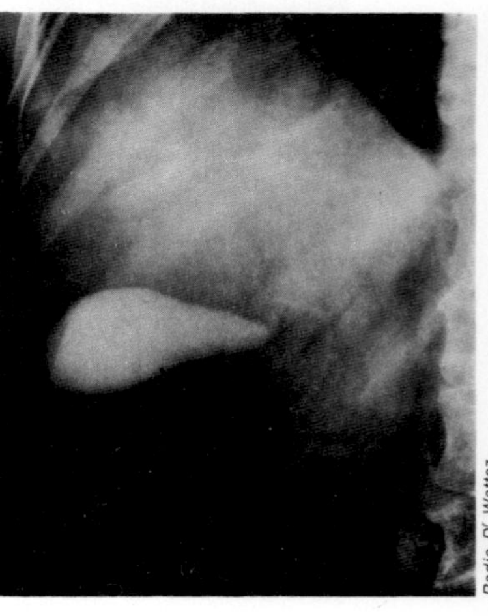

Radio Dr Wattez.

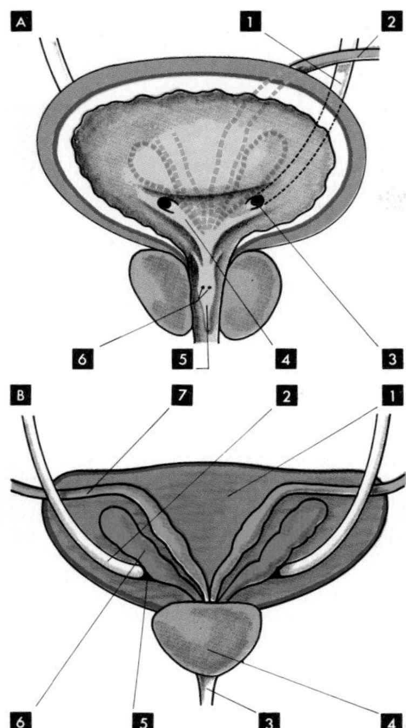

Vessie. A. Coupe transversale de la vessie de l'homme :
1. Uretère ; 2. Canal déférent ;
3. Orifice urétéral ; 4. Trigone de Lieutaud ;
5. Vérumontanum ;
6. Orifices des canaux éjaculateurs.
B. Schéma de la vessie, vue postérieure :
1. Vessie ; 2. Uretère ; 3. Urètre ;
4. Prostate ;
5. Lieu de pénétration de l'uretère ;
6. Vésicule séminale ; 7. Canal déférent.

Le *vertige de Ménière* est dû à des poussées d'hyperpression du liquide endolymphatique dans le labyrinthe. Il s'accompagne précocement d'une baisse de l'audition. Le vertige se voit aussi dans l'insuffisance circulatoire touchant le tronc cérébral et les noyaux vestibulaires, chez les sujets âgés.
Traitement. Il est d'abord symptomatique : certains dérivés de la phénothiazine, l'acétylleucine, la thiéthylpipérazine ont une action spécifique sur le symptôme vertige. Le traitement de la cause comprend les médicaments, qui corrigent les troubles circulatoires, et parfois l'intervention chirurgicale.

verveine n. f. Plante (*Lippia citriodora*) dont les feuilles froissées dégagent une odeur de citron et qu'on utilise sèches en infusions (10 g par litre) pour leur action digestive et antispasmodique.

vésical, e, aux adj. Relatif à la vessie*.

vésicatoire adj. et n. m. Se dit de tout topique provoquant des vésicules sur la peau et notamment d'un emplâtre médicamenteux à base de cantharide ou de camphre*, que l'on utilisait pour atténuer les douleurs et au cours des affections respiratoires aiguës.

vésiculaire adj. **1.** Relatif à la vésicule*. **2.** Qui a la forme d'une vésicule.

vésicule n. f. Sorte de petite vessie.
Vésicule biliaire, organe servant de réservoir à la bile dans l'intervalle des digestions. Située sous le foie, elle adhère intimement à sa face inférieure et est reliée à la voie biliaire principale par le *canal cystique.* (V. BILIAIRE, *Voies biliaires,* CHOLÉCYSTITE.)
Vésicules séminales, chez l'homme, organes pairs situés en arrière de la vessie* et au-dessus de la prostate*, qui communiquent avec les canaux déférents et servent de réservoir au sperme dans l'intervalle des éjaculations.
Vésicules cutanées, petites cloques de la peau, observées au cours de dermatoses* ou de maladies infectieuses (varicelle).

vésiculographie n. f. Radiographie des vésicules séminales.

vessie n. f. Petit sac.
La *vessie urinaire* est un réservoir musculo-membraneux où s'accumule l'urine entre les mictions*. (V. URINAIRE, *Voies urinaires.*)

vestibulaire adj. Relatif au vestibule (1).
Nerf vestibulaire, nerf de l'équilibration, réuni au nerf cochléaire (de l'audition) pour former le nerf acoustique (VIIIe paire de nerfs crâniens).

vestibule n. m. **1.** Partie de l'oreille interne où s'abouchent le limaçon et les canaux semi-circulaires. (V. OREILLE, *Oreille interne.*) C'est du vestibule que part le nerf vestibulaire*.
2. Chez la femme, dépression de la vulve qui donne accès au vagin.

viabilité n. f. État de l'enfant né vivant et présumé capable de se développer et de vivre jusqu'à un âge avancé.

viande n. f. Chair musculaire des animaux

comestibles dont la valeur alimentaire élevée tient de sa forte teneur en protéines.

Consommation de la viande. Immédiatement après l'abattage, la viande exige une longue cuisson (pot-au-feu), car elle est ferme et acide. Pour être tendre, une viande doit être conservée quelques jours au frais.

Viande attendrie. Les viandes très riches en fibres conjonctives, dures, peuvent être attendries par section de leurs fibres. (Cette opération ne doit pas être faite à l'insu de l'acheteur.)

Viande hachée. Comme la viande attendrie, elle doit être consommée rapidement, car elle constitue un excellent milieu de culture pour de nombreux microbes.

Diverses natures de viandes. Les *viandes rouges* sont celles d'animaux adultes ; elles sont bien digérées et souvent bien tolérées. Les *viandes blanches* sont celles d'animaux jeunes ; elles sont riches en acide urique* (donc déconseillées chez les uricémiques, les goutteux), moins nourrissantes, mais digestibles. La *viande de porc* occupe une place intermédiaire entre les viandes rouges et blanches ; elle est plus riche en graisses et sa digestion est plus lente.

Cuisson de la viande. La *viande crue* hachée est bien digérée, mais elle peut transmettre des kystes de ténia. (La viande de cheval est exempte de ces parasites.) La *viande cuite,* moins digestible, est plus tendre et plus appétissante que la viande crue.

Conservation de la viande. Les *viandes enrobées* sont des quartiers de viande conservés, après cuisson, dans un récipient étanche recouvert de graisse d'oie ou de porc. Les *viandes séchées* se conservent très longtemps. Les *viandes salées* se conservent longtemps, mais sont de digestion lente, comme les *viandes fumées.* La *conservation par le froid* peut se faire par réfrigérateur à environ 0 °C pendant environ 2 semaines ou par congélation à environ − 20 °C, puis − 4 °C pendant plusieurs semaines. La *conservation par la chaleur* (v. CONSERVES) évite la putréfaction en détruisant les microbes.

vibices n. f. pl. Petites hémorragies cutanées, en forme de stries, assimilées au purpura*.

vibration n. f. **1. Vibration thoracique,** vibration perçue par la main posée à plat sur le thorax lorsque le sujet parle.

2. Variété de massage consistant à imprimer, par la main, avec laquelle elle ne perd jamais contact, une pression intermittente aux téguments.

vibrion n. m. Bactérie incurvée, mobile, ne prenant pas la coloration de Gram. — Le plus connu est le vibrion cholérique. (V. CHOLÉRA.)

Vichy, station thermale de l'Allier, à 55 km de Moulins, ouverte de mai à octobre, pour les affections du foie, des voies biliaires et du tube digestif.

Sources. Très nombreuses, certaines sont connues depuis l'Antiquité. Les eaux, toutes bicarbonatées sodiques et chargées de gaz carbonique (CO_2), jaillissent à des températures variant de 17,5 à 66 °C. Elles régularisent la sécrétion d'acide chlorhydrique par l'estomac, stimulent le péristaltisme* intestinal, améliorent les fonctions du foie et sont cholagogues*. Elles réduisent l'acidose* et sont antiallergiques.

On les emploie en cures de boisson, l'eau étant prise aux « buvettes » placées à proximité des griffons. Les eaux sont également employées pour des traitements externes : bains, douche sous-marine, « douche de Vichy » faite en position couchée avec de multiples filets d'eau. Des installations complètes permettent de faire des applications de boues, des massages et la kinésithérapie.

Indications. Les maladies du foie (séquelles d'hépatites, hépatites* chroniques) et des voies biliaires* (dyskinésies biliaires, lithiase) sont les grandes indications de la station. On y traite également les gastrites* et dyspepsies*, les affections intestinales, le diabète, l'uricémie et l'obésité, surtout lorsque ces affections sont liées à une atteinte hépatique.

vie n. f. Ensemble des fonctions existant chez un être et qui lui permettent de croître, de se reproduire, de s'alimenter et de réagir aux stimuli extérieurs.

Sa disparition correspond à la définition de la mort, bien que toutes les cellules d'un animal ne meurent pas en même temps. Si on admettait autrefois que la mort coïncidait avec l'arrêt du cœur, les progrès de la réanimation ont conduit à assimiler la suppression de la vie à la destruction des centres nerveux vitaux.

vieillesse n. f. Période de la vie succédant à l'âge mûr.

Elle se traduit par l'affaiblissement de toutes les fonctions organiques. (V. SÉNESCENCE.)

Assurance vieillesse, branche des assurances sociales qui a pour objet de garantir une pension à l'assuré (salarié, artisan, commerçant, mère de famille assurée volontairement, etc.) lorsqu'il parvient au 3e âge, et qui s'accompagne, pour les indigents, du versement de diverses allocations relevant d'une idée d'assistance ; ces deux types de prestation étant, pour la très grande majorité des salariés, complétées par les prestations des régimes complémentaires d'origine conventionnelle.

La *pension de retraite à taux plein* est en

principe réservée aux assurés de plus de 65 ans, mais des exceptions sont prévues par la loi : pourront recevoir cette retraite à taux plein à partir de 60 ans les assurés reconnus inaptes au travail, les anciens combattants, certains travailleurs manuels.

Une *majoration pour conjoint à charge* de plus de 65 ans est accordée sous certaines réserves.

Les *conjoints survivants* qui remplissent certaines conditions d'âge, de mariage et de ressources ont droit à une pension de réversion : le cumul de cette pension avec un avantage personnel dont peut bénéficier le veuf est possible dans une certaine mesure.

vigne n. f. La vigne rouge (*Vitis vinifera*) est employée en infusion et extrait fluide dans le traitement des affections des veines et des vaisseaux capillaires.

vignette n. f. Timbre attaché à une spécialité* pharmaceutique, que l'assuré social doit coller sur la feuille de maladie pour obtenir le remboursement.

Villard-de-Lans, station climatique de l'Isère, à 31 km de Grenoble, à l'air pur et sec, très ensoleillée.
On y traite les enfants délicats, anémiques, convalescents ou présentant des troubles de la nutrition. La tuberculose sous toutes ses formes et les maladies aiguës sont des contre-indications.

villeux, euse adj. (littéralement : velu).

Villeux. Tumeur villeuse de la vessie.

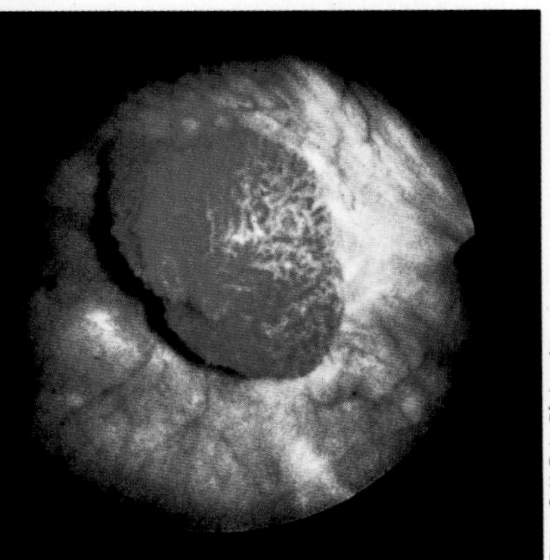

Phot. C.N.R.I.-Dr Jaupitre.

C'est un terme utilisé en gastro-entérologie pour désigner une variété de tumeur rectale ou colique qui forme des villosités plus ou moins semblables aux villosités* intestinales. Ces tumeurs, bénignes, peuvent récidiver ou subir une dégénérescence maligne.

villosité n. f. Repli de petite taille à la surface du tissu de revêtement d'une cavité organique : *villosités intestinales, placentaires, synoviales.*

vin n. m. Le vin contient de 9 à 15 p. 100 d'alcool (de 9^0 à 15^0), du potassium, du magnésium, des acides organiques (tartrique), des vitamines B. Sa valeur calorique va de 600 à 1 000 calories par litre.

À dose modérée, le vin excite l'appétit et facilite la digestion, mais dès que les doses faibles sont dépassées, il expose aux méfaits de l'alcoolisme* chronique.

Les *vins rouges* sont particulièrement nocifs pour le foie (risque de cirrhose*), alors que les *vins blancs* touchent le système nerveux (risque de polynévrite*, d'atrophie du cerveau ou du cervelet).

Les *vins médicinaux* ou *œnolés,* simples ou composés (additionnés de kola, de quinquina, de digitale, etc.), sont presque tous tombés en désuétude.

vin (tache de), angiome* cutané de couleur rouge ou violacée, de taille variable, pâlissant à la pression.

vinaigre n. m. Produit de fermentation acétique du vin ou de l'alcool.
Le vinaigre est contre-indiqué en cas d'ulcère d'estomac, de gastrite* et chaque fois que les aliments acides sont proscrits.

vinblastine n. f. Alcaloïde antimitotique prescrit dans la maladie de Hodgkin et dans certains cancers.

vincamine n. f. Alcaloïde de la pervenche (*Vinca minor*) doué de propriétés vasodilatatrices et oxygénatrices pour le cerveau.
On l'emploie en comprimés ou injections dans les troubles vasculaires cérébraux (troubles de la mémoire, vertige, paralysies, etc.).

Vincent (angine de). V. ANGINE, *Angines ulcéreuses.*

vincristine n. f. Alcaloïde de la pervenche (*Vinca rosa*) qui possède la propriété de bloquer les mitoses cellulaires à la métaphase.
On l'emploie dans le traitement des leucémies* aiguës, des lymphosarcomes et de la maladie de Hodgkin*.

viol n. m. Crime consistant, pour un homme, à pratiquer un coït illicite avec une femme non consentante.

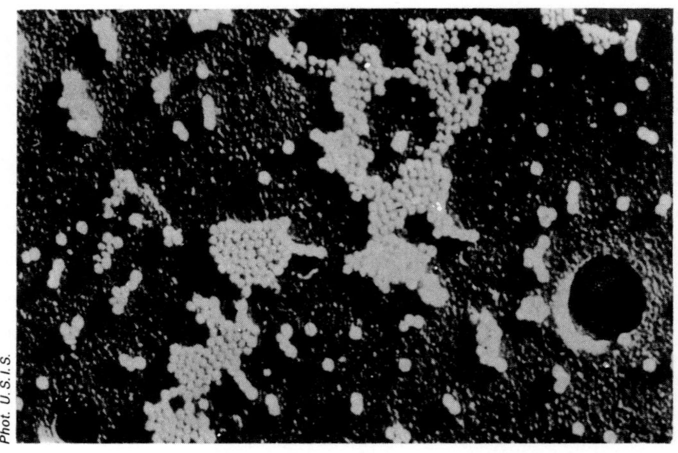

Phot. U.S.I.S.

Virus. Virus de la poliomyélite vus au microscope électronique.

Les auteurs de viol se comptent parmi des individus appartenant à des milieux socioculturels très variés et ayant des personnalités très diverses. Les uns sont des délinquants de longue date, des pervers sexuels, d'autres souffrent de maladies mentales graves (sujets déments ou psychotiques). Les plus nombreux sont des psychopathes impulsifs. La proportion d'alcooliques apparaît élevée. L'ivresse représente un grand facteur favorisant, car elle libère, chez ces individus, leurs violentes pulsions sexuelles et favorise le passage à l'acte. Il arrive que le viol soit un accident unique dans la vie d'un individu. Il s'accompagne souvent de pratiques sexuelles anormales, généralement sadiques (tortures, blessures, flagellations), qui en font une véritable perversion. L'acte peut prendre un caractère pervers en raison du choix de la partenaire : relations incestueuses, malades, enfants.

Toute accusation de viol doit faire l'objet d'une vérification médicale, dont les critères sont souvent fragiles, et d'une analyse du rôle de la victime.

violet, ette adj. et n. **Violet de gentiane,** colorant employé en comprimés dans le traitement des vers instestinaux (oxyures, strongles) et pour l'usage externe, en solution, comme antiseptique et antifongique.

viomycine n. f. Antibiotique antituberculeux majeur, très actif contre les souches de B. K. résistantes, mais souvent mal toléré.

vipère n. f. Serpent* venimeux.

viral, e, aux adj. Relatif à un virus.

virginité n. f. État dans lequel se trouve une femme ou une jeune fille qui n'a jamais eu de rapports sexuels avec pénétration. (L'hymen est alors intact.)

virilisant, e adj. Se dit de substances qui font apparaître des caractères masculins (pilosité, grosse voix, etc.).

virilisme n. m. Apparition de caractères masculins chez un sujet de sexe féminin.

Le virilisme s'observe après la puberté et se marque d'abord par l'apparition de poils sur des territoires normalement glabres : visage, aréole des seins, ligne ombilico-pubienne, région périnéale. Puis la peau se modifie, devenant épaisse ; le clitoris s'hypertrophie, les grandes lèvres sont plus volumineuses. Les modifications de la voix attirent l'attention.

Devant tout virilisme, on évoque une tumeur surrénale, assez rare ; l'hyperplasie* congénitale des surrénales est plus fréquente, atteignant les enfants très jeunes. Chez le garçon, elle provoque une pseudopuberté précoce, chez la fille, elle réalise un tableau de pseudohermaphrodisme féminin (v. HERMAPHRODISME).

Des virilismes d'origine centrale surviennent à tout âge : des obésités, des désordres du caractère sont souvent observés. La biologie montre toujours un excès des hormones mâles (androgènes) dans le sang circulant. Outre le traitement de la cause, l'épilation électrique et la psychothérapie sont nécessaires.

virologie n. f. Science étudiant les virus*.

virulence n. f. Propriété qu'ont les germes de se multiplier.
La virulence est diminuée en cours de vieillissement des souches, d'exposition à la lumière, à la chaleur, etc.

virus n. m. Microbe ne possédant qu'un seul acide nucléique, A. R. N.* ou A. D. N.*.
Les virus infectent les cellules qu'ils parasitent en incorporant leur matériel génétique étranger à celui de la cellule.

L'infection virale ou virose. De nombreux virus sont à l'origine de troubles très variables. Parfois aucune anomalie ne montre la présence du virus, on le dit alors « latent ». Parfois ce sont la fièvre, des éruptions, une diarrhée, des troubles neurologiques ou respiratoires qui traduisent la présence du virus. Celui-ci peut être à l'origine de la mort cellulaire (la cellule est alors éliminée) ou d'une multiplication anarchique (cancer*).

La rougeole, la rage, l'hépatite sont des maladies virales qui touchent l'homme, parfois l'animal.

L'élimination du virus se fait par les urines, les selles ou la salive.

Diagnostic des viroses. Il repose soit sur l'isolement et l'identification du virus, soit sur la mise en évidence des anticorps spécifiques.

Les *méthodes directes* comprennent la recherche du virus dans les milieux biologiques (sang, urines, selles, liquide céphalorachidien), la culture sur milieux spéciaux (culture de cellules) ou l'inoculation à l'animal ou à l'œuf embryonné (œufs fécondés). Les virus ne peuvent être observés qu'au microscope électronique, qui permet de les photographier.

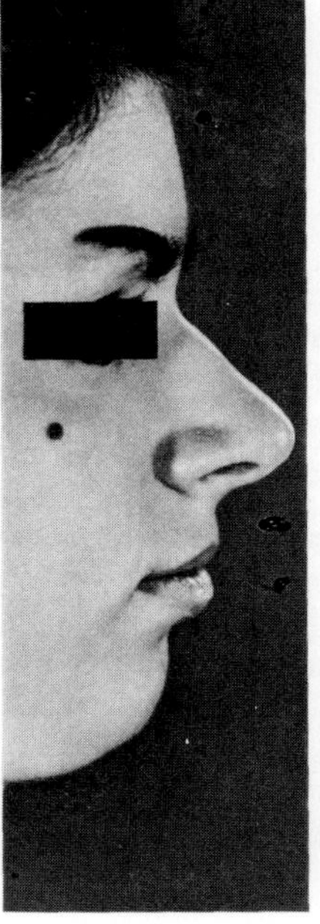

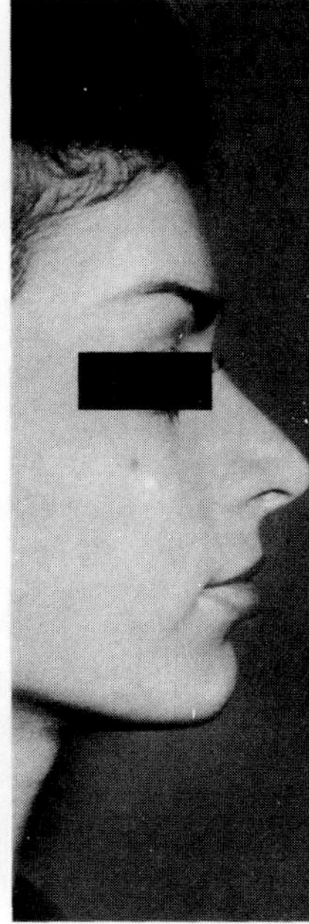

Phot. Dr Pollet.

Visage.
Chirurgie esthétique du nez (rhinoplastie et prothèse mentonnière), avant et après.

1

2

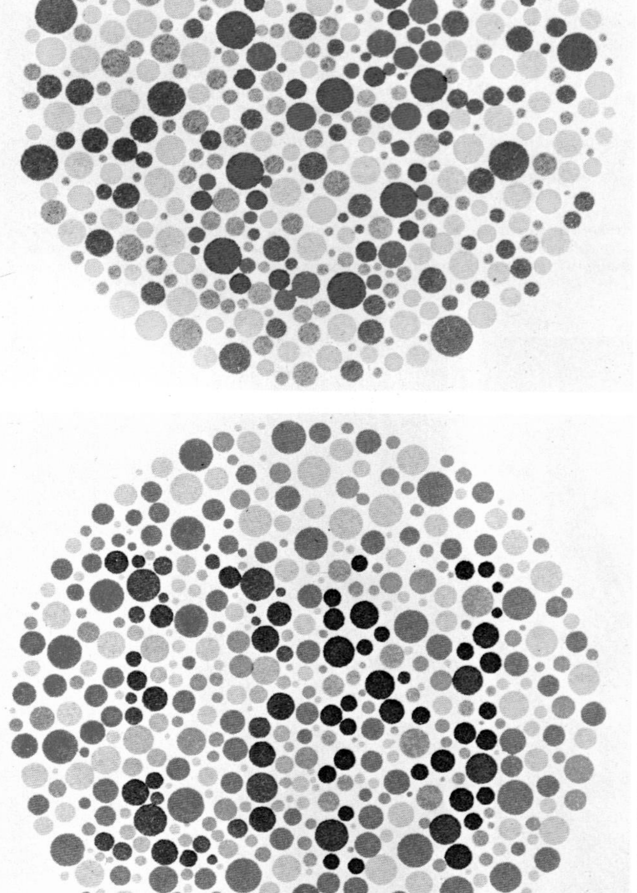

Vision. Tableaux permettant le dépistage des troubles de la vision des couleurs, et notamment du daltonisme. Les réponses normales sont indiquées ci-dessous, à l'envers.
1. Lire 9 ; 2. Lire DN.

Doc. l'Atlas Polack, Éd. Girard et Barrère, Paris. - Phot. Larousse.

Les *méthodes indirectes* reposent sur la montée des anticorps spécifiques à deux dosages successifs. Les réactions sont : la déviation du complément, l'inhibition de l'hémagglutination* et la neutralisation du pouvoir pathogène expérimental. Ces méthodes sont longues et onéreuses.
Traitement. Il n'existe que très peu de médicaments actifs contre les virus : aciclovir*, interféron*, rimantadine*. Les antibiotiques restent sans effet. Par contre, la vaccination* préventive est efficace (variole, poliomyélite, rougeole, rubéole, rage, etc.).

visage n. m. Partie antérieure de la tête que limitent les cheveux, les oreilles, le dessous du menton.
C'est au niveau du visage que la chirurgie esthétique trouve ses indications les plus fréquentes : correction des rides de la face (lissage et remodelage [en angl. *lifting*]), chirurgie plastique des paupières, du nez, des oreilles, du front, du menton.
→ V. illustration page 977.

viscère n. m. Organe contenu dans une cavité du corps et assurant une fonction spécifique : cœur, poumon, cerveau, foie, estomac, pancréas, etc.

vision n. f. La vision normale nécessite l'intégrité de l'*œil** (milieux transparents [cornée*, humeur* aqueuse, cristallin*, humeur vitrée] et rétine*) et des *voies optiques* (nerfs optiques*, chiasma*, bandelettes optiques, cortex cérébral occipital). Les troubles de ces différents éléments sont cause d'amblyopie*, d'amétropie*, d'amaurose*. Il faut également que l'axe de chacun des deux yeux soit dirigé sur l'objet à regarder, ce qui nécessite le bon fonctionnement des muscles oculomoteurs. Enfin la puissance optique de l'œil, modifiée par l'action du muscle ciliaire sur le cristallin, permet l'accommodation (le réglage) à la distance de l'objet regardé. Les troubles de fonctionnement de ces musculatures provoquent les diverses hétérophories*, le strabisme* et la diplopie*, la presbytie*.

La *vision des couleurs* nécessite le fonctionnement correct des organes récepteurs de la rétine* ; diverses anomalies, pour la plupart héréditaires, perturbent le sens coloré : achromatopsie* (perte totale de vision des couleurs) et dyschromatopsies*, telles la deutéranopie (disparition du vert), la protanopie (disparition du rouge, type daltonisme), la tritanopie (disparition du bleu et du violet).

Les dyschromatopsies sont diagnostiquées par des tests colorés (planches, écheveaux, chiffres colorés, etc.) et interdisent la pratique de toutes les professions nécessitant une appréciation exacte des couleurs.

vitamine n. f. Substance indispensable à l'organisme, existant dans certains aliments, et dont l'organisme ne peut pas effectuer la synthèse.
Les vitamines jouent *en très petites quantités* des rôles fonctionnels d'une importance capitale.

Leur étude est fondée sur l'observation de maladies dont l'origine est restée longtemps inexpliquée, et sur des recherches expérimentales diverses : des maladies autrefois répandues, tels le scorbut*, le béribéri*, la pellagre*, etc., ont été rapportées à une carence vitaminique : ce sont des avitaminoses*. L'étude analytique des rations alimentaires a permis d'isoler les diverses vitamines : ainsi, l'observation des patients accidentellement soumis à des régimes carencés et d'animaux carencés expérimentalement ont permis de préciser le rôle exact de chacune des vitamines et de repérer les aliments qui les contiennent.

La structure chimique des vitamines est très variée et, dans certains cas (vitamines P par exemple), divers produits chimiquement différents entre eux sont considérés comme des « facteurs vitaminiques » analogues. Certaines vitamines *liposolubles* ne peuvent être fournies qu'avec les aliments gras ; les autres sont *hydrosolubles* (solubles dans l'eau).

La vitamine A ou axérophtol.

Liposoluble, elle existe dans certaines graisses animales (beurre, foie de poisson). Le règne végétal (choux, carottes, oranges, etc.) fournit un précurseur de la vitamine A, le *carotène,* pigment jaune très répandu, que le foie est capable de transformer en vitamine active. Il existe deux vitamines A : la vitamine A1, ou axérophtol, est deux fois plus active que la vitamine A2, de structure peu différente.

RÔLE PHYSIOLOGIQUE ET BESOINS JOURNALIERS. La vitamine A est un agent de croissance favorisant la multiplication cellulaire, un agent de régénération tissulaire, un protecteur des épidermes, exerçant une action anti-infectieuse ; surtout elle permet la régénération du pourpre rétinien ou rhodopsine (v. RÉTINE), à l'obscurité ; enfin, elle intervient dans l'élaboration des hormones génitales. Les besoins journaliers en vitamine A sont d'environ 1,5 mg.

L'AVITAMINOSE A. Le syndrome de carence en vitamine A a été observé sous le nom de *hikon* au Japon en 1895 et en Europe en 1918. Des régimes de disette (suppression de lait et de beurre) en étaient responsables. L'avitaminose A est avant tout caractérisée par une xérophtalmie* avec boursouflure des paupières pouvant aboutir à la fonte purulente de l'œil, et par l'héméralopie*. Il s'y associe des troubles de croissance chez les jeunes et une diminution de la résistance aux infections. Actuellement l'avitaminose A résulte moins d'une carence d'apport que d'une carence d'utilisation chez des sujets présentant des troubles digestifs chroniques (diarrhée* prolongée, pancréatite*, etc.) qui perturbent l'absorption intestinale de la vitamine A.

L'HYPERVITAMINOSE A. Elle s'observe en cas d'administration excessive d'huile de foie de morue. Elle donne des troubles aigus (hydrocéphalie transitoire et bénigne) ou chroniques (troubles ostéo-articulaires, coloration jaune de la peau) qui guérissent rapidement après réduction de l'apport vitaminique.

Les vitamines B.
Hydrosolubles, elles comprennent des substances de provenance commune (levures) qui se distinguent les unes des autres par leur structure chimique, leur rôle physiologique et leur application thérapeutique.

La vitamine B1 ou thiamine ou aneurine. Elle est normalement synthétisée par les plantes, les bactéries et les levures. Elle existe en grande quantité dans les cuticules de graines de céréales.

RÔLE PHYSIOLOGIQUE ET BESOINS JOURNALIERS. La vitamine B1 est un agent important du catabolisme des glucides. Les besoins journaliers sont de l'ordre de 1,5 mg, proportionnels à la quantité de glucides ingérés.

L'AVITAMINOSE B1 (BÉRIBÉRI). Elle peut résulter d'une carence d'apport (consommation d'aliments raffinés tels que le riz poli, la farine blanche), d'un défaut d'absorption intestinale (diarrhée, colites chroniques), d'une carence d'utilisation comme on l'observe au cours de l'alcoolisme* chronique. Cliniquement, le béribéri* se traduit par des troubles nerveux et cardio-vasculaires. Il est dû à une carence en vitamine B1 associée à une carence polyvitaminique complexe. L'avitaminose B1 pure est responsable de l'encéphalopathie de Gayet-Wernick (v. ALCOOLISME, *Complications de l'alcoolisme sur l'encéphale*).

La vitamine B2 ou riboflavine ou lactoflavine. Elle est synthétisée par les végétaux, surtout la levure de bière. Elle peut être apportée, en outre, par le foie, le rein, le cœur des animaux, par le lait, les œufs, le poisson et par certains végétaux (épinards, carottes, laitues).

RÔLE PHYSIOLOGIQUE ET BESOINS JOURNALIERS. La vitamine B2 intervient dans les réactions d'oxydations cellulaires et dans l'absorption intestinale des glucides. Les besoins journaliers sont de 2 mg.

L'AVITAMINOSE B2. Par carence d'apport, elle est exceptionnelle chez l'homme ; elle résulte plus souvent d'un défaut d'absorption intestinale liée à des troubles digestifs. Elle se traduit par de la chéilite*, de la glossite*, par une irritation oculaire avec diminution de l'acuité visuelle et par des troubles cutanés (irritation avec lésions acnéiformes des paupières et des oreilles).

La vitamine B3 ou vitamine PP ou nicotinamide. Elle se rencontre dans les mêmes aliments que les autres vitamines B. Les bactéries de la flore intestinale et le foie peuvent également la synthétiser chez l'homme.

RÔLE PHYSIOLOGIQUE ET BESOINS JOURNALIERS. La vitamine B3 ou PP intervient dans les processus d'oxydoréductions cellulaires. Les besoins journaliers sont d'environ 20 mg.

L'AVITAMINOSE B3 OU PP. Elle provoque la pellagre*.

La vitamine B4 ou adénine. Elle est apportée par les protéines animales (viande, poisson, etc.), qui satisfont largement les besoins journaliers. Il ne semble pas exister d'avitaminose B4, mais la vitamine B4 est utilisée pour traiter certaines leucopénies*.

La vitamine B5 ou acide panthoténique. Elle existe dans tous les tissus animaux et est nécessaire pour le métabolisme des lipides et des glucides ; ses besoins journaliers sont de 15 mg. Il n'existe pas d'avitaminose B5 humaine. La vitamine B5 est utilisée dans le traitement des maladies du cheveu (alopécies, canitie).

La vitamine B6 ou pyridoxine. Elle est fournie par la levure de bière, le lait et les œufs et intervient dans l'utilisation des lipides et des glucides. Les besoins journaliers sont de 2 mg. L'avitaminose B6 se

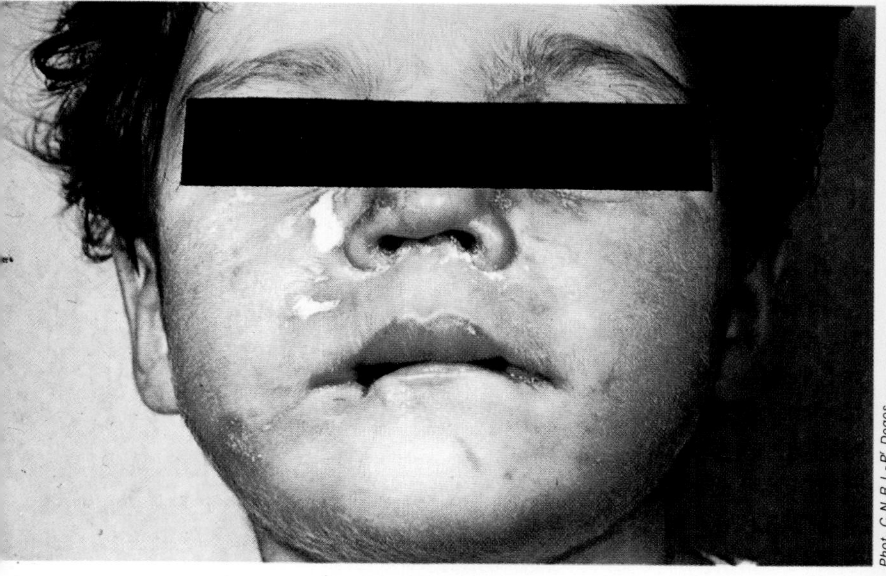

Vitamine. Avitaminose C.

traduit par des troubles neurologiques avec acrodynie*.

La vitamine B8. V. p. 834, *Vitamine H.*

La vitamine B9 ou acide folique. Elle est fournie par la levure de bière, les légumes frais à feuilles vertes.

RÔLE PHYSIOLOGIQUE ET BESOINS JOURNALIERS. La vitamine B9 est indispensable à la maturation des mégaloblastes* et au métabolisme de certains acides aminés. Les besoins journaliers sont de 15 mg.

L'AVITAMINOSE B9. Elle associe une anémie à des troubles de la croissance.

La vitamine B12 ou cyanocobalamine. Elle se trouve dans de nombreux aliments (viandes, lait). Elle est indispensable à la formation des hématies, et ses besoins journaliers sont de 2 mg. L'avitaminose B12 se traduit par une anémie et résulte d'un défaut d'absorption digestive comme on l'observe dans l'anémie de Biermer*. On traite les anémies par la vitamine B12 ou son dérivé, l'hydroxocobalamine.

La vitamine C ou acide ascorbique. Vitamine hydrosoluble, elle est présente dans les oranges, les citrons, les fruits et légumes frais.

RÔLE PHYSIOLOGIQUE ET BESOINS JOURNALIERS. La vitamine C intervient dans l'élaboration du tissu conjonctif, dans la formation des vaisseaux, des cartilages et de l'osséine des os. Elle stimule la maturation des globules rouges. Les besoins journaliers, de l'ordre de 75 mg, sont augmentés au cours des infections.

L'AVITAMINOSE C. Elle réalise chez l'adulte le

VITAMINES			
	sources principales et besoins journaliers	rôle physiologique	carence et ses conséquences
Vitamine A antixérophtalmique	huile de foie de morue et de flétan, œufs, légumes jeunes (tomates, poivrons, carottes), fruits 1,5 mg	intervient dans la constitution de la rhodopsine (pigment visuel), nécessaire à la vision nocturne	- héméralopie (perte de la vision crépusculaire) - xérophtalmie (ulcération de la cornée) - diminution de la résistance aux infections
Vitamine B_1 antinévritique	levure de bière, foie et reins de mammifères, pellicule du riz (cuticule) 2 mg	intervient dans le métabolisme énergétique	- béribéri, essentiellement troubles nerveux et cardio-vasculaires - polynévrites
Vitamine B_2	levure de bière, foie, œufs, lait 2 mg	intervient dans les réactions d'oxydations cellulaires (entre dans la constitution du ferment jaune de Warburg)	- ariboflavinose : inflammation des lèvres (chéilite) et de la cornée (kératite) avec diminution de l'acuité visuelle
Vitamine B_3 antipellagreuse, plus connue sous le nom de vitamine PP (*pellagra preventing*)	levure de bière, foie et reins de mammifères 20 mg	intervient dans les processus réducteurs du métabolisme hydrocarboné en tant que coenzyme	- pellagre : éruption cutanée croûteuse ; troubles digestifs (inflammation des muqueuses intestinales) et, à un stade plus avancé, troubles nerveux
Vitamine B_4	levure de bière, foie, rein, betterave, thé 15 mg	noyau des purines, l'adénine permet la synthèse des nucléoprotéides	il ne semble pas exister de carence, mais un apport accru permet de pallier certaines déficiences en globules blancs

*scorbut** et, chez le nourrisson, la *maladie de Barlow**.

Les vitamines D ou antirachitiques.
Vitamines liposolubles, elles sont peu répandues dans la nature, et leur apport alimentaire joue, chez l'homme adulte, un rôle secondaire (lait, jaune d'œuf, etc.). La source principale, chez l'homme, est due à la synthèse cutanée de vitamine D sous l'influence des rayons ultraviolets à partir d'une provitamine présente dans la peau. On connaît plusieurs vitamines D (D1, D2, D3, D4 et D5), très voisines les unes des autres. La vitamine D2 ou calciférol est la plus utilisée en thérapeutique ; elle est issue de l'ergostérol, ou provitamine D2, transformé par activation photochimique. La vitamine D3 est extraite de l'huile de foie de poisson.

VITAMINES			
	sources principales et besoins journaliers	rôle physiologique	carence et ses conséquences
Vitamine B_5	**levure de bière, jaune d'œuf, rein et foie de mammifères**	**intervient sous forme de coenzyme A ; ce coenzyme est essentiel dans le métabolisme intermédiaire, en particulier dans l'oxydation des acides gras**	**aucune carence pantothénique n'a été décrite dans l'espèce humaine**
Vitamine B_6	**levure de bière, lait, œufs** **2 mg**	**intervient sous forme de coenzyme dans des réactions de transamination et de décarboxylation des acides aminés**	**acrodynie et lésions nerveuses**
Vitamine B_9 antianémique	**levure de bière, légumes frais à feuilles vertes (épinards, asperges)** **15 mg**	**intervient dans la formation du sang (est essentielle pour la maturation des mégaloblastes) ainsi que dans le métabolisme de certains acides aminés**	**- troubles dans l'hématopoïèse : anémie** **- troubles de la croissance**
Vitamine B_{12} antianémique	foie et reins de mammifères 2 mg	intervient dans la formation du sang (est indispensable à la maturation des globules rouges) ; elle intervient aussi dans le métabolisme lipidique	troubles dans l'hématopoïèse : anémie de Biermer (anémie hyperchrome mégalocytaire)
Vitamine C antiscorbutique	légumes et fruits frais, citrons, oranges, cassis 75 mg	intervient dans la respiration cellulaire en tant que transporteur d'hydrogène	scorbut : essentiellement des hémorragies cutanées (follicules pileux), muqueuses (gingivales), profondes (tissu conjonctif sous-cutané)

RÔLE PHYSIOLOGIQUE ET BESOINS JOURNALIERS. La vitamine D intervient dans la régularisation du métabolisme phospho-calcique en favorisant l'absorption intestinale du phosphore et du calcium et en assurant leur fixation au niveau de l'os. Les besoins journaliers varient avec l'âge (plus élevés au cours de la grossesse, de l'allaitement et de la croissance) ; ils sont d'environ 0,025 mg.

L'HYPOVITAMINOSE D. La carence en vitamine D réalise sur l'organisme en croissance (nourrisson, petit enfant) un *rachitisme** ; chez l'adulte, elle détermine l'*ostéomalacie**.

L'HYPERVITAMINOSE D. Elle survient au cours de traitements trop intenses par la vitamine D. Elle se traduit par des vomissements, une polyurie, une polydypsie, une déshydra-

VITAMINES			
	sources principales et besoins journaliers	rôle physiologique	carence et ses conséquences
Vitamine D antirachitique	l'apport alimentaire est secondaire par rapport à la biosynthèse cutanée réalisée sous l'effet des rayons solaires (ultraviolets) 0,025 mg	intervient dans le métabolisme phosphocalcique (elle stimule l'absorption intestinale du calcium et du phosphore)	rachitisme : défaut de calcification du squelette ; chez l'adulte, l'avitaminose D entraîne l'ostéomalacie (ramollissement des os dû à une décalcification)
Vitamine E de fécondité	œufs, beurre, huile d'arachide, germe de blé 20 mg	mal connue de façon précise ; intervient comme facteur antioxydant ; semble également intervenir d'une manière spécifique au niveau de l'appareil génital	n'a jamais été observée à l'état pur dans l'espèce humaine ; on considère qu'elle détermine des troubles de la reproduction
Vitamine F	toutes les huiles végétales ; l'huile de lin en contient en forte proportion	interviendrait dans le métabolisme des lipides	aucune avitaminose n'a pu être observée dans l'espèce humaine ; chez l'animal de laboratoire : troubles de la croissance, lésions rénales
Vitamine H	rein, foie, jaune d'œuf 20 mg	intervient au cours de la biosynthèse des acides gras	dermatite et troubles psychiques
Vitamine K antihémorragique	l'apport alimentaire est secondaire par rapport à la biosynthèse réalisée par la flore bactérienne intestinale ; tous les légumes verts en contiennent 4 mg	intervient dans la synthèse hépatique de la prothrombine	troubles de la coagulation sanguine, dus à une diminution de la prothrombine plasmatique (allongement du temps de coagulation)
Vitamine P	tous les fruits, citron, raisin, prune inconnus	inconnu	pétéchies dues à une diminution de la résistance capillaire

tation, des troubles psychiques et peut laisser, en l'absence de traitement rapide, des séquelles (néphrocalcinose).

La vitamine E ou α-tocophérol.
Elle se rencontre dans les germes de blé et dans les organes verts des végétaux. C'est une vitamine liposoluble.

RÔLE PHYSIOLOGIQUE ET BESOINS JOURNALIERS. Le rôle de la vitamine E est mal connu, mais on considère qu'elle joue un rôle dans le fonctionnement de l'appareil génital et dans la fécondité. Les besoins journaliers sont d'environ 20 mg.

L'HYPOVITAMINOSE E. Elle n'a jamais été observée chez l'homme. Chez le rat, elle détermine un avortement précoce de la femelle et un arrêt de la spermatogenèse du mâle.

Les vitamines F.
Vitamines liposolubles, elles se rencontrent dans toutes les huiles végétales. On donne ce nom à des acides gras insaturés (notamment à l'acide linoléique) et à certains de leurs dérivés. Elles interviendraient dans le métabolisme des graisses. Leurs besoins journaliers sont mal précisés. L'hypovitaminose F n'existe pas chez l'homme, mais l'administration de vitamine F permet d'améliorer certaines lésions cutanées.

La vitamine H ou biotine.
Elle est rattachée aux vitamines B (B8). Vitamine hydrosoluble fournie par le rein, le foie, le jaune d'œuf, elle est généralement synthétisée par les bactéries de la flore intestinale. Les besoins journaliers sont de 20 mg. La carence n'existe pas chez l'homme, mais, chez le singe, elle est responsable de troubles cutanés aigus avec chute des poils.

Vitamine. Pellagre : avitaminose PP (ou B3).

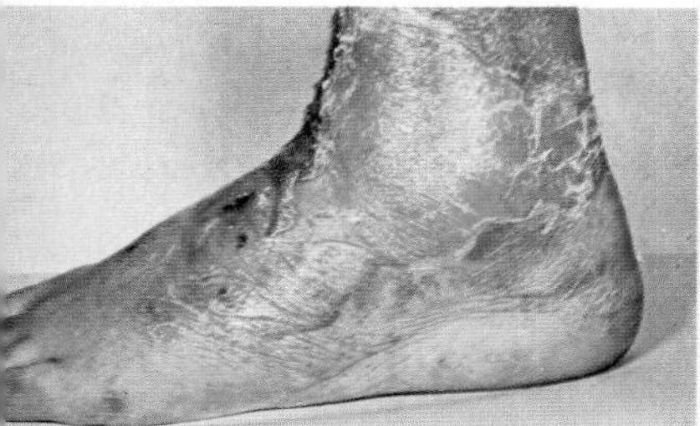

Phot. C.N.R.I. - Pr Degos.

La vitamine K ou phylloquinone.
Vitamine liposoluble, elle se rencontre dans tous les légumes verts. L'apport alimentaire est secondaire par rapport à la synthèse de vitamine K par les bactéries de la flore intestinale chez l'homme.

RÔLE PHYSIOLOGIQUE ET BESOINS JOURNALIERS. La vitamine K intervient dans la synthèse par le foie de certains facteurs indispensables à la coagulation* et essentiellement de la prothrombine. Les besoins journaliers sont de 4 mg.

L'HYPOVITAMINOSE K. Par carence d'apport, elle ne s'observe que chez le nouveau-né dont le contenu intestinal ne peut pas synthétiser de vitamine K. La carence d'absorption intestinale est beaucoup plus fréquente chez l'homme (défaut de sécrétion biliaire ou perturbation du transit intestinal). La carence par défaut de synthèse s'observe après destruction de la flore bactérienne (par un traitement antibiotique par exemple). L'hypovitaminose K se traduit par une tendance aux saignements et par des hémorragies internes dans les cas graves. Moins sévère, elle n'est révélée que par l'abaissement du taux de prothrombine.

Les vitamines P.
Elles regroupent trois substances hydrosolubles (la citrine, la rutine et l'esculoside), que l'on rencontre dans tous les fruits. Ces substances ont des formules chimiques différentes, mais une action commune de protection des endothéliums vasculaires, dont elles empêchent la rupture. D'autres substances, synthétiques, ont une action analogue et on leur attribue comme aux premières un « facteur vitaminique P ».

La carence en vitamines P entraîne des pétéchies* liées à une fragilité des vaisseaux capillaires.

L'étude des vitamines permet de comprendre le danger que représentent des régimes alimentaires trop monotones, l'abus d'aliments stérilisés, la nécessité d'équilibrer l'apport alimentaire et celui des vitamines indispensables à leur utilisation et le rôle pathogène d'une carence d'apport vitaminique (avitaminose). □

vitaminothérapie n. f. Traitement par les vitamines.

Le traitement des avitaminoses. Il consiste en l'administration de la ou des vitamines manquantes. (V. BÉRIBÉRI, SCORBUT, RACHITISME, PELLAGRE, VITAMINE.)

La prévention des avitaminoses. Elle consiste en une juste détermination des proportions des différentes vitamines qui doivent entrer dans la ration alimentaire. Lorsque celle-ci fournit un apport vitaminique insuffisant, on le complète par une vitaminothérapie de compensation.

Chez le *nourrisson*, les besoins vitaminiques sont en général couverts par la diversification rapide du régime (jus de fruits), qui ne rend utile que l'apport complémentaire de vitamine D. Chez l'*enfant* et l'*adolescent*, une ration alimentaire équilibrée suffit en principe aux besoins vitaminiques. Des compléments sont utiles en cas d'infection, d'efforts redoublés, de fatigue. Chez l'*adulte*, un apport vitaminique complémentaire peut être nécessaire en cas de privation provisoire de certains aliments (hiver, difficultés de ravitaillement, guerre, etc.), de nécessité de poursuivre certains régimes (la restriction en graisses provoque une carence en vitamines liposolubles), d'accroissement des besoins (grossesse, allaitement, maladies diverses, tentatives de records, etc.).

Le traitement de maladies autres que des avitaminoses. Il fait parfois appel à des doses très fortes de vitamines, dont l'action thérapeutique a été observée. Ainsi la vitamine C est employée dans le traitement des asthénies et du surmenage ; les vitamines B1, B6 et B12 dans le traitement des névralgies et névrites ; les vitamines A et F dans le traitement des affections de la peau, la vitamine E dans la prévention de l'athérosclérose, et les vitamines P dans le traitement de nombreuses affections circulatoires.

vitesse n. f. **Vitesse circulatoire,** vitesse avec laquelle le sang circule dans les artères et dans les veines. — Elle s'apprécie en faisant une injection intraveineuse d'une substance sapide et en mesurant le temps qui s'écoule entre cette injection et l'apparition d'une sensation gustative au niveau de la langue.

Vitesse de sédimentation des hématies ou V. S. V. SÉDIMENTATION.

vitiligo n. m. Affection caractérisée par des zones au niveau desquelles la peau est complètement blanche et qui sont entourées de zones hyperpigmentées.

Aucune cause n'est connue ; le vitiligo s'accentue pendant l'été. Le traitement est plutôt décevant, se résumant souvent à un camouflage des zones décolorées par une solution faible de permanganate de potassium.

vitré, e adj. Transparent comme une vitre.

Corps vitré (ou **vitré** n. m.), masse transparente et gélatineuse qui occupe les quatre cinquièmes du volume du globe oculaire (v. ŒIL) entre, en arrière et sur les côtés, la rétine* et, en avant, le cristallin. L'humeur vitrée est un gel colloïdal riche en fibrilles collagènes*. Celles-ci ne se renouvellent pas, et, pour remplacer un vitré pathologique, il est nécessaire de pratiquer une greffe du vitré.

Membrane vitrée (ou **vitrée** n. f.), condensation de collagène habituellement hyaline, servant de support à un épithélium ou à un tissu. (Syn. : MEMBRANE BASALE.) — Ce terme est surtout utilisé pour désigner la bordure conjonctive qui limite les tubes séminifères du testicule* et les vésicules thyroïdiennes. (V. THYROÏDE.)

vitropression n. f. Examen qui consiste à comprimer à l'aide d'un verre de montre une lésion cutanée congestive, pour apprécier la teinte qu'elle a quand elle est privée de sang. Les taches de purpura* ne s'effacent pas à la vitropression, tandis que les taches dues à une simple dilatation des capillaires (érythèmes, angiomes, etc.) s'effacent.

Vittel, station hydrominérale des Vosges, à 43 km d'Épinal, ouverte de mai à septembre, pour les affections des reins, du foie et de la nutrition.

Sources. Les eaux sulfatées calciques et magnésiennes, froides (de 10,5 à 11,5 °C), ont des concentrations différentes selon les sources : Hépar 2,25 g par litre, Marie 1,95 g par litre, Grande-Source 0,56 g par litre. On les emploie essentiellement en cures de boisson, complétées par des bains et des massages.

Indications. Les affections des voies urinaires : lithiases*, coliques* néphrétiques, et les affections des voies biliaires* et du foie* sont les principales indications de la station. On y traite également l'hyperuricémie*, la goutte* et l'hypercholestérolémie ainsi que les conséquences du surmenage : cures de détente et de désintoxication.

voie n. f. Trajet que suivent dans l'organisme des fluides (gaz ou liquides) ou l'influx nerveux.

Par extension, organes qui conduisent ces éléments : *voies respiratoires, biliaires**, *digestives, urinaires**, *nerveuses, génitales, optiques**.

voile n. m. **Voile du palais,** cloison musculo-membraneuse prolongeant en bas et en arrière la voûte du palais. — Il présente un prolongement postérieur médian, la *luette,* et, de chaque côté, deux replis, les *piliers antérieur* et *postérieur,* qui limitent la loge amygdalienne.

Affections du voile du palais. La *paralysie du voile,* de cause neurologique ou infectieuse (diphtérie*), se traduit par un nasonnement et un reflux des liquides par le nez. Les *tumeurs du voile* sont bénignes ou malignes. Le voile peut être *mal formé* (division palatine).

Voile du poumon, terme populaire désignant un obscurcissement radiologique d'une partie d'un poumon. (Il peut s'agir de tuberculose, mais aussi d'une pneumopathie banale.)

voix n. f. La voix résulte de l'émission du son laryngé modifié par les cavités de résonance : pharynx, bouche, fosses nasales.

La voix est caractérisée par son *intensité* (ampleur des vibrations sonores), sa *hauteur* (fréquence des vibrations) et son *timbre,* qui résulte de la présence plus ou moins importante d'harmoniques (vibrations de fréquence multiple du son fondamental).

Les affections qui provoquent des troubles de la voix sont les lésions du larynx* (dysphonie) et les paralysies des cordes vocales (aphonie), les lésions du pharynx et des fosses nasales (voix nasonnée).

La *phoniatrie* est la discipline médicale qui traite les anomalies de la voix : elle fait appel à l'oto-rhino-laryngologie, à la neurologie, à la rééducation respiratoire. L'*orthophonie** corrige les troubles de l'élocution et du langage (formation de sons complexes).

La rééducation de la voix bénéficie des progrès de l'électronique : contrôle des vibrations émises à l'oscilloscope, prothèses auditives pour les sourds-muets, etc.

vol n. m. Conduite antisociale d'appropriation du bien d'autrui qui, dans sa forme pathologique, seule envisagée ici, dépend de troubles psychiques.

Il est des modalités très différentes de vol pathologique dont découlent des degrés variables de responsabilité pénale.

Il peut s'agir d'un vol commis au cours d'une impulsion par des déments, des arriérés mentaux ou des sujets présentant une psychose : accès maniaque (v. MANIE), délire* chronique, schizophrénie*. Dans ces cas, une thérapeutique psychiatrique s'impose et non une sanction.

Le vol peut encore se commettre au cours d'une obsession* — impulsion sous l'influence d'une irrésistible tentation. La véritable *kleptomanie** (névrotique) constitue le type même du vol pathologique. Il est réalisé par un individu lucide, dont la conscience morale est intacte, mais qui ne peut résister à la tentation.

Citons aussi les cas d'escroquerie nettement morbide survenant dans le cadre d'un déséquilibre caractériel. (V. CARACTÈRE.)

Chez l'adolescent et chez l'enfant, il faut se garder d'y voir systématiquement le signe de la perversité. L'enfant dès l'âge de 6 ans est susceptible de voler, ce comportement étant habituel chez lui.

De nombreux adolescents peuvent avoir une ou plusieurs conduites de vol sans verser pour autant dans la délinquance.

volémie n. f. Volume total du sang contenu dans le corps.

Le seul trouble de la volémie est l'*hypovolémie,* diminution de la volémie due à une hémorragie* ou à un état de choc*, et qui se traduit par une baisse de la tension artérielle.

volet n. m. **Volet crânien,** ablation d'une partie de la voûte crânienne par trépanations périphériques multiples, utilisée en neurochirurgie comme voie d'abord pour l'exérèse d'une tumeur ou comme traitement d'une hypertension intracrânienne.

Volet costal, désolidarisation d'une partie de la cage thoracique à la suite de fractures de côtes multiples. — Le risque principal du volet costal réside en ce qu'il ne suit plus les mouvements de la respiration, restant déprimé lors de l'inspiration et provoquant une gêne respiratoire grave (respiration paradoxale).

Volkmann (syndrome de), complication des traumatismes du membre supérieur et en particulier de l'avant-bras chez l'enfant et l'adolescent, caractérisé par une rétraction des muscles fléchisseurs des doigts, aboutissant à une infirmité grave.

volupté n. f. Plaisir intense né de la satisfaction d'un besoin, plus particulièrement plaisir sexuel.

volvulus n. m. Torsion d'un organe creux autour de son point d'attache, se rencontrant essentiellement au niveau de l'intestin grêle et du côlon pelvien, qui jouissent d'une relative mobilité.

Le volvulus peut survenir sans cause apparente ou être provoqué par une adhérence anormale du viscère (bride postopératoire). Le tableau clinique est celui d'une occlusion* intestinale, avec ses diverses modalités selon le siège. Le risque de nécrose impose l'intervention chirurgicale d'urgence.

vomer n. m. Lame osseuse verticale et médiane qui constitue la partie postérieure de la cloison médiane des fosses nasales.

vomique n. f. Rejet, par expectoration,

d'une collection purulente passée par effraction dans les bronches.
L'abcès du poumon, devenu rare, est la cause principale de vomique, parfois minime et fractionnée, parfois massive et brutale. La rupture d'un kyste hydatique du poumon provoque une vomique « chocolat ».

vomissement n. m. Rejet par la bouche de tout ou partie du contenu de l'estomac.
Le vomissement peut être aqueux, purulent, sanglant, bilieux. Il diffère de la régurgitation, reflux des aliments sans effort, depuis l'œsophage.

Le vomissement est un acte réflexe, dû à une irritation du tube digestif transmise par les nerfs glosso-pharyngiens et pneumogastriques aux centres nerveux du bulbe, ou à l'irritation de ces centres eux-mêmes.

Le vomissement s'observe dans divers états pathologiques : gastrites, cholécystites*, intoxications diverses, appendicite, occlusion intestinale, etc. Les troubles neurologiques, en particulier les syndromes méningés (méningites) et les tumeurs cérébrales sont responsables de vomissements non alimentaires en « fusée ».

Les vomissements du nourrisson sont importants à connaître, en raison des désordres hydroélectrolytiques qu'ils provoquent et des urgences chirurgicales qu'ils peuvent représenter. Hormis la coqueluche*, les péritonites*, les otites*, les appendicites*, il faut penser à une occlusion* néonatale, à une hernie* diaphragmatique, à la sténose hypertrophique du pylore*, à l'atrésie de l'œsophage* (urgence néonatale).

Vomissement acétonémique. Cette affection bénigne de l'enfant se caractérise par une intolérance alimentaire complète, de la fièvre et des vomissements (v. ACÉTONÉMIE).

Vomissements de la grossesse. Nombre de femmes enceintes vomissent au début de leur grossesse. Certaines, peu et peu de temps ; d'autres, beaucoup et durant longtemps.

Les *vomissements simples* sont presque un signe normal de grossesse. Ils surviennent au réveil ou à l'heure des repas, sans efforts, souvent précédés de nausées. Ils peuvent s'accompagner de salivation excessive, de crampes épigastriques et de syncope. Ils prennent fin habituellement vers le 4e mois de la grossesse.

Les *vomissements graves* ont une abondance et une fréquence très grandes. Ils retentissent vite sur l'état général et entraînent amaigrissement et déshydratation. Le traitement de ces vomissements graves impose l'isolement à l'hôpital dans le calme absolu et sans aucune visite.

Traitement du vomissement. Les antispasmodiques et antiémétisants (métopimazine) donnent de bons résultats s'il n'y a pas de lésion organique. Ils sont associés, si nécessaire, à la correction de la déshydratation et du désordre électrolytique. La cause doit toujours être recherchée et, si possible, traitée.

vomitif n. m. et adj. Médicament utilisé pour provoquer un vomissement.
L'apomorphine* en injections sous-cutanées est le vomitif le plus employé dans le traitement des intoxications.

voussure n. f. Convexité anormale d'une région anatomique : *voussure du rachis dans les scolioses.*

voûte n. f. Formation anatomique cintrée : *voûte du crâne, du palais, voûte plantaire* (v. PIED).

vulnéraire adj. et n. m. Se dit des médicaments propres à guérir une blessure ou que l'on administre après un traumatisme (teinture d'arnica, vin aromatique, alcoolat de mélisse, etc.). (Vx.)

vultueux, euse adj. Se dit d'un visage rouge et gonflé, qu'on voit par exemple lors des fièvres très élevées.

vulve n. f. Ensemble des parties génitales externes de la femme.
Anatomie. La vulve est une dépression médiane dirigée d'avant en arrière et limitée de chaque côté par deux replis cutanés successifs, les grandes lèvres, puis les petites lèvres, ou « nymphes ». En avant, les grandes lèvres se terminent sur le mont de Vénus ; les petites lèvres forment le capuchon qui recouvre le clitoris, organe érectile. La commissure postérieure est appelée « fourchette ». L'urètre aboutit, par son méat, en arrière du clitoris. Le vagin s'abouche en arrière de celui-ci. Au tiers postérieur de la vulve s'ouvrent, de part et d'autre, les orifices des glandes de Bartholin.
Pathologie. Les *malformations* comportent l'imperforation de l'hymen, les abouchements anormaux de l'anus ou des uretères à la vulve, l'absence de vagin.

Les *traumatismes* peuvent être accidentels, obstétricaux ou consécutifs à la défloration.

Les *infections de la vulve* sont les vulvites*.

Les *ulcérations* de la vulve peuvent être liées à un herpès, à une maladie vénérienne (chancre syphilitique, chancre mou, maladie de Nicolas-Favre) ou à un épithélioma.

Les *états dystrophiques* se voient le plus souvent après la ménopause, ou chez une femme castrée (kraurosis). Ils peuvent réaliser également un esthiomène ou un éléphantiasis.

Les *tumeurs de la vulve* peuvent être

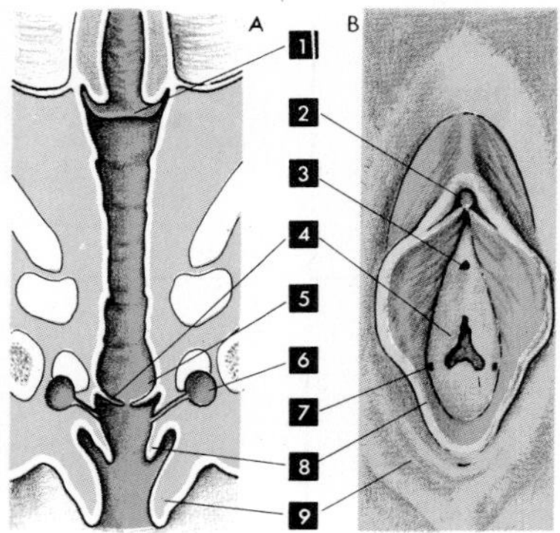

Vulve.
A. Coupe frontale du vagin.
B. Vue externe :
1. Col de l'utérus ; 2. Clitoris ;
3. Orifice urétral externe ; 4. Hymen ;
5. Vagin ; 6. Glande de Bartholin ;
7. Orifice externe de la glande de Bartholin ;
8. Petite lèvre ; 9. Grande lèvre.

bénignes (papillomes, condylomes, « crêtes-de-coq ») ou malignes, ces dernières se développant souvent à partir de lésions précancéreuses (leucoplasie, maladie de Paget, maladie de Bowen, prurit rebelle).

vulvectomie n. f. Ablation des organes génitaux externes de la femme.
Elle peut être nécessitée par le développement de certaines tumeurs précancéreuses ou cancéreuses de la région. Dans ce dernier cas, elle peut être associée à un curage ganglionnaire des vaisseaux iliaques.

vulvite n. f. Infection de la vulve, se traduisant par une sensation de cuisson et de tension, avec rougeur, irritation et suintement.
Elle peut s'accompagner de vaginite* ou d'infection de la peau avoisinante. Les germes responsables peuvent être des bactéries banales (streptocoques, staphylocoques), des bactéries intestinales (colibacille) ou des gonocoques*.

vulvo-vaginite n. f. État inflammatoire de la vulve et du vagin, fréquent chez les petites filles et le plus souvent bénin.
Les vulvo-vaginites peuvent nécessiter des injections vaginales, qui sont pratiquées, chez la petite fille, avec une canule spéciale pour fillette.

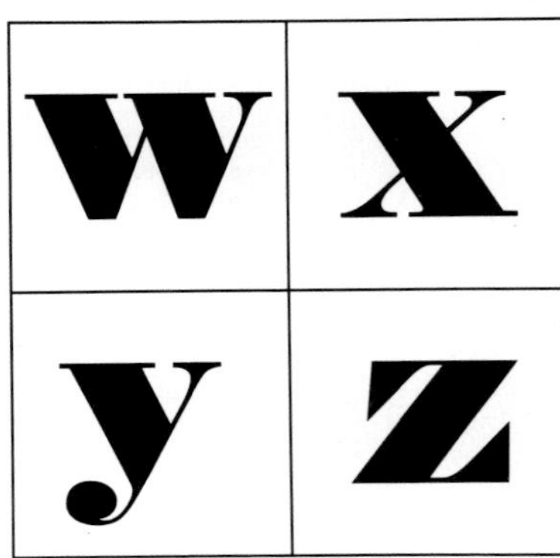

Waaler-Rose (réaction de), réaction immunologique mettant en évidence le « facteur rhumatoïde » et positive dans la polyarthrite* rhumatoïde et dans certaines collagénoses*.

Waldenström (maladie de), macroglobulinémie* (affection caractérisée par la présence dans le sang d'une immunoglobuline de poids moléculaire très élevé [macroglobuline]), sans cause connue.
Elle se manifeste par une anémie, des hémorragies (v. PURPURA), une augmentation de volume du foie, de la rate et des ganglions, sièges d'une infiltration lymphoplasmocytaire. (V. LYMPHOCYTE, PLASMOCYTE.)
Le traitement utilise les antimitotiques et les corticoïdes.

Wasserman (réaction de). V. BORDET*-WASSERMAN.

Weber (épreuve de), épreuve permettant de diagnostiquer la nature des anomalies de l'audition.
Pratiquée avec un diapason ou un audiomètre, elle étudie la latéralisation du son par voie osseuse.
Le son émis par le diapason ou le vibreur posé sur la ligne médiane du crâne est perçu du côté atteint dans les surdités de transmission, du côté sain dans les surdités de perception.

Weeks (bacille de), bacille responsable d'une conjonctivite aiguë.

Weigl (réaction de), réaction immunologique du typhus exanthématique. (C'est l'agglutination d'une suspension de rickettsies par le sérum du malade.)

Weil-Félix (réaction de), réaction immunologique des rickettsioses fondée sur le fait que le sérum des malades agglutine diverses souches de *proteus* (bacille sans rapport avec les rickettsies).
Ce n'est pas une réaction spécifique, et sa positivité doit faire pratiquer la réaction de Weigl*.

Werding-Hoffmann (maladie de), maladie héréditaire grave à transmission récessive, caractérisée par une amyotrophie* précoce touchant tous les muscles, une paralysie et d'importantes déformations, celles de la cage thoracique pouvant entraîner des difficultés respiratoires.

Wernicke (aphasie de), variété d'aphasie* dans laquelle l'expression orale est abondante, spontanée mais incompréhensible à cause de l'usage inapproprié des mots.

Westphal (signe), nom donné à l'abolition du réflexe rotulien dans le tabès*.

Wharton (canal de), canal excréteur de la glande salivaire* sous-maxillaire.

Wharton (gelée de), tissu conjonctif mou qui donne sa consistance au cordon ombilical.

Whipple (maladie de), affection très rare associant une diarrhée par malabsorption, des douleurs articulaires multiples et parfois des adénopathies.
La biopsie de la muqueuse intestinale montre une infiltration par des cellules remplies de granulations glycoprotéiques. Le traitement est à base d'antibiotiques.

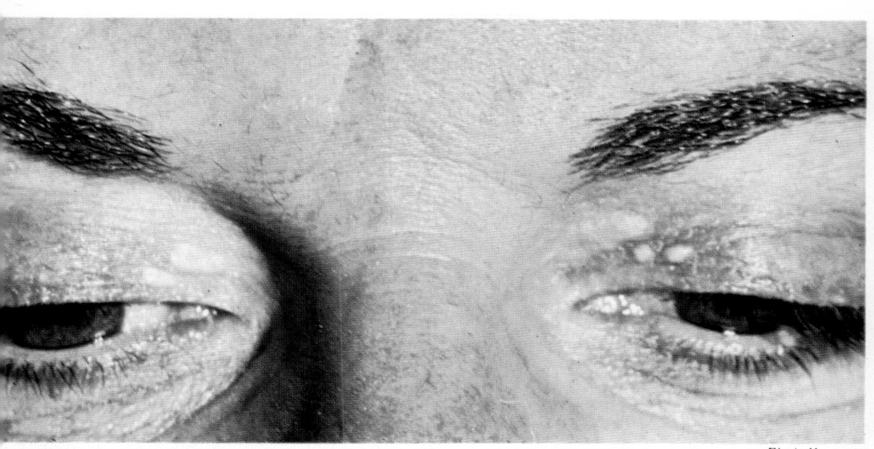
Phot. X.

Xanthélasma.

Willis (hexagone de), polygone artériel irriguant la partie postérieure du cerveau*.

Wilson (maladie de), maladie héréditaire récessive, consistant en un dépôt de cuivre dans les viscères, en particulier le foie, le cerveau et le rein. (Syn. : DÉGÉNÉRESCENCE HÉPATO-LENTICULAIRE.)
Elle se caractérise par une cirrhose* du foie et des troubles neurologiques qui prédominent sur les noyaux gris centraux du cerveau (noyaux lenticulaires). On constate un anneau vert autour de la cornée. Le traitement comporte l'administration d'un chélateur du cuivre, la *pénicillamine,* produit de dégradation de la pénicilline.

Wirsung (canal de), canal principal d'excrétion du pancréas* vers le duodénum*.

Wrisberg (nerf de), racine sensitive de la VIIe paire de nerfs* crâniens (nerf facial*).

wuchereria n. f. Genre zoologique désignant les filaires* pathogènes lymphatiques.

xanthélasma n. m. Nom donné aux taches

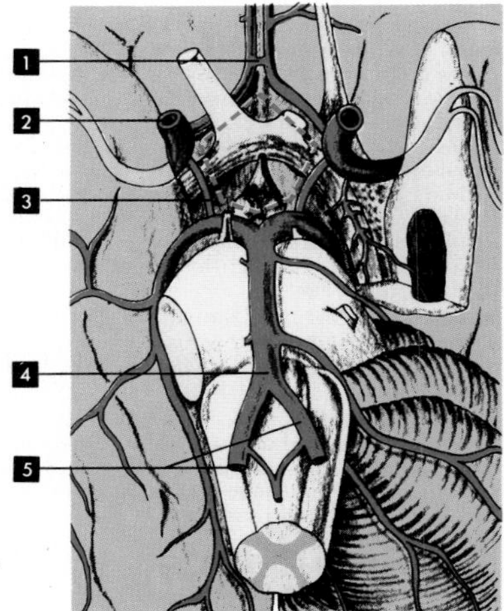

Willis (hexagone de).
L'hexagone artériel de Willis, situé à la base du crâne, relie les artères carotides entre elles et aux artères vertébrales par le tronc basiliaire. Il permet, en cas d'obstruction de l'un de ces troncs artériels, la suppléance de l'irrigation cérébrale par les autres.
1. Communicante antérieure ;
2. Carotide interne ;
3. Communicante postérieure ;
4. Tronc basilaire ; 5. Artères vertébrales.

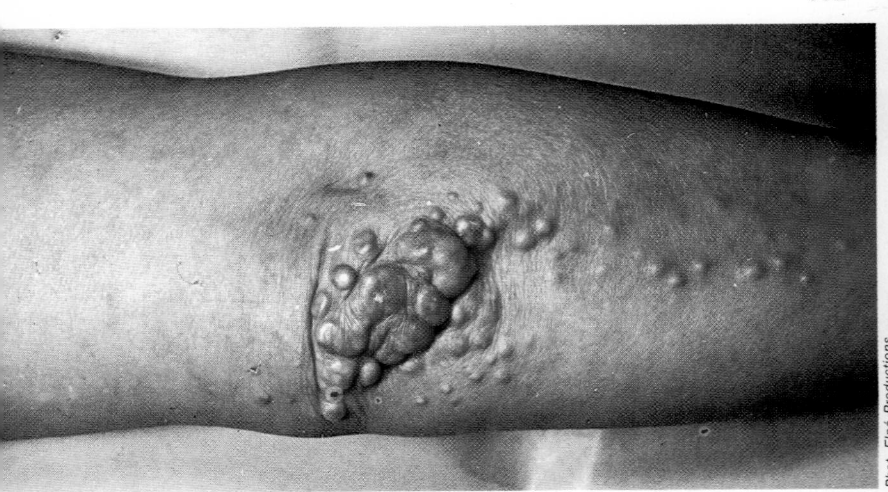

Xanthome. Xanthomes du coude.

jaunes présentes sur la paupière supérieure, près de l'angle interne de l'œil, dues à des dépôts intradermiques de cholestérol*.
Ces taches, légèrement saillantes, sont bilatérales, parfois symétriques. Elles ne coïncident pas forcément avec une élévation du taux sanguin du cholestérol. L'excision chirurgicale est le meilleur traitement.

xanthique adj. **Bases xanthiques,** substances présentes dans le café, le thé, le cacao. — Ce sont la caféine, la théophylline, la théobromine. Elles sont utilisées en thérapeutique pour leur effet tonique sur le muscle cardiaque et leur effet diurétique*.

xanthomatose n. f. Trouble du métabolisme des lipides s'accompagnant de la présence de xanthomes*.
Les xanthomatoses hypercholestérolémiques font suite à une cirrhose biliaire ou à un myxœdème*. Les xanthomatoses hyperlipémiques (augmentation du taux sanguin des lipides autres que le cholestérol) s'observent chez les diabétiques et dans les affections pancréatiques. Enfin, il existe des xanthomatoses normocholestérolémiques, dues à un trouble du métabolisme des lipides.

Les pronostics sont très divers selon la cause.

xanthome n. m. Tumeur dermique constituée de graisses neutres, de phospholipides* ou de cholestérol.
Les *xanthomes tubéreux* témoignent d'une hypercholestérolémie*. On les rencontre aux genoux, aux coudes ; ils sont jaunes, saillants, plus ou moins volumineux.

Les *xanthomes plans,* sans rapport avec un trouble des lipides, se rencontrent surtout sur le tronc et les membres.

Les *xanthomes éruptifs,* micropapules jaune-orangé, en nappes, se rencontrent surtout aux fesses et aux membres. Ils peuvent disparaître spontanément ou sous l'effet du traitement ; ils témoignent d'une hyperlipémie. Le régime hypolipidique peut les faire régresser.

xanthopsie n. f. Trouble de la vision observé au cours de certains ictères, qui donne une teinte jaune uniforme à tous les objets.

xénodiagnostic n. m. Technique utilisant l'insecte vecteur d'une maladie parasitaire pour en faire le diagnostic.
On fait piquer le malade par un insecte sain (non parasité), et on retrouve le parasite dans ses déjections.

xeroderma pigmentosum n. m. (mots lat.). Maladie cutanée héréditaire très rare, caractérisée par l'apparition de lésions de

kératose dès que le sujet s'expose à la lumière.
Ces lésions peuvent se cancériser et obligent donc à des interventions réitérées.

xérodermie n. f. État sec de l'épiderme, qui s'observe notamment au cours de l'avitaminose A.

xérophtalmie n. f. Sécheresse des muqueuses de l'œil (conjonctive et cornée) avec kératinisation.
Dans cette affection, due à une avitaminose A (v. VITAMINE), la surface de l'œil perd son brillant et sa sensibilité, se couvre de taches argentées, puis s'ulcère.
Le traitement comporte l'administration de vitamine A. Sans lui, l'évolution se fait vers la kératomalacie*.

xiphoïde adj. **Appendice xiphoïde,** extrémité inférieure du *sternum**.

xylol ou **xylène** n. m. Homologue du benzène utilisé dans le traitement de la phtiriase* sous forme de vaseline xylolée.

yaourt n. m. Lait caillé ayant subi une fermentation acide. (Syn. : YOGHOURT.)
Par son acidité, le yaourt s'oppose au développement des germes de putréfaction, d'où son intérêt comme complément de l'antibiothérapie*. Il n'est pas toujours supporté par l'estomac, du fait même de son acidité.

Yersin (bacille de), agent de la peste*. C'est un coccobacille* Gram négatif qui résiste au froid.

zézaiement n. m. Défaut de prononciation qui consiste à articuler « z » à la place de « j » ou « g », et à articuler « s » à la place de « ch » (*zeu* pour jeu, *semin* pour chemin).

Ziehl-Nielsen (coloration de), coloration utilisée pour mettre en évidence le B. K. et le bacille de Hansen*.

zinc n. m. Métal de couleur blanc bleuâtre.
Le *chlorure* de zinc est antiseptique. Le *sulfate* de zinc entre dans la pommade de Dalibour. Le *phosphure* de zinc est antiparasitaire. L'*oxyde* de zinc est absorbant et antiseptique (poudres, pommades).
Toxicologie. Dans l'industrie, l'inhalation de vapeurs de zinc peut entraîner la « fièvre des fondeurs » : fièvre à 40 °C, avec frissons, céphalées, douleurs musculaires, rapidement guérissable. Par contre, l'inhalation de vapeurs des dérivés du zinc peut entraîner un œdème* aigu du poumon, souvent mortel.

Zollinger-Ellison (syndrome de), syndrome caractérisé par des ulcères multiples du duodénum*, dû à un adénome pancréatique ou à une hyperplasie diffuse des îlots de Langerhans*, qui entraînent une sécrétion exagérée de sucs pancréatiques, agressifs pour la muqueuse duodénale.

zona n. m. Maladie infectieuse d'origine virale. (Syn. : ZOSTER, HERPES ZOSTER.)

Phot. X.

Zona. Zona intercostal.

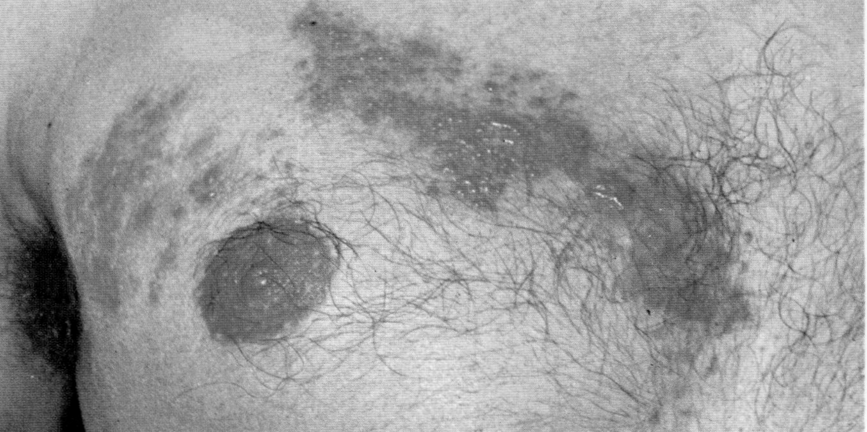

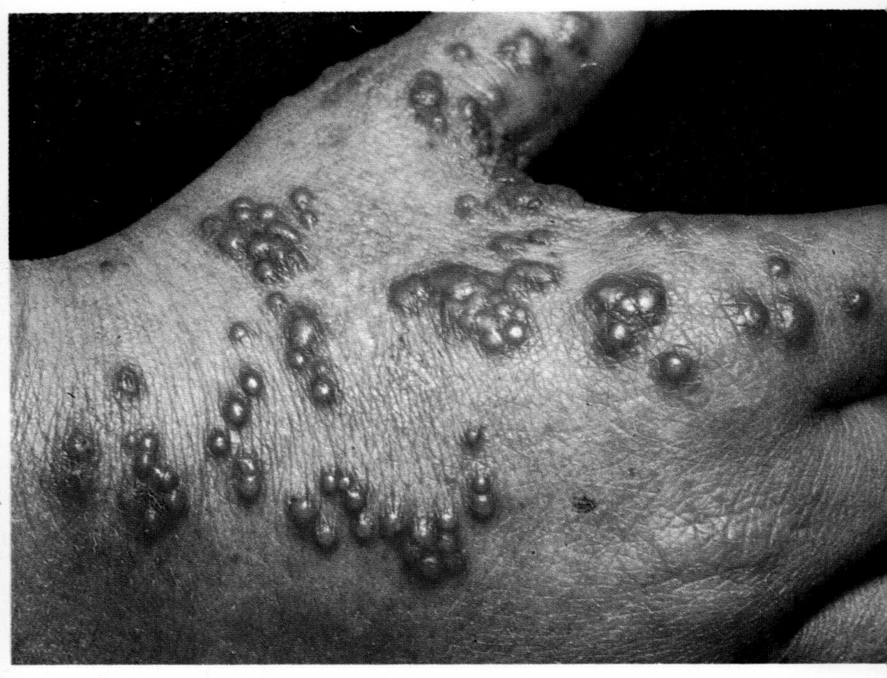

Zona. Zona de la main.

Le germe en cause est un « herpès-virus » qui est à l'origine d'une maladie généralisée, la varicelle, et d'une récidive locale, le zona. Celui-ci ne se manifeste chez l'homme qu'en présence d'anticorps antivaricelleux.

Signes cliniques. Le zona survient surtout à l'âge adulte et chez le vieillard. Il succède parfois à des traumatismes rachidiens, à des affections du névraxe. Il se caractérise par une éruption localisée à une racine nerveuse.

Une douleur, tenace, radiculaire, à type de brûlure, précède l'éruption de quelques jours, parfois quelques heures. L'éruption est strictement localisée au territoire de la racine, de type érythémateux devenant vésiculeux en quelques jours. Des croûtes se forment, laissant, 10 jours après, une cicatrice blanche. Il existe une adénopathie satellite (gros ganglion), des douleurs très intenses (« feu de Saint-Antoine »), parfois des troubles de la sensibilité.

Les localisations les plus fréquentes sont les atteintes rachidiennes. Les zonas céphaliques sont plus rares (5 p. 100), ce sont le zona ophtalmique (aux complications oculaires), le zona du ganglion géniculé (touchant l'oreille) et les zonas bucco-pharyngés.

Les complications sont, en dehors des atteintes neurologiques graves, des séquelles douloureuses qui posent de difficiles problèmes thérapeutiques.

Le traitement est surtout symptomatique ; il associe l'isolement du malade, la prévention d'une surinfection locale et le soulagement des douleurs (aspirine, glafénine, vitamine B1, radiothérapie locale). Dans les cas graves, une intervention chirurgicale est parfois nécessaire.

zonule n. f. Ensemble de fibres tendues du

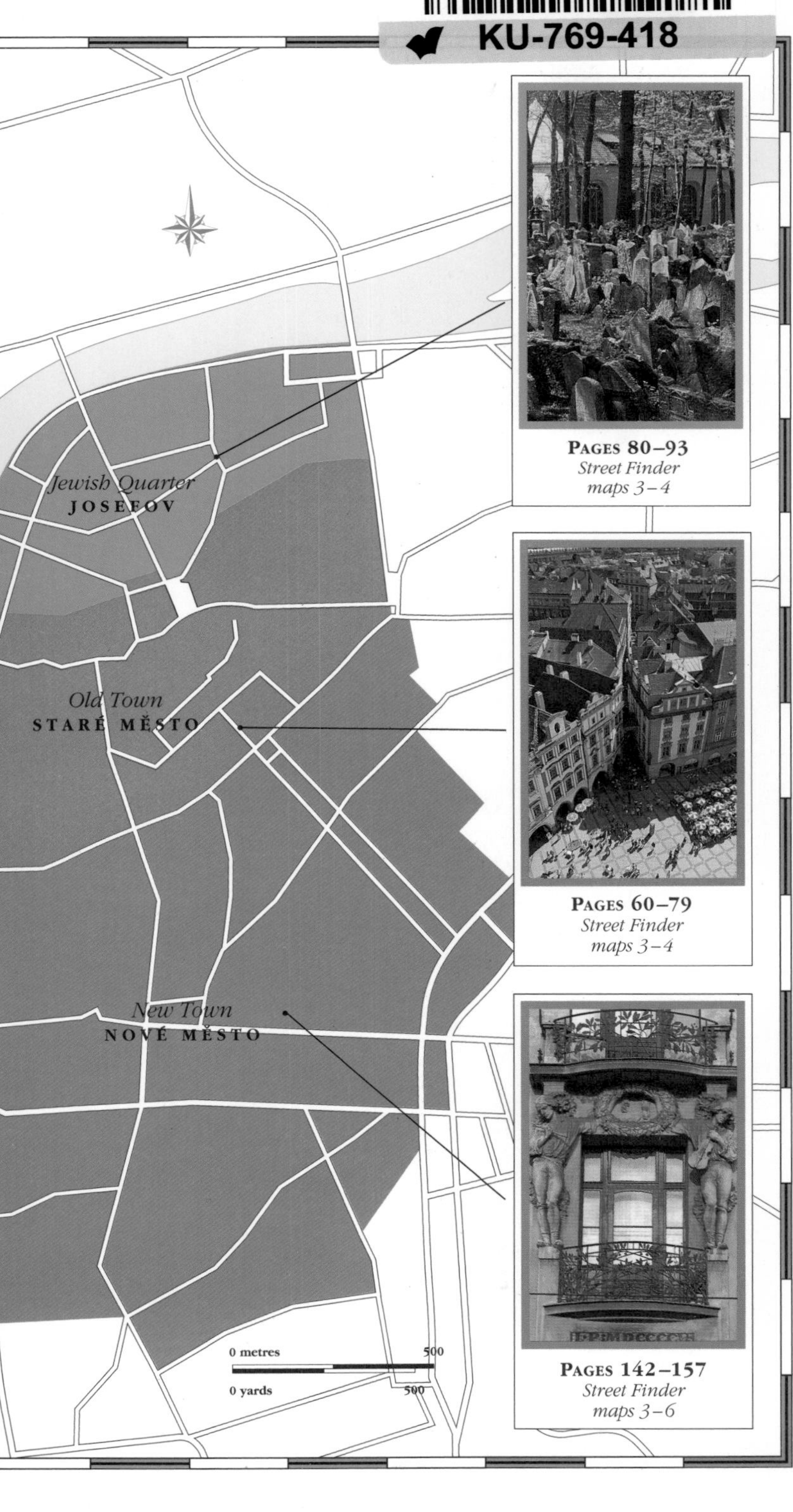
Jewish Quarter
JOSEFOV
Old Town
STARÉ MĚSTO
New Town
NOVÉ MĚSTO
0 metres
500
0 yards
500
PAGES 80–93
Street Finder
maps 3–4
PAGES 60–79
Street Finder
maps 3–4
PAGES 142–157
Street Finder
maps 3–6

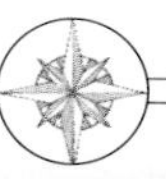

EYEWITNESS *TRAVEL GUIDES*

PRAGUE

DK EYEWITNESS *TRAVEL GUIDES*

PRAGUE

Main Contributor: VLADIMÍR SOUKUP

DORLING KINDERSLEY
LONDON • NEW YORK • MUNICH
MELBOURNE • DELHI
www.dk.com

A Dorling Kindersley Book

www.dk.com

Project Editor Heather Jones
Art Editor Lisa Kosky
Editors Ferdie McDonald, Carey Combe
Designers Louise Parsons, Nicki Rawson

Contributors
Petr David, Vladimír Dobrovodský, Nicholas Lowry, Polly Phillimore, Joy Turner-Kadečková

Photographers
Jiří Doležal, Jiří Kopřiva, Vladimír Kozlík, František Přeučil, Milan Posselt, Stanislav Tereba, Peter Wilson

Illustrators
Gillie Newman, Chris Orr, Otakar Pok, Jaroslav Staněk

This book was produced with the assistance of Olympia Publishing House, Prague.

Reproduced by Colourscan, Singapore
Printed and bound by L. Rex Printing Company Limited, China

First published in Great Britain in 1994
by Dorling Kindersley Limited
80 Strand, London, WC2R 0RL

Reprinted with revisions 1994, 1995, 1996, 1997, 1998, 1999, 2000, 2001, 2002

A CIP catalogue record is available from the British Library.

ISBN 0-7513-4675-6

The information in every DK Eyewitness Travel Guide is checked regularly.

Every effort has been made to ensure that this book is as up-to-date as possible at the time of going to press. Some details, however, such as telephone numbers, opening hours, prices, gallery hanging arrangements and travel information, are liable to change.

The publishers cannot accept responsibility for any consequences arising from the use of this book, nor for any material on third-party websites, and cannot guarantee that any website address in this book will be a suitable source of travel information.

We value the views and suggestions of our readers very highly. Please write to: Senior Publishing Manager, DK Eyewitness Travel Guides, Dorling Kindersley, 80 Strand, London WC2R 0RL.

Contents

Rudolph II (1576–1612)

Introducing Prague

Outdoor café tables

Wallenstein Palace and Garden in the Little Quarter

Church of Our Lady before Týn

Travellers' Needs

Survival Guide

Czech beer-bottle top

Fiacre, Old Town Square

Baroque façades of houses at the eastern end of Old Town Square

HOW TO USE THIS GUIDE

Planning the day's itinerary in Prague

THIS EYEWITNESS Travel Guide helps you get the most from your stay in Prague with the minimum of difficulty. The opening section, *Introducing Prague*, locates the city geographically, sets modern Prague in its historical context and describes events through the entire year. *Prague at a Glance* is an overview of the city's main attractions, including a feature on the River Vltava. Section two, *Prague Area by Area*, starts on page 58. This is the main sightseeing section, which covers all the important sights, with photographs, maps and drawings. It also includes day trips from Prague and four guided walks around the city.

Carefully researched tips for hotels, restaurants, shops and markets, cafés and bars, entertainment and sports are found in *Travellers' Needs*. The last section, the *Survival Guide*, contains useful practical advice on all you need to know, from making a telephone call to using the public transport system.

FINDING YOUR WAY AROUND THE SIGHTSEEING SECTION

Each of the five sightseeing areas in the city is colour-coded for easy reference. Every chapter opens with an introduction to the part of Prague it covers, describing its history and character, followed by a Street-by-Street map illustrating the heart of the area. Finding your way around each chapter is made simple by the numbering system used throughout. The most important sights are covered in detail in two or more full pages.

PRAGUE AREA BY AREA 95

PRAGUE CASTLE AND HRADČANY

PRAŽSKÝ HRAD A HRADČANY

Each area has colour-coded thumb tabs.

A locator map shows where you are in relation to other areas in the city centre.

Locator map

A suggested route takes in the most interesting and attractive streets in the area.

1 Introduction to the area
For easy reference, the sights in each area are numbered and plotted on an area map. To help the visitor, this map also shows metro stations, tram stops, river boat boarding points and parking areas. The area's key sights are listed by category: Churches; Museums and Galleries; Historic Streets and Squares; Palaces; and Parks and Gardens.

The area shaded pink is shown in greater detail on the Street-by-Street map on the following pages.

2 Street-by-Street map
This gives a bird's eye view of the most important parts of each sightseeing area. The numbering of the sights ties in with the area map and the fuller descriptions on the pages that follow.

The list of star sights recommends the places that no visitor should miss.

Prague Area Map

The coloured areas shown on this map *(see inside front cover)* are the five main sightseeing areas – each covered in a full chapter in *Prague Area by Area (pp58–157)*. They are highlighted on other maps throughout the book. In *Prague at a Glance (pp36–57)*, for example, they help locate the top sights. They are also used to show some of the top restaurants in *Travellers' Needs (pp192–3)* and to plot the routes of the river trip *(p54)* and the four guided walks *(p170)*.

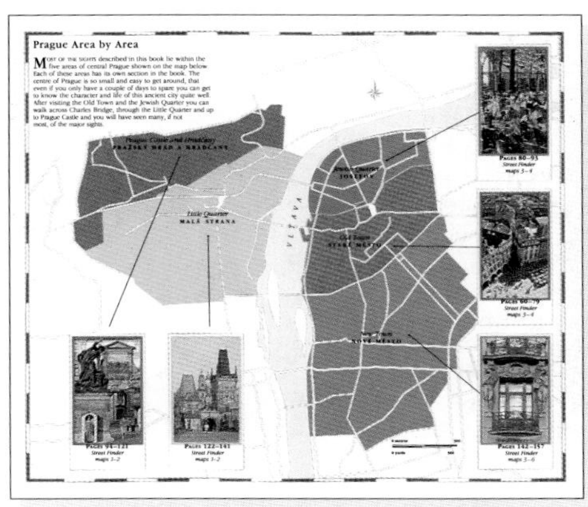

Numbers refer to each sight's position on the area map and its place in the chapter.

Practical information lists all the information you need to visit every sight, including a map reference to the *Street Finder (pp244–9)*.

Façades of important buildings are often shown to help you recognize them quickly.

The visitors' checklist provides all the practical information needed to plan your visit.

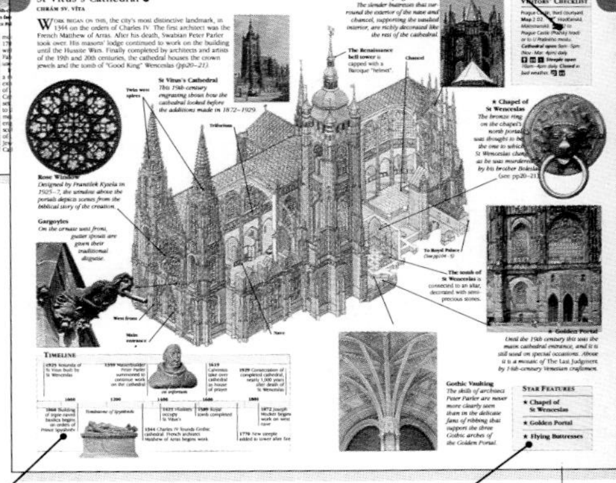

3 Detailed information on each sight

All the important sights in Prague are described individually. They are listed in order, following the numbering on the area map. Practical information on opening hours, telephone numbers, admission charges and facilities available is given for each sight. The key to the symbols used can be found on the back flap.

A timeline charts the key events in the history of the building.

4 Prague's major sights

Historic buildings are dissected to reveal their interiors; and museums and galleries have colour-coded floorplans to help you find important exhibits.

Stars indicate the features no visitor should miss.

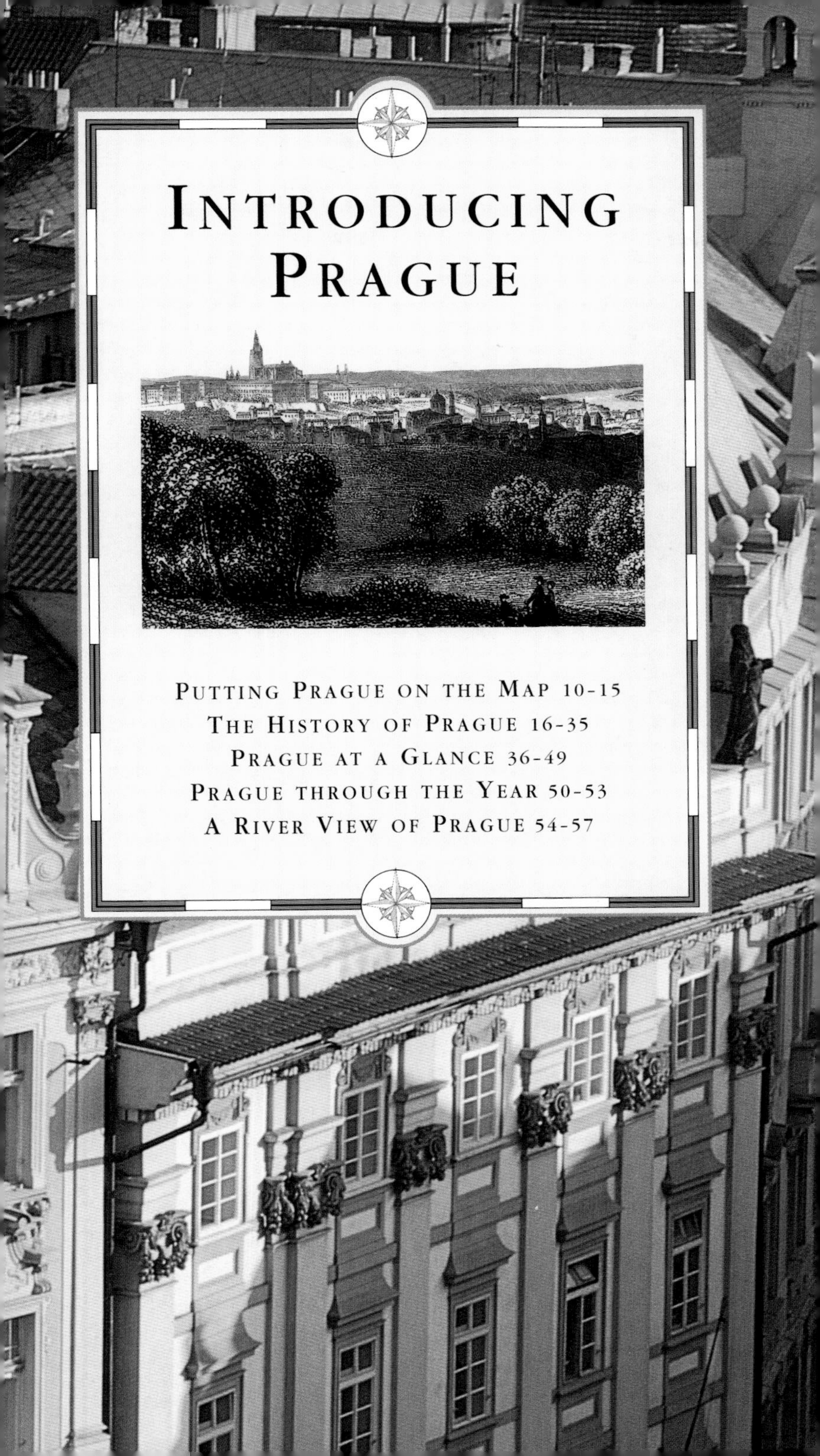

Introducing Prague

Putting Prague on the Map

PRAGUE HAS A POPULATION of just over 1 million and covers 500 sq km (200 sq miles) at its outer limits. It is the capital of the newly-formed Czech Republic and head of the region of Bohemia. Prague's geographical position at the centre of Europe makes it a convenient base from which to visit both the Bohemian countryside and many other major cities, such as Nuremberg, Vienna, Bratislava and Budapest.

View looking southwest over the Vltava

Europe

The Czech Republic, right at the heart of continental Europe, is completely landlocked. Prague, the capital, has one airport and road and rail links to neighbouring countries.

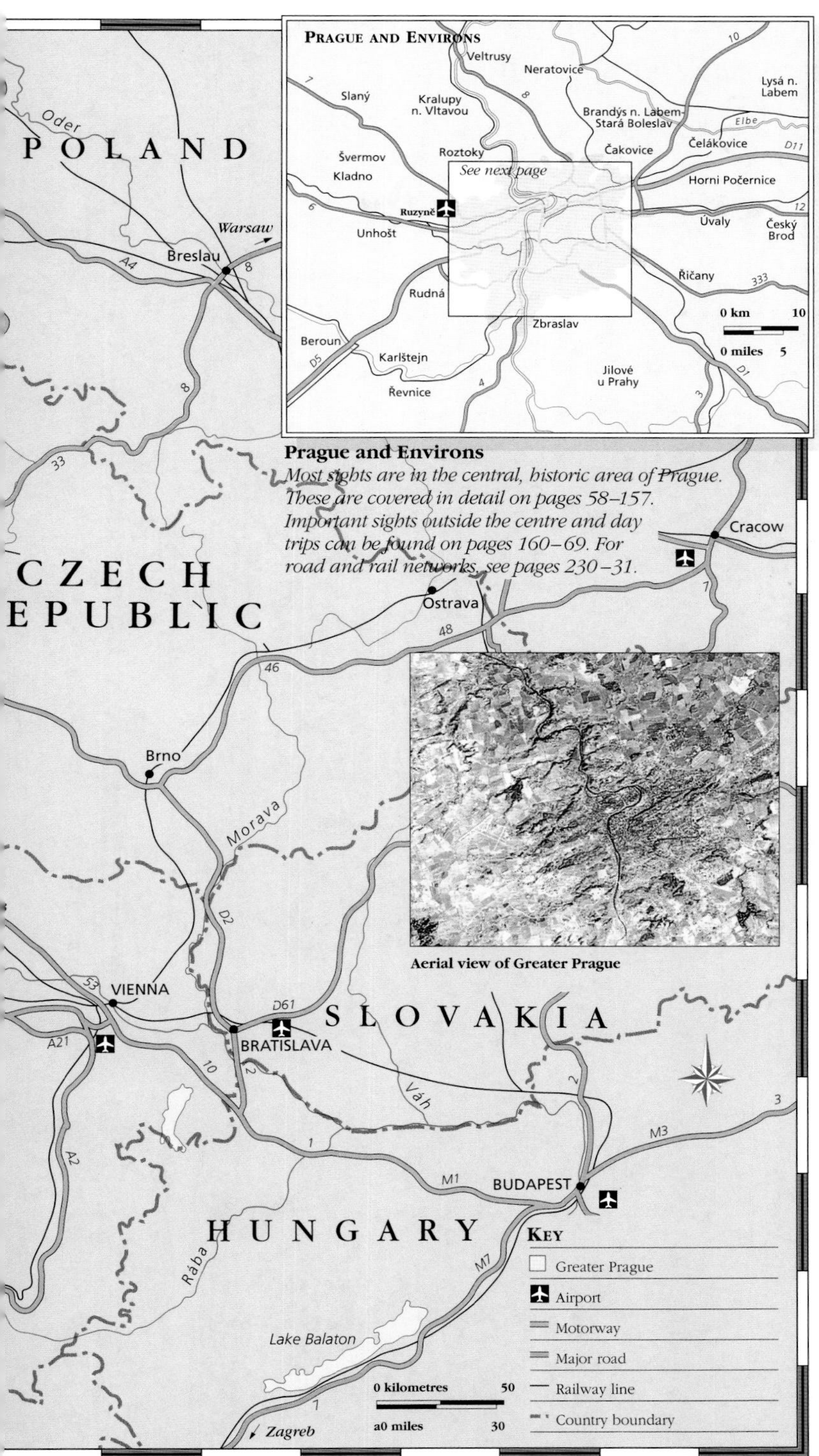

Prague and Environs
Most sights are in the central, historic area of Prague. These are covered in detail on pages 58–157. Important sights outside the centre and day trips can be found on pages 160–69. For road and rail networks, see pages 230–31.

Aerial view of Greater Prague

Greater Prague

The city of Prague is made up of five ancient towns (see pp54–165) with the Vltava, a tributary of the Elbe, running through the centre.In 1922 the greater Prague conurbation was formed.It incorporated 37 other districts and suburbs of central Bohemia. The greater Prague area is well served by public transport systems.

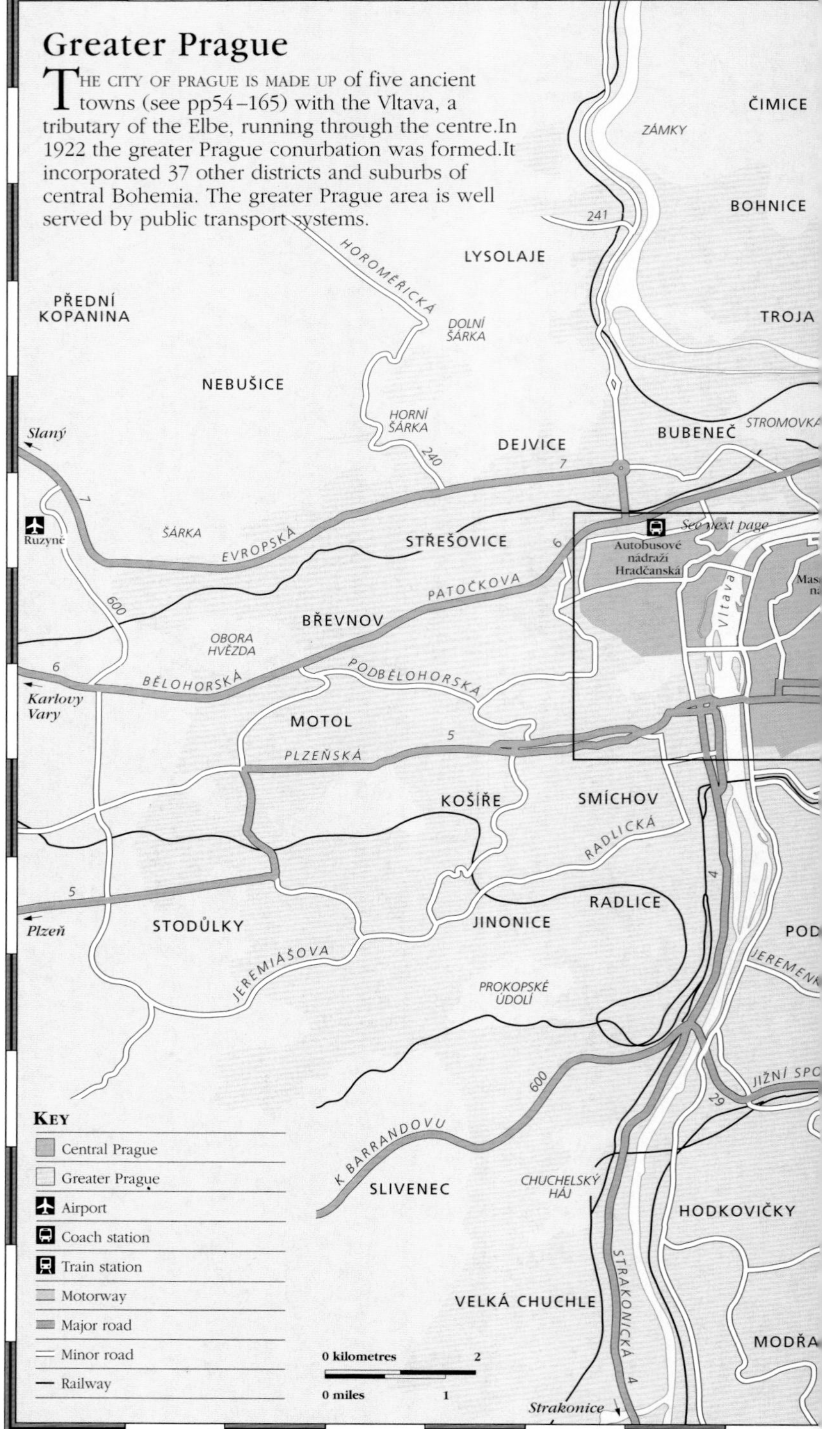

Key

- Central Prague
- Greater Prague
- Airport
- Coach station
- Train station
- Motorway
- Major road
- Minor road
- Railway

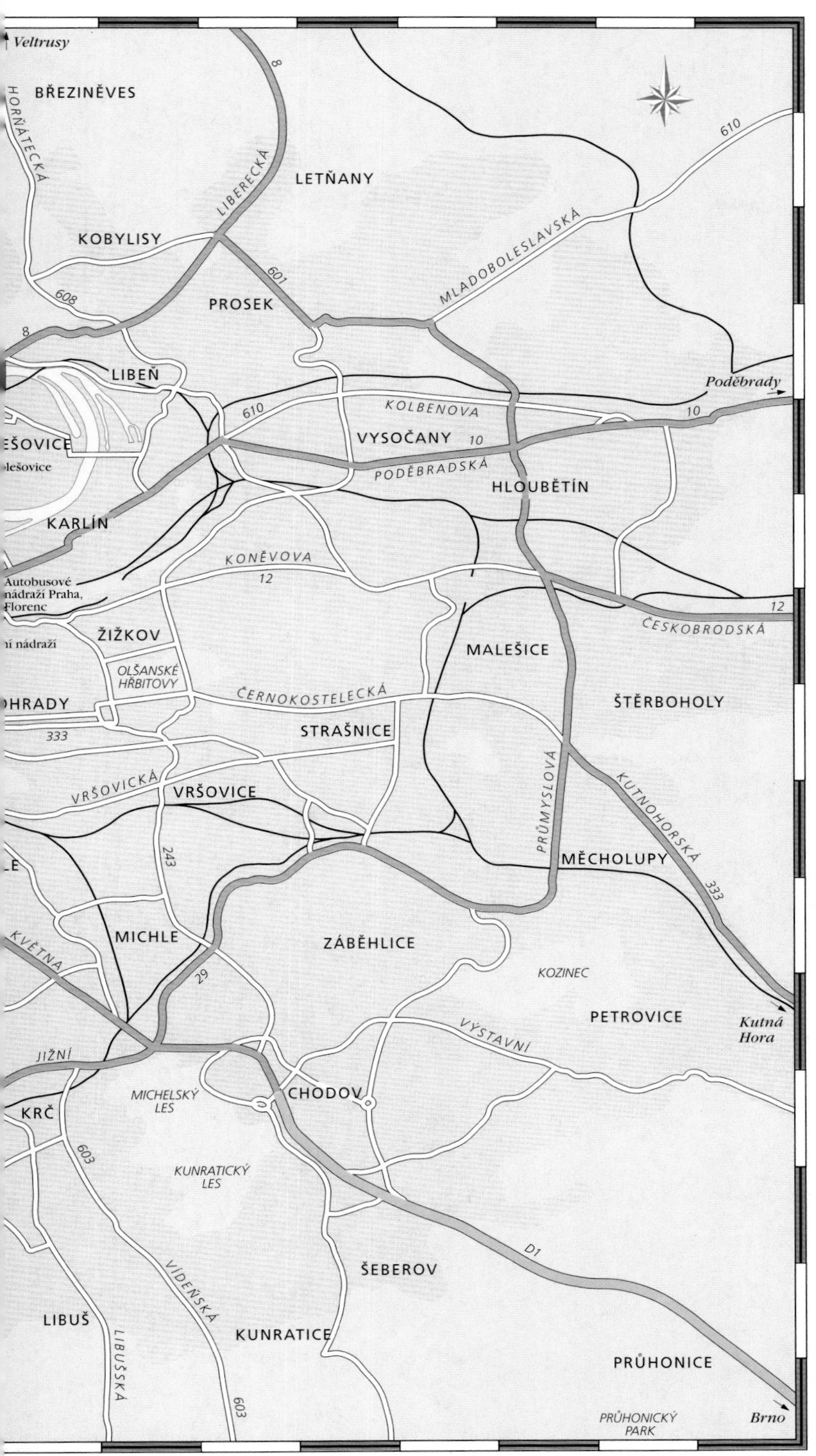

Veltrusy
BŘEZINĚVES
HORŇÁTECKÁ
LETŇANY
LIBERECKÁ
KOBYLISY
608
601
PROSEK
MLADOBOLESLAVSKÁ
610
8
LIBEŇ
Poděbrady
610
KOLBENOVA
10
VYSOČANY
10
PODĚBRADSKÁ
HLOUBĚTÍN
KARLÍN
KONĚVOVA
12
Autobusové nádraží Praha, Florenc
12
ČESKOBRODSKÁ
ŽIŽKOV
MALEŠICE
OLŠANSKÉ HŘBITOVY
ČERNOKOSTELECKÁ
ŠTĚRBOHOLY
333
STRAŠNICE
VRŠOVICKÁ
VRŠOVICE
PRŮMYSLOVÁ
KUTNOHORSKÁ
243
MĚCHOLUPY
333
MICHLE
ZÁBĚHLICE
KVĚTNÁ
29
KOZINEC
PETROVICE
Kutná Hora
VÝSTAVNÍ
JIŽNÍ
MICHELSKÝ LES
CHODOV
KRČ
603
KUNRATICKÝ LES
D1
ŠEBEROV
VÍDEŇSKÁ
LIBUŠ
LIBUŠSKÁ
KUNRATICE
PRŮHONICE
603
PRŮHONICKÝ PARK
Brno

Central Prague

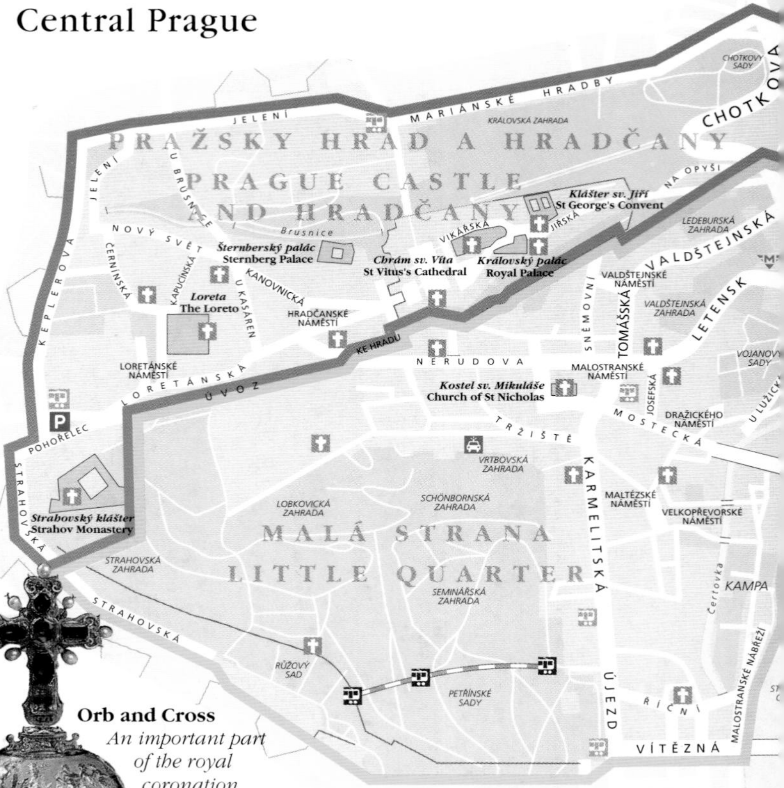

PRAŽSKY HRAD A HRADČANY
PRAGUE CASTLE AND HRADČANY

MARIÁNSKÉ HRADBY
KRÁLOVSKÁ ZAHRADA
CHOTKOVY SADY
CHOTKOVA
JELENÍ
U BRUSNICE
Brusnice
NOVÝ SVĚT
ČERNÍNSKÁ
KAPUCÍNSKÁ
KEPLEROVA
Šternberský palác
Sternberg Palace
Chrám sv. Víta
St Vitus's Cathedral
Klášter sv. Jiří
St George's Convent
Královský palác
Royal Palace
VIKÁŘSKÁ
JIŘSKÁ
NA OPYŠI
Loreta
The Loreto
KANOVNICKÁ
U KASÁREN
HRADČANSKÉ NÁMĚSTÍ
KE HRADU
LORETÁNSKÉ NÁMĚSTÍ
LORETÁNSKÁ
ÚVOZ
POHOŘELEC
STRAHOVSKÁ
Strahovský klášter
Strahov Monastery
LEDEBURSKÁ ZAHRADA
VALDŠTEJNSKÁ
VALDŠTEJNSKÉ NÁMĚSTÍ
VALDŠTEJNSKÁ ZAHRADA
SNĚMOVNÍ
TOMÁŠSKÁ
LETENSKÁ
VOJANOVY SADY
U LUŽICKÉHO
NERUDOVA
MALOSTRANSKÉ NÁMĚSTÍ
Kostel sv. Mikuláše
Church of St Nicholas
JOSEFSKÁ
MOSTECKÁ
DRAŽICKÉHO NÁMĚSTÍ
TRŽIŠTĚ
VRTBOVSKÁ ZAHRADA
SCHÖNBORNSKÁ ZAHRADA
LOBKOVICKÁ ZAHRADA
KARMELITSKÁ
MALTÉZSKÉ NÁMĚSTÍ
VELKOPŘEVORSKÉ NÁMĚSTÍ
MALÁ STRANA
LITTLE QUARTER
STRAHOVSKÁ ZAHRADA
SEMINÁŘSKÁ ZAHRADA
Čertovka
KAMPA
RŮŽOVÝ SAD
PETŘÍNSKÉ SADY
ÚJEZD
ŘÍČNÍ
MALOSTRANSKÉ NÁBŘEŽÍ
VÍTĚZNÁ

Orb and Cross
An important part of the royal coronation regalia, this orb is now kept at St. Vít's Cathedral (see pp100–3).

Key

- Major sight
- Metro station
- Coach station
- Tram stop
- Funicular railway
- River boat boarding point
- Parking
- Tourist information
- Hospital
- Police station
- Church
- Synagogue
- City wall

View of the Church of St Lawrence
Petřín Park offers outstanding views of Prague (see p141 and Three Guided Walks, pp174–5).

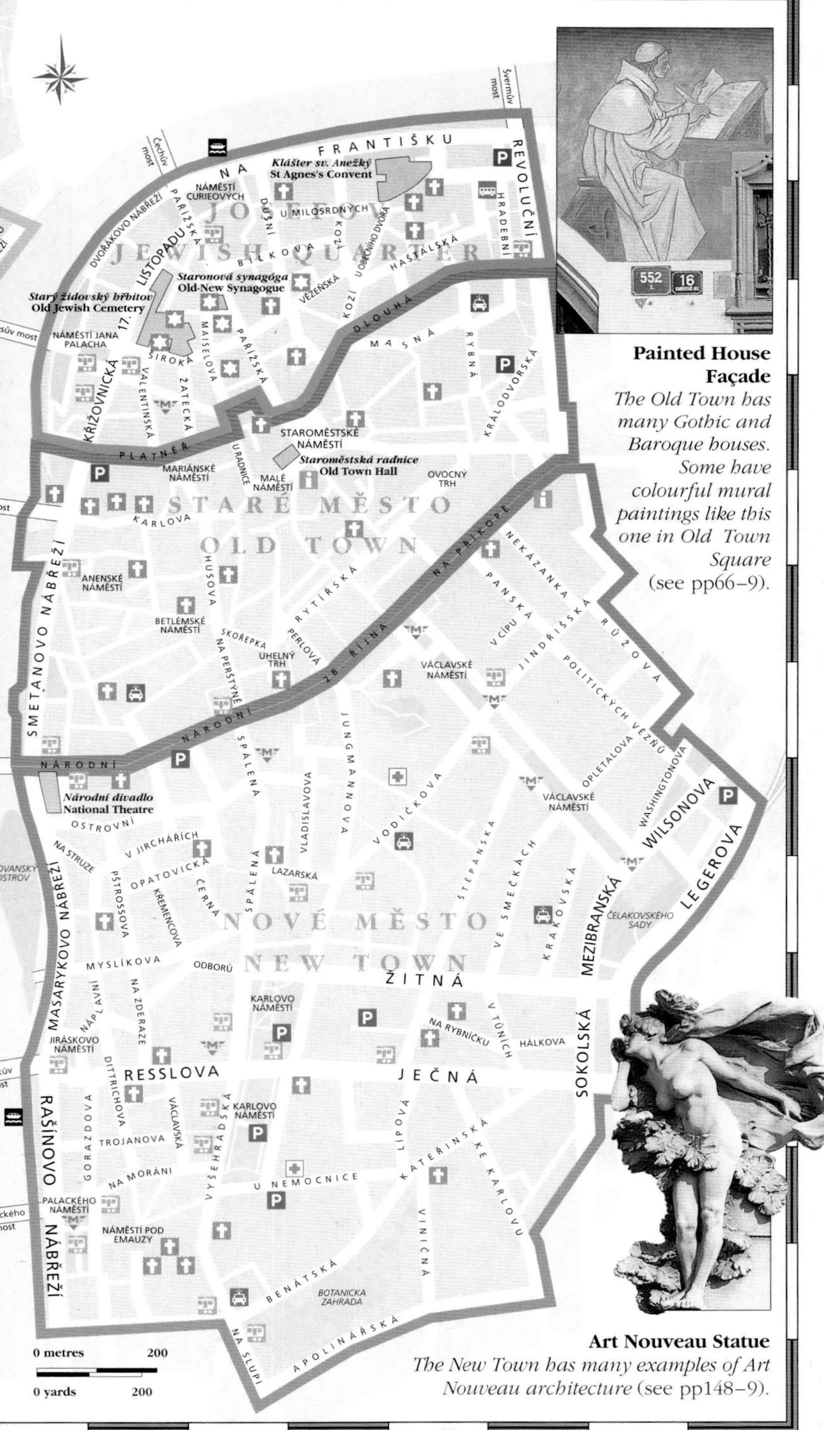

Painted House Façade
The Old Town has many Gothic and Baroque houses. Some have colourful mural paintings like this one in Old Town Square (see pp66–9).

Art Nouveau Statue
The New Town has many examples of Art Nouveau architecture (see pp148–9).

The History of Prague

Prague's position at the crossroads of Europe has made it a magnet for foreign traders since pre-recorded times. By the early 10th century it had developed into a thriving town with a large market place (the Old Town Square) and two citadels (Prague Castle and Vyšehrad), from where its first rulers, the Přemyslids, conducted their many family feuds. These were often bloody: in 935, Prince Wenceslas was savagely murdered by his brother Boleslav. Wenceslas was later canonized and became Bohemia's best-known patron saint.

Prague coat of arms

During the Middle Ages Prague enjoyed a golden age, especially during the reign of the Holy Roman Emperor, Charles IV. Under the auspices of this wise and cultured king, Prague grew into a magnificent city, larger than Paris or London. Charles instigated the founding and building of many institutions, including the first University of Central Europe in Prague. The University's first Czech rector was Jan Hus, the reforming preacher whose execution for alleged heresy in 1415 led to the Hussite wars. The radical wing of the Hussites, the Taborites, were finally defeated at the Battle of Lipany in 1434. During the 16th century, after a succession of weak kings, the Austrian Habsburgs took over, beginning a rule that would last for almost 400 years. One of the more enlightened of all the Habsburg Emperors was Rudolph II. He brought the spirit of the Renaissance to Prague through his love of the arts and sciences. Soon after his death, in 1618, Prague was the setting for the Protestant revolt which led to the 30 Years' War. Its aftermath brought a serious decline in the fortunes of a city that would revive only in the 18th century. Prague's many fine Baroque churches and palaces date from this time.

The 19th century saw a period of national revival and the burgeoning of civic pride. The great public monuments – the National Museum, the National Theatre and Rudolfinum – were built. But a foreign power still ruled the city, and it was not until 1918 that Prague became the capital of an independent Republic. World War II brought occupation by the German army, followed by four decades of Communism. After the "Velvet Revolution" of 1989, Prague is today on the threshold of a new era.

View of Prague Castle and Little Quarter, 1493

◁ ***St Wenceslas and St Vitus*, by Bartholomaeus Spränger, about 1600**

Rulers of Prague

The mythical Princess Libuše

THREE GREAT DYNASTIES have shaped the history of Prague: the Přemyslids, the Luxemburgs and the Habsburgs. According to Slav legend, the Přemyslids were founded by Princess Libuše *(see p21)*. Her line included St Wenceslas and Přemysl Otakar II, whose death on the battlefield at Marchfeld paved the way for the Luxemburgs. This family produced one of Prague's greatest rulers, Charles IV, who was King of Bohemia and Holy Roman Emperor *(see pp24–5)*. In 1526, the city came under the control of the Austrian House of Habsburg whose rule lasted 400 years, until 28 October 1918, when Czechoslovakia gained its independence. Since then there has been a succession of presidents.

1346–78 Charles IV

145 Lad Posthu

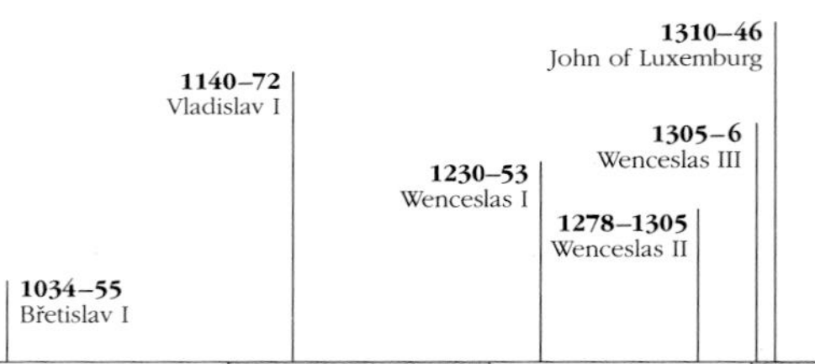

1310–46 John of Luxemburg

1140–72 Vladislav I

935–72 Boleslav I

1305–6 Wenceslas III

1230–53 Wenceslas I

1278–1305 Wenceslas II

1034–55 Břetislav I

900	1000	1100	1200	1300	140
PŘEMYSLIDS				LUXEMBURGS	
900	1000	1100	1200	1300	140

972–99 Boleslav II

1061–92 Vratislav II

921–35 St Wenceslas

1173–9 Soběslav II

1197–1230 Přemysl Otakar I

1378–1419 Wenceslas IV

1253–78 Přemysl Otakar II

1419–37 Sigismund

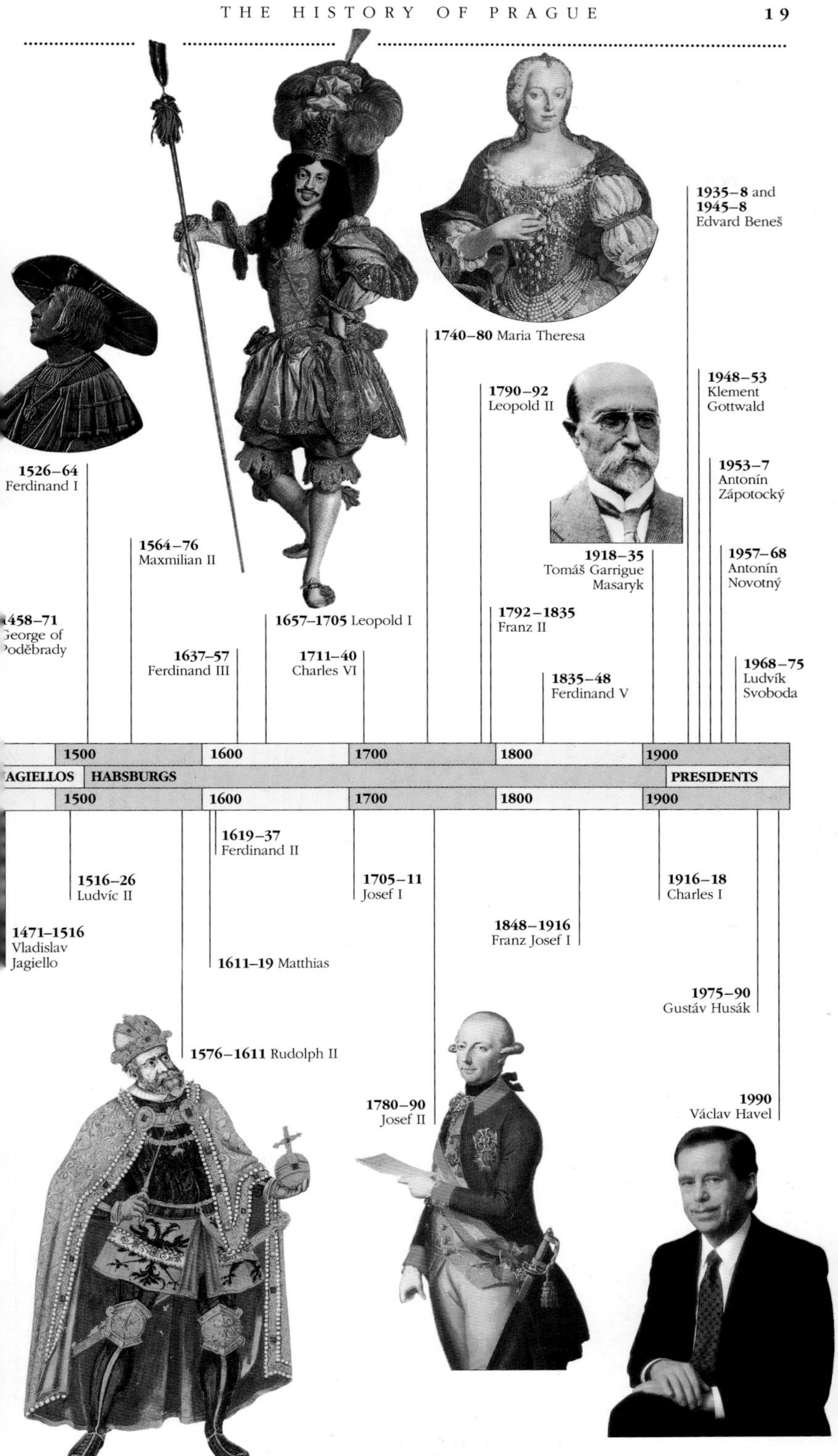
1935–8 and
1945–8
Edvard Beneš
1740–80 Maria Theresa
1948–53
Klement
Gottwald
1790–92
Leopold II
1526–64
Ferdinand I
1953–7
Antonín
Zápotocký
1564–76
Maxmilian II
1918–35
Tomáš Garrigue
Masaryk
1957–68
Antonín
Novotný
1458–71
George of
Poděbrady
1657–1705 Leopold I
1792–1835
Franz II
1637–57
Ferdinand III
1711–40
Charles VI
1835–48
Ferdinand V
1968–75
Ludvík
Svoboda
1500
1600
1700
1800
1900
JAGIELLOS
HABSBURGS
PRESIDENTS
1500
1600
1700
1800
1900
1619–37
Ferdinand II
1516–26
Ludvíc II
1705–11
Josef I
1916–18
Charles I
1471–1516
Vladislav
Jagiello
1848–1916
Franz Josef I
1611–19 Matthias
1975–90
Gustáv Husák
1576–1611 Rudolph II
1780–90
Josef II
1990
Václav Havel

Prague under the Přemyslids

Early Celtic tribes, from 500 BC, were the first inhabitants of the area around the Vltava valley. The Germanic Marcomans arrived in 9–6 BC, and gradually the Celts left. The first Slavic tribes came to Bohemia in about 500 AD. Struggles for supremacy led to the emergence of a ruling dynasty, the Přemyslids, around 800 AD. They built two fortified settlements: the first at Prague Castle *(see pp94–110)*, the second at Vyšehrad, a rocky headland on the right bank of the Vltava *(see pp178–9)*. These remained the seats of Czech princes for hundreds of years. One prince crucial to the emerging Czech State was the pious Wenceslas. He enjoyed only a brief reign but left an important legacy in the founding of St Vitus's rotunda *(see p102)*.

9th-century earring

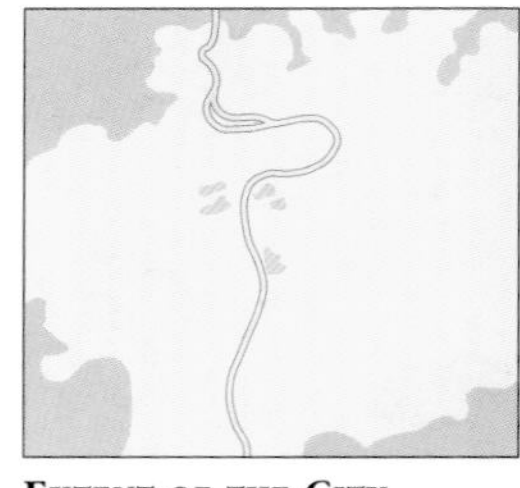

Extent of the City

1000 AD — Today

St Cyril and St Methodius
Originally Greeks from Salonica, these two brothers brought Christianity to Moravia in about 863. They baptized early Přemyslid, Bořivoj, and his wife Ludmilla, grandmother of St Wenceslas.

Boleslav's henchman raises his sword to strike the fatal blow.

Second assassin grapples with the Prince's companion.

Early Coin
Silver coins like this denar were minted in the royal mint of Vyšehrad during Boleslav II's reign from 967–99.

Wild Boar Figurine
Celtic tribes made small talismans of the wild animals that they hunted for food in the forested areas around Prague.

Timeline

Bronze head of a Celtic goddess

500 BC Celts in Bohemia. Joined by Germanic Marcomans in 1st century AD

6th century Slavs settle alongside Germanic tribes in Bohemia

600 AD

623–658 Bohemia is part of an empire formed by Frankish merchant, Samo

700

8th century Tribe of Czechs settle in central Bohemia

Vyšehrad acropolis – first Czech settlement on the right bank of the Vltava

Sword and Helmet

St Wenceslas was buried in the southern apse of the rotunda of St Vitus. His sword and helmet were preserved as relics and today form part of the Cathedral's treasure.

PRINCESS LIBUŠE

The legendary founder of the Přemyslids was Princess Libuše, head of a West Slavic tribe. She took notice of the discord among her clansmen, and succeeded her father to become the first woman ruler. Choosing a humble ploughman (*přemysl*) as consort and ruler, she began a dynasty that was to last 400 years.

Princess Libuše foresaw the glory of Prague in a vision

Wenceslas seeks sanctuary.

A monk closes the door against Wenceslas.

Rotunda of St Vitus

Founded by Wenceslas in the early 10th century, the rotunda became a place of pilgrimage after the saint's death in 935. It stood where St Wenceslas Chapel is today.

ASSASSINATION OF PRINCE WENCESLAS

In 935, the young Wenceslas was murdered on the orders of his brother, Boleslav. This manuscript illustration of 1006 shows the moment when the assassins caught up with the prince as he was about to enter the church for the morning mass.

ty of
slids
ed

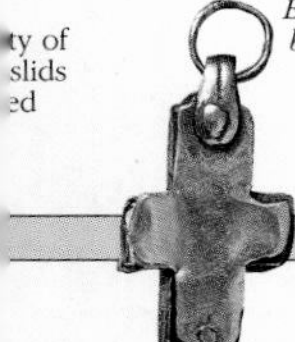

Early Christian breast cross

863 St Cyril and St Methodius bring Christianity to Moravia

870 Prague Castle founded

900

920 Founding of St George's Basilica at Prague Castle

921 Wenceslas becomes Prince of Bohemia

935 Wenceslas dies

993 Bishop Adalbert founds monastery at Břevnov, near Prague

1000

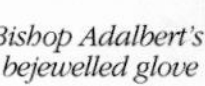
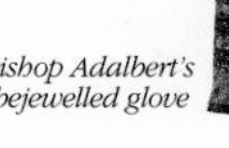

Bishop Adalbert's bejewelled glove

Early Medieval Prague

PRAGUE CASTLE STEADILY grew in importance from the beginning of the 9th century onwards. Prone to frequent fires, its wooden buildings were gradually replaced by stone and the area developed into a sturdy Romanesque fortress with a palace and religious buildings. Clustered around the original outer bailey was an area inhabited by skilled craftsmen and German merchants, encouraged to come and stay in Prague by Vladislav II and, later, Přemysl Otakar II. This came to be known as the "Little Quarter" and achieved town status in 1257. It was joined to the Old Town by a bridge, known as the Judith Bridge.

Initial letter D from the Vyšehrad Codex

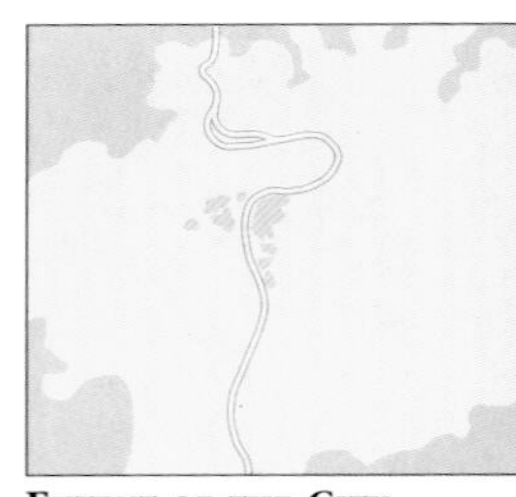

EXTENT OF THE CITY

1230 Today

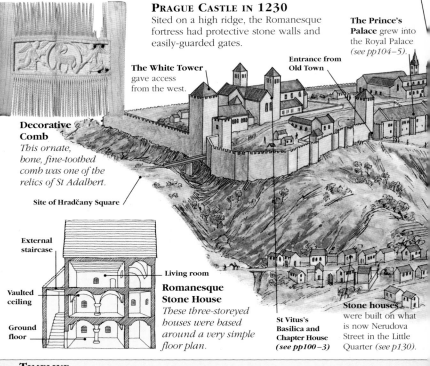

PRAGUE CASTLE IN 1230

Sited on a high ridge, the Romanesque fortress had protective stone walls and easily-guarded gates.

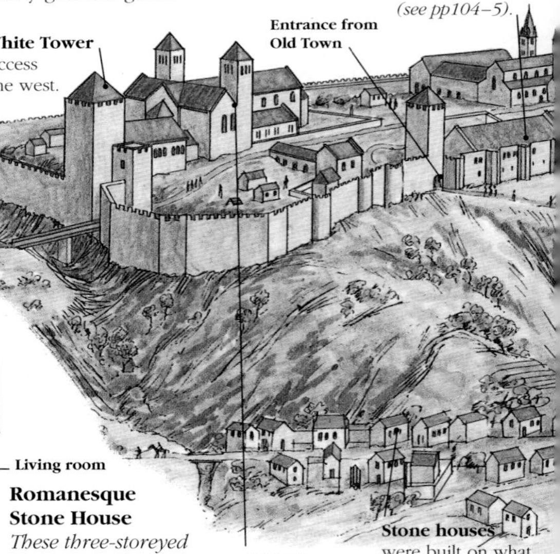

St George's Convent and Basilica ***(see pp106–9 and p98)***

The Prince's Palace grew into the Royal Palace *(see pp104–5).*

Entrance from Old Town

The White Tower gave access from the west.

Decorative Comb
This ornate, bone, fine-toothed comb was one of the relics of St Adalbert.

Site of Hradčany Square

External staircase

Living room

Vaulted ceiling

Ground floor

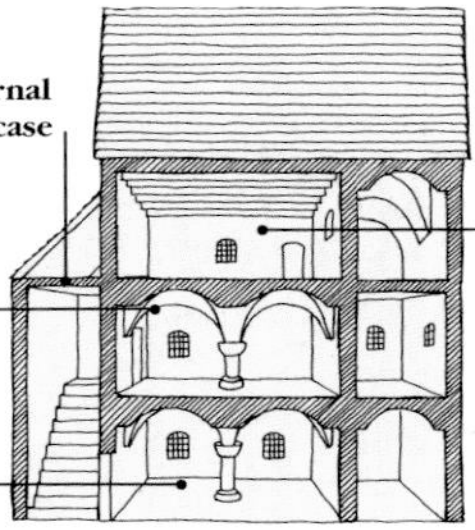

Romanesque Stone House
These three-storeyed houses were based around a very simple floor plan.

St Vitus's Basilica and Chapter House ***(see pp100–3)***

Stone houses were built on what is now Nerudova Street in the Little Quarter *(see p130).*

TIMELINE

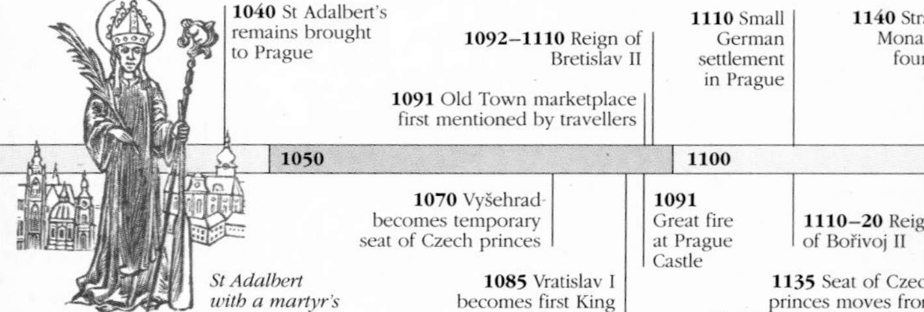

1040 St Adalbert's remains brought to Prague

1092–1110 Reign of Bretislav II

1091 Old Town marketplace first mentioned by travellers

1110 Small German settlement in Prague

1140 Strahov Monastery founded

1050 1100

1070 Vyšehrad becomes temporary seat of Czech princes

1091 Great fire at Prague Castle

1110–20 Reign of Bořivoj II

1085 Vratislav I becomes first King of Bohemia

1135 Seat of Czech princes moves from Vyšehrad to Prague Castle

St Adalbert with a martyr's palm frond

Romanesque stone head from Judith Bridge Tower

St Agnes
Sister of Wenceslas I, this devout woman built a convent for the order of the Poor Clares (the female counterparts of the Franciscans) (see pp92–3). *She was not canonized until 1989.*

Where to See Romanesque Prague

Remains can be seen in the crypt of St Vitus's *(pp100–3)*, the basements of the Palace of the Lords of Kunštát *(p78)* and the Royal Palace *(pp104–5)*.

St George's Basilica
The vaulting in the crypt dates from the 12th century (p98).

St Martin's Rotunda
This well-preserved building is in Vyšehrad (p179).

Vratislav II
The Vyšehrad Codex, an illuminated selection from the gospels, was made to mark Vratislav's coronation in 1061.

The Black Tower was the exit to Bohemia's second town, Kutná Hora *(see p168)*.

Little Quarter Square

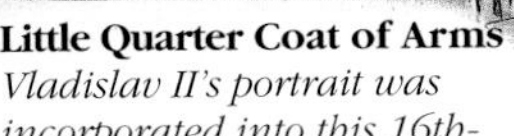

Little Quarter Coat of Arms
Vladislav II's portrait was incorporated into this 16th-century miniature painting.

Přemysl Otakar II
The last great Přemyslid king was killed in battle after trying to carve out a huge empire.

1233 Founding of St Agnes's Convent

1182 Romanesque construction of Prague Castle completed

1257 Little Quarter receives town status

1258–68 Strahov Monastery rebuilt in Gothic style after fire

1200 | 1250 | 1290

1212 Přemysl Otakar I receives the Sicilian Golden Bull, confirming the sovereignty of Bohemian kings

Sicilian Golden Bull

1278 Přemysl Otakar II dies at Marchfeld

1158 Judith Bridge built *(see pp136–9)*

Prague's Golden Age

IN THE LATE MIDDLE AGES, Prague attained the height of its glory. The Holy Roman Emperor, Charles IV, chose Prague as his Imperial residence and set out to make the city the most magnificent in Europe. He founded a university (the Carolinum) and built many fine churches and monasteries in the Gothic style. Of major importance were his town-planning schemes, such as the reconstruction of Prague Castle, the building of a new stone bridge to replace the Judith Bridge, and the foundation of a new quarter, the New Town. A devout Catholic, he owned a large collection of relics which were kept, along with the Crown Jewels, at Karlstein Castle *(see pp168–9)*.

Gift from Pope Urban V in 1368

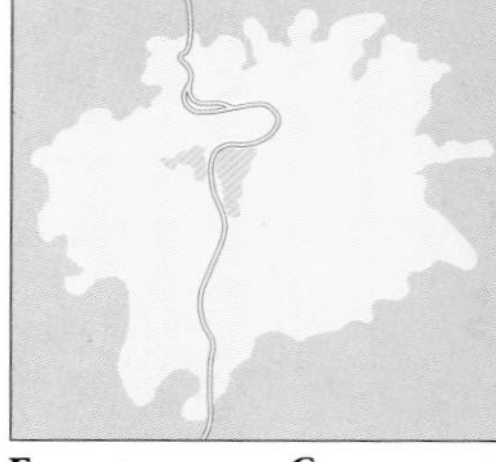

EXTENT OF THE CITY

▨ *1350* ☐ *Today*

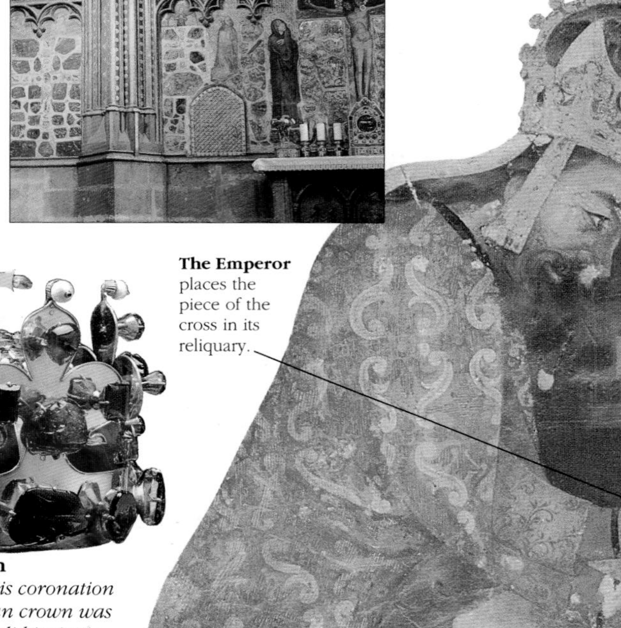

Charles IV wears the Imperial crown, set with sapphires, rubies and pearls.

St Wenceslas Chapel
Proud of his direct descent from the Přemyslids, Charles had this shrine to St Wenceslas built in St Vitus's Cathedral (see pp100–3).

The Emperor places the piece of the cross in its reliquary.

St Wenceslas Crown
Worn by Charles at his coronation in 1347, the Bohemian crown was based on early Přemyslid insignia.

TIMELINE

1280 Old-New Synagogue completed in Gothic style

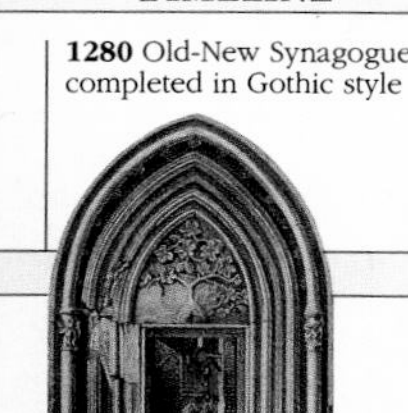

Portal of Old-New Synagogue

1305

1306 Přemyslid dynasty ends

1310 John of Luxemburg occupies Prague

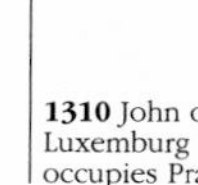

Town Hall, Old Town Square

1320

1333 Charles IV makes Prague his home

1338 John of Luxemburg gives permission to Old Town to build a town hall

1335

1344 Elevation of Prague bishopric to archbishopric

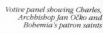

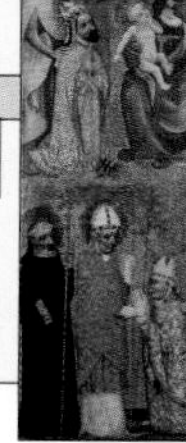

Votive panel showing Charles, Archbishop Jan Očko and Bohemia's patron saints

***St Vitus* by Master Theodoric**
This is one of a series of paintings of saints by the great Bohemian artist for the Holy Rood Chapel at Karlstein Castle (c1365).

University Seal, 1348
The seal depicts the Emperor offering the foundation documents to St Wenceslas.

A jewelled reliquary cross was made to house the new relic.

Building the New Town
This manuscript records Charles IV supervising the building of the New Town during the 14th century.

Charles IV and his Relics

Charles collected holy relics from all over the Empire. In about 1357 he received a part of Christ's cross from the Dauphin. This mural in Karlstein Castle is thought to be the best likeness of the Emperor.

Where to See Gothic Prague

Prague's rich Gothic legacy includes three of its best-known sights – St Vitus's Cathedral *(pp100–3)*, Charles Bridge *(pp136–9)* and the Old-New Synagogue *(pp88–9)*. Another very important building from Charles IV's reign is the Carolinum *(p65)*. Churches that have retained most of their original Gothic features include the Church of Our Lady before Týn *(p70)*.

Carolinum
This fine oriel window was part of the university (p65).

Old Town Bridge Tower
The sculptural decoration is by Peter Parler (p139).

48 Charles IV founds
arles University

1357 Charles Bridge begun

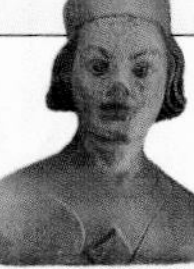

Sculpture of young Wenceslas IV by Peter Parler in St Vitus's Cathedral

1378 Reign of Wenceslas IV begins

1391 Bethlehem Chapel founded

1350 | 1365 | 1380 | 1395

1361 Wenceslas IV born, oldest son of Charles

1378 Charles dies

48 Charles IV founds
ague New Town

Bethlehem Chapel

Hussite Prague

In the early 15th century, Europe shook in fear of an incredible fighting force -- the Hussites, followers of the reformist cleric, Jan Hus. Despite simple weapons, they achieved legendary military successes against the Emperor's Catholic crusades, due largely to their religious fervour and to the discipline of their brilliant leader, Jan Žižka, who invented mobile artillery. The Hussites split into two camps, the moderate "Utraquists" *(see p75)* and the radical "Taborites" who were finally defeated at the Battle of Lipany in 1434, paving the way for the moderate Hussite king, George of Poděbrady.

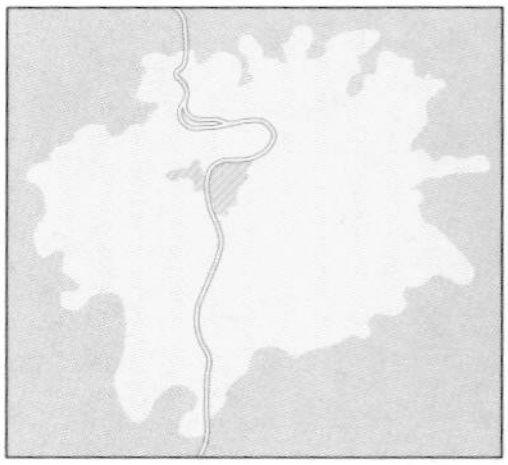

George of Poděbrady

Extent of the City

1500 | Today

Nobles' Letter of Protest

Several hundred seals of the Bohemian nobility were affixed to a letter protesting about the execution of Jan Hus.

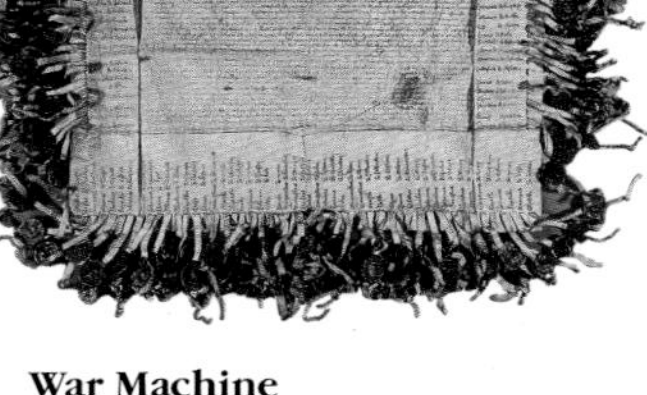

War Machine

For maximum effect, farm waggons were tied together to form a shield. A chilling array of weapons were unleashed including crossbows, flails and an early form of howitzer.

God's Warriors

The early-16th-century Codex of Jena illustrated the Hussite successes. Here the Hussites, who included artisans and barons, are shown singing their hymn, with their blind leader, Jan Žižka.

The priest held a gilded monstrance.

Jan Žižka

Timeline

Jan Hus preaching

1402–13 Jan Hus preaches at Bethlehem Chapel *(see p75)*

1410 Jan Hus excommunicated. Building of Old Town Clock

1415 Jan Hus burned at the stake at Constance

The chalice, symbol of the Utraquists

1419 Defenestration of councillors from New Town Hall

1420 Hussites victorious under Jan Žižka at Vitkov and Vyšehrad

1424 Jan Žižka dies

1434 Battle of Lipany

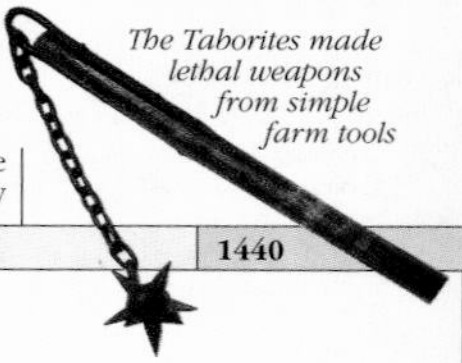

The Taborites made lethal weapons from simple farm tools

1448 Prague conquered by troops of George of Poděbrady

1400 | 1420 | 1440

Satan Dressed as the Pope
Lurid images satirizing the corruption of the church were painted on placards and carried through the streets.

The banner was decorated with the Hussite chalice.

A variety of farm implements were used as makeshift weapons by the peasants.

Hussite Shield
Wooden shields like this one that bears the arms of the city of Prague, were used to fill any gaps in the waggon fortress's tight formation.

The peasant army marched behind Jan Žižka.

Reformer, Jan Hus

Born to poor parents in a small Bohemian town, Jan Hus became one of the most important religious thinkers of his day. His objections to the Catholic Church's corrupt practices, opulent style and wealth were shared by many Czechs – nobles and peasants alike. His reformist preaching in Prague's Bethlehem Chapel earned him a huge following, noticed by the Roman Papacy, and Hus was excommunicated. In 1412 Wenceslas IV, brother of the Emperor Sigismund, asked him to leave Prague. In October 1414, Hus decided to defend his teaching at the Council of Constance. Even though he had the Emperor's safe conduct, he was put in prison. The following year he was declared a heretic and burned at the stake.

Jan Hus at the Stake in 1415
After suffering death at the hands of the Church on 6 July 1415, Jan Hus became a revered martyr of the Czech people.

1458 Coronation of George of Poděbrady *(see p172)*

1460

Chalice on the outside of the Týn Church denotes the Hussite cause

1480

1485 Hussite uprising in Prague

1485 King Vladislav Jagiello begins to rebuild Royal Palace at Prague Castle

1487 First book printed in Prague

1492–1502 Vladislav Hall built

1500

Vladislav Jagiello

The Renaissance and Rudolph II

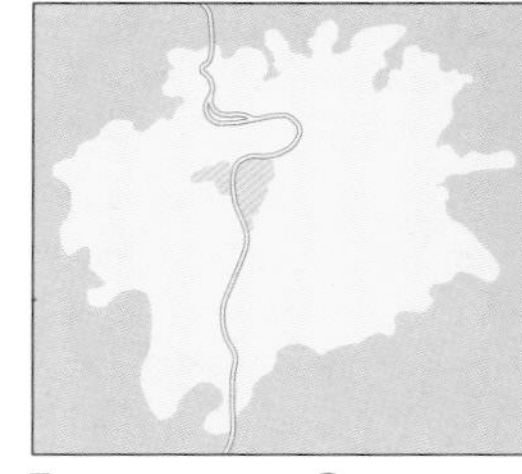

Extent of the City

1550 *Today*

With the accession of the Habsburgs, the Renaissance reached Prague. Art and architecture were dominated by the Italians who enjoyed the patronage of the Imperial court, especially that of Rudolph II. The eccentric Rudolph often neglected politics, preferring to indulge his passions for collecting and science. His court was a haven for artists, astrologers, astronomers and alchemists, but his erratic rule led to revolts and an attempt by his brother Matthias to usurp him. In the course of the Thirty Years' War *(see pp30–31)* many works of art from Rudolph's great collection were looted.

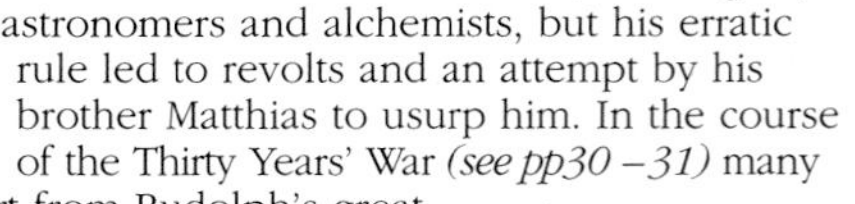

Renaissance tankard

Fish pond

Dalibor Tower

Belvedere

Pergola

Orchard

Formal flower beds

Lion House

Rudolph II
A connoisseur of the bizarre, Rudolph was delighted by this vegetable portrait by Giuseppe Arcimboldo (1590).

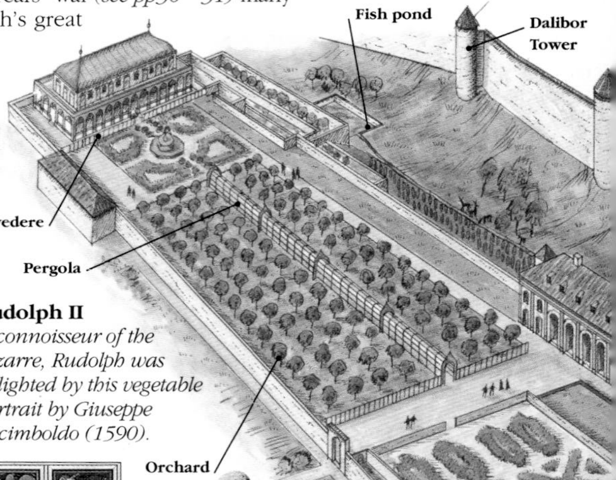

Mosaic Desk Top
Renaissance table tops with Florentine themes of fountains and gardens were made at Rudolph's court in semi-precious stones.

Rabbi Löw
A revered Jewish sage, he was said to have invented an artificial man (see pp88–9).

Timeline

1502 Vladislav Hall built

Vladislav Hall

1520

1526 Habsburg rule begins with Ferdinand I

Ferdinand I

1538–63 Belvedere built

1540

1541 Great fire in Little Quarter, the Castle and Hradčany

1547 Unsuccessful uprising of towns of Prague against Ferdinand I

1556 Ferdinand I invites Jesuits to Prague

1560

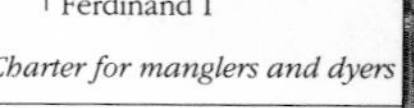

Charter for manglers and dyers

Sense of Sight
Jan Brueghel's allegorical painting shows the extent of Rudolph II's huge collection – from globes to paintings, jewels and scientific instruments.

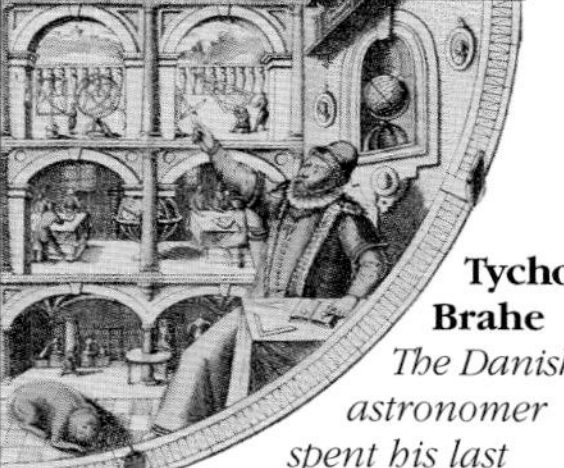

Tycho Brahe
The Danish astronomer spent his last years living in Prague.

A covered bridge connected the Palace to the garden.

Royal Palace Gardens

No longer a medieval fortress, Prague Castle and its gardens were given over to the pleasure of the King. Here Rudolph enjoyed ball games, exotic plants and his menagerie.

Where to See Renaissance Prague

The Royal Garden *(p111)* preserves much of the spirit of Renaissance Prague. Paintings and objects from Rudolph's collections can be seen in the Sternberg Palace *(pp112–15)*, the Picture Gallery of Prague Castle *(p98)* and the Museum of Decorative Arts *(p84)*.

At the Two Golden Bears
Built in 1590, the house is famous for its symmetrical, carved doorway, one of the most graceful in Prague (p71).

Belvedere
The palace is decorated with stone reliefs by Italian architect, Paolo della Stella (p110).

Ball Game Hall
Beautiful Renaissance sgraffito *covers the façade of this building in the Royal Garden, but it has been heavily restored* (p111).

1580 — 1600 — 1620

1583 Prague becomes seat of Imperial court of Rudolph II; great art collection begun

A ten-ducat coin (1603)

1609 Publication of Rudolph's Imperial Charter on religious freedom

1612 Rudolph II dies

1614 Matthias Gate at Prague Castle built

1618 Defenestration of two royal governors from Royal Palace *(see p105)*

Baroque Prague

IN 1619 THE CZECH NOBLES deposed Habsburg Emperor Ferdinand II as King of Bohemia and elected instead Frederick of the Palatinate. The following year they paid for their defiance at the Battle of the White Mountain, the beginning of the Thirty Years' War. There followed a period of persecution of all non-Catholics, accompanied by the systematic Germanization of the country's institutions. The leaders in the fight against Protestantism were the Jesuits and one of their most powerful weapons was the restoration of Prague's churches in the new architecture of the Baroque, coupled with the building of many new churches.

EXTENT OF THE CITY

1750 *Today*

Church of St Nicholas
This outstanding High Baroque church in the Little Quarter was the work of the great Dientzenhofers (see pp128–9).

A sculpture of Atlas (1722) adorns the top of the tower.

Mirror Chapel

Grape Courtyard

Holy Saviour Church

Measuring the World
Some monasteries were seats of learning. Strahov (see pp120–21) *had two libraries built, decorated with Baroque painting. This fresco detail is in the Philosophical Hall.*

TIMELINE

1620 Battle of the White Mountain

1627 Beginning of Counter-Reformation committee in Prague

Old Town coat of arms – embellished with the Imperial eagle and 12 flags in recognition of the defence of the city against the Swedes

1706–14 Decoration of Charles Bridge with statues

1625 | 1645 | 1665 | 1685 | 170

1621 Execution in Old Town Square of 27 Protestant leaders

1631 Saxon occupation of Prague

1634 Wallenstein killed by Irish mercenaries

1648 Swedes occupy Prague Castle. Treaty of Westphalia and end of Thirty Years' War

1676–8 New bastions built to fortify Vyšehrad

1704–53 Building of Church of St Nicholas in the Little Quarter

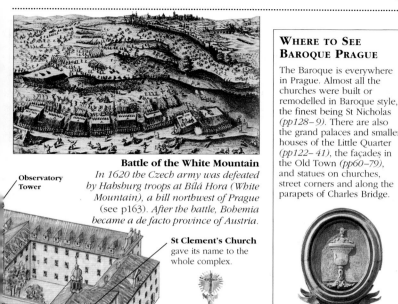

Battle of the White Mountain
In 1620 the Czech army was defeated by Habsburg troops at Bílá Hora (White Mountain), a hill northwest of Prague (see p163). *After the battle, Bohemia became a de facto province of Austria.*

Monstrance
Baroque monstrances – used to display the communion host – became increasingly elaborate and ornate (see pp116–17).

Clementinum

The Jesuits exercised enormous power over education. Between 1653 and 1723 they built this College. It was the largest complex of buildings after Prague Castle and included three churches, smaller chapels, libraries, lecture halls and an observatory.

Where to See Baroque Prague

The Baroque is everywhere in Prague. Almost all the churches were built or remodelled in Baroque style, the finest being St Nicholas *(pp128–9)*. There are also the grand palaces and smaller houses of the Little Quarter *(pp122–41)*, the façades in the Old Town *(pp60–79)*, and statues on churches, street corners and along the parapets of Charles Bridge.

Nerudova Street
At the Golden Cup, No. 16, has preserved its typical Baroque house sign (p130).

Charles Bridge
This statue of St Francis Borgia by Ferdinand Brokof was added in 1710 (pp136–9).

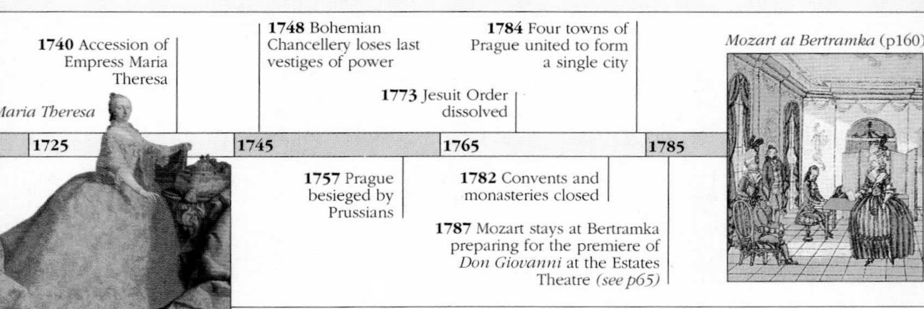

1740 Accession of Empress Maria Theresa

Maria Theresa

1748 Bohemian Chancellery loses last vestiges of power

1757 Prague besieged by Prussians

1773 Jesuit Order dissolved

1782 Convents and monasteries closed

1784 Four towns of Prague united to form a single city

1787 Mozart stays at Bertramka preparing for the premiere of *Don Giovanni* at the Estates Theatre *(see p65)*

Mozart at Bertramka (p160)

The National Revival in Prague

Emperor Franz Josef

THE 19TH CENTURY was one of the most glorious periods in the history of Prague. Austrian rule relaxed, allowing the Czech nation to rediscover its own history and culture. Silent for so long, the Czech language was eventually re-established as an official language. Civic pride was rekindled with the building of the capital's great showpieces, such as the National Theatre which utilized the talents of Czech architects and artists. The Jewish Quarter and New Town underwent extensive redevelopment and, with the introduction of public transport, Prague grew beyond its ancient limits.

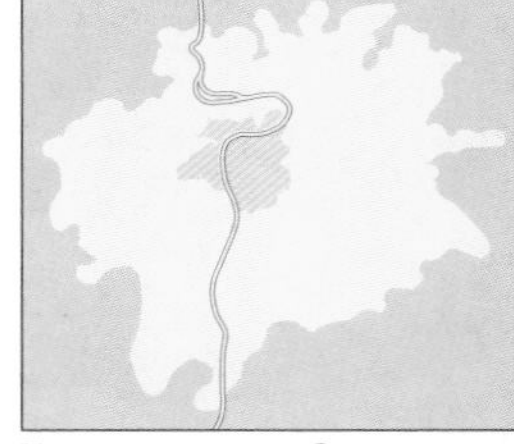

EXTENT OF THE CITY

▨ *1890* ☐ *Today*

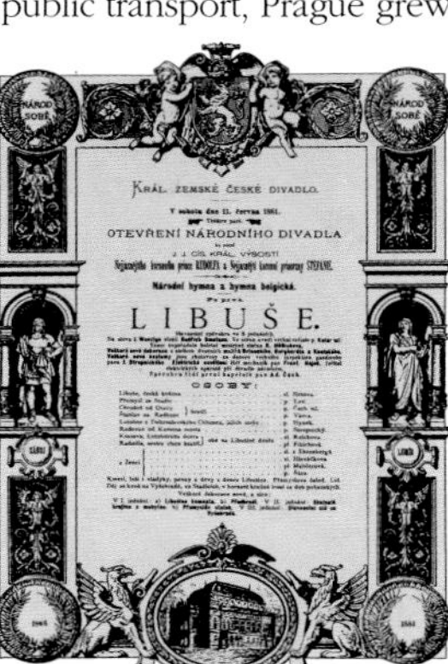

Smetana's Libuše
Written for the scheduled opening of the National Theatre in 1881, the opera drew on early Czech legend (see pp20–21).

Days of the year

Months and zodiac signs revolve around the centre.

Old Town coat of arms

Rudolfinum
A major concert venue beside the Vltava, the building (see p84) *is richly decorated with symbols of the art of music.*

OLD TOWN CLOCK TOWER CALENDAR

In 1866, the revolving dial on Prague's most enduring landmark was replaced by a new one by celebrated artist, Josef Mánes. His studies of Bohemian peasant life are incorporated into pictures symbolizing the months of the year.

TIMELINE

1805 Czechs, Austrians and Russians defeated by Napoleon at Battle of Slavkov (Austerlitz)

1833 Englishman Edward Thomas begins production of steam engines

1818 National Museum founded

Restored clock from the east face of the Town Hall Tower

1848 Uprising of people of Prague against Austrian troops

1800 | **1820** | **1840**

The battle of Slavkov

1815 First public demonstration of a vehicle driven by a steam engine

1838–45 Old Town Hall undergoes reconstruction

1845 First train arrives in Prague

1
Founda
stone
Natic
Theatre

Expo 95 Poster
Vojtěch Hynais designed this poster for the ethnographic exhibition of folk culture in 1895. In the Art Nouveau style, it reflected the new appreciation of regional traditions.

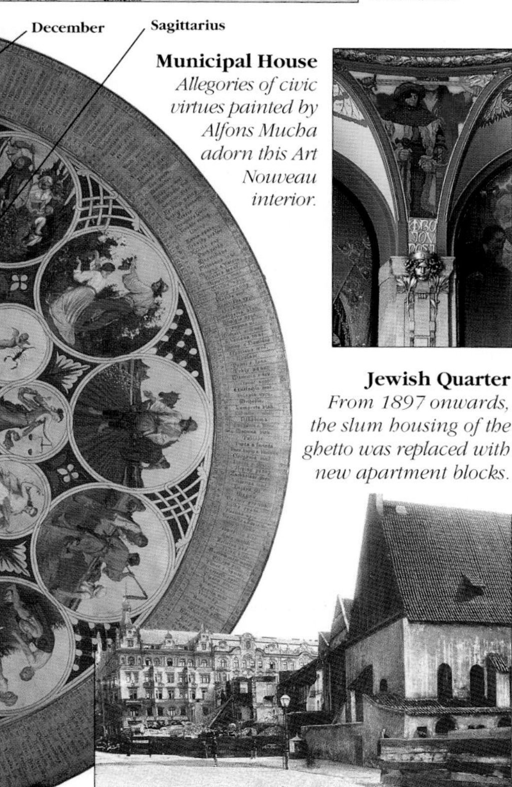

Municipal House
Allegories of civic virtues painted by Alfons Mucha adorn this Art Nouveau interior.

Jewish Quarter
From 1897 onwards, the slum housing of the ghetto was replaced with new apartment blocks.

Where to See the National Revival

Many of Prague's remarkable monuments, the National Museum for example, were built around this period. One fine example of Art Nouveau architecture is the Municipal House *(p64)*, where the Mayor's Room has murals by Mucha. The Rudolfinum *(p84)* and the National Theatre *(pp156–7)* have gloriously-decorated interiors by great artists of the day. The Prague Museum has many objects from the late 19th and early 20th centuries as well as the original painting for Mánes' Old Town Clock.

National Museum
The Neo-Renaissance façade dominates the skyline (p147).

National Theatre
The décor has murals by Czech artists, including Aleš (pp156–7).

National Theatre

1880

1881 Newly opened National Theatre destroyed by fire, then rebuilt

1883 Re-opening of the National Theatre

1883 First public lighting with electric lamps

1884–91 Building of the National Museum

1891 Jubilee Exhibition

1896 Proper city transport of electric trams starts

1897–1917 Slums of Jewish Ghetto cleared

1900

Early electric trams

1912 Municipal House opens

1914 World War I begins

1916 Emperor Franz Josef dies

The satirical novel, Good Soldier Švejk, (see p154) *explored the futility of war and the inept Austrian military*

Prague after Independence

Letná Park metronome

JUST 20 YEARS AFTER its foundation, the Czechoslovak Republic was helplessly caught up in the political manoeuvring that preceded Nazi domination of Europe. Prague emerged from World War II almost unscathed by bombings, no longer part of a Nazi protectorate but of a Socialist republic. Any resistance was brutally suppressed. Ultimately, the intellectuals spoke out, demanding observance of civil rights. Denial of such rights led these dissidents to unite and prepare for the "Velvet Revolution". In the end, it was a playwright, Václav Havel, who stepped onto the balcony of Prague Castle to lead the country at the start of a long and often difficult return to independence.

1945 Soviet Red Army enter Prague on 9 May to rapturous welcome, following four days of uprisings. In October, provisional National Assembly set up under Beneš

1920 Avant-garde left-wing artists form Devětsil movement in Prague's Union Café

Edvard Beneš

1935 Edvard Beneš succeeds Masaryk as President. Nazi-funded Sudeten German Party, led by Konrad Henlein, makes election gains

1938 Munich Agreement hands over parts of Republic to Hitler. Beneš flees country

1952 Most famous of many show trials under Gottwald, Slánský Trial sends 11 senior politicians to gallows as Trotskyites and traitors

1918	1930	1940	1950

1918	1930	1940	1950

1924 Death of Franz Kafka, author of *The Trial*

1932 Traditional gymnastic rally or *slet* takes place at Strahov stadium

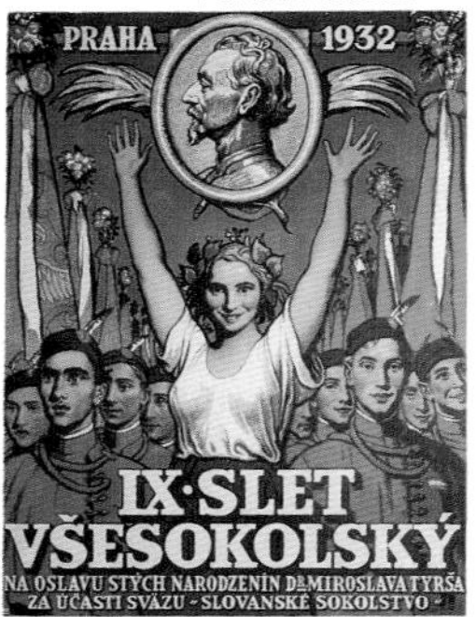

1942 Tyrannical "Protector" for only eight months, Reinhard Heydrich assassinated by Czech resistance

1948 Communist Party assumes power under Klement Gottwald; announces 89% support in May elections

1955 Largest statue of Stalin in the world unveiled in Letná Park, overlooking city

1958 Premiere of innovative animated film, *The Invention of Destruction* directed by Karel Zeman

1918 Foundation of Czechoslovak Republic. Tomáš Masaryk first democratically-elected President

Welcome Home poster, to mark the president's return on 21 December 1918

1939 German troops march into Prague; city declared capital of Nazi Protectorate of Bohemia and Moravia

1966 Jiří Menzel's *Closely Observed Trains* wins Oscar for Best Foreign Film, drawing the world's attention to Czech cinema

1968 Alexander Dubček elected to post of First Secretary

1962 Statue of Stalin in Letná Park demolished (replaced, in 1991, by a giant metronome)

1989 Year of the "Velvet Revolution": growing civil discontent prompts demonstrations and strikes. Havel unites opposition groups to form Civic Forum. Temporary Government of National Understanding promises free elections; President Husák resigns and Václav Havel sworn in by popular demand

1979 Playwright Václav Havel founds Committee for the Defence of the Unjustly Persecuted and is sent to prison

1990 First democratic elections for 60 years held in June, producing 99% turnout, with 60% of vote going to alliance of Civic Forum and People Against Violence

1992 Plastic People band perform at celebratory concert, 15 years after ban which resulted in Charter 77

0 | 1970 | 1980 | 1990

0 | 1970 | 1980 | 1990

0 Czechoslovak ialist Republic SR) proclaimed

1967 First Secretary and President, Antonín Novotný, imprisons dissident writers

1969 Jan Palach burns to death in protest at Soviet occupation

1977 Human rights manifesto Charter 77 drawn up after arrest of band, Plastic People

1968 Moderate Alexander Dubček adopts the programme of liberal reforms known as "Prague Spring". On 21 August, Warsaw Pact occupies Czechoslovakia and over 100 protesters are killed as troops enter Prague

1984 Jaroslav Seifert, signatory of Charter 77, wins Nobel Prize for Literature but cannot collect prize in person

1989 Canonization of St Agnes *(see pp92–3)* takes place on 4 November. Vatican commissions painting by dissident Prague-born artist Gustav Makarius Tauc for the occasion. Czech legend that miraculous events will accompany her elevation to sainthood prove correct when "Velvet Revolution" begins on 17 November

1993 Prague is once again declared capital of Czech Republic

The coat of arms of the president of the Czech Republic has the inscription "truth victorious" and the arms for Bohemia (top left, bottom right), *Moravia* (top right) *and Silesia* (bottom left)

PRAGUE AT A GLANCE

There are almost 150 places of interest described in the *Area by Area* section of this book. A broad range of sights is covered: from the ancient Royal Palace, which was the site of the Defenestration of 1618 *(see p105)*, to cubist houses built in the Jewish Quarter in the 1920s *(see p91)*; from the peaceful oasis of Petřín Park *(see p141)*, to the bustle of Wenceslas Square *(see pp144–5)*. To help you make the most of your stay, the following 12 pages are a time-saving guide to the best Prague has to offer visitors. Museums and galleries, churches and synagogues, palaces and gardens all have their own sections. Each sight has a cross reference to its own full entry. Below are the attractions that no visitor should miss.

Prague's Top Ten Sights

Old Town Square
See pp66–9

National Theatre
See pp156–7.

Church of St Nicholas
See pp128–9.

Charles Bridge
See pp136–9.

Old Town Hall
See pp72–4.

St Vitus's Cathedral
See pp100–3.

Wallenstein Palace and Garden *See p126.*

Old Jewish Cemetery
See pp86–7.

Prague Castle
See p96–7.

St Agnes's Convent
See pp92–3.

◁ **Mucha's allegory of Vigilance in the Mayor's Room in the Municipal House *(see p64)***

Prague's Best: Museums and Galleries

WITH MORE THAN 20 museums and almost 100 galleries and exhibition halls, Prague is a city of unexpected and rare delights. Here, religious masterpieces of the Middle Ages vie with the more recent opulence of Art Nouveau and the giants of modern art. New galleries have opened since 1989 with many more temporary exhibitions. There are museums devoted to the history of the state, the city of Prague and its people, many of them housed in buildings that are historical landmarks and works of art in themselves. This map gives some of the highlights, with a detailed overview on pages 40–41.

St George's Conven
Among the fine Bohemia Baroque art on displa is this portrait of Italia gemcutter Dionysiu Miseroni and his famil by Karel Škrét

Sternberg Palace
The collection of European art here is outstanding, represented in works such as The Feast of the Rosary *by Albrecht Dürer (1506).*

Prague Castle and Hradčany

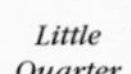

Little Quarter

VLTAVA

The Loreto
The offerings of devout local aristocrats form the basis of this collection of religious decorative art. In 1721 this jewel-encrusted, tree-shaped monstrance was given to the treasury by Countess Wallenstein.

Smetana Museum
The life and work of this 19th-century Czech composer are remembered beside the river that inspired one of his most famous pieces – the Vltava.

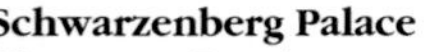

Schwarzenberg Palace
The ornate Renaissance palace forms a handsome backdrop to the Museum of Military History's displays of weaponry and memorabilia.

Museum of Decorative Arts
Five centuries of arts and crafts are represented here, with particularly impressive collections of Bohemian glass, graphic art and furniture. This carved and painted chest dates from 1612.

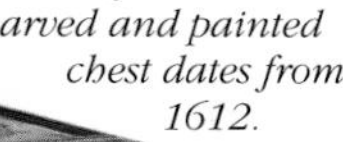

St Agnes's Convent
This collection includes the 14th-century Resurrection of Christ *by the Master of the Třeboň Altar.*

Maisel Synagogue
One of the most important collections of Judaica in the world is housed in the Maisel Synagogue and other buildings of the State Jewish Museum. The displays include religious artefacts, furnishings and books. This illuminated page is from the manuscript of the Pesach Haggadah *of 1728.*

Jewish Quarter

Old Town

National Museum
The vast skeleton of a whale dominates the other exhibits in one of seven grand halls devoted to zoology. The museum's other displays include fine collections of minerals and meteorites.

New Town

Dvořák Museum
This viola, which belonged to the influential 19th-century Czech composer, is among the personal effects and musical scores on display in the charming Michna Summer Palace.

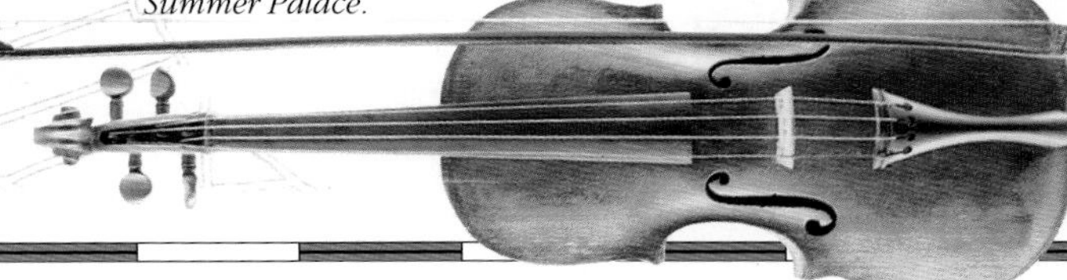

Exploring the Museums and Galleries

Carved figure on façade of the Museum of Decorative Arts

The city's museums give a fascinating insight into the history of the Czechs and of Prague's Jewish population. Also a revelation to visitors unfamiliar with the culture is the art of the Gothic and Baroque periods and of the 19th-century Czech National Revival. The major museums and galleries are cramped for space, but plans are under way to put more of their collections on show in the near future.

Czech Painting and Sculpture

The most important and wide-ranging collection in Prague is that of the National Gallery. Its holdings of Czech art are shown at three venues: medieval art at **St Agnes's Convent;** works dating from the 16th to 18th centuries at **St George's Convent**; and 19th to 20th-century art at the Trades Fair Palace.

The **Picture Gallery of Prague Castle** is a reminder of Emperor Rudolph II's once-great collection. Alongside the paintings are documents and other evidence of just how splendid the original collection must have been.

Commerce *by Otto Gutfreund (1923), Trades Fair Palace*

For the best of the Castle's Bohemian art, you must visit the Renaissance and Baroque works at St George's Convent. These include examples by Baroque masters Karel Škréta and Petr Brandl. Also within the Castle but currently without a permanent display space is the St Vitus Treasure, a collection of religious pieces including a Madonna from the School of Master Theodoric.

Centuries of Czech sculpture are housed in the Lapidarium at the **Exhibition Ground**. Among its exhibits is statuary formerly found on the Charles Bridge, and the Marian pillar that used to stand in the Old Town Square.

The collection at **St Agnes's Convent** includes Bohemian and central European Gothic painting and sculpture, including panels painted for Charles IV by Master Theodoric. Works by 19th- and 20th-century Prague artists can be seen at the Prague Gallery. Its branches include the Baroque **Troja Palace**, where the architecture makes a marvellous backdrop. Exhibitions are drawn from the gallery's collection of 3,000 paintings, 1,000 statues and 4,000 prints.

The superb Centre for Modern and Contemporary Art at **Trades Fair Palace** represents almost every 19th- and 20th-century artistic movement. Romanticism and Art Nouveau are both represented, as are the understandably popular 1920s figures of Otto Gutfreund. The

14th-century *Madonna Aracoeli*, St Vitus Treasure, Prague Castle

development of such ground-breaking groups as Osma, Devětsil, Skupina 42 and the 12.15 group is also strikingly well documented.

European Painting and Sculpture

Prague also offers visitors an opportunity to view an exceptional range of masterpieces by Europe's finest artists from antiquity to the 18th century, at **Sternberg Palace**.

The most treasured work in the collection is the *Feast of the Rosary* by Albrecht Dürer, but other equally delightful works include many by 17th-century Dutch masters such as Rubens and Rembrandt.

The Centre for Modern and Contemporary Art at **Trades Fair Palace** has an outstanding collection of Picassos and some fine Rodin bronzes, as well as examples of work from almost every Impressionist, Post-Impressionist and Fauvist. Three notable self-portraits are those of Paul Gauguin (*Bonjour Monsieur Gauguin*, 1889), Henri Rousseau (1890) and Pablo Picasso (1907). Modern German and Austrian painting is also on show, with works by Gustav Klimt and Egon Schiele. The *Dance of Life*, by Norwegian Edvard Munch, is considered greatly influential upon Czech avant-garde art.

The other main venue for European art is the **Picture Gallery of Prague Castle**, which focuses on European painters of the 16th to 18th centuries. As well as Titian's superb *The Toilet of a Young Lady*, there are also works in the collection by Rubens and Tintoretto.

Music

Two Czech composers merit their own museums, as does Prague's much-loved visitor, Mozart. The **Smetana Museum**, **Dvořák Museum** and **Mozart Museum** all contain personal memorabilia, musical scores and correspondence. In the summer, concerts are held on the terrace of the Mozart Museum.

The Museum of Musical Instruments is in the process of finding new quarters. Seek it out if you can; it has many rare and historic instruments, and scores by composers such as Josef Haydn.

History

The historical collections of the **National Museum** are held at the main Wenceslas Square building, and at Prague Castle. The artefacts at Prague Castle are housed in the **Lobkowicz Palace** and focus on Czech life and culture.The **Prague Museum** centres on the history of the city, with period rooms, historical prints and a model of Prague in the 19th century, made of paper and wood by the lithographer Antonín Langweil.

Bohemian Baroque glass goblet (1730), Museum of Decorative Arts

A branch of the museum at Výtoň, on the banks of the Vltava, depicts the way of life of a former settlement. Another at Vyšehrad records the history of this royal seat.

The exquisite Renaissance building of **Schwarzenberg Palace** is a fine setting for the battle charts, weaponry, uniforms and regalia of the Museum of Military History, housed here since 1945.

The Jewish Museum is made up of various sites in the Jewish Quarter, including the **High Synagogue**, **Maisel Synagogue** and the **Old Jewish Cemetery**. Among its collections are holy artefacts taken from other Jewish communities and brought to Prague by the Nazis as part of a chilling plan for a museum of "an extinct race". Another moving display is of drawings made by children who were imprisoned in the Terezín concentration camp.

Decorative Arts

With glassware spanning centuries, from medieval to modern, porcelain and pewterware, furniture and textiles, books and posters, the **Museum of Decorative Arts** in the Jewish Quarter is one of Prague's best, but only a small selection of its holdings is on show. Look out for specialized temporary exhibitions mounted either at the museum itself or at other venues in Prague.

Many other museums have examples of the decorative arts, ranging from grandiose monstrances – including one with 6,222 diamonds – in the treasury of **The Loreto** to simple everyday furnishings in the **Prague Museum**. There is also a fascinating collection of pre-Columbian artefacts from Central America in the **Náprstek Museum**.

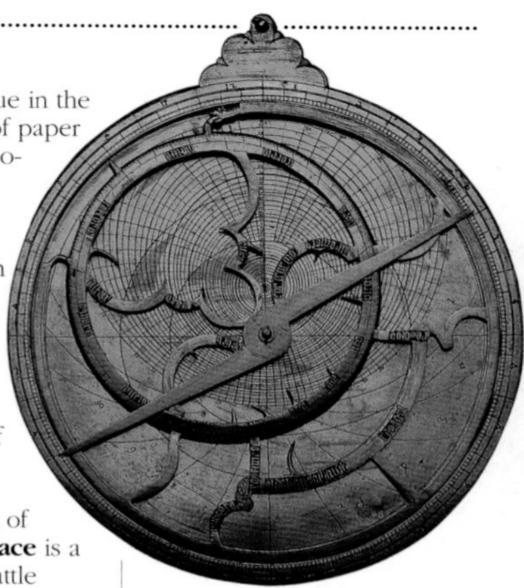

16th-century astrolabe from the National Technical Museum

Science and Technology

A vast exhibition hall holds the transport section of the **National Technical Museum**. Ranks of vintage cars, motorcycles and steam engines fill the space, and over them hang examples of early flying machines. Other sections trace the progress of sciences such as electronics. Visitors can even tour a reconstruction of a coal mine. As befits the city where Tycho Brahe and Johannes Kepler studied the stars, there is a fascinating astronomy exhibition.

Finding the Museums and Galleries

Dvořák Museum *p154*
Exhibition Ground *p162*
High Synagogue *p85*
Lobkowicz Palace *p99*
The Loreto *pp116–17*
Maisel Synagogue *p90*
Mozart Museum *p160*
Museum of Decorative Arts *p84*
Náprstek Museum *p75*
National Technical Museum *p162*
National Museum *p147*
Old Jewish Cemetery *pp86–7*
Picture Gallery of Prague Castle *p98*
Prague Museum *p161*
St Agnes's Convent *pp92–3*
St George's Convent *pp106–9*
Schwarzenberg Palace *p118*
Smetana Museum *p79*
Sternberg Palace *pp112–15*
Trades Fair Palace *pp164–5*
Troja Palace *pp166–7*
Zbraslav Monastery *p163*

Prague's Best: Churches and Synagogues

The religious buildings of Prague vividly record the city's changing architectural styles, and many are treasure houses of religious art. But they also reflect Prague's times of religious and political strife, the lives of its people, its setbacks and growth as a city. This map features highlights of their architecture and art, with a more detailed overview on pages 44–5.

St George's Basilica
St George, sword raised to slay the dragon, is portrayed in this late-Gothic relief, set above the doorway of the magnificent early Renaissance south portal.

St Vitus's Cathedral
The jewel of the cathedral is the Chapel of St Wenceslas. Its walls are decorated with semi-precious stones, gilding and frescoes. Elizabeth of Pomerania, the fourth and last wife of Charles IV, is shown at prayer in the fresco above the Gothic altar.

Prague Castle and Hradčany

The Loreto
This shrine to the Virgin Mary has been a place of pilgrimage since 1626. Each hour, its Baroque clock tower chimes a hymn on the carillon of 27 bells.

Little Quarter

VLTAVA

Church of St Thomas
The skeleton of the martyr St Just rests in a glass coffin below a Crucifixion *by Antonín Stevens, one of several superb works of religious art in this church.*

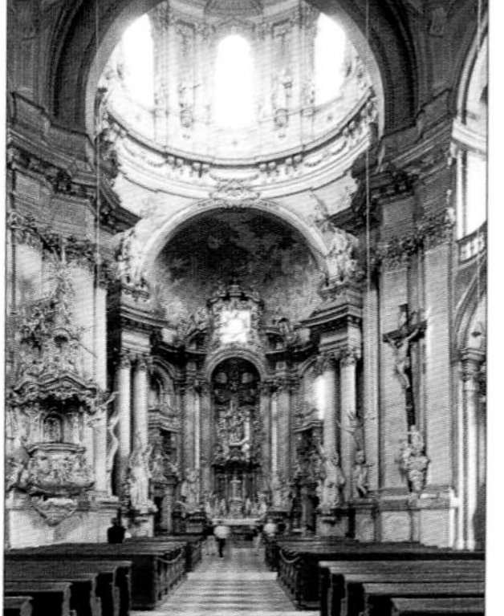

Church of St Nicholas
In the heart of the Little Quarter, this is Prague's finest example of High Baroque. The dome over the high altar is so lofty that early worshippers feared it would collapse.

ld-New Synagogue
agueʼs oldest synagogue ıtes from the 13th century. : Gothic main portal is ırved with a vine which ·ars twelve bunches of apes symbolizing the ·ibes of Israel.

Church of Our Lady before Týn
Set back behind a row of arcaded buildings, the many-spired twin towers of the church dominate the eastern end of Old Town Square. The Gothic, Renaissance and Baroque features of the interior create striking contrasts.

Church of St James
Consecrated in 1374, this church was restored to new Baroque glory after a fire in 1689. Typical of its grandeur is this 18th-century monument to chancellor Jan Vratislav of Mitrovice. Fine acoustics and a superb organ make the church a popular venue for concerts.

d Town

New Town

Slavonic Monastery
These cloisters hold a series of precious frescoes from three Gothic masters depicting scenes from the Old and New Testaments.

0 metres 500

0 yards 500

Church of St Peter and St Paul
Remodelled many times since the 11th century, the design of this church is now 1890s Neo-Gothic. This striking relief of the Last Judgment marks the main entrance.

Exploring Churches and Synagogues

RELIGIOUS BUILDING began in Prague in the 9th century, reaching its zenith during the reign of Charles IV *(see pp24–5)*. The remains of an 11th-century synagogue have been found, but during the 19th-century clearance of the overcrowded Jewish ghetto three synagogues were lost. Many churches were damaged during the Hussite rebellions *(see pp26–7)*. The political regime of the 20th century also took its toll, but now churches and synagogues have been reclaimed and restored, with many open to visitors.

Altar, Capuchin Monastery

High, Gothic windows at the east end of St Vitus's Cathedral

Romanesque

THREE REASONABLY well-preserved Romanesque rotundas, dating from the 11th and 12th centuries, still exist in Prague. The oldest is the **St Martin's Rotunda**; the others are the rotundas of the Holy Rood and of St Longinus. All three are tiny, with naves only 6 m (20 ft) in diameter.

By far the best-preserved and most important Romanesque church is **St George's Basilica**, founded in 920 by Prince Vratislav I. Extensive reconstruction was carried out after a fire in 1142, but its chancel, with some exquisite frescoes on its vaulting, is a Late-Romanesque gem.

11th-century Romanesque Rotunda of St Martin in Vyšehrad

The **Strahov Monastery**, founded in 1142 by Prince Vladislav II *(see pp22–3)*, has retained its Romanesque core in spite of fire, wars and extensive renovation.

Gothic

GOTHIC ARCHITECTURE, with its ribbed vaulting, flying buttresses and pointed arches, reached Bohemia in about 1230 and was soon adopted into religious architecture.

The first religious building in Gothic style was **St Agnes's Convent**, founded in 1233 by Wenceslas I's sister, Agnes. Prague's oldest synagogue, the **Old-New Synagogue**, built in 1270, is rather different in style to the churches but nevertheless is still a suberb example of Early-Gothic.

The best example of Prague Gothic is **St Vitus's Cathedral**. Its fine tracery and towering nave epitomize the style. Other notable Gothic churches are **Our Lady before Týn** and **Our Lady of the Snows**.

Important for its historical significance is the reconstructed Gothic **Bethlehem Chapel** where Jan Hus *(see p27)* preached for 10 years.

The superb Gothic frescoes found in abundance at the **Slavonic Monastery**, were badly damaged in World War II, but have been restored.

Renaissance

IN THE 1530s the influence of Italian artists living in Prague sparked the city's Renaissance movement. The style is more clearly seen in secular than religious building. The Late-Renaissance period, under Rudolph II (1576–1611), offers the best remaining examples.

Domes and Spires

The domes and spires of Prague's churches are the city's main landmarks, as the view from the many vantage points will confirm. You will see a variety of spires, towers and domes: Gothic and Neo-Gothic soar skywards, while Baroque often have rounded cupolas and onion domes. The modern top of the 14th-century Slavonic Monastery, added after the church was struck in a World War II air raid, is a rare example of modernist religious architecture in Prague. Its sweeping, intersecting twin spires are a bold reinterpretation of Gothic themes, and a striking addition to the city's skyline.

Church of Our Lady before Týn (1350–1511)

Church of St Nicholas in Little Quarter (1750)

The **High Synagogue** and the **Pinkas Synagogue** retain strong elements of the style: the former in its 1586 exterior, the latter in the reworking of an original Gothic building.

The Church of St Roch in the **Strahov Monastery** is probably the best example of Late-Renaissance "Mannerism".

Renaissance-influenced vaulting, Pinkas Synagogue (1535)

BAROQUE

THE COUNTER-REFORMATION *(see pp30–31)* inspired the building of new churches and the revamping of existing ones for a period of 150 years. Prague's first Baroque church was **Our Lady Victorious**, built in 1611–13. **St Nicholas** in the Little Quarter took almost 60 years to build. Its lush interior and frescoed vault make it Prague's most important Baroque building, followed by **The Loreto** (1626–1750), adjoining the **Capuchin Monastery**. The father-and-son team, Christoph and Kilian Ignaz Dientzenhofer designed both buildings, and **St John on the Rock** and **St Nicholas** in the Old Town.

A special place in Prague's history was occupied by the Jesuit **Clementinum**. This influential university's church was the **Holy Saviour**. The Baroque style is closely linked with Jesuit teachings: Kilian Ignaz Dientzenhofer was educated here.

Klausen Synagogue (now the Jewish Museum) was built in 1689 with Baroque stuccoed barrel vaults.

Many early buildings were given Baroque facelifts. The Gothic nave of **St Thomas** has Baroque vaulting, and the once-Gothic **St James** went Baroque after a fire in 1689.

19th-century Neo-Gothic portal, Church of St Peter and St Paul

NEO-GOTHIC

DURING THE HEIGHT of the 19th-century Gothic Revival *(see pp32–3)*, **St Vitus's Cathedral** was completed, in accordance with the original Gothic plan. Work by Josef Mocker, the movement's leader, aroused controversy but his **St Peter and St Paul** at Vyšehrad is a well-loved landmark. The triple-naved basilica of **St Ludmilla** in Náměstí Míru was also designed by Mocker.

Nave ceiling of the Church of St Nicholas in the Little Quarter

Loreto (1725)

St Peter and St Paul (1903)

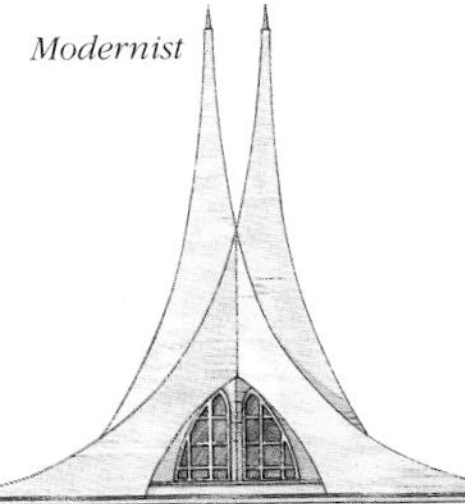

Slavonic Monastery (1967)

FINDING THE CHURCHES AND SYNAGOGUES

St Agnes's Convent *pp92–3*
Bethlehem Chapel *p75*
Capuchin Monastery *p119*
Clementinum *p79 (see also History of Prague pp28–9)*
St George's Basilica *p98*
High Synagogue *p85*
Holy Saviour *(see Knights of the Cross Square p79)*
St James *p65*
St John on the Rock *p153*
Klausen Synagogue *p85*
Loreto *pp116–17*
St Ludmilla *(see Náměstí Míru p161)*
St Martin's Rotunda *(see Vyšehrad Walk p179)*
St Nicholas in the Little Quarter *pp128–9*
St Nicholas in the Old Town *p70*
Old-New Synagogue *pp88–9*
Our Lady before Týn *p70*
Our Lady of the Snows *p146*
Our Lady Victorious *p130*
St Peter and St Paul *(see Vyšehrad Walk p179)*
Pinkas Synagogue *p84*
Slavonic Monastery *p147*
Strahov Monastery *p120–21*
St Thomas *p127*
St Vitus's Cathedral *pp100–3*

Prague's Best: Palaces and Gardens

PRAGUE'S PALACES and gardens are among the most important historical and architectural monuments in the city. Many palaces house museums or galleries *(see pp38–41)*, and some are concert venues. The gardens range from formal, walled oases with fountains and grand statuary, to open spaces beyond the city centre. This map features some of the best palaces and gardens, with a detailed overview on pages 48–9.

Belvedere
The Singing Fountain (1568) stan in front of the exquisite Renaissan summer palace.

Royal Garden
Though redesigned in the 19th century, the Renaissance garden preserves much of its original character. Historic statues still in place include a pair of Baroque lions (1730) guarding the entrance.

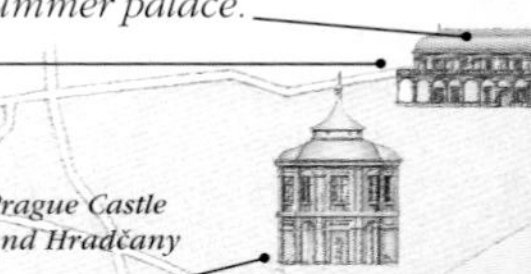

South Gardens
Starting life as the Castle's defensive bastions, these gardens afford a wonderful view of Prague. First laid out as a park in 1891, their present design was landscaped by Josip Plečnik 40 years later.

Wallenstein Palace
Built in 1624–30 for Duke Albrecht of Wallenstein, this vast Baroque palace was intended to outshine Prague Castle. Over 20 houses and a town gate were demolished to make room for the palace and garden. This Fountain of Venus (1599), stands in front of the arches of the sala terrena.

Wallenstein Garden
The garden statues are copies of 17th-century bronzes. The originals were plundered by the Swedes in 1648.

Kolowrat-Černín Garden
In the Baroque period, several palace gardens with spectacular terraces were laid out on the hillside below Prague Castle.

Kinský Palace
The Kinský coat of arms adorns the pink and white stuccoed façade designed by Kilian Ignaz Dientzenhofer. The Rococo palace is now part of the National Gallery.

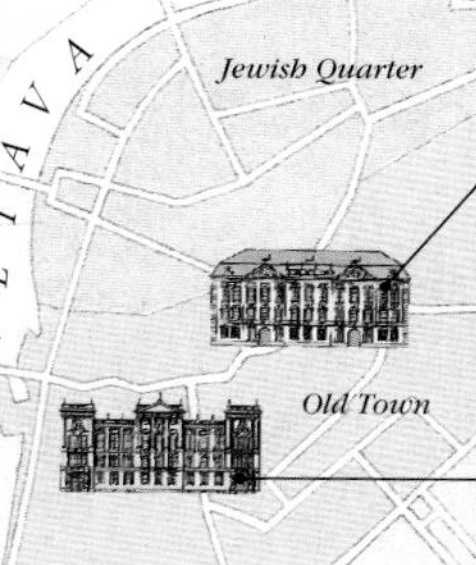

Clam-Gallas Palace
Four giant statues of Hercules (c1715) by Matthias Bernard Braun show the hero straining to support the weight of the massive Baroque front portals of the palace.

New Town

Michna Summer Palace
This charming villa was designed by Kilian Ignaz Dientzenhofer in 1712. It now houses the Dvořák Museum. The garden's sculptural decorations are from the workshop of Antonín Braun.

Kampa Island
A tranquil waterside park was created on the island after the destruction of its original gardens in World War II.

Exploring the Palaces and Gardens

Statue on Kampa Island

PRAGUE BOASTS an amazing number of palaces and gardens, spanning centuries. Comparatively few palaces were lost to the ravages of war. Instead, they tended to evolve in style during restoration or enlargement. Palace gardens became fashionable in the 17th century, but could only be laid out where there was space, such as below Prague Castle. More vulnerable to change, most have been relandscaped several times. In the 19th century, and again after 1989, many of the larger parks and private gardens were opened up to the public.

Medieval Palaces

THE OLDEST PALACE in Prague is the **Royal Palace** at Prague Castle. In the basement is the Romanesque ground floor, started in about 1135. It has been rebuilt many times, particularly between the 14th and 16th centuries. The heart of the Palace, Vladislav Hall, dates from the 1490s and is late Gothic in structure. Less well known is the **Palace of the Lords of Kunštát**. Here, the vaulted ground floor of the 13th-century building survives as the basement of a later Gothic structure.

Renaissance Palaces

ONE OF THE most beautiful Renaissance buildings in Prague is the 16th-century **Schwarzenberg Palace**. The work of Italian architects, its façade is entirely covered with geometric, two-tone *sgraffito* designs. Italians also

Bronze Singing Fountain in the Royal Garden by the Belvedere

worked on the **Belvedere**. Its graceful arcades and columns, all covered with rich reliefs, make this one of the finest Renaissance buildings north of the Alps. The **Martinic Palace**, built in 1563, was the first example of late-Renaissance building in Prague. Soon after came the **Lobkowicz Palace**. Its terracotta relief-decorated windows and plaster *sgraffito* have survived later Baroque modifications. The huge **Archbishop's Palace** was given a later Rococo façade over its Renaissance structure.

Southern façade of Troja Palace and its formal gardens

Baroque Palaces

MANY PALACES were built in the Baroque style, and examples of all its phases still exist in Prague. A handsome, if ostentatious, early Baroque

Decorative Portals and Gates

The elaborate gates and portals of Prague's palaces are among the most beautiful and impressive architectural features in the city. Gothic and Renaissance portals have often survived, even where the buildings themselves have been destroyed or modified by renovations in a later architectural style. The period of most prolific building was the Baroque, and distinctive portals from this time can be seen framing many a grand entrance around the city. Statues of giants, heroes and mythological figures are often depicted holding up the doorways. These were not merely decorative but acted as an integral element of support.

Gateway to Court of Honour of Prague Castle (1768)

example is the **Wallenstein Palace**. Similar ostentation is evident in the **Černín Palace**, one of Prague's most monumental buildings. The mid-Baroque had two strands, one opulent and Italianate, the other formal and French or Viennese in influence. **Troja Palace** and **Michna Summer Palace** are in Italian villa style while the **Sternberg Palace** on Hradčanské náměstí is more Viennese in style. Troja was designed in 1679 by Jean-Baptiste Mathey, who, like the Dientzenhofers *(see p129)*, was a master of the Baroque. The pairs of giants on the portals of the **Clam-Gallas Palace**, and the **Morzin Palace** in Nerudova Street, are a popular Baroque motif. The **Kinský Palace** is a superb Rococo design by Kilian Ignaz Dientzenhofer.

The Royal Garden of Prague Castle, planted with spring flowers

Gardens

THE FINEST of Prague's palace gardens, such as the **Wallenstein Garden**, are in the Little Quarter. Though the style of Wallenstein Palace is Early Baroque, the garden still displays the geometric formality of the Renaissance, also preserved in the **Royal Garden** behind Prague Castle. The **South Gardens** on the Castle's old ramparts were redesigned in the 1920s.

Many more gardens were laid out in the 17th and 18th centuries, when noble families vied with each other to have fine winter residences in the Little Quarter below the Castle. Many are now the grounds of embassies, but others have been opened to the public. The **Ledebour Garden** has been combined with two neighbouring gardens. Laid out on a steep hillside, the **Kolowrat-Černín Garden**, in particular, makes ingenious use of pavilions, stairs and terraces from which there are wonderful views of the city. The **Vrtba Garden**, landscaped on the site of former vineyards, is a similar Baroque creation with statues and splendid views. Former palace gardens were also used to create a park on **Kampa Island**.

The many old gardens and orchards on Petřín Hill have been transformed into the large public area of **Petřín Park**. Another former orchard is **Vojan Park**, laid out by archbishops in the 13th century. The **Botanical Gardens** are one of the few areas of green open to the public in the New Town.

Generally, the larger parks are situated further out of the city. **Stromovka** was a royal deer park, while **Letná Park** was developed in 1858 on the open space of Letná Plain.

Ancient trees in Stromovka

Troja Palace (c1703)

Clam-Gallas Palace (c1714)

Where to Find the Palaces and Gardens

Prague through the Year

Springtime in Prague sees the city burst into colour as its gardens start to bloom. Celebrations begin with the Prague Spring Music Festival. In summer, visitors are entertained by street performers and the city's glorious gardens come into their own. When the weather begins to turn cooler, Prague hosts the International Jazz Festival.

Painted Easter egg

The year often draws to a close with snow on the streets. The ball season starts in December, and in the coldest months, most events are held indoors. At Prague Castle, an all-year-round attraction is the changing of the guard around midday. For details of activities, check the listings magazines *(see p219)* or the Prague Information Service *(see p218)*.

Concert at Wallenstein Palace during the Prague Spring Music Festival

Spring

As Prague sees its first rays of spring sunshine, the city comes alive. A mass of colours, blooms and cultural events makes this one of the most exciting times of the year to visit. The city's blossoming parks and gardens open their gates again, after the colder months of winter. During April the temperatures rise and an entertainment programme begins – dominated by the Prague Spring Music Festival.

Easter

Easter Monday *(dates vary)* is a public holiday. Easter is observed as a religious holiday but it is also associated with a bizarre pagan ritual in which Czech men beat their women with willow sticks in order to keep them fertile during the coming year. The women retaliate by throwing water over their male tormentors. Peace is finally restored when the women present the men with a painted egg. Church services are held during the entire Easter period *(see p227)*.

March

The Prague-Prčice March *(third Saturday of March)*. Thousands of people set out to walk from the city centre to the small town of Prčice, to the southwest of the city, in celebration of spring.

April

Boat trips *(1 April)*. A number of boats begin trips up and down the Vltava.
Witch-burning *(30 April)*, at the Exhibition Ground *(see p176)*. Concerts accompany this 500-year-old tradition where old brooms are burnt on bonfires, in a symbolic act to rid nature of evil spirits.

May

Labour Day *(1 May)*. Public holiday celebrated with numerous cultural events.
Opening day of Prague's gardens *(1 May)*. Regular summer concerts are held in many parks and gardens.
Anniversary of Prague Uprising *(5 May)*. At noon sirens are sounded for one minute. Flowers are laid at the commemorative plaques of those who died *(see p34)*.
Day of Liberation from Fascism *(8 May)*. Public holiday for VE day. Wreaths are laid on the graves of soldiers at Olšany cemeteries.
Prague International Book Fair *(second week in May)*, Palace of Culture *(see p176)*. The best of Czech and international authors.

The Prague Spring Music Festival

This international festival presents a busy programme of concerts, ballet and opera from 12 May to 1 June. Music lovers can hear a huge selection of music played by some of the best musicians in the world. The main venue is the Rudolfinum *(see p84)* but others include churches and palaces – some of which are only open to the public on these occasions. The festival begins on the anniversary of Bedřich Smetana's death *(see p79)*. A service is held at his grave in Vyšehrad *(see p178)*, and in the evening there is a concert at the Municipal House *(see p64)* where musicians perform his most famous work, *Má Vlast* (My Country). The festival also ends here, with Beethoven's Ninth Symphony.

Bedřich Smetana

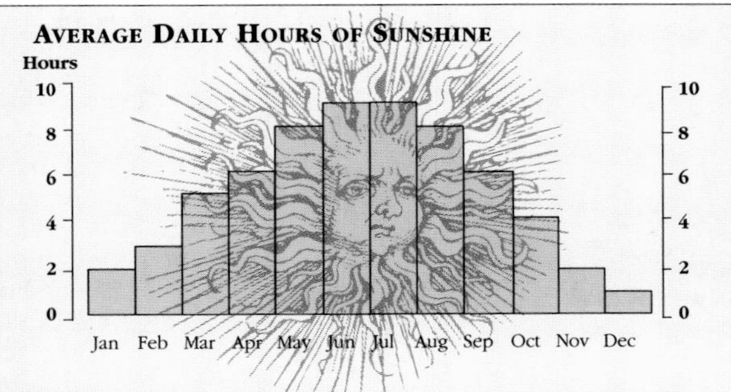

Sunshine Chart
Prague's longest and hottest days fall between May and August. At the height of summer, daylight starts at 5am. The snow-covered city looks stunning on a sunny winter's day. But sunny days can be spoiled by thick smog (see p53).

Czechs and tourists enjoying the beauty of Vyšehrad Park on a sunny afternoon

SUMMER

SUMMER arrives with high temperatures, frequent, sometimes heavy, showers and thousands of visitors. This is a beautiful, if busy, time to visit. Every weekend, Czechs set out for the country to go hiking in the surrounding hills or stay in country cottages. Those remaining in Prague visit the reservoirs and lakes *(see p213),* just outside the city to try and escape the heat. There is a wealth of entertainment on offer as culture moves into the open air taking over the squares, streets and gardens. Street performers, buskers and classical orchestras all help to keep visitors entertained. Many cafés have tables outside allowing you to quench your thirst while watching the fun.

JUNE

Mayoral Boat Race *(first weekend in June).* Rowing races are held on the river Vltava, just below Vyšehrad.

Summer Concerts *(throughout the summer).* Prague's gardens *(see pp46–9)* are the attractive and popular setting for a large number of free classical and brass-band concerts. One of the most famous, and spectacular, outdoor classical concerts is held by Křižík Fountain at the Exhibition Ground *(see p162).* Full orchestras play to the stunning backdrop of coloured lights and water, synchronized to the music by computer.

Anniversary of the Murder of Reinhard Heydrich's Assassins *(18 June).* A mass is held in remembrance at the Church of St Cyril and St Methodius *(see p152)* for those who died there.

Golden Prague *(first week of June)*, Kaiserstein Palace. International TV festival of prize-winning programmes.

Battle Re-enactments *(throughout summer)*, held in Prague's palaces and gardens.

Mozart's Prague *(mid-June to first week in July).* Celebration of Mozart. International orchestras perform his works at Bertramka *(see p160)* and Lichtenstein Palace.

Dance Prague *(last week in June).* An international festival of contemporary dance at the National Theatre *(see p156).*

JULY

Remembrance of the Slavonic Missionaries *(5 July).* Public holiday in honour of St Cyril and St Methodius *(see p152).*

Anniversary of Jan Hus's Death *(6 July).* A public holiday when flowers are laid on his memorial *(see pp26–7).*

AUGUST

Theatre Island *(all of August)*, Střelecký Island. Czech theatre and puppet festival.

Changing of the Guard at Prague Castle

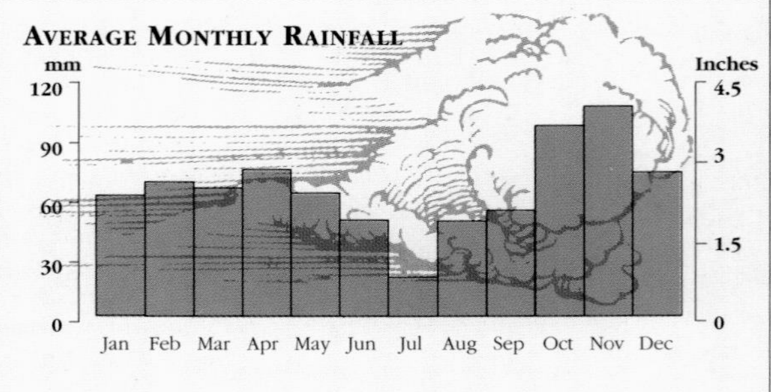

Rainfall Chart
Prague has plenty of rain throughout the year. The wettest months are October and November, but there are frequent light showers in the summer months as well. Winter snowfalls can be quite heavy, but they are rarely severe.

AUTUMN

When the gardens below Prague Castle take on the shades of red and gold, and visitors start to leave, the city gets ready for the cold winter months. This is also the traditional mushroom-gathering season when you encounter people with baskets full of freshly-picked mushrooms. Market places are flooded with fruit and vegetables. The tree-lined slopes above the Vltava take on the beautiful colours of autumn. September and October still have a fair number of warm and sunny days, although November often sees the first snowfalls. Football fans fill the stadiums and the popular steeplechase course at Pardubice reverberates to the cheers of fans.

SEPTEMBER

Prague Autumn *(early September)*, at the Rudolfinum *(see p84)*. An international classical music festival.
The Autumn Fair *(dates vary)*, at the Exhibition Ground *(see p176)*. Fairground, stalls, food and drink, theatrical and puppet shows and musical performances of all kinds.
Kite competitions *(third Sunday in September)*, on Letná Plain in front of Sparta Stadium. Very popular competition for children but open to anyone with a kite.
Bohemia Championship *(last Sunday in September)*. A 10-km (6-mile) road race which has been run since 1887. Starts from Běchovice, a suburb of Prague and ends in Žižkov. Open to people of all ages and levels of experience.

Jazz musicians playing at the International Jazz Festival

OCTOBER

The Great Pardubice Steeplechase *(second Sunday in October)*, held at Pardubice, east of Prague. This horse race has been run since 1874 and is considered to be the most difficult in Europe.
Velká Kunratická *(second Sunday in October)*. Popular, but gruelling, cross-country race in Kunratice forest. Anyone can enter.
The Locking of the Vltava *(early October)*. Symbolic conclusion of the water sports season, during which the Vltava is locked with a key until the arrival of spring.
International Jazz Festival *(date varies)*, Lucerna Palace. A famous jazz festival, held since 1964, attracts musicians from around the world.
The Day of the Republic *(28 October)*. Despite the splitting up of Czechoslovakia into two separate republics, the founding of the country in 1918 is still a public holiday.

NOVEMBER

Celebration of the Velvet Revolution *(17 November)*. Peaceful demonstrations take place around Wenceslas Square *(see pp144–5)*.

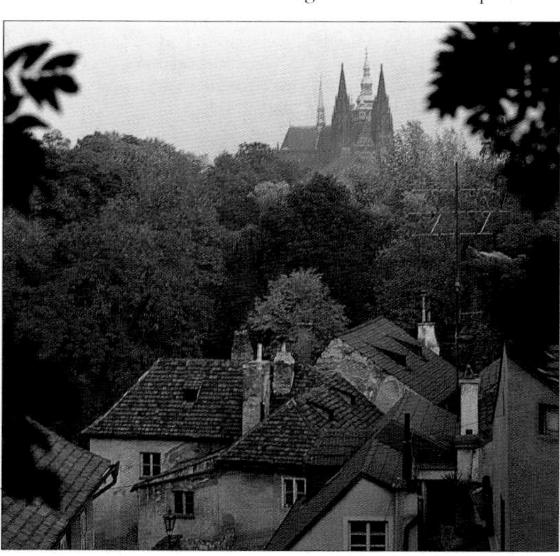
A view of St Vitus's Cathedral through autumn trees

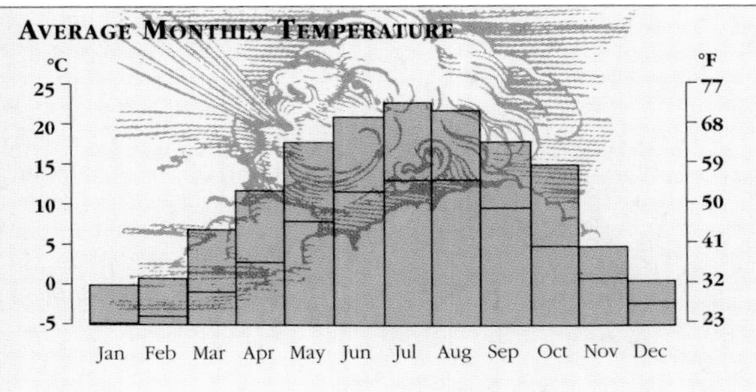

Temperature Chart
The chart shows the average minimum and maximum temperatures for each month in Prague. The summer usually remains comfortably warm, while the winter months can get bitterly cold and temperatures often drop below freezing.

WINTER

IF YOU ARE lucky enough to catch Prague the morning after a snowfall with the sun shining, the effect is magical. The view over the Little Quarter rooftops with their pristine white covering is a memorable sight. Unfortunately Prague is rarely at its best during the winter months. The weather is changeable. Foggy days with temperatures just above freezing can quickly go down to -5° C (23° F). Pollution and Prague's geographical position in the Vltava basin, lead to smog being trapped just above the city.

As if to try and make up for the winter weather's shortcomings, the theatre season reaches its climax and there are a number of premieres. Balls and dances are held in these cold months. Just before Christmas Eve large barrels containing live carp – which is the traditional Czech Christmas delicacy – appear on the streets. Christmas trees adorn the city, and carol singers can be heard on street corners. Christmas mass is held in most churches and New Year's Eve is celebrated, in time-honoured style, throughout the entire city.

Barrels of the traditional Christmas delicacy, carp, on sale in Prague

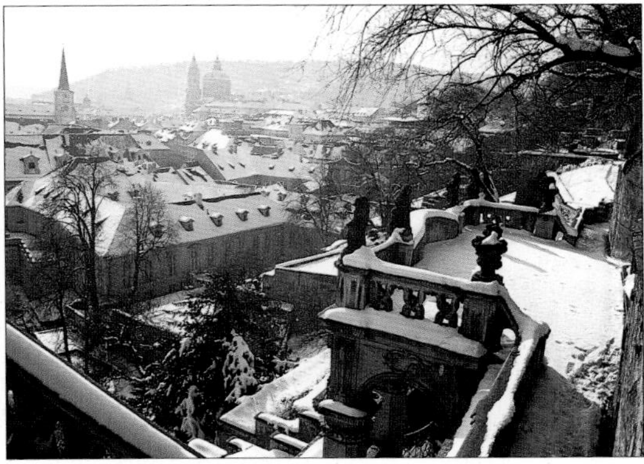
View of the Little Quarter rooftops covered in snow

DECEMBER

Christmas markets *(throughout December)*, Můstek metro station, 28. října, Na příkopě, Old Town Square. Stalls sell Christmas decorations, gifts, hot wine, punch and the traditional Czech carp *(see p207)*.
Christmas Eve, Christmas Day and Boxing Day *(24, 25 and 26 December)*. Public holidays. Mass is held in churches throughout the city.
Swimming competitions in the Vltava *(26 December)*. Hundreds of hardened and determined swimmers gather together at the Vltava to swim in temperatures of around 3° C (37° F).
New Year celebrations *(31 December)*. Thousands of people congregate around Wenceslas Square.

JANUARY

New Year's Day *(1 January)*. Public holiday.

FEBRUARY

Dances and Balls *(early February)*.
Matthew Fair *(end of February to beginning of April)*, the Exhibition Ground *(see p176)*. Fairground, stalls and various entertainments.

PUBLIC HOLIDAYS

New Year's Day (1 Jan); **Easter Monday**; **Labour Day** (1 May); **Day of Liberation from Fascism** (8 May); **Remembrance of the Slavonic Missionaries** (5 July); **Anniversary of Jan Hus's death** (6 July); **Foundation of Czechoslovakia** (28 Oct); **Fall of Communism** (17 Nov); **Christmas Eve, Christmas Day and Boxing Day** (24–26 December).

A River View of Prague

The Vltava River has played a vital part in the city's history *(see pp20–21)* and has provided inspiration for artists, poets and musicians throughout the centuries.

Up until the 19th century, parts of the city were exposed to the danger of heavy flooding. To try and alleviate the problem, the river's embankments have been strengthened and raised many times, in order to try to prevent the water penetrating too far (the foundations of today's embankments are made of stone or concrete). During the Middle Ages, year after year of disastrous flooding led to the decision to bury the areas affected under 2 m (6 ft) of earth to try to minimize the damage. Although this strategy was only partially effective, it meant that the ground floors of many Romanesque and Gothic buildings were preserved and can still be seen today *(see pp78–9)*. Despite its destructive side, the Vltava has provided a vital method of transport for the city, as well as a source of income. As technology improved, the river became increasingly important; water mills, weirs and water towers were built. In 1912 a large hydroelectric power plant was built on Štvanice Island, supplying almost a third of Prague's electricity. To make the river navigable, eight dams, a large canal and weirs were constructed along the Slapy-Prague-Mělník stretch, where the Vltava flows into the river Elbe. For the visitor, an excursion on one of the many boats, paddle steamers and even a Chinese junk that travel up and down the river, is well worth it. River trips run daily in the summer months. There are trips to Troja *(see pp166–7)* and as far as Slapy Lake. Catching a boat from one of the piers on the river is one of the best ways of seeing the city and its surrounding countryside.

Statues on the wrought-iron Čechův Bridge

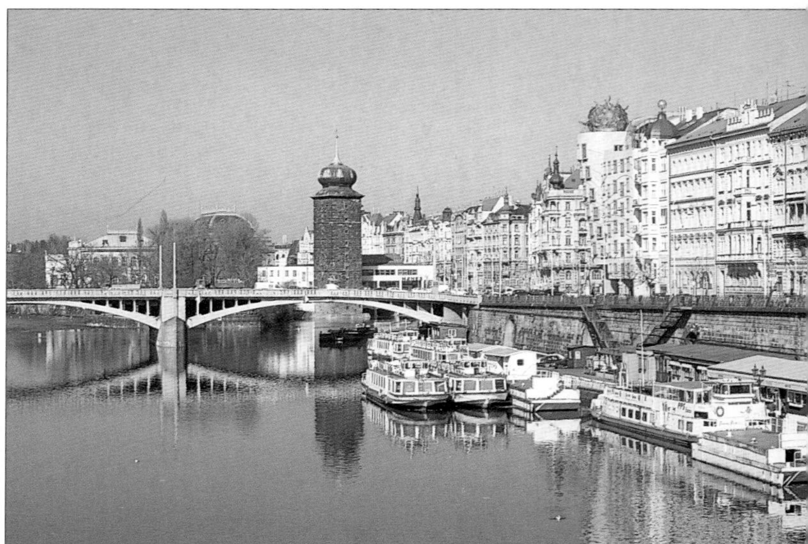

A view of the steamboat landing stage (přístaviště parníků) on Rašínovo nábřeží

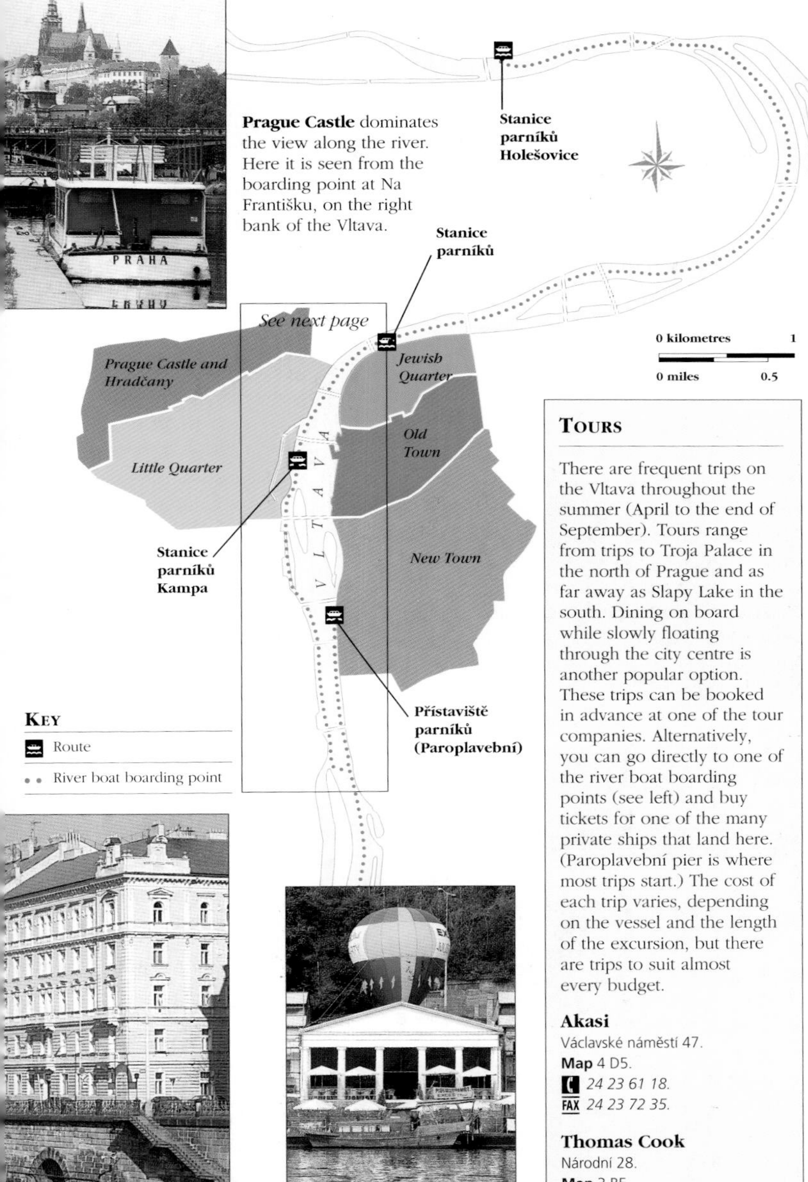

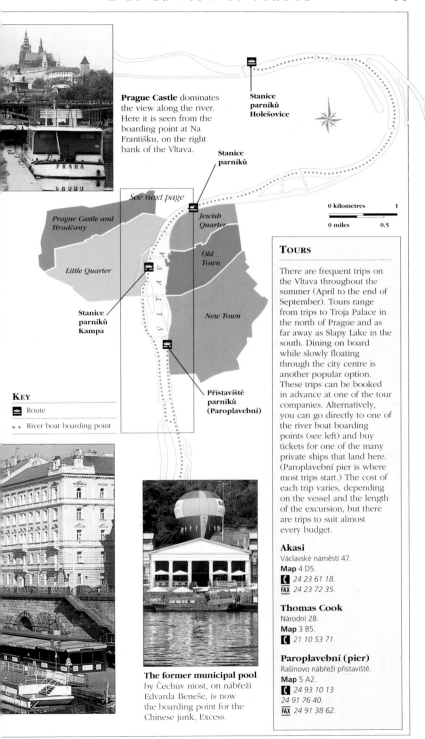

Prague Castle dominates the view along the river. Here it is seen from the boarding point at Na Františku, on the right bank of the Vltava.

TOURS

There are frequent trips on the Vltava throughout the summer (April to the end of September). Tours range from trips to Troja Palace in the north of Prague and as far away as Slapy Lake in the south. Dining on board while slowly floating through the city centre is another popular option. These trips can be booked in advance at one of the tour companies. Alternatively, you can go directly to one of the river boat boarding points (see left) and buy tickets for one of the many private ships that land here. (Paroplavební pier is where most trips start.) The cost of each trip varies, depending on the vessel and the length of the excursion, but there are trips to suit almost every budget.

Akasi
Václavské náměstí 47.
Map 4 D5.
☎ *24 23 61 18.*
FAX *24 23 72 35.*

Thomas Cook
Národní 28.
Map 3 B5.
☎ *21 10 53 71.*

Paroplavební (pier)
Rašínovo nábřeží přístaviště.
Map 5 A2.
☎ *24 93 10 13*
24 91 76 40.
FAX *24 91 38 62.*

The former municipal pool by Čechův most, on nábřeží Edvarda Beneše, is now the boarding point for the Chinese junk, Excess.

Prague River Trip

TAKING A TRIP on the Vltava gives you a unique view of many of the city's historic monuments. Although the left bank was the site of the first Slavic settlement in the 9th century, it was the right bank, heavily populated by merchants and traders, that developed into a thriving and bustling commercial centre, and the tradition continues today. The left bank was never developed as intensively and much of it is still an oasis of parks and gardens. The river's beauty is enhanced by the numbers of swans which have made it their home.

Hanavský Pavilion
This flamboyant cast iron staircase is part of a pavilion built by Zdeněk Fiala for the Jubilee Exhibition of 1891.

Little Quarter Bridge Towers
The smaller tower was built in 1158 to guard the entrance to the original Judith Bridge, while the larger one was built on the site of an old Romanesque tower in 1464 (see p136).

Karlův most

Kampa

stanice parníků Kampa

Grand Priory Mill

most Legií

Střelecký ostrov

Plavební Kanál

Vltava Weir
The thickly-wooded slopes of Petřín Hill tower above one of several weirs on the Vltava. During the 19th century this weir, along with others on this stretch, were built to make the river navigable to ships.

The Vltava Statue on the northern tip of Children's Island is where, every year, wreaths are placed in memory of the drowned.

Jiráskův most

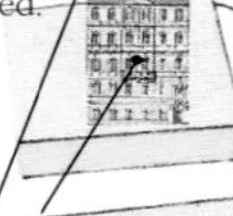

Palackého most

Apartment buildings of Art Nouveau design

Little Quarter Water Tower
Built in 1560, the tower supplied river water to 57 fountains throughout the Little Quarter.

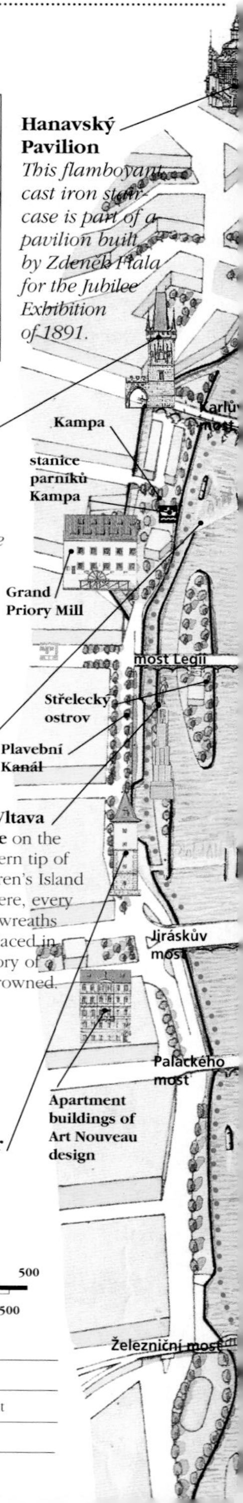

Železniční most

0 metres 500

0 yards 500

KEY

Tram

River boat boarding point

• • Boat trip

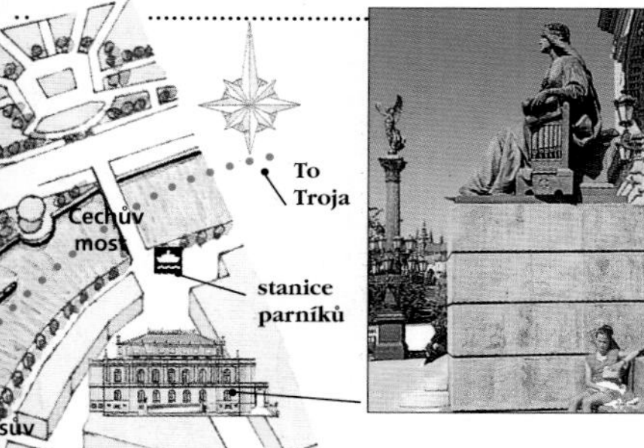

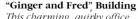

Rudolfinum
This allegorical statue of music by Antonín Wagner is one of two which decorate the imposing entrance to the Neo-Renaissance concert hall (see p84).

The Clementinum, a former Jesuit college, is one of the largest buildings in the city *(see p79)*.

The Old Town Bridge Tower was built as part of the city's 14th-century fortifications *(see p139)*.

National Theatre
This symbol of the Czech revival, with its spectacularly-decorated roof, has dominated the skyline of the right bank since the 1860s (see pp156–7).

Smetana Museum

Weir

The Šítka Tower, with its late-18th-century Baroque roof, was originally built in 1495 and pumped water to the New Town.

Slovanský ostrov

"Ginger and Fred" Building
This charming, quirky office building is home to the stylish Perle de Prague restaurant (see p203).

The Memorial to František Palacký commemorates the life of this eminent 19th-century Czech historian and was built in 1905.

přístaviště parníků

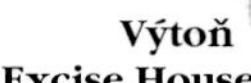

Výtoň Excise House
The coat of arms on this 16th-century house – built to collect duty on timber transported along the river – is of the New Town from 1671.

The Na Slovanech Monastery was built in 1347 by Charles IV. Its two modern steeples are easily recognizable from the river.

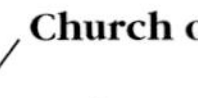

Church of St Peter and St Paul
The Neo-Gothic steeples on this much-rebuilt church were designed by František Mikeš and erected in 1903. They are the dominant feature of Vyšehrad rock (see pp178–9).

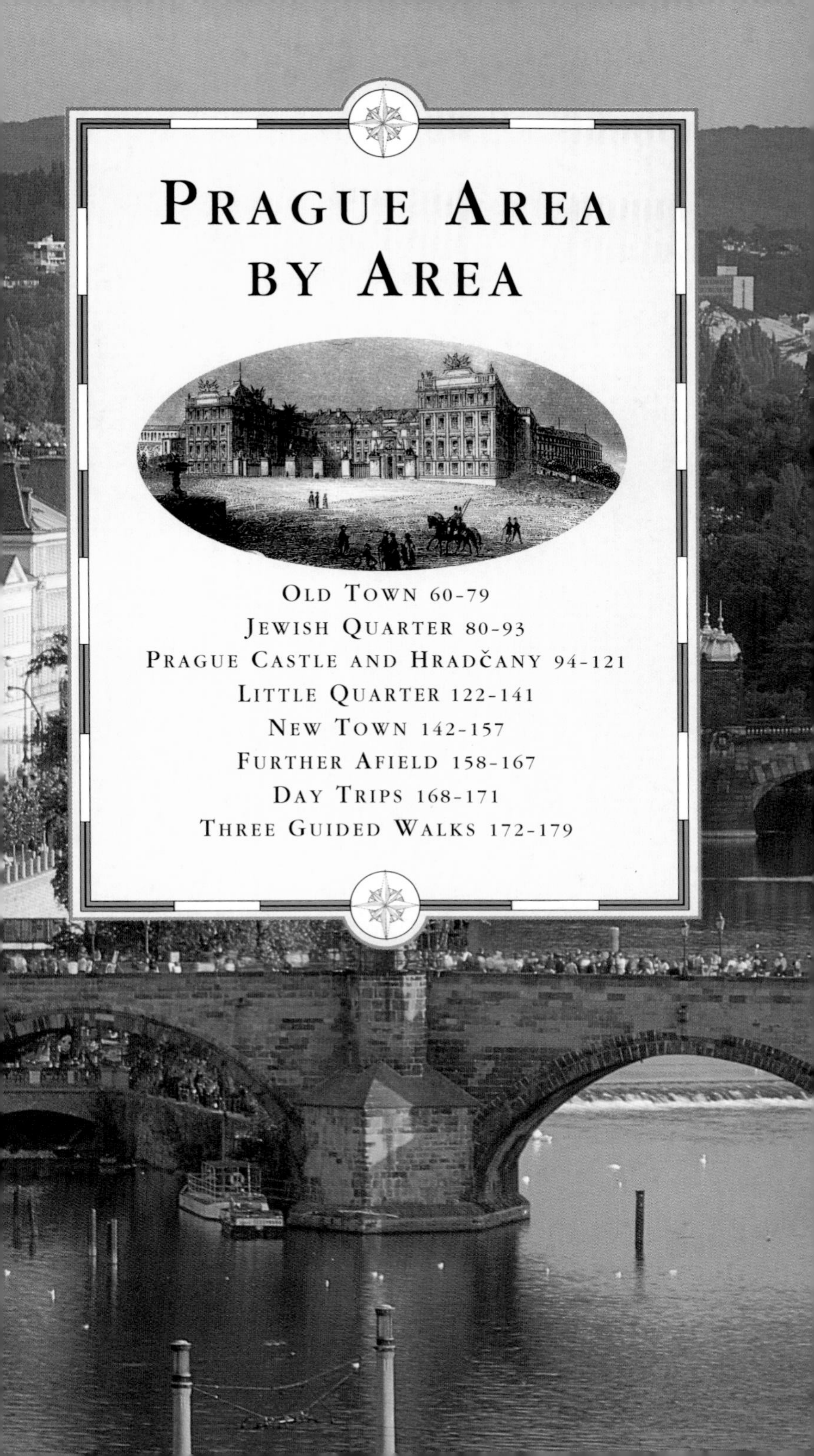

PRAGUE AREA BY AREA

OLD TOWN

STARÉ MĚSTO

THE HEART OF the city is the Old Town and its central square. In the 11th century the settlements around the Castle spread to the right bank of the Vltava. A marketplace in what is now Old Town Square (Staroměstské náměstí) was mentioned for the first time in 1091. Houses and churches sprang up around the square, determining the random network of streets, many of which survive. The area gained the privileges of a town in the 13th century, and, in 1338, a Town Hall. This and other great buildings, such as Clam-Gallas Palace and the Municipal House, reflect the importance of the Old Town.

Physician, Jan Marek (1595–1667)

SIGHTS AT A GLANCE

Churches
Church of St James 4
Church of Our Lady before Týn 8
Church of St Nicholas 11
Church of St Gall 14
Church of St Martin in the Wall 15
Church of St Giles 17
Bethlehem Chapel 18

Museums and Galleries
Náprstek Museum 16
Smetana Museum 24

Historic Streets and Squares
Celetná Street 3
Old Town Square pp66–9 7
Mariánské Square 20
Charles Street 21
Knights of the Cross Square 25

Historic Monuments and Buildings
Powder Gate 1
Municipal House 2
Carolinum 6
Jan Hus Monument 10
Old Town Hall pp72–4 12
House at the Two Golden Bears 13
Clementinum 23

Theatres
Estates Theatre 5

Palaces
Clam-Gallas Palace 19
Kinský Palace 9
Palace of the Lords of Kunštát 22

GETTING THERE

Můstek on metro lines A and B and Staroměstská on line A are both handy for the area. Trams do not cross the Old Town, but from Charles Bridge or Náměstí Republiky it is only a short walk to Old Town Square and the other sights.

0 metres 250
0 yards 250

KEY

Street-by-Street map *See pp62–3*

Street-by-Street map *See pp76–7*

Tram stop

Parking

◁ **Café tables and strolling pedestrians in Old Town Square**

Street-by-Street: Old Town (East)

FREE OF TRAFFIC (except for a few horse-drawn carriages) and ringed with historic buildings, Prague's Old Town Square (Staroměstské náměstí) ranks among the finest public spaces in any city. Streets like Celetná and Ovocný trh are also pedestrianized. In summer, café tables spill out onto the cobbles, and though the area draws tourists by the thousands, the unique atmosphere has not yet been destroyed.

Kinský Palace
This stunning Rococo palace now serves as an art gallery ❾

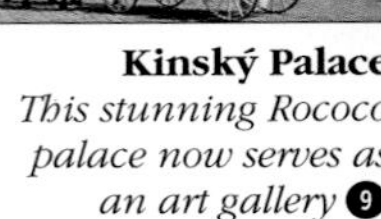

Church of St Nicholas
The imposing façade of this Baroque church dominates one corner of Old Town Square ⓫

★ Old Town Square
This late-19th-century watercolour by Václav Jansa shows how little the Square has changed in 100 years ❼

Jan Hus Monument
Religious reformer Hus is a symbol of integrity, and the monument brings together the highest and lowest points in Czech history ❿

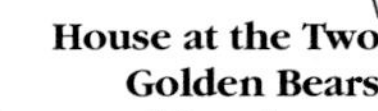

U Rotta is a former iron-monger's shop, decorated with colourful paintings by the 19th-century artist Mikuláš Aleš.

House at the Two Golden Bears
The carved Renaissance portal is the finest of its kind in Prague ⓭

★ Old Town Hall
The famous astronomical clock draws a crowd of visitors every hour ⓬

The Štorch house has painted decoration based on designs by Mikuláš Aleš showing St Wenceslas on horseback.

0 metres 100

0 yards 100

KEY

– – – Suggested route

Church of Our Lady before Týn
The church's Gothic steeples are the Old Town's most distinctive landmark ❽

Locator Map
See Street Finder, maps 3–4

Church of St James
This wooden Pietà, on the main altar, was made in the 15th century ❹

★ Municipal House
This Art Nouveau building is a popular concert venue ❷

Powder Gate
This much-restored Gothic gate is a relic of when there was a royal palace here at the entrance to the Old Town ❶

House at the Black Madonna

Estates Theatre
The theatre featured in director Miloš Forman's film Amadeus ❺

Ovocný trh was Prague's fruit market.

Celetná Street
This ornamental Baroque plaque is the sign of the House at the Black Sun ❸

Carolinum
A magnificently carved Oriel window projects from the oldest surviving part of the Carolinum university – founded by Charles IV in the 14th century ❻

Star Sights

- **★ Old Town Square**
- **★ Old Town Hall**
- **★ Municipal House**

Powder Gate ❶

PRAŠNÁ BRÁNA

Náměstí Republiky. **Map** 4 D3. *Náměstí Republiky.* *5, 14, 26.* **Open** *Apr–Oct: 10am–6pm daily.*

THERE HAS BEEN a gate here since the 11th century, when it formed one of the 13 entrances to the Old Town. In 1475, King Vladislav II laid the foundation stone of the New Tower, as it was to be known. A coronation gift from the city council, the gate was modelled on Peter Parler's Old Town bridge tower built a century earlier. The gate had little defensive value; its rich sculptural decoration was intended to add prestige to the adjacent palace of the Royal Court. Building was halted eight years later when the king had to flee because of riots. On his return in 1485 he opted for the safety of the Castle. Kings never again occupied the Royal Court.

The gate acquired its present name when it was used to store gunpowder in the 17th century. The sculptural decoration, badly damaged during the Prussian occupation in 1757 and mostly removed soon afterwards, was replaced in 1876.

The Powder Gate viewed from outside the Old Town

Karel Špillar's mosaic *Homage to Prague* on Municipal House's façade

Municipal House ❷

OBECNÍ DŮM

Náměstí Republiky 5. **Map** 4 D3. *22 00 21 00.* *Náměstí Republiky.* *5, 14, 26.* **Gallery Open** *10am–6pm daily.* *by arrangement.*

PRAGUE'S MOST prominent Art Nouveau building stands on the site of the former Royal Court palace, the King's residence between 1383 and 1485. Abandoned for centuries, what remained was used as a seminary and later as a military college. It was demolished in the early 1900s to be replaced by the present cultural centre (1905–11) with its exhibition halls and auditorium, designed by Antonín Balšánek assisted by Osvald Polívka.

The exterior is embellished with stucco and allegorical statuary. Above the main entrance there is a huge semi-circular mosaic entitled *Homage to Prague* by Karel Špillar. Inside, topped by an impressive glass dome, is Prague's principal concert venue and the core of the entire building, the Smetana Hall, sometimes also used as a ballroom. The interior of the building is decorated with works by leading Czech artists of the first decade of the century, including Alfons Mucha *(see p149)*.

There are numerous smaller halls, conference rooms and offices, as well as cafés and restaurants where visitors can relax and enjoy the centre's flamboyant Art Nouveau decoration at their leisure. On 28 October, 1918, Prague's Municipal House was the scene of the momentous proclamation of the new independent state of Czechoslovakia.

Decorative det by Alfons Muc

Celetná Street ❸

CELETNÁ ULICE

Map 3 C3. *Náměstí Republiky, Můstek.* **House of the Black Madonna** *24 21 17 32.* ***Open*** *10am–6pm Tue–Fri.*

One of the oldest streets in Prague, Celetná follows an old trading route from eastern Bohemia. Its name comes from the plaited bread rolls that were first baked here in the Middle Ages. It gained prestige in the 14th century as a section of the Royal Route *(see p172)* used for coronation processions. Foundations of Romanesque and Gothic buildings can be seen in some of the cellars, but most of the houses with their picturesque house signs are Baroque remodellings.

At No. 34, the House of the Black Madonna is home to a small but interesting collection of Czech Cubism, including paintings, sculpture, furniture, architectural plans and applied arts.

Church of St James ❹

KOSTEL SV. JAKUBA

Malá Štupartská. **Map** 3 C3. *Můstek, Náměstí Republiky.* ***Open*** *in the season, daily.*

This attractive Baroque church was originally the Gothic presbytery of a Minorite monastery. The order (a branch of the Franciscans) was invited to Prague by King Wenceslas I in 1232. It was rebuilt in the Baroque style after a fire in 1689, allegedly started by agents of Louis XIV. Over 20 side altars were added, decorated with works by painters such as Jan Jiří Heinsch, Petr Brandl and Václav Vavřinec Reiner. The tomb of Count Vratislav of Mitrovice (1714–16), designed by Johann Bernhard Fischer von Erlach and executed by sculptor Ferdinand Brokof, is the most beautiful Baroque tomb in Bohemia. The count is said to have been accidentally buried alive – his corpse was later found sitting up in the tomb. Hanging on the right of the entrance is a mummified forearm. It has been there for over 400 years, ever since a thief tried to steal the jewels from the Madonna on the high altar. But the Virgin grabbed his arm and held on so tightly it had to be cut off.

Because of its long nave, the church's acoustics are excellent and many concerts and recitals are given here. There is also a magnificent organ built in 1702.

Baroque organ loft in the Church of St James

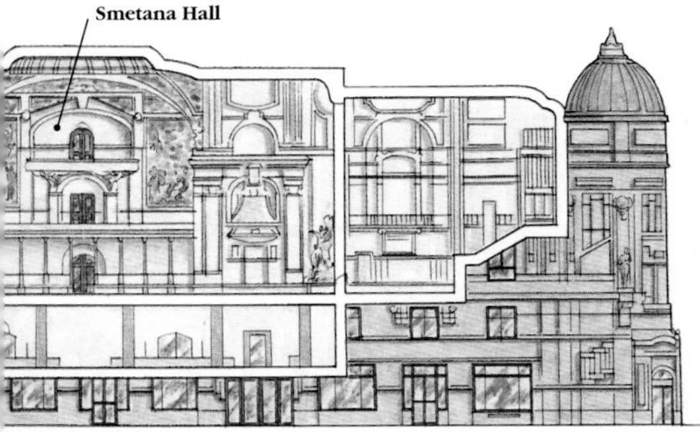

Estates Theatre ❺

STAVOVSKÉ DIVADLO

Ovocný Trh 1. **Map** 3 C4. *24 22 85 03. Můstek.* ***Foyer open*** *for performances only.*

Built by Count Nostitz in 1783, the theatre is one of the finest examples of Neo-Classical elegance in Prague. It is a mecca for Mozart fans *(see p212)*. On 29 October 1787, Mozart's opera, *Don Giovanni* had its debut here with Mozart at the piano conducting the orchestra. In 1834 a musical comedy called *Fidlovačka* had its premiere here. One of the songs, *Kde domov můj?* (Where is my Home?), became the Czech national anthem.

Carolinum ❻

KAROLINUM

Ovocný Trh 3. **Map** 3 C4. *24 49 16 32. Můstek.* ***Closed*** *to the public.* ***Open*** *for special exhibitions.*

At the core of the university founded by Charles IV in 1348 is the Carolinum. The chapel, arcade and walls still survive, together with a fine oriel window, but in 1945 the courtyard was reconstructed in Gothic style. In the 15th and 16th centuries the university played a leading role in the movement to reform the church. After the Battle of the White Mountain *(see pp30–31)*, the university was taken over by the Jesuits.

Old Town Square ❼

STAROMĚSTSKÉ NÁMĚSTÍ

See pp66–9.

Old Town Square: East and North Sides ❼

STAROMĚSTSKÉ NÁMĚSTÍ

Some of Prague's colourful history is preserved around the Old Town Square in the form of its buildings. On the north side of the Square, the Pauline Monastery is the only surviving piece of original architecture. The east side boasts two superb examples of the architecture of their times: the House at the Stone Bell, restored to its former appearance as a Gothic town palace, and the Rococo Kinský Palace. An array of pastel-coloured buildings completes the Square.

★ House at the Stone Bell
At the corner of the building, the bell is the sign of this medieval town palace.

Statues by Ignaz Platzer from 1760–65

Kinský Palace
C G Bossi created the elaborate stucco decoration on the façade of this Rococo palace (see p70).

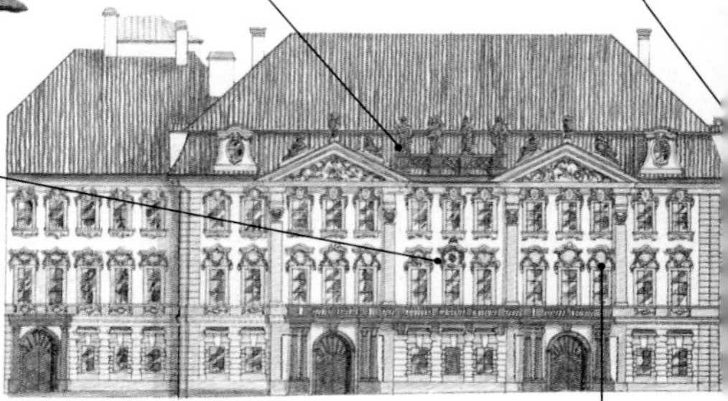

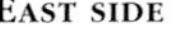

East side

Rococo stucco work

North side

★ Church of St Nicholas
Besides its original purpose as a parish church and, later, a Benedictine monastery church, this has served as a garrison church and a concert hall (see p70).

Star Sights

- ★ Church of Our Lady before Týn
- ★ House at the Stone Bell
- ★ Church of St Nicholas

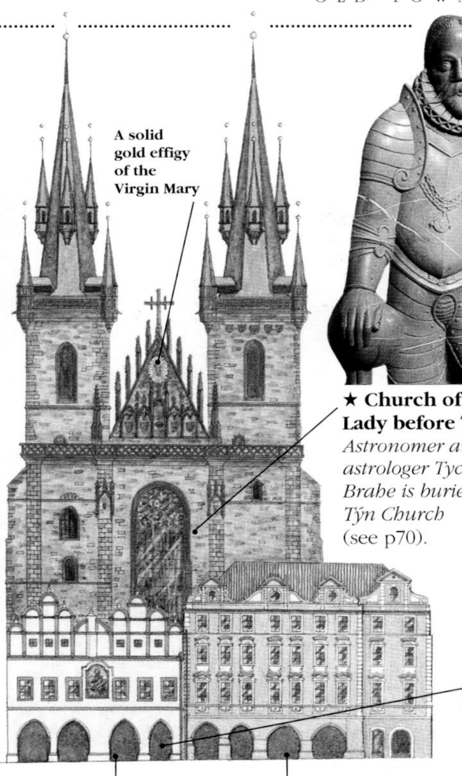

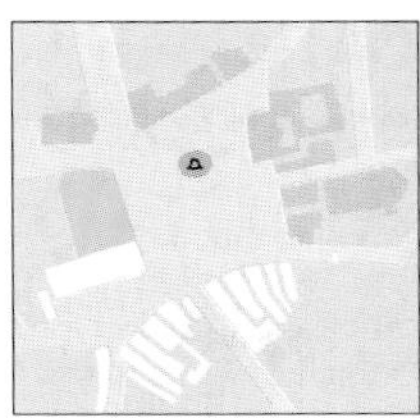

East and north side

Jan Hus Monument

★ Church of Our Lady before Týn
Astronomer and astrologer Tycho Brahe is buried in Týn Church (see p70).

Týn School
Gothic rib vaulting is a primary feature of this building, which was a school from the 14th to the mid-19th century.

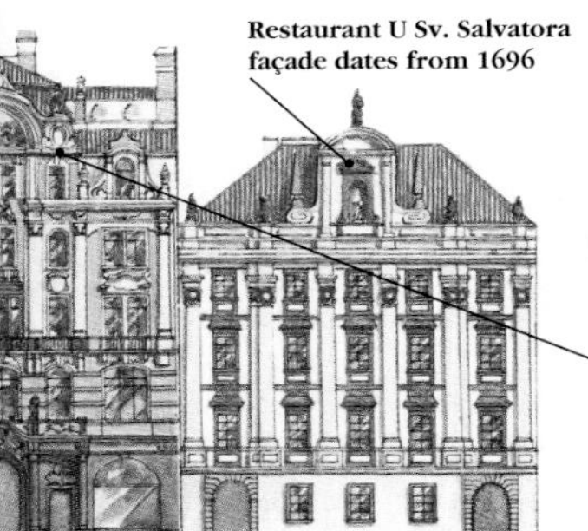

Ministerstvo Hospodářství
Architect Osvald Polívka designed this Art Nouveau building for the Prague City Insurance Company in 1898, with figures of firefighters on the upper façade. It now houses the Ministry of Commerce.

Staroměstské náměstí, 1793
The engraving by Filip and František Heger shows the Old Town Square teeming with people and carriages. The Old Town Hall is on the left.

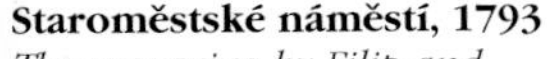

Old Town Square: South Side ❼

STAROMĚSTSKÉ NÁMĚSTÍ

A COLOURFUL ARRAY of houses of Romanesque or Gothic origin, with fascinating house signs, graces the south side of the Old Town Square. The block between Celetná Street and Železná Street is especially attractive. The Square has always been a busy focal point, and today offers visitors a tourist information centre, as well as a number of restaurants, cafés, shops, and galleries.

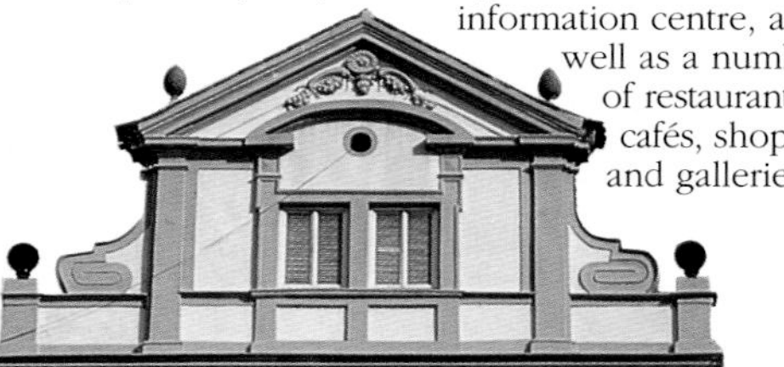

FRANZ KAFKA (1883–1924)

The author of two of the most influential novels of the 20th century, *The Trial* and *The Castle*, Kafka spent most of his short life in the Old Town. From 1893 to 1901 he studied in the Golz-Kinský Palace *(see p70)*, where his father later had a shop. He worked as an insurance clerk, but frequented a literary salon in At the Golden Unicorn on Old Town Square, along with others who wrote in German. Hardly any of his work was published in his lifetime.

U Lazara (At the Poor Wretch's)
Romanesque barrel vaulting testifies to the house's early origins, though it was rebuilt during the Renaissance. The ground floor houses the Staroměstská restaurace.

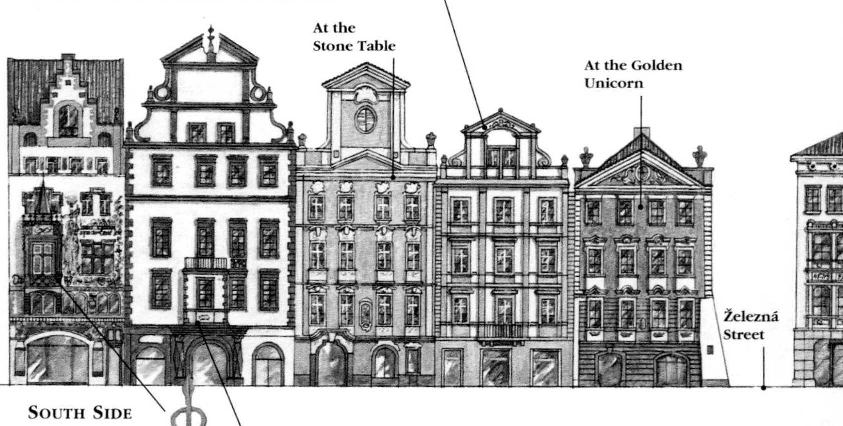

★ At the Stone Ram
The early-16th-century house sign shows a young maiden with a ram. The house has been referred to as At the Unicorn due to the similarity between the one-horned ram and a unicorn.

★ Štorch House
The late-19th-century painting of St Wenceslas on horseback by Mikuláš Aleš appears on this ornate Neo-Renaissance building, also known as At the Stone Madonna.

STAR SIGHTS

- ★ Štorch House
- ★ At the Stone Ram

Melantrichova Passage
Václav Jansa's painting (1898) shows the narrow passageway leading to the Old Town Square.

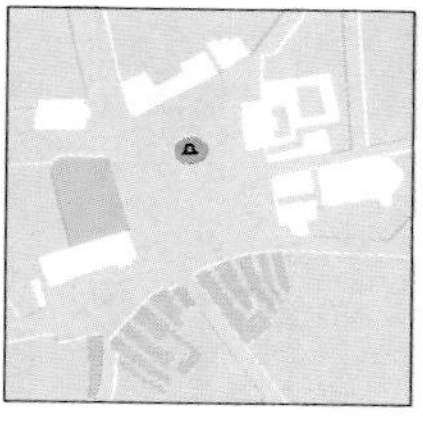

At the Red Fox
A golden Madonna and Child look down from the Baroque façade of an originally Romanesque building.

At The Ox
Named after its 15th-century owner, the burgher Ochs, this house features an early-18th-century stone statue of St Anthony of Padua.

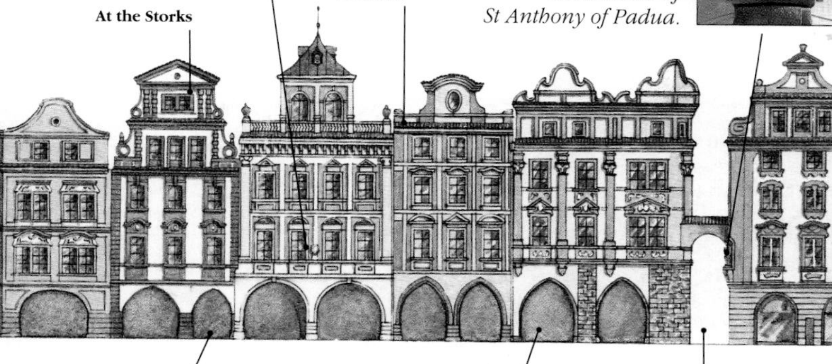

TIMELINE

Leopold II's Royal Procession through the Old Town Square in 1791

1200 Square is meeting point of trade routes and important market

1338 Old Town becomes municipality

1365 Building of present Týn Church

1621 Execution of 27 anti-Habsburg leaders in square *(see p31)*

1689 Fire destroys large part of Old Town

1735 Church of St Nicholas completed

1784 Unification of Prague towns

1915 Unveiling of Jan Hus Monument

1948 Klement Gottwald proclaims Communist state from balcony of Golz-Kinský Palace

1300 | 1450 | 1600 | 1750 | 1900

Hus Monument (detail)

Statue of the Madonna on Our Lady before Týn

Church of Our Lady before Týn ❽

KOSTEL PANNY MARIE PŘED TÝNEM

Týnská, Štupartská. **Map** 3 C3. *231 81 86. Staroměstská, Můstek.* **Open** *only for services. 5:30pm Mon–Fri, 1pm Sat, 11:30am & 9pm Sun.*

Dominating the Old Town Square are the magnificent multiple steeples of this historic church. The present Gothic church was started in 1365 and soon became associated with the reform movement in Bohemia. From the early 15th century until 1620 Týn was the main Hussite church in Prague. The Hussite king, George of Poděbrady, took Utraquist communion *(see Church of St Martin in the Wall p73)* here and had a gold chalice – the Utraquist symbol – mounted on the façade. After 1621 the chalice was melted down to become part of the statue of the Madonna that replaced it.

On the northern side of the church is a beautiful entrance portal (1390) decorated with scenes of Christ's passion. The dark interior has some notable features, including Gothic sculptures of *Calvary*, a pewter font (1414) and a 15th-century Gothic pulpit. The Danish astronomer Tycho Brahe (1546–1601) is buried here.

Kinský Palace ❾

PALÁC KINSKÝCH

Staroměstské náměstí 12. **Map** 3 C3. *24 81 07 58. Staroměstská.* **Open** *10am–6pm Tue–Sun.*

This lovely Rococo palace, designed by Kilian Ignaz Dientzenhofer, has a pretty pink and white stucco façade crowned with statues of the four elements by Ignaz Franz Platzer. It was bought from the Golz family in 1768 by Štěpán Kinský, an Imperial diplomat. In 1948 Communist leader, Klement Gottwald, used the balcony to address a huge crowd of party members – a key event in the crisis that led up to his *coup d'état*. The National Gallery now uses the Kinský Palace for temporary art exhibitions.

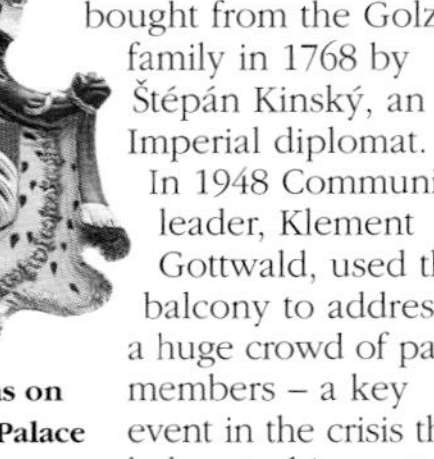

Kinský arms on Golz-Kinský Palace

Jan Hus Monument ❿

POMNÍK JANA HUSA

Staroměstské náměstí. **Map** 3 B3. *Staroměstská.*

At one end of the Old Town Square stands the massive monument to the religious reformer and Czech hero, Jan Hus *(see pp26–7)*. Hus was burnt at the stake after being pronounced a heretic by the Council of Constance in 1415. The monument by Ladislav Šaloun was unveiled in 1915 on the 500th anniversary of his death. It shows two groups of people, one of victorious Hussite warriors, the other of Protestants forced into exile 200 years later, and a young mother symbolizing national rebirth. The dominant figure of Hus emphasizes the moral authority of the man who gave up life rather than his beliefs.

Church of St Nicholas ⓫

KOSTEL SV. MIKULÁŠE

Staroměstské náměstí. **Map** 3 B3. *232 25 89. Staroměstská.* **Open** *10am–4pm Tue, Thu–Sun, 10am–5pm Wed (and for evening concerts Apr–Nov). 10:30am Sun.*

There has been a church here since the 12th century. It was the Old Town's parish church and meeting place until Týn Church was completed in the 14th century. After the Battle of the White Mountain in 1620 *(see pp30–31)* the church became part of a Benedictine monastery. The present church by Kilian Ignaz Dientzenhofer, was completed in 1735. Its dramatic white façade is studded with statues by Antonín Braun.

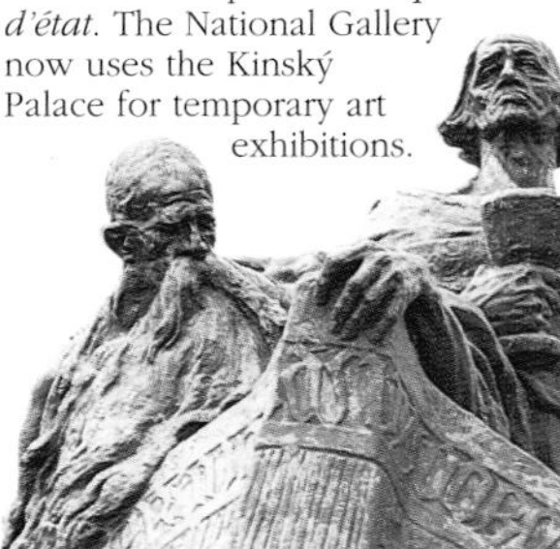

Defiant Hussites on the Jan Hus Monument in Old Town Square

Church of St Nicholas in the Old Town

When in 1781 Emperor Joseph II closed all monasteries not engaged in socially useful activities, the church was stripped bare. In World War I the church was used by the troops of Prague's garrison. The colonel in charge took the opportunity to restore the church with the help of artists who might otherwise have been sent to the front. The dome has frescoes of the lives of St Nicholas and St Benedict by Kosmas Damian Asam. In the nave is a huge crown-shaped chandelier. At the end of the war, the church of St Nicholas was given to the Czechoslovak Hussite Church. Concerts are given now in the church during the summer.

Old Town Hall ⓬

STAROMĚSTSKÁ RADNICE

See pp72–3.

House at the Two Golden Bears ⓭

DŮM U DVOU ZLATÝCH MEDVĚDŮ

Kožná 1. **Map** 3 B4. *Můstek.* ***Closed*** *to the public.*

If you leave the Old Town Square by the narrow Melantrichova Street, make a point of turning into the first alleyway on the left to see the portal of the house called "At the Two Golden Bears". The present Renaissance building was constructed from two earlier houses in 1567. The portal was added in 1590, when a wealthy merchant, Lorenc Štork, secured the services of court architect Bonifaz Wohlmut, who had designed the spire on the tower of St Vitus's Cathedral *(see pp100–3)*. His ornate portal with reliefs of two bears is one of the most beautiful Renaissance portals in Prague. Magnificent arcades, also dating from the 16th century, have been preserved in the inner courtyard. In 1885 Egon Erwin Kisch, known as the "Furious Reporter", was born here. He was a German-speaking Jewish writer and journalist, feared for the force of his left-wing rhetoric.

Carved Renaissance portal of the House at the Two Golden Bears

Church of St Gall ⓮

KOSTEL SV. HAVLA

Havelská. **Map** 3 C4. *Můstek.* *231 81 86.* ***Open*** *only for services. 12:15pm Mon–Fri, 7:30am Sun.*

Dating from around 1280, this church was built to serve an autonomous German community in the area known as Gall's Town (Havelské Město). In the 14th century this was merged with the Old Town. In the 18th century the church was given a Baroque facelift by Giovanni Santini-Aichel, who created a bold façade decorated with statues of saints by Ferdinand Brokof. Rich interior furnishings include paintings by the leading Baroque artist Karel Škréta, who is buried here. Prague's best-known market has been held in Havelská Street since the middle ages, selling flowers, vegetables, toys, and clothes.

One of nine statues on façade of St Gall's

Old Town Hall ⓬

STAROMĚSTSKÁ RADNICE

ONE OF THE most striking buildings in Prague is the Old Town Hall, established in 1338 after King John of Luxemburg agreed to set up a town council. Over the centuries a number of old houses were knocked together as the Old Town Hall expanded, and it now consists of a row of colourful Gothic and Renaissance buildings, most of which have been carefully restored after heavy damage inflicted by the Nazis in the 1945 Prague Uprising. The tower is 69.5 m (228 ft) high and offers a spectacular view of the city.

Old Council Hall
This 19th-century engraving features the well-preserved 15th-century ceiling.

Old Town Coat of Arms
Above the inscription, "Prague, Head of the Kingdom", is the coat of arms of the Old Town, which was adopted in 1784 for the whole city.

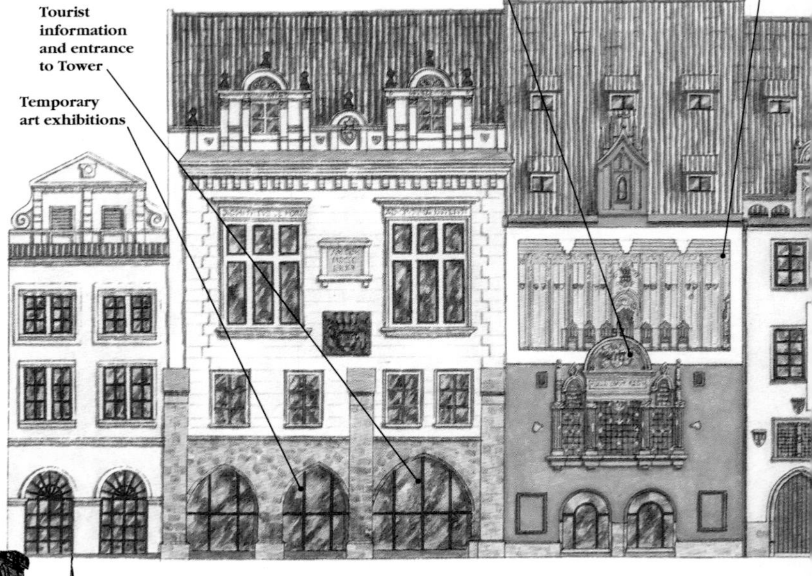

EXECUTIONS IN THE OLD TOWN SQUARE

A bronze tablet below the Old Town Hall chapel records the names of the 27 Protestant leaders executed here by order of the Catholic Emperor Ferdinand on 21 June 1621. This was the humiliating aftermath of the Battle of the White Mountain *(see pp30–31)*. This defeat led to the emigration of Protestants unwilling to give up their faith, a Counter-Reformation drive and Germanization.

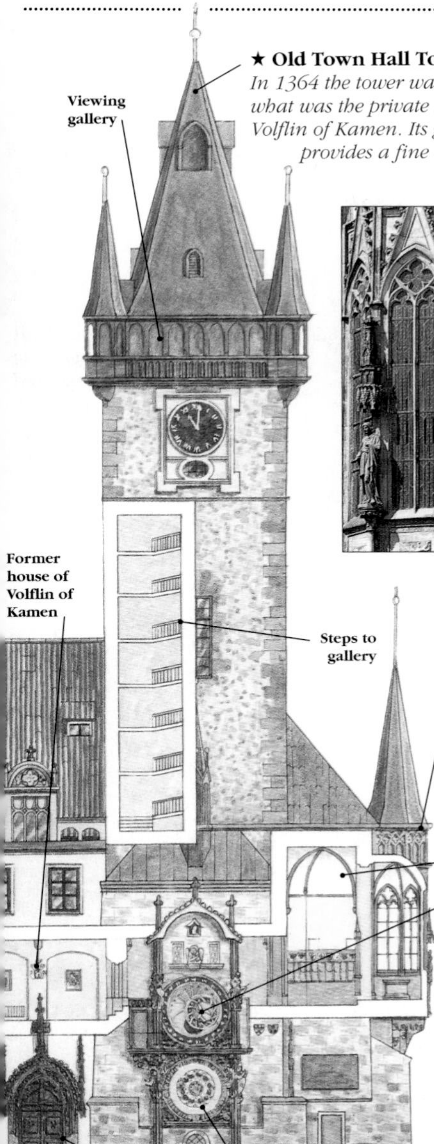

★ Old Town Hall Tower
In 1364 the tower was added to what was the private house of Volflin of Kamen. Its gallery provides a fine city view.

Viewing gallery

Visitors' Checklist

Staroměstské náměstí 1. **Map** 3 C3. *24 22 84 56. Staroměstská (line A), Můstek (A & B). 17.* ***Open*** *Apr–Oct: 11am–6pm Mon, 9am–6pm Tue–Sun; Nov–Mar: 11am–5pm Mon, 9am–5pm Tue–Sun.*

Oriel Chapel
The original stained-glass windows on the five-sided chapel were destroyed in the last days of World War II, but were replaced in 1987.

Oriel Chapel Ceiling
The chapel, which was built on the first floor of the tower in 1381, has an ornate, recently restored ceiling.

Former house of Volflin of Kamen

Steps to gallery

★ Astronomical Clock
Mechanical figures perform above the zodiac signs in the upper section (see p74)*; the lower section is a calendar.*

Calendar *(see pp32–3)*

Entrance hall decorated with mosaics

Gothic Door
This late Gothic main entrance to the Town Hall and Tower was carved by Matthias Rejsek. The entrance hall is filled with wall mosaics after designs by the Czech painter Mikuláš Aleš.

Star Features

- **★ Astronomical Clock**
- **★ Old Town Hall Tower**

Town Hall Clock

ORLOJ

Jan Táborský

THE TOWN HALL acquired its first clock at the beginning of the 15th century. In 1490, when it was rebuilt by a master clockmaker called Hanuš, the councillors are said to have been so anxious to prevent him from recreating his masterpiece elsewhere, that they blinded the poor man. Though it has been repaired many times since, the mechanism of the clock we see today was perfected by Jan Táborský between 1552 and 1572.

APOSTLES

THE CENTREPIECE of the show that draws a crowd of spectators every time the clock strikes the hour is the procession of

Vojtěch Sucharda's Apostles, sculpted after the last set was burnt in 1945

The Apostles

Vanity and Greed

Arabic numerals 1–24

Astronomical Clock with the sun in Libra

Death

Blue, representing the daylight hours

Calendar by Josef Mánes ***(see pp32–3)***

The Turk, a symbol of lust

the 12 Apostles. First the figure of Death, the skeleton on the right of the clock, gives a pull on the rope that he holds in his right hand. In his left hand is an hourglass, which he raises and inverts. Two windows then open and the clockwork Apostles (or to be precise 11 of the Apostles plus St Paul) move slowly round, led by St Peter.

At the end of this part of the display, a cock crows and the clock chimes the hour. The other moving figures are a Turk, who shakes his head from side to side, Vanity, who looks at himself in a mirror and Greed, adapted from the original medieval stereotype of a Jewish moneylender.

ASTRONOMICAL CLOCK

THE CLOCKMAKER'S view of the universe had the Earth fixed firmly at the centre. The purpose of the clock was not to tell you the exact time but to imitate the supposed orbits of the sun and moon about the Earth. The hand with the sun, which points to the hour, in fact records three different kinds of time. The outer ring of medieval Arabic numerals measures Old Bohemian time, in which a day of 24 hours was reckoned from the setting of the sun. The ring of Roman numerals indicates time as we know it. The blue part of the dial represents the visible part of the sky. This is divided into 12 parts. In so-called Babylonian time, the period of daylight was divided into 12 hours, which would vary in length from summer to winter.

The clock also shows the movement of the sun and moon through the 12 signs of the zodiac, which were of great importance in 16th-century Prague.

The figures of Death and the Turk

Church of St Martin in the Wall ⓯

KOSTEL SV. MARTINA VE ZDI

Martinská. **Map** 3 B5. *Národní třída, Můstek.* *6, 9, 18, 22.* **Open** *for concerts.*

THIS 12TH-CENTURY church became part of the newly erected town wall during the fortification of the Old Town in the 13th century, hence its name. It was the first church where blessed wine, usually reserved for the clergy, was offered to the congregation as well as bread. This was a basic tenet of belief of the moderate Hussites *(see pp26–7)*, the Utraquists, who took their name from the Latin *sub utraque specie*, "in both kinds". In 1787 the church was converted into workshops, but rebuilt in its original form in the early years of this century.

Náprstek Museum ⓰

NÁPRSTKOVO MUZEUM

Betlémské náměstí 1. **Map** 3 B4. *22 22 14 16.* *Národní třída.* *6, 9, 18, 22.* **Open** *9am–noon, 12:45–5:30pm Tue–Sun.*

VOJTA NÁPRSTEK, art patron and philanthropist, created this museum as a tribute to modern industry following a decade of exile in America after the 1848 revolution *(see pp32–3)*. On his return in 1862, inspired by London's Victorian museums, he began his collection. He created the Czech Industrial Museum by joining five older buildings together, and in the process virtually destroyed the family brewery and home – an 18th-century house called At the Haláneks (U Halánků). His interests later turned to ethnography and the collection now consists of artefacts from Asian, African and Native American cultures. There are weapons, hunting implements and ritual objects from the Aztecs, Toltecs and Mayas. The collection of statues and masks is particularly interesting. The Náprstek Museum is now part of the National Museum.

Ceiling fresco by Václav Vavřinec Reiner in Church of St Giles

Church of St Giles ⓱

KOSTEL SV. JILJÍ

Husova. **Map** 3 B4. *24 22 02 35.* *Národní třída.* *6, 9, 18, 22.* **Open** *for services only.* *7am & 6:30pm Mon–Fri, 6:30pm Sat, 8:30am, 10:30am, noon, 6:30pm Sun.*

DESPITE A beautiful Gothic portal on the southern side, the inside of this church is essentially Baroque. Founded in 1371 on the site of an old Romanesque church, it became a Hussite parish church in 1420. Following the Protestant defeat in 1620 *(see pp30–31)*, Ferdinand II presented the church to the Dominicans, who built a huge friary on its southern side. It has now been returned to the Dominicans, religious orders having been abolished under the Communists.

The vaults of the church are decorated with frescoes by the painter Václav Vavřinec Reiner, who is buried in the nave before the altar of St Vincent. The main fresco, a glorification of the Dominicans, shows St Dominic and his friars helping the pope defend the Catholic Church from non-believers.

Bethlehem Chapel ⓲

BETLÉMSKÁ KAPLE

Betlémské náměstí. **Map** 3 B4. *Národní třída.* *6, 9, 18, 22.* **Open** *Apr–Oct: 9am–6pm daily; Nov–Mar: 9am–5pm daily.*

THE PRESENT "chapel" is a faithful reconstruction of a hall built by the followers of the radical preacher Jan Milíč z Kroměříže in 1391–4. The hall was used for preaching in Czech. Between 1402 and 1413 Jan Hus *(see pp26–7)* preached in the Chapel. Strongly influenced by the teachings of the English religious reformer, John Wycliffe, Hus condemned the corrupt practices of the Church, arguing that the Scriptures should be the sole source of doctrine. After the Battle of the White Mountain in 1620 *(see pp30–31)*, when Protestant worship was outlawed, the building was handed over to the Jesuits, who completely rebuilt it with six naves. In 1786 it was almost demolished and an apartment house built on the site. After World War II the chapel was reconstructed following old illustrations.

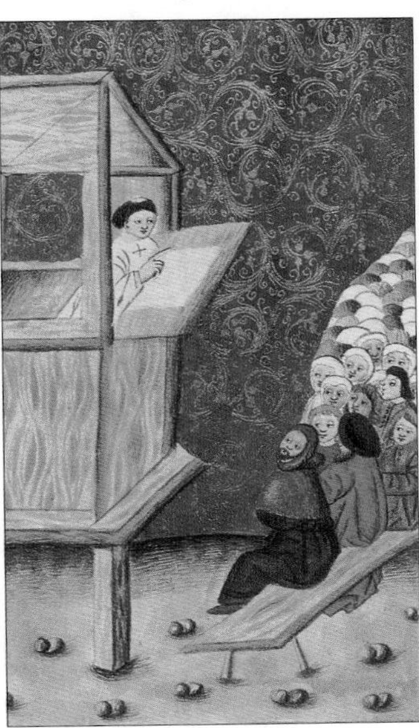

16th-century illustration showing Jan Hus preaching in Bethlehem Chapel

Street-by-Street: Old Town (West)

The narrow streets near Charles Bridge follow Prague's medieval street plan. For centuries Charles Street (Karlova) was the main route across the Old Town. The picturesque, twisting street is lined with shops and houses displaying Renaissance and Baroque façades. In the 17th century the Jesuits bought up a vast area of land to the north of the street to house the complex of the Clementinum university.

★ Clementinum
This plaque records the founding in 1783 of a state-supervised seminary in place of the old Jesuit university 23

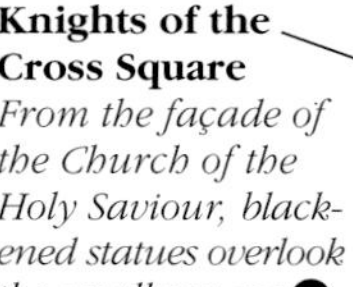

Knights of the Cross Square
From the façade of the Church of the Holy Saviour, blackened statues overlook the small square 25

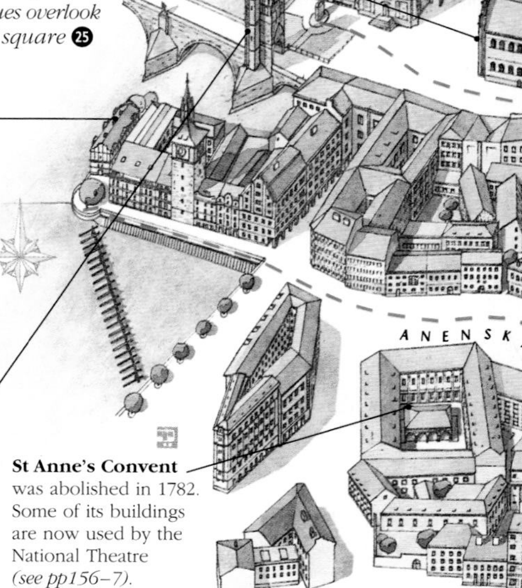

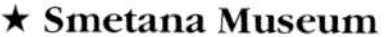

★ Smetana Museum
A museum devoted to the life and work of composer Bedřich Smetana is housed in this Neo-Renaissance building set on the riverfront, which was once an old waterworks 24

The Old Town Bridge Tower dates from 1380. The Gothic sculptural decoration on the eastern façade was from Peter Parler's workshop. The kingfisher was the favourite personal symbol of Wenceslas IV (son of Charles IV) in whose reign the tower was completed *(see p139)*.

St Anne's Convent was abolished in 1782. Some of its buildings are now used by the National Theatre *(see pp156–7)*.

Charles Street
Among the many decorated houses along the ancient street, be sure to look out for this Art Nouveau statue of the legendary Princess Libuše (see p21) *surrounded by roses at No. 22/24* 21

Mariánské Square
The square used to be flooded so often, it was called "the puddle". The Art Nouveau sculptures on the balcony of the New Town Hall, built here in 1911, are by Stanislav Sucharda ⓴

LOCATOR MAP
See Street Finder, map 3

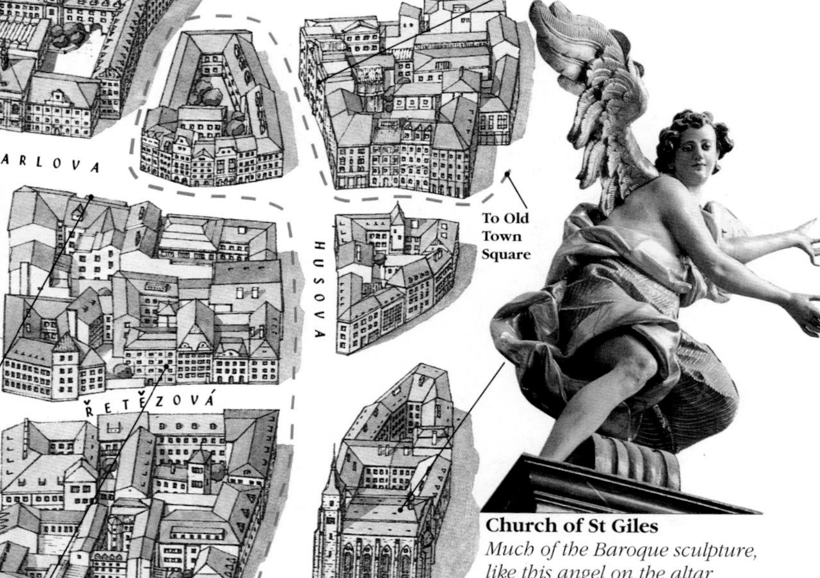

Clam-Gallas Palace
One of Prague's grandest Baroque palaces and full of wonderful statuary, the Clam-Gallas is sadly in need of repair ⓳

Church of St Giles
Much of the Baroque sculpture, like this angel on the altar (1738), is by František Weiss ⓱

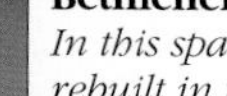

Palace of the Lords of Kunštát
George of Poděbrady lived here before he became King in 1458 ㉒

Bethlehem Chapel
In this spacious chapel, rebuilt in the 1950s, Hus and other reformers preached to huge congregations ⓲

0 metres 100

0 yards 100

KEY

– – – Suggested route

STAR SIGHTS

★ **Clementinum**

★ **Smetana Museum**

Clam-Gallas Palace ⓳

CLAM-GALLASŮV PALÁC

Husova 20. **Map** 3 B4. *24 22 24 96.* *Staroměstská.* ***Open*** *for concerts only.*

THE INTERIOR of this magnificent Baroque palace had suffered during its use as a store for the city archives, but has now been lovingly restored. The palace, designed by Viennese court architect Johann Bernhard Fischer von Erlach, was built in 1713–30 for the Supreme Marshal of Bohemia, Jan Gallas de Campo. Its grand portals, each flanked by two pairs of Hercules sculpted by Matthias Braun, give a taste of what lies within. The main staircase is also decorated with Braun statues, set off by a ceiling fresco, *The Triumph of Apollo* by Carlo Carlone. The palace has a theatre, where Beethoven performed some of his works.

Mariánské Square ⓴

MARIÁNSKÉ NÁMĚSTÍ

Map 3 B3. *Staroměstská, Můstek.*

TWO STATUES dominate the square from the corners of the forbidding Town Hall, built in 1912. One illustrates the story of the long-lived Rabbi Löw *(see p88)* finally being caught by the Angel of Death. The other is the Iron Man, a local ghost condemned to roam the Old Town after murdering his mistress. A niche in the garden wall of the Clam-Gallas Palace houses a statue of the River Vltava, depicted as a nymph pouring water from a jug. There is a story that an old soldier once made the nymph sole beneficiary of his will.

Matthias Braun's statues on a portal of the Clam-Gallas Palace (c.1714)

Charles Street ㉑

KARLOVA ULICE

Map 3 A4. *Staroměstská.*

A 19th-century sign on the House at the Golden Snake

DATING BACK to the 12th century, this narrow, winding street was part of the Royal Route *(see pp174–5)*, along which coronation processions passed on the way to Prague Castle. Many original Gothic and Renaissance houses remain, most converted into shops to attract the procession of tourists between Old Town Square and Charles Bridge.

A café at the House at the Golden Snake (No. 18) was established in 1714 by an Armenian, Deodatus Damajan, who handed out slanderous pamphlets from here. It is now a restaurant. Look out for At the Golden Well (No. 3), which has a magnificent Baroque façade and stucco reliefs of saints including St Roch and St Sebastian, who are believed to offer protection against plagues.

Palace of the Lords of Kunštát ㉒

DŮM PÁNŮ Z KUNŠTÁTU

Řetězová 3. **Map** 3 B4. *22 22 12 40.* *Národní třída, Staroměstská.* *6, 9, 18, 22.* ***Open*** *May–Sep: 10am–6pm Tue–Sun.*

THE BASEMENT of the palace, dating from around 1200, contains three of the best-preserved Romanesque rooms in Prague. It was originally the ground floor, but over the years the surrounding ground level was raised by 3m (10 ft) to prevent flooding. In the 15th century the house was enlarged in Gothic style by its owners, the Lords of Kunštát and Poděbrady. The palace houses a historical exhibition devoted to Bohemia's only Hussite king, George of Poděbrady *(see pp26–7)*, who lived here for a time.

Clementinum ㉓

KLEMENTINUM

Křižovnické náměstí 4, Mariánské náměstí 5, Seminářská 1. **Map** 3 A4. *21 66 31 11.* *Staroměstská.* *17, 18.* ***Library open*** *8am–7pm Mon–Fri, 8am–2pm Sat.* ***Church open*** *only for services.* *7pm Tue, 8pm Thu, 2pm & 8pm Sun.*

Former Jesuit Church of the Holy Saviour in the Clementinum

In 1556 emperor Ferdinand I invited the Jesuits to Prague to help bring the Czechs back into the Catholic fold. They established their headquarters in the former Dominican monastery of St Clement, hence the name Clementinum. This soon became an effective rival to the Carolinum *(see p65)*, the Utraquist university. Prague's first Jesuit church, the Church of the Holy Saviour (Kostel sv. Salvátora) was built here in 1601. Its façade, with seven large statues of saints by Jan Bendl (1659), is dramatically lit up at night.

Expelled in 1618, the Jesuits were back two years later more determined than ever to stamp out heresy. In 1622 the two universities were merged, resulting in the Jesuits gaining a virtual monopoly on higher education in Prague. They believed two-thirds of the population were secret heretics, searched for books in Czech and then burnt them by the thousand. Between 1653 and 1723 the Clementinum expanded eastwards. Over 30 houses and three churches were pulled down to make way for the new complex.

When in 1773 the pope dissolved their order, the Jesuits had to leave Prague and education was secularized. The Clementinum became the Prague University library, today the National Library. Look out for any classical concerts performed in the beautiful Chapel of Mirrors (Zrcadlová kaple).

Smetana Museum ㉔

MUZEUM BEDŘICHA SMETANY

Novotného lávka 1. **Map** 3 A4. & FAX *22 22 00 82.* *Staroměstská.* *17, 18.* ***Open*** *10am–5pm Tue–Sun.*

On a spit of land beside the Vltava, a former Neo-Renaissance waterworks has been turned into a memorial to Bedřich Smetana, the father of Czech music. The museum contains documents, letters, scores and musical instruments detailing the composer's life and work. Smetana was a fervent patriot and his music helped inspire the Czech national revival. Deaf towards the end of his life, he never heard his cycle of symphonic poems *Má Vlast* (My Country), being performed.

Statue of Charles IV (1848) in Knights of the Cross Square

Knights of the Cross Square ㉕

KŘIŽOVNICKÉ NÁMĚSTÍ

Map 3 A4. *21 10 82 37.* *Staroměstská.* *17, 18.* *135, 207.* **Church of St Francis** ***open*** *only for services.* *7am Mon–Fri, 9am Sun.* **Gallery Křižov** ***open*** *10am–5pm Tue–Sun.*

This small square in front of the Old Town Bridge Tower offers fine views across the Vltava. On the north side is the Church of St Francis (kostel sv. Františka), once part of the monastery of the crusading Knights of the Cross with the Red Star. To the east is the Church of the Holy Saviour, part of the huge Clementinum complex. On the western side is the Gallery Křižov, holding the art collection and Treasury of the Knights of the Cross. In the centre of the square stands a large bronze Neo-Gothic statue of Charles IV.

Sgraffitoed façade of the Smetana Museum

Jewish Quarter

JOSEFOV

In the Middle Ages there were two distinct Jewish communities in Prague's Old Town: Jews from the west had settled around the Old-New Synagogue, Jews from the Byzantine Empire around the Old Shul (on the site of today's Spanish Synagogue). The two settlements gradually merged and were confined in an enclosed ghetto. For centuries Prague's Jews suffered from oppressive laws – in the 16th century they had to wear a yellow circle as a mark of shame. Christians often accused them of starting fires and poisoning wells – any pretext for a pogrom. Discrimination was partially relaxed in 1784 by Joseph II, and the Jewish Quarter was named Josefov after him. In 1850 the area was officially incorporated as part of Prague. In the 1890s the city authorities decided to raze the ghetto slums because the area's complete lack of sanitation made it a health hazard. However, the Town Hall, a number of synagogues and the Old Jewish Cemetery were saved.

Art Nouveau detail on house in Kaprova

Sights at a Glance

Synagogues and Churches
Pinkas Synagogue 4
Klausen Synagogue 5
Old-New Synagogue pp88–9 6
High Synagogue 7
Maisel Synagogue 9
Church of the Holy Ghost 10
Spanish Synagogue 11
Church of St Simon and St Jude 13
Church of St Castullus 14

Concert Hall
Rudolfinum 1

Museums and Galleries
Museum of Decorative Arts 2
St Agnes's Convent pp92–3 15

Historic Buildings
Jewish Town Hall 8
Cubist Houses 12

Cemeteries
Old Jewish Cemetery pp86–7 3

Getting There

Staroměstská station on metro line A is close to all the major sights in the Jewish Quarter. The alternative is to take tram 17 or 18 to Náměstí Jana Palacha. For St Agnes's Convent, bus 207 is convenient.

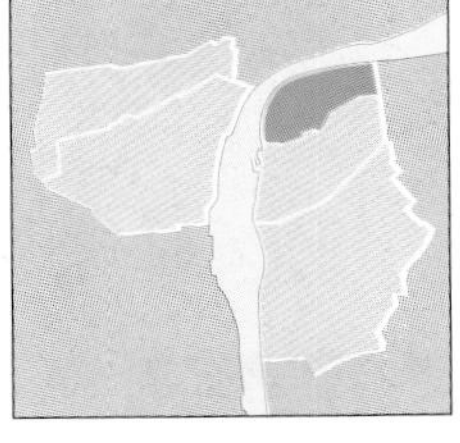

0 metres 250

0 yards 250

Key

Street-by-Street map *See pp82–83*

Metro station

Tram stop

Parking

River boat boarding point

◁ **Densely-packed gravestones in the Old Jewish Cemetery**

Street-by-Street: Jewish Quarter

THOUGH THE OLD GHETTO has disappeared, much of the area's fascinating history is preserved in the synagogues around the Old Jewish Cemetery, while the newer streets are lined with many delightful Art Nouveau buildings. The old lanes to the east of the former ghetto lead to the quiet haven of St Agnes's Convent, beautifully restored as a branch of the National Gallery.

Cubist Houses
One of the new architectural styles used in the rebuilding of the old Jewish Quarter was based on the ideas of Cubism ⓬

★ Old Jewish Cemetery
Thousands of gravestones are crammed into the ancient cemetery ❸

★ Old-New Synagogue
The Gothic hall with its distinctive crenellated gable has been a house of prayer for over 700 years ❻

Klausen Synagogue
The exhibits of the Jewish Museum include this alms box, dating from about 1800 ❺

High Synagogue
The interior has splendid Renaissance vaulting ❼

★ Museum of Decorative Arts
Stained glass panels on the staircase depict the crafts represented in the museum's wide-ranging collection ❷

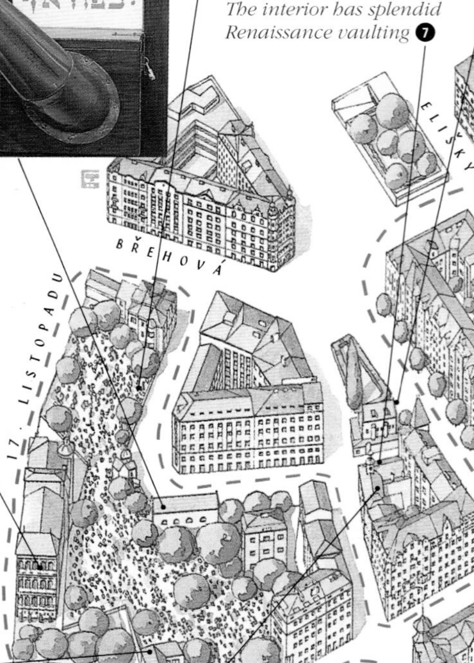

Pinkas Synagogue
The walls are now a moving memorial to the Czech Jews killed in the Holocaust ❹

To Metro Staroměstská

Jewish Town Hall
The 16th-century building still serves the Czech Jewish community ❽

Maisel Synagogue
The original synagogue was built for Mayor Mordechai Maisel in 1591 ❾

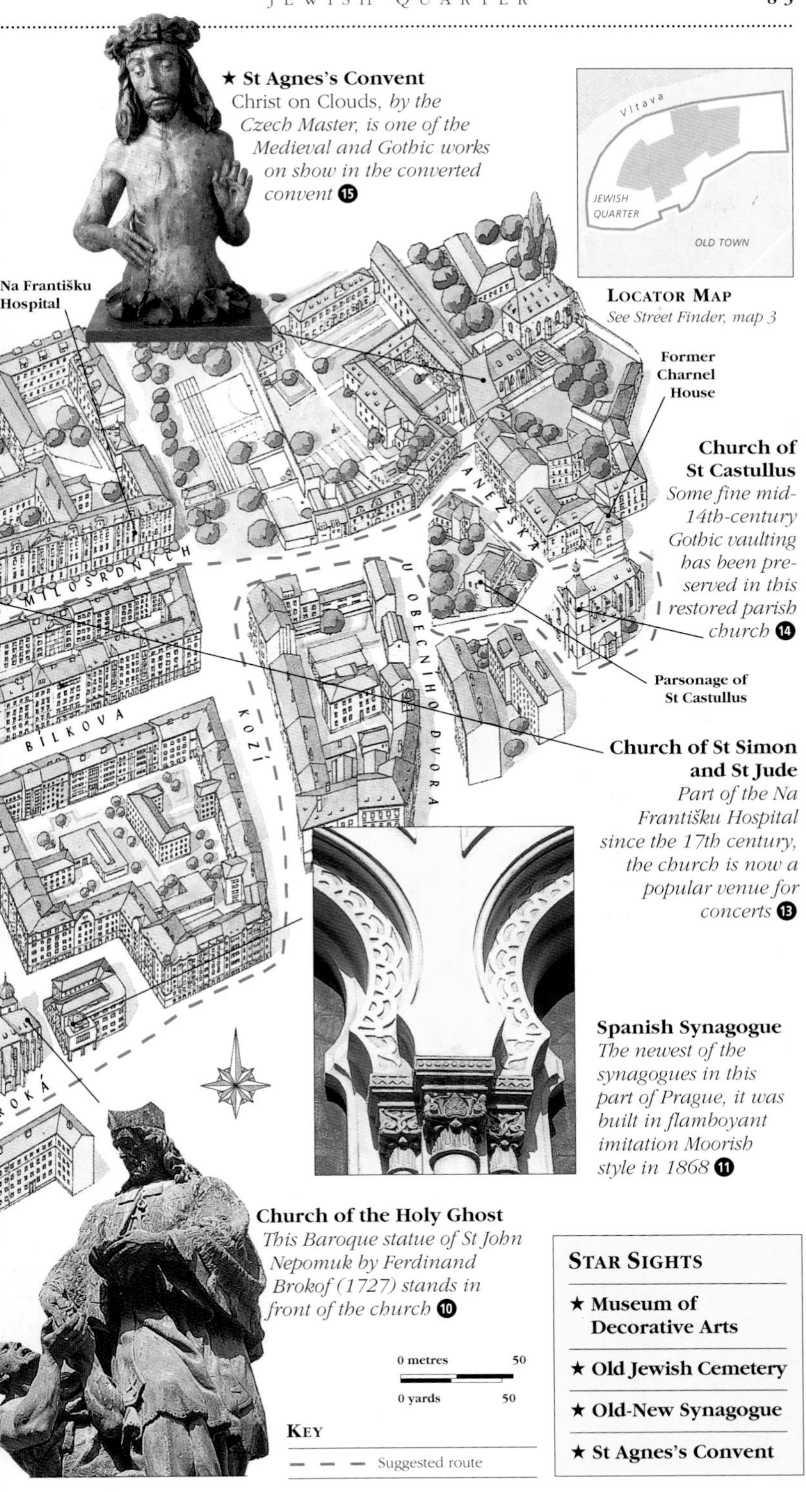

★ St Agnes's Convent
Christ on Clouds, *by the Czech Master, is one of the Medieval and Gothic works on show in the converted convent* ⓯

Na Františku Hospital

LOCATOR MAP
See Street Finder, map 3

Former Charnel House

Church of St Castullus
Some fine mid-14th-century Gothic vaulting has been preserved in this restored parish church ⓮

Parsonage of St Castullus

Church of St Simon and St Jude
Part of the Na Františku Hospital since the 17th century, the church is now a popular venue for concerts ⓭

Spanish Synagogue
The newest of the synagogues in this part of Prague, it was built in flamboyant imitation Moorish style in 1868 ⓫

Church of the Holy Ghost
This Baroque statue of St John Nepomuk by Ferdinand Brokof (1727) stands in front of the church ❿

KEY

– – – Suggested route

STAR SIGHTS

- ★ **Museum of Decorative Arts**
- ★ **Old Jewish Cemetery**
- ★ **Old-New Synagogue**
- ★ **St Agnes's Convent**

Stage of the Dvořák Hall in the Rudolfinum

Rudolfinum ❶

Alšovo Nábřeží 12. **Map** 3 A3. *Staroměstská.* *17, 18.* *135, 207.* ***Philharmonic*** *24 89 33 52.* ***Galerie Rudolphinum*** *24 89 32 05.* ***Open*** *10am–6pm Tue–Sun.*

NOW THE HOME of the Czech Philharmonic Orchestra, the Rudolfinum is one of the most impressive landmarks on the Old Town bank of the Vltava. Many of the major concerts of the Prague Spring music festival *(see p50)* are held here. There are several concert halls, the sumptuous Dvořák Hall ranking among the finest creations of 19th-century Czech architecture.

The Rudolfinum was built between 1876 and 1884 to a design by Josef Zítek and Josef Schulz and named in honour of Crown Prince Rudolph of Habsburg. Like the National Theatre *(see pp156–7)*, it is an outstanding example of Czech Neo-Renaissance style. The curving balustrade is decorated with statues of distinguished Czech, Austrian and German composers and artists.

Also known as the House of Artists (Dům umělců), the building houses the Gallerie Rudolphinum, a collection of modern art. Between 1918 and 1939, and for a brief period after World War II, the Rudolfinum was the seat of the Czechoslovak parliament.

Museum of Decorative Arts ❷

UMĚLECKOPRŮMYSLOVÉ MUZEUM

17. listopadu 2. **Map** 3 B3. *51 09 31 11.* *Staroměstská.* *17, 18.* *135, 207.* ***Open*** *10am–6pm Tue–Sun.*

FOR SOME YEARS after its foundation in 1885, the museum's collections were housed in the Rudolfinum. The present building, designed by Josef Schulz in French Neo-Renaissance style, was completed in 1901.

The museum's glass collection is one of the largest in the world, but only a fraction of it is ever on display. Pride of place goes to the Bohemian glass, of which there are many fine Baroque and 19th- and 20th-century pieces. Medieval and Venetian Renaissance glass are also well represented.

Among the permanent exhibitions of other crafts are Meissen porcelain, the Gobelin tapestries and displays covering fashion, textiles, photography and printing. The furniture collection has exquisitely carved escritoires and bureaux from the Renaissance. On the mezzanine floor are halls for temporary exhibitions and an extensive art library housing more than 100,000 publications.

Old Jewish Cemetery ❸

STARÝ ŽIDOVSKÝ HŘBITOV

See pp86–7.

Pinkas Synagogue ❹

PINKASOVA SYNAGÓGA

Široká 3. **Map** 3 B3. *Staroměstská.* *17, 18.* *135, 207.* ***Open*** *Apr–Oct: 9am–6pm Sun–Fri; Nov–Mar: 9am–4:30pm.*

THE SYNAGOGUE was founded in 1479 by Rabbi Pinkas and enlarged in 1535 by his great nephew Aaron Meshulam Horowitz. It has been rebuilt many times over the centuries. Excavations have turned up fascinating relics of life in the medieval ghetto, including a *mikva* or ritual bath. The core of the present building is a hall with

Names of Holocaust victims on Pinkas Synagogue wall

Gothic vaulting. The gallery for women was added in the early 17th century.

The synagogue now serves as a memorial to all the Jewish Czechoslovak citizens who were imprisoned in Terezín concentration camp and later deported to various Nazi extermination camps. The names of the 77,297 who did not return are inscribed on the synagogue walls.

Klausen Synagogue ❺

KLAUSOVÁ SYNAGÓGA

U starého hřbitova 3a. **Map** 3 B3. *Staroměstská.* *17, 18.* *135, 207.* ***Open*** *Apr–Oct: 9am–6pm daily; Nov–Mar: 9am–4:30pm.*

Before the fire of 1689, this site was occupied by a number of small Jewish schools and prayer houses known as *klausen*. The name was preserved in the Klausen Synagogue, built on the ruins and completed in 1694. The High Baroque structure has a fine barrel-vaulted interior with rich stucco decorations. It now houses Hebrew prints and manuscripts and an exhibition of Jewish traditions and customs, tracing the history of the Jews in Central Europe back to the early Middle Ages. Many exhibits relate to famous figures in the city's Jewish community including the 16th-century Rabbi Löw *(see p88)*, who, according to legend, created an artificial man or *golem* out of clay.

19th-century Torah pointer in Klausen Synagogue

Adjoining the synagogue is a building which looks like a tiny medieval castle. It was built in 1906 as the ceremonial hall of the Jewish Burial Society. In 1944 an exhibition was put on here detailing the history of the Prague ghetto. The building now houses a permanent exhibition of children's drawings from the Terezín concentration camp.

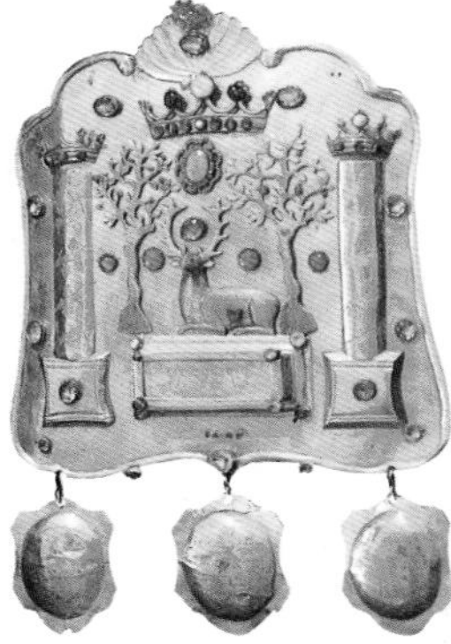

18th-century silver-gilt Torah shield in the High Synagogue

Old-New Synagogue ❻

STARONOVÁ SYNAGÓGA

See pp88–9.

High Synagogue ❼

VYSOKÁ SYNAGÓGA

Červená 4. **Map** 3 B3. *Staroměstská.* *17, 18.* *135, 207.* ***Open*** *Apr–Oct: 9am–6pm daily; Nov–Mar: 9am–4:30pm.*

Like the Jewish Town Hall, the building of the High Synagogue was financed by Mordechai Maisel, mayor of the Jewish Town, in the 1570s. Originally the two buildings formed a single complex and to facilitate communication with the Town Hall, the main hall of the synagogue was on the first floor. It was not until the 19th century that the two buildings were separated and the synagogue was given a staircase and street entrance. You can still see the original Renaissance vaulting and stucco decoration.

The exhibition in the synagogue includes richly embroidered Torah mantles, curtains and other religious textiles. There are also silver ornaments, such as shields and finials, used to decorate the Ark, where the Torah scrolls are kept. These date from the 16th to the 19th centuries.

Jewish Town Hall ❽

ŽIDOVSKÁ RADNICE

Maislova 18. **Map** 3 B3. *& FAX 23 18 664.* *Staroměstská.* *17, 18.* *135, 207.* ***Closed*** *to the public.*

The core of this attractive pink and white building is the original Jewish Town Hall, built in 1570–77 by the immensely rich mayor, Mordechai Maisel. In 1763 it acquired a new appearance in the flowery style of the Late Baroque. The last alterations date from 1908, when the southern wing was enlarged.

On the roof stands a small wooden clock tower with a distinctive green steeple. The right to build the tower was originally granted to the Jewish community after their part in the defence of Charles Bridge against the Swedes in 1648 *(see pp30–31)*. On one of the gables there is another clock. This one has Hebrew figures and, because Hebrew reads from right to left, hands that turn in an anti-clockwise direction. The Town Hall is now the seat of the Council of Jewish Religious Communities in the Czech Republic.

Façade and clock tower of the Jewish Town Hall

Old Jewish Cemetery ❸

STARÝ ŽIDOVSKÝ HŘBITOV

THIS REMARKABLE SITE was, for over 300 years, the only burial ground permitted to Jews. Founded in 1478, it was slightly enlarged over the years but still basically corresponds to its medieval size. Because of the lack of space people had to be buried on top of each other, up to 12 layers deep. Today you can see over 12,000 gravestones crammed into the tiny space, but an estimated 100,000 people are thought to have been buried here. The last burial was of Moses Beck in 1787.

View across the cemetery towards the western wall of the Klausen Synagogue

David Gans' Tombstone
The tomb of the writer and astronomer (1541–1613) is decorated with the symbols of his name – a star of David and a goose (Gans in German).

The Pinkas Synagogue is the second-oldest in Prague *(see p84)*.

Jewish printers, Mordechai Zemach (d 1592) and his son Bezalel (d 1589), are buried under this square gravestone.

The oldest tomb is that of the writer Rabbi Avigdor Kara (1439).

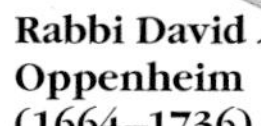

Rabbi David Oppenheim (1664–1736)
The chief rabbi of Prague owned the largest collection of old Hebrew manuscripts and prints in the city.

Klausen Synagogue ***(see p85)***

The gravestone of Moses Beck

Main entrance

The Nephele Mound was where infants who died under a year old were buried.

STAR SIGHTS

- ★ **Tombstone of Rabbi Löw**
- ★ **Tombstone of Hendela Bassevi**
- ★ **14th-Century Tombstones**

★ 14th-Century Tombstones
Embedded in the wall are fragments of Gothic tombstones brought here from an older Jewish cemetery discovered in 1866 in Vladislavova Street in the New Town.

Prague Burial Society
Founded in 1564, the group carried out ritual burials and performed charitable work in the community. Members of the society wash their hands after leaving the cemetery.

Visitors' Checklist

Široká 3 (main entrance). **Map** 3 B3. *22 23 10 302 (reservations), 24 81 80 34 (Jewish Museum). Staroměstská. 17, 18 to Staroměstská.* **Open** *Apr–Oct: 9am–6pm Sun–Fri; Nov–Mar: 9am–4:30pm Sun–Fri (last admission 30 minutes before closing).*

The Museum of Decorative Arts *(see p84)*

★ Tombstone of Rabbi Löw
The most visited grave in the cemetery is that of Rabbi Löw (1520–1609). Visitors place hundreds of pebbles and wishes on his grave as a mark of respect.

The Neo-Romanesque Ceremonial Hall

Mordechai Maisel
(1528–1601) was Mayor of Prague's Jewish Town and a philanthropist.

★ Tombstone of Hendela Bassevi
The highly-decorated tomb (1628) was built for the beautiful wife of Prague's first Jewish nobleman.

Understanding the Gravestones

From the late 16th century onwards, tombstones in the Jewish cemetery were decorated with symbols denoting the background, family name or profession of the deceased person.

Blessing hands: Cohen family

A pair of scissors: tailor

A stag: Hirsch or Zvi family

Grapes: blessing or abundance

Old-New Synagogue ❻

STARONOVÁ SYNAGOGA

Star of David in Červená Street

BUILT AROUND 1270, this is the oldest synagogue in Europe and one of the earliest Gothic buildings in Prague. The synagogue has survived fires, the slum clearances of the 19th century and many Jewish pogroms. Residents of the Jewish Quarter have often had to seek refuge within its walls and today it is still the religious centre for Prague's Jews. It was originally called the New Synagogue until another synagogue was built nearby – this was later destroyed.

The synagogue's eastern side

★ Jewish Standard
The historic banner of Prague's Jews is decorated with a Star of David and within it the hat that had to be worn by Jews in the 14th century.

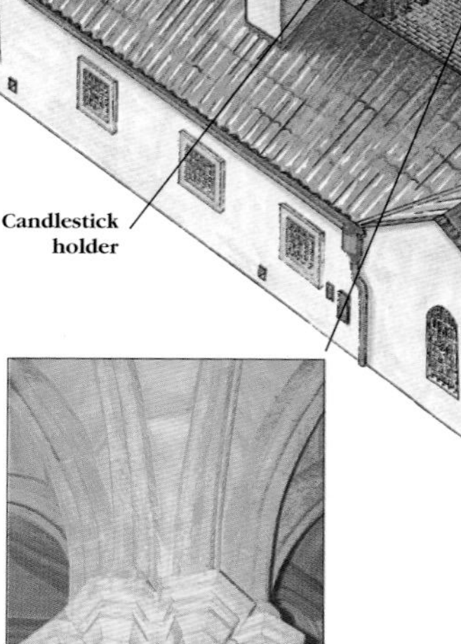
The 14th-century stepped brick gable
These windows formed part of the 18th-century extensions built to allow women a view of the service.
Candlestick holder

★ Five-rib Vaulting
Two massive octagonal pillars inside the hall support the five-rib vaults.

Rabbi Löw and the Golem

The scholar and philosophical writer Rabbi Löw, director of the Talmudic school (which studied the Torah) in the late 16th century, was also thought to possess magical powers. He was supposed to have created a figure, the Golem, from clay and then brought it to life by placing a magic stone tablet in its mouth. The Golem went berserk and the Rabbi had to remove the tablet. He hid the creature among the Old-New Synagogue's rafters.

Rabbi Löw and the Golem

Right-hand Nave
The glow from the bronze chandeliers provides light for worshippers using the seats lining the walls.

Visitors' Checklist

Pařížská and Červená.
Map 3 B2. 24 81 80 34.
Staroměstská. 17, 18 to Staroměstská, 17 to Law Faculty (Právnická fakulta). **Open** 9am–6pm Sun–Thu, 9am–5pm Fri.
Closed Jewish holidays.
8am Mon–Fri.

The tympanum above the Ark is decorated with 13th-century leaf carvings.

★ Rabbi Löw's Chair
A star of David marks the chair of the Chief Rabbi, placed where the distinguished 16th-century scholar used to sit.

The cantor's platform and its lectern is surrounded by a wrought-iron Gothic grille.

Entrance to the Synagogue in Červená Street

The Ark
This shrine is the holiest place in the synagogue and holds the sacred scrolls of the Torah.

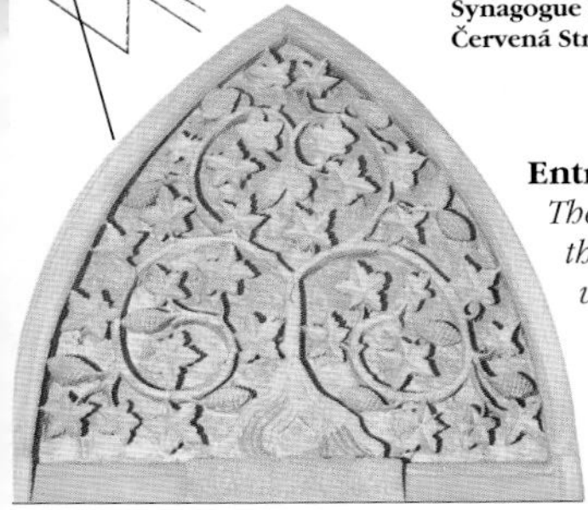

Entrance Portal
The tympanum above the door in the south vestibule is decorated with clusters of grapes and vine leaves growing on twisted branches.

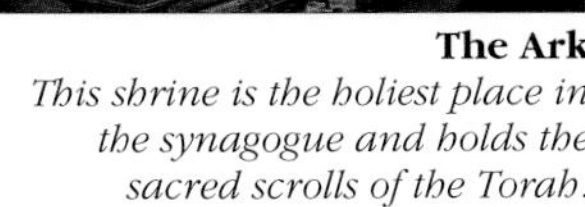

Star Features

- ★ Rabbi Löw's Chair
- ★ Five-rib Vaulting
- ★ Jewish Standard

18th-century silver Torah crown in the Maisel Synagogue

Maisel Synagogue ❾

MAISELOVA SYNAGÓGA

Maiselova 10. **Map** 3 B3. Staroměstská. 17, 18. 135, 207. **Open** *Apr–Oct: 9am–6pm Sun–Fri; Nov–Mar 9am–4.30pm Sun–Fri.*

WHEN IT WAS FIRST built at the end of the 16th century, this was a private house of prayer for the use of mayor Mordechai Maisel and his family. Maisel had made a fortune lending money to Emperor Rudolph II to finance wars against the Turks, and his synagogue was the most richly decorated in the city. The original building was a victim of the fire that devastated the Jewish Town in 1689 and a new synagogue was built in its place. Its present crenellated, Gothic appearance dates from the start of the 20th century. Since the 1960s the Maisel Synagogue has housed a fascinating collection of Jewish silver and other metalwork dating from Renaissance times to the 20th century. It includes many Torah crowns, shields and finials. Crowns and finials were used to decorate the rollers on which the text of the Torah (the five books of Moses) was kept. The shields were hung over the mantle that was draped over the Torah and the pointers were used to follow the text so that it was not touched by readers' hands. There are also objects such as wedding plates, lamps and candlesticks. By a tragic irony, nearly all these Jewish treasures were brought to Prague by the Nazis from synagogues throughout Bohemia and Moravia with the intention of founding a museum of a vanished people.

Church of the Holy Ghost ❿

KOSTEL SV. DUCHA

Dušní, Široká. **Map** 3 B3. *69 76 474.* *Staroměstská.* *17.* *135, 207.* ***Open*** *only for services.* *5pm Sun.*

THIS CHURCH stands on the narrow strip of Christian soil which once separated the two Jewish communities of the Middle Ages – the Jews of the eastern and western rites. Built in the mid-14th century, the single-naved Gothic church was originally part of a convent of Benedictine nuns. The convent was destroyed in 1420 during the Hussite Wars *(see pp26–7)* and not rebuilt.

The church was badly damaged in the Old Town fire of 1689. The exterior preserves the original Gothic buttresses and high windows, but the vault of the nave was rebuilt in Baroque style after the fire. The furnishings too are mainly Baroque. The high altar dates from 1760, and there is an altar painting of *St Joseph* by Jan Jiří Heintsch (c1647–1712). In front of the church stands a stone statue of St John Nepomuk *(see p137)* distributing alms (1727) by the prolific sculptor of the Czech Baroque Ferdinand Maximilian Brokof. Inside the church there are a few earlier statues, including a 14th-century *Pietà* (the heads of the figures are later, dating from 1628), a Late Gothic statue of St Ann and busts of St Wenceslas and St Adalbert from the early 16th century.

Church of the Holy Ghost

Spanish Synagogue ⓫

ŠPANĚLSKÁ SYNAGÓGA

Vězeňská 1. **Map** 3 B2. *Staroměstská.* *17.* ***Open*** *Apr–Oct: 9am–6pm Sun–Fri; Nov–Mar 9am–4.30pm Sun–Fri.*

PRAGUE'S first synagogue, known as the Old School (Stará Škola), once stood on this site. In the 11th century the Old School was the centre of the community of Jews of the eastern rite, who lived strictly apart from the Jews of the western rite, who were concentrated round the Old-New Synagogue.

The present building dates from the second half of the 19th century. The exterior and interior are both pseudo-Moorish in

Motif of the Ten Commandments on the Spanish Synagogue's façade

appearance. The rich stucco decorations on the walls and vaults are reminiscent of the Alhambra in Spain, hence the name of the synagogue. Once closed to the public, it now houses a permanent exhibition dedicated to the history of the Jews of

Cubist Houses ⓬

KUBISTICKÉ DOMY

Elišky Krásnohorské, 10–14. **Map** 3 B2. *Staroměstská.* *17.* ***Closed** to the public.*

THE REBUILDING of the old Jewish Quarter at the turn of the 20th century gave Prague's architects scope to experiment with many new styles. Most of the blocks in this area are covered with flowing Art Nouveau decoration, but on the corner of Bílkova and Elišky Krásnohorské there is a plain façade with a few simple repeated geometrical shapes. This is an example of Cubist architecture, a fashion that did not really catch on in the rest of Europe, but was very popular with the avant-garde in Bohemia and Austria before and after World War I. This block was built for a cooperative of teachers in 1919–21.

At No. 7 Elišky Krásnohorské you can see the influence of Cubism in the curiously flattened atlantes supporting the windows. Another interesting Cubist building is the House of the Black Mother of God in Celetná *(see pp172–3).*

Church of St Simon and St Jude ⓭

KOSTEL SV. ŠIMONA A JUDY

U milosrdných. **Map** 3 B2. *Staroměstská.* *17.* *135, 207.* ***Open** for concerts.*

MEMBERS OF the Bohemian Brethren built this church with high Late Gothic windows in 1615–20. The Brethren, founded in the mid-15th century, agreed with the Utraquists *(see p75)* in directing the congregation to receive both bread and wine at Holy Communion. In other respects they were more conservative than other Protestant sects, continuing to practise celibacy and Catholic sacraments such as confession. After the Battle of the White Mountain *(see pp30–31)*, the Brethren were expelled from the Empire.

The church was then given to a Catholic order, the Brothers of Mercy, becoming part of a monastery and hospital. Tradition has it that the monastery's wooden steps were built from the scaffold on which 27 Czechs were executed in 1621 *(see p72).* In the 18th century the city's first anatomy lecture hall was established here and the complex continues to serve as a hospital – the Na Františku. The church is now used as a venue for concerts.

Cubist-style atlantes framing a window in Elišky Krásnohorské Street

Detail of Baroque façade of Church of St Simon and St Jude

Church of St Castullus ⓮

KOSTEL SV. HAŠTALA

Haštalské náměstí. **Map** 3 C2. *69 76 474.* *5, 14, 26.* *135, 125, 207.* ***Open** irregularly.* *5pm Sun.*

THIS PEACEFUL little corner of Prague takes its name – Haštal – from the parish church of St Castullus. One of the finest Gothic buildings in Prague, the church was erected on the site of an older Romanesque structure in the second quarter of the 14th century. Much of the church had to be rebuilt after the fire of 1689, but fortunately the double nave on the north side survived. It has beautiful slender pillars supporting a delicate ribbed vault.

The interior furnishings are mainly Baroque, though there are remains of wall paintings of about 1375 in the sacristy and a metal font decorated with figures dating from about 1550. Standing in the Gothic nave is an impressive sculptural group depicting *Calvary* (1716) from the workshop of Ferdinand Maximilian Brokof.

St Agnes's Convent ⓯

KLÁŠTER SV. ANEŽKY

See pp92–3.

St Agnes's Convent ⓯

KLÁŠTER SV. ANEŽKY

Head of statue of St Agnes by Josef Myslbek

IN 1234 A CONVENT of the Poor Clares was founded here by Agnes, sister of King Wenceslas I. She was not canonized until 1989. The convent, one of the very first Gothic buildings in Bohemia, was abolished in 1782 and fell into disrepair. Following painstaking restoration in the 1960s, it has recovered much of its original appearance and is now used by the National Gallery to display a collection of medieval art from Bohemia and Central Europe. The recent enlargement of the exhibition space, has enabled these to be shown in a much broader Central European context.

★ Votive panel of Archbishop Jan Očko of Vlašim
This detailed panel, painted around 1370 by an anonymous artist, shows Charles IV kneeling before the Virgin in Heaven.

★ The Annunciation of Our Lady
Painted around 1350 by the renowned Master of the Vyšší Brod Altar, this panel is one of the oldest and finest works in the museum.

STAR EXHIBITS

- **★ The Annunciation by the Master of the Vyšší Brod Altarpiece**
- **★ St Christine by Lucas Cranach**
- **★ Votive panel of Archbishop Jan Očko of Vlašim**

Cloister
The Gothic vaulting around the cloister of the convent dates from the 14th century

ALLERY GUIDE

he permanent exhibition is housed on the irst floor of the old convent in a ong gallery and smaller rooms round the cloister. The vorks are arranged hronologically.

VISITORS' CHECKLIST

U milosrdných 17. **Map** 3 C2. 24 81 06 28. Náměstí Republiky, Staroměstská. 17 to Law Faculty (Právnická fakulta), 5, 14, 26 to Dlouhá třída. **Open** 10am–6pm Tue–Sun (last guided tour: 5pm).

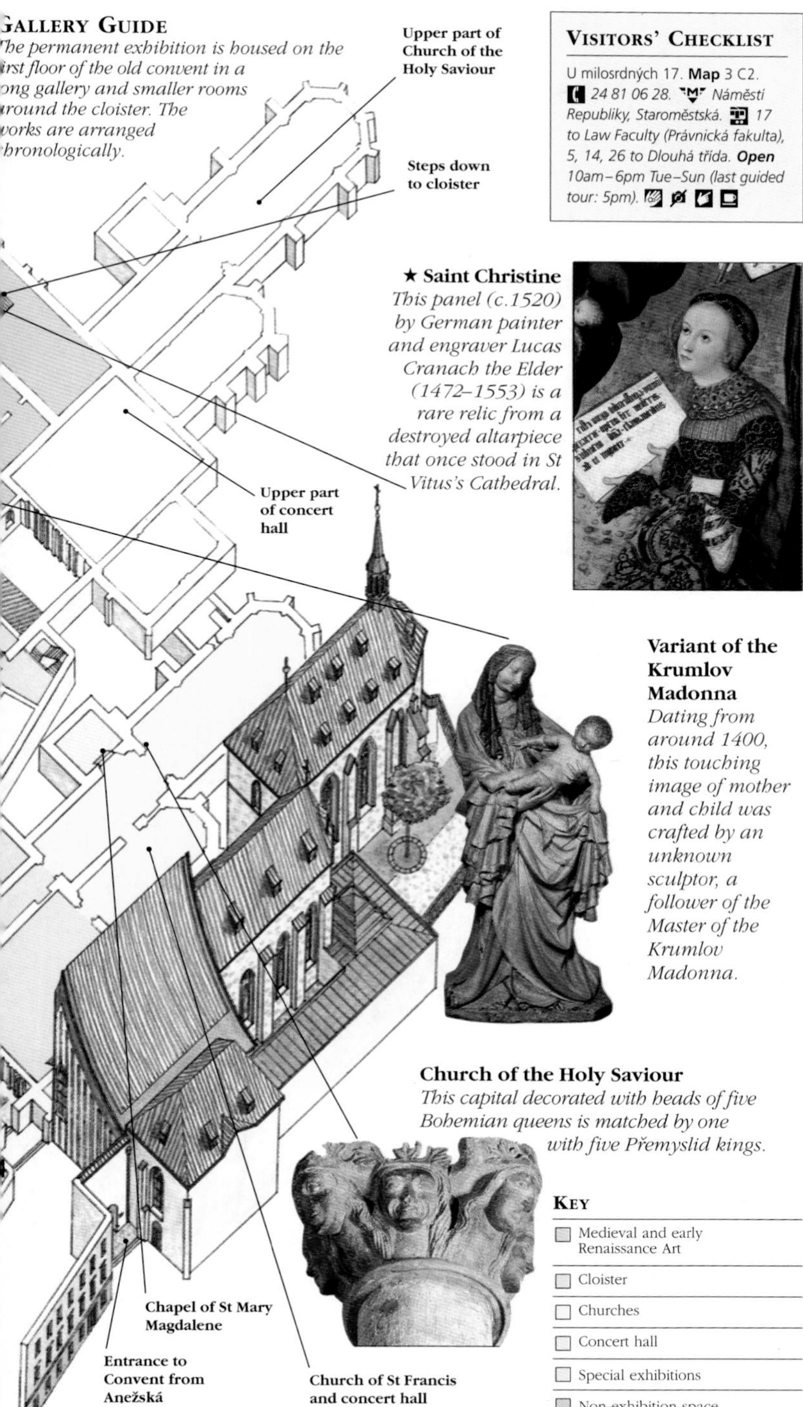

★ Saint Christine

This panel (c.1520) by German painter and engraver Lucas Cranach the Elder (1472–1553) is a rare relic from a destroyed altarpiece that once stood in St Vitus's Cathedral.

Variant of the Krumlov Madonna

Dating from around 1400, this touching image of mother and child was crafted by an unknown sculptor, a follower of the Master of the Krumlov Madonna.

Church of the Holy Saviour

This capital decorated with heads of five Bohemian queens is matched by one with five Přemyslid kings.

KEY

- Medieval and early Renaissance Art
- Cloister
- Churches
- Concert hall
- Special exhibitions
- Non-exhibition space

D. MATTHIAS. EL.
ROM. IMP. S. AVG.
HVNG. BOH. REX. 2C
FF. ANO. MDCXIV

Prague Castle and Hradčany

PRAŽSKÝ HRAD A HRADČANY

The history of Prague begins with the Castle, founded in the 9th century by Prince Bořivoj. Its commanding position high above the river Vltava soon made it the centre of the lands ruled by the Přemyslids. The buildings enclosed by the Castle walls included a palace, three churches and a monastery. In about 1320 a town called Hradčany was founded in part of the Castle's outer bailey. The Castle has been rebuilt many times, most notably in the reigns of Charles IV and Vladislav Jagiello. After a disastrous fire in 1541, the badly-damaged buildings were rebuilt in Renaissance style and the Castle enjoyed its cultural heyday under Rudolph II. Later Habsburgs resided in Vienna, using the Castle only occasionally. Since 1918 it has been the seat of the president of the Republic.

Stained-glass window in St Vitus's Cathedral

Sights at a Glance

Churches and Monasteries

St Vitus's Cathedral pp100–3 2
St George's Basilica 5
Capuchin Monastery 18
The Loreto pp116–17 19
Strahov Monastery pp120–21 22

Palaces

Royal Palace pp104–5 4
Lobkowicz Palace 8
Belvedere 11
Archbishop's Palace 13
Martinic Palace 15
Černín Palace 20

Historic Buildings

Powder Tower 3
Dalibor Tower 9

Museums and Galleries

Picture Gallery of Prague Castle 1
St George's Convent pp106–9 6
Sternberg Palace pp112–15 14
Schwarzenberg Palace 16

Historic Streets

Golden Lane 7
New World 17
Pohořelec 21

Parks and Gardens

South Gardens 10
Royal Garden 12

Key

Street-by-Street map *See pp96–7*
Tram stop
Parking
Castle wall

0 metres 500
0 yards 500

Getting There

Take the 22 or 23 tram to Pražský hrad (Prague Castle) or to Pohořelec. If you feel energetic, take the 12, 22 or 23 tram to Malostranské náměstí in the Little Quarter, then walk up Nerudova or go to Malostranská metro and walk up Staré zámecké schody (Old Castle Steps).

◁ **The main entrance to Prague Castle**

Street-by-Street: Prague Castle

Despite periodic fires and invasions, Prague Castle has retained churches, chapels, halls and towers from every period of its history, from the the Gothic splendour of St Vitus's Cathedral to the Renaissance additions of Rudolph II, the last Habsburg to use the Castle as his principal residence. The courtyards date from 1753–75 when the whole area was rebuilt in Late Baroque and Neo-Classical styles. The Castle became the seat of the Czechoslovak president in 1918, and the current president of the Czech Republic has an office here.

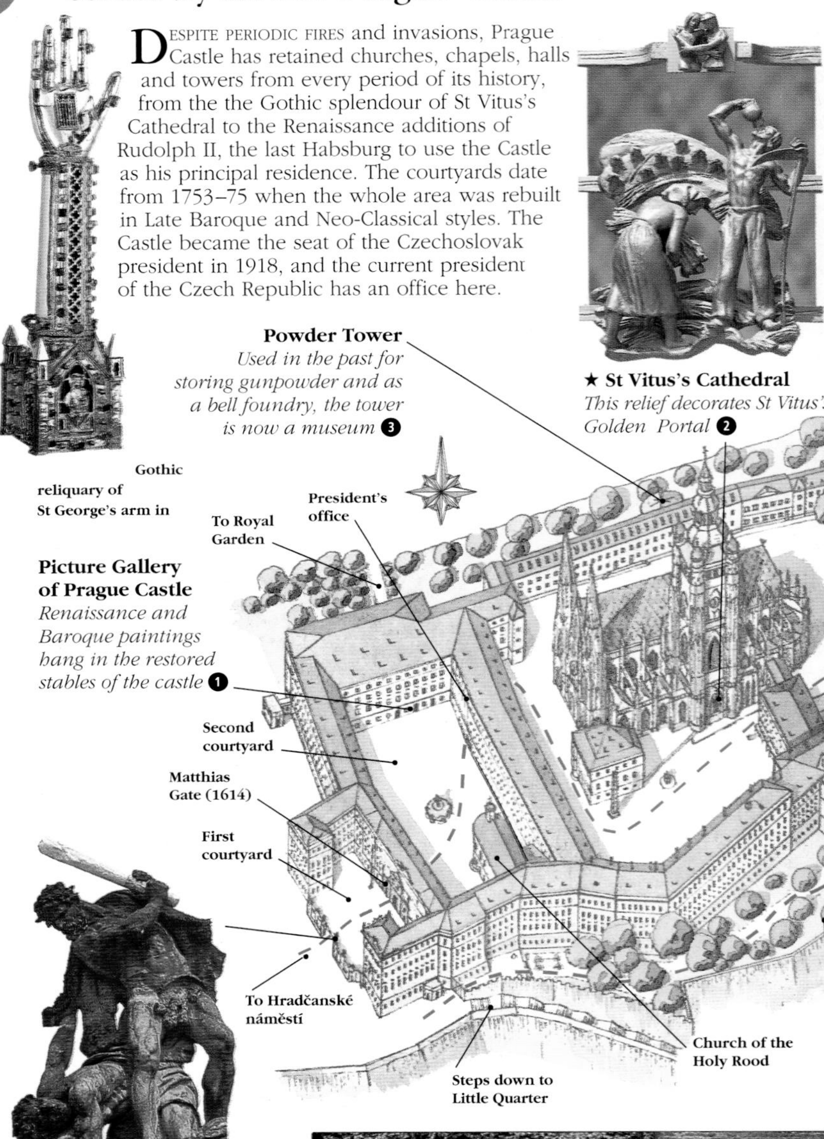

Powder Tower
Used in the past for storing gunpowder and as a bell foundry, the tower is now a museum ❸

★ St Vitus's Cathedral
This relief decorates St Vitus's Golden Portal ❷

Gothic reliquary of St George's arm in

Picture Gallery of Prague Castle
Renaissance and Baroque paintings hang in the restored stables of the castle ❶

The Castle gates are crowned by copies of 18th-century statues of Fighting Giants by Ignaz Platzer.

South Gardens
18th-century statues decorate the gardens laid out in the old ramparts ❿

★ Golden Lane
The picturesque artisans' cottages along the inside of the castle wall were built in the late 16th century for the Castle's guards and gunners 7

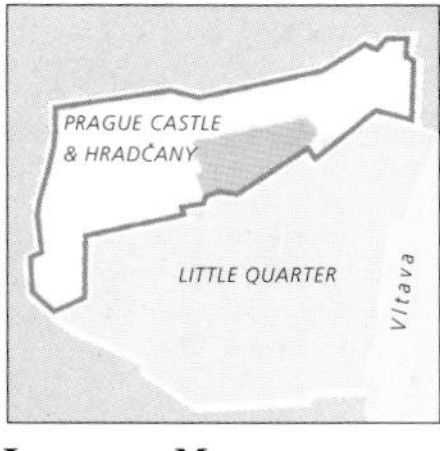

Locator Map
See Street Finder, map 2

White Tower

Dalibor Tower
This grim tower takes its name from the first man to be imprisoned in it 9

Old Castle steps to Malostranská Metro

JIŘSKÁ

Lobkowicz Palace
The historical collection of the National Museum is housed here 8

★ St George's Basilica
The vaulted chapel of the royal Bohemian martyr St Ludmilla is decorated with 16th-century paintings 5

★ St George's Convent
The convent houses Renaissance and Baroque art, such as this 16th-century painting, The Resurrection of Christ *by B. Spranger* 6

Key

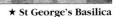

— — —	Suggested route

0 metres 60

0 yards 60

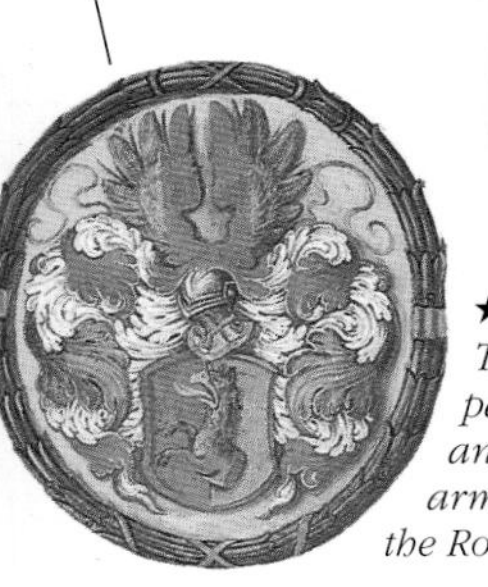

★ Royal Palace
The uniform exterior of the palace conceals many fine Gothic and Renaissance halls. Coats of arms cover the walls and ceiling of the Room of the New Land Rolls 4

Star Sights

- **★ St Vitus's Cathedral**
- **★ Royal Palace**
- **★ St George's Basilica and Convent**
- **★ Golden Lane**

Picture Gallery of Prague Castle ❶

OBRAZÁRNA PRAŽSKÉHO HRADU

Prague Castle, the second courtyard. **Map** 2 D2. *24 37 33 68. Malostranská, Hradčanská. 22, 23* ***Open*** *10am– 6pm daily*

THE GALLERY was created in 1965 to hold works of art collected since the reign of Rudolph II *(see pp28–9)*. Though most of the collection was looted by the Swedes in 1648, many interesting paintings remain. Paintings from the 16th–18th centuries form the bulk of the collection, but there are also sculptures, among them a copy of a bust of Rudolph by Adriaen de Vries. Highlights include Titian's *The Toilet of a Young Lady*, Rubens' *The Assembly of the Olympic Gods* and Guido Reni's *The Centaur Nessus Abducting Deianeira*. Master Theodoric, Paolo Veronese, Tintoretto and the Czech Baroque artists Jan Kupecký and Petr Brandl are among other artists represented. The Picture Gallery houses many of Rudolph's best paintings.

You can also see the remains of the Castle's first church, the 9th-century Church of our Lady, thought to have been built by Prince Bořivoj, the first Přemyslid prince to be baptized a Christian *(see pp20 – 21)*. The historic site was discovered during reconstruction.

St Vitus's Cathedral ❷

CHRÁM SV. VÍTA

See pp100–3.

Powder Tower ❸

PRAŠNÁ VĚŽ

Prague Castle, Vikářská. **Map** 2 D2. *24 37 33 68. Malostranská, Hradčanská. 22, 23.* ***Open*** *Apr–Oct: 9am–5pm Nov–Mar: 9am–4pm daily.*

A TOWER WAS BUILT here in about 1496 by the King Vladislav II's architect Benedikt Ried as a cannon bastion overlooking the Stag Moat. The original was destroyed in the fire of 1541, but it was rebuilt as the home and workshop of gunsmith and bell founder Tomáš Jaroš. In 1549 he made Prague's largest bell, the 18-tonne Sigismund, for the bell tower of St Vitus's Cathedral.

During Rudolph II's reign (1576 –1612), the tower became a laboratory for alchemists. It was here that adventurers such as Edward Kelley performed experiments that convinced the emperor they could turn lead into gold.

In 1649, when the Swedish army was occupying the Castle, gunpowder exploded in the tower, causing serious damage. Nevertheless it was used as a gunpowder store until 1754, when it was converted into flats for the sacristans of St Vitus's Cathedral. In the 1960s it became a museum with exhibits relating to Jaroš's bell foundry and alchemy practised in the reign of Rudolph II.

View of the Powder Tower from across the Stag Moat

Titian's *The Toilet of a Young Lady* in the Castle Picture Gallery

Royal Palace ❹

KRÁLOVSKÝ PALÁC

See pp104–5.

St George's Basilica ❺

BAZILICA SV. JIŘÍ

Jiřské náměstí. **Map** 2 E2. *24 37 33 68. Malostranská, Hradčanská. 22, 23.* ***Open*** *Apr–Oct: 9am–5pm daily; Nov–Mar: 9am–4pm daily.*

FOUNDED by Prince Vratislav (915–21), the basilica predates St Vitus's Cathedral and is the best-preserved

Romanesque church in Prague. It was enlarged in 973 when the adjoining St George's Convent was established here, and rebuilt following a fire in 1142. The massive twin towers and austere interior have been scrupulously restored to give a good idea of the church's original appearance. However, the rusty red façade was a 17th-century Baroque addition.

Buried in the church is St Ludmilla, widow of the 9th-century ruler Prince Bořivoj *(see pp20–21)*. She became Bohemia's first female Christian martyr when she was strangled as she knelt at prayer on the orders of Drahomíra, her daughter-in-law. Other members of the Přemyslid dynasty buried here include Vratislav. His simple, austere tomb stands on the right-hand side of the nave at the foot of the curving steps that lead up to the choir. The impressive Baroque grille opposite encloses the tomb of Boleslav II (973–99).

Façade and towers of St George's Basilica

St George's Convent ❻

KLÁŠTER SV. JIŘÍ

See pp106–9.

Golden Lane ❼

ZLATÁ ULIČKA

Map 2 E2. Ⓜ *Malostranská, Hradčanská.* 🚋 *22, 23.*

NAMED AFTER the goldsmiths who lived here in the 17th century, this short, narrow street is one of the most picturesque in Prague. One side of the lane is lined with tiny, brightly painted houses which were built right into the arches of the Castle walls. They were constructed in the late 1500s for Rudolph II's 24 Castle guards. A century later the goldsmiths moved in and modified the buildings. But by the 19th century the area had degenerated into a slum and was populated by Prague's poor and the criminal community. In the 1950s all the remaining tenants were moved and the area restored to something like its original state. Most of the houses were converted into shops selling books, Bohemian glass and other souvenirs for tourists, who flock to the narrow lane.

Golden Lane has been home to some well-known writers, including the Nobel prize-winning poet, Jaroslav Seifert, and Franz Kafka *(see p68)* who stayed at No. 22 with his sister for a few months in 1916–17.

Because of its name, legends have spread about the street being filled with alchemists huddled over their bubbling alembics trying to produce gold for Rudolph II. In fact the alchemists had laboratories in Vikářská, the lane between St Vitus's Cathedral and the Powder Tower.

One of the tiny houses in Golden Lane

Lobkowicz Palace ❽

LOBKOVICKÝ PALÁC

Jiřská 3. **Map** 2 E2. ☎ *53 73 06.* Ⓜ *Hradčanská.* 🚋 *22, 23.* ***Open*** *9am–5pm Tue–Sun.* **Toy Museum** ☎ *24 37 22 94.* ***Open*** *9:30am–5:30pm daily.*

THIS IS ONE of the palaces that sprang up after the fire of 1541, when Hradčany was almost totally destroyed. It dates from 1570, and some original *sgraffito* on the façade has been preserved, but most of the present palace is Carlo Lurago's 17th-century reconstruction for the Lobkowicz family, who had inherited it in 1627. The most splendid room is the 17th-century banqueting hall with mythological frescoes by Fabian Harovník.

Detail of 16th-century *sgraffito* on façade of Lobkowicz Palace

The palace is part of the National Museum. Its superb permanent exhibition traces Czech history from the first settlement of the Czech lands to the revolution of 1848 by means of documents, paintings, engravings, jewellery, glass, sculpture and weapons. Copies of the Czech Coronation Jewels, kept in St Vitus's Cathedral, are also on display.

Opposite the palace at No. 6 is a delightful toy museum claiming to be the world's second largest, with toys from ancient Greece to the present.

St Vitus's Cathedral ❷

CHRÁM SV. VÍTA

WORK BEGAN ON the city's most distinctive landmark in 1344 on the orders of John of Luxembourg. The first architect was the French Matthew of Arras. After his death, Swabian Peter Parler took over. His masons' lodge continued to work on the building until the Hussite Wars. Finally completed by 19th- and 20th-century architects and artists, the cathedral houses the crown jewels and the tomb of "Good King" Wenceslas *(pp20–21)*.

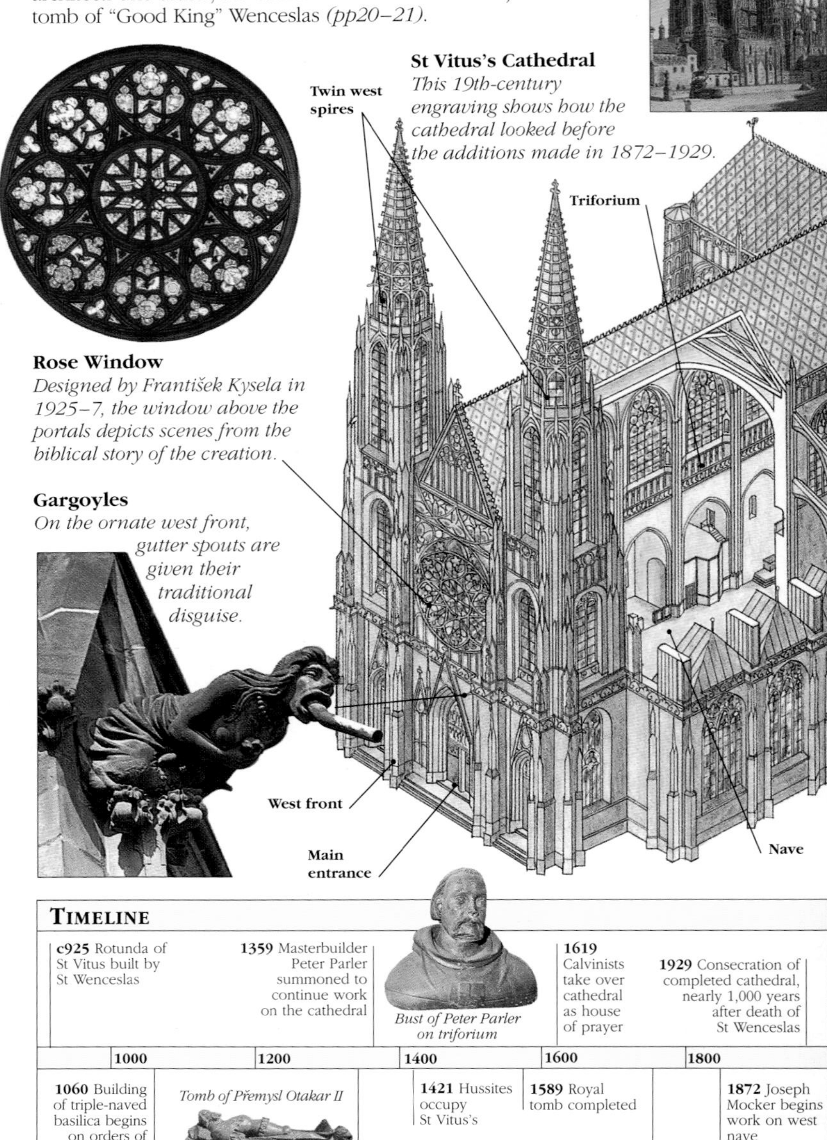

St Vitus's Cathedral
This 19th-century engraving shows how the cathedral looked before the additions made in 1872–1929.

Rose Window
Designed by František Kysela in 1925–7, the window above the portals depicts scenes from the biblical story of the creation.

Gargoyles
On the ornate west front, gutter spouts are given their traditional disguise.

TIMELINE

c925 Rotunda of St Vitus built by St Wenceslas

1359 Masterbuilder Peter Parler summoned to continue work on the cathedral

Bust of Peter Parler on triforium

1619 Calvinists take over cathedral as house of prayer

1929 Consecration of completed cathedral, nearly 1,000 years after death of St Wenceslas

1000 | 1200 | 1400 | 1600 | 1800

1060 Building of triple-naved basilica begins on orders of Prince Spytihněv

Tomb of Přemysl Otakar II

1344 King John of Luxembourg founds Gothic cathedral. French architect Matthew of Arras begins work

1421 Hussites occupy St Vitus's

1589 Royal tomb completed

1770 New steeple added to tower after fire

1872 Joseph Mocker begins work on west nave

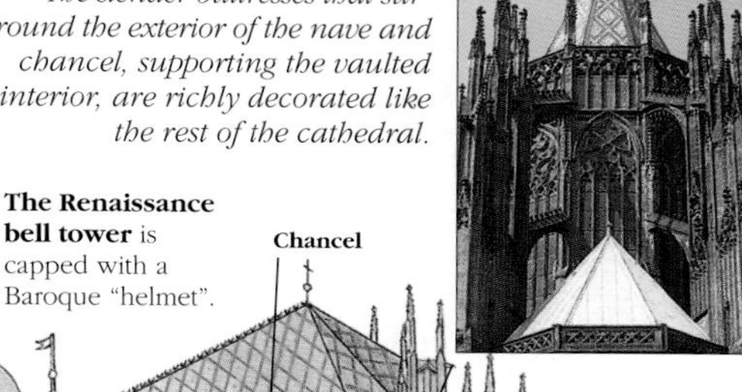

★ Flying Buttresses
The slender buttresses that surround the exterior of the nave and chancel, supporting the vaulted interior, are richly decorated like the rest of the cathedral.

Visitors' Checklist

Prague Castle, third courtyard. **Map** 2 D2. *Hradčanská, Malostranská.* *22, 23 to Prague Castle (Pražský hrad) or to U Prašného mostu.* ***Cathedral open*** *Nov–Mar: 9am–4pm daily (except during services).* ***Steeple open*** *10am–4pm daily.* ***Closed*** *in bad weather.*

The Renaissance bell tower is capped with a Baroque "helmet".

Chancel

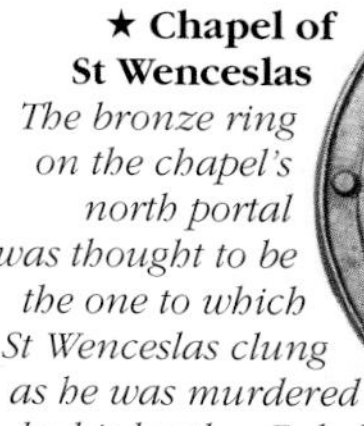

★ Chapel of St Wenceslas
The bronze ring on the chapel's north portal was thought to be the one to which St Wenceslas clung as he was murdered by his brother Boleslav (see pp20–21).

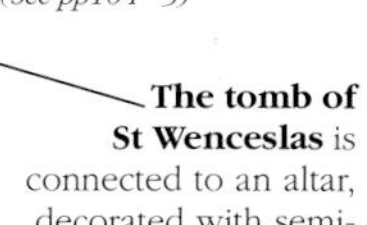

To Royal Palace
(See pp104–5)

The tomb of St Wenceslas is connected to an altar, decorated with semi-precious stones.

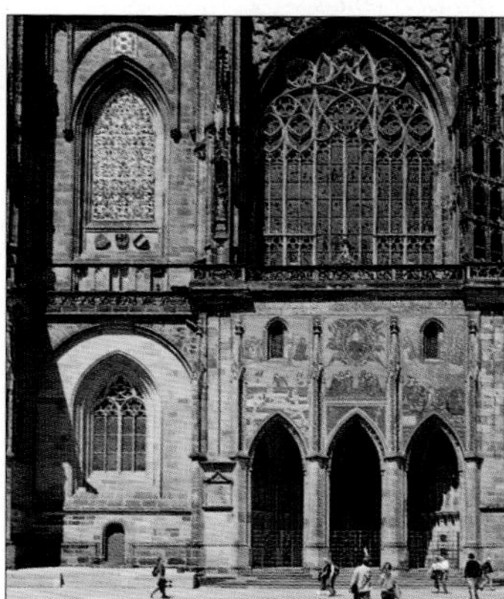

★ Golden Portal
Until the 19th century this was the main cathedral entrance, and it is still used on special occasions. Above it is a mosaic of The Last Judgment *by 14th-century Venetian craftsmen.*

Gothic Vaulting
The skills of architect Peter Parler are never more clearly seen than in the delicate fans of ribbing that support the three Gothic arches of the Golden Portal.

Star Features

- **★ Chapel of St Wenceslas**
- **★ Golden Portal**
- **★ Flying Buttresses**

A Guided Tour of St Vitus's Cathedral

West door: St Wenceslas' murder

A WALK AROUND St Vitus's takes you back through a thousand years of history. Go in through the west portal to see some of the best elements of the modern, Neo-Gothic style and continue past a succession of side chapels to catch glimpses of religious artefacts such as saintly relics, and works of art from Renaissance paintings to modern statuary. Allow plenty of time to gaze at the richly decorated, jewel-encrusted St Wenceslas Chapel before you leave.

② Chancel
The chancel was built by Peter Parler from 1372. It is remarkable for the soaring height of its vault, counter-pointed by the intricacy of the webbed Gothic tracery.

Cathedral organ (1757)

New sacristy

① Alfons Mucha Window
The cathedral contains many superb examples of 20th-century Czech stained glass, notably St Cyril and St Methodius.

Main entrance (West Portal)

Thun Chapel

Chapel of St Ludmilla

The Four Eras of St Vitus's

Excavations have revealed sections of the northern apse of St Wenceslas's original rotunda, and architectural and sculptural remains of the later basilica, beneath the existing cathedral. The western, Neo-Gothic end is a faithful completion of the 14th-century plan.

Key

- Rotunda, 10th century
- Basilica, 11th century
- Gothic cathedral, 14th century
- 19th- and 20th-century additions to cathedral

Leopold II is shown in a contemporary engraving being crowned King of Bohemia at the cathedral in September 1791. Mozart composed an opera, *La Clemenza di Tito,* in honour of the occasion.

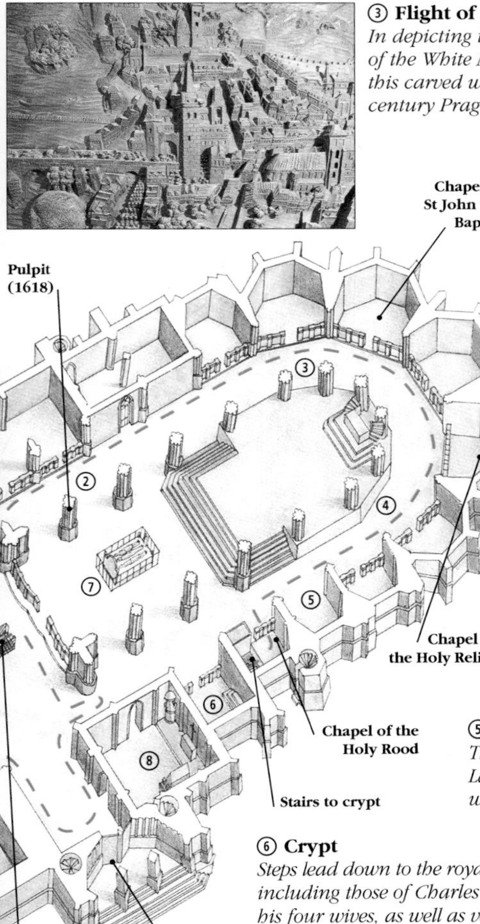

③ **Flight of Frederick of the Palatinate**
In depicting the sad aftermath of the Battle of the White Mountain in 1620 (see p31), *this carved wooden panel shows 17th-century Prague in fascinating detail.*

④ **Tomb of St John Nepomuk**
Crafted from solid silver in 1736, this elaborate tomb honours the saint who became the focus of a Counter-Reformation cult (see p137).

⑤ **Royal Oratory**
The vault of the 15th-century Late-Gothic oratory is carved with branches instead of ribs.

⑥ **Crypt**
Steps lead down to the royal tombs, including those of Charles IV and his four wives, as well as vestiges of the early rotunda and basilica.

⑦ **Royal Mausoleum**
Ferdinand I died in 1564. His beloved wife and son, Maximilian II, are buried alongside him in the mausoleum.

⑧ **St Wenceslas Chapel**
Gothic frescoes with scenes from the Bible and the life of the saint cover the walls, interspersed with a patchwork of polished gemstones and fine gilding. Every object is a work of art – this golden steeple held the wafers and wine for Holy Communion.

KEY

– – – Tour route

Royal Palace ❹

KRÁLOVSKÝ PALÁC

FROM THE TIME Prague Castle was first fortified in the 11th century *(see pp22–3)*, the palace was the seat of Bohemian princes. The building consists of three different architectural layers. A Romanesque palace built by Soběslav I around 1135 forms the cellars of the present building. Přemysl Otakar II and Charles IV then added their own palaces above this, while the top floor, built for Vladislav Jagiello, contains the massive Gothic Vladislav Hall. During the period of Habsburg rule the palace housed government offices, courts and the old Bohemian Diet (parliament). In 1924 it was extensively restored.

Riders' Staircase
These wide and gently sloping steps, with their Gothic rib vault, were used by knights on horseback to get to Vladislav Hall for indoor jousting competitions.

The Diet, the medieval parliament, was also the throne room. Destroyed by fire in 1541, it was rebuilt by Bonifaz Wohlmut in 1563.

An overhead passage from the palace leads to the Royal Oratory in St Vitus's Cathedral *(see p103)*.

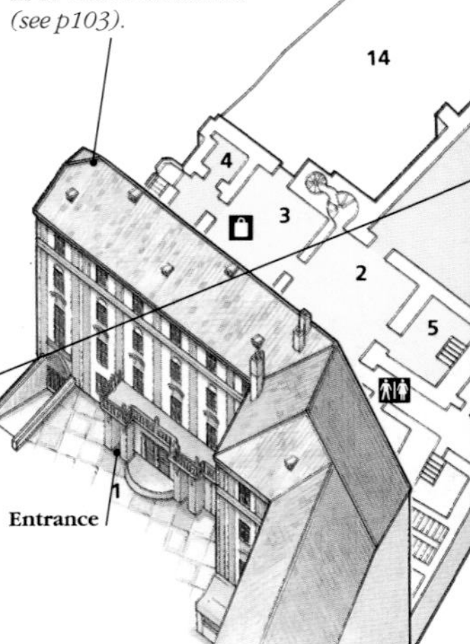

Vladislav Hall
The 17th-century painting by Aegidius Sadeler shows that the Royal Court was very like a public market. The hall's magnificent rib vaulting was designed by Benedikt Ried in the 1490s.

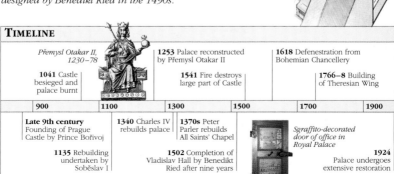

TIMELINE

Přemysl Otakar II, 1230–78

- **Late 9th century** Founding of Prague Castle by Prince Bořivoj
- **1041** Castle besieged and palace burnt
- **1135** Rebuilding undertaken by Soběslav I
- **1253** Palace reconstructed by Přemysl Otakar II
- **1340** Charles IV rebuilds palace
- **1370s** Peter Parler rebuilds All Saints' Chapel
- **1502** Completion of Vladislav Hall by Benedikt Ried after nine years
- **1541** Fire destroys large part of Castle
- **1618** Defenestration from Bohemian Chancellery
- **1766–8** Building of Theresian Wing
- **1924** Palace undergoes extensive restoration

900 | 1100 | 1300 | 1500 | 1700 | 1900

Sgraffito-decorated door of office in Royal Palace

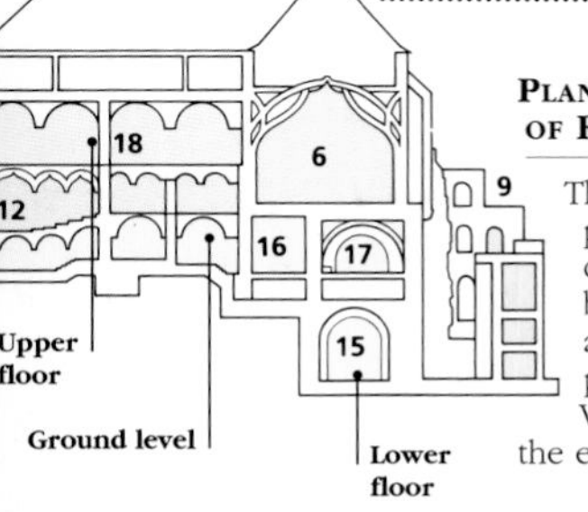

PLAN AND CROSS SECTION OF ROYAL PALACE

The cross section of the palace shows the three distinct levels of the building, all constructed at different times. The plan shows how Vladislav Hall dominates the entire palace structure.

VISITORS' CHECKLIST

Prague Castle, third courtyard. **Map** 2 D2. *24 37 33 68.* *Hradčanská, up K Brusce, then through the Royal Garden; Malostranská, left up Klárov, then up Old Castle Steps.* *22 to Prague Castle (Pražský hrad).* ***Open*** *Apr–Oct: 9am–5pm; Nov– Mar: 9am–4pm Tue–Sun (last adm: 1hr before closing).*

All Saints' Chapel was built by Peter Parler for Charles IV. After the 1541 fire, its vault had to be rebuilt and it was redecorated in the Baroque style.

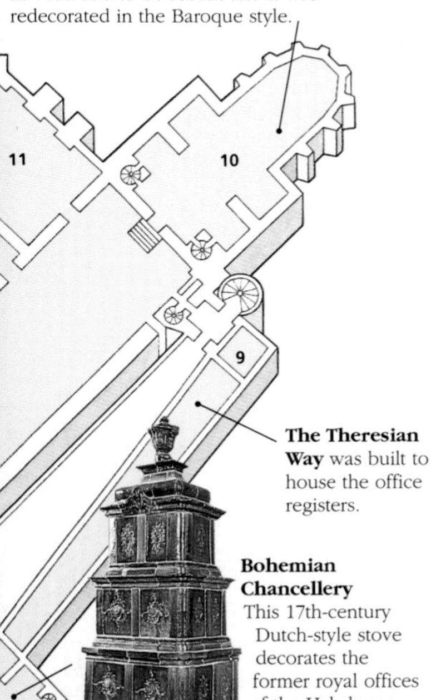

The Theresian Way was built to house the office registers.

Bohemian Chancellery
This 17th-century Dutch-style stove decorates the former royal offices of the Habsburgs. The chancellery is the site of the 1618 defenestration.

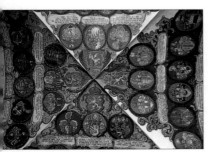

The New Land Rolls
These rooms are decorated with the crests of clerks who worked here from 1561 to 1774.

KEY TO ROYAL PALACE

- Romanesque and Early Gothic
- Late Gothic
- Rebuilt after 1541 fire
- Baroque and later

1 Eagle Fountain
2 Vestibule
3 Green Chamber
4 King's Bedchamber
5 Romanesque tower
6 Vladislav Hall
7 Bohemian Chancellery
8 Imperial Council Room steps
9 Terrace
10 All Saints' Chapel
11 Diet Hall
12 Riders' Staircase
13 Court of Appeal
14 Palace courtyard
15 Hall of the Romanesque palace
16 Old Land Rolls
17 Palace of Charles IV
18 New Land Rolls

DEFENESTRATION OF 1618

Painting by Václav Brožík, 1889

On 23 May, 1618, more than 100 Protestant nobles, led by Count Thurn, marched into the palace to protest against the succession to the throne of the intolerant Habsburg Archduke Ferdinand. The two Catholic Governors appointed by Ferdinand, Jaroslav Martinic and Vilém Slavata, were confronted and, after a row, the Protestants threw both the Governors and their secretary, Philipp Fabricius, out of the eastern window. Falling some 15 m (50 ft), they survived by landing in a dung heap. This event signalled the beginning of the Thirty Years' War. The Catholics attributed the survival of the Governors to the intervention of angels.

St George's Convent ❻

KLÁŠTER SV. JIŘÍ

THE FIRST CONVENT in Bohemia was founded here close to the Royal Palace in 973 by Prince Boleslav II. His sister Mlada was its first abbess. Rebuilt over the centuries, the convent was finally abolished in 1782 and converted into barracks. In 1962–74 it was reconstructed and today it houses the National Gallery's collection of Bohemian Baroque art. It shows works by some of the Baroque masters, including the painters Karel Škréta, Petr Brandl and Václav Vavřinec Reiner, and the sculptor Matyáš Bernard Braun.

★ Landscape with Orpheus and Animals
This pre-1720 work by Baroque master Václav Vavřinec Reiner represents a departure from his usual landscape frescoes by including a figure from Greek myth.

Stairs to upper floor

★ Bust of a Talking Apostle
Painted in about 1725 by Petr Brandl, this painting has since been hailed as one of the greatest examples of Czech art. It is noted for its strong sense of

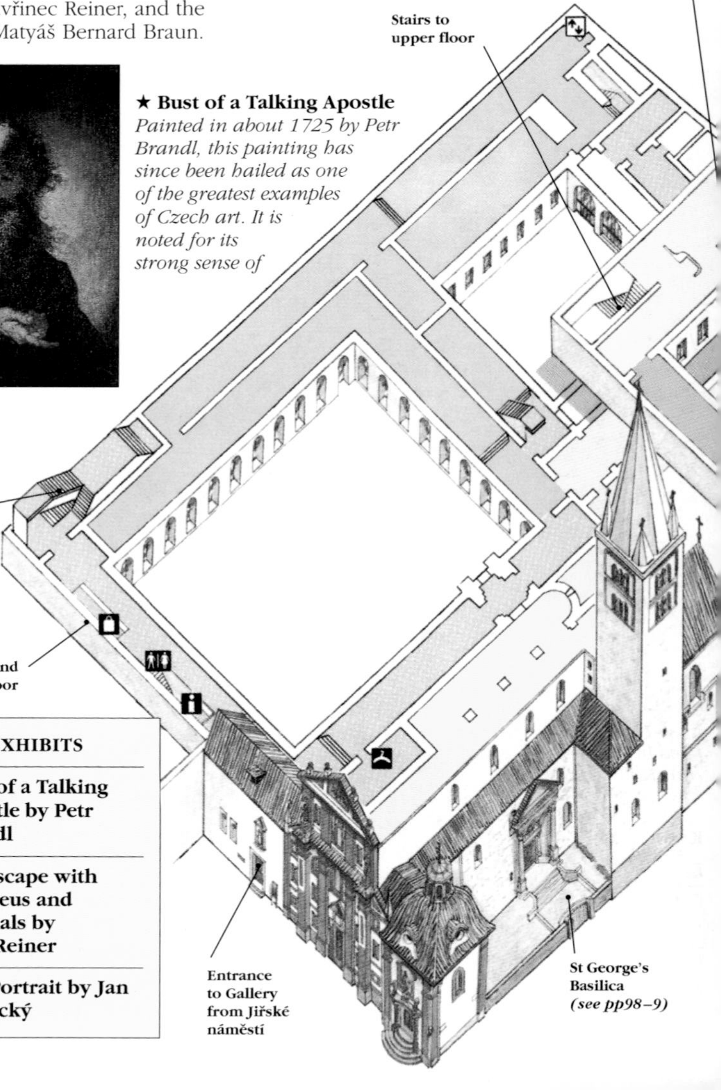

Stairs down to exit

Ground floor

Entrance to Gallery from Jiřské náměstí

St George's Basilica *(see pp98–9)*

STAR EXHIBITS

- **★ Bust of a Talking Apostle by Petr Brandl**
- **★ Landscape with Orpheus and Animals by V. V. Reiner**
- **★ Self Portrait by Jan Kupecký**

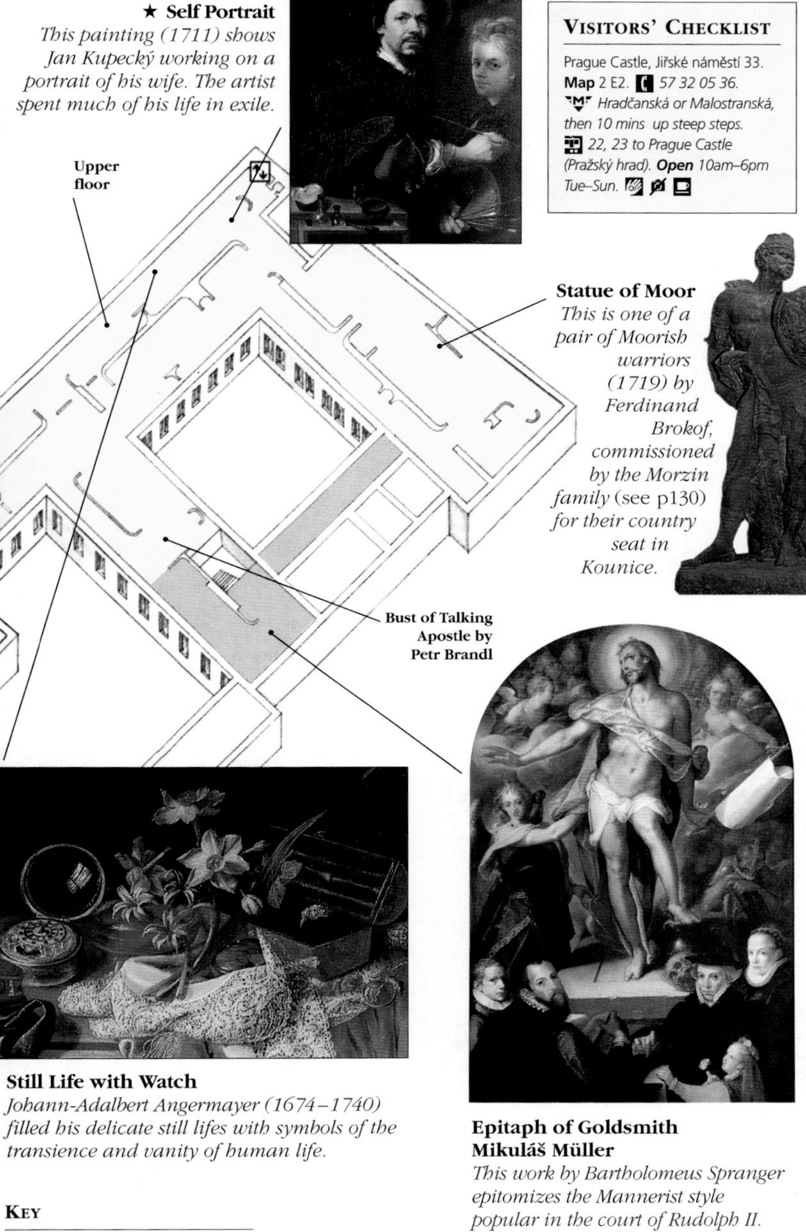

★ Self Portrait
This painting (1711) shows Jan Kupecký working on a portrait of his wife. The artist spent much of his life in exile.

VISITORS' CHECKLIST

Prague Castle, Jiřské náměstí 33. **Map** 2 E2. *57 32 05 36.* *Hradčanská or Malostranská, then 10 mins up steep steps.* *22, 23 to Prague Castle (Pražský hrad).* ***Open*** *10am–6pm Tue–Sun.*

Statue of Moor
This is one of a pair of Moorish warriors (1719) by Ferdinand Brokof, commissioned by the Morzin family (see p130) *for their country seat in Kounice.*

Still Life with Watch
Johann-Adalbert Angermayer (1674–1740) filled his delicate still lifes with symbols of the transience and vanity of human life.

Epitaph of Goldsmith Mikuláš Müller
This work by Bartholomeus Spranger epitomizes the Mannerist style popular in the court of Rudolph II.

KEY

- Rudolphian Mannerism (c1600)
- Czech art of the Baroque
- Chapel of St Anne
- St George's Basilica
- Special exhibitions
- Non-exhibition space

GALLERY GUIDE

The permanent exhibition is located on the first floor of the convent. Beginning with a small collection of Mannerist art, you can follow the development of Czech Baroque painting and sculpture throughout the 17th and 18th centuries.

Exploring the St George's Collection

THIS WONDERFUL COLLECTION gives a fascinating insight into the art and sculpture of one of the periods of Prague's history that is so conspicuous in the city's architecture – the Baroque. The Bohemian school of Baroque art produced dramatic biblical paintings and statues of saints and angels in flamboyant poses. There are also collections of works representing the antecedents of the Baroque: not only the better known late Gothic, but also paintings and sculptures of the Mannerist school that were created under the patronage of Rudolph II.

Wooden statue of St Judas Thaddeus by Matyáš Bernard Braun (1712)

EARLY 16TH-CENTURY CZECH ART

SOME OF THE works in the gallery's collection of late Gothic art show greater similarity with contemporary German and Italian paintings. The finest Bohemian painter of this period is the Master of the Litoměřice Altar, who was active at the beginning of the 16th century. His most impressive works are an altar triptych showing *The Holy Trinity* and *The Visitation of the Virgin Mary*.

Also on display are some fascinating reliefs by a woodcarver who signed his works with the initials I P. His style is that of the so-called Danube school and his figures are clearly influenced by German painter and engraver Albrecht Dürer. Dating from about 1520, the *Votive Altarpiece of Zlíchov* shows a kneeling knight with the Virgin Mary, St Andrew, Christ and Death.

RUDOLPHIAN MANNERISM (c1600)

BEFORE the Baroque reached Bohemia, there was a short period when Prague was the main centre of Northern Mannerism. This term is used to describe a style that evolved in Italy after the Renaissance. Many 16th-century painters and sculptors strove to outdo the exaggerated poses of Michelangelo's later works just for the sake of creating a startling effect. A typical example of this is *The Last Judgment* by Josef Heintz. A more successful exponent of this style was Bartholomeus Spranger from Antwerp. He died in Prague in 1611 while in the employment of the Imperial Emperor Rudolph II *(see p28–9)*.

With his passion for the unusual and the artificial, Rudolph loved Mannerist artists and invited many to work at his court in Prague. Although the Mannerist style had fallen out of fashion throughout the royal courts of Europe, the paintings made under his patronage represent the last flowering of this dramatic style. They made an impression on the next generation of artists who emerged after the Thirty Years War and who came to define style of the Bohemian school of Baroque art.

Rudolph's great collection was dispersed when Prague Castle was looted in 1648, but the few works on show here give an idea of his tastes. The best are probably the paintings of the German-born Hans von Aachen and the sculptures of the Dutch-born Adriaen de Vries. There are also other sculptures by Hans Mont and Benedict Wurzelbauer.

Not all the works here are typically Mannerist in style. The landscapes of Roelant Savery, for example, show a genuine feeling for the beauty of the Bohemian forests that he gained during an eight-year stay in Prague (1604-12).

Altarpiece of *The Holy Trinity* by Master of the Litoměřice Altar (c1515)

***Stag Hunt* (c1610) by Roelant Savery, artist at the court of Rudolph II**

Czech Art of the Baroque

There are many agreeable surprises in this extensive collection of Baroque art.

The founding personality of Czech Baroque painting is Karel Škréta. The five years he spent in Italy early in his career were profoundly influential on his work. He is the prime representative of the realistic trend in Czech Baroque art. Of his religious paintings, *St Charles Borromeo Visiting the Sick* shows realistic types and detail, and this also applies in full measure to the lunette scene of the *Nativity of St Wenceslas.* His large group portrait of Dionysius Miseroni, the Italian cutter of precious stones, and his family, reveals an interesting glimpse into a workshop, and the rare work, a crystal chalice, made there. Much of his later work, both in portraits and altarpieces, reflects a Dutch and Flemish influence.

Of the paintings of religious subjects, the finest are surely those by Petr Brandl. The old men who feature in many of his works are beautifully painted. Particularly moving is the painting known as *Simeon and the Infant Jesus.* The gallery gives a good idea of his work as a portraitist, but unfortunately his work on Prague and country churches is not represented here.

A contemporary of Brandl, Jan Kupecký was Czech by birth but lived abroad for most of his life. He had a large middle-class and aristocratic clientele throughout Central Europe, and his portraits are among the highlights of the exhibition. The large portrait of Karl Bruni, a painter of miniatures, clearly illustrates the form and content of Baroque portraiture at the beginning of the 18th century.

Václav Vavřinec Reiner's most important contribution to the development of Bohemian Baroque paintings were his strikingly coloured frescoes and vivid landscape paintings. The several pictures housed here give an idea of his art, in particular two of his sketches, one for the ceiling painting in the Prague Church of St Giles, and the other for the Loretto Church of the Nativity. The *Landscape with Orpheus and Animals* and *Landscape with Birds* are highly decorative.

On a smaller scale, look out for the still lifes of flowers and game by the Swiss painter Johann Rudolf Bys and his pupil Johann-Adalbert Angermayer. There are also notable works by Jan Jiří Heinsch, Jan Kryštof Liška and Michal Václav Halbax. The transition to the later Rococo styles is demonstrated in works by Bohemian artists such as Antonín Kern, Norbert Grund and František Xaver Palko.

The sculptures are chiefly by the 18th-century artists whose works decorate so many of the city's Baroque churches: Ferdinand Brokof, Matthias Braun and Ignaz Platzer. Several of the more flamboyant saints and angels are in painted wood, an unexpected link with the early polychrome wood carvings of the Gothic period.

***Hedvika Francesca Wussin* by Jan Kupecký (1710)**

Old prison in the Dalibor Tower

Dalibor Tower 9

DALIBORKA

Prague Castle, Zlatá ulička. **Map** 2 E2. *Malostranská.* *22,23.* ***Closed*** *for renovation.*

THIS 15TH-CENTURY tower with a conical roof was part of the fortifications built by King Vladislav Jagiello *(see p26–7)*. His coat of arms can be seen on the outer wall. The tower also served as a prison and is named after its first inmate, Dalibor of Kozojedy, a young knight sentenced to death for harbouring some outlawed serfs. While awaiting execution, he was kept in an underground dungeon, into which he had to be lowered through a hole in the floor.

According to legend, while in prison he learnt to play the violin. People sympathetic to his plight came to listen to his playing and provided him with food and drink, which they lowered on a rope from a window – prisoners were often left to starve to death. The story was used by Bedřich Smetana in his opera *Dalibor*. The tower ceased to serve as a prison in 1781. Visitors can see part of the old prison.

South Gardens 10

JIŽNÍ ZAHRADY

Prague Castle (access from Hradčanské náměstí). **Map** 2 D3. *Malostranská, Hradčanská.* *22,23.* ***Open*** *Apr–Oct: 10am–6pm daily.*

THE GARDENS occupy the long narrow band of land below the Castle overlooking the Little Quarter. Several small gardens have been linked to form what is now known as the South Gardens. The oldest, the Paradise Garden (Rajská zahrada), laid out in 1562, contains a circular pavilion built for Emperor Matthias in 1617. Its carved wooden ceiling shows the coloured emblems of the 39 countries of the Habsburg Empire. The Garden on the Ramparts (Zahrada Na valech) dates from the 19th century. It occupies a former vegetable patch and is famous as the site of the defenestration of 1618 *(see p105)*, when two Imperial governors were thrown from a first-floor window. Two obelisks were subsequently erected by Ferdinand II to mark the spots where they landed. Extensive modifications were carried out in the 1920s by Josip Plečnik, who built the Bull Staircase leading to the Paradise Garden and the observation terrace. Below the terrace, in the former Hartig Garden, is a Baroque music pavilion designed by Giovanni Battista Alliprandi. Beside it stand four statues of Classical gods by Antonín Braun.

Alliprandi's music pavilion in the South Gardens

Belvedere 11

BELVEDÉR

Prague Castle, Royal Garden. **Map** 2 E1. *Malostranská, Hradčanská.* *22, 23.* ***Open*** *only for exhibitions.*

BUILT BY FERDINAND I for his beloved wife Anne, the Belvedere is one of the finest Italian Renaissance buildings north of the Alps. Also known as the Royal Summer Palace (Královský letohrádek), it is an arcaded summerhouse

The Belvedere, Emperor Ferdinand I's summer palace in the Royal Garden beside Prague Castle

Antonín Braun's statue of *The Allegory of Night* in front of the *sgraffito* decoration of the Ball Game Hall in the Royal Garden

with slender Ionic columns topped by a roof shaped like an inverted ship's hull clad in blue-green copper. The main architect was Paolo della Stella, who was also responsible for the ornate reliefs inside the arcade. Work began in 1538, but was interrupted by the great Castle fire of 1541. The Belvedere was eventually completed in 1564.

In the middle of the small geometrical garden in front of the palace stands the Singing Fountain. Dating from 1568, it owes its name to the musical sound the water makes as it hits the bronze bowl, though you have to place your head very close to appreciate the effect. The fountain was cast by Tomáš Jaroš, the famous bell founder, who lived and worked in the Powder Tower *(see p98)*.

Many of the Belvedere's works of art were plundered by the occupying Swedish army in 1648. The statues stolen included Adriaen de Vries's 16th-century bronze of *Mercury and Psyche*, which is now in the Louvre in Paris. The Belvedere is now used as an art gallery.

Royal Garden ⓬

KRÁLOVSKÁ ZAHRADA

Prague Castle, U Prašného mostu. **Map** 2 D2. *Malostranská, Hradčanská.* *22, 23.* ***Open** May–Oct: 10am–6pm daily.*

THE GARDEN was created in 1535 for Ferdinand I. Its appearance has been altered over time, but nevertheless some excellent examples of 16th-century garden architecture have survived, notably the Belvedere and the Ball Game Hall (Míčovna), built by Bonifaz Wohlmut in 1569. The building is covered in beautiful, though much restored, Renaissance *sgraffito*, a form of decoration created by cutting a design through the wet top layer of plaster onto a contrasting undercoat. The Ball Game Hall was used primarily for playing a form of real tennis, but the game gradually went out of fashion and in 1723 the building was converted into stables.

The Royal Garden is the best-kept garden in Prague and a beautiful place for a stroll, especially in spring when thousands of tulips bloom in its immaculate beds. This is where tulips, bought from Turkey by Ferdinand I's ambassador, were first acclimatized to Europe before being taken to Holland.

At the entrance to the garden is the Lion Court where Rudolph II had his zoo (now a restaurant). As well as lions, Rudolph kept bears, leopards, panthers and many other wild animals. Some roamed free in the Stag Moat, which separates the garden from the Castle.

Archbishop's Palace ⓭

ARCIBISKUPSKÝ PALÁC

Hradčanské náměstí 16. **Map** 2 D3. *20 39 21 11.* *Malostranská, Hradčanská.* *22, 23.* ***Not open** to the public.*

FERDINAND I bought this sumptuous palace in 1562 for the first Catholic Archbishop since the Hussite Wars *(see pp26–7)*. It replaced the old Archbishop's Palace in the Little Quarter, which had been destroyed during the wars, and has remained the Archbishop's seat in Prague ever since. In the period after the Battle of the White Mountain *(see p30–31)*, the presence of the Archbishop's Palace right beside the castle was a powerful symbol of Catholic domination of the city and the Czech lands. Its spectacular cream-coloured Rococo façade was designed by Johann Joseph Wirch in the 1760s for Archbishop Antonín Příchovský, whose coat of arms sits proudly above the earlier 17th-century portal.

Příchovský coat of arms

Sternberg Palace ⓮

ŠTERNBERSKÝ PALÁC

See pp112–15.

Sternberg Palace ⓮

ŠTERNBERSKÝ PALÁC

Franz Josef Sternberg founded the Society of Patriotic Friends of the Arts in Bohemia in 1796. Fellow noblemen would lend their finest pictures and sculpture to the society, which had its headquarters in the early-18th-century Sternberg Palace. Since 1949, the fine Baroque building has been used to house the National Gallery's collection of European art, with its superb range of Old Masters.

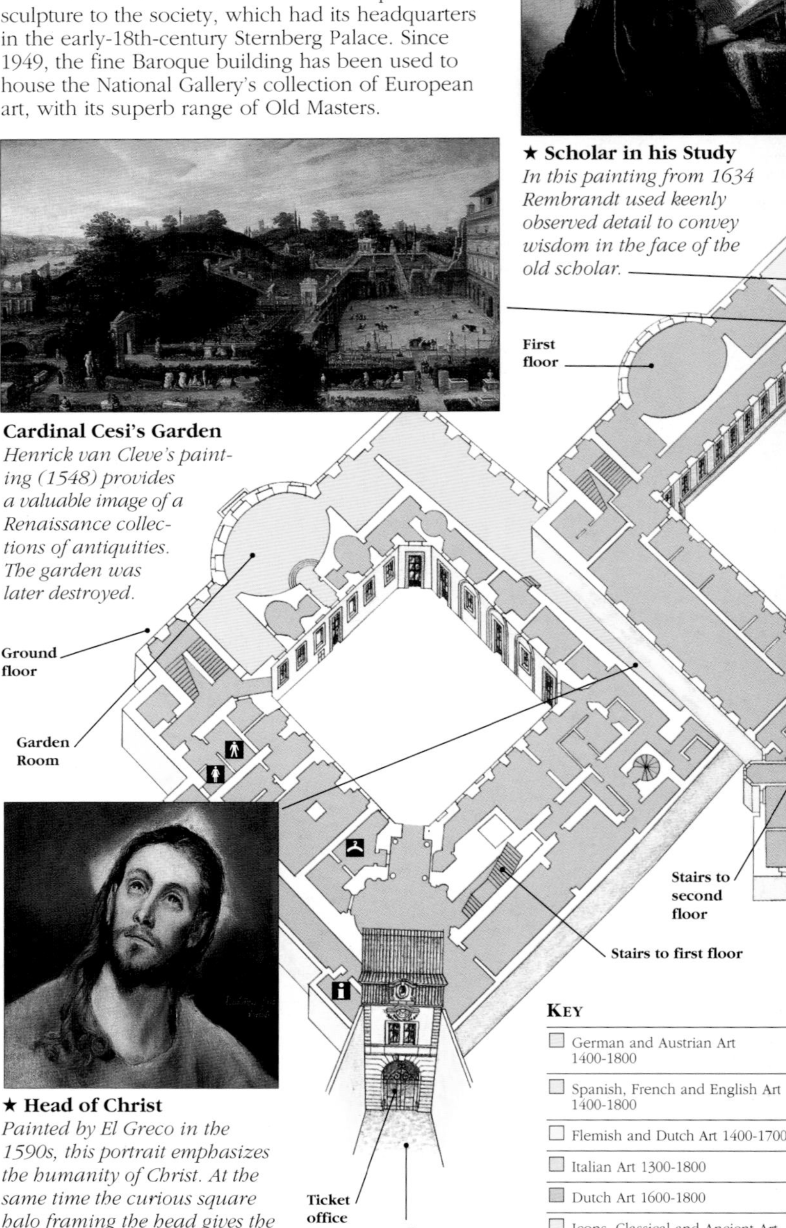

★ Scholar in his Study
In this painting from 1634 Rembrandt used keenly observed detail to convey wisdom in the face of the old scholar.

Cardinal Cesi's Garden
Henrick van Cleve's painting (1548) provides a valuable image of a Renaissance collections of antiquities. The garden was later destroyed.

★ Head of Christ
Painted by El Greco in the 1590s, this portrait emphasizes the humanity of Christ. At the same time the curious square halo framing the head gives the painting the qualities of an ancient icon.

Concerning the Eden *(1618)*
Roelandt Savery studied models of exotic animals, brought to Prague by Persian nobles, at the court of Emperor Rudolf II. He was then able to paint real animals.

VISITORS' CHECKLIST

Hradčanské náměstí 15.
Map 1 C2. *20 51 46 34 9.*
Hradčanská, Malostranská.
22, 23 to Prague Castle (Pražský hrad) or Pohořelec.
Open *10am–6pm Tue–Sun (last guided tour: 5pm).*

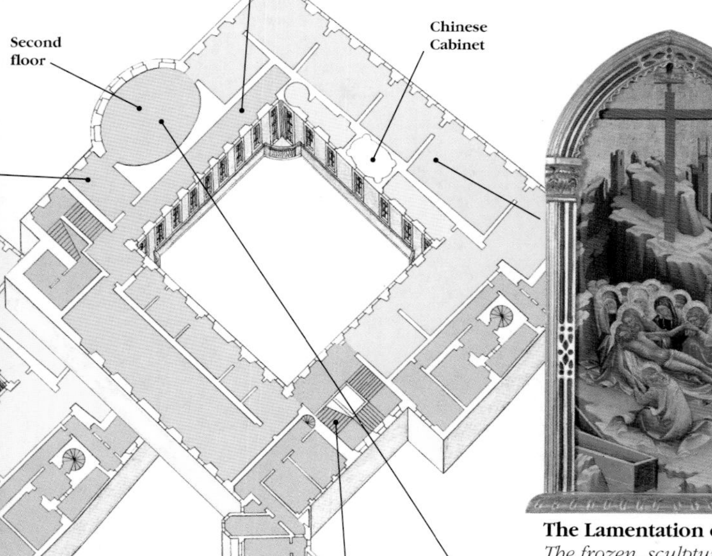

The Lamentation of Christ
The frozen, sculptural figures make this one of the finest paintings by Lorenzo Monaco (1408).

GALLERY GUIDE

The gallery is arranged on three floors around the central courtyard of the palace. The ground floor, reached from the courtyard, houses Spanish, French, English, German and Austrian art from the 15th to 18th centuries. The stairs to the collections on the upper floors are opposite the ticket office at the main entrance.

STAR SIGHTS

- ★ **Head of Christ by El Greco**
- ★ **Scholar in his Study by Rembrandt**
- ★ **The Martyrdom of St Thomas by Rubens**

★ **The Martyrdom of St Thomas**
This magnificent work is by Peter Paul Rubens, the foremost Flemish painter of the 17th century.

Exploring the Sternberg Collections

THE NATIONAL GALLERY'S collection of European art ranks among the best collections of comparable size. Since the transfer of the outstanding 19th- and 20th-century exhibits to Veletržní Palace in 1996 *(see pp164–5)* the Sternberg has been expanding its permanent exhibition, with especially strong representations from Italian medieval art, Neapolitan artists of the 17th and 18th centuries, Dutch and Flemish works, and German art of the 15th to 17th centuries. There is also a fine collection of Renaissance bronzes, and the fascinating Chinese Cabinet is on display again after a restoration lasting several years.

***St John the Baptist* by Rodin**

ICONS, CLASSICAL AND ANCIENT ART

TWO SMALL ROOMS contain an odd assortment of paintings that do not quite fit in with the rest of the collection. These include a *Portrait of a Young Woman* dating from the 2nd century AD, discovered during excavations at Fayoum in Egypt in the 19th century.

The majority of the exhibits, however, are icons of the Orthodox church. These come from a variety of Eastern European countries – some are Byzantine, some Italo-Greek and some Russian. The finest examples are two of the later 16th-century works, *The Lamentation of Christ* from Crete and *Christ's Entry Into*

***Christ's Entry into Jerusalem*, a 16th-century Russian icon**

GERMAN AND AUSTRIAN ART (1400–1800)

ONE OF THE most celebrated paintings in the Sternberg's collection is Albrecht Dürer's *The Feast of the Rosary*, painted during the artist's stay in Venice in 1506. It has special significance for Prague since it was bought by Emperor Rudolph II. The two figures seen in front of the Virgin and Child are Maximilian I (Rudolph's great-great-grandfather) and Pope Julius II.

There are works by several other important German painters of the Renaissance, including Hans Holbein the Elder and the Younger and Lucas Cranach the Elder. Cranach is represented by works including a striking *Adam and Eve* whose nudes show the spirit of the Renaissance, tempered by Lutheran Reform.

***The Feast of the Rosary* by Dürer (1506)**

ITALIAN ART (1300–1800)

WHEN YOU ENTER the Italian galleries, you are greeted by a splendid array of early diptychs, triptychs and other richly gilded panel paintings from the churches of Tuscany and northern Italy. Most came originally from the d'Este collection at Konopiště Castle *(see p169)*. Of particularly high quality are the two triangular panels of saints by the 14th-century Sienese painter Pietro Lorenzetti and a moving *Lamentation of Christ* by Lorenzo Monaco.

A fascinating element of the collection is the display of Renaissance bronze statuettes. Fashionable amongst Italian nobility of the 15th century, these little bronzes were at first cast from famous or newly-discovered works of antiquity. Later, sculptors began to use the medium more freely – Padua, for example, specialized in the depiction of small animals – and producers also adapted items for use as decorative household goods such as oil lamps, ink pots and door knockers. This small collection has representative works from all the major Italian producers except Mantua and, while many variations can be found in other museums throughout the world, there are some pieces here that are both unique and outstanding examples of the craft.

***Don Miguel de Lardizábal* (1815), by Francisco Goya**

Among the 16th-century Italian works on display, there are some delightful surprises. These include *St Jerome* by the Venetian painter, Tintoretto, and *The Flagellation of Christ* and *Portrait of an Elderly Man* by another Venetian, Jacopo Bassano. There is also an expressive portrait by the Florentine mannerist, Bronzino, of *Eleanor of Toledo*, the wife of Cosimo de' Medici.

Flemish and Dutch Art (1400–1800)

The collections of Flemish and Dutch art are rich and varied, ranging from rural scenes by Pieter Brueghel the Elder to portraits by Rubens and Rembrandt.

Highlights of the former include an altarpiece showing the *Adoration of the Magi* by Geertgen tot Sint Jans. Other early works of great interest include *St Luke Drawing the Virgin* by Jan Gossaert (c1515), one of the first works of art from the Netherlands to show the clear influence of the Italian Renaissance. The collection from the 17th century includes several major works, notably by Peter Paul Rubens who, in 1639, sent two paintings to the Augustinians of the Church of St Thomas *(see p127)* in the Little Quarter. The originals were lent to the gallery in 1896 and replaced by copies. The violence and drama of *The Martyrdom of St Thomas* is in complete contrast to the spiritual calm of *St Augustine*. Two other fine portraits are those of Rembrandt's *Scholar in His Study* and Frans Hals' *Portrait of Jasper Schade*.

Also on display is a wide assortment of paintings by other, less-prominent, artists who nonetheless represent the enormous range and quality of this period.

***Eleanor of Toledo* (1540s) by the Florentine Mannerist painter Agnolo Bronzino**

Spanish, French and English Art (1400–1800)

French art is represented chiefly by the 17th-century painters Simon Vouet (*The Suicide of Lucretia*), Sébastien Bourdon and Charles Le Brun, but there are also bronzes by Rodin. Spanish painting is even less well represented, but two of the collection's finest works are a haunting *Head of Christ* by El Greco – the only work by the artist on display in the Czech Republic – and a noble half-length portrait of the politician *Don Miguel de Lardizábal* by Goya.

The Chinese Cabinet

After several years of difficult restoration work, this curiousity is once again open to the public. The richly-decorated little chamber was part of the original furnishings of the Sternberg Palace, and was designed as an intimate withdrawing room away from the bustle of the grand state rooms. In its plethora of decorative styles, Baroque mingles with Far Eastern motifs and techniques, which were fashionable at the turn of the 18th century. The vaulted ceiling features the Star of the Sternbergs among its geometric decorations. Black lacquered walls are embellished with cobalt blue and white medallions in golden frames, while gilded shelves once held rare Oriental porcelain.

The Loreto ⑲

LORETA

EVER SINCE ITS CONSTRUCTION in 1626, the Loreto has been an important place of pilgrimage. It was commissioned by Kateřina of Lobkowicz, a Czech aristocrat who was very keen to promote the legend of the Santa Casa of Loreto *(see opposite)*. The heart of the complex is a copy of the house believed to be the Virgin Mary's. The Santa Casa was enclosed by cloisters in 1661, and a Baroque façade 60 years later by Christoph and Kilian Ignaz Dientzenhofer. The grandiose design and miraculous stories about the Loreto were part of Ferdinand II's campaign to re-catholicize the Czechs *(see pp30–31)*.

Katerina Lobkowicz, founder of the Santa Casa

Bell Tower
Enclosed in this large Baroque tower, is a set of 30 bells cast 1691–94 in Amsterdam by Claudy Fremy.

Chapel of St Joseph

Fountain decorated with a sculpture of the Resurrection

Chapel of St Francis Seraphim

Chapel of St Ann

Entrance from Loretánské náměstí

★ Loreto Treasury
This gold-plated, diamond-encrusted monstrance, for displaying the host, is one of the valuable liturgical items in the Loreto treasury, most of which originated in the 16th–18th centuries.

Baroque Entrance
The balustrade above the Loreto's front entrance is decorated with statues of St Joseph and St John the Baptist by Ondřej Quitainer.

STAR SIGHTS

- ★ **Loreto Treasury**
- ★ **Santa Casa**
- ★ **Church of the Nativity**

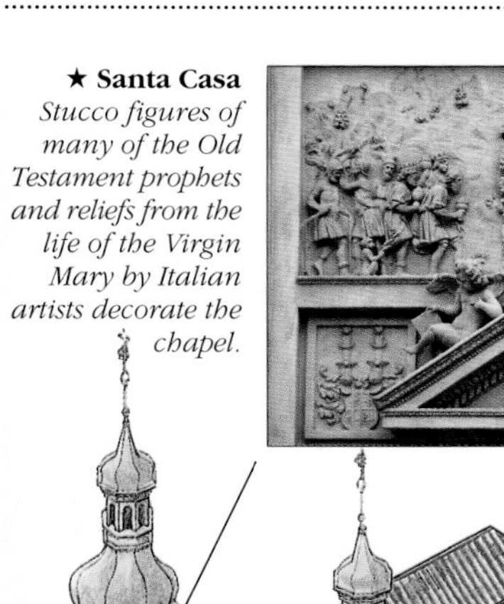

★ Santa Casa
Stucco figures of many of the Old Testament prophets and reliefs from the life of the Virgin Mary by Italian artists decorate the chapel.

Visitors' Checklist

Loretánské náměstí, Hradčany. **Map** 1C3 *20 51 67 40.* *22, 23 to Pohořelec.* ***Open*** *9am–12:15pm, 1–4:30pm Tue–Sun.*

★ Church of the Nativity
Gruesome relics, including fully-clothed skeletons with death masks made of wax, line the walls of this 18th-century church. The frescoes are by Václav Vavřinec Reiner.

Chapel of the Holy Rood

17th-Century Cloister
Built originally as a shelter for the many pilgrims who visited the shrine, the cloister is covered with frescoes.

Chapel of St Anthony of Padua

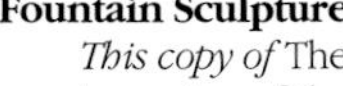

Chapel of Our Lady of Sorrows

Fountain Sculpture
This copy of The Ascension of the Virgin Mary *is taken from Jan Brüderle's 1739 sandstone statue, now in the Lapidarium* (see p162).

Legend of the Santa Casa

The original house, said to be where the Archangel Gabriel told Mary about the future birth of Jesus, is in the small Italian town of Loreto. It was believed that angels transported the house from Nazareth to Loreto in 1278 following threats by infidels. After the Protestants' defeat in 1620 *(see pp30–31)*, Catholics promoted the legend, and 50 replicas of the Loreto were built in Bohemia and Moravia. This, the grandest, became the most important in Bohemia, and received many visitors.

The stuccoed Santa Casa

Martinic Palace ⓯

MARTINICKÝ PALÁC

Hradčanské náměstí 8. **Map** 1 C2. *24 30 81 11, Malostranská, Hradčanská. 22, 23.* ***Closed*** *to the public.*

IN THE COURSE of the palace's restoration in the early 1970s, workmen uncovered the original 16th-century façade decorated with ornate cream and brown *sgraffito (see p111)*. It depicts Old Testament scenes, including the story of Joseph and Potiphar's wife. More *sgraffito* came to light in the courtyard, showing the story of Samson and the Labours of Hercules.

Martinic Palace was enlarged by Jaroslav Bořita of Martinice, who was one of the imperial governors thrown from a window of the Royal Palace in 1618 *(see p105)*.

According to an old legend, between 11pm and midnight the ghost of a fiery black dog appears at the palace and accompanies walkers as far as the Loreto *(see pp116–17)*, where it disappears again. Today the palace houses the city architecture department.

Schwarzenberg Palace ⓰

SCHWARZENBERSKÝ PALÁC

Hradčanské náměstí 2. **Map** 2 D3. *20 20 20 23, 20 20 23 98. Malostranská, Hradčanská. 22, 23.* ***Open*** *May–Oct: 10am–5:30pm Tue–Sun.*

FROM A DISTANCE, the façade of this grand Renaissance palace appears to be clad in projecting pyramid-shaped stonework. On closer inspection, this turns out to be an illusion created by *sgraffito* patterns incised on a flat wall. Built originally for the Lobkowicz family by the Italian architect Agostino Galli in 1545–76, the gabled palace is Florentine rather than Bohemian in style. It passed through several hands before the Schwarzenbergs, a leading family in the Habsburg Empire, bought it in 1719. Much of the interior decoration has survived, including four painted ceilings on the second floor dating from1580. Since 1945 the palace has housed the Museum of Military History, a collection of arms and uniforms from the wars that in Bohemia from the time of the first Slavs up to 1918. Look out for the section illustrating the tactics adopted by the Hussites in the 15th century.

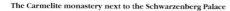

The Carmelite monastery next to the Schwarzenberg Palace

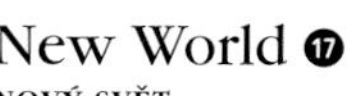

New World ⓱

NOVÝ SVĚT

Map 1 B2. *22, 23.*

NOW A CHARMING STREET of small cottages, Nový Svět (New World) used to be the name of this area of Hradčany. Developed in the mid-14th century to provide houses for the castle workers, the area was twice destroyed by fire, the last time being in 1541. Most of the cottages date from the 17th century. They have been spruced up, but are otherwise unspoilt and very different in character from the rest of Hradčany. In defiance of their poverty, the inhabitants chose golden house signs to identify their modest houses – you will see a Golden Pear, a Grape, a Foot, a Bush and an Acorn. Plaques identify No. 1 as the former home of Rudolph II's brilliant court astronomer, Tycho Brahe, and No. 25 as the 1857 birthplace of the great Czech violinist František Ondříček.

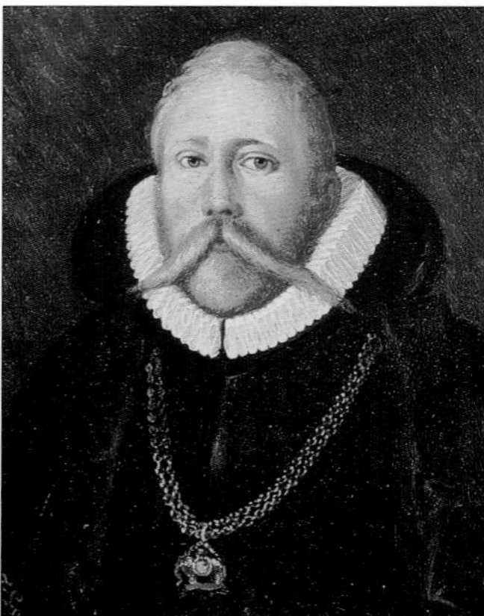

Tycho Brahe, Rudolph II's astronomer

Capuchin Monastery ⓲

KAPUCÍNSKÝ KLÁŠTER

Loretánské náměstí 6. **Map** 1 B3. *22, 23.* ***Closed*** *to the public except the church.*

BOHEMIA'S FIRST Capuchin monastery was founded here in 1600. It is connected to the neighbouring Loreto *(see pp116–17)* by an overhead roofed passage. Attached to the monastery is the Church of Our Lady Queen of Angels, a single-naved building with plain furnishings, typical of the ascetic Capuchin order.

The church is famous for its miraculous statue of the Madonna and Child. Emperor Rudolph II liked the statue so much he asked the Capuchins to give it to him to place in his private chapel. The monks agreed, but then the statue somehow found its way back to the church. Three times Rudolph had the Madonna brought back but each time she returned to her original position. The Emperor eventually gave up, left her where she was and presented her with a gold crown and a robe. Each year at Christmas the church attracts crowds of visitors to see its delightful Baroque nativity scene of life-sized figures dressed in costumes from the period.

Church of the Capuchin Monastery

The Loreto ⓳

LORETA

See pp116–17.

Černín Palace ⓴

ČERNÍNSKÝ PALÁC

Loretánské náměstí 5. **Map** 1 B3. *24 18 11 11.* *22, 23.* ***Closed** to the public.*

BUILT IN 1668 for Count Černín of Chudenice, the Imperial Ambassador to Venice, the Černín Palace is 150 m (500 ft) long with a row of 30 massive Corinthian half-columns running the length of its upper storeys. The palace towers over the attractive, small, grassy square that lies between it and the Loreto.

The huge building suffered as a result of its prominent position on one of Prague's highest hills. It was looted by the French in 1742 and badly damaged in the Prussian bombardment of the city in 1757. In 1851 the impoverished Černín family sold the palace to the state and it became a barracks. After the creation of Czechoslovakia in 1918 the palace was restored to its original design and became the Ministry of Foreign Affairs. A few days after the Communist Coup in 1948 the Foreign Minister, Jan Masaryk, the popular son of Czechoslovakia's first President, Tomáš Masaryk, died as the result of a fall from a top-floor window of the Palace. He was the only non-Communist in the government that had just been formed. No-one really knows whether he was pushed or jumped, but he is still widely mourned.

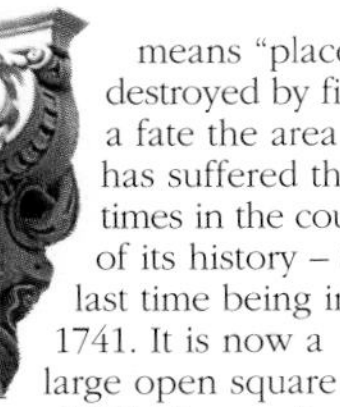

Capital on Černín Palace

Pohořelec ㉑

Map 1 B3. *22, 23.*

FIRST SETTLED IN 1375, this is one of the oldest parts of Prague. The name is of more recent origin: Pohořelec means "place destroyed by fire", a fate the area has suffered three times in the course of its history – the last time being in 1741. It is now a large open square on a hill high over the city and part of the main access route to Prague Castle. In the centre stands a large monument to St John Nepomuk (1752) *(see p137)*, thought to be by Johann Anton Quitainer. The houses around the square are mainly Baroque and Rococo. In front of the Jan Kepler grammar school stands a monument to Kepler and his predecessor as astronomer at the court of Rudolph II, Tycho Brahe, who died in a house on the school site in 1601.

Strahov Monastery ㉒

STRAHOVSKÝ KLÁŠTER

See pp120–21.

Kučera Palace, a Rococo building in Pohořelec

Strahov Monastery ㉒

STRAHOVSKÝ KLÁŠTER

The bust of Joseph II over entrance gate

When it was founded in 1140 by an austere religious order, the Premonstratensians, Strahov rivalled the seat of the Czech sovereign in size. Destroyed by fire in 1258, it was rebuilt in the Gothic style, with later Baroque additions. Its famous library, in the theological and philosophical halls, is over 800 years old and despite being ransacked by many invading armies, is one of the finest in Bohemia. Strahov also escaped Joseph II's 1783 dissolution of the monasteries by changing its library into a research institute. It is now a working monastery and museum.

Statue of St John
A Late-Gothic, painted statue of St John the Evangelist situated in the Theological Hall, has the saint's prayer book held in a small pouch.

Baroque tower

The Museum of National Literature is devoted to Czech literature.

Refectory

Entrance to main courtyard of the monastery

Baroque organ on which Mozart played

★ Church of Our Lady
The interior of this Baroque church is highly decorated. Above the arcades of the side naves, there are 12 paintings with scenes from the life of St Norbert, founder of the Premonstratensian order, by Jiří Neunhertz.

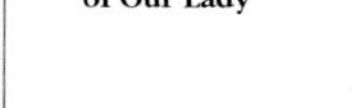

Entrance to Church of Our Lady

Star Features

- ★ Church of Our Lady
- ★ Philosophical Hall
- ★ Theological Hall

Church Façade
The elaborate statues, by Johann Anton Quitainer, were added to the western façade of the church when it was remodelled by the architect Anselmo Lurago in the 1750s.

View from Petřín Hill
A gate at the eastern end of the first courtyard leads to Petřín Hill, part of which was once the monastery's orchards.

VISITORS' CHECKLIST

Královská Kanonie Premonstrátů na Strahově. Strahovské nádvoří 1, Strahovská. **Map** 1 B4. *20 51 66 95.* *22, 23 to Pohořelec.* ***Open** 9am–5pm Tue–Sun.* ***Philosophical Hall, Theological Hall, Church of Our Lady, Picture Gallery open** 9am–noon 12.30–5pm Tue–Sun.*

★ Theological Hall
One of the 17th-century astronomical globes by William Blaeu that line the hall. The stucco and wall paintings relate to librarianship.

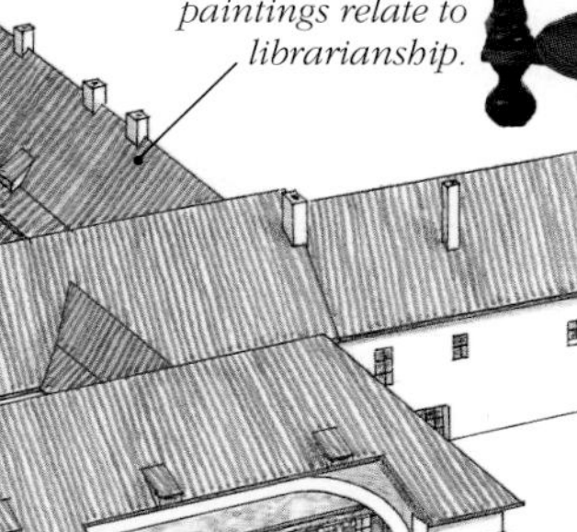

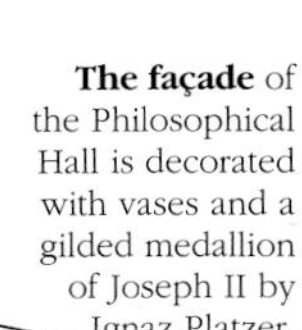

The façade of the Philosophical Hall is decorated with vases and a gilded medallion of Joseph II by Ignaz Platzer.

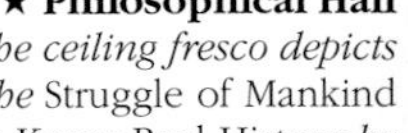

★ Philosophical Hall
The ceiling fresco depicts the Struggle of Mankind to Know Real History *by Franz Maulbertsch. It was built in 1782 to hold the Baroque bookcases and their valuable books from a dissolved monastery near Louka, in Moravia.*

Strahov Gospel Book
A facsimile of this superb and precious 9th-century volume, is now on display in the Theological Hall.

LITTLE QUARTER

MALÁ STRANA

THE LITTLE QUARTER is the part of Prague least affected by recent history. Hardly any new building has taken place here since the late 18th century and the quarter is rich in splendid Baroque palaces and old houses with attractive signs. Founded in 1257, it is built on the slopes below the Castle hill with magnificent views across the river to the Old Town. The centre of the Little Quarter has always been Little Quarter Square (Malostranské náměstí), dominated by the Church of St Nicholas. The Grand Prior's millwheel at Kampa Island still turns, pilgrims still kneel before the Holy Infant of Prague in the Church of Our Lady Victorious, and music rings out from churches and palaces as it did when Mozart stayed here.

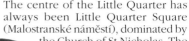

Sign from At the Golden Horseshoe in Nerudova

SIGHTS AT A GLANCE

Churches
Church of St Thomas 3
Church of St Nicholas pp128–9 5
Church of Our Lady Victorious 9
Church of Our Lady beneath the Chain 13
Church of St Lawrence 21

Parks and Gardens
Vrtba Garden 8
Vojan Park 17
Ledebour Garden 18
Observation Tower 19
Mirror Maze 20
Observatory 22
Petřín Park 24
Funicular Railway 25

Historic Monuments
Hunger Wall 23

Historic Restaurants and Beer Halls
At St Thomas's 2
At the Three Ostriches 15

Historic Streets and Squares
Little Quarter Square 4
Nerudova Street 6
Italian Street 7
Maltese Square 10
Grand Priory Square 12
Bridge Street 16

Bridges and Islands
Kampa Island 11
Charles Bridge pp136–9 14

Palaces
Wallenstein Palace and Garden 1
Michna Palace 26

KEY

Street-by-Street map *See pp124–5*

Street-by-Street map *See pp132–3*

Metro station

Tram stop

Funicular railway

River boat boarding point

City wall

0 metres 250

0 yards 250

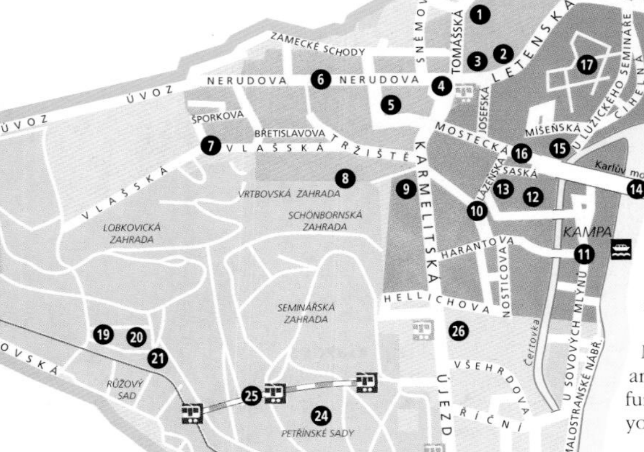

GETTING THERE

The area has little public transport, but Malostranská metro on line A is close to most of the sights. Trams 12, 22 and 23 go to Malostranské náměstí and along Újezd to the funicular railway that takes you up Petřín Hill.

◁ **Charles Bridge and the Little Quarter Bridge Towers**

Street-by-Street: Around Little Quarter Square

THE LITTLE QUARTER, most of whose grand Baroque palaces now house embassies, has preserved much of its traditional character. The steep, narrow streets and steps have an air of romantic mystery and you will find fascinating buildings decorated with statues and house signs at every turn. Some smart new restaurants have been established in the old buildings.

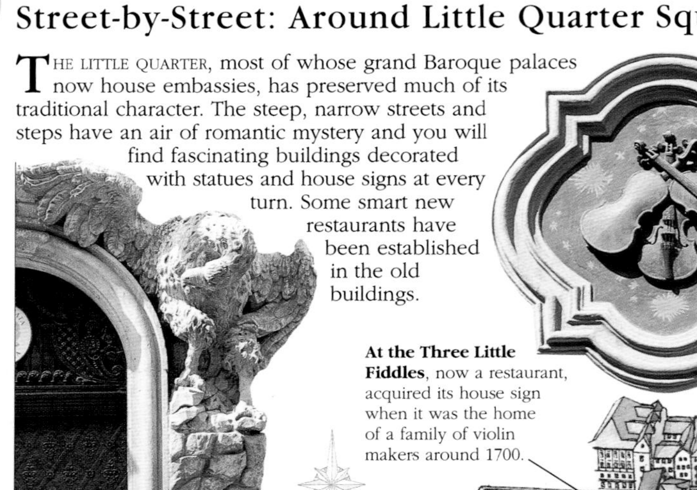

At the Three Little Fiddles, now a restaurant, acquired its house sign when it was the home of a family of violin makers around 1700.

Thun-Hohenstein Palace (1721–6) has a doorway crowned with two sculpted eagles by Matthias Braun. The palace is now the seat of the Italian embassy.

NERUDOVA
JÁNSKÝ VRŠEK
BŘETISLAVOVA
VLAŠSKÁ
TRŽ

★ Nerudova Street
This historic street leading up to Prague Castle is named after the 19th-century writer Jan Neruda ❻

Morzin Palace has a striking Baroque façade with a pair of sculpted moors.

Italian Street
From the 16th to the 18th century, houses in the street, like the House at the Golden Scales, were occupied by Italian craftsmen ❼

STAR SIGHTS

- ★ Wallenstein Palace
- ★ Church of St Nicholas
- ★ Nerudova Street

Vrtba Garden
Laid out in about 1725 by František Maximilián Kaňka, these fine Baroque terraces (currently closed) provide good views over the rooftops of the Little Quarter ❽

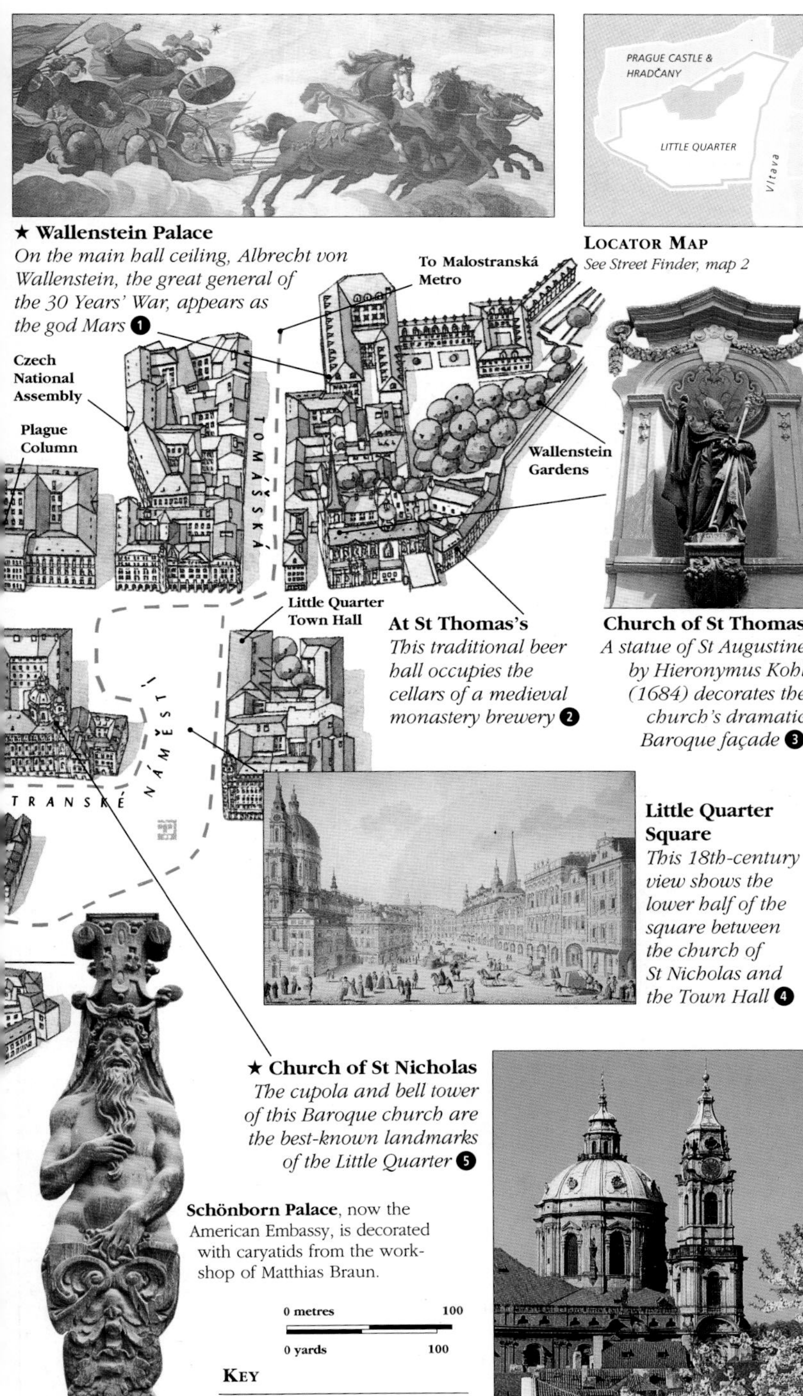

★ Wallenstein Palace
On the main hall ceiling, Albrecht von Wallenstein, the great general of the 30 Years' War, appears as the god Mars ❶

LOCATOR MAP
See Street Finder, map 2

At St Thomas's
This traditional beer hall occupies the cellars of a medieval monastery brewery ❷

Church of St Thomas
A statue of St Augustine by Hieronymus Kohl (1684) decorates the church's dramatic Baroque façade ❸

Little Quarter Square
This 18th-century view shows the lower half of the square between the church of St Nicholas and the Town Hall ❹

★ Church of St Nicholas
The cupola and bell tower of this Baroque church are the best-known landmarks of the Little Quarter ❺

Schönborn Palace, now the American Embassy, is decorated with caryatids from the workshop of Matthias Braun.

KEY

– – – Suggested route

Wallenstein Palace and Garden ❶

VALDŠTEJNSKÝ PALÁC

Valdštejnské náměstí 4. **Map** 2 E3. *Malostranská.* *57 07 11 11.* *12, 22, 23.* ***Palace open*** *10am–4pm Sat & Sun (subject to change).* ***Riding school open*** *10am–6pm Tue–Sun.* *from Valdštejnská.* ***Garden open*** *May–Sep: 9am–7pm daily; Apr, Oct 10am–6pm.* *from Valdštejnské náměstí.*

The first large secular building of the Baroque era in Prague, the palace stands as a monument to the fatal ambition of imperial military commander Albrecht von Wallenstein (1581–1634). His string of victories over the Protestants in the 30 Years' War *(see pp30–31)* made him vital to Emperor Ferdinand II. Already showered with titles, Wallenstein soon started to covet the crown of Bohemia. Finally he dared to begin to negotiate independently with the enemy, and he was killed on the emperor's orders by mercenaries in 1634.

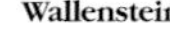

Wallenstein

The main hall of Wallenstein Palace

Wallenstein's intention was to overshadow even Prague Castle with his palace, built between 1624 and 1630. To obtain a suitable site, he had to purchase 23 houses, three gardens and the municipal brick kiln. The magnificent main hall rises to a height of two storeys with a ceiling fresco of Wallenstein himself portrayed as Mars, the god of war, riding in a triumphal chariot. The architect, Andrea Spezza, and nearly all the artists employed in the decoration of the palace were Italians.

Today the palace is used as the home of the Czech Senate, and will be open to the public when restoration work is complete. The gardens are laid out as they were when Wallenstein dined in the huge *sala terrena* (garden pavilion) that looks out over a fountain and rows of bronze statues. These are copies of works by Adriaen de Vries that were stolen by the Swedes in 1648 *(see pp30–31)*. There is also a pavilion with fine frescoes showing scenes from the legend of the Argonauts and the Golden Fleece. Wallenstein was a holder of the Order of the Golden Fleece, the highest order of chivalry of the Holy Roman Empire. At the far end of the garden is a large ornamental pond with a central statue. Behind this stands the old Riding School, now used to house special exhibitions by the National Gallery. Both gardens and riding school have undergone substantial restoration.

Copy of a bronze statue of Eros by Adriaen de Vries

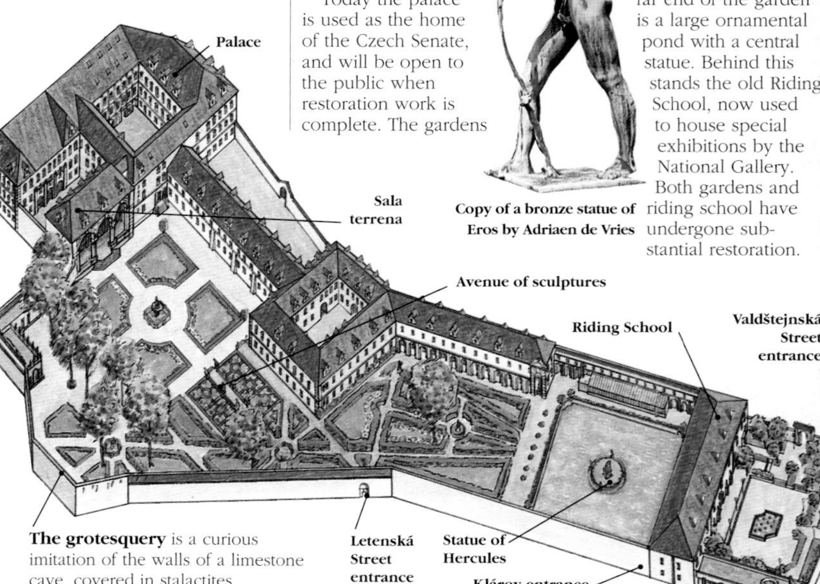

The grotesquery is a curious imitation of the walls of a limestone cave, covered in stalactites.

At St Thomas's ❷

U SV. TOMÁŠE

Letenská 12. **Map** 2 E3. *57 53 34 66. Malostranská. 12, 22.* ***Open*** *11:30am–11pm daily.*

NO OTHER BEER HALL in Prague can match the antiquity of At St Thomas's. Beer was first brewed here in 1352 by Augustinian monks. The brewery gained such renown that it was appointed sole purveyor of beer to Prague Castle. It remained in operation until 1951. Since then a special dark beer from the Braník brewery has been sold here. The basement of the old brewery has three beer halls, the most spectacular being the so-called "Cave", furnished in mock medieval style.

Church of St Thomas ❸

KOSTEL SV. TOMÁŠE

Josefská 8. **Map** 2 E3. *57 31 31 42. Malostranská. 12, 22, 23.* ***Open*** *for services. 6:45am, 12:15pm Mon–Fri; 12:15pm, 6pm (in English) Sat; 9:30am, 11am (in English), 5pm Sun.*

FOUNDED by Wenceslas II in 1285 as the monastery church of the Augustinians, the original Gothic church was completed in 1379. In the Hussite period *(see pp26–7)* this was one of the few churches to remain Catholic. As a result it suffered serious fire damage. During the reign of Rudolph II *(see pp28–9)*, St Thomas's developed strong links with the Imperial court. Several prominent members of Rudolph's entourage were buried here, including court architect Ottavio Aostalli and the sculptor Adriaen de Vries.

In 1723 the church was struck by lightning and Kilian Ignaz Dientzenhofer was called in to rebuild it. The shape of the original church was preserved in the Baroque reconstruction but, apart from the prominent spire, the church today betrays little of its Gothic origins. The interior of the dome and the curving ceiling frescoes in the nave were painted by Dientzenhofer's collaborator Václav Vavřinec Reiner. Above the altar are copies of paintings by Rubens – *The Martyrdom of St Thomas* and a picture of St Augustine. The originals are in the Sternberg Palace *(see pp112–15)*.

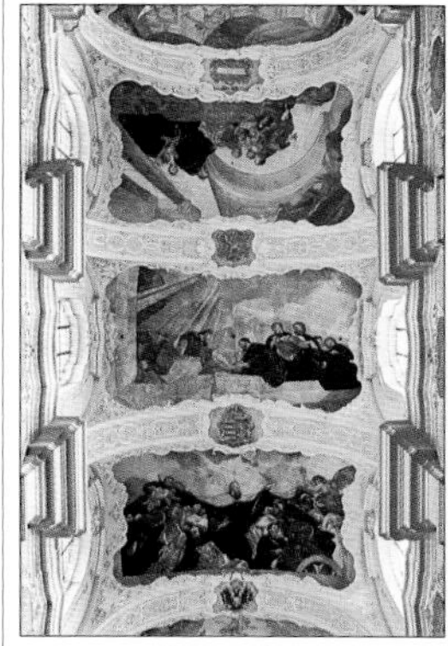

Baroque ceiling in the nave of the Church of St Thomas

Little Quarter Square ❹

MALOSTRANSKÉ NÁMĚSTÍ

Map 2 E3. *Malostranská. 12, 22.*

THE SQUARE HAS BEEN the centre of life in the Little Quarter since its foundation in 1257. It had started life as a large marketplace in the outer bailey of Prague Castle. Buildings sprang up in the middle of the square dividing it in half – a gallows and pillory stood in its lower part.

Most of the houses around the square have a medieval core, but all were rebuilt in the Renaissance and Baroque periods. The centre of the square is dominated by the splendid Baroque church of St Nicholas. The large building beside it was a Jesuit college. Along the upper side of the square, facing the church, runs the vast Neo-Classical façade of Lichtenstein Palace. In front of it stands a column raised in honour of the Holy Trinity to mark the end of a plague epidemic in 1713.

Other important buildings include the Little Quarter Town Hall with its splendid Renaissance façade and the Sternberg Palace, built on the site of the outbreak of the fire of 1541, which destroyed most of the Little Quarter. Beside it stands the Smiřický Palace. Its turrets and hexagonal towers make it an unmistakable landmark on the northern side of the lower square. The Baroque Kaiserstein Palace is situated at the eastern side. On the façade is a bust of the great Czech soprano Emmy Destinn, who lived there between 1908 and 1914. She often sang with the famous Italian tenor Enrico Caruso.

Church of St Nicholas ❺

KOSTEL SV. MIKULÁŠE

See pp128–9.

Arcade in front of buildings on the north side of Little Quarter Square

Church of St Nicholas ❺

KOSTEL SV. MIKULÁŠE

THE CHURCH OF ST NICHOLAS divides and dominates the two sections of Little Quarter Square. Building began in 1703, and the last touches were put to the glorious frescoed nave in 1761. It is the acknowledged masterpiece of father-and-son architects Christoph and Kilian Ignaz Dientzenhofer, Prague's greatest exponents of High Baroque *(see opposite)*, although neither lived to see the completion of the church. The statues, frescoes and paintings inside the church are by leading artists of the day, and include a fine *Crucifixion* of 1646 by Karel Škréta. Extensive renovation in the 1950s reversed the damage caused by 200 years of leaky cladding and condensation.

★ Pulpit
Dating from 1765, the ornate pulpit is by Richard and Peter Prachner. It is lavishly adorned with golden cherubs.

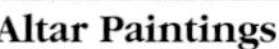

Altar Paintings
The side chapels hold many works of art. This painting of St Michael is by Francesco Solimena.

Baroque Organ
A fresco of St Cecilia, patron saint of music, watches over the superb organ. Built in 1746, the instrument was played by Mozart in 1787.

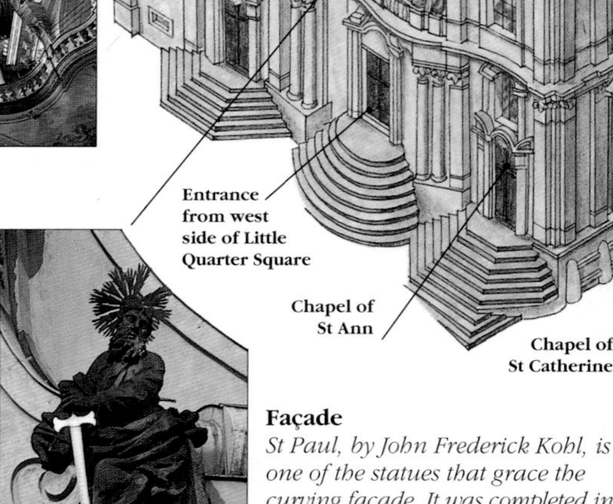

Façade
St Paul, by John Frederick Kohl, is one of the statues that grace the curving façade. It was completed in 1710 by Christoph Dientzenhofer, who was influenced by Italian architects Borromini and Guarini.

STAR FEATURES

- ★ **Dome Fresco**
- ★ **Pulpit**
- ★ **Statues of the Church Fathers**

The dome was completed by Kilian Ignaz Dientzenhofer in 1751, shortly before his death.
The belfry, added in 1751–6, was the last part to be built. It houses a small museum of musical instruments.
Entrance to Belfry
apel of
Francis
vier

VISITORS' CHECKLIST

Malostranské náměstí. **Map** 2 E3. *Malostranská.* 57 53 42 15. 12, 22 to Malostranské náměstí. **Open** *Apr–Oct: 9am–6pm daily; Nov–Mar 10am–5pm Sat, Sun.* **Concerts**

★ Dome Fresco
Franz Palko's fresco, The Celebration of the Holy Trinity *(1752–3), fills the 70 m (230 ft) high dome.*

High Altar
A copper statue of St Nicholas by Ignaz Platzer surmounts the high altar. Below it, the painting of St Joseph is by Johann Lukas Kracker, who also painted the nave fresco.

★ Statues of the Church Fathers
The great teachers by Ignaz Platzer stand at the four corners of the crossing. St Cyril dispatches the devil with his crozier.

THE DIENTZENHOFER FAMILY

Christoph Dientzenhofer (1655–1722) came from a family of Bavarian master builders. His son Kilian Ignaz (1689–1751) was born in Prague and educated at the Jesuit Clementinum *(see p79)*. They were responsible for the greatest treasures of Jesuit-influenced Prague Baroque architecture. The Church of St Nicholas, their last work, was completed by Kilian's son-in-law, Anselmo Lurago.

Kilian Ignaz Dientzenhofer

Nerudova Street ❻

NERUDOVA ULICE

Map 2 D3. *Malostranská.* *12, 22, 23.*

A PICTURESQUE narrow street leading up to Prague Castle, Nerudova is named after the poet and journalist Jan Neruda, who wrote many short stories set in this part of Prague. He lived in the house called At the Two Suns (No. 47) between 1845 and 1857.

Up until the introduction of numbers in 1770, Prague's houses were distinguished by signs. Nerudova's houses have a splendid selection of heraldic beasts and emblems. As you make your way up Nerudova's steep slope, look out in particular for the Red Eagle (No. 6), the Three Fiddles (No. 12), the Golden Horseshoe (No. 34), the Green Lobster (No. 43) and the White Swan (No. 49) as well as the Old Pharmacy museum (No. 32).

There are also a number of grand Baroque buildings in the street, including the Thun-Hohenstein Palace (No. 20, now the Italian embassy) and the Morzin Palace (No. 5, the Rumanian embassy). The latter has a façade with two massive statues of moors (a pun on the name Morzin) supporting the semicircular balcony on the first floor. Another impressive façade is that of the Church of Our Lady of Unceasing Succour, the church of the Theatines, an order founded during the Counter-Reformation.

Italian Street, heart of the former colony of Italian craftsmen

Italian Street ❼

VLAŠSKÁ ULICE

Map 1 C4. *Malostranská.* *12, 22.*

ITALIAN IMMIGRANTS started to settle here in the 16th century. Many were artists or craftsmen employed to rebuild and redecorate the Castle. If you approach the street from Petřín, on the left you will see the former Italian Hospital, a Baroque building with an arcaded courtyard. Today it maintains its traditional allegiance as the cultural section of the Italian embassy.

The grandest building in the street is the former Lobkowicz Palace, now the German embassy. One of the finest Baroque palaces in Prague, it has a large oval hall on the ground floor leading out onto a magnificent garden. Look out too for the pretty stucco sign on the house called At the Three Red Roses, dating from the early 18th century.

Sign of Jan Neruda's house, At the Two Suns, 47 Nerudova Street

Vrtba Garden ❽

VRTBOVSKÁ ZAHRADA

Karmelitská 25. **Map** 2 D4. *Malostranská.* *12, 22, 23.* **Open** *Apr-Oct: 10am-6pm daily.*

BEHIND VRTBA PALACE lies a beautiful Baroque garden with steep flights of steps and balustraded terraces. From the highest part of the garden there are magnificent views of Prague Castle and the Little Quarter. The Vrtba Garden was designed by František Maximilián Kaňka in about 1720. The statues of Classical gods and stone vases are the work of Matthias Braun and the paintings in the *sala terrena* (garden pavilion) in the lower part of the garden are by Václav Vavřinec Reiner.

View of the Little Quarter from the terrace of the Vrtba Garden

Church of Our Lady Victorious ❾

KOSTEL PANNY MARIE VÍTĚZNÉ

Karmelitská. **Map** 2 E4. *57 31 67 80.* *12, 22.* **Open** *9am–7pm daily.* *5:45pm Mon–Fri, 7:45am, 7pm Sat, 10am, noon (English), 8pm (Oct–May: 7pm) Sun.*

THE FIRST BAROQUE building in Prague was the Church of the Holy Trinity, built for the German Lutherans by Giovanni Maria Filippi. It was finished in 1613 but after the Battle of the White Mountain *(see p31)* the Catholic authorities gave the church to the Carmelites, who rebuilt it and renamed it in honour of the victory.

The fabric has survived including the portal. Enshrined on a marble altar in the right aisle is a glass case containing the Holy Infant of Prague (better-known by its Italian name – *il Bambino di Praga*). This wax effigy has a record of miracle cures and is one of the most revered images in the Catholic world. It was brought from Spain and presented to the Carmelites in 1628 by Polyxena of Lobkowicz. A small museum adjacent to the church traces its history.

Maltese Square ⑩

MALTÉZSKÉ NÁMĚSTÍ

Map 2 E4. *12, 22, 23.*

THE SQUARE TAKES its name from the Priory of the Knights of Malta, which used to occupy this part of the Little Quarter. At the northern end stands a group of sculptures featuring St John the Baptist by Ferdinand Brokof – part of a fountain erected in 1715 to mark the end of a plague epidemic.

Most of the buildings were originally Renaissance houses belonging to prosperous townspeople, but in the 17th and 18th centuries the Little Quarter was taken over by the Catholic nobility and many were converted to flamboyant Baroque palaces. The largest, Nostitz Palace, stands on the southern side. Part of the palace now houses the Dutch embassy. It was built in the mid-17th century, then in about 1720 a balustrade was added with Classical vases and statues of emperors. In summer, concerts are given at the Palace. The Japanese embassy is housed in the Turba Palace (1767), an attractive pink Rococo building designed by Joseph Jäger.

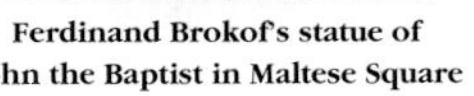

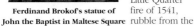

Ferdinand Brokof's statue of John the Baptist in Maltese Square

Čertovka (the Devil's Stream) with Kampa Island on the right

Kampa Island ⑪

KAMPA

Map 2 F4. *6, 9, 12, 22, 23.*

KAMPA, AN ISLAND formed by a branch of the Vltava known as the Devil's Stream (Čertovka), is a delightfully peaceful corner of the Little Quarter. The stream got its name in the 19th century, allegedly after the diabolical temper of a lady who owned a house nearby in Maltese Square. For centuries the stream was used as a millrace and from Kampa you can see the remains of three old mills. The wheel of the Grand Prior's Mill has been totally restored. Beyond it, the stream disappears under a small bridge below the piers of Charles Bridge. From here it flows between rows of houses. Predictably, the area has become known as "the Venice of Prague", but instead of gondolas you will see canoes.

For most of the Middle Ages there were only gardens on Kampa, though the island was also used for washing clothes and bleaching linen. After the Little Quarter fire of 1541, rubble from the ruins was used to reinforce the banks, making building on Kampa safer. In the 17th century the island became well-known for its pottery markets. There are some enchanting houses from this period around Na Kampě Square. Most of the land from here to the southern tip of the island is a quiet park, created from several old palace gardens.

Grand Priory Square ⑫

VELKOPŘEVORSKÉ NÁMĚSTÍ

Map 2 F4. *Malostranská.* *12, 22, 23.*

ON THE NORTHERN SIDE of this small leafy square stands the former seat of the Grand Prior of the Knights of Malta. In its present form the palace dates from the 1720s. The doorways, windows and decorative vases were made at the workshop of Matthias Braun. On the opposite side of the square is the Buquoy Palace, now the French embassy, a delightful Baroque building roughly contemporary with the Grand Prior's Palace.

The only incongruous features are a painting of John Lennon and graffiti exhorting the world to "give peace a chance". These have decorated the wall of the Grand Prior's garden since Lennon's death.

Street-by-Street: Little Quarter Riverside

On either side of Bridge Street lies a delightful half-hidden world of gently decaying squares, picturesque palaces, churches and gardens. When you have run the gauntlet of the trinket-sellers on Charles Bridge, escape to Kampa Island to enjoy a stroll in its informal park, the views across the Vltava weir to the Old Town and the flocks of swans gliding along the river.

The Church of St Joseph dates from the late 17th century. The painting of *The Holy Family* (1702) on the gilded high altar is by the leading Baroque artist Petr Brandl.

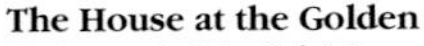

The House at the Golden Unicorn in Lázeňská Street has a plaque commemorating the fact that Beethoven stayed here in 1796.

Bridge Street
A major thoroughfare for 750 years, the narrow street leads to Little Quarter Square ⓰

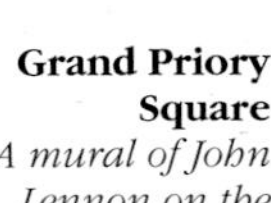

Grand Priory Square
A mural of John Lennon,on the wall of the Grand Priory of the Knights of Malta has crumbled and been obscured by fans' graffitti ⓬

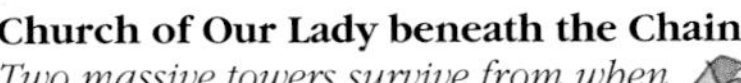

Church of Our Lady beneath the Chain
Two massive towers survive from when this was a fortified priory ⓭

Church of Our Lady Victorious
This Baroque church houses the famous effigy, the Holy Infant of Prague ❾

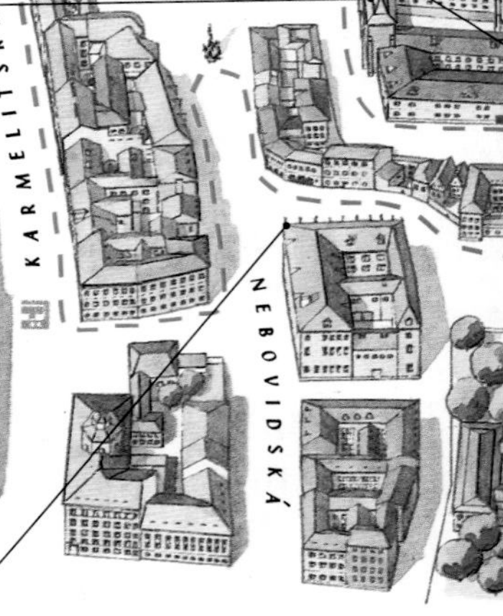

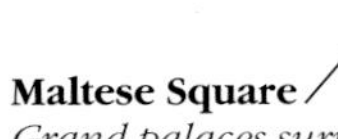

Maltese Square
Grand palaces surround the oddly-shaped square. This coat of arms decorates the 17th-century Nostitz Palace, a popular venue for concerts ❿

0 metres 100
0 yards 100

Key

Suggested route

Vojan Park
Quiet shady paths have been laid out under the apple trees of this former monastery garden ⓱

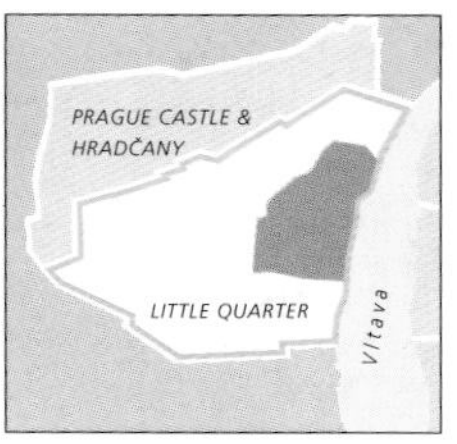

LOCATOR MAP
See Street Finder, map 2

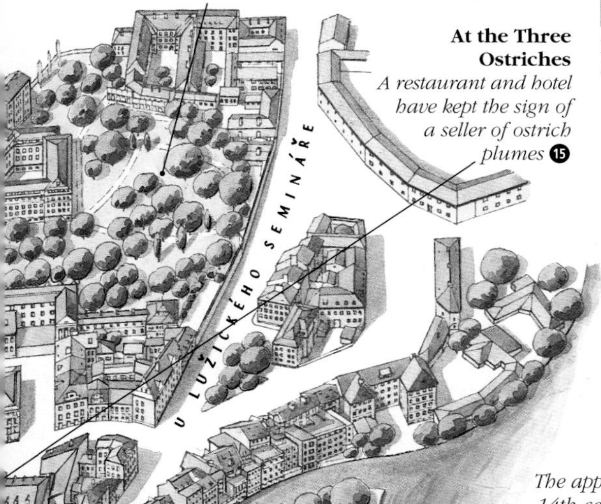

At the Three Ostriches
A restaurant and hotel have kept the sign of a seller of ostrich plumes ⓯

U LUŽICKÉHO SEMINÁŘE

★ Charles Bridge
The approach to this magnificent 14th-century bridge, with its files of Baroque statues, passes under an arch below a Gothic tower ⓮

Čertovka (the Devil's Stream)

NA KAMPĚ

The Grand Priory Mill has had its wheel meticulously restored, though it now turns very slowly in the sluggish water of the Čertovka, the former millrace.

Lichtenstein Palace

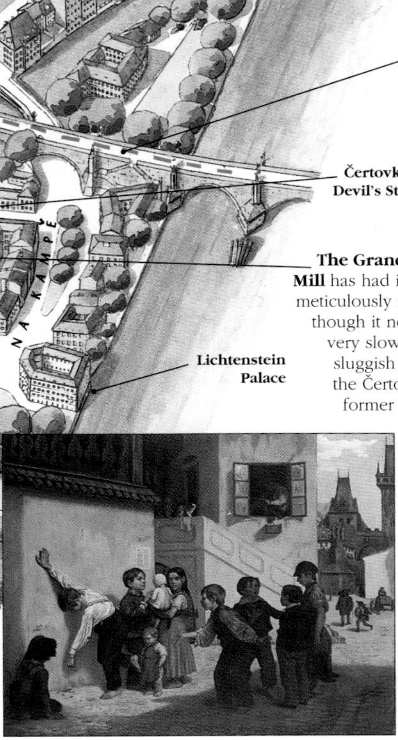

★ Kampa Island
This 19th-century painting by Soběslav Pinkas shows boys playing on Kampa. The island's park is still a popular place for children ⓫

STAR SIGHTS

- **★ Charles Bridge**
- **★ Kampa Island**

Church of Our Lady beneath the Chain ⓭

KOSTEL PANNY MARIE POD ŘETĚZEM

Lázeňská. **Map** 2 E4. *57 53 08 76* *Malostranská.* *12, 22, 23* ***Open** for concerts and services.* *4:30pm (4pm in winter) Sat, 10am Sun.*

THIS CHURCH, the oldest in the Little Quarter, was founded in the 12th century. King Vladislav II presented it to the Knights of St John, the order which later became known as the Knights of Malta. It stood in the centre of the Knights' heavily fortified monastery that guarded the approach to the old Judith Bridge. The church's name refers to the chain used in the Middle Ages to close the monastery gatehouse.

A Gothic presbytery was added in the 13th century, but in the following century the original Romanesque church was demolished. A new portico was built with a pair of massive square towers, but work was then abandoned and the old nave became a courtyard between the towers and the church. This was given a Baroque facelift in 1640 by Carlo Lurago. The painting by Karel Škréta on the high altar shows the Virgin Mary and John the Baptist coming to the aid of the Knights of Malta in the famous naval victory over the Turks at Lepanto in 1571.

Charles Bridge ⓮

KARLŮV MOST

See pp136–9.

View along Bridge Street through the tower on Charles Bridge

At the Three Ostriches ⓯

U TŘÍ PŠTROSŮ

Dražického náměstí 12. **Map** 2 F3. *57 53 24 10.* *Malostranská.* *12, 22, 23. See **Where to Stay** pp182–9, **Restaurants** pp198–209.*

MANY OF PRAGUE'S colourful house signs indicated the trade carried on in the premises. In 1597 Jan Fux, a merchant dealing in ostrich feathers, bought this house beside Charles Bridge. At the time ostrich plumes were very fashionable as decoration for hats among the courtiers and officers at Prague Castle. Fux even supplied feathers to foreign armies. So successful was his business, that in 1606 he had the house rebuilt and decorated with a large fresco of ostriches. He could afford to employ a respected artist to paint his sign rather than the usual journeymen.

The first floor of the house was added in 1657 and some beamed ceilings painted with vine motifs have been preserved from that time. In 1714 Prague's first coffee house opened here. The building is now an expensive hotel and restaurant.

Fresco that gave At the Three Ostriches its name

Bridge Street ⓰

MOSTECKÁ ULICE

Map 2 E3. *Malostranská.* *12, 22, 23.*

SINCE THE MIDDLE AGES this street has linked Charles Bridge with the Little Quarter Square. Crossing the bridge from the Old Town you can see the doorway of the old customs house built in 1591 in front of the Judith Tower. On the first floor of the tower there is a 12th-century relief of a king and a kneeling man.

Throughout the 13th and 14th centuries the area to the north of the street was the Court of the Bishop of Prague. This was destroyed during the Hussite Wars *(see pp26–7)*, but one of its Gothic towers is preserved in the courtyard of the house called At the Three Golden Bells. It can be seen from the higher of the two bridge towers. The street is lined with a mixture of Renaissance and Baroque houses. As you walk up to Little Quarter Square, look out for the house called At the Black Eagle on the left. It has rich sculptural decoration and a splendid Baroque wrought-iron grille. Kaunic Palace, also on the left, was built in the 1770s. Its Rococo façade has striking stucco decoration and sculptures by Ignaz Platzer.

Vojan Park ⑰

VOJANOVY SADY

U lužického semináře. **Map** 2 F3. *Malostranská.* *12, 18, 22, 23* **Open** *9am–6pm daily.*

A TRANQUIL SPOT hidden behind high white walls, the park dates back to the 17th century, when it was the garden of the Convent of Barefooted Carmelites. Two chapels erected by the Order have survived among the park's lawns and fruit trees. One is the Chapel of Elijah, who, because of his Old Testament associations with Mount Carmel, is regarded as the founder of the Order. His chapel takes the form of a stalagmite and stalactite cave. The other chapel, dedicated to St Theresa, was built in the 18th century as an expression of gratitude for the convent's preservation during the Prussian siege of Prague in 1757. In a niche to the left of the entrance to the park, there is an 18th-century statue of St John Nepomuk *(see p137)* by Ignaz Platzer. The saint is depicted standing on a fish – a reference to his martyrdom by drowning in the Vltava.

Ledebour Garden ⑱

LEDEBURSKÁ ZAHRADA

Valdštejnská. **Map** 2 F2. 57 01 04 01 *Malostranská.* *12, 18, 22, 23.* **Open** *Apr–Oct: 10am–6pm daily.*

THE STEEP SOUTHERN slope below Prague Castle was covered with vineyards and gardens during the Middle Ages. But in the 16th century, when nobles started building palaces here, they laid out larger formal terraced gardens based on Italian Renaissance models. Most of these gardens were then rebuilt during the 18th century and decorated with Baroque garden statuary and fountains. Three of the gardens – those belonging to the former Ledebour, Černín and Pálffy Palaces – have been linked together and are open to the public. They have recently undergone a much-needed programme of restoration work, and they again are delighting visitors with their elegant landscaping and attractive plants.

The refined and pleasantly atmospheric old-world elegance of the gardens is enhanced by magnificent views of Prague from their terraces. The Ledebour Garden, designed in the early 18th century, has a fine *sala terrena* (garden pavilion) by Giovanni Battista Alliprandi. The Pálffy Garden was laid out in the mid-18th century with terraces (the second still has its original sundial) and loggias. The most beautiful of the three and architecturally the richest is the Kolowrat-Černín Garden, created in 1784 by Ignaz Palliardi. The highest terrace has a *sala terrena* decorated with statues and Classical urns. Below this there is a wonderful assortment of staircases, archways and balustrades, and the remains of Classical statuary and old fountains.

18th-century statue of Hercules located in the Ledebour Garden

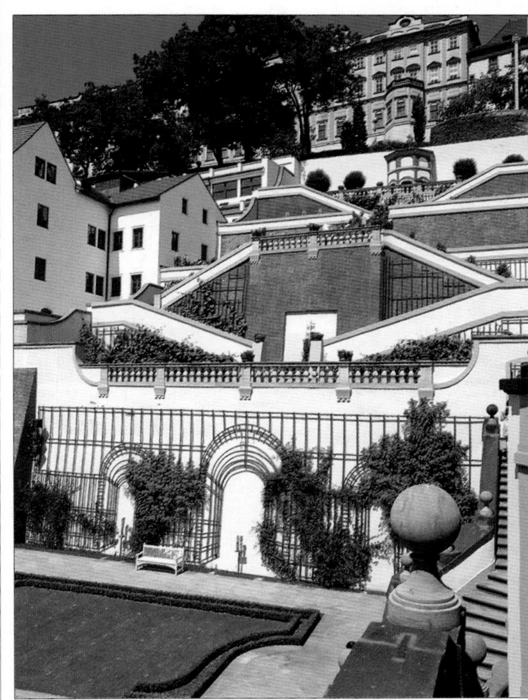

The foot of the Ledebour Garden, prior to restoration work

Charles Bridge (Little Quarter Side) ⓮

KARLŮV MOST

PRAGUE'S MOST FAMILIAR monument, connects the Old Town with the Little Quarter. Although it is now pedestrianized, at one time it could take four carriages abreast. Today, due to wear and tear, many of the statues on the bridge are copies; the originals are kept in the Lapidarium of the National Museum *(see p162)* and at Vyšehrad *(see p179)*. The Gothic Old Town Bridge Tower *(see p139)* is one of the finest buildings of its kind in existence.

★ View from Little Quarter Bridge Tower
The tall pinnacled wedge tower, gives a superb view of the city of 100 spires. The shorter tower is the remains of Judith Bridge.

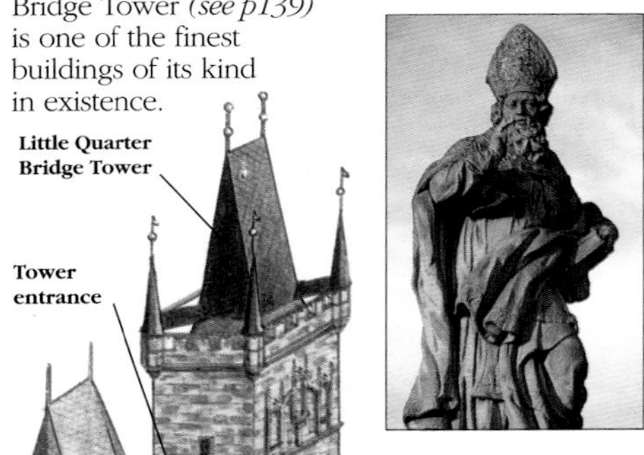

St Adalbert, 1709
Adalbert, Bishop of Prague, founded the Church of St Lawrence (see p141) *on Petřín Hill in 991. He is known to the Czechs as Vojtěch.*

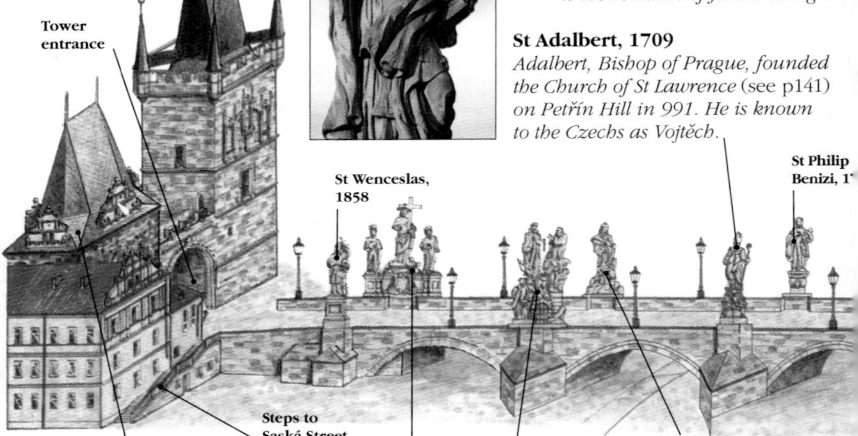

Little Quarter Bridge Tower

Tower entrance

St Wenceslas, 1858

St Philip Benizi, 1

Steps to Saská Street

Christ between St Cosmas and St Damian, 1709

Judith Bridge Tower, 1158

St John de Matha, St Felix de Valois and the Blessed Ivan, 1714
These saints, sculpted by Ferdinand Brokof, founded the Trinitarian Order of mendicants to collect money to buy the freedom of Christians enslaved by the infidels (represented at the foot of the sculpture).

St Vitus, 1714
This engraving of the statue shows the 3rd-century martyr with the lions which were supposed to maul him, but licked him instead. St Vitus is the patron saint of dancers and often invoked against convulsive disorders.

STAR FEATURES

- ★ **Little Quarter Bridge Tower and View**
- ★ **St John Nepomuk**
- ★ **St Luitgard**

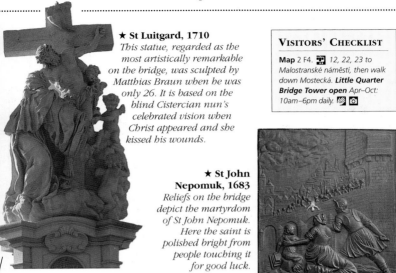

★ St Luitgard, 1710
This statue, regarded as the most artistically remarkable on the bridge, was sculpted by Matthias Braun when he was only 26. It is based on the blind Cistercian nun's celebrated vision when Christ appeared and she kissed his wounds.

VISITORS' CHECKLIST

Map 2 F4. 12, 22, 23 *to Malostranské náměstí, then walk down Mostecká.* **Little Quarter Bridge Tower open** *Apr–Oct: 10am–6pm daily.*

★ St John Nepomuk, 1683
Reliefs on the bridge depict the martyrdom of St John Nepomuk. Here the saint is polished bright from people touching it for good luck.

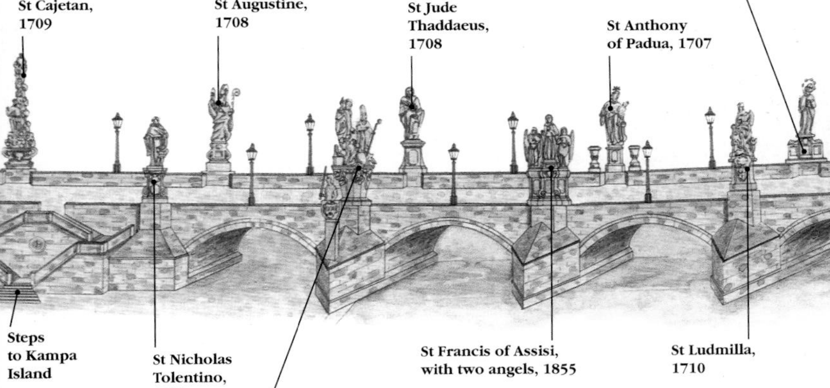

St Vincent Ferrer and St Procopius, 1712
This detail shows a rabbi saddened by St Vincent's success in converting many Jews to Christianity. St Procopius is one of Bohemia's patron saints.

ST JOHN NEPOMUK

The cult of St John Nepomuk, canonized in 1729, was promoted by the Jesuits to rival the revered Jan Hus *(see p27)*. Jan Nepomucký, vicar-general of the Archdiocese of Prague, was arrested in 1393 by Wenceslas IV along with the archbishop and others who had displeased the king over the election of an abbot. The archbishop escaped, but John died under torture. The body was bound and thrown off Charles Bridge. Statues modelled on the one placed here in 1683 can be seen throughout central Europe, especially on bridges.

Charles Bridge (Old Town Side) ⓮

KARLŮV MOST

UNTIL 1741, CHARLES BRIDGE was the only crossing over the Vltava. It is 520 m (1,706 ft) long and is built of sandstone blocks, rumoured to be strengthened by mixing mortar with eggs. The bridge was commissioned by Charles IV in 1357 to replace the Judith Bridge and built by Peter Parler. The bridge's original decoration was a simple cross. The first statue – of St John Nepomuk – was added in 1683, inspired by Bernini's sculptures on Rome's Ponte Sant'Angelo.

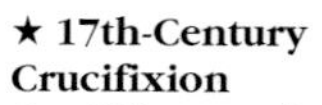

★ 17th-Century Crucifixion
For 200 years, the wooden crucifix stood alone on the bridge. The gilded Christ dates from 1629 and the Hebrew words "Holy, Holy, Holy Lord", were paid for by a Jew as punishment for blasphemy.

St Francis Xavier, 1711
The Jesuit missionary is supported by three Moorish and two Oriental converts. The sculptor Brokof is seated on the saint's left.

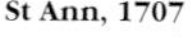

Thirty Years' War
In the last hours of this war, the Old Town was saved from the Swedish army. The truce was signed in the middle of the bridge in 1648.

STAR FEATURES

- ★ Old Town Bridge Tower
- ★ 17th-Century Crucifixion

TIMELINE

- **1158** Europe's second medieval stone bridge, Judith Bridge, is built
- **1342** Judith Bridge destroyed by floods
- **1357** Charles IV commissions new bridge
- **1393** St John Nepomuk thrown off Bridge on the orders of Wenceslas IV
- **1621** Heads of ten Protestant nobles exhibited on the Old Town Bridge Tower
- **1648** Swedes damage part of the bridge and Old Town Bridge Tower
- **1713** Bridge decorated with 21 statues by Braun, Brokof and others
- **1890** Three arches destroyed by flood
- **1938** Karel Dvořák's sculpture of St Cyril and St Methodius

1100 | 1300 | 1500 | 1700 | 1900

1890 flood damage

Sculptor Matthias Braun (1684–1738)

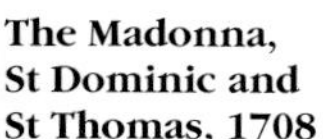

The Madonna, St Dominic and St Thomas, 1708
The Dominicans, (known in a Latin pun as Domini canes, *the dogs of God), are shown with the Madonna and their emblem, a dog.*

Visitors' Checklist

Map 3 A4. 17, 18 *to Křižovnické náměstí.* ***Old Town Bridge Tower open*** *Apr–Oct: 10am–7pm daily; Nov–Mar 10am–5pm daily.*

Madonna and St Bernard, 1709
Cherubs and symbols of the Passion, including the dice, the cock and the centurion's gauntlet, form part of the statue.

Old Town Bridge Tower

Tower entrance

Pietà, 1859

St Barbara, St Margaret and St Elizabeth, 1707

★ Old Town Bridge Tower

This magnificent Gothic tower, designed by Peter Parler, was built at the end of the 14th century. A fitting ornament to the new Charles Bridge, it was also an integral part of the Old Town's fortifications.

Bridge Tower sculptures by Peter Parler include St Vitus, the bridge's patron saint, Charles IV (left) and Wenceslas IV.

Pinnacled wedge spire

Roof viewing point

The viewing gallery is a rib-vaulted room, on the tower's first floor. It provides a wonderful view of Prague Castle and the Little Quarter.

Observation Tower ⓳

ROZHLEDNA

Petřín. **Map** 1 C4. *22, 23, then take funicular railway. 132, 143, 149, 217.* ***Closed*** *for reconstruction until 2002.*

THE MOST conspicuous landmark in Petřín Park is an imitation Eiffel Tower, built for the Jubilee Exhibition of 1891. The octagonal Petřín tower is only 60 m (200 ft), a quarter the height of the Eiffel Tower. The only way to the viewing platform is to climb up the 299 steps of its spiral staircase. You will be rewarded by the views. On a clear day, you can see as far as Bohemia's highest peak, Sněžka in the Krkonoše (Giant) Mountains, 150 km (100 miles) to the northeast. The tower is currently undergoing major renovation work.

The 100-year-old Observation Tower overlooking the city

Mirror Maze ⓴

ZRCADLOVÉ BLUDIŠTĚ

Petřín. **Map** 1 C4. *57 31 52 12. 22, then take funicular railway. 132, 143, 149, 217.* ***Open*** *Apr–Aug: 10am–7pm daily; Sep & Oct: 10am–6pm daily; Nov–Mar: 10am–5pm Sat & Sun.*

LIKE THE Observation Tower, the maze, which has walls lined with distorting mirrors, is a relic of the Exhibition of 1891. It is in a wooden pavilion in the shape of the old Špička Gate, part of the Gothic fortifications of Vyšehrad *(see pp178–9)*. This amusement house moved to Petřín at the end of the exhibition and has stood here ever since.

When you have navigated your way through the maze and laughed at your reflection, your reward is to view the vivid diorama of *The Defence of Prague against the Swedes*, which took place on Charles Bridge *(see p138)* in 1648.

Diorama of *The Defence of Prague against the Swedes* in the Mirror Maze

Church of St Lawrence ㉑

KOSTEL SV. VAVŘINCE

Petřín. **Map** 1 C5. *22, then take funicular railway. 132, 143, 149, 217.* ***Closed*** *to the public.*

ACCORDING TO LEGEND, the church was initially founded in the 10th century by the pious Prince Boleslav II and St Adalbert on the site of a pagan shrine. The ceiling of the sacristy is decorated with a painting illustrating this legend. The painting dates from the 18th century when the Romanesque church was swallowed up by a large new Baroque structure, featuring a cupola flanked by two onion-domed towers.

The small Calvary Chapel, which dates from 1735, is situated just to the left of the entrance to the church. Its façade has been decorated with modern graffito that portrays *The Resurrection of Christ*.

Observatory ㉒

HVĚZDÁRNA

Petřín 205. **Map** 2 D5. *57 32 05 40. 22, then funicular.* ***Open*** *Tue–Sun year-round, days and evenings; opening hours vary monthly, so call in advance.*

One of the telescopes in the Observatory on Petřín Hill

SINCE 1930, PRAGUE'S amateur astronomers have been able to enjoy the facilities of this observatory on Petřín Hill. You can use its telescopes to view anything from the craters of the moon to unfamiliar distant galaxies. There is an exhibition of old astronomical instruments and special events for children are held on Saturdays and Sundays.

Hunger Wall ㉓

HLADOVÁ ZED

Újezd, Petřín, Strahovská. **Map** 2 D5. *6, 9, 12, 22, 23, then take funicular railway. 132, 143, 149, 217.*

THE FORTIFICATIONS built around the southern edge of the Little Quarter on the orders of Charles IV in

1360–62 have been known for centuries as the Hunger Wall. Nearly 1,200 m (1,300 yards) of the wall have survived, complete with crenellated battlements and a platform for marksmen on its inner side. It runs from Újezd across Petřín Park to Strahov. The story behind the name is that Charles commissioned its construction with the aim of giving employment to the poor during a period of famine. It is true that a great famine did break out in Bohemia in the 1360s and the two events, the famine and the building of the wall, became permanently linked in the people's memory.

Petřín Park ㉔

PETŘÍNSKÉ SADY

Map 2 D5. *6, 9, 12, 22, 23, then take funicular railway.* *See* ***Three Guided Walks*** *pp176–7.*

To the west of the Little Quarter, the wooded slopes of Petřín hill rise above the city to a height of 318 m (960 ft). The name derives either from the Slavonic god Perun, to whom sacrifices were made on the hill or from the Latin name Mons Petrinus, meaning "rocky hill". A forest used to stretch from here as far as the White Mountain *(see p31)*. In the 12th century the southern side of the hill was planted with vineyards, but by the 18th century most of these had been transformed into gardens and orchards. The lower slopes are still covered with old apple and pear trees.

Today a path winds up the slopes of Petřín, offering magnificent panoramas of Prague. The park is especially popular in the spring when the fruit trees are in blossom and young lovers lay flowers on the monument to Karel Hynek Mácha, the most famous Czech Romantic poet, who died aged 26 in 1836.

Statue of Karel Hynek Mácha in Petřín Park

Nebozízek, the station halfway up Petřín's funicular railway

Funicular Railway ㉕

LANOVÁ DRÁHA

Újezd. **Map** 2 D5. *6, 9, 12, 22, 23.* ***In operation*** *5am–midnight daily.*

Built to carry visitors to the 1891 Jubilee Exhibition up to the Observation Tower at the top of Petřín hill, the funicular was originally powered by water. In this form, it remained in operation until 1914, then between the wars was converted to electricity. In 1965 it had to be shut down because part of the hillside collapsed – coal had been mined here during the 19th century. Shoring up the slope and rebuilding the railway took 20 years, but since its reopening in 1985 it has proved a reliable way of getting up Petřín Hill. At the halfway station, Nebozízek, there is a restaurant *(see p202)* with fine views of the Castle and the city across the river.

Michna Palace ㉖

MICHNŮV PALÁC

Újezd 40. **Map** 2 E4. *57 31 18 31. 12, 22.* ***Open*** *9am–5pm Thu, Sat, Sun.*

In about 1580 Ottavio Aostalli built a summer palace here for the Kinský family on the site of an old Dominican convent. In 1623 the building was bought by Pavel Michna of Vacínov, a supply officer in the Imperial Army, who had grown rich after the Battle of the White Mountain. He commissioned a new Baroque building that he hoped would rival the palace of his late commander, Wallenstein *(see p126)*.

In 1767 the Michna Palace was sold to the army and over the years it became a crumbling ruin. After 1918 it was bought by Sokol (a physical culture association) and converted into a gym and sports centre with a training ground in the old palace garden. The restored palace was renamed Tyrš House in honour of Sokol's founder. The ground floor now houses the Museum of Physical Culture and Sport.

Restored Baroque façade of the Michna Palace (Tyrš House)

MDCCCCV

New Town

NOVÉ MĚSTO

The New Town, founded in 1348 by Charles IV, was carefully planned and laid out around three large central market-places: the Hay Market (Senovážné Square), the Cattle Market (Charles Square) and the Horse Market (Wenceslas Square). Twice as large as the Old Town, the area was mainly inhabited by tradesmen and craftsmen such as blacksmiths, wheelwrights and brewers. During the late 19th century, much of the New Town was demolished and completely redeveloped, giving it the appearance it has today.

Art Nouveau decoration on No. 12 Wenceslas Square

Sights at a Glance

Churches and Monasteries
Church of Our Lady of the Snows ❷
Church of St Ignatius ❽
Church of St Cyril and St Methodius ⓫
Church of St John on the Rock ⓭
Slavonic Monastery ⓮
Church of St Catherine ⓰
Church of St Stephen ⓳
Church of St Ursula ㉒

Historic Buildings
Hotel Europa ❹
Jesuit College ❾
Faust House ⓬
New Town Hall ⓴

Theatres and Opera Houses
State Opera ❻
National Theatre pp156–7 ㉓

Historic Squares
Wenceslas Square ❶
Charles Square ❿

Museums and Galleries
National Museum ❺
Mucha Museum ❼
Dvořák Museum ⓲

Historic Restaurants and Beer Halls
Chalice Restaurant ⓱
U Fleků ㉑

Parks and Gardens
Franciscan Garden ❸
Botanical Gardens ⓯

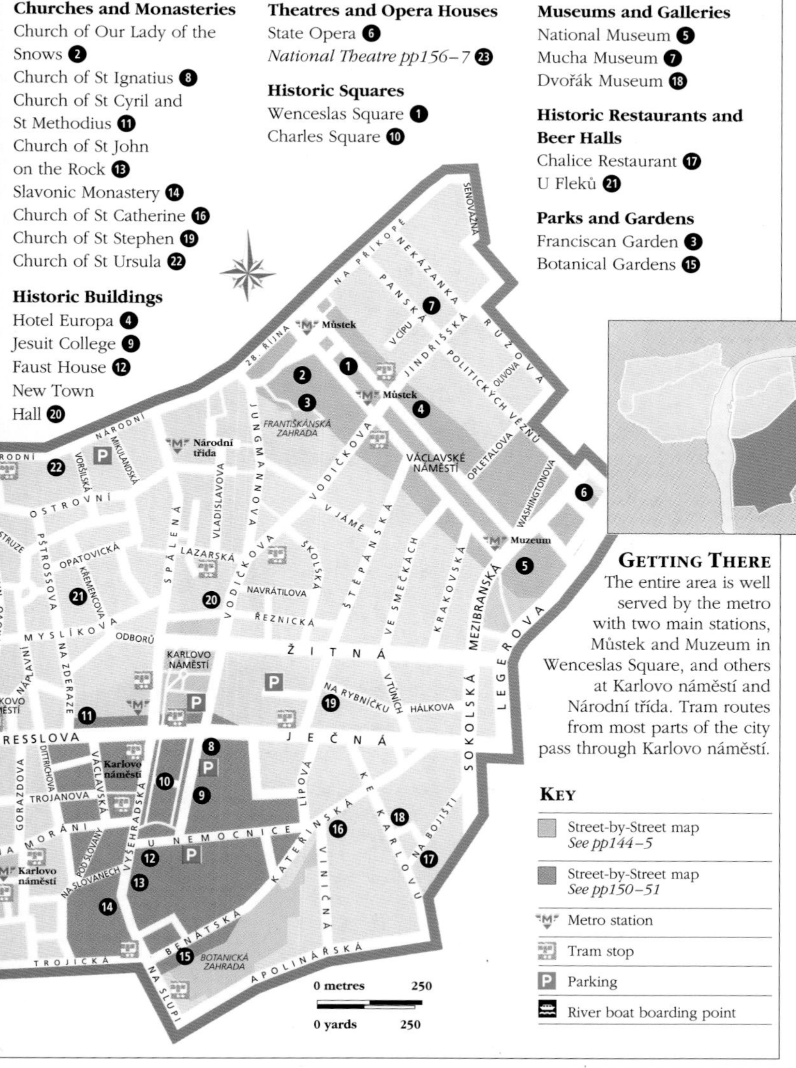

Getting There

The entire area is well served by the metro with two main stations, Můstek and Muzeum in Wenceslas Square, and others at Karlovo náměstí and Národní třída. Tram routes from most parts of the city pass through Karlovo náměstí.

Key

Street-by-Street map *See pp144–5*

Street-by-Street map *See pp150–51*

Metro station

Tram stop

Parking

River boat boarding point

◁ **Art Nouveau sculptures on the Hlahol Choir Building (1905) on Masarykovo nábřeží**

Street-by-Street: Wenceslas Square

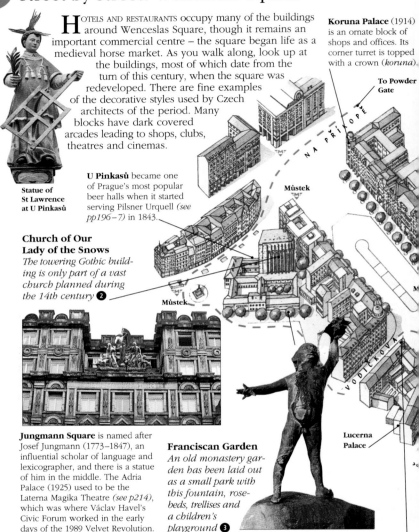

HOTELS AND RESTAURANTS occupy many of the buildings around Wenceslas Square, though it remains an important commercial centre – the square began life as a medieval horse market. As you walk along, look up at the buildings, most of which date from the turn of this century, when the square was redeveloped. There are fine examples of the decorative styles used by Czech architects of the period. Many blocks have dark covered arcades leading to shops, clubs, theatres and cinemas.

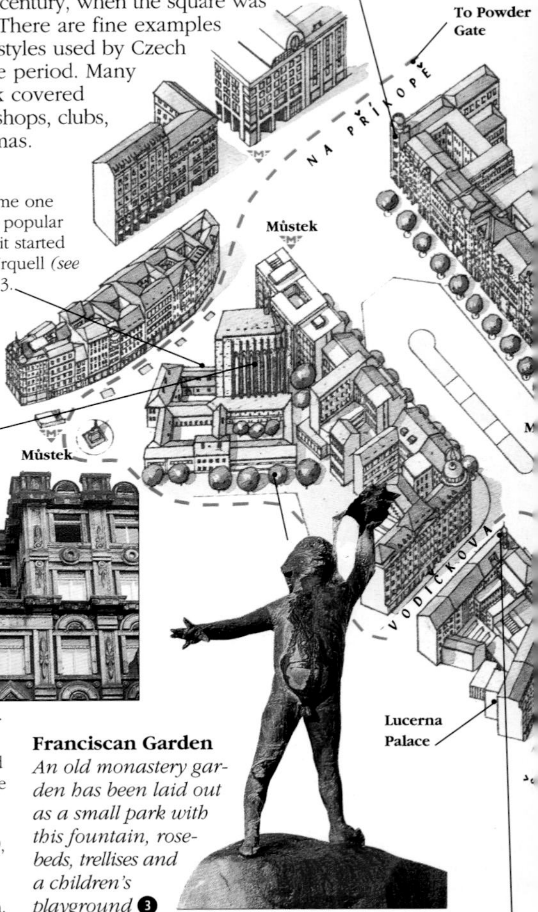

Koruna Palace (1914) is an ornate block of shops and offices. Its corner turret is topped with a crown (*koruna*).

To Powder Gate

Statue of St Lawrence at U Pinkasů

U Pinkasů became one of Prague's most popular beer halls when it started serving Pilsner Urquell *(see pp196–7)* in 1843.

Můstek

Church of Our Lady of the Snows

The towering Gothic building is only part of a vast church planned during the 14th century ❷

Můstek

Jungmann Square is named after Josef Jungmann (1773–1847), an influential scholar of language and lexicographer, and there is a statue of him in the middle. The Adria Palace (1925) used to be the Laterna Magika Theatre *(see p214)*, which was where Václav Havel's Civic Forum worked in the early days of the 1989 Velvet Revolution.

Franciscan Garden

An old monastery garden has been laid out as a small park with this fountain, rosebeds, trellises and a children's playground ❸

Lucerna Palace

Wiehl House, named after its architect Antonín Wiehl, was completed in 1896. The five-storey building is in striking Neo-Renaissance style, with a loggia and colourful *sgraffito*. Mikuláš Aleš designed some of the Art Nouveau figures.

STAR SIGHTS

- ★ **Wenceslas Square**
- ★ **Hotel Europa**
- ★ **National Museum**

★ Wenceslas Square
The dominant features of the square are the equestrian statue of St Wenceslas (1912) and the National Museum behind it ❶

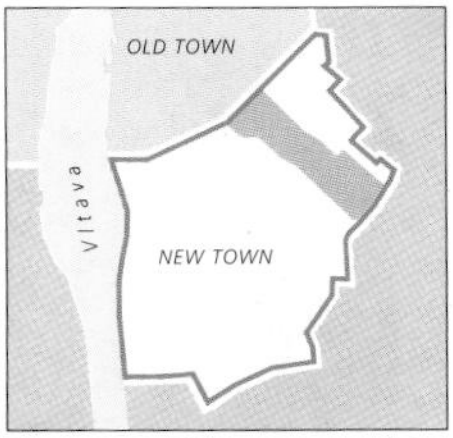

Locator Map
See Street Finder, maps 3, 4 & 6

The Monument to the Victims of Communism, on the spot where Jan Palach staged his protest, consists of just a few simple wreaths, photographs of victims, crosses and candles. Since the Velvet Revolution in 1989 an unofficial shrine has been maintained here.

The Assicurazioni Generali Building was where Franz Kafka *(see p68)* worked as an insurance clerk for 10 months in 1906–7.

★ Hotel Europa
Both the façade and the interior of the hotel (1906) preserve most of their original Art Nouveau features ❹

St Wenceslas Monument

State Opera
Meticulously refurbished in the 1980s, the interior retains the luxurious red plush, crystal chandeliers and gilded stucco of the original late-19th-century theatre ❻

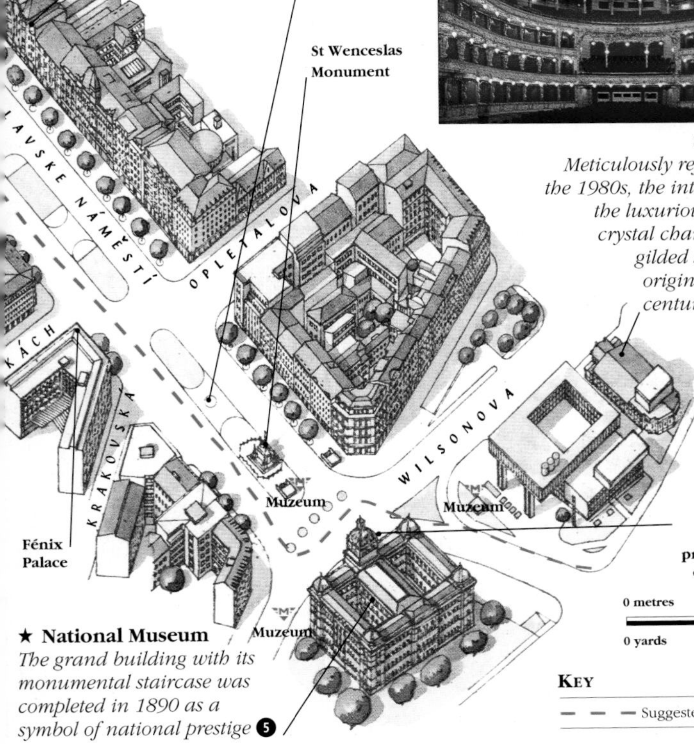

Muzeum

Fénix Palace

Memorial to Jan Palach, who died in protest against communism.

★ National Museum
The grand building with its monumental staircase was completed in 1890 as a symbol of national prestige ❺

0 metres 100
0 yards 100

Key
— — — Suggested route

Wenceslas Monument in Wenceslas Square

Wenceslas Square ❶

VÁCLAVSKÉ NÁMĚSTÍ

Map 3 C5. *Můstek, Muzeum.* *3, 9, 14, 24.*

THE SQUARE HAS witnessed many key events in recent Czech history. It was here that the student Jan Palach burnt himself to death in 1969, and in November 1989 a protest rally in the square against police brutality led to the Velvet Revolution and the overthrow of Communism.

Wenceslas "Square" is something of a misnomer, for it is some 750 m (825 yd) long and only 60 m (65 yd) wide. Originally a horse market, today it is lined with hotels, restaurants, clubs and shops, reflecting the seamier side of Western consumerism. The huge equestrian statue of St Wenceslas that looks the length of the square from in front of the National Museum was erected in 1912. Cast in bronze, it is the work of Josef Myslbek, the leading Czech sculptor of the late 19th century. At the foot of the pedestal there are other statues of Czech patron saints. An improvised memorial near the statue commemorates the victims of the former regime.

Church of Our Lady of the Snows ❷

KOSTEL PANNY MARIE SNĚŽNÉ

Jungmannovo náměstí 18. **Map** 3 C5. *22 24 62 43.* *Můstek.* ***Open*** *7am–7pm daily.* *6:45am, 8am, 6pm Mon–Fri, 9am, 10:15am, 11:30am, 6pm Sun.*

CHARLES IV FOUNDED this church to mark his coronation in 1347. The name refers to a 4th-century miracle in Rome, when the Virgin Mary appeared to the pope in a dream telling him to build a church to her on the spot where snow fell in August. Charles's church was to have been over 100 m (330 ft) long, but was never completed. The towering building we see today was just the presbytery of the projected church. Over 33 m (110 ft) high, it was finished in 1397, and was originally part of a Carmelite monastery. On the northern side there is a gateway with a 14th-century pediment that decorated the entrance to the monastery graveyard.

In the early 15th century a steeple was added, but further building was halted by the Hussite Wars *(see pp26–7)*. The Hussite firebrand Jan Želivský preached at the church and was buried here after his execution in 1422. The church suffered considerable damage in the wars and in 1434 the steeple was destroyed. For a long time the church was left to decay. In 1603 Franciscans restored the building. The intricate net vaulting of the ceiling dates from this period, the original roof having collapsed. Most of the interior decoration, apart from the 1450s pewter font, is Baroque. The monumental three-tiered altar is crowded with statues of saints, and is crowned with a crucifix.

Franciscan Garden ❸

FRANTIŠKÁNSKÁ ZAHRADA

Jungmannovo náměstí 18. **Map** 3 C5. *Můstek.* ***Open*** *6am–7pm daily.*

ORIGINALLY the physic garden of a Franciscan monastery, the area was opened to the public in 1950 as a tranquil oasis close to Wenceslas Square. By the entrance is a Gothic portal leading down to a cellar restaurant – U františkánů (At the Franciscans). In the 1980s several of the beds were replanted with herbs, cultivated by the Franciscans in the 17th century.

Hotel Europa ❹

HOTEL EVROPA

Václavské náměstí 29. **Map** 4 D5. *24 22 81 17.* *Můstek.* *3, 9, 14, 24.* *See **Where to Stay** pp182–9, **Restaurants, Pubs and Cafés** pp198–205.*

THOUGH A trifle shabby in places, the Europa Hotel is a wonderfully preserved reminder of the golden age

Art Nouveau decoration on façade of the Hotel Europa

Façade of the State Opera, formerly the New German Theatre

of hotels. It was built in highly decorated Art Nouveau style between 1903 and 1906. Not only has its splendid façade crowned with gilded nymphs survived, but many of the interiors on the ground floor have remained virtually intact, including all the original bars, large mirrors, panelling and light fittings.

National Museum ❺

NÁRODNÍ MUZEUM

Václavské náměstí 68. **Map** 6 E1. *24 49 71 11.* *Muzeum.* **Open** *Oct–Apr 9am–5pm daily May–Sep 10am–6pm (but closed first Tue of month).* *for a fee.*

THE VAST Neo-Renaissance building that dominates one end of Wenceslas Square houses the museum. Designed by Josef Schulz as a triumphal affirmation of the Czech national revival, the museum was completed in 1890. The entrance is reached by a ramp decorated with allegorical statues. Seated by the door are History and Natural History.

Inside, the rich marbled decoration is impressive, but overwhelms the collections devoted mainly to mineralogy, archaeology, anthropology, natural history and numismatics. The museum also has a Pantheon containing busts and statues of Czech scholars, writers and artists. It is decorated with many historical paintings by František Ženíšek, Václav Brožík and Vojtěch Hynais.

State Opera ❻

STÁTNÍ OPERA

Wilsonova 4. **Map** 4 E5. *24 22 72 66 (box office).* *Muzeum.* **Open** *for performances only. See* ***Entertainment*** *pp210–15.*

THE FIRST THEATRE built here, the New Town Theatre, was pulled down in 1885 to make way for the present building. This was originally known as the New German Theatre, built to rival the Czechs' National Theatre *(see pp156–7)*. A Neo-Classical frieze decorates the pediment above the columned loggia at the front of the theatre. The figures include Dionysus and Thalia, the muse of comedy. The interior is stuccoed and original paintings in the auditorium and on the curtain have been preserved. In 1945 the theatre became the city's main opera house.

Mucha Museum ❼

MUCHOVO MUZEUM

Panská 7. **Map** 4 D4. *21 45 13 33.* *Můstek, Náměstí Republiky.* *5, 14, 26.* **Open** *10am–6pm daily.* www.mucha.cz

THE 18TH-CENTURY Kaunicky Palace is the long-overdue home to the first museum in the world dedicated to this Czech master of Art Nouveau. A selection of over 80 exhibits include paintings and drawings, sculptures, photographs and personal memorabilia. The central courtyard becomes a terrace for the café in the summer, and there is a museum shop offering exclusive gifts with Mucha motifs.

Main staircase of the National Museum

Art Nouveau in Prague

THE DECORATIVE STYLE known as Art Nouveau originated in Paris in the 1890s. It quickly became international as most of the major European cities quickly responded to its graceful, flowing forms. In Prague it was at its height in the first decade of the 20th century but died out during World War I, when it seemed frivolous and even decadent. There is a wealth of Art Nouveau in Prague, both in the fine and decorative arts and in architecture. In the New Town and the Jewish Quarter *(see pp80–93)*, entire streets were demolished at the turn of the century and built in the new style.

Façade detail, 10 Masaryk Embankment

Praha House
This house was built in 1903 for the Prague Insurance Company. Its name is in gilt Art Nouveau letters at the top.

Architecture

ART NOUVEAU made its first appearance in Prague at the Jubilee exhibition of 1891. Architecturally, the new style was a deliberate attempt to break with the 19th-century tradition of monumental buildings. In Art Nouveau the important aspect was ornament, either painted or sculpted, often in the form of a female figure, applied to a fairly plain surface. This technique was ideally suited to wrought iron and glass, popular at the turn of the century. These materials were light but strong. The effect of this, together with Art Nouveau decoration, created buildings of lasting beauty.

Hotel Central
Built by Alois Dryák and Bedřich Bendelmayer in 1900, the façade of this hotel has plasterwork shaped like tree branches.

Hlahol Choir Building, 1905
The architect Josef Fanta embellished this building with mosaics and sculptures by Karl Mottl and Josef Pekárek (see also p142).

Hotel Evropa
Finished in 1904, this grand Art Nouveau building is notable for its fine detailing inside and out.

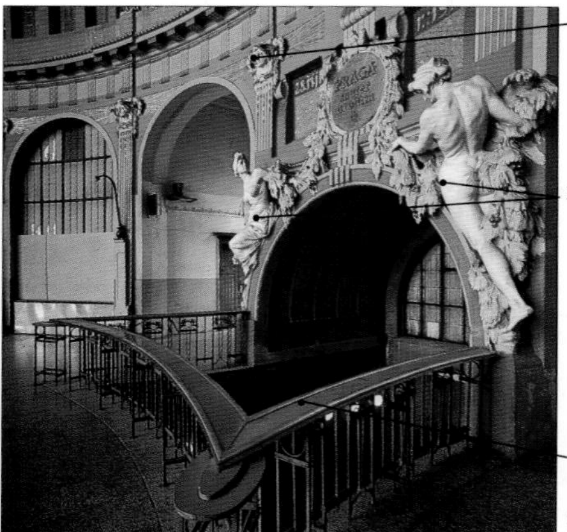

Hlavní nádraží
Prague's main railway station was completed in 1901. With its huge interior glazed dome and elegant sculptural decoration, it shows many Art Nouveau features.

Decorative and Fine Arts

Many painters, sculptors and graphic artists were influenced by Art Nouveau. One of the most successful exponents of the style was the artist Alfons Mucha (1860–1939). He is celebrated chiefly for his posters. Yet he designed stained glass *(see p102)*, furniture, jewellery, even postage stamps. It is perhaps here, in the decorative and applied arts, that Art Nouveau had its fullest expression in Prague. Artists adorned every type of object – doorknobs, curtain ornaments, vases and cutlery – with tentacle- and plant-like forms in imitation of the natural world from which they drew their inspiration.

Postage Stamp, 1918
A bold stamp design by Alfons Mucha marked the founding of the Czechoslovak Republic.

Poster for Sokol Movement
Mucha's colour lithograph for the sixth national meeting of the Sokol gymnastic movement (1912) is in Tyrš's Museum (Physical Culture and Sports).

Záboj and Slavoj
These mythical figures (invented by a forger of old legends) were carved by Josef Myslbek for Palacký Bridge in 1895. They are now in Vyšehrad.

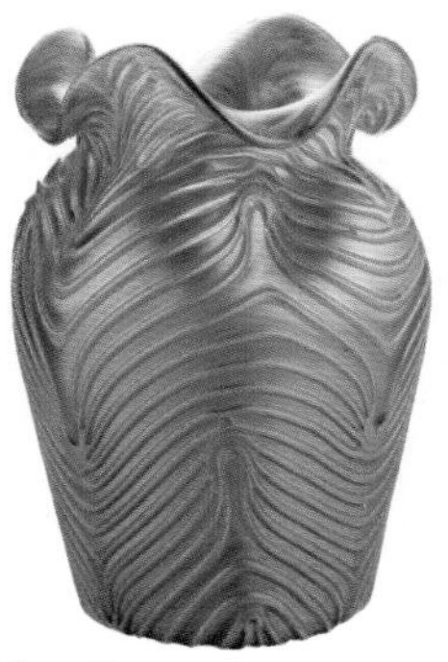

Glass Vase
This iridescent green vase made of Bohemian glass has relief decoration of intertwined threads. It is in the Museum of Decorative Arts.

Curtain Ornament and Candlestick
The silver and silk ornament adorns the Mayor's room of the Municipal House. The candlestick by Emanuel Novák with fine leaf design is in the Museum of Decorative Arts.

Where to See Art Nouveau in Prague

Detail of doorway, Široká 9, Jewish Quarter

Architecture

Apartment Building, Na příkopě 7
Hanavský Pavilion *p161*
Hlahol Choir Building, Masarykovo nábřeží 10
Hlavní nádraží, Wilsonova
Hotel Central, Hybernská 10 *see also p185*
Hotel Evropa *p146*
Industrial Palace *p162 and Four Guided Walks pp176–7*
Ministerstvo Hospodářství *p67*
Municipal House *p64*
Palacký Bridge (Palackého most)
Praha House, Národní třída 7
Wiehl House *p144*

Painting

St Agnes's Convent *pp92–3*

Sculpture

Jan Hus Monument *p70*
Vyšehrad Garden *p160 and Four Guided Walks pp178–9*
Vyšehrad Cemetery *p160 and Four Guided Walks pp178–9*
Zbraslav Monastery *p163*

Decorative Arts

Museum of Decorative Arts *p84*
Prague Museum *p161*

Street-by-Street: Charles Square

Detail of house in Charles Square

THE SOUTHERN PART of the New Town resounds to the rattle of trams, as many routes converge in this part of Prague. Fortunately, the park in Charles Square (Karlovo náměstí) offers a peaceful and welcome retreat. Some of the buildings around the Square belong to the University and the statues in the centre represent writers and scientists, reflecting the academic environment. There are several Baroque buildings and towards the river stands the historic 14th-century Slavonic Monastery.

The Czech Technical University was founded here in 1867 in a grand Neo-Renaissance building.

Charles Square Centre

Church of St Wenceslas

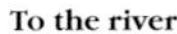
To the river

★ Church of St Cyril and St Methodius
A plaque and a bullet-scarred wall are reminders of the siege of the church in 1942, when German troops mounted an assault on the Czech and Slovak agents who were hiding there ⓫

★ Charles Square
The centre of the square is a pleasant 19th-century park with lawns, formal flowerbeds, fountains and statues ❿

Church of St Cosmas and St Damian

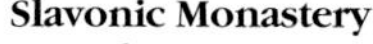
Slavonic Monastery
In 1965 a pair of modern concrete spires by František Černý were added to the church of the 14th-century monastery ⓮

Church of St John on the Rock
This view of the organ and ceiling shows the dynamic Baroque design of Kilian Ignaz Dientzenhofer ⓭

STAR SIGHTS

- **★ Charles Square**
- **★ Church of St Cyril and St Methodius**

Church of St Ignatius

The sun rays and gilded cherubs on the side altars are typical of the gaudy decoration in this Baroque church built for the Jesuits ❽

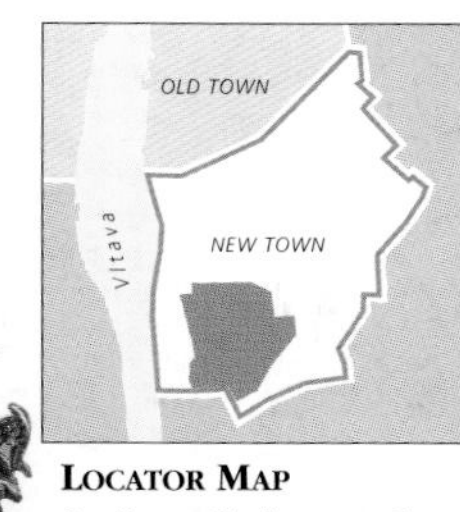

Locator Map

See Street Finder, map 5

Eliška Krásnohorská was a 19th-century poet who wrote the libretti for Smetana's operas. A statue of her was put up here in 1931.

A statue of Jan Purkyně (1787–1869), an eminent physiologist and pioneer of cell theory, was erected in 1961. It is the most recent of the many memorials in the square.

Jesuit College

Founded in the mid-17th century, this imposing building has been a hospital since the suppression of the Jesuits in 1773 (see pp30–31) ❾

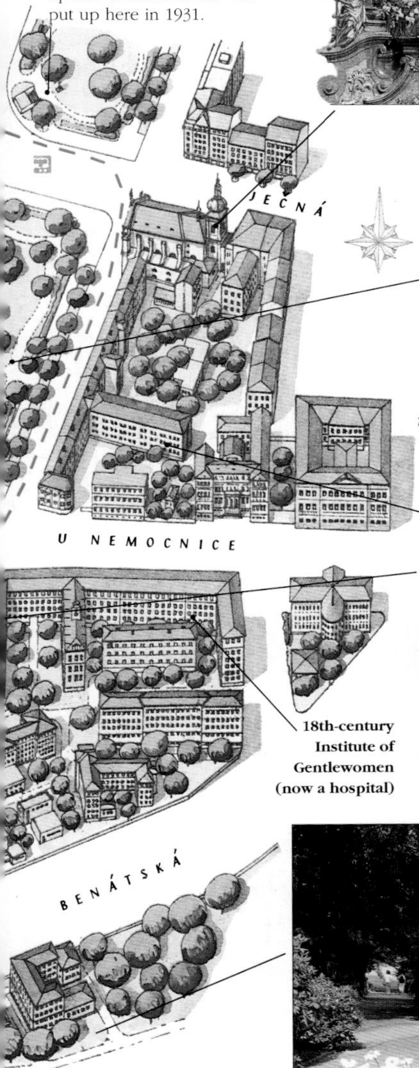

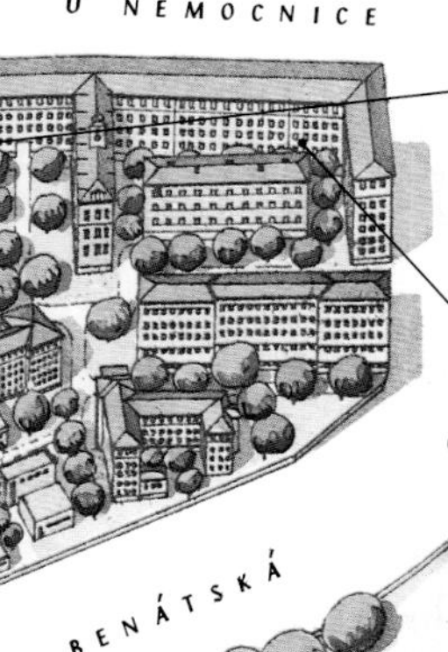

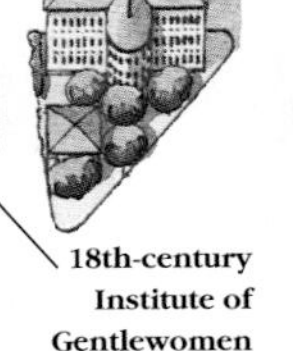

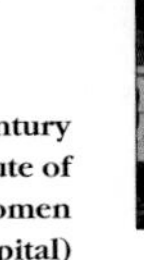

18th-century Institute of Gentlewomen (now a hospital)

Faust House

In the 18th century this house was owned by Count Ferdinand Mladota of Solopysky. The chemical experiments he performed reinforced the associations that gave the building its name ⓬

Botanical Gardens

Though part of the Charles University, the gardens are open to the public and are known for their profusion of rare plants. This is an agreeable place to relax ⓯

0 metres 100

0 yards 100

Key

— — — Suggested route

Sculptures on the façade of the Jesuit College by Tomasso Soldati

Church of St Ignatius 8

KOSTEL SV. IGNÁCE

Ječná 2. **Map** 5 C2. *24 92 12 54. Karlovo náměstí. 3, 4, 6, 14, 18, 22, 23, 24.* **Open** *6am–6:30pm daily. frequent.*

WITH ITS WEALTH of gilding and flamboyant stucco decoration, St Ignatius is typical of the Baroque churches built by the Jesuits to impress people with the power and glamour of their faith. The architects were the same two men responsible for the adjoining Jesuit College, Carlo Lurago, who started work on the church in 1665, and Paul Ignaz Bayer, who added the tower in 1687.

The painting on the high altar of *The Glory of St Ignatius* (St Ignatius Loyola, the founder of the Jesuit order) is by Jan Jiří Heinsch.

The Jesuits continued to embellish the interior right up until the suppression of their order in 1773, adding stuccowork and statues of Jesuit and Czech saints.

Jesuit College 9

JEZUITSKÁ KOLEJ

Karlovo náměstí 36. **Map** 5 B2. *Karlovo náměstí. 3, 4, 6, 14, 16, 18, 22, 23, 24.* ***Closed*** *to the public.*

HALF THE EASTERN side of Charles Square is occupied by the former college of the Jesuit order in the New Town. As in other parts of Prague, the Jesuits were able to demolish huge swathes of the city to put up another bastion of their formidable education system. The college was built between 1656 and 1702 by Carlo Lurago and Paul Ignaz Bayer. The two sculptured portals are the work of Johann Georg Wirch who extended the building in 1770. After the suppression of the Jesuit order in 1773 the college was converted into a military hospital. It is now a teaching hospital and part of Charles University.

Charles Square 10

KARLOVO NÁMĚSTÍ

Map 5 B2. *Karlovo náměstí. 3, 4, 6, 14, 16, 18, 22, 23, 24.*

SINCE THE MID-19TH CENTURY the square has been a park. Though surrounded by busy roads, it is a pleasant place to sit and read or watch people exercising their dachshunds.

The square began life as a vast cattle market, when Charles IV founded the New Town in 1348. Other goods sold in the square included firewood, coal and pickled herrings from barrels. In the centre of the market Charles had a wooden tower built, where the coronation jewels were put on display once a year. In 1382 the tower was replaced by a chapel, from which, in 1437, concessions made to the Hussites by the pope at the Council of Basle were read out to the populace.

Church of St Cyril and St Methodius 11

KOSTEL SV. CYRILA A METODĚJE

Resslova 9. **Map** 5 B2. *24 92 06 86. Karlovo náměstí. 3, 4, 6, 14, 16, 18, 22, 23, 24.* **Open** *Oct–Apr: 10am–4pm Tue–Sun; May–Sep: 10am–5pm Tue–Sun.*

THIS BAROQUE CHURCH, with a pilastered façade and a small central tower, was built in the 1730s. It was dedicated to St Charles Borromeo and served as the church of a community of retired priests, but both were closed in 1783. In the 1930s the church was restored and given to the Czechoslovak Orthodox Church, and rededicated to St Cyril and St Methodius, the 9th-century "Apostles to the Slavs" *(see pp20–21)*. In May 1942 parachutists who had assassinated Reinhard Heydrich, the Nazi governor of Czechoslovakia, hid in the crypt along with members of the Czech Resistance. Surrounded by German troops, they took their own lives rather than surrender. Bullet holes made by the German machine guns during the siege can still be seen below the memorial plaque on the outer wall of the crypt, which now houses a museum of these times.

Main altar in the Church of St Cyril and St Methodius

Faust House ⓬

FAUSTŮV DŮM

Karlovo náměstí 40, 41. **Map** 5 B3. *Karlovo náměstí.* *3, 14, 16.* ***Closed*** *to the public.*

PRAGUE THRIVES on legends of alchemy and pacts with the devil, and this Baroque mansion has attracted many. There has been a house here since the 14th century when it belonged to Prince Václav of Opava, an alchemist and natural historian. In the 16th century it was owned by the alchemist Edward Kelley. The chemical experiments of Count Ferdinand Mladota of Solopysky, who owned the house in the mid-18th century, gave rise to its association with the legend of Faust.

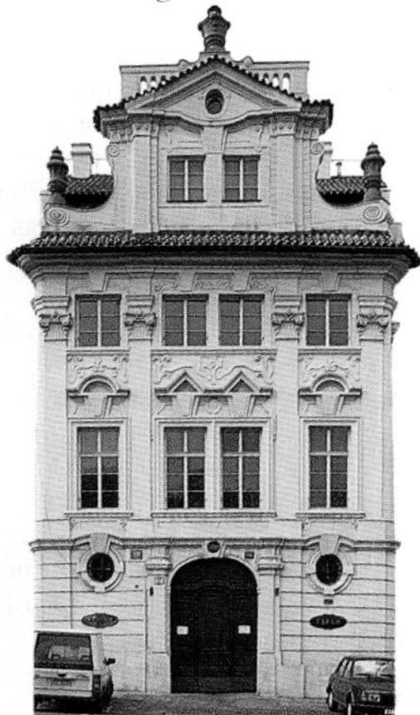

Baroque façade of Faust House

Church of St John on the Rock ⓭

KOSTEL SV. JANA NA SKALCE

Vyšehradská 49. **Map** 5 B3. *24 91 53 71.* *3, 4, 14, 18, 24.* ***Open*** *for services only.* *8am Sun.*

ONE OF PRAGUE'S smaller Baroque churches, St John on the Rock is one of Kilian Ignaz Dientzenhofer's most daring designs. Its twin square towers are set at a sharp angle to the church's narrow façade and the interior is based on an octagonal floorplan. The church was completed in 1738, but the double staircase leading up to the west front was not added until the 1770s. On the high altar there is a wooden version of Jan Brokof's statue of St John Nepomuk *(see p137)* which stands on the Charles Bridge.

Slavonic Monastery ⓮

KLÁŠTER NA SLOVANECH

Vyšehradská 49. **Map** 5 B3. *24 91 53 71.* *3, 4, 14, 18, 24.* ***Closed*** *for reconstruction until 2004.* ***Cloisters open*** *by appointment.* *noon Mon, Wed, Fri.*

BOTH THE MONASTERY and its church were almost destroyed in an American air raid in 1945. During their reconstruction, the church was given a pair of modern reinforced concrete spires.

The monastery was founded in 1347 for the Croatian Benedictines, whose services were held in the Old Slavonic language, hence its name "Na Slovanech". In the course of Prague's tumultuous religious history it has since changed hands many times. In 1446 a Hussite order was formed here, then in 1635 the monastery was acquired by Spanish Benedictines. In the 18th century the complex was given a thorough Baroque treatment, but in 1880 it was taken over by some German Benedictines, who rebuilt almost everything in Neo-Gothic style. The monastery has managed to preserve some historically important 14th-century wall paintings in the cloister, though many paintings were damaged in the air raid of World War II.

Remains of 14th-century wall paintings in the Slavonic Monastery

Botanical Gardens ⓯

BOTANICKÁ ZAHRADA

Na slupi 16. **Map** 5 B3. *24 91 89 70.* *18, 24.* *148.* ***Glasshouses open*** *10am–4pm daily.* ***Gardens open*** *Jan–Feb: 8am–5pm daily; Mar–Oct: 8am–6pm daily; Nov–Dec: 8am–4pm daily.*

CHARLES IV founded Prague's first botanical garden in the 14th century. This is a much later institution. The university garden was founded in the Smíchov district in 1775, but in 1897 it was moved to its present site. The huge greenhouses date from 1938.

Special botanical exhibitions and shows of exotic birds and tropical fish are often held here. One star attraction of the gardens is the giant water lily, *Victoria cruziana*, whose huge leaves can support a small child. During the summer it produces dozens of flowers which only survive for a day.

Entrance to the university's Botanical Gardens

Octagonal steeple of St Catherine's

Church of St Catherine ⑯

KOSTEL SV. KATEŘINY

Kateřinská. **Map** 5 C3. *4, 6, 16, 22, 23.* ***Closed*** *to the public.*

ST CATHERINE'S stands in the garden of a former convent, founded in 1354 by Charles IV to commemorate his victory at the Battle of San Felice in Italy in 1332. In 1420, during the Hussite revolution *(see pp26–7)*, the convent was demolished, but in the following century it was rebuilt by Kilian Ignáz Dientzenhofer as an Augustinian monastery. The monks remained here until 1787, when the monastery was shut down. Since 1822 it has been used as a hospital. In 1737 a new Baroque church was built, but the slender steeple of the old Gothic church was retained. Its conspicuous octagonal shape has gained it the nickname of "the Prague minaret".

Chalice Restaurant ⑰

RESTAURACE U KALICHA

Na bojišti 14. **Map** 6 D3. *96 18 96 00.* *IP Pavlova.* *4, 6, 16, 22.* ***Open*** *11am–11pm daily.* *See* ***Restaurants*** *pp198–205.*

THIS PILSNER URQUELL beer hall owes its fame to the novel *The Good Soldier Švejk* by Jaroslav Hašek. It was Švejk's favourite drinking place and the establishment trades on the popularity of the best-loved character in 20th-century Czech literature. The staff dress in period costume from World War I, the era of this novel.

Dvořák Museum ⑱

MUZEUM ANTONÍNA DVOŘÁKA

Ke Karlovu 20. **Map** 6 D2. *24 92 33 63.* *IP Pavlova.* *148.* ***Open*** *10am–5pm Tue–Sun.* *also open for concerts.*

ONE OF THE most enchanting secular buildings of the Prague Baroque, this red and ochre villa now houses the Antonín Dvořák Museum. On display are Dvořák scores and editions of his works, plus photographs and memorabilia of the great 19th-century Czech composer, including his piano, his viola and his desk.

The building is by the great Baroque architect Kilian Ignaz Dientzenhofer *(see p129)*. Just two storeys high with an elegant tiered mansard roof, the house was completed in 1720, for the Michnas of Vacínov and was originally known as the Michna Summer Palace. It later became known as Villa Amerika, after a nearby inn called Amerika. Between the two pavilions flanking the house is a fine iron gateway, a replica of the Baroque original. In the 19th century villa and garden fell into decay. The garden statues and vases, from the workshop of Matthias Braun, date from about 1735. They are original but heavily restored, as is the interior of the palace. The ceiling and walls of the large room on the first floor, often used for recitals, are decorated with 18th-century frescoes by Jan Ferdinand Schor.

Church of St Stephen ⑲

KOSTEL SV. ŠTĚPÁNA

Štěpánská. **Map** 5 C2. *24 92 04 47.* *4, 6, 16, 22.* ***Open*** *only for services.* *5pm Thu, 11am Sun.*

FOUNDED BY CHARLES IV in 1351 as the parish church of the upper New Town, St Stephen's was finished in 1401 with the completion of the multi-spired steeple. In the late 17th century the Branberg Chapel was built on to the north side of the church. It contains the tomb of the prolific Baroque sculptor Matthias Braun.

Most of the subsequent Baroque additions were removed when the church was scrupulously re-Gothicized in the 1870s by Josef Mocker.

There are several fine Baroque paintings,

The Michna Summer Palace, home of the Dvořák Museum

Renaissance painted ceiling in the New Town Hall

however, including *The Baptism of Christ* by Karel Škréta at the end of the left hand aisle and a picture of St John Nepomuk *(see p137)* by Jan Jiři Heinsch to the left of the 15th-century pulpit. The church's greatest treasure is undoubtedly a beautiful Gothic panel painting of the Madonna, known as *Our Lady of St Stephen's*, which dates from 1472.

Gothic pulpit in St Stephen's

New Town Hall ⓴

NOVOMĚSTSKÁ RADNICE

Karlovo náměstí 23. **Map** 5 B1. *Karlovo náměstí.* *3, 4, 6, 14, 16, 18, 22, 24.* *24 94 71 31.* ***Tower open*** *May–Sep: 10am– 6pm Tue–Sun.*

In 1960 a statue of Hussite preacher Jan Želivský was unveiled at the New Town Hall. It commemorates the first and bloodiest of many defenestrations. On 30 July 1419 Želivský led a crowd of demonstrators to the Town Hall to demand the release of some prisoners. When they were refused, they stormed the building and threw the Catholic councillors out of the windows. Those who survived the fall were finished off with pikes.

The Town Hall already existed in the 14th century, the Gothic tower was added in the mid-15th century and contains an 18th century chapel. In the 16th century it acquired an arcaded courtyard. After the joining-up of the four towns of Prague in 1784 the Town Hall ceased to be the seat of the municipal administration and became a courthouse and a prison. It is now used for cultural and social events, and its splendid Gothic hall can be hired for wedding receptions.

U Fleků ㉑

Křemencova 11. **Map** 5 B1. *24 91 51 18.* *Národní třída, Karlovo náměstí.* *6, 9, 17, 18, 22.* **Museum *open*** *10am–5pm Mon–Fri. See **Restaurants** pp198–205.*

Records indicate that beer was brewed here as early as 1459. This archetypal Prague beer hall has been fortunate in its owners, who have kept up the tradition of brewing as an art rather than just a means of making money. In 1762 the brewery was purchased by Jakub Flekovský, who named it U Fleků (At the Fleks). The present brewery, the smallest in Prague, makes a special strong, dark beer, sold only on the premises. The restaurant now also features a small museum of Czech brewing history.

Church of St Ursula ㉒

KOSTEL SV. VORŠILY

Ostrovní 18. **Map** 3 A5. *24 93 05 02.* *Národní třída.* *6, 9, 18, 22.* ***Open*** *only for services.* *5pm daily.*

The delightful Baroque church of St Ursula was built as part of an Ursuline convent founded in 1672. The original sculptures still decorate the façade and in front of the church stands a group of statues featuring St John Nepomuk (1747) by Ignaz Platzer the Elder. The light airy interior has a frescoed, stuccoed ceiling and on the various altars there are lively Baroque paintings. The main altar has one of St Ursula.

The adjoining convent has recently been returned to the Ursuline order and has now become a Catholic school. One part of the ground floor is still used for secular purposes – the Klášterní Vinárna (Convent Restaurant).

National Theatre ㉓

NÁRODNÍ DIVADLO

See pp156–7.

U Fleků, Prague's best-known beer hall

National Theatre ㉓

NÁRODNÍ DIVADLO

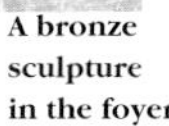

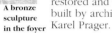

This gold-crested theatre has always been an important symbol of the Czech cultural revival. Work started in 1868, funded largely by voluntary contributions. The original Neo-Renaissance design was by the Czech architect Josef Zítek. After its destruction by fire *(see opposite)*, Josef Schulz was given the job of rebuilding the theatre and all the best Czech artists of the period contributed towards its lavish and spectacular decoration. During the late 1970s and early 80s the theatre was restored and the New Stage was built by architect Karel Prager.

A bronze sculpture in the foyer

The theatre from Marksmen's Island

A bronze three-horse chariot, designed by Bohuslav Schnirch, carries the Goddess of Victory.

The New Stage auditorium

★ Auditorium
The elaborately-painted ceiling is adorned with allegorical figures representing the arts by František Ženíšek.

Star Features

- ★ Auditorium
- ★ Lobby Ceiling
- ★ Stage Curtain

The five arcades of the loggia are decorated with lunette paintings by Josef Tulka, entitled *Five Songs*.

★ Lobby Ceiling
This ceiling fresco is the final part of a triptych painted by František Ženíšek in 1878 depicting the Golden Age of Czech Art.

★ Stage Curtain
This sumptuous gold and red stage curtain, showing the origin of the theatre, is the work of Vojtěch Hynais.

VISITORS' CHECKLIST

Národní 2, Nové Město. **Map** 3 A5. *24 90 14 48. Národní třída, line B. 17, 22, 18 to Národní třída.* ***Auditorium open*** *only when performances are taking place.*

Façade Decoration
This standing figure on the attic of the western façade is one of many figures representing the Arts sculpted by Antonín Wagner in 1883.

The startling sky-blue roof covered with stars, is said to symbolize the summit all artists should aim for.

The President's Box
The former royal box, lined in red velvet, is decorated with famous historical figures from Czech history by Václav Brožík.

NATIONAL THEATRE FIRE

On 12 August, 1881, just days before the official opening, the National Theatre was completely gutted by fire. It was thought to have been started by metalworkers on the roof. But just six weeks later, enough money had been collected to rebuild the theatre. It was finally opened two years late in 1883 with a performance of Czech composer Bedřich Smetana's opera *Libuše* *(see p79)*.

Further Afield

Visitors to Prague, finding the old centre packed with sights, tend to ignore the suburbs. It is true that once you start exploring away from the centre, the language can become more of a problem. However, it is well worth the effort, firstly to escape the crowds of tourists milling around the Castle and the Old Town Square, secondly to realize that Prague is a living city as well as a picturesque time capsule. Most of the museums and other sights in the first part of this section are easily reached by Metro, tram or even on foot. If you are prepared to venture a little further, do not miss the grand palace at Troja or the former monastery at Zbraslav, which houses the modern Czech sculpture collection of the National Gallery. The Day Trips *(pp168–70)* include visits to castles close to Prague and the historic spa towns of Marienbad and Karlsbad, which attracted the first tourists to Bohemia during the 19th century.

Vaulting in Church of St Barbara, Kutná Hora

Sights at a Glance

Museums and Galleries
Mozart Museum 1
Prague Museum 6
National Technical Museum 8
Trades Fair Palace pp164–5 9
Zbraslav Monastery 15

Monasteries
Břevnov Monastery 13

Historic Districts
Vyšehrad 2
Žižkov 4
Náměstí Míru 5

Cemeteries
Olšany Cemeteries 3

Historic Sites
White Mountain and Star Hunting Lodge 14

Historic Buildings
Troja Palace pp166–7 11

Parks and Gardens
Letná Park 7
Exhibition Ground and Stromovka Park 10
Zoo 12

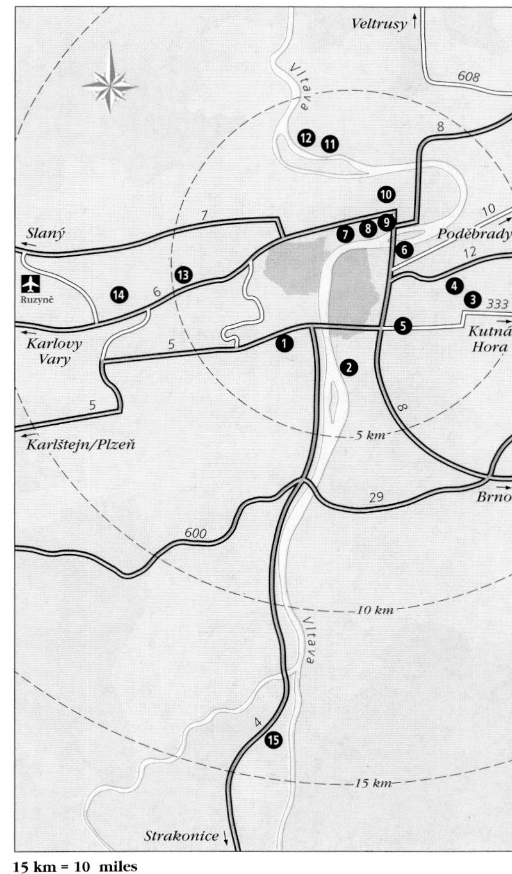

15 km = 10 miles

Key
Central Prague
Greater Prague
Airport
Major road
Minor road

◁ Part of the garden staircase at the 17th-century Troja Palace

Bertramka, the villa that houses the Mozart Museum

Mozart Museum ❶

BERTRAMKA

Mozartova 169. *57 31 84 61. Anděl. 4, 7, 9.* ***Open*** *Apr–Oct: 9:30am–6pm daily; Nov–Mar: 9:30am–5pm daily.*

Though slightly off the beaten track, the museum is well signposted because of Prague's reverence for Mozart. Bertramka is a 17th-century farmhouse, enlarged in the second half of the 18th century to convert it into a comfortable suburban villa. Mozart and his wife Constanze stayed here as the guests of the composer František Dušek and his wife Josefina in 1787, when Mozart was working on *Don Giovanni*. He composed the overture to the opera in the garden pavilion just a few hours before its premiere at the Nostitz (now the Estates) Theatre *(see p65)*. The house, with a small exhibition on Mozart and his visits to Prague, is at its best in the late afternoon when it is most tranquil. During the summer, recitals take place on the terrace.

Well-tended grave in the eastern part of the Olšany Cemeteries

Vyšehrad ❷

Map 5 B5. *Vyšehrad. 7, 18, 24.*

A rocky outcrop above the Vltava, Vyšehrad means "castle on the heights" *(see pp178–9)*. It was fortified in the 10th century and, at times, used as the seat of the Přemyslid princes. The area has great historical and mythological significance for the Czech people, and in the 1870s it was chosen as the site for a national cemetery.

Olšany Cemeteries ❸

OLŠANSKÉ HŘBITOVY

Vinohradská 153, Jana Želivského. *Želivského. 67 31 06 52. 11, 16, 19, 26.* ***Open*** *Mar–Sep: 8am–7pm; Oct–Feb: 8am–6pm.*

At the northwest corner of the main cemetery stands the small Church of St Roch (1682), protector against the plague – the first cemetery was founded here in 1679 specifically for the burial of plague victims. In the course of the 19th century, the old cemetery was enlarged and new ones developed, including a Russian cemetery, distinguished by its old-fashioned Orthodox church (1924–5), and a Jewish one, where Franz Kafka *(see p68)* is buried. Tombs include those of painter Josef Mánes (1820–71) who worked during the Czech Revival movement *(see pp32–3)*, and Josef Jungmann (1773–1847), compiler of a five-volume Czech-German dictionary.

Žižkov ❹

Jiřího z Poděbrad, Želivského, Flóra. **National Monument**, *U památníku. 133, 168, 207.* ***Closed*** *to the public.*

Equestrian statue of Jan Žižka

This quarter of Prague was the scene of a historic victory for the Hussites *(see pp26–7)* over Crusaders sent by the Emperor Sigismund to destroy them. On 14 July 1420 on Vítkov hill, a tiny force of Hussites defeated an army of several thousand well-armed men. The determined, hymn-singing Hussites were led by the one-eyed Jan Žižka.

In 1877 the area around Vítkov was renamed Žižkov in honour of Žižka's victory, and in 1950 a bronze equestrian statue of Žižka by Bohumil Kafka was erected on the hill. About 9m (30 ft) high, this is the largest equestrian statue in the world. It stands in front of the equally massive National Monument (1927–32), built as a symbol of the struggle for independence of the Czechoslovak people. The Monument later served as a mausoleum for Klement Gottwald and other Communist leaders. Their remains have since been removed, but the future of the building is uncertain.

Relief by Josef Myslbek on portal of St Ludmilla in Náměstí Míru

An even more conspicuous landmark is a giant television transmitter, 260 m (850 ft) high. The locals have always been somewhat suspicious of the rays emanating from this great tube of reinforced concrete, built in 1984–8.

Náměstí Míru ❺

Map 6 F2. Metro *Náměstí Miru.* Tram *4, 16, 22.* Bus *135, 148, 272.* **Church of St Ludmilla** ***open*** *only for services.*

THIS ATTRACTIVE SQUARE, with a well-kept central garden, is the focal point of the Vinohrady quarter. At the top of its sloping lawns stands the attractive, brick Neo-Gothic Church of St Ludmilla (1888–93), designed by Josef Mocker, architect of the west end of St Vitus's Cathedral *(see pp100–3)*. Its twin octagonal spires are 60 m (200 ft) high. On the tympanum of the main portal is a relief of Christ with St Wenceslas and St Ludmilla by the great 19th-century sculptor Josef Myslbek. Leading artists also contributed designs for the stained-glass windows and the church's colourful blue and gold interior.

The outside of the square is lined with attractive buildings, the most conspicuous being the Vinohrady Theatre, a spirited Art Nouveau building completed in 1907. The façade is crowned by two huge winged figures sculpted by Milan Havlíček, symbolizing Drama and Opera.

Prague Museum ❻

MUZEUM HLAVNÍHO MĚSTA PRAHY

Na Poříčí 52. **Map** 4 F3. Tel *24 81 67 72/24 81 67 73.* Metro *Florenc.* Tram *3, 8, 24.* ***Open*** *9am–6pm Tue–Sun (9am–8pm 1st Thu of every month).*

THE COLLECTION records the history of Prague from primeval times. A new museum was built to house the exhibits in the 1890s. Its Neo-Renaissance façade is rich with stucco and sculptures, and the interior walls are painted with historic views of the city. On display are examples of Prague china and furniture, relics of the medieval guilds and paintings of Prague through the ages. The most remarkable exhibit is the paper and wood model of Prague by Antonín Langweil. Completed in 1834, it covers 20 sq m (25 sq yards). The scale of the extraordinarily

Letná Park ❼

LETENSKÉ SADY

Map 3 A1. Tel *32 57 92.* Metro *Malostranská, Hradčanská.* Tram *1, 8, 12, 18, 22, 25, 26.*

ACROSS THE RIVER from the Jewish Quarter, a large plateau overlooks the city. It was here that armies gathered before attacking Prague Castle. Since the mid-19th century it has been a wooded park.

On the terrace at the top of the granite steps that lead up from the embankment stands a curious monument – a giant metronome built in 1991. It was installed after the Velvet Revolution on the pedestal formerly occupied by the gigantic stone statue of Stalin leading the people, which was blown up in 1962. Nobody likes the metronome any more than they did Stalin and it may soon be replaced. A far more durable monument is the Hanavský Pavilion, a Neo-Baroque cast iron structure, built for the 1891 Exhibition. It was later dismantled and erected on its present site in the park, where it houses a popular restaurant and café.

View of the Vltava and bridges from Letná Park

National Technical Museum 8

NÁRODNÍ TECHNICKÉ MUZEUM

Kostelní 42. 20 39 91 11. 1, 8, 25, 26. **Open** 9am–5pm Tue–Sun.

Though it tries to keep abreast of all scientific developments, the museum's strength is its collection of machines from the Industrial Revolution to the present day, the largest of its kind in Europe. The section that attracts the most visitors is the History of Transportation in the vast central hall. This is filled with locomotives, railway carriages, bicycles, veteran motorcars and motorcycles, with aeroplanes and a hot-air balloon suspended overhead.

The photography and cinematography section is well worth a visit, as is the collection of astronomical instruments. The section on measuring time is also popular, especially on the hour when everything starts to chime at once. In the basement there is a huge reconstruction of a coal mine, with an assortment of tools tracing the development of mining from the 15th to the 19th century.

Trades Fair Palace 9

VELETRŽNÍ PALÁC

See pp164–5.

Exhibition Ground and Stromovka Park 10

VÝSTAVIŠTĚ A STROMOVKA

1, 8, 25, 26. **Exhibition Ground open** 10am–11pm daily. **Stromovka Park open** 24hrs daily. **Lapidarium** 33 37 56 36. **Open** noon–6pm Tue–Fri, 10am–6pm Sat, Sun.

Laid out for the Jubilee of 1891, the Exhibition Ground has been used for trade fairs, sports and artistic events ever since. With its lively funfair, it is the obvious destination for a day out from central Prague with the children. All kinds of exhibitions, sporting events, spectacles and concerts are staged throughout the summer. The large park to the west was the former royal hunting enclosure and deer park, first established in the late 16th century. The name Stromovka means "place of trees", a reminder that a large area of the park was once a flourishing tree nursery. Opened to the public in 1804, the park is still a pleasant wooded area and an ideal place for a walk. The Lapidarium holds an exhibition of 11th–19th century sculpture, including some originals from the

The Industrial Palace, centrepiece of the 1891 Exhibition Ground

Troja Palace 11

TROJSKÝ ZÁMEK

See pp164–5.

Zoo 12

ZOOLOGICKÁ ZAHRADA

U trojského zámku 3. 68 81 800. Holešovice, then 112. **Open** Jun–Aug 9am–7pm daily; Apr, May, Sep, Oct: 9am–6pm daily; Jan, Feb, Nov, Dec: 9am–4pm daily; Mar: 9am–5pm daily.

Attractively situated on a rocky slope overlooking the right bank of the Vltava, the zoo was founded in 1924. It now covers an area of 64 hectares (160 acres) and there is a chair lift to take visitors to the upper part. To travel on the lift, you can use an ordinary metro/tram ticket.

The zoo's 2,500 animals represent 500 species, 50 of them extremely rare in the wild. It is best known for its breeding programme of Przewalski's horses, the only species of wild horse in the world. It has also enjoyed success in breeding big cats, gorillas and orang-utans. In addition there are two pavilions, one for lions, tigers and other beasts of prey and one for elephants.

Red panda, relative of the famous giant panda, in Prague Zoo

Břevnov Monastery ⓭

BŘEVNOVSKÝ KLÁŠTER

Markétská. 20 40 61 11. 8, 22. only, Nov–Easter: Sat & Sun; Easter–Oct: daily; tour times vary.

FROM THE surrounding suburban housing, you would never guess that Břevnov is one of the oldest inhabited parts of Prague. A flourishing community grew up here around the Benedictine abbey founded in 993 by Prince Boleslav II *(see p20)* and Bishop Adalbert (Vojtěch) – the first monastery in Bohemia. An ancient well called Vojtěška marks the spot where prince and bishop are supposed to have met and decided to found the monastery.

The gateway, courtyard and most of the present monastery buildings are by the great Baroque architects Christoph and Kilian Ignaz Dientzenhofer *(see p129)*. The monastery Church of St Margaret is the work of Christoph. Completed in 1715, it is based on a floorplan of overlapping ovals, as ingenious as any of Bernini's churches in Rome. In 1964 the crypt of the original 10th-century church was discovered below the choir and is open to the public. Of the other buildings, the most interesting is the abbey's meeting hall, or Theresian Hall, with a painted ceiling dating from 1727.

White Mountain and Star Hunting Lodge ⓮

BÍLÁ HORA A HVĚZDA

8, 22 (White Mountain), 18 (Star Hunting Lodge). ***White Mountain enclosure open*** *24hrs daily.* ***Star Hunting Lodge open*** *Apr–Oct: 10am–5pm Tue–Sun.*

THE BATTLE of the White Mountain *(see p30–31)*, fought on 8 November 1620, had a very different impact for the two main communities of Prague. For the Protestants it was a disaster that led to

Star Hunting Lodge

300 years of Habsburg domination; for the Catholic supporters of the Habsburgs it was a triumph, so they built a memorial chapel on the hill. In the early 18th century this was converted into the grander Church of Our Lady Victorious and decorated by leading Baroque artists, including Václav Vavřinec Reiner.

In the 16th century the woodland around the battle site had been a royal game park. The hunting lodge, completed in 1556, survives today. This fascinating building is shaped as a six-pointed star – *hvězda* means star. It was converted into a museum in 1950 and dedicated to the writer of historical novels, Alois Jirásek (1851–1930), and the painter, Mikoláš Aleš (1852–1913). Part of the museum also has exhibits relating to the Battle of the White Mountain.

Zbraslav Monastery ⓯

ZBRASLAVSKÝ KLÁŠTER

Zámek Zbraslav *57 92 16 38.* *129, 240, 241, 243, 255, 360.* ***Open*** *10am–6pm Tue–Sun.*

IN 1279 WENCESLAS II founded a monastery to serve as the burial place for the royal family, though only he and Wenceslas IV were ever buried here. Destroyed during the Hussite Wars *(see pp26–7)*, the monastery was rebuilt in 1709–39, only to be abolished in 1785 and made into a factory. Earlier this century it was restored and in 1941 was given to the National Gallery. It now houses a unique collection of Asian art with exhibits including art and artefacts from China, Japan, India, South East Asia and Tibet. A collection of Japanese sculpture is featured which visually impaired visitors are encouraged to touch. The exhibition also includes a section dedicated to Islamic art. Informative guided tours are available.

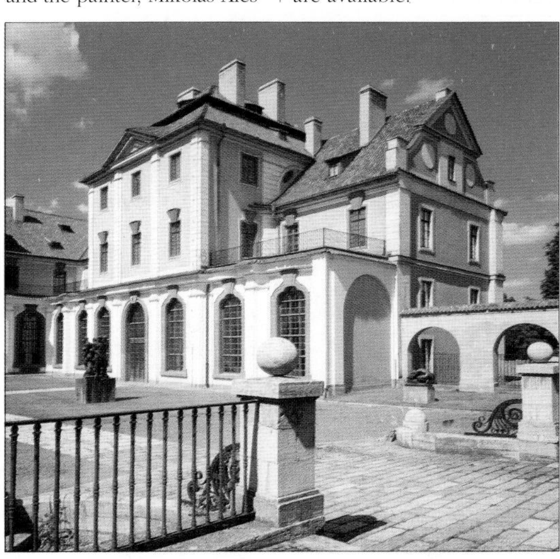

Zbraslav Monastery, home to the National Gallery's Asian Art Collection

Trades Fair Palace ❾

VELETRŽNÍ PALAC

THE NATIONAL GALLERY IN PRAGUE opened its Centre for Modern and Contemporary Art in 1995, housed in a reconstruction of a former Trades Fair building of 1929. Its vast, skylit spaces make an ideal backdrop for the collection, which ranges from French 19th-century art through superb examples of Impressionist and Post-Impressionist painting, to works by Munch, Klimt, Picasso and Miró, and a splendid collection of Czech modern art.

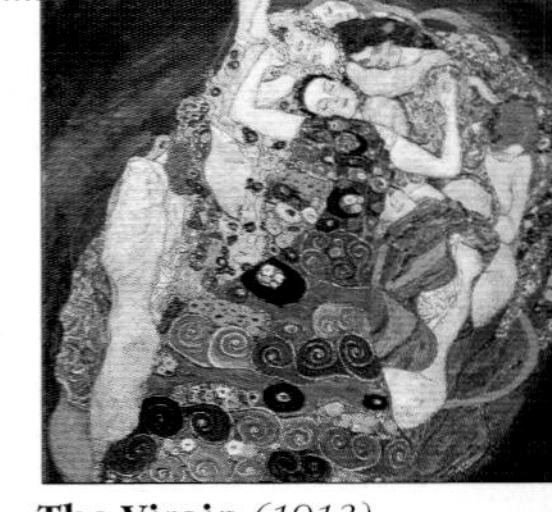

The Virgin *(1913)*
This colourful work epitomizes the distinctive, erotic Art Nouveau style of painter Gustav Klimt.

Screening Room

Third Floor

Fourth Floor

The Blind *(1926)*
This intriguing work by František Bílek is one of the sculptures on display.

★ George of Poděbrady and Matthias Corvinus
Mikuláš Aleš painted many patriotic historical scenes. Here, Corvinus King of Hungary, signs a treaty with King George in 1469.

Cleopatra *(1942-57)*
This painting by Jan Zrzavy clearly made him a major representative of Czech modern art.

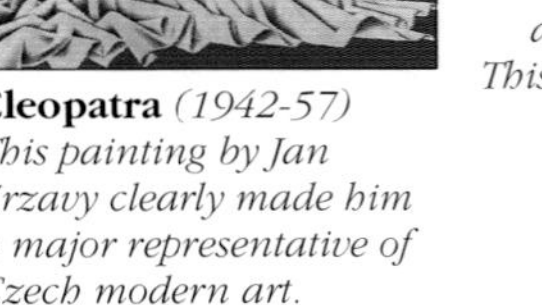

Pomona *(1910)*
Aristide Maillol was a pupil of Rodin. This work is part of an exceptional collection of bronzes.

STAR SIGHTS

- **★ George of Poděbrady and Matthias Corvinus by Aleš**
- **★ Evening in Hradčany by Schikaneder**
- **★ Torso by Pesanek**

★ Evening in Hradčany *(1909-13)*
This incredibly atmospheric painting by Jakub Schikaneder, typically captures the magic and nostalgia of the city of Prague at dusk.

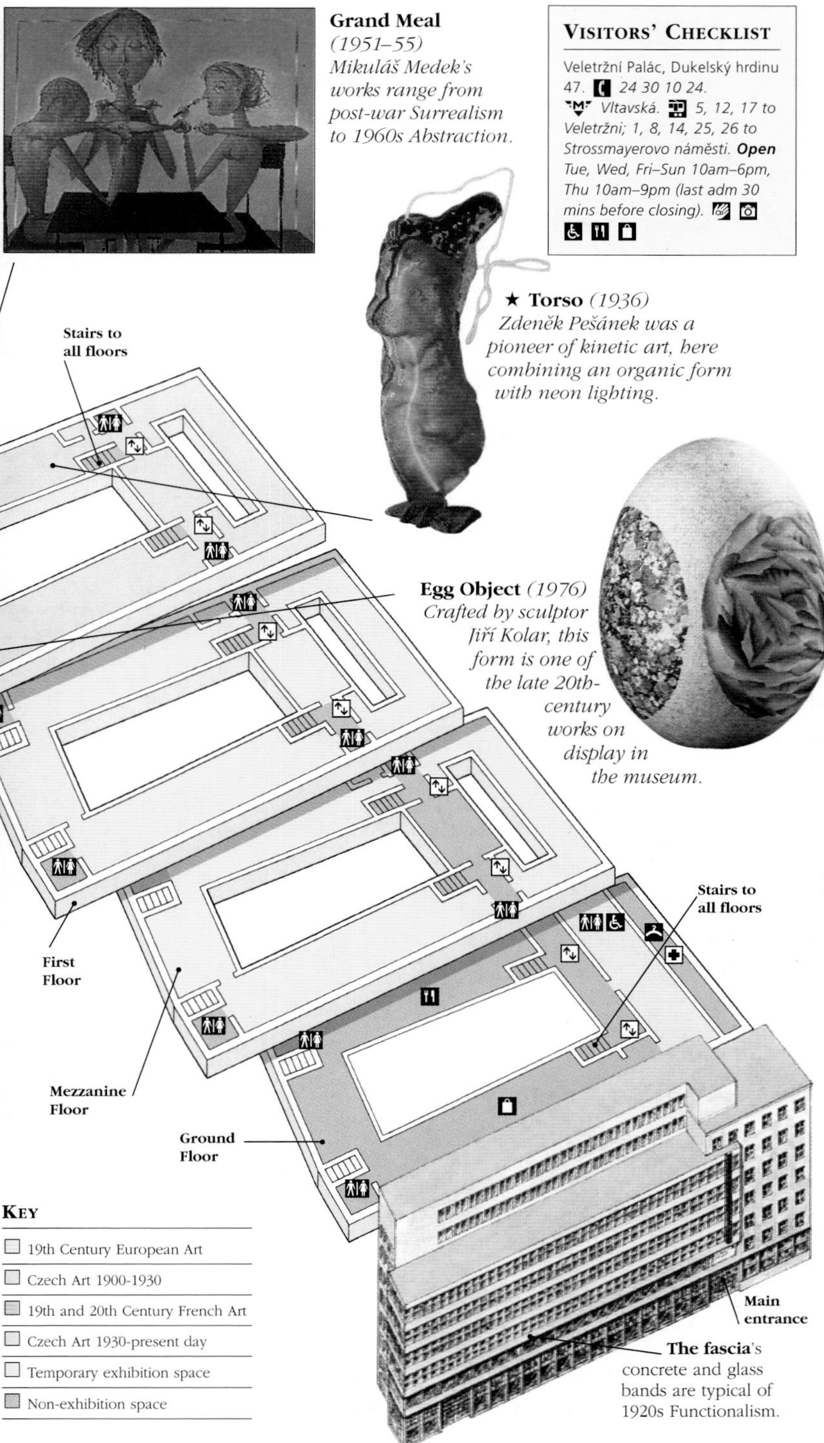

Grand Meal *(1951–55)*
Mikuláš Medek's works range from post-war Surrealism to 1960s Abstraction.

Visitors' Checklist

Veletržní Palác, Dukelský hrdinu 47. 24 30 10 24. *Vltavská.* *5, 12, 17 to Veletržni; 1, 8, 14, 25, 26 to Strossmayerovo náměsti.* ***Open*** *Tue, Wed, Fri–Sun 10am–6pm, Thu 10am–9pm (last adm 30 mins before closing).*

★ **Torso** *(1936)*
Zdeněk Pešánek was a pioneer of kinetic art, here combining an organic form with neon lighting.

Egg Object *(1976)*
Crafted by sculptor Jiří Kolar, this form is one of the late 20th-century works on display in the museum.

The fascia's concrete and glass bands are typical of 1920s Functionalism.

Key

- 19th Century European Art
- Czech Art 1900-1930
- 19th and 20th Century French Art
- Czech Art 1930-present day
- Temporary exhibition space
- Non-exhibition space

Troja Palace ⓫

TROJSKÝ ZÁMEK

Terracotta urn on the garden balustrade

ONE OF THE MOST STRIKING summer palaces in Prague, Troja was built in the late 17th century by Jean-Baptiste Mathey for Count Sternberg, a member of a leading Bohemian aristocratic family. Situated at the foot of the Vltava Heights, the exterior of the palace was modelled on a Classical Italian villa, while its garden was laid out in formal French style. The magnificent interior took over 20 years to complete and is full of extravagant frescoes expressing the Sternberg family's loyalty to the Habsburg dynasty. Troja houses a good collection of 19th-century art and costumes.

Defeat of the Turks

This turbaned figure, tumbling from the Grand Hall ceiling, symbolizes Leopold I's triumph over the Turks.

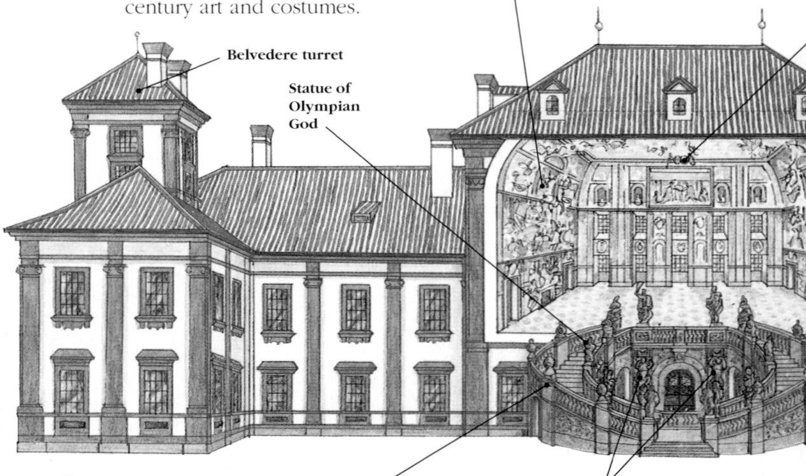

Statues of sons of Mother Earth

Personification of Justic

Abraham Godyn's image of Justic gazes from th lower eas wall of th Grand Hall

★ Garden Staircase

The two sons of Mother Earth which adorn the sweeping oval staircase (1685–1703) are part of a group of sculptures by Johann Georg Heermann and his nephew Paul, depicting the struggle of the Olympian Gods with the Titans.

Visitors' Checklist

U trojského zámku 1, Prague 7. 689 07 61. 112 from Holešovice metro. **Open** Apr–Oct: 10am–6pm Tue–Sun; Nov–Mar: 10am–5pm Sat & Sun.

★ Grand Hall Fresco
The frescoes in the Grand Hall (1691–7), by Abraham Godyn, depict the story of the first Habsburg Emperor, Rudolph I, and the many victories of Leopold I over the archenemy of Christianity, the Sublime Porte (Ottoman Empire).

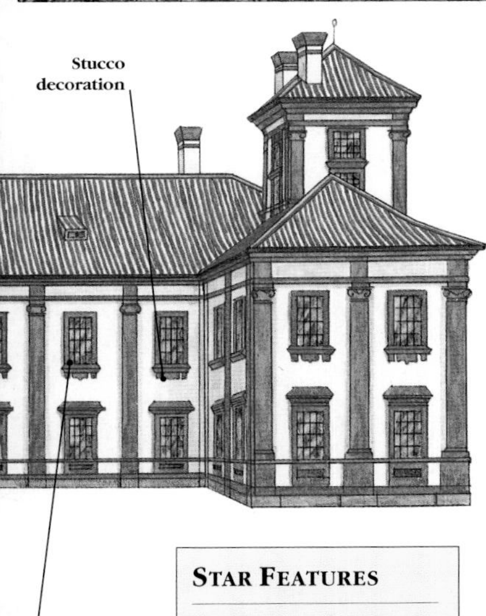

Star Features

- ★ Grand Hall Fresco
- ★ Landscaped Gardens
- ★ Garden Staircase

Chinese Rooms
Several rooms feature 18th-century murals of Chinese scenes. This room makes a perfect backdrop for a ceramics display.

★ Landscaped Gardens

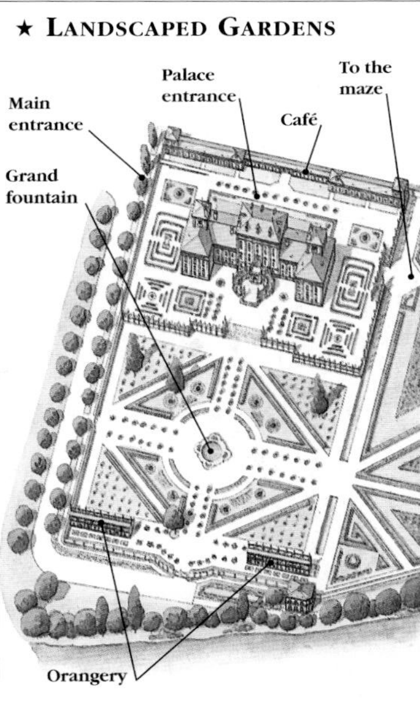

Sloping vineyards were levelled, hillsides excavated and terraces built to fulfil the elaborate and grandiose plans of French architect, Jean-Baptiste Mathey, for the first Baroque French-style formal gardens in Bohemia. The palace and its geometric network of paths, terracing, fountains, statuary and beautiful terracotta vases, is best viewed from the south of the garden between the two orangeries. The gardens have been carefully restored according to Mathey's original plans.

Day Trips from Prague

St George and Dragon, Konopiště

THE SIGHTS THAT ATTRACT most visitors away from the city are Bohemia's picturesque medieval castles. Karlstein, for example, stands in splendid isolation above wooded valleys that have changed little since the Emperor Charles IV hunted there in the 14th century. We have chosen four castles, very varied in character. There are regular organized tours *(see p219)* to the major sights around Prague, to the historic mining town of Kutná Hora and, if you have more time to spare, to the famous spa towns of Karlsbad and Marienbad in western Bohemia.

Sights at a Glance

Castles
Veltrusy ❶
Karlstein ❷
Konopiště ❸
Křivoklát ❹

Historic Towns
Kutná Hora ❺
Karlsbad ❻
Marienbad ❼

Key
Central Prague
Greater Prague
Airport
Motorway
Major road
Minor road

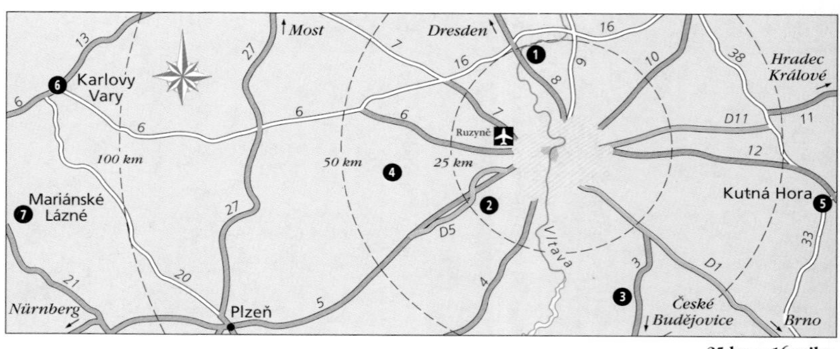

25 km = 16 miles

Veltrusy Château ❶

VELTRUSKÝ ZÁMEK

20 km (12 miles) north of Prague. *0205 78 11 44/46. from Smíchov to Kralupy nad Vltavou, then local bus.* ***Open*** *Tue–Sun: May–Aug: 8am–5pm; Sep: 9am–5pm; Oct, Nov, Apr: 9am–4pm. (park only).*

VELTRUSY is a small town beside the Vltava, famous for the 18th-century château built by the aristocratic Chotek family. The building is in the shape of a cross, with a central dome and a grand staircase decorated with statues representing the months of the year and the four seasons.

The estate was laid out as an English-style landscaped deer park, covering an area of 300 hectares (750 acres). Near the entrance there is still an enclosure with a herd of deer. The Vltava flows along one side and dotted around the grounds are several summer houses.

The Doric and Maria Theresa pavilions, the orangery and the grotto date from the late 18th century. The park is planted with some 100 different kinds of tree.

Karlstein Castle, built by Emperor Charles IV in the 14th century

Karlstein Castle ❷

KARLŠTEJN

25 km (16 miles) southwest of Prague. *0311 68 16 17/95. from Hlavní nádraží to Karlštejn (1.5 km/1 mile from castle. The walk to the castle is up a gradual slope taking around 40 minutes).* ***Open*** *Tue–Sun: Apr, Oct: 9am–4pm; May, Jun, Sep: 9am–5pm; Jul–Aug: 9am–6pm; Nov: 9am–3pm. compulsory.* **Chapel of the Holy Rood** *74 00 81 54/55/56.* ***Open*** *by reservation only.*

THE CASTLE WAS founded by Charles IV as a country retreat, a treasury for the imperial crown jewels and a symbolic expression of his divine right to rule the Holy Roman Empire. It stands on a crag above the River Berounka. The castle you see is largely a 19th-century reconstruction by Josef Mocker. The original building work (1348–67) was supervised by French master mason, Matthew of Arras, and after him by Peter Parler. You can still see the audience hall and the bedchamber of Charles IV in the Royal Palace. On the third floor, the Emperor's quarters are below those of the Empress.

The central tower houses the Church of Our Lady, decorated with faded 14th-century wall paintings. A narrow passage leads to the tiny Chapel of St Catherine, Charles's private place of meditation. The walls are adorned with semiprecious stones set into the plaster.

The same extravagance was used in the Chapel of the Holy Rood in the Great Tower, with its gilded vaulting studded with glass stars. Charles IV housed the crown jewels and relics of the crucifixion here. Unfortunately, it is no longer open to the public. It once contained 127 panels painted by Master Theodoric (1357–65). Some of these panels, now restored, can be seen at St Agnes's Convent *(see pp92–3)*.

Konopiště Castle ❸

40 km (25 miles) southeast of Prague. ☎ *0301 721 366.* 🚆 *from Hlavní nádraží to Benešov, then local bus.* **Open** *Apr, Oct: 9am–12:30pm, 1–3pm Tue–Fri, 9am–12:30pm, 1–4pm Sat–Sun; May–Aug: 9am–12:30pm, 1–5pm Tue–Sun; Sep: 9am–12:30pm, 1–4pm Tue–Sun; Nov: 9am–3pm Sat & Sun.*

THOUGH IT DATES back to the 13th century, this moated castle is essentially a late 19th-century creation. In between, Konopiště had been rebuilt by Baroque architect František Kaňka and in front of the bridge across the moat is a splendid gate (1725) by Kaňka and sculptor Matthias Braun.

In 1887 Konopiště was bought by Archduke Franz Ferdinand, who later became heir to the Austrian throne. It was his assassination in 1914 in Sarajevo that triggered off World War I. To escape the Habsburg court's harsh disapproval of his wife, Ferdinand spent much of his time at Konopiště. He amassed arms, armour and Meissen porcelain, all on display in the fine furnished interiors. However, the abiding memory of the castle is of the hundreds of stags' heads lining the walls.

View of the castle at Křivoklát, dominated by the Great Tower

Hunting trophies at Konopiště

Křivoklát Castle ❹

45 km (28 miles) west of Prague. ☎ *0313 55 81 20.* 🚆 *from Smíchov to Křivoklát (1 km /0.6 miles) from castle).* 🚌 *from Anděl.* **Open** *Mar, Nov, Dec: 9am–noon, 1–3pm Sat, Sun; Apr, Oct: 9am–noon, 1–3pm Tue–Sun; May, Sep: 9am–noon, 1–4pm Tue–Sun; Jun–Aug: 9am–noon, 1–5pm Tue–Sun.*

THIS CASTLE, like Karlstein, owes its appearance to the restoration work of Josef Mocker. It was originally a hunting lodge belonging to the early Přemyslid princes and the seat of the royal master of hounds. In the 13th century King Wenceslas I built a stone castle here, which remained in the hands of Bohemia's kings and the Habsburg emperors until the 17th century.

Charles IV spent some of his childhood here and returned from France in 1334 with his first wife Blanche de Valois. Their daughter Margaret was born in the castle. To amuse his queen and young princess, Charles ordered the local villagers to trap nightingales and set them free in a wooded area just below the castle. Today you can still walk along the "Nightingale Path".

The royal palace is on the eastern side of the triangular castle. This corner is dominated by the Great Tower, 42 m (130 ft) high. You can still see some 13th-century stonework, but most of the palace dates from the reign of Vladislav Jagiello. On the first floor there is a vaulted Gothic hall, reminiscent of the Vladislav Hall in the Royal Palace at Prague Castle *(see pp104–5)*. It has an oriel window and a beautiful loggia that was used by sentries. Also of interest is the chapel, which has a fine Gothic altar carving. Below the chapel lies the Augusta Prison, so-called because Bishop Jan Augusta of the Bohemian Brethren was imprisoned here for 16 years in the mid-16th century. The dungeon now houses a grim assortment of instruments of torture.

Kutná Hora ❺

70 km (45 miles) east of Prague. ☎ *0327 51 23 78. (tourist information).* 🚉 *from Hlavní nádraží, Masarykovo nádraží or Holešovice.* 🚌 *from Florenc.* **Church of St Barbara *open*** *Jan–Mar, Nov–Dec: 9–noon, 2–4pm Tue–Sun; Apr & Oct: 9–noon, 1–4pm Tue–Sun; May–Sep: 9am–6pm.* **Italian Court *open*** *Nov–Feb: 10am–4pm daily; Mar, Oct: 10am–5pm daily; Apr– Sep: 9am–6pm daily.* **Hrádek *open*** *Apr, Oct: 9am–5pm Tue–Sun; May, Jun, Sep: 9am–6pm Tue–Sun; Jul, Aug 10am–6pm Tue–Sun.* **Stone House *open*** *as Hrádek.*

THE TOWN ORIGINATED as a small mining community in the second half of the 13th century. When rich deposits of silver were found, the king took over the licensing of the mines and Kutná Hora became the second most important town in Bohemia.

In the 14th century five to six tonnes of pure silver were extracted here each year, making the king the richest ruler in Central Europe. The Prague *groschen*, a silver coin that circulated all over Europe, was minted here in the Italian Court (Vlašský dvůr), so-called because Florentine experts were employed to set up the mint. Strongly fortified, it was also the ruler's seat in the town. In the late 14th century a superb palace was constructed with reception halls and the Chapel of St Wenceslas and St Ladislav, below which lay the royal treasury.

When the silver started to run out in the 16th century, the town began to lose its importance; the mint finally closed in 1727. The Italian Court later became the town hall. On the ground floor you can still see a row of forges. Since 1947 a mining museum has been housed in another building, the Hrádek, which was originally a fort. A visit includes a tour of a medieval mine. There is museum in the Stone House (Kamenný dům), a restored Gothic building of the late 15th century.

To the southwest of the town stands the Church of St Barbara, begun in 1380 by the workshop of Peter Parler, also the architect of St Vitus's Cathedral *(see pp100–3)*. The presbytery (1499) has a fine net vault and windows with intricate tracery. The slightly later nave vault is by royal architect Benedikt Ried. Catch the murals in the nave, many of which show mining scenes. The cathedral, with its three massive and tent-shaped spires rising above a forest of flying buttresses, is a wonderful example of Bohemian Gothic.

The Italian Court, Kutná Hora's first mint

The three steeples of Kutná Hora's great Church of St Barbara

Karlsbad ❻

KARLOVY VARY

140 km (85 miles) west of Prague. 🚉 *from Masarykovo nádraží.* 🚌 *from Florenc.*

LEGEND HAS IT that Charles IV *(see pp24–5)* discovered one of the sources of mineral water that would make the town's fortune when one of his staghounds fell into a hot spring. In 1522 a medical description of the springs was published and by the end of the 16th century over 200 spa buildings had been built there. Today there are 12 hot mineral springs – *vary* means hot springs. The best-known is the Vřídlo (Sprudel), which rises to a height of 12 m (40 ft). At 72°C, it is also the hottest. The water is good for digestive disorders, but you do not have to drink it; you can take the minerals in the form of salts.

The town is also known for its Karlovy Vary china and Moser glass, and for summer concerts and other cultural events. The race course is popular with the more sporting invalids taking the waters.

Outstanding among the local historic monuments is the Baroque parish church of Mary

Magdalene by Kilian Ignaz Dientzenhofer (1732–6). More modern churches built for foreign visitors include a Russian church (1896) and an Anglican one (1877). The 19th-century Mill Colonnade (Mlýnská kolonáda) is by Josef Zítek, architect of the National Theatre *(see p156–7)* in Prague. There have been many royal visitors over the centuries – from Peter the Great of Russia in 1711 to England's Edward VII in 1907.

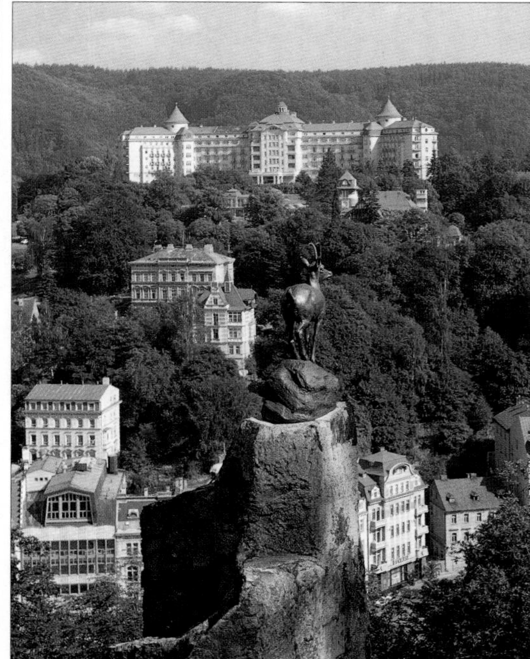

Bronze statue of a chamois at Jeleni skok (Stag's Leap), with a view across the valley to the Imperial Sanatorium, Karlsbad

Marienbad ❼

MARIÁNSKÉ LÁZNĚ

170 km (105 miles) west of Prague.
from Hlavní nádraží.
from Florenc.

The elegance of Marienbad's hotels, parks and gardens has faded considerably since it was the playground of kings and princes at the turn of the century. The area's health-giving waters – *lázně* means bath (or spa) – have been known since the 16th century, but the spa was not founded until the beginning of the last century. The waters are used to treat all kinds of disorders; mud baths are also popular.

Most of the spa buildings date from the latter half of the 19th century. The great cast-iron colonnade with frescoes by Josef Vyletěl is still an impressive sight. In front of it is a "singing fountain", its jets of water now controlled by computer. Churches were provided for visitors of all denominations, including an Evangelical church (1857), an Anglican church (1879) and the Russian Orthodox church of St Vladimír (1902). Visitors can learn the history of the spa in the house called At the Golden Grape (U zlatého hroznu), where the German poet Johann Wolfgang von Goethe stayed in 1823. Musical visitors during the 19th century included the composers Weber, Wagner and Bruckner, while writers such as Ibsen, Gogol, Mark Twain and Rudyard Kipling also found its treatments beneficial. King Edward VII came here frequently. In 1905 he agreed to open the golf course (Bohemia's first), even though he hated the game.

There are many pleasant walks in the countryside around Marienbad, especially in the protected Slavkov Forest.

The cast-iron colonnade at Marienbad, completed in 1889

THREE GUIDED WALKS

PRAGUE OFFERS some good opportunities for walking. In the centre of the city, many streets are pedestrianized and the most important sights are confined to quite a small area *(see pp14–15)*. Here are three guided walks of varied character. The first passes through a main artery of the city, from the Powder Gate on the outskirts of the Old Town to St Vitus's Cathedral in Prague Castle, crossing the wonderful Charles Bridge at its mid-point. This is the Royal Coronation Route, followed for centuries by Bohemian kings. Away from the busy centre, the second of the walks takes in the peace and tranquility of one of Prague's loveliest parks. Petřín Park is especially rewarding, also, for its spectacular views of the city. The final walk is in Vyšehrad. This is a peaceful, ancient fortress which is steeped in history and atmosphere, and the route includes a visit to the resting place of some of Prague's most famous citizens. The views from Vyšehrad of the Vltava and Prague Castle are unparalleled.

House sign in Celetná Street *(See Royal Route Walk pp174–5)*

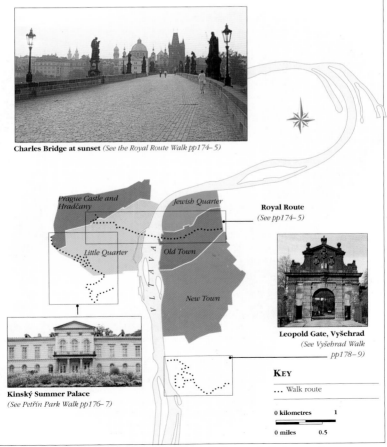

Charles Bridge at sunset *(See the Royal Route Walk pp174–5)*

Prague Castle and Hradčany

Jewish Quarter

Little Quarter

Old Town

VLTAVA

New Town

Royal Route *(See pp174–5)*

Leopold Gate, Vyšehrad *(See Vyšehrad Walk pp178–9)*

Kinský Summer Palace *(See Petřín Park Walk pp176–7)*

KEY

... Walk route

0 kilometres **1**

0 miles **0.5**

◁ **View of the New Town from Petřín Park with the Church of St Lawrence in the foreground**

A 90-Minute Walk along the Royal Route

THE ROYAL ROUTE ORIGINALLY linked two important royal seats; the Royal Court – situated on the site of the Municipal House and where the walk starts – and Prague Castle, where the walk finishes. The name of this walk derives from the coronation processions of the Bohemian kings and queens who passed along it. Today, these narrow streets offer a wealth of historical and architecturally interesting sights, shops and cafés, making the walk one of Prague's most enjoyable. For more details on the Old Town, the Little Quarter and Hradčany turn to pages 60–79; 122–41 and 94–121 respectively.

Figural *sgraffito* covers the façade of the Renaissance House at the Minute

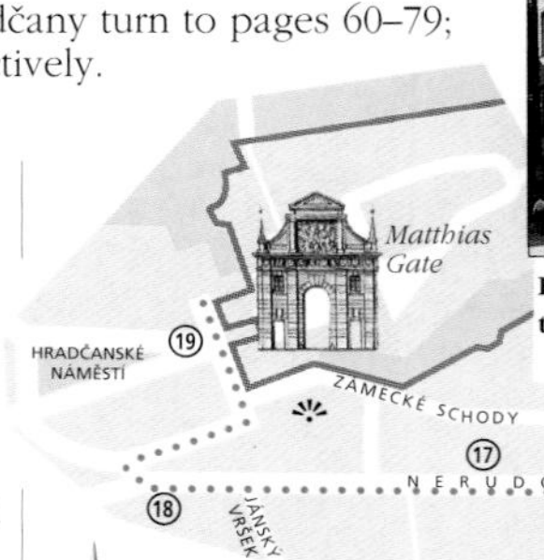

History of the Royal Route

The first major coronation procession to travel along this route was for George of Poděbrady (*see p26*) in 1458. The next large procession took place in 1743, when Maria Theresa was crowned with great pomp – three Turkish pavilions were erected just outside the Powder Gate. September 1791 saw the coronation of Leopold II. This procession was led by cavalry, followed by mounted drummers, trumpeters and soldiers and Bohemian lords. Some 80 carriages came next, carrying princes and bishops. The most splendid were each drawn by six pairs of horses, flanked by servants with red coats and white leather trousers, and carried the ladies-in-waiting.

The last great coronation procession along the Royal Route – for Ferdinand V – was in 1836 with over 3,391 horses and four camels.

From the Powder Gate to Old Town Square

At Náměstí Republiky turn towards the Municipal House (*see p64*) and walk under the Gothic Powder Gate ① (*see p64*). Here, at the city gates, the monarch and a large retinue of church dignitaries, aristocrats, and foreign ambassadors were warmly welcomed by leading city representatives. The gate leads into one of Prague's oldest streets, Celetná (*see p65*). It was here the Jewish community and the crafts guilds, carrying their insignia, greeted their king.

The street is lined with Baroque and Rococo houses with unusual house signs. Behind the façades are Gothic buildings. At house No. 36 was the Mint ②. It moved here after the mint at Kutná Hora (*see p168*) was occupied by Catholic troops in the Hussite Wars (*see pp26–7*). It minted coins from 1420 to 1784. The House of the Black Madonna ③ contains a museum of Czech Cubist art (*see p65*). Revellers would watch processions from the taverns, At the Spider ④ and At the Vulture ⑤.

At the end of Celetná Street is the Old Town Square ⑥ (*see pp66–9*). Here, the processions halted beside Týn Church ⑦ (*see p70*) for pledges of loyalty from the university. Keep to the left of the square, past No. 20, At the Unicorn ⑧. This is where Smetana began a music school in 1848. Proceed to the Old Town Hall ⑨ (*see pp72–4*).

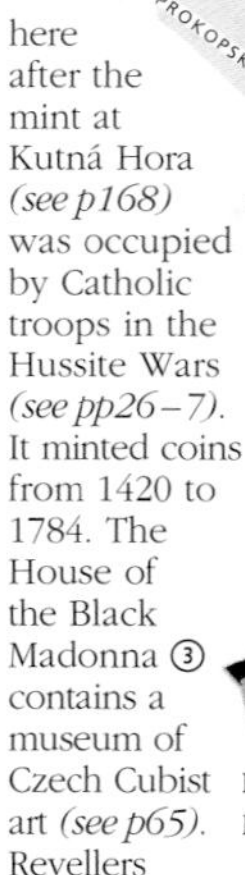

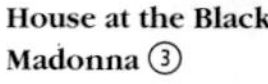

House at the Black Madonna ③

The distinct Baroque façade of the House at the Golden Well in Karlova Street ⑪

Here, the municipal guard and a band waited for the royal procession and city dignitaries cheered from the temporary balcony around the hall.

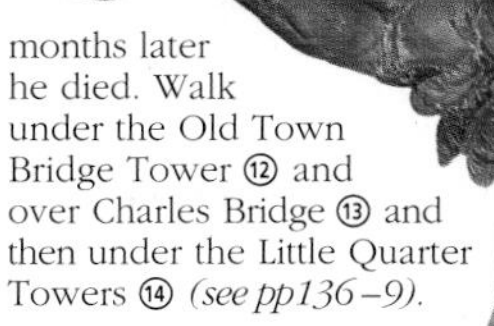

Along Karlova Street and across Charles Bridge

Walk past the sgraffitoed façade of the House at the Minute and into Malé náměstí ⑩, where merchants waited with members of the various religious orders. Turn right down gallery-filled Karlova

months later he died. Walk under the Old Town Bridge Tower ⑫ and over Charles Bridge ⑬ and then under the Little Quarter Towers ⑭ *(see pp136–9)*.

The Little Quarter

The walk now follows Mostecká Street. On entering the Little Quarter the mayor handed the city keys to the king and the artillery fired a salute. At the end of this street is Little Quarter Square ⑮ *(see p124)* and the Baroque church, St Nicholas's ⑯ *(see pp128–9)*.

Sculpture of Moor by Ferdinand Brokof on Morzin Palace

sharp right and walk up the Castle ramp which leads you to Hradčanské Square. The route ends at the Castle's Matthias Gate *(see p48)* ⑲. The procession ended with the coronation held at St Vitus's Cathedral.

The Old Town from Charles Bridge ⑬

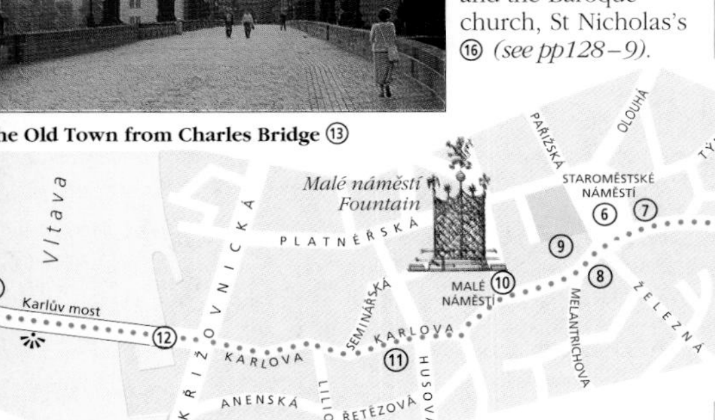

Key

Walk route
Good viewing point
Metro station
Tram stop
Castle wall

0 metres 300

0 yards 300

Street. Beyond Husova Street is an attractive Baroque house, At the Golden Well ⑪. Further on is the 16th-century Clementinum *(see p79)*, where the clergy stood. You then pass into Knights of the Cross Square *(see p79)*. When Leopold II's procession passed through here the clouds lifted, which was considered to be a good omen. But only a few

The procession passed the church to the sound of its bells ringing.

Leave this picturesque square by Nerudova Street ⑰ *(see p130)*. Poet and writer Jan Neruda, who immortalized hundreds of Little Quarter characters in books like *Mala Strana Tales*, grew up and worked at No. 47 ⑱. At the end of this street you turn

Tips for Walkers

Starting point: *Náměstí Republiky.*
Length: *2.4 km (1.5 miles).*
Getting there: *Line B goes to Náměstí Republiky metro station. At Hradčany you can get tram 22 back into town.*
Stopping-off points: *Rest beneath the sunshades of the outdoor cafés on Old Town Square in the summer. Karlova Street has one of the most popular cafés in Prague, At the Golden Snake (U Zlatého hada). There are also cafés in the lower part of Malostranské Square.*

Coronation procession passing through the Knights of the Cross Square

A Two-Hour Walk through Petřín Park

PART OF THE CHARM of this walk around this large and peaceful hillside park are the many spectacular views over the different areas of Prague. The Little Quarter, Hradčany and the Old Town all take on a totally different aspect when viewed from above. The tree-covered gardens are dotted with châteaux, pavilions and statues and crisscrossed by winding paths leading you to secret and unexpected corners. For more on the sights of Petřín Hill see pages 140–41.

One of the gateways in the Hunger Wall ⑤

A 17th-century statue of Hercules that stands in the lower lake ②

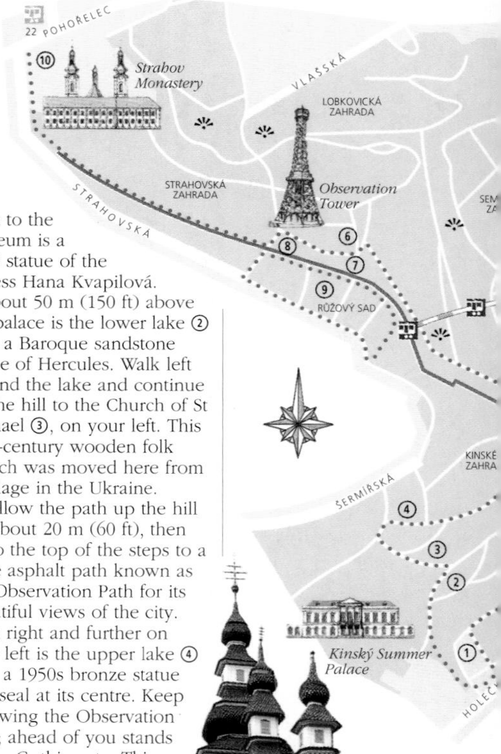

Kinský Square to Hunger Wall

The walk starts at náměstí Kinských in Smíchov. Enter Kinský Garden through a large enclosed gateway. This English-style garden was founded in 1827 and named after the wealthy Kinský family, supporters of Czech culture in the 19th century.

Take the wide asphalt path on your left to the Kinský Summer Palace ①. This 1830s pseudo-classical building was designed by Jindřich Koch and its façade features Ionic columns terminating in a triangular tympanum. Inside the building is a large hall of columns with a triple-branched staircase beautifully-decorated with statues. The Ethnographical Museum is housed here; however, it is closed at present for reconstruction. Next to the museum is a 1913 statue of the actress Hana Kvapilová.

About 50 m (150 ft) above the palace is the lower lake ② with a Baroque sandstone statue of Hercules. Walk left around the lake and continue up the hill to the Church of St Michael ③, on your left. This 18th-century wooden folk church was moved here from a village in the Ukraine.

Follow the path up the hill for about 20 m (60 ft), then go to the top of the steps to a wide asphalt path known as the Observation Path for its beautiful views of the city. Turn right and further on your left is the upper lake ④ with a 1950s bronze statue of a seal at its centre. Keep following the Observation Path; ahead of you stands a Neo-Gothic gate. This allows you to pass through the city's old Baroque fortifications.

Hunger Wall to Observation Tower

Continue along the path to the Hunger Wall ⑤ *(see pp140–41)*. This was a major part of the Little Quarter's fortifications; the wall still runs from Újezd

Church of St Michael ③

Street across Petřín Hill and up to Strahov Monastery. Passing through the gate in the wall brings you to Petřín Park. Take the wide path to the left below the wall and walk up the hill beside the wall until you cross the bridge which spans the funicular railway *(see p141)*. Below on your right you can see the

Sunbathers on Petřín Hill

Nebozízek restaurant *(see p202)* famed for its views. On either side of the path are small sandstone rockeries. Most are entrances to reservoirs, built in the 18th and 19th centuries, to bring water to Strahov Monastery; others are left over from the unsuccessful attempts at mining the area. Walk up to the summit of the hill. On your right is the Mirror Maze ⑥ *(see p140)*. Facing the maze is the 12th-century St Lawrence's Church ⑦ *(see pp140–41)*, renovated in 1740 in the Baroque style.

KEY

- Walk route
- Good viewing point
- Tram stop
- Funicular railway
- Hunger Wall

0 metres 300

0 yards 300

Observation Tower to Strahov Monastery

A little further on stands the Observation Tower ⑧ *(see p140)*. This steel replica of the Eiffel Tower in Paris is 60 m (200 ft) high. Opposite the tower is the main gate of the Hunger Wall. Pass through, turn left and follow the path to the Rose Garden ⑨.

The garden was planted by the city of Prague in 1932, and features a number of attractive sculptures. When you look down to the far end of the garden you can see The Observatory *(see p140)*. This was rebuilt from a municipal building in 1928 by the Czech Astronomical Society and was then modernized in the 1970s. It now houses a huge telescope and is open in the evenings to the public.

Returning to the Observation Tower, follow the wall on the left, passing some chapels of the Stations of the Cross dating from 1834. Then pass through a gap in the Hunger Wall, turn right, and walk past a charming Baroque house. About 50 m (150 ft) beyond this, you pass through another gap in the Hunger Wall on your right. Turn left into a large orchard above Strahov Monastery ⑩ *(see pp120–21)* for spectacular views of Prague. Continue onto a wide path which leads slightly downwards along the wall, through the orchard and past tennis courts to the

Sgraffitoed façade of the Calvary Chapel next to the Church of St Lawrence ⑦

Strahov Monastery courtyard. You can catch tram 22 from here, or linger in the peaceful monastery grounds. If you feel energetic you can walk back down the hill.

Tips for Walkers

Starting point: *náměstí Kinských in Smíchov.*
Length: *2.7 km (1.7 miles). The walk includes steep hills.*
Getting there: *The nearest metro station to the starting point is Anděl. Trams 6, 9 and 12 take you to Kinský Square.*
Stopping-off points: *There is a restaurant, Nebozízek, half way up Petřín Hill and during the summer a few snack bars are open at the summit of the Hill near the Observation Tower.*

Hradčany and the Little Quarter from the summit of Petřín Hill

A 60-Minute Walk in Vyšehrad

ACCORDING TO ANCIENT LEGEND, Vyšehrad was the first seat of Czech royalty. It was from this spot that Princess Libuše is said to have prophesied the future glory of the city of Prague *(see pp20–21)*. However, archaeological research indicates that the first castle on Vyšehrad was not built until the 10th century. The fortress suffered a turbulent history and was rebuilt many times. Today, it is above all a peaceful place with parks and unrivalled views of the Vltava valley and Prague. The fascinating cemetery is the last resting place of many famous Czech writers, actors, artists and musicians.

Decorative sculpture on the Baroque Leopold Gate ⑤

The ruin of Libuše's Baths on the cliff face of Vyšehrad Rock ⑩

V Pevnosti

From Vyšehrad metro ① make your way up the steps facing the metro exit to the complex of the Palace of Culture ② straight ahead. Walk west along its large granite terrace, go down the incline and straight ahead into the quiet street Na Bučance. Turn right at the end, cross the road and you find yourself on V Pevnosti, facing the brick walls of the original Vyšehrad Citadel. Ahead of you is the west entrance to the fortress, the mid-17th-century Tábor Gate ③. Past this gate on the right are the ruins of the 14th-century fortifications built by Charles IV. Further on are the ruins of the original Gothic gate, Špička ④. Pass that and you get to the sculpture-adorned Leopold Gate ⑤, one of the most impressive parts of these 17th-century fortifications. It adjoins the brick walls ⑥ that were widened during the French occupation of 1742.

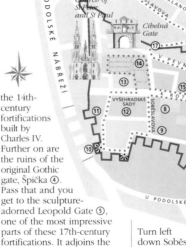

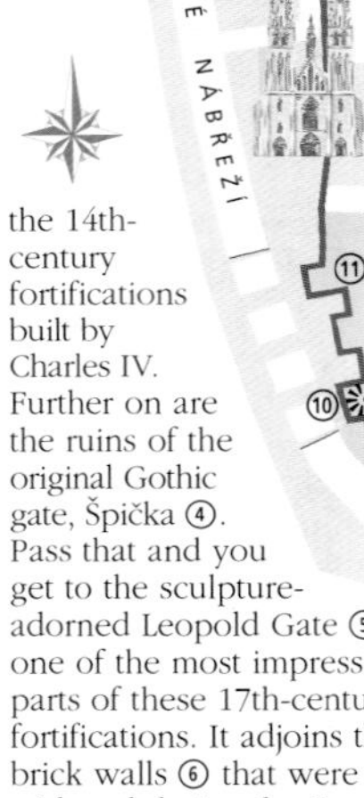

K rotundě to Soběslavova Street

Turn right out of the gate and just after St Martin's Rotunda, turn left into K rotundě. A few metres on your left, almost concealed behind high walls, is the New Deanery, now the Vyšehrad Museum ⑦. This is used to house archaeological remains found around Vyšehrad. Situated at the corner of K rotundě and Soběslavova streets is the Canon's House ⑧.

Turn left down Soběslavova to see the excavations of the foundations of the Basilica of St Lawrence ⑨. This was built by Vratislav II in the late 11th century, but was destroyed by the Hussites *(see pp26–7)* in 1420. At the basilica turn right on to the fortified walls for a stunning view of Prague.

18th-century engraving by I G Ringle, showing Vyšehrad and the Vltava

KEY

- Walk route
- Good viewing point
- Metro station
- Tram stop
- Castle wall

0 metres 200

0 yards 200

The elaborate memorial to the composer Antonín Dvořák in Vyšehrad Cemetery ⑭

Vyšehrad Rock
The wooded outcrop of rock on which Vyšehrad was built drops in the west to form a steep rock wall to the river – a vital defensive position. On the summit of the rock are the Gothic ruins of the so-called Libuše's Baths ⑩. This was a defence bastion of the medieval castle. Further on your left is a grassy patch where the remains of a 14th-century Gothic palace ⑪ have been found.

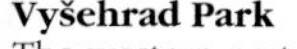

Vyšehrad Park
The western part of Vyšehrad has been transformed into a park. Standing on the lawn south of the Church of St Peter and St Paul are four groups of statues ⑫ by the 19th-century sculptor Josef Myslbek. The works represent figures from early Czech history – including the legendary Přemysl and Libuše *(see pp20–21)*. The statues were originally on Palacký Bridge, but were damaged during the US bombardment of February 1945. After being restored, they were taken to Vyšehrad Park. The park was the site of a Romanesque palace, which was connected by a bridge to the neighbouring church. Another palace was built here in the reign of Charles IV *(see pp24–5)*.

Statue of Přemysl and Princess Libuše by Josef Myslbek in Vyšehrad Park ⑫

The Church of St Peter and St Paul
This twin-spired church ⑬ totally dominates Vyšehrad. It was founded in the latter half of the 11th century by Prince Vratislav II and was enlarged in 1129. In the mid-13th century it burned down and was replaced by an Early Gothic church. Since then it has been redecorated and restored many times in a variety of styles. In 1885, it was finally rebuilt in Neo-Gothic style, the twin steeples being added in 1902. Note the early-12th-century stone coffin, thought to be of St Longinus, and a mid-14th-century Gothic panel painting *Our Lady of the Rains* on the altar in the third chapel on the right.

Vyšehrad Cemetery and the Pantheon
The cemetery ⑭ was founded in 1869 as the burial place for some of the country's most famous figures, such as Bedřich Smetana *(see p79)*. Access is through a gate to the right of the church. On the east side of the cemetery is the Slavín (Pantheon) – a great tomb built in 1890 for the most honoured personalities of the Czech nation, including the sculptor Josef Myslbek.

Leave the cemetery by the same gate and walk back down K rotundě. On your left is the Devil's Column ⑮, said to be left by the devil after losing a wager with a priest. At the end of this street is St Martin's Rotunda *(see p44)* ⑯. This is a small Romanesque church built at the end of the 11th century and restored in 1878. Turn left, walk downhill through the Cihelná (Brick) Gate ⑰, which was built in 1741, and down Vratislavova Street to the Výtoň tram stop on the Vltava Embankment.

The Neo-Gothic Church of St Peter and St Paul ⑬

TIPS FOR WALKERS

Starting point: *Vyšehrad metro station, line C.*
Length: *1.5 km (1 mile).*
Getting there: *The walk starts from Vyšehrad metro station and ends at No. 17 tram which takes you back to the city centre.*
Stopping-off points: *The park in front of the church of St Peter and St Paul is a lovely place to relax. There is a café opposite the Basilica of St Lawrence.*

Travellers' Needs

Where to Stay

Since the "Velvet Revolution" of 1989, Prague has become one of the most visited cities in Europe. Despite investment in new hotels, helped by huge injections of foreign capital, the city is struggling to meet the demand for accommodation. Many old hotels have been rebuilt; others have just re-vamped the reception area, and the impression quickly fades as you climb the stairs. Most of the renovated hotels are as smart as any in Europe – and often just as expensive. Unfortunately there is little for the budget traveller. The few cheap hotels tend to be old-fashioned places in the centre of the city or smaller, pension-type hotels in the suburbs. We have inspected over 100 hotels in every price bracket and on pages 187–9 recommend 30 that offer good value. The chart on page 186 will help you select a hotel. A cheap alternative is to stay in a flat or a room in a private home, which is usually booked by an agency *(see p184)*. Hostels and campsites offer other budget options *(see p185)*.

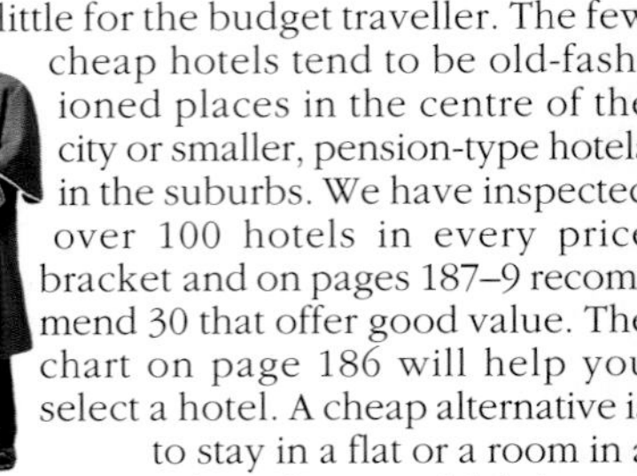

Doorman at the exclusive Palace hotel *(see p189)*

The elegant Ungelt hotel *(see p187)*

Where to Look

As Prague is such a small city, it is best to stay near the centre close to all the main sights, restaurants and shops. Most hotels are found around Wenceslas Square. Here you are at the hub of everything, and the prices of some (but not all) of the hotels reflect this. Another popular area is the nearby Náměstí Republiky, but the best area is around Old Town Square, a few minutes' walk from Charles Bridge. Hotels here include large, international establishments, old-fashioned Czech places, and some small, much more exclusive hotels.

To the south, in the New Town, there are a few cheaper hotels only a few metro stops from Old Town Square. But the area is less picturesque and some of the streets suffer from heavy volumes of traffic. For a view of the river Vltava, stay in the Jewish Quarter, although most hotels here are new and expensive. There are also a few botels (floating hotels) moored along the embankments away from the city centre. They are a bit cheaper, but the small cabins are very cramped and uncomfortable, and most of the boats would benefit from some renovation.

Over Charles Bridge, in the Little Quarter, you will find a handful of interesting hotels in delightful surroundings, but there are far fewer by Prague Castle in Hradčany. Further north of this area, there are some large and particularly unappealing hotels. The city's suburbs too, have a number of rather nondescript places a few of these being new. These have some good facilities, but are often as expensive as their equivalents in the centre with the added inconvenience of travelling time and cost – the metro stops at midnight and taxis can become expensive.

How to Book

Trying to book hotels in Prague in advance can be frustrating. Most middle-range hotels have a contracted room allocation with a tour operator. If no other rooms are available, the hotel will ask you to call a week or two before you travel, by which time they will know if the rooms have been filled by tour groups. This may be nerve-racking for those who prefer to book in advance. It is important to receive written confirmation of your booking by letter or

Pool-side bar at the luxury Praha Renaissance *(see p187)*

fax. This can save trouble on arrival. Phone and fax communication with the Czech Republic has improved over the last few years, but the response from hotels can still be slow. If you would like to let someone else make the arrangements, a number of UK tour operators specialize in Prague *(see p184)*.

Facilities

Following the refurbishment programme, most rooms now have en suite WC and shower or bath, telephone and TV, which may also offer video and satellite channels. Many hotels offer a reasonably-priced laundry service, and the larger hotels usually have 24-hour room service and mini bars. Guests are expected to vacate rooms by midday, but most hotels are happy to keep luggage safe if you are leaving later. Foreign-owned hotels sometimes import managers, but the Czech staff generally speak good English so you should encounter few communication problems.

Discount Rates

The price structure for hotels in Prague is fairly flexible, but unfortunately not to the tourist's advantage. Rooms are usually twice as expensive for foreigners as for nationals, whether booked independently or through a tour operator. The only way to get a cheap rate is to turn up at the hotel and negotiate. The popular seasons are Christmas and New Year, and between Easter and October, when rooms are often hard to find.

Hidden Extras

Most hotels include tax (currently at 23%) and service charges in their tariff, but do check these details when you book. Telephone charges can be a shock when you receive your bill so be aware of the mark-up rate. A number of telephone boxes in the city take international phone cards and credit cards; they will cost you much less *(see p224)*. Some expensive hotels charge an extra fee for breakfast, others include a continental breakfast, but hot dishes cost extra. Buffet-style continental breakfasts are popular, and usually offer fresh fruit, cereals, yogurt, muesli, cold meat and cheese, and juice, jugs of coffee and tea.

Tipping is now common and is expected in all hotels. As in most countries, single travellers receive no favours. There are few single rooms, particularly in newer hotels, and a supplement is charged for single occupancy of a double room; expect to pay about 80% of the standard rate.

The Paříž is a national monument *(see p187)*

The ultra-modern Atrium hotel dominates the area *(see p189)*

Disabled Travellers

Wheelchair accessibility to hotels on pages 187–9 represents each hotel's own assessment. For information on accommodation for the disabled, write to the Czech Association of Persons with Disabilities *(see p226)*, or contact the Embassy of the Czech Republic in your country.

Travelling with Children

Children are accommodated by most hotels, either in family rooms or with extra beds, but Prague is not geared to their needs. Hotel breakfasts offer plenty of choice, and although all the fresh milk is pasteurized, hotels also provide long life milk. Few places offer high-chairs or baby-sitters. It is worth asking if there are discounts, or if children can stay free in parents' rooms.

Directory

UK Agencies

British Airways Holidays
London Road,
Crawley, West Sussex
RH10 2XA.
☎ *01293 437100.*
FAX *01293 722733.*

Čedok Tours
53–54 Haymarket,
London
SW1Y 4RP.
☎ *020 7580 3778.*
FAX *020 7580 3779.*

Cresta Holidays
Tabley Court,
32 Victoria Street,
Altrincham,
Cheshire WA14 1E2.
☎ *0161 927 7000.*
FAX *0870 169 0797.*

Crystal Holidays
Kings Place,
Wood Street,
Kingston-upon-Thames,
Surrey KT1 1JY.
☎ *020 8241 5040.*
FAX *0870 888 0243.*

Czech Tourist Centre
16 Frognal Parade,
Finchley Road,
London NW3 5HG.
☎ *020 7794 3263.*
FAX *020 7794 3265.*

JMB "Opera Holidays"
Suite 4, Hightree House,
4 Cromwell Rd,
Worcester, WR1 4QJ.
☎ *01905 425628.*

Osprey Holidays
Broughton Market,
Edinburgh
EH3 6NU.
☎ *0131 557 1555.*
FAX *0131 557 1676.*

Page & Moy Ltd.
136 & 140 London Road,
Leicester
LE2 1EN.
☎ *0116 250 7000.*
FAX *0870 010 6449.*

Peltours
Sovereign House,
3 Albert Place, Finchley,
London N3 1UX.
☎ *020 8346 9144.*
FAX *020 8343 0579.*

Prospect Music and Art Tours
36 Manchester Street,
London W1M 5PE.
☎ *020 7486 5704.*
FAX *020 7486 5868.*

Thomson Tour Operations Holiday Shop
Albert House,
Tindall Bridge,
Edward Street,
Birmingham B1 2RA.
☎ *0121 252 3669.*
FAX *0121 236 7030.*

Travelscene
Travelscene House
11–15 St Ann's Road,
Harrow,
Middlesex
HA1 1LQ.
☎ *020 8427 4445.*
FAX *020 8861 4154.*

US Agencies

Central Europe Holidays
50 E. 42nd St.
NY NY.
10016.
☎ *212 689 9720.*
FAX *212 213 4461.*
W www.tourdeal.com

Duna Travel Inc.
215 E. 82nd St.
New York
NY. 10028.
☎ *212 737 0150.*
W www.duna@hhrf.org

Flats and Rooms in Private Homes

In UK

The Czechbook
Jopes Mill,
Trebrownbridge,
Nr. Liskard,
Cornwall PL14 3PX.
☎ & FAX *01503 240629.*

Regent Holidays
15 John Street,
Bristol BS1 2HR.
☎ *0117 921 1711.*
FAX *0117 925 4866.*

Rose Jackson Travel
PO Box 13664,
London SW14 8WD.
☎ *020 8878 0088.*
FAX *020 8878 0464.*

In Prague

Akasi
Václavské náměstí 17.
Map 3 C3.
☎ *24 23 61 18.*
FAX *24 23 72 35.*

American Express Travel Service
Václavské náměstí 56.
Map 3 C5.
☎ *22 21 01 06.*
FAX *22 21 11 31.*

Autotourist Travel Agency
Londýnská 62.
Map 6 F4.
☎ *22 51 20 53.*
FAX *22 52 02 42.*

AVE Ltd
Hlavní nádraží (main station).
Map 4 E5.
☎ *24 22 32 26.*
FAX *24 23 07 83, 51 55 50 05.*

Čedok
Na příkopě 18.
Map 4 D4.
☎ *24 19 71 11.*
FAX *22 24 44 21*

Estec
Vaníčkova 5, Prague 6.
☎ *57 21 04 10.*
FAX *57 21 52 63.*

Pragotur
Za Poříčskou Branou 7.
Map 4 D3.
☎ *21 71 41 30.*
FAX *21 71 41 27.*

Prague Information Service (PIS)
Na příkopě 20.
Map 3 C4.
☎ *12 444.*
@ tourinfo@pis.cz
W www.pis.cz

Staroměstské náměstí 1.
Map 3 B3.
☎ *54 44 44.*

Hlavní nádraží (main station).
Map 4 E5.

Tom's Travel
Ostrovní 1.
Map 3 B5.
☎ *24 99 09 90.*
FAX *24 99 09 99.*

Top Tour
Rybná 3. **Map** 3 C2.
☎ *232 10 77.*
FAX *24 81 14 00.*
Registration charge.

Travel Agency of České Dráhy
Hybernská 5. **Map** 3 C4.
☎ *24 22 58 49.*
FAX *24 22 36 00.*

Hostels

CKM Youth Agency
Mánesova 27.
Map 6 E1.
☎ *22 72 15 95.*
FAX *627 41 41.*

Koleje a Menzy
Opletalova 38.
Map 4 D5.
☎ *22 24 25 34.*
FAX *24 21 22 90.*

Camping

Aritma Džbán
Kemp Džbán 3,
Vokovice.
☎ *35 35 90 06.*
FAX *35 35 13 65.*
***Open** all year.*

Kotva Braník
U ledáren 55,
Braník.
☎ *44 46 17 12.*
FAX *44 46 61 10.*
***Open** Apr–Oct.*

Troja
Trojská 157, Troja.
☎ *83 85 04 87.*
FAX *854 29 45.*
***Open** all year.*

Disabled Travellers

Czech Association of Persons with Disabilities
Karlínské náměstí 12,
Prague 8.
☎ *24 81 59 15.*
FAX *24 81 68 35, 24 81 59 14.*

Embassy of the Czech Republic
26 Kensington Palace Gardens,
London W8 4QY.
☎ *020 7243 1115.*
FAX *020 7727 9654.*

Pension Páv, in a quiet street of a historic neighbourhood *(see p188)*

Private Rooms and Self-Catering Apartments

Over the past few years, the number of private rooms to rent in Prague has grown enormously. Although cheap and popular, they may be some distance from the centre. Private rooms in homes start at about Kč600 per person per night, usually with breakfast. There are also self-contained apartments – a fairly central one-bedroom apartment costs about Kč2,200 per night. Most agencies that offer private rooms also rent out apartments *(see Directory opposite).*

To book a room or apartment, tell the agency exactly what you want, for how many, when and in which area. The agency will suggest places. Find out the exact location and the nearest metro before accepting; if you are in Prague, see it yourself. Make sure you receive written or faxed confirmation of a booking to take with you. On arrival in Prague, pay the agency in cash; they give you a voucher to take to the room or apartment (sometimes you can pay the owner directly). If the agency requires advance payment by banker's draft or Eurocheque, go direct to the accommodation with your receipt. Agencies may ask for a deposit on bookings from abroad, or charge a registration fee payable in Prague.

Hostels

There aren't many hostels in Prague, but the CKM Youth Agency in the New Town provides up-to-date information on availability. The official IYHF hostel is the Juniorhotel, also in the New Town. It offers basic but clean, cheap accommodation, with reductions for members.

Camping

Most campsites in or near Prague are closed from November to the start of April. They are very cheap with basic facilities, but are well served by transport. The largest site is at Troja *(see pp164–5)*, 3 km (1.5 miles) north of the centre. Aritma Džbán, 4 km (2.5 miles) west, is open all year for tents, and Kotva Braník is 6 km (4 miles) south of the city on the banks of the Vltava. For details contact the PIS *(see Directory opposite).*

The smartly refurbished City Hotel Moran *(see p188)*

Using the Listings

The hotels on pages 187–9 are listed according to area and price category. The symbols summarize the facilities at each hotel.

all rooms have bath and/or shower, unless otherwise indicated
1 single-rate rooms available
rooms for more than two people available, or an extra bed can be put in a double room
24 24-hour room service
TV television in all rooms
non-smoking rooms available
rooms with good views
air-conditioning in all rooms
gym/fitness facilities
swimming pool in hotel
business facilities: message-taking service, fax machine for guests, desk and telephone in all rooms and a meeting room within the hotel
children's facilities: cots
wheelchair access
lift
P hotel parking available
gardens/grounds
bar
restaurant
tourist information point
credit and charge cards accepted:
AE American Express
DC Diners Club
MC Mastercard/Access
V Visa
JCB Japanese Credit Bureau

Price categories for a standard double room per night, including breakfast, tax and service:
(Kč) Kč up to 4,000
(Kč)(Kč) Kč4–5,000
(Kč)(Kč)(Kč) Kč5–6,000
(Kč)(Kč)(Kč)(Kč) Kč6–7,000
(Kč)(Kč)(Kč)(Kč)(Kč) over Kč7,000

Choosing a Hotel

THE HOTELS LISTED on the following pages have all been inspected and assessed. This chart shows some of the factors which may affect your hotel choice. For more information on each hotel see pages 187–9. The hotels are listed by area and appear alphabetically within their price categories.

Hotel	Price	Number of Rooms	Large Rooms	Business Facilities	Children's Facilities	Recommended Restaurant	Close to Shops and Restaurants	Quiet Location	24-Hour Room Service
Old Town *(see p187)*									
Axa	Ⓚ	131	●	■					
Atlantic	Ⓚ	60	●				●		
Central	Ⓚ	68	●				●	■	
Harmony	ⓀⓀ	60	●	■			●		
Meteor	ⓀⓀⓀⓀ	88	●			■	●		
Praha Renaissance	ⓀⓀⓀⓀ	309	●	■	●		●		
Ungelt	ⓀⓀⓀⓀ	9	●	■			●	■	●
Paříž	ⓀⓀⓀⓀⓀ	98	●	■		■	●		●
Jewish Quarter *(see p187)*									
Intercontinental	ⓀⓀⓀⓀⓀ	364	●	■			●		●
President	ⓀⓀⓀⓀⓀ	100		■			●		
Little Quarter *(see p187–8)*									
Kampa	ⓀⓀⓀ	83	●				●	■	
U Páva	ⓀⓀⓀⓀ	11	●	■			●	■	
U Tří pštrosů	ⓀⓀⓀⓀⓀ	18	●			■	●		
New Town *(see p188–9)*									
Luník	Ⓚ	35	●				●	■	
Evropa	Ⓚ	85	●	■			●		
Pension Páv	Ⓚ	8	●	■				■	●
Adria	ⓀⓀⓀⓀ	66	●				●		●
City Hotel Moráň	ⓀⓀⓀⓀ	57	●					■	
Interhotel Ambassador and Zlatá Husa	ⓀⓀⓀⓀ	174	●	■			●		●
Esplanade	ⓀⓀⓀⓀⓀ	74	●	■			●	■	●
Jalta Praha	ⓀⓀⓀⓀⓀ	89	●	■	●		●		●
Palace	ⓀⓀⓀⓀⓀ	124	●	■			●	■	●
Further Afield *(see p189)*									
Belvedere	Ⓚ	142	●	■			●		●
Carol	Ⓚ	40	●	■	●				●
Esprit	Ⓚ	63	●					■	
Praha	ⓀⓀⓀⓀ	124	●	■				■	●
Atrium Hilton	ⓀⓀⓀⓀⓀ	800	●	■					●
Corinthia Towers	ⓀⓀⓀⓀⓀ	551	●	■	●	■	●		●
Diplomat Praha	ⓀⓀⓀⓀⓀ	382	●	■	●				

Price categories for a double room per night in high season, with breakfast, tax and service:
Ⓚ Kč up to 4,000
ⓀⓀ Kč4–5,000
ⓀⓀⓀ Kč5–6,000
ⓀⓀⓀⓀ Kč6–7,000
ⓀⓀⓀⓀⓀ over Kč7,000

Close to Shops and Restaurants
Within a 5-minute walk of good shops, bars, cafés and restaurants.

Business Facilities
(see p185).

Children's Facilities
(see p185).

Old Town

Axa

Na poříčí 40, 110 00 Praha 1. **Map** 4 E3. *24 81 25 80.* FAX *24 21 44 89. **Rooms:** 131.* *AE, DC, MC, V.* Ⓚ

This old-style hotel opposite the Harmony is slightly dispiriting, yet reasonably priced and central. The rather uninviting exterior opens into a clean, efficient entrance hall. All the rooms have been renovated. A large open-plan public restaurant and bar overlooks the road. It is light and airy, but lacks character. The big bonus is the basement swimming pool.

Atlantic

Na poříčí 9, 110 00 Praha 1. **Map** 4 D3. *24 81 10 84.* FAX *24 81 23 78. **Rooms:** 60.* *AE, DC, MC, V, JCB.* Ⓚ

A few minutes walk from Náměstí Republiky along a busy road, this hotel is well placed for exploring the city. Reconstructed in 1988–9, it is neat and modern, if lacking in character, and the bedrooms are functional and comfortable enough, with most facilities. The restaurant overlooks the main road and at the back there is a bistro cum bar serving lighter snacks and drinks.

Central

Rybná 8, 110 00 Praha 1. **Map** 3 C2. *24 81 20 41.* FAX *232 84 04. **Rooms:** 68.* *breakfast only.* *AE, MC, JMB, V.* Ⓚ

The chief advantage of the Central is its location. Situated in a quiet backstreet with a minimal outlook, it is an old-style hotel, with reasonable prices. The lobby and reception have had a cursory face-lift, but this fades as you climb the stairs. The bedrooms, though old-fashioned and a bit rickety, are neat and clean with a mix of old and new furniture. The small bathrooms are immaculate.

Harmony

Na poříčí 31, 110 00 Praha 1. **Map** 4 E3. *232 00 16,* FAX *231 00 09. **Rooms:** 60.* *AE, DC, MC, V.* Ⓚ

Not far from the Atlantic, the Harmony is in pristine condition after complete reconstruction. A compact place, it is run by young, friendly staff. Two small restaurants, one with tables on the pavement, give a choice of Czech or international cuisine.

Meteor

Hybernská 6, 110 00 Praha 1. **Map** 4 D3. *24 19 21 11.* FAX *24 21 30 05.* ***Rooms:** 88.* *AE, DC, MC, V.* ⓀⓀⓀⓀ

Though part of the international Best Western group, the Meteor still has a cosy, old-fashioned feel. Some parts are slightly scruffy, but most of it has been well modernized and made comfortable. Many of the bedrooms are on the small side, as are the marble showers. In the cellar there is an attractive restaurant.

Praha Renaissance

V celnici, PO Box 726, 110 00 Praha 1. **Map** 4 E3. *21 82 21 00.* FAX *21 82 23 33. **Rooms:** 309.* *AE, DC, V, JCB.* ⓀⓀⓀⓀ

The gleaming glass front of this smart new hotel takes over one corner of Náměstí Republiky. Young men in bright uniforms buzz around the guests, giving friendly and efficient service. The luxurious bedrooms include soft furnishings, plump bedcovers and fluffy bathrobes. There is a choice of restaurants, a beer hall and a very smart pool and health club.

Ungelt

Štupartská 7, 110 00 Praha 1. **Map** 3 C3. *24 82 86 86.* FAX *24 82 81 81. **Rooms:** 9.* *AE, MC, V.* ⓀⓀⓀⓀ

Tucked away in a quiet street just behind the Old Town Square, this discreet, elegant hotel has an air of exclusivity. The accommodation is in suites, simply but stylishly fitted out with spacious, airy rooms and useful kitchenettes. Some of the rooms feature magnificent wooden ceilings. The restaurant is neat and simple with plain wooden chairs on a marble floor softened with rugs, and there is a shady terrace.

Paříž

U Obecního domu 1, 110 00 Praha 1. **Map** 4 D3. *24 22 21 51.* FAX *24 22 54 75. **Rooms:** 98.* *AE, DC, MC, V.* ⓀⓀⓀⓀⓀ

This turn-of-the-century hotel just off Náměstí Republiky was built by the celebrated architect Jan Vejrych. A Neo-Gothic building with Art Nouveau elements, it was declared a historic monument in 1984 and displays examples of beautiful craftsmanship. The restaurant is particularly attractive, with superb doors and fine decoration on the ceiling. The rooms have been well modernized in international style – that is, fairly characterless but extremely comfortable – and everything is in pristine condition.

Jewish Quarter

Intercontinental

Náměstí Curieových 43–45, 110 00 Praha 1. **Map** 3 B2. *24 88 11 11.* FAX *24 81 00 71. **Rooms:** 364.* *AE, MC, DC, V, JCB.* ⓀⓀⓀⓀⓀ

An imposing 1970s building set right on the bank of the Vltava, this hotel is catching up with the competition by adding health and fitness facilities and a swimming pool. There is nothing particularly Czech about the place, but it is a good example of a five-star international hotel. Many of the rooms have lovely views over the river, but although comfortable enough, they are hardly inspired, the best features being the chic grey marble bathrooms.

President

Náměstí Curieových 100, 116 88 Praha 1. **Map** 3 B2. *231 48 12.* FAX *22 31 66 36. **Rooms:** 100.* *AE, DC, MC, V, JCB.* ⓀⓀⓀⓀⓀ

The central location more than compensates for the President's aesthetic shortcomings. Built over 20 years ago for trade unionists, it has been thoroughly refurbished internally and is comfortable, if slightly package-tour-like. The bustling centre of the hotel is its large, airy reception area with lots of sofas, rugs and some bright original paintings. There is a choice of two restaurants, one Czech and one "international", and a roof terrace where, drink in hand, you can enjoy the view across the Vltava to Prague castle.

Little Quarter

Kampa

Všehrdova 16, 118 00 Praha 1. **Map** 2 E5. *57 32 04 04.* FAX *71 75 02 74. **Rooms:** 83.* *AE, DC, MC, V.* ⓀⓀⓀ

Built originally as an armoury at the beginning of the 17th century, the Kampa opened recently as a hotel after a complete renovation. Five minutes from Charles Bridge, it is tucked away in a peaceful side street, surrounded by trees and gardens. In the large reception hall, a bar and restaurant are combined under a huge Baroque vaulted

For key to symbols *see p185*

ceiling. The effect is far from cosy, and the whole hotel has a slightly institutional feel but it is excellent value. The decor and furnishings are simple and the bedrooms are immaculately clean and neat with whitewashed walls, plain curtains and dark wooden furniture.

U Páva

U lužického semináře 32, 110 00 Praha 1. **Map** 2 F3. *57 32 07 43.* FAX *57 53 09 19.* ***Rooms:*** *11.* *AE, MC, V.*

U Páva translated means "At The Peacock". The hotel is only a few minutes walk from Charles Bridge through a pretty, quiet part of the Little Quarter. It provides a smart and stylish stay. The historical features of the house have been enhanced by traditional dark wooden furniture, crystal chandeliers and attractive rugs. Lots of personal touches give it an original and individual feel and the bedrooms, similarly furnished, are both spacious and comfortable.

U Tří pštrosů

Dražického náměstí 12, 118 00 Praha 1. **Map** 2 F3. *57 53 24 10.* FAX *57 53 32 17.* ***Rooms:*** *18.* *AE, V, MC.*

Just beside Charles Bridge, the hotel "At The Three Ostriches" began life as the home of Jan Fux, a dealer in ostrich feathers (*see p134*). It is one of the best known hotel/ restaurants in Prague. Family run, the place has a special, intimate atmosphere and refuses to get involved with tour operators. The restaurant has an excellent reputation, so book ahead. The bedrooms have recently been refurbished and are extremely spacious and comfortable, and have been decorated in keeping with the style of the place.

NEW TOWN

Luník

Londýnská 50, 120 00 Praha 2. **Map** 6 E2. *24 25 39 74.* FAX *24 25 39 86.* ***Rooms:*** *35.* *MC, V, JCB, AE.*

Located in a quiet street lined with trees, the Luník is 15 minutes' walk or two metro stops from Wenceslas Square, but well worth it for the price. The hotel is in immaculate condition. There is simple but smart decor throughout with whitewashed walls and good quality wooden furnishings. Bedrooms are pristine, albeit rather small and functional, with few frills but every necessity.

Evropa

Václavské náměstí 25, 110 00 Praha 1. **Map** 4 D5. *24 22 81 17.* FAX *24 22 45 44.* ***Rooms:*** *85.* *30.* *AE, DC, MC, V.*

The Evropa's exterior outshines its neighbours in Wenceslas Square. It is the city's most beautiful hotel, with superb Art Nouveau decor. The wonderful old dining room boasts stunning glasswork and the hotel's café/bar is the most famous in Prague (*see p146*). It remains reasonably priced. Yet the bedrooms are disappointing. Each one varies enormously in size, style and facilities; the best are on the first and second floors, with French windows and high ceilings. But even these are not grand – the furniture is a mish-mash of pieces dating from the 1970s and earlier, and the bathrooms, where they exist, are pretty basic.

Pension Páv

Křemencova 13, 110 00 Praha 1. **Map** 5 B1. *24 91 28 93.* FAX *24 91 05 74.* ***Rooms:*** *8.*

Located in a fairly quiet street in a historic part of Prague, this hotel is a compact place with just a few rooms and apartments. These are simple but quite stylishly decorated, and all are of a good size. The pension has its own cosy bar and a reasonable restaurant; both are ideal for those evenings when you feel too exhausted to venture out.

Adria

Václavské náměstí 26, 110 00 Praha 1. **Map** 4 D5. *21 08 11 11.* FAX *21 08 13 00.* ***Rooms:*** *66.* *AE, DC, MC, V, JCB.*

The Adria is bright and chic with a dazzling yellow awning above its entrance on Wenceslas Square. Electric doors slide back to admit you to the marble-tiled reception. Clever use of glass and mirrors make this seem bigger than it is and with plenty of gleaming brass the overwhelming impression is light and up-beat. The bedrooms are also bright and cheery with yellow walls and smartly co-ordinated furnishings.

City Hotel Moráň

Na Moráni 15, 120 00 Praha 2. **Map** 5 A3. *24 91 52 08.* FAX *24 92 06 25.* TX *12 21 34.* ***Rooms:*** *57.* *AE, DC, MC, V.*

The City Hotel Moráň is another reconstruction made to meet the higher standards of today's visitors to Prague. It has been beautifully decorated in an understated style with whitewashed walls with soft green carpets in some areas, smart sofas and chairs on pale marble floors in others. There is also a smart café/ restaurant and bar overlooking the street. Although the bedrooms vary in size, the standard of comfort is high throughout: equipped with all the conveniences you would expect to find in a modernized hotel.

Interhotel Ambassador/ Zlatá Husa

Václavské náměstí 5–7, 110 00 Praha 1. **Map** 3 C5. *24 19 31 11/ 24 21 21 85.* FAX *24 23 06 20/24 22 61 67.* ***Rooms:*** *174.* *AE, DC, MC, V.*

In the centre of Wenceslas Square, neighbouring hotels are now under the same ownership. The result is rather a muddle, but it gives you a choice of bars and restaurants, some of which stay open until midnight or later, without having to leave the building. The lounge and reception areas are rather scruffy and old-fashioned, but the other public rooms are comfortable. All the bedrooms are the same price but the standard varies a lot, so insist on a recently refurbished room.

Esplanade

Washingtonova 19, 110 00 Praha 1. **Map** 4 E5. *24 21 17 15.* FAX *24 22 93 06.* ***Rooms:*** *74.* *AE, DC, MC, V, JCB.*

This refined, almost stately hotel is run with old-fashioned service and courtesy. The location in a wide tree-lined street just off Wenceslas Square is marred by the view of a freeway, but you are not aware of this once inside. Built early this century, the hotel has high ceilings with some glorious Art Nouveau features. There are two restaurants: the rather bizarre one down in the basement has the advantage of staying open till 2am – extremely useful after operas or concerts and very unusual for Prague. The decoration of the rooms varies, but each is large and comfortable.

Jalta Praha

Václavské náměstí 45, 110 00 Praha 1. **Map** 4 D5. *22 82 21 11.* FAX *24 21 38 66.* ***Rooms:*** *89.* *AE, DC, MC, V, JCB.*

One of Prague's old-fashioned hotels, the Jalta Praha has a central position on Wenceslas Square. The reception is chillingly unadorned with just a small desk at one end. Other parts of the hotel, however, have undergone some reconstruction: the exterior has been renovated and the main restaurant redesigned. The bedrooms have also been refurbished. They are comfortable, good-sized rooms that are attractively decorated, with modern bathrooms attached.

Palace

Panská 12, 110 00 Praha 1. **Map** 4 D4. *24 09 31 11.* FAX *24 22 12 40.* TX *12 33 37.* ***Rooms:*** *124.* *AE, DC, MC, V, JCB.* ⓚⓚⓚⓚⓚ

A short walk from Wenceslas Square, located in a quiet side street, this hotel reopened in 1989 after a complete refurbishment. The unusual mixture of styles – modern, Art Nouveau and traditional – with lashings of brass, glass, mirrors and fake flowers, may not be to everyone's taste, and in places the decor does go a touch over the top, but the hotel succeeds in its aim to provide any luxury its guests may require.

FURTHER AFIELD

Belvedere

Milady Horákové 19, 170 00 Praha 7. *20 10 61 11.* FAX *33 37 44 71.* ***Rooms:*** *142.* *AE, DC, MC, V, JCB.* ⓚ

Just one metro stop north from Florenc, this area buzzes with activity – shops, restaurants, cafés. It has a life very much of its own, and shows you a more intimate side of Prague. The hotel is on a main corner and the bar/café opens onto the street. It is a friendly, relaxed place, and popular with groups. Although there is nothing special about the hotel itself which can be slightly gloomy, it is clean, neat, reasonably central and moderately priced. The rooms are simple but comfortable, with good modern shower rooms.

Carol

Kurta Konráda 547 / 12, 190 Praha 9. *66 31 13 16.* FAX *684 42 76.* ***Rooms:*** *40.* *AE, DC, MC, V, JCB.* ⓚ

This hotel is Dutch owned, which perhaps explains why the simple, but chic restaurant and bar often remain open until 11pm and 3am respectively. It isn't exactly a pit of reckless hedonism and sybaritic shenanigans, but the atmosphere is relatively relaxed for Prague. Bedrooms continue the somewhat minimalist decor, but are immaculate and comfortable. Like its neighbour the Esprit, its only real disadvantage is its distance from the city centre, but, of course, that weakness can easily become a strength.

Esprit

Lihovarská 1098, 190 00 Praha 9. *683 04 55.* FAX *684 59 17.* ***Rooms:*** *63.* *AE, V,.* ⓚ

The owners of this neat, modern hotel have converted the house next door, adding 10 bedrooms to its capacity. The breakfast-room/bar/restaurant is cheerfully decorated and kept pristine. The well-kept bedrooms are simple but smart with pine furniture, whitewashed walls and pale cotton duvet covers - hot in winter, cool in summer. The hotel's only possible drawback is its distance from the centre of Prague: a 10-minute walk from the last stop on the metro B line, and 5 minutes from a direct bus route in an area of uninspiring, dusty, residential suburbs. But, of course, it is also quite peaceful. If you can, avoid booking this hotel through a travel agent, as it will have the effect of almost doubling the price.

Praha

Sušická 20, 166 35 Praha 6. *24 34 11 11.* FAX *24 31 12 18.* ***Rooms:*** *124.* *AE, DC, MC, V, JCB.* ⓚⓚⓚⓚ

If you can't bear the noise of traffic or city smells 24 hours a day, then this large modern hotel surrounded by lovely gardens may be the place for you. Its disadvantage, apart from the price, is that it is a fair distance from the centre. Some way beyond the last metro stop on the A line, it is a good 15 minute walk to the nearest bus stop. But once at the hotel you will find that it has all the facilites you would expect of a big, modern hotel. It is actually less huge than it looks because all the bedrooms have a view towards the city and are a generous size. All that it offers in space, with acres of empty marble floors and small clusters of modern seating, it lacks in atmosphere. It is however, effeciently run and comfortable, if slightly clinical.

"Atrium Hilton"

Pobřežní 1, 186 00 Praha 8. **Map** 4 F2. *24 84 11 11.* FAX *24 84 23 78.* ***Rooms:*** *800.* *AE, DC, V, JCB.* ⓚⓚⓚⓚⓚ

The first atrium-type hotel to be built in the Czech Republic, this gleaming building stands out like a beacon of modernity against the background of the surrounding drab apartment buildings. French-owned and designed, it is the biggest hotel in the country, and despite the huge size, it does have a certain style. Sit in the airy, marble hall surrounded by plants and allow yourself to be lulled by the sound of running water and watch the transparent lift capsules zoom quaking residents up and down the atrium. The bedrooms are tastefully decorated with all the comforts you would expect to find in a large international hotel. In fact, you could be in any such hotel anywhere in the world.

Corinthia Towers

Kongresová 1, 140 69 Praha 4. *61 19 12 18.* FAX *61 21 16 73.* TX *12 21 00.* ***Rooms:*** *551.* *AE, DC, MC, V, JCB.* ⓚⓚⓚⓚⓚ

Situated beside the Vyšehrad metro stop, the Corinthia Towers is only a few minutes' from the city centre. Built in 1988 as a modern high-rise filled with glass, brass and marble, it features an impressive sports and health centre and a beautiful indoor swimming pool with stunning views over the city. Sit in the lounge on roomy leather sofas and watch the water cascade from the marble fountain, or choose to eat in either the French or Czech restaurants or the snack bar. The good-sized bedrooms are all well decorated and comfortable.

Diplomat Praha

Evropská 15, 160 00 Praha 6. *24 39 41 11.* FAX *24 39 42 15.* ***Rooms:*** *382.* *AE, DC, MC, V, JCB.* ⓚⓚⓚⓚⓚ

This hotel is located right at the end of metro line A, but is only 12 minutes from the city centre. It opened in 1990 and still looks and feels very new, with lots of shiny marble and brass, and huge open spaces. Very efficiently run by Austrians, the hotel offers excellent facilities including a nightclub, numerous restaurants, shops, and even a whirlpool in the health club. It is popular with tour operators, and is very comfortable.

For key to symbols *see p185*

Restaurants, Cafés and Pubs

Restaurants in Prague, just like the economy, seem to be getting better. For 40 years state-licensed eating and drinking establishments had little incentive to experiment or improve. But attitudes are rapidly changing. Fuelled by the booming tourist industry, new restaurants are opening constantly, many of them foreign-owned, offering the discerning eater an ever-increasing choice. The restaurants described in this section reflect the change, though many only serve a limited range of standard Western dishes as well as staple Czech meals. *Choosing a Restaurant* on pages 198–9 summarizes the key features of the restaurants and cafés, listed by area. Full listings can be found on pages 200–4 and information on pubs, beer halls and bars appears on page 205. Compared to Western prices, eating out in Prague is still cheap.

The Good Soldier Švejk at U Kalicha *(see p154)*

Tips on Eating Out

Because of the huge influx of tourists, eating out has changed in character. The lunch hour is still early – between 11am and 1pm, and for most Czechs the normal time for the evening meal is around 7pm. However, many of the restaurants stay open late and it is possible to get a meal at any time from 10am until 2am. Kitchens close 30 minutes to one hour earlier than stated closing times.

During spring and summer, the large numbers of visitors tend to put a strain on many of Prague's more popular restaurants. To be certain of a table, especially in the very well-known restaurants, book two or three days in advance. Although most restaurants are in the city centre, quite a few are off the normal tourist track, away from Wenceslas and Old Town Squares, and worth the extra journey. Prices also tend to be lower the further you go from the centre.

Places to Eat

The importance of a stylish yet comfortable setting, and food which is inspired rather than just prepared, is slowly beginning to trickle down to Prague's better and more innovative restaurants. The places which follow this maxim are generally the best.

One of the simplest places to eat is the sausage stand, a utilitarian establishment, very common in Central Europe. It offers Czech sausages, which can either be eaten standing at the counter or taken away cold. For a late-night meal your best bet is often a snack bar *(bufet)*. But beware, even if a snack bar boasts a 24-hour sign, it may sometimes close before midnight.

Vinárna v Zátiší *(see p201)*

For greater comfort, head for a café *(kavárna)*. Cafés range from loud, busy main street locations to quieter bookstore establishments. All have fully stocked bars and serve a variety of food from simple pastries and sandwiches to full-blown meals. Opening hours differ widely, but many open early in the morning and are good for a quick, if not quite a Western-style, breakfast.

A restaurant may be called a *restaurace* or a *vinárna* (one that sells wine). The best are those geared to non-Czech clientele. While usually cheap by Western standards, they are pricier than Czech places, but in return offer better service and higher quality food.

Plain Czech food is normally available at the local beer hall or pub *(pivnice)*, though the emphasis there is normally on drinking rather than eating.

Diners enjoying their meal at U Kalicha *(see p203)*

Tourists eating at the outdoor cafés in the Old Town Square

Reading the Menu

NEVER JUDGE a restaurant by the standard of its menu translations – mistakes are common in every class of restaurant. Many menus still list the weight of meat served (a relic of wartime rationing). Bear in mind that most main courses come with potatoes, rice or dumplings. Salads and other side dishes must be ordered separately. *(See pp194–5 for What to Eat in Prague.)*

Restaurant sign

Things to Beware Of

IN EXPENSIVE RESTAURANTS the waiter may bring nuts to your table. Yes, they are for you to eat, but at a price equal to, or higher than, an appetizer. You will not insult anybody by telling the waiter to take them away. The same applies to appetizers brought round by the waiter.

It's advisable not to order a meal on a waiter's suggestion. The chances are it will be the most expensive dish in the house, and if you have not seen the menu the price may be even higher still.

Check your bill carefully, because extra charges are often added – this is quite a common practice in Prague. However, legitimate extra costs do exist. Cover charges range from Kč10–25 and such basic items as milk, ketchup, bread and butter might be charged for. Finally, a 23% tax, normally included in the menu, is occasionally added to the total bill.

Fine dining amid stained-glass Art Deco splendour

Etiquette

YOU DON'T HAVE to wait to be seated in snack bars and smaller eateries. It is also quite normal for others to join your table if there is any room. No restaurant has an official dress code, but people tend to dress up when dining in up-market restaurants.

Payment and Tipping

THE AVERAGE PRICE for a full meal in the centre of Prague is about Kč600. The waiter may write your order on a piece of paper and then leave it on your table for the person who comes around when you are ready to pay. Levels of service vary – it can be very slow – but generally a 10% tip is appropriate. Add the tip to the bill, do not leave the money on the table.

More and more restaurants now accept major credit cards, but always ask before the meal to make sure. Traveller's cheques and Eurocheques are rarely accepted.

Vegetarians

VEGETARIANS are not well catered for in Prague. In the past, fresh vegetables were rare in winter. But they are becoming more common throughout the year, although variable in quality. Even when a dish is described as meatless, it's always worth double checking. Vegans and those with special dietary needs will have a difficult time eating.

Disabled

RESTAURANTS do not cater specifically for the disabled. The staff will almost always try and help, but Prague's ubiquitous stairs and basements will defeat all but the most determined.

Using the Listings

Key to symbols in the listings on pp200–4.

- fixed-price menu
- vegetarian dishes
- formal dress
- live music
- outdoor tables
- good wine list
- ★ highly recommended
- credit cards accepted:
- *AE* American Express
- *DC* Diners Club
- *MC* Mastercard/Access
- *V* Visa
- *JCB* Japanese Credit Bureau

Price categories for a three-course meal including a half-bottle of house wine, tax and service:

- Ⓚ under Kč250
- ⓀⓀ Kč250–450
- ⓀⓀⓀ Kč450–650
- ⓀⓀⓀⓀ over Kč650

Prague's Best: Restaurants and Cafés

THE VARIETY AND NUMBER of places to eat and drink in Prague has increased considerably in recent years. But despite a massive influx of discerning diners, some of the restaurants may disappoint visitors with their uninspired cuisine. The following restaurants, chosen from the listings on pages 200–4, will guide you to sample tasty, interesting meals while relaxing in venues which not only provide a pleasant atmosphere, but also offer reasonably priced, good quality food.

U Tří pštrosů
High-quality and traditional Czech dishes are found at this exclusive restaurant. (See p202.)

Peklo
The 12th-century beer cellars and delicious Italian fare make this well worth a visit. (See p201.)

Prague Castle
and Hradčany

Nebozízek
The spectacular view over Prague from this café terrace ensures the popularity of this establishment. (See p202.)

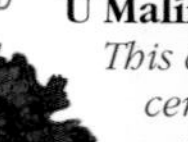

U Malířů
This converted 16th-century house has an excellent reputation for its exquisite French dishes, in an atmosphere of discreet luxury. The murals and painted ceilings add to the romantic mood. (See p202.)

Chez Marcel
This is a little corner of Paris in the heart of Prague's Jewish Quarter. (See p200.)

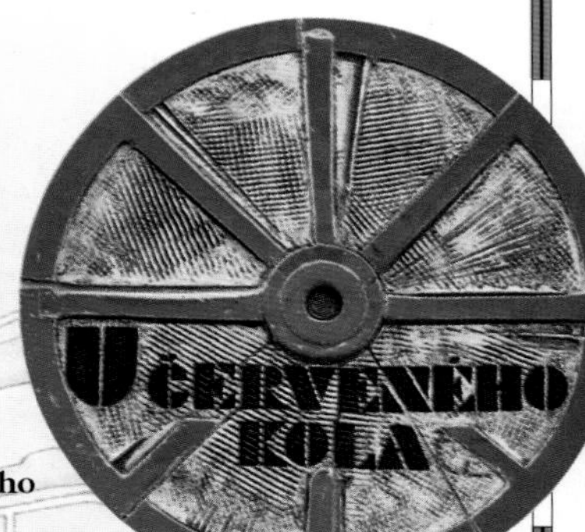

U Červeného kola
Steaks and mouth-watering desserts are a speciality in this quiet restaurant, tucked away in a side street near St Agnes's Convent. (See p201.)

Jewish Quarter

Old Town

Opera Grill
French nouvelle cuisine *is served in an intimate and exclusive atmosphere.* (See p200.)

New Town

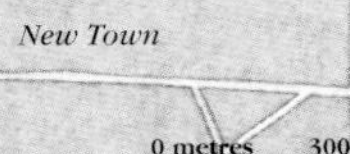

La Perle de Prague
La Perle de Prague serves haute cuisine in an elevated setting at the top of the stylish "Ginger and Fred" building. (See p203.)

Hotel Evropa Café
A pause for coffee is a good way to enjoy this beautiful Art Nouveau hotel. (See p202.)

What to Eat in Prague

CZECH COOKERY IS VERY SIMILAR to Austrian – lots of meat (usually pork or beef) served with dumplings, potatoes or rice, in a sauce. Meat, poultry, fish, cabbage and potatoes are all prepared simply and without strong spices; meat tends to be fried, roasted, or oven-baked in stock. On special occasions, game is usually the main course: venison, boar steaks or quails. Standard dishes tend to be served in copious quantities, and main courses are virtually meals in themselves. The most common dish is pork served with dumplings and sauerkraut (vepřové, knedlíky a zelí). Dumplings are traditionally served with most hot dishes and gravy. Vegetable portions can be small, although there has been a slight increase in the consumption of fresh vegetables in recent years. Salads are variable in quality. Hot soups are the traditional start to a meal, and range from broth with liver dumplings to cabbage soup with sausage.

"Stuffed eggs" are a popular appetizer

Chléb and Pečivo (breads)
An assortment of breads is served with most meals.

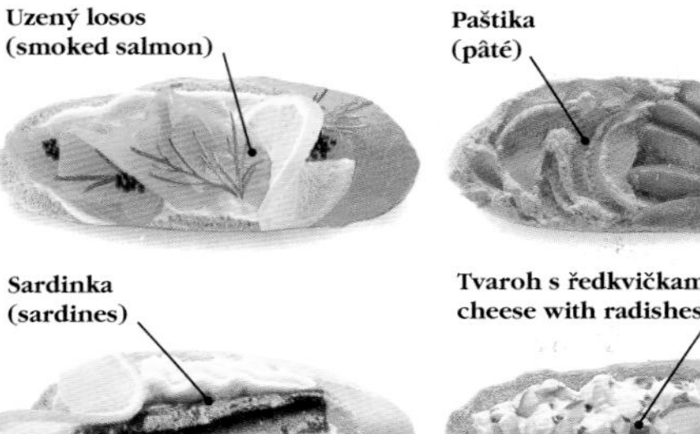

Chlebíčky
These open sandwiches arranged on sliced baguette (French bread) can be found in any Lahůdky (delicatessen) and Bufet (snack bar) in Prague. They are popularly served to guests in Czech homes. Ham, fish, salami, roast beef, egg and cheeses are used, often with mayonnaise or garnished with a gherkin (nakládaná okurka). Unfortunately western-style fast food is encroaching on this snack's popularity.

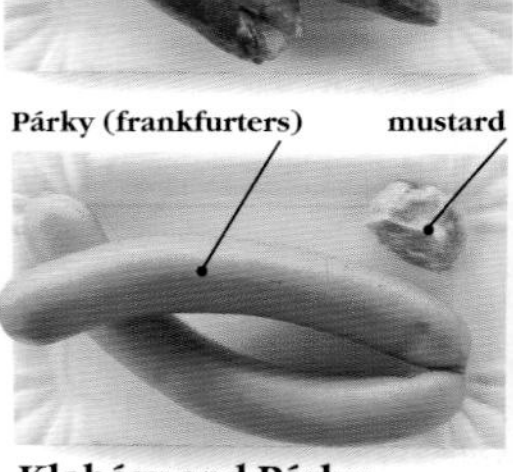

Klobásy and Párky
Klobásy are grilled sausages; párky are boiled frankfurters (hot dogs). Both are sold with mustard (hořčice) from street stalls and in special sausage shops.

Plněná šunka
An appetizer of stuffed ham, filled with a mix of whipped cream and coarsely grated horseradish, which gives it a kick.

Polévka
Simple vegetable soups – pea, potato, cauliflower, cabbage or tomato – are popular starters.

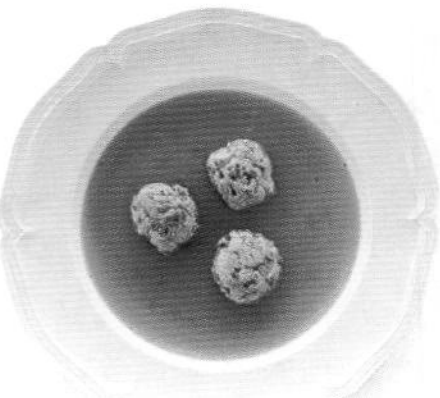

Hovězí polévka s játrovými knedlíčky
Liver dumplings in beef broth is a warming soup for all seasons.

Pečená kachna
Roast duck with bacon dumplings (špekové knedlíky) and red sauerkraut is a popular main course.

Uzené
Smoked pork is mostly served with slices of potato dumplings (bramborové knedlíky) and white sauerkraut.

Vepřový řízek
Breaded and fried pork steak (schnitzel) is usually accompanied by hot potatoes or a cold potato salad. It often has a salad garnish and a slice of lemon.

Svíčková na smetaně
Pot-roasted fillet of beef (svíčková) is served in a rich, creamy, slightly sweet vegetable sauce (na smetaně) and is garnished with either cranberries or a dollop of whipped cream.

Salát
In winter, salads are often pickled; in summer, they are simply-dressed mixtures of tomato, lettuce, cucumbers and peppers.

Jablkový strudel
Thin apple slices are wrapped in a light pastry case. Other strudel fillings include cherries or cream cheese.

Ovocné knedlíky
Fruit dumplings, in this case švestkové (plum), are served with melted butter, icing sugar and ground poppy seeds.

Vdolek
This round yeast pastry is served with redcurrant or plum jam and whipped cream.

Palačinky
Crêpe pancakes can be filled with ice cream and/or stewed fruit or jam, and coated in sugar, chocolate or almonds.

What to Drink in Prague

'Golden Tiger' beer mat

CZECH BEERS ARE FAMOUS around the world, but nowhere are they drunk with such appreciation as in Prague. The Czechs take their beer (*pivo*) seriously and are very proud of it. Pilsner and its various relations originate in Bohemia. It is generally agreed that the best Pilsners are produced close to the original source – and all the top producers are not far from Prague. Beers can be bought in cans, in bottles, and best of all, on draught. Canned beer is made mostly for export, and no connoisseur would ever drink it. The Czech Republic also produces considerable quantities of wine, both red and white, mainly in Southern Moravia. Little of it is bottled for export. Mineral water can be found in most restaurants; Mattoni and Dobrá voda (meaning good water) are the two most widely available brands.

Gambrinus, legendary King of Beer, and trademark of a popular brand of Pilsner

Traditional copper brew-kettles in Plzeň

Pilsner and Budweiser

THE BEST-KNOWN CZECH BEER is Pilsner. Clear and golden, with a strong flavour of hops, Pilsner is made by the lager method: top-fermented and slowly matured at low temperatures. The word "Pilsner" (which is now a generic term for similar lagers brewed all over the world) is derived from Plzeň (in German, Pilsen), a town 80 km (50 miles) southwest of Prague, where this type of beer was first made in 1842. The brewery that developed the beer still makes Plzňské pivo as well as the slightly stronger Plzňský prazdroj (original source), which is better known by its German name Pilsner Urquell. A slightly sweeter beer, Budweiser Budvar (which is no relation to the American beer of the same name), is brewed 150 km (100 miles) south of Prague in the town of České Budějovice (in German, Budweis).

Budweiser logo

Pilsner Urquell logo

This higher percentage refers to the original gravity, not the alcohol content

Světlé means light

Alcohol content

Reading a Beer Label

The most prominent figure on the label (usually 10% or 12%) does not refer to the alcohol content. It is a Czech measure of original gravity, indicating the density of malt and other sugars used in the brew. The percentage of alcohol by volume is usually given in smaller type. The label also states whether it is a dark or a light beer.

Beer and Beer Halls

Staropramen **Plzeňské** **Velkopopovický kozel** **Budweiser Budvar** **Plzeňský prazdroj (Pilsner Urquell)**

THE REAL PLACE TO ENJOY Czech beer is a pub or beer hall (*pivnice*). Each pub is supplied by a single brewery (*pivovar*), so only one brand of beer is available, but several different types are on offer. The major brands include Plzeňské and Gambrinus from Plzeň, Staropramen from Prague, and Velkopopovické from Velké Popovice, south of Prague. The usual drink is draught light beer (*světlé*), but a number of beer halls, including U Fleků *(see p155)* and U Kalicha *(see p154)* also serve special strong dark lagers (ask for *tmavé*). Another type you may encounter is *kozel,* a strong light beer like a German *bock*.

A half litre of beer (just under a pint) is called a *velké* (large), and a third of a litre (larger than a half pint) is called a *malé* (small). The waiters bring beers and snacks to your table and mark everything you eat and drink on a tab. In some pubs *(see p205)* there is a tacit assumption that all the customers want to go on drinking until closing time, so don't be surprised if more beers arrive without your ordering them. If you don't want them, just say no. The bill is totted up when you leave.

Beer gardens serve "dark" lagers on draught

Wines

CZECH WINE PRODUCERS have not yet emulated the success of other East European wine-makers. The main wine-growing region is in Moravia, where most of the best wine is produced for local consumption. Some wine is also made in Bohemia, around Mělník, just north of Prague. The whites, made mostly from Riesling and Müller-Thurgau grapes, tend to be oversweet, though Rulandské is an acceptable dry white. The reds are slightly better, the main choices being Frankovka and Vavřinecké. In the autumn, a semi-fermented young white wine called *burčák* is sold and drunk across the capital; despite its sweet, juice-like taste, it is surprisingly intoxicating.

Rulandské, white and red

Czech Spirits and Liqueurs

IN EVERY RESTAURANT and pub you'll find Becherovka, a bitter-sweet, yellow herbal drink served both as an aperitif and a liqueur. It can also be diluted with tonic. Other local drinks include Borovička, a juniper-flavoured spirit, and plum brandy or Slivovice. The latter is clear and strong and rather an acquired taste. Imported spirits and cocktails are expensive.

Becherovka

Choosing a Restaurant or Café

The restaurants listed have been selected for their good value or exceptional food. This chart highlights some of the main factors which may influence your choice of places to eat, such as fixed-price menus, tables outside, late opening and Czech specialities. The entries appear alphabetically within the price category, and any special features are indicated. For more details about each restaurant, see pages 200–4, and refer to page 205 for further information about bars and beer halls.

Restaurant	Price	Fixed-Price Menu	Attractive Setting	Tables Outside	Czech Specialities	Seafood Specialities	Late Opening	Live Music at Night
Old Town *(see pp200–1)*								
Café Relax	Ⓚ							
Klub Architektů	Ⓚ		■				■	
Pizzeria	Ⓚ							
Na Poříčí	ⓀⓀ			●				
Pivnice Skořepka	ⓀⓀ			●	■			
Red, Hot and Blues	ⓀⓀ		■			●		●
Restaurant Marie Teresie	ⓀⓀ		■		■			
U Zlaté uličky	ⓀⓀ	●					■	
Restaurace Století	ⓀⓀⓀ		■				■	
Bellevue	ⓀⓀⓀⓀ	●	■					
Le Saint-Jacques	ⓀⓀⓀⓀ					●	■	
Opera Grill	ⓀⓀⓀⓀ	●					■	
Vinárna v Zátiší	ⓀⓀⓀⓀ	●						
Jewish Quarter *(see p201)*								
Valentin	Ⓚ	●						
U Maxima ★	ⓀⓀ	●		●	■		■	●
Chez Marcel ★	ⓀⓀⓀ	●				●	■	
U Červeného kola	ⓀⓀⓀ	●	■					
Barok	ⓀⓀⓀⓀ						■	
King Solomon	ⓀⓀⓀⓀ							
Prague Castle and Hradčany *(see p201)*								
U Labutí	ⓀⓀⓀ		■		■			
Palffy Palace ★	ⓀⓀⓀⓀ		■	●				
U Zlaté Hrusky	ⓀⓀⓀⓀ	●	■	●	■		■	
Little Quarter *(see pp201–2)*								
Pizza Canzone	Ⓚ							
U Černeho Orla	ⓀⓀ		■		■		■	
U Schnellů	ⓀⓀ		■					
Nebozízek	ⓀⓀⓀ	●	■	●	■	●		
Kampa Park ★	ⓀⓀⓀⓀ	●	●	●		●		●
U Malířů	ⓀⓀⓀⓀ	●					■	
U Modré kachničky ★	ⓀⓀⓀⓀ	●	■					
U Tří pštrosů	ⓀⓀⓀⓀ	●		●	■			
Valdštejnská hospoda	ⓀⓀⓀⓀ	●	■	●	■			

Price categories
These have been calculated to represent the cost of an average three-course meal for one, including half a bottle of house wine, and all unavoidable extra charges such as cover, service and tax:
Ⓚ under Kč250
ⓀⓀ Kč250–450
ⓀⓀⓀ Kč450–650
ⓀⓀⓀⓀ over Kč650.

★ Means highly recommended.

FIXED-PRICE MENU
A restaurant which offers a set menu: usually three or four courses without wine or coffee, for a fixed price.

ATTRACTIVE SETTING
A restaurant with an unusual or historic interior, or with a beautiful view.

TABLES OUTSIDE
A restaurant where you can dine out-of-doors during the warmer months.

CZECH SPECIALITIES
A good selection of traditional dishes.

LATE OPENING
Last orders taken at or after 11:30pm.

		Fixed-Price Menu	Attractive Setting	Tables Outside	Czech Specialities	Seafood Specialities	Late Opening	Live Music at Night
NEW TOWN *(see pp202–3)*								
Café Imperial	Ⓚ						■	●
Hotel Evropa Café	Ⓚ		■					
Kmotra	Ⓚ						■	
Café Restaurant Louvre	ⓀⓀ		■		■			
Kavárna Velryba	ⓀⓀ						■	
Pod Křídlem	ⓀⓀ				■		■	●
Radost FX Café	ⓀⓀ						■	
U Čížků	ⓀⓀ		■		■			
Vltava	ⓀⓀ		■	●		●		
Esplanade	ⓀⓀⓀ		■		■			
U Kalicha	ⓀⓀⓀ				■			●
Zahrada v Opere	ⓀⓀⓀ					●	■	●
French Restaurant in Obecní dům	ⓀⓀⓀⓀ	●	■		■			
Perle de Prague ★	ⓀⓀⓀⓀ	●	■					
FURTHER AFIELD *(see pp203–4)*								
The Globe Bookstore Café	Ⓚ		■				■	
Na Ořechovce	Ⓚ		■	●	■			
Na Slamníku	Ⓚ		■		■		■	
U Tří hrochů	Ⓚ			●				
U Mikuláše Dačického	ⓀⓀ		■				■	
Zlatý Drak	ⓀⓀ							
Letensky Zamecek	ⓀⓀⓀ		■	●	■			
Rio's Beachclub	ⓀⓀⓀ		■				■	
U Blaženky	ⓀⓀⓀ		■	●	■			
U Cedru ★	ⓀⓀⓀ		■					
U Sloupu	ⓀⓀⓀ	●			■			
Rhapsody	ⓀⓀⓀⓀ						■	●

Old Town

Café Relax

Soukenická 7 **Map** 4 D2.
☎ *24 81 88 92.* ***Open*** *9am–11pm daily.* *AE, DC, MC, V.* Kč

Many different teas and coffees are available at this café, and the setting, just off the beaten track, makes it a pleasant, chic place to escape from the bustle of central Prague. The food is standard, but reasonably priced.

Klub Architektů

THE ARCHITECTS' CLUB

Beltémske nám 5a. **Map** 3 B4. ☎ *24 40 12 14.* ***Open*** *11:30am–midnight daily.* *AE, MC, V.* Kč

This hidden gem is tucked away in a warren of tunnels and arches, reached through a courtyard near the Bethlehem Chapel. Eager diners who have tracked it down tend to keep it something of a secret, but still it fills up with those in the know, and you may have to explore its lamplit corners to find a space. Having done so, settle down to enjoy plentiful servings of hearty cuisine, with a good choice for vegetarians as well as carnivores.

Pizzeria

Benediktská 16. **Map** 4 D3. ☎ *24 82 63 65.* ***Open*** *11am–11.30pm daily.* *AE, MC, V, EURO.* Kč

The first real pizzeria in Prague after the revolution, Mikulka's established its reputation early and has worked hard to retain it. Pizzas and huge bowls of pasta keep the restaurant full. At first it was only popular with the foreign community, so it is a tribute to the quality of the food and low prices that you now meet as many Czechs here as foreigners. Finding space can be difficult, but the wait is never long.

Na Poříčí

Na poříčí 20. **Map** 4 E3. ☎ *24 81 13 63.* ***Open*** *11am–11pm Mon–Sat, noon–11pm Sun.* *MC, V.* KčKč

Choose your setting in this large restaurant. It is part pub, part wine bar, and part elegant restaurant, with papered walls adorned with framed prints. The menu offers traditional Czech meals, poultry and fish, plus an attempt at more original cuisine (lobster and brandy soup). Being one of the few good,inexpensive restaurants in the neighbourhood, it tends to be very busy at lunchtime.

Pivnice Skořepka

Skořepka 1. **Map** 3 B4.
☎ *24 21 47 15.* ***Open*** *11am–midnight daily.* *MC, V, JCB.* KčKč

This high-ceilinged, wood-panelled restaurant serves numerous Czech dishes, but most people go to eat the large pork knees – joints like those at a Tudor banquet. Served with mustard and horseradish, they make a memorable meal. Those who wish to eat less meat can choose a good chicken cutlet stuffed with ham and blue cheese. Wash it all down with either a light or dark beer.

Red, Hot and Blues

Jakubská 12. **Map** 3 C3.
☎ *231 46 39.* ***Open*** *9am–midnight daily.* *AE, MC, V.* KčKč

Located in what were the king's stables 500 years ago, this place draws a crowd largely from the expatriate community who come for the good, home-town New Orleans and Creole cooking: chilli, chowder, burgers with all the trimmings, and étouffé. Seafood, salads and chicken are also prepared with imagination and there is a weekend brunch American-style. Live jazz or blues each night and happy hour specials are additional attractions. To hear live music (cover added), you will have to stay past 7:30pm.

Restaurant Marie Teresie

Na příkopě 23. **Map** 3 C4.
☎ & FAX *24 22 98 69.* ***Open*** *11am–11pm daily.* *AE, DC, MC, V.* KčKč

Located right in the heart of Prague on a busy pedestrianized street, Restaurant Marie Teresie is a stylish and comfortable throwback to the 14th century. The menu offers a range of authentic Czech cuisine, light and dark Staropramen beer and a good selection of local wines.

U Zlaté uličky

BY GOLDEN LANE

Masná 9. **Map** 3 C3. ☎ *232 08 84.* ***Open*** *10am–11:30pm daily.* KčKč

Figurines line the window of this restaurant. Yugoslavian cuisine, specializing in veal, is the main fare, but there are appetizing pork and steak dishes too. The palačinka (fluffy, whipped crêpe filled with cream and covered with chocolate sauce) is probably the best in town. A bar completes the cosy restaurant.

Restaurance Století

CENTURY RESTAURANT

Karoliny Světlé 21. **Map** 3 A4. ☎ *22 22 00 08.* ***Open*** *noon–midnight daily.* *AE, MC, V.* KčKčKč

Arched ceilings, sepia prints and shelves lined with dried flowers and old china suggest a step back in time, but the food at this quiet, intimate restaurant is up to the minute, with unusual dishes such as avocado stuffed with whipped roquefort and marzipan. The service is slow but you won't mind.

Bellevue

18 Smetanovo nábřeží 2. **Map** 3 A5.
☎ *22 22 14 49.* ***Open*** *noon–3pm, 5:30–11pm Mon–Sat, 7pm–11pm Sun.* *AE, MC, V.* KčKčKčKč

This Art Deco masterpiece has more going for it than inlaid wood walls and marble floors. By the river, it has a view of Prague Castle. The menu is the same as Vinárna v Zátiší (see p201), with the same owners. A few Czech dishes are on offer, but the fare is mostly international, and includes Beef Wellington and Norwegian salmon. Each dish is delightfully prepared, if rather uninspiring, so don't expect any surprises beyond the high standard of service. On Sundays there is a buffet brunch.

Le Saint-Jacques

Jakubská 4. **Map** 3 C3.
☎ *232 26 85.* ***Open*** *noon–3pm Mon–Fri, 6pm–midnight Mon–Sat.* *AE, DC, MC, V.* KčKčKčKč

This restaurant represents a taste of France, in terms of cuisine if not in decor (the establishment is a hybrid of austerity and attempted modernity which does not quite come off and is all the more fascinating for it). It is managed by a French proprietor who is as attentive as his cuisine is charming. Try any fish dish from the constantly-evolving menu.

Opera Grill

Karolíny Světlé 35. **Map** 3 A4. ☎ *22 22 05 18.* ***Open*** *7pm–1am daily.* *AE, DC, MC, V.* KčKčKčKč

With only seven tables, surrounded by armchairs, a pianist playing softly, and a serene, candle-lit elegance, it is easy to imagine that you are in a private dining room. The menu features international dishes: rack of lamb, pasta, salmon, chicken and steak. The prices do not reflect the ambience, nor do all the clientele dress formally. This is a dining experience to be tried before it becomes too exclusive.

Vinárna v Zátiší
IN SECLUSION

Liliová 1, Betlémské náměstí. **Map** 3 B4. *22 22 06 27.* ***Open*** *noon–3pm, 5.30–11pm daily.* *AE, MC, V.* KčKčKčKč

Located near both Charles Bridge and the Old Town Square, Vinárna v Zátiší was Prague's first Western-owned and run restaurant. The British owner concentrated on quality of both food and service, and it rapidly became the hub of the foreign business community. Today, the place is crowded as word has spread about the tasty Beef Wellington and Norwegian salmon. White walls and colourful prints create a relaxing ambience. Buffet lunch is served on Sundays. brunch is served.

JEWISH QUARTER

Valentin

Valentinská 9. **Map** 3 B3. *24 81 95 88.* ***Open*** *10am–10pm daily.* Kč

This modern restaurant calls itself a "day bar". While there is a complete selection of alcohol, most people do not come for inebriation but for the food or just coffee and a chat. The ultra-modern interior features black and white triangles, from the tiled floor, to the wood on the walls, to the lights. As well as chicken breasts with mushrooms and cream, and pepper steak, there are several vegetarian options.

U Maxima

Bilkova 4. **Map** 3 B2. *231 99 96.* ***Open*** *11–midnight daily.* ★ *AE, DC, MC, V.* KčKč

This elegant restaurant is situated just off one of the most popular tourist streets, yet retains an air of tranquility and charm, enhanced by live piano music which adds an ivory ambience. Specialities include the hearty "Czech plate" – pork, duck, smoked meat, cabbage and dumplings. Be sure to book.

Chez Marcel

Haštalská 12. **Map** 3 C2. *22 31 56 76.* ***Open*** *9am–10:30pm daily.* ★ KčKčKč

A touch of France in the centre of Prague, this is where business people and students alike come for regional plats du jour, as well as steak au poivre, fresh mussels and the best French fries in the city. The mood is bustling and gallic, but the service can be variable. The desserts are memorable.

U Červeného kola
AT THE RED WHEEL

Anežská 2. **Map** 3 C2. *24 81 11 18.* ***Open*** *11am–11pm daily.* *AE, DC, MC, V, JCB.* KčKčKč

Although hard to find, this elegant restaurant, behind the cloister of St Agnes's (see pp92–3), is well worth the search. Red carpets, antique clocks and softly upholstered seats provide the setting for finely laid tables. Steaks predominate – the house speciality is served with garlic. A few chicken and fish dishes complete the offerings. There is also a garden room.

Barock

Pařížská 24. **Map** 3 B2. *232 92 21.* ***Open*** *8:30am–1am Mon–Wed, 8:30am–2am Thu–Fri, 10am–2am Sat–Sun.* *AE, DC, MC, V, JCB.* KčKčKčKč

There is not a jarring element in this stylish venue's approach, and it has fast become one of the places to see and be seen on the Prague fashion circuit. But it's not merely a trendy venue; the atmosphere, food and service really are certainly up to international standards. An excellent range of Thai and Japanese cuisine is served by smart, efficient staff.

King Solomon

Široká 8. **Map** 3 B3. *24 81 87 52.* ***Open*** *11am–11 pm Sun–Thu, 11am–90 minutes before sunset Fri.* *AE, MC, V.* KčKčKčKč

Prague's only strictly kosher restaurant is formal, comfortable and quiet, with a decor of booths and canopies. The light lunch and more substantial dinner menu are complemented by Israeli and Moroccan wines. No dairy foods are served.

PRAGUE CASTLE AND HRADČANY

U Labutí
AT THE SWANS

Hradčanské náměstí 11. **Map** 1 C3. *20 51 11 91.* ***Open*** *noon–4pm, 6pm–midnight daily.* *AE, MC, V.* KčKčKč

This establishment, which is known to pride itself on being more of a club than a restaurant, offers a comfortable setting, furnished with antique tables and chairs. The cuisine is traditional Czech, with international dishes, including steak and chicken, also included on the menu.

Palffy Palace

Valdštejnská 14. **Map** 2 E2. *57 53 14 20.* ***Open*** *noon– 11pm daily.* ★ *AE, MC, V.* KčKčKčKčKč

The faded elegance of an 18th-century palace, shared with a conservatory of music, is the setting for innovative continental cuisine served with style. Dishes such as beef tenderloin with gorgonzola butter and scallops with red onion and fennel sauce follow the free appetizer. Dine on the terrace in summer. Don't be put off by the dingy entrance and stairs.

U Zlaté Hrušky
AT THE GOLDEN PEAR

Nový Svět 3. **Map** 1 B2. *20 51 53 56* ***Open*** *10:30am–3:30pm, 6:30pm–midnight daily.* *AE, DC, MC, V.* KčKčKčKč

Situated in one of a group of 16th-century houses near the castle, this quite formal restaurant attracts an upmarket clientele including politicians and visiting dignitaries. Specialities include venison with pears and gnocchi. In summer, request a table in the garden.

LITTLE QUARTER

Pizza Canzone

Josefská 2. **Map** 2 E3. ***Open*** *10am–midnight daily.* Kč

Pizza, pasta, Italian desserts and coffees are served in a bright, environment. Although it is nothing spectacular, it is a nice place to drop into towards the end of a day spent exploring the Castle or Little Quarter.

U Cerneho Orla
AT THE BLACK EAGLE

Malostranské náměstí 14. **Map** 2 E3. *57 53 32 07.* ***Open*** *11am–11pm daily.* *AE, DC, MC, V.* KčKč

A quiet and cozy atmosphere makes this a comfortable place to relax, even though it is located in the busy Malá Strana area. The food is traditional Czech, but well-prepared and generously served. Leave room for an excellent dessert – especially the fruit dumplings.

U Schnellů
AT THE SCHNELL'S

Tomášská 7. **Map** 2 E3. *57 53 10 37.* ***Open*** *11am–11pm daily.* KčKč

Attentive staff and delicious food make this restaurant worth a visit.

For key to symbols *see p191*

Entrées are reasonably priced, the Pilsner Urquell beer is well chilled, and the nearby St Thomas's Church provides an attractive backdrop.

Nebozízek
LITTLE AUGER

Petřínské sady 411. **Map** 2 D5. *57 31 53 29.* ***Open*** *11am–11pm daily.* *AE, E, MC, V.* ⓀⓀⓀ

The view of Prague from this restaurant is fantastic. During spring and summer months the outdoor patio is very popular. Inside, the place is cosy and elegant. The menu is wide-ranging, offering seafood, Chinese and Czech dishes, steaks and more. Be sure to book four days in advance.

Kampa Park

Na Kampě 8b. **Map** 2 F4. *57 53 26 85.* ***Open*** *11:30am–1am daily.* ★ *AE, DC, MC, V.* ⓀⓀⓀⓀ

Delightfully set on the Vltava river, this restaurant features seafood flown in fresh from Scandinavia. Seasonal dishes and local goat's cheeses are also highly praised. The clientele was originally power diners and visiting celebrities, but the great food, romantic atmosphere and friendly service now draw in the locals and tourists as well, especially for the good-value weekend brunch menu.

U Malířů
AT THE PAINTER'S

Maltézské náměstí 11. **Map** 2 E4. *57 53 00 00.* ***Open*** *noon–10pm daily.* *AE, MC, V, JCB.* ⓀⓀⓀⓀ

U Malířů is the only authentic French gastronomic restaurant in the country. The French chef uses fresh ingredients, brought in twice a week from France, to concoct such original dishes as roasted young pigeon in puff pastry. There are also traditional French delicacies. Bread is baked on the premises, and home-made sorbets are a speciality. The restaurant was founded in 1543 and the ceilings were first painted many centuries ago. The ambience is romantic thanks to Gothic windows and elegant table settings.

U Modré kachničky
AT THE BLUE DUCKLING

Nebovidská 6. **Map** 2 E4. *57 32 03 08.* ***Open*** *noon–4pm, 6:30–11:30 daily.* ★ ⓀⓀⓀⓀ

On a quiet street in the Little Quarter, this restaurant reflects the intimate, romantic and charming nature of this part of town. It is worth a visit for the hand-painted walls boast Prague's best display of modern Art Nouveau. The restaurant has three rooms, each with its own fabulous mural, and each more stunning than the last. Beautiful wooden antiques combine with framed prints to add an eclectic feel. The fare is strictly game and meat; those who love duck, boar, veal, venison and salmon are guaranteed fresh, succulent flavours and generous portions.

U Tří pštrosů
AT THE THREE OSTRICHES

Dražického náměstí 12. **Map** 2 E3. *57 53 24 10.* ***Open*** *11:30am–3pm, 6pm–1am daily.* *AE, MC, V.* ⓀⓀⓀⓀ

Plants and flowers adorn the walls of the two small, elegant dining rooms on the ground floor of the hotel of the same name *(see p134 & p188)*. Situated at the base of Charles Bridge, it boasts a good selection of Czech and international fare, although its pricey offerings appear to be predominantly Czech and central European, with carp, goulash and beef dishes available.

Valdštejnská hospoda
WALDSTEIN INN

Valdštejnská nám 7. **Map** 2 E3. *57 53 17 59/57 53 21 95.* ***Open*** *11:30am–11:30pm daily.* V *MC, V.* ⓀⓀⓀⓀ

A favourite with the staff of the British embassy, this was once a typical local pub, but it has been re-vamped and re-themed in order to highlight some of the original architectural features of the 15th-century building. The present-day finery combines with the older vaulted ceilings and exposed stonework to create an old-world atmosphere in which you can enjoy all the traditional Czech favourites as well as a fabulous assortment of international dishes.

New Town

Café Imperial

Na Poříči 15. **Map** 4 D3. *23 16 012.* ***Open*** *9am–1am daily.* Ⓚ

This Art Deco café enjoys a 1920s faded glamour, and is decorated with stunning, original tilework. Light breakfasts, lunches, suppers and snacks are served, all with the atmosphere of a continental coffeehouse. The sorbets are excellent, and there is live jazz played on Wednesdays through to Saturdays.

Hotel Evropa Café
HOTEL EUROPA CAFE

Václavské náměstí 25. **Map** 4 D5. *24 22 81 17.* ***Open*** *7am–10pm, daily.* *AE, DC, MC, JCB.* Ⓚ *(See p146.)*

With its large windows facing onto Wenceslas Square, this is a good place to enjoy a cup of coffee and a bite to eat while watching people stroll by. The café is part of the larger Hotel Evropa restaurant, a grand old structure that has seen better days. However be warned, the price of a snack or drink reflect its tourist clientele.

Kmotra
GODMOTHER

V jirchářích 12. **Map** 5 B1. *24 91 58 09.* ***Open*** *11am–midnight daily.* Ⓚ

This basement pizzeria became an overnight success by following a simple recipe: large, tasty pizzas at cheap prices. Czech students, travellers, couples and business people all rub elbows together within the whitewashed, vaulted rooms.

Café Restaurant Louvre

Národní třída 20. **Map** 3 B5. *24 93 09 12/49.* FAX *24 29 74 72.* ***Open*** *8am–11pm.* *AE, DC, MC, V, JCB.* ⓀⓀ

Come here to relax in the airy 1930s-style dining hall. There is a good selection of both local and international newspapers, which you can browse through while you eat. Choose from a menu which includes such specialities as goulash, sweet pancakes and authentic Radegast beer. The relaxed and friendly atmosphere is matched by the good-value prices.

Kavárna Velryba
CAFE WHALE

Opatovická 24. **Map** 5 B1. *24 91 23 91.* ***Open*** *11am–midnight Sat–Thu, 11am–2am Fri.* ⓀⓀ

This subterranean café-cum-restaurant is a trendy hangout for Prague's young. It has a lively, comfortable atmosphere as well as good cheap food. A fairly new addition are the televisions on the walls. The food is basic, including chicken breast sandwiches, beefburgers, fried mushrooms, lentil dishes and decent salads. It tends to get very smoky and the front door is likely to be locked when it gets too crowded inside, but the place boasts the largest whisky selection in Prague. Though the café is open late, the kitchen closes at 11pm.

Pod Křídlem
UNDER THE WING

Národní třída 10. **Map** 3 B5. *24 91 23 77/ 24 95 17 41.* ***Open*** *10am–midnight Mon–Fri, 11:30am–midnight Sat, Sun.* *AE, DC, MC, V, JCB.* ⓚⓚ

Shiny, bright and white, this seems more like an international bistro than an ethnic eatery. But the decor and pianist create an entirely enjoyable atmosphere. Try the roast duck or pork dumplings and sauerkraut. This bistro is a popular venue after an evening at the National Theatre (see pp156–7) – only a few minutes' walk away.

Radost FX Café

Bělehradská 120. **Map** 6 E2. *24 25 47 76.* ***Open*** *11am–5am Mon–Sat, 10:30am–2am Sun.* V ⓚⓚ

This small, vegetarian café is popular with Czechs and foreigners. It is connected to the nightclub Radost FX (see p215) and people tend to stop and eat before and after clubbing. As a result, getting a table can be difficult, especially during the evenings. The menu includes salads, fresh soup, sandwiches (including marinated tofu and humous in pitta bread), vegetarian pizzas, nachos and delicious home-made pastries.

U Čížků

Karlovo náměstí 34. **Map** 5 B2. *22 23 22 57.* ***Open*** *noon–3:30pm, 5pm–10pm daily.* *AE, MC, V.* ⓚⓚ

Designed in the style of a typical Bohemian farmhouse, and serving the most traditional Czech foods, U Čížků provides an opportunity to get a taste of Czech cuisine and culture at the same time. Try the red cabbage soup with sausage, or if you're very hungry, go for the assortment dish with two kinds of pork, duck, sausage, two types of dumplings and two varieties of sauerkraut. Combined with its low prices, all the above features make the restaurant popular with large tour groups, so book early.

Vltava

Rašínovo nábřeží. **Map** 5 A2. *24 92 20 86.* ***Open*** *11am–10pm daily.* ⓚⓚ

Located on the bank of the Vltava river, the outdoor patio of this restaurant provides a wonderful setting during the warmer months to view Prague Castle and watch the tour boat activity on the river. When it is too cold to sit outside, the small restaurant is cosy and warm. It is ostensibly a fish restaurant (the speciality being whole trout baked with garlic) and there is a wonderful fish soup, but the menu covers a great deal of ground and also includes Chinese food, chicken, pork and steak.

Esplanade Hotel French Restaurant

Washintonova 19. **Map** 4 E5. *24 21 36 96.* ***Open*** *11am–11pm daily.* *AE, MC, DC, V, JCB.* ⓚⓚⓚ

One of the best places to go for fine hotel dining of the old school – lots of silver-domed salvers and table-side flambéing amid a setting of Art Nouveau splendour and fabulous floral arrangements. An air of quiet – though not understated – luxury pervades the dining room. This is the type of venue at which to impress an older business associate.

U Kalicha
AT THE CHALICE

Na bojišti 14. **Map** 6 D2. *24 91 25 57/24 91 64 75.* ***Open*** *11am– 11pm daily.* V *AE, DC, V, JCB.* ⓚⓚⓚ *(see p154)*

From selections like beefsteak à la Lieutenant Lukáš to cartooned walls, practically everything in here will make you feel part of the famous Czech novel The Good Soldier Švejk, the theme on which the restaurant is based. Traditional Czech cuisine is available at inflated prices, and the in-house souvenir shop discourages the locals from coming in.

Zahrada v Opere

Legerova 75. **Map** 6 E1. *24 23 96 85.* ***Open*** *11.30am-1am daily.* V *AE, DC, MC, V, JCB.* ⓚⓚⓚ

Ideally situated close to the State Opera at the back of Radio Free Europe, this restaurant is an excellent choice for opera goers. It's menu boasts a wide range of international cuisine at surprisingly good value. Its decor is stylish, light and modern lending to a relaxed atmosphere, whilst the service is generally prompt and courteous.

French Restaurant in Obecní dům

Náměstí Republiky 5. **Map** 4 D3. *22 00 27 77.* ***Open*** *noon–4pm, 6–11pm daily.* *AE, DC, MC, JCB.* ⓚⓚⓚⓚ

The decor of this restored fin-de-siècle restaurant is a main attraction, but the cuisine – international spiced with Czech specialities – is no less rewarding. It is ideal for a pre- or post-entertainment meal.

La Perle de Prague

Rašín Building, Rašínovo nábřeží 18. **Map** 5 A2. *21 98 41 60.* ***Open*** *noon–2pm, 7pm–2am Tue–Sat, 7pm–10:30pm Mon.* ★ V *AE, DC, MC, V.* ⓚⓚⓚⓚ

Prague's most talked-about modern building is home to Prague's most talked-about new restaurant. Here on the top two floors of architect Frank Gehry's fabulous "Ginger and Fred" building, the bar and restaurant that is the Perle de Prague offers wonderful Parisian-style haute cuisine in a striking post-modern setting, combined with fabulous views of the city. Within the chic, formal restaurant there is no music to disturb the serious gourmet, but the separate cocktail bar offers you the chance to dance cheek to cheek in a building whose fluid lines were inspired by the graceful movements of its namesakes on the dance floor.

FURTHER AFIELD

The Globe Bookstore Café

Pštrossova 6. *24 91 72 30* ***Open*** *10am– midnight daily.* ⓚ

Cheap, good food, a great library of English-language books and a charming atmosphere keep the expatriates coming back to this café. The limited menu consists mainly of sandwiches, bagels, pasta and Greek salads, but the comfortable armchairs make it very popular.

Na Ořechovce

Vychodni 7. *312 35 94.* ***Open*** *noon–11pm daily.* *AE, MC, V.* ⓚ

Hearty roast dishes are the key items here, accompanied by traditional dumplings and washed down with Pilsner beer. The peacefulness of the suburban location is reflected in the attractive, leafy garden in which you can dine in summer, when you might want to choose slightly lighter dishes from the more international end of the menu's range.

Na Slamníku
ON THE STRAW MATTRESS

Wolkerova 12. *33 32 25 94.* ***Open*** *11am–midnight daily.* ⓚ

The preparation and presentation of the food here is simple, in keeping with the decor and atmosphere of a typical 300-year-old Czech pub. Apart from the

For key to symbols *see p191*

pool table in the back "salon", it has remained untouched, and the Czech treats, like pan-fried pork, are the tasty staples. One of the best deals in town.

U Tří hrochů

AT THE THREE RHINOS

Bubenečská 8. 24 31 47 61. ***Open*** *11:30am–11:30pm daily.* V Kč

Though the atmosphere isn't great, this restaurant offers courteous, service and pizzas with a good choice of toppings. It is mainly frequented by locals, and its close proximity to Prague's main launderette makes it an excellent place to visit between cycles. Lentil and bean salads are on offer, and bread lovers should not miss the delicious home-made cheese rolls, served piping hot straight from the oven.

U Mikuláše Dačického

Viktora Huga 2. *57 32 23 34.* ***Open*** *4pm–1am Mon–Fri, 6pm–1am Sat.* KčKč

As a token of appreciation, this restaurant was decorated by set-designers from the Barandov film studios during the 1930s. They chose a medieval motif, which provides a courtly ambience. Dark-stained panelled walls, large wooden tables, chairs upholstered in red leather, and murals depicting noblemen, knights and a host of courtesans feasting, make the restaurant a unique place to eat in. The food portions are large, and although the menu is similar to that found in other restaurants, the food is prepared with more care. The house speciality is a shish kebab which consists of mixed meats and vegetables, and while some rave about the fish dishes, they can vary in quality.

Zlatý Drak

GOLDEN DRAGON

Anglická 6. **Map** 6 E2. *24 21 81 54.* ***Open*** *11:30am–3pm, 6–10:30pm daily.* V *DC, V, JCB.* KčKč

Unlike other Chinese restaurants in Prague, Zlatý Drak underplays the Chinese theme, and its glossy atmosphere is enhanced by large wall mirrors. This is the best Chinese restaurant to be found in town, although the portions are so small that you might decide to order an additional main course. The dishes range from tofu to duck, and there is also a variety of vegetarian options on offer.

Letensky Zamecek

Letenské sady 341. **Map** 3 A1. *33 37 56 04.* ***Open*** *noon–midnight daily.* *AE, MC, V.* KčKčKč

The "little castle" is actually three restaurants contained in one. The elegant first floor tends to cater primarily to a business and foreign clientele; the ground floor serves Czech dishes (including fruit dumplings to die for) mainly to locals at a fraction of the price; and the beer garden offers a friendly, welcoming atmosphere and cheerful service to a wide range of diners, many of whom are resting their weary feet and enjoying a refreshing drink after a walk in Letná Park. The setting is attractive, with views of the river and the Old Town, and the standard of cooking is generally quite high, with dishes ranging from goulash to seafood.

Rio's Beach Club

Ostrov Štvanice 38. **Map** 4 F1. *231 13 84.* ***Open*** *11–1am daily.* *AE, MC, DC, V.* KčKčKč

Set on an island in the Vltava, this pretty restaurant really does offer diners the evocative sound of waves lapping on a beach – though Prague's riverside could not be mistaken for the Copacabana even in the best of weather. It also offers a very appealing choice of dishes, including – in keeping with its name – some with an appetizing Brazilian influence. This restaurant is worth seeking out if you want to find something just a little bit different, in terms of both the setting and the cuisine.

U Blaženky

U Blaženky 1. *51 56 45 32.* ***Open*** *11am–11pm daily.* *AE, DC, JCB, MC, V.* KčKčKč

Nestling in the delightful setting of a wooded hilltop overlooking the city, this is a real find, not just for the views from the terrace in summer, but for the excellent food and good service all year round. A variety of French and Czech dishes rub shoulders on the menu – you can choose between a choice of delicacies such as light and flavoursome salmon in herb butter and hearty garlic-roast mutton chops. The Czech speciality of duck breast in raspberry sauce is definitely worth sampling here, as is the house dessert of fried apples with vanilla ice-cream.

U Cedru

AT THE CEDAR

Národni Obrany 27. *312 29 74.* ***Open*** *11am–11pm daily.* V ★ *AE, DC, MC, V, JCB.* KčKčKč

Although it is situated out of the centre of town, this restaurant is easily accessible by metro, and it is well worth the trip. Humous (chickpea dip), felafel (chickpea balls), baba ganuj (aubergine dip), stuffed vine leaves and other staple Lebanese favourites are served. Most people who eat here do not even order a main course: they find that a large selection of appetizers (all served with pitta bread) is usually more than enough. The high quality of the food and its consistent freshness have turned the place into a hot spot for the foreign community. The restaurant is small, with a decor that does not in any way reflect the ethnic nature of its menu, and, as it fills up quickly, reservations are strongly recommended.

U Sloupu

AT THE PILLAR

Lucemburská 11. *22 71 31 51.* ***Open*** *11am–11pm Mon–Fri, noon–11pm Sat, Sun.* *AE.* KčKčKč

Located on a quiet street outside the city centre, this dignified restaurant serves traditional Czech meals in a modern Art Deco-style environment. While favourites such as fried carp and svíčková (beef with a cream sauce) are all available à la carte, there is also a fixed-price menu, and this is recommended as a starting point for those who are unfamiliar with traditional Czech fare.

Rhapsody

Dukelskych hrdinu 46. *80 67 68.* ***Open*** *7pm–2am daily.* *AE, DC, MC, V, JCB.* KčKčKčKč

As the name suggests, music is an integral part of the drinking and dining experience in this tastefully appointed wine bar and restaurant. Live piano music accompanies your drinking and dining experience. The range of international wines is extremely good. The food is straight-forward – hearty steaks and pasta predominate – but is well-cooked and simply presented. A comfortable, welcoming and laid-back place in which to spend a leisurely evening or at which to round off the night.

Pubs, Beer Halls and Bars

Pubs in Prague are either drinking pubs, which usually serve food as well; traditional beer halls, large enterprises dedicated to the mass consumption of beer; or pubs where people go mainly to eat. *Hostinec* and *hospoda* indicate a pub with food, whereas a *pivnice* serves only beer, but over time the distinctions have faded. Bars usually serve beer as well as wine and spirits. Most of them open at 10 or 11am and close at 10pm. Don't wait to be seated – just look for a free chair. If you sit at an empty table, don't be surprised if others join you. A waiter will bring more beer as you finish, until you say otherwise. Remember that imported spirits can be expensive.

Traditional Pubs and Beer Halls

There are a variety of drinking establishments in Prague, to suit all tastes. Recommended for the brave, **U Zlatého tygra** is *the* loud Czech literati pub, wall-to-wall with (mostly male) regulars. **U Fleků** has brewed its unique dark beer, Flekovské, since 1499. For authenticity, and Budvar, try **U Medvídků**, which is not too far away from the National Theatre (*see pp156–7*) and Old Town Square, or **Krušovická pivnice**, an airy local pub serving some food. The **U Vejvodů** looks the worse for four centuries' wear, but the interior is new and it also boasts a non-smoking room. The **Hospoda u Goldexu** shares its kitchen with a restaurant, so the food is good. Although this is seldom visited by out-of-towners, it is very popular with ex-pats. In the Castle area, **U Kocoura** most resembles a traditional pub, serving Prazdroj beer and fried cheese, while **Vinárna U Čerta** is more upmarket. A spacious former chapel, **U Betlémské kaple** serves a selection of fish dishes and cold beer from Velké Popovické. **Konírna** is an atmospheric pub down a cobbled lane, and is just the place to go for a quiet pint of beer.

Theme Bars

A recent novelty is the theme bar with a foreign atmosphere. The **James Joyce** is one of Prague's popular Irish bars. This one is tucked away near the Old Town Square and offers Irish, English and Czech beers and stouts. With the Municipal House concert hall a block away (*see p214*), it is a good pre-concert venue. The secret of **Jo's Bar** is a US clientele and good Mexican food. The margaritas are excellent and Sunday brunch very popular. The **Nike Sports Bar** is for sports enthusiasts. TVs show the latest action, there is a shoe shop, and the salads, burgers and snacks are good.

Café Society

The city is also embedded in café society, ranging from old-fashioned smoky joints to cafés within book-stores, boutiques and billiard halls. Some are restaurants, others focus on drinking (see listings), but all serve alcohol. **Lávka** has the finest setting in the city. Situated at the foot of Charles Bridge, it offers a spectacular view of the Castle. It is more a place to see and be seen, like **Dolce Vita** and **Slavia** recently reopened by the river opposite the National Theatre. In contrast, **U Zeleného Čaje** is a Zen-like tea house with more than 100 varieties of tea. For a perfect meeting place, try the **Café Milena** opposite the clock tower in the old town square.

Directory

Bar Bar
Všehrdova 17.
Map 2 E5.
☎ 57 31 2246.

Café Milena
Staroměstské nam. 22.
Map 3 B3.
☎ 21 63 26 02.

Dolce Vita
Široká 15.
Map 3 B3.
☎ 232 91 92.

Hospoda u Goldexu
Vinohradská 25.
Map 6 E1.
☎ 24 21 18 06.

James Joyce
Liliová 10. **Map** 3 B4.
☎ 24 24 87 93.

Jo's Bar
Malostranské náměstí 7.
Map 2 E3.
☎ 53 12 51.

Konvikt Pub
Bartolomejská 11.
Map 3 B5.
☎ 24 23 19 71.

Lávka
Novotného lávka 1.
Map 3 A4.
☎ 24 21 47 97.

Nike Sports Bar
Ve smečkách 30.
Map 6 D1.
☎ 24 19 63 66.

Slavia
Smetanovo nábř. 2.
Map 3 A5.
☎ 24 22 09 57.

U Betlémské kaple
Betlemské náměstí 2.
Map 3 B4.
☎ 22 22 16 39.

U Fleků
Křemencova 11.
Map 5 B1.
☎ 24 91 51 18.

U Kocoura
Nerudova 24. **Map** 2 D3.
☎ 53 89 62.

U Medvídků
Na Perštýně 7.
Map 3 B5.
☎ 24 21 19 16.

U Pinkasů
Jungmannovo náměstí 15/16. **Map** 3 C5.
☎ 24 22 29 65.

U Zeleného Čaje
Nerudova 19. **Map** 2 D3.
☎ 57 53 00 27.

U Zlatého tygra
Husova 17. **Map** 3 B4.
☎ 22 22 11 11.

Vinárna U Čerta
Nerudova 4. **Map** 2 D3.
☎ 57 53 15 26-7.

SHOPS AND MARKETS

FOLLOWING THE TRANSITION to a market economy, and the breaking down of barriers between the West and East, the range of goods available in Prague's shops has increased enormously. A number of leading US and West European firms have established businesses in the city, and the quality of goods manufactured in the Czech Republic has improved considerably. Most of Prague's best shops are conveniently located in the city centre, especially in and around Wenceslas Square. Many of these areas have been pedestrianized, making for leisurely window-shopping, although they can get rather crowded. There are a number of department stores which sell an eclectic range of Czech and Western items. For a different shopping experience, the few traditional markets in the city offer everything from fresh fruit and vegetables to imported Russian caviar, toys, clothes, furniture, Czech crafts, electrical spare parts and even second-hand cars.

Bohemian crystal

OPENING HOURS

MOST OF PRAGUE'S shops are open from 8am to 6pm Monday to Friday and until noon on Saturdays (supermarkets are open later). However, they are often more flexible than that, as many shops rely almost entirely on tourists for their trade. The more expensive gift shops have adapted their opening hours to the needs of their Western customers, often opening at 10am and closing much later in the evening.

Food stores open earlier, most of them at 6am – reflecting the early working day of many locals – and close at around 7pm. Most shops also take a break for lunch, which can vary from any time between noon and 3pm. Department stores and the big shopping centres also open early but tend to close later, often around 8pm.

All the shops are at their most crowded on Saturdays and for stress-free shopping it's often better to wander around the shops during the week. Prague's markets are generally open early every morning weekday but have varied closing times.

A set of Russian dolls available from one of the many street stalls

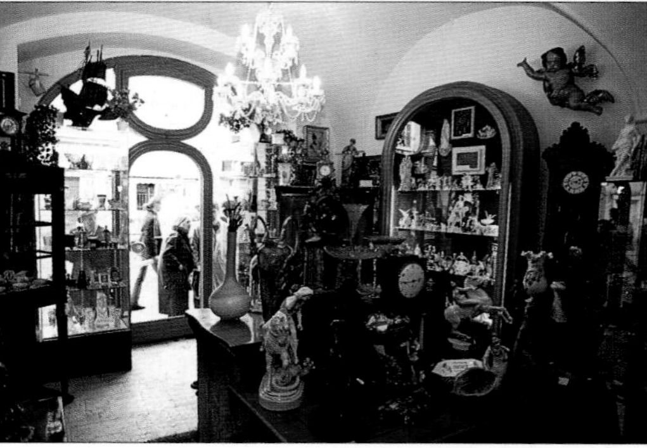

One of the many antique shops in Bridge Street in the Little Quarter

HOW TO PAY

YOU WILL FIND that most staple goods, such as food, are much cheaper than comparable items in the West. However, with more multinationals, such as Benetton, moving into the city, prices are slowly starting to rise.

Never assume you can pay by credit card. The major ones *(see p222)* are often only accepted in the larger, more tourist-orientated shops and a very few department stores. Most shops will only accept payment in Czech crowns. Ignore any requests, polite or otherwise, to pay for your goods using Pounds Sterling, American Dollars or with German Marks, as this is now illegal. The total price should always include Value Added Tax (this is 5 or 23% of the total price, depending on what is being sold), although all food is exempt from this. There is no tax-free shopping in Prague.

SALES AND BARGAINS

FOLLOWING THE examples of the newly arrived Western stores, sales are becoming more popular. As a result, it is now quite normal for clothes to be sold off cheaper at the end of each season. There is also an increasing number of post-Christmas sales in the shops found around Old Town Square, Wenceslas Square, Na příkopě and 28. října.

If you want fresh vegetables, fruit, meat or other perishable goods, buy them at the beginning of the day, when the best quality goods are still on sale. There is no point in waiting till the end of the day in the hope of getting bargains, as is the case in Western shops that reduce prices to get rid of perishable items.

Department Stores

The widest selection of goods can be found in the large, modern department stores. There are about ten at present, although more are planned for the future.

The best-known and most frequently visited department store, **Kotva** (The Anchor), lies in the centre of the city. It was built in 1975 and its four storeys offer a wide range of Western goods, particularly fashion and electronics, with the bonus of an underground car park. But compared to many Western department stores, Kotva, along with its competitors, has a smaller selection of goods than you may be accustomed to – with the exception of food such as smoked meats, for example. Prices charged for some of the more luxurious items on sale, such as famous perfumes, can often be equivalent to the Western ones.

Another popular store is **Tesco**. This opened in 1996 and has a good selection of Czech and western products. The city's oldest department store is **Bílá Labut'** (The White Swan) in Na poříčí. It was opened shortly before the occupation of Czechoslovakia in 1939 and was the first building in Prague to have an escalator. It has since been refurbished, and now specializes in furniture and interior accessories. **Krone**, also supplies a good range of products and is conveniently situated near Můstek metro.

Two figurines decorate the façade of a chemist in the Old Town

In most supermarkets you are not allowed to go through the turnstiles unless you have a supermarket basket or trolley, and for these you need to queue behind each check-out counter. This system is to make sure the store does not become overcrowded.

Markets And Malls

Prague's markets offer a vast range of goods in a friendly atmosphere where bargaining is all part of the fun. The largest market in the city, **Prague Market**, is in Holešovice. It was converted from a former slaughter-house. The market now sells fresh fruit and vegetables, all kinds of poultry as well as fish, textiles, flowers, electronics and even second-hand cars and vehicle parts. These are all sold in several large halls and in outdoor stalls. The market is generally open from Monday to Friday, 6am to 5pm. In Havelská, right in the centre of the city, is the small **Havel Market**, which mainly sells fresh fruit and vegetables. Other well- known markets in Prague include **Prague Flea Market**, **Smíchov Market** and a small one in the street V kotcích. Remember that some of the goods sold at all these markets, especially the mass of clothes and shoes, can be of very poor quality.

Western-style shopping malls can now be found in Prague. **Vinohrady Pavilion** has been recently reopened as a shopping mall, following extensive modernization, as has **Koruna Palace** and the **Myslbek** shopping arcade.

A second-hand bookshop in Karlova Street

Street Stalls

Hundreds of street stalls and wandering street vendors appear during the summer around Charles Bridge, the Old Castle Steps, Na příkopě and Old Town Square. Usually run by young Czechs, they sell a huge variety of goods. Most stalls have handmade items such as jewellery, pottery, carved wooden toys, puppets, Russian dolls, models of Prague's houses, and Czech crafts. Recently many have started to sell Communist and Soviet memorabilia such as medals, watches, caps and uniforms.

What to Buy in Prague

The increasingly large selection of goods available in Prague's shops means that everyday items, such as food, books, camera film and toiletries are easily available, and you may find that imported clothing is a better buy here. Prague's more traditional products, such as Bohemian crystal, china, wooden toys and antiques make great souvenirs, and there are still some real bargains to be picked up. Increasingly popular are the more unusual goods which are sold by many of Prague's street vendors. These include Soviet army medals, Red Army uniforms, Russian dolls, wooden puppets, ceramics and a wide selection of jewellery. In general, prices are far lower than in the West.

Glass and China

Bohemian glass and china have always been ranked among the finest in the world. From huge, decorative vases to delicate glass figures, the vast selection of glass and china items for sale is daunting.

Crystal, glass, and china can be quite different depending on where they are made. Some of the best glass and china in Bohemia is produced at the Moser glassworks at Karlovy Vary and sold at the **Karlovy Vary China** shop and **Moser**. The large Crystalex glassworks at Nový Bor and Poděbrady produce some of the most highly-decorated glass, sold at **Crystal**. Other shops which sell a good selection of glass and china include **Bohemia Crystal, Dana-Bohemia**, and two outlets called **Glass**. However, prices are starting to reflect the increasing popularity of a number of the rarer items and bargains are harder to find. Remember that many of the modern pieces are just as lovely and much cheaper. Because of the fragile nature of the goods, many shops will pack anything you buy there. But if you go for a more expensive piece, it is worth looking into insurance before you leave Prague.

Antique Shops

Antiques in Prague have always been considered a good buy, as prices are still generally lower than in the West. Antique shops that are well worth a look at include **Dorotheum,** and **Antique Clocks** sells exactly what it says and **Military Antiques** is a haven for all army fanatics. For goods over Kč1,000, check with the shop whether you will need a licence to export them. However, watch out for an increasing number of fakes which are now appearing on the market.

Prague also has several *bazar* shops which stock a range of items at cheaper prices. Items are often unusual and good bargains can be found. **Bazar B & P** is a small, popular shop full of second-hand goods. For furniture bargains **Bazar nábytku** is well worth a visit.

Traditional Crafts

The traditional manufacture of high-quality and hand-crafted goods still survives. The variety of the products available in the shops – hand-woven carpets, wooden toys, table mats, beautifully-painted Easter eggs, baskets, figurines in folk costumes, and ceramics – are all based on Czech and Moravian folk crafts and then enriched with modern elements. You can buy them from many market stalls as well as a fair number of shops.

Czech Traditional Handicrafts offers a huge choice of hand-carved decorative items. Other arts and crafts shops include **Souvenirs** and **Pottery Tupesy**. A number of street vendors around Old Town Square also sell a range of handmade items including jewellery and puppets.

Books

There are numerous bookshops in Prague, but most of the books sold are in Czech. Foreign-language books are available in the specialist bookshops in the city centre.

One of the main bookshops is **U Černé Matky Boží**. Here you'll find a range of English-language books (including Czech works which have been translated into English) as well as a fair number of German and French editions. Another well-stocked outlet is the **Big Ben Bookshop**. Maps and guides to Prague in English can be bought at **Antikvariát Makovsky & Gregor**. Other specialist bookshops include **Orbis**, **Kanzelberger**, **Arbes Bookshop**, **Academia** and **Fišer's Bookshop**.

Prague also has second-hand bookshops – look in Golden Lane and Karlova Street – which stock some English-language books, and they all offer the visiting bibliophile hours of enjoyable browsing.

Food and Delicatessens

Prague's supermarkets are well stocked with the basic foodstuffs *(see p207)*. For something special, there are a few delicatessens. **Delicacies** is a small shop with meat and fish counters. A specialist food shop, selling smoked sausage, cheeses and other local delicacies, is **Jan Paukert**. For freshly-baked bread visit the bakers around Wenceslas Square and Mostecká Street. **Paneria** shops sell a good selection of patisseries and sandwiches.

Pharmacies

Most pharmacies in Prague stock all modern medicines, but a prescription from a Czech doctor is needed to buy them. Check listings for addresses *(see directory for 24-hour pharmacies)*. Toiletries can be bought at a drugstore.

DIRECTORY

DEPARTMENT STORES

Anchor
KOTVA
Náměstí Republiky 8.
Map 4 D3.
☎ *24 80 11 11.*

Krone
Václavské náměstí 21.
Map 4 D5.
☎ *24 23 04 77.*

Tesco
Národní 26. **Map** 3 B5.
☎ *24 22 79 71.*

White Swan
BÍLÁ LABUT'
Na poříčí 23.
Map 4 D3.
☎ *24 81 13 64.*

MARKETS AND MALLS

Havel Market
Havelské náměstí.
Map 3 C4.

Koruna Palace
Václavské náměstí 1.
Map 3 C5.
☎ *24 21 95 26.*

Prague Flea Market
PRAŽSKÁ BURZA
Výstaviště (Exhibition Ground).

Prague Market
Bubenské nábřeží 306.
Prague 7.
☎ *80 09 45.*

Smíchov Market
Náměstí 14. října 15.
Map 3 C4.
☎ *57 32 11 01.*

Vinohrady Pavilion
Vinohradská 50. **Map** 6 F1.
☎ *22 09 71 11.*

GLASS AND CHINA

Bohemia Art Crystal
ČESKÝ KŘIŠTÁL
Železná 14.
☎ *24 22 71 18.*
One of several branches.

Dana-Bohemia
GLASS, CHINA, CRYSTAL
Národní 43. **Map** 3 A5.
☎ *24 21 46 55.*
One of several branches.

Crystal
Karlova 14.
Map 3 A4.
☎ *26 64 25.*
One of several branches.

Glass
SKLO
Malé náměstí 6.
Map 3 B4.
☎ *24 22 92 21.*
Staroměstské náměstí 26–27.
Map 3 C3.
☎ *24 22 97 55.*

Karlovy Vary China
KARLOVARSKÝ PORCELÁN
Pařížská 2.
Map 3 B2.
☎ *24 81 10 23.*

Moser
Na příkopě 12.
Map 3 C4.
☎ *24 21 12 93/ 24 22 86 86.*

ANTIQUE SHOPS

Antique Clocks
STAROŽITNOSTI UHLÍŘ
Mikulandská 8.
Map 3 B5.
☎ *24 93 05 72.*

Bazar nábytku
Libenský ostrov.
☎ *66 02 93 10.*

A.D. Starožitnosti
Skořepka 8, Prague 1.
Map 3 B4.
☎ *24 23 46 96.*

Military Antiques
Charvátova 11.
Map 3 C5.
☎ *96 24 00 88.*
One of several branches.

Bazar B & P
Nekázanka 17.
Map 4 D4.
☎ *24 21 05 50.*

Dorotheum
Ovocn'y trh 2.
Map 3 C4.
☎ *24 22 20 01.*

GIFTS AND SOUVENIRS

Czech Traditional Handicrafts
Karlova 26.
Map 3 A4.
☎ *21 11 10 64.*

Hračky Traditional Toys
Pohořelec 24.
Map 1 B3.
☎ *06 04 75 72 14.*

Pottery Keramika Tupesy
Truhlářská 9.
Map 4 D3.
☎ *231 11 56.*

Souvenirs Dům u Bílého Jednorožce
Staroměstské náměstí 15
Map 3 B3.
☎ *231 17 34.*

BOOKS

Antikvariát Makovsky & Gregor
Kaprova 9.
Map 3 B3.
☎ *232 83 35*

Arbes Bookshop
ARBESOVO KNIHKUPECTVÍ
Štefánikova 26.
Prague 5.
☎ *57 32 91 71.*

Big Ben Bookshop
Malá Štupartská 5.
Map 3 C3.
☎ *24 82 65 65.*

Fišer's Bookshop
FIŠEROVO KNIHKUPECTVÍ
Kaprova 10.
Map 3 B3.
☎ *232 07 33.*

U Černé Matky Boží
Celetná 34.
Map 3 C3.
☎ *24 21 11 55.*

Knihkupectuí Academia
Václavské náměstí 34.
Map 4 D5.
☎ *24 22 35 11.*

Orbis
Václavské náměstí 42.
Map 4 D5.
☎ *24 21 73 35.*

Kanzelberger
Václavské náměstí 4.
Map 4 D5.
☎ *24 21 92 14.*

FOOD AND DELICATESSENS

Bakeshop
U Kolkovně 2 .
Map 3 C3
☎ *232 01 95.*

Delicacies
ZLATÝ KŘÍŽ
Jungmannovo náměstí 19.
Map 3 C5.
☎ *24 09 86 32.*

Jan Paukert
Národní 17.
Map 3 B5.
☎ *26 64 44.*

Paneria Pekařstvi
Valentinská 10/20.
Map 3 B3.
☎ *24 82 79 13.*
One of several branches.

PHARMACIES

It is not usual for pharmacies to have individual names, so look out for ***Léky*** *(drugs) or* ***Lékárna*** *(pharmacy).*

Národní 35.
Map 3 B5.
☎ *24 23 00 86.*

Palackého 5.
Map 3 C5.
☎ *24 94 69 82.*
Open 24 hours

Václavské náměstí 64.
Map 3 C5.
☎ *22 21 14 23.*

Lékárna v Anděla
Stefanikova 6,
Prague 5.
☎ *57 32 09 18.*

Entertainment in Prague

Since the Velvet Revolution, Prague's entertainment programme has become increasingly varied. Whether you prefer opera to jazz or mini-golf to a football match, the city has plenty to offer. Movie buffs can choose from many of the latest Hollywood blockbusters, a lot of them in English with subtitles. For the adventurous, mime and fringe theatre are both thriving. Prague has a great musical tradition, which includes symphony orchestras, opera, musicals, jazz and folk music. Concerts are performed throughout the year, in venues which range from Baroque palaces to public parks and gardens. Even if you don't speak Czech, you can still enjoy the city's cultural offerings. Some plays can be seen in English, and for many types of entertainment, music, dance and sport, a knowledge of the language isn't necessary at all.

Street musicians entertaining the crowds

Practical Information

The best place to look for information about what's on and where in Prague, is in the two English-language newspapers, *Prognosis* and *The Prague Post (see p219)*. Both of the newspapers offer comprehensive details of the best entertainment and cultural events which will be of interest to an English-speaking audience. Those events that are in English or have translation facilities are marked. Other sources of information are the leaflets given out at the ticket agencies in the city like **Melantrich** or **PIS** *(see p211)*. These are generally printed in Czech, English and German. You can also use the free booklets *Přehled* and *The Month in Prague* printed in English and available from any **PIS** office. For a comprehensive rundown of events, buy *Culture in Prague*, a detailed monthly publication listing information on a variety of local exhibitions, concerts and theatre.

Theatre signs strung along Celetná Street

Booking Tickets

Tickets can be bought in advance from the box office at most entertainment venues. You can also book tickets in advance by writing to, or ringing, the venue. Remember that many of the city's box offices may not have any English speakers available. The more popular events tend to become heavily booked up in advance by tour groups – particularly during the summer – and by season-ticket holders. However, standby tickets are usually available about an hour before performances. If this isn't practical and you want to be sure of a ticket on a particular day, it is better to buy your tickets at one of the many booking agencies in the city. The drawback to using agencies

Puppet Theatre

Puppetry has a long tradition in Prague and is still strongly represented. The most famous puppet show in the city is held at the **Spejbl and Hurvínek Theatre** *(see p214)*. The show revolves around Daddy Spejbl and his reprobate son Hurvínek. Other puppet theatres include the **National Marionette Theatre** *(see p214)*, which uses all-string marionettes featured in regular performances for children at weekends.

The **Theatre in the Old Town** *(see p214)* and the **Children's Little Sun Club** *(see p214)* also put on puppet shows occasionally. Check listings magazines *(see p218)*.

Theatre puppets

is that commission on these tickets can be high, sometimes doubling the original price. Your hotel receptionist may also be able to get you tickets.

Ticket Prices

Ticket prices are still very cheap compared to Western prices, except for certain performances, most notably during the Prague Spring Festival *(see p50)*. Prices range from around Kč100 for a small fringe production or puppet theatre to up to Kč1,500 for a performance of an internationally-famous orchestra. Paying for your tickets by credit cards is rarely, if ever, accepted by any entertainment venue.

Ticket Touts

There has been a recent spate of counterfeit tickets on sale, especially for the larger rock concerts. To be safe, always buy your tickets at reputable agencies or at the venue itself.

Late-Night Transport

Prague's metro *(see p234)* stops running shortly after midnight, while the normal bus and tram service ends around 11:30pm. Then the city's extensive night bus and tram service takes over. Timetables are displayed at each stop. Night trams and buses are regular and efficient and it is likely that there will be a tram or bus stop near your hotel. Taxis provide the most certain form of late-night transportation, but beware of unscrupulous drivers trying to overcharge you *(see p237)*. Always try to walk a little way from the theatre before you hail a cab, the fare will probably be a lot cheaper. Ask your hotel before you go out what the best transport options are.

A view of the Rudolfinum auditorium ***(see p214)***

Members of the Opera Mozart ***(see p214)*** **performing** ***Così Fan Tutte***

Sparta Stadium ***(see p215)***

Music Festivals

The most famous music festival of all is the Prague Spring Music Festival *(see p50)*, held annually between May and June. Hundreds of international musicians come to Prague to take part in the celebrations. Other music festivals in the city include the Mozart Festival *(see p51)*, which takes place during the summer months, and the International Jazz Festival *(see p52)*, which is held during the autumn.

Booking Agents

Bohemia Ticket International
Malé Nàměsti 13. **Map** 3 B4.
☎ *24 22 78 32.*
Na Příkopě 16. **Map** 4 D4.
☎ & FAX *24 21 50 31.*

Ticketpro
Salvátorská 10. **Map** 3 B3.
☎ *84 01 11 50.*
W www.ticketpro.cz

CK Intercontact
Karmelitská 27. **Map** 2 E4.
☎ *57 53 25 62.* FAX *57 53 14 66.*

Lucerna
Štěpánská 61. **Map** 5 C1.
☎ *24 21 20 03.*

Pegas Ticketing-on-line
W www.vegatickets.cz
☎ *231 52 45.* FAX *24 81 48 38.*

Pragotour
Staroměstské Nám.1.
Map 3 B3.
☎ *21 71 41 28/30.* FAX *21 71 41 27.*

Prague Information Service (PIS)
Staroměstské náměstí 1.
Map 3 B3.
☎ *12 444.*
Na Příkopě 20. **Map** 4 D4.

Prague Tourist Centre
Rytířská 12. **Map** 3 C4.
☎ & FAX *24 21 22 09.*

Top Theatre Tickets
Zatecka 1.
Map 3 B3.
☎ *232 25 36.* FAX *24 81 93 22.*

Variety of Entertainment

PRAGUE HAS ALWAYS BEEN known for its artistic heritage. Theatre has played an important role in the city's cultural development, and recently the range of entertainment has expanded considerably. Many new theatre groups have emerged, especially more experimental ones. In general, the theatre season runs from September to June. During the summer, open-air performances are given in Prague's gardens and parks. The city also has a strong musical tradition, including great musicians and performers such as Mozart, Smetana and Dvořák. For those who prefer to dance till dawn, relax to the sound of jazz or take in a movie: you'll find plenty to entertain you in this inexpensive city.

English-Language Performances

MANY THEATRES in Prague have started to stage a number of English-language productions – especially in the summer months. Even if the play is not performed in English, many theatre venues have installed simultaneous translation facilities. For more details, check in the listings magazines *(see p219)*.

Major Theatres

PRAGUE'S FIRST permanent theatre was built in 1738, but the city's theatrical tradition dates from the Baroque and Renaissance periods.

The **National Theatre** *(see p156)* is Prague's main venue for opera, ballet and plays. The neighbouring New Stage is another important venue. It is also the main stage for the multi-media **Laterna Magika** company, which is one of Prague's best-known theatre groups as well as being at the forefront of European improvisational theatre.

Other major theatres in the city include the "stone theatres". These gained importance during the 18th century and include the **Vinohrady Theatre**, the **Estates Theatre** *(see p65)* – one of the most respected in Prague – and the **Prague Municipal Theatre**, an acting company whose plays appear in turn at the **ABC Theatre**, the **Comedy Theatre** and the **Rokoko Studio of Drama**. The **Kolowrat Theatre** is based in the Kolowrat Palace.

Fringe Theatres

THESE ORIGINATED during the 1960s and won renown for their fight against the status quo. The groups are still very innovative and largely experimental. They perform in small theatres, and many of Prague's best actors and actresses have developed their skills while working for some of these companies.

Fringe theatres include: the **Dramatic Club**, well known for its supporting ensemble; the **Ypsilon Studio**, with one of the finest acting companies in the city; **Theatre Na Fidlovačce**, stages a mix of musicals and straight drama; the large **Theatre Below Palmovka**, renowned for its mix of classical and modern plays and the **Theatre in Celetná**. One of Prague's most spectacular theatrical and music venues is **Křižík's Fountain**, at the Exhibition Ground, where classical concerts are held and full orchestras perform to stunning lightshows. The **Semafor Theatre** is the home of the very popular comedian, Jiří Suchý.

Pantomime, Mime and "Black Theatre"

SOME OF THE MOST popular theatre entertainment in Prague is Black Theatre (where black-clad actors move objects against a dark stage without being seen – a stunning visual spectacle), pantomime and mime. None of three requires any understanding of Czech and all are strongly represented. **Jiří Srnec's Black Theatre** is one of the major venues for black theatre performance.

Dance

IN PRAGUE, opera and ballet companies traditionally share the **National Theatre**, where the permanent ballet company is based. You can also watch ballet at the **Estates Theatre** and at the **Prague State Opera**. Musicals tend to be popular in Prague, and these are performed by some of the modern dance groups.

Classical Music

THE MAIN CONCERT venues for classical music are the **Rudolfinum** *(see p84)* and the Smetana Hall, found in the **Municipal House** *(see p64)*. Other permanent concert halls include the **Atrium in Žižkov**, a converted chapel, the **Clementinum** and the imposing **Congress Centre Prague**. **Bertramka** is another venue with the added attraction of being the place where Mozart stayed when he was in Prague.

Music in Churches and Palaces

CONCERTS PERFORMED in the numerous churches and palaces around Prague are extremely popular. Many of these buildings are closed to the public, so this is the only chance to see inside them. Major churches include the **Church of St James** *(see p65)*; the **Church of St Nicholas** *(see p128)* in the Little Quarter; the **Church of St Nicholas** *(see p70)* in the Old Town; the **Church of St Francis** in Knights of the Cross Square *(see p79)*; **St Vitus's Cathedral** *(see p100)* and **St George's Basilica** *(see p98)*. Among the other venues included are the **National Museum** *(see p147)*; the **Lobkowicz Palace** *(see p99)* and the **Sternberg Palace** *(see p112)*. It's worth checking the listings magazines *(p219)* for the specific dates and times of concerts.

Opera

During the 20th century, opera has become very popular in Prague, and there are now two major opera companies in the city. One company performs solely in the **National Theatre** *(see pp156–7)* and the other in the **State Opera**. The latter presents all its performances in the language in which they were written, usually Italian, while the National Theatre has more Czech translations of the operas. The **Music Theatre in Karlin** puts on classical operettas and musicals only. More innovative pieces are staged by the **Hudební Fakulta**, while the **Mozart Opera** offers modern music.

Nightclubs

Even though nightlife in Prague is not as extensive as in other European capitals, it is rapidly catching up. Since 1989 there have been great changes, so that now visitors have a wider choice of nightclubs, discos and cabaret.

The biggest club in the city is the **Lucerna Bar** which offers a varied programme in an unusual basement ballroom in the beautiful but run down Lucerna building. The **Praga Variety** has a disco and revue programme and is one of Prague's more popular venues. The **Eden-Palladium Dance Club** is the largest disco in Prague. **Zlatý Strom** offers techno/house together with 70's, 80's and 90's dance tunes until 5 am in a medieval cellar setting. The trendier clubs include **Radost FX**, where the city's most affluent are attracted by a constant diet of techno/house and plush decor, together with **Obvodní Kulturní dům Vltavská** and **Nasa**.

Rock and Pop Clubs

Lovers of rock music are well served in Prague. There are a large number of popular rock venues, generally small clubs and cafés, which host a variety of different groups. There is a thriving indigenous scene – Prague's own rock bands play both their own compositions as well as cover versions of more famous numbers, many singing in English. Higher-profile, more internationally renowned Western bands also play in Prague occasionally. The **Rock Café**, and the **Uzi rock-bar**, both very popular venues, offer regular concerts followed by discos. Other venues include the **Futurum Rock Club**, open to the early hours; the **Junior Club na Chmelnici**, whose indie bands begin at 7:30pm. For lovers of nostalgia, **Classic Club** plays an hour of the most popular 1960s classics.

Jazz

The roots of jazz in Prague can be traced not only to the American tradition but also to the pre-war heyday of Prague's famous jazz players, such as Jaroslav Ježek. Prague's many jazz clubs play all forms, from Dixieland to swing. One of the leading and most popular jazz venues in the city is the **Jazz Club Reduta**, which has daily jazz concerts at around 9pm. The popular **Metropolitan Club** holds late-night concerts until 3 or 4am. At the **Agharta Jazz Centrum**, you can hear a high standard of playing while eating in its café. **Umalého Glenna** has regular live blues, jazz and funk, and the **120 Days Club** plays a mixture of jazz, blues, rock and folk. **Malostranská beseda** is the venue for more traditional jazz. For serious enthusiasts, the International Jazz Festival *(see p52)* during October attracts talent.

Ethnic Music

A small number of clubs and bars in Prague offer ethnic music. **The Palác Akropolis** hosts diverse daily performances in an atmospheric converted 20's theatre building.
A variety of bands can be seen from around the world in an atmospheric setting, at the **House of Culture**.

Gay and Lesbian Venues

Prague's few gay venues tend to cater mainly for men, though the buds of a lesbian scene are just beginning to peep through; *Amigo* magazine will give you up-to-date listings. The **A Club** has become very much the headquarters of the lesbian scene. Other popular gay places include **Aqua 2000**, the disco **Gejzeer**, and the cellar bar **Friends**.

Cinemas

Although Prague doesn't have all the latest Hollywood blockbusters, more than 80 per cent of the films shown are recent US productions and a third of them have Czech subtitles. The listings magazines *(see p219)* show which films are on and in what language. Most major cinema screens are situated around Wenceslas Square, including **Hvězda**, **Lucerna** and **Blaník**; others are listed in the directory *(see p215)*. The **Illusion** and the **Bio Konvikt Ponrepo** cinemas show old films. For a cinema restaurant, visit **Evald**.

Sporting Venues

In central Prague, sports facilities are not extensive, so you may have to travel a little further out if you feel like some exercise. Golf, mini-golf or tennis are on offer at the **Motol**, the **Exhibition Ground** *(see p162)* and **Štvanice Island**. Swimming pools are also further out, including two at **Divoká Šárka** and **Kobylisy**. There are beautiful natural lakes at **Lhotka** and **Šeberák** and a whole range of water sports is now on offer at **Hostivař Reservoir** and **Imperial Meadow**.

The main spectator sports are soccer and ice hockey. Sparta Praha, the top soccer team, play at **Sparta Stadium** in Letná, while ice hockey matches are held in the sports hall at the Exhibition Ground.

DIRECTORY

THEATRES

Children's Little Sun Club
DĚTSKÝ KLUB SLUNÍČKO
Vojtíškova 1783, Prague 4.
792 20 74.

Dramatic Club
ČINOHERNÍ KLUB
Ve Smečkách 26.
Map 6 D1.
96 22 21 23.

Estates Theatre
STAVOVSKÉ DIVADLO
Ovocný trh. **Map** 3 C3.
24 90 14 87.

Jiří Srnec's Black Theatre
ČERNÉ DIVADLO JIŘÍHO SRNCE
U Lékárny 597, 15600 Prague 5.
57 92 18 35.

Kolowrat Theatre
DIVADLO KOLOWRAT (IN ESTATES THEATRE)
Ovocný trh. **Map** 3 C3.
24 90 14 48.

Křižík's Fountain
KŘIŽÍKOVA FONTÁNA
Výstaviště, Prague 7.
20 10 32 80, 20 10 32 95.

Laterna Magika
Národní 4. **Map** 3 A5.
24 91 41 29.

National Theatre
NÁRODNÍ DIVADLO
Národní 2. **Map** 3 A5.
24 90 14 87.

National Marionette Theatre
NÁRODNÍ DIVADLO MARIONET
Žatecká 1.**Map** 3 B3.
232 34 29.

Prague Municipal Theatre, ABC Theatre
MĚSTSKA DIVADLA PRAŽSKÁ DIVADLO ABC
Vodičkova 28.
Map 3 C5.
24 21 59 43.

Prague Municipal Theatre, Comedy Theatre
MĚSTSKA DIVADLA PRAŽSKÁ, DIVADLO KOMEDIE
Lazarská 1. **Map** 5 B1.
24 22 27 34.

Prague Municipal Theatre, Rokoko Studio of Drama
MĚSTSKA DIVADLA PRAŽSKÁ ČINOHERNÍ STUDIO-ROKOKO
Václavské náměstí 38.
Map 4 D5.
24 21 71 13.

Reduta Theatre
DIVADLO REDUTA
Národní 20.
Map 3 B5.
24 91 22 46.

Semafor Theatre
Divadlo Semafor, Křižíkova 10.
Map 4 F3.
21 86 81 51.

Spejbl and Hurvínek Theatre
DIVADLO SPEJBLA A HURVÍNKA
Dejvická 38.
24 31 23 80.

Theatre in Celetná
DIVADLO V CELETNÉ
Celetná 17.
Map 3 C3.
232 68 43.

Theatre below Palmovka
DIVADLO POD PALMOVKOU
Zenklova 34, Prague 8.
66 31 17 08.

Theatre in the Old Town
DIVADLO V DLOUHÊ
Dlouhá 39.
Map 3 C3.
24 82 68 95.

Theatre Na Fidlovačce
DIVADLO NA FIDLOVAČCE
Křesomyslova 625,
Map 6 E5.
41 40 40 40.

Vinohrady Theatre
DIVADLO NA VINOHRADECH
Náměstí Míru 7.
Map 6 F2.
24 25 76 01.

Ypsilon Studio
STUDIO YPSILON
Spálená 16. **Map** 3 B5.
24 94 71 19.

MUSIC VENUES

Academy of Music
HUDEBNÍ FAKULTA AMU
Malostranské náměstí 13.
Map 2 E3.
57 53 42 05.

Atrium in Žižkov
ATRIUM NA ŽIŽKOVĚ
Čajkovského 12, Prague 3.
627 04 53.

Bertramka
BERTRAMKA MUZEUM W A MOZARTA
Mozartova 169, Prague 5.
57 31 84 61.

Church of St James
KOSTEL SV. JAKUBA
Malá štupartská.
Map 3 C3.

Church of St Nicholas (Old Town)
KOSTEL SV. MIKULÁŠE
Staroměstské náměstí.
Map 3 B3.

Church of St Nicholas
KOSTEL SV. MIKULÁŠE
Malostranské náměstí.
Map 2 E3.

Church of St Francis
KOSTEL SV. FRANTIŠKA
Křižovnické náměstí.
Map 3 A4.

Church of Sts Simon and Jude
KOSTEL SV. ŠIMONA A JUDY
Dušní ulice.
Map 3 B2.

Clementinum
ZRCADLOVÁ SÍŇ KLEMENTINA
Mariánské náměstí 10.
Map 3 B3.

Lobkowicz Palace
LOBKOVICKÝ PALÁC
Jiřská 1, Pražský hrad.
Map 2 E2.

Mozart Opera
OPERA MOZART
Novotného Lávka 1.
Map 3 B3.
24 81 93 22.

Music Theatre in Karlín
HUDEBNÍ DIVADLO V KARLÍNĚ
Křižíkova 10.
Map 4 F3.
21 86 81 11.

Congress Centre Prague
KONGRESOVÉ CENTRUM PRAHA
5. května 65, Prague 4.
61 17 44 44.

National Museum
NÁRODNÍ MUZEUM
Václavské náměstí 68.
Map 6 D1.
24 49 71 11.

Prague State Opera
STÁTNÍ OPERA PRAHA
Wilsonova 4.
Map 6 E1.
24 22 76 93.

Rudolfinum
RUDOLFINUM – DVOŘÁKOVA SÍŇ
Alšovo nábřeží 12.
Map 3 A3.
24 89 31 11.

St George's Basilica
BAZILIKA SV. JIŘÍ
Jiřské náměstí, Pražský hrad.
Map 2 E2.

St Vitus's Cathedral
CHRÁM SV. VÍTA
Pražský hrad.
Map 2 D2.

Sternberg Palace
ŠTERNBERSKÝ PALAC
Hradčanské náměstí 15.
Map 1 C3.
20 51 46 34.

Nightclubs

Caliente
Vejvocla 6.
Map 4 E3.
24 22 15 36.

Disco Kobra
Zlatnická 4.
Map 4 E2.
232 91 57.

Diskoteka Zlatý Strom
Karlova 6. **Map** 3 A4.
22 22 04 41.

Eden-Palladium Dance Club
U Slavie 1.
72 73 63 06.

Lucerna Bar
Vodičkova 36.
Map 5 C1.
24 21 71 08.

Nasa
Konviktská 6
Map 3 C5.
24 23 81 71.

Obvodní Kulturní dům Vltavská
Bubenská 1.
87 96 83.

Praga Variety
VATIETĚ PRAGA
Vodičkova 30. **Map** 3 C5.
24 21 59 45.

Radost FX
Bělehradská 120.
Map 6 E2.
24 25 47 76.

Rock and Pop Clubs

Classic Club
Pařížská 4. **Map** 3 B3

Futurum Rock Club
Zborovská 7. **Map** 2 F5
57 32 85 71.

Hrob & Styx
Sokolovská 144.
Map 4 F2
684 02 63.

Junior Club na Chmelnici
Akropolis,
Kubelíkova 27.
22 71 22 87.

Klub Lávka
Novotného lávka 1.
Map 3 A4.
22 22 21 56.

Meloun
Michalská 12.
Map 3 B4.
24 23 01 26.

Rock Café
Národní 20.
Map 3 B5.
249 144 16.

Roxy
Dlouhá 33.
Map 3 C3.
248 11 09 51.

Uzi rock-bar
Legerova 44.
Map 6 D2.

Jazz Clubs

Agharta Jazz Centrum
Krakovská 5.
Map 6 D1.
22 21 12 75.

Jazz Club Reduta
Národní Třída 20.
Map 3 B5.
249 122 46.

Malostranská Beseda
Malostranské náměstí 21.
Map 2 E3.
57 53 20 92.

Metropolitan Jazz Club
Jungmannova 14.
Map 3 C5.
24 94 77 77

U/malého Glenna
Karmelitská 23.
Map 2 E4.
57 53 17 17.

Ethnic Music

House of Culture
OBVODNÍ KULTURNÍ DŮM VLTAVSKÁ
Bubenská 1. *87 96 83.*

Palác Akropolis
Kubelíkova 27.
22 71 22 87

Gay and Lesbian Clubs

A Club
Milíčova 25.
22 78 16 23.

Aqua Club 2000
Husitská 7. **Map** 4 F4
627 89 71/627 8347.

Café Relax
Soukenická 7. **Map** 4 D2.
24 81 88 92.

Friends
Náprstkova 1. **Map** 3 A4.
21 63 54 08.

Gejzeer
Vinohradská 40. **Map** 6 F1.
222 51 60 36.

Cinemas

Bio Konvikt Ponrepo
Bartolomějská 13.
Map 3 B5.
24 23 72 33.

Blaník
Václavské náměstí 56.
Map 6 D1.
24 03 21 72.

Budějovická Broadway
Budějovická 1667,
Prague 4.
61 38 22 97.

Evald
Národní Třida 28. **Map** 3 B5.
21 10 52 25

Hvězda
Václavské náměstí 38.
Map 4 D5.
24 21 68 22.

Illusion
Vinohradská 48.
Map 6 F1.
25 02 60.

Kotva
Naměstí Republiky 8.
Map 4 D3.
24 82 83 16.

Lucerna
Vodičkova 36
Map 3 C5.
24 21 69 72

Perštýn
Na Perštýně 6.
Map 3 B3.
21 66 84 32.

Praha
Václavské náměstí 17.
Map 4 D5.
22 24 58 81.

64 U hradeb
Mostecká 21. **Map** 2 E3.
57 53 11 58.

Sporting Venues

Divoká Šárka
Prague 6.

Exhibition Ground
VÝSTAVIŠTĚ
Sports stadium, Prague 7.

Hostivař Reservoir
Prague 10.

Imperial Meadow
CÍSAŘSKÁ LOUKA
Prague 5.

Kobylisy
Prague 8.

Lhotka
Prague 4.

Motol
V Úvalu 84, Prague 5.

Šeberák
Prague 4.

Sparta Stadium
Milady Horákové,
Prague 7.

Štvanice Island
Ostrov Štvanice 1125,
Prague 7.

SURVIVAL GUIDE

Practical Information

Since the recent political upheavals, Prague has become far more open to visitors. The city has responded well to the enormous influx of tourists, and facilities such as hotels, banks, restaurants and information centres have improved considerably. Even so, a little forward planning is always worthwhile. Reading up about a sight, checking it is open and how best to get there, can save a lot of time and inconvenience. Prague's transport system is straightforward and most of the city's sights are within walking distance. In general, prices are still considerably lower than in the West, but a few of the more up-market restaurants and hotels are priced according to Western rather than Czech wallets. Despite a small increase in petty crime, especially pickpocketing, Prague is still safer than the majority of Western cities.

A Martin Tours sightseeing bus

Tourist Information

There are a number of tourist information offices ranging from specialized agencies to the state-owned **Čedok**. These can provide advice on anything from accommodation and travel to restaurants and guided tours. Many employ English speakers and print English language publications. The efficient **Prague Information Service (PIS)** is the city's best tourist information point. It has three offices in the city centre and it provides visitors with maps, advice, listings *(see pp210–11)* and other types of information in English, German and Czech. To help you find your way around the city, **Kiwi** has a large selection of maps and guides in English.

Čedok street sign

Tips for Tourists

In Prague, there are enough English speakers to make booking a room, buying a ticket or ordering a meal relatively simple. A smattering of German may also help, as many Czechs have a working knowledge of the language.

One of the best times to visit Prague is during the summer, although it can be rather crowded. Other busy times of the year are Easter and major Catholic festivals *(see pp50–53)*. The main sights, such as the Old Town Square, are always packed during these periods, but the crowds give Prague a carnival atmosphere. Street entertainers, buskers and small street stalls spring up around the most popular attractions. If the crowds do get too much, just turn off into one of the smaller streets and you are almost guaranteed peace and quiet. Bring a light raincoat for the summer and some warm, woolly clothes for the rest of the year.

Opening Hours

This guide lists the opening hours for the individual museums, galleries and churches. Most of the city's major sights can be seen throughout the year, but many of Prague's gardens and the castles outside the city are only open from 1 April to 31 October. Visiting hours are normally from 9am to 5pm, daily, but the final admission times can often be as much as an hour earlier. A number of major museums and castles are also closed every Monday, so be sure to check before visiting them. The National Museum is closed on the first Tuesday of the month and the Jewish Museum is closed on Friday afternoons and on Saturdays.

Opening hours of Prague's shops vary widely. Some businesses are open between 7am and 6pm, Monday to Friday, and 8am to noon on Saturdays. Some department stores *(see p208)* are open until 4pm on Saturdays and a few Sundays before Christmas.

Entry tickets for some of Prague's major tourist sights

The main office of the Prague Information Service in the street Na příkopě

A horse-drawn carriage in the Old Town Square

Prague does not have any standard late-night shopping, although many of the more expensive tourist shops stay open until around 10pm. Banks open from 8am to 4pm, Monday to Friday. Restaurants, cafés and bars all have varied opening hours *(see pp188–9)*. Most of the city's bars open from 10am and as there are no licensing laws, often stay open until everyone leaves.

Listings and Tickets

There are some 160 galleries and 40 museums scattered throughout the city, and to find out what's on it is best to look in a listings paper. The English-language newspaper *The Prague Post* gives detailed listings of most events and exhibitions. Available from newsstands in the city centre, it also give tips for the visitor and informative articles on Prague, its politics and its people. The **PIS** has a free monthly English-language listings book.

The price of entry tickets for museums varies widely, from Kč20 to around Kč100. Most churches are free, with a collection box at the door. Tickets for entertainment events can be bought from the booking agencies in the city, or at the venue itself. Some of Prague's hotels can get you tickets, or try a large travel agent in the centre.

Sightseeing Tips

A good way to see Prague is to take a sightseeing tour. Many firms offer trips around Prague's major sights as well as outings to castles such as Karlstein and Konopiště *(see pp166–7)*. Tours usually start from Náměstí Republiky (Republic Square) and from the upper part of Václavské náměstí (Wenceslas Square). These trips can be expensive but prices vary, so it is worth checking what's on offer before you make a booking.The Jewish Museum *(see p87)* organizes trips around the Jewish Quarter. For those on a tight budget, **PIS** offers some of the cheapest tours.

A trip on tram No. 91, run by the Museum of Municipal Mass Transport, is one of the cheapest and best city centre tours. It starts off at the Exhibition Ground *(see pp176–7)* and travels around the Old Town, the New Town and the Jewish Quarter. It runs from Easter to the end of October every weekend and public holiday. Tickets can be bought on board. Sightseeing trips in horse-drawn carriages (fiacres) are run from the Old Town Square, and in summer, a "fun train" from Mostecká Street runs through some of the loveliest parts of Hradčany and the Little Quarter.

A street sign showing the services offered by Pragotur

Information Centres and Tour Operators

Akasi
Václavské náměstí 17. **Map** 4 D5.
Tel. *24 23 61 18.*
FAX *24 23 72 35.*

American Express
Václavské náměstí 56. **Map** 6 D1.
Tel. *24 21 99 92.*
FAX *22 21 11 31.*

Best Tour
Václavské náměstí 27. **Map** 6 D1.
Tel. *90 03 27 76.*
FAX *87 08 04.*

Čedok
Na příkopě 18. **Map** 3 C4.
Tel. *24 19 71 11.*
FAX *22 24 44 21.*
Rytířská 16. **Map** 3 C4.
Tel. *24 22 42 37.*
FAX *24 22 44 62.*

Tourist information centre

Kiwi
Jungmannova 23.
Map 3 C5.
Tel. *96 24 55 55.*
FAX *26 24 55 55.*

Martin Tours
Štěpánská 61.
Map 5 C1.
Tel. *24 21 24 73.*
FAX *24 22 54 37.*

Pragotur
Staroměstské Náměstí 1.
Map 3 B3.
Tel. *24 48 25 62.*
FAX *24 48 23 80.*

Prague Information Service – PIS
Na příkopě 20.
Map 3 C4.
Tel. *12 444.*

Thomas Cook
Národní 28.
Map 3 B5.
Tel. *21 10 53 71.*
FAX *24 94 90 02.*

Personal Security and Health

AT PRESENT PRAGUE suffers from a shortage of police officers. However, compared to many Western cities, Prague is still relatively safe. If you do need help from the police you will find them generally very helpful to the tourist population. If you should need emergency medical care during you stay in Prague, it will be given free. There is also a number of English-speaking services available, including health centres, pharmacies and dentists, as well as US and British information centres.

ADVICE FOR VISITORS

PRAGUE IS A SAFE and unthreatening city to walk around. Violent crimes against tourists in the city centre are rare. The main crime problems that affect tourists are petty pilfering from cars, hotels and pockets; violence with robbery is very unusual. Using your common sense should help you to avoid Prague's only real plague – its pickpockets. The crowded summer months are a favourite time for these thieves. Always remember to keep your bag in sight and avoid carrying your passport, wallet and valuables in your back pocket or an open bag. Thieves do tend to operate around the popular sights, such as Charles Bridge, and many use diversionary tactics, one knocking into you while the other steals your belongings. It is very unlikely that anything stolen will ever be recovered. Never leave anything of value in your car. Car alarms have proved not to be a deterrent. Try and park your car in an underground car park, especially if you are driving a foreign make. Always take out adequate insurance before visiting Prague, as it is difficult to arrange once there. Report any thefts to the police for future insurance claims. Avoid getting drawn into a street card game known as shells. It is a classic con game.

Municipal police badge

State police badge

Women may encounter a few stares and comments, but this is about as far as sexual harassment will go. However, one place to try and avoid at night if you are a woman alone, is Wenceslas Square. Most men will assume you are one of the city's growing band of prostitutes. Prostitution is rife and has increased considerably since 1989. Although it is illegal, the police tend to turn a blind eye. A growing practice among many of the city's prostitutes is to drug their client's drink and then steal everything he has on him.

A Prague police sign

It is an unwritten law that you should carry your passport at all times and although you are unlikely to be asked to produce it, having it could save a lot of problems. Before you travel take photocopies of all essential documents as replacing them can be difficult and time-consuming.

THE POLICE AND SECURITY SERVICES

IN PRAGUE you will come across several kinds of policemen and women and members of various security services. Report any problems to a uniformed state police officer at a police station. The main stations are marked on the Street Finder maps *(see pp238–45)*. The state police carry guns and can arrest a suspect. They patrol the streets on foot or drive green and white patrol cars. The municipal police are the other main security force, have greater powers, and are divided into different sections.

Traffic police ensure the smooth running of traffic and regulate parking, speeding and drink driving. Fines for illegal parking and speeding are huge. It is illegal to drive with any alcohol in your bloodstream. Occasionally the police have a clamp down on drink driving and if you are caught, the penalties are

A male state police officer

A municipal police officer

A female state police officer

A "black sheriff"

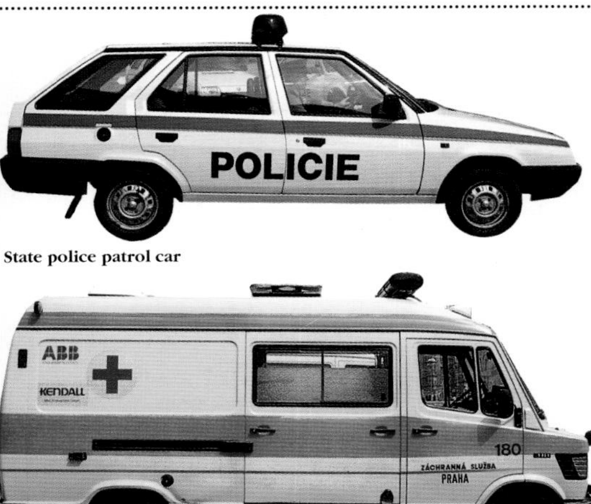

State police patrol car

Prague ambulance

severe. The traffic police are also responsible for car clamping and collecting the fines *(see pp232–3)*. Finally, if you have a traffic accident, you must immediately ring **Road Accidents**. It is against the law to move anything before the police get there.

There are also a number of private security guards. These are often called "black sheriffs" (many of them actually wear black uniforms) and tend to guard banks and be used as security at football matches and so on. They are also armed but should only use their guns in self-defence. Many are also former members of the hated Communist secret service and most Czechs try to steer clear of them; it is strongly advised that you do too.

Pharmacy sign

Health Care

Health care in Prague is divided into state and private care. If you need emergency treatment it will be provided free of charge. But all non-essential treatment has to be paid for there and then. So make sure you have adequate medical insurance before you arrive in Prague and a credit card or enough traveller's cheques to pay – don't forget the receipt for your insurance claim.

Your hotel should be able to put you in touch with a local doctor, but if you need more prompt service, Prague's emergency services are on call 24 hours a day and you can call an ambulance if necessary. Hospitals with casualty units are marked on the Street Finder maps *(see pp238–45)*.

There are also 24-hour pharmacies (lékárna) *(see p209)* and a **First Aid/ Emergency Dental Care Centre** giving advice and simple remedies. If you want an English-speaking doctor, visit **Fakultní Poliklinika** in the New Town, or else go to the **Diplomatic Health Centre** for foreigners at Na Homolce. You will need to take a passport and a means of payment if you use these.

Those with respiratory problems should be aware that between October and March, sulphur dioxide levels in Prague regularly exceed the World Health Organization's accepted levels – often by up to three times. With increasing car ownership and a lack of money for alternative fuels, this seems unlikely to decrease in the near future.

Directory

Emergency Numbers

Ambulance
Rychlá lékařská pomoc
155.

Police
Tísňové volání policie
158.

Fire
Tísňové volání hasičů
150.

Medical Centres

Diplomatic Health Centre
Nemocnice Na Homolce
Roentgenova 2.
57 27 11 11.
FAX *57 21 32 07.*

Fakultní Poliklinika
Karlovo Nám 32. **Map** 5 B3.
24 90 41 11.

First Aid/ Emergency Dental Care
První pomoc zubní
Palackého 5. **Map** 3 C5. *(7pm–7am Mon–Fri, 24hrs Sat, Sun.)*
24 94 69 81.

First Medical Clinic
Tylovo náměstí 3. **Map** 6 E2.
24 25 13 19.
FAX *24 25 57 30.*

24-hour Pharmacy
Štefánikova 6.
M Anděl.
57 32 09 18, 53 70 39.
FAX *57 30 01 94.*

General Help

American Centre
Americké středisko
Hybernská 7a. **Map** 4 D3.
24 23 10 85.
FAX *24 22 09 83.*

British Council
Britské kulturní oddělení
Národní 10. **Map** 3 B5.
21 99 11 11.
FAX *24 91 38 39.*

Car Breakdown Service/Road Accidents
1230, 1240.

Lost and Found
Ztráty a nálezy
Karoliny Světlé 5. **Map** 3 A5.
24 23 50 85.

Money, Banks and Currency Exchange Offices

A bureau de change sign in Prague

TODAY PRAGUE is a relatively cheap city to visit. In the past few years, hundreds of banks and bureaux de change have been established, some staying open all night. For the lowest charges and, unfortunately, the longest queues, it is best to change money in a bank. Credit cards are becoming more accepted, but never assume that you can pay with them. Traveller's cheques can only be changed in banks.

Banking

HUNDREDS OF private banks and bureaux de change have been opened in Prague since 1989. The large, modern banks – generally found outside the city centre – all open between 8am and 5pm Monday to Saturday. The banks may not close at lunch, but many exchange tills do. Lunch hour varies from around 12:30pm to 2:30pm. There are always long queues at the exchange tills so make sure you get there well before closing time. Bureaux de change are found in tiny shops throughout the city. However, despite offering much better exchange rates than the banks, their commission charges are huge, often as high as 12% compared to the bank's 1%. The main advantage of these exchange offices is their convenience. Many are open late every day, some offer a 24-hour service, and queues are rare.

Most of the larger hotels will also change foreign currency for you, but again commission rates may be very high. If you find you have some Czech currency left over from your stay, you can only reconvert your money if you have kept your transaction slips. Komerční bank, located on Na příkopě, and the airport bank, will reconvert your extra crowns for a small commission. Finally, never change your money on the black market. As well as being illegal the rate is not any higher than banks or exchanges and it is likely you'll be given notes that are not legal tender.

An automatic teller machine for dispensing cash

Credit Cards

PAYING BY credit card is becoming more popular. Even so, only the larger hotels, restaurants, international car hire agencies and a few of the more expensive tourist shops accept them as a matter of course. The majority of businesses in Prague do not recognize credit cards at all. Even if a shop or restaurant window sports a credit card sign, do not assume they will take them as payment – always ask before you have eaten your meal. The cards most often accepted are: American Express, VISA, Master Card and Access. Most banks will allow cash advances (up to your limit) on your card.

Façade of the Československá Obchodní bank

Directory

Banks

Bank Austria Creditanstalt
Revoluční 7. **Map** 4 D2.
Tel. *22 85 31 11.*
FAX *22 85 47 89.*

Česká Národní Banka
Na příkopě 28.
Map 3 C4.
Tel. *24 41 11 11.*
FAX *24 21 85 22.*

Česká Spořitelna
Na příkopě 29.
Map 3 C5.
Tel. *22 00 41 11.*

Czechoslovak Commercial Bank
ČESKOSLOVENSKÁ OBCHODNÍ BANKA
Na příkopě 14. **Map** 3 C4.
Tel. *24 11 11 11.*

Commercial Bank
KOMERČNI BANKA
Na příkopě 33. **Map** 3 C4.
Tel. *22 43 21 11.*
One of several branches.

IPB
INVESTIČNÍ A POSTOVNI BANKA
Senovážné náměstí 32.
Map 4 E4.
Tel. *22 04 11 11.*
FAX *22 04 25 30.*
One of several branches.

Bureaux de Change

American Express
Václavské náměstí 56.
Map 3 C5.
Tel. *24 21 99 92.*
FAX *22 21 11 31.*
One of several branches.

Čekobanka Chequepoint Rapid
Staroměstské nam. 22.
Map 3 B3.
Tel. *24 82 64 65.*
One of several branches.

Exact Change
Václavské náměstí 21.
Map 3 C5.
Tel. *24 21 44 14.*
One of several branches.

Cash and Traveller's Cheques

Currency comes in Czech crowns and hellers. There are 100 hellers to the crown. It is now legal to bring Czech currency into and out of the Czech Republic. Traveller's cheques are by far the safest alternative to carrying cash. It is best to take well-known brands – American Express, Thomas Cook, for example – although it is unlikely that the major banks will refuse any. Traveller's cheques are not accepted as currency by any shops or restaurants and must be changed at exchanges or banks. Keep receipts if you want to change crowns back to foreign notes. The American Express office *(see p225)* sells and cashes traveller's cheques. They don't charge commission for cashing their own cheques.

Banknotes

Czech banknotes are now in circulation in the denominations Kč20, Kč50, Kč100, Kč200, Kč500, Kč1,000, Kč2,000 and Kč5,000.

Kč5,000 note

Kč2,000 note

Kč1,000 note

Kč500 note

Kč200 note

Kč100 note

Kč50 note

Kč20 note

Coins

Coins come in the following denominations: 10, 20 and 50 hellers; Kč1, Kč2, Kč5, Kč10, Kč20 and Kč50. All the coins have the Czech emblem, a lion rampant, on one side.

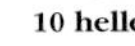

10 hellers

20 hellers

50 hellers

1 crown (Kč1)

2 crowns (Kč2)

5 crowns (Kč5)

10 crowns (Kč10)

20 crowns (Kč20)

50 crowns (Kč50)

Communications

THE CZECH telephone and postal service, Telecom, has undergone a major modernization programme. Digital phones have replaced the older coin-operated ones, and the postal service has become much more efficient. But there have been a few problems in the transition, and patience is sometimes needed when using the phone.

Using Public Telephones

ALTHOUGH THERE are a large number of public phones on street corners and near metro stations, there is a high incidence of vandalism. To make sure you have a working phone, it is better to use one in a post office.

International calls can be made more easily from a post office, a private phone or your hotel. At most major post offices you have to leave a deposit, make the call and then pay what you owe to the attendant. In hotels, you can usually get a direct line but commission charges on the call are often exorbitant. Remember also that international calls are extremely expensive, no matter what time of day you phone. But they are at least somewhat cheaper after 7pm, and also on Saturdays and Sundays.

There is an increasing number of modern phonecard telephones in Prague. You can buy the cards *(Telefonní karta)* for these phones from most tabáks and newsstands.

The dialling tone is a short note followed by a long one; the ringing tone consists of long regular notes while the engaged signal has short and rapid notes. Remember that many people in Prague are still connected to a party line and that, because of this, a number can remain engaged for a long time.

Problem Numbers

IF YOU HAVE problems getting through to a number in Prague, it is very likely that the number has changed due to the modernization of the phone system. To check, ring the directory enquiries number and ask for an English speaker.

Internet Cafés

INTERNET CAFÉS are slowly beginning to emerge in Prague. On the whole, prices tend to be modest, and the lines are reasonably fast for email access. In many cafés, you may have to wait for a while as there are usually only a limited number of terminals available.

Using a Coin-operated Telephone

1 Lift the receiver and wait for the dialling tone.

2 Insert either a 1, 2 or 5 crown coin in the slot (the older orange phones only accept Kč1 coins).

3 The digital display shows how much credit is left. If you need to insert more money, the message *Vložte mince* appears.

4 When the words *Volte číslo* come up, dial the number then wait to be connected.

5 When you have finished speaking replace the receiver. Any coins that were unused are returned here. These phones do not give change.

Kč1 Kč2 Kč5

Coins that can be inserted in the newer coin-operated phones

Using a Phonecard Telephone

1 Lift the receiver and wait for the dialling tone.

2 The message *Vložte telefonní kartu*, asks you to insert your card. The display also shows you how much credit you have left on your phonecard.

3 When the words *Volte číslo* appear, dial the number and wait to be connected.

4 The card is ejected automatically when it runs out of credit.

By pressing this small button on the phone at any time during your call, you can have an English translation of the instructions.

Emergency numbers

Telecom phonecards are available at 50, 80, 100 and 150 units

Post Offices

There are a number of post offices in Prague *(see Street Finder on pp238–49)*. The best and largest one is the **Main Post Office** in Jindřišská just off Wenceslas Square. It has a huge variety of services and some, such as sending telegrams, operate for 24 hours a day. It also has a large phone room where you can make international calls. This service operates from 7am to 11pm.

This post office has recently undergone a complete refurbishment, and is now astonishingly modern and straightforward to use, with easy-access information in English. Take a ticket when you enter the building and then follow the number on it to the correct booth, which will be indicated by an electronic display.

Post Office sign

Much to the delight of locals, the former long queues have at last been replaced by swift and efficient service.

Useful Addresses

Main Post Office
Jindřišská 14. **Map** 4 D5.
☎ *21 13 11 11.*
☎ *61 00 44 44* (general information).

American Express
Václavské náměstí 56.
Map 4 D5.
☎ *24 21 99 92.* FAX *22 21 11 31.*

DHL
Aviatická 1048.
☎ *0800 103 000.* FAX *21 51 24 24.*

Reaching the Right Number

	Dial
• Internal (Czech) directory enquiries	1180
• Prague directory enquiries and the operator	1180
• International exchange and to make a collect call *(ask for an English-speaker)*	1181
• Prague from elsewhere in the Czech Republic	02
• International call followed by the country code	00
• International directory enquiries	1181

• **In case of emergencies ring 158 (Police)**

Tobacconist's, where you can also buy stamps and phonecards

Sending a Letter

The postal service is now fast, efficient and cheap, although prices for all the post office services are expected to increase slightly in the future.

There is no first or second class mail in the Czech Republic, but the majority of letters usually arrive at their destination within a few days.

If you want to send something more valuable through the post, use the registered mail service, which is reliable and efficient. Aerogrammes abroad do not exist.

Postcards or letters can be posted in the many orange post boxes scattered around Prague. Both take around five working days to arrive in England and about a week to get to America.

Stamps can be bought from post offices, newsagents or tabáks – who will also tell you what stamps you need. All parcels and registered letters need to be handed in at a post office.

For emergency parcels and packages, you can use an international courier service, such as **DHL**.

Poste Restante

Poste restante letters are delivered to the Main Post Office in Jindřišská Street. Go to window 28 (open Monday to Friday 6:30am to 8pm and Saturday 6:30am to 1pm) with your passport or other official identification. The **American Express** office will also hold mail and parcels for up to a month for anyone who is a registered card holder.

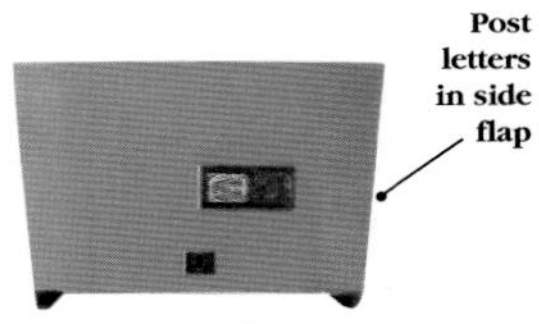

Post letters in side flap

Old-style post box attached to a wall

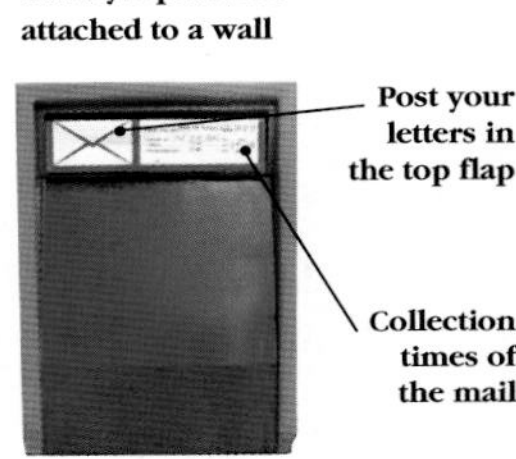

Post your letters in the top flap

Collection times of the mail

One of the new-style post boxes

A selection of stamps for letters and postcards from the Czech Republic

Additional Information

Visitors resting around the Jan Hus Monument in the Old Town Square

Disabled Travellers

Facilities for the disabled are few and far between. Occasionally you will come across a ramp at the entrance to a building to allow the disabled easier access, but this is the exception rather than the rule. There are few organizations that campaign for the disabled and, unfortunately, those that do are currently hampered by both public inertia and a lack of funding.

Despite, this, these attitudes are slowly changing and, although transport around the city is a major problem, groups do now exist who can help you with advice, sightseeing tours, accommodation and getting around the city. Two of the best organizations to contact in advance of your trip are: the **Czech Association of Persons with Disabilities** and the **Prague Wheelchair Association**.

Czech Association of Persons with Disabilities
Karlínské náměstí 12.
Map 5 B2.
24 81 69 76/24 81 59 15.

Prague Wheelchair Association
Beneditská 6.
Map 4 D3.
24 82 72 10/24 82 60 78.
FAX *24 82 60 79.*

Customs Regulations and Immigration

A valid passport is needed when entering the Czech Republic. Visitors are advised to contact the Czech embassy or consulate, or check details with their travel agent to confirm visa requirements before travelling. British nationals must have a ten-year passport but visas are not needed to enter. Americans can stay for up to 30 days without a visa. At present, New Zealand, Canadian, and Australian passport holders still need visas. These are valid for a month and can be obtained from your nearest Czech embassy or consulate before you travel. When you apply for a visa, your passport has to be valid for at least eight more months.

When you arrive at the airport, customs allowances per person are 2 litres (3.6 pints) of wine, 1 litre (1.8 pints) of spirits, 250 cigarettes or equivalent tobacco products. Goods under Kč3,000 in value can be imported duty-free.

You can take in as much foreign currency as you like. But to reconvert Czech crowns into your own currency you have to produce legal cash-transaction slips. It is against the law to take any Czech currency above Kč100 out of the country. To export authentic antiques you need to obtain a special licence *(see Shopping pp206–7)*.

Student Information

If you are entitled to an International Student Identity Card (ISIC), it is worth getting one before travelling to Prague. Admission charges into most of Prague's major tourist sights are cheaper on production of a valid ISIC card. Students can also get cheaper coach travel, and while in the country, train travel. There are a couple of youth hostels in the centre of the city *(see Where to Stay, pp182–9)*. For further up-to-date information about what is available contact the tour operator **Koleje a Menzy**, which arranges accommodation, food, sports and cultural facilities.

Koleje a Menzy
Jednota Youth Hostel, Opletalova 38. **Map** 4 D5.
22 24 25 34.
FAX *24 21 22 90.*
W *www.kam.cuni.cz*

Embassies and Consulates

Australian Consulate
Klimentská 10. **Map** 4 D2.
51 01 83 50. ***Open*** *8:30am–1pm, 2–5pm Mon–Fri.*

Canadian Embassy
Mickiewiczova 6. **Map** 2 F1.
72 10 18 00. ***Open*** *8:30am–12:30pm Mon–Fri.*

New Zealand Consulate
22 51 46 72. FAX *24 25 46 40. (can be temporarily unattended. Lost passport: contact UK Embassy; in emergency call Consulate in Berlin: 00 49 30 20 62 10).*

United Kingdom Embassy
Thunovská 14. **Map** 2 E3.
57 53 02 78.
Open *9–11.30am Mon–Fri.*

United States Embassy
Tržiště 15. **Map** 2 E3.
57 53 06 63.
Open *8am–4:30pm Mon–Fri.*

Newspapers, TV, Radio

Prague has a number of newspapers including two weekly English-language ones, *The Prague Post* and *Prague Business Post*. They are both well produced and provide useful tips for visitors

The two English-language newspapers published in Prague

to the city as well as up-to-date and informative pieces on Prague, its people and politics. The former includes a good leisure supplement, *Night and Day*.

Most of the newsstands that are located around Wenceslas Square and other popular tourist spots sell the main European papers and the *International Herald Tribune*. These are usually a day old – with the exception of *The Guardian*, whose European edition is actually published in Germany.

There is a larger choice of television in Prague than ever before. Western films are interspersed with well-made nature programmes and classic Czech films. The stations also show a few soap operas, like *Dallas*.

CNN, the US news channel, broadcasts weekdays on CT3 from 11:30pm to 9:55am and 12:30pm to 4pm. However, broadcast schedules are liable to change.

You can listen to the BBC World Service on 101.1FM, but one of the most popular radio stations is Europe II on 88.2MHz playing a blend of mainstream pop. Club VOA on 106.2FM has a similar mix of music with English news. Others include, Radio I on 91.9MHz, Radio Golem on 90.3MHz and Radio Bonton on 99.7MHz. Reception can be very bad outside the city. You can also listen to the BBC on the internet at W www.bbc.co.uk/

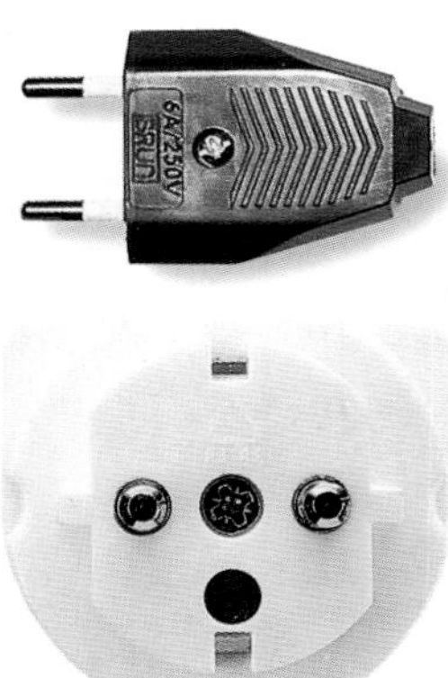

A two-prong and a three-prong plug adaptor for use in Prague

Conversion Chart

Imperial to Metric
1 inch = 2.54 centimetres
1 foot = 30 centimetres
1 mile = 1.6 kilometres
1 ounce = 28 grams
1 pound = 454 grams
1 pint = 0.6 litre
1 gallon = 4.6 litres

Metric to Imperial
1 millimetre = 0.04 inch
1 centimetre = 0.4 inch
1 metre = 3 feet 3 inches
1 kilometre = 0.6 mile
1 gram = 0.04 ounce
1 kilogram = 2.2 pounds
1 litre = 1.8 pints

Electrical Adaptors

The electricity supply in Prague is 220V AC and two-pin plugs are used. For British or US plugs, an adaptor is needed. This will have to be bought before leaving home.

Prague Time

Prague is on Central European time, which is Greenwich Mean Time (GMT) plus 1 hour. Summer time runs effectively from the end of March up until the end of September – this is GMT plus 2 hours.

Religious Services

Anglican
St. Clement's; Klimentská 5.
Map 4 D2. ☎ *231 00 94* .
✝ *11am Sun.*

Baptist
Baptist Church of Prague; Vinohradská 68. **Map** 6 F1.
☎ *24 25 46 46.* ✝ *10am Sun.*

Hussite Church
Church of St. Nicholas; Staroměstské náměstí.
Map 3 C3. ☎ *23 22 589.*
✝ *10:30am Sun.*

Interdenominational
International Church; Peroutkova 57.
☎ *33 32 56 91.*
✝ *10:30am Sun (in English).*

Jewish
Old-New Synagogue *(see pp88–9)*.
Jerusalem Synagogue; Jeruzalémská 7. **Map** 4 E4.
✡ *(in Hebrew) 8am Mon–Thu; Sundown Fri; 9am Sat.*

Methodist-Evangelical
Ječná 19. **Map** 5 C2.
☎ *57 53 00 20.*
✝ *3pm Sun.*

Roman Catholic
Services are held in many churches. Some are:
Church of the Infant Jesus of Prague, Karmelitská 9.
Map 2 E4.
☎ *57 39 36 46.*
✝ *noon Sun.*
Church of St. Joseph; Josefská 8.
Map 2 E3.
☎ *57 31 52 42.*
✝ *11am Sun.*

A Roman Catholic service

Getting to Prague

Prague is located at the heart of Europe and – apart from the Czech Republic's lack of motorways – has good transport connections with the rest of the continent. There are direct flights every day from most of Europe's major cities and, via ČSA, from Newark, in the USA. However, there are no direct flights from Australia. International coach transport is efficient and cheap. But the journey is about 20 hours from London compared to an hour and a half by air. International rail transport is a popular method of travelling to Prague, but trains tend to get booked up early, especially in the summer. The main train station (Hlavní nádraží) is close to Wenceslas Square and the city centre and, except for the airport, other major points of arrival are also fairly central.

ČSA aircraft

Air Travel

There are 40 international airlines which now fly to Prague airport. If you are flying from the United States, **Delta Air** operate scheduled flights from the east coast of America. But these are not direct flights – there is a stopover in Frankfurt. There are no Australian or New Zealand carriers flying to Prague, although you can fly **British Airways** with a stop in London. Other airlines include **Air France**, **KLM**, **Air Canada** and **Czechoslovak Airlines** (**ČSA**). It takes about one and a half hours to fly from London to Prague and about nine hours from the east coast of America – not including the stopover.

Discount Fares

Because of the increasing popularity of Prague as a tourist destination, many new airlines are starting to fly to the city. Increased competition has led to a significant drop in the price of flights.

Charter flights have been introduced by a few agents. They are set to become more popular and it is well worth investigating their availability. Remember that these can be subject to last-minute changes and cancellations. Check the ads in the travel sections of major papers for special fares.

APEX (advanced purchase) tickets can be good buys, but they have stringent conditions attached to them. These include having to book your ticket at least a month in advance and severe penalties if you cancel your flight.

If you ring well in advance, airlines will quote you the standard fare, but the price may be lowered nearer the time if seats remain unsold – this is rarely the case in the summer months. Students, senior citizens and regular business travellers may all be able to get discounts. Children under two (who do not occupy a separate seat) pay 10% of the adult fare. Remember fares are more expensive in July and August. If you do manage to get a cheaper deal, ensure that you will get a refund if your agent goes out of business.

Porters at Ruzyně

Airline Offices

Air Canada
Kozí 3. **Map** 3 C2.
☎ *24 81 01 81.* FAX *24 81 02 77.*

Air France
Václavské náměstí 10. **Map** 3 C5.
☎ *24 22 71 64.*

British Airways
Ovocný Trh 8. **Map** 3 C3.
☎ *22 11 44 44.* FAX *22 24 37 20.*

Czechoslovak Airlines (ČSA)
Na Celní 5, Prague 1.
☎ *20 10 41 11.* FAX *24 31 36 20.*

Delta Airlines
Národní 32. **Map** 3 B5.
☎ *24 94 67 33.* FAX *24 94 73 18.*

KLM
Na Příkopě 13. **Map** 3 C4.
☎ *33 09 09 33.* FAX *24 21 69 06.*

Lufthansa
Aviatická 2.
☎ *20 11 44 56.* FAX *20 11 36 55.*

The recently modernized interior of Ruzyně Airport

Ruzyně Airport

Prague's only international airport, Ruzyně, is 15 km (9 miles) northwest of the city centre. Although small, the airport is modern, clean, efficient and functional. Built in 1936, it was modernized during the 1960s and now boasts all the facilities you would expect from an international airport: 24-hour exchange facilities; car rental offices; a small duty-free shop; restaurants; post office and a left-luggage office.

The airport was bought by Air France in 1992 and is presently undergoing further modernization, including the addition of a business class lounge. Other changes include a newly opened catering facility. The quality of the food at the airport's restaurants and of the in-flight food on ČSA airlines has improved dramatically – a trained French chef has now been employed to oversee all the preparation of both the traditional Czech and international dishes.

Sign for passport control

The airport forecourt, where buses and taxis pull up

Two of the car rental agencies at Ruzyně airport

Transport from the Airport to the City

The airport is linked to the city centre by a regular, bus service run by ČSA. The buses leave from immediately outside the arrivals building. A timetable is available from the airport information office, listing hourly departures, but buses usually leave every half hour, departures often connecting with an incoming flight. You pay the driver on board in crowns and after a 30-minute journey arrive at the ČSA Vltava terminal in Revoluční Street *(see Street Finder, map 4)*. Return buses depart from Náměstí Republiky. Bus No. 119, is cheaper, but takes longer to get to the city as it stops more frequently and terminates further out at Dejvická metro station *(see inside back cover)*. Buy your ticket in advance from the machine in the Arrivals area. You can also take a taxi; the rank is in front of the terminal. Ask at the information booth how much you should expect to pay to the city and use it as a guide.

Airport bus stop (*letiště* means airport)

Prague's European Air Connections

Prague, situated at the centre of Europe, has good flight connections to most major European cities. It can be reached in less than two and a half hours on direct flights from all the airports marked on the map.

The spacious interior of the railway station, Masarykovo Nádraži

Travelling by Train

Prague is connected by rail to all the major capitals of Europe. Rail travel can be an enjoyable, if rather slow, way to travel to and from Prague. International trains have dining cars and couchettes, and tickets are cheaper than air fares. The railways in the Czech Republic are run by the State (České Dráhy – ČD).

The façade of Hlavní nádraží

There are information offices at stations, but they may not have English speakers. PIS and Čedok *(see p219)*, will help you with timetables and prices. There are two types of train run by ČSD. The fastest ones are the *rychlík* (express) trains. These stop at the major towns and you have to pay a small supplement to travel on them. The very slow trains are *Osobní* (passenger trains). These stop at every station and often travel as slowly as 30 km/h (20 mph). International trains are the fastest, but get delayed at borders. Tickets can be bought at stations in advance or on the day, but trains tend to get booked up. If you do want to buy a ticket just before your train leaves, be warned that queues at ticket booths can be very long. When you buy your ticket, specify exactly where and when you want to go, whether you want a single or return and what class of ticket you want. First class carriages exist on all trains and guarantee you a seat. In the timetable, an 'R' in a box by a train number means you must have a seat reserved on that train. An 'R' without a box means a reservation is recommended. If you are caught in the wrong carriage, you have to pay an on-the-spot fine.

A uniformed ČSD railway porter

Train Stations

The biggest and busiest railway station in Prague is Hlavní nádraží *(see p34)* which is only a five-minute walk from the city centre. In the 1970s, the original Art Nouveau structure was enlarged and a modern departure hall now dominates the whole terminal. The station is large, efficient and clean with a good-sized, inexpensive, 24-hr left-luggage office in the basement. The nearby luggage lockers are convenient and very cheap but are often broken into. There are also food stalls, bureaux de change and a number of booking and information services in the departure hall.

The other rail stations in the city are Masarykovo nádraží – Prague's oldest terminal, the newly-built and modern Holešovice Station and the smallest, Smíchov Station.

Travelling by Coach

Coach connections from Prague to many of the major European cities can be infrequent and are often very booked up. However, many of these coach routes are much cheaper, and often faster, than the slower trains. The city's main bus terminal is Florenc, situated on the eastern edge of the New Town. The majority of long-haul, internal coach routes are still run by the large State bus company (Česko-slovenská státní automobilová doprava – ČSAD). During the summer months there are hundreds of coach trips to all the major coastal resorts in southern Europe. These get booked up quickly by Czechs, so buy your ticket in advance and be sure to reserve yourself a seat. International bus timetables are confusing; check with PIS *(see p218)* for more detailed information. Coach travel is cheap, but long-haul journeys can be uncomfortable and are slower than train or air.

Passengers boarding a long-haul coach

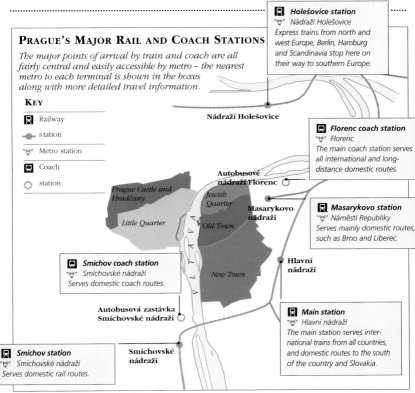

Prague's Major Rail and Coach Stations

The major points of arrival by train and coach are all fairly central and easily accessible by metro – the nearest metro to each terminal is shown in the boxes along with more detailed travel information.

Key

Railway station

Metro station

Coach station

Holešovice station
Nádraží Holešovice
Express trains from north and west Europe, Berlin, Hamburg and Scandinavia stop here on their way to southern Europe.

Nádraží Holešovice

Florenc coach station
Florenc
The main coach station serves all international and long-distance domestic routes.

Autobusové nádraží Florenc

Prague Castle and Hradčany

Jewish Quarter

Masarykovo nádraží

Masarykovo station
Náměstí Republiky
Serves mainly domestic routes, such as Brno and Liberec.

Little Quarter

Old Town

VLTAVA

Smíchov coach station
Smíchovské nádraží
Serves domestic coach routes.

New Town

Hlavní nádraží

Autobusová zastávka Smíchovské nádraží

Main station
Hlavní nádraží
The main station serves international trains from all countries, and domestic routes to the south of the country and Slovakia.

Smíchov station
Smíchovské nádraží
Serves domestic rail routes.

Smíchovské nádraží

A Czech motorway sign

Travelling by Car

To drive a car in the Czech Republic you must be at least 18. Most foreign driving licences are honoured; these include all Canadian, US and EC ones – New Zealand and Australian drivers should get an International Driving Licence. If you bring your own car to Prague, there are a few things which by law you must carry with you at all times. The documents needed are: a valid driver's licence, vehicle registration card, a hire certificate or, if you are borrowing the car, a letter signed by the owner and authorized by a recognized body, such as the AA or RAC, giving you permission to drive it and a Green Card (an international motoring certificate for insurance). Other items you have to carry at all times are a set of replacement bulbs, red warning triangles and a first-aid kit. You also have to display a national identification sticker. It is compulsory to wear seatbelts if fitted, and children under 12 are not allowed to travel in the front seat. When you are driving it is strictly forbidden to have any alcohol in your blood – penalties are severe if you are caught drink driving. There are few motorways in the Czech Republic, although there are good connections to Bratislava and Brno, and more major routes are currently under construction.

Road signs are clear and easy to follow. The speed limit on motorways is 130 km/h (81 mph); on dual and single carriageways 90 km/h (56 mph) and in urban areas 50 km/h (31 mph). The traffic police patrolling the roads are very vigilant, and any infringements are dealt with harshly – expensive cars from abroad are an obvious target (foreigners have to pay any fines immediately). There are also occasional road blocks to catch drunken drivers.

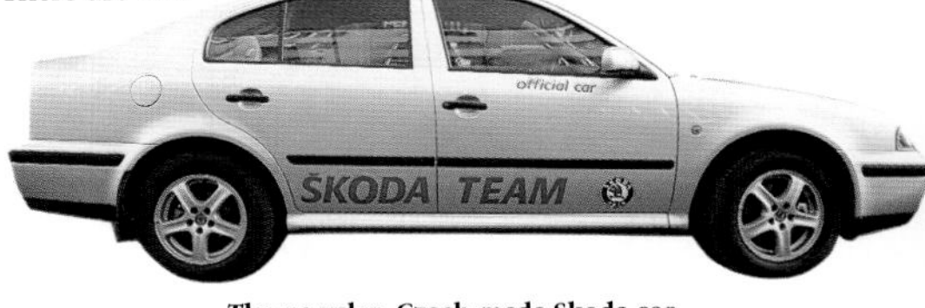

The popular, Czech-made Skoda car

Getting around Prague

The centre of Prague is conveniently small and most of the sights can be reached comfortably on foot. But to cross the city quickly or visit a more remote sight, the public transport is efficient, clean and cheap. It is based on trams, buses and the underground (metro) system, all of which are run by the Prague Transport Corporation (Dopravní-podnik). Throughout this guide, the best method of transport is given for each sight. The metro and trams serve the city centre, while buses are used to reach the suburbs. The entire system is simple to use – only one ticket is needed for all three forms of transport. Bus, tram and metro routes are found on city maps, available at most city centre tabáks, bookshops and newsagents; or refer to the map on the inside back cover of this guide.

Walking around the city

Driving a Car

Most visitors are better off not driving around the centre of Prague. The city's complex web of one-way streets, the large number of pedestrianized areas around the historic core of the city and a very severe shortage of parking spaces make driving very difficult. Prague's public transport system is a much more efficient way of travelling around the city centre.

If you do decide to use a car, remember that on-the-spot fines for traffic violations are common, especially if you are caught driving in one of the city's restricted areas, such as Wenceslas Square. Prague's motorists have become less disciplined and caution is often needed, You must drive on the right and the law states that both driver and front- and back-seat passengers should wear seat belts, if they are fitted. The speed limit in the city is 50 km/h (31 mph) unless a sign indicates otherwise. Traffic signs are similar

One-way traffic and No stopping except for supply lorries

to those in Western Europe. Cars can be useful for seeing sights outside the city. But car rental is expensive and public transport is almost as efficient getting out of the city as in it *(see pp228–31)*.

Parking

Car parking spaces in the city centre are scarce and the penalties for illegal parking, harsh. Many parking areas are restricted and the only places to park legally on

Pedestrian zone

Pedestrian crossing

Prague on Foot

Walking around Prague is the most enjoyable way to see the city. But it can also be rather hazardous: it is well known that the only drivers to stop for people at pedestrian crossings are foreigners. Some crossings are controlled by traffic lights, but be sure to cross only when the green man is flashing and even then, check the road carefully. Those crossings without lights are largely ignored by drivers. Remember that trams run in the centre of the road and go in both directions, which can be confusing. They also travel at high speeds, occasionally coming upon you unawares. With the uneven cobbled streets, steep hills and a mass of tram lines, flat comfortable shoes are strongly

Street or square name and Prague district

Street number **City registration number**

Brown street signs with tourist information

the street are in front of the New Town Hall in Karlovo náměstí, in Na Florenci and at Hlavní station. Unfortunately, car theft is rife, and expensive Western cars are a favourite target. It is safer to park in an official – preferably underground – car park *(see the Street Finder pp244–9)*. But these are expensive and tend to get full early on in the morning. Many parking spaces are reserved for office workers and disabled drivers. Parking at central hotels is limited, with only a few spaces allocated. It is better to park at one of the guarded car parks at the edge of the city and use public transport. Parking meters are rare in Prague but traffic wardens are not.

Parking sign

Towing and Clamping

Many Prague locals park on the pavement. But ignoring *No Parking* signs may well mean that you find your car has been towed away or clamped. Both the municipal and the private firms that patrol the city are vigilant and ruthless with illegally parked cars, especially with foreign cars. If your car has disappeared, ring 158 to find out if it has been towed away or stolen. To reclaim your towed-away car, you have to go to one of the parking lots (the police will tell you which one) and pay a hefty fine before the car is released. Wheel clamping is becoming very popular. You must pay a fine of several hundred crowns at a police station (the ticket on your windscreen will tell you the address) and return to your car to wait for the clamp to be removed.

Prague's colourful clamp, also known as the Denver Boot

The Transport System

The best and quickest way to get around the city centre is by metro or tram. Prague's rush hours are between 6am and 8am and 3pm and 5pm, Monday to Friday. But more trains, trams and buses run at these times, so crowding is not a problem. Some bus routes to the suburbs only run during these peak hours. From 1 July to 31 August a summer timetable operates and the entire transport system is reduced.

There is a Transport Information Office at Muzeum metro (7am–9pm Mon–Fri); English is spoken.

One of the many newsstands in Wenceslas Square

Tickets

Paying on the transport system relies on the honour system, with periodic checks by plain-clothes ticket inspectors who levy an on-the-spot and large fine if you don't have a valid ticket. There is one ticket for use on the entire system – bus, tram and metro. Buy the ticket before you travel and stamp or punch it yourself in the machines provided, or you will be travelling illegally. You can buy single ride tickets, from tabák stores and metro stations, or from the driver on buses, with exact change. There are automatic ticket machines in the metros *(see p234)*. Charges vary according to type of journey: up to 15 minutes with no changes (or 30 minutes and four stops on the metro), or up to 60 minutes with the possibility of changing your route. Children under six travel free and 6- to 15-year-olds travel half price.

You can also buy network tickets *(síťová jízdenka)*. These offer unlimited rides on buses, trams and metro for periods ranging from 24 hours to 30 days.

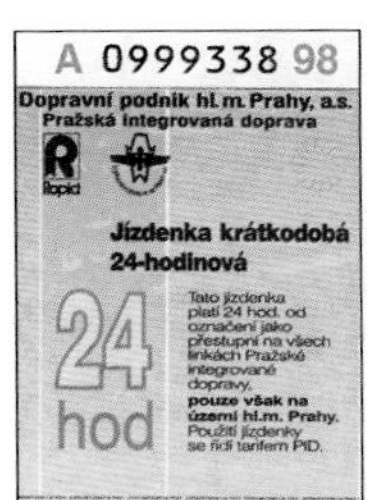

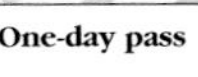
One-day pass

15-day pass

Travelling by Metro

THE UNDERGROUND RAILWAY, known as the metro, is the quickest, most comfortable and widely used form of transport in Prague. Managed by the Prague Transport Corporation *(see p232)*, its construction began in 1967. It has three lines, A, B and C, three junctions and 50 stations. The straightforward layout and clear signs make finding your way around the system very easy.

The metro sign for Můstek metro station

Finding your Way around the Metro

METRO ENTRANCES are not always easy to spot. Look for a sign displaying the 'M' within an upside-down triangle *(see right)*. The street entrance will normally lead you down a flight of steps. A high-pitched bleep (for the blind) at some entrances can also help to guide you.

Once you have purchased your ticket and passed through the unmanned ticket barriers, continue down the fast-moving escalators to the trains. At the bottom of each escalator is a long central corridor with a platform on either side for trains travelling in either direction. Signs suspended from the ceiling indicate the direction of the trains *(see opposite page)*. The edges of the platforms are marked with a white, broken line which should not be crossed until the train stops. The metro doors open and close automatically, giving a recorded message when they are about to close. During the journey the name of the next station is announced in Czech.

The spacious interior of Můstek metro station

Maps of the underground system can be found above each metro door.

Line A is the most useful for tourists, because it covers all the main areas of the city centre – Prague Castle, the Little Quarter, the Old Town and the New Town – as well as the main shopping area around Wenceslas Square.

Displayed above some seats are disabled signs. These seats should be given up for the elderly, disabled, and those with small children.

Automatic Ticket Machines

You can buy transport tickets at designated ticket sellers *(see p233)* or at the automatic ticket machines in the metro station. The ticket machines, and tickets themselves, may vary in design and colour, but they are still applicable to all forms of transport. The machine offers a choice of tickets at varying prices, for adults, children, bicycles and other bulky items. Once it has been validated, a single-journey ticket is valid for an hour.

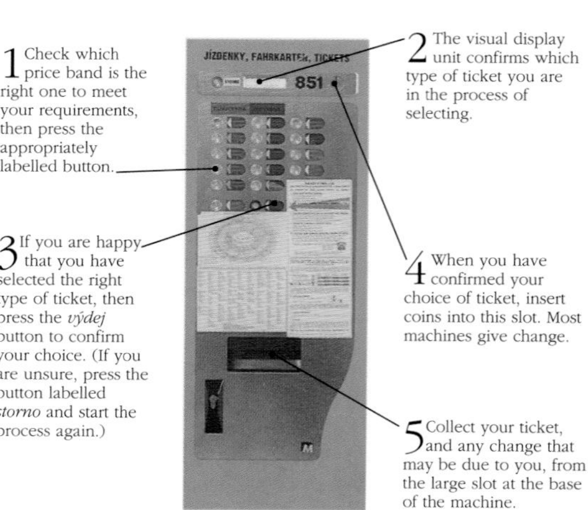

1 Check which price band is the right one to meet your requirements, then press the appropriately labelled button.

2 The visual display unit confirms which type of ticket you are in the process of selecting.

3 If you are happy that you have selected the right type of ticket, then press the *výdej* button to confirm your choice. (If you are unsure, press the button labelled *storno* and start the process again.)

4 When you have confirmed your choice of ticket, insert coins into this slot. Most machines give change.

5 Collect your ticket, and any change that may be due to you, from the large slot at the base of the machine.

Making a Journey by Metro

1 The letters, each in a different colour, indicate the three metro lines. The number above the letter is the time it takes to get from one end of the line to the other.

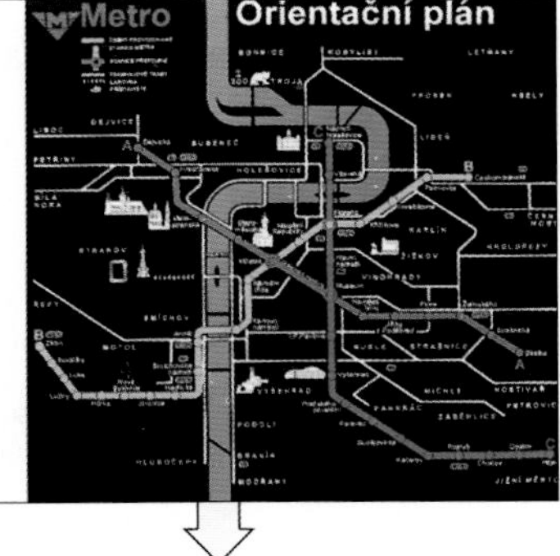

This metro map can be bought from most metro stations, tabáks and newsagents. A metro map has also been included at the end of this book.

2 To decide which line to take, find your destination on the *Street Finder (see pp244–9)*, its nearest metro station and then plot your route on a metro map.

The central corridor with platforms either side and signs indicating the direction of trains

3 You can use single-journey tickets *(left)*, or a network ticket *(below)* which give you unlimited travel for a set period of time, and are also valid for buses and trams *(see p233)*. Generally, a child's ticket costs half that of an adult's.

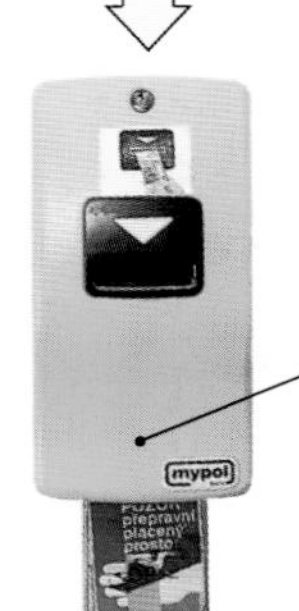

4 Before going down the escalators, you must stamp a single-journey ticket in one of these machines. If the ticket has not been stamped, it is not valid and you will have to pay a fine if caught. Do not stamp tourist tickets.

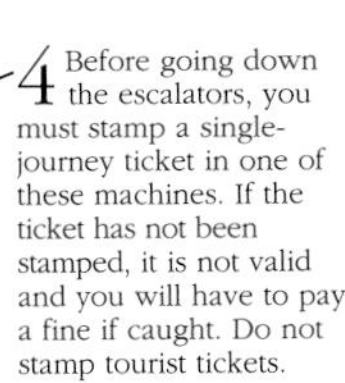

5 This sign, hanging from the ceiling, is visible when you come down the escalator. It shows the direction of the trains on each platform. This one says that the train's final station *(Stanice)* on the left is Nové Butovice, so from the metro map you know the train is travelling west.

"Stanice" means station

"Směr" means direction

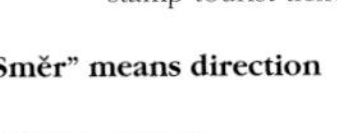

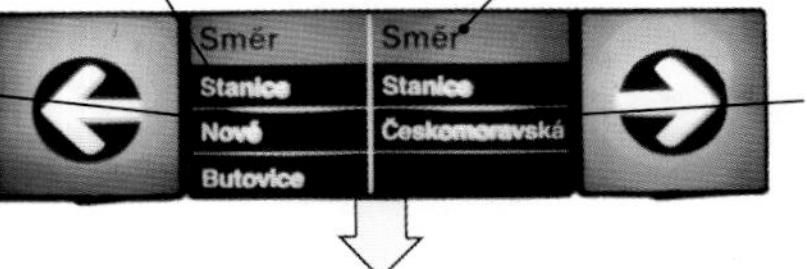

Name of station

6 This sign along the central platform indicates the station on line A where you are (white circle) and those stations where you can transfer to the other lines (C and B). For stations to the left of the white circle follow the arrow to the left, and vice-versa for stations to the right.

The white circle indicates which station you are in

7 Once you are at your stop, follow the exit signs *(Výstup)* leading out of the metro system.

Travelling by Tram

TRAMS ARE PRAGUE'S oldest method of public transport. Horse-drawn trams appeared on the streets in 1879, but by 1891 the first electric tram was in operation. After the metro, the tram system is the fastest and most efficient way of getting around the city. Some lines only operate in the rush hour and there are a number of night trams, all of which pass by Lazarská in the New Town.

Tram Tickets

THE TRAM SYSTEM is run by the Prague Transport Corporation *(see p230)*. Tram tickets are also valid for the metro and buses *(see p233)*.

You have to buy your ticket before you board a tram. Once you have entered, you will see two or three small punching machines on metal poles just inside the door. Insert your ticket and it will be stamped automatically.

If you do not punch your ticket it is not valid and, if you are caught by a ticket inspector, you will have to pay an on-the-spot fine *(see p233)*. A single-journey ticket is valid for one journey only *(see p233)*, however long.

At every tram stop there is a timetable – the stop underlined is where you are standing. All the stops below that line indicate where that tram is heading.

Trams run every 10 to 20 minutes. The doors open and close automatically and each stop is announced by a recorded message in Czech. After the metro closes, a small number of night trams run every 40 minutes or so. These trams (numbers 51 to 58) are marked by blue numbers at the tram stop.

Tram Signs

These are found at every tram stop and tell you which trams stop there, and in what direction each tram is going.

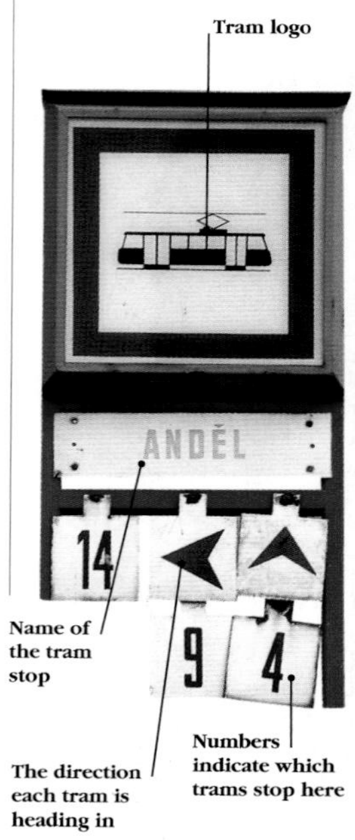

One of the new trams on the streets of Prague

Useful Tram Routes

These three tram routes are the most useful for getting around the centre of Prague. They pass many of the major sights on both sides of the Vltava, so are also a cheap, pleasant way of sightseeing.

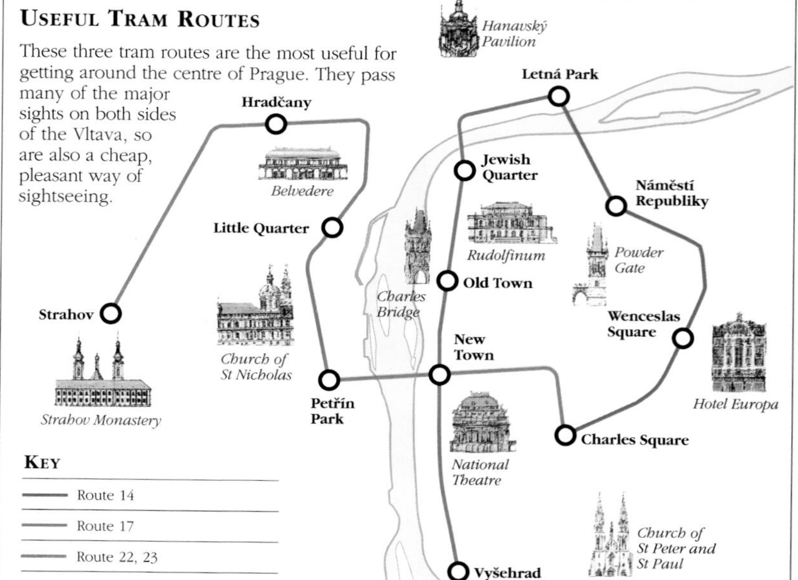

Travelling by Bus

YOU ARE UNLIKELY to use a bus unless you want to visit the outer suburbs. By law, buses are not allowed in the city centre (they produce noxious fumes and the streets are too narrow), so they transport people from the suburbs to tram and metro stops outside the centre.

BUS TICKETS

A typical public bus in Prague

UNLESS YOU HAVE the exact change, you must buy a ticket before you board a bus. Tickets are available from all the usual agents *(see p233)*. Again, you must validate your ticket in the punching machine on the bus. If you buy a single-journey ticket, it is only valid for one journey. Each time you change bus, you will have to buy a new ticket, unless you have a tourist ticket *(see p233)*. The doors open and close automatically and the end of the boarding period is signalled by a high-pitched signal. You are expected to give up your seat for the elderly and disabled.

Bus timetables are located at every stop. They have the

Bus stop logo

numbers of all the buses that stop there and the timetable for each route. Unlike in most other capitals, buses nearly always run on time. The frequency varies considerably. In the rush hour there may be 12 to 15 buses an hour, at other times as few as three.

Throughout the night there are 12 buses which go to the outer areas not served by the tram and metro system.

Travelling by Taxi

FOR VISITORS TO PRAGUE taxis are a useful but often frustrating form of transport. Until 1989 all taxis belonged to the Prague Transport Corporation but they are now all privately owned and run. Unfortunately there are more and more unscrupulous taxi drivers who are out to charge as much as they can get away with, so it's worth taking a few simple precautions.

TAXI FARES

One of the many taxi ranks in the centre of the town

AS SOON AS you enter a taxi there is a minimum charge. After that, by law the fare should increase at a set rate per kilometre. However, this set charge is rarely, if ever, adhered to and taxis can be a very expensive way of getting around the city. Taxi meters can be set at four different rates but for journeys in the city it should be set at one (the cheapest). However, rather than depend on the meters – they are often rigged – it is a wise move to negotiate a fare you think is reasonable before you enter the cab. Vigorous bargaining can often bring the price down. Few taxi drivers speak more than the most rudimentary English, so communication can be difficult. Unless your Czech pronunciation is good, write down your destination for them in Czech. At night, charges will increase, sometimes by 200 or even 300 per

An illuminated taxi sign

cent. Be sure surcharges are included in the figure you negotiate beforehand. If problems do arise at the end of the journey, ask for a receipt before you pay. This will normally deter drivers from trying to overcharge you. Avoid taxis around the main tourist sights, these can often be the worst offenders. Despite occasional problems, taxis are a safe form of transport and women should feel comfortable alone in them.

Taxi receipts, if requested, are required to be given by law.

The meter displays your fare and surcharges.

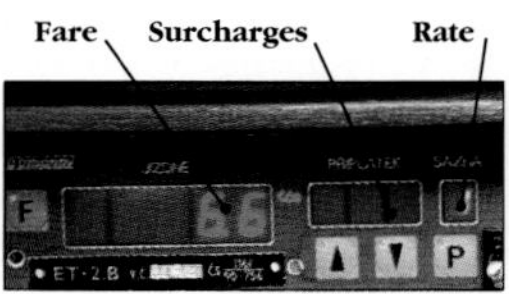

STREET FINDER

THE MAP REFERENCES given for all the sights, hotels, restaurants, bars, shops and entertainment venues described in this book refer to the maps in this section. A complete index of street names and all the places of interest marked, can be found on the following pages. The key map (right) shows the area of Prague covered by the *Street Finder*. This map includes sightseeing areas, as well as districts for hotels, restaurants, pubs and entertainment venues.

In keeping with Czech maps, none of the street names in the index or on the Street Finder have the Czech word for street, *ulice*, included (though you may see it on the city's street signs). For instance, Celetná ulice appears as Celetná in both the index and the Street Finder. The numbers preceding some street names are dates. In our index we ignore the numbers, so that 17. listopadu (17 November), is listed under 'L'.

EVROPSKÁ
1
PATOČKOVA
MYSLBEKOVA
VANÍČKOVA

KEY TO STREET FINDER

- Major sight
- Places of interest
- Other building
- Metro station
- Train station
- Coach station
- Tram stop
- Funicular railway
- River boat boarding point
- Taxi rank
- Car park
- Tourist information office
- Hospital with casualty unit
- Police station
- Church
- Synagogue
- Post office
- Railway line
- One-way street
- City wall
- Pedestrian street

SCALE OF MAP PAGES

0 metres 200

0 yards 200

1:10,000

View of the Little Quarter, Hradčany and Prague Castle from the Old Town Bridge Tower

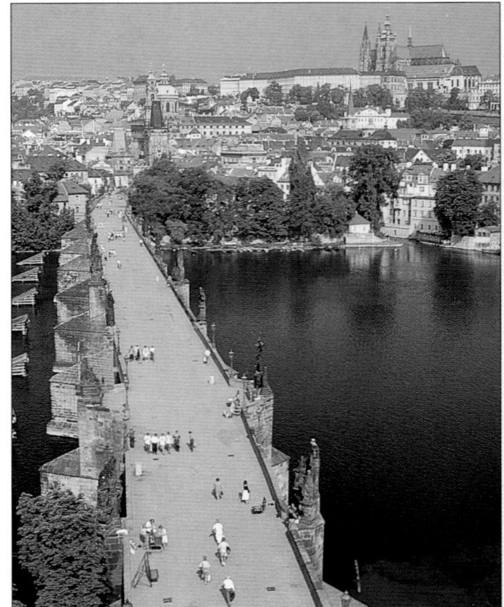

Aerial view of the Baroque Church of St Nicholas in the Old Town Square, from the tower at the top of the Old Town Hall

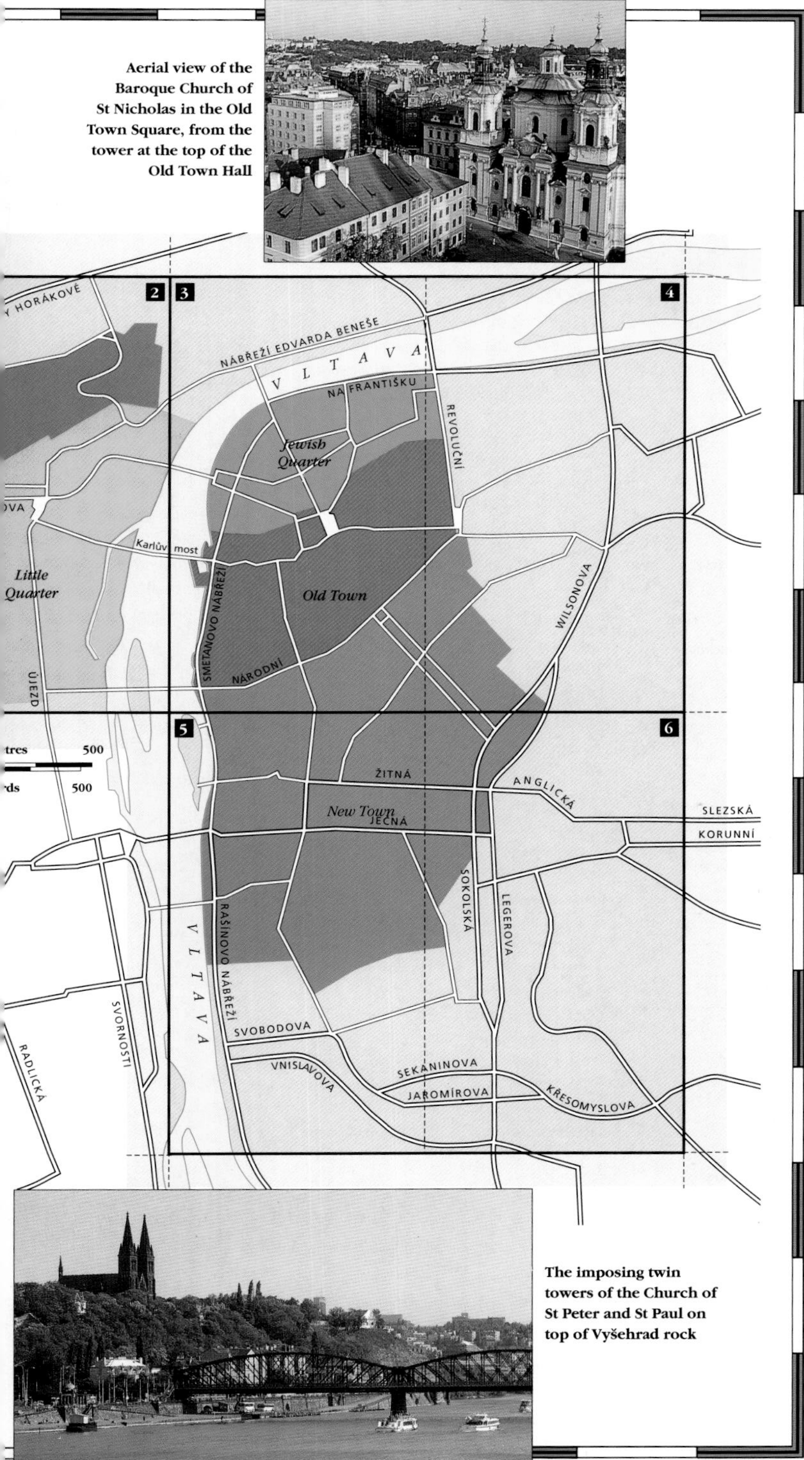

The imposing twin towers of the Church of St Peter and St Paul on top of Vyšehrad rock

Street Finder Index

THE ORDER OF THE NAMES in the index is affected by the *háček*, the accent like an inverted circumflex (*háček* means "little hook"). In the Czech alphabet, **č**, **ř**, **š** and **ž** are treated as separate letters. Street names beginning with **ř**, for example, are listed after those beginning with **r** without an accent.

Churches, buildings, museums and monuments are marked on the Street Finder maps with their English and Czech names. In the index, both forms are listed. However, English names for streets and squares, such as Wenceslas Square, do not appear on the maps. Where they are listed in the index, the Czech name is given in brackets in the form that appears on the map.

USEFUL WORDS

dům	house
hrad	castle
kostel	church
klášter	convent, monastery
most	bridge
nábřeží	embankment
nádraží	station
náměstí	square
sady	park
schody	steps
třída	avenue
ulice	street
ulička	lane
zahrada	garden

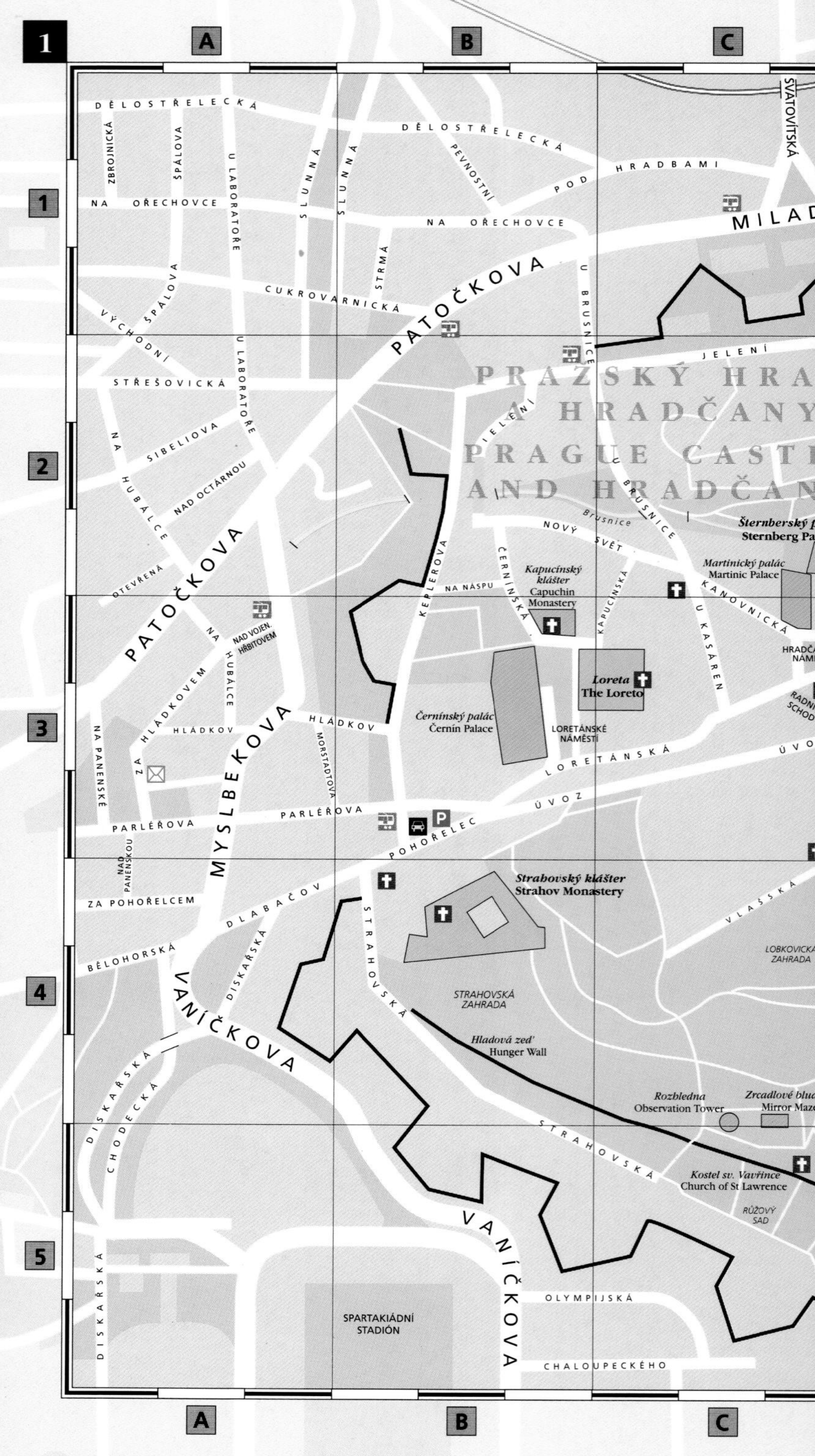
1
A
B
C
1
2
3
4
5
DĚLOSTŘELECKÁ
ZBROJNICKÁ
ŠPÁLOVA
U LABORATOŘE
SLUNNÁ
PEVNOSTNÍ
POD HRADBAMI
SVATOVÍTSKÁ
NA OŘECHOVCE
MILAD
STRMÁ
CUKROVARNICKÁ
PATOČKOVA
U BRUSNICE
VÝCHODNÍ
JELENÍ
STŘEŠOVICKÁ
PRAŽSKÝ HRA
A HRADČANY
PRAGUE CASTL
AND HRADČAN
SIBELIOVA
NA HUBÁLCE
NAD OCTÁRNOU
Brusnice
NOVÝ SVĚT
Šternberský p
Sternberg Pal
OTEVŘENÁ
ČERNÍNSKÁ
Kapucínský klášter
Capuchin Monastery
KAPUCÍNSKÁ
Martinický palác
Martinic Palace
NA NÁSPU
KEPLEROVA
KANOVNICKÁ
NAD VOJEN. HŘBITOVEM
HRADČA NÁMĚ
U KASÁREN
ZA HLÁDKOVEM
Loreta
The Loreto
RADNIC SCHODY
HLÁDKOV
MYSLBEKOVA
Černínský palác
Černín Palace
LORETÁNSKÉ NÁMĚSTÍ
NA PANENSKÉ
MORSTADTOVA
LORETÁNSKÁ
ÚVOZ
PARLÉŘOVA
POHOŘELEC
NAD PANENSKOU
Strahovský klášter
Strahov Monastery
ZA POHOŘELCEM
DLABAČOV
VLAŠSKÁ
DISKAŘSKÁ
STRAHOVSKÁ
LOBKOVICKÁ ZAHRADA
BĚLOHORSKÁ
STRAHOVSKÁ ZAHRADA
VANÍČKOVA
Hladová zeď
Hunger Wall
CHODECKÁ
Rozhledna
Observation Tower
Zrcadlové blud
Mirror Maze
Kostel sv. Vavřince
Church of St Lawrence
RŮŽOVÝ SAD
OLYMPIJSKÁ
SPARTAKIÁDNÍ STADIÓN
CHALOUPECKÉHO

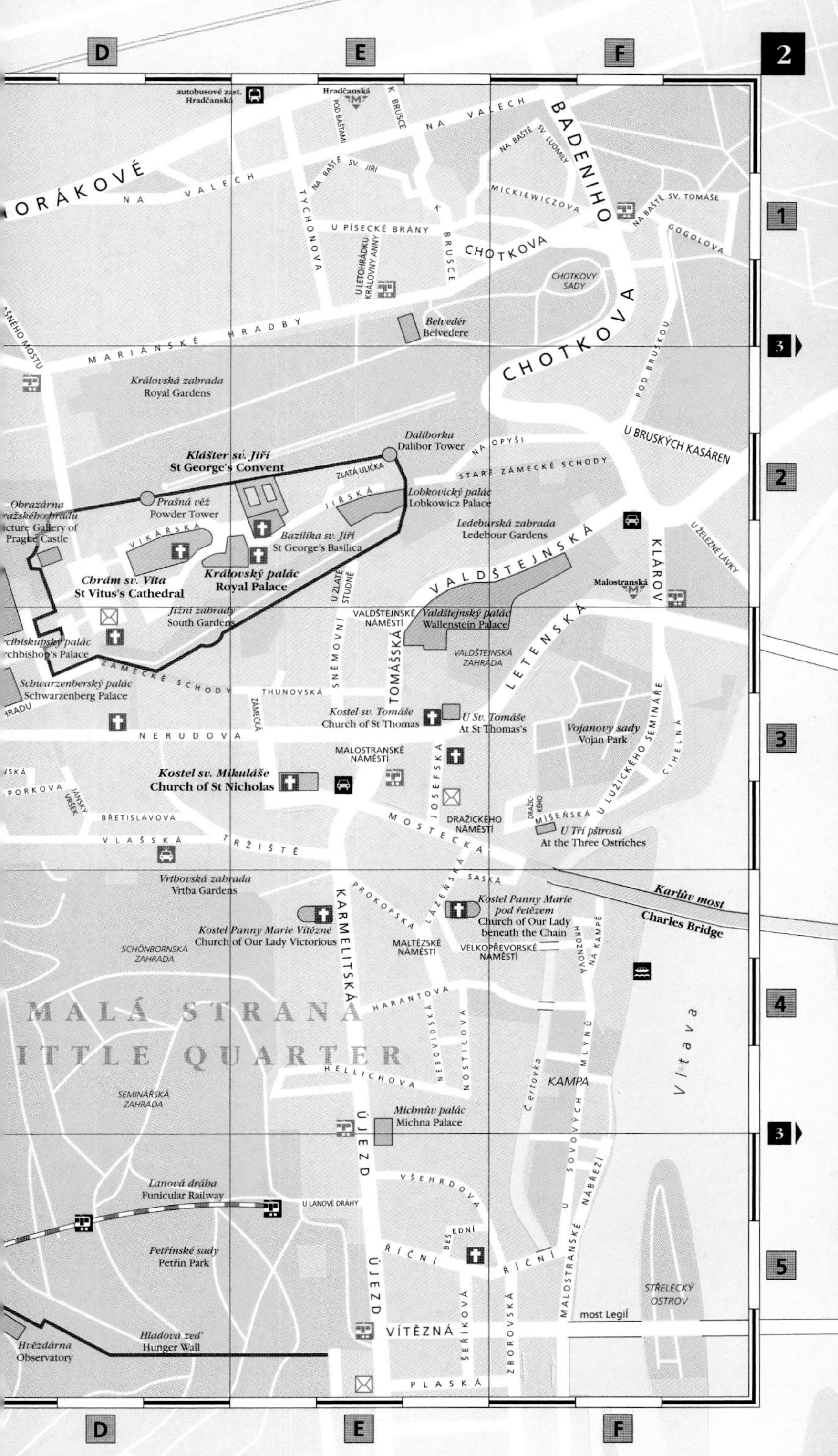
2
D
E
F
Hradčanská
autobusové zast. Hradčanská
Klášter sv. Jiří
St George's Convent
Daliborka
Dalibor Tower
Prašná věž
Powder Tower
Obrazárna Pražského hradu
Picture Gallery of Prague Castle
Bazilika sv. Jiří
St George's Basilica
Lobkovický palác
Lobkowicz Palace
Chrám sv. Víta
St Vitus's Cathedral
Královský palác
Royal Palace
Královská zahrada
Royal Gardens
Belvedér
Belvedere
Jižní zahrady
South Gardens
Arcibiskupský palác
Archbishop's Palace
Schwarzenberský palác
Schwarzenberg Palace
Ledeburská zahrada
Ledebour Gardens
Valdštejnský palác
Wallenstein Palace
VALDŠTEJNSKÉ NÁMĚSTÍ
VALDŠTEJNSKÁ ZAHRADA
Malostranská
Kostel sv. Tomáše
Church of St Thomas
U Sv. Tomáše
At St Thomas's
Vojanovy sady
Vojan Park
MALOSTRANSKÉ NÁMĚSTÍ
Kostel sv. Mikuláše
Church of St Nicholas
DRAŽICKÉHO NÁMĚSTÍ
U Tří pštrosů
At the Three Ostriches
Karlův most
Charles Bridge
Vrtbovská zahrada
Vrtba Gardens
Kostel Panny Marie Vítězné
Church of Our Lady Victorious
Kostel Panny Marie pod řetězem
Church of Our Lady beneath the Chain
MALTÉZSKÉ NÁMĚSTÍ
VELKOPŘEVORSKÉ NÁMĚSTÍ
SCHÖNBORNSKÁ ZAHRADA
MALÁ STRANA
LITTLE QUARTER
SEMINÁŘSKÁ ZAHRADA
KAMPA
Vltava
Michnův palác
Michna Palace
Lanová dráha
Funicular Railway
U LANOVÉ DRÁHY
Petřínské sady
Petřín Park
Hladová zeď
Hunger Wall
Hvězdárna
Observatory
STŘELECKÝ OSTROV
most Legií
CHOTKOVY SADY
NA VALECH
MARIÁNSKÉ HRADBY
CHOTKOVA
BADENIHO
U PÍSECKÉ BRÁNY
TYCHONOVA
K BRUSCE
MICKIEWICZOVA
GOGOLOVA
NA BAŠTĚ SV. TOMÁŠE
NA BAŠTĚ SV. LUDMILY
NA BAŠTĚ SV. JIŘÍ
POD BAŠTAMI
U LETOHRÁDKU KRÁLOVNY ANNY
POD BRUSKOU
U BRUSKÝCH KASÁREN
NA OPYŠI
STARÉ ZÁMECKÉ SCHODY
ZLATÁ ULIČKA
JIŘSKÁ
VIKÁŘSKÁ
U ZLATÉ STUDNĚ
KLÁROV
U ŽELEZNÉ LÁVKY
LETENSKÁ
TOMÁŠSKÁ
SNĚMOVNÍ
THUNOVSKÁ
ZÁMECKÉ SCHODY
ZÁMECKÁ
NERUDOVA
U LUŽICKÉHO SEMINÁŘE
CIHELNÁ
JOSEFSKÁ
MIŠEŇSKÁ
DRAŽICKÉHO
MOSTECKÁ
BŘETISLAVOVA
VLAŠSKÁ
TRŽIŠTĚ
JÁNSKÝ VRŠEK
SASKÁ
LÁZEŇSKÁ
PROKOPSKÁ
KARMELITSKÁ
HARANTOVA
NEBOVIDSKÁ
NOSTICOVA
HROZNOVÁ
NA KAMPĚ
HELLICHOVA
ÚJEZD
Čertovka
U SOVOVÝCH MLÝNŮ
VŠEHRDOVA
BESEDNÍ
ŘÍČNÍ
MALOSTRANSKÉ NÁBŘEŽÍ
VÍTĚZNÁ
ŠEŘÍKOVÁ
ZBOROVSKÁ
PLASKÁ
1
2
3
4
5
3
3

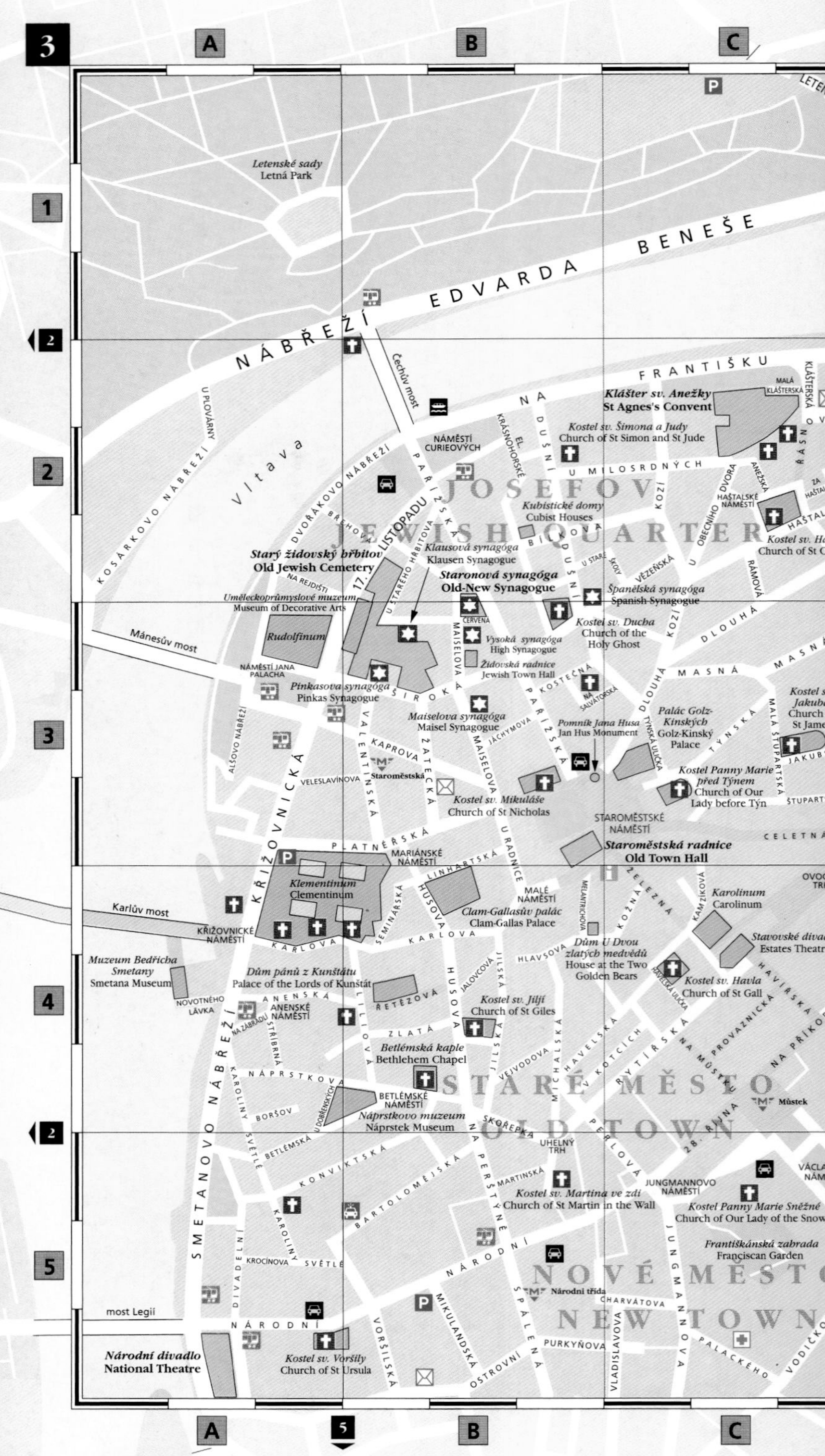
3
A
B
C
1
2
3
4
5
Letenské sady
Letná Park
NÁBŘEŽÍ EDVARDA BENEŠE
Čechův most
NA FRANTIŠKU
Klášter sv. Anežky
St Agnes's Convent
Kostel sv. Šimona a Judy
Church of St Simon and St Jude
U MILOSRDNÝCH
Vltava
KOSÁRKOVO NÁBŘEŽÍ
DVOŘÁKOVO NÁBŘEŽÍ
NÁMĚSTÍ CURIEOVÝCH
JOSEFOV
JEWISH QUARTER
Kubistické domy
Cubist Houses
17. LISTOPADU
Starý židovský hřbitov
Old Jewish Cemetery
Klausová synagóga
Klausen Synagogue
Staronová synagóga
Old-New Synagogue
Španělská synagóga
Spanish Synagogue
Uměleckoprůmyslové muzeum
Museum of Decorative Arts
Rudolfinum
Mánesův most
NÁMĚSTÍ JANA PALACHA
Vysoká synagóga
High Synagogue
Židovská radnice
Jewish Town Hall
Kostel sv. Ducha
Church of the Holy Ghost
Pinkasova synagóga
Pinkas Synagogue
Maiselova synagóga
Maisel Synagogue
Pomník Jana Husa
Jan Hus Monument
Palác Golz-Kinských
Golz-Kinský Palace
Kostel sv. Jakuba
Church of St James
KAPROVA
Staroměstská
Kostel sv. Mikuláše
Church of St Nicholas
Kostel Panny Marie před Týnem
Church of Our Lady before Týn
STAROMĚSTSKÉ NÁMĚSTÍ
Staroměstská radnice
Old Town Hall
KŘIŽOVNICKÁ
PLATNÉŘSKÁ
MARIÁNSKÉ NÁMĚSTÍ
Klementinum
Clementinum
Karlův most
KŘIŽOVNICKÉ NÁMĚSTÍ
KARLOVA
Clam-Gallasův palác
Clam-Gallas Palace
MALÉ NÁMĚSTÍ
Karolinum
Carolinum
Stavovské divadlo
Estates Theatre
Muzeum Bedřicha Smetany
Smetana Museum
Dům pánů z Kunštátu
Palace of the Lords of Kunštát
Dům U Dvou zlatých medvědů
House at the Two Golden Bears
Kostel sv. Havla
Church of St Gall
ANENSKÉ NÁMĚSTÍ
Kostel sv. Jiljí
Church of St Giles
Betlémská kaple
Bethlehem Chapel
STARÉ MĚSTO
OLD TOWN
BETLÉMSKÉ NÁMĚSTÍ
Náprstkovo muzeum
Náprstek Museum
Můstek
UHELNÝ TRH
SMETANOVO NÁBŘEŽÍ
Kostel sv. Martina ve zdi
Church of St Martin in the Wall
JUNGMANNOVO NÁMĚSTÍ
Kostel Panny Marie Sněžné
Church of Our Lady of the Snows
Františkánská zahrada
Franciscan Garden
NÁRODNÍ
NOVÉ MĚSTO
NEW TOWN
Národní třída
most Legií
Národní divadlo
National Theatre
Kostel sv. Voršily
Church of St Ursula
5

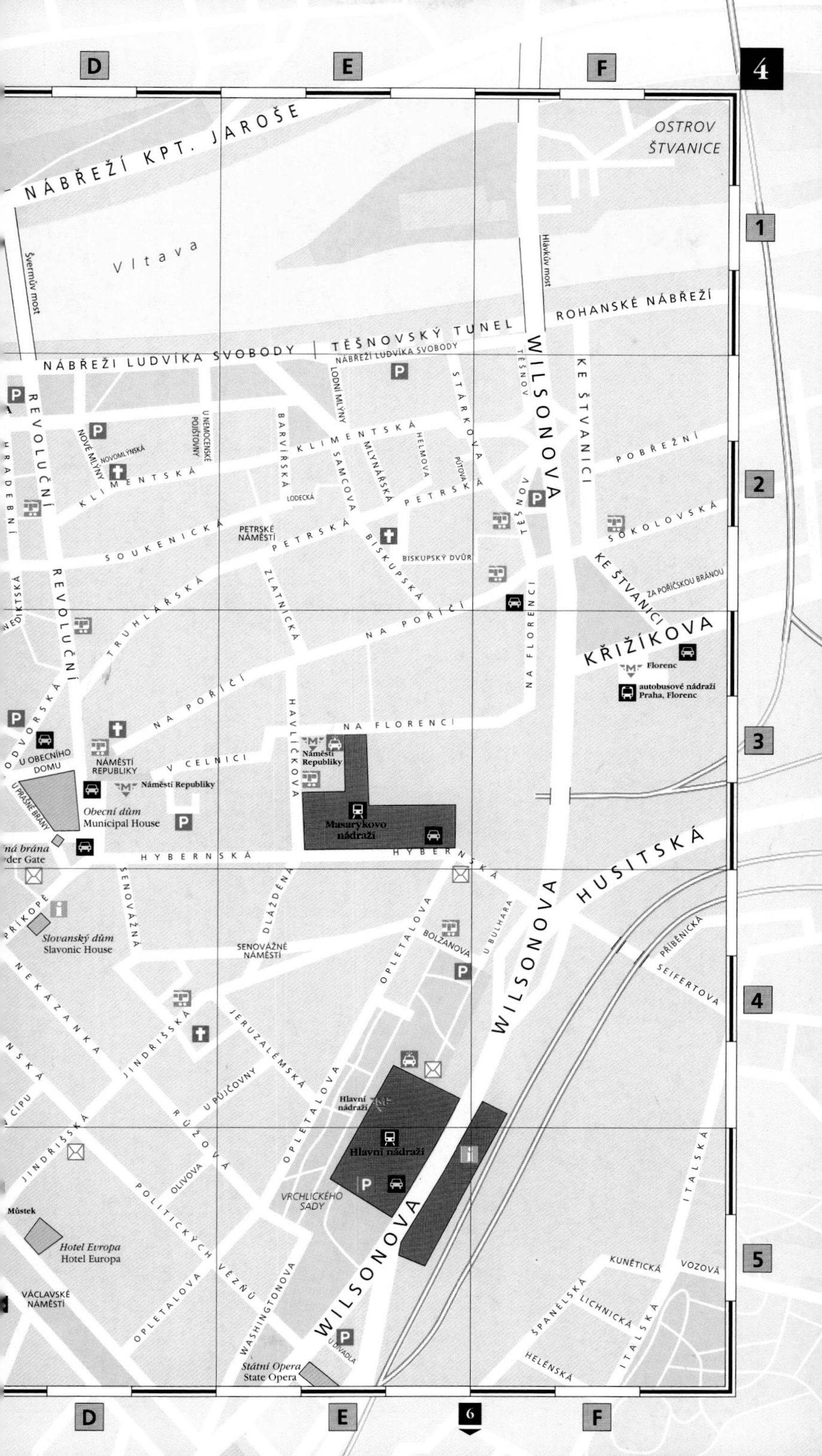
D
E
F
1
2
3
4
5
OSTROV ŠTVANICE
NÁBŘEŽÍ KPT. JAROŠE
Vltava
Švermův most
Hlávkův most
ROHANSKÉ NÁBŘEŽÍ
TĚŠNOVSKÝ TUNEL
NÁBŘEŽÍ LUDVÍKA SVOBODY
WILSONOVA
KE ŠTVANICI
REVOLUČNÍ
KLIMENTSKÁ
POBŘEŽNÍ
PETRSKÁ
SOKOLOVSKÁ
SOUKENICKÁ
PETRSKÉ NÁMĚSTÍ
BISKUPSKÝ DVŮR
TRUHLÁŘSKÁ
NA POŘÍČÍ
KŘIŽÍKOVA
Florenc
autobusové nádraží Praha, Florenc
NA FLORENCI
Náměstí Republiky
NÁMĚSTÍ REPUBLIKY
V CELNICI
U OBECNÍHO DOMU
Obecní dům
Municipal House
Masarykovo nádraží
HYBERNSKÁ
HUSITSKÁ
Slovanský dům
Slavonic House
SENOVÁŽNÉ NÁMĚSTÍ
OPLETALOVA
BOLZANOVA
U BULHARA
SEIFERTOVA
JERUZALÉMSKÁ
JINDŘIŠSKÁ
U PŮJČOVNY
Hlavní nádraží
VRCHLICKÉHO SADY
POLITICKÝCH VĚZŇŮ
Můstek
Hotel Evropa
VÁCLAVSKÉ NÁMĚSTÍ
WASHINGTONOVA
U DIVADLA
Státní Opera
State Opera
ITALSKÁ
KUNĚTICKÁ
VOZOVÁ
LICHNICKÁ
ŠPANĚLSKÁ
HELÉNSKÁ
6

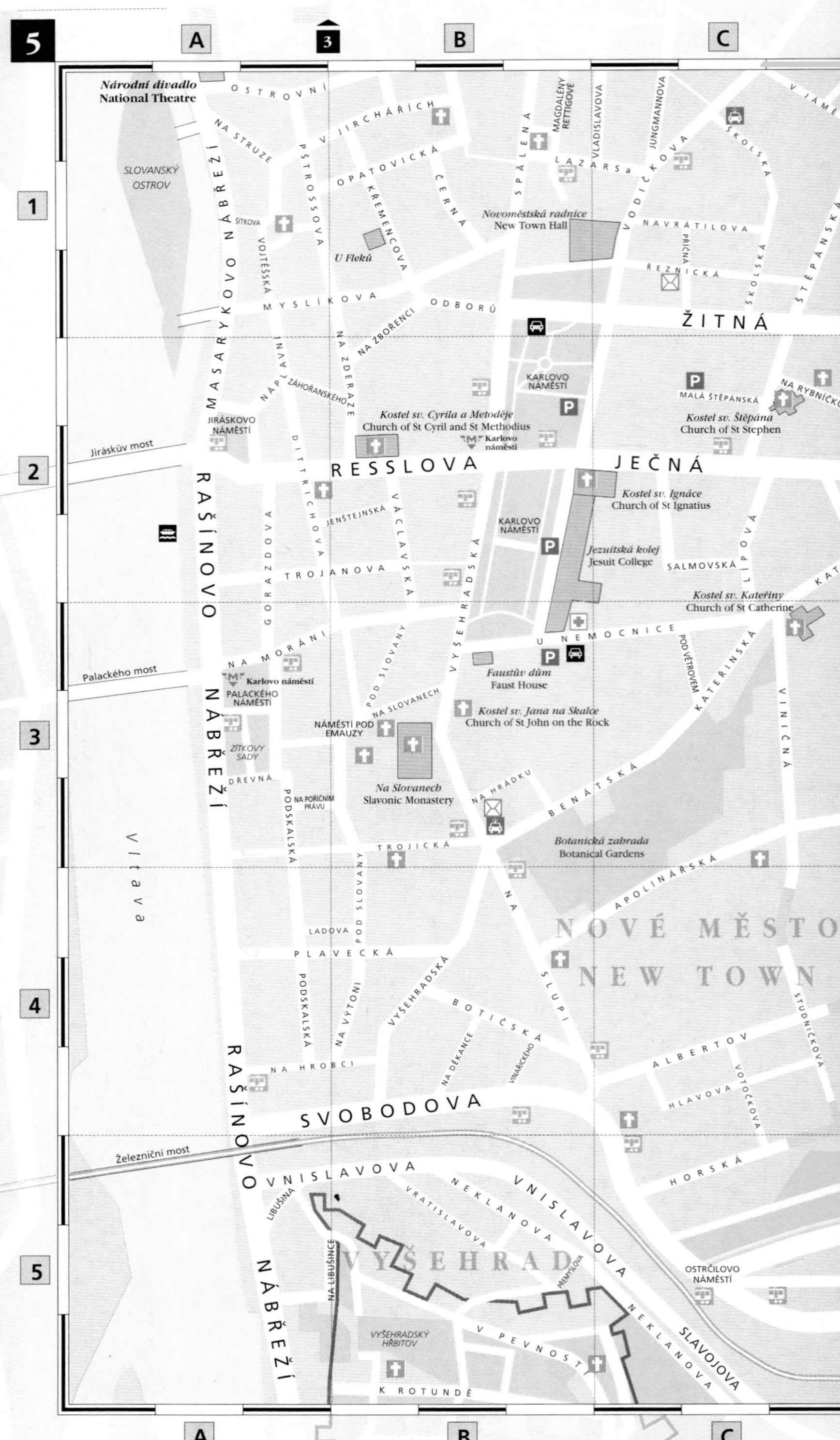

A
3
B
C
1
2
3
4
5
Národní divadlo
National Theatre
OSTROVNÍ
V JIRCHÁŘÍCH
NA STRUZE
SLOVANSKÝ OSTROV
MASARYKOVO NÁBŘEŽÍ
ŠÍTKOVA
VOJTĚŠSKÁ
PŠTROSSOVA
OPATOVICKÁ
KŘEMENCOVA
ČERNÁ
U Fleků
SPÁLENÁ
MAGDALÉNY RETTIGOVÉ
VLADISLAVOVA
JUNGMANNOVA
LAZARSKÁ
VODIČKOVA
ŠKOLSKÁ
V JÁMĚ
Novoměstská radnice
New Town Hall
NAVRÁTILOVA
PŘÍČNÁ
ŘEZNICKÁ
ŠTĚPÁNSKÁ
MYSLÍKOVA
ODBORŮ
NA ZBOŘENCI
ŽITNÁ
NAPLAVNÍ
ZÁHOŘANSKÉHO
NA ZDERAZE
KARLOVO NÁMĚSTÍ
MALÁ ŠTĚPÁNSKÁ
NA RYBNÍČKU
JIRÁSKOVO NÁMĚSTÍ
Kostel sv. Cyrila a Metoděje
Church of St Cyril and St Methodius
Karlovo náměstí
Kostel sv. Štěpána
Church of St Stephen
Jiráskův most
RESSLOVA
JEČNÁ
RAŠÍNOVO
DITTRICHOVA
JENŠTEJNSKÁ
VÁCLAVSKÁ
Kostel sv. Ignáce
Church of St Ignatius
GORAZDOVA
KARLOVO NÁMĚSTÍ
Jezuitská kolej
Jesuit College
SALMOVSKÁ
LÍPOVÁ
TROJANOVA
VYŠEHRADSKÁ
Kostel sv. Kateřiny
Church of St Catherine
NA MORÁNI
U NEMOCNICE
Palackého most
Karlovo náměstí
PALACKÉHO NÁMĚSTÍ
Faustův dům
Faust House
PŮD SLOVANY
NA SLOVANECH
POD VĚTROVEM
KATEŘINSKÁ
VINIČNÁ
NÁBŘEŽÍ
NÁMĚSTÍ POD EMAUZY
Kostel sv. Jana na Skalce
Church of St John on the Rock
ZÍTKOVY SADY
DŘEVNÁ
PODSKALSKÁ
NA POŘÍČNÍM PRÁVU
Na Slovanech
Slavonic Monastery
NA HRÁDKU
BENÁTSKÁ
Vltava
TROJICKÁ
Botanická zahrada
Botanical Gardens
APOLINÁŘSKÁ
NA SLUPI
NOVÉ MĚSTO
NEW TOWN
LADOVA
PLAVECKÁ
POD SLOVANY
VYŠEHRADSKÁ
NA VÝTONI
BOTIČSKÁ
NA DĚKANCE
VINAŘICKÉHO
STUDNIČKOVA
ALBERTOV
HLAVOVA
VOTOČKOVA
NA HROBCI
SVOBODOVA
Železniční most
VNISLAVOVA
LIBUŠINA
VRATISLAVOVA
NEKLANOVA
HORSKÁ
VYŠEHRAD
PŘEMYSLOVA
OSTRČILOVO NÁMĚSTÍ
NA LIBUŠINCE
VYŠEHRADSKÝ HŘBITOV
V PEVNOSTI
SLAVOJOVA
K ROTUNDĚ

D
E
4
F
Václavské náměstí
Muzeum
Washingtonova
Wilsonova
Státní opera
State Opera
Národní muzeum
National Museum
Muzeum
Mezibranská
Čelakovského sady
Riegrovy sady
Vinohrady
Ve Smečkách
Krakovská
Španělská
Na Smetance
Italská
Polská
Mánesova
Vinohradská
Anny Letenské
Škrétova
Rubešova
Římská
Balbínova
Žitná
Anglická
Sokolská
Legerova
Londýnská
Bělehradská
Ibsenova
Šubertova
Blanická
V Tůních
Hálkova
Mikovcova
Slezská
Ječná
Náměstí I. P. Pavlova
Vocelova
I.P. Pavlova
Jugoslávská
Náměstí Míru
Korunní
Melounová
Lublaňská
Tylovo náměstí
Francouzská
Muzeum Antonína Dvořáka
Dvořák Museum
Na Bojišti
Ke Karlovu
Rumunská
Americká
Restaurace U Kalicha
Chalice Restaurant
Uruguayská
Belgická
Varšavská
Tyršova
Bruselská
Koubkova
Fügnerovo náměstí
Záhřebská
Apolinářská
Šafaříkova
Masarykova
Máchova
Koperníkova
Wenzigova
Jana
U Zvonařky
Na Kleovce
Nad Petruskou
Pod Nuselskými schody
Boženy Němcové
Pod Zvonařkou
Perucká
Horská
Pod Karlovem
Sarajevská
Rejskova
Botič
Sekaninova
Nuselský most
Na Folimance
Na Ostrůvku
Svatoplukova
Spytihněvova
Závišova
Oldřichova
Jaromírova
Křesomyslova
Náměstí Bratří Synků
1
2
3
4
5

General Index

Page numbers in **bold** type refer to main entries.

A

B

L

M

N

Q

R

S

T

U

Acknowledgments

DORLING KINDERSLEY wishes to thank the following people who contributed to the preparation of this book.

Main Contributor

Vladimír Soukup was born in Prague in 1949. He worked for the daily newpaper, *Evening Prague*, for 20 years, eventually becoming Deputy Chief Editor. He has written a wide range of popular guides to Prague.

Additional Contributors

Ben Sullivan, Lynn Reich.

Editorial and Design

Managing Editor Carolyn Ryden; Managing Art Editor Steve Knowlden; Senior Editor Georgina Matthews; Senior Art Editor Vanessa Courtier; Editorial Director David Lamb; Art Director Anne-Marie Bulat; Production Controller Hilary Stephens; Picture Research Ellen Root; DTP Designer Salim Qurashi; Consultant Helena Svojsikova; Maps Caroline Bowie, Simon Farbrother, James Mills-Hicks, David Pugh (DKCartography).

Tessa Bindloss, Lucinda Cooke, Russell Davies, Stephanie Driver, Fay Franklin, Alistair Gunn, Elaine Harries, Charlie Hawkings, Jan Kaplan, Dr Tomáš Kleisner Susannah Marriott, Robert Purnell, Helen Townsend, Daphne Trotter, Christopher Vinz.

Additional Photography

DK Studio/Steve Gorton, Otto Palan, M Soskova, Clive Streeter, Alan Williams.

t = top; tl = top left; tc = top centre; tr = top right; cla = centre left above; ca = centre above; cra = centre right above; cl = centre left; c = centre; cr = centre right; clb = centre left below; cb = centre below; crb = centre right below; bl = bottom left; b = bottom; bc = bottom centre; br = bottom right; d = detail.

Works of art on the pages detailed have been reproduced with the permission of the following copyright holders: Aristide Maillol *Pomona* 1910 © ADAG, Paris, and DACS, London, 1998: 164cr. Gustav Makarius Tauc (An der Aulenkaut 31, Wiesbaden, Germany) under commission of the Minorite Order in Rome: 35br.

The publishers are grateful to the following individuals, companies and picture libraries for permission to reproduce photographs or to photograph at their establishments:

ARCHEOLOGICKÝ ÚSTAV ČESKÉ AKADEMIE VĚD: 20t; ARCHIV FÜR KUNST UND GESCHICHTE, BERLIN: 17b, 18tl (d), 18tr, 18bc(d), 18br(d), 19tl(d), 19tc(d), 19tr(d), 19c(d), 19bc(d), 20clr, 20bl, 23cb(d), 29cla(d), 32t(d), 32bl, 34ca(d), 35ca(d), 35bl, 43tl, 50b(d), 105cr, 118t, Erich Lessing 28ca(d), 31bl(d), 88c, 89cb; ARCHÍV HLAVNIHO MESTA. PRAHY (CLAM-GALLASŮV PALÁC): 23cl, 24bl, 28bl, 28br, 30b, 33clb, 33bc, 72t, 136br, 137br(d), 138ca, 168c. BILDARCHIV PREUSSISCHER KULTURBESITZ: 4t(d), 19bl(d), 29br, 34bc, 68tr, 104bl(d); BRIDGEMAN ART LIBRARY, London: Prado, Madrid 29t; Rosegarten Museum, Constance 26ca. ČESKÁ TISKOVÁ KANCELÁR: 19br, 35cbr, 195cr; ČSA: 228t; JEAN-LOUP CHARMET: 18bl(d), 21c, 31br, 33t, 33bl, 33br(d), 34tr(d), 34bl, 62c, 69tc; ZDENEK CHRAPPEK: 50c; COMSTOCK: Georg Gerster: 10; JOE CORNISH: 58–9, 60, 148br; CZECH NATIONAL BANK: 223. MARY EVANS PICTURE LIBRARY: 9, 59, 138cb, 181, 217. GRAFOPRINT NEUBERT: 31clb, 38clb, 116c. ROBERT HARDING PICTURE LIBRARY: Michael Jenner 128tl; Christopher Rennie 24ca, 103tr; Peter Scholey 30t, 129tl; HUTCHISON LIBRARY: Libuše Taylor 51b, 52t, 175tl, 197c. THE IMAGE BANK: Andrea Pistolesi 14b; Courtesy of ISIC, UK: 226c. KANCELÁŘ PREZIDENTA REPUBLIKY: 20–1, 21tr, 21bl, 21br, 22c; KAPLAN PRODUCTIONS: 117t; OLDRICH KARASEK: 56cb, 62tr, 101crb, 134t, 176t, 225cl, 233bc; KARLŠTEJN: 25tl; Vladimír Hyhlík 24–5, Oldrich Karasek 135b; KAREL KESTNER: 35cbl; KLEMENTINUM: 23tl; Prokop Paul 22t; THE KOBAL COLLECTION: 35tl; DALIBOR KUSÁK: 164bl, 166–7 all, 16–9 all. IVAN MALÝ: 210t, 211t; MUZEUM HLAVNÍHO MĚSTA PRAHY 32–3; MUZEUM POŠTOVNÍ ZNÁMKY: 149cl. NÁRODNÍ FILMOVÝ ARCHIV: 34br; NÁRODNÍ GALERIE V PRAZE: 24br, 40b; Grafická sbírka 26t, 27bl, 31t, 67b, 69c, 100t, 102b, 121t, 125cb, 129br, 138b, 157cb, 175b, 178b; Klášter sv. Anežky 39tr, 83t, 92–3 all, 133b; Klášter sv. Jiří 16, 37br, 38t, 39tr, 97clb, 106–7 all, 108–9 all, Šternberský palác 38ca, 112–3 all, 114–5 all, Veletržni Palac 164–5 all; Zbraslav 40b; NÁRODNÍ MUZEUM V PRAZE: Vlasta Dvořáková 20clb, 26–7, 26bl, 26bc, 26br, 27t, 27cl, 27cr, 27br, 29bl, 39cb, 75b, 72b, Jarmila Kutová 20c, 22bl, Dagmar Landová 28bc, 126c, Muzeum Antonína Dvořáka 39b, Muzeum Bedřicha Smetany 32ca, Prokop Paul 75b, Tyršovo muzeum; 34cb, 149bl; NÁRODNÍ TECHNICKÉ MUZEUM: Gabriel Urbánek 41t. OBRAZÁRNA PRAŽSKÉHO HRADU: 98b; ÖSTERREICHISCHE NATIONALBIBLIOTHEK, WIEN: 25clb, 26cb. PIVOVARSKÉ MUZEUM: 196tr, 196c; BOHUMÍR PROKŮPEK: 25bl, 30t, 120c, 121c, 121bl, 163b. REX FEATURES LTD: Alfred 35tr, Richard Gardener 232t. SCIENCE PHOTO LIBRARY: Geospace 11, 38crb; SOTHEBY'S/THAMES AND HUDSON: 104c; STÁTNÍ ÚSTREDNI ARCHIV: 23b; STÁTNÍ ÚSTAV PAMÁTKOVÉ PÉČE: 23tc; STÁTNÍ ŽIDOVSKÉ MUZEUM: 39ca, 85t, 85c, 90t; SVATOVÍTSKÝ POKLAD, PRAŽSKÝ HRAD: 14t, 21tl, 24t, 24cb, 28t, 40tr. UMĚLECKOPRŮMYSLOVÉ MUZEUM V PRAZE: 39tl, 40tl, 149c, 149br, Gabriel Urbánek 28clb, 41b; UNIVERZITA KARLOVA: 25tr. PETER WILSON: 4b, 191t, 216–7, 238. ZEFA: 33cra. Front endpaper: all special or additional photography except (centre) JOE CORNISH.

For further information, see: www.dkimages.com

Phrase Book

In Emergency

Help!	**Pomoc!**	***po**-mots*
Stop!	**Zastavte!**	***za**-stav-te*
Call a doctor!	**Zavolejte doktora!**	***za**-vo-ley-te **dok**-to-ra!*
Call an ambulance!	**Zavolejte sanitku!**	***za**-vo-ley-te **sa**-nit-ku!*
Call the police!	**Zavolejte policii!**	***za**-vo-ley-te **poli**-tsi-yi!*
Call the fire brigade!	**Zavolejte hasiče**	***za**-vol-ey-te **ha**-si-che*
Where is the telephone?	**Kde je telefón?**	***gde** ye **tele**-fohn?*
the nearest hospital?	**nejbližší nemocnice?**	***ney**-blish-ee **ne**-mots-nyitse?*

Communication Essentials

Yes/No	**Ano/Ne**	***ano**/ne*
Please	**Prosím**	***pro**-seem*
Thank you	**Děkuji vám**	***dye**-ku-ji **vahm***
Excuse me	**Prosím vás**	***pro**-seem **vahs***
Hello	**Dobrý den**	***do**-bree **den***
Goodbye	**Na shledanou**	***na** s-hle-da-no*
Good evening	**Dobrý večer**	***dob**-ree **vech**-er*
morning	**ráno**	***rah**-no*
afternoon	**odpoledne**	***od**-po-led-ne*
evening	**večer**	***ve**-cher*
yesterday	**včera**	***vche**-ra*
today	**dnes**	***dnes***
tomorrow	**zítra**	***zeet**-ra*
here	**tady**	***ta**-di*
there	**tam**	***tam***
What?	**Co?**	***tso?***
When?	**Kdy?**	***gdi?***
Why?	**Proč?**	***proch?***
Where?	**Kde?**	***gde?***

Useful Phrases

How are you?	**Jak se máte?**	***yak**-se **mah**-te?*
Very well, thank you.	**Velmi dobře děkuji.**	***vel**-mi **dob**-rzhe **dye** kuyi*
Pleased to meet you.	**Těší mě.**	***tyesh**-ee mye*
See you soon.	**Uvidíme se brzy.**	***u**-vi-dyee-me-se-**br**-zi*
That's fine.	**To je v pořádku.**	***to** ye **vpo**-rzhahdku*
Where is/are...?	**Kde je/jsou ...?**	***gde** ye/yso ...?*
How long does it take to get to..?	**Jak dlouho to trvá se dostat do..?**	***yak dlo** ho to tr-va se **do**-stat do...?*
How do I get to...?	**Jak se dostanu k ..?**	***yak** se **do**-sta-nu k ...?*
Do you speak English?	**Mluvíte anglicky?**	***mlu**-vee-te **an**-glits-ki?*
I don't understand.	**Nerozumím.**	***ne**-ro-zu-meem*
Could you speak more slowly?	**Mohl(a)* byste mluvit trochu pomaleji?**	***mohl**- (a) **bis**-te **mlu**-vit **tro**-khu **po**-maley?*
Pardon?	**Prosím?**	***pro**-seem?*
I'm lost.	**Ztratil(a)* jsem se.**	***stra**-tyil (a) ysem se.*

Useful Words

big	**velký**	***vel**-kee*
small	**malý**	***mal**-ee*
hot	**horký**	***hor**-kee*
cold	**studený**	***stu**-den-ee*
good	**dobrý**	***dob**-ree*
bad	**špatný**	***shpat**-nee*
well	**dobře**	***dob**-rzhe*
open	**otevřeno**	***ot**-ev-rzhe-no*
closed	**zavřeno**	***zav**-rzhe-no*
left	**do leva**	***do** le-va*
right	**do prava**	***do** pra-va*
straight on	**rovně**	*rov-nye*
near	**blízko**	***blee**-sko*
far	**daleko**	***da**-le-ko*
up	**nahoru**	***na**-ho-ru*
down	**dolů**	***do**-loo*
early	**brzy**	***br**-zi*
late	**pozdě**	***poz**-dye*
entrance	**vchod**	***vkhod***
exit	**východ**	***vee**-khod*
toilets	**toalety**	***toa**-leti*
free, unoccupied	**volný**	***vol**-nee*
free, no charge	**zdarma**	***zdar**-ma*

Making a Telephone Call

I'd like to place a long-distance call.	**Chtěl(a)* bych volat meziměstsky.**	***khtyel**(a) bikh **vo**-lat **me**-zi-mye-stski*
I'd like to make a reverse-charge call.	**Chtěl(a)* bych volat na účet volaného.**	***khtyel**(a) bikh **volat** na **oo**-chet **volan**-eh-ho*
I'll try again later.	**Zkusím to později.**	***skus**-eem to **poz**-dyey*
Can I leave a message?	**Mohu nechat zprávu?**	***mo**-hu ne-khat **sprah**-vu?*
Hold on.	**Počkejte.**	***poch**-key-te*
Could you speak up a little, please?	**Mohl(a)* byste mluvit hlasitěji?**	***mo**-hl (a) bis-te **mluvit hla**-si-tyey?*
local call	**místní hovor**	***meest**-nyee **hov**-or*

Sightseeing

art gallery	**galerie**	***ga**-ler-riye*
bus stop	**autobusová zastávka**	***au**-to-bus-o-vah za-stah-vka*
church	**kostel**	***kos**-tel*
garden	**zahrada**	***za** hra-da*
library	**knihovna**	***knyi**-hov-na*
museum	**muzeum**	***muz**-e-um*
railway station	**nádraží**	*nah-dra-zhee*
tourist information	**turistické informace**	***toor**isti-tske **in**-for-ma-tse*
closed for the public holiday	**státní svátek**	***staht**-nyee **svah**-tek*

Shopping

How much does this cost?	**Co to stojí?**	***tso** to **sto**-yee?*
I would like ...	**Chtěl(a)* bych ...**	***khtyel**(a) bikh...*
Do you have ...?	**Máte ...?**	***maa**-te ...?*
I'm just looking.	**Jenom se dívám.**	***ye**-nom se **dyee**-vahm*
Do you take credit cards?	**Berete kreditní karty?**	***be**-re-te **kred**-it nyee **karti?***
What time do you open/ close?	**V kolik otevíráte/ zavíráte?**	***v ko**-lik **o**-te-vee-rah-te/ za vee rah-te?*
this one	**tento**	***ten**-to*
that one	**tamten**	***tam**-ten*
expensive	**drahý**	***dra**-hee*
cheap	**levný**	***lev**-nee*
size	**velikost**	***vel**-ik-ost*
white	**bílý**	***bee**-lee*
black	**černý**	***cher**-nee*
red	**červený**	***cher**-ven-ee*
yellow	**žlutý**	***zhlu**-tee*
green	**zelený**	***zel**-en-ee*
blue	**modrý**	***mod**-ree*
brown	**hnědý**	***hnyed**-ee*

Types of Shop

antique shop	**starožitnictví**	***sta**-ro zhit--nyits-tvee*
bank	**banka**	***banka***
bakery	**pekárna**	***pe**-kahr-na*
bookstore	**knihkupectví**	***knih**-kupets-tvee*
butcher	**řeznictví**	***rzhez**-nyits-tvee*
camera shop	**obchod s fotoaparaty**	***op**-khot **sfoto**-aparahti*
chemist (prescriptions etc)	**lékárna**	***leh**-kah-rna*
chemist (cosmetics, toiletries etc)	**drogerie**	***drog**-erye*
delicatessen	**lahůdky**	***la**-hoo-dki*
department store	**obchodní dům**	***op**-khod-nyee doom*
grocery	**potraviny**	***pot**-ra-vini*
glass	**sklo**	***sklo***
hairdresser (ladies)	**kadeřnictví**	***ka**-derzh-nyits-tvee*
(mens)	**holič**	***ho**-lich*
market	**trh**	*trkh*
newsstand	**novinový stánek**	***no**-vi-novee **stah**-nek*
post office	**pošta**	***posh**-ta*
supermarket	**samoobsluha**	***sa**-mo-ob-slu-ha*
tobacconist	**tabák**	***ta**-bahk*
travel agency	**cestovní kancelář**	***tses**-tov-nyi **kantse**-laarzh*

**Alternatives for a female speaker are shown in brackets.*

Staying in a Hotel

Do you have a vacant room?	**Máte volný pokoj?**	*mah-te vol-nee po-koy?*
double room	**dvoulůžkový pokoj**	*dvo-loozh-kovee po-koy*
with double bed	**s dvojitou postelí**	*sdvoy-to pos-telee*
twin room	**pokoj s dvěma postelemi**	*po-koy sdvye-ma pos-tel-emi*
room with a bath	**pokoj s koupelnou**	*po-koy s ko-pel-no*
porter	**vrátný**	*vraht-nee*
hall porter	**nosič**	*nos-ich*
key	**klíč**	*kleech*
I have a reservation.	**Mám reservaci.**	*mahm rez-ervatsi*

Eating Out

Have you got a table for ...?	**Máte stůl pro ...?**	*mah-te stool pro ...?*
I'd like to reserve a table.	**Chtěl(a)* bych rezervovat stůl.**	*khtyel(a) bikh rez-er-vov-at stool*
breakfast	**snídaně**	*snyee-danye*
lunch	**oběd**	*ob-yed*
dinner	**večeře**	*vech e-rzhe*
The bill, please.	**Prosím, účet.**	*pro-seem oo-chet*
I am a vegetarian.	**Jsem vegetarián(ka)*.**	*ysem veghe-tariahn(ka)*
waitress!	**slečno**	*slech-no*
waiter!	**pane vrchní!**	*pane vrkh-nyee!*
fixed price menu	**standardní menu**	*stan-dard-nyee men-u*
dish of the day	**nabídka dne**	*nab-eed-ka dne*
starter	**předkrm**	*przhed-krm*
main course	**hlavní jídlo**	*hlav-nyee yeed-lo*
vegetables	**zelenina**	*zel-en-yin-a*
dessert	**zákusek**	*zah-kusek*
cover charge	**poplatek**	*pop-la-tek*
wine list	**nápojový lístek**	*nah-po-yo-vee lee-stek*
rare (steak)	**krvavý**	*kr-va-vee*
medium	**středně udělaný**	*strzhed-nye ud-yel-an-ee*
well done	**dobře udělaný**	*dobrzhe-ud-yel-an-ee*
glass	**sklenice**	*sklen-yitse*
bottle	**láhev**	*lah-hev*
knife	**nůž**	*noozh*
fork	**vidlička**	*vid-lich-ka*
spoon	**lžíce**	*lzhee-tse*

Menu Decoder

biftek	*bif-tek*	steak
bílé víno	*bee-leh vee-no*	white wine
bramborové knedlíky	*bram-bo-ro-veh kne-dleeki*	potato dumplings
brambory	*bram-bo-ri*	potatoes
chléb	*khlehb*	bread
cibule	*tsi-bu-le*	onion
citrónový džus	*tsi-tron-o-vee dzhuus*	lemon juice
cukr	*tsukr*	sugar
čaj	*chay*	tea
čerstvé ovoce	*cher-stveh-o-vo-ce*	fresh fruit
červené víno	*cher-ven-eh vee-no*	red wine
česnek	*ches-nek*	garlic
dort	*dort*	cake
fazole	*fa-zo-le*	beans
grilované	*gril-ov-a-neh*	grilled
houby	*ho-bi*	mushrooms
houska	*hous-ka*	roll
houskové knedlíky	*ho-sko-veh kne-dleeki*	bread dumplings
hovězí	*hov-ye-zee*	beef
hranolky	*hran-ol-ki*	chips
husa	*hu-sa*	goose
jablko	*ya-bl-ko*	apple
jahody	*ya-ho-di*	strawberries
jehněčí	*ye-hnye-chee*	lamb
kachna	*kakh-na*	duck
kapr	*ka-pr*	carp
káva	*kah-va*	coffee
krevety	*krev-et-i*	prawns
kuře	*ku-rzhe*	chicken
kyselé zelí	*kis-el-eh zel-ee*	sauerkraut
maso	*ma-so*	meat
máslo	*mah-slo*	butter
minerálka šumivá/ nešumivá	*min-er-ahl-ka shum-i-vah/ ne-shum i-vah*	mineral water fizzy/ still
mléko	*mleh-ko*	milk
mořská jídla	*morzh-skah-yeed-la-*	seafood
ocet	*ots-et*	vinegar
okurka	*o-ku-rka*	cucumber
olej	*oley*	oil
párek	*paa-rek*	sausage/frankfurter
pečené	*petsh-en-eh*	baked
pečené	*pech-en-eh*	roast
pepř	*peprzh*	pepper
polévka	*pol-eh-vka*	soup
pomeranč	*po-me-ranch*	orange
pomerančový džus	*po-me-ran-ch-- o-vee dzhuus*	orange juice
pivo	*pi-vo*	beer
rajské	*rayskeh*	tomato
ryba	*rib-a*	fish
rýže	*ree-zhe*	rice
salát	*sal-at*	salad
sůl	*sool*	salt
sýr	*seer*	cheese
šunka vařená/ uzená	*shun-ka varzh-enah u-zenah*	ham cooked smoked
telecí	*te-le-tsee*	veal
tuna	*tu-na*	tuna
vajíčko	*va-yee-chko*	egg
vařené	*varzh-en-eh*	boiled
vepřové	*vep-rzho-veh*	pork
voda	*vo-da*	water
vývar	*vee-var*	broth
zelí	*zel-ee*	cabbage
zelenina	*zel-enyina*	vegetables
zmrzlina	*zmrz-lin-a*	ice cream

Numbers

1	**jedna**	*yed-na*
2	**dvě**	*dvye*
3	**tři**	*trzhi*
4	**čtyři**	*chti-rzhi*
5	**pět**	*pyet*
6	**šest**	*shest*
7	**sedm**	*sedm*
8	**osm**	*osm*
9	**devět**	*dev-yet*
10	**deset**	*des-et*
11	**jedenáct**	*ye-de-nahtst*
12	**dvanáct**	*dva-nahtst*
13	**třináct**	*trzhi-nahtst*
14	**čtrnáct**	*chtr-nahtst*
15	**patnáct**	*pat-nahtst*
16	**šestnáct**	*shest-nahtst*
17	**sedmnáct**	*sedm-nahtst*
18	**osmnáct**	*osm-nahtst*
19	**devatenáct**	*de-va-te-nahtst*
20	**dvacet**	*dva-tset*
21	**dvacet jedna**	*dva-tset yed-na*
22	**dvacet dva**	*dva-tset dva*
23	**dvacet tři**	*dva-tset-trzhi*
24	**dvacet čtyři**	*dva-tset chti-rzhi*
25	**dvacet pět**	*dva-tset pyet*
30	**třicet**	*trzhi-tset*
40	**čtyřicet**	*chti-rzhi-tset*
50	**padesát**	*pa-de-saht*
60	**šedesát**	*she-de-saht*
70	**sedmdesát**	*sedm-de-saht*
80	**osmdesát**	*osm-de-saht*
90	**devadesát**	*de-va-de-saht*
100	**sto**	*sto*
1,000	**tisíc**	*tyi-seets*
2,000	**dva tisíce**	*dva tyi-see-tse*
5,000	**pět tisíc**	*pyet tyi-seets*
1,000,000	**milión**	*mi-li-ohn*

Time

one minute	**jedna minuta**	*yed-na min-uta*
one hour	**jedna hodina**	*yed-na hod-yin-a*
half an hour	**půl hodiny**	*pool hod-yin-i*
day	**den**	*den*
week	**týden**	*tee-den*
Monday	**pondělí**	*pon-dye-lee*
Tuesday	**úterý**	*oo-ter-ee*
Wednesday	**středa**	*strzhe-da*
Thursday	**čtvrtek**	*chtvr-tek*
Friday	**pátek**	*pah-tek*
Saturday	**sobota**	*so-bo-ta*
Sunday	**neděle**	*ned-yel-e*

*Alternatives for a female speaker are shown in brackets.

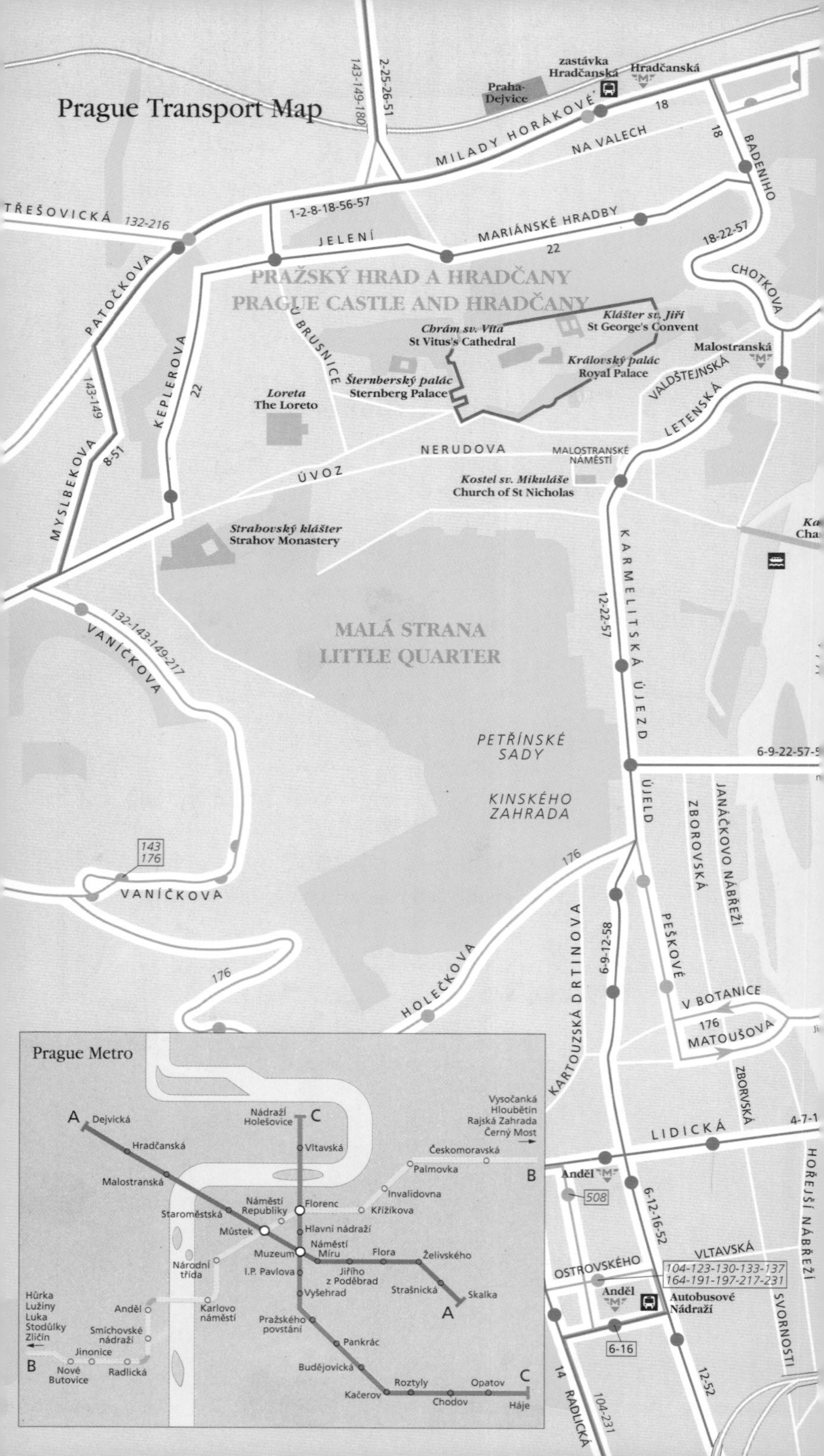

Prague Transport Map
zastávka Hradčanská
Hradčanská
Praha-Dejvice
MILADY HORÁKOVÉ
NA VALECH
18
143-149-180
2-25-26-51
BADENIHO
TŘEŠOVICKÁ
132-216
1-2-8-18-56-57
JELENÍ
MARIÁNSKÉ HRADBY
22
18-22-57
CHOTKOVA
PATOČKOVA
PRAŽSKÝ HRAD A HRADČANY
PRAGUE CASTLE AND HRADČANY
U BRUSNICE
Chrám sv. Víta
St Vitus's Cathedral
Klášter sv. Jiří
St George's Convent
Královský palác
Royal Palace
Malostranská
VALDŠTEJNSKÁ
LETENSKÁ
Šternberský palác
Sternberg Palace
Loreta
The Loreto
KEPLEROVA
143-149
8-51
MYSLBEKOVA
NERUDOVA
MALOSTRANSKÉ NÁMĚSTÍ
ÚVOZ
Kostel sv. Mikuláše
Church of St Nicholas
Strahovský klášter
Strahov Monastery
KARMELITSKÁ
ÚJEZD
12-22-57
132-143-149-217
VANÍČKOVA
MALÁ STRANA
LITTLE QUARTER
PETŘÍNSKÉ SADY
KINSKÉHO ZAHRADA
6-9-22-57
ÚJELD
ZBOROVSKÁ
JANÁČKOVO NÁBŘEŽÍ
143
176
VANÍČKOVA
176
KARTOUZSKÁ
DRTINOVA
6-9-12-58
PEŠKOVÉ
HOLEČKOVA
V BOTANICE
176
MATOUŠOVA
ZBORVSKÁ
LIDICKÁ
Anděl
508
6-12-16-52
HOŘEJŠÍ NÁBŘEŽÍ
VLTAVSKÁ
OSTROVSKÉHO
104-123-130-133-137
164-191-197-217-231
Anděl
Autobusové Nádraží
6-16
SVORNOSTI
14
RADLICKÁ
104-231
12-52
Prague Metro
A
Dejvická
Hradčanská
Malostranská
Staroměstská
Náměstí Republiky
Můstek
Národní třída
Muzeum
I.P. Pavlova
Nádraží Holešovice
C
Vltavská
Florenc
Hlavní nádraží
Náměstí Míru
Jiřího z Poděbrad
Flora
Želivského
Strašnická
Skalka
A
Vyšehrad
Pražského povstání
Pankrác
Budějovická
Kačerov
Roztyly
Chodov
Opatov
Háje
C
Vysočanká
Hloubětín
Rajská Zahrada
Černý Most
Českomoravská
Palmovka
Invalidovna
Křižíkova
B
Karlovo náměstí
Anděl
Smíchovské nádraží
Hůrka
Lužiny
Luka
Stodůlky
Zličín
B
Jinonice
Nové Butovice
Radlická